Hellwald, Friedric.

Frankreich, das Land und seine Leute

Hellwald, Friedrich von

Frankreich, das Land und seine Leute

Inktank publishing, 2018

www.inktank-publishing.com

ISBN/EAN: 9783747767832

Frankreich.

Das Land und seine Leute.

Seine

Geschichte, Geographie, Verwaltung, Handel, Industrie und Production.

Geschildert

von

Friedrich von Hellwald.

Leipzig.

Verlag von Heinrich Schmidt & Carl Günther.

Vorrede.

Dieses Buch ist im Wesentlichen eine unillustrirte Ausgabe meines im gleichen Verlage erschienenen zweibändigen Werkes „Frankreich in Wort und Bild". Einige, für das Ganze leicht entbehrliche Stellen sind in dieser Ausgabe fortgelassen, dafür wo es nothwendig schien Einschübe und erweiternde Nachträge eingefügt worden. Wie in meinem ersten Buche habe ich mich auch hier nach Kräften bemüht, ein lebenswahres, anschauliches und möglichst erschöpfendes Gemälde Frankreichs und seiner Bewohner zu entrollen. Ein solches Buch, Frankreich in seiner Gesammtheit darstellend, existirte bisher in unserer Literatur thatsächlich nicht, und eben diese Erwägung veranlaßte die Verlagshandlung die vorliegende Ausgabe zu veranstalten, welche die Kenntniß des so hochwichtigen Nachbarlandes der großen gebildeten Menge der deutschen Lesewelt zugänglich machen soll. Ich darf wohl hinzufügen, daß meines Wissens ein ähnliches Buch auch in Frankreich selbst nicht vorhanden ist. Die unvergleichlichen, trefflichen Arbeiten Elysée Reclus' bewegen sich doch nach einer andern Richtung. So hatte ich kein Vorbild und fand meine Aufgabe in mancher Hinsicht erschwert. In deutscher wie in französischer Sprache fließen die Quellen für eine umständliche Schilderung der französischen Provinz recht spärlich. Die Franzosen besitzen wohl zahlreiche Einzeldarstellungen fast aller Landestheile, doch sind sie zumeist in Lokalzeitschriften verborgen und für den Ausländer schwer zugänglich. Obgleich ich verschiedene Theile Frankreichs durch wiederholten Aufenthalt aus eigenem Augenschein kenne, blieb ich doch für die übrigen auf die Benutzung fremder Quellen angewiesen. Ich habe deren alle herangezogen, die ich mir zu erschließen vermochte, und dabei fleißig, selbstredend nicht ohne die nöthige Kritik, die in der periodischen Literatur vorhandenen Beiträge benützt. So trägt denn mein Buch einen vorwiegend kompilatorischen Charakter. Viele haben daran mitgearbeitet, deren Namen meine Quellen verschweigen und die ich daher auch nicht bezeichnen konnte. Ihnen allen meinen lebhaftesten Dank! Mein ist bloß das Streben nach objektiver Wahrheit, das Streben mit der aus eigener Erfahrung gewonnenen Kenntniß des Landes und seiner Leute Frankreich und seine Zustände in thunlichster Unparteilichkeit zu beleuchten, Licht und Schatten gerecht zu vertheilen, sine ira et studio.

Tölz, im Mai 1887.

Friedrich von Hellwald.

Inhaltsverzeichniß.

Nord-Frankreich.

Ost-Frankreich.

West-Frankreich.

Süd-Frankreich.

Einleitung.

Unter den Ländern und Staaten Europas hat über keines die Natur das Füllhorn ihrer Gaben in reicherem Maße ausgestreut, als über Frankreich. In dem mittleren Theile der gemäßigten Zone gelegen, als westliche Ecke des großen europäischen Rumpfdreieckes, leiden seine Bewohner weder von der erstarrenden Kälte des hohen Nordens, noch von der entnervenden Hitze der Tropenländer. Seiner Lage nach stellt sich das Gebiet der großen Ströme Seine, Loire, Garonne und Rhône auf dem Kartenbilde dar als eine nur wenig gegliederte quadratische Ländermasse, welche hauptsächlich zu Westeuropa oder der dem Atlantischen Ozean zugekehrten, von ihm direct und indirect beeinflußten Seite unseres Festlandes gehört. Gleichzeitig lehnt sich Frankreich auf der entgegengesetzten Seite durch eine etwa 1930 km lange Landgrenze, die ungefähr dem dritten Theile des gesammten Umfanges (5200 km) entspricht, an Mitteleuropa an, ein Verhältniß, welches ungleich bestimmender auf die Geschichte des Landes eingewirkt hat, als die immerhin noch beträchtliche Ausdehnung seiner Küsten. Endlich gehört aber ein Theil Frankreichs vermöge seiner zur Hälfte dem Mittelmeere zugekehrten, zur Hälfte an Spanien angrenzenden Südseite auch noch Südeuropa an, so daß die geographische Lage diesem Lande eine Mannigfaltigkeit der Interessen zuweist, wie sie keinem anderen europäischen Staate — Oesterreich-Ungarn ausgenommen — zu Theil ward. Denn selbst von der französisch-spanischen Grenze abgesehen, wo die mächtigen Pyrenäen eine schwer übersteigbare Völkerscheide bilden, wird durch den gleichzeitigen Besitz der Küstenstrecken am Atlantischen Ozean und am Mittelmeere Frankreich eben so wohl auf Afrika und den Orient, wie auf den Verkehr mit Amerika unmittelbar hingewiesen. Dazu kommt noch, daß die Oberflächengestaltung des Landes leichte Verbindungen zwischen beiden Meeren gestattet, die in dem jetzt freilich nutzlosen Canal du Midi ihre Verwirklichung gefunden haben und in neuester Zeit das Project eines neuen Wasserweges auftauchen ließen, welcher den größten Kriegsschiffen den Durchgang gestatten würde. Wenn trotz dieser Vorzüge die maritime Entwicklung von Frankreich, besonders im Gegensatz zum benachbarten England, nur sehr langsam von Statten ging, so rührt dies von der zum Theil ungünstigen Gestaltung der Küsten selbst her. Wohl aber bildet Frankreich, wenn auch keine so vollkommen und glücklich gestaltete Halbinsel wie Spanien, doch eine Halbinsel im eigentlichen Sinne des Wortes, indem seine gute Hälfte vom Meere umspült ist. Dabei hat es gerade so viel Antheil am Meere als nöthig ist, um ein wohlthätiges Verhältniß zwischen Trockenheit und befruchtenden Niederschlägen zu unterhalten oder um seinen Rang im Weltverkehr zu behaupten, aber nicht genug, um seine Atmosphäre mit übermäßiger Feuchtigkeit zu schwängern. Das südliche Frankreich hat den regenarmen Sommer mit Spanien und den Küstenländern des Mittelmeeres gemein; die unbeständigste Jahreszeit ist dort der Herbst. Im mittleren und nördlichen Frankreich dagegen herrschen Sommerregen, wie in Mitteleuropa, mit beständigem trockenen Nachsommer und Herbste. Da, wo beide Gebiete aneinander grenzen, wie in der Gegend der Metropole, des glänzenden Paris, regnet es häufig, doch nicht heftig. Auch bringen es das größtentheils ebene oder sanfthügelige Gepräge des Bodens und die Nähe des Meeres mit sich, daß die Witterungserscheinungen sanft und schnell vorübergehen und öfter wechseln, was nicht ohne Einfluß auf den Charakter der Bewohner geblieben ist. Laue Westwinde herrschen vor. Ströme und Flüsse, denen zahlreiche kleinere Gewässer ihren Tribut zollen, durchziehen das Land nach allen Richtungen. Nur einer dieser Ströme, die Rhône, hat seine Quelle im Auslande; die andern entspringen alle seinen eigenen, oft waldgekrönten Bergen; mehrere derselben, wie die Mosel, die Maas, die Schelde, gehen ins Ausland, ihre Mündung zu suchen. Ebenen und Bergzüge sind so vertheilt, daß die der Cultur so günstigen Flächen vorherrschen und der Boden nur in geringen Strecken für den Anbau sich ungeeignet zeigt; daß die mächtigen Höhen in der Mitte, aber mehr nach der wärmeren mittäglichen Hälfte zu sich erstrecken, wogegen die himmelanstrebenden, Geist und Gemüth ansprechenden, aber Unfruchtbarkeit verbreitenden Alpen und Pyrenäen sich längs der Grenze hinziehen. Wenn wir erwägen, daß diese Hochgebirge gewöhnlich als Naturgrenzen auch die Sprachscheidungen der Völker machen, so ist Frankreich eine sehr vollkommene Halbinsel. Nur der Osten bleibt zugänglicher und bildet keine so hohe Grenzscheide; dort sind der Jura, die Vogesen, die Ardennen mit mäßigen Erhebungen, die höchsten Höhen nur 1300 bis 1600 m hoch über dem Meere, an der Somme fortlaufend nur geringere Erhebungen, endlich in einem kurzen Strich dem Meere näher nur Ebenen und Sümpfe. Durch die Gebirgskette, welche von den Pyrenäen bis zu den Vogesen reicht, wird Frankreich in zwei entgegengesetzte Bodensenkungen getheilt, in deren südlicher, kleinerer ein dem südspanischen und nordafrikanischen ähnliches Klima herrscht, während in dem größeren nördlichen Landestheile die Witterungsverhältnisse immer mehr den deutschen sich nähern. Strenge Winter fehlen freilich ausnahmsweise weder im Norden, noch im Süden. Und außerdem macht sich ein Unterschied zwischen den westlichen, am Ozean liegenden, und den östlichen, an Mitteleuropa grenzenden Gegenden geltend. Während jene ein gleichmäßiges und feuchtes Seeklima genießen, welches an die auffallende Milde des südwestlichen Englands erinnert, herrschen auf der Ostseite Frankreichs schon die schrofferen Temperaturgegensätze des continentalen Klimas. Wie mannigfaltig sind dank dieser Anordnung nicht die Erzeugnisse dieses reich gesegneten Bodens! Längs dem Mittelländischen Meere, von dem selbst im Winter mit Blüthen und Früchten geschmückten Nizza an, dem Lieblingsaufenthalte der Fremden, bis zur alten Hauptstadt der narbonnischen Provinz, reifen Pomeranzen und Oliven, blühen Mandelbäume, prangen Feigen. Der Rebe edle Frucht wird noch mit Erfolg gepflegt an den Ufern der Seine bis in die Nachbarschaft des gallischen Athen, der Weltstadt Paris. Wer kennt nicht den köstlichen Saft, den Bordeaux, Mâcon, Epernay und so viele andere Stapelplätze über die ganze Welt verbreiten? Wo die Traube reift, gedeiht auch der Maulbeerbaum, da kann der Seidenwurm seine zarten, glänzenden Fäden spinnen. Seit Ludwig XI., besonders aber seit Heinrich IV., diesen schlauen, aber bürger- und bauernfreundlichen Königen, haben Frankreichs Bewohner diese günstige Lage zu benutzen verstanden. Aber auch die Normandie und die Bretagne wissen den Wink der Natur zu deuten, und ziehen prächtiges Vieh und mächtige Pferde auf ihren grasreichen Weiden. Der Norden und der Osten, und manche Gegenden im Innern, Flandern, Lothringen, die Limagne von Auvergne, die Ebene von Toulouse, die Brie und die Bauce, diese Kornkammern von Paris, bieten im Sommer dem erfreuten Auge unabsehbare Felder dar, dicht mit goldenen Aehren besetzt. Weniger groß ist der Mineralreichthum. Die heute so wichtige Steinkohle findet sich zwar an den Ardennen und in der Umgegend von Lyon, aber keineswegs in solcher Fülle wie in England und Deutschland. Neben der Kohle kommen blos Eisen, Flintensteine, Marmor, Salz und Mineralwässer in Betracht.

Durch diesen natürlichen Reichthum seines Bodens, wie nicht minder den hohen, alle Schichten der Bevölkerung weit gleichmäßiger denn irgendwo durchdringenden Wohlstand, durch die geistige Biegsamkeit seiner Bewohner nimmt Frankreich unbestritten eine der ersten Stellen unter den europäischen Staaten ein. Nicht so sehr die räumliche Ausdehnung seines Gebietes, welche an 529,000 qkm beträgt, und die starke Ziffer von 38,218,000 Einwohnern (Mai 1886), von welchen 36 Millionen sich zur römisch-katholischen Kirche bekennen, machen Frankreich zur Großmacht, als die geistige Thätigkeit und der wunderbare Schaffensdrang, welche diese Nation seit Jahrhunderten erfüllten und sie oft in der Geschichte zum leuchtenden Vorbilde ihrer Nachbarn erhoben. Aber wo viel Licht, kann es an tiefen Schatten nicht fehlen. Die Franzosen besitzen, Alles in Allem genommen, die Fehler ihrer Vorzüge, die Laster ihrer Tugenden. Am auffallendsten und merkwürdigsten in dem französischen Nationalcharakter ist für den Fremden das Gepräge, das ihm die Hauptstadt des Landes aufdrückt. Ganz Frankreich würde ein ganz anderes Frankreich sein, wenn für Paris irgend eine Stadt an der Rhône, Loire oder unmittelbar am Ozean seine Hauptstadt geworden wäre. Mit Paris sind alle Franzosen in das gallische Element eingetaucht und untergetaucht worden. Doch wäre es ein grober Irrthum, die Fehler der überfeinerten, tonangebenden Hauptstadt auf ganz Frankreich zu übertragen; wohl aber darf man in den Schilderungen keltischen

1*

Wesens und Charakters, wie wir sie bei Julius Cäsar und anderen alten Schriftstellern finden, der Hauptsache nach die heutigen Franzosen erkennen, welche, wie die meisten Nationen unseres Welttheiles, aus einem Gemenge verschiedener, aber nicht ungleichartiger Völker hervorgegangen sind.

Die Urbewohner Frankreichs waren die Gallier, ein Zweig der Kelten, jener ältesten Völkerfamilie der Arier, welche zuerst Europa besiedelte und durch die leicht zugänglichen Pforten der Ostseite den Weg nach Frankreich fanden. Diese Keltenstämme hatten fast das ganze Land von den atlantischen Gestaden inne bis an die Ufer des Rheins und darüber hinaus, denn auch im heutigen Süddeutschland saßen vor den Germanen keltische Leute. So ist das ganze linke Rheingebiet, d. h. das Gebiet sämmtlicher linken Zuflüsse des Rheins bis zur Wasserscheide zwischen Seine und Maas uraltes gallisches Besitzthum, eine Thatsache, die nicht dadurch geändert wird, daß die Wogen der Völkerwanderung in uns weit näher gerückter Epoche ein Zurückstauen des gallischen Elementes vor dem eindringenden germanischen bewirkten. Namentlich im nordöstlichen Theile, der alten Gallia Belgica, ward die Völkerwanderung allmählich eine sehr gemischte, indem zu den altkeltischen Völkerschaften der Sequaner und Helvetier nach und nach eine Menge germanischer Stämme über den Rhein zogen, von denen einige sich mit den Kelten bald völlig vermischten und ihre Sitten größtentheils annahmen, einige aber, namentlich die später eingewanderten, ihre germanische Nationalität etwas treuer bewahrten. Oft hat man wiederholt, was die Alten von dem eigenartigen, geistsprühenden und beredten Feuer der Gallier, von ihrer unerschrockenen Kühnheit im Kampfe berichteten; weniger gedachte man der Anerkennung, welche ihr Erfindungsgeist und ihre Geschicklichkeit in allen Arbeiten fanden. Sie widmeten sich mit Erfolge dem Ackerbaue, wobei sie besondere Mähmaschinen benutzten, aber auch der Industrie, welche ihnen gleißende Gewänder, Luxuswaffen und Geschmeide schaffte, mit welchen sie sich zu schmücken liebten. Hinsichtlich der materiellen Cultur gingen die keltischen Völker in allen Künsten fortgeschrittenen Lebens, selbst in der Tracht ihren germanischen Nachbarn lange voraus. Zu den vorzugsweise Begabten unter den überhaupt culturfähigen Nationen gehörten die Kelten dennoch nicht. Ihre Tapferkeit ward gepriesen, und mit Grund; aber es war die Tapferkeit des Fechtmeisters und des Raufboldes, nicht die des Bürgers. Das bunte, gestickte Kriegergewand, die glänzende Rüstung waren keine Nebensachen in ihren Kampfspielen; sie gefielen sich auch in Friedenszeiten im Zweikampf, und die Wunden, welche man dabei oder im Kriege erhalten hatte, waren nicht so sehr ehrenvoll, als Ehrenzeichen, mit denen man sich brüstete. Die Kelten waren sogenannte Helden in dem Sinne, wo das Heldenthum ein gutes Stück Bärenhäuterei und Flegelhaftigkeit in sich schließt, Helden, die lange vor dem Mittelalter im Waffenschmuck turnierten und im Duell ad hominem argumentierten. Tüchtige Gegner auf der Wahlstatt, immer vorausgesetzt, daß sie leiblich nüchtern waren und die Sonne nicht allzu heiß schien, unterlagen sie dennoch auch militärisch, wo immer ihnen ein wohlgeführtes Heer gegenüberstand, der Uebermacht der von ihnen verschmähten Wurfwaffen und des gegliederten Organismus über die Kraft, welche allein auf den harten Stahl und den derben Arm vertraute. Ihre Schwäche aber lag vor Allem in ihrer politischen Untüchtigkeit. Die sittliche Energie, welche die Welt beherrscht, weil sie sich selber zu beherrschen weiß, welche den Einzelnen aufhebt in dem größeren Ganzen und den engen Egoismus zum Nationalsinne läutert, diese eigentliche Herrlichkeit und Gewaltigkeit der Menschennatur, auf welcher der Staat ruht, war dem keltischen Wesen verhältnißmäßig fremd. Daraus erklärt es sich, weshalb die Kelten in der Geschichte eine vergleichsweise unbedeutendere Rolle gespielt haben, als irgend eine andere indogermanische Nation von gleicher Ausdehnung und Culturhöhe. Sie haben wohl Tempel zerschlagen und Städte verbrannt, Rom und Delphi, Byzanz und Pergamum haben vor ihnen gezittert, aber sie haben sich unfähig erwiesen, ein Regiment bürgerlicher Ehrbarkeit, Sicherheit und Wehrhaftigkeit zu begründen und es im besten Fall nicht weiter gebracht, als zur Gründung eines Soldatenstaates. Sie waren schlechte Bürger, aber gute Reisläufer und vortreffliche Unterthanen. Auf zwei Dinge legten die Gallier den höchsten Werth: auf kriegerischen Ruhm und glänzenden Geist. Pleraque Gallia duas res industriosissime persequitur: rem militarem et argute loqui, sagt der alte Cato. Die Ueberreste der Kelten, welche wir heute auf halbvergessene Inseln und Halbinseln zurückgedrängt sehen — in Frankreich auf die Bretagne — zeichnen sich aus durch schroffe Individualität und Haß gegen Fremde. Bei keinem andern Stamme waren die Bande des Blutes so stark: der Familiengeist scheint jede umfassendere Organisation erstickt zu haben. Ernst Renan bezeichnet die Kelten als eine weibliche, wir möchten lieber sagen passive Rasse. Er hebt an ihr hervor: Stärke der Einbildung bei Veringerung des Gefühles und schwache äußere Entwicklung. Der keltische Stamm arbeitete sich ab, indem er seine Träumereien für Wirklichkeit nahm. Das wesentliche Element im Leben der Kelten wie in ihrer Poesie bestand im Abenteuer, d. h. in Verfolgung des Unbekannten; es ist ein Lauf ohne Ende nach dem stets fliehenden Gegenstande des Wunsches.

Dies das Volk, dessen ursprüngliche Charakterzüge sich mit jenen der verschiedenen Stämme verbanden, welche sich mit den Galliern begegneten. Da waren zuerst im Südwesten, zwischen Pyrenäen und Garonne, die Iberer, die ältesten aller Europäer, vorarische Ansiedler mit brauner Hautfarbe, braunen Augen und Haaren, mit lebhafter Bewegung, unternehmendem Wesen und unbeständigem Geiste; — an der steilen aber hafenreichen Küste des blauen Mittelmeeres die Phocäer und die Griechen, die ältesten und glänzendsten Vertreter der Gesittung, welche der gallischen Küste entlang ihre blühenden, an dem herrlichen Typus ihrer Bewohner noch heute erkennbaren Niederlassungen ausstreuten; — im ganzen Süden die Römer, deren energisches Gepräge sich in Sprache, Sitten und Einrichtungen erhalten hat. Nach diesen ersten Völkeranschwemmungen, welche eine Jahrhunderte lange innige Vermengung zu einer dauernden Nationalität zusammenzubacken schien, führte die Völkerwanderung neue Schaaren von Fremdlingen herbei. Die Westgothen setzten sich im südwestlichen Gallien, die Burgunder im Rhônegebiete fest. Dann brachen vom Niederrhein, immer durch die schwache Ostseite, die germanischen Franken herein, welche dem ihren Waffen unterworfenen Lande mit ihrem Namen einen Theil ihrer Gewohnheiten sowie die Gesetze ihres Volkes hinterließen. Mehrmalige Theilung des Frankenreiches führte zur Unterscheidung von Neustrien im Gebiete der Seine und dem nordwestlichen Frankreich, Aquitanien im südwestlichen, in denen wie in Burgund römische Sprache und Art vorherrschend blieben und Austrasien im Stromgebiete des Rheines, in dem sich in Folge ununterbrochener Verbindung mit dem östlichen Mutterlande der germanische Charakter überwiegend erhielt. Später erschienen die Normannen, Ankömmlinge aus Skandinavien, vertraut mit den Gefahren und den Abenteuern zur See. Noch später vergrößerte sich das Königreich Frankreich durch Grenzzonen, welche Vlamen im Norden, Deutsche im Osten, Katalonier im Süden und Bretonen im Westen bevölkerten. Durch die Uebereinstimmungen und Gegensätze, welche all diese verschiedenen, in einander allmählich verschmelzenden Völkerschaften aufwiesen, wurden die schroffen Härten abgeschliffen, die gröbsten Fehler der Einzelnen gemildert und eine gewisse Ausgleichung, ein harmonisches Gleichgewicht zwischen den bunten Elementen herbeigeführt, so daß der Franzose unserer Tage recht eigentlich das Product einer vielfachen Rassenmengung ist, deren Stempel er in seinen hervorstehend glänzenden Eigenschaftun neben nicht minder großen Fehlern an sich trägt.

Als Grundzug der französischen Nation finden wir die Lebhaftigkeit und Empfindsamkeit des Sanguinikers. Der Franzose hegt leichte Entzündbarkeit ohne sonderliche Tiefe, entzündbaren Enthusiasmus und darum Frohsinn, der ihn bei Wenigem heiter und selbst im Unglücke zufrieden macht. Er steht unter der abwechselnden Herrschaft der „Plaisanterie" und des Scherzes. Unruhig im Gefühl, wird er leicht aufbrausend und aufrührerisch. In ihm lebt das Gefühl für das Schöne, besonders das Zierliche und Niedliche — als Glänzendes doch meistens im Putze. Geschmack hat er als sinnliche Vollkommenheit, dabei Anmuth und Gefühl für das Schickliche, welches als schneller Ton eine Leichtigkeit der Anschmiegung und Gefügigkeit hervorbringt. Sache des Franzosen ist Artigkeit des guten Tons, Unverlegenheit in den Sitten; höflich zeigt er sich nicht aus Eigennutz, sondern aus angebornem Geschmacksbedürfniß, daher er Muster des Conversationsgeschmackes ist. Auch im Begehrungsvermögen zeigen die Franzosen leicht entzündbare Thätigkeit; daher alle Veränderlichkeit der Bestrebungen, durch die sie meistens für den Augenblick leben. In ihnen finden wir den Leichtsinn, welcher vergeßlich ist, die Flatterhaftigkeit, welche leicht von einem Extrem zum andern übergeht und wichtige Dinge als Scherz behandelt. Muth wird ihnen als Herzhaftigkeit zu Theil, Genie für den Angriff als Keckheit und Dreistigkeit; Liebe zum Wechsel und zum Neuen sticht in ihnen hervor, daher auch Modesucht, Sinn für Neuigkeiten und Anekdoten. Sie halten mit Vorliebe am Anfangen und Beginnen, am Unternehmen und Erfinden; die Vollendung und gründlich erschöpfende Ausführung überlassen sie oft Anderen. Es wird der Franzose mehr durch den Stoff bewegt, und darum ist er entzündbar für Leidenschaften, leicht zu elektrisiren durch Phantasieproducte. Zorn und Rache zeigen sich in ihm nur in einem heftigen Anfalle, der Stolz in einem augenblicklichen point d'honneur, welches romantisch heißen kann. Leichtgläubigkeit paart sich mit Naivetät, und jene zeigt er in dem Glauben, daß sein Volk in der Gesittung am höchsten stehe. Aus seiner Naivetät entsteht Witz und seine Rachsucht offenbart sich gern in der Satire oder im bon mot. Stets wird man an ihm Gegenwart des Geistes in äußerer Hinsicht entdecken, eigentliche Geistesbildung ist dagegen nur Wenigen eigen, wohl aber belles lettres und savoir faire. Der Geist der Franzosen ist mehr auf die Außenseite gerichtet. Dies beweisen ihre anerkennenswerthen Leistungen in Wissenschaft und Kunst sowie die Geschichte des französischen Volkes. Schärfe des Verstandes, Tapferkeit und ritterlicher Edelmuth, verbunden mit angenehmen Formen des Umganges, sind Vorzüge, welche von Selbstüberschätzung, einer gewissen Unbeständigkeit, von Gleichgültigkeit gegen rein geistige Güter und das Ideale, sowie von vorherrschenden materiellen Interessen begleitet sind. Unschwer erkennen wir in dieser Schilderung die alten Kelten wieder, nur daß die höhere Cultur der Gegenwart Manches gemildert hat; im Grunde aber treffen wir im heutigen Franzosen die nämlichen Eigenschaften, welche die römischen Schriftsteller als Volkscharakter der Kelten vor mehr denn zwanzig Jahrhunderten bezeichneten. Noch immer liebt der Franzose den Krieg, aber auch jetzt noch fehlt ihm im Kriege die zähe Nachhaltigkeit und besonnene Ruhe anderer Völker. Im ersten Anlaufe soll Alles gewonnen sein. Noch jetzt wird der „Esprit" daneben am höchsten geschätzt, und kein Volk versteht es in gleichem Maße, eigene oder fremde Gedanken in die knappsten, klarsten Formen zu prägen. Häufig aber begnügt sich der Franzose mit der bloßen Phrase, indem er die Form höher stellt als den Gedanken. Noch jetzt derselbe Nachahmungstrieb, besonders in den Künsten, so daß das Land weniger Kunstwerke im höchsten Sinne hervorbringt, aber in der Kunstindustrie von keinem übertroffen wird. Noch jetzt dieselbe Freude am Schmuck und derselbe Geschmack für Farben, der die Franzosen zu Gesetzgebern der Mode macht. Damit hängt die Lust am schönen Scheine zusammen, welche alle Leistungen gern öffentlich zur Schau stellt. Daher die Verdichtung auch der wissenschaftlichen Kräfte in einem Mittelpunkte, während die Provinzen leer ausgehen. Hohe Ehren und materielle Belohnung für hervorragende Leistungen auf dem Gebiete der Kunst und Wissenschaft, aber Vernachlässigung der Volksbildung und der niederen Schulen. Neuerungssucht im politischen Leben, wo eine Verfassung rasch die andere ablöst, aber die tieferen, sittlichen Grundlagen des Staatslebens vernachlässigt werden. Die Ehre ist die höchste Triebfeder für das Leben des Staates sowie für den Einzelnen. Kein Volk weiß aber seine Fehler und Mängel unter den liebenswürdigsten Formen des Umganges so zu verstecken, kein Volk kennt eine so heitere, genügsame Fröhlichkeit und Geselligkeit als das französische.

Was dem ruhigen Beobachter französischer Geschichte und französischer Zustände mehr als alles Andere auffällt, sagt der geistvolle Karl Hillebrand, ist die Fülle der Widersprüche, denen er darin begegnet. Und noch gewaltiger ist der Gegensatz zwischen dem Privatcharakter und dem öffentlichen Charakter des Franzosen. Leichtsinnig, verschwenderisch, nur seinen Impulsen gehorchend, wenn sich's um den Staat handelt, ist er vorsichtig, sparsam, stets besonnen in seinen persönlichen Lebensverhältnissen. Es giebt einen Weg, diesen Widerspruch zu erklären, die beiden Extreme auf gemeinsame Wurzeln zurückzuführen und darzuthun, wie es kommt, daß der Franzose, dem die Natur die Gaben eines „politischen" Wesens so unbedingt verweigert zu haben scheint, als geselliges Wesen das Höchste leistet, sittlich, geistig und künstlerisch den andern Nationen Europas, wenn auch nicht überlegen, doch in beinahe allen Beziehungen ebenbürtig ist. Irren wir nicht, so liegt das Geheimniß im unvermittelten Gegensatze der Charakteranlage und der Geistesrichtung. Der Rationalismus — die Verständigkeit — ist der Grundzug des französischen Geistes. Erst im achtzehnten Jahrhundert zu seiner vollsten Entwicklung und zu seinem bestimmtesten Ausdrucke gelangt, ist er in der Revolution und dem Kaiserreich zu seiner absolutesten Herrschaft gekommen und offenbart er erst in unseren Tagen ganz deutlich seinen bald heilsamen, bald tödtlichen Einfluß auf das öffentliche und das Privatleben. Die französische Familie z. B. ist auf die Vernunftehe gegründet, ein Verhältniß, das man im Auslande indeß oft viel zu roh aufzufassen pflegt; die meisten französischen Ehen sind glücklich — glücklicher oft als unsere Neigungsheirathen; Untreue und Ehebruch in den Mittelständen äußerst selten. Die Zahl der Kinder ist meist auf zwei bis drei beschränkt, denn eine rationalistische Moral erheischt, daß nicht mehr Kinder in die Welt gesetzt werden, als man sicher ist bequem und im Wohlstande aufziehen zu können. Auch die Sitte ist ganz von der rationalistischen Lebensanschauung durchdrungen und ihr gemäß geordnet. Nirgends ist die Redlichkeit mehr zu Hause als in Frankreich; sie ist allerorten, in der Stadt wie im Dorf, in jedem Stande, vom Millionär bis zum Proletarier zu finden. Ordnungsliebe ist ein hervorstehender Zug des Franzosen; sein Haus wie seine Kleidung sind immer trefflich gehalten. Seiner Sparsamkeit haben wir schon gedacht; wir fügen hinzu, daß, wenn er kein Verschwender ist, er dafür auch nicht freigebig ist. Nirgends wird auch mehr gearbeitet als in Frankreich, namentlich in einem gewissen Alter. Ein heikler Punkt ist die Nachsicht in den geschlechtlichen Beziehungen. Der Franzose ist im höchsten Grade sinnlich, aber dabei witzig in der Liebe. Diese Laster hält er indeß meist in den Schranken, die in seinen Augen die Grenzlinie bezeichnen, wo es gefährlich für die gesellschaftliche Ordnung wird. Auch in der Religiosität offenbart sich der Grundzug des französischen Wesens. Das Land, das schon seit geraumer Zeit zum Hauptlager des Katholicismus geworden, ist im Allgemeinen nicht religiös im deutschen Sinne. Die Religion des Franzosen ist aber wie seine Sittlichkeit eine Verstandessache; die äußere Befolgung ist das Merkmal des einen wie ein fehlerfreier Lebenswandel das des andern. Natur und Bildung haben aus dem Franzosen das vollendetste Gesellschaftswesen geschaffen, das die Menschheit kennt. Die Natur hat ihm Heiterkeit und Witz, Leichtlebigkeit und Feinheit, den Wunsch zu gefallen und diejenige Dosis von Selbstsucht gegeben, ohne welche das Gesellschaftsleben nothwendig roh, lästig oder mürrisch werden muß. Mit ungemeinem Scharfsinn hat er dann die Verhältnisse der Gesellschaft so geordnet, daß alle diese Eigenschaften freien Spielraum darin haben, ohne gegenseitig auf einander zu prallen. Unter allen Dingen, welche das Gesellschaftsleben der Franzosen besonders begünstigen, wäre auch die schöne

Tugend der gegenseitigen Hilfsbereitheit hervorzuheben; doch streben alle diese Tugenden der Franzosen das nur Nützliche, nicht das Gute an sich an. Uebrigens erleidet der Nationalcharakter durch provinzielle Eigenthümlichkeiten, namentlich durch den Unterschied zwischen Norden und Süden, die sich ehemals selbst sprachlich unterschieden (Langue d'oïl und Langue d'oc) wesentliche Modificationen.

Dennoch erfreut sich Frankreich der festesten politischen Einheit, welche die Geschichte kennt; und sie ist nicht etwa ein Werk des Zufalles oder des Ehrgeizes einzelner Fürsten, sondern die langsam gereifte Frucht der instinktiven oder zielbewußten Strebungen der Franzosen, welchen die natürlichen Verhältnisse ihres Landes unterstützend zur Seite standen, während kluge Staatslenker sie allerdings geschickt zu fördern wußten. Das Ergebniß einer zwölfhundertjährigen Arbeit, ist das heutige Frankreich zusammengesetzt aus sehr verschiedenartigen Theilen, welche, nachdem sie je nach den Zeiten verbündete Stämme, unterworfene Völkerschaften, unabhängige Staaten, Lehensgebiete und prinzliche Apanagen gewesen, endlich der königlichen Krone, dem Schlußsteine des Einheitsdomes sich anschlossen. Dem ursprünglichen Bildungskerne, dem ersten Hausbesitz der Herrscherfamilien, — Ile de France, Orléanais, Picardie, hat jede Regierung irgend ein Landstück hinzugefügt, welches das Schicksal vereinsamt gelassen; zuerst das Innere des Landes bis zur Loire, dann bis jenseits der Loire, endlich Schritt für Schritt wurden der Osten, der Norden, der Süden und Westen dem Reiche einverleibt. Zu diesem Zwecke dienten alle Zufälle und alle Mittel, Eroberungen und Heirathen, Ankäufe und Austausch, Schenkungen und Beschlagnahmungen, die Diplomatie und der Krieg, die Gewalt und die List. Ohne alle die Einzelnheiten dieses Werdeprocesses gutheißen zu wollen, ist es doch statthaft, in demselben die Verwirklichung einer Nothwendigkeit zu erkennen, die mit der unaufhaltsamen Gewalt eines Naturgesetzes vor sich ging. Galt es doch eine Nation ersten Ranges zu schaffen, deren Geist sich in dem Gefühle eines einigen Vaterlandes kräftigen sollte und deren Körper, um ein starkes, regelrechtes und dauerhaftes Leben zu genießen, aller seiner natürlichen Organe benöthigte. Der Trieb nach Ausbreitung und Ländererwerb war einfach Lebensinstinkt. Um dieses Resultat zu erreichen, ließ sich das französische Volk Alles gefallen, selbst die absolute Monarchie, und der Volksgeist bemaß den Ruhm der Könige und Minister nach dem Zuwachs, welchen ihnen der Staat innerhalb seiner natürlichen Grenzen verdankte. In diesem Sinne haben mit wechselndem Glück die drei großen Dynastien der Merovinger, Karolinger und Capetinger gearbeitet, welche nach einander Frankreichs Thron einnahmen. Wenn die beiden ersteren nach kurzem Anlaufe bald in Verfall geriethen, und ohne wesentliche Ergebnisse vom Schauplatze verschwanden, so hat die letztere während ihres achthundertjährigen Bestehens mit ihren Linien Valois, Valois-Orléans und Bourbon, welche dem Lande große Fürsten, wie Ludwig XI., Heinrich IV. und Ludwig XIV. gaben, den Ruhm erworben, das heutige Frankreich geschaffen zu haben. Die große Revolution von 1789 in ihrer Schwärmerei für die Einheitlichkeit hob freilich die administrative Theilung des alten Königreiches in Provinzen auf und ließ an deren Stelle mehr denn die doppelte

Anzahl neugeschaffener Verwaltungsbezirke, Departements, treten; sie sowohl als das darauf folgende Kaiserreich des großen Napoleon Bonaparte, der einem glänzenden Meteor gleich an Europas Himmel auftauchte und verschwand, hoffte durch diese Maßregel die festen Massen der Ueberlieferungen und Interessen zu brechen, welche die Provinzen als natürliche Producte sowohl der Topographie als der Geschichte darstellten. Zwar hat sich die neue Eintheilung bis auf die Gegenwart erhalten, allein diese sämmtlich nach Flüssen oder Bergen benannten Departements, deren es gegenwärtig 86 giebt, nebst dem Arrondissement von Belfort, erweisen sich durchaus untauglich zur Bezeichnung größerer Landestheile, für die man sich deßhalb häufig noch der historischen Namen der alten Provinzen bedient.

In den nachfolgenden Blättern will ich es versuchen, vom heutigen Frankreich ein möglichst getreues Bild zu entwerfen — sine ira et studio. Mehr denn irgend ein Land unseres Erdtheiles verdient es wegen seiner großen geschichtlichen Vergangenheit, als der nächste Erbe der klassischen Cultur des Alterthums und dadurch im gewissen Sinne die Wiege der neueren abendländischen Gesittung überhaupt, gekannt und studirt zu werden. Obwohl hauptsächlich die gegenwärtigen Verhältnisse im Auge behaltend, werde ich dennoch nicht versäumen, gelegentlich Rückblicke auf die Vergangenheit der Landschaften und Orte zu werfen, die wir in den Kreis unserer Betrachtungen zu ziehen haben werden. Dabei wollen wir den alten geschichtlich berechtigten Eintheilungen getreu bleiben und nur der Uebersichtlichkeit halber das Gebiet des französischen Staates in die vier großen Gruppen zerlegen, welche sich nach der geographischen Lage in Nord und Süd, in Ost und West ergeben.

Nord-Frankreich.

Paris und Ile de France.

Geschichtliche Entwickelung der Stadt.

Dort wo die in Schlangenkrümmungen sich so sehr gefallende Seine zu einigen ihrer launenhaftesten Windungen sich anschickt, liegen in dem nicht sehr ansehnlichen Strome ein paar kleine Inseln, welche im Alterthume von einem unbedeutenden gallischen Volksstamme, den Parisii, den nördlichen Nachbarn der berühmten Senones, bewohnt wurden. Frühzeitig hatte die kleine Völkerschaft auf einer dieser Inseln der Sequana, wie die heutige Seine damals hieß, eine Ansiedlung gegründet, die wir, wie die meisten keltischen Anlagen, uns zwar keineswegs als sehr großartig vorstellen dürfen, die immerhin aber doch bald zu einer gewissen Bedeutung gelangte. Dieses Lutetia Parisiorum — dies der Name der gallischen Siedlung — war durch zwei hölzerne Brücken mit den Ufern verbunden und schon Galliens Eroberer, Julius Cäsar, ließ daselbst Schiffe erbauen. Später ward sie der wichtigste Schiffsplatz an der Seine und im vierten Jahrhundert unserer Aera erfreute sich die Inselstadt der Parisier der besonderen Gunst des Flavius Claudius Julianus, welchem die christliche Geschichtschreibung den Beinamen des Abtrünnigen beigelegt hat. Hier, auf dem südlichen Ufer der Seine, erhob sich sein fürstlicher Palast, umgeben von neuen Wohnhäusern und öffentlichen Gebäuden und Plätzen, zur Zierde und zum Nutzen; hier war es, wo die römischen Krieger und eine große Menge gallischen Volkes den geliebten Heerführer im Jahre 360 zum Augustus, zum Kaiser ausriefen. Nicht weniger denn Julian entzückten die schöne Lage und die gesunde Luft Lutetias den jungen weströmischen Kaiser Gratian, der in den nahen und ausgedehnten Forsten der Umgebung seiner Nimrodleidenschaft nachhängen konnte, aber 383 aus seiner Lieblingsstadt vor den unzufriedenen Truppen flüchten mußte; nach Lutetia, das im vierten Jahrhundert seinen alten Namen immer mehr durch die Bezeichnung Nautae Parisiaci und schließlich Paris verdrängt sah — Ammian Marcellin spricht nur von Parisii — verlegte endlich, mehr denn ein Jahrhundert später, im Jahre 508, Chlodovech seinen Herrschersitz. Germanische Schaaren, die wilden und treulosen Franken, waren längst nach Gallien eingebrochen und hatten sich unter dem romanisirten Keltenvolke niedergelassen, nicht ohne durch den Einfluß der römischen Cultur eine wesentliche Milderung ihrer Sitten zu erfahren. Das Reich der alten Römer dauerte nur noch in einigen verwitterten Resten fort, und in Gallien stritten sich Westgothen und Burgunder, Alemannen und Franken und Abenteurer aller Art um die schöne Beute. Die Selbständigkeit des werdenden Frankreich, das Regnum Galliarum, gegenüber der versinkenden Centralregierung des Westreiches, zeigte sich höchst bedeutsam darin, daß die gallischen Landschaften längst auf Selbsthilfe gegen die Barbaren angewiesen waren, welche sie auch in anerkennenswerther Weise übten; so stand und focht denn auch nach der Absetzung des letzten Römerkaisers Romulus Augustulus der römische Feldherr Syagrius für sich selbst in dem winzigen Stück gallischen Landes zwischen dem Canal La Manche im Norden, der Loire im Westen, der Sambre im Osten, Verdun und Toul im Süden, mit den Städten Soissons, Reims, Paris, Verdun, Orléans, Tours, Angers. Auf diese paar Städte war der Besitz des ehemaligen Weltreichs beschränkt, nicht nur in Gallien, fast in ganz Europa, und nicht lange vermochte dieser letzte Trümmerrest aus dem allgemeinen Schiffbruche den herandringenden Wogen der germanischen Flut Widerstand zu leisten. Von den salischen Franken, die zumeist aus den alten Batavern und Sigambrern, hochgerühmter Heldenschaft, erwachsen waren, gingen die großen Eroberungen aus, welche das gewaltige Frankenreich begründeten; der salische Gaukönig Chlodovech aus merovingischem Geschlecht beseitigte durch alle Mittel von List und Gewalt die übrigen salischen und ripuarischen Gaukönige, meist seine Gesippen, machte sich so zum Volkskönige der Franken, alle Völkerschaften und Gaue der salischen und ripuarischen Mittelgruppe unter sich vereinend, entriß den Römern mit dem Reiche des Syagrius ihren letzten Besitz in Westeuropa, entriß den Westgothen den weitesten Theil ihres gallischen Gebietes und unterwarf den größten Theil der Alemannen. Paris aber ward die Hauptstadt des neuen Reiches, in welcher der barbarische Begründer der französischen Monarchie am 27. November 511 aus dem Leben schied und begraben wurde in der Kirche der heiligen Apostel, die er und seine Gemahlin Clotilde erbaut hatten und welche die spätere Abtei Ste. Geneviève ist. Seine Nachfolger vollendeten das genial und gewaltig begonnene Werk: sie gewannen den West- und Ostgothen alles Land bis an die Pyrenäen ab und verleibten sich das Reich der Burgunder ein. Damit war ganz Gallien fränkisch. So ist denn die heutige Metropole Frankreichs von allem Anfange an mit der Bildung und dem Wachsthum des Reiches unlöslich verknüpft, und als nach Chlodovechs Tode unter seinen Nachfolgern wiederholte Theilungen des Reiches vorkamen, hat man doch als französische Könige blos jene gelten lassen, welche in Paris ihre Residenz hatten.

Wir wissen wenig aus jenen Tagen des alten Paris. Von den Ueberresten des Alterthums, den Amphitheatern, Wasserleitung und Bädern, womit die bald zu Wohlstand gelangte Stadt geschmückt war, hat sich außer den im Jahre 1820 restaurirten Bädern des Julian beim heutigen Museum Cluny nichts erhalten. Chlodovech soll einen Palast im Westtheile der Stadt bewohnt haben; im Uebrigen werden die rohen Merovinger voraussichtlich wenig gethan haben, um den Glanz der Stadt zu erhöhen. Nur Kirchen erbauten sie zur

Ehre des Allerhöchsten. Childebert I. (511—558), des Chlodovech Sohn, erbaute die prächtige Kirche St. Germain des Prés und auch jene von St. Germain l'Auxerrois, St. Gervais, St. Laurent stammen aus der Merovingerzeit. Unter den Karolingern, welche an die Stelle der entarteten, von ihren Hausmeiern gelenkten letzten Merovingersprößlinge traten, hörte Paris auf, Residenz zu sein, gab aber dafür einer Grafschaft den Namen, die sich zum Herzogthume Francien erweiterte. Der erste bekannte Herzog ist Robert der Starke, Urenkel Childebrands, Bruder von Karl Martell; er zeichnete sich gegen die Bretonen und Normannen aus, welch letztere schon seit Karls des Großen Tagen unter dem kühnen Ragnar Lodbrog die Küsten Frankreichs und Englands heimsuchten und sich endlich an den Mündungen der Seine, Somme, Schelde festsetzten und wiederholt verheerend bis Paris vordrangen, so im Jahre 845, dann 856 und 872, wobei sie seine Vorstädte niederbrannten. In den Jahren 885—887 belagerten sie jedoch Paris vergebens. Robert des Starken Sohn Odo (Eudes), gewöhnlich nicht Herzog, sondern nur Graf von Paris genannt, ward 888 zum Könige von Frankreich gewählt, starb aber schon 898. Ihm folgte sein Bruder Robert II., welcher dem gewaltigen Normannenfürsten Rollo als Taufpathe diente, als dieser vom Könige Karl dem Einfältigen unter der Bedingung, sich zum Christenthume zu bekehren, die heutige Landschaft Normandie abgetreten und obendrein die Hand seiner Tochter erhielt. Robert II. Sohn, Hugo der Große, hätte wiederum die Königskrone tragen können, schlug sie aber aus und begnügte sich, Vormund des Königs Ludwig IV. zu sein, erwarb aber für sich ganz Burgund und Neustrien, in welchem Besitz ihm 956 sein Sohn Hugo Capet folgte, welcher nach Ludwig V. im Jahre 987 zu Nyon zum Könige von Frankreich gewählt und somit Gründer der aus den Pariser Grafen hervorgegangenen Dynastie der Capetinger wurde.

Es begreift sich, daß Hugo Capet sich beeilte, der Stadt seiner Ahnen wieder ihre alte glänzende Stellung als Reichsmetropole zurückzugeben. Seine Krönung ließ er in der Stadt Reims vollziehen, in welcher einst Chlodovech die Taufe empfangen hatte; seine sterbliche Hülle ward aber in der Kirche zu Saint-Denis, einem Städtchen bei Paris, beigesetzt, welche seitdem die Gruft der französischen Herrscher auch vorwiegend geblieben ist. Die ersten Capetinger hielten in dem später dazu umgewandelten Justizpalaste Hof. Ludwig VI., genannt der Dicke (1108—1137) soll den nördlichen Theil der längst auf beiden Seineufern sich ausbreitenden Stadt mit einem Schutzwalle umgeben und das Große und Kleine Chatelet gegründet haben. Erst unter Philipp August (1180—1223), der für das heranwachsende Paris so viel gethan, ward eine völlige Umwallung der Stadt hergestellt. Diese hatte sich besonders nach Norden hin, auf dem rechten Seineufer ausgebreitet, während sich nach Süden hin die Klosterschulen ansiedelten, die Vorläuferinnen der 1200 gestifteten Universität, der ersten und ältesten in Europa, welche bald 20,000 Studenten zählte und namentlich in der theologischen Wissenschaft die größte Autorität genoß. Fünfzig Jahre später erfolgte die Gründung der Sorbonne (1253). Noch unter Philipp August ward aber auch — damals außerhalb der Stadtmauer — der Thurm des Louvre erbaut, wohin der König seine Residenz verlegte, es fand die erste Anlage der Hallen, dann die Grundsteinlegung der heutigen Notre-Dame-Kirche, sowie die Erbauung der Kirchen St.-Honoré, St. Thomas und St. Nicolas du Louvre, des Dreifaltigkeitshospitals (Hospital de la Trinité) statt, die Straßen wurden gepflastert und die Stadt in vier, wie in der

Karolingerzeit, in acht Quartiere getheilt. Die Mauern und Wälle, deren Zug auf der Nordseite der Seine gegenwärtig durch die sogenannten großen Boulevards bezeichnet wird, vermochten das Wachsthum der Stadt nicht zu hemmen, welche im vierzehnten Jahrhunderte sich immer mehr zum Kernpunkte Frankreichs entwickelte. Unter Karl IV. Regierung (1321—1328) waren die Neubauten außerhalb der Ringmauern so bedeutend angewachsen, daß man aus ihnen acht neue Quartiere bilden konnte, die 1367—1383 die Anlage von neuen Wällen und Gräben nöthig machten, welche bei dem Thurm Billy anfingen und an der Seine endigten. Im Jahre 1369 ward auch im Osten der Stadt das später so berühmte Staatsgefängniß, die Bastille, erbaut, und schon ein halbes Jahrhundert früher, 1312, hatte König Philipp IV. die Errichtung der ersten Seine-Quais angeordnet. Unter Ludwig XI. zählte Paris schon 300,000 Einwohner und zur Zeit des Königs Franz I. (1515—1547) war die Stadt schon der Vereinigungspunkt alles Dessen, was Frankreich Großes und Schönes aufzuweisen hatte. Ein Freund der Wissenschaften und Künste, stiftete Franz das königliche Collegium, die alte Burg des Louvre verschwand, die durch Jean Goujon mit herrlichen Arbeiten der Bildhauerei geschmückten Paläste nahmen die Meisterwerke der italienischen Maler auf, neue Straßen wurden angelegt. Der gothische Geschmack mußte unter Franz I. der Renaissance weichen; im Jahre 1553 wurde der Bau des neuen Stadthauses (Hôtel de ville) begonnen; seit 1564 ließ Katharina von Medicis an der Stelle von Ziegelbrennereien durch Ph. Delorme den Palast der Tuilerien erbauen. Trotz mannigfacher schwerer Leiden, die über die Stadt in der Schreckenszeit der Glaubenskriege hereinbrachen, nahm dieselbe doch stetig zu an Ausdehnung, Volkszahl und Wohlstand. Heinrich IV. (1589—1610) vollendete den Pont-Neuf und das Stadthaus, erbaute mehrere neue Straßen, erweiterte die Tuilerien, begann die Gallerie, durch welche diese mit dem Louvre in Verbindung stehen, legte die Place Royale an, ließ die Uferdämme ausbauen und erweiterte die Bibliothek. Maria von Medicis legte 1615 den Grund zum Palais Luxembourg. So stand denn unter Ludwig XIII. (1610—1643) von den hervorragenden Bauwerken des heutigen Paris rechts von der Seine schon die Abtei St. Martin, der Temple, das Louvre, das Palais und der Garten der Tuilerien, das Hôtel Richelieu, damals Palais Cardinal genannt, später die Residenz Anna's von Oesterreich und ihres Sohnes und von da an Palais Royal geheißen. Der südliche Theil der Stadt umschloß außer der Kathedrale und dem Justizpalast die von Richelieu wieder aufgebaute Sorbonne, das Collège von Cluny aus dem dreizehnten Jahrhundert, und die Kirche Ste. Geneviève. Außerhalb der Stadt standen St. Lazarus oder das Haus der Aussätzigen, aus dem elften Jahrhundert; das Hospital St. Louis von 1617, und die Abtei St. Antoine, jetzt ein Hospital. Im Süden stoßen wir auf die uralte Abtei St. Germain des Prés, auf die Kirche St. Sulpice, aus dem zwölften Jahrhundert, von Ludwig XIV. wieder aufgebaut, das oben erwähnte Palais du Luxembourg, die Abtei du Val de Grâce, von 1645, auf den Jardin des Plantes, 1635 angefangen und die Salpetrière, von 1656. Unter Ludwig XIV. (1643—1715) wurde das Hôtel des Invalides in den Umkreis der Stadt eingeschlossen, mit Bäumen bepflanzte Promenaden, die sogenannten Boulevards, entstanden auf der Nord- und Südseite der Stadt an der Stelle der alten Wälle, welche niedergerissen, wie die Gräben ausgefüllt und in Straßen verwandelt wurden. An der Stelle der alten Wallpforten entstanden die Triumphbogen der Thore St. Denis, St. Martin, St. Antoine und St. Bernard, von denen aber nur die zwei ersteren die große französische Revolution überdauerten. Paris erhielt unter jenem großen Könige, dessen lange Regierung zugleich als das Goldene Zeitalter der französischen Literatur glänzt, die Plätze Vendôme und des Victoires sowie die Colonnade des Louvre. Im Jahre 1664 wurden die prächtigen Tuilerien vollendet, das Findelhaus und das Hopital général (allgemeine Krankenhaus) erstanden, der Justizpalast ward erweitert, die Höhe St. Roche geebnet, Brücken umgestaltet und der Pont Royal zur Beförderung des Verkehres zwischen den Tuilerien und der auf dem südlichen Seineufer gelegenen Vorstadt St. Germain errichtet. Vor den Tuilerien steckte Lenôtre, der größte Gartenkünstler jener Epoche, den Tuileriengarten ab, dem die Anlage der Elysäischen Felder (Champs Elysées) folgte. Auch erhielt damals Paris seine erste Straßenbeleuchtung. Obwohl Ludwig XIV. die königliche Residenz nach dem nahen Städtchen Versailles verlegte, wo sie bis 1789, d. h. bis zum Ausbruche der französischen Revolution verblieb, behauptete sich Paris doch stets als der Mittelpunkt der französischen Gesellschaft, der Künste und Wissenschaften. Ludwig XIV. baute nicht blos die berühmte Gobelinsmanufaktur, sondern auch den Unterbau der Sternwarte, des Palais Mazarin, jetzt das in der gelehrten Welt Frankreichs eine so machtgebende und hervorragende Rolle spielende Institut de France, und errichtete die Oper und das Theâtre français.

Auch die Nachfolger des länderdurstigen Fürsten, an welchen der schmeichlerische aber geistreiche und formgewandte Hofdichter Boileau 1677 die emphatischen Worte richtete:

> Grand roi, cesse de vaincre, ou je cesse d'écrire (Großer König, höre auf zu siegen oder ich höre auf zu schreiben)

erweiterten und verschönerten Paris bedeutend. Dem schwelgerischen Ludwig XV. (1715—1774) verdankt es das Palais Bourbon, jetzt das Palais Législatif, den schönen Brunnen von Grenelle, die Militärschule auf dem Marsfelde und die neue Kirche Ste. Geneviève, welche 1793 Panthéon genannt wurde, die Getreidehalle, die Reiterstatue und die Gebäude auf der Place Louis XV., den Markt St. Martin und die Münze. Der unglückliche Ludwig XVI. (1774—1793) beendigte das Collège de France, fing die Ecole de Médecine an, gab dem Justizpalaste eine neue Façade, erbaute das Odéon für die Komödie, das Theâtre des Italiens für die komische Oper; im Jahre 1786 entstanden die steinernen Gallerien des Palais Royal und die schöne Brücke Louis XVI., jetzt de la Concorde genannt, während die Fontaine des Innocents wieder hergestellt und der Botanische Garten erweitert wurde. Die Revolution von 1789 zertrümmerte dagegen Vieles. Alles, was im Entferntesten an Adel und Königthum erinnerte, wurde niedergerissen und vernichtet. Die Erstürmung der Bastille am 14. Juli 1789 gab das Signal zu einer Reihe von Verwüstungen, welche binnen zehn Jahren die glänzende Stadt von ihrer erklommenen Höhe herabzustürzen drohten und dem Vandalismus der Kommunarden von 1871 augenscheinlich zum Vorbilde dienten. Der Tyrann Napoléon I. schuf dafür in zwölf Jahren so viel wie drei Regierungen: herrliche Straßen, wie die Rue de la Paix, Rue de Rivoli, du Mont Thabor, de Castiglione, die Quais oder Uferstraßen d'Orsay, de Billy, Desaix, Morland, Catinat, Bignon, du Louvre, des Invalides, de la Cité, de la Conférence, de la Tournelle; die Brücken de la Cité, des Arts, d'Austerlitz, d'Jena, den Ourcq-Canal und das schöne Bassin de Villette; vierundzwanzig neue Fontainen, fließende Brunnen, acht bedeckte

Märkte, acht Schlachthäuser (Abattoirs), vier weite Kirchhöfe, ungeheure Kornspeicher und die prächtige Weinhalle ließ er anfangen. Freilich hat Napoleon I. nur einen Theil seiner Pläne durchführen können, welche darauf abzielten, durch großartige Bauten Paris zu einer seines Weltreiches würdigen Metropole umzuschaffen. Immerhin erstanden ganze Stadttheile in erneuter Pracht, die Colonnade des Louvre wurde beendet, eine Gallerie angefangen zur Verbindung derselben mit den Tuilerien, ein großer Triumphbogen auf dem mit Mauern umgebenen und erweiterten Carousselplatz aufgerichtet, ein ähnlicher am Ende der Champs Elysées, der sogenannte Arc de l'Etoile; eine Triumphsäule auf Place Vendôme sollte die Thaten des Eroberers und der großen Armee für die Nachwelt verewigen. Der Grund zur Börse sowie zum Handelstribunal wurde gelegt und die während der Revolution theils verwüsteten, theils ihrer Bestimmung entfremdeten Kirchen und Kapellen wurden wieder hergestellt und neu ausgeschmückt.

Weniger läßt sich von den Regierungen Ludwig XVIII. (1815—1824) und Karl X. (1824—1830) berichten. Wohl ließen auch diese Fürsten die Verschönerung ihrer Hauptstadt sich angelegen sein und manches hübsche oder nützliche Gebäude erstand unter ihnen, eine durchgreifende Veränderung hat die Physiognomie der Stadt Paris aber nicht erfahren. Mehr leistete König Louis Philipp (1830—1848), welcher Garten und Palast der Tuilerien bedeutend veränderte, mehrere Uferstraßen erweiterte, verschiedene begonnene Bauten, wie die Kirche de la Madeleine, die Gebäude des Quai d'Orsay, die Ecole des Beaux Arts, die Kirche Notre Dame de Lorette vollendete und auf dem Concordienplatz den Obelisk von Luxor, auf dem Bastilleplatz die Julisäule aufstellen ließ. Paris erhielt auch besseres Pflaster, mehr Abzugscanäle und bessere Beleuchtung; die Bièvre, ein Flüßchen, welches die südöstlichen Stadttheile durchfließt und etwas oberhalb des Pont d'Austerlitz in die Seine mündet, wurde geschlämmt, besonders aber die Befestigung der Hauptstadt durch vorgerückte Außenwerke in der nächsten Umgebung der Stadt ausgeführt. Den Höhepunkt seines Glanzes erreichte Paris jedoch unter der Regierung des dritten Napoleon, welcher ganze Viertel mit engen und übelberüchtigten Gassen und ungesunden Häusern niederreißen, Arbeiterstadttheile erbauen ließ und durch wahrhaft großartige Straßendurchbrüche und Anlagen Paris nicht blos schöner, sondern auch gesünder, ja zur gesündesten Metropole der Welt machte. Er stellte an die Spitze der Stadt als Seinepréfekten den energischen, wenn auch verschwenderischen Baron Haußmann, unter dessen Leitung zahlreiche neue äußere Boulevards entstanden, das Bois de Boulogne zu einem glänzenden Parke mit zahlreichen Wasserfällen, die einen Strom zwischen Rasenufern speisen, umgewandelt, die Verbindung des Louvre mit den Tuilerien vollendet. Die Centralhallen werden ausgeführt, die Bank wird vergrößert und in ihrer Nähe das Hôtel de Timbre erbaut. Die alten Theater werden restaurirt und neue eröffnet, der Industriepalast erhebt sich auf den Champs Elysées; die Rue des Escoles wird beendet, die Zugänge zum Luxembourg und Pantheon werden verschönert, die Kirche Sainte Clotilde wird erbaut, ein neues Ministerium des Aeußeren eröffnet. Die alte Basilica Notre Dame, von dem Häusergerümpel befreit, in dem sie bis dahin versteckt lag, erscheint wiederhergestellt und verjüngt; die Heilige Kapelle, gleichfalls befreit von den staubigen Archiven der Justiz, streckt ihre vergoldete Spitze in die Lüfte, während der Justizpalast mit vier neuen Fronten prangt; die Brücken sind ausgebessert und bequemer gemacht; durch die Münzschleuße wird endlich der Seinearm des rechten Ufers, der sonst im Sommer austrocknete, schiffbar gemacht.

So war das Paris des Jahres 1870, zweifelsohne die glänzendste Kapitale der Erde! Einen Theil dieser Herrlichkeiten weihte der Wahnwitz der Petroleumhelden ein Jahr darauf dem Untergange, und die Regierung der Republik konnte seither kaum zu Anderem Zeit finden, als zur Wiederherstellung des Zerstörten. Rühmlicherweise hat sie dieser ersten und wichtigsten Aufgabe all ihre Sorge, all ihre Kräfte gewidmet und dank diesen Anstrengungen gewahrt man heute fast nichts mehr von den Verwüstungen der Schreckensnacht des 26. Mai 1871, nur die prachtvolle Front der Tuilerien ist für immer dahin, eine Ruine, die wohl vergeblich ihrer Auferstehung aus der Asche harrt. Die imposante Avenue de l'Opéra, mitten im Herzen der Stadt, ist wohl die hervorstechendste Neuschöpfung der republikanischen Regierung, welche sichtlich sich bestrebt, die Schäden der Vergangenheit zu heilen und die Entwicklung der Stadt in jenem Sinne zu fördern, welcher sie auf der erstiegenen Höhe zu erhalten geeignet erscheint.

Die Cité.

Freundlicher Leser! Ich lade Dich nunmehr zu einer gemeinsamen Wanderung durch jenes Paris, welches in seinen zwanzig Arrondissements, deren jedes wieder in vier Viertel (Quartiers) eingetheilt ist, 2,344,000 Menschen beherbergt, mithin nach London die volkreichste Stadt nicht blos Europas, sondern auf der ganzen Erde ist. Gar Manches wollen wir auf unserem Spaziergange in Augenschein nehmen, Dinge und Menschen; gelegentlich brauchen wir uns Streifblicke auf sociale Einrichtungen, die dem Fremden auffallen, nicht zu versagen; manchmal werden wir wohl auch die Zeiten rückwärts schauen und bei dem Anblick ehrwürdiger Denkmäler uns in die Erinnerung des Gewesenen versenken dürfen. Wo aber sollen wir unseren Rundlauf beginnen in dieser Riesenstadt mit ihrem Häusermeere, ihren unzähligen Straßen, ihrem sinnverwirrenden Treiben? Und doch können wir kaum lange unschlüssig bleiben, denn es ist in Paris viel leichter als in mancher andern minder großen Stadt sich zu orientiren, da die Paris in zwei ungleich große Hälften theilende Seine dazu treffliche Anhaltspunkte bildet. Von ihren Inseln, die zugleich im Mittelpunkte von ganz Paris liegen, wollen wir daher unsern Ausgang nehmen.

Die ältesten Pläne von Paris zeigen vier solcher Seineinseln, von welchen die westlichste die größte war. Es ist dies die Ile de la Cité und stadthistorisch der Uranfang von Paris, des gallischen Lutetia. Die vier Inseln erscheinen getrennt noch bis an das Ende des 16. Jahrhunderts; später finden wir die frühere Ile Notre Dame und die Ile aux Vaches zur Ile St. Louis vereinigt, während die Ile Louvier in verringertem Umfange noch am Ende des vorigen Jahrhunderts besteht. Das moderne Paris kennt blos mehr die zwei durch den Pont St. Louis mit einander verbundenen Inseln de la Cité und St. Louis, mit welch letzterer die einstige Ile Louvier verschmolzen ist. Der breite Pont Sully verbindet die Ludwigsinsel mit beiden Ufern der Seine, und von ihrer östlichsten Spitze führt die Passerelle de l'Estacade nach dem Quai Henri VI. hinüber. Merkwürdigkeiten bietet die von der schnurgeraden Rue Saint Louis durchzogene und hübschen Quais eingesäumte Insel weiter nicht.

Dafür sind auf der benachbarten Ile de la Cité drei der sehenswürdigsten Gebäude von Paris vereinigt: die Kathedrale von Notre Dame, das Palais de Justice (Justizpalast) mit der Ste. Chapelle (Heilige Kapelle) und das Tribunal de Commerce (Handelsgericht).

Notre Dame de Paris, die Liebfrauenkirche, ist zweifelsohne eines der wichtigsten und interessantesten Bauwerke in ganz Frankreich, nicht so sehr durch die geschichtliche Rolle, welche sie gespielt — diese ist vielmehr erstaunlich mager — als durch die vornehme Art ihrer Gothik. Man sagt, daß schon im vierten Jahrhundert an dieser Stelle der Cité eine Kirche gestanden, von welcher Reste im Jahre 1847 gelegentlich von dort veranstalteten Ausgrabungen aufgefunden wurden. Zu der heutigen Kathedrale ward der Grundstein im Jahre 1163 durch den Bischof Maurice de Sully im Beisein des Papstes Alexander III. gelegt. Neuerdings durchgreifend restaurirt, macht die in Gestalt eines lateinischen Kreuzes erbaute Notre Dame-Kirche mit ihrer herrlichen Façade, mit der 13 m im Durchmesser haltenden Fensterrose und ihrem einfachen großartigen Innern einen bedeutenden Eindruck. Die Hauptfront auf der Westseite hat drei reiche Portale, unter welchen das nördliche, durch das man gewöhnlich in das Gotteshaus eintritt, in künstlerischer Hinsicht am Höchsten steht; alle drei Thore sind nämlich reich mit Skulpturen geschmückt und gerade diese sind hier vollendeter, als an dem etwas jüngeren Mittelportale, welches nach der Hauptdarstellung in seinem Bogenfelde das Thor des Jüngsten Gerichtes genannt wird. Das Portal der heiligen Anna unter dem Südthurm ist dagegen in seinen Bildhauereien noch theilweise romanisch und stammt höchst wahrscheinlich aus der Zeit gleich nach der Gründung des Baues. Eine Hauptzierde erhalten die Portale durch die vollendete Schmiedearbeit ihres Thürbeschlages. Ueber den Portalen bildet die Galerie du Roi ein zweites Geschoß, das wegen seines reichen Schmuckes als eine Hauptzierde des ganzen Baues gelten muß. Ueber dieser Gallerie zieht sich eine schmale umlaufende Terrasse mit zierlich durchbrochener Brüstung hin. Im dritten Geschoß beginnen die zwei viereckigen, massigen, leider wie fast bei allen gothischen Domen unvollendet gebliebenen Thürme bestimmter hervorzutreten; die große Rose, ein wahres Meisterwerk, erhellt das Mittelschiff der Kirche, die beiden getheilten, von einem Spitzbogen wieder eingerahmten Fenster erleuchten je einen geräumigen Saal des Thurmes. Ein kräftiges Blattgesims, das den oberen Abschluß dieses Geschosses bildet, dient zugleich zur Aufnahme der von schlanken Säulchen getragenen Gallerie, welche die Vermittlung zwischen den frei sich ablösenden Thürmen und der Masse des Unterbaues bildet. Die krönende Brüstung ist durch phantastische Thiergestalten geschmückt; Schallöffnungen der Thürme, Strebepfeiler und Gesimse haben durch vortretende Blattknäufe eine kräftige Ausschmückung erhalten. Auf den Plattformen der Thürme, von welchen sich ein großartiges Panorama über die Seinestadt dem Beschauer entrollt, erhebt sich jetzt nur ein kleines Stiegenthürmchen, während dem ursprünglichen Plane nach hier hohe achteckige Steinspitzen beginnen sollten, ähnlich wie die Marienkirche zu Eßlingen am Neckar zeigt. Gehört die der Westseite zugekehrte Hauptfaçade von Notre Dame noch in die Zeit des Uebergangsstyles, so zeigen dagegen die beiden Querschiff-Fronten den entwickelteren, rein gothischen Styl, für den sie sehr bezeichnende Beispiele sind. Auch das Innere der fünfschiffigen Kathedrale macht einen durchaus einheitlichen Eindruck, jedoch eines Baues im Uebergangsstyl. An Stelle schwerer romanischer

Pfeiler tragen hier kurze stämmige Säulen mit weit ausladenden Kapitälen in kühner Weise die Bogengänge des Schiffes, was einen viel freieren Durchblick in die doppelten Seitenschiffe gestattet. Die Kirche ist 137 m lang, im Ganzen 48 m breit, das mittlere Gewölbe 34 m hoch. Bemerkenswerth sind verschiedene Glasmalereien, die sechstausend Pfeifen zählende Orgel, die Reliquien, welche der heilige Ludwig für die damals ungeheure Summe von drei Millionen Franken erstanden haben soll, endlich die 16,000 kg schwere Glocke, den Bourbon de Notre Dame, welche Victor Hugo in seinem bekannten Romane: „Der Glöckner von Notre Dame" verherrlicht hat.

Unweit von dieser ehrwürdigen Kathedrale steht auf der nämlichen Ile de la Cité an den Ufern der Seine ein mächtiges Gebäude, welches mit seinen zwei Seitenflügeln, die nach der Straße zu mit einer hohen Eisengittergallerie abgeschlossen sind, ein großes Viereck bildet. Ein flüchtiges Ansehen verleiht diesem Gebäude ein Alter von kaum 150 bis 200 Jahren, und sonach klingt es wie eine Fabel, wenn wir vernehmen, es hätten schon Ludwig des Heiligen Vorfahren diesen Palast ununterbrochen bewohnt und er sei wechselweise Wohnung der alten Frankenkönige, dann Sitz der Parlamente gewesen, bis er jetzt den Gerichtshöfen und der Justizverwaltung ausschließend übergeben sei und den Namen Palais de Justice führe. Dieser auffallende Widerspruch ist übrigens einfach zu erklären. In unserem zerstörenden Klima zehrt die Feuchtigkeit ohne Unterlaß an den Werken der Menschenhände, selbst wenn sie aus hartem Gestein oder aus Metallen errichtet sind, und so ist von den meisten Gebäuden aus der entfernten Vorzeit durch Ausbesserungen oder theilweise Veränderungen und Vergrößerung wenig oder nichts übrig geblieben, und gar viele wurden mit der Zeit von Grund aus neu erbaut. So ist es auch mit diesem Justizpalaste ergangen; es stand auf diesem Platze vor Zeiten ein Gebäude, welches allerdings die Könige von Frankreich von dem sagenhaften Pharamund an in ununterbrochener Reihenfolge bewohnten, bis zur Mitte des fünfzehnten Jahrhunderts, als Karl V. die Residenz in das alte Louvre verlegte. Ludwig der Heilige ließ die ersten bedeutenden Veränderungen mit dem Palaste vornehmen — aber heute stehen noch ganz andere Gebäude da, und von den früheren finden wir kaum noch Spuren. In jenem früheren Gebäude war unter andern ein Saal, welcher bei feierlichen Gelegenheiten, z. B. größeren Gastereien, bei bei dem Empfange von Gesandten, bei Lehenshuldigungen u. dgl. benutzt wurde. Seine Decke bestand blos aus Zimmerwerk, seine Wände waren mit den Bildnissen der Könige von Frankreich bis Franz I. geschmückt. Leider zerstörte diesen auch in anderer Hinsicht merkwürdigen Saal eine mächtige Feuersbrunst, welche einen großen Theil des Palastes im Jahre 1630 in Asche legte. Jene interessanten Bildnisse gingen für die Geschichte und die Kunst spurlos verloren. Ein Marmortisch von ungeheurer Größe, welcher in diesem Saale stand, ist geschichtlich merkwürdig: an ihm saßen bei königlichen Gastmählern die gekrönten Häupter, während die übrigen Gäste an besonderen Tischen bedient wurden. Nach aufgehobener Tafel diente dieser Tisch als Podium eines Theaters, auf welchem die Clercs de la Basoche Possen und satyrische Stücke aufführten. Die „Basoche" war eine Körperschaft aller unteren Gerichtsbeamten und Parlamentsschreiber, welche aus ihrer Mitte ein Tribunal wählten, dessen Präsident unter dem Titel Roi de la Basoche nicht nur in allen Streitigkeiten unter den Mitgliedern, sondern auch in allen gegen sie erhobenen Civil- und Criminalklagen Recht sprach und sogar in letzter Instanz

2*

entschied. Dieses Tribunal hielt Verhöre ab, gab Gutachten, fällte Urtheile, vollstreckte dieselben und maßte sich überhaupt nach und nach eine Herrschaft an, welche selbst die in den Provinzen gebildeten ähnlichen Tribunale anerkannten. Jedes Jahr hielt der König der Basoche eine große Musterung über die Mitglieder derselben ab, deren Anzahl nach und nach bis auf zehntausend gestiegen war. Nur der gewaltige Sturm der Revolution löste diese Körperschaft auf und die rohe Gewalt dieser Zeiten überbot in ihren Verwüstungen die Folgen jener oben erwähnten ersten sowie einer späteren zweiten Feuersbrunst.

Zwei Jahre nach dem ersten Brande wurde der Bau des neuen Saales begonnen, wie derselbe heute noch steht. Er ist 72 m lang und 27 m breit und wird durch eine Reihe von Pfeilern, auf denen das Gewölbe ruht, in zwei gleiche Abtheilungen geschieden. Dieser Saal hat seit langer Zeit den sonderbaren Namen „Saal der vergeblichen Schritte“ (Salle des pas perdus) und noch heute muß man sich dieses Namens bedienen, wenn man nach dem großen Saale des Justizpalastes fragen will. Wem fällt da nicht unwillkürlich die Inschrift ein, welche Dante der Hölle giebt, wonach jeder, welcher da hineinkommt, alle Hoffnung zurücklassen soll? Die Stimme des Volkes hielt es für ausgemacht, daß auch hier die Hoffnung täuschend und jeder Schritt vergeblich sei. Vox populi, vox Dei! In dem obern Stockwerke sind die Archive des Palastes — eine ungeheure Sammlung von Akten, welche in drei langen Gallerien aufgestellt sind — wie viele Zeugnisse von „vergeblichen Schritten“ mögen darin enthalten, wie viel Interessantes mag da verborgen sein! Eine neue Feuersbrunst zerstörte im Jahre 1776 den andern Theil des Palastes, welchen der erste Brand verschont hatte. Man baute ihn nun in Uebereinstimmung mit dem stehen gebliebenen Theile wieder auf, so daß das Ganze gleichförmig wurde, bis auf drei Thürme, welche noch allein aus den Zeiten Ludwig des Heiligen übrig blieben. Im Jahre 1871 wurde der Justizpalast von den Kommunarden abermals durch Feuersbrunst größtentheils zerstört und die Salle des pas perdus ist noch nicht ganz restaurirt. Auf dem ersten der drei Thürme — er ist viereckig — befand sich die erste Thurmuhr in Frankreich, welche von einem Deutschen H. de Vie erbaut und im Jahre 1370 aufgestellt wurde, aber die auf diesem Thurm hängende Sturmglocke ist noch berühmter: sie wurde nur bei sehr wichtigen Veranlassungen geläutet und hat in der berüchtigten Bartholomäusnacht vom 24. auf den 25. August 1572 den Mördern das Zeichen gegeben, ihr Werk an den in Paris versammelten Hugenottenhäuptern zu beginnen.

In einem der Höfe dieses denkwürdigen Palastes liegt der interessanteste Theil desselben: die Ste. Chapelle (Heilige Kapelle), ein Juwel der Baukunst. Kaiser Balduin von Konstantinopel hatte dem frommen Könige Ludwig IX. eine größere Anzahl Reliquien verkauft und darunter ein Stückchen Holz von dem wahren Kreuze des Erlösers. Es war selbstverständlich in damaliger Zeit, daß eine Kirche oder wenigstens eine Kapelle zur würdigen Aufbewahrung und Verehrung dieser Heiligthümer erbaut werden mußte. Der berühmteste Baumeister jener Tage, Pierre de Montereau, wurde im Jahre 1242 damit beauftragt, und so entstand diese Kapelle, welche unter demselben Namen wie der König, der sie erbauen ließ, heute noch bekannt ist, wenn sie schon, nachdem sie fast sechs Jahrhunderte lang ihrem ursprünglichen Zwecke gedient und selbst die kirchenschänderische Periode der Revolutionszeit überdauert hatte, seit Anfang des gegenwärtigen Jahrhunderts entheiligt und zu weltlichen Zwecken herabgewürdigt wurde. Es wird ein Theil des Staatsarchives darin aufbewahrt und zu diesem Behufe sie ganz mit hohen Schränken angefüllt. Seit ihrer in neuerer Zeit erfolgten Restaurirung wird nur einmal jährlich Gottesdienst darin gehalten, nämlich bei der Wiedereröffnung der Gerichtssitzungen. Die Kapelle ist ein reizendes gothisches Bauwerk, 36 m lang und ebenso hoch, weshalb sie ausnehmend schlank erscheint. Eigentlich sind zwei Kapellen in einander gebaut, die obere Hälfte, die heilige Krone oder das heilige Kreuz genannt, war für den König und seinen Hof bestimmt, die untere Hälfte, der heiligen Jungfrau geweiht, diente den übrigen Bewohnern des Palasthofes zum frommen Gebrauche. Zwei große Emailgemälde zierten die Altäre, welche zu beiden Seiten des Chors stehen; über dem Hauptaltar erhob sich ein Kasten von vergoldetem Silber, reich mit edlen Steinen geschmückt, ein treues Abbild der Heiligen Kapelle, der Sarg Ludwig des Heiligen. Ueber demselben gelangte man auf zwei Treppen zu dem großen Reliquienkasten aus Goldbronze. Zur besonderen Aufbewahrung des Stückes echten Kreuzholzes ließ Heinrich III. ein großes in Feuer vergoldetes Kreuz anfertigen. Aber nicht nur die vom Kaiser Balduin erworbenen Heiligthümer waren da aufbewahrt, sondern noch viele andere und darunter höchst merkwürdige Kostbarkeiten, z. B. eine Büste Ludwig IX. in natürlicher Größe, eine ovale 30 cm lange und ebenso breite Kanne aus Achatonyx, ein Geschenk des Kaisers Karl V., welche in vielen Figuren in erhabener Arbeit die Apotheose des Augustus darstellt. Bei dem Brande im Jahre 1618 war sie in Stücke gegangen, ward aber dann wieder kunstvoll hergestellt. In der Schatzkammer der Kapelle hatte Ludwig IX. ein eigenes Behältniß, in welchem er seine religiösen Bücher aufbewahrte, deren er nicht wenige besaß, ebenso wurden Abschriften der heiligen Kirchenväter da verwahrt. Man zeigt auch die Zelle, in welcher die fromme Gemahlin des heiligen Ludwig, Margarethe von Provence, einsam betete. Das Holz des heiligen Kreuzes war immer Gegenstand ganz besonderer Verehrung; es übte immer in der Nacht vom Freitag auf den Sonnabend seine Wunder, indem es namentlich die vom Teufel und bösen Geistern Besessenen heilte. In feierlichem Gottesdienst wurde der Kranke mit der heiligen Reliquie berührt und die Genesung erfolgte alsbald. Der Kanonikus und ein Kaplan dieser Kapelle führte den Titel: „Papst der heiligen Kapelle", ein Beweis des hohen Ansehens, in welchem die Geistlichkeit derselben stand. Im Jahre 1871 entging die Kapelle wie durch ein Wunder den Alles rings herum verheerenden Flammen; so ward auch das Grab Nicolas Boileau Despreaux', des berühmten Dichters und Satirikers, erhalten, der hier seine letzte Ruhestätte gefunden.

Der Justizpalast, im Uebrigen nur eine Gesammtbezeichnung für die große zusammenhängende Gebäudeanhäufung, welche der Verwaltung der verschiedenen Rechts- und Polizeizweige dient, nimmt den ganzen Raum ein zwischen der Rue Harlay und dem breiten Boulevard du Palais, welcher die Citéinsel von Nord nach Süd durchquert, einerseits und dem Quai de l'Horloge und dem Quai des Orfèvres andererseits. Beide Seineinseln sowie auch die festländischen Ufer des Stromes werden von prächtigen Uferstraßen eingefaßt, welche den Anblick der Seine zu einem wahrhaft glänzenden gestalten. Der Quai de l'Horloge hat seinen Namen von der obenerwähnten Uhr des Justizpalastes, welcher jenem Quai auch seine Hauptfront zuwendet. Dort befindet sich auch der Haupteingang zur Conciergerie, das sonst nichts Bemerkenswerthes bietende Gebäude, nach welchem zur Revolutionszeit die für die Guillotine bestimmten Unglücklichen, darunter auch Königin Marie Antoinette, gebracht wurden; heute ist dieses ehemalige Gefängniß des Parlaments der Aufbewahrungsort aller in Voruntersuchung befindlichen Angeklagten. Der Quai de l'Horloge zieht sich zwischen zwei der denkwürdigsten Brücken von Paris hin, dem Pont Neuf und dem Pont au Change. Erstere, aus dem Ende des 16. Jahrhunderts stammend, ist mit ihren 229 m die längste Brücke der Stadt und fährt schnurgerade, die Citéinsel in ihrer westlichen Spitze kreuzend, über beide Seinearme. Auf der Landzunge der Cité, über welche der Pont Neuf geht, erhebt sich eine Reiterstatue König Heinrichs IV. auf imposantem Postamente, die den alten Parisern indeß so wenig dahin zu passen schien, daß sie zur Redensart: comme Henri IV. sur le Pont Neuf, um etwas Ungereimtes zu bezeichnen, Anlaß gab. Der Pont au Change, auf welchem im 12. Jahrhundert schon die Geldwechsler, Goldschmiede und Krämer ihre Buden aufschlagen durften — daher der Name — verbindet die Citéinsel mit der Place du Chatelet auf dem Nordufer und mündet in den Boulevard du Palais, welcher seine Fortsetzung nach Süden über den kurzen Pont St. Michel in den gleichnamigen, den linksufrigen Stadttheil durchschneidenden modernen Boulevard mündet. In der Cité trennt der Boulevard du Palais den Justizpalast von dem gegenüber liegenden kuppelgekrönten Tribunal de Commerce, einem ganz prächtigen, aber der jüngsten Gegenwart (1860—1866) angehörenden Bau. Das Tribunal de Commerce erhebt sich zwischen dem Quai de la Cité und der breiten Avenue de Constantine, welche senkrecht auf den Boulevard du Palais zum Hauptkrankenhaus von Paris, dem erst 1877 eröffneten Nouvel Hôtel Dieu führt, einem großartigen Neubau, der an Stelle der alten, historisch berühmten Stiftung getreten ist und zwischen der Seine und dem baumbepflanzten Place du Parvis Notre Dame sich ausdehnt. Die westliche Seite dieses Platzes bildet die Caserne Municipale, deren eine Front sich längs der Avenue de Constantine hinzieht und dieser Front gegenüber liegt zwischen Hôtel Dieu und dem Tribunal de Commerce der Marché aux Fleurs, der größte Blumenmarkt von Paris.

Die Liebhaberei für Blumen ist beim Pariser durch alle Stände in hohem Grade vorhanden; deßhalb sind auch diese Märkte stark besucht; es giebt ihrer mehrere in der Stadt, doch ist dieser der bedeutendste. Sonst befinden sich an sehr gangbaren Orten noch Blumenstände u. dgl.; für feine Gewächse und schön gezogene blühende Pflanzen giebt es eine Menge zum Theile sehr kostspielig eingerichteter, sehr brillant beleuchteter Blumengewölbe. Hier findet man junge Palmen, seltene Dracaenen, selbst Araukarien in überraschender Menge. Der Handel mit abgeschnittenen Blumen in Bünden von einer gewissen constanten Menge wird nur in der Centralhalle (gleichzeitig mit Obst- und Gemüseverkauf) betrieben. Hier kommen täglich frühmorgens die Blumenzüchter mit unglaublichen Mengen solcher Waaren zum Markte. Die ersten Käufer sind die Blumenhändler, welche Gewölbe halten; diese nehmen das Schönste, bezahlen am besten. Nach diesen Käufern kommen die Blumenhändler der Blumenmärkte; diese nehmen, was noch Schönes von abgeschnittenen Blumen vorhanden, bezahlen aber schon bedeutend geringere Preise, und endlich im Laufe des Nachmittags kommen jene Sträußchen-Verkäufer, welche in allen öffentlichen Lokalen und selbst auf den Straßen bis tief in die Nacht ihre Sträuße oft um erstaunlich billige Preise zum Kaufe anbieten. Die Ursache, warum manchmal die Sträuße so billig abgegeben werden, ist die, daß alle Tage sämmtliche abgeschnittene Blumen der Markthalle verkauft werden müssen, daher an manchen Tagen bedeutende Massen solcher Waare um jeden Preis hintangegeben werden. Alle zum Verkaufe ausgebotenen blühenden Pflanzen, sowohl jene in Geschirren, als auch die abgeschnittenen, sind an allen Verkaufsorten mit einem zierlich feinen, weißen Papierbogen dütenförmig umhüllt, und zwar mit vielem Geschick, um die Blüten im schönsten Lichte zu zeigen. Sträuße sieht man sehr wenige. Wir bemerken auch bei Festen, wo die feine Gesellschaft von Paris sehr zahlreich und überaus glänzend vertreten ist, fast gar keine Handsträuße. Die Bruststräuße ersetzt man bei solchen reichen Festen durch Sträuße von Brillanten. So geht es aber bei allen Uebertreibungen; die Handsträuße wurden endlich so umfangreich, daß sie der Trägerin lästig werden mußten; Fortschritte in den Größenverhältnissen konnte man nicht mehr, Rückschritte wollte niemand machen — und so trägt man die Handsträuße lieber gar nicht mehr. Dies ist aber ein unglaublicher Schaden für die Blumenhändlerinnen; es gab doch Handsträuße, welche bis 150 Franken kosteten.

Der Blumenhandel wird ganz frei betrieben. Jeder Händler hat seinen Platz, wo er einen ganz elenden Stand, mit Leinwand überspannt, aufstellt. Hier stehen die Blumentöpfe bis weit in den Gehweg hinein; einzelne Gruppen blühender Pflanzen reichen selbst bis über dessen Mitte hinaus; das stört aber die so zahlreichen Fußgänger nicht im Mindesten, wandeln sie doch unter ihren Lieblingen! Man handelt und kauft, und bewegt sich frei. Außer diesen bestimmten Verkaufslokalitäten werden Blumen und Früchte von Zwischenhändlern auf breiten, zweirädrigen Karren, welche der Verkäufer vor sich herschiebt, aber nur in den nicht gar zu lebhaften Straßen von Paris, den ganzen Tag, ja bei Laternenbeleuchtung sogar bis tief in die Nacht zum Verkauf ausgeboten. Auf ganz ähnliche Weise wird die Bevölkerung von Paris mit Gemüsen versorgt; doch geschieht dies nur in den Frühstunden. Jeder Kunde sagt dem Verkäufer schon Tags vorher, was er am darauffolgenden bringen soll. Diese Händler rufen ihre Waaren mit lauter Stimme aus. Außer den früher angeführten Blumen und Pflanzen in Töpfen ist aber auf den Märkten und Ständen auch für die Zierde kleiner Hausgärten reichlich gesorgt. Man erhält hier für drei, höchstens fünf Sous aus dem Grunde ausgehobene Viola tricolor, Verbenen, Gladiolen und namentlich Schlingpflanzen, welche, wenn sie an demselben Tage noch in ihren neuen Grund eingepflanzt werden, recht gut fortwachsen. Besonders auffallend ist dies bei den schon 30 cm hoch ausgetriebenen Gladiolen, welche bei behutsamer Behandlung durch das Ausgraben und Wiedereinsetzen gar nicht leiden sollen. So ist der Pariser, wenn er auch nur einige Quadratmeter Gartengrund besitzt, im Monat Mai in der Lage, sich für 3—5 Franken ein recht zierliches Gärtchen herzurichten — denn er kauft theilweise schon in der Blüte begriffene Pflanzen. Der Verkehr mit Topfpflanzen hat jedoch auf diesen Märkten eine Wichtigkeit für den Handelsgärtner, von welcher man in Deutschland keinen Begriff hat. Hauptsächlich sind es die Bewohner der letzten Stockwerke der hohen Häuser, welche ihre Fenster meistens mit Schlingpflanzen und Topfgewächsen zieren. Die Ausschmückung der Wohnräume reicher Leute besorgen, gerade wie bei uns, ausschließlich die Blumen-Verkaufsgewölbe. Wir haben stets mit wahrem Vergnügen Arbeiterinnen, in welchem Gewerbe sie auch beschäftigt sein mögen, den Blumenmarkt mit freudigen Mienen durchschreiten sehen, wie sie mit einer gewissen Weihe die Blüten betrachten und endlich den gewählten, so sehr vergänglichen Schatz kaufen, worauf sie, denselben fortwährend betrachtend, ihres Weges gehen. Es ist ein erfreulicher, lauterer Sinn für das Schöne, Liebliche, welches die Pariserinnen die Blumen schätzen, ja lieben lehrt! Sie wollen, von ihrer oft anstrengenden, aber fast nie genügend einträglichen Arbeit aufblickend, an ihren Fenstern es grünen und blühen sehen. Diese bei den Französinnen so allgemein verbreitete, ja angeborene Lust am Grün, an den farbigen Blüthen, an dem feinen Wohlgeruch kommt sonach dem Verkehre mit Gartenerzeugnissen sehr zu Statten, ja sie erhält geradezu diese Blumenmärkte; werden doch sogar die Leichen von Kindern, Mädchen und Frauen von ihren liebenden oder sie ehrenden Angehörigen, so beschränkt diese auch in ihren Geldmitteln sein mögen, reich mit frischen Blumen, welche rundum den Sarg erfüllen, als letzter Liebesgabe geziert! Es liegt ein tiefer Sinn in der Liebe zu den Blumen und zum Gewinde von Grün; es ist ein erheiternder, reeller Besitz, den sich selbst der am mindesten vom Glücke oder in seiner Stellung Begünstigte mit so wenig Mitteln schaffen kann — und sich auch schafft! Der Leichtsinn kehrt auch in Paris erst da ein, wo der Ueberfluß anfängt — und vor dessen Folgen hüten sich die Pariserinnen mehr, als man gemeiniglich urtheilt. Das bürgerliche Leben ist in Paris noch immer ein sehr ehrenwerthes, ja fast spießbürgerliches. Deßhalb ist auch in diesen Kreisen noch rastlose Arbeit, Sparsamkeit und Vorliebe für blühende Pflanzen zu treffen. Der Wellenschlag des überaus luxuriösen, ja liederlichen Lebens, welches Paris zu beherrschen scheint, trifft nur in sehr wenigen Fällen das häusliche stille Glück der arbeitsamen Familie des Gewerbs- oder kleinen Geschäftsmannes. Und in der Mitte dieses Alltagslebens wird so manche blühende Pflanze das einzige Versöhnungs- oder Verschönerungsmittel.

Eines der Hauptmerkmale der Handelsgärtnerei in und um Paris ist, daß überall nur je ein Culturzweig verfolgt, aber dieser auch mit unglaublichem Fleiße und Geschick auszubeuten gesucht wird. Da giebt es z. B. große Gartenanlagen, von denen das eine nur Verbenen, das andere Violen und Gladiolen, oder Camelien, Azaleen, Rosen, Dracaenen, Crassula, Cactus (ganz kleine in winzigen Töpfchen), ja selbst nur Gras in Töpfen für die Hunde und Katzen, das ganze Jahr hindurch zum Verkaufe ziehen. Jeder Gärtner von einigem Belange zieht in seiner ganzen Anstalt nur eine Besonderheit, aber diese mit einer staunenswerthen Abwechslung und Vollkommenheit.

Wir können die Cité nicht verlassen, ohne des zur Poesie des Blumenmarktes einen schneidenden Contrast bildenden seltsamen Institutes zu gedenken, welches auf der östlichen Spitze der Insel zwischen der Brücke St. Louis und dem Pont de l'Archevêché sich erhebt, nämlich der Morgue, d. i. des polizeilichen Ausstellungslokales aller aufgefundenen Leichen von Selbstmördern oder Verunglückten, deren Namen und Ortsangehörigkeit man nicht kennt und deren Identität durch dieses öffentliche Zurschaustellen ermittelt werden soll. In der That werden ungefähr sieben von acht Leichnamen von Verwandten oder Freunden erkannt, und diese durchschnittlich innerhalb eines bis zwei Tagen. Der Zugang der heutigen Morgue, welche erst im Jahre 1863 das frühere kleine und niedrige Gebäude am Ufer des verhängnißvollen Flusses ersetzte, der ihm volle vier Fünftel seiner gespensterhaften Inwohner liefert, ist frei in einem hallenähnlichen Raum, dessen zweite Hälfte durch eine große Glaswand vom Raume der Zuschauenden getrennt ist. Hinter dieser Wand befinden sich zwölf pritschenartige, aus schwarzen Marmorplatten erbaute Gestelle, auf welchen die nackten Leichname der gefundenen Ermordeten oder Verunglückten einige Tage ausgesetzt und ihre Kleider über ihnen aufgehangen werden. Diese neue Morgue soll hinsichtlich der gesundheitlichen Einrichtungen nichts zu wünschen übrig lassen, dennoch ist sie kein angenehmer oder selbst anziehender Ausstellungsplatz für einen zartnervigen Menschen. Immerhin hat sie viel von dem Reiz eines Melodramas für eine gewisse Klasse von Leuten, und besonders von Frauen, und die Männer der Wissenschaft, die Neugierigen und Müßigen bilden eine lange und sehr gemischte Liste von Besuchern. Man rechnet, daß hier jährlich etwa 750 Leichen eingeliefert werden, worunter die Summe der Männerleichen jene der weiblichen um ein Bedeutendes übersteigt. Paris ist nach der Aussage der französischen Schriftsteller die Hauptstadt der gesitteten Welt; wir sind daher gezwungen, davon Notiz zu nehmen — und in einigen Dingen, wie z. B. Selbstmord, hat es unbestritten den Vorrang; es ist in dieser Hinsicht ebenso berühmt, wie Köln wegen seiner Wohlgerüche verschiedener Art, und wie Newcastle wegen seiner Steinkohlen und eingepökelten Lachse. Es ist eine seltsame Thatsache, daß das heiterste und „verständigste Volk auf dem Angesicht der Erde" die größte Bereitwilligkeit zeigt, „irgendwo! irgendwo! aus der Welt zu entkommen"; so aber verhält es sich mit Paris, dem festländischen Salon, selbst in den gedeihlichsten Zeiten. Die muthmaßlichen Ursachen des Selbstmordes betreffend, so scheint es, daß in Wahnsinn und Selbstmordm. nie die Erklärung für mehr als ein Viertheil der Gesammtzahl liegt. Trunkenheit und Lebensüberdruß scheinen die Ursache für je ein Zehntel; absolute Armuth für nahezu dasselbe Verhältniß; Unglück und unheilbare Krankheiten für je beinahe eben so viel; dann, und unmittelbar nach diesen Fällen, kommen getäuschte Liebe, häusliches Elend und unordentliche Lebensweise des Selbstmörders. Dies gilt indeß nur vom männlichen Geschlechte; bei dem weiblichen steht Wahnsinn in erster, getäuschte Liebe in zweiter, Lebensüberdruß in dritter, Trunkenheit in vierter, Hungertod in fünfter, häusliches Elend in sechster und unheilbare Krankheit in siebenter Linie.

Auf dem rechten Seine-Ufer.

Wir schreiten über den Pont au Change nach dem auf dem rechten Seineufer gelegenen Place du Chatelet, auf welchem Platz eine Säule sich erhebt, auf deren Kapitäl eine mit doppelter Krone geschmückte Victoria sich befindet. Es stand hier früher ein kleines befestigtes Schloß, das man wegen seines geringen Umfanges Chatelet — Schlößchen — hieß. Die Brücke au Change hieß früher Le Grand Pont, zur Unterscheidung von jener anderen unfern davon stehenden Brücke, welche heute noch Le Petit Pont genannt wird, aber über den südlichen Seinearm führt. Auch an dieser kleinen Brücke stand früher ein Schlößchen, und um beide unterscheiden zu können, nannte man sie nach den Brücken Grand Chatelet und Petit Chatelet, ohne daß das letztere kleiner oder unbedeutender als das andere gewesen wäre. Wie wir wissen, war Paris in alten Zeiten auf die Cité beschränkt und von allen Seiten mit Mauern umgeben, die durch feste Thürme geschützt waren. Die Cité stand nur durch die oben erwähnten beiden Brücken mit dem Festlande in Verbindung und zur Sicherung dieser Zugänge waren die beiden Chatelets erbaut. Ein Chronikschreiber jener Zeit erzählt, der Thurm eines Schlosses sei während einer Belagerung durch die Normannen verbrannt worden, ein Beweis, daß sie von Holz waren. Es muß damals ein furchtbarer hartnäckiger Kampf um diese beiden Schlösser stattgefunden haben, denn die tiefen Gräben waren — wie der Chronist sagt — mit den Leichnamen der Erschlagenen angefüllt und die Seine roth gefärbt von Blut. Es war auch ein Kampf um die Existenz der ganzen Stadt, denn — waren die beiden Schlösser genommen, so mußte die auf der Insel eingeschlossene Bevölkerung entweder den gräßlichen Hungertod sterben oder den wilden Normannen sich ergeben, in welch letzterem Falle zahlreiche Beispiele lehrten, was für ein schreckliches Schicksal der Gefangenen harrte. Karl V. ließ die beiden Chatelets durch den damaligen Prevot von Paris, Hugo Aubriot, von Stein aufführen. Viele große, damals entstandene Bauten wurden von diesem äußerst tüchtigen Manne ausgeführt; er befestigte Paris von Neuem, da die alten Befestigungen der neueren Kriegskunst und den damals zur Anwendung gelangenden Zerstörungsmitteln nicht mehr entsprachen. Auch die berüchtigte Bastille erbaute er, um den drohenden Angriffen der Engländer geeignete Schutzmittel entgegenstellen zu können. Er legte zuerst Dämme an, um das Austreten der Seine zu verhüten, wodurch früher die Befestigungen häufig starke Beschädigungen erlitten, und erneuerte den Grand Pont und die Brücke St. Michel, auf denen Häuser erbaut werden durften. Auch war er der Erste, welcher Abzugsgräben anlegte, die mit dem Flusse in Verbindung gesetzt wurden, wodurch eine Menge Unrath aus der Stadt entwich, der bis dahin nicht wenig dazu beigetragen hatte, den Gesundheitszustand der Einwohner zu benachtheiligen. Le Grand Chatelet war dazumal der Sitz der Gerichtspflege, welche von da aus verwaltet wurde. Das Kleine Chatelet war unter Ludwig dem Heiligen zugleich Zoll- und Accisgebäude, denn damals schon wurden die Einwohner großer Städte mit dem verhaßten „Octroi", der Gemeindesteuer, geplagt. Von Allem, was in die Stadt gebracht wurde, mußten Abgaben entrichtet werden, sogar von Affen, denn wie aus einem alten Erlasse erhellt, schon in jenen alten Zeiten war das Herumziehen mit solchen Thieren ein Erwerbszweig. Ein Kaufmann, der einen Affen führte, mußte vier „Deniers" bezahlen; ein Affenführer hingegen mußte statt Bezahlung seine Affen tanzen lassen! Eine schlechte Einnahmsquelle für die Staatskasse, aber ohne Zweifel der Ursprung des alten französischen Sprüchwortes: payer en monnaie de singe (in Affenmünze bezahlen). Eine Ueberschwemmung der Seine zerstörte im Jahre 1297 einen Theil der Stadt und dabei zugleich Klein-Chatelet, welches von Aubriot ebenfalls und zwar auch in Stein wieder aufgebaut wurde. Lange Zeit diente es hierauf als Gefängniß, bis es im Jahre 1789 der Volkswuth zum Opfer fiel und niedergerissen wurde. Groß-Chatelet stand noch im Jahre 1802; damals ließ Napoleon es abtragen. Seitdem lebt der Name nur mehr in dem erwähnten Platze und in dem auf demselben stehenden Théâtre du Chatelet fort. Die andere Seite des Platzes begrenzt das Théâtre Lyrique.

In den Chateletplatz mündet der schnurgerade Boulevard de Sebastopol, eine jener großen Pulsadern, welche der napoleonische Reformgedanke gezogen und, die alten Boulevards durchschneidend, direct zum Straßburger Bahnhofe führt. Wir werden diese Neuschöpfungen später noch genauer kennen lernen, vorerst verfolgen wir den Boulevard de Sebastopol nicht weiter, sondern biegen ein in die Rue de Rivoli, welche, der Seine ziemlich parallel, von den Elysäischen Feldern nach Osten zieht und in der Rue St. Antoine ihre Fortsetzung findet. Dort, wo der Boulevard de Sebastopol die prächtige Rue de Rivoli schneidet, liegt einer der größten jener rasen- und blumenreichen Gärten, welche die städtische Verwaltung in glücklicher Nachahmung der gepriesenen Londoner „Squares“ überall, wo eine große Anhäufung von Volksmassen die Atmosphäre zu verdicken drohte, angelegt hat. Der hier in Rede stehende Square St. Jacques ist eine der bedeutendsten und schönsten dieser Anpflanzungen, welche jenen der Themsestadt in keiner Hinsicht nachstehen, wenn sie dieselben nicht gar übertreffen. In der Mitte des Square erhebt sich der frei stehende, dem Anfange des 16. Jahrhunderts entstammende Thurm St. Jacques de la Boucherie, ein interessantes Denkmal gothischer Baukunst und 52 m hoch. Im Süden begrenzt den Square die schöne, mit der Rue de Rivoli parallel laufende Avenue Victoria, welche auf den Platz des Hôtel de Ville mündet und mit diesem Prachtbau einen würdigen Abschluß findet. Die Place de l'Hôtel de Ville, jetzt mit schönen Anpflanzungen bedeckt, ist der ehemalige Grèveplatz blutigen Angedenkens, und dieser war von sehr früher Zeit an ein Marktplatz: als solcher wird er in den offenen Briefen Ludwigs VII. im Jahre 1141 aufgeführt. In den Unruhen der Ligue und der Fronde, sowie bei fast jeder Umwälzung oder jedem Aufstande, die seitdem ausgebrochen, spielte der Grèveplatz eine traurig geschäftige Rolle, was sich, auch wenn keine anderen Ursachen dafür vorhanden gewesen, schon einfach seiner Nähe beim Stadthause wegen erwarten ließ. Er ist sonach voll allgemein geschichtlichen Interesses; das besondere Interesse aber, das sich an diese Oertlichkeit knüpft, rührt daher, daß er bis zu einer vergleichsweise neuen Zeit der gewöhnliche Schauplatz gerichtlicher Hinrichtungen gewesen. Wie sich denken läßt, waren diese zahllos, und so bemerkt denn Ste. Foix in seinen Essays on Paris sehr richtig, daß wenn alle diejenigen, welche von Anfang an bis zuletzt den Tod auf diesem Platz erlitten, sich auf demselben versammeln könnten, sie eine Menschenmasse bilden würden, zahlreicher als irgend eine, die bei ihren Hinrichtungen zugegen gewesen. Die Geschichte des Grèveplatzes ist die Geschichte eines Blutfeldes. Wir widerstehen gern dieser Versuchung und bemerken nur, daß seit der Revolution von 1830 die Guillotine nicht mehr auf dem Grèveplatze, sondern außerhalb der Barriere St. Jacques errichtet wurde. Wohl aber ward hier der erste Versuch mit diesem Instrumente gemacht bei der am 25. April 1792 stattgefundenen Hinrichtung eines Mannes Namens Nicolas Pelletier, der als Mörder und Räuber zum Tode verurtheilt worden war. Wie allgemein bekannt, trägt diese Köpfmaschine ihren Namen von einem Arzte, Dr. Guillotin; allein dieser Mann war nicht, wie man ziemlich allgemein vermuthet, der Erfinder derselben; er empfahl dem Convent als Werkzeug zur Vollziehung der Todesstrafe blos die Annahme einer Maschine, welche unter der Benennung „Mannaia“ bei der Hinrichtung adeliger Personen schon lange zuvor in Italien in Gebrauch gewesen und von welcher unter der Benennung der „Jungfrau“ und, über drei Jahrhunderte alt, im antiquarischen Museum zu Edinburg ein Muster zu sehen ist, das von dem Regenten Morton in Schottland eingeführt worden sein soll. Der eigentliche Erfinder des Fallbeiles soll ein deutscher Mechaniker Schmitt sein, der unter Leitung eines Pariser Wundarztes, des Dr. Louis, das erste Modell anfertigte, mit dem man, um Uebung zu bekommen, anfänglich an Leichen in Bicêtre Versuche anstellte. Dr. Guillotin, der mit knapper Noth selbst der Guillotine entrann — er ist wirklich nicht guillotinirt worden, wie Einige behauptet haben. sondern starb in seinem Bette als siebzigjähriger Greis 1814

— war aber wohl keineswegs stolz auf den Gebrauch, den man von seinem Namen gemacht hat.

Auch in unseren Tagen ist der in die Place de l'Hôtel de Ville umgewandelte Grèveplatz das Theater von Greuel- und Schreckensscenen gewesen, denn das hier sich erhebende Stadthaus war, wie zur Revolutionszeit, der Sitz der Commune, welche Paris vom 26. März bis 21. Mai 1871 regierte und schließlich das eigene Gemeindehaus in Brand stecken ließ, nachdem sie mit beispielloser Bosheit alle Anstalten getroffen, die vollständige Zerstörung des Gebäudes unvermeidlich zu machen. Diese scheinbar wahnwitzige Wirthschaft von Fanatikern, Abenteurern, Lumpengesindel und verbrecherisch gewordenem Proletariat in der glänzendsten Stadt Europas zeigte sich als die entsetzliche Schlußfolgerung einer politischen und socialen Bewegung, die an achtzig Jahre zuvor schon, unter der Schreckenszeit der ersten Revolution, ihren Anfang genommen hatte. Dagegen hatte die moderne Bewegung der Commune mit jener nicht einmal das gemein, daß sie für einen großen Irrthum, für die Wahrung der sogenannten „Menschenrechte", für die Befreiung des Volkes von der Knechtschaft des Despotismus kämpfte, sondern bietet nur ein so klägliches Bild socialer Verirrungen, daß Frankreich um dieses Blatt seiner Geschichte wahrlich nicht zu beneiden ist. Heute steht das Pariser Rathhaus in seinem alten Glanze wieder da. Es ist ein großer rechteckiger Gebäudekörper, dessen dem Platze zugekehrte Front den französischen Renaissancestyl in ganz charakteristischer Erscheinung zeigt. Vier Thurmzelte überragen mit einem höher aufgeführten dritten Stockwerke die Zwischenbauten. Nicht weit davon erhebt sich mit dorisch-jonisch-korinthischer Säulenfront die im Uebrigen aus gothischer Zeit stammende Kirche St. Gervais, von deren Thurm man einen herrlichen Ueberblick der Stadt genießt.

Die Rue de Rivoli, welche das Hôtel de Ville im Norden begrenzt, verliert bei der Kirche St. Paul et St. Louis ihren Namen und zieht von dort als Rue St. Antoine weiter zum Bastilleplatz und über diesen hinaus als Rue du Fauburg St. Antoine zur elliptischen, mit Baumgängen versehenen Place du Trône, von wo sie sich in der stattlichen Avenue de Vincennes über die Umwallung von Paris fortsetzt. Weder die Rue St. Antoine noch etwa gar die Rue du Faubourg St. Antoine zeigen in ihrer Erscheinung etwas von dem Glanze, welcher die Rue de Rivoli zu einer der wundervollsten Straßen der Welt macht, und selbst diese sinkt in dem Abschnitte östlich vom Hôtel de Ville zu bescheidenerem Aussehen herab. Einen freundlichen, wenn auch nicht großartigen Eindruck gewährt die Place de la Bastille mit der von Ludwig Philipp errichteten Julisäule, welche in künstlerischer wie in baulicher Hinsicht zu den vollendetsten modernen Schöpfungen gehört. Der ganze Bau besteht aus Bronze und das frei gebildete korinthische Kapitäl trägt eine Statue der Freiheit, zu welcher eine Wendeltreppe im Innern der Säule emporführt. Das Monument ist der Verherrlichung der gefallenen und gemeinsam hier eingesargten Julikämpfer geweiht. Der Platz aber trägt seinen Namen zur ewigen Erinnerung, daß einst hier die königliche Zwingburg stand, mit deren Eroberung durch das Volk thatsächlich die große Revolution ihren Anfang nahm.

Die Pariser Boulevards.

Wenn man mit dem Rücken an die Julisäule gelehnt ist und nach Nordwesten blickt, so hat man die Linie der **Boulevards** gerade vor sich, etwas zur Rechten den Raum, wo einst der offene Canal St. Martin war mit seinen beiden Quais de Jemapes und de Valmy. Das Wasser ist jetzt überwölbt und in den breiten Boulevard Richard Lenoir umgewandelt; noch mehr rechts öffnet sich die Vorstadt St. Antoine, die der vorsichtigen Aufmerksamkeit des dritten Napoleon nicht entgangen ist, — ihr entspricht zur Linken die Straße St. Antoine, und hinter der Säule, erst etwas südlich, dann nach Osten einbiegend und parallel mit der Vorstadt, beginnt die Eisenbahn nach Vincennes. Wer in einer Beschreibung von Paris die „Boulevards" nennt, versteht darunter vorzugsweise die $4^1/_2$ km lange Strecke, die zwischen den beiden Endpunkten der Bastille und der Kirche Madeleine mitten inne liegt, die große Schlagader, wo das Pariser Leben pulsirt, von Tagesanbruch bis spät nach Mitternacht in einem ununterbrochenen Strome hin- und herwogt, nimmer rastend, stets wechselnd, stets neu, ein ewiges Gebären, das treueste Charakterbild der großen Stadt und, in seiner lockenden Mannigfaltigkeit, in seinem humanen, umfassenden, fesselnden Austausch der reizendste Ort und mit keinem andern vergleichbar in der Welt. Dies gilt allerdings vornehmlich von den sogenannten inneren oder großen Boulevards der rechten Stadtseite, welche als breite, mit Bäumen bepflanzte und von hohen, zum Theile von Prachtgebäuden eingefaßte Straßen an die Stelle der alten Stadtmauern und Gräben getreten sind. Diese inneren Boulevards auf dem rechten Seineufer, elf an der Zahl, werden in großem Halbbogen von den äußeren Boulevards, den Ueberresten der einstigen Zollgrenze umgeben, die freilich auch breite, mit Bäumen bepflanzte Straßen darstellen, aber zum Theil von urwüchsig aussehenden Häusern eingerahmt werden. Sie tragen den echten Vorstadtcharakter, während die ursprünglichen Vorstädte, die jetzt zwischen den inneren und äußeren Boulevards liegen, zu den schönsten, belebtesten und wohlhabendsten Stadttheilen gehören. Die äußeren Boulevards können also weder dem Aussehen noch der Handelsbedeutung nach mit den innern Boulevards verglichen werden. Jenseits der ersteren liegen die 1860 einverleibten Stadttheile, welche früher selbständige Ortschaften der Bannmeile waren wie Auteuil, Passy, Les Batignolles, La Villette, Belleville, Ménilmontant, Charonne, Bercy. Eine dritte Gruppe Boulevards sind endlich die neu durchgebrochenen Pracht- und Luxusstraßen, die keine geschichtliche Berechtigung zu dieser Bezeichnung haben, mitunter auch „Avenuen" genannt werden. Alle Boulevards haben eine breite, ungepflasterte aber macadamisirte, chausseeähnliche Fahrstraße und zu beiden Seiten sehr breite asphaltirte Bürgersteige. Zwischen diesen und dem Fahrweg stehen ungemein gepflegte Lindenbäume, die dem äußerst unruhigen Stadtbild sehr wohlthätig-vermittelnde, beruhigende Elemente einflechten.

Die Boulevards vor dem Bastilleplatz, die Boulevards Beaumarchais, früher St. Antoine, Boulevard des Filles du Calvaire bis zum Boulevard du Temple, wo wir eine kleine Pause machen wollen, sind der am wenigsten glanzvolle Abschnitt der inneren Linie. Es ist wenig von ihnen zu berichten, sie tragen im Allgemeinen einen ruhigen, kleinbürgerlichen Charakter; wir bemerken blos im Vorübergehen den Cirque d'hiver, in welchem die berühmten Volksconcerte (concerts populaires) von Pasdeloup stattfinden, zur Rechten, zur

Linken aber das kleine ehemalige Théâtre Déjazet, jetzt Troisième Théâtre français genannt. Da wo die Rue du Faubourg du Temple in die Boulevards einmündet und diese in einem stumpfen Winkel nach links abbiegen, mit anderen Worten am Anfange des Boulevard St. Martin erhebt sich in dem Baustyle mancher Fürstenschlösser des achtzehnten Jahrhunderts in Frankreich und Deutschland die große Kaserne des Prinzen Eugen mit unzähligen Innenräumen und Höfen, bombenfest und mit einer strategischen Terrasse auf ihrem Dache. Der große und unregelmäßige Platz, auf dem sie steht, hat bis vor Kurzem wegen einem 1811 hier errichteten, seither übrigens völlig veränderten Springbrunnen den Namen Place du Chateau d'eau getragen. Jetzt hat man ihn besser geregelt, mit einer Statue der Republik geschmückt und in Place de la République umgetauft. In der Topographie des modernen Paris spielt dieser Platz eine nicht unwichtige Rolle und im Zuge der Boulevards bildet er geradezu einen Markstein, denn in seiner nächsten Nähe öffnen sich drei Straßen, welche die Physiognomie dieses östlichen Theiles der Stadt nicht wenig verändert haben. Da ist zunächst der 3 km lange schnurgerade Boulevard du Prince Eugène oder Boulevard Voltaire, der sich von dem Chateau d'Eau nach der Place du Trône am östlichen Eingange der Vorstadt St. Antoine erstreckt. Man kann ihn ebenso gut eine natürliche Fortsetzung des Boulevard St. Martin als jenes von Magenta nennen, von dem gleich die Rede sein wird. Der Boulevard du Prince Eugène durchschneidet über den Canal St. Martin oder vielmehr die denselben nun deckende Esplanade des Boulevard Richard Lenoir hin, das Stadtviertel von Popincourt seiner ganzen Länge nach in einer Diagonale, ohne die Straße des Faubourg St. Antoine im Mindesten zu berühren, und erzeugt demgemäß die kürzeste, ungehemmteste Verbindung mit der großen Straße nach Vincennes, dessen Arsenal und Festung einerseits, und der Eugenkaserne andrerseits. Eine Pferdebahnlinie durchfährt ihrer ganzen Länge nach diese wichtige aber wenig interessante Straße. Der obenerwähnte Boulevard Magenta, eine natürliche Fortsetzung des Boulevard du Temple, ohne Winkel und in gerader Linie, läuft zwischen dem Boulevard St. Martin und der „Douane" (Zollgebäude), beziehungsweise dem Canal St. Martin auf die alte Barriere Poissonnière und die Anhöhen von Montmartre zu. Der Anblick dieses allmälig mehr und mehr aufsteigenden Boulevards mit den scharfen Umrissen der Hügel von Montmartre im Hintergrunde bringt eine herrliche Wirkung hervor; außerdem aber lichtet, zertrennt und theilt mittelst seiner breiten Bahn der Boulevard de Magenta die berüchtigten Vorstädte St. Martin, St. Denis und die Enclos St. Laurent und St. Lazare, zugleich die Annäherung an die Bahnhöfe von Lille und Straßburg von zwei Seiten und deren nachbarliche Berührung mit Vincennes erleichternd. Die dritte der gedachten Straße, die Rue de Turbigo, ist die stadteinwärts gekehrte Fortsetzung der von Nordost kommenden Vorstadt des Temple und läuft gerade, südwestlich, auf die große Centralhalle zu. Sie dringt wie die Axt und der Pflug eines aufräumenden Pioniers in das dichte wilde Gestrüpp des Faubourg du Temple ein, erweitert die Wege und Verbindungen in einem Viertel, das in der Geschichte der Pariser Volksbewegungen und Aufstände einen alten Namen hat, dem Viertel zwischen dem Marché des Innocents und dem Haupttrödelmarkte von Paris, dem Marché du Temple, dessen Buden einer schönen Halle Platz gemacht haben, wobei freilich an Ursprünglichkeit viel verloren ging. Die Rue de Turbigo, die Straßen du Temple, St. Martin und St Denis durchschneidend, schließt sie sich in dieser Aufgabe helfend und zuthuend an den Boulevard de Sebastopol, den sie gleichfalls durchkreuzt.

Der geneigte Leser möge mir nun zurück zu einem Punkte folgen, den er bereits kennt: auf die Place de la République. Wie man dort nach Süden hin den Bastilleplatz in der Ferne vor sich hat, so erblickt man nach Westen die Boulevards St. Martin, St. Denis, Bonne Nouvelle, Poissonnière und Montmartre von dem Chateau d'Eau aus. Boulevard St. Martin bietet außer einigen hier befindlichen Theatern, wie Folies dramatiques, Ambigu Comique, Porte St. Martin und Renaissance wenig Bemerkenswerthes. Am westlichen Ende desselben, der Rue St. Martin gegenüber, erhebt sich die von Ludwig XIV. errichtete 17,5 m hohe Porte St. Martin in der Gestalt eines Triumphbogens mit drei Thoren. Wenn wir ein wenig in die eben genannte Rue St. Martin einbiegen, so erreichen wir bald den Eingang des Conservatoire des arts et métiers, welches den Raum der alten Priorei St. Martin des Champs einnimmt, von der noch ein Thurm, dann die Kirche und das jetzt als Bibliothek dienende Refektorium erhalten sind. Vor dem interessanten Bauwerke breitet sich ein schöner Square aus. Der an jenen von St. Martin anschließende kurze Boulevard St. Denis bezeichnet für den von Osten Kommenden den Anfang derjenigen alten Boulevards, die durch ihre ameisenartig hastenden Menschenmassen und ununterbrochenen Droschkenwettrennen vor allen übrigen sich auszeichnen. Die merkwürdigste Umgestaltung in diesem Quartier bewirkte der schon mehrfach erwähnte Boulevard Sebastopol, welcher jenen von St. Denis senkrecht durchschneidet, von Nordost nach Südwest zwischen den beiden Straßen St. Martin und St. Denis hin, nördlich des Boulevard de Strasbourg sich bis an den Bahnhof der Straßburger Eisenbahn, südlich über die Seine als Boulevard St. Michel bis an den Garten des Luxembourg sich erstreckend. Die Wirkung dieser großartigen Straße mit ihren palastähnlichen Häusern voll Handel und Verkehr ist wahrhaft ergreifend; sie ist zugleich ein Todesurtheil gegen die alten Gassen, Gäßchen sollte man sagen, St. Denis und St. Martin und selbst die Vorstädte dieses Namens. Diese, sowie die gleichnamigen Straßen der inneren Stadt, waren von jeher ein Herd der Revolutionen, die in den zahlreichen Querstraßen und Winkeln die willkommenste Zuflucht fanden. Hier löste sich die Stadt gleichsam in ihre Atome auf; es gab Stadtviertel, die nur aus einzelnen Häusern bestanden. Diese Häuser waren Bastionen des Aufstandes und boten zugleich Ausgänge nach den verschiedensten Seiten. Die parallelen Gassen St. Martin und St. Denis verkehrten durch diese unzähligen Gassen und Gäßchen auf das Ungestörteste und jede derselben hatte, wie die abgehauenen Glieder eines Polypen, ihre eigene revolutionäre Lebenskraft. Für die Entfaltung soldatischer Kräfte waren diese Zwillingsstraßen so ungünstig wie möglich; denn es erforderte einen doppelten Kraftaufwand, jede derselben zu beherrschen. Blieb aber die eine derselben dem freien Spiele des Aufstandes überlassen, so war die andere für die Truppen unhaltbar. Die Ironie des napoleonischen Willens, weit entfernt diese beiden revolutionären Lebensadern oder eine derselben zu zerstören, ließ sie ruhig neben einander fortbestehen, aber unterbrach ihre Verbindung durch den gewaltigen Boulevard de Sebastopol, der als eine Hauptpulsader von Paris zwischen sie hineingelegt wurde und sie so zu unbedeutenden Nebenstraßen herabdrückte. Dieser Boulevard, welcher nunmehr das nördliche Paris in zwei ungleich große Hälften trennt, hat aber auch dem alten Boulevard St. Denis seine alte ursprüngliche Pulsader unterbunden und leitet jetzt alles strömende Herzblut des großen Verkehrs in sein eigenes Arteriensystem. Nur ein Theil der Bewegungsmassen reicht noch bis zur Rue St. Martin. Wie bei dieser, so erhebt sich auch am Ende des Boulevard St. Denis über der gleichnamigen Straße eine gleichfalls von Ludwig XIV. errichtete Triumphpforte, die Porte St. Denis, welche für eines der schönsten Monumente in der französischen Hauptstadt gelten kann. Der Bau ist 23 m hoch und hat, wie der Titusbogen in Rom, einen einzigen 14 m hohen Durchgangsbogen von 8 m Breite. Beide Fronten sind mit Skulpturen der berühmten Bildhauer Gebrüder Anguier geziert.

Wir nähern uns nunmehr den Boulevards par excellence, dem Quartier der fashionablen Flaneurs, dem Eldorado der Fremden. Mit dem Boulevard St. Denis endet der demokratische Theil der Boulevards, wenngleich der aristokratische erst mit dem Boulevard Montmartre anfängt; doch macht sich der Strom der die Boulevards besuchenden Fremden schon von der Porte St. Denis an fühlbar. Wahrlich, wer an einem heiteren Tage zum ersten Male von dem Boulevard Bonne Nouvelle an über die Boulevards Poissonnière, Montmartre, des Italiens und des Capucines nach der Madeleinkirche hinschlendert, muß versucht sein, wie der Kapuziner in Wallensteins Lager auszurufen:

„Heisa, Juchheia! Dudelbumdei!
„Das geht ja hoch her.“

Ist stets Sonntag, ist stets Feiertag hier? Ist irgend ein großes Fest im Kalender angeschrieben? Warum ist die ganze Bevölkerung in den Straßen? Giebt es auch noch Leute in den Häusern, in anderen Theilen der Stadt? Woher kommen alle die Gäste, um diese von Gold und Spiegelglas strahlenden Kaffee- und Speisehäuser zu beschäftigen und zu unterhalten? Von dem Faubourg Poissonnière bis zur Chaussée d'Antin, der vornehmen Straße, welche den Boulevard des Italiens von jenem des Capucines scheidet, ist beinahe jedes Haus ein Kaffee- oder Gasthaus, sie sind alle besucht und zu gewissen Stunden des Abends z. B. alle voll. Und während in London man sich in den Behältern des Essens und Trinkens verbirgt, strebt in Paris Alles nach der Straße und das genießende Leben giebt sich zur öffentlichen Schau, eine Sitte, der sich übrigens die anwesenden Söhne und Töchter Albions durchaus nicht feindlich gesinnt zeigen. Wenigstens ist es in manchen Augenblicken vor dem Café Riche, Bignon und anderen, als ob eine Colonie von Engländern und Engländerinnen sich hier niedergelassen hätte. Nebst den mehr oder minder prunkend ausgestatteten Kaffee- und Speiseanstalten bilden die vornehmlichste Zierde der Boulevards die zahlreichen Verkaufsläden, die durch ihre mit dem ausgesuchtesten Geschmack angeordneten Schaustellungen hinter riesigen Krystallscheiben die Schätze französischen Kunstfleißes in strahlender Farbenpracht bloßlegen. Erhöht wird dieser unendlich anlockende Glanz noch des Abends durch die verschwenderische Gasbeleuchtung der Kaufgewölbe. Schon auf dem Boulevard Montmartre beginnen diese eleganten Läden; dort befindet sich auch die Passage des Panoramas, eine der vornehmsten und belebtesten von Paris, welche sich theilt und in die Straßen Vivienne, St. Marc und Montmartre mündet. Sie, sowie die Passage Jouffroy, welche nördlich den Boulevard mit der Rue Grange-Batelière verbindet, ist besonders reich an Läden für Modeschmuckartikel und kleine Garderobeausstattung (Articles de Paris). Auf dem Boulevard des Italiens, der reichsten und prächtigsten einer, beginnen die Hôtels, Cafés und Restaurants sich zu häufen und das Leben des Fußgängerverkehrs wird von einer einmündenden Straße zur anderen immer drängender, eiliger. Hier sind die theuersten Luxusläden mit den allermodernsten Neuigkeiten. Hier endlich zeigt sich ein Theil derjenigen reichen Pariser Welt, die sich sehen lassen will, hier der Kaffee und Absinth schlürfende Monde und Demimonde an runden Tischchen auf der Straße, oft die Hälfte des Bürgersteiges einnehmend.

Den Glanzpunkt der Boulevards bildet die am Boulevard des Capucines gelegene Place de l'Opéra mit dem sich erhebenden Prachtbau des großen Opernhauses, eines gewaltigen Baues, welcher, obgleich alle hohen und decorativen Künste sich in ihm ein Stelldichein gegeben, doch des Eindruckes vornehmer Schönheit entbehrt und in seiner Façade entschieden gedrückt erscheint. Immerhin ist das Opernhaus von mächtiger Wirkung und seine Umgebung mit dem bekannten Grand Hôtel, welches so vielen Gasthöfen in anderen Städten Europas als Vorbild diente, mit den beiden Feenstraßen, der Rue de la Paix und der neueröffneten Avenue de l'Opéra, die bis in das Herz von Paris bringt, gewährt einen geradezu einzigen, unbeschreiblich großartigen Anblick. Ihren würdigen Abschluß findet diese prächtigste Linie der Boulevards in der herrlichen, edlen Kirche der Madeleine, die im Sinne antikrömischer Architektur angelegt und ausgeführt, in ihrer äußeren Erscheinung stark an die viel kleinere Walhalla bei Regensburg erinnernd, zu den besten modernen Schöpfungen in diesem Style gehört. Ein stattlicher korinthischer Peripteros von 54 Säulen umstellt einen mächtigen, im Innern einschiffigen Raum, der von vier Kuppeln überdeckt wird. Hier sind die eigentlichen, die alten Boulevards zu Ende, denn die südlich gewendete schöne, aber kurze Rue Royale, die an der Place de la Concorde endet und die Aussicht auf den Palast des Gesetzgebenden Körpers jenseits der Seine eröffnet, ist, strenge genommen, kein Boulevard. Dagegen bildet der gleichfalls erst unter dem zweiten Kaiserreiche eröffnete, wenn auch schon früher geplante Boulevard Malesherbes eine würdige, großartige Fortsetzung der alten Boulevards, freilich nach einer ganz verschiedenen Richtung, denn diese steht nahezu senkrecht auf die Linie des Boulevard de la Madeleine und des Capucines. Der Boulevard Malesherbes beginnt im Westen der Madeleinekirche und zieht mit einer leichten Knickung an der Kreuzung mit dem ebenfalls modernen Boulevard Haußmann, bis an die Ecke des Park von Monceaux, einer der reizendsten Ruhestätten, um sich aus dem Getriebe der rastlos pulsirenden Stadt in eine wohlthuende Stille zu flüchten. Den Boulevard de Courcelles überschreitend, führt der weitere Verlauf des Boulevard Malesherbes im neuen Stadtgebiete der Bannmeile zur Place de Wagram, um von dort mit der vom Arc de l'Etoile ausgehenden Avenue de Wagram an dem Befestigungswalle in der Straße von Argenteuil und Asnières zu enden. Mittelst dieser Verlängerung einerseits, nordwestlich von der Madeleine, und der anderen südöstlich von dem Bastilleplatz in der Richtung nach Vincennes hin, bildet demnach der besuchteste Theil der Boulevards eine ununterbrochene Bahn von Südost nach Nordwest und umgekehrt, durch die ganze Länge von Paris, meist zwar eine gerade Linie, aber durchaus mit Bäumen bepflanzt und so anziehend und abwechselnd, daß der Wanderer kaum die Winkel gewahr wird, die er beschreibt.

Um die Boulevards in allen ihren Erscheinungen und nach allen Seiten richtig und voll zu würdigen, muß man die Nacht, die spätesten Stunden der Ruhe, nicht versäumen. Während des Tages sind das tobende Gewimmel, das Geräusch, das Treiben der Menschen und Thiere, der Wagen, das bunte

Kaleidoskop des großen Verkehrs die Hauptsache; die Häuser auf beiden Seiten dienen zur Einfassung des Gemäldes als Staffage der Bilder. In der Stille der Nacht aber, nachdem der Raum sich geleert, und die Beleuchtung der Häuser und ihrer Scheidungen geschwunden, gestaltet sich der Anblick wundervoll anders. Die fünf bis sechs Stock hohen Gebäude fließen in einander, werden zur einheitlichen Kubikmasse, in welcher die Bahn der Menschen wie ein Hohlweg von Riesenhänden eingehauen erscheint. Wenn dann in den Stunden der frühesten Dämmerung oder in dem mystischen Zwielicht des Mondes, wo eine Seite des Raumes hervortritt, während die andere im Dunkel verbleibt, Menschengestalten in einiger Ferne sich herüber und hinüber bewegen, so gleichen sie den winzigen Wesen des Märchens, den Gnomen aus „dem stillen Volke" der Sage, die ihr geheimnißvolles nächtliches Werk verfolgen.

Man darf es ruhig aussprechen: Das Dasein selbst in dem freundlichen Paris ist ein Glück, und ein Gang auf den Boulevards unter einer heitern Sonne ein unübertrefflicher, nimmer ermüdender Genuß. Das Eigenthümlichste und Merkwürdigste von Paris bleiben eben stets seine Straßen und ihr Treiben, auf das wir einen Blick werfen müssen. Sie sind eine große Weltausstellung, ein Theater und Gesellschaftssaal, so glänzend und bunt zumal dadurch, daß jedes Erdgeschoß eine Schaustellung bietet, Laden an Laden, Scheiben bis zur Erde die langen Häuserzeilen auf und nieder. Den Häusern verleihen wieder die hochgegiebelten, möglichst architektonischen Kamine, eine Stadt von kleinen Pyramiden auf den Dächern, eigenen Charakter. Es giebt einen Augenblick, sagt Emma Niendorf, wo man das Auge besonders gern in solche Gassenperspektiven senden mag: wenn ihre dunklen Linien sich hoch oben in noch etwas tagblauen Aether zeichnen, während unten schon im Contraste die Flammenguirlanden spielen vor einer hingebreiteten Märchenpracht Arabiens.

Zur Physiognomie der Straßen von Paris gehört, daß wenigstens der dritte Laden unfehlbar der eines Friseurs ist oder eines Zahnkünstlers mit Zähnen, Gebissen, Kiefern aller Art, aufgezogen wie Juwelen; oder eines Corsetmachers. Lebensgroße Puppen mit Seidenmieder, Nestel in der Hand, oder Wachsdamen mit Blumen und Federn in den Locken, in rothem Sammtgewand, sich vor dem Beschauer drehend und drehend, als tanzten sie nach der an jener Ecke leiernden Orgue de Barbarie (Drehorgel). Ungerechnet der Salon épilatoire mit den eingerahmten Bilderbogen, auf welchen „Mademoiselle Flore" oder „Arabella" Haarschmuck besorgen. Ein anderes Wahrzeichen sind die Schuhmagazine. Jeder Schuh ein Meisterstück. Ein solcher unbeschreiblich leichter, graziöser Schuh ist eigentlich schon Paris, die ganze Pariserin. Man sieht ihren Fuß, ihren unnachahmlichen Gang. Noch mehr, dieser Schuh giebt den Rhythmus der französischen Beweglichkeit und ist historische Studie. Auch der Frauenhut ist für Paris charakteristisch; jeder ist so vollendet und doch so leicht, zum Davonfliegen. Das Schaufenster einer Modistin gleicht einer Schmetterlingssammlung. Doch wir dürfen den Handschuh nicht vergessen, der sich so verrätherisch um die Finger schmiegt, denn meistens liest man: Gants sur mesure. Es versteht sich, daß man in den Kleiderläden Alles fertig trifft, bis zum Puppengewande herunter. Es ist Alles Modejournal, Jegliches ein Typus der Eleganz; deßhalb wird auch das eigentliche Modeblatt nirgends bemerkt — man bedarf seiner nur in der Provinz und im Auslande. Besonders lustig sind die Läden voll Kinderspielzeug. Dies ist nach etwas weiterem Zuschnitt wie bei uns, nicht so kleinlich, liebevoll; aber mehr Styl, mehr Luxus, mehr Karikaturen und komische Scenen. Es ist hier vorzugsweise blos „Amüsement", keine Beschäftigung, kein Stillleben; Alles mehr äußerlich.

In anderen Läden sieht man eine Masse von Dunstobst, besonders der Aprikosen mit Kernen, denn wie zu Hamburg überall Fische, Schinken, Würste baumeln, so fällt der Blick hier neben Lebkuchen auf eingesottenes Obst in Näpfen von Porcellan. Paris hat immer das Beste aller Jahreszeiten beisammen: Erdbeeren, Kirschen, Weintrauben, Artischocken, Haufen von Blumenkohl, Rüben, Melonen und Blumen aller Art. Der Franzose ist ein Liebhaber von Geflügel; solches sieht man denn auch in goldener Bräune aufgetragen, das Lebendige unter dem Budentische in kleinen Ställen, und im Hintergrunde brennt eine Hölle, in welcher sich die aufgespießte Kreatur fort und fort dreht. Durch Reinlichkeit und einen gewissen, dieser Nation in Allem nun einmal eigenthümlichen Anstand, sammt dem damit zusammenhängenden theatralischen Etwas zeichnen sich die Fleischerbuden aus. Sie breiten ihre Waare auf Tischplatten von weißem Marmor aus und den Hintergrund verhüllt ein Doppelvorhang — gleichsam als ob dort die Tragödie vor sich gehe. Für gebratene Hammelkeulen finden sich die Knochen bergenden Handhaben aus geschliffenem Holze. An mehreren Bäckerfenstern, besonders der Boulevards, gewahrt man ein Schlangengeringel, das sich bei näherer Untersuchung als kolossale Kunstbretzel zu erkennen giebt.

Dies ganze Schaustück kreist um uns bei dem Getöse einer betäubenden Ouvertüre. Denn wie im Chamounythale die Wasserfälle in eine Symphonie zusammenrauschen, zu welcher sich Lawinendonner mischt, so in den Straßen von Paris das unaufhörliche, zu einem Höllenconcert schwellende Kreischen und Rasseln und Rädern. In das zermalmende, oft wie Kanonenwagen schwere Rollen gellen die Ausrufe hinein, mitten im Gewoge der Weltstadt, gleich Strandleuten an den Schrei von Seevögeln und Matrosensang mahnend, weil allen Stimmen des Volkes, wenigstens aus der Ferne, eine Melancholie eigen ist. Mit Einbruch des Abends wird es erst recht lebendig. Gleich Ungeheuern mit weißen, grünen, rothen, blauen Augen funkeln die unablässig sich kreuzenden Omnibusse durch die Nacht; für wenige Sous mißt man jede Entfernung in der Metropole. Weiß der Leser, was mon ver rongeur heißen will? Seinen „nagenden Wurm" nennt der Pariser seinen Fiaker, der hier beständig Geld frißt, wenn auch die einzelne Fahrt billig ist. Acheter un sapin ist gleichfalls eine beliebte Redensart für: eine Droschke nehmen. Wer sollte glauben, daß man Personen begegnet, die lesen, in einem Buche lesen, durch die Straßen von Paris? Selbst der Blinde tastet sich noch längs den Häusern mit seinem Stabe, wie ein Schiffer im Kahn, durch die Menschenwellen, die vor ihm zurückweichen. Höflichkeit, Artigkeit und Zuvorkommenheit sind übrigens altherkömmliche Tugenden des Parisers, die sich unversehrt erhalten haben. Stets darf ein gutes Wort mit Zuversicht rechnen auf einen guten Ort, und wenn der Fremde von dem ersten besten Individuum aus der Menge die gewünschte Auskunft nicht erhält, so liegt es sicherlich nicht an einem Mangel intelligenter Bereitwilligkeit und Dienstfertigkeit des letzteren. Man sehe die erste beste Gruppe an, horche dem Gespräche zwischen einem Fremden und einer Grisette oder einem alten „Habitué" des Boulevard du Temple, oder einem „Epicier," oder einem „Gamin," wie man will. Man beobachte, mit welcher Geduld, mit welch unterhaltender Eindringlichkeit sie in das Innerste seiner denkbaren Absicht hinabtauchen. Sie mögen neun Fragen der verkehrtesten Art an ihn

3*

richten, mit der zehnten sind sie gewiß, das Rechte zu treffen, beziehungsweise zu errathen, und dann sind sie zufriedener, als der Belehrte selbst. Il n'y a pas de quoi ist die stehende Antwort auf den dargebrachten Dank. Paris ist die Herberge, die Heimath der Fremden, wie London die Verbannung ist.

Plötzlich stockt Alles. Man schweigt, nimmt die Hüte ab; es ist ein Trauerwagen. Ein anderer Contrast: unter launenhaften, üppigen Toiletten, todmüden oder abgespannten Physiognomien stillgleitende Nonnengestalten, schwarze, weiße Schleier, auch blaue Ordenstracht. Es folgt, wie auf einer Redoute, der Grieche in reich gesticktem Kleide, der Orientale mit schleppende Talar, der bärtige Rabbi, der Mohr: schwarze Kohlenbrenner aus der Auvergne und Müllersknechte gleich Schneemännern. Koboldartig erscheinen die Blusenknaben. Sie haben etwas Phantastisches, vor Allem aber Energie. Wenn diese Gamins mit ihren Stöcken als Schildwache vor den mit Baugerüsten umgebenen Häusern commandiren, bramarbasiren, den Vorübergehenden schrecken, necken, gemahnen sie an Raketen oder Schwärmer, welche in den Straßen der Weltstadt aufprasseln.

Gar sehr verändert sich aber die Bühne an Regentagen. Wie maussade plötzlich dieses Paris! Durch die Kamine heult der Wind. Außen ist's, als sei das Meer in die Straßen hereingebrochen. Mühsam schiebt sich auf den Bürgersteigen eine mit Koth übersäete, jeden Augenblick durch das Heer der eilig rasselnden Wagen gefährdete Procession von Regenschirmen. Das Wachstuch und der Wachstaffet regieren. Alles macht böse Gesichter. Kein Mensch schaut den andern an, weil er selbst nicht angeschaut zu werden wünscht und mit sich selbst genug zu thun hat. Im Nu sind sämmtliche Spiegelfenster der Magazine bis oben hinauf mit der schwarzen Lauge bespritzt, so daß Einem die zarten Blumen und die tausend zierlichen Dinge hinter den schmutzigen Scheiben Mitleid einflößen. Die Pariserin feiert aber auch dabei einen Triumph; denn sie ist graziös bis auf das unnachahmlich geschickte Schürzen ihres Gewandes mit einer so großartigen Anmuth und Sicherheit; sie schwebt mit Leichtigkeit, fast ohne die Fußspitzen zu beflecken, durch den Schlamm, wenn schon die ältere Generation behaupten will, die jüngere verlerne das Gehen. Ueberaus wohlthuend ist die leise gurgelnde Aussprache der jungen Frauen auf den Boulevards, voll anmuthiger Weichheit und Bestimmtheit zugleich. Dazu die allgemeine Reinlichkeit und geschmackvolle Einfachheit ihres Anzuges, der saubere, wohl angezogene Strumpf, das sorgfältig gekämmte Haar, und in den niederen Klassen, in dem Gesinde, das frisch gewaschene Spitzenhäubchen. Das schöne Geschlecht zeigt überhaupt die mannigfachsten Häubchen, meistens kokett, fein ausgenäht, denn Alles stickt in Paris. Die kleinsten Mädchen, wenn sie kaum laufen können, tragen ihre Dormeuse altklug und naseweis.

Streifblick auf die Pariser.

Der Frühling gießt über die fröhliche Seinestadt das Füllhorn seiner Reize aus, nicht allen Parisern ist er aber ein willkommener Gast. Kaum lacht zum ersten Mal der Rasen wieder lustig im warmen Sonnenschein, kaum zeigt sich in den Gärten das zarte junge Grün an den niedrigen Büschen und kaum sind die ersten Spargel auf den Speisekarten der Gasthöfe erschienen, so denkt Jeder, der von seinen Renten lebt, Paris zu verlassen. Die schönen Augenblicke des kurzen Auferstehungsfestes aber, wo die ersten lustigen Kleider die „Blumen im Reviere“ ersetzen müssen, sind wohl nirgends reizender als in Paris. In den Champs Elysées, im Boulogner Gehölze zeigen sich die ersten Sommermoden an Kleidern und Hüten. Was die reiche und vornehme Pariser Welt in jene Promenaden treibt, ist aber blos das Bedürfniß und das Vergnügen, sich beneiden zu lassen. Beneidet zu werden um das Alter von zwanzig Jahren und um glänzende Augen oder wenigstens noch um das schöne Haar, wenn die Jugend verstrichen, oder um Sammet und Zobel, um den blank lackirten Wagen und um die bolzengeraden Lakaien, nachdem auch das schöne graue Haar grau und dünn geworden! Der Reichthum selbst müßte mit der Zeit eine Last werden, wenn er sich nicht zur Schau tragen und man nicht tausend Andere mit unbefriedigter Begierde Vergleiche anstellen ließe! Unter diesen tausend Anderen, wie Viele haben aber nicht ihre Besonnenheit bei diesem quälenden Schauspiele verloren! Man begreift auf einem Spaziergang durch die Elysäischen Felder und im Bois de Boulogne, wie außerordentlich der beständige Anblick solchen Luxus schwachen Gemüthern den Entschluß erleichtert, sich zu ruiniren. Einen Winter nur, einen einzigen! mitzuzählen unter die Götter der Mode und des Vergnügens, hat schon Manchen verführt, Hab und Gut rasch zu verzehren, und für das andere reizbare Geschlecht mußte der Anblick von so viel Spitzen und eleganten Hüten nur zu oft Gelegenheit werden, noch etwas Besseres als Einsatz zu geben, denn ein Vermögen, das letzter Wille oder Intestatrechte einem Thoren überliefert hatten. So fordert der Luxus jährlich seine Opfer, der Pariser Luxus mehr als jeder andere. In England lebt der Reichthum abgeschlossen, er entfaltet sich nur vor Seinesgleichen, er schließt die Thore und Zugbrücken und haßt, wie das Genie, die profane Menge. In Paris dagegen bewegt er sich im Freien, er sucht die belebteste Scene, er schlägt sein Pfauenrad vor der gaffenden Menge. Wehe dem reizenden Geschöpfe, welchem die Natur unvorsichtig zu viel Reize und zu viel Sinne gegeben! Es finden sich für solche Seltenheit, für jede noch unerbrochene Knospe Bewerber in Menge, und sie überbieten sich wie auf einer Versteigerung. Wenn zuletzt berauscht und immer noch dürstend nach aller Modeherrlichkeit das Herz dem Meistbietenden nachgiebt, sei es der Reichste oder der Vornehmste oder der Liebenswürdigste oder der am meisten Verführerische, so erkauft man mit Jugend, mit Unschuld, mit der Achtung der Welt, in der man aufgewachsen und oft sogar mit der Gesundheit das kurze Vergnügen, im eigenen Gespann zu sitzen, auf und abzufahren und am klassischen Punkte umzuwenden. Das etwa ist der sentimentale Gesichtspunkt, unter dem das Schauspiel erscheint, und dann und wann mag wohl ein solcher Lebenslauf tragisch genug unter heißen Thränen und in bitterer Reue enden. Allein dem Genius des käuflichen Geschlechtes kostet es in der Regel wenig sittliche Kämpfe, einen zweiseitigen Vertrag einzugehen. Aus einer feuchten, unwirthlichen Existenz springt man in eine glänzende Behaglichkeit, und weil man scheinbar in der gesellschaftlichen Stellung gestiegen, bemerkt man nicht, besonders bei leichtem Blute, daß man moralisch gesunken ist. Betrachtet man diese Lebensprocesse von der ökonomischen Seite, so findet sich auch hier abermals, daß die Natur der Dinge jedem Uebel, das sie zuließ, bei der Geburt schon einen heilkräftigen Talisman beigegeben. Je höher der Luxus und mit dem Luxus die Verführung steigt, um so kostspieliger werden die galanten Verbindungen. Tugend und weibliche Reize sind im Preise so aufgeschlagen, daß die Zahl der Käufer sich nothwendig vermindern muß. Die Leute, welche den Schweiß ihrer Väter umzubringen Gelegenheit, Geschick und Lust haben, finden sich immer nur in sehr kleiner Zahl vorräthig, und dann sind jene Vergesellschaftungen der sogenannten Liebe auf Kündigung ein Gegenstand des Luxus geworden. Wie man etwa mit einer vergoldeten Feuerzange am Kamin und einer Wand voll Spiegel Staat macht, so zeigt man sein Vermögen und sein Talent zum Geldverthun an den Weibern und an dem, was man an diese Weiber hängt. Hier ein Beispiel. Eines der großen Geschäftshäuser auf den Boulevards hat einmal eine Bestellung für zehn Paar Betttücher, dieselbe Anzahl Kissenüberzüge und zwölf Nachthemden ausgeführt, deren Gesammtkosten, wegen der dazu erforderlichen Spitzen und Stickereien, sich auf 32,800 Franken beliefen. Eine verheirathete Dame, welche diese Dinge sah und — vielleicht einigermaßen indiscret — fragte: wer der Gegenstand dieser ungeheuerlichen Ueberspanntheit sei, erhielt folgende Antwort, die zu übersetzen ich nicht versuchen will: Hélas, madame, ce n'est pas pour une de vos égales; — l'Hymen ne se couche pas dans des draps pareils. Nur naive Seelen können sich darüber wundern, daß in Paris blos ältliche, unschöne, aber elegante und luxuriöse Frauen von den Männern gesucht werden. Alles ist aber unnatürlich in dieser Lebewelt, und die Vornehmen wollen bei einer Frau den Luxus finden, den sie gewohnt sind, und spielen. Es wird bei diesen Damen — ces dames — eben das höchste Spiel gespielt, das nichts kostet, als Reichthum und Gesundheit. Deßhalb werfen die Damenunternehmer, welche die Frauen einrichten, ihnen Kutschen und Dienerschaft auf Abzahlung leihen, ihre Blicke nicht auf junge schöne Mädchen, sondern auf solche, welche mit dem nöthigen Panzer von Erz versprechen, tonangebend im Reiche des Luxus zu werden. Dadurch wird die Lage zwischen dem Seelenpaar, welches einen Pakt für eine „Saison" geschlossen, durchaus nicht sittlicher, allein die Pakte werden seltener. Einem Philosophen ist es auch vielleicht einerlei, aus welchen Ursachen das Gute geschieht und das Uebel sich vermindert, wenn es nur geschieht oder sich mindert.

Leider aber droht der Pariser Gesellschaft eine andere Gefahr von jenen Wenigen, die es „so herrlich weit gebracht", die ersten Frühlingslüfte in dem frisirten und gebürsteten Bois de Boulogne zu schlürfen und mitten unter guter und geputzter Gesellschaft nach dem Wasserfall zu spazieren, der aus einer Seitenkulisse des Modewäldchens über zahme Felsblöcke sich ergießt, auf die es verboten ist, den Fuß zu setzen. Es droht der Pariser Welt die Gefahr von jenen elementaren Kindern der Gesellschaft mit den Ansprüchen von achtzehn Jahren und tadellosen Zähnen, — deren eines die treffendste Selbstkritik in die klassischen Worte kleidete: Nous ne sommes pas des gens comme il faut, nous sommes des gens comme il en faut — den guten Geschmack verdorben zu sehen. Das Auffallende ist zur Mode geworden, wie es ja gar nicht anders kommen konnte, denn das Auffallen gehört ja gerade zum Geschäft der Gefallenen, oder höflicher zu reden, Gefallenden. Alle diese galanten Fregatten segeln mit so viel Tuch als nur immer möglich, und um nur das Segelwerk gehörig entfalten zu können, nimmt man auf eine eigenthümliche innere Takelage Rücksicht. Man hat gefunden, daß die Natur den Körper der Frau mit herausfordernden Partien zwar bedacht, aber nur mit einem Winke sich begnügt hat. Dieser Schüchternheit des Schöpfers sucht man häufig durch jene künstlichen Superlative nachzuhelfen, welche selbst die ausgelassendste Phantasie zu beschämen vermögen. Ich muß indeß hinzusetzen, daß die wirklich feine Welt und die erwählte und gesuchte Gesellschaft, wie zu allen Zeiten, durch Einfachheit und Wahl noch immer kenntlich genug ist und weder die frechen Farben noch die Alfreskotoiletten liebt. Wer da glaubt, daß die Pariser Damen den Figurinen der Modeblätter gleichen, welche uns so und so viel hirnverbrannte Moden vergegenwärtigen, irrt vollständig. Der Pariser Corso zeigt die gute Gesellschaft schlicht, dunkel und monoton gekleidet; selbst im Sommer werden leichte schwarze Seide oder doch sehr dunkle Gewebe gewählt. Damen, die nicht sehr schlank sind und nicht in der ersten Jugendblüthe stehen, tragen für die Straße nie kurze anschließende Jacken, sondern immer lange Mäntel oder wohlanständige Umhüllungen. Auch im Hochsommer sind helle Kleider und auffallende Farben auf der Straße verpönt, Toiletten von Stoffen aber, welche Arme oder Nacken durchschimmern lassen, völlig unmöglich.

Die Deutschen, welche Paris besuchen, bringen gewöhnlich sehr falsche Vorstellungen von dem gesellschaftlichen Leben der Franzosen zurück. Vor allen Dingen sind die Pariser nicht das französische Volk und zweitens wird dem Fremden selten das Glück zu Theil, in das Familienleben der Hauptstadt einzudringen. Im Hause ist der Pariser fast unnahbar; er erschrickt über jeden Fremden; die Atmosphäre, welche durch einen solchen in der Gesellschaft entsteht, ist zumeist sehr unbehaglich. Im Allgemeinen ist der Pariser höchst zurückhaltend, dazu kommt noch, daß sich im letzten Jahrzehnt bei Mittagmahl und Abendbrot wahnwitziger Luxus breit macht. Das Leben ist aber so theuer, daß selbst die reichsten Leute sich große Beschränkungen auferlegen müssen. Zum Beispiel! Jeder Fremde besucht den Markt von alten Büchern auf dem Quai Voltaire — ich komme später noch einmal darauf zu sprechen — Wenige aber kennen die letzten Ursachen, welche diesen Handel beleben. Man muß schon sehr reich sein, wenn man in einer Pariser Wohnung Raum genug besitzt, um eine große Bibliothek aufzustellen. Jedes Buch aber, welches man nicht braucht, ist eine kostspielige Einquartierung. Sobald es gelesen und man aufgehört hat, über das Werk zu sprechen, wandert es zum Antiquar und durch diesen in die zweiten Hände. Aber auch der Antiquar mag nicht gern, wie dies wohl bei uns geschieht, alte Bücher fünf und zehn Jahre lang aufbewahren, bis ihm der Zufall einen Käufer schafft. Die Bücher bleiben nur eine kurze Zeit auf der Straße ausgestellt. Hat sich dann im Laufe einiger Wochen unter den Neugierigen, welche den Kram zu durchstöbern pflegen, kein Käufer gefunden, so wandert das Buch zu den Tapetenfabrikanten oder in die Papiermühle. Aus diesem Umstande erklärt sich die auffallende, allen Bibliophilen wohlbekannte Erscheinung, daß selbst die ihrer Zeit verbreitetsten Bücher in Frankreich außerordentlich rasch zur Seltenheit werden und schon jetzt für erste Ausgaben von Racine oder Molière unerhörte Liebhaberpreise zu erlangen sind. Wenn nun aber in Paris für so friedfertige Dinge, als Bücher sind, wenig Raum übrig ist, so giebt es nichts Kostspieligeres, als Kinder im Hause zu haben und zu erziehen, da man sie nie ohne Aufsicht lassen darf, also für sie eigene Dienstboten halten muß, denn in Paris entfernen die Geschäfte den Vater, in den mittleren Klassen wohl auch die Mutter, von Tagesanbruch bis in die späte Nacht aus dem Hause. Dieser Umstand ist von den größten Folgen für die häuslichen Sitten der erwerbenden Klassen, welche den an

Kopfzahl vornehmsten Theil der Pariser Bevölkerung bilden. Es ist nämlich nicht Lieblosigkeit, sondern bitterer Zwang, wenn die Pariser ihre Kinder aufs Land zur Ernährung und in späterem Alter in die Erziehungshäuser und Pensionate weggeben. Wer will es wagen, Mangel an Mutterliebe der Pariserin vorzuwerfen, welche die Erziehung ihrer Kinder bewährten Händen anvertraut und sie regelt, welche die besten Jahre ihres Lebens daran setzt, um für ihre Kinder durch eigene Arbeit ein Vermögen zu erwerben? Man muß sie nur des Sonntags sehen, wo sie beladen mit Kuchen in die Pension eilt, um die einzigen freien Stunden der Woche mit dem Töchterchen oder dem Söhnchen zu verbringen, man muß sie sehen, mit welchem Jubel sie die Kleinen umhalst, wenn diese zweimal des Monats den Sonntag bei den Eltern verleben! Es ist wahr, die Lebensanschauung der Pariserin ist freier, ungenirter, als die der deutschen Damen; sie spricht, ohne zu erröthen, von der Mutterschaft und der unerlaubten Welt. Man darf mit ihr über das Gewagteste reden, wenn es nur in leichter, feiner und heiterer Art geschieht, gerade wie die Griechen gewisse Symbole gerne geflügelt darstellten. Sie kennt keine Vorurtheile, und dieser völlige Mangel an Vorurtheilen geht so weit, daß die anständige Frau die femme honnête, die Berührung mit der anerkannten Großmacht der triumphirenden Galanterie gar nicht scheut, ja mitunter in Haltung, Gang, Sprache und Geberden nachahmt und somit allerdings die meiste Schuld trägt, daß le demi-monde in Paris schon le monde et demi, eine Anderthalbwelt geworden. Aber man lasse sich dadurch nicht täuschen. In Wirklichkeit wird in Frankreich und vor Allem in Paris, wie schon Julius Faucher hervorhob, gegen das sechste Gebot wahrscheinlich weniger gesündigt, als irgendwo sonst in der Welt. Und zwar gilt dies von allen Ständen. Die Frau in Paris, zumal die Frau der mittleren Stände, ist treu, fleißig, mildthätig, praktisch und sparsam. Aus den oben entwickelten Gründen ist es schwierig für die Pariser zu heirathen oder verheirathet eine eigene Haushaltung dauernd zu begründen. Aber nur in den höheren Schichten der Gesellschaft, wo die Frau als überflüssiger Luxus gilt, nehmen die Ehen ab. Um Geld auszugeben, braucht der Pariser keine Frau zu nehmen. Im Mittelstande denkt aber der junge Mann, welcher ein Geschäft einrichtet, zuerst an die Ehe, denn die vielgeschmähte Pariserin ist kein Luxusartikel für den Mann, sondern eine Nothwendigkeit, für das Gedeihen seines Geschäftes geradezu unentbehrlich. Die Wohlhabenheit des Bürgerstandes, welcher in Frankreich so sehr gedeiht, die Thatsache, daß die meisten Kaufleute und Gewerbetreibenden sich in einem gewissen Alter in Rentner verwandeln, wäre ohne die Hülfe der überall werkthätig eingreifenden Frau unmöglich. Und dazu wird die Frau schon durch die Pensionserziehung vorbereitet, die sich hauptsächlich auf praktische Ziele richtet. Nur faßt der Pariser das Wort „praktisch" eben anders auf, als in Deutschland geschieht. Er lehrt die Frau nicht, wie man das Geld am besten ausgiebt, wie man das schönste Heim einrichtet, die schönste Wäsche hat und den besten Tisch führt, sondern wie man das Geld am besten einnimmt. Verdienen, Erwerben ist die Losung des ganzen Mittelstandes, dessen gesundes Blut die Gesellschaft erhält. Die Mädchen erhalten also mehr praktische als literarische Richtung und taugen zum Hauptbuch wie an die Kasse eines jeden großen Geschäftes. Der Franzose behält für jede Frau die Erwerbsfähigkeit im Auge. Ob die Salondame etwas mehr oder weniger wisse, gilt ihm gleich, wenn nur die Geschäftsfrau ihren Pflichten nachzukommen versteht. Die

Pariserin ist auch nicht sentimental; zwar liebt sie nicht selten auf sehr romantische Weise, aber die deutsche Liebe ist ihr unbekannt; sie trägt die Liebe mehr auf den Lippen, als im Herzen. Sie liebt eigentlich nicht, sondern liebelt blos und behandelt nicht selten die Liebe vom geschäftlichen Standpunkt. Eine junge Pariserin erfuhr, daß der, welcher ihr ewige Liebe geschworen und ihr das Eheversprechen gegeben, sich „wegen eingetretener Hindernisse“ anderweitig verheirathen wolle. Wüthend eilt sie zu seinen Verwandten; man bietet ihr 2000 Franken, wenn sie sich zufrieden geben wolle. „Was? Zweitausend Franken für zerstörte Hoffnungen, für meinen verlorenen guten Ruf, für mein geknicktes Dasein, für mein blutendes Herz? Dafür 2000 Francs? Disons trois mille et la chose est faite!“ (Sagen wir Dreitausend und das Geschäft ist gemacht!) Dennoch sind unzufriedene Ehen im Mittelstande außerordentlich selten. Der Umstand, daß die Ehen meist Familienabmachungen sind, bei welchen nach Neigung nicht gefragt wird, hat in der französischen Literatur die ganz unbegründete Hypothese erzeugt, daß das Band der Ehe gewöhnlich von beiden Theilen nicht beachtet werde.

In den unteren Schichten wird die Liebe von der leichten Seite erfaßt. Die Frauen dieser Klasse kommen sich sofort hochmoralisch vor, wenn sie aus der Liebe kein Geschäft machen, aber aus den zärtlichen Herzensbündnissin entspringt keine Pflicht und selten führt eines zur Ehe. Und wenn auch, so trennt man sich oft wieder. Mann und Frau gehen in Dienste, der eine am West-, der andere am Ostende der Riesenstadt, so daß man sich in der Woche nie, sondern höchstens am Sonntag sieht. Da sich nun in Paris solche Heerscharen von cidevant-Jungfrauen und-Junggesellen gegenüberstehen, die Natur ihre Befriedigung verlangt, die Geschlechter in den unzähligen Tanzsälen Gelegenheit haben, sich zu begegnen, und die südlichen Völker die Begierden ungestümer als die Nordländer fühlen, so kann es kaum ausbleiben, daß in Paris der Umgang der Geschlechter vielmehr verwildert als anderswo, was hauptsächlich Paris in den schlechten Ruf gebracht hat, welchen es in der Welt genießt. Allein es fragt sich sehr, ob man mit Recht die Zunahme dieses Uebels behaupten darf. So weit die Geschichte redselig geblieben, finden wir immer in Frankreich eine ungeregelte Befriedigung der Begierden, und wenn ein Volk wirklich auf diese Art zu Grunde gehen kann, so muß der Proceß ein sehr langsamer sein. Man hört bei uns nur zu häufig die trivialen Phrasen, als sei in Frankreich schon vor Voltaire's Auftreten jedes religiöse Gefühl erloschen und als gäbe es längst „keine Familie“ mehr. Derartige Behauptungen rühren von solchen Beobachtern her, die Paris als Fremde betreten und als Fremde verlassen haben, welche die französische „Gesellschaft“ im „Skating“, bei Bullier, in den „Folies Bergères“, im „Elysée Montmartre“ oder im „Tivoli“ und wie die anderen Gelegenheitsorte heißen, zu erblicken glaubten, wo frische tolle Heiterkeit nirgends zu finden ist. Falscher Luxus in den eleganten Lokalen und echte Gemeinheit in den niederen geben den Ton an. Neun Zehntel der männlichen Besucher sind Fremde. Die Grisette in der Bedeutung des Poeten ist todt. Im Reiche der Dirne wuchern Giftpilze, aber es ist doch dies Alles nur „Menschenkehricht“ einer vergnügungssüchtigen Hauptstadt. Kameliendamen giebt es freilich in Paris so gut wie in allen großen Städten Europas, aber jedenfalls verhältnißmäßig in geringerer Zahl, als in London, Wien und Berlin, und sie gehören eher einer niedrigeren Gesellschaftsschicht an, als in den anderen Hauptstädten. Gewiß ist der Franzose zu allerlei Ausschweifungen mehr aufgelegt als der Deutsche, er liebt die pas secrets und findet instinktartig seine Wege durch die liederlichen Kaffeehäuser, nach den geheimen Spielbanken und zu den sonstigen polizeilich ignorirten Walpurgisnächten. Allein sobald mit vierzig Jahren, mit der Reise und Besonnenheit, auch eine weise Sparsamkeit der Jugendkräfte eintritt, dann wird der Franzose nicht liebenswürdig — denn das war er immer — sondern auch sittsamer, und man irrt sehr, wenn man glaubt, er sei dann verdorben für die Häuslichkeit. Oft werden nach galanten Irrfahrten und Schiffbrüchen solche Männer die besten Familienväter, und sie sind es gerade, welche pedantisch auf Anstand im eigenen Hause und in der Gesellschaft sehen. Dazu kommt, daß in wenigen Weltstädten so viel gearbeitet wird wie in Paris, und schon diese Erscheinung sollte von dem „Babel an der Seine" eine bessere Meinung beibringen; denn Arbeit füllt die Zeit und läßt dem Ermüdeten wenig Stunden, ein Körper und Geist aufreibendes, der Sinnlichkeit gewidmetes Leben zu führen. Allein die Welt der Arbeit entzieht sich größtentheils dem Blicke des Fremden; Häuslichkeit und das Leben im Hause sind aber der Gegensatz zu dem Straßenleben, das der Fremde sucht und das ihm allein entgegentritt; und so blühen denn die Einfachheit und Tugend von Paris im Verborgenen, während das Sonnenlicht und die Gasflammen die bunten Falter und flatternden Fledermäuse dem Auge aufdrängen. Man kann der Welt hundertmal erzählen: die Mädchen in Paris leben wie die Nonnen, wenn sie nicht gar, was sehr häufig vorkommt, im Kloster erzogen werden. Ein junges Pariser Mädchen kommt vor dem Tage seiner Vermählung selten in das Theater und sieht fast nie einen Ball; man wacht ängstlich über seinen Umgang und seine Lectüre, und selbst den Salon des Hauses darf es erst bei eintretender Reife an den Empfangstagen betreten; ein langer Brautstand ist fast unmöglich, denn er legt der Mutter der Braut und den Verlobten strengen Zwang auf. Das Brautpaar bleibt niemals allein, jede Liebesbezeugung, welche über einen Handkuß hinausgeht, ist unstatthaft, ein gemeinschaftlicher Spaziergang, eine der Freiheiten, in Deutschland zwischen Verlobten gang und gäbe, gehört in das Reich des Unerlaubten. Dieses Alles und noch vieles Andere kann man erzählen, immer und immer wieder wird doch die Sittenlosigkeit in Paris in erster Reihe betont. Außer den Fremden haben es aber die Einheimischen und vorzüglich die Schriftsteller in Verruf gebracht. Immer und immer, wenn auch zumeist in der besten Absicht, um zu bessern, um das Laster recht abschreckend zu machen, haben sie aus dem Grundwasser der Gesellschaft geschöpft, das Pikante und Interessante aufgesucht, und dabei so übertrieben, daß Alles, was uns die Franzosen auf ihrer Bühne über sich selbst erzählen, durchaus nicht aus ihren wirklichen Erfahrungen hergenommen, sondern in der That einfach nicht wahr ist. Gegen den Verdacht der Wirklichkeit einer Demimonde, wie diese in so vielen französischen Stücken eine Rolle spielt, legt Julius Faucher ernstliche Verwahrung ein. Auch in dieser Beziehung malen die Franzosen ihre eigenen Zustände, wie sie nicht sind. Doch bietet dem Fremden die Literatur ein mit der oberflächlichen Erscheinung von Paris so übereinstimmendes Bild, daß er schwer dazu kommt, zuzugestehen, in Paris bestehe die Mehrzahl der Bewohner aus fleißigen, braven, gesitteten Menschen.

Theilen wir demnach die Pariser Welt nach Gebühr und weisen jedem Theile den Platz an, der ihm gebührt. Faul und krank sind die höheren Schichten der Gesellschaft — die mittleren jedoch sind kernig, aus festem Stoff.

Es ist wahr, die Vornehmen und Ueberreichen machen übertriebenen Luxus und vergeuden Geld und Leben; ihnen schließt sich die Kunstwelt an, welche durch Esprit und leichte Auffassung des Lebens sich Vieles zu verschaffen weiß, was der Millionär mit Gold aufwägen muß. Die Einen treiben Langeweile und Genußsucht auf das Gebiet, wo sie sich mit der „Bohême" der Kunst, deren Elemente die fortwährende Erregtheit der Nerven und das Leben von heute auf morgen bildet, ohne Vergangenheit und Zukunft, nur dem schimmernden Heute geweiht, zusammenfindet. Es ist wahr, diese Gesellschaftsschichten, die am meisten auffallen, am meisten von sich reden machen, die überall sind und überall hinzukommen streben, die Paris mit Ideen jeder Art, mit den Schlag- und Witzworten, mit Bildern und Melodien, Zeitungen und Karikaturen, Moden und Pferden füllen und beleben, und es zu dem fortwährend Blasen aufwerfenden, kochenden Tages-Lebenskessel von Europa machen, aus dem dieses sein modernes Lebenselixir schöpft, — diese Gesellschaftsschichten, dieses tout Paris sind, bezeichnen wir es mit dem gehörigen Worte, verderbt und liederlich. Aber der weitaus größere Theil von Paris, der Bürger- und Arbeiterstand, ist brav und auf ihn muß man als den rettenden Theil der Gesellschaft, in dem die Zukunft liegt, hinweisen, wenn fremde Beobachter oder überverdrossene hypochondrische Pariser beweisen wollen, daß Frankreich in nächster Zeit untergehen müsse, daß es dem Verfalle geweiht sei. Vor einer solchen Auffassung ist Jeder zu warnen, denn wer darauf seine Zukunftspläne bauen würde, hätte sein Haus auf Sand gebaut.

Nach dem Palais Royal und den Centralhallen.

Der Spaziergang über die Boulevards hat uns unwillkürlich zu weitläufigen Betrachtungen angeregt, welchen ich vorläufig nicht weiter nachhängen will. Wir begeben uns vielmehr zurück auf den Boulevard des Capucines und den schönen Platz vor der großen Oper, wo sich uns die Aussicht zugleich in die neue prächtige Avenue de l'Opéra und in die ältere, nicht minder glänzende Rue de la Paix eröffnet. Die Avenue de l'Opera führt uns schnurgerade auf die nicht sehr ansehnliche Place du Théâtre Français, von welcher die gleichfalls ganz gerade und ungemein belebte aber schmale Rue Richelieu nach den Boulevards zieht und eben dort ausmündet, wo der Boulevard des Italiens vom Boulevard Montmartre sich abgrenzt. Das Théâtre Français, die Hochschule des französischen Schauspiels, in welchem man die Aufführung einer der klassischen Tragödien von Racine oder Corneille durch die besten Künstler sehen muß, um von dem so arg geschmähten Versmaß des Alexandriners einen richtigen Begriff zu gewinnen, bietet in seinem Aeußeren nichts Besonderes. Es stößt aber an eines der interessantesten Bauwerke von Paris, welches nur wegen der unmittelbaren Nähe des Louvre und anderer hervorragender Gebäude wenig in die Augen springt, nämlich das einstige Palais Cardinal, seit 1643 Palais Royal genannt. Es besteht aus drei Gebäuden und einem Vorbau, letzterer mit Säulenstellungen dorischer und jonischer Ordnung über einander. Die beiden Flügel sind durch einen schönen Porticus verbunden, welcher den Eingang zur Cour d'honneur bildet. Die Façade des Palastes mit dem Porticus steht auf der Place du Palais Royal, hinter dem Hauptgebäude dehnt sich aber mit der Rue Richelieu parallel ein langer, von Gallerien umrahmter

Hof aus, welcher ziemlich unpassend Garten, Jardin du Palais Royal, genannt wird. Dieser Hof ist es, welcher eine Fülle von Besuchern anzieht. In der Mitte, um das große Wasserbecken, tummeln sich eine Unzahl von Kindern, von ihren Bonnen überwacht, in den Seitengallerien, deren Säulengänge sich auf den Garten öffnen, locken zahlreiche Speisewirthschaften, von welchen die vornehmeren das erste Stockwerk völlig beschlagnahmt haben, die Nahrungsbedürftigen an; der einst sehr beträchtliche Ruhm der hiesigen Speisekünstler ist in der Gegenwart jedoch sehr verblaßt und die Zeiten sind längst vorüber, in welchen der humoristische M. G. Saphir von Véry und Béfour, diesen Dioskuren des Palais Royal, singen konnte:

Ins Inn're der Natur
Dringt kein erschaff'ner Geist,
Glücklich, wer bei Véry und Béfour
Um zwanzig Franken speist.

Heute thronen nur untergeordnetere, wenn auch immerhin recht gute und empfehlenswerthe Restaurants, Kaffeehäuser und Café-Restaurants im Palais Royal; die elegantesten und theuersten dieser Anstalten haben jetzt ihren Sitz auf den Boulevards aufgeschlagen. Nebst den Speisewirthschaften bilden jedoch die zahlreichen Läden für Luxusgegenstände eine Hauptanziehung des Palais Royal, und endlich führt durch seinen Garten der kürzeste Weg nach der Börse und dem Boulevard Montmartre. Der Nordausgang des Palais Royal in der Rue de Beaujolais mündet nämlich direct auf die Rue Vivienne. Letztere läuft parallel mit der Rue Richelieu und beide werden von der auf die Place des Victoires führenden Rue Neuve des Petits Champs und der breiten Rue du Quatre Septembre durchschnitten. Zwischen diesen beiden erhebt sich in der Rue Richelieu, dem Palais Royal ganz unfern, der ausgedehnte Gebäudecomplex der Bibliothèque Nationale, welche in der Zahl der vorhandenen Bände nur vom British-Museum in London übertroffen wird. Ihr Lesesaal, eine lange Gallerie mit zwei Reihen Arbeitstischen, an welchen gleichzeitig zweihundert Personen Platz nehmen können, ist jeden Tag ohne Ausnahme und für Jedermann geöffnet. Die Rue du Quatre Septembre, welche wie die Rue de la Paix und die Avenue de l'Opéra vom Boulevard des Italiens, der Oper schräg gegenüber ausläuft, führt uns zur Place de la Bourse mit der Börse, einem der wirkungsvollsten Gebäude von Paris, in griechischem Style und tempelartig erbaut und von 66 umlaufenden Säulen korinthischer Ordnung getragen. Von hier führen uns nur wenige Schritte, etwa durch die Rue Joquelet, nach der Rue Montmartre, die zwar nicht so sehr durch Eleganz glänzt, dafür aber eine der Hauptarterien der inneren Stadt ist. Zwischen Boulevard Montmartre und Boulevard Poissonière biegt sie ziemlich senkrecht ab, um sehr bald mit einem merklichen Knie nach Südwesten zu wenden und in geradem Zuge vor den großen Halles Centrales auszumünden, welche von jeher in mehr denn einer Beziehung Centralpunkte des öffentlichen Lebens gewesen sind. In baulicher Beziehung gehören die Pariser Centralmarkthallen zu den bedeutendsten Schöpfungen der Gegenwart; die durchweg angewandte Eisenkonstruktion ist auch künstlerisch glücklich gelöst und hat schon zahllosen ähnlichen Bauten als Muster gedient. Der kolossale und zugleich elegante Bau umschließt vierzehn Pavillons und vereinigt unter seinen verschiedenen Dächern die dem Pariser Leben unentbehrlichsten Nahrungsmittel: Fleisch, Fische, Geflügel, Wildpret, Butter, Käse, Gemüse u. s. w. Jeder dieser riesigen Pavillons, unter denen gewaltige Keller, die sogenannten „Reserves“, als Magazine und Niederlagen dienen, hat seine besondere Bestimmung: in dem einen wird das Fleisch en gros und versteigerungsweise verkauft, in einem andern im Kleinen und nach Auswahl der Käufer; ein dritter ist den Fischen, ein vierter der Butter und den Eiern eingeräumt, und so durch die lange Reihe von Lebensmitteln fort. Das Schlachten und Rupfen des Geflügels geschieht in den erwähnten weiten Kellern; hier sind auch Kaninchen, Hühner, Enten und anderes Federvieh in Drahtkäfigen untergebracht, während daneben vergitterte Becken, die von reinem Flußwasser durchströmt werden, die zum Markte geführten Fische enthalten. Von großen breiten Verbindungslinien umgeben, welche direct oder in ihren Verzweigungen auf das Land oder nach den Bahnhöfen laufen, gewähren die Centralhallen für Ab- und Zufuhr ungewöhnliche Bequemlichkeiten. Die Menge der allnächtlich gebrauchten Transportmittel streift an das Fabelhafte: zu mindestens sechstausend Wagen gesellen sich mehr als achthundert Saumthiere und ein unbeschreibliches Gewirr von Handkarren und Körben aller Art, zu deren Unterkunft es eines Raumes von nahezu 10,000 qm bedarf. Mit Maxime du Camp wollen wir das merkwürdige Leben und Treiben in den Pariser Markthallen näher betrachten.

Wenn die Theater ihre Vorstellungen geendet haben, also um die Mitternachtstunde, wenn die Kaffeehäuser geschlossen werden und in den Wohnungen Lampen und Lichter erlöschen, wenn Paris im Begriffe steht einzuschlafen, alsdann erwacht das Leben in den Hallen, Anfangs leise und langsam, als wollte es die kurze Ruhe der großen Stadt nicht stören. Als die Ersten auf dem Markte erscheinen die Gemüsegärtner; halb schlummernd sitzen sie auf ihren Karren, eingehüllt in ihre grobe schwarz und weißgestreifte Decke, während ihr friedfertiger Gaul auch halb im Schlafe seinen Weg zu machen scheint. Am Ziele angelangt, halten sie vor einem kleinen Schilderhause, wo ihnen ein Beamter der Seinepräfectur beim Scheine einer matten Laterne den Zettel einhändigt, auf dem bestätigt ist, daß sie dem Fiscus den Preis ihrer Plätze richtig bezahlt haben, und zwar je zwanzig Centimes für einen Raum von 1 m Länge und etwa 2 m Breite. Aber ein erbärmliches Obdach ist es, was sie dafür bekommen; in Regen, Schnee und Hagel müssen sie auf dem Bürgersteig unter freiem Himmel lagern, oft genug bis auf die Haut durchnäßt und vom Froste geschüttelt. Ehedem konnten die armen Leute in den Schänken der Nachbarschaft gegen die Unbill der Witterung wenigstens zeitweiligen Schutz suchen, heute, seit Errichtung der neuen Hallen, ist ihnen auch diese Erleichterung genommen, und sie müssen eben Stand halten, bis sie ihre Waare an den Mann gebracht haben. Manche der Gemüsegärtner thun dies auf das Schleunigste, sie pflegen ihre Ladung den Obst- und Grünzeughökern oder den „Damen der Halle“ im Ganzen zu überlassen, die dann den Einzelverkauf besorgen, geben ihrem Pferde eine Handvoll Hafer und fahren so rasch wie möglich wieder von dannen. Diese Eiligen fahren stets mit einem Karrenwagen, auf dem sie den Straßenkoth wegführen. Es ist das eine Art Kreislauf, Paris giebt für die Nahrungsmittel, welche ihm zugeführt werden, Dünger zurück. Um diese Nachtstunde sind die Hallen sonst noch ziemlich ruhig, mit Ausnahme jenes Pavillons, dem von den Eisenbahnen das Fleisch karrenweise zugeführt wird. In diesem Raume herrscht das regste Leben, denn bis sechs Uhr müssen die Thiere zertheilt, das Fleisch verkaufsgerecht hergerichtet sein. Gegen 3 Uhr zu wird die Regsamkeit eine allgemeinere, die große gedeckte

Längenstraße, welche die Pavillons in gleichmäßige Gruppen theilt und wo der Platz dreißig Centimes kostet, beginnt sich zu füllen mit den Erstlingen der Früchte und Gemüse, mit Blumen, Moosen und Immergrün; wieder kommen Karren von der Bahn mit Gemüsen aus der Bretagne oder Saint-Pol-de-Leon. Eisig sauset der Wind durch diese Wölbung, und dennoch ist es hier zur Seite großer Haufen von Cichorie oder Rüben, daß unglückliche Vagabunden ihr Nachtlager suchen. Kaum haben sie an irgend einem Karren oder Korb Stütze gefunden und eingenickt, so jagt sie der Wachtposten weiter, doch nicht weit, denn sie können sich nicht schleppen und sinken nach ein paar Schritten wieder an einem Plätzchen nieder, bis sie endlich auf die Wache gebracht werden.

Um fünf Uhr kommt eine ganze Schaar von Weibern angerückt, die insofern an die weisen Jungfrauen der Schrift erinnern, als sie jede ein Lichtlein in der Hand tragen, selbstverständlich ein in einer Laterne steckendes. Sie versammeln sich an der Ecke der Rue Rambuteau und Pierre Lescot. Es wird ein tragbares Bureau herbeigebracht, an dem ein Beamter Platz nimmt. Zuerst werden die Träger aufgerufen, ist einer nicht rechtzeitig da, so muß er zwar, wenn er später kommt, arbeiten, wird aber dafür nicht entlohnt. Mit dem Schlag der sechsten Stunde ertönt ein Glockensignal und der Verkauf der Brunnenkresse beginnt. Jedes ist auf seinem Platze, der Factor, sein Schreiber, sein Ausrufer, der Markt- und der Municipal-Inspector. Jeder zeichnet jeden Verkaufsgegenstand und seinen Preis auf, so daß drei Documente die Controle geben. Ist die Versteigerung der großen Partien beendet, so beginnt sogleich auf selber Stelle der Kleinverkauf. Währenddem sind auch die andern Pavillons geöffnet worden und schon kommen Käufer herbei, die Unteroffiziere, welche für ihre Ménage, Klosterfrauen, Institutsköche und Wirthe, welche große Partien kaufen. Es ist ein beinahe betäubendes Geplapper und Geschrei. Die Verwirrung wird noch erhöht, wenn wieder von der Bahn her Wagen angefahren kommen, schwer mit Seefischen beladen. Das ist täglich ein Gegenstand der Sorge für die Gasthöfe, denn weht ein unrechter Wind, so ist Paris ohne Fische. Dieser Verkauf beginnt zwischen 6 und 7 Uhr; jeder Korb trägt auf dem Deckel den Namen des Eigenthümers und die Adresse des Factors, der durch die Bolletten sogleich einen Ueberblick über die ganze Einsendung gewinnt und den Verkauf darnach anordnet. Mit den Fischen muß anders vorgegangen werden, als mit allen andern Lebensmitteln, denn bei vorgerückter Stunde verlieren sie an Werth. Damit auf diese Weise nicht der Eine Vortheil habe und der Andere übervortheilt werde, vermischt man die verschiedenen Sendungen.

Sobald die Fische ausgepackt sind, werden sie auf große, flache Körbe gelegt und auf eine der acht Verkaufsbänke dieser Abtheilung gesetzt. Sechzehn Personen, sogenannte „Verseurs", sind mit dieser Manipulation betraut, die einige Geschicklichkeit erfordert, denn es heißt die Waare zwar zu ihrem Vortheile auslegen, nicht aber so, daß ihre allenfallsigen Mängel versteckt werden, sie in nicht zu kleinen, noch zu großen Partien zusammenzustellen; sodann werden sie dem betreffenden der vierunddreißig Ausrufer übergeben. Trotz des lebhaften Schreiens und vielfach gesalzener Witze verläuft der ganze Handel in bester Ordnung und mit unglaublicher Raschheit. Im selben Pavillon werden die Süßwasserfische ausgeboten. Die Körbe, in welchen sie transportirt werden, werden sogleich in ein steinernes Behältniß, das fortwährenden Zufluß an frischem Wasser hat, geleert, und nun fangen die Karpfen, Hechte, Schleien und Aale an frisch aufzuleben; ein großer Theil davon kommt aus

Holland, Preußen, Rußland, der Schweiz und Italien, besonders England und Belgien führen eine große Menge Seefische ein. Mehr als 52 Procent der Muschelthiere, welche in Paris verzehrt werden, kommen von Belgien.

Währenddem herrscht auch in den anderen Pavillons das regste, beinahe fieberhafte Leben. Um diese Morgenstunde sind Käufer, Verkäufer, Träger, Beamte, kurz alle in der Halle Befindlichen in unausgesetzter Thätigkeit. Im anstoßenden Pavillon wird Butter, Käse, Eier feilgeboten, ein Handel, zu dem ganz Frankreich beisteuert. Ehe der Verkauf beginnt, wird jeder Ballen Butter abgewogen, mit einer Nummer und dem Gewichtszeichen versehen. Mit einer Sonde kann man aus dem Mittelpunkt der Waare eine kleine Partie gewinnen, ihre Qualität zu erproben. Die Normandie und Bretagne liefern die größte Beisteuer. Mit der Butter wird nicht selten eine ähnliche Manipulation wie mit dem Weine vorgenommen. Verschiedene Gattungen werden zuerst in lauem Wasser erweicht, zusammengemengt und geben dann eine gleichmäßige Masse; ihrem kreideartigen Aussehen wird sodann durch Färbung mit einer mysteriösen Tinctur ein gelblicher Schimmer verliehen. Dieser Saft wird aus Bixa orelana gewonnen, häufig aber auch durch Rübensaft ersetzt. Die Eier sind in gewaltigen Körben, ungefähr immer tausend Stück, untergebracht und so wohl verpackt, daß sie trotz des Stoßens der Eisenbahn und ihrer Gebrechlichkeit gut an Stelle kommen. Man kauft sie korbweise nach der vom Expeditor angegebenen Zahl, welche jedoch vorher von Verificatoren, die diese, wie auch die Qualität prüfen und Compteurs-mireurs benannt werden, revidirt wird. Fünfundsechzig Personen sind hiermit beschäftigt, jedes Ei wird beim Lichtschein untersucht, die zu alt oder schon verdickt befundenen der Industrie übergeben, die gänzlich Verdorbenen sogleich vernichtet. Ein Theil dieser Nahrungsmittel-Prüfenden überwacht auch die Obst- und Milchhändler.

Geht es in diesem Raume ziemlich ruhig her, so ist es dagegen in jenem, der das Geflügel enthält, gar belebt und erregt. Der Hauptverkauf findet da an Montagen, Mittwochen, Freitagen und Samstagen statt. Hier ist der Lärm nahezu teuflisch; unter die Menschenstimmen mischt sich das Blöken der Lämmer, das Krähen der Hähne, Schnattern der Gänse und Girren der Tauben. Letztere geben wieder eine eigenthümliche Beschäftigung. Sie werden in großen Körben lebend transportirt; sobald sie nun ausgepackt werden, nimmt sie ein Mann Stück für Stück und flößt ihnen mit seinem Munde Nahrung ein. Wie rasch diese Fütterung vor sich geht, wird erst begreiflich, wenn man erfährt, daß dieser Nährvater der Tauben das Futter selbst beizustellen hat und für das Dutzend Abgefütterter nur dreißig Centimes erhält. Das zusammengepferchte Geflügel giebt einen so widrigen Gestank, daß selbst der in dieser Abtheilung angebrachte, mächtige Ventilator nicht vermag, diesem Uebelstande abzuhelfen. Anders ist es in der Halle für Grünzeug, wo immer der ihm eigenthümliche frische Geruch vorherrscht. Blumen und Früchte sind im Pavillon Nr. 7 beisammen und geben namentlich in den Frühjahrsmonaten einen wahrhaft reizenden Anblick. Hier versorgen sich alle die vielen Blumenverkäuferinnen von Paris.

Im Pavillon Nr. 12 wird nur kleinweise gehandelt. In letzterem befinden sich die Bäcker und jene Händler, welche schon gekochte Eßwaaren feilbieten. Sie und ihre Speisen verdienen eine besondere Beachtung. Am frühen Morgen kommen sie oder ihre Agenten mit einem Handwägelchen vor die Paläste und Speisewirthschaften angefahren, wo sie die Ueberreste der Mahlzeiten zusammenkaufen und kunterbunt in ihrem Wägelchen zusammenhäufen. Im Hallenmagazin wird dann Musterung gehalten, das Bessere noch zu einem stattlichen Aussehen zusammengeputzt, die Speiseruinen mit anderem, nicht immer gleichartigem Material zu einem neuen Ganzen herausstaffirt, und endlich der Ausschuß des Ausschusses brockenweise ausgelegt. Alles findet seine Abnehmer; und zwar die erste Gattung sogar unter angesehenen Leuten, bei welchen der Geiz und die Nothwendigkeit zu „Repräsentiren“ zusammenkommt; sie sind auf diesem Markte an ihrem scheuen, raschen und verschämten Wesen zu erkennen. Die letzte Gattung wird namentlich von zarten Hundefreundinnen, die ihren Lieblingen eine Delicatesse verschaffen wollen, ausgenützt; die Knochen dienen noch zur Verfertigung der Suppenglace und Gelatine. Auch die Brosamen geben noch einen Handelsartikel ab. Kinder, namentlich in den Anstalten, werfen oft Brotstückchen zu Boden, diese oft zertretenen und die gesammelten Brösel werden zusammengekauft, die besseren Stücke werden wieder zusammengeknetet und von den Boulangers de Vienne verkauft; aus den minderen werden „Croutons“ aufs Gemüse und in die Suppe fabricirt; die allerschlechtesten und kleinsten werden geröstet, gepulvert und zu Zahnpulver verwendet.

Nach zehn Uhr beginnen auch wieder die Wagen zu verkehren, die Fiaker stellen sich auf und die Köchinnen der Bürgerhäuser holen ihren Proviant. Die leeren Körbe, Butterkisten werden zusammengepackt und auf die Bahnen geführt, die sie den Besitzern wieder unentgeltlich zurücksenden. Die Abfälle, der Rest wird zusammengekehrt, fortgeschafft und die Kleinhändler nehmen nun die Plätze ein. Den übrigen Tag geben die Hallen den Anblick eines gewöhnlichen Marktes, der sich nur durch seine riesigen Ausdehnungen von den andern unterscheidet. Es tritt verhältnißmäßig wie eine Windstille ein, die von den Inspectoren benützt wird, ihre Register ins Reine zu bringen; sie enthalten die Zahl der Einsendungen, die Art ihres Verkaufs, die Summe, welche sie eingebracht, den Namen der Käufer, die Abgaben an die Seine-Präfectur und Berechnung der Spesen. Auf diese Art gewinnt man die genaueste Einsicht in die Ernährung von Paris.

Solchergestalt haben die vielfach reformirten Hallen wenig nur mehr gemein mit den ursprünglichen, in welchen Schnitt- und alle erdenklichen Waaren feilgeboten werden. Jetzt beschränken sie sich ausschließlich auf Lebensmittel und bilden die Speisekammer der Stadt Paris. Sie versorgen fünfundfünfzig Märkte, eine Unmenge Privathäuser und 23,643 Garküchen des verschiedensten Ranges. Es sind in Paris wie in jeder Großstadt eine Menge kleiner Leute, deren Zeit so sehr Geld ist, daß sie sich selbst einen Ausgang zur Herbeischaffung der Lebensmittel nicht erlauben können und von Sonnenauf- bis Untergang daheim der Arbeit obliegen. Ihnen zur Erleichterung hat man einen Hausirhandel mit Lebensmitteln organisirt. Sechs tausend Händler haben ihn zu besorgen, sie fahren mit ihren Handwägelchen von Haus zu Haus und bieten feil, was eben die Jahreszeit giebt. Die eigenthümlichen originellen Rufe, mit welchen sie die Aufmerksamkeit auf sich und ihre Waare zu lenken suchen, hat Kastner in einer Symphonie vereint vorgeführt. Der Tonfall, die Melodie des Ausrufs: „Ma botte d'asperges“ ist überdies in einer Romanze der Oper Guido und Ginevra verewigt. Uebrigens sind diese wandelnden Händler einer überaus strengen Controle unterworfen, die Erfüllung des angestrebten Zweckes ist eine stete und unausgesetzte Sorge der Municipalität. Die Händler hatten sich bald nach den reicheren Stadttheilen, die größere Ausbeute versprachen, zusammengezogen und die ärmeren, welche dieses Verkehrs besonders bedürfen, in Stich gelassen. Da wurde ihnen augenblicklich die Erlaubniß entzogen, zwar sogleich wieder ertheilt, aber nur unter der Bedingung, ein gewisses Gebiet, auf dem ihre Dienste nothwendig und so die ganze Stadt abzugehen. Seitdem erfüllen sie ihre demokratische Sendung.

Nicht die Inspectoren der Fleischbänke, der Weinschänken und Milchbuden, die compteurs-mireurs genügen, das mühsamste Ueberwachungsgeschäft fällt auf die wandelnden Inspectoren, welche alle die Garküchen zu überwachen haben. Sie ruhen keinen Moment und finden trotz all ihrer Sorgsamkeit und Strenge alle Augenblicke wieder Gelegenheit, einzuschreiten. Zwei Inspectoren und achtundzwanzig Agenten besorgen diesen gemeinnützigen Dienst. Es ist nahezu unglaublich, welch großartige Fälschungen der Nahrungsmittel statthaben. Der Wunsch, auf diese unrechtliche Weise höheren Gewinn zu ziehen, ist so groß, daß keine Abmahnung, Drohung, gar Strafe fruchtet. Die Agenten visitiren durchschnittlich im Monate acht tausend dieser Etablissements, die Beschlagnahme der gefälschten oder verdorbenen Lebensmittel schwankt zwischen 300—600, je nach der Jahreszeit, im Sommer, wo die Zersetzung rascher vor sich geht, mehr. Von der Milchverfälschung gehen so schaurige Sagen, als wären die Macbeth'schen Hexen an dem Gebräu betheiligt, — nach Saphir wird aus Kalbsgehirn und anderen unnennbaren Dingen Milch geschaffen und aus dieser Milch die Butter, und mit dieser Butter wird gebraten und gekocht — doch ist es so gar schlimm nicht, die Milch ist meist nur sehr stark mit Wasser versetzt und ihr eine gewisse Menge von bicarbonae Sodae zugesetzt, damit sie nicht zerrinnt. Durchschnittlich ist die Milch, die erst vom Groß-, dann vom Kleinkäufer gekauft wird, mit 18 Procent Wasser versetzt. Uebrigens wird der Milchhandel streng überwacht. Der gebrannte und geriebene Kaffee ist sehr häufig mit Gerste, Mais, Rüben, Hafer und Kastanien untermengt, besonders aber mit Cichorie. Dieser Fälschung zu entgehen, kaufen die meisten Personen ihren Kaffee ungepulvert, ungebrannt, in den grüngrauen Körnchen; doch ist auch dies noch kein sicheres Auskunftsmittel. Die Spezereihändler kneten einen Teig von derselben Färbung und prägen ihn dann in Modeln nach der Kaffeebohnensorte. Trotz aller Beaufsichtigung ist diesem Uebel nicht abzuhelfen. Zwar wird die Verurtheilung an den Laden des Verurtheilten angeschlagen, doch verstehen es diese, die angeberischen Plakate alsbald wieder zu entfernen. Die wandelnden Inspectoren haben nicht allein die Lebensmittel, sondern auch die Gefäße, in welchen sie bereitet werden, zu besichtigen und beschlagnahmen namentlich jene, welche Grünspan ansetzen. Neun Beamte sind fortwährend damit beschäftigt, und wenn die Pariser dennoch hie und da etwas Gesundheitsschädliches zu verzehren bekommen, so liegt wahrlich nicht die Schuld am Mangel der Ueberwachung. Die Autorität dieser Gesundheitsagenten ist so anerkannt, daß der Beschlagnahme beinahe nie eine Widersetzung von Seiten des Besitzers begegnet. Sie, die Inspectoren, besitzen aber auch einen wahrhaft unfehlbaren Blick und erkennen sogleich am Fleische, ob ein Thier des natürlichen oder gesetzlichen Todes verstorben. Unter allen Sicherheitsdiensten in Frankreich ist wohl jener für die Versorgung von Paris der best eingerichtete. Was sollte aber auch aus einem Staat werden, wenn die Metropole eines so streng centralisirten Landes, wie es Frankreich ist, nicht täglich reichlich zu essen hätte! Um einen Begriff von dem kolossalen Verbrauche der Seinestadt zu geben, will ich blos einige Ziffern anführen. Nach dem Durchschnitt der drei Jahre 1877—1879 schätzt man den Verbrauch an Brod für Paris auf 282,299,037 kg; was auf jeden Einzelnen 158 kg per Jahr und ungefähr 332 gr per Tag macht. Der verbrauchte Wein beläuft sich auf 390,384,700 Liter, was auf die Person 211 Liter per Jahr und 0,58 Centiliter per Tag ausmacht. Jährlich werden in Paris 142,097,307 kg Fleisch aus den Schlachthäusern, Schweine- und Pferdefleisch verzehrt, was auf den Kopf täglich 208 gr giebt. Das Geflügel und Wild, welches in Paris verspeist wird, erreicht die ungeheure Zahl von 24 Millionen Kilogramm. Fügen wir noch zu diesen Massen von Fleisch 28 Millionen Kilogramm Fische und Austern und 114 Millionen Liter Milch, so wird man sich eine Vorstellung von der Wichtigkeit machen können, welche in der Herbeischaffung der Vorräthe liegt, um diesen Bedürfnissen gerecht zu werden. Außer diesen allgemeinen Nahrungsmitteln verbraucht jeder Pariser im Durchschnitt täglich 21 gr Butter, 13 gr Eier, 585 gr Gemüse, 90 gr Obst, 13 gr Kaffee oder Chokolade, 36 gr Zucker oder aus Zucker hergestellte Waaren, 9 gr nahrhafte Teigwaaren und 6 gr Backwerk und Kuchen. Wasser, Eis und Mineralwasser stellen pro Kopf täglich eine Ausgabe von etwas mehr als 1 Centime dar, und Bier, Aepfelwein und Branntwein belaufen sich auf 10½ Centimes pro Tag und Einwohner.

Sagen uns diese Ziffern, von was man in Paris satt wird, so schweigen sie doch darüber, wie man satt wird. Es ist aber ein sehr bequemes Ding für Monsieur le Comte und Madame la Marquise, zu wissen, daß, wenn man etwas sehr Ausgesuchtes und Vortreffliches wünscht, man nur eine der berühmten Maisons de Coméstibles zu besuchen, eine Karte zu mustern und mit dem Priester oder der Priesterin hinter dem Comtoir eine kurze Berathung zu pflegen hat, damit man in der Salle-à-manger im bezeichneten Augenblick ein elegantes und üppiges Mahl zu Hause habe, für irgend eine Anzahl Personen, fertig gekocht und, wo nöthig, begleitet von jedem Artikel, der erforderlich ist, um eine gegebene Anzahl Quadratmeter Mahagony in einen mit Platte, Glas, Obst und Blumen angefüllten Speisetisch zu verwandeln. Dies ist natürlich kein wohlfeiles Verfahren; allein Alles und Jedes in Betracht gezogen, ist es ökonomisch. Euer Haus wird nicht — was sollen wir sagen? — in einen Ofen, euer Koch in keinen Dämon verwandelt; der Zauberer führt das Gastmahl künstlich durch, ihr sehet kaum die Zauberfäden, an denen dies bewerkstelligt wird und nehmt auch nichts wahr von den Chemikalien; in eurem Hause ist gut leben, obgleich ihr und eure Freunde gespeist habt wie Lukullus; ihr habt ein Gemach für eine Zeit lang in einen Tempel des Sinnengenusses verwandelt, eure Wohnung aber nicht zu einer Taverne gemacht.

So verfährt man in den höchsten Schichten der Pariser Gesellschaft — steigt man aber auf der gastronomischen Leiter herab, so wird man finden, daß auch hier für die ganze Welt in Paris gesorgt ist, und daß jeder die Sprosse wählen kann, die für ihn, für seinen Geschmack und seinen Geldbeutel paßt. Wenn der Marquis oder der Millionär 30, 40 oder mehr Franken per Kopf für ein Mittagsmahl ausgeben kann, mit Freude und Erfolg, so hat der bescheidenere Hausvater verhältnißmäßige Vortheile. Der feiste kleine Gott der Küche ist stets zur Hand, um Alles aufzubessern, was gut, und aufzuputzen, was nicht schön ist. Augenblicklich Luxus und Eleganz zu entfalten, steht dort so ziemlich im Bereich von Jedermann. Wenn man Elisen, der Köchin, sagt, daß Monsieur einen Freund zum Mittagessen nach Hause gebracht, so sind ihre Hülfsquellen unerschöpflich; kein wirklicher Pariser — um eine Phrase aus dem reichen Wörterbuche Sydney Smiths zu gebrauchen — lebt fern von der Limone.

Da ist der „Marchand“ gleich nebenan, oder wenigstens gar nicht weit weg, der ihr auf den leisesten Wink und mit großer Freude und Höflichkeit beispringen wird mit etwas Truffé, von einem Wälschhuhn bis zum Schweinsfuß, Lachs, Wildpret oder anderem Pâté, je nach der Jahreszeit, mit Fasanen, Rebhühnern, Wachteln oder Lerchen, mit ihren kleinen Schweinsfett-Brustschnitten, die ganz fertig sind für den Bratspieß; und sollte die Noth sehr an Mann gehen, so kann das Mahl verherrlicht werden mit einem oder zwei fertig gekochten Gerichten von einem Restaurant oder „Pâtissier“ — die man beide in jeder anständigen Straße findet. Die Bequemlichkeiten in Allem, was die Küche betrifft, sind in Paris ungemein groß; der Metzger verkauft fertig, zuweilen mit Brotkrumen, zugerichtete Cotelettes; der Schweinemetzger und Geflügelhändler halten Wildpret und Geflügel für den Bratspieß bereit; der „Rotisseur“ verkauft dasselbe gebraten, warm oder kalt; in der „Crêmerie“ sind Käse von zwanzigerlei Art zu finden; fertig gekochte Gemüse, Rahm, Eis und ein halbes Dutzend andere Dinge; während der Besitzer des ärmsten Kellers seinen Tisch in jedem Augenblick mit einer oder zwei Flaschen von fast jedem Wein, der ihm beliebt, von dem rothen an, von welchem Niemand weiß, was er ist, bis zu Chambertin, Aï oder Moët bedecken kann. Dies zeigt, welches System von Küchenphilosophie sich in Paris eingebürgert hat und wie hoch es in der öffentlichen Meinung steht.

Vom Louvre nach den Elysäischen Feldern.

Von den Centralhallen wenden wir uns nach dem Louvre. Wir schreiten südwärts durch die breite Rue du Pont Neuf und können nun nach Belieben entweder rechts in die belebte Rue St. Honoré einbiegen und dieselbe bis zu ihrer Kreuzung mit der Rue du Louvre verfolgen, oder auch in der Rue du Pont Neuf bis zur herrlichen Rue de Rivoli vordringen, welche dann direkt zum Louvre führt. Die Geschichte dieses ältesten und eigentlichen Königsschlosses von Paris, das sich zwischen der heutigen Rue de Rivoli und der Seine erhebt, verliert sich in der Nacht der Zeiten; schon unter den Merovingern soll hier ein Jagdhaus, eine Wolfshütte (lupara) gestanden haben und daraus der Name Louvre entstanden sein. Sichere Nachrichten stammen erst aus dem Anfange des 13. Jahrhunderts. Heute ist das Louvre bekanntlich die Residenz der schönen Künste, das erste und größte Museum Frankreichs und in gewissem Sinne vielleicht der Welt; zugleich ward es mit dem westlicher gelegenen Palaste der Tuilerien architektonisch verbunden, so daß es mit demselben ein Ganzes bildete, bis der Brand der Tuilerien im Jahre 1871 in den wundervollen Gebäudecomplex eine seither nicht wieder ausgefüllte Lücke riß. Das alte Louvre hat seinen Haupteingang in der Ostfront, welche ein treffendes Beispiel für die sogenannte Kolossalarchitektur abgiebt. Tritt man aber durch das Eingangsthor im Vorsaal in den großen viereckigen Louvrehof, so haben wir in der uns gegenüberliegenden Façade eine der schönsten Schöpfungen der Renaissancekunst vor Augen. Im Innern dieses köstlichen Palastes sind die Sammlungen der verschiedenen Kunst- und Alterthumsmuseen untergebracht, welche durch die bewunderungswürdige Klassifikation ihrer Schätze nach Zeit, Nation, Schule und selbst Manier der Meister sogar dem unkundigsten Beobachter die Schönheiten zu genießen gestatten, wodurch diese prächtigen Gallerien den Neid und die Bewunderung Europas erwecken. Diese Samm-

4*

lungen gewähren ein Bild des Fortschrittes der bildenden Kunst im Laufe der Jahrtausende, von größerer Vollständigkeit der Vertretung durch Originale, als sie irgendwo sonst auf einem Punkt zusammengebracht ist. Es giebt eine ägyptische, eine babylonische und assyrische, eine altjüdische und eine kleinasiatische Abtheilung, welche den Uebergang zu der besonders reichen Sammlung altgriechischer und römischer Bildhauerwerke bildet. Tritt man aus dem Westportal des Louvre, so hat man einen weiten Platz vor sich, welcher von prachtvollen Schöpfungen der modernen Zeit umrahmt wird. Es ist dies das neue Louvre, zwischen welchem sich der Square du Louvre, früher Place Napoléon III. genannt, ausbreitet: zwei großartige Palastbauten, deren südlicher Flügel der Seine entlang hinzieht und noch mit Sammlungen gefüllt ist, während der nördliche vom Finanzministerium eingenommen wird. Zwei Gallerien, zwischen welchen die große Place du Carrousel sich erstreckt, verbanden das neue Louvre mit dem Palaste der Tuilerien, in letzter Zeit die Residenz der französischen Herrscher. Ein hohes Eisengeländer durchquert den Carousselplatz, und dicht vor diesem Gitter erhebt sich der nach dem Vorbilde des Triumphbogens des Septimius Severus in Rom errichtete Arc de Triomphe du Carrousel, 14,60 m hoch und 19,50 m breit. Die beiden Gallerien endigen gegenwärtig in den Pavillon Marsan und Pavillon de Flore, welche Theile des früher so glänzenden Tuilerienpalastes sind. Der diese beiden Pavillons verbindende Mitteltheil, der herrlichste Theil desselben, ist beim Brande vom 22. Mai 1871 völlig zu Grunde gegangen und seither ganz beseitigt worden. Der gleichfalls stark beschädigte nördliche Flügel, sowie der Pavillon de Flore wurden dagegen wieder hergestellt und vor der ehemaligen Front der Tuilerien eine Straße, die Rue des Tuileries eröffnet, welche die Rue de Rivoli, genauer die dort sich einbuchtende Place des Pyramides, mit dem Pont Royal verbindet. Sie scheidet die nunmehr gegen Westen offene Place du Carrousel von dem schönen Garten der Tuilerien, welcher sich zwischen der Rue de Rivoli und der Seine bis zur Place de la Concorde erstreckt und von allen diesen Seiten Eingänge besitzt. Zwei hohe Terrassen säumen die beiden Längsseiten dieses Gartens, deren nördliche als Terrasse des Feuillants bekannt ist. Der Tuileriengarten ist noch immer der Hauptspazier- und Spielplatz für die Kindermädchen und Kinder der wohlhabenderen Klassen, und auf seinen zahlreichen Miethstühlen lassen sich noch immer alte Herren nieder, welche mit ihrem Vormittage sonst nichts anzufangen wissen, und es vorziehen, den Kindern zuzusehen, statt Zeitungen in den Kaffeehäusern zu lesen. Es giebt wohl auch Spaziergänger und Spaziergängerinnen, obgleich ihre Zahl gegen frühere Jahre beträchtlich abgenommen hat, denn heute geht man nicht so gern, sondern fährt lieber spazieren, obwohl dies gerade kein Gewinn für die Gesundheit und den Genuß ist.

Die Rivolistraße, welche hier unter ihren Arkaden prachtvolle Verkaufsläden birgt, westlich verfolgend, gelangen wir an die breite, mäßig lange Rue Castiglione, welche auf den Vendômeplatz führt. Es ist dies unzweifelhaft einer der schönsten Plätze in Europa, nicht übermäßig groß, aber von gleichmäßig hohen Gebäuden, darunter einigen sehr vornehmen Gasthöfen, umgeben, viereckig und in den Ecken abgestumpft. Seine Hauptzierde ist die hier sich erhebende 43 m hohe Denksäule. Um das Andenken an den kurzen, nur $2^1/_2$ Monate dauernden, aber ruhmvollen Feldzug von 1805 zu verewigen, beschloß nämlich Napoleon I., oder was dasselbe ist, beschloß der Senat, daß auf dem Vendômeplatze eine steinerne, mit Bronzebasreliefs geschmückte Säule errichtet werden solle; zwölfhundert Kanonen, die man dem Feinde abgenommen, sollten das Material dazu liefern. Eine enge Treppe führt auf die Plattform dieses Denkmals, welches von Denon, Gondouin und Lepère errichtet, 1810 eingeweiht wurde und auf seiner Spitze eine den Kaiser Napoleon in römischer Imperatorentracht darstellende Bronzebildsäule von Chaudet trug. Eine der vandalischen Thaten der Commune war, auf Anstiften des Malers Courbet, diese nach dem Muster der Colonna Trajana in Rom mit fortlaufendem Basrelief geschmückte „Denksäule der großen Armee", umzustürzen, was auch thatsächlich zur Ausführung kam. Doch beeilte sich die Regierung der Republik, die Vendômesäule wieder so herzustellen, wie sie gewesen, mit der alten Bronzebekleidung, welche glücklicherweise gerettet werden konnte, und mit der Statue Napoleons in Cäsarentracht. Gegen Norden öffnet sich die Place Vendôme nach der majestätischen Friedensstraße, der Rue de la Paix, welche gewissermaßen die Fortsetzung der Rue Castiglione zur großen Oper auf dem Boulevard des Capucines führt.

Wandern wir nun diesen Boulevard hinab bis zur Madeleinekirche, und wenden wir uns dann südwärts, so führt uns die kurze Rue Royale nach dem Eintrachtsplatze (Place de la concorde), der nicht nur der großartigste Platz von Paris, sondern einer der interessantesten aller Städte Europas ist. Er bildet ein längliches Achteck von 250 m Breite und 350 m Länge, das mit seiner Südseite an die Seine grenzt, über welche hier in der Verlängerung der Rue Royale der Pont de la Concorde gespannt ist, östlich an den Tuileriengarten, westlich an die Elysäischen Felder stößt und nördlich von der Rue de Rivoli abgegrenzt wird. Auf diesem weiten Platze mit zahlreichen Ausgängen kreuzen sich die Wagen in allen Richtungen und der Fußgänger, der ihn ebenfalls zu kreuzen hat, kann auf dem Asphalt die Gefahren nicht hören, welche ihn von allen Seiten her bedrohen. In der Mitte dieses mit schweren steinernen Barrieren und den allegorischen Darstellungen der französischen Städte — darunter das verhüllte Straßburg — umzogenen Platzes steigt, zwischen zwei mächtigen Springbrunnen, der Obelisk von Luxor, eines der schönsten Denkmäler ägyptischer Vergangenheit, an eben jener Stelle auf, wo zur Zeit der großen Revolution das Fallbeil seine blutige Arbeit verrichtete und König Ludwig XVI. angesichts seines Tuilerienpalastes das Leben ließ. Denn von hier aus konnte man früher den mittleren, jetzt verschwundenen Pavillon der Tuilerien erblicken und sieht noch jetzt im Süden, jenseits der Seine das Palais Bourbon, in welchem die Deputirtenkammer tagt, im Norden die herrliche Madeleinekirche, im Westen aber die mächtig sich hineintiefende Avenue des Champs Elysées mit dem interessanten Schlußpunkt des Sternenbogens, der 2100 m entfernt ist.

Der Complex von Palästen, Gärten, öffentlichen Plätzen, der sich längs der Seine vom Louvre bis zum Rond Point oder Rundell der Elysäischen Felder erstreckt, ist wohl schon als die Lunge von Paris bezeichnet worden, weil sich hier, noch im Innern der Stadt, die frischeste Luft schöpfen läßt, und bildet das eigentliche architektonische Prachtviertel der französischen Metropole, in deren regelmäßigem wie unregelmäßigem geschichtlichen Leben dieser Theil eine ebenso große Rolle spielt, wie etwa die alten oder großen Boulevards. Die Elysäischen Felder, — weder Garten, noch Park, weder Chaussee noch Boulevard und doch von allen diesen wesentliche Elemente in sich tragend — sind die von dem oben beschriebenen Eintrachtsplatze unterbrochene, aber von ihr bis zum sogenannten Rond Point in gerader Linie eine Viertelstunde lange Fortsetzung des Tuileriengartens; eingerahmt zwischen dem Faubourg St. Honoré zur Rechten und dem rechten Seineufer zur Linken, durchschnitten von der breiten Fahrstraße nach Neuilly, der sogenannten Avenue des Champs Elysées, und durchkreuzt von ungezählten Baumgängen. Selbst in der rauhen Jahreszeit unverödet, gewähren die Elysäischen Felder im Frühling, Sommer und Herbst an warmen Abenden ein Bild so dichten, bunten und fröhlichen Treibens, als sei ganz Paris dort versammelt. Während die große Fahrstraße sich mit Wagen und Reitern füllt, welche dem Boulogner Gehölz zueilen oder aus ihm zurückkehren, füllen sich die Seitenalleen mit Fußgängern jeden Alters, und während „die Welt" sich brüstet, geht das Volk seinen Vergnügungen nach. Die Elysäischen Felder, nur um Weniges größer als der Tuileriengarten, weisen wohl die größte Mannigfaltigkeit von Volksunterhaltungsplätzen für den höheren wie für den niederen Geschmack auf, welche auf so kleinem Raume überhaupt in der Welt vorkommt. Gehütet von den Augen ihrer Mütter oder Bonnen rollen sauber gekleidete Kinder in Kutschen oder Omnibus, die mit vier, sechs, acht Ziegenböcken bespannt sind, auf und ab. Nebenher trabt der Führer. Auf dem Bocke sitzen gewöhnlich zwei Knaben, der eine die Lenkseile, der andere die Peitsche in der Hand, jener die Thiere zügelnd, dieser sie antreibend. Dort, wo Soldaten aller Waffengattungen, Männer in Blusen und bürgerlichen Röcken, kleine und große Mädchen, große und kleine Jungen in enggeschlossenem Kreise beisammen stehen, geht vielleicht ein Hanswurst auf dem Kopfe, oder balancirt eine Frau einen Stuhl, auf welchem ein Mann sitzt, der wieder einen Knaben in Schwebe hält, welcher ein Kaninchen bei den Ohren hält; oder es wird ein Eiertanz aufgeführt, oder es machen Hunde wunderbare Kunststücke, oder eine Hellseherin sitzt mit verbundenen Augen auf einem Sessel und ein Mann legt ihr Fragen vor, welche die Zuschauer ihm schriftlich reichen und jene zu ihrem Erstaunen, doch nicht immer nach Wunsch beantwortet. Dort singt ein Mann Lieder, die ihm über dem Arme hängen und fleißig verkauft werden; hier arbeitet ein elektrischer Apparat, und der Schlag der umlaufenden Kette macht die Einen schreien, die Andern quieken. In Reihen auf Bänken und Stühlen vor einer niedrigen Schaubühne, deren Orchester zwei Geigen bilden, ergötzen sich Kinder und Erwachsene an der stündlich wiederholten Vorstellung eines Stückes, in welchem ein Polizeicommissär und ein Gensdarm, ein Hanswurst und der Teufel, der sie Alle holt, die Hauptrollen spielen. Auf einem Puppentheater hinwiederum erschlägt der winzige David den Riesen Goliath, eine Frau fliegt als Luftballon auf, oder ein Esel, von einer Gans geritten, galoppirt über die Bretter. Dort drängt man sich hinter einen blauleinenen Vorhang zu einer Zauberlaterne, um für einen oder ein paar Sous die pièce curieuse zu sehen. Kühne Herzen, mehr Frauen als Männer, besteigen die russischen Schaukeln; andere kühne Herzen, mehr Männer als Frauen, besteigen Boote, die von Seilen getragen, Wellenberge erklimmen und von der Höhe in den Abgrund stürzen. Hier wird Ball geschlagen, dort das Kugelspiel gespielt. Reiselustige besehen durch die Gläser der Guckkasten die Haupt- und Hafenstädte, die Seen, die sie durchschiffen, die Alpen, die sie besteigen möchten. Ringelspiele mit und ohne Ringstechen, mit Hirschen, Schwänen und Pferden, mit Lehnstühlen und Wagen drehen sich pfeilgeschwind; aus Vogelflinten wird nach nahen und fernen Zielen geschossen; gegen den unsichern Gewinn von Makronen und Glaszeug, aber gegen den sicheren Verlust von Soustücken schieben angehende Jünglinge auf ovalen Billardtafeln elfenbeinerne oder hölzerne Kugeln unter aufgestellte Kegel. Mütter lassen ihre Söhnchen, Väter ihre Töchterchen an den Tischen der Lebküchler hier das Glücksrad, dort den Glücksbecher schwingen; für die Hälfte des Einsatzes hätte man das Doppelte kaufen können, aber das Gewonnene macht Kindern und Eltern dreifache Freude. Zwischendurch wetten mehrere Männer aus dem Volke, welcher von ihnen ein gepolstertes, an eisernem Stocke in eiserne Röhre gefugtes Kissen durch die Gewalt des Faustschlags am weitesten hineinzwängt. Andere streiten, wer am schwersten oder leichtesten wiege, und lassen sich der Reihe nach auf einem der vielen unter streifigen Baldachinen stehenden Wagsessel behaglich nieder. Hier sitzt ein blinder Flötenbläser, dort ein blinder Geiger auf niedrigem Schemel. Beiden hängt ein blechernes Büchschen vor der Brust. Der Flöte entschlüpft manch falscher Ton und die Geige ist verstimmt; aber Kupfer und Silber fallen mit gutem Klange in die Näpfe, und die Aermsten scheinen die bereitwilligsten Geber zu sein. Auf den Elysäischen Feldern glaubt man sich stets auf einem Jahrmarkte, so groß ist die Zahl der Buden und Zelte. Nach der Seine zu macht die Schaulust der Eßlust Platz. Auf glühenden Kohlenbecken oder scharf geheizten Oefen werden papierdünne Waffeln und improvisirtes Krausbrod oder in Fett schmorende Kartoffeln und duftende Bratwürste oder die stets beliebten Cottelettes zugerichtet, der kalten Speisen und des unentbehrlichen Salates zu geschweigen. Obst von allen Sorten und Gebäck in allen Formen wird in Körben umhergetragen. Wein, Bier und Kaffee fehlen nicht. Mit Einbruch der Nacht erscheinen überall Lichter und Lampen, nah gerückte „Reverbères“ säumen beide Seiten der großen Fahrstraße ein. Kein Verkäufer ist so arm, er zündet ein Lichtchen an; auch vor dem Geiger und Flötenbläser brennt eines zu seinen Füßen. Die Marionettentheater und alle Schaustellungen schmücken sich mit weißem und buntem Lichte, je nach Verhältniß ihrer Größe und der Zahl ihrer Gäste. Die großen Kaffeehäuser aber, die zugleich Speisewirthschaften sind, hängen ihre prächtigen Lampenguirlanden auf, oder es erscheint ein gewaltiger Adler mit ausgebreiteten Flügeln in Brillantenschmuck, und aus den blumengeschmückten Pavillons erschallen lockend die Stimmen der Sänger und Sängerinnen, das Lachen und Geplauder der Menge einen Augenblick unterbrechend. Die Elysäischen Felder und das nahe Boulogner Gehölz sind endlich auch der Schauplatz der berühmten Spazierfahrten von Longchamp, auf denen die luxussüchtige Frauenwelt von Paris die neuen Moden im Frühjahr zur Schau trägt; es soll Tage geben, an denen in einer Stunde über acht tausend Kutschen diesen Corso passiren, welcher breit genug ist, daß acht Reihen Wagen ungehindert neben einander fahren können. Die berühmten Wettrennen von Longchamp finden jedoch auf dem gleichnamigen Hippodrom im Boulogner Gehölz statt, wo auch die Preisvertheilung vorgenommen wird.

Mitten in den Elysäischen Feldern, zur Linken der breiten Avenue nimmt der große, für die erste Pariser Weltausstellung von 1855 erbaute Industriepalast die Aufmerksamkeit in Anspruch. Dieses zweistöckige Gebäude ist kein Ungeheuer, wie der Londoner Glaspalast mit seinem feenartigen Lichteffect; es ist auch kein Meisterstück der Kunst: wohl aber dürfte es prachtvoll genannt werden, wenn es ursprünglich zu Winterreitübungen eines Cavallerieregiments bestimmt worden wäre. Gegenwärtig dient das Gebäude im Mai und Juni zu der berühmten sechswöchentlichen Gemälde- beziehungsweise Kunstausstellung.

welche man den „Salon" nennt, und sonstigen anderen Ausstellungen. Ihm gegenüber, auf der rechten Seite der Elysäischen Felder, liegt hinter einem großen, in die Avenue Gabriel vorspringenden Garten, das Palais de l'Elysée, dermalen die Residenz des Präsidenten der Republik. Ein Triumphbogen von neuerer Bauart führt auf den Ehrenhof, an dessen Seite sich zwei kleinere Höfe für die Dienstwohnungen öffnen. Neue, sehr geschmackvoll verzierte Gebäude sind nach der Seite der stillen, vornehmen Rue de l'Elysée hinzugefügt; die anhängenden auf die Avenue Marigny blickenden Baulichkeiten sind regulirt worden. Im linken Flügel des großen Hofes befindet sich eine sehr geschickt im Style gewisser sicilianischer Kirchen gemalte und decorirte Capelle. Der Garten endlich, der schönste vielleicht und der malerischeste von allen Gärten in Paris, ist von eleganten, epheumrankten Gittern eingeschlossen, welche, ohne es zu begrenzen, das Viereck von Grün einrahmen, in dessen Mitte sich dieser reizende Palast erhebt. Die Lage des Elysée und seines Gartens bietet den doppelten Vortheil dar, daß der Palast den Spaziergängern der Elysäischen Felder einen prächtigen Aussichtspunkt gewährt und daß andererseits die schöne Promenade den Horizont des Elysée ins Unendliche ausdehnt. Sie ist gleichsam der große öffentliche Park am Ausgang des Privatgartens. Ein wenig weiter auf der Avenue beim Rundell, der von sechs Springbrunnen, prächtigen Gebäuden und vielen Speiselokalen umgeben ist, endigen die eigentlichen Elysäischen Felder. Von da ab verschwindet ihr praterartiger Charakter, indem blos die majestätische, breite, mit doppelten großen Baumreihen besetzte Avenue der Elysäischen Felder fortsetzt, die zu beiden Seiten von stolzen Häusern und Palastreihen eingeschlossen wird. Den Schluß dieser Avenue bildet der oben erwähnte, reich mit Bildhauerarbeiten verzierte Arc de triomphe de l'Etoile, welchen Napoleon I. in freier Nachahmung des Titusbogens zu Rom zur Verherrlichung des französischen Nationalruhms aufführen ließ und von dessen Plattform man eine lohnende Aussicht über das westliche Paris genießt.

Das Quartier latin.

Einen vollendeten Gegensatz zu dem Paris auf dem nördlichen Ufer der Seine bildet jenes des linken, südlichen Ufers. Auch hier ist Paris noch immer die Großstadt, aber der Charakter des aufgeregten geschäftigen Lebens macht dem Typus abgeschlossener Vornehmheit in einzelnen Vierteln neben absteigender Spießbürgerlichkeit in anderen Platz. In dem der Seine nahen Stadttheile, welchen der halbmondförmige Boulevard St. Germain durchschneidet, sind eine ganze Fülle der wichtigsten öffentlichen Gebäude angehäuft. Wir überschreiten die Seine auf der Concorde-Brücke und befinden uns nunmehr auf dem höchst aristokratischen Quai d'Orsay, wo sich an das Ministerium der auswärtigen Angelegenheiten, das Palais Bourbon, jetzt der Sitz des Abgeordnetenhauses, die spanische und deutsche Botschaft, der Palast der Ehrenlegion und der Palast du Quai d'Orsay an einander reihen. Das Ministerium des Aeußeren grenzt an die geräumige Esplanade des Invalides, in deren Hintergrunde sich das berühmte Hôtel des Invalides erhebt mit der stolzen Kuppel seines Domes, welcher in kreisrunder Krypte den dunkelrothen Granitsarkophag mit der Asche des welterobernden Napoleons I. birgt. Der Eingang zu diesem

Dome befindet sich auf der Rückseite des Invalidenhôtels, auf der Place Vauban, von welcher die kurze Avenue de Tourville zur stattlichen Kaserne, der früheren Ecole militaire, und dem vor derselben sich ausbreitenden Champ de Mars oder Exercierplatze, einem regelmäßigen Vierecke von 1 km Länge und einem halben Kilometer Breite führt. Die steinerne Jena-Brücke verbindet diesen Platz mit dem rechten Ufer, auf welchem die Place du Trocadéro zu dem auf der Höhe thronenden, aus Anlaß der Weltausstellung von 1878 errichteten gleichnamigen Palaste ansteigt, eine in orientalischem Style gehaltene halbkreisförmige Anlage, deren Mittelbau zwei 83 m hohe Thürme besäumen. Das Innere des Palastes enthält große Säle für Schauspiele, Concerte und Vorträge. Vor der Rotunde stürzt ein großartiger Wasserfall über die zweihundert Stufen einer Treppe herab und gewährt im Vereine mit dem Palaste dem Marsfelde einen prächtigen Abschluß.

An den vornehmen Quai d'Orsay stößt der Quai Voltaire, welcher mit dem Quai Malaquai und Conti bis zum Pont Neuf hinzieht, also gerade den Tuilerien und dem Louvre gegenüberliegt. Wir stehen hier am Rande des sogenannten Quartier latin, des Studentenviertels, welches jetzt hauptsächlich aus dem fünften und sechsten Arrondissement gebildet wird. Unwillkürlich stellt sich uns, wenn wir das Quatier latin nennen, der Begriff der „Grisette“ ein, welche damit so enge verknüpft erscheint. Die „Grisette“ ist nun freilich verschwunden, aber in den maisons meublées des Quartier latin wimmelt es noch immer von jenen wilden Ehen auf Zeit, für welche die Pariser Studenten von Alters her bekannt sind. Mit einer Versündigung gegen das sechste Gebot hat indeß diese im Ganzen harmlose Unsitte nichts zu schaffen. Denn die Studentenfrauen auf Zeit sind noch immer, wie schon seit langen Jahren, dem in Paris in ungeheuerer Anzahl vertretenen Stande der Näherinnen, Floristinnen, Modistinnen 2c. entnommen, mit einem Worte unverheirathete Mädchen, welche in den Werkstätten für die Frauentoilette arbeiten, wenn sie jetzt auch nicht mehr Grisetten, sondern mit etwas anrüchigerem Klange des Wortes „Cocotten“ heißen. Durch diese wilden Ehen, welche, solange sie dauern, eher dazu beitragen, die jungen Leute in Ordnung zu halten und sparsam zu machen, wird jedenfalls die Zügellosigkeit nicht gefördert, denn während sie dauern, verpönen der Anstand und die Sitte geradezu, selbst eine solche Ehe zu brechen, wie als wäre sie eine wirkliche. Sie sind eine Art jugendlicher Vorehen aus wirklicher gegenseitiger Neigung, welche in Frankreich deßwegen entstanden sind, weil dort die wirklichen Ehen, die ihnen bei den jungen Männern später folgen, fast als Regel aus einer Familienabmachung hervorgehen, bei welcher nach einer Neigung nicht mehr gefragt wird. Auch dem ernsten Studium sind diese Verhältnisse keinesfalls abträglicher als die Kneipsitten des deutschen Bruder Studio. Dies zeigt sich uns schon ganz augenfällig gleich beim Betreten des lateinischen Viertels. Während sonst ziemlich überall die berühmte Seinestadt dem Modernismus huldigt, weiht sich das Quartier latin einer Gewohnheit von Alters her, die nicht besser als mit dem Worte „Bouquinismus“ bezeichnet werden kann. Bouquin ist ein ganz legitimes französisches Wort, es ist ein altes Buch, ist viel mehr unser deutsches „Buch“. Da nun die Deutschen von jeher in Paris nach alten Büchern, Tröstern, Schmökern gesucht haben, so heißt bouquin ein altes Buch. Wer danach sucht, ist ein bouquiniste; endlich heißt das Zeitwort „nach alten Büchern suchen“ ganz kurz bouquiner, ein geheiligtes Wort, ein Glaubensbekenntniß. Wer vom Louvre herwärts über den Pont Neuf geht, sieht nach rechts, bevor er in die Rue Dauphine hineingeht, auf dem Seinegeländer eine lange, unabsehbar lange Reihe flacher Kästen stehen. Jeder ist mit alten Büchern angefüllt, jeder hat auf einem Stöckchen sein „prix fixe", und das Geschäft ist höchst glatt und sehr solide. Da „bouquinirt" man denn gar so gern, vor vierzig Jahren schon und noch jetzt. Es ist immer dasselbe Geschäft, nur der Inhaber mag wechseln. Hat man etwas gefunden, so hält man die Hand in die Höhe, — der Mann kommt und nimmt sein Geld, es wird nicht einmal ein Wort dabei gewechselt, und man geht zufrieden mit seinem bouquin nach Hause, oder man biegt links ab vom Pont Neuf. Dort wohnt der Bouquinismus höchst ehrbar in einem Laden, in einer ganzen Reihe von Läden. Am Fenster hängt ein Zettel: „60 centimes le Kilo!" Und dicht dabei unser alter Heurnius — opera omnia 1658, Fol. Was will man mehr? Kommt man aber nun tiefer hinein in das Viertel, z. B. nach dem Pantheon hinauf oder in die Gegend der Medicinischen Schule, so findet man dort, trotz der engen Räumlichkeit der Gassen, ganze Hauswände besetzt mit literarischem Trödel, häufig von bedeutendem Werthe. Denn nicht nur die Verfasser waren ehedem berühmte Männer, sondern auch häufig die früheren Besitzer; und man gelangt da manchmal zu höchst interessanten Autographen und Andenken. Und wer verbraucht das Alles im Quartier latin? Die Beantwortung dieser Frage ist nicht ganz leicht. Wenn man aber die Zahl der Käufer zusammenrechnet, so kommt man wohl zu dem Ausrufe: „Wie kann man so viele Wissenschaftsbeflissene mit literarischem Materiale versehen?"

Der einfachste Spaziergang durch das fünfte Arrondissement macht uns aufmerksam auf eine wirklich staunenswerthe Menge von Anstalten, die alle mehr oder minder zur Volksbildung und zur eigentlichen Gelehrtenbildung gehören. Gedenken wir bei der Gelegenheit auch noch mehrerer Kirchen, der Wohlthätigkeitsanstalten, selbst der einen oder der anderen correctionellen Gebäude, so können wir die Fülle derselben kaum bewältigen. Wenn wir von der Sternwarte ausgehen, so haben wir gleich links von derselben das Findelhaus, rechts zwei Hospitäler, denen sich ein drittes wenige Schritte davon südöstlich anreiht. Nordöstlich dagegen ragt dicht bei der Sternwarte die herrliche Kirchenkuppel des Val de Grace mit dem bedeutenden Militärhospitale heraus, dicht bei diesem die Ecole normale, die pharmaceutische Schule und ziemlich zwischen beiden das Collège Rolin. Gehen wir den Boulevard St. Michel hinunter, so haben wir zuerst rechts das Taubstummen-Institut, links am Luxembourg-Garten die Ecole des Mines. Dann aber vorwärts schreitend, blicken wir durch die Rue Soufflot nach dem Pantheon. Um dasselbe und dicht bei demselben haben wir die Rechtsschule, nebst dem gleichgebauten Gebäude der Mairie westlich vom Pantheon, die Geneviève-Bibliothek nördlich davon; hinter dem Pantheon das Lycée Napoléon, dicht bei diesem die Kirche St. Etienne du Mont und eben hinter dieser die polytechnische Schule. Kehren wir zurück zur Rue Soufflot und gehen wenige Schritte in die St. Jacques-Straße hinunter, so haben wir das Collège Louis le Grand und hinter demselben die Schulanstalt St. Barbe. Dann aber treffen wir wieder in der Rue St. Jacques gar die Sorbonne und ihr gegenüber das Collège de France, die beiden berühmten Anstalten, das Serapeum und das Museum des modernen Wissenschafts-Alexandriens. Am Boulevard St. Michel liegt dann, gerade auf derselben Breite, das Collège St. Louis. Weiterhin zur Seine führt uns dann die Rue de l'École de Médecine links in das mediciniſche Viertel, eine Wiſſenſchaftsinſel am Rande des Luxembourg-Arrondiſſements, — rechts dagegen treffen wir das „Hôtel Cluny" mit ſeiner herrlichen kunſtinduſtriellen Sammlung und mit dem Palais des Thermes und endlich noch die Kirche St. Severin. Dann ſind wir an der Seine in der Gegend von Notre-Dame. Um uns zu erholen von unſerem Wettrennen durch all dieſe berühmten Gegenden, ſchlendern wir an der Waſſerſeite des fünften Arrondiſſement etwas die Seine aufwärts. Da kommen wir an der Halle aux Vins vorbei, aus welcher Paris ſeinen Weindurſt ſtillt. Und nun ſiehe da! Da öffnet ſich der Jardin des Plantes, deſſen hoch poetiſche Einſamkeit jetzt durch den naheliegenden Bahnhof von Orleans unangenehm geſtört iſt. Dahinter noch die Salpetrière, das größte Siechenhaus der Welt. An der Weſtfaçade des Pflanzengartens iſt noch das Hoſpital der Pitié und das Gefängniß St. Pélagie zu nennen, und der Rundgang iſt beendet.

Aber auf dieſem Rundgange haben wir nur Namen nennen, nur äußere Formen ſehen können. Wenn wir auch nicht Alles analyſiren wollen, ſo müſſen wir doch das Nothwendigſte etwas genauer betrachten, namentlich unter den Wiſſenſchaftsanſtalten, den Univerſitätsfacultäten, den höheren Lehranſtalten, den einzelnen „écoles". Wir beginnen natürlich mit Sainte Barbe beim Pantheon, der älteſten Schule für die Pariſer Jugend, ſchon im Jahre 1640 gegründet; ſie iſt die Sorbonne für die kleine Welt, welche kleine Welt, wenn ſie zwiſchen ſechs und zehn Jahre alt iſt, ſogar nach einem Kindergarten, nach Fontenay-aux-Roſes hinausgeſchickt werden kann. Der Schule St. Barbe ſind nun im Verlauſe der Zeit gar viele Kinderſchulen nachgefolgt, und Paris hat heute 600 öffentliche Schulen mit mehr als 100,000 Schülern und Schülerinnen. Nach St. Barbe beſprechen wir kurz auch die Gymnaſien, die Lyceen im Pantheon-Arrondiſſement, im lateiniſchen Viertel. Nach unſeren deutſchen Gymnaſialanſichten geht hier Alles über das Maß hinaus. Es werden nämlich ſo viel Zöglinge aus den Provinzen nach Paris geſchickt, daß ſie meiſtens nirgends anders als in den Lyceen untergebracht werden können. Dadurch werden dieſe Anſtalten denn wirkliche Erziehungscaſernen. In dem oben genannten Lyceum Louis le Grand ſind z. B. 800 Zöglinge untergebracht (internes), während dazu noch 500 Schüler aus der Stadt die Unterrichtsſtunden beſuchen (externes). Daß 1300 Jünglinge eine Schule beſuchen, iſt gewiß nicht rathſam, daß aber 800 Penſionäre in derſelben Lehranſtalt zuſammenwohnen, iſt gewiß unter Umſtänden ſehr gefährlich. Solch ein Lyceum hat meiſtens ſeine eigene uniforme Kleidung und beſtimmte Abzeichen, auf welche die Jugend, namentlich aus den Provinzen, ſehr viel hält, zumal wenn ſie ſpazieren geführt wird. Dieſe Rieſenanſtalten verlangen natürlich ganz beſondere Baulichkeiten. Manche Lyceen ſind vortrefflich bewohnt. Das Lyceum Napoleon hinter dem Pantheon iſt geradezu ein altklaſſiſches Gebäude, ehemals eine Abtei der heiligen Genovefa, ſchon im ſechſten Jahrhundert gegründet und ſpäter mehrfach umgebaut. Das alte Refectorium, jetzt Hauscapelle, ſoll in hohem Grade intereſſant ſein. Man trifft an den Baulichkeiten romaniſche, gothiſche und moderne Elemente vereint. Früher war hier die berühmte Bibliothek St. Geneviève untergebracht, die ſich jetzt zur Seite des Pantheon in einem beſonderen Gebäude befindet. Dieſe berühmte Sammlung enthält über 100,000 Bände und viele zum Theile ſehr merkwürdige Handſchriften. Ganz ausgezeichnet iſt der Leſeſaal. Er enthält für mehr als 400 Studierende Plätze und wird auch, da die Bibliothek inmitten des lateinischen Viertels liegt, von allen Pariser Bibliotheksälen am meisten benützt. Und doch ist die Bibliothek neben dem Pantheon von fast verschwindender Kleinheit neben der großen Nationalbibliothek in der Rue Richelieu auf dem rechten Seineufer.

Zu welchem besonderen Zweige des Wissens und der Gelehrsamkeit nun auch immer die aus den großen Gymnasialcasernen herauskommenden französischen juvenes übergehen mögen, all die Gelehrsamkeit im Quartier latin gipfelt mehr oder minder in der berühmten Sorbonne, wenn auch manche Wissenschaftsanstalten administrativ von derselben unabhängig sind. Die Sorbonne ist ein altes, vornehmes Institut. Sie stammt noch her aus der

„Zeit, da man mit Vorbedacht
Nur latein'schen Vers gemacht!"

hat sich aber immer frisch erhalten und ist noch heute, obwohl über sechshundert Jahre alt, die treffliche, jugendfröhliche Sorbonne, die immer noch Schönes, Gutes, Gediegenes, Klassisches zu lehren weiß. Schon im Jahre 1253 ward die klassische Anstalt gegründet von Robert v. Sorbon in der Champagne (1201 geb.), Almosenier Ludwigs des Heiligen, Anfangs ein theologisches und scholastisch-philosophisches Institut, dann aber in alle Wissenschaften eingreifend und eine lange Zeit dieselben allein beherrschend, so daß die Sorbonne wirklich die oberste Behörde in allen geistigen Bewegungen und Streitfragen war. Wenn nun auch in unseren Zeiten das Denken und Wissen Allgemeingut geworden ist und dafür kein Mittelpunkt als wirkliches Haupt zu finden sein möchte, so gedeiht doch die Sorbonne noch immer; sie pflegt katholische und philosophische Wissenschaften, alle Zweige der Naturforschung, besonders Physik, wie denn ihr physikalisches Cabinet hoch ausgezeichnet ist. Das große Amphitheater der Sorbonne kann bis zweitausend Zuhörer fassen. Und wenn auch die juristische und medicinische Facultät in Paris ganz besondere Räumlichkeiten haben beziehen müssen und jede für sich eigen organisirt ist, so geht doch der Rechtsstudierende und der angehende Mediciner immer noch gern in die Sorbonne, auf deren großem, inneren Hofe man denn auch immer Vertreter der einzelnen Wissenschaften trifft und auf deren Tafeln man genau die Gegenstände, die Docenten, die Stunden der Vorträge angegeben findet. Die Kirche der Sorbonne ist ein anmuthiger, wenn auch nur kleiner Kuppelbau mit einem hübschen Doppelportale aus korinthischen Säulen über einander geschmückt und auch um die Kuppel herum reich verziert. Die Kuppel ist inwendig von Philippe de Champaigne ausgemalt. Vor Allem sehenswerth ist das Marmormausoleum des Cardinals Richelieu, von Girardon ausgehauen und dessen Meisterwerk, eine der vorzüglichsten monumentalen Arbeiten in Paris; der sterbende Cardinal wird von der Religion mit zwei Genien unterstützt und von der Wissenschaft zu seinen Füßen betrauert.

Das Collège de France wurde im Jahre 1529 von König Franz I. mit allen Zuthaten und neunundzwanzig Professorenstühlen gegründet. Besonders Literatur, Philosophie und alle Zweige der Naturwissenschaften werden hier eifrig vorgetragen und ebenso eifrig hingenommen, besonders von der Pariser Damenwelt. Die Vorlesungen sind immer auf ein halbes Jahr berechnet, gänzlich umsonst und dem Fassungsvermögen der gemischten Zuhörerwelt völlig angemessen. Die Professoren gehören immer zu den bedeutendsten Männern. Die ganze Anstalt, der Sorbonne gegenüberliegend, ist besonders für junge Mädchen, die sich dem Erziehungsfache widmen wollen, eine unendliche Wohlthat, und in gewisser Weise eine förmliche Universität für dieselben.

Was immer an wissenschaftlicher Bewegung im lateinischen Viertel sich vorfinden mag, nichts nimmt so sehr theil an dieser Bewegung, ja nichts ist so sehr diese Bewegung selbst wie die beiden großen Facultäten, die schon früher von der Sorbonne und der „Université de France“ abgezweigt werden mußten, indem sie wegen ihrer numerischen Ausdehnung und ihrer wissenschaftlichen Eigenartigkeit eine besondere Organisation verlangten. Es sind dies die juristische und die medicinische Facultät, welche beide ihre besonderen Centralgebäude haben. Das große Gebäude der Faculté de Droit liegt mit seiner schrägen Façade, deren Mittelstück, von vier jonischen Säulen getragen und verziert nach Art eines griechischen Tempels, einen guten Eindruck macht, dem Pantheon gegenüber an der Nordseite der Rue Soufflot, deren Südseite von der ganz gleich gebauten Bürgermeisterei des fünften Arrondissements eingefaßt wird. Es enthält in seinem Innern zwei große und schöne Amphitheater und eine ausreichende Bibliothek. Achtzehn ordentliche Professoren sind in ihm angestellt. Die Zahl der Studenten, die unbedingt den besseren Theil der Studentenschaft im lateinischen Viertel ausmachen, ist sehr groß, und man würde gar nicht begreifen, wo all die vielen praktischen Juristen Platz finden, wenn man nicht wüßte, daß eine große Zahl von ihnen gar nicht daran denkt, wirkliche Juristen zu werden. Eine Menge junger, wohlhabender Kaufmannssöhne, eine ebenso große vielleicht von Landbesitzern u. s. w. beginnt einen Rechtscursus und macht ihn wohl selbst ganz durch, um an dem in alle Stände der französischen Gesellschaft eingreifenden öffentlichen Staatsleben passiv und activ theil zu nehmen. Ja fast jeder gebildete Mann in Frankreich möchte gern einmal Rechtsstudierender gewesen sein. Der andere große Bruchtheil, der dem lateinischen Viertel Leben und Bewegung giebt und numerisch entschieden der bedeutendste ist, ist die Faculté de Médecine mit 28 Professoren und den allervortrefflichsten Anstalten und Einrichtungen. Einer der Professoren ist lebenslänglich Dekan der Schule. Die Faculté oder Ecole de Médecine in Paris ist unbedingt ein großartiges Institut in jeder Beziehung; nur fehlt ihm eines — Gründlichkeit und selbst eine gewisse Feinheit im Wissen. Die Lehrer sind mehr Redner als Docenten; sie nehmen mehr ein durch einschlagende Wendungen als durch gewichtige Gedanken; sie blenden mehr, als sie erleuchten; sie erhitzen mehr, als sie erwärmen. Der ganze deutsche medicinische Studiencurs ist bei mancher Pedanterie dennoch etwas so Festgefügtes, daß man sich doch darüber freut, wenn man ihn mit dem Pariser vergleicht. Das Gebäude der Facultät ist ein durchaus edles! Ein luftiger Säulengang schließt mittelst eines eisernen Gitters einen viereckigen großen Hof von der Straße ab. Ueber ihrem Eingange sind schöne Sinnbilder angebracht. Dieser Hof ist zu seinen beiden Seiten von stattlichen Flügeln eingefaßt, das Untergeschoß wird von Bogengängen mit jonischen Zwischensäulen gehalten. Die Mitte des Hauptkörpers im Hintergrunde des Hofes ist ein korinthischer Tempel mit einem Porticus von sechs korinthischen Säulen. Zu beiden Seiten dieser würdigen Tempelfront ist eine Eingangsthüre in das Innere des Gebäudes. Mitten in dieser Tempelfaçade ist das Denkmal des H. Bichat. Das Innere des Mittelgebäudes ist der große Hörsaal, ein halbrunder Saal mit halbkreisförmigen, dicht hinter einander aufsteigenden Bänken, zu denen von oben hinein vier oder fünf Eingangsthüren führen. An der geraden, diesem Halbrund gegenüberliegenden Wand hat der vortragende Professor seinen Sitz.

Vor ihm ist ein freier Platz, welcher durch einen großen Tisch, ebenfalls einen Halbkreis bildend, gegen die Studentenwelt abgeschlossen ist und seinen besonderen Eingang hat. Dieses antike Theater faßt gegen 2000 Zuhörer. Alles Licht fällt von oben durch die gewölbte Decke. Die ganze Bauweise ist entschieden großartig.

Nicht mehr als recht und billig ist es, daß in der Nähe aller dieser verschiedenen Bildungsanstalten auch der Kernpunkt des gesammten geistigen Lebens der französischen Nation seinen Sitz hat. Auf der gleichen Stelle, wo dereinst der berüchtigte Tour de Nesle stand, am Quai Conti, erhebt sich ein schwerfälliges Gebäude im Halbbogen, dessen Mitte ein hoher Kuppelbau einnimmt. Hier im ehemaligen Palais Mazarin ist das Institut de France untergebracht, eine Körperschaft, mit der sich kein sonstiges gelehrtes Institut Europas vergleichen läßt. Den Fortschritt der Wissenschaften zu fördern bestimmt, zerfällt es in fünf Akademien mit zusammen 225 Mitgliedern, deren jedes 1500 Franken jährlichen Gehalt bezieht. Die erste und vornehmste dieser fünf Klassen, das höchste Ziel aller Größen der Wissenschaft und Kunst ist die französische Akademie, die Académie française, deren vierzig Mitglieder im Volksmunde gern die „Unsterblichen genannt werden und sich vorzugsweise die „Akademiker" nennen im Gegensatze zu den Mitgliedern der übrigen Klassen, die sich blos „de l'Institut" schreiben, was aber den boshaften Alexis Piron (geb. 1689, gest. 1773) nicht hinderte, für sich selbst die Grabschrift zu dichten:

Ci-gît Piron, qui ne fut rien,
Pas même académicien.

Die Hauptaufgabe der französischen Akademie besteht in der Ueberwachung der Sprache in Bezug auf Styl, Grammatik und Rechtschreibung, sowie in der Herausgabe des Dictionnaire de l'Académie française. Zu diesem Zweck findet jeden Donnerstag eine Sitzung statt. Nebenbei vergiebt die Akademie eine Anzahl von Preisen, welche von Privaten zur Hebung der Wissenschaft gestiftet wurden. Da giebt es z. B. große Prämien für literarische Arbeiten, wie den Beredtsamkeits- und den Dichterpreis von 4000 Franken, die zweite Montyonstiftung für das den Sitten nützlichste Buch, die Preise Gobert und Thiers für geschichtliche Schriften, den Preis Bordin für ein Werk der höheren Literatur, den Preis Halphen für Entdeckungen und Erfindungen, und endlich rein wohlthätige Stiftungen, wie den Preis Maillé zur Unterstützung junger Literaten und Künstler und die Preise Trémont, Lambert und Leibersdorf für die Hinterlassenen von Schriftstellern und Gelehrten. Endlich beschäftigt sich die Akademie auch mit der Krönung der Tugend. Eine feierliche Sitzung, zu der sich das Publikum gerne herandrängt, findet jedesmal bei der Aufnahme eines neugewählten Bewerbers statt, bei welcher Gelegenheit man das Glück hat, nicht weniger als vier Akademiker im Galafracke mit den gestickten grünen Palmblättern am Kragen zu sehen. Es werden zwei Reden gehalten, d. h. der Ueberlieferung gemäß vorgelesen. Der neue Akademiker läßt eine sorgsam gefeilte und gutgeheißene Lobrede auf seinen Vorgänger hören, worauf einer seiner Pathen mit einer Kritik derselben antwortet, an die sich eine Besprechung der akademischen Titel des Nachfolgers knüpft. — In der Nähe der Akademie befindet sich die Ecole des Beaux-Arts.

Ziemlich am Ende des fünften Arrondissements, an der Seine gelegen, vor der Austerlitz-Brücke, und eingefaßt von den Straßen Buffon, Geofroy St. Hilaire und Cuvier, auf welche dann wieder von verschiedenen Richtungen her die Straßen Jussieu, Linné, Blainville und Lacepède, sowie Daubenton und weiterhin Dumeril aufstoßen, bildet der Jardin des Plantes ein großes, schräglängliches Viereck, welches in zwei Längshälften zerfällt: in einen botanischen Theil und einen wirklichen zoologischen Garten. Diese großartige Schöpfung ward schon im ersten Viertel des siebzehnten Jahrhunderts begonnen und unter Buffon der Hauptsitz der naturwissenschaftlichen Forschung in der ganzen gesitteten Welt. Napoleon I. ließ sich den Pflanzengarten viel Mühe und Geld kosten und fand dabei schon im Jahre 1805 eine Hauptunterstützung von Seiten Alexander von Humboldts, der seine ganze südamerikanische Kräutersammlung mit Tausenden bis dahin ganz unbekannter Pflanzenarten dahin verschenkte. Seit jener Zeit hat der Pariser Pflanzengarten vor den zoologischen Gärten anderer europäischer Großstädte nichts besonders Seltenes mehr voraus; aber noch immer steht er allein in seiner vollständigen Zusammenfassung von Sammlungen für alle Zweige der Naturforschung, welche es mit dem Thierreich, einschließlich des Menschen, dem Pflanzenreich und dem Steinreich zu thun haben. Der Jardin des Plantes enthält ein großes Museum mit den anthropologischen, zoologischen, botanischen und mineralogischen Sammlungen, ferner ein großartiges Amphitheater, welches 1200 Zuhörer faßt und in welchem Vorträge über alle Zweige des Naturwissens von den ersten Kräften der Hauptstadt unentgeltlich gehalten werden. Die freisinnige Benutzung dieses Institutes übertrifft in der That alles Derartige. Natur- und Kunstanlagen zum Verständnisse der Natur sind hier in der schönsten Eintracht neben einander aufgepflanzt und in einander verschlungen; Pflanzen und Thiere im vollsten Leben, Herbarien und zoologische Museen in conservirter Form stehen hier für Alle offen nach bestimmtem Herkommen. Der größte Gelehrte und das kleinste Schulkind, die Erzieherin und der Student, der Forscher und der Enthusiast, der Denker und der Träumer — sie Alle scheinen hier fast ganz gleichberechtigt, und Jeder, der den Pflanzengarten zu seinen Zwecken besucht, bekommt bestimmt seinen Preis dabei heraus, ohne etwas dafür bezahlt zu haben. Hat Jemand ganz besondere Zwecke und muß er dazu besondere Abtheilungen der mächtigen naturhistorischen Anstalt aufsuchen, so wird er, wenn die Sache überhaupt nur zulässig gedacht werden kann, bestimmt dazu Einlaß bekommen können. Und hat er nun alle Abtheilungen, Alleen, Pflanzungen, Thierhürden u. s. w. übersehen, hat er die Gerippe großer Walfische, — riesige Elephanten, den Hippopotamus, Alligatoren, Vögel — die ganze Schöpfungsgeschichte, möchte man sagen, durchwandert, so bleibe er zuletzt noch, zumal wenn an einem schönen Sommertage die Sonne untergeht, unter der alten berühmten Ceder Jussieu's, die er in seinem alten Hute vom Libanon mitgebracht haben soll, stehen, gerade da, wo Daubentons Denksäule an einen echten, gottbegnadeten Naturforscher und Arzt erinnert, der das achtzehnte Jahrhundert gekennzeichnet und abgeschlossen hat. Dort unter der Ceder ist es so andachtsvoll wie in Notre-Dame und viel schöner, als in aller Gothik und Renaissance.

Obwohl seit einer langen Reihe von Jahren Paris nicht mehr der alleinige Mittelpunkt der wissenschaftlichen Strebungen ist und ganz besonders die deutsche Wissenschaft zu einer beherrschenden Stellung sich emporgeschwungen hat, wäre es doch unrecht, zu verkennen, daß die Kunst- und Wissenschaftspflege in Frankreich noch auf hoher Stufe steht. Regierung und Privatgesellschaften wenden ihr die vollste Aufmerksamkeit zu. Die Regierung entsendet fast alljährlich wissenschaftliche Expeditionen in größerer Anzahl denn irgend eine in der Welt und fast jeder Wissenszweig wird von einer Gesellschaft getragen, welche unter jenen ihrer Art eine hervorragende Stelle behauptet. Die Société asiatique, die Société d'anthropologie, die Société de géographie verfügen über Kräfte, welche man überall gerne als wissenschaftliche Autoritäten gelten läßt. Die Pariser geographische Gesellschaft ist sogar die älteste aller derartigen Vereinigungen und hat ihren jüngeren Schwestern als Vorbild gedient. Sie befindet sich in blühendstem Zustande und durfte sich sogar den Luxus eines eigenen Hauses auf dem Boulevard St. Germain gönnen, ein Beweis, welches Interesse für den von ihr gepflegten Wissenszweig dennoch bei den Franzosen vorhanden ist, welchen man mit Vorliebe grobe Unwissenheit in geographischen Dingen vorwirft.

Mitten im lateinischen Viertel mit seinen gelehrten Anstalten erheben sich, wie wir schon andeuteten, noch einige kirchliche Denkmale, welche zu den bekanntesten von Paris zählen. Da ist vor allen die Kirche der heiligen Genoveva, der Schutzpatronin von Paris, ein anspruchsvolles Bauwerk, von dem der Beschauer im ersten Augenblicke nicht weiß, ob es Kirche oder Ruhmeshalle ist, als welche es unter der Constituante und mit dem Namen Pantheon vollendet ward. Eine mächtige korinthische Säulenhalle mit reich geschmücktem Giebelfelde wird von einer wahrhaft überwältigenden Kuppel überragt. Doch ist die Gesammtwirkung des Baues keine glückliche zu nennen; es fehlt ihm jene Harmonie der Verhältnisse, welche den Invalidendom auszeichnen. Unvergleichlich gelungener ist die Kirche von Saint Sulpice, ein in schönen Verhältnissen erbauter Tempel auf dem gleichnamigen großen freien Platze. Der erste Eindruck, den dieses großartige Gebäude, besonders durch seinen prunkhaften Porticus, auf den Beschauenden ausübt, ist in hohem Grade überraschend. Die Vorderseite besteht aus zwei luftigen, über einander befindlichen Hallen, deren jede von zwölf schlanken jonischen Säulen getragen ist, und einfache griechische Verzierungen vollenden die geschmackvolle Symmetrie des Ganzen. In den einzelnen Theilen des Portals herrscht eine vollkommene und schöne Harmonie, und der imposante und einfache Charakter, der sich in ungemein gefälligen Formen ausspricht, macht einen gewaltigen Eindruck. Erhebt man aber das Auge über den Hauptbau hinaus, so erschrickt man beinahe bei dem Anblick der beiden ungeschickten, an Größe sowohl als an Bauart so ungleichen Thürme, welche nicht nur unter sich nicht übereinstimmen, sondern auch zu dem Hauptbau der Kirche in sehr auffallender Weise Gegensätze bilden, was sich aus dem Umstande erklärt, daß mehrere verschiedenartige Künste diesem Bau ihren Stempel aufgedrückt haben, denn mehr als zwölf Baumeister — von denen jedoch einige keineswegs Meister ihrer Kunst waren — haben im Verlaufe der Jahrhunderte an dieser Kirche gearbeitet.

Von St. Sulpice durch die gleichnamige Straße in die Rue de Seine kommend, welche in ihrem südlichen, breiter werdenden Ende den Namen Rue de Tournon annimmt, sehen wir in dieser die nach Norden gerichtete Façade eines grauen Quaderbaues mit gekuppelten Säulen, steil aufsteigenden Schieferdächern über den Eckpavillons, einer Kuppel und hohen Kaminen über dem Mitteltheil, vor uns: das alte Schloß des Luxembourg, gegenwärtig der Palast des Senats. Diese Front mit dem sich in ihrer Flucht nach beiden Seiten hin anschließenden Garten und den zu dem Schloß gehörigen Seitengebäuden, dieses lange Stück einer wahrhaft endlosen Straße, der Rue de Vaugirard, bildet die Grundlinie eines langgestreckten Dreiecks, dessen Schenkel im Westen von der Rue de l'Ouest, im Osten von dem auch hier mitten durch das frühere labyrinthische Gewirr der engen Gassen dieses Bezirks gebrochnen, breiten Boulevard, dem letzten Theile des Boulevards de Sebastopol und Boulevard Haußmann gebildet wurden. Der Scheitelpunkt dieses Dreiecks liegt fast genau im Gebäude der Sternwarte. Die drei Seiten aber umschließen den Garten des Luxembourg. Das neue Paris ist nicht arm an gartenähnlichen Anlagen, welche, jedem zur Promenade und zum Ausruhen geöffnet, einzig dem allgemeinen erquicklichen Genuß in freierer Luft, in lebendig grüner Umgebung, unter schattigen Bäumen, zwischen blühenden Büschen gewidmet sind. Der Tuileriengarten ist ein altes Eigenthum der Pariser, kommt doch aber mehr den Bewohnern des vornehmern Westendes der Stadt zu Gute. In den volkreichsten Vierteln der Altstadt des linken Seineufers aber hat, wenn wir vom Luxembourg-Garten absehen, erst die napoleonische Neuschaffung von Paris jene Anlagen begründet, welche großentheils nun solche erst durch den kolossalen „Umsturz alles Bestehenden" in dieser Stadt frei gelegten historisch und künstlerisch interessanten Denkmale umgeben an Stelle jener elenden, schmutzigen, verfallenen Sitze des Jammers, des Verbrechens und — der Geheimnisse von Paris, welche sich gerade da vorzugsweise angenistet hatten. So um den Thurm St. Jaques la Boucherie, so um Notre Dame, so um das Hôtel Cluny. Man mag über die Vernichtung der eigenthümlichen interessanten pittoresken Physiognomie gerade dieser Stadttheile noch so sehr klagen, gegen die Einsicht von den unschätzbaren Vortheilen, welche sie und ihre Bevölkerung für Gesundheit und Wohlbehagen aus diesem gründlichen Verfahren gezogen haben, kann sich auch die blindeste Parteilichkeit nicht verschließen. Alle diese neueren Anlagen können sich indeß an Großartigkeit mit ihrem älteren Urbilde, dem Luxembourg-Garten, nicht im Entferntesten messen. Man sieht es auch heut noch dem Styl dieser prächtigen ausgedehnten Anlage an, daß sie von Haus aus keineswegs jenen Zwecken des volksthümlichen und gut bürgerlichen Vergnügens und Behagens bestimmt war, welche jetzt eine so schöne Erfüllung darin finden. Vor der Südfront des alten Palastes der Maria von Medicis dehnt er sich aus, im Wesentlichen noch so, wie ihn der berühmte Gartenkünstler Le Notre einst entwarf. Zunächst vor der Façade ein reiches Blumen- und Rasenbeet; dann ein kreisrundes weites Wasserbecken, das Ganze an der Ost- und Westseite eingefaßt von zwei einige Fuß höheren Terrassen, zu denen mehrere breite Stufen hinaufführen. Halbkreisförmige steinerne Brustlehnen, deren Geländerpfeiler in bestimmten Zwischenräumen große Gefäße mit rothblühenden Gewächsen und breitblättrigen Pflanzen tragen, umrahmen die Terrasse. In der Grundfläche des Schlosses, in der ganzen Breite seiner Façade führte die lange mittlere Allee vom Abschlusse der Terrassen an in gerader Richtung bis zu den Gebäuden der Sternwarte. Auf jenen Terrassen aber dehnt sich der Garten nach beiden Seiten breit und vielgestaltig aus und birgt zwischen seinen hohen schattigen Kastanien anmuthige und mannigfaltige Partien in großer Zahl. Der östliche Theil, an Ausdehnung weit geringer als der westliche, enthält besonders, nahe seinem jetzigen Gitter, die berühmte Fontaine Medicis, die mit ihren Statuen, ihrem Muschel- und Grottenwerk, ihren Vasen und allem phantastischen Schmuck die malerisch reizendste Stelle des Parks bildet, zumal wenn hie und da der goldene Sonnenstrahl das dichtbuschige grüne Dach darüber durchbricht und mit den bewegten Blätterschatten lebendig wechselnd auf den schäumenden Wasserfällen glitzert.

Die jenseitige westliche Terrasse aber enthält eine kleine Welt in sich, Baulichkeiten, Blumengärten, große freie Plätze, Pavillons, Theater, Obstbaumschulen. Da schließt sich noch an den Platz selbst der dem Publikum verschlossene Garten des kleinen Luxembourg zur dort für den Senatspräsidenten erbauten Wohnung gehörig; und weiter das große Orangeriegebäude, nahe dem nördlichen Gitter; tiefer im Parke ein hübsches Affenhaus, dann der von einem Drahtgitter umfaßte herrlich gepflegte Rosengarten und vor Allem der weite freie Platz zum Ballschlagen, der selten leer wird von jungen Männern, welche sich dieser sehr beliebten Pariser Belustigung und Körperübung mit Leidenschaft hingeben. Der Garten des Luxembourg, Hauptspaziergang für die Studenten von Paris, dient zugleich als Annex zu der Sammlung für moderne klassische Bildhauerwerke, welche das untere Geschoß des Palastes füllt. So wie bei der hier untergebrachten Gemäldesammlung soll blos die neu entstandene Klassicität Aufnahme finden, sobald es unzweifelhaft geworden, daß ein neueres Kunstwerk ein klassisches ist und bleibenden Werth hat.

Das Faubourg St. Germain.

Einer der vielen Widersprüche, an welchen die französische Hauptstadt so reich ist, will, daß dicht neben dem bunten Treiben des lateinischen Viertels sich die vornehmen Wohnhäuser des aristokratischen Faubourg St. Germain erheben, welcher einst, zur Zeit der Königsherrschaft tonangebend war in Paris. Diese Zeiten sind vorüber. Schon das zweite Kaiserreich, unter dem Paris eine Fülle des glänzendsten Lebens entfaltete, wie nie zuvor, kümmerte sich wenig um das tiefblaublüthige Quartier St. Germain. Mit dem Sturz des Kaiserreiches ist noch in vieler Hinsicht Paris ein anderes geworden. Es ist zwar wie immer, so auch jetzt noch der Mittelpunkt eines glänzenden Lebens, aber im Allgemeinen ist die äußere Erscheinung der Stadt doch einfacher geworden und die modischen Ausgelassenheiten und Prahlereien geben nicht mehr so ausschließlich in der wirklich feinen Gesellschaft den Ton an. Die hocharistokratische, alte legitimistische Gesellschaft des Faubourg St. Germain, die sich schon unter dem Kaiserreich grollend in ihren Stadtpalästen zurückgezogen hielt, ist heute womöglich noch abgeschlossener gegen die von ihr gehaßte republikanische Staatsordnung. Die Herzoge, die Emporkömmlinge des Second Empire, die Börsenfürsten von damals spielen heute keine Rolle mehr; ihre Existenzen sind vielfach sogar in ein unrühmliches Dunkel versunken, ihre Millionen verflüchtigt. Was jetzt die feine Gesellschaft obenauf in Paris bedeutet, ist republikanische Bürgerlichkeit, die bei der den Franzosen angestammten Freude am Wohlstande und Comfort des häuslichen Lebens, für zur Schau gestellten Luxus eigentlich wenig Sinn hat. In ihren, freilich sehr sparsam gesäeten Salons, wo sich die zur Zeit maßgebenden Personen versammeln, geht es nüchtern und anständig her, es läßt sich aber nicht verkennen, daß mit dem Emporkommen dunkler Persönlichkeiten an die Oberfläche des politischen Lebens, mit ihrem Eintritt in allgemein beachtete, tonangebende Stellungen, der feine Schliff, welcher bislang die Pariser Gesellschaft so sehr auszeichnete, eine fühlbare Abnahme aufweist. Es wäre zu viel gesagt, wenn wir von einer Verrohung der Gesellschaft sprechen wollten, daß aber die früher als Muster geltende französische Höflichkeit von Tag zu Tag schwindet und darin seit der

Errichtung der Republik große Fortschritte macht, ist unzweifelhaft. Ueberall im öffentlichen Leben scheint die Höflichkeit verbannt zu sein, zunächst in der Kammer, wo die parlamentarischen Ueberlieferungen durch Kampfhähne und Zotenreißer mit Füßen getreten werden. Gleichwie im Parlamente, vermißt man die altfranzösische Höflichkeit in der Polemik der Presse, in der Literatur, in den Salons, kurz überall. Im Federkampfe unter Journalisten sind grobe Schimpfereien an die Stelle von witzigen, geistreichen Meinungsäußerungen getreten. In den neueren Romanen macht sich durchweg die gemeinste Sprache, die der Gauner und des niedrigsten Pöbels, breit. In den Salons hat die Ausdrucksweise der Vorstädte, die Sprache der Stallknechte Eingang gefunden. Man mag mit einem Beamten in den Amtsstuben eines Ministeriums oder einer öffentlichen Verwaltung, mit einem Omnibusschaffner oder Droschkenkutscher, mit einem Kellner in einem Kaffeehause oder mit einem Polizisten zu thun haben, man muß sich darauf gefaßt machen, unter zwanzig Leuten mindestens zehn zu finden, die weit eher den Titel eines groben Flegels als eines zuvorkommenden höflichen Menschen verdienen. Letztere sind höchstens unter den Bediensteten in den Läden der großen Luxusgeschäfte zu finden. Dies ist tief beklagenswerth, wenn wir erwägen, daß immer noch jenes holländische Glockenlied Recht hat, welches Theophil Zolling, einer der feinsten Kenner des Pariser Lebens, seiner „Reise um die Pariser Welt" als Motto voransetzt:

Die größte Uhr der Welt ist Paris,
Die allen Völkern die Stunde wies;
Zu stark zog man sie auf und sie zerbrach,
Doch die ganze Welt sieht noch immer darnach.

Natürlich giebt es in den besseren Kreisen immer noch edle Elemente genug, auf welche das eben Gesagte keine Anwendung findet; auch würde man sehr irren, wenn man die Abnahme der Höflichkeit mit einreißender Formlosigkeit verwechseln wollte. Alle Schichten der französischen Gesellschaft sind vielmehr Sklaven der Form und der „Convenances", dieser Götzen der socialen nationalistischen Nützlichkeitsmoral, die niemals verletzt werden dürfen. Daher hat das ganze Gesellschaftsleben etwas Schablonenhaftes, das bis in die kleinsten Einzelheiten hinabreicht und nicht blos die Crême de la crême, sondern auch die mittleren Cirkel beherrscht, eigentlich blos bei den untersten Schichten Halt macht, welchen Mangel an allgemeiner Bildung und an materiellen Mitteln das Beobachten der landessittlichen Convenienzen verwehrt. Um auf dieselben ein Streiflicht fallen zu lassen, weiß ich nichts Besseres zu thun, als H. Taine's „Leben des Thomas Gerstenkorn" (Vie de Thomas Graindorge) die köstliche Schilderung eines Diner in Paris zu entlehnen:

Madame est servie, so läutet die stereotype Meldung des Bedienten oder auch des Hausmädchens in einfacheren Haushaltungen. Die Herrin des Hauses erhebt sich mit einer gewissen Gemächlichkeit und nimmt den Arm des vornehmsten ihrer Gäste. Dieser rundet den seinigen, krümmt gefällig den Rücken, sucht nach einer Phrase und findet ein Lächeln. Mittlerweile entsteht ein kleiner Wirrwarr; die Männer lassen die Augen umherschweifen, um eine Console zu entdecken, auf der sie langsam ihre Hüte niedersetzen können; Höflichkeit und Bescheidenheit liegen mit einander im Streite. Soll ich den Arm anbieten? Ist meine Cravatte gut geknüpft? Werde ich als Zweiter, soll ich als Dritter gehen? Die Zeit drängt; auf einmal stürzen sich drei schwarze Fracks zugleich auf eine Robe, die Robe wählt auf gut Glück, und die Procession beginnt. Am

5*

Ende derselben schreitet die überflüssige Männlichkeit, mit halbzufriedener Miene, halb zurückhaltend, vor den schönen steifen Lakaien einher. Ach, wie würdevoll diese aussetzen! Wie gut sie gepudert sind! Welche Gesandten- oder Ministerhaltung! Ich habe Gesandten und Minister gesehen, die Lakaien haben mehr Haltung; die schöne Stattlichkeit ist ein Erbtheil ihres Standes; ihre Gesetztheit hat nicht ihres Gleichen. Vor Allem aber besitzen sie das wesentliche, das aristokratische Organ, die Wade; vollkommene Waden sind wenigstens fünfhundert Franken Lohn werth; diese weiße Wade über einem Schnallenschuh versetzt den Geist in die schönsten Tage von Marly und von Versailles zurück. Ach! wenn wir unsere Beinkleider aufheben wollten, wie viele von uns ausgetrockneten, geschwollenen, mißgestalteten Bürgern wären dann wohl würdig, Lakaien zu sein?

Die Damen setzen sich, ordnen und breiten ihre Röcke aus. Die Männer suchen, den Klemmer im Auge, discret ihren Namen auf dem kleinen weißen Papier zu lesen, welches ihnen ihren Tischplatz anweist; sie nehmen ihn ein, verneigen sich, husten, um sich die Stimme zu klären, und sind alsbald zur Hälfte unter zwei bauschenden Roben begraben. Das Heer der Gläser und Flaschen funkelt auf der ganzen Linie; jede Schüssel hat ihr kleines Bataillon; die Kandelaber und Kronleuchter werfen ihr weißes Licht auf dieses blitzende Rüstzeug, die seidenen Taillen, die Bänder, die Diamanten schillern; eine große Blumenvase mit Azaleen und Aronkraut erhebt mitten auf der Tafel ihre weichen Helmbüsche und das zarte Gefieder ihrer entfalteten Blüthen, während das leise Gesurr von Löffeln und Tellern wie das Prasseln der Schloßen klingt, die an unsere Fenster schlagen. Aber was spreche ich gleich zu meiner Nachbarin? Ich bin ein alter Practicus und gehöre nicht zu den Schüchternen; so lasse ich denn eine, zwei Geschichten vom Stapel und meine Rede, einmal im Geschirr, geht ganz von selbst wie ein Omnibusgaul, welcher seinen Weg kennt. Beim Champagner schildere ich meine knochige, puritanische, bibelfeste amerikanische Landsmännin, die gleich bewandert ist in der Nationalökonomie wie in der Anatomie; man lächelt huldvoll, und mit beruhigtem Gewissen stehe ich auf und verfüge mich ins Rauchzimmer. So unfehlbar wie ich meine dreiundfünfzig Jahre auf dem Rücken habe, wird meine Nachbarin, sowie sie in den Salon tritt, sagen, ganz laut, daß Alle es hören können: „Dieser Herr Gerstenkorn ist etwas sonderbar, aber sehr liebenswürdig.“

Im Mittelpunkt der Tafel thront ein ehemaliger Botschafter und derzeitiger Senator; es ist die Hauptperson des Festes. Eine hölzerne Gestalt, keine Muskel zuckt. Ich habe diesen Eindruck oft an Politikern, namentlich an officiellen wahrgenommen; durch das beständige Repräsentiren haben sie schließlich die Unbeweglichkeit einer decorativen Figur bekommen. Dieser hier unterhält sich nicht und langweilt sich nicht; er ist da, passiv, steif, empfindungslos wie eine Schildwache in ihrem Schilderhäuschen. Was noch schöner, er leidet nicht an Abwesenheiten, seine Gedanken schweifen nicht anderswo herum, sie sind geronnen, sie beschäftigen sich nur damit, das Gesicht in der majestätischen Haltung und den Körper in der geradlinigen Haltung zu behaupten; nein, nicht einmal damit, die geradlinige Attitude und die majestätische Haltung sind bereits Gewohnheiten, er hat nicht mehr nöthig sich zu zwingen und zu beobachten, um sie zu erreichen. Das Thier bringt allein die gravitätische Haltung zuwege, ohne daß die Seele sich damit zu befassen braucht; frei von jedweder Sorge, erläßt sie sich, vorhanden zu sein. Ein mattes Lächeln wohnt unabänderlich auf seinen obrigkeitlichen Lippen, imposante Falten ziehen sich längs der Nase hinab, das lange, scharfgeschnittene Gesicht scheint das einer Büste zu sein. Erhabenes Schauspiel! Wahrhaftig mit seinem rothen Bande und seinem Stern ist er bewundernswerth anzusehen, zumal beim Whist und bei Tafel, noch mehr, wenn er grüßt; in solchen Augenblicken fragt man sich, warum er nicht immer grüßt. Er kann sich doch gewiß nicht dabei ermüden, sein Verneigen und sein Wiederaufrichten ist zu vollkommen; so wohlgeschulte Sehnen, ein so gut geschultes Rückgrat lassen sich nicht verstellen, die Correctheit und Elasticität eines Automaten ist es, was wir bewundern. Heut' Abend macht er Conversation; in schönen, fein gerundeten Phrasen plaudert er mit einem Bankier, seinem Nachbar, von den Hammelschwänzen, einem beachtenswerthen Gerichte, das in England und in Oesterreich sehr gepflegt, in Frankreich aber schlecht verstanden wird und, nach verschiedenen Versuchen, erst jetzt im Koche des Herrn von Rothschild einen geeigneten Dolmetsch zu finden beginnt.

Die erste Dame zur Linken, eine wahre Pariserin; gelangweilt neben dem diplomatischen Holzklotz, hat sie sich zu ihrem anderen Nachbar gewandt, der jung ist. Vierundzwanzig Jahre, drei Reihen großer Perlen in der Coiffure, zwei dicke Haarlocken über die Schläfe in die Höhe gebunden, die ihr das phantastischste und pikanteste Ansehen verleihen; eine feine Taille, Schultern, die beständig in Bewegung sind, und die leichteste, die lieblichste, die rauschendste golddurchwirkte Seidenrobe, die man sich denken kann; die Nase ein wenig lang, aber die Zähne vollkommen, und die Augen von einem Feuer, einer Verve, einer ewigen Heiterkeit, welche alle ihre Gedanken, alle ihre Bewegungen durchleuchten. Sie will sich amüsiren, will im Glanze und Lichte leben, und gesteht es ein. Für sie beginnt das Leben erst, sobald die Kerzen angezündet werden, um elf Uhr Abends, wenn die Conversation anfängt, wenn die glänzenden Roben, die silbergestickten Kleider flattern, wenn der Atlas rauscht und die Diamanten blitzen. Zwei, drei Soireen jeden Abend, fünf bis sechs Diners in der Woche, die Italiener, die Oper und nebenbei das Bois de Boulogne oder Besuche gemacht und empfangen, alle Nachmittage — das ist nicht zu viel für sie. Niemals Abspannung oder Ermüdung; sie befindet sich in der „Welt" wie das Schiff auf offener See bei schönem Wetter mit geschwellten Segeln. All ihr Denken und Fühlen trägt den Stempel ihrer Leidenschaft. Die anderen jungen Frauen sind der Musik gegenüber Heuchlerinnen, sie ist's nicht. Sie spielt Klavier und macht sich lustig über ihr Spiel; anstatt in Verzückung zu gerathen von Beethoven oder Mozart, hört sie Verdi oder Rossini, und auch die nur zehn Minuten lang, nichts weiter; ein Stück gefällt ihr wie ein Eissorbet, der eine Viertelstunde angenehm ausfüllt; das Gefühl, die Tiefe einer unverstandenen Seele erstrebt sie nicht. Alle Importationen aus Deutschland sind über sie hinweg geglitten, ohne sie zu durchdringen. Sie ist durch und durch Französin und Französin des achtzehnten Jahrhunderts, ähnlich jener Marquise, die, ehe sie einen großen General empfing, fragte: „Ist er liebenswürdig?" Weit entfernt davon, sich würdevoll, in Zerknirschung vor den erhabenen Dingen zu neigen, berührt sie dieselben mit der Spitze ihres Sonnenschirmes, sieht sie eine halbe Minute an, zieht das Mündchen und tritt zur Seite. In der Politik giebt es für sie blos zwei Parteien, die der behandschuhten und die der schmutzigen Hände. Die Religion ist ein bewundernswerthes Ding, aber der Vicar hat so schlechte Manieren! Nichts Schöneres als die häuslichen Tugenden, doch was ist eine Frau, die Küchenrechnungen macht? Die Malerei ist eine große Kunst, warum aber haben die Maler so oft blinzende Augen und häßliche Brillen? Herr von .... ist der erste Staatsmann des Jahrhunderts, aber er hat den Kopf eines Nußknackers und den Hals einer Tonne. Das Alles geht so weit, daß sie nicht einmal eitel ist; sie verliert keine Zeit durch Vergleichungen mit ihren Nachbarinnen; die Toiletten derselben stören sie nicht, im Gegentheil, sie freut sich ihrer, die Toiletten bilden ja einen Theil des Glanzes, welchen sie liebt; Eifersucht und Rivalitäten sind häßliche, runzelige und brummige Eindringlinge, die bei ihr keinen Zulaß finden. Ihr Geist ist zu heiter, zu sehr einem Ballsaale ähnlich, immer mit den schwirrenden Gedanken, den muntern und wechselnden Bildern des Vergnügens erfüllt. Man muß sie sehen und hören, wenn sie die unbedeutendste Geschichte, einen einfachen Vorgang des täglichen Lebens erzählt; in ihrer Person ist solch' ein „Entrain", in jedem ihrer Worte ein so lebhafter und klarer Ton, in jeder Idee ein solcher Schwung, daß man nothwendig die Freude des Daseins und Lebens mit ihr empfindet. Seit vier Jahren verheirathet. Ihr Gemahl hat sie zunächst nach dem Rhein, dann nach Italien geführt; hernach hat sie ihr Hôtel, ihre Equipagen, ihr Landhaus einrichten müssen; das hat für zwei Jahre gereicht. Jetzt spielt sie mit ihm wie mit einem Balle; nicht etwa, daß sie schlecht wäre, aber sie unterhält sich über Alles, selbst über ihn, wenn sie ihn in Händen hat. Er wird dick und kurzathmig; sie persiflirt ihn nach dem Diner, sobald er schläft und hetzt ihn tüchtig ab. Der arme Mann, Sanguiniker und fett, kann nichts dafür, daß er seit einem Jahre in sie verliebt ist; er betrachtet sie bei Tische, er ist unruhig, denn sie ist zu liebenswürdig mit aller Welt. Heut' Abend quält sie einen großen Mann neuen Datums, einen Componisten. Der unglückliche Musiker hat soeben drei Nocturno veröffentlicht; er kann nicht mehr schlafen, sein Werk liegt auf ihm wie ein Alp. Er schmeckt nicht Reh noch Trüffeln, er gießt sich ein Glas Wein in den Schlund und glaubt Wasser zu trinken, es ist ihm Bedürfniß, daß man mit ihm von seinen Nocturnen spricht. Sie plaudert mit ihm von Musik vor der Suppe, doch ohne bis zu seinen Nocturnen zu gelangen; gerade an der Grenze macht sie Halt und sieht seine schmunzelnde Miene an, dann kommt sie mit einem Sprunge auf allgemeine Redensarten. Mit jeder Viertelstunde wird sie glänzender und er düsterer. Wie man zum Champagner gelangt, ist er völlig in Verzweiflung. „Meine armen Nocturnen!" In diesem Augenblicke beginnt sie ein Loblied auf Gounod. Er wischt sich mit der Hand die Stirn und, wie um sich zu trösten, bittet er um Champagner.

Der erste Gang ist vorüber. Ein unbestimmtes Gefühl von Glückseligkeit verbreitet sich wie ein Parfüm über die Seele. Man hat keinen Hunger mehr, aber man kann noch essen. Man verdaut gut und fühlt, daß man noch besser verdauen wird. Der Magen ist das Gewissen des Körpers, und wenn er glücklich ist, wird es in Folge dessen die ganze Maschine. Mit einer wohligen Ruhe sieht man den zweiten Gang auftragen. Man denkt nicht, man macht keine besonderen Bemerkungen, allein man empfindet unwillkürlich den Glanz des Porcellans, die Heiterkeit der Toiletten, das Mollige der Stoffe, die feine und sinnreiche Anordnung des gesammten Luxus ringsum. Man vergißt sich soweit, einen vorgebeugten hübschen Kopf zu betrachten, dem Flimmern eines Diamanten in jenen Ohrläppchen zu folgen, lange eine volle Rose dort im blonden Haare zu beschauen. Alles unterhält sich lebhaft, lächelt, scheint voller Freude zu sein. Wir haben ja hier das wahre Fest, die feierliche Versammlung, die am höchsten verehrte von allen weltlichen Ceremonien, und der duftende Dunst der Schüsseln steigt in zarten Schlangenlinien in die Höhe wie der heilige Rauch eines Opfers.

Vierter Gast zur Linken: ein beleibter Gutsbesitzer, ehemaliger Börsenmann, jetzt Abgeordneter seiner Provinz, wie eine Robbe auf die Kammerbank geschwemmt. Er ist passionirt für Gänseleberpasteten, überhaupt ein Leckermaul feinen Styles; er besitzt große Treibhäuser und versorgt seine Freunde mit Ananas. Sein Nachbar, ein frisch gebackener Referendar, sucht ihm zu schmeicheln, ihn zu unterhalten, in Politik und Literatur zu locken. Er antwortet wenig, und seine zusammengezogenen Brauen scheinen zu sagen: Das Thier da mit seinen Floskeln läßt mich die Qualität des Sauterne nicht prüfen!

Eine Frau von vierzig Jahren, melancholisch. Nichts zu machen, und ihre Nase wird roth.

Wer ist dieses rasirte Kinn und dieser schwarze Backenbart dort am Ende der Tafel? Den Menschen trifft man doch überall! Er ist Professor an der Rechtsschule, lang, hager, mit immer zur Verneigung gekrümmtem Rücken, aller Welt vorgestellt, überall genau bekannt, stets eifrig und beharrlich, der vollendete Intriguant. Keine Idee, kein Anstrich von Talent weder des Gesprächs noch der Feder, noch der Rede, und er wird seinen Weg machen. Wie in zehn andern Häusern erscheint er hier wöchentlich zwei Mal, pflanzt sich vor das Kamin, verbeugt sich vor allen Frauen, wechselt drei hohle Redensarten mit allen Männern; er zeigt sich und man sieht ihn. Der Gedanke an seinen bleichen Kopf und seine längliche Gestalt prägt sich dadurch allen Geistern ein. Ihn zu vergessen ist unmöglich, man hat ihn zu viel gesehen; wie Dubarry's Revalenta arabica spukt er in Aller Gedanken. Es hilft nichts, wenn man ihn auch nach seinem wahren Werthe schätzen, ihn für null und nichtig erklären will, man kann nicht anders, man muß ihn im Kopfe haben. Der Herrin vom Hause läuft er in die Feder, wenn sie auf der Liste der Einzuladenden eine Lücke auszufüllen hat. Der Minister, der sich in Verlegenheit sieht, wen er von zwei Candidaten bevorzugen soll, wird sich seiner als eines Auskunftsmittels entsinnen; er ist ja ein bequemer Mensch, er wird nicht von sich reden machen, man kann ihn also ernennen, ohne sich zu compromittiren. Er ist geduldig, er lächelt hübsch und lange, er kann einen ganzen Abend hindurch mit schicklichem Anstand an die Wand gelehnt bleiben; er besieht sich die Gemälde, tanzt mit den Sitzengebliebenen, kleidet sich tadellos und füllt anständig wie eine Pagode auf der Etagère. Nehmt ihn euch zum Beispiel, ihr jungen Männer; in ihm steckt der Keim zum Akademiker!

Eine der zehn schönsten Frauen von Paris, das regelmäßigste Gesicht, immer neue Toilette, aber sie ist nichts als eine Puppe und ihr Gemahl ein elegantes Spielzeug. Nicht eine Sorge, kein ernster Gedanke; sie scheinen für einander geschaffen zu sein, um in das Boulogner Wäldchen zu fahren, um zu tanzen, von Salon zu Salon zu gehen, zu grüßen und Besuche zu machen. Am Neujahrstage versenden sie siebenhundert Glückwunschkarten. Sie hat so viel gelächelt in ihrem Leben, daß mit achtundzwanzig Jahren schon sich kleine, kaum bemerkbare Falten um Augen und Lippen zu zeigen beginnen. Sowie ich ihr nahe, sehe ich schon im Geiste die Geberde, die Miene, die Antwort voraus, die meine Anredefloskel hervorrufen wird; gerade so, wie man weiß, welche Arie erfolgt, wenn man eine Spieluhr aufzieht. Hübscher, zierlicher, koketter Zeisig, Du hüpfst auf den polirten Stangen in Deinem vergoldeten Käfig umher, hast Dein Freßnäpfchen hübsch voll, Dein Gefieder glänzt, Deine niedlichen

Füßchen tanzen unermüdlich den lieben langen Tag, Dein Schnabel nimmt mit wählerischem Blick die auserlesenen Hirsekörnchen, die man Dir im Ueberflusse reicht, Deine Kehle hat in ihrem Repertoire von hellem, leisen Gezwitscher, und — ich möchte Dich wohl für hundert Franken kaufen, wenn Du mir nicht ausgestopft besser gefielest als lebendig.

Zum zweiten Male schenkt man Champagner ein, das allgemeine Sichgehenlassen nimmt seinen Anfang. Die Stühle haben sich ein wenig verschoben; mehrere der Gäste beugen sich halb über den Tisch herüber, das Gespräch wird vertraulicher, lebhafter, man plaudert zu Zweien, zu Dreien, wie's eben kommt, in kleinen Gruppen. Die Lakaien stehen unbeschäftigt und denken bereits blos an das Abräumen, und in dem wirren Geräusch von Stimmen, die durcheinanderklingen, die schwellen und sinken, hört man Brocken heraus wie die da: „Gounod ist nur ein halbes Talent, ein Körnchen Deutschthum in französische Brühe eingerührt." — „Den echten Hammelschwanz ißt man nur mit Pfeffer." — „Verkaufen Sie Ihre ... Actien, sie gehen herunter," — „Es giebt heut zu Tage nur einen Dichter, Lecomte de l'Isle." — „Man hat Henriette B ... im Theatre français nicht heben wollen; es hätte gar so viele Claqueurs im Orchester gegeben." — „Sprechen Sie mir nicht mehr von Meyerbeer, er ist ein Genie, aber es gehört Geduld dazu, ihn zu verdauen." — „Die Bänder stehen Ihnen gut! Nur eine so elegante Toilette kann solche breite Bänder tragen." — „Ich hätte kein Eis nehmen sollen; ich werde Magenschmerzen davon bekommen." — „Thiers ist der erste Redner unseres Jahrhunderts." — „Wie Scribe der erste Lustspieldichter und Auber der erste Componist des Jahrhunderts." — „Wie Horaz Vernet der erste Maler unserer Zeit ist." — „Ich habe zuviel gegessen, gehen wir jetzt ins Rauchzimmer." —

Zu Gastereien, wie die soeben von H. Taine geschilderten, erscheinen die Damen selbstverständlich in großer Toilette, und da in Paris sich vielleicht mehr denn irgendwo das Leben um die Damenwelt dreht, so mag es sich wohl verlohnen, einen Blick auf das Tagewerk jener zu werfen, welche man als Pariser Modedamen bezeichnet. Madame erwacht gegen zehn Uhr Morgens und klingelt. Die Kammerzofe bringt ihr Chokolade mit den dazu gehörigen „Brioches." Darauf ertheilt sie ihre Befehle für den Tag, läßt sich einen Augenblick die Kinder bringen und geht dann an ihre erste Toilette. Doch diese ist nur oberflächlich, denn die Dame leidet natürlich an Blutleere und nimmt jeden Morgen ein Sturzbad auf dem Boulevard Malesherbes. Darauf beginnt die Gymnastik in comprimirter Luft und diese hat einen gesunden Appetit zur Folge. Der Arzt hat außerdem verordnet, daß sie stets zu Fuß heimkehren soll und da es sonst lange dauern würde, bis sie ihr Frühstück erhalten könnte, so tritt sie unterwegs bei einem Zuckerbäcker ein. Die Kuchen kommen gerade aus dem Ofen und sind noch warm. Noch nie haben sie so gut geschmeckt. Zwei sind schon verzehrt, unsere Pariserin bedenkt sich in Betreff des dritten einen Augenblick, kann aber nicht widerstehen. Eine halbe Stunde später sitzt sie am Frühstückstisch, die Köchin bekommt arge Schelte, es sind drei, vier oder fünf Gerichte da, aber natürlich ist keins von denselben zu genießen. Hätte sie nur noch einige Augenblicke Zeit, sich auf der Chaiselongue auszuruhen, aber sie hat heute einen schlimmen Tag vor sich. Um zwei Uhr muß sie ihre kleinen Mädchen in den Cursus bringen, außerdem hat sie noch eine endlose Liste von Besorgungen, dann kommen die four o'clock Besuche, darauf Fremde zu Tisch, die sie mit in ihre Loge in der Oper nimmt, und endlich ein Ball, den sie nicht versäumen kann. Deßhalb bleibt nur gerade Zeit für die zweite Toilette, denn schon fährt der Wagen vor, in welchem sie die Kinder in ihren Cursus bringen soll, von wo sie um vier Uhr dieselben wieder abholen will, um in der Zwischenzeit ihre Besorgungen zu machen.

Als gute Hausfrau fährt sie zuerst zu Boissier, um etwas Neues zum Dessert für den Mittag mitzubringen, denn dergleichen kann man anderen Leuten nicht anvertrauen. Da unsere Pariserin schlecht gefrühstückt hat, so ist es natürlich, daß sie bei dem Conditor gleichzeitig eine kleine Erquickung zu sich nimmt, es ist dies somit Mahlzeit Nr. 4. Gestärkt kutschirt sie nun weiter zu dem Handschuhmacher, zur Blumenhändlerin, Schneiderin, zum Parfumeur &c., indem sie sich das Magazin du Louvre bis zuletzt aufspart, da man Alles, was nicht zu haben ist, jedenfalls dort findet. Athemlos, gedrängt und eingeklemmt von allen Seiten, wird eine Abtheilung nach der andern durchforscht. Da nichts so müde und nervös macht als gerade dies Suchen, so tritt sie an das dort befindliche Buffet, um das unvermeidliche Glas Grenadine nebst Zwieback zu sich zu nehmen. Die Uhr ist jetzt drei, also die Zeit, wo ihr Mann von der Börse kommt; sie haben sich ein Rendezvous bei dem Conditor gegenüber gegeben. Der Ehemann hat zeitig und allein gefrühstückt und hat nun Bedürfniß nach einem ordentlichen Imbiß, einer Tasse Consommé, einem Brödchen mit Gänseleber, etwas Austernpastete u. d. m., die Frau nimmt, um ihm Gesellschaft zu leisten, etwas Apfelsinengelée mit Vanille. Man fährt nun zusammen, um die Kinder abzuholen und sie etwas frische Luft im Boulogner Hölzchen oder im Jardin d'acclimatation schöpfen zu lassen. Die armen Geschöpfe haben nachher noch Musikstunde und müssen daher eine Tasse Milch und ein paar Waffeln genießen. Wenn aber die Mama nicht mitißt, so haben die Kinder keinen Genuß, und so findet sie sich denn mit Ergebung darein, eine neue Mahlzeit, die siebente, einzunehmen, und zwar noch vor dem four o'clock tea. Will man aber auch nur vier solcher Mahlzeiten annehmen, so würde es doch elf ergeben, ehe unsere Pariserin in neuer Toilette um sieben Uhr ihre Gäste am Mittagstisch willkommen heißt.

Sie ist nun natürlich überangestrengt und fieberhaft, muß noch die Balltoilette anlegen, ehe man in die Oper fährt, denn man kommt so spät dorthin, daß man bis zum Schluß der Vorstellung bleiben muß und keine Zeit erübrigt, nach Hause zu fahren, um die Toilette zu wechseln. Der zweite Act ist ungefähr vorbei, ehe unsere Pariserin ihren Einzug in die Loge hält. Um zehn Uhr bringt die Logenschließerin einige Schachteln mit candirten Früchten, eine Aufmerksamkeit der unsere Pariserin begleitenden Freunde. Da sie bei Tisch fast nichts gegessen hat, fängt sie an, hungrig zu werden, und in den langen zwei Stunden bis Mitternacht, wenn der Vorhang nach der letzten Roulade fällt, zieht sie mehrere Male ihre sechzehnknöpfigen Handschuhe aus, um von den Leckereien zu kosten. Um halb ein Uhr kommt sie auf den Ball, um ein Uhr in der Pause zwischen den Tänzen genießt sie eine Tasse Bouillon mit einem Paar Brioches und außerdem etwas Eis, gegen drei Uhr wird das Souper servirt. Bis dahin muß sie nothwendig bleiben, wie sie ihrem Mann erklärt, da sie den ganzen Tag nichts zu essen bekommen hat und nun sehr hungrig ist. Das macht Summa Summarum fünfzehn Mahlzeiten, wenn sie spät in der Nacht nach Hause kommt, um sich nach den Anstrengungen des Tages auszuruhen. Anscheinend greift dergleichen die Pariserin nicht an, sie ist am nächsten Vormittag wieder auf, nimmt ihre Douche, macht ihre gymnastischen Uebungen und lebt in derselben anstrengenden Weise Tag auf Tag die ganze Woche hindurch dasselbe Leben, diese vie surchauffée, die mit der Pariser Existenz untrennbar verknüpft ist.

Das wäre beiläufig ein Tag aus dem Leben einer Pariser Modedame. Mit dem Engländer Frederick Marshall können wir jedoch nicht genug wiederholen, wie absurd es wäre, ganz Frankreich nach den paar hundert extravaganten Pariser Stutzerinnen beurtheilen zu wollen, die man für tonangebend hält, weil sie sich vor allen andern hören und sehen lassen. Die Durchschnittsfrau der Mittelstände werden wir kennen lernen, wenn wir das häusliche Leben der Franzosen näher ins Auge fassen; hier kam es uns hauptsächlich auf Skizzirung der Erscheinungen im äußeren socialen Verkehre an. Wir fügen deßhalb noch bei, daß jede feinere Haushaltung ihren Abend in der Woche hat, an dem Empfang der Geladenen und der Hausfreunde ist, an dem man plaudert, musicirt, tanzt oder spielt. Das Spiel, namentlich „Baccarat“, ist in einer außerordentlichen Weise in der heutigen Pariser Gesellschaft verbreitet; es giebt elegante Salons, wo eine unglaubliche Aufmerksamkeit gegen die Leidenschaft der Gäste, ihr Geld zu verspielen, zur Hausordnung gehört, indem z. B. die liebenswürdige Wirthin ein paar stattliche Säulen goldfunkelnder Zwanzigfrankenstücke frei auf dem Kaminsimse stehen hat, von denen nach Belieben abheben kann, wer zur Fortsetzung des Spieles eine Anleihe nöthig hat. Der Betreffende legt dann nur seine Karte mit der Bezeichnung des von ihm entnommenen Betrages auf den Kamin und er wird, um in der Gesellschaft möglich zu bleiben, es nicht versäumen, am nächsten Tage seine Spielschuld zu decken. Die verschiedenen Clubs, in denen die Herren, freilich nur der vornehmsten Kreise, zusammenkommen, sind im Grunde nichts Anderes als Spielhäuser, die sich der Controle der Polizei entziehen. Baccarat gilt außerdem nicht, wie Pharao und Roulette, als verbotenes Spiel, obgleich es ein bloßes Glücksspiel ist, wie diese, und mit Trente-et-quarante eine große Familienähnlichkeit hat. Sind die Theater gegen Mitternacht aus, so füllen sich diese Clubs und das Spiel dauert dort meist bis zum frühen Morgen. Auch in den geheimnißvollen kleinen Cabinetten der großen Kaffeehäuser und Restaurants auf den Boulevards, wo bei Champagner und kostspieligem Souper die Lebemänner die Nacht verbringen, sucht der Spielteufel seinen Antheil an der dort gewöhnlichen Verschwendung zu haben. Man bestellt dahin einen der fahrenden Spielhalter, die sich als gute Kunden des Wirthes nach Mitternacht einfinden und die mit ihrer kleinen Roulette gern den betreffenden Gesellschaften zu Diensten stehen, und hat man sie nicht gerufen, so melden sie sich wohl auch aus bloßer Zuvorkommenheit in einem der lustigen Kreise an. Derartige Leichtfertigkeiten und Leichtsinnigkeiten sind indeß in jeder Großstadt Bedürfniß eines gewissen Theiles der Gesellschaft. Aber die Characterisirung derselben im Allgemeinen geschieht durch den Geschmack und die Lebensweise derjenigen Kreise, welche die Leute von Namen und Einfluß, auf die Alle blicken, vereinigen. Und in dieser Beziehung hat die jüngste Aera keine rühmliche Aenderung des Pariser Tones und der Pariser Sitten zu Wege gebracht.

Die Katakomben. Die Kloaken und die Toilette der Großstadt. Park und Friedhöfe.

Wir wollen Paris nicht verlassen, ohne noch Einiges in Augenschein zu nehmen, was entschieden zu den Merkwürdigkeiten der Großstadt zählt. Da haben wir zunächst die sogenannten Katakomben von Paris, hauptsächlich unter der Stadthälfte auf dem linken Seineufer gelegen. Sie sind weiter nichts als Kalksteinbrüche, aus denen im Laufe der Jahrhunderte, von den Römerzeiten an, Paris hervorging. Zu Katakomben im Sinne von Begräbnissen wurden sie erst zur Zeit der französischen Revolution, als man Massengräber nöthig hatte, welche keine Herstellungskosten erforderten. Damals erst begannen sie sich mit Schädeln und Knochen zu füllen, mit welchen jetzt die Wände ihrer Gänge in sauberer Anordnung geschmückt sind. Die Ausdehnung dieser mäandrischen, Jahrhunderte hindurch fortgebrochenen Gänge ist gewaltig und erstreckt sich weit unter die Stadt hin, doch haben die Gänge selten über 2,5 m Höhe und etwa ebenso viel oder etwas mehr Breite. Bald sind sie roh in Stein ausgebrochen, bald an beiden Seiten ausgemauert und mit Pforten in einem fast ägyptischen Style verziert, bald sind sie trocken und rein, bald feucht und seitwärts mit Geröll erfüllt — immer aber ziehen sich an der Decke hin schwarze Striche mit Pfeilen und angeschriebenen Bezeichnungen der Richtung sowie der Gegend des unterirdischen Weges. Endlich gelangt man an eine verschlossene Thüre, eine Art Dantethor, welches die Inschrift trägt: Has ultra metas requiescunt beatam spem expectantes, und erst durch diese Thüre tritt man in das wahre Reich des Todes, wo die letzten Ueberreste von einigen Millionen Menschen auf das Seltsamste aufgehäuft sind. Bald zeigen sich zu beiden Seiten der Gänge bis nahe zur Decke aufgeschichtete Wände brauner verwitterter Schädel, bald ist eine ganze Wand mit dem Hinterhaupte dem Wanderer zugekehrt und dann sind durch die mit dem Antlitz vorgewendeten Schädel in geregelten Entfernungen Kreuze auf dieser Todtenwand gebildet, bald sind die Schädel wieder sämmtlich mit dem Antlitz vorgekehrt und durch dazwischen geschichtete Arm- oder Beinknochen haben sich Gesimse und eigene Arten architektonischer Verzierungen ergeben müssen, immer aber ist nun erst hinter dieser Vorderwand der ganze Seitenraum des Ganges mit übereinander geworfenen Gebeinen aller Art bis zur Decke angefüllt.

Es giebt aber ein unserer Aufmerksamkeit noch viel würdigeres, unterirdisches Paris, als diese von Alters her berühmten Katakomben, nämlich das gewaltige, einheitliche Netz der Kloaken oder Siehle, deren Geschichte Victor Hugo, der „Poet", wie er sich gerne nennen hört, in seinem Romane „Les Misérables," verherrlicht hat. „Wenn man unter die Oberfläche von Paris hineinsehen könnte, würde man gleichsam einen großen Schwamm erblicken, und ein Schwamm hat nicht einmal so viel Löcher und Gänge als der Erdhaufen von sechs Stunden im Umkreise, auf welchem die große Stadt steht. Ungerechnet die Katakomben, die eine Höhlung besonders sind, ungerechnet das unentwirrbare Geflecht von Gasröhren, ungerechnet das unermeßliche System der Wasserleitung, bilden die Kloaken allein unter den beiden Ufern ein ungeheures dunkles Geflecht, ein Labyrinth, dessen Leitungsfaden die Senkung, der Fall ist." Der „Poet" fährt in seiner Schilderung fort: „Denke man sich Paris weggenommen wie einen Deckel, so wird das unterirdische Kloakengeflecht, von oben gesehen, an den beiden Ufern sich darstellen wie ein großer Zweig, den man an den Fluß angesetzt hat. An dem rechten Ufer wird die Gürtelkloake der Stamm dieses Zweiges sein, die kleineren Leitungen die Aeste und die Sackgassen die kleinen Zweige. Diese Gestalt ist im Ganzen nur halb richtig, denn der rechte Winkel, welcher sich gewöhnlich in solchen Arten von unterirdischen Verzweigungen darstellt, findet sich in der Vegetation selten. Ein ähnlicheres, treueres Bild von diesem seltsamen Plane wird man sich machen, wenn man sich vorstellt, man sähe auf einem dunklen Grunde ein wunderliches orientalisches Alphabet gekritzelt, dessen ungestalte Buchstaben an einander geschmolzen wären aufs Ungefähre hin, bald an den Ecken, bald an den Enden." Der außerordentlich stark geschlängelte Lauf der Seine bei Paris machte es möglich, durch einen verhältnißmäßig nur kurzen Hauptcanal, welcher unterhalb Asnières mündet, das Flußwasser an einer Stelle zu erreichen, wo es schon um einen beträchtlichen Weg aus Paris heraus ist, vom Pariser Unterbaue, dem Point du jour längs des Flusses gemessen, und der Spiegel der Seine liegt dort auch schon ausreichend tief, um ein namhaftes Gesenke der Kloake zu ermöglichen. Der allgemeine Sammelsiehl (Collecteur général), der wie gesagt bei Asnières mündet, kommt vom Concordienplatz, wo er aus den beiden Hauptcanälen auf dem nördlichen Ufer der Seine und dem einen Hauptcanale auf dem südlichen Ufer zusammenfließt, dessen Inhalt durch ein schmiedeeisernes Saugrohr von mehr als 1 m Durchmesser im Lichten oberhalb der Concordienbrücke über den Fluß geführt wird. Der allgemeine Sammelsiehl hat von dem Vereinigungspunkte der drei Hauptcanäle an bis zu seiner Mündung in den Fluß eine Länge von mehr als $5^1/_2$ km; in jede der drei Hauptkloaken münden von rechts und links, meist steil auf sie zufließend, wieder ein Dutzend oder mehr Nebencanäle und in diese wieder so viel Kloaken dritter Klasse, als es eben Straßen giebt. Auch die kleinsten sind 2 m hoch und mehr als 1 m breit, die Hauptsiehle aber 5 m und über $5^1/_2$ m breit. Das Netz reicht aus, nicht blos das gewöhnliche Hauswasser von Paris abzuführen, sondern auch die größten Ueberschwemmungen durch Platzregen zu bewältigen. Die Vorkehrungen für die Reinigung, Fahrzeuge im Wasser mit Senkklappen, welche als Schleusen wirken und auch solche Schleusenwagen, durch welche stoßweise Bewegung in den Abfluß gebracht wird, sind sehr sinnreich und ganz original. Die Hauptsiehle sind erleuchtbar und enthalten schmale Canäle zwischen Fußsteigen, auf welchen Eisenbahnschienen, eine zur Rechten, eine zur Linken, liegen und kleine Eisenbahnwagen zu vier Personen rittlings über dem Wasser sich bewegen. Ueberall sind die Namen der Straßen, wie dieselben oben sich kreuzen, unten an die Gewölbe geschrieben. Ueberall herrscht auch die peinlichste Reinlichkeit und nirgends ist der geringste Geruch aus dem schwarz dahinfließenden Wasser zu bemerken. Die breiteren Gewässer des Sammelsiehls werden auf Gondeln nach Art der venezianischen befahren. Wohl aber hausen in diesen über 500 km langen Abzugsgräben Millionen Ratten, auf welche von Zeit zu Zeit, hauptsächlich gegen Ende Septembers, Jagd gemacht wird. Die Zahl der im Jahre 1850 erlegten Ratten, deren Schwänze im Hotel de Ville aufbewahrt wurden, betrug z. B. 114,321! Was nun den Unrath anbelangt, so werden dessen feste Bestandtheile in Fässern abgefahren, die flüssigen aber durch schwefelsaures Eisen desinficirt und dann durch unterirdische Röhren (égouts) in die Kloaken abgeführt; nur bei niedrigem Wasserstande der Seine hebt eine Dampfmaschine die Flüssigkeit kurz vor der Hauptmündung bei Asnières in den Strom und führt sie in große Behälter, wo ihr schwefelsaure Thonerde zugesetzt und dadurch ein Niederschlag bewirkt wird. Darin ist alle Phosphorsäure, fast aller Stickstoff und neun Zehntel der organischen und mineralischen Bestandtheile der Flüssigkeit enthalten. Der Niederschlag ist also ein höchst nützlicher Dünger. Er wird unter Wechsel der Behälter getrocknet, ist dann geruchlos und wird weit versendet. Das Wasser, welches noch immer

Alkalien enthält, aber geruchlos ist, wird zur Bewässerung von Gemüseländereien benutzt.

Der großartigen Einrichtung für Fortschaffung des verunreinigten Wassers aus der Stadt mit Einschluß des Regenwassers gegenüber ist die Versorgung von Paris mit reinem Wasser noch immer nicht völlig ausreichend, obgleich man sich zu den Ausgaben für drei neue Wasserleitungen aus der Dhuis, der Somme-Soude und der Vanne bequemt hat, welche darauf berechnet sind, der Stadt 170,000 cbm Wasser mehr zuzuführen, als zuvor. Die Lage von Paris in einem Kalkbecken ist aber nicht günstig für die Versorgung mit gutem Trinkwasser. Immerhin ist Paris eine sehr gesunde Stadt, ja zweiffellos die gesündeste Großstadt der Welt, was sie hauptsächlich der strenge gehandhabten Reinlichkeitspolizei zu verdanken hat. Alles, was irgendwie zur Gesundheitspflege beitragen und das Straßenleben angenehmer gestalten kann, wird da troß des großen Kostenaufwandes in Anwendung gebracht. Wenn man die ungeheure Menge an Schmutz, Kehricht und Abfällen aller Art ins Auge faßt, die das Zusammenleben von zwei Millionen Menschen auf einem relativ beschränkten Raume ergeben muß, so begreift man, daß das Hinwegschaffen derselben eine tägliche Arbeit ist, die jene kleine Armee von Straßenreinigern in Anspruch nimmt, welche jedem Fremden in Paris sogleich imponirend auffällig wird. Wir wollen aus den „Annales des ponts et chaussées“ einen Zifferbeleg dafür geben, was die Toilette von Paris im Laufe des Jahres kostet, wie viele Hände, Besen und Bürsten sie in Bewegung setzt.

Seit mehr als zwei Jahrzehnten wird die Reinigung der Stadt von den städtischen Ingenieuren geleitet, was gleichbedeutend damit ist, daß alle wissenschaftlichen Behelfe zur Vervollkommnung des Reinigungsverfahrens in dieser Frist zur Anwendung gekommen sind. Zwei „Ingénieurs en chef des ponts et chaussées“ leiten das Ganze. Ihnen unterstehen drei gewöhnliche Ingenieure, 112 Abtheilungsführer der verschiedenen Arbeitergruppen und ungefähr 3000 Arbeiter. Eine kleine Armee, die sich aus Männern, Weibern und Kindern rekrutirt, der jedoch jene Arbeiter noch nicht beigezählt sind, welche die Transportgesellschaften zur Hinwegräumung des Unrathes beistellen. Die Bezeichnung „kleine Armee“ ist auf dieses wohlorganisirte Arbeiterheer ganz anwendbar, hat es doch seinen Generalstab, seine Unteroffiziere, seine Soldaten, und ist doch jedem einzelnen Gliede derselben seine besondere Aufgabe zum vornhinein zugetheilt und zwar nicht allein für den normalmäßigen Zustand, sondern auch für besondere Fälle, als da sind: plötzliches Thauwetter oder ungewöhnlich starker Schneefall.

Nach Gesetzesvorschriften, deren älteste sogar bis ins dreizehnte Jahrhundert zurückgreift, sind alle Hausbesitzer gehalten, täglich die anstoßende Straße vor ihren Häusern, Läden und Gärten zu kehren. Wie leicht begreiflich, wurde die Vorschrift sehr ungenau und nachlässig vollzogen und dieselbe daher dahin normirt, daß eine Zone von sechs Metern vor jeder Façade zu reinigen sei, während die Stadt die Mitte der Straße säuberte. Eine Anzahl von Hausbesitzern trat diesbezüglich mit einer Straßenreinigungsgesellschaft in Verbindung, andere übertrugen das Geschäft ihren Hausbesorgern oder Dienern. Häufig traten Verwirrungen und Streitigkeiten zwischen diesen verschiedenen Säuberungsorganen auf, und zwar ganz besonders, als die balayeuses mécaniques eingeführt wurden, — ein zwischen den weit aus einander stehenden Rädern eines einspännigen Gefährtes angebrachter Riesenkehrwisch, — der nur auf größere Entfernungen wirksam zu operiren vermag und nicht ein paar Häuser weit fegen, dann innehalten und nach etlichen Häusern wieder „Amts zu walten" beginnen kann. Ueberdies giebt es auch Straßen, in welchen der lebhafte Verkehr bedingt, daß mehrfach im Tage gefegt werde. Um diesem Uebelstande abzuhelfen, hat eine neuerliche Verordnung die Reinigungsverpflichtung in eine an die Stadt zu entrichtende Umlage umgewandelt. Seit 1. Januar 1874 stehen alle Straßen von Paris, das ist ein Raum von 1450 Hektaren, unter der städtischen Reinigungscommission. Im Sommer wird die Arbeit von 3 bis 6 Uhr früh vollzogen, im Winter von 4 bis 7 Uhr. Um 9 Uhr Morgens hat Paris Tag für Tag seine Toilette bis ins kleinste Detail vollendet. Nach vielfachen Versuchen hat die Commission die mechanischen Besen als das praktischste und wirksamste Reinigungswerkzeug erwählt. Jeder derselben verrichtet die Arbeit von zehn Männern und arbeitet mit großer Raschheit, die Boulevards und Hauptverkehrsadern säubernd. Es sind jetzt ungefähr zweihundert dieser Maschinen im Gebrauche, doch wird ihre Zahl noch wesentlich vermehrt werden.

Sehr begreiflicher Weise bedürfen die Centralhallen einer noch viel eingehenderen Reinigung als jeder andere Stadttheil. Im Sommer, wenn das Gemüse und Grünzeug am stärksten vertreten ist, liefern die Hallen täglich im Durchschnitte 70 Kubikmeter Abfälle. Unter jedem Pavillon der Hallen befindet sich, wie wir wissen, ein unterirdischer Raum, in dem die Verkäufer ihre Waaren zum Ausgebote herrichten oder von einem Tage zum anderen aufbewahren. Da giebt es Abfälle und Ueberreste von Grünzeug, von Fischen und Geflügel, die als gesundheitsschädlich entfernt werden müssen. Doch nicht genug damit, der Raum, auf dem sie sich befunden, muß überdies noch durch Abwaschung gesäubert werden. Auch die öffentlichen Anstandsorte, die Polizeiwachhäuser, die Bänke in den öffentlichen Anlagen müssen abgewaschen werden. Zu diesem Zwecke, um ihn recht durchgreifend durchzuführen, werden auch chemische Stoffe in Anwendung gebracht; als Desinfectionsmittel Chlorkalk, Zink- und Eisensulphat und Phenylsäure. Als Reinigungsmittel kommen Chlorwasserstoff und Nitrobenzin zur Anwendung. Chlorkalk, der alle aus der Zersetzung organischer Stoffe hervorgehenden flüchtigen Producte zerstört, ist als das wirksamste aller Desinfectionsmittel erprobt. Er wird in den Anstandsorten und jenen Gassen angewendet, in denen sich unreine Flüssigkeit vorfindet. Zink- und Eisensulphat wirken minder energisch. In einer Lösung von einem Kilogramm in zehn Liter Wasser werden sie angewendet, um die Aufbewahrungsorte der Waarenüberreste in den Hallen zu reinigen. Die Phenylsäure hält vor Allem die Fäulniß hintan und dient zur Bespritzung von Sälen oder auch Gehwegen, auf denen man die Zersetzung organischer Stoffe befürchtet. Mit Chlorwassee werden die Latrinen und die Wände wie der Estrich der Schlachthäuser gereinigt. Das Nitrobenzin ist weit stärker und wirksamer, allein um des sehr unangenehmen Geruches willen, den es zurückläßt, kann es nicht an allen Orten angewendet werden. Doch geschieht auch auf chemischem Wege, was nur irgend möglich ist, um die Straßen und alle öffentlichen Orte von allen gesundheitsschädlichen Stoffen und Miasmen zu reinigen.

Die einfachen Wasserbespritzungen finden in übermäßig reichlicher Weise statt, wie gar Viele auf den ersten Blick glauben, welche die Commission anklagen, in dieser Richtung des Guten zu viel zu thun. Doch thut man den leitenden Ingenieuren mit dieser Anschuldigung Unrecht: das Pariser Pflaster erhält sich nur dann in gutem Zustande, wenn es immer mehr oder weniger feucht ist. In Ermangelung der ihm erforderlichen Feuchtigkeit wird es brüchig, es bilden sich dann kleine löcherartige Vertiefungen. Man hat versucht, statt durch diese häufigen Abwaschungen, denselben Zweck dadurch zu erreichen, daß man den Bürgersteig mit Calcium und Magnesiumchlorid bedeckte, einer Salzschichte, welche die Feuchtigkeit aus der Atmosphäre anzieht. Allein abgesehen davon, daß sich dadurch ein klebriger, schwarzer Straßenkoth bildete und das ganze Verfahren sehr beschwerlich war, erwies es sich noch, indem es der Atmosphäre zu viel Feuchtigkeit entzog, die Luft somit zu trocken werden ließ, als gesundheitsabträglich, weßhalb denn auch diese Methode der Staubbekämpfung schleunigst aufgegeben ward. Ueberdies leidet Paris keinen Mangel an Wasser, und es ist übergenug davon vorhanden, um das Straßenpflaster zu erhalten, des Staubes Herr zu werden und Straßen und Gassen buchstäblich zu überfluthen. Die Vorschrift, daß die Hausbesitzer in der heißen Jahreszeit einmal im Tage den Gehweg vor ihrer Façade zu bespritzen haben, besteht noch immer, sie wird jedoch so lässig befolgt, daß auch dies von den städtischen Organen ausgeführt werden muß, hauptsächlich mit langen Schläuchen, eine Art und Weise, die ohne erhebliche Anstrengungen große Strecken zu bewässern gestattet.

Allein mit dem Fegen, Waschen und Auflesen der Abfälle ist noch lange nicht Alles geschehen, dieselben müssen außerhalb der Bannmeile geführt werden, da sie sich nicht in die Canäle werfen lassen, ohne dieselben zu verstopfen. Es wird diesen durch den Regen und die Abwaschfluth nur schon zu viel dieser Art zugeführt. So wird denn der Kehricht und Straßenkoth auf der Straße aufgeschichtet, bis er auf die Karren zum Wegführen verladen wird. Ehemals, als die Straßen noch ganz gepflastert waren und nicht überfluthet wurden, hatte der Straßenkoth von Paris großen Werth als Dünger, seit jedoch die Straßenpflege sanitärer geworden, hat er an Gehalt viel eingebüßt. Ehedem hatten Gärtner und Grundbesitzer vor der Bannmeile der Stadt ein ganz hübsches Sümmchen gezahlt für die Erlaubniß, ihren Straßenschmutz fortführen zu dürfen. Heute muß sie dafür zahlen und zwar viel, denn es müssen Tag für Tag durchschnittlich 1700 Kubikmeter Straßenschmutz aus der Stadt entfernt werden. Und darin sind nicht mit inbegriffen der Schmutz der gepflasterten Chausseen, die Herdasche, Austernschalen und anderer als Dünger nutzloser Kehricht dieser Art. Der größte Nutzen wird aus den Küchenabfällen gezogen, die jede Köchin verhalten ist, in den vorüberkommenden Kehrichtkarren zu leeren. Lange Zeit hindurch wurden diese Küchenabfälle ganz einfach allabendlich auf die Straße geschüttet, wo sie bis zum nächsten Morgen liegen blieben. In der Zwischenzeit waren sie von den Lumpensammlern oder „Chiffoniers“ durchsucht worden, die ihre Rechnung dabei ganz wohl fanden. Nicht weniger als 30,000 Männer und Weiber sind es, die mit ihren Butten, Laternen und langen Hakenstangen des Nachts die Straßen von Paris durchziehen, um den Kehricht aus dem Boudoir und der Küche, aus dem Salon wie dem Hospitale und dem Restaurant zu durchstöbern. Die heterogenen Massen, welche die Lumpensammler da in ihre großen Butten füllen, werden dann nach den Sortirzimmern gebracht, in denen wieder 1000 Männer und 10,000 Weiber Beschäftigung finden, was im Ganzen über 40,000 Personen für die Brüderschaft der Chiffonniers in der eleganten Weltstadt ergiebt, die allnächtlich ihren Kehricht und ihre Abfälle auf die Straße leert. Aber auch in dieser Gesellschaft giebt es Rangabstufungen. Es giebt drei Kategorien von Lumpensammlern. Die erste besteht aus jenen, welche ihre Beschäftigung auf eigene Rechnung treiben und ihre Waare zum besten Marktpreise anbringen, so daß ihre Tageseinnahme sich auf 40 bis 50 Sous beläuft; diese Glücklichen werden gewissermaßen als die „Bourgeoisie" betrachtet. Die zweite Kategorie steht wieder etwas niedriger auf der socialen Stufenleiter und ergänzt sich aus jenen, die ihre Funde pfundweise verkaufen, ohne das Bessere vom Schlechteren zu sondern; ihnen wird es schwer, auch nur für des Lebens Nothdurft zu sorgen. Noch schlimmer aber sind jene ihrer die dritte Kategorie bildenden Kameraden daran, die für einen Unternehmer arbeiten, der ihnen nur einen Franc und noch weniger per Tag bezahlt und dem dafür Alles gehört, was sie aufgestöbert haben; er wird daher stets ein reicher Mann, während sie das Proletariat ihres elenden Standes abgeben. Die Hauptquartiere der Pariser Lumpensammler liegen in den Vorstädten von Clichy, Levallois, Malakow und der Umgebung derselben. Die Leute haben von dort bis in das Herz der Großstadt, wo sie im Kehrichte ihr spärliches Brot suchen, einen weiten Weg zurückzulegen. Elende Holzhütten, voll Schmutz und verpesteter Luft, die ihnen häufig nicht einmal Schutz vor den Unbilden der Witterung gewähren, sind ihre Wohnstätten. Als die Stadtbehörde dem Treiben der Chiffonniers ein Ende machen wollte, erhoben dieselben einen so gewaltigen Lärm darüber, daß man es nicht wagte, diese Reform durchzuführen. Die Polizeipräfectur ertheilte jedoch keine weiteren Erlaubnißscheine mehr, und man setzte das ehrenwerthe Lumpensammlerheer somit auf den Aussterbeetat. 1870 benützte man den Belagerungszustand, den Uebelstand abzustellen, und seither arbeiten die Lumpensammler nur mehr im Innern ihnen zugänglicher Häuser, wo sie ihres Amtes walten, ehe zur amtlichen Stunde die Abfälle in den Kehrichtkarren geschüttet werden.

Allein auch mit der Hinwegschaffung dieser Abfälle ist noch nicht genug geschehen. Die größten Schwierigkeiten für die Straßenreinigung bieten im Winter die Schneefälle. Wie früher erwähnt, nimmt das Pariser Straßennetz einen Flächenraum von 1450 ha ein, eine Schneedecke von 10 cm ergiebt da eine Schneemasse von 1,450,000 cbm, die selbstverständlich nicht rasch beseitigt werden kann. In Canäle, die zufällig mit warmem Wasser gespeist werden, kann man den Schnee werfen, da schmilzt er, die anderen jedoch würde er alsbald zu Eiskellern umwandeln. Man hat es versucht, den Schnee aufzuhäufen und durch einen fortgesetzten Strahl heißen Wassers zum Schmelzen und somit zum Abfließen zu bringen, allein das Mittel erwies sich nicht durchgreifend genug. Man hat von Menschen und Pferden gezogene Schneebesen versucht, allein sie haben ihre Aufgabe schlecht gelöst, da die von Fußgängern und Pferden zusammengetretene Schichte meist nur dünn ist. Jetzt bekämpft man den Schneefall, indem augenblicklich alle Kräfte angespannt, sämmtliche Arbeitsleute in Thätigkeit gesetzt werden. Den städtischen Karren und Wagen gesellen sich da noch fünfzig zweispännige bei, die bei Schneefall zu stellen, zu den Verpflichtungen der Omnibusgesellschaft gegen die Stadt zählt. Die Hauptstraßen — die Hausbesitzer haben die Verpflichtung, den Schnee vom Gehweg vor ihren Häusern zu fegen — sind schnell befreit von ihrer Schneedecke, und nun werden die Nebenstraßen nicht minder energisch in Angriff genommen. Bei Thauwetter thun die vielen Abflüsse treffliche Dienste, und in erstaunlich kurzer Zeit hat die kleine Armee von Straßenkehrern mit dem Schmutze aufgeräumt. Für alle diese Fälle sind zum Voraus schon die eingehendsten Anordnungen getroffen, so daß im entscheidenden Momente Jedermann ohne weitere Weisung in der Lage ist, seine Schuldigkeit zu thun. Dennoch werden in diesem Systeme der Straßenreinigung noch unausgesetzt Verbesserungen eingeführt. Natürlich kommt all dies sehr hoch zu stehen. Die Toilette der Stadt Paris erfordert jährlich für 250,000 Franken Besen, Bürsten, Werkzeuge und Desinfectionsmittel. Drei Millionen Franken zahlt sie der Armee von Straßenkehrern, auf eine Million kommt ihr das Wegführen des Schnees und Straßenkothes, auf 450,000 Franken die Bespritzung der Straßen und öffentlichen Gärten. Rechnet man nun noch die Gehalte der Commission und die stets sich ergebenden Nebenausgaben hinzu, so kann man wohl sagen, die Toilette der Stadt Paris komme auf fünf Millionen Franken zu stehen.

Es bleibt uns nun noch eine rasche Fahrt um die Stadt herum auf der Gürtelbahn übrig, welche im Innern der Befestigung Paris in einer Länge von etwa 35 km umkreist. Ueberall erstrecken sich die zu Paris gehörigen bebauten Vorstädte bis an dieselbe und sind auch stellenweise darüber hinausgewachsen. Am meisten ist dies auf dem nordwestlichen und dem nordöstlichen Flügel der Gürtelbahn der Fall, während sie im Süden etwas einsamer dahinstreicht. Aus dem modischen Stadttheile in der großen Oper erreicht man die Gürtelbahn (Chemin de ceinture) am schnellsten und bequemsten auf dem Bahnhofe der Nordwestbahn oder Gare St. Lazare. Die neuen Pariser Bahnhöfe sind zwar sämmtlich, da jeder für mehrere Bahnen und eine ziemlich große Zahl von Zügen bestimmt ist, geräumig, können aber auf architektonischen Kunstwerth keinerlei Anspruch machen, obgleich dies doch beabsichtigt zu sein scheint. Vom Bahnhofe von St. Lazare aus berührt der Zug zuerst Batignolles, eine dicht bevölkerte Vorstadt, in welcher sich viele ganz kleine Landhäuser befinden. Später erreicht man Neuilly, wo rechts das Boulogner Gehölz außerhalb der Befestigung beginnt. Unfern dem Eingange dieser Anlage befindet sich in derselben der Jardin d'acclimatation, gegen Eintrittsgeld geöffnet und mit der Anlockung von Concerten im Freien, ähnlich wie in den Thiergärten Deutschlands. Dabei ist aber durch Anspannung seltsamer, gezähmter Thiere aus fernen Welttheilen wie Strauße, Elephanten, Kameele u. dergl. vor kleinen Wagen oder durch ihre Aufzäumung und Sattelung für Befriedigung der Neugier und der Spiellust der Kinder gesorgt. Die Gürtelbahn führt nun weiter längs der Vorstadt Passy, wo die Landhäuser immer hübscher zu werden beginnen und in ihrer Mitte zahlreiche Mädchenerziehungsinstitute liegen. Dann folgt gleichen Charakters die etwas stillere Vorstadt Auteuil, und nun geht es beim Point du Jour über die Seine auf einem hohen Viaduct, von welchem aus sich links die Zweimillionenstadt und rechts die hügeligen Waldlandschaften besonders malerisch ausnehmen. Die Gürtelbahn läuft nun in ziemlich gerader Richtung, zu dem Bogen des Flusses die Sehne bildend, hier unter anderen Bahnen, welche nach Südfrankreich führen, dort das Kalkflötz, in welchem die Katakomben liegen, in einem Tunnel durchbohrend, von dem Unterlauf der Seine bis zu deren Oberlauf, welchen sie auf dem Pont National, der obersten und neuesten Seinebrücke von Paris, überschreitet. Diesseits und jenseits des Flusses wird sie hier von den Bahnen nach Orleans und nach Lyon gekreuzt, zur Rechten wird das Gehölz von Vincennes sichtbar, zu welchem sich die Place du Trône und die Barrière du Trone ebenso verhalten wie der Arc de l'Etoile zum Boulogner Wäldchen. Unter der dicht bevölkerten Vorstadt Belleville und in nächster Nähe des westlichen Friedhofes von Paris, des berühmten Père Lachaise, geht es nun im Tunnel weiter, bis zu der Station Belleville-Villette, in deren Nähe sich, innerhalb der Festungswerke, der kleine malerische Park der Buttes-Chaumont, mit hohen künstlichen Hügeln befindet. Die Buttes-Chaumont sind weder ein öffentlicher Garten noch ein Park im gewöhnlichen Sinne des Wortes, sondern eine auf einer öden, unfruchtbaren Strecke Landes entstandene eigenthümliche Schöpfung, wie man sie eben nur von Baron Haußmann, dem großen, wir möchten sagen, dem unsterblichen Umwandler von Paris, erwarten konnte. Der Platz umfaßt 22 ha und ist eine der schönsten Promenaden von Paris, ein Stück wilder und romantischer Natur, das sich mit mancher berühmten Berglandschaft messen kann. Eine Zweigbahn führt von Belleville-Villette zum Viehmarkt und den Schlachthäusern, deren Besuch eine Idee davon giebt, was dazu gehört, um eine Stadt von zwei Millionen Einwohnern mit Fleisch zu versorgen. Dann wird die Ostbahn gekreuzt, später die Nordbahn, und die häuserbedeckte Höhe des Montmartre kommt in Sicht. Im Ganzen hält der Zug an 28 Zwischenstationen, bis er zuletzt von der Station Courcelles über Batignolles nach der Gare St. Lazare zurückkehrt.

Und nun zum Schlusse noch ein paar Worte über den früher erwähnten Friedhof von Père Lachaise! Paris besitzt noch den Cimetère de Montmartre im Norden und jenen von Montparnasse im Süden, der Père Lachaise ist aber der größte und bedeutendste. Dieser nach dem frommen Beichtvater Ludwigs XIV. benannte Friedhof entspricht einer in reichem Styl gebauten Kirche; Kunst und Pracht begleiten uns, indem wir mit Staunen diesen Irrgarten von Gräberstätten durchwandern. Fast alle berühmten Männer Frankreichs aus der neueren Zeit ruhen hier; ganze Geschlechter der lebenslustigen Kapitale schlafen unter diesem bunten Durcheinander von Capellen, Tempeln, Sarkophagen, Pyramiden, Säulen, Monumenten und Steinhaufen aller Art über den gemauerten Katakomben und Grüften. Dort ein niedriger kleiner Grabhügel, ein hölzernes Kreuz, ein Täfelchen, ein Pinienstamm, ein Rosenstrauch; hier Büsten und Statuen in Bronze und Stein, in Erz und Marmor. Auf dieses Meer von Denkmälern werfen hochstämmige Bäume ihren dichten Schatten. Epheu und andere Schlingpflanzen ranken sich über die Steine, zwischen denen fast allerorten das dunkle Immergrün emportaucht. Regellos laufen und kreuzen sich die breiten gepflasterten Hauptstraßen, die Alleen von Linden und Platanen, die kleinen Fußwege. Aber wie in der Stadt der Lebendigen haben sich auch die Todten streng in Bezirke geschieden: Père Lachaise hat seine altaristokratischen, seine Arbeiter-, seine Bourgeoisviertel. Die Aristokratie des Blutes, des Degens, des Geistes, des Geldes — sie liegen wieder unter sich gesondert. Hier Edelleute vom alten Schlag, dort Napoleoniden, da Staatsmänner, Dichter, Künstler, Denker. Zwischen den hohen Pyramiden und Obelisken, zwischen den prunkenden Denkmälern der Großen, Fremden und Reichen giebt es viele einfache Kreuze oder Urnen aus Marmor oder Stein, mit einem Tuche bedeckt. Solche stummen Zeichen sprechen oft noch lauter als die anderen. Häufig sieht man zwei Grabsteine nebeneinander und aus jedem einen Arm aus Stein oder Bronze hervorgestreckt, deren Hände sich umfassen; ein Arm ist gewöhnlich zarter geformt und mit einem goldenen Armbande geschmückt. Dies rührende Sinnbild bezeichnet ein treues Gattenpaar, das auch im Tode noch vereint sein will.

Die Umgebung von Paris.

Versailles.

Paris breitet sich in der lachenden Ebene unterhalb der Vereinigung der Seine mit ihrem rechtsseitigen Nebenflusse, der Marne, aus. In gewaltigen Bogen ziehen sich die Silberbänder der beiden Gewässer durch die weiten Landschaften und umschließen viele, nur zum geringen Theile den Ueberfluthungen durch Hochwasser ausgesetzte Halbinseln. Das fruchtbare, wald- und getreidereiche Tafelland der Brie zieht sich an die Marne und Seine im Südosten heran und hat über Brie-sur-Marne, Champigny, Villeneuve, St. Georges seine äußersten vorgeschobenen Spitzen, von denen sich weite Aussichten in die lieblichen Thalauen eröffnen. Nördlich der Marne steigt ein zweites, ringsum scharf abgegrenztes Plateau über das Marnethal und die Ebene von Bondy, Aunai und Vert-Galant empor, westlich von ihm erhebt sich, vereinzelt und von kleinerem Umfange, der Mont Avron, westlich von diesem wieder ein größerer, gegen Norden und Osten schroff abfallender Plateauabschnitt, der mit den Höhen von Belleville und Charonne in die Stadt hineinreicht und an seinem Nordostende mit einer Reihe ehemals für unüberwindlich gehaltener Forts, jener von Romainville, Noisy und Rosny, gekrönt ist. Als äußerster Vorposten dieser Plateaureihe erscheint der Montmartre, ehemals ein fester Platz im Norden von Paris, jetzt aber längst in die große Ringmauer mit eingeschlossen und von einer dichten Bevölkerung bewohnt. Höher steigen im Norden der am rechten Seineufer gelegenen Ortschaft Argenteuil einige mit Reben und Wald bedeckte Höhenzüge auf; noch mächtiger aber sind die Tafelstufen, welche den flachen Thalkessel von Versailles im Südosten von Paris beiderseits umgeben und, von vielen Schluchten durchfurcht, mit zahlreichen Vorsprüngen den linken hohen Rand des Seinethals von Chatillon und Clamart bis abwärts nach St. Germain en Laye bilden. Und alle diese Abhänge sind, soweit sie nicht etwa von der Industrie für Marmor- und Kalkbrüche oder Gipsgruben ausgebeutet werden, mit Weinreben oder Obstgärten bedeckt und tragen auf ihren Rücken, an ihren Hängen, in dem traulichen Versteck ihrer Schluchten und an ihrem fruchtbaren Fuße Tausende jener anmuthigen, netten Landhäuser, die der Pariser — von der Außenseite zumal — so gut zu schmücken versteht, und die zahlreichen, kleinen und großen Besitzthümer sind meist mit weiß angestrichenen Mauern umgeben, die von dem Grün der Kastanien-, Nuß- und Pfirsichbäume und der Weinspaliere angenehm abstechen und zugleich den Landgütern das Gepräge des Soliden und Sicheren verleihen.

Bei dem Austritt aus der Stadt säumen Wiesen und Felder beiderseits den Stromlauf der Seine ein, dem wir vorerst folgen wollen. Sie verläßt bekanntlich Paris im Südwesten, um bald in einer mächtigen S-förmigen Doppelschlinge zuerst gegen Nordost, dann nach Südwest und schließlich wieder nach Nordost zurückzukehren. Von den Wällen der Stadt zieht sich links Issy, ein Dorf mit über 10,000 Einwohnern, eine halbe Stunde lang am anmuthigen Fuße des Hügels hin, auf dem das Fort von Issy liegt; Parkanlagen decken den Bergabhang unter dem Fort. Am Scheitel der ersten großen Krümmung der Seine liegt das von der Marquise von Pompadour erbaute Schloß Bellevue, welches seinen Namen durchaus rechtfertigt, denn von den Höhen, auf

6*

welchen es thront, genießt man in der That eine ebenso überraschende als prächtige Fernsicht. Südlich von der von Paris nach Versailles führenden Chaussee in einer Seitenschlucht und oben auf dem Plateau breitet sich das etwa 6500 Köpfe zählende Dorf Meudon, das alte Modunum oder Muldonium, aus mit Glasfabriken, Bleichen und Weinbau, vor Allem aber bekannt durch das von Ludwig XIV. erbaute Schloß, in welchem 1812 die Kaiserin Maria Luise, die an Napoleon I. vermählte Tochter des österreichischen Kaisers Franz I., mit ihrem Sohne, dem Könige von Rom, wohnte, und durch den im Süden und Westen sich anschließenden Park und Wald, der mehrere Plateauvorsprünge und viele Thalhänge und Schluchten bedeckt und mit seinen Teichen, Alleen und stillen Waldgängen in scharfem Gegensatz zu dem bunten Treiben der nahen Weltstadt steht. Meudon, in dessen alter Kirche ein Denkmal des lustigen Dichters François Rabelais, des geistreichsten, originellsten und tiefsinnigsten Satyrikers Frankreichs (geb. um 1495, gest. um 1553) zu sehen ist, der hier Pfarrer gewesen, gehört nicht mehr zum Departement der Seine, in welchem noch Issy liegt, sondern in jenem der Seine et Oise, welches das räumlich kleine Seinedepartement ringförmig umschließt und zur Hauptstadt — Chef-lieu sagen die Franzosen — Versailles hat, bis in dessen Nähe der Bois de Meudon sich erstreckt.

Versailles in seiner hügelig waldigen Umgebung, mit seinen Vorstädten und Gärten, seinen breiten Straßen und seiner leichten heiteren Bauart verbindet den ländlichen mit dem städtischen Charakter. Aber trotz seiner nahezu 50,000 Einwohner scheint die Stadt, welche seit 1871 wieder jahrelang der Sitz der Regierung gewesen, öde und menschenleer. Die merkwürdige Schöpfung des verschwenderischen, eigenwilligen Ludwig XIV. verfiel mit dem Verschwinden des Hofes in Armuth. In der Fernsicht einer Hauptstraße liegt das mächtige Schloß, welches der große König geschaffen hat. Es ist eigentlich die große prachtvolle Schale des alten Wald- und Jagdschlößchens, daß einst hier Ludwig XIII. bewohnte. Als Ludwig XIV. das gegenwärtige Schloß bauen ließ, wollte er sich ein Haus schaffen, das auf der Höhe seiner Selbstschätzung stehe. Es sollte sonder Gleichen sein. Nichts schien Versailles zu dieser Rolle zu bestimmen. Die Gegend war öde und verlassen, einförmig. Die Luft war ungesund, das Wasser geradezu verderblich. Aber Ludwig gedachte die Natur seiner Willkür zu unterwerfen. Es war im Jahre 1678, unmittelbar nach dem Frieden von Nymwegen, daß er diesen vermessenen Plan faßte. Dabei hatte indeß der hochstrebende König in der Tiefe seines Herzens eine gewisse kindliche Pietät vor seinem Vorgänger, seinem Vater, vielleicht noch mehr vor seinem Meister, Lehrer, Vorbilde, dem Cardinal Mazarin. Er befahl, daß das alte Schloß, die Wohnung seiner Vorgänger, bestehen bleiben und dennoch das neue Schloß der erste, größte, glänzendste aller königlichen Herrschersitze der Welt werden müsse. Das hat den Baumeistern Kopfzerbrechens genug gekostet; aber der „Große“ wollte, und so geschah! Die Arbeiter starben massenhaft bei den Bauten in der ungesunden Sumpfatmosphäre; allnächtlich wurden Wagen voll Todte fortgefahren. Trotzdem beharrte Ludwig, unterstützt von dem großen Baumeister Mansard, bei dem riesigen Werke. Der große Minister Colbert erhob sich vergeblich gegen die ungeheuren Summen, welche diese fieberhafte Thätigkeit allmälig verschlang — dies Versailles kostete dem Könige zusammen an 150 Millionen Livres, die dem innern und dem Tauschwerthe nach etwa 900 Millionen Franken des heutigen

Geldes entsprechen. Bisweilen arbeiteten in Versailles allein 22,000 Menschen und 6000 Pferde; 30,000 Soldaten sollten den Eurefluß nach Versailles ableiten, obwohl derselbe tiefer lag als die höchsten Punkte dieses Ortes; aber ansteckende Krankheiten, die in diesem Arbeitslager ausbrachen, machten die Ausführung des großartigen Entwurfes unmöglich, nachdem derselbe riesige Kosten verursacht hatte. So entstand ein Werk, mehr glänzend und staunenswerth, als schön zu nennen. Das neue Schloß wuchs um das alte herum, bis freilich zuletzt der Kern in der Schale verschwand. Durch seine prächtigen Massen bringt das Schloß von Versailles, dessen vordere Front fast eine Viertelstunde lang ist, eine große Wirkung hervor, ohne schön zu sein. Es bildet eine Zusammenhäufung von Gebäuden, aus denen der geschickte Baumeister zwar ein Ganzes zu formen gewußt hat; aber deutlich sieht man, daß es nicht nach einem einheitlichen Plane, sondern allmälig, bald hier ein Gebäude, bald dort ein anderes, errichtet worden ist. Alles ist prächtig, üppig ausgeschmückt, prahlerisch, kolossal, aber ohne wahre Schönheit, ohne durchgebildeten Styl, ohne einen Zug, der die Seele erfreut oder erhebt. Von einiger Entfernung gesehen, scheint das Hauptgebäude mit seinen beiden langen Flügeln ohne irgend eine monumentale Gliederung, flach, gleichförmig, mit unbedeutenden Vorsprüngen und Winkeln, nur eine einzige unermeßliche und langweilige Mauer zu sein. Höchstens von der Pariser Seite aus bietet das kleine aber malerische Schloß Ludwigs XIII. in seinem Gegensatze mit den darum angehäuften Bauten seines Sohnes einen überraschenden und gerade durch die Unregelmäßigkeit einigermaßen erfreulichen Anblick. Vor der Pforte des Haupteinganges zum neuen Schlosse sieht man unter sich die Stadt und schaut hinab in die drei baumgeschmückten Anfahrten, Avenüen, links von St. Cloud, in der Mitte von Paris, rechts von Sceaux; nahebei hat man zu beiden Seiten den unermeßlichen, im Rokokostile angelegten Park, mit seinen mannigfaltigen Alleen, glattgeschnittenen Hecken, mit seinen Wäldern, Gärten, Freitreppen, Orangerieanlagen, Fasanerie, Menagerie, Seen, Teichen und Wasserkünsten. Inmitten des ersten großen Schloßhofes stehen sechzehn kolossale Marmorstatuen von Helden und Staatsmännern Frankreichs rings um die schöne bronzene Reiterstatue Ludwigs XIV. Auf die Cour d'honneur folgt das 600 m lange Palais und über dem Eingange des Hauptgebäudes lesen wir die Inschrift: A toutes les gloires de la France. („Allen Ruhmwürdigkeiten Frankreichs".) Sie bildet die Versöhnungsformel, durch welche 1837 König Louis Philippe den Schleier über die alten Erinnerungen des Schlosses und des Parkes ausbreiten und wohlwollende Gesinnungen des Volkes daran knüpfen wollte, indem er aus Versailles ein ungeheures historisches Museum machte. Seine Schöpfung ist die gewaltige Gallerie von Versailles oder vielmehr die von ihm sogenannte Nationalgallerie, eine Sammlung von 3000 Gemälden nebst Statuen und Büsten, welche zwei, selbst drei Stockwerke anfüllt, in zwei, auch in drei Reihen über einander. Die Zahl der Eindrücke überwältigt bei Besichtigung derselben so, daß man Einzelnes kaum festhalten kann. Im Allgemeinen kann man wohl sagen, daß von der Gesammtmasse der hier aufgehäuften Bilder zwei Fünftel Schlachten und Belagerungen von Chlodwich an bis auf die neueste Zeit darstellen, wiederum zwei Fünftel insbesondere die Regierung Ludwigs XIV., die Blutjahre der Revolution und die Thaten Napoleons, das übrige Fünftel aber andere Hauptpunkte aus dem Leben verschiedener französischer Herrscher, nebst einer Menge Portraits meist fürstlicher

Persönlichkeiten und einiger berühmter Männer. Es leuchtet ein, daß die Kunst bei dieser Gallerie nur als Dienerin der Nationaleitelkeit erscheint; dennoch wird man dieser, von Louis Philippe Anfangs gänzlich auf eigene Kosten angelegten Sammlung, der einzigen von so ungeheurer Ausdehnung in der Welt, woran überdies der Pinsel des Horace Vernet den verdienstvollsten Antheil hat, seine Bewunderung nicht versagen dürfen. In der Spiegelgallerie des Versailler Schlosses, dem eigentlichen Mittelpunkte der ganzen historischen Gemäldesammlung, fand bekanntlich am 18. Januar 1871 die Verkündigung der Wiederherstellung des deutschen Reiches durch Kaiser Wilhelm und die übrigen mit ihm verbündeten deutschen Fürsten statt.

Die Geschichte Frankreichs steht in Lapidarschrift an den Mauern von Versailles angeschrieben und auch in den herrlichen prachtvoll ausgeschmückten Räumen weht der Hauch der Geschichte. Rasch entwickelte sich in der vorher trostlosen Oede das glänzende Leben des französischen Hofes. Eines der interessantesten Plätzchen des Schlosses ist das „Ochsenauge". L'oeil de Boeuf heißt das Vorzimmer zum Königssaale, weil es nur ein rundes Fenster besaß, und eine solche Luke im Französischen die Bezeichnung „Ochsenauge" führt. In diesem Gemache residirte der beneidenswertheste Sterbliche seiner Zeit, der „Suisse", der Thürsteher, der den Eingang zu den königlichen Geheimzimmern bewachte. Statt eines Scepters führte er einen mächtigen Polizeistab mit großem vergoldeten Knopfe. War Ludwig XIV. stolz, so war sein „Schweizer" noch viel stolzer. Und zwar mit Recht! Denn Niemand ging durch die Thüre, die er bewachte, zum Könige, der dem Schweizer nicht anstand. Ueber seinen Leib ging der Weg zu einer Audienz beim Könige. Gegen Mittag versammelte sich der ganze Hof im Ochsenauge. Es war damals noch nicht Mode, daß zur königlichen Tafel befohlen oder Listen zu den Festen angefertigt wurden. Alle Tage beglückte der König ein Dutzend Leute durch eine Einladung, die aber erst an der Thür des Ochsenauges vor den versammelten Höflingen abgelesen wurde, wenn die Stunde der Essenszeit schlug. Mercier in seinem „Tableau de Paris" beschreibt die Scene: „Schon Stunden vorher versammelten sich die Höflinge. Nach stundenlangem Harren öffnet sich diese angebetete Thüre und ein ehrfurchtsvolles Zittern der Hoffnung erfaßt alle Anwesenden. Ein Kammerdiener des Hofes erscheint mit einer Liste in der Hand und ruft in die athemlos horchenden Höflinge hinein sechs, acht Namen, glückliche Namen, die eintreten oder besser hineinschleichen durch die enge und beneidete Thüre. Dann wirft der Kammerdiener die Thüre vor der Nase der Andern zu, die so thun, als ob sie getröstet diese Ungnade in Geduld ertrügen, während sie, Verzweiflung im Herzen, weggehen." So oft sich Ludwig XIV. aber in der ganzen Pracht seines Hofes sehen lassen und namentlich die fremden Gesandten großer Mächte empfangen wollte, öffneten sich die Pforten der oben erwähnten sogenannten Großen- oder Spiegelgallerie, eines nach der Gartenseite gelegenen, wahrhaft königlichen Saales. Sie ist 73 m lang, 10,40 m breit und 13 m hoch; sie hat 17 hohe gewölbte Fenster mit tiefen Nischen und Alles glänzt darin von Gold und Marmor. Auf der von Lebrun gemalten Deckenwölbung sind die Großthaten des Roi-Soleil verherrlicht. Im Salon de la guerre schwebt Frankreich in den Wolken, hält am linken Arme einen Schild und schmettert Deutschland, Spanien und Holland darnieder. In dem durch die reichsten Verzierungen aller Art ausgezeichneten Saale des Apollo oder dem Thronsaal stand gewöhnlich der mächtige Thron des Königs. Der Saal des Mars diente früher oft zu Bällen und Concerten; im Saale des Merkur waren die Spieltische aufgestellt, wenn Ludwig seinen Hof von Abends 7 bis 10 Uhr um sich versammelte. Aus den oberen sogenannten kleinen Gemächern Ludwigs XV. genießt man einen Blick über den Garten, der namentlich, wenn ihn der Zauber des Frühlings erhöht, von unbeschreiblichem Reiz ist. In diesen stillen Silberflächen der Wasserbecken, in diesen unabsehbaren weichen Rasenteppichen, in diesen schönen rauschenden Bäumen von blauem Aether umflossen, von goldiger Sonne angestrahlt, scheint sich wie etwas aus den alten Wundererzählungen von den schwebenden Gärten Babylons zu verwirklichen. Auf der gewaltigen, weit ausgedehnten Terrasse sieht man sich in der Nähe umgeben von phantastisch mit Buxbaum eingefaßten Beeten, von wunderlichen marmornen Becken; zur Linken schaut man hinab in die weite, von Hallen begrenzte Fläche der tausendkronigen Orangerie, zu der eine ungemein breite Marmortreppe hinabführt, vor uns öffnet sich der Blick über die Wasserkünste der Hauptallee, während gegenüber sich über Wasserflächen und an grünbewaldeten Hügeln hinan die Fortsetzung der Stadt anmuthig ausdehnt. Zur Linken des Grand Canal breitet sich der Bois und dahinter die Plaine de la Ménagerie aus. Dort hielt sich Ludwig XIV. ein Dromedar. Solange es lebte, erhielt dasselbe zur Stärkung alle Tage fünf Flaschen Bordeauxwein. Als es gestorben war, trat sein Wärter mit der demüthigen Bittschrift vor den großen König, ob er nicht so gut sein wolle, ihn zum Nachfolger des Kameels zu ernennen! Für den Garten von Versailles wurden nach der Vorschrift des Gärtners Wilhelms von Oranien Tausende von hochgewachsenen Stämmen ausgegraben und verpflanzt, während Soldaten die Canäle und Becken für die zahllosen Teiche und Wasserkünste gruben, während Le Nôtre ein ungeheures aber doch langweiliges Gewirr von beschnittenen Alleen und Wäldchen, von Tempeln, Theatern und Lauben, von Grotten aller Art aus den mißhandelten Bäumen anlegte. Die ganze Natur ist, wie der Rokokostyl es mit sich brachte, verstümmelt, verunstaltet, in den Dienst des großen Königs gezwungen. Ein Heer von Statuen bevölkert diese künstliche Natur; aber ebenso wenig wie der Park wirklich ein Garten, sind diese Jupiter, Juno, Venus, Neptun wirklich die klassischen Gottheiten der Antike. Jupiter ist Ludwig XIV. ohne Perücke und blausammtnen Rock; Venus und Minerva sind die Montespan und Lavallière; Apollo ist ein „Marquis" mit theatralisch abgezirkelter Miene, der unglücklicherweise seine Bekleidung vergessen hat; Mars ein eleganter, ausschweifender, selbstbewußter Marschall von Frankreich. Die andern Götter sind offenbar Höflinge Ludwigs XIV., die in lebenden Bildern mitwirken. Steinerne Monarchen und Nationen liegen unter den Füßen eines steinernen Herkules oder Alexander, der natürlich wieder kein Anderer ist, als der „große König".

Die berühmten sogenannten „großen Wasser" von Versailles spielen jetzt häufiger als früher, im Sommer meist am ersten Sonntage jeden Monats. Es ist in der That ein anziehendes Schauspiel. Hier im „Bassin des Apollo" hebt sich der Wagen des Sonnengottes aus dem Meere mitten unter schnaubenden Delphinen und unter den brausenden Trompeten der Meeresgötter. Krystallene, blinkende Strahlengewebe, Blumenkörben ähnlich, flechten sich über die Wasserbecken. Dort im „Bosquet der Säulenhalle" tanzen die Nymphen ihren lustigen Reigen. Zweiunddreißig an der Zahl springen und schlingen, neigen und beugen sich rund umher an den Säulen. Die durchs Gewölbe brechenden Sonnenstrahlen. verwandeln plötzlich den Perlenschmuck dieser Wasserjungfern in prachtvoll leuchtende, funkelnde, blitzende Diamanten, Rubine und Smaragde. Auf einer andern Stelle liegt der Riese Encelados mit seinen Genossen unter den Trümmern der Berge Ossa und Pelion, die Jupiter auf ihn herabstürzte, um den Himmelsstürmer zu zerschmettern. Sein Riesenkopf in der Mitte drückt alle Wuth der Verzweiflung aus und speit hoch hinauf giftige Sprudel. Selbst aus seinen beiden kolossalen Händen, die sich an Felsen klammern, quellen die Strahlen hoch empor, um zu zeigen, wie krampfhaft und kraftvoll er die Felsen drückt. Ringsumher im Wasser liegen Felsenstücke, aus denen es ebenfalls aufsprudelt. Die sogenannte „Cascade der hundert Röhren“ stellt dem Auge eine Wasserleitung dar. Kleine Thürme steigen rund um einen hohen. Sie steigen aus einem Kranze von Schlingpflanzen oder Röhren heraus. Die ganze Masse fällt in breiten Silberlachen an der Seite von Terrassen herunter in einen umgebenden Teich. Ein geheimnißvoll eingeschlossener Platz zeigt uns den schönen Apollo, wie er, von seiner heißen Tagesreise ermüdet, sich hier im Bade erfrischt, um dann bei Thetis auszuruhen, in deren kühle, epheuumrankte Grotte man hineinblickt. Allenthalben an den Felsen sieht man hervorquellende und leise herabrieselnde Bächlein. Zu beiden Seiten des Gottes werden die muthigen, unruhigen Rosse von Tritonen getränkt. Jetzt gesellen wir uns zu einer bunten Menge, in welcher die krappfarbenen Beine der vielen Soldaten und Offiziere sich von fern wie Klatschrosen unter Kornblumen ausnehmen. Stühle werden hier ausgeboten, wie allenthalben in Paris, wo es etwas zu sehen giebt. Und so sitzen wir denn in Erwartung der Dinge, die da kommen sollen; denn noch herrscht tiefe Stille in dem Reiche der Vasen, Löwenköpfe, Drachen und Götter. Neptun und seine Gemahlin Amphitrite walten hier in der Mitte ihres Reiches, umgeben von Nymphen und Tritonen; ebenso sieht man Proteus und Okeanos in Begleitung von Meergeschöpfen und Ungeheuern. Es ist das „Bassin des Neptun“, und hier wollen die Nymphen ihren Haupttanz aufführen. Da im Nu steigen sie sammt und sonders. Es springt und fließt, es rauscht und schäumt von allen Ecken und Enden; rechts hin, links hin speien die geschäftigen Geister; nach oben hin fliegt's und nach unten herab braust's; theils senkrecht, theils in weiten Bogen sprühen die mächtigen Wasserstrahlen. Das Ganze ist wie der Strauß beim Feuerwerk: achtzig große Fontainen bauen ein wundervolles Zauberschloß von flüchtigem Silber und Perlen auf, das von leichten Dunstschleiern umwebt und mit Regenbogenschienen umglänzt wird. Der Gott und die Göttin schauen das Treiben mit Lust, und auch die Menschenkinder umher schlürfen Wonne aus diesem entzückenden Anblick. So dauert die Scene vielleicht eine halbe Stunde und es scheint, als wolle sich das Füllhorn nimmer erschöpfen und leeren. Doch alles Schöne auf Erden nimmt ein Ende. Auf einmal steht die Menge der Urnen, Bäche, Löwenrachen wasserlos da und das große Becken gleicht einem Spiegel, nur hinter dem Meergötterpaar ist noch Leben und Weben. Aber bald haben auch die Fontaine des Drachen und die Kindernajaden in der Wasserallee ihr kurzes Leben ausgewirbelt und ausgespielt. Eine unterirdische Macht ruft sie hinunter in den kühlen Grund, und nun steht noch einsam die stolze hohe Pyramide da. Aber auch sie sinkt im goldenen Abendstrahl, der das Gehölz umher und das gewaltige Schloß anlächelt.

Zu den Parkanlagen von Versailles gehört auch das nordwestlich vom Palaste, am Ende des nördlichen Armes vom Grand Canal gelegene Schloß Grand Trianon, 1685 von Ludwig XIV. in buntem Marmor für Frau von Maintenon erbaut. Das Schloß ist einstöckig und die Pläne zu demselben rühren von Mansard her. An den prächtigen Gärten, welche Groß Trianon umgeben, war der berühmte Botaniker Bernard de Jussieu Aufseher. Am Ende desselben Parkes liegt Petit Trianon, ein von Ludwig XV. für seine Favorite Dubarry erbauter, einfacher Lustpavillon, der dann Lieblingsaufenthalt der unglücklichen Königin Marie Antoinette ward, welche dort mit ihren Damen ihre menus plaisirs, ihre ländlichen Spiele hielt.

St. Cyr und St. Cloud.

Im Südwesten von Versailles, an einen Höhenzug gelehnt, erblickt man Saint Cyr, wo sich die Eisenbahnen nach Granville an der normannischen Küste und nach Le Mans auseinanderzweigen. Der etwa 2500 Einwohner zählende Ort ist berühmt wegen des Schlosses, in welchem Frau von Maintenon eine Erziehungsanstalt für junge adelige Fräulein gegründet hatte. Ihrem Plane gemäß sollte St. Cyr eine förmliche Akademie werden, die, einzig in ihrer Art, den König oder vielmehr Frau von Maintenon als Schützerin der feinsten Erziehung und als Wohlthäterin des Adels erscheinen ließe. Und dieser Gedanke hat auch einen politischen Zweck. Der Landadel in Frankreich war durch die Bürgerkriege und die Gewaltthätigkeiten der königlichen Vorgänger ruinirt und trotz aller Steuerbefreiung führte er meist ein kümmerliches Dasein. Es war klug, für diesen Stand etwas zu thun und ihn durch Wohlthaten an das königliche Haus zu fesseln. Deßhalb stiftete Ludwig XIV. schon 1676 das Hôtel der Invaliden für alte oder verwundete Offiziere. Da dasselbe jedoch kaum als eine besonders dem armen Adel zu Gute kommende Schöpfung angesehen werden konnte, so errichtete er in den Grenzfestungen noch Kadettencompagnien, in denen 4000 Söhne von Edelleuten ihre militärische Ausbildung auf Staatskosten erhielten. Für die Töchter desselben Standes nun wurde das Stift von St. Cyr bestimmt. St. Cyr lag einsam im Walde, in anmuthiger Lage, wenn sich auch später erwies, daß sie nicht gesund war. Denn von den 1200 Mädchen, die binnen siebzig Jahren dort aufwuchsen, starben nicht weniger als 275, also beinahe der vierte Theil. Anfänglich sollte aus St. Cyr weder ein Kloster noch eine Erziehungsanstalt gemacht werden, welche in ihren inneren und äußeren Einrichtungen an eine solche erinnere. Ein freies, heiteres, reines Leben sollte vielmehr darin herrschen und den nach Altersklassen abgetheilten Schülerinnen, welche den Namen „Damen von St. Louis“ erhielten, den man indeß gewöhnlich mit dem der „Fräulein von St. Cyr“ vertauschte, wurde ein elegantes Costüm zugewiesen. Frau von Maintenon stellte Hausordnung und Lehrplan selber auf, überwachte den Unterricht und leitete die Gesellschaftsstunden, ja sie verfaßte auch verschiedene Schriften, welche für die Fräulein von St. Cyr einen Codex der Tugend- und Sittenlehre bedeuteten, und womit sie nicht zum wenigsten sich ein Verdienst um ihre, für das Zeitalter Ludwigs XIV. so charakteristische Schöpfung und das weibliche Erziehungswesen überhaupt erworben hat. Das Unterrichtssystem in St. Cyr entsprach im Wesentlichen dem weltlichen Geiste, der dem Plane der Schöpfung zu Grunde gelegt war; sogar die Pflege des dramatischen Spieles ward in Angriff genommen und zwar mit solchem Eifer, daß St. Cyr für die französische dramatische Literatur und Theatergeschichte eine nicht zu übersehende Bedeutung gewonnen hat. Eben damals war in Frankreich die dramatische Poesie in ihr großes Zeitalter getreten. Pierre Corneille war eben gestorben, Racine aber lebte noch und mit ihm, als Schöpfer des französischen Lustspieles, der unsterbliche Molière, der größte Dichter, den Frankreich überhaupt hervorgebracht hat. Racine nun schrieb, auf Bitten der Maintenon, für St. Cyr die zwei Tragödien „Esther“ und „Athalie“, welche im Stift zur ersten Aufführung gebracht wurden. Das Publikum war das denkbar glänzendste. Nicht nur der König, die Maintenon und ein großer Theil des Hofes erschienen, sondern auch Gelehrte und Schriftsteller, wie Bossuet, der Bischof von Meaux, und Fenélon, der fromme Abbé François d'Aix de Lachaise, des Königs Beichtvater, welchem der Pariser Friedhof seinen Namen verdankt, nebst vielen Priestern und sonst ausgezeichneten Personen. Frau von Maintenon hatte den Ruhm, sich in St. Cyr den ersten literarischen Salon Frankreichs geschaffen zu haben. Doch nur sechs Jahre, bis 1692, dauerte die Herrlichkeit. Dann bekam Frau von Maintenon auf einmal Gewissensbisse über dies System weiblicher Erziehung und mit ihrer zunehmenden Frömmigkeit gestaltete sie das Stift in ganz klösterlicher Weise um, sehr gegen den Willen Ludwigs XIV., welcher die Klostererziehung nicht leiden mochte. Doch ließ er es zur Beruhigung ihres religiösen Gewissens zu, daß die adeligen Damen von St. Cyr die Nonnen der Frau von Maintenon wurden, und am 1. December 1692 fand diese Umwandlung mit düsterer Feierlichkeit zu Ehren des heiligen Augustin statt, dem das Kloster St. Cyr geweiht wurde. Nach Ludwigs XIV. Tode, 1715, zog sich die merkwürdige Frau als Oberin desselben gänzlich dahin zurück und starb daselbst auch nach vier Jahren. St. Cyr ward aber am 16. März 1793 durch ein Decret des Nationalconvents als Stift aufgehoben. Statt desselben wurde dort ein Militärhospital errichtet, bis 1806 Napoleon I. die Militärschule von Fontainebleau dorthin verlegte, wo diese bis heute geblieben ist. Die Zöglinge, durchschnittlich 250 an der Zahl, treten nach bestandener Aufnahmeprüfung im Alter von 16—20 Jahren ein, bleiben in der Anstalt drei Jahre und verlassen sie dann als Offiziere.

Oestlich von Versailles breitet sich eine öde, meist waldlose Hochfläche aus, mit einzelnen Meierhöfen besetzt, und in zahlreiche, oft wie Bastionen ausgezackte Vorsprünge auslaufend. Einige derselben gewähren prächtige Aussichtspunkte; zahlreiche Orte liegen in den Buchten, am Fuße oder auf den unteren Vorsprüngen des Plateaus; Dörfer und Städte mit Weingärten oder Waldhängen umgeben, über der drückenden Luft der engen dunstigen Stadt, mit freien Aussichten und lieblichen Villen. Es folgen jetzt die Orte Chatillon, Sceaux, Chatenay, Montreuge. Im Süden von Versailles erreicht man weitere Dörfer mit industriellen Anlagen. Im Seinethale aufwärts und weiter südlich davon liegen noch eine Menge gewerbreicher Dörfer mit lebhaftem Getreide- und Viehhandel. Den Raum zwischen Seine und Marne nimmt ein weites, von kleinen Thalgründen durchzogenes, zum Theil bewaldetes Tafelland von 100—130 m durchschnittlicher Meereshöhe ein. An dem Abhange desselben liegen viele freundliche Ortschaften.

Wir kehren nach Versailles zurück. Versailles war früher für Paris kaum, was Potsdam für Berlin ist, obgleich nicht geleugnet werden kann, daß beide Wege nach Versailles, der auf dem linken, wie der auf dem rechten Seineufer, an landschaftlichem Reize, wie an Abwechslung reich sind. Zwischen beiden Eisenbahnen läuft die alte, jetzt mit einer Pferdebahn versehene Landstraße. Diese Landstraße hat wunderbare Schauspiele gesehen, welche wohl in der Welt nicht leicht wiederkommen werden, und zwar schon seit den Zeiten Ludwigs XIV. und hinunter bis in unsere Zeit, bis zur Belagerung von Paris durch die Deutschen und dann durch die Franzosen selbst und bis zum Brande von Paris. Das Außerordentlichste wird aber immer noch der Zug der Hallenweiber nach Versailles im Jahre 1792 bilden und ihre Rückkehr mit dem gefangenen Hofe und mit den frisirten Köpfen der Leibgardisten auf ihren Piken. Wir wollen indeß nicht länger bei historischen Erinnerungen verweilen, sondern uns lieber in dem durch gedachte Landstraße durchzogenen Sèvres aufhalten, einem reizend an der Seine entlang wie an den Höhen hinauf und auf den Plateauvorsprüngen gelegenen wohlhabenden Orte mit chemischen Fabriken und der berühmten Porzellanmanufaktur, welche Staatseigenthum ist, deren Erzeugnisse aber in den Handel kommen. Man hat den klugen Einfall gehabt, in dieser Fabrik eine Sammlung von Proben der Töpferkunst aller Völker anzulegen und dieses Musée céramique gehört in der That zu den interessantesten Sehenswürdigkeiten.

Nahe bei Sèvres liegt, gleichfalls am Abhange eines Hügels, auf dem linken Ufer der Seine der lebhafte, zwei Stunden von der Hauptstadt entfernte Marktflecken Saint Cloud, einer der lieblichsten Punkte der Umgebung von Paris und in geschichtlicher Beziehung gewiß einer der berühmtesten Orte Frankreichs. Der freundliche Platz, in früheren Zeiten eine Einsiedelei, wurde in der Mitte des sechsten Jahrhunderts gegründet, nachdem Childebert und Chlotar im Jahre 532 ihre Neffen, bis auf einen, der sich glücklicherweise flüchtete, mit eigener Hand erwürgt. Dieser Eine, Clodoald, für welchen seine Großmutter unter der Bedingung Gnade erlangte, daß er das Klosterleben erwähle und auf den fränkischen Thron verzichte, ward nach seinem Tode heilig gesprochen und der Ort, wo er bestattet ward, erhielt seinen Namen St. Clodoald, welcher nach und nach durch Verstümmelung in jenen von St. Cloud überging. Aber wo der liebe Herrgott ein Kloster baut, da baut alsbald der Gottseibeiuns ein Schloß neben dran. Wenigstens ist es oft der Fall, und auch über dem schönen Schlosse von St. Cloud liegt ein dunkler Schatten, der an die Zeiten eines Childebert und Chlotar erinnert. Den ersten harten Stoß erhielt St. Cloud, das Schloß, das damals dort stand, von den Armagnaken, den wildgewordenen Söldlingen Karls VIII. Man baute ein neues Schloß, und hier wohnte König Heinrich III., als ihn 1572 der Dolchstoß eines fanatisirten Mönches traf. Cardinal Mazarin ließ dann das alte Schloß abreißen und ein neues erbauen, jenes, welches sich bis in die Gegenwart erhielt. Es ging dasselbe eine Weile von Hand zu Hand und ward in unseren Tagen der Sommeraufenthalt des Königs Ludwig Philipp und die Lieblingsresidenz des Kaisers Napoleon III., welcher dort wie sein großer Onkel die Sommermonate zubrachte. In ihren Tagen hieß sogar ihr Cabinet nur das von St. Cloud. Am 13. October 1870 wurde ohne allen Grund und Nutzen St. Cloud von den Franzosen selbst in Brand geschossen; Rettungsversuche deutscher Truppen blieben ohne wesentlichen Erfolg und das Schloß liegt heute noch in Ruinen. Der malerische, 392 ha bedeckende Park entspricht aber heute noch den Bestimmungen des Nationalconvents, der 1793 verfügte: „Das Schloß und die Gärten von St. Cloud sollen auf Kosten der Republik erhalten werden zum Vergnügen des Volkes, und sollen zugleich nützlichen Anstalten für Ackerbau und Kunst dienen.“ Angelegt von Le Nôtre, bildet der Park von St. Cloud das Meisterwerk dieses berühmten Gartenkünstlers und ist mit Wasserwerken und Statuen der hervorragendsten Künstler des 17. Jahrhunderts geziert, dabei reich an schönen Aussichtspunkten in seinen höher gelegenen Theilen; so namentlich von der „Laterne des Diogenes“, einer seit 1871 hölzernen aber großartigen Nachahmung des choragischen Denkmals des Lysikrates in Athen. Im Parke bemerken wir ferner die Cascade, nach Lepautre's und Mansards Zeichnungen angelegt, und durch die Allée du tillet in die obere und untere Cascade abgetheilt. Den Gipfelabschluß der großen Cascade bildet eine kolossale Marmorgruppe von Adam, welche die Flußgottheiten der Seine und Marne darstellt. Links davon ist der Riesenstrahl, der aus der Mitte eines viereckigen Beckens 42 m hoch in die Luft steigt und in jeder Minute zehn Tonnen Wasser ausspeit. Die Wasserkünste sind nicht so bedeutend, wie die von Versailles, jedoch ungemein wirkungsvoll. Jenseits derselben erstrecken sich mehrere herrliche Alleen von Ulmen, unter denen einige von außerordentlicher Höhe, bis nach Sèvres hin. Ueberhaupt kann man nicht bald irgendwo prächtigere Bäume sehen. Selbst die strotzende Blätterpracht von Hampden Court muß zurückstehen gegen die Majestät der Ulmen-, Linden- und Kastanienalleen von St. Cloud. Jeder Baum ist dort ein Riese, so groß, daß er für sich allein einen Wald bildet. Wenn man an heißen Sommertagen auf dem Sammetbette der Grasplätze unter denselben im kühlen Schatten liegt, und das Leben in dem, den ganzen Himmel über uns deckenden Baume ansieht, das Gesumme, das Gezwitscher, den Gesang, die aus demselben auf uns herabströmen, mit anhört, so vergißt man Paris und die Welt, die Arbeitsstube und das Forum. Dieser Park von St. Cloud ist dabei ein wahrer Volksgarten, über den die Pariser, und zwar das echte, rechte Volk von Paris, wie über seinen eigenen Haus- und Hofgarten verfügt. Da sind die Leute wie zu Hause und unterhalten sich in reiner, schöner, freundlicher, naturwüchsiger Weise. Mitunter ist ein Markttag, d. h. eine kleine Messe im Parke veranstaltet, die hauptsächlich nur aus einer Menge von Buden besteht, in denen außer Kuchen und Spielzeug für Kinder vor allem andern „Mirlitons“ verkauft werden. Wer nicht etwa zufällig an solch einem Markttage in St. Cloud war, wird schwerlich errathen, was Mirlitons sind. Die Besucher des Cannstätter Volksfestes bei Stuttgart werden aber darin die auch dort gebräuchlichen „Sängerflöten“ erkennen, kleine Pfeifchen aus Hollunder mit buntem und goldenem Papier beklebt. Zu Tausenden und Hunderttausenden werden sie an den Markttagen zu St. Cloud verkauft und gekauft. Alt und Jung, Hoch und Niedrig, Reich und Arm, zu Fuß, zu Esel, zu Pferd, zu Wagen, geht, läuft, fährt, rennt Alles pfeifend an einander vorbei. Es ist ein häßlicher Lärm, aber ein unschuldiges Vergnügen. Wahrlich: le peuple s'amuse! in Frankreich, aber so einfach, anspruchslos, freudig, hingebend und gehenlassend, daß man sich sagen muß: Es ist doch im Innersten ein gutes Volk, diese — bösen Franzosen!

St. Cloud gegenüber, in der Innenseite des ersten Seinebogens, also auf dem rechten Ufer des Stromes folgt das stadtähnliche Boulogne sur Seine mit Leinwandbleichen, 400 Waschhäusern! zahlreiche Landhäuser der Pariser sind in der Au zerstreut. Im Nordosten lehnt sich das Dorf an das berühmte Boulogner Wäldchen. Ihm gegenüber zieht am linken Ufer von St. Cloud abwärts der rebenreiche Thalrand dicht am Flusse hin. Auf einsamem Hügel thront über demselben der Mont Valérien, das mächtigste und wichtigste der alten Forts um Paris, welches 1870—71 eine Hauptrolle spielte. Ursprünglich hieß der Berg Mont Calvaire, nach einer Kirche, in welcher ein Splitter vom heiligen Kreuze aufbewahrt wurde. Die Kreuzbrüder des Calvarienberges waren auch ganz ausgezeichnete Bußprediger, sie hatten den Zulauf von allen schönen Büßerinnen der großen Sündenstadt. Ganz besonders strömte die schöne Welt von Paris büßend in der Nacht vom Gründonnerstag auf den Charfreitag nach dem Calvarienberge. Diese Pilgerfahrten aber waren so segensreich, daß schon im Jahre 1677 die Sittenpolizei von Paris diese frommen Bußgänge verbieten mußte. Heute ist der Mont Valérien eine starke Festung, zugleich einer der schönsten Punkte um ganz Paris herum, wo es der schönen Punkte so viele giebt. Ist man erst auf dem 200 m hohen Berge, so gewinnt man hier eine Aussicht, wie sie nicht schöner um ganz Paris zu finden ist. Man sieht Paris, St. Denis, St. Germain, St. Cloud, Sèvres, den Lauf der Seine wohl zehn Stunden weit und breit in allen ihren Windungen, mit allen ihren Brücken, Dörfern, Villen, Parks und Inseln. Die große Stadt, die kleinen Städte der Umgegend, die Dörfer, die Lusthäuser, die Berge, der Fluß in wunderbarem Wechsel, überall großartig schön und zugleich wunderbar mild und einschmeichelnd für das Auge der Seele, dem das Schöne wohlthut. Das Wunderbarste an der Aussicht vom Mont Valérien ist aber der großartige Wechsel im Charakter der Ausblicke, die sich hier darbieten. Vorerst Paris, dieser Ameisenhaufen der Riesen-insektchen, die sich so stolz Menschen nennen, in dem es sich ewig regt und bewegt, dessen Gesumme bis auf Stunden weit und bis zum Mont Valérien hinauf vernehmbar wird, bildet das erste große Schaustück. St. Cloud und Neuilly, der Strom und seine stolzen Brücken das zweite; St. Denis mit seinem kecken Dom das dritte; die Seine von St. Denis bis St. Germain, an schön sich darstellenden, mit Dörfern, Schlössern, Lusthäusern geputzten Hügeln vorbeiziehend, ein weiteres Bild; und endlich die Ebene bis zum Fuße des Berges wieder ein solches. Alle sind schön und jedes in seiner Art anders, für jedes der Bilder wäre man dankbar, allen gegenüber weiß man nicht, welchem man den Vorzug geben soll.

Am Fuße des Mont Valérien liegen ansehnliche Dörfer, Suresnes, Puteaux und Courbevoie, ihnen gegenüber auf dem rechten Stromufer und nördlich vom Bois de Boulogne das volkreiche Neuilly, ein Ort mit nahezu 25,000 Einwohnern und bedeutenden Fabriken, zerstörtem Schloß, Gartenanlagen und reizenden Landhäusern. Das Schloß von Neuilly war eigentlich das St. Cloud Ludwig Philipps; hier wohnte er den größten Theil des Sommers; das Schloß, welches damals nur Schloß St. Fain hieß, hatte er noch als Herzog von Orleans, als er noch nicht König war, von einem Grafen d'Argenson gekauft. Von Neuilly führt über die Seine eine schöne Brücke, welche ihre Geschichte hat. Heinrich IV. wollte einst von St. Germain, seiner gewöhnlichen Residenz, nach Paris; es wurde Abend, ehe er die Seine erreichte, auf welcher das Schiffchen, welches ihn trug, irgendwo anstieß und umschlug. Heinrich IV. hatte nicht Lust, oft solche kalte Bäder zu nehmen, befahl, daß an der verhängnißvollen Stelle eine Brücke erbaut werde, und als diese nach ein paar Menschenaltern — weil sie von Holz war — abgängig wurde, ließ Ludwig XIV. die heutige Brücke erbauen, die ein Meisterwerk ist und von der man rechts und links, stromauf, stromab, eine prachtvolle Aussicht hat. Auf Neuilly folgt noch Clichy, und das Dorf St. Ouen mit unterirdischen Getreidemagazinen, Viehzucht und Druckereien in Stoffen, ist auf dem rechten Ufer das letzte in dieser Reihe.

Im Norden der Marne.

Das Gebiet nördlich der Marne, dem wir als dem letzten Abschnitte in der nächsten Umgebung von Paris uns zuwenden müssen, wird durch den Ourcqcanal in zwei gleiche Abschnitte getheilt; jener Canal, bestimmt, Paris mit Wasser zu versorgen, erhält bei Trilbordon durch ungeheure Dampfhebemaschinen noch eine ansehnliche Wassermasse aus der Marne. Die gegen Süden und Südwesten gerichtete innere Abdachung jener Hochfläche ist mit Häusern, Gärten und Weinbergen übersäet, an den Berghängen ziehen sich langgestreckte Steinbrüche hin. In der fast anderthalb Stunden entfernten langen Ebene, welche sich zwischen Montreuil sur bois und dem hübschen Dorfe Nogent sur Marne, wo schon König Chilperich im Jahre 581 ein Landhaus besaß, ausbreitet, liegt der häßliche, aber städtisch gebaute Flecken Vincennes mit 20,000 Einwohnern, vor der Revolution La Pissotte genannt, mit wichtigen Fabriken und Viehfuttermarkt. Südlich der Stadt schließt sich das zu einem Fort erweiterte alte Schloß an, welches über die Zeiten Ludwigs VII. hinaufreicht. Es enthält einen ungeheuren Waffensaal, eine Kaserne nebst einer Schießschule und ist merkwürdig durch seinen Schloßthurm mit den alten 52 m hohen Thürmen, der lange das Staatsgefängniß war. Er wurde von Philipp von Valois angefangen und von Karl V. beendet; ersterer umgab den Wald von Vincennes mit einer Mauer und verwandelte ihn in einen Park. Schloß und Fort sind gegenwärtig außerordentlich stark und haben große Werkstätten für die Artillerie. Umgeben von dem Kranze der äußeren Forts, von Fort Noisy bis Fort Charenton, ist Vincennes ein für sich abgeschlossener großer Waffenplatz zweiten Ranges. Das Bois de Vincennes, jetzt nur noch 1009 ha groß, einschließlich des Manöverplatzes, des Artilleriepolygons u. s. w., mit einer 16,632 m langen Mauer umgeben, ist in neuerer Zeit in ähnlicher Weise verschönert worden, wie das Boulogner Gehölz. Mehr als 40 km fahrbare Alleen mit 15 km Fußsteige durchziehen dasselbe; es ist indeß noch immer ein Gehölz geblieben, das aber durch den Manöverplatz in zwei Theile zerschnitten ist. Es schmückt dasselbe jetzt der 8 ha große Lac des Minimes an der Stelle eines ehemaligen Klosters, der drei bewaldete Inseln umschließt und durch einen schönen Wasserfall zweier Bäche gespeist wird, sowie durch den Lac de Gravelle, aus welchem der Bach von St. Mandé zu dem schön gelegenen Lac de St. Mandé fließt. Das von 9500 Köpfen bewohnte Dorf St. Mandé stößt unmittelbar an den Park von Vincennes einerseits, andrerseits erstreckt es sich bis an die Stadtmauer von Paris.

Im Nordosten von Paris finden wir ebenes Land. Es liegen hier viele, aber nicht sehr bedeutende Ortschaften, wie Noisy le sec, Bondy mit der nahen Forêt de Bondy, Drancy, Bobigny, le Bourget, la Courneuve und Aubervilliers les Vertus, mit einem wunderthätigen Marienbilde. Sie alle überragt in jeder Hinsicht die alte ummauerte Stadt St. Denis, das ehemalige Dionysianum, oder Dionysopolis, welches heute fast 44,000 Einwohner zählt, nur $3^1/_2$ km von der Pariser Umwallung entfernt und von drei Forts umgeben. St. Denis, mit bedeutenden Fabriken, ist noch sehenswerth durch seine im gothischen Styl, im Jahre 630 begründete, um 1200 in jetziger Gestalt vollendete Kirche der alten Benediktinerabtei, mit der Grabkapelle König Dagoberts I. Die Geschichte von St. Denis erzählt:

Der heilige Dionysius wurde im Jahre 273 als Märtyrer auf dem Montmartre enthauptet; aber anstatt wie andere Menschenkinder in solchem Falle todt zu sein, nahm der Heilige, als er geköpft war, einfach sein Haupt auf den Arm, ging, von Engeln begleitet, vom Montmartre hinab ins Thal bis zu dem Dorfe Catuliacum, wo er dann sich und seinen Kopf in Ruhe niederlegte und so dem Marterberge (Montmartre) und dem Oertchen St. Denis zugleich ihren Namen stiftete. Allerdings ist es nicht ganz sicher, ob der heilige Dionysius nur bis St. Denis ging und sich schon hier zu Grabe legte, denn die Kirche zum heiligen Emmeran in Regensburg behauptet, daß der heilige Dionysius eigentlich in Regensburg unter ihrem Schutze ruhe. Und als die beiden „Prätendenten“, St. Denis und Regensburg, im Zweifel sich an den Papst wendeten, gab dieser klugerweise beiden Recht. Sei dem aber wie ihm wolle, sicher ist, daß Dagobert I., Sohn Chlotars II., in St. Denis eine prächtige Kirche erbaute und diese Abtei ward allmählich so reich ausgestattet, daß mehrere Könige von Frankreich sich Aebte derselben nannten. Unter Karl dem Kahlen war St. Denis eine Stadt geworden. Damals ließen die Aebte in ihren Privatfehden als Fahne ein dreizipfliches, rothseidenes, siegbringendes Banner vorantragen, die „Oriflamme“ genannt, von welcher Wilhelm Guïart, ein Dichter des zwölften Jahrhunderts, folgende Beschreibung entwirft:

Oriflamme est une bannière
Aucun pol plus forte que guimple,
De candal rougeoyant et simple
Sans pourtraiture d'autre affaire.

Der Dom von St. Denis, 37 m breit und 108 m lang, war eigentlich nichts als ein großartiges Grabdenkmal der französischen Könige. Dagobert I., welcher den Grundstein zur ersten Kirche hier gelegt, war auch der erste König, der hier beigesetzt ward. Pipin hat weitergebaut, Karl der Große soll die jetzt noch stehende Kirche angefangen haben, an der dann alle Könige Frankreichs, zuletzt gar der Kaiser Napoleon auch, und wieder nach ihm Ludwig XVIII., Ludwig Philipp und schließlich auch Napoleon III. verbessert, geflickt, geleckt und geputzt haben. Ludwig der Heilige ließ dort alle seine Vorgänger bestatten und seitdem blieb St. Denis die Gruft der Herrscher. Aber an einem der trübsten Tage der oft durch dunkle Blutwolken getrübten Sonne der französischen Revolution, an dem Tage, an dem eine stolze Königin und Kaisertochter für Verbrechen, die sie nicht begangen, ihr schönes Haupt auf die in jenen Tagen nie trocken werdende Richtbank legen mußte, am 16. October 1793 wurde in St. Denis ein Gesetz des Convents vollzogen, das die Zerstörung der Königsgräber und die Zerstreuung der Gebeine verordnete. Die Stadtobrigkeit von St. Denis, — nicht doch, von Franciade, wie damals St. Denis sich umgetauft hatte — war mit dem Vollzug dieses Befehles beauftragt. Alle Gräber wurden aufgerissen, die Gebeine von sechzig Königen in zwei große Gruben, eine für die Valois, die andere für die Bourbons, geworfen, um hier unter ungelöschtem Kalk einer rascheren Zerstörung entgegenzugehen. Als man an den Sarg Heinrichs IV. kam, fuhren die kecken Vandalen zurück. Die Leiche lag da, unangegriffen, wie der kluge Bearner einst gelebt hatte. Der Anblick machte selbst auf die herzharten, herzlosen Vollstrecker des Befehls des Convents einen solchen Eindruck, daß es Stunden dauerte, ehe endlich auch diese Leiche, dies lebendige Bild des einst so viel geliebten und so viel gehaßten Königs, in die allgemeine Grube geworfen wurde. Im Jahre 1805 wurde die Kirche wieder zur Gruft der Herrscher bestimmt, doch ist seitdem nur Ludwig XVIII. dort beigesetzt worden.

Das Land nördlich von St. Denis erhebt sich bald zu mehreren nach Nordwest streichenden Tafelflächen, die mit Weinbergen, Dörfern und Weilern dicht bedeckt sind und zwischen denen die Eisenbahnen und Straßen nach den Uebergängen der Oise ziehen. Unter Argenteuil erhebt sich die erste, steilste dieser Hochflächen bis 170 m mit weitausgedehnten Weinbergen über das Seinethal, mit vielen freundlichen Dörfern geschmückt. Nördlich von St. Denis liegen ziemlich dicht neben einander einige bedeutende gewerbreiche Flecken, wovon auf einem vereinzelten Hügel Villiers le Bel und Ecouen zu nennen. Ecouen besitzt ein unter Franz I. durch den Connetable Anne de Montmorency erbautes großes Schloß, welches heute als Erziehungsanstalt für die Töchter und Nichten von Ehrenlegionsrittern dient. In Ecouen ward 1559 das Edict erlassen, welches die Calvinisten zum Tode verurtheilte. Unweit von Ecouen breitet sich der von den Parisern vielbesuchte Wald von Montmorency aus, so benannt nach dem gleichnamigen Orte, dem Hauptsitze des berühmten Geschlechtes der Montmorency, welches Frankreich sechs Connetablen, elf Marschälle und vier Admirale geliefert und dessen sämmtliche Mitglieder seit 1327 les premiers Barons chrétiens de France hießen. Ihr Stammschloß ist während der Revolution von der Bande noire abgetragen worden. Im schönen Thale von Montmorency liegt das später umgebaute Landhaus Erémitage, in dem der seltsame Schwärmer Jean Jacques Rousseau seinen „Emile", seine „Nouvelle Héloise" und andere Werke schrieb. Nach ihm wurde in der Revolutionszeit die Stadt Montmorency Emile, später auch d'Enghien genannt. Insbesondere trägt letzteren Namen der nahe kleine Badeort Enghien les Bains, an den Ufern eines reizenden Sees von etwa 1 km Länge und 500 m Breite gelegen, welcher durch mehrere Quellen und Bäche gespeist wird.

Alle diese Orte waren starke Stellungen für die deutsche Belagerungsarmee während des letzten französischen Krieges; jetzt sind sie einbezogen in das große System der Neubefestigung von Paris, welches mit Ausnahme des inneren Ausbaues einzelner Forts, sowie der Anlage einiger Zwischenwerke thatsächlich beendet ist. Man zählt im Ganzen 44 solcher Forts, welche Paris in weitem Kreise umgeben. Sämmtliche Befestigungsanlagen werden in drei große Gruppen zusammengefaßt, die als das verschanzte Lager des Nordostens (von der unteren Seine bis zum Marneufer bei Lagny), des Südostens (zwischen Marne und Seine) und des Westens bezeichnet werden. Wenn, wie 1870, die Hauptkräfte einer Belagerungsarmee außerhalb des Geschützfeuers der Forts aufgestellt werden sollen, so würde die Cernirungslinie 70—80 km in dem Vertheidigungssector zwischen der unteren Seine und der Marne betragen und nach französischer Ansicht eine Truppenmacht von sechs bis acht Armeecorps beanspruchen. Die Einschließungslinie auf dem Abschnitte im Südosten, welche im Jahre 1870 kaum 15 km betrug, müßte unter den jetzigen Verhältnissen eine Länge von etwa 35 km erhalten. Der Umkreis, auf dem die Forts der Süd- und Westfront liegen, hat eine Ausdehnung von etwa 45 km; eine Cernirungslinie, 8 km von den Forts angenommen, würde 65 km lang sein. Die Großartigkeit der jetzigen Befestigung von Paris, für welche seit 1874 bis 1881 sechzig Millionen Franken verwendet wurden, geht am besten aus der Angabe hervor, daß die Länge einer Linie, welche die am weitesten vorgeschobenen Werke mit einander verbindet, 120 km beträgt.

———

Streifzüge durch Ile de France.

Im Seine- und Oise-Departement.

Betrachten wir das Kartenbild der alten Provinz Ile de France, so bemerken wir bald, daß der Seinestrom mit der Marne, trotz der vielen Windungen und Krümmungen, welche diesen Gewässern eigenthümlich sind, das Land in einer ziemlich ostwestlichen Richtung durchschneidet und dasselbe in eine kleinere südliche und eine größere nördliche Hälfte zerlegt. Die erstere wird fast ausschließlich durch die beiden heutigen Departements Seine und Oise und Seine und Marne gebildet, welch letzteres ursprünglich einen Theil der Champagne ausmachte und erst später zu Ile de France gehörte. Man unterscheidet hier gar viele Landschaften, deren Grenzen nur schwer bestimmbar, deren westlichste aber das Mantais mit der am linken Seineufer hoch gelegenen Stadt Mantes la jolie ist. Dieser Ort stammt, wie man sagt, noch aus der Druidenzeit und ist jedenfalls im Besitze mehrerer mittelalterthümlicher Bauwerke, wie des Justizpalastes aus dem 13. Jahrhundert und der schönen gothischen Notre-Damekirche aus der Zeit Ludwigs des Heiligen. An das Mantais grenzt das Pincorais mit seiner alten Hügelstadt Poissy, gleichfalls am linken Seineufer gelegen und Vaterstadt Ludwigs des Heiligen. Der nahe Wald hieß sonst La Laye (Ledia); er ist von Mauern umgeben, hat prächtige Bäume, breite Avenuen und erstreckt sich bis St. Germain en Laye, einem ruhigen Städtchen in gesunder Lage, welches sein Entstehen dem alten Schlosse der französischen Könige verdankt. Seit Franz I., welcher das ursprünglich von Ludwig dem Dicken erbaute Schloß erweiterte und verschönerte, hielt sich der französische Hof gewöhnlich hier auf, bis Ludwig XIV., welcher in St. Germain en Laye das Licht der Welt erblickte, sich in Versailles eine glänzendere Residenz schuf. Das Schloß hat die Form eines Fünfeckes, ist von hervorspringenden Eckthürmen besäumt, von einem Graben umzogen, zum größten Theile aus gebrannten Steinen aufgeführt und sieht einer Festung ähnlicher als einem königlichen Sommeraufenthalt. Unter Kaiser Napoleon ward es 1862 zum Nationalmuseum bestimmt und seither ist das Musée Gallo-romain darin eingerichtet, welches wohl eines der großartigsten in seiner Art ist und eine treffliche Uebersicht der Reste aus der Zeit des alten Gallien, sowie der urgeschichtlichen Funde aus der Höhlenzeit und den Tagen der Rentierfranzosen gewährt. An Reichthum der hier zusammengetragenen vorgeschichtlichen Artefacte wird dieses Museum blos durch jenes für Nordiske Oldsager in Kopenhagen übertroffen. Ein großer Anziehungspunkt von St. Germain ist die von Le Nôtre angelegte Terrasse, welche nicht blos durch ihre colossale Größe überrascht — sie mißt bei 35 m Breite, 2400 m in der Länge — sondern einer der schönsten Aussichtspunkte um Paris ist. Von der Stadt, welche einen großen Markt, schöne Viertel und Fabriken verschiedener Art aufzuweisen hat, führt eine Eisenbahn nach Paris, welche Marly, Rueil und Asnières, die Sommerfrische par excellence der „Pariser Ehen“ berührt. Etwas südwestlich von Rueil liegt reizend an der Seine das Dorf Bougival, ein beliebter Sonntagsausflug der Pariser und Hauptschauplatz der von den Pariser Canotiers veranstalteten Regatten.

Den südlichen Theil des Departement Seine und Oise nimmt die Landschaft

Hurepoix ein. Hier liegt das kleine, kaum 5000 Einwohner zählende Städtchen Rambouillet mit einem heute wenig interessanten Schlosse, in welchem König Franz I. am 31. März 1547 aus dem Leben schied. An das Schloß, in welchem Napoleon I. nach dem zweiten Einfall seine Abbankungsurkunde unterzeichnete und auch Carl X. dem Throne entsagte, schließen sich schöne, von Le Nôtre angelegte Gärten, ein 1500 ha großer Park und ein 12,800 ha großer Wald an, welcher für einen der wildreichsten in Frankreich gilt. Durch das östliche Hurepoix zieht die Straße von Paris nach Orleans und an dieser liegt der durch eine bekannte Oper in Aller Munde befindliche Flecken Lonjumeau an der Yvette, einem kleinen Gewässer, welches sich mit der Orge, einem linken Nebenflusse der Seine, vereinigt. Der Ort ist jedenfalls sehr alt, denn schon mehrere Merovingerkönige sollen hier ihre „Plaids" d. h. Versammlungen der Nation gehalten haben, urkundlich erscheint er erst im neunten Jahrhundert. Heute ist in Lonjumeau nichts mehr bemerkenswerth, als die aus dem 13. Jahrhundert stammende Kirche. Das gothische Portal an derselben ist noch gut erhalten. Interessanter ist das nahe Monthléry, dessen Ursprung man in die Druidenzeit ansetzen zu dürfen meint. Das 2000 Einwohner zählende Städten hieß ehemals Mons Lethericus, dann Mons Lehericus oder Monselhericus, Mont-le-Héry. Eine Urkunde vom Jahre 991 erwähnt bereits diesen Ort, den Hugo Capet einem seiner Hauptleute zum Geschenk machte. Lange Zeit hindurch war das Schloß — damals gab es keinen Ort ohne Schloß — ein in der ganzen Umgegend gefürchtetes Raubnest, die Bewohner desselben wagten es sogar nicht selten, in des Königs Gebiet einzufallen und dessen Bewohner zu beunruhigen. Später wurde das Schloß sammt Umgegend eine königliche Herrschaft. Seine Besitzer hatten eigene, höchst sonderbare Namen; der erste hieß Thibaud File-Etoupe, dessen Urenkel Guy de Trouselle. Schon Ludwig der Dicke war gegen die Herren von Monthléry „als aufrührerische Vasallen" zu Felde gezogen, wie Viennet erzählt. Auch Frankreich hatte seine verderblichen Bauernkriege wie Deutschland, denn auch dort herrschte stets, wie allerwärts, zwischen Bauern und Adel gegenseitiger Haß, welcher durch den Neid des einen und die Verachtung des andern immer wieder neue Nahrung fand. Zweimal schlug dieser Krieg zu hellen Flammen aus und zwar mit einer Heftigkeit und Grausamkeit, welche zeigten, wie tief jene Leidenschaften Wurzel geschlagen hatten und die den damaligen Zuständen in Deutschland in nichts nachstanden. Der erste Aufstand der Bauern war jene berüchtigte „Jaquerie" um das Jahr 1358 unter der Regierung Johann des Guten, welchen der König Eduard III. von England gefangen genommen hatte. Der eigentliche Herd desselben war zu Beauvais, auf das wir später noch zu sprechen kommen werden. Der zweite Bauernaufruhr war fast hundert Jahre später, im Jahre 1440; man nannte ihn die „Praguerie". Die Fürsten und Edelleute hatten in ihren Streitigkeiten mit dem Könige Karl VII. die Bevölkerung auf dem Lande für ihr eigenes Interesse aufgewiegelt, aber diese vermutheten Bundesgenossen, aufgebracht durch den jahrelang schweigend erduldeten Druck des Adels, fielen über diese Herren her, ergriffen Alle, die sie nur auffinden konnten, nebst Weibern und Kindern, schlugen sie unter gräßlichen Mißhandlungen todt, plünderten ihre Schlösser und brannten sie nieder. Zugleich bekämpften sie aber auch die Söldner des Königs, um sich auch nach dieser Seite hin für die erlittenen vielen Bedrückungen zu rächen. Das war das beste Mittel, Alle, welche von den Bauern in solcher Weise bekämpft wurden, gegen sie zu vereinigen.

Der Kronprinz, welcher an der Spitze der Edelleute stand, versöhnte sich mit dem König und der Aufstand der Bauern ward blutig unterdrückt. In jenen unruhigen Tagen war das Schloß von Montlhéry wiederholt der Gegenstand des Kampfes zwischen den streitenden Parteien. Besonders machten damals die Streitigkeiten zweier adeliger Familien, der Armagnac und Bourguignon viel von sich reden; sie währten durch mehrere Jahrzehnte, wurden durch die Praguerie auf kurze Zeit unterbrochen und bald nach Beilegung dieses Aufstandes durch die Bemühungen des Kronprinzen auf immer beseitigt. Montlhéry fiel abwechselnd in die Hände bald der Armagnac, bald der Bourguignon. Am Dienstag, 16. Juli 1465, endlich wurde in der Nähe, gewissermaßen am Fuße des Schlosses auf der Ebene, die sich bis Longpont hinzieht, eine bedeutende Schlacht zwischen den Truppen Ludwigs XI. und jenen der verbündeten Edelleute geliefert. Der Geschichtschreiber Philipp de Commines erzählt dies sehr ausführlich und zwar mit einer Naivetät, welche unsere jetzigen Tactiker wohl bespötteln würden. Ludwig XI. wurde zwar geschlagen und mußte nach Corbeil flüchten, dennoch gestattete ihm die Haltung seiner neuen Infanterie, den Feudalismus für in Zukunft besiegt zu hoffen. Und in der That, die Schlacht von Montlhéry ist ein wichtiger Markstein in der Geschichte Frankreichs, denn sie bezeichnet den Abschluß der Feudalzeit. Die kleine, aber ungemein starke Veste Montlhéery lag auf dem Rücken eines kahlen Felsens und ein hoher Thurm inmitten derselben gestattete den Besitzern, die ganze Umgebung weit umher zu überschauen. Den Fuß des Felsens bewässert die Orge, da aber weit umher diese Felsen die einzige Anhöhe waren, so galt das Schloß mit seinen hohen massiven Mauern nach den damaligen militärischen Hülfsmitteln für uneinnehmbar. Erst im Kriege der Ligue mit Heinrich IV. fiel die Veste. Sie, die Jahrhunderte lang als uneinnehmbar auf dem hohen nackten Felsen gethront hatte, konnte der zerstörenden Wirkung der Kanonen nicht widerstehen. Die äußeren Mauern sind bis auf die Fundamente zerstört und ebenso ist die Spitze des Thurmes abgebrochen, der jedoch heute noch, obwohl ganz unbeschützt, den Stürmen und Unbilden des Wetters trotzt und ohne gewaltsamen Abbruch wohl noch viele Jahrhunderte trotzen wird. Er ragt noch immer 31 m hoch in die Luft, doch ist er im Innern so zerfallen, daß er nur mit Gefahr mehr bestiegen werden kann. Die interessante Ruine, die jedenfalls mehr als so manche anderen Ueberreste aus dem grauen Alterthume es werth ist, daß man sie besucht, wurde selbst von den Terroristen als ein Nationaldenkmal geehrt und ihre Erhaltung förmlich verordnet, während alle anderen Ruinen umher zu Bausteinen neuer Häuser verwendet werden durften.

Corbeil, wohin sich Ludwig XI. nach der Schlacht von Montlhéry in Sicherheit brachte, ist heute ein unbedeutendes Manufacturstädtchen von 6400 Einwohnern, an dem nichts bemerkenswerth ist, als seine reizende und lachende Lage am Einflusse des Flüßchens Essonne in die Seine. Weit bedeutender ist Etampes, der Hauptmarkt der eintönigen Landschaft Beauce, im fruchtbaren Juinethal, das viele Mühlen hat, mit mancherlei Fabriken. Die nicht ganz 8000 Einwohner besitzende Stadt hat mehrere Kirchen, die aus dem 12. Jahrhundert stammen, darunter eine mit einem schiefen Thurm, und einem 27 m hohen Wartthurm, die Tour Guinette, der Ueberrest einer zwischen 1150 bis 1170 erbauten und von Heinrich IV. zerstörten Burg. Etampes, dessen Ursprung man in die Römerzeit verlegt, ward 1536 von Franz I. zu einem Herzogthum erhoben und an Jean de la Brosse verliehen, den Gemahl seiner

Geliebten Anna Pisseleu. Die Zahl der französischen Königsmaitressen ist bekanntlich Legion. Ein moderner Dante müßte einen besonderen Höllenring erfinden, um das stattliche Contingent von scham- und gewissenlosen Sünderinnen unterzubringen, welche sich im lustigen alten Frankreich im Verein mit ihren königlichen Buhlen an Gott und der Welt, oder eigentlich am französischen Volke versündigt und mit demselben blutigen Spaß getrieben haben. Sie verschlangen das Mark des Volkes tonnenweise, sogen mit wilder Gier an allen Nährbrüsten des Landes, bis diese versiegten, und verpufften Frankreichs Sparpfennig von Jahren im Brillantfeuerwerke einer einzigen Festnacht. Ein recht heiterer Schwarm von liebeswahnwitzigen Königsnymphen, in der That, und wer in dem zauberischen Irrgarten ihrer Geschichte lustwandelt, der setzt hie und da den Fuß auf blutbefleckte Rosenblätter, und es umzischt ihn wie aus Schlangennestern, und am blumigen Rain starrt's empor wie Grabsäulen. Auch die Herzogin von Etampes nimmt keine geringe Stelle ein in dieser Gallerie. Das Fräulein d'Heilly, wie Anna von Pisseleu vorerst hieß, war als Tochter Antons von Meudon um 1508 geboren und kam als Ehrendame zu der Herzogin von Angoulême, der Mutter Königs Franz I., des großen Weiberfreundes, welcher schon in seiner Jugend den Hofdamen seiner Mutter nachstellte und sich nächtlicherweise heimlich zu ihnen schlich. Die schöne Anna wußte bald den König auch durch ihren Geist zu fesseln und die Gräfin von Chateaubriant, seine bisherige Favoritin, zu verdrängen; im Jahre 1536 verheirathete sie Franz I. zum Scheine an Jean de la Brosse, welchen er mit dem Herzogthum Etampes dafür entschädigte, daß dessen Frau seine Geliebte blieb. Auf die schönen Künste und in einigen anderen Richtungen war Annas Einfluß ein günstiger, sonst aber war sie bekannt wegen ihrer Habgier und Ränkesucht. Als Kaiser Carl V. 1539 Franz I. in Fontainebleau besuchte, rieth sie ihrem königlichen Liebhaber, den Monarchen, in dessen Reiche die Sonne nie unterging, gefangen zu nehmen, aber Carl ließ listig eine Spange von großem Werthe in ihrer Gegenwart fallen und sagte, als sie dieselbe aufhob, er sehe wohl, daß die Spange ihren Besitzer wechseln wolle. Dadurch gewann er sie. Aus Haß gegen den Dauphin, den nachmaligen Heinrich II., und dessen Geliebte Diana von Poitiers, welche auch den Vater in ihren Bann zog, begünstigte die Herzogin von Etampes die Protestanten und trat dann sogar selbst zu ihrem Glauben über; auch soll sie die Pläne des Königs an Carl V., welcher 1544 ihren Einflüssen die für ihn günstigen Bedingungen des Friedens von Crespy verdankte, verrathen haben. Nach Franz I. Tode ward sie durch Heinrich II. vom Hofe verbannt und zog sich auf eines ihrer Güter zurück, wo sie 1576 starb.

Fontainebleau und die Brie.

Auch Fontainebleau, mit dem wir das Departement Seine und Marne betreten, besitzt ein prachtvolles Schloß, welches von jeher ein Lieblingsaufenthalt der französischen Herrscher und der Schauplatz gar mancher galanter Abenteuer war. König Robert der Fromme baute im Jahre 998 ein Jagdschloß an der Stelle, wo jetzt Fontainebleau steht. Da es verfallen war, wurde es von Ludwig VII. 1169 erneuert und noch eine Kapelle dazu erbaut, weßhalb er für den Gründer von Fontainebleau gehalten wird. Das neue Jagdschloß errichtete er an einer Quelle, welche hier sein Hund entdeckt hatte, nach welchem der Sage nach der Ort seinen Namen (Fons Bleandi) erhalten haben soll. Der Erbauer des heutigen Schlosses war aber Franz I., und seitdem bemühten sich fünf Könige um die Verschönerung desselben, weßhalb es sich auch im verschiedenartigsten Geschmack und im Style sehr verschiedener Zeitalter präsentirt. Es besteht aus fünf durch Höfe, Gallerien und Gänge getrennten Hauptgebäuden, welche an tausend Zimmer enthalten und von einem Park nebst drei Gärten umgeben sind. Im südlichen Theile des 84 ha großen Parks ist ein großer Teich; durch den übrigen Garten geht ein 1200 m langer und 39 m breiter Canal. Auch der nahe Wald, die Forêt de Fontainebleau, wird von zahlreichen Alleen und Wegen durchschnitten und ist reich an pittoresken Punkten und herrlichen Aussichten; er umgiebt die etwa 12,000 Einwohner zählende Stadt in einem Umkreise von 80 km und hat einen Flächengehölt von 16,900 ha, welcher weite Ebenen, wiederholt von felsgekrönten Schluchten durchbrochen, einschließt. Ueberall stößt man hier auf die schreiendsten Gegensätze; einerseits stehen wir auf ödem Sande, dicht daneben aber gedeiht eine schöne, mehr oder weniger üppige Vegetation. Aus einem fruchtbaren Thale treten wir in eine unbewohnbare Wüste. Die den Wald durchziehenden, bis zu 140 m über den Meeresspiegel ansteigenden felsigen Hügelketten enthalten blos Sandsteinbrüche, aus denen hauptsächlich Pflastersteine genommen werden. Sie gehen in großer Menge nach Paris. Im Uebrigen ist der Wald von Fontainebleau ungemein wildreich; ja, es ist sogar schwer, anderwärts eine größere Zahl von Hochwild, Damwild und Sauen zu sehen, daher denn die Herrscher Frankreichs mit Vorliebe hier zu jagen pflegten. Aus der Geschichte des Schlosses, in dessen Schatten auch die Stadt gedieh, ließe sich eine lange Reihe der interessantesten Episoden beibringen, wenn es unser Raum gestattete; ich begnüge mich indeß zu bemerken, daß viele Könige hier das Licht der Welt erblickten. Unter Ludwig XIV. war Fontainebleau der Lieblingsaufenthalt der Frau von Montespan, unter Ludwig XV. jener der Dubarry. Auch mehrere wichtige Staatshandlungen kamen hier zum Abschlusse: so 1762 die Friedenspräliminarien zwischen England, Frankreich und Portugal, und 1784 wurde ebenfalls hier zwischen Kaiser Joseph II. und den Holländern der Streit über den sogenannten Barrierentractat beigelegt. Endlich unterzeichnete hier am 11. April 1814 Napoleon I. seine Thronentsagung und nahm am 20. April in der Cour du Cheval Blanc, seitdem auch Cour des adieux genannt, Abschied von seinen Garden, eine Scene, welche durch ein bekanntes Gemälde verewigt ist.

Unfern von Fontainebleau liegt auf einem Hügel an der Seine das freundliche Städtchen Melun auf der Stelle einer alten gallischen Befestigung, deren Namen Melodunum Cäsar in seinen Commentarien bewahrt hat; das Volk, welches hier hauste, war jenes der berühmten Senones, welche nördlich an die Parisii, die Gründer von Lutetia, grenzten. Das heutige Melun, mit 11,250 Einwohnern, bietet keinen Anlaß zu eingehenderer Beschreibung, obwohl es, von der Seine gesehen, einen recht stattlichen Eindruck macht, es liegt aber an der Schwelle der Landschaft Brie, welche den größten Theil des Departements Seine und Marne einnimmt. Die Brie ist ein 550 qkm großes Tafelland von 120—160 m Meereshöhe und breitet sich zwischen Seine und Marne aus; seine höchsten Punkte übersteigen nicht 200 m. Tiefe Thäler, in welche wiederum kleinere, von Bächen durchzogene Bodenfurchen einmünden, durchschneiden das Plateau, welches von fabelhafter, in Frankreich sprichwörtlich geworbener Fruchtbarkeit ist. Der Ackerbau steht hier auf höchster Stufe und ergiebt reiche Ernten an Getreide, Wein, Kartoffeln, Hülsenfrüchten und Futtergräsern. Von hier und der nächsten Umgebung stammen die Chasselas de Fontainebleau, welche als beste Tafeltrauben nicht blos in Paris, sondern überall einen Weltruf genießen; ebenso berühmt ist der hier erzeugte Käse, der schmackhafte Fromage de Brie, welcher hauptsächlich in Meaux bereitet wird. Die Brie ist so recht im eigentlichen Sinne nebst der Beauce, die wir später kennen lernen werden, das, was die Franzosen ein Pays de cocagne nennen. Es ist das Paradies des Bauern, des Landmannes, den schon Vergil so glücklich gepriesen, wenn er nur all seines Glückes sich bewußt wäre!

O fortunatos nimium, sua si bona norint,
Agricolas! quibus ipsa, procul discordibus armis,
Fundit humo facilem victum justissima tellus.

Wahrlich allzu beglückt, wenn eignes Wohl er erkannte,
Wäre der ländliche Mann, dem fern von Waffen der Zwietracht
Willig sein leichteres Mahl die gerechte Erde gewähret.

Hier in der Brie können wir den französischen Bauer in seiner Natürlichkeit beobachten, was leider in noch nicht genügendem Maße geschehen ist. In gewissem Sinne dürfen wir mit E. Souvestre sagen, daß die ländliche Bevölkerung, welche unsere Städte umgiebt, fast ebenso unbekannt ist, wie die Rothhaut dem Reisenden, welcher von Newyork nach Boston fährt. Wir haben ihn wohl erblickt, den Bauern, wie er sich über seine Ackerfurchen bückt; vielleicht haben wir sogar einmal inne gehalten, um das von der untergehenden Sonne vergoldete Strohdach seiner Hütte zu skizziren. Welcher Städter dringt aber ein in sein inneres Leben, erlernt seine Sprache, versteht seine Philosophie, lauscht seinen Ueberlieferungen? Das platte Land gleicht vielfach den herkulanischen Manuskripten, die man noch nicht aufgewickelt hat. Kaum kennt man daraus ein paar kurze Bruchstücke, abgeschrieben zufällig von einigen Neugierigen; das ganze Poem ist noch zu übersetzen. Den allgemeinen Typus des französischen Bauern hat indeß Joseph Doucet doch mit scharfen Strichen gezeichnet. „Die Einheit des Menschengeschlechts", sagt er, „hat sich bisher blos im Landmanne verwirklicht. Die Natur legt ihren Arbeitern eine fast vollständige Gleichförmigkeit der Physiognomien, der Gewohnheiten und des Denkens auf. Sie reift sie sehr rasch und stattet sie frühzeitig mit einer vegetativen Entsagung aus, welche sie bewahrt vor der Aufregung der Sinne und der ohnmächtigen Neugierde des Geistes. Versunken und gleichsam wie eingehüllt in das Phänomen, denken sie nie daran, sich über dessen Ursache zu befragen. Der Wechsel der Jahreszeiten, die Chronometrie der Gestirne, die Umwandlungen der Pflanzen, die seltsamen Wirkungen des Blitzes haben ihnen niemals auch nur einen Augenblick des Nachdenkens oder der Schlaflosigkeit verursacht. Was liegt ihnen auch daran? Wenn jedes Ding zu rechter Zeit eintrifft, wenn der Körper sein tägliches Futter, die Seele ihre wöchentliche Nahrung hat, überlassen sie dem höchsten Wesen die Sorge, nach seinem Belieben Regen und Sonnenschein zu vertheilen. Sie reden von Gott wie von einem allmächtigen und unsichtbaren „Maire", welchen indiscrete Fragen in seiner schwierigen Verwaltung stören könnten. Was sie von ihm verlangen, überschreitet niemals den beschränkten Horizont ihrer unmittelbaren Bedürfnisse und ihrer kurzsichtigen Voraussicht. Erhalten sie es nicht, so ist dies für sie ein Grund, für bessere Zeiten auf auch reichere Vergeltung zu rechnen. Völlig erbaut über den Grad des Vertrauens, welches sie sich gegenseitig schenken dürfen, erleben sie Enttäuschungen nur von Seite der Thiere. Wir beklagen uns über Männer, welche den Anforderungen unserer Eitelkeit widerstreben, über Weiber, widerspenstig gegen unsere blinden Wünsche; sie beklagen sich über die Schafe, die Kühe, die Pferde, das Diebsgesindel unter den Vögeln, die gefräßigen Raupen, den Kornwurm, den Hagel, die Steuern, besonders die indirecten, und die Aushebung, denn was man auch sagen möge, lieben sie es doch sehr, daß Andere an ihrer Stelle sich tödten lassen. Abgesehen von diesen leichten Verdrießlichkeiten, welche von der Unvollkommenheit aller Dinge unzertrennlich sind, unterbricht und stört nichts die gesunde Empfänglichkeit ihrer Lebensbahn. Alle sechs Jahre drückt ihnen der Feldhüter von Regierungswegen eine Wahlliste in die Hand; sie wählen, wie man es wünscht, und schlafen auf dem weichen Pfuhl ihrer Souverainität wieder ein. Tag folgt auf Tag, die Mühe der Arbeit um die regelmäßige Wiederkehr des nämlichen Appetits, des nämlichen Schlafes, der nämlichen Gespräche und der nämlichen Sorgen zu bewirken. Der Tod mahnt sie nicht wie uns durch eine Menge düsterer Vorzeichen. Um ihr Leben zu beschließen, bedient er sich sehr einfacher Mittel, des Fiebers, des Flusses und des Alters; andere kennt er nicht. Der Greis kommt nicht einmal über die Trunkenbolde, welche nur wie die Fässer enden, indem sie an einer Mauer, einem Baume zerschellen oder einen zu steilen Abhang hinabrollen. Man fährt ins Jenseits mit der Vorstellung, daß man nun vor einem tintengeschwärzten Amtstische aus Tannenholz, wie jener des Herrn Friedensrichters, mit einem großen Crucifix aus Gyps und einer Büste des Staatsoberhauptes im Hintergrunde zu erscheinen haben werde. Besitzt man einige Ersparnisse, so hofft man durch gelesene und besonders gesungene Messen die Wirkungen der göttlichen Gerechtigkeit zu mildern und schnürt sein Bündel ohne allzuviel Besorgniß.“ Dabei vermehrt sich die Bevölkerung nicht mehr, ja sie sinkt in Qualität. Die Bäuerin erliegt der Arbeit, die Arbeiterin dem Hunger. Welche Kinder sind unter solchen Umständen zu erwarten? Wenige nur wissen, was das Land von Frankreich wirklich ist, wie die Arbeit dort schrecklich, übermäßig und strenge ist. Der durus arator des Dichters hat sein Ideal wohl nur dort. Warum? Der Bauer ist Grundbesitzer; Eigenthümer von wenig oder gar nichts und dabei belasteter Eigenthümer. Durch wüthende, blinde Arbeit ringt er mit dem Geier. Diese Erde wird ihm entschlüpfen. Ehe dies geschieht, begräbt er darin, wenn es sein muß, lieber sich, vor Allem aber sein Weib. Deßwegen heirathet er, um einen Arbeiter zu haben. Anderwärts kauft man einen Sklaven, in Frankreich heirathet man. Man wählt sich ein Weib von schwacher Eßlust, kleiner unansehnlicher Statur, in der Meinung, daß sie weniger essen werde. Und doch, sie hat ein großes Herz, diese arme französische Bäuerin; sie thut so viel und noch mehr, als man verlangt. Sie spannt sich mit einem Esel zusammen (in dem leichteren Boden) und der Mann treibt den Pflug. In Allem fällt das Härteste ihr zu. Er schneidet die Rebe nach seiner Bequemlichkeit. Sie, mit gesenktem Kopfe, hackt und schaufelt. Er hat Mußestunden, sie nicht. Er hat Feste und Freunde; er geht allein ins Wirthshaus. Sie geht auf einen Augenblick in die Kirche und sinkt dort vor Schlaf um. Abends, wenn er betrunken heimkehrt, setzt es Schläge und dabei ist sie vielleicht, was das Schlimmste, guter Hoffnung. So muß sie ein Jahr lang ihr doppeltes Leid hinschleppen, in der Hitze, in der Kälte, beim eisigen Winde, bei strömendem Regen. Die meisten sterben an der

Schwindsucht, besonders in den nördlicheren Provinzen. Keine Leibesverfassung widersteht diesem Leben. Verzeihlich daher, wenn die Mutter wünscht, daß ihre Tochter weniger leide, wenn sie dieselbe nach der Fabrik sendet, wo sie wenigstens ein Dach über ihrem Haupte hat, oder nach der Stadt, wo sie als Dienerin an den Süßigkeiten des bürgerlichen Lebens ihren Antheil hat.

Uebrigens schwindet in Frankreich der uralte Typus des leichtgläubigen, schalkhaften, unwissentlich honnetten und philosophischen Bauern immer mehr. Das vereinsamte Leben, die überlieferte Erziehungsweise haben lange Zeit auf dem Lande den Glauben, die Sitten bis auf die Trachten der Vergangenheit erhalten; wie überall, so beginnt aber auch dort der Geist der Neuzeit zu wehen; die Einrichtungen und Entdeckungen der Gegenwart haben die Schranken niedergerissen, welche das platte Land von den Städten trennte; die Bauern von ehemals werden verschwinden, um einer neuen Bevölkerung Platz zu machen. In dem schon sehr beträchtlich erweiterten Umkreise der Großstädte ist der geizige, betrügerische und irreligiöse Landmann nichts mehr als ein Lastthier, für welches die Erde ein Laboratorium und das Himmelsgewölbe eine Glasglocke zum Zeitigen der Früchte und Gemüse ist. Wie himmelweit sind trotz ihrer Dummheit und Unwissenheit die heutigen französischen Bauern verschieden von jenen, welchen vor zwei Jahrhunderten ein Nachahmer Vergils, Jean Renaud de Segrais (gest. 1624) die lieblichen Verse sang:

Heureux qui se nourrit du lait de ses brebis
Et qui de leur toison voit filer ses habits,
Qui ne sait d'autre mer que la Marne et la Seine
Et croit que tout finit, où finit son domaine.

In dem gesegneten Landstriche der Brie liegen zahlreiche prunkende Herrensitze des französischen Adels. Keiner darunter ist jedoch denkwürdiger als das dem Freiherrn von Rothschild gehörende Schloß von Ferrières, unweit von Lagny an der Marne, denn hier fand am 18. und 19. September 1870 die berühmte Begegnung des französischen Ministers des Auswärtigen, Herrn Jules Favre, mit dem Grafen Bismarck statt. Das Schloß, in welchem sonst Baron Rothschild sich mit Vorliebe aufhält, ist prachtvoll und nach den Plänen des englischen Architekten Paxton erbaut. Es liegt in jenem Theile der Brie, welchen man Brie française nennt und die von jeher zu Ile de France gehört hat, im Gegensatze zur Brie champenoise, welche zur Champagne gehörte und von der Vereinigung der Seine und Marne an bis Sézanne sich erstreckte. In letztere ward noch eine dritte Abtheilung, die Brie Pouilleuse, nämlich die Umgebung von Chateau Thierry, einverleibt. Die Brie hatte ihre eigenen Grafen, nach deren Aussterben das Land im Jahre 1328 mit der Krone vereinigt ward. Man nannte sie kurzweg wohl Grafen von Brie, ihren eigentlichen Titel führten sie aber nach der Stadt Meaux, welche auch heute noch als die Hauptstadt der Brie gilt. Die sehr alte, aber gut gebaute Stadt, welche in der Gegenwart der Mittelpunkt eines großen Kornhandels ist, sich auch sonst als sehr gewerbthätig zeigt, liegt an der Marne und dem Ourcqcanal und besitzt eine prächtige, aus dem 11. Jahrhundert stammende Kathedrale, welche man schon von der Bahn aus erblickt. Die letzten Arbeiten daran fallen in das 16. Jahrhundert; von deu beiden Thürmen ist nur der nördliche vollendet. In dem durch seine harmonischen Verhältnisse ausgezeichneten Innern findet man ein erst neuerdings errichtetes Denkmal Bossuet's, der 1681—1704 Bischof von Meaux war. Sein Grab ward erst am 8. November 1854 nach sorgfältigen Nachforschungen, welche der damalige Bischof von Meaux in der Kathedrale anstellen ließ, entdeckt. Die Leiche des großen Mannes war in einem bleiernen Sarg von 1,78 m Länge eingeschlossen, der deutlich die Umrisse des menschlichen Körpers, die Rundung des Kopfes, die Breite der Schultern und ein allmähliches Schmälerwerden nach den Füßen hin verrieth. Jacques Bénigne Bossuet, geboren 1627 zu Dijon, theilt mit Fénélon, Fléchier und Bourdalone den Ruhm, zu den vier großen Kanzelrednern des Zeitalters Ludwigs XIV. zu gehören und galt für den hervorragendsten Theologen jener Tage, doch sind seine Verdienste wohl häufig übertrieben worden. Unübertrefflich in der Gewandtheit, Geschicklichkeit und Feinheit der Darstellung, musterhaft durch blühenden und energischen Styl, voll Geist und Schwung, lassen seine Schriften doch an Gründlichkeit und Gelehrsamkeit Vieles zu wünschen übrig. Auch seine Milde und Unparteilichkeit werden über Gebühr gelobt. Freilich stand er nicht an — und das wird ihm für immer Lob verschaffen — dem Könige in milder Weise seine Vergehungen vorzuhalten; aber viel häufiger und nachdrücklicher sind doch in seinen Predigten die Ermahnungen zum Gehorsam gegen den Herrscher, die Verherrlichungen des großen Monarchen, mit aller Kraft und Schönheit von Bossuet's unvergleichlicher Beredtsamkeit vorgetragen.

Das Aisne-Departement.

Eine andere Größe der französischen Literatur, der unsterbliche Fabeldichter Jean de Lafontaine, sah an den Ufern der Marne das Licht der Welt. Er ward 1621 in dem malerischen Städtchen Chateau-Thierry geboren, wo man ihm ein wohlverdientes Denkmal gesetzt hat und noch dessen Geburtshaus zeigt. Lafontaine, dessen Fabeln in Aller Munde leben, ist eine der liebenswürdigsten Erscheinungen, welche seine Zeitgenossen mit Recht le bon homme nannten. Er war es, welcher in angeborener Natürlichkeit und Naivetät zu den Schätzen der alten nationalen „Fabliaux" zurückgriff, um aus solchen Stoffen seine allerliebsten, freilich nicht für Schulknaben berechneten Erzählungen (Contes) zu formen, die sich wie seine Fabeln durch anmuthigen Vortrag und bei feinster Kenntniß des Lebens und der Menschen durch kindliche Unbefangenheit, harmlosen Witz und launiges Sichgehenlassen auszeichnen. Lafontaine ist der bedeutendste Fabulist Frankreichs und seine Naturwahrheit um so höher anzuschlagen, da er inmitten der raffinirtesten Unnatur lebte und schrieb. Seine Vaterstadt liegt im Südosten des heutigen Departement de l'Aisne, so benannt nach einem aus den Ardennen und Argonnen an der Grenzscheide zwischen der Champagne und Lothringen herabkommenden Flusse, welcher in merkwürdigem Parallelismus mit der Marne fließt, das Departement durchquert und sich in die Oise ergießt, welche im nördlichsten Theile dieses Departements aus Belgien nach Frankreich eintritt. Ursprünglich hatte es einen Theil der Picardie ausgemacht; später ward das Land zur Ile de France gezogen. Die Bodenoberfläche dieses im Norden an Belgien grenzenden Departements setzt sich aus einer Reihe wellenförmiger Ebenen zusammen, im Norden von Hügeln und Thalungen durchschnitten. Das Centrum und der Süden weisen ganze Hügelketten auf, welchen man in Ermangelung bedeutenderer Erhebungen den Namen Berge beilegt. Man kann im Aisnedepartement eigentlich zwei deutlich gesonderte

Abschnitte unterscheiden: einen nördlichen, anscheinend flachen mit weiten Ebenen, und einen südlichen mit Hügeln oder Bergen bedeckten, welche mit mannigfachen Krümmungen von Osten nach Westen streichen. Diese Kette erhebt sich überall 100 m über die Ebene und 200 m über dem Meeresspiegel; am verschlungensten ist sie im Südosten von Laon, wo sie sich in zahlreiche, nach verschiedenen Richtungen ausstrahlende Aeste verzweigt. Diese gebirgigen Partien des Landes erstrecken sich blos über die Bezirke von Chateau-Thierry, von Soissons und einen Theil von jenem von Laon. Im Norden des Arrondissements von Vervins giebt es keine Bergketten mehr, aber der Boden ist hügelig und von tiefen Thaleinschnitten durchfurcht. Wie die Brie, ist das Aisne-Departement vornehmlich ackerbautreibend und gehört zu den fruchtbarsten Strichen Frankreichs. In den Sitten der ländlichen Bevölkerung spricht sich der vorwiegend dem Bodenbau zugeneigte Charakter ihrer Beschäftigung noch mannigfach aus. So herrscht dort der seltsame Brauch, wonach man am Tage nach der Hochzeit die beiden Gatten in feierlichem Anzuge nach einem Sandsteine führt, welcher als Grenzzeichen neben einem Acker steht und in den man zwei Furchen gegraben hat. Man gießt Wein hinein, und während Braut und Bräutigam, einander gegenüber hockend, nach Herzenslust denselben schlürfen, stößt man sie unter dem schallenden Gelächter der Umstehenden mit den Köpfen zusammen.

Der Cheflieu des Aisne-Departements ist Laon, eine alte merkwürdige Stadt, die sich auf einem 181 m hohen, völlig vereinzelt aus der Ebene emporsteigenden Berge erhebt und von einer alten gethürmten Mauer umringt ist. Zu den Sehenswürdigkeiten gehört jedenfalls die Kathedrale von Notre-Dame, eine der schönsten Kirchenbauten des dreizehnten Jahrhunderts. Aehnlich ist St. Martin. Ein schönes aber neues Stadthaus ist an die Stelle des alten Thurmes von Louis d'Outre-mer getreten. Der Berg, auf dem Laon erbaut ist, hat eine seltsame, U-förmige Gestalt, und die dem Südosten zugewandte Ausbuchtung, die sogenannte Cure de St. Vincent, aus welcher Zickzackwege und eine Treppe in die Stadt hinaufführen, ist mit Wein bepflanzt. Im fünften Jahrhundert war Laon eine gallische Festung, Laudanum, und unter Karl dem Einfältigen stieg es auf den Gipfel seines Glanzes, denn sie ward die Residenz des Königs und die Hauptstadt des Reiches. Ueberhaupt spielten sich im frühen Mittelalter hier und in dem nahen Soissons, der Stadt der Suessionen, die Geschicke des fränkischen Reiches ab. Fast alle Plätze des Landes haben ihre alte Geschichte und erzählen von jenen denkwürdigen Tagen. Die dem Jagdvergnügen leidenschaftlich ergebenen Frankenkönige der ersten und zweiten Dynastie ließen überall an dem Rande der Wälder Landhäuser erbauen, welche villae regiae, publicae, dominicae oder auch einfach villae genannt werden. Waren sie ausgedehnter, so nannte man sie palatia, Paläste. Besonders im Soissonais fanden sich diese Villen in großer Anzahl. Dieses Land wurde nach Chlodovechs Tode der Sitz von vier Königreichen, welche seine Kinder errichtet hatten, und die Fruchtbarkeit, vereint mit der Annehmlichkeit dieses Landstriches zog oftmals die Könige dahin. Außer dem Schloß von Soissons besaß der Besieger des Syagrius noch die Lusthäuser Juvigny (Juviniacum), wo man noch zu Ende des verflossenen Jahrhunderts zwei römische Heersäulen sah, Crony (Croniacum), die Begräbnißstätte Chlotars, sowie jene des heiligen Medardus, dessen berühmtes Kloster später das Lusthaus ersetzte, Braine, wo Chlotar seine Schätze bewahrte, deren sich Chilperich 561 bemächtigte, und wo Fredegunde Kriegsschaaren sammelte, welche Childebert zu Toucy in die Flucht jagten und Ersteren Soissons wieder gewinnen ließen. Quierzy (Carisiacum) war gleichfalls eine Villa des Soissonais, bei Noyon gelegen; hier starb Carl Martell 751. Die Normannen plünderten und zerstörten diesen Palast zu Ende des neunten Jahrhunderts. Die merowingischen Könige bewohnten auch zuweilen Bailly-sur-Aisne, das von einer Römerstraße durchschnitten wird; Micy, ein Dorf, wohin St. Radegunde zur Zeit ihrer Vermählung mit Chlotar geführt wurde, und Chateau-Thierry, das seinen Namen einem Schlosse verdankt, welches Carl Martell für Thierry IV. erbaute. Bedeutend jüngeren Datums sind die Ruinen der prachtvollen Abtei von Longpont, südsüdwestlich von Soissons. Sie ward von den Cisterciensern im Jahre 1132 gegründet und 1226 vollendet. Weniger erstreckten sich die alten Herrscherſitze nach dem Norden des Departements, welchen die beiden Landschaften Thiérache und Vermandois einnehmen. In letzterer liegt an der Somme, einem im Norden des Departements entspringenden Strome, die volkreichste Stadt des Landes, St. Quentin, die alte Augusta Veromanduorum, welche ihren römischen Namen mit jenem des Heiligen vertauschte, der als einer der ersten Apostel des Christenthums hier im Jahre 303 den Märtyrertod erlitt. Das heutige St. Quentin zählt nahezu 40,000 Einwohner und ist nicht blos selbst eine Fabrikstadt, sondern der Mittelpunkt einer Fabrikbevölkerung von 13,000 Köpfen, die in mehr denn 800 Manufacturen beschäftigt sind, so daß es in gewissem Sinne wohl verdient, das französische Manchester zu heißen. Wie Laon, erhebt sich St. Quentin auf dem Gipfel und am Abhange eines Hügels und hat aus früheren Tagen nebst seiner alten Basilika ein prächtiges Rathhaus (Hôtel de Ville) aus dem vierzehnten und fünfzehnten Jahrhundert bewahrt, dessen schöne Front mit Spitzbogenarkaden, Nischen zwischen reichgothischen Fenstern, einer schönen Brustwehr und drei Giebelfeldern mit Rosenfenstern geschmückt ist.

Im Westen grenzt das Departement der Aisne an jenes der Somme und hauptsächlich an das der Oise, dessen welliger Boden links von der Oise bewässerte Ebenen, rechts Tafelflächen und Hügel aufweist. Das Land ist eisenreich, aber zur Gewinnung fehlt es an Holz. Dagegen liefern die Moräste von Bresle, Chaumont und Compiègne Torf. Das Oise-Departement besteht aus einstigen Theilen der Picardie und der Ile de France, aus dem ehemaligen Noyonnais, aus einem Theile des Soissonais und des Valois, aus dem Beauvaisis, der Landschaft Bray und einem Stücke des Vexin français. Die nordöstlichste dieser Landschaften ist das Noyonnais mit dem Hauptorte Noyon, der Vaterstadt Calvins, der im Jahre 1509 hier geboren wurde. Noyon, das 6500 Einwohner zählt, ist gleichfalls ein altes Städtchen der Veromanduer und ward von Julius Cäsar, der es eroberte, Noviomagus genannt. Es ist ziemlich gut gebaut und wird von der Verse, einem Nebengewässer der Oise, durchflossen. In der sehr schönen alten Kathedrale, welche jetzt im Uebergangsstile des elften und zwölften Jahrhunderts gebaut ist, ließ Karl der Große sich krönen und in Noyon war es, daß Hugo Capet im Jahre 987 sich zum Könige von Frankreich ausrufen ließ. Die Verse vereinigt sich nur 1 km unterhalb Noyon mit der Oise, und dieser stromabwärts folgend gelangen wir nach Compiègne, einer ruhigen Stadt mit 13,500 Einwohnern, besonders bekannt als ein Lieblingsaufenthalt der Herrscher von Frankreich seit dem Mittelalter, und wegen des nahen Waldes, worin sie zu jagen pflegten. Kaiser Napoleon III., der Compiègne stark bevorzugte, gab hier glänzende Feste. Aus den vielen geschichtlichen Erinnerungen der Stadt, deren Gründung indeß nicht über die Römerzeit zurückzureichen scheint, wollen wir blos hervorheben, daß Jeanne d'Arc, das Heldenmädchen von Orleans, hier gefangen genommen und ihren Feinden ausgeliefert wurde. Das Stadtthor, welches der verrätherische Gouverneur Wilhelm de Flavy vor der flüchtenden und Einlaß begehrenden Johanna schließen ließ, ward erst 1811 abgerissen und trug bis dahin folgende Schrift:

Cy fut Jehanne d'Arc près de cestuy passage,
Par le nombre accablée et vendue à l'Anglais,
Qui brûla, le félon, elle tant douce et sage.
Tous ceux-là d'Albion n'ont fait le bien jamais.

Compiègne ist im Allgemeinen nicht sonderlich gut gebaut, allein es besitzt in seinem Rathhause und Schlosse wirkliche Sehenswürdigkeiten. Das Rathhaus, auf einem freien Platze sich erhebend, ist ein Gebäude des sechzehnten Jahrhunders mit einem hübschen Glockenthurm. Das architektonisch wenig bedeutende Schloß, in etwas an das Palais Royal mahnend, enthält jetzt, seitdem es als Herrschersitz verwaist ist, das Musée Khmer, eine Merkwürdigkeit, die einzig dasteht in Europa. Die hier aus Hinterindien zusammengetragenen Skulpturen erschließen uns einen Einblick in die ungeahnte Cultur und Kunsthöhe des Khmervolkes, der alten Bewohner von Kambodscha. Die Franzosen sind durch ihre Colonie in Nieder-Kochinchina und die Schutzherrschaft, welche sie über das heutige Königreich Kambodscha ausüben, allein in der Lage, ein Museum zu bilden, wie es im Schlosse Compiègne zu sehen ist. Von der Terrasse desselben hat man einen schönen Durchblick durch den 14,500 ha großen Wald, der jedoch bei Weitem nicht so berühmt ist wie der von Fontainebleau; zwar hat er recht schöne Punkte, aber sehr wenig malerische Partieen; der Boden ist meist eben und man trifft selten auf Wasser. Eine gute Gelegenheit, den Wald zu besehen, bietet ein Ausflug nach dem 14 km entfernten Badeorte von Pierrefonds und seinem kleinen See. Den Hauptanziehungspunkt bildet aber das mittelalterliche Schloß, einst eine berüchtigte Veste und 1390 von Louis, Herzog von Orleans und Graf von Valois, gebaut. Kaiser Napoleon III. ließ dasselbe durch den geistvollen Viollet le Duc auf Staatskosten herstellen und vollständig in jenen Stand bringen, wie es in den Tagen seines Glanzes ausgesehen haben muß. Es hat nicht weniger als acht große, mit Zinnen versehene Thürme von 35 m Höhe.

Der Hauptort des Departements der Oise ist Beauvais, in der Landschaft Beauvaisis gelegen, die alte Hauptstadt der Bellovaci zu Cäsars Zeit, am Flusse Thérain. Sie ist schlecht gebaut und hat meist Holzhäuser mit Giebeln nach der Straße, aber eine schöne, mit ihrer gewaltigen Masse die Stadt beherrschende, leider unvollendet gebliebene Kathedrale, welche an Höhe sogar den Kölner Dom übertrifft. Nächst ihr ist die Stephanskirche die älteste der Stadt. Unter den modernen Bauwerken verdient das Rathhaus Erwähnung. Hier wird die Fahne aufbewahrt, welche Jeanne Laisné, genannt Jeanne Hachette, deren Bronzedenkmal sich an dem Hauptplatze erhebt, den Bourguignons abgenommen hat. Beauvais zählt 16,600 Einwohner und ist ungemein gewerbthätig, es hat namhaften Getreidehandel und viele Tuch-, Zeug- und Teppichfabriken.

Die Normandie.

Von Paris nach Granville.

Die Normandie ist eines jener Länder, um welches Geschichte und Poesie die Strahlenkrone des Interesses und der Schönheit gesponnen. Man trägt solche im Geiste geschauten Gebiete, ideale Landschaften oft lange mit sich herum, ehe man sie wirklich erblickt, und oft bleibt das gelobte Land ungesehen! Man bevölkert sie mit den Gestalten der Vergangenheit und baut die alten, jetzt verschwundenen Burgen wieder auf; man sieht das Land von heute, den leuchtenden Himmel, das weite blaue Meer, das kräftige Volk, man schafft sich seine eigene Welt. Oft bleibt sie hinter der Wirklichkeit zurück, oft ist sie schöner, als das Wunder, das man uns verkündet, fast nie aber entspricht das Bild ganz demjenigen, das die Beschreibung in uns zurückgelassen. Jeder sieht eben anders und dann idealisirt fast jeder Beschreiber; er verschönt, sei es auch nur aus dem sehr realen Grunde, um für das zu interessiren, was er beschreibt. Wir wollen nach Kräften versuchen, treu zu sein, ohne zu verschönen, ohne zu beschönigen. Nicht die alten normännischen Eroberer, nicht Raimbeaut, der seiner Alice erzählt, was sich begeben, „als er die Normandie verlassen", sollen uns zu schönen Täuschungen hinreißen. Im Allgemeinen darf man aber wohl sagen: Jeder Theil des Landes ist des Besuches werth, bietet ein besonderes Interesse. Sowohl die historisch berühmten Städte mit ihren Kirchen, Kathedralen und alten Bauwerken, wie die schön bewaldeten Thäler und schlössergekrönten Hügel mit den silbernen Wasserfäden und Bändern, die sich entweder die Abhänge bald nackter Kalkfelsen, bald anmuthiger, von Buchen und Birken begrünter Berge hinabwinden oder in geraderem Laufe durch die smaragdgrünen Wiesen und üppigen Obstgärten ziehen, und die reizenden Dörfer, in denen das Weinlaub sich reich um die Fenster schlingt und selbst bis zu den mannigfarbigen Dächern emporklimmt. Das im Ganzen sehr fruchtbare, reich angebaute Land gleicht in vielen Gegenden, namentlich links von der Seine, im Pays de Caux, vollständig einem Garten. Alles ist voll Leben und athmet Fülle; es giebt wenig Länder, die diesem vergleichbar sind.

Brennt einmal die Sonne so recht auf den Asphalt der Pariser Boulevards nieder, daß sie die ganze Bevölkerung auf die Schattenseite der breiten Straße schüttet, wie eine Sanduhr, die man umdreht, kommt die Jahreszeit, in der auch die Nächte keine Kühle bringen, dann treibt es uns aus der Weltstadt fort, die täglich illuminirt ist, um täglich neue Herrlichkeiten zu zeigen. Da wenden wir uns wohl mit Vorliebe nach der Normandie, an deren Küsten wir die ersehnte Kühle finden, und zwar wollen wir zunächst den äußersten Westen der Provinz aufsuchen. Es ist dies das Departement La Manche, die westliche Halbinsel Cotentin genannt, welche vom Aermelcanale bespült wird, eine küstenreiche Landschaft, fruchtbar, besonders an Getreide, mit wenig Wäldern, aber weiten Wiesen, welche Pferde und Kühe nähren. Mit einem Theile der beiden östlich angrenzenden Departements des Calvados und der Orne bildet es die sogenannte Unter-Normandie, die wieder in viele einzelne Landschaften zerfällt. Zwei Hauptschienen führen von Paris aus dahin, ein nördlicher nach Cherbourg, ein südlicherer nach Granville. Wir wählen den ersteren und verlassen die Seinestadt mit dem Nachtzuge, und bei dem hellen Mondenscheine vermögen wir ab und zu einzelne Bilder der an uns vorüberfliehenden Landschaft zu erhaschen. Einem breiten, düstern Bande gleich entrollt sich vor uns ein langer Streifen Haideland. Urplötzlich starrt ein Stück Hochland in den Nachthimmel hinein. Ein freundliches Dorf mit weißen Häusern und dunklem Gebüsch bedingt einen neuen Wechsel. Nun kommen Obstgärten, Wiesen, Korn- und Gemüsefelder. Und vom Sternenhimmel in scharfen Umrissen sich abhebend, erscheinen seltsam gestaltete Ulmen, schlanke Pappeln, kronenstarke Gartenbäume, die gleich Schemen dahinhuschen und mit Blitzesschnelle über die Landschaft zu gleiten scheinen. Auch ein hoher spitzer Thurmbau mischt sich von Zeit zu Zeit gravitätisch in den Scheintanz. Weiler, Dörfer nehmen theil an dem Spiel, und eine Stadt kann sich im Kreise drehen, als ob wir sie auf einer Pappscheibe in der Hand hielten. Da! — die hohen Thürme des Münsters zu Bayeux! Doch schon dämmert der Morgen, und indeß die Schatten der Nacht dem Frühnebel weichen, ist es hüben und drüben am Wege ein Entpuppen der Landschaft, das auf die schwarzen Mitternachtbilder die lieblichsten Rundgemälde folgen läßt, daran das Auge eines Sterblichen sich zu weiden vermag. In herrlicher Frische lagern abseits der Bahn grasreiche Weiden und Gärten mit Bäumen voll üppigen Blättergrüns und tausendfältiger Frucht.

„Isigny!“ rufen auf einmal die Bahnleute. Wer in Frankreich den Namen Isigny hört, der denkt auch an die süße Butter mit dem Dukatenglanz, die in dieser Gegend, dem Ostfriesland Frankreichs, gewonnen und meist nach Paris verkauft wird. Groß ist die Betriebsamkeit, zu der in Isigny der Buttergewinn Anlaß giebt. Weideplätze, so groß, wie sie fast nur in Holland und Norddeutschland anzutreffen, ein Viehstand, der in zahllosen wohlgenährten Kühen seine Bedeutung hat. Es leben Butteraufkäufer in Isigny, die das Geschäft im Großen betreiben, und Dutzende von Leuten zur Butterbereitung in Löhnung nehmen. Während in Holland das Weideland durch Gräben abgetheilt ist, trennen hier den Grundbesitz niedrige Erdwälle nebst Weißdorn-, Brombeer- und Weidenhecken. Die Pappel ist bei den Landleuten ein sehr beliebter Baum und wird, reihenweise, einzeln und in Gruppen gepflanzt, häufig zu Gartenverschönerungszwecken benutzt. In den Hecken stehen auffallender Weise häufig Eschen, die mit ihren weit sich verzweigenden Wurzeln allen vegetabilischen Nahrungsstoff aufsaugen und namentlich an Ackerfeldern großen Schaden anstiften. Diese Art der Grundabgrenzung, welche auf die Dauer einförmig erscheinen könnte, ist im Gegentheil für den Vorüberfahrenden eine Quelle der angenehmsten Ueberraschung, indem sich seinem Blicke hinter der lebendigen Hecke ein ländliches Bild nach dem andern erschließt, und das Auge immer mit neuem Behagen die frischerschlossene Tiefe ergründet. Bald entdecken wir ein anmuthendes Bild häuslichen Glückes, bald einen Auftritt aus dem Gebiete landmännischer Arbeit; nun fesselt ein Erntefeld den Blick, dann ein Steinbruch, eine Lehmgrube, eine in Betrieb stehende Ziegelbrennerei.

In dem Städtchen Carentan, das Napoleon I. mit Festungswerken umgab und Napoleon III. wieder in den früheren wehrlosen Zustand versetzte, sagen wir der Paris-Cherbourger Eisenbahn Lebewohl, denn es ist uns darum zu thun, quer durch die Halbinsel nach der Westküste vorzudringen. Zwischen Carentan und Granville, auch ziemlich weit landeinwärts ist dies Küstenland noch schienenfrei. Je weiter wir nämlich nach Westen kommen, um so mehr nimmt die Zahl der Städte ab, ebenso die bebauten Strecken, und die Weiden nehmen zu. Das Land wird ernst, endlich düster und wild, besonders je mehr wir uns dem Punkte nähern, wo das südliche Ende der Normandie mit der nordöstlichen Ecke der Bretagne zusammenstößt. Auf die hohen Schlösser der Normandie folgen die niedrigen Gebäude der Bretagne. Es herrscht denn auch in diesem Landeswinkel, trotz des schon seit Jahren zwischen ihm und der Seinestadt bestehenden Personenverkehres, noch ein gut Theil alten Rostes in Bezug auf Sitte und geistige Bildung, andererseits aber auch stellenweise unter der Landbevölkerung ein patriarchalisches Wesen, das den Fremdling überaus angenehm berührt und mit Vergnügen daselbst einen längeren Aufenthalt nehmen läßt. Thatsache ist aber: unter allen Provinzen Frankreichs ist außer der Bretagne keine, in welcher das Volk noch heute so tief in Aberglauben versunken wäre, wie in der Normandie und ganz besonders in der Unter- oder Niedernormandie, obwohl die Bewohner dieser Landstriche in jeder andern Hinsicht als sehr verständig und klug gelten, und zwar nicht mit Unrecht. Freilich ist der Landmann der Normandie jetzt nicht mehr so schnell bei der Hand, seine Spuk- und Gespenstergeschichten zu erzählen, wie ehedem, denn er ist durch vielfachen Spott mißtrauisch geworden, aber innerlich ist er noch der alte, und selbst die Revolution, welche viel alten Wust hinweggefegt hat, war unvermögend, seinen Aberglauben zu erschüttern. Der gemeine Mann der Normandie nimmt noch heute bei den meisten Krankheiten lieber die Hülfe eines zauberkundigen Schäfers in Anspruch, als die eines Arztes, man sucht noch jetzt allgemein durch Amulette oder gewisse Gebräuche die bösen Einflüsse der Hexen zu entkräften, befragt noch jetzt „kluge Frauen“, wenn man einen Dieb oder einen geheimen Feind entdecken will; Niemand bezweifelt, daß gewisse magische Worte die Macht besitzen, einer Feuersbrunst Einhalt zu thun; man sucht noch jetzt mit Hülfe der Wünschelruthe verborgene Schätze und Quellen — das wüthende Heer, Gespenster, Wärwölfe, Kobolde, weiße Frauen und anderer Spuk lassen es als sehr ungerathen erscheinen, in der Normandie bei Nacht über Feld zu gehen; bei Tisch Messer und Gabel kreuzweise legen, ist nicht gut; Verschüttung des Salzes bei Tisch bedeutet Unglück; den Freitag nehmen die Normannen nicht gern zum Hochzeitstag; das Vertauschen von Kindern durch Feen ist keine Seltenheit, und wenn der leibhaftige Gottseibeiuns jetzt weniger oft erscheint als früher, so weiß der normännische Landmann, daß er dies nur den Priestern zu verdanken hat, die nach seiner festen Ueberzeugung sämmtlich die Macht besitzen, den Teufel vermittelst des Zauberbuches (grimoire) ganz nach Belieben zu citiren und zu bannen. Diese Ueberzeugung ist so unerschütterlich, daß viele Dorfpfarrer sich gezwungen sahen, ihre Handlungsweise dem Wahne ihrer Beichtkinder anzubequemen, denn sollte der geistliche Herr sich weigern, auf die abergläubischen Ideen der Gemeinde einzugehen, so würde er sich selbst allen Einflusses auf dieselbe berauben, und die ihm anvertraute Heerde gäbe ihm gewiß zu verstehen, daß er die Pflichten seines Amtes schlecht erfülle, oder sie kämen in der Stille überein, daß er sich nicht „rein genug“ fühle, einen Strauß mit dem Fürsten der Hölle zu bestehen.

Der Ursprung der meisten abergläubischen Vorstellungen und Gebräuche des Landmannes der Normandie läßt sich auf den religiösen Cultus sowohl der skandinavischen als auch der keltischen Vorfahren der Landesbewohner zurückführen, an dem die Bevölkerung dieser Landstriche noch Jahrhunderte nach der Einführung des Christenthums mit Hartnäckigkeit festhielt und zu dem sie offen oder heimlich immer und immer wieder zurückkehrte. Die alten Götter und ihre Priester und Priesterinnen spuken als Dämonen und gespenstische Wesen im Kopfe des Landmannes, und seine Gespenstergeschichten, seine Sagen und abergläubischen Vorurtheile haben sich vorzugsweise an Orten und Zeiten geheftet, die dem Dienste der alten Gottheiten geweiht waren, oder an Gegenstände, welche selbst göttliche Verehrung genossen. Zu letzteren gehören außer Quellen, Bäumen u. s. w. besonders die Steindenkmale, die in der Normandie in großer Menge gefunden und je nach ihrer Gestalt und Aufstellung „Tables“, „Dolmen“, „Trepieds“, „Pierres levées“, „Menhir“, „Peulvans“, „Logans“, „Pierres branlantes“, „Tumulus“, „Tombelles“ u. s. f. genannt werden. Der volksthümlichen Ueberlieferung nach haben die Feen — das französische Fée hängt mit dem römischen fatum zusammen — die ungeheuren Felsblöcke herbeigeschafft, die „Menhirs“ und „Logans“ aufgerichtet, die „Dolmen“ erbaut und die heiligen Kreise (Enceintes) gezogen. Man nennt deßhalb die hohen Steine „Spinnrocken der Feen“ (Quenouille des Fées), die bedeckten Gänge: Grottes des Fées und die pyramidalen Tombelles: „Feenhügel“ (Mottes des Fées). Die Feen haben die Steine, aus welchen die Tombelles bestehen, unter den Armen, in den Taschen ihrer Schürzen, in den Hüten, zuweilen sogar auf der Spitze ihrer Wocken herbeigetragen, wodurch sie indessen, wie man versichert, beim Spinnen nicht im Geringsten gestört wurden. Viele der Druidensteine sind auch durch den Riesen Gargantua ins Land gekommen und an manche knüpfen sich oft Legenden von Heiligen. Zu den vielen Zweigen des Aberglaubens, welche in der Normandie noch in voller Blüthe stehen, gehört auch der Glaube an fabelhafte Thiere. In der ersten Reihe derselben steht der Drache, dann der „Taraune“, welcher in der Adventzeit als großer Hund durch das Land zieht und es sich zum besonderen Vergnügen macht, junge Mädchen zu erschrecken. Zwei fabelhafte Thiere, die ebenso häßliche als grausame „Chicheface“, welche mit besonderer Vorliebe gute Frauen ergriff, und das zweihörnige Ungeheuer „Bigorne“, der gefährlichste Feind der guten Männer, sind jetzt verschwunden. Dagegen ist der dänische Glaube an den Wärwolf noch allgemein verbreitet. Auch hat die Phantasie des Volkes eine Menge wirklicher Thiere mit fabelhaften Eigenschaften begabt, welche ihrem Verhältnisse zu den Menschen einen geheimnißvollen, poetischen Zauber geben, so den Zaunkönig (Roitelet, auch Reblet, Racatin oder Petite Poulette au bon Dieu genannt), die Thurmschwalbe (Martinet), die gewöhnliche Schwalbe, den Grünspecht und die Létiches oder Laitisses, wie man eine Art blendend weißer Hermeline nennt, die in der Normandie heimisch sind. Die Zauberkunst, die Vieh und Menschen verderblich wird, ist von nordischer Herkunft. Auch das Irrlicht, das die Menschen irreführt, in gefährliche Orte lockt, findet sich in der Normandie; nicht minder ist der Volksglaube an die dürren Ringelchen im Grase, wovon das Schaf nicht beißt, wie Shakespeare sagt, und welche von den Reigentänzen der Elfen herrühren sollen, mit den Gründern der Normandie herübergekommen. — Das zähe Beharren dieses mannigfaltigen Aberglaubens kann nicht Wunder nehmen, wenn man die Abgeschiedenheit dieses Landestheiles bedenkt. In der That hört schon in St. Lo, der Hauptstadt des Manche-Departements, die Eisenbahn auf, und diese ist blos eine Zweigbahn der großen Linie Paris-Cherbourg. Von dem an der Vire gelegenen Städtchen, dem alten Briovera, mit der schönen Notre-Damekirche und St. Croix, welche als das besterhaltene Bauwerk sächsischen Styles in Frankreich gilt, und seinem stattlichen Rathhause muß, wer in das Innere des Departements will, sich jede Unbequemlichkeit und alle Langeweile veralteter Hülfsmittel der Reise gefallen lassen.

An bequem eingerichteten, halbwegs eleganten Wagen herrscht überhaupt ein arger Mangel. Die Post- oder Eilwagen sind in einer Verfassung, wie sie in der Bretagne, diesem Hauptschmutzlande, nicht trauriger vorkommen kann. Rad und Deichsel, kurz, Alles daran ist mit einer Koth- und Rostkruste überzogen. Dabei ist das Innere einer solchen Diligence so enge, daß man zu Vieren oder Sechsen sich kaum darin rühren kann, den Hut abbehalten und sich dann noch sehr in Acht nehmen muß, daß bei dem zeitweiligen Gerumpel des Wagens der Hirnkasten nicht an der Decke zu Schaden kommt. Die Hitze in einem solchen Fuhrwerk ist unerträglich, und der blässeste Fahrgast wird nach Verlauf einer Viertelstunde im Gesichte roth wie ein gesottener Krebs. Der gemeine Bauer bedient sich zum Ausfahren des großen, zweirädrigen Karrens, womit er seine Heu-, Stroh-, Mist- &c. -Fracht besorgt. Nicht selten sieht man eine vier bis sechs Köpfe starke geputzte Gesellschaft in einem solchen Karren zu Markte oder Hochzeit fahren. Der normännische Landmann, und das ist nicht zu viel gesagt, schwärmt für eine „Charette", zumal er mit ihr die Eigenschaft seines Braunen so recht an den Tag legen kann. Fremden gegenüber giebt es denn auch in seinen Augen kein größeres Anerbieten als das: „Ich fahre Sie in meinem Karren spazieren, ich bringe Sie in meinem Karren zur Stadt." Selbst reicheren Landleuten, Gutsbesitzern, steht selten ein anderer Wagen zu Gebote. Die einzige Abart bildet ein niedriger, schmaler, auf zwei Rädern ruhender, rund überdachter und mit kleinen, unbeweglichen Fenstern versehener Holzkasten, der vorn mit einem Vorhange verziert und so wasserdicht gemacht ist, daß beim stärksten Gewitterregen auch kein Tropfen ins Innere dringt, aber auch einen Schwitzkasten abgiebt, vor dessen kräftiger Wirkung man allen Respekt bekommen muß.

Auch das Fuhrwerk ist nicht besser, das uns von Carentan über Périer nach Lessay an der Westküste bringt, wo alljährlich im Spätsommer auf einer weiten Haide eine achttägige große Messe abgehalten wird. Ein eigenthümlicher Anblick! Eine hügelige Grundfläche, etwa wie Paris so groß und bis nahe an die See sich erstreckend, im Uebrigen mit dem düstern Anstrich und dem spärlichen Gras- und Binsenwuchs schier an die Lüneburger Haide erinnernd, größerentheils mit städtischem Leben bedeckt und überall dem Beobachter die interessantesten Bilder darbietend! — Die Fluth der Landleute, der Städter, der Insulaner im Sonntagsstaat — denn auch viele Einwohner von Jersey und Guernsey, den nahe der Küste gelegenen britischen Canalinseln, finden sich auf dem Meßplatze ein — ist namentlich am Eröffnungstage eine gewaltige, und man kann sich einen ungefähren Begriff von dem Geschäftsleben nach der Angabe machen, daß die Lessayer Kreuzmesse von nah und fern über 30,000 Personen besuchen und die meisten Marktgäste als verkaufslustige Viehzüchter, d. h. in Begleitung kommen. Auf der weiten Haide ist Platz für Alle. In endlosen Zügen stehen rechts und links die Wagen, theils die einzelnen Verkaufsstätten begrenzend, theils den nach Zigeunerart sich lagernden Gästen als Schutzwehr gegen den frisch aus Westen herüberwehenden Seewind dienend. Der Vieh- und Krammarkt umfaßt im großartigsten Maßstabe sämmtliche Verkaufsstufen vom Feder- zum Hornvieh hinauf. Will man das Treiben auf dem großen Geflügel-, dem Kuh-, dem Pferde-, dem Wollthiermarkte mit ansehen, so kann man es, aber nicht ohne Mühe und ohne einen gehörigen Aufwand von Ellenbogengewandtheit, denn die Menschenfluth ist dicht und bei ihrer breiten Manier schwer zu theilen.

Südlich von Lessay stoßen wir auf die reizend gelegene alte Normannenhauptstadt Coutances, welche ein wichtiges Lyceum, einen prächtigen öffentlichen Garten und einen Bischof besitzt. Von den alten Baudenkmalen der Normandie ist die Kathedrale von Coutances den Seefahrern am bekanntesten. Ihre schlanken Thürme erheben sich auf dem Kamme des Hügels, der die von der Soulle bespülte Stadt trägt, und sind weit ins Meer hinaus sichtbar; die Zierlichkeit ihrer Formen, ihre Ornamentation in Bezug auf die schöne durchbrochene Haube über dem Transept dienen, eben so wohl wie ihre Höhe, als Richtpunkt für die Schiffe in diesen gefährlichen Meeren. Abgesehen von den Diensten, welche diese Kathedrale der Schifffahrt leistet, ist sie auch eins der schönsten gothischen Baudenkmale Frankreichs: der Styl ist großartig und einfach, ihr Inneres von großer Schönheit des Steinschmuckes.

Coutances liegt wie Lessay, zwar nicht ganz unmittelbar, aber doch ganz nahe am Ufer der Syrte des Aermelcanals, die zwischen dem Cap de la Hague, der Nordwestspitze des Manchedepartements, und den Héaux de Bréhat in der Bretagne sich ausdehnt. Diese Ufer, obwohl stürmischer und gefahrvoller als die Syrten Afrikas, sind durch den Reichthum ihres Bodens und die Sitten ihrer Bewohner ebenso wohnlich als die von Gabes es nicht sind. In keiner bewohnten Gegend des Erdkreises zeigen die Erscheinungen der Fluth eine so furchtbare Gewalt wie hier, nirgends schlagen die empörten Wogen des Oceans an schrecklichere Klippen und setzen die Seelenstärke des Seemanns auf härtere Proben. Vom Cap de la Hague bis zum Mont St. Michel im Süden läuft die Küste in fast gerader Linie, 126 km weit, von Nordnordwest nach Südsüdost. Das Hochwasser ist übersäet mit Gefahren, deren Westgrenze die Insel Aurigny (Alderney), die Ecrehoux, Jersey und der Felsenarchipel von Chaussay bezeichnen. In diesen Canal geht die Fluth der Küste parallel von Süden nach Norden, die Ebbe von Norden nach Süden; die Strömungen sind zu gewissen Stunden erstaunlich rasch, und wenn die hier sehr launenhaften Winde in verkehrter Richtung wehen, wird das Meer furchtbar und die kurzen hohen Wellen geben den Schiffen Stöße von unerhörter Gewalt. Wenn dann die Ostwinde stoßweise von dem hohen Lande herabkommen, wird die Aufregung an der Küste entsetzlich und die Schiffe treiben dann leicht auf die Klippen, von denen der Canal umsäumt ist. Südwärts wird man hinabgetrieben nach den langen Sandufern der Bai von Mont St. Michel: alle Gefahren, welche Meer, Wind und Land dem Seefahrer bringen können, sind hier vereinigt. Dennoch hat Frankreich kein reicheres, lachenderes Gebiet als das, welches von diesem gefährlichen Meere bespült wird. Durch die warme Feuchtigkeit der Westwinde unablässig angeregt, bekundet es eine Zeugungskraft, die sich in der Stärke des hier wohnenden Menschenschlages wie im Luxus der Vegetation zu erkennen giebt. Alles, was auf dem Boden der Normandie lebt, zeigt einen Charakter von Stärke. Selbst in dem Sande, welchen das Meer in unglaublicher Menge auswirft, besitzt die dortige Küste ein Mittel zur Verbesserung des Bodens, zur steten Vermehrung der Erzeugnisse und zur Erweiterung der Schifffahrt. Dieser Sand hat die Farbe von Holzasche und enthält durchschnittlich etwa zwei Fünftel kohlensauren Kalk und meist noch etwas mehr Glimmer. Durch die heftige Schwankung der Ebbe und Fluth werden diese Materialien zerbröckelt und rasch in Staub verwandelt. Der ganze Strich, dem diese Sandablagerungen zu Gebote stehen, ist granitisch, thonig oder schiefrig, und der Kalk ist für diesen Boden das beste Verbesserungsmittel, das man anwenden kann. Dieser District ist der reichste Frankreichs an Vieh und Viehfutter, und es giebt keinen Bauernhof, der nicht für eine kurze Arbeit hinreichend Pferde hätte. Daher die langen Züge, die jeden Herbst die sonst ziemlich einsamen Wege beleben. Wie die Ernte, der Herbst und alle gemeinsamen Feldarbeiten, ist auch die Versorgung mit Meersand ein Fest. Eines schönen Morgens geht aus jedem Dorfe ein Zug ab, jeder nimmt Lebensmittel und Futter mit, und unabsehbare Wagenzüge schlängeln sich durch die Wiesen auf den mit Apfelbäumen besetzten Feldern. Mittag schlägt und die Karawane hält auf einmal an, die Ciderfäßchen werden geöffnet und ein lustiges Mahl beginnt. Ein großer Theil der dem Meere zunächst liegenden Striche ist noch nicht bebaut, sondern befindet sich im Zustande von „Mielles;“ so nennt man die Ablagerungen groben Meersandes, der zu schwer ist, als daß er wie die Dünen durch jeden Wind wieder verweht werden könnte. Diese Mielles sind 2—3 m über der Fluthhöhe. Die Oberfläche ist leicht wellenförmig und fast immer unter einer Decke von grobem Gras. Sie gleichen den Uferstrichen bei Cherbourg, die bis zum Jahre 1811 für unwiederbringlich unfruchtbar erachtet, jetzt zu den fruchtbarsten Theilen des Landes gehören.

Der einzige Hafenplatz, welchen die Westküste aufzuweisen hat, ist Granville, wo der zweite normannische Schienenstrang von Paris aus mündet. In landschaftlicher Hinsicht ist dieser Platz einer der schönsten der Welt. Im Norden der Bai von Mont St. Michel springt nämlich der die Küste bildende Tertiärfelsen plötzlich wie eine Bastei von 2 km im Durchmesser vor, und von der Spitze sondert sich in der Richtung nach Westsüdost eine schmale und hohe Halbinsel von 1300 m Länge ab, welche gegen Norden ganz senkrecht abfällt. Wie eine wohlgeballte Riesenfaust droht dieser massige Vorsprung gegen das schäumende, oft wüthende Meer, welches hier mitunter, von der tiefsten Ebbe bis zur höchsten Fluth, um mehr als 13 m anschwillt. An der Stelle des Gelenks, welche die Halbinsel mit dem festen Lande verbindet, hat sich ein Fischerdorf angesiedelt, welches rasch zu der heutigen wohlhabenden Hafenstadt heranwuchs. Sie nimmt den Gipfel und den Südabhang des Felsens ein, die Vorstädte liegen stockwerkartig im Osten der Stadt gegenüber und der Hafen, gegen das Meer zu durch einen starken, ellenbogenartig gebogenen Damm geschützt, scheint der Kampfplatz dieses von der Natur errichteten Circus zu sein. Dieser Damm aus cyklopischen Quadern gewährt die herrlichsten Aussichtspunkte. Steigt man aber die Fahrstraße von der Stadt oder den Pfad vom Hafen den Felsen hinan und ist man endlich auf der obersten nach Westen zugekehrten Kante angelangt, so tritt man zuerst erschreckt zurück vor dem jäh abstürzenden Abgrunde, gegen dessen Fuß zwischen schwarzen Felsenmassen weiße Schaumwolken und blaue Wogen emporbranden. Dann wird man aber von der prächtigsten Aussicht belohnt. Vorn, rechts und links ist das Meer; rückwärts die Stadt Granville, zu deren beiden Seiten sich die grünen und gelblichen Abhänge der normannischen Küste hindehnen. Weit, weit im Südwesten entdeckt man einen dunklen Strich Landes, welcher sich allmälig im Meer verliert; das ist die Küste der Bretagne mit ihren berühmten Austernbänken. Nordwestlich erscheint in deutlichen Umrissen die englische Insel Jersey. Uns gerade gegenüber liegen die kleinen französischen Inseln Chaussay, die bei der Ebbe fast alle mit einander zusammenhängen, bei der Fluth dagegen als eine Menge von Eilanden erscheinen. An manchen vor dem Meer geschützten Stellen sind gute Weideplätze, auf welchen halbwildes Hornvieh lebt. Die Tümpel zwischen

8*

den Felsen, in welche die Fluth täglich zweimal frisches Seewasser führt, bilden natürliche Fischteiche von großer Ergiebigkeit. Die hauptsächlichste Wichtigkeit jener Eilande besteht aber in ihren ausgedehnten Granitbrüchen, welche dem Centrum von Frankreich den größten Theil des Baumateriales liefern.

Granville gestaltet sich immer mehr zum vielbesuchten Seebade um und mit den heißen Sommertagen sieht man Schaaren von Parisern dort erscheinen. Seinen Hauptruhm aber bildet die Schönheit seiner Frauen, die vor allen benachbarten ausgezeichnet sind. Ihre physischen Kennzeichen, ihre Sitten und selbst ihre einfache zierliche Tracht deuten auf einen verschiedenen Ursprung. Die blauen Augen mit den schwarzen Haaren, und die gerade Nase der Hellenen, welche Züge zu Granville nicht selten sind, scheinen eine Mischung mittelländischen Blutes anzuzeigen, und in der That, von all den dunklen Sagen, die sich darauf beziehen, geht die am mindesten unwahrscheinliche dahin, daß die Bevölkerung von Robert Guiscard und den Frauen stamme, welche seine Normannen aus Unteritalien und Sicilien mitbrachten. Diese Kreuzung würde erklären, wie der zierliche griechische Typus sich hier oft mit der Vierschrötigkeit des normannischen verbindet. Der leichte Anstand, womit Frauen von Granville aus den niedersten Ständen von einem hohen Rang in der Gesellschaft Besitz nehmen, ist sicherlich noch eine Anzeige ihrer vornehmen Abstammung. Auch muß man anerkennen, daß zu Granville das schöne Geschlecht das männliche an Einsicht und Willensstärke übertrifft. Während die Männer auf dem Meere sind, führen die Frauen das Hauswesen mit einer Selbstständigkeit, die auch nach der Rückkehr derselben nicht aufhört. Der Stockfischfang sowie der der Austern und frischen Fische machen die Hauptbeschäftigung der Männer von Granville aus, aber von allen Handelszweigen ist die Ausfuhr von Lebensmitteln nach England derjenige, welcher der größten Ausdehnung fähig ist.

Folgt man der am Meere entlang laufenden Straße nach Süden, so gelangt man nach einer dreistündigen Fahrt mit der Eilpost nach dem reizenden Städtchen Avranches, mitten in der Biegung des rechten Winkels gelegen, welchen die Küsten der Normandie und der Bretagne hier bilden. Aus dem Innern des Landes kommen, von Osten nach Westen, zwei Flüßchen herunter, die Sée und die Célune. Zwischen beiden ragt ein ziemlich starkes Vorgebirge mit Avranches auf dem nach dem Meere hingekehrten Rande. Vor dessen Fuß vereinigen sich die Flüßchen, um ein breites und flaches Thalland zu bilden, welches während der Fluth ganz vom Meere bedeckt ist. Mitten in dieser bald festen, bald flüssigen Ebene erhebt sich, wie hingezaubert, ein steiler Felsenkegel, der bis zu seiner Spitze mit Bauwerken bedeckt ist. Das ist der Mont St. Michel, seit dem frühesten Mittelalter halb Kloster, halb Festung. Um zu dieser Veste zu gelangen, muß man von Avranches zu einer Stunde abfahren, wo die Ebbe eintritt. Ueber breite, sandige Niederungen, welche mitunter von starken Sturmfluthen überspült werden, gelangt man nach ein- bis zweistündiger Fahrt auf den schlechtesten Wegen der Welt an die gewöhnliche Fluthgrenze. Hier glaubt man das Ziel fast erreicht zu haben; aber man täuscht sich und hat noch eine gute Viertelstunde in gerader Linie über den spiegelglatten Sand in scharfem Trab zu fahren, ehe man anlangt. Und diese Strecke ist nicht ohne Gefahr; ohne Führer würde auch ein geschickter Kutscher sie nicht zurücklegen können. Man trifft stets mehrere derselben an dem eben angeführten Punkte an. Zuerst setzt sich der Führer zu dem Kutscher auf den Bock und es geht noch rasch über den von den Wellen festgestampften Sand dahin. Bald aber wird die Sache weniger behaglich. Der barfüßige Mann steigt ab und läuft vor dem Wagen her. Solange man die Räder rollen hört, ist der Boden fest; aber bald hört man nichts mehr. Der Führer patscht im Wasser, das bei jedem Schritt um seine Füße aus dem Sande quillt; unser Pferd, unsere Räder thun desgleichen; darum rasch vorwärts! Das ist das sicherste Mittel, um nicht stecken zu bleiben. Wenige Schritte rechts und links von dieser Bahn würden Alle im Schlamme versinken. Mit gewaltiger Anstrengung arbeitet sich das Pferd empor, dann fühlt es festen Steinboden unter sich und wir sind im Bereich und unter dem Schutze des heiligen Michael. Aus der Entfernung macht der Mont St. Michel den Eindruck des Anmuthigen und Wunderbaren zugleich — in der Nähe ist er von überwältigender Großartigkeit. Als Basis seiner Pyramide, welche man in einer guten Viertelstunde umschreiten mag, erscheinen hier unersteigliche Granitwände, dort cyklopische Ringmauern mit Zinnen und Thürmen; darüber hinauf die Häuser des Dörfchens, dann wieder Felsen, dazwischen hohe Mauern mit ragenden Widerlagen; endlich bildet sich die Spitze in einer großen, über Alles emporblickenden Kirche, einem gewaltigen, schmucklosen Granitwerk, halb romanischen, halb gothischen Styles, von dessen Mittelthurm man, zwischen Himmel und Felsen schwebend, eine herrliche Aussicht auf die Küsten der Normandie und Bretagne genießt, — wahrlich ein erhabenes Schauspiel, das wenige seines Gleichen sucht.

Sitten und Gebräuche in der Unter-Normandie.

Wir müssen nun unsere Schritte nach dem Norden des Manchedepartements lenken. Wären die Nord- und Südküstenstrecken des Aermelcanals, dieser Aus- und Eingangspforte des Weltmeeres, von jeher von einem westgermanischen Volke bewohnt gewesen, so wäre Frankreich jetzt gewiß eine noch größere See- als Landmacht, denn die geographische Lage und die Beschaffenheit des französischen Landes ist eine der besten, die es geben kann. Es stößt an die Nordsee, das Weltmeer und das Mittelmeer, hat die tiefsten Wasserstraßen in sein Inneres hinein, auf seiner Nordseite die tiefsten Fahrwasser und die besten Buchten und Häfen. Die Hauptstationen der französischen Kriegsmarine sind in der Bretagne und Normandie, zu Brest und zu Cherbourg. Der Gründer Frankreichs und seine Gefährten siedelten sich im Innern an, in Francien oder Ile de France, und wurden Landmenschen; sie ließen die See im Stich, und darum wäre Frankreich ohne die Gründung der Normandie wohl nie ein Seestaat geworden. Die Normandie gab Frankreich seine Seemacht. Der erste Hafen Frankreichs in merkantiler Hinsicht liegt in der Normandie; es ist Le Hâvre; sein erster Kriegshafen liegt gleichfalls in der Normandie, es ist Cherbourg an der Mündung des Küstenflüßchens Divette in den Canal, wie man La Manche kurzweg zu nennen pflegt. Diese Stadt, welche nach der merowingischen Zeit angelegt wurde, bietet an sich wenig Merkwürdiges; sie zerfällt in die alte, unregelmäßig gebaute, aber mit schönen Promenaden versehene, und in die neue Stadt, welche hauptsächlich vom Militär bewohnt wird. Das wichtigste an der 37,000 Einwohner zählenden Stadt ist eben der in den Felsen gesprengte Kriegshafen, welcher sich in drei durch Schleusen mit einander verbundene Abtheilungen theilt, nämlich den Vorhafen, den Fluthhafen und das Bassin Napoleons III. mit zwölf Docks und Schiffswerften. Dieser Hafen kann 50 Kriegsschiffe fassen, die bei der Ebbe flott bleiben, und hat eine bastionirte Umfassung mit Graben; davon getrennt ist der übrigens unbedeutende Handelshafen. Die Rhede ist durch einen 3780 m langen, unten 195 m, oben 49 m breiten, im Halbkreise in das Meer gebauten Damm, der eine 9 m dicke, mit vier Festungswerken besetzte Mauer trägt, geschlossen. Zum Schutze dieses imposanten Kriegshafens, auf welchen Albion mit scheelem, neidischem Auge herüberblickt, dient ein großartiges System von Befestigungen, die Umwallung der Stadt ist dagegen zum Eingehen bestimmt.

Die Normandie ist eine große Küstenstrecke, ist stark bevölkert und dennoch hat sie, mit andern germanischen Küsten verglichen, verhältnißmäßig nicht viel Seeleute. Die meisten dänischen und skandinavischen Ansiedler an der normannischen Küste sind wohl Fischer geworden. Es giebt noch sehr viele Fischerorte an dieser Küste, und sie scheinen noch ebenso auszusehen, wie zur Gründungszeit, haben auch einen sehr starken skandinavischen Anstrich. Haben sich doch auch aus jener Zeit eine große Anzahl dänischer Ortsnamen erhalten, so z. B., wie Worsaae nachwies, im Departement der Unter-Seine allein 150 nur sehr wenig veränderte Namen. Die häufigste dänische Endung ist „by", so in Bourgeby, dänisch Borgeby; manchmal ist diese Endung, welche Ortschaft bedeutet, in „bu" oder „but" verstümmelt. Das dänische „Back" d. h. Bach wurde in „bec" verändert; so kommt ein Lillebec und Langbec, Klein- und Langbach vor. „Dal", Thal, findet sich in Becdale erhalten. „Naes", Cap, ist als „Nez" erhalten, z. B. Nez de Isbourg. Folgende Zusammenstellung mag die Identität mancher Ortsnamen der Normandie und Dänemarks beweisen:

Normandie	**Dänemark**
Carqueby	Kirkeby
Tournebu	Tornby
Tourp	Torp
Longuetuit	Langtree
Languetot	Langtoft
Houlbec	Holbek
Londe	Lund

In den Fischerhütten Schottlands und der Hebriden könnte man sich nach der Normandie versetzt denken, wenn nicht die Normanninnen im Allgemeinen viel schöner wären als die schottischen Fischerinnen. Die normannischen Weiber helfen ihren Männern bei ihrem Fischen und Fischgeräth wie bei ihren Fahrzeugen, spinnen das Garn, stricken die Netze, flicken die alten, verkaufen die Fische, reinigen und salzen sie, legen die rüstigen Hände an, wenn die Männer von der See kommen und die Jollen aufschleppen, oder wenn sie zum Fang wieder auf die See sollen und die Jollen auf Ruderstangen hinunterschleppen. Die normannischen Fischer gehen gekleidet wie auf den friesischen Inseln, sie tragen bei ihrem Geschäft den gewöhnlichen dicken, wollenen Ueberrock, der bis zum Knie oder etwas weiter reicht, ferner lange Seestiefeln, die ungefähr so lang sind als die Beine, und darüber eine weite leinene Ueberhose, die bis eben unterhalb des Knies geht. In den Hütten vieler normannischer Fischerplätze sieht es nicht viel sauberer und ordentlicher aus als in Nordschottland, und die Hütten selbst sind oft ebenso ärmlich. Man tritt dann von dem Schmutz der Gasse sogleich in das schmutzige Zimmer, welches häufig nur der einzige Raum für alle Bewohner des Hauses und zu diesem Behufe mit vielen Betten oder Krippen über einander an der Wand ausgestattet ist. Die üble

Gewohnheit, die gesalzenen Fische, die Netze, die nassen Kleidungsstücke und andere Dinge mehr zum Trocknen oder Lüften vor den Gassenfenstern auszuhängen, kann nur aus skandinavischen Ländern stammen, wenn es nicht schon vor der Gründungszeit der Normandie celtische Weise hier gewesen ist. Unter den Küstenstädten der Normandie giebt es mehrere, deren Bewohner sich vorzugsweise mit Fischfang beschäftigen.

Die Mehrzahl der normannischen Städte aus alter und uralter Zeit sehen häßlich aus und haben enge, dunkle Straßen oder lieber Gassen mit dem schlechtesten Pflaster und erschrecklichem Schmutz. Weniger gilt dies von dem alten Binnenstädtchen Valognes, welches in der Nähe der Ruinen des antiken Alaunat, fast im Centrum des Cotentin, liegt und Spitzen, Blonden und Uhren erzeugt. Seine hübsche Kirche stammt aus dem fünfzehnten Jahrhundert. Der Charakter des Landes in diesem nördlichen Theile des Manchedepartements bis zu der nach Nordwest gewendeten Halbinsel Hague ist ein eigenthümlicher. Es giebt keine ansehnlichen Wasserläufe, denn es fehlt der Regen zu ihrer Entwicklung, an Hügeln ist dagegen kein Mangel, und diese werden nicht durch weite Thalungen, sondern durch enge Schluchten von einander getrennt. Einige dieser Hügel sind von nackten Felsen gekrönt, andere fallen schroff und steil ab, die meisten aber erscheinen mäßig gerundet mit dazwischen liegenden Wiesengründen. Keine großen Waldungen, aber einige Gehölze. Das Land ist aber doch nicht nackt: die Felder sind von lebenden Hecken und manchmal von großen Bäumen umsäumt, und mitunter schneiden sich die Straßen in den Boden zu tiefen Hohlwegen ein, in welche kaum die Sonne zu bringen vermag. Auf den Höhen dehnen sich auch Haiden aus, bedeckt mit zwerghaftem Stechginster und carminrothen Blüthen; an der Küste peitscht das schäumende Meer die kahlen Felsen oder ergießt sich über sandige Dünenstrecken. Die Ueberlieferungen, die Erzählungen, die Volkspoesie jener Gegend tragen den nämlichen Typus. Alles ist malerisch, zart, aber in bescheidenem Style gehalten. Ein Volksdichter besingt den Flug der Lerche, die sich über die Kornfelder aufschwingt. Ein Epigramm, das allgemein umläuft, gehört zu den harmlosesten, die man sich denken kann:

Solet, solet, dors-tu?
— Si je n' dormais pas, que m' voudrais-tu?
— Qu' tu m' prêtisses t'n âne pour allae au p'tun.
— J'dors, j'dors.

Solet ist das Wort soleil, Sonne, was in jener Gegend als Männername gebraucht wird; p'tun oder pétun aber heißt Tabak. Ein besonderer Tanz ist im Lande nicht vorhanden, sondern blos Reigentänze mit Gesangbegleitung, die nicht sehr lange dauern; man tanzt nur während der schönen Sommernächte. Diese „Rondes" beginnen mit der Johannisfeier — à la Saint-Jean — denn die französischen Bauern betrachten Johannes den Täufer als ihren besonderen Schutzpatron und verehren ihn demgemäß höher als alle übrigen Heiligen; sein Fest ist in ihren Augen die wichtigste Feierlichkeit im ganzen Jahre. Die bei demselben stattfindenden Gebräuche tragen aber zur Hälfte einen heidnischen Charakter. In der Nieder-Normandie beginnt der Reigen unveränderlich mit einer „Ronde"; man singt zuerst allegretto, aber mit dem zunehmenden Tanzeifer beschleunigt sich auch das Tempo des Gesanges. Eine Ronde tritt an die Stelle der andern, und diese Ronden geben gewöhnlich den Anlaß zu Küssen:

Embrassez cell' qui vous plaira,
Nous en ferons de même.

Viele dieser Gesänge haben selbst den Zweck, die Schüchternen zu ermuthigen. Weniger heidnisch sind die Gebräuche zu Ostern und am Palmsonntage, an welch letzterem Tage Schaaren von Andächtigen im schmuckesten Festanzuge mit Lorber-, Palm- und Buchsbaumzweigen zur Kirche wallen, um dieselben dort weihen zu lassen. Auf dem Friedhofe neben dem uralten, ehrwürdigen Eibenbaum versammeln sich die Frommen. Unter hellem Glockengeläute zieht die Procession zwischen den moosigen Steinen und den Rasenhügeln, unter welchen die Vorfahren schlummern, rings um den grünen Friedhofsraum. Zwei junge Neophyten, kleine Glöckchen in der Hand, schreiten derselben voraus; ihnen folgen die Kirchenfahne und das Kreuz, beide mit grünen Gewinden geschmückt, die Diakonen mit ihren weißen Meßgewändern, die Sänger in glänzenden Chormänteln, die Chorknaben und endlich der Pfarrer nebst der andächtigen Menge, welche grüne Zweige trägt. Fromme Lieder, nach einer einfachen Melodie gesungen, steigen mit den wallenden Weihrauchwolken zum Himmel empor. Dann schweigt der Gesang; die frommen Schaaren beugen die Knie und senken demüthig die Stirn, der Diener des Herrn segnet die Menge und ihre Palmzweige. Dann zerstreuen sich die dichten Haufen rings über den Kirchhof; jede Familie sucht in wehmüthigem Schweigen die Gräber ihrer Angehörigen auf und kniet betend neben denselben nieder, welche sie mit einem laubigen Teppich von geweihten Zweigen bedecken. Ist diese Pflicht erfüllt, so ordnet der Zug sich wieder und wallt in die Kirche, wo ein feierlicher Gottesdienst gehalten wird. Nach der Messe nimmt jeder einen gewissen Buchsbaumzweig mit nach Hause, den man einem alten Brauche gemäß neben dem Weihkessel am Kopfende des Bettes befestigt.

Das Osterfest dauert in der Normandie drei Tage und darnach unternehmen die Küster eine Rundreise nach allen Dörfern und Weilern des Kirchspiels, um eine jährliche Abgabe einzusammeln, welche unter dem Namen „Paquerets" bekannt ist und seit undenklichen Zeiten von jeder Familie entrichtet wird. Diese Abgabe besteht in Eiern, von denen die Sammler je nach dem Vermögen oder der Freigebigkeit der Tributpflichtigen eine größere oder geringere Anzahl empfangen. Die ganze, oft ziemlich ansehnliche Ausbeute wird zum Hühnerhändler des Dorfs getragen und in klingende Münze verwandelt. Die Achtung der wackeren Landleute vor den Sitten und Gebräuchen ihrer Vorfahren ist so groß, daß sie trotz ihrer sonstigen Sparsamkeit nicht daran denken, sich von dieser freiwilligen Abgabe zu befreien. Vielmehr wird der Küster in jedem Hause mit einer ungeheuchelten und bäurischen Herzlichkeit aufgenommen. Haben die Bewohner des Hauses sich ihrer Schuld entledigt, so machen sie dem Küster das Anerbieten, eine Erfrischung einzunehmen, worauf dieser bereitwillig eingeht. Im Nu ist der Tisch mit einem schneeweißen leinenen Tuche bedeckt und mit einem Gedecke versehen. Der Hausvater nimmt von dem Schenktisch einen spiegelblanken zinnernen Topf, giebt ihn seinem Sohne und befiehlt ihm, denselben aus dem besten Fasse im Keller zu füllen; das Reisbündel, welches in den Kamin geworfen worden ist, prasselt und flackert aufs Lustigste, in der irdenen Pfanne zischt die Butter, und bald steht das normännische Nationalgericht, der schmackhafte Buchweizenpfannenkuchen, fertig da. Hausherr und Hausfrau nöthigen den Regeln der bäurischen Höflichkeit gemäß ihren Gast jeden Augenblick zum Essen und Trinken. Nach dem Cider kommt der Branntwein an die Reihe; das Dessert erscheint in Gestalt eines halben Dutzend rothbackiger Aepfel und einiger Handvoll Nüsse. Erst in der Abenddämmerung zieht der Küster ab.

Von der Nordhälfte Frankreichs ist, das alte Francien ausgenommen, die Nordostseite, Bretagne und Normandie, die katholischeste. Es ist wohl kein anderes Land vorhanden, wo es so unzählig viele, nach Heiligen und Geistlichen benannte Orte — meist Dörfer — giebt, wie eben dort; jeder zweite Ort führt den Vornamen „Sanct". Hier ist noch heutigen Tages der wahre Sitz des französischen Katholicismus. Die Normandie hat fünf bischöfliche Städte, nämlich Rouen. Bayeux, Lisieux, Avranches und Coutances, und die Kirchthürme des Landes sind reich an Zahl. Die Geistlichkeit hat von jeher eine große Macht in der Normandie gehabt, und das Volk der Normannen hat nie die angeborne französische Freiheitsliebe getheilt. Der normannische Bauer und überhaupt der Normanne ist ziemlich verschmitzt und gar nicht offen. Des Normannen Charakter erkennt man oder mindestens spürt man an ihren ausweichenden Antworten, und das noch heutigen Tages. Schon zur Gründungszeit der Normandie offenbarte sich derselbe in gleicher Weise. „Was wollet ihr denn thun?" frugen die fränkischen Gesandten den eben zu Pont de l'Arche an der Seine angekommenen Gründer der Normandie und seine Gefährten. Und die Antwort war: „Was wir thun wollen, sagen wir euch nicht". Und diese Antwort steht im Volk und seiner Geschichte abgeprägt. Es hat weniger gesagt als gethan, mehr gewollt als gesagt. Der Normanne ist proceßsüchtig, er besteht eigensinnig auf seinem Rechte, ist abergläubisch und altgläubig, weniger geschwätzig als die anderen Franzosen im Norden und Süden, arbeitsam und sparsam, nicht sehr reinlich, wenig poetisch, wenig musikalisch, hat Verstand aber wenig Genie, nicht viel Schönheitssinn, zieht das Nützliche dem Angenehmen vor und zeigt wenig Hang zu Begeisterung. Er ist im Durchschnitt nicht hoch gewachsen, doch stark und untersetzt, hat sehr oft ein markirtes und regelmäßig gebildetes Gesicht, meistens braunes, aber auch häufig blondes Haar, manchmal rothes, einen scharfen durchdringenden Blick, häufiger dunkle als blaue Augen, bald eine helle und kerngesunde, bald eine gelbliche und celtische Farbe, zuweilen hohe, zuweilen auch gehobene, öfter nur wenig hervortretende Backenknochen. Die Schönheit des Geschlechtes ist vor Allem in der westlichen, in der Unter-Normandie zu treffen, doch giebt es auch zwischen Caen und Rouen in der Ober-Normandie unter dem weiblichen Geschlechte viele Schönen. Die Normanninnen tragen aufgekämmtes Haar, eine Erinnerung an ihren skandinavischen Ursprung; jetzt haben freilich schon viele angefangen, Furienhaar zu tragen. Das fränkische Kopftuch findet sich nirgends in der Normandie. Dagegen trägt das weibliche Geschlecht allerwärts auf dem Lande weiße Mützen oder Hauben von verschiedener Art und Form, die fast einen Meter hoch auf dem Kopfe stehen. Viele Frauen der geringeren Klasse aber tragen weiße Mützen, die sie selbst stricken, und welche sich von den weißen Schlafmützen der Männer nicht im mindesten unterscheiden. Sie sitzen ganz so wie diese bei uns zu Lande und die Oberfläche mit der Quaste hängt eben so nach der Seite oder nach hinten herunter. An den Füßen trägt Jung und Alt Holzschuhe, das sind wirkliche Schuhe ganz von Holz, von welchen auch die Fersen mit Holz bekleidet werden.

Im Calvados.

Das bischöfliche Städtchen Bayeux in der Landschaft Bessin des Departement des Calvados ist ein uralter Ort und war einst eine bedeutende Stadt, welche bald nach seiner Ankunft auf der Seine von dem Gründer der Normandie, der sich hier mit Berengars Tochter, der Mutter des Herzogs Wilhelm vermählte, mit Sturm genommen ward. Heute ist die größte Merkwürdigkeit von Bayeux die in der Bibliothek aufbewahrte berühmte Tapete de Bayeux, welche in 58 Scenen die Eroberung Englands durch Wilhelm den Eroberer darstellt und der Sage nach von der Königin Mathilde selbst gestickt ist, daher sie auch Tapisserie de la reine Mathilde genannt wird; jedenfalls dürfte sie noch im elften Jahrhundert angefertigt sein; sie ist 70 m lang und 50 cm breit, und unter jeder Scene steht eine erklärende lateinische Inschrift. Das heutige Bayeux zählt blos etwa 9000 Einwohner und ist eine eng und schlecht gebaute Stadt, von stundenweiten Strecken des fruchtbarsten Acker- und Wiesenlandes umgeben, daher sie denn auch vorzugsweise von Landbau und Meierei lebt. Eine unglaubliche Menge Butter geht alljährlich auch von hier, wie von Isigny, nach der französischen Metropole. Das Calvados-Departement nimmt den Hintergrund der Baie de la Seine ein und reicht von der Viremündung im Westen bis zum Mündungsbusen der Seine im Osten. Im Süden, wo es an das Departement der Orne angrenzt, erstreckt es sich bis zu den Quellen der Vire und der Dives und wird von mehreren, im Allgemeinen südnördlich fließenden Gewässern durchzogen. Da finden wir die Drôme und die Aure, welche jedoch das Meer nicht zu erreichen vermögen, sondern bei Bayeux sich in Sümpfe ergießen; die Seulles, die Orne mit ihrem Nebenflusse, dem Odon, die Dives und im Osten die Touques, an deren Mündung die zwei berühmten Seebäder Deauville und Trouville gelegen sind. Das Ost- und Westende der 96 km langen Küste, die elf Häfen besitzt, hat steile 50—230 m hohe Felsküsten (Falaises) mit losen Felsvorlagen, der größte Theil aber ist flacher Sandstrand mit Dünen, denen eine 42 km lange Klippenreihe, die „Rochers de Calvados" — woher auch das Departement seinen Namen hat — vorgelagert ist, den Zugang zur Seulles sperrend. Sie werden bei hohen Fluthen zuweilen ganz vom Meere bedeckt und sind daher der Schifffahrt gefährlich. Einzelne Höhenzüge, bis 155 m hoch, durchstreichen das Land. Zwischen Vire und Orne liegt die hübsche Landschaft Bocage, deren kleine, blasse Bewohner durch ihren lebhaften Blick auffallen; sie sind sehr arbeitsliebend und voll Anhänglichkeit für ihre Heimath; die Frauen sind mager, kräftig und fruchtbar, auch an schwere Arbeit gewöhnt. Hier hat die Tracht seit Jahrhunderten sich nicht geändert und die Gesittung wenig Fortschritte gemacht. Auch das Vieh, selbst die wilden Thiere sind hier auffallend kleiner als in der Ebene; die großen Hühner der Landschaft Auge legen, nach dem Bocage gebracht, weniger Eier und entarten endlich.

An den Bocage grenzt die Ebene, worin das Chefslieu des Departements, die Stadt Caen (sprich Cang) am Zusammenfluß der Orne mit dem Odon in 12 km Entfernung vom Meere liegt. Die Bewohner der Ebene von Caen sind groß, schön, kräftig und haben ihre Tracht mehrfach geändert; die Frauen tragen sehr hohe, mit Spitzen überladene Mützen. Caen selbst ist in einer gewissen Weite eine schöne Stadt und hat ein liebliches, reizendes Aussehen, solange man ihren Schmutz nicht sehen kann. Sie ist eine der größeren Städte der Normandie, mit 42,000 Einwohnern, aber kaum halb so groß wie Rouen, und kann sich als Universitätsstadt oder besser gesagt, weil sie eine solche ist, nicht des besten Geistes rühmen. Caen und sein katholisches Wesen ist uralt, doch gelangte es zu einiger Bedeutung erst durch Wilhelm den Eroberer, welcher in der zweiten Hälfte des elften Jahrhunderts das Schloß baute und die beiden Abteien der Trinité und von St. Etienne gründete. Erstere, in rein romanischem Style, ward eigentlich von Mathilde, der Gemahlin Wilhelms, gestiftet, daher man sie auch Abbaye aux Dames heißt, während St. Etienne den Namen Abbaye aux Hommes führt. Es ist ein großes Gebäude. Die Kirche dieser Abtei hat inwendig großentheils einfache runde Bogen, d. h. die beiden Säulenreihen in der Mitte. Der Thurm ist auf normannische Art gebaut und hat die sogenannten säxischen Bogen, und diese sind theils einfach, theils verziert. Architektonisch gehört Caen zu den interessantesten Städten Nordfrankreichs. Die St. Sauveurkirche ist zwar finster, aber die gothische St. Peterskirche hat einen Chor mit hübschem Zierrat und wohlgeformten Bogen, ist aber nicht frei von späteren Zuthaten. Namentlich die Apsis, welche durch ihren Reichthum an Sculpturen überrascht, gehört schon der Renaissance an. Besonders schön ist der 70 m hohe Thurm mit prächtiger Spitze. Aus seinen vielen Thürmen und Kirchen ist zu schließen, wie bedeutend Caen einst gewesen. Seine Straßen oder eigentlich Gassen zeugen von seinem Alter, und an ihrem Schmutz erinnert man sich, daß man in Frankreich ist, welches im Ganzen keine Reinlichkeit kennt. In Caen ist Alles eng, klein, finster und mittelalterlich, alt und grau, verfallen, stinkend, schmutzig. Die Gassen sind an den Seiten so kothig wie in der Mitte, ohne Bürgersteig und von einem und demselben Pflaster. Auf den Namen von Straßen darf die Stadt wohl keinen Anspruch erheben und erst in neuester Zeit ist eine gewisse Besserung der Verhältnisse eingetreten. Hübsche Spaziergänge umgeben die Stadt, welche ein beliebter Sommeraufenthalt für Engländer geworden ist.

Im Süden des Calvados-Departements liegen zwei Plätze, welche einen kurzen Besuch verdienen. Zunächst das auf Klippen malerisch gelegene Städtchen Falaise, berühmt wegen der Ruinen eines Schlosses, in welchem angeblich Wilhelm der Eroberer geboren wurde und welches eines der schönsten Denkmale mittelalterlichen Burgenbaues ist. Der andere Ort ist das westlich davon gelegene Vire mit seinen schönen Menschen, wo die reizendsten Normanninnen zu Hause sind. Den ganzen Weg von Caen, der Hauptstadt der Unter-Normandie, bis Vire ist die Gegend wunderschön, und wie lieblich sind die Ebenen alle, wenn überall der Apfelbaum blüht, und wie geschäftig die Menschenhände, wenn Apfelernte ist. Die Normandie ist das Ciderland und die Aepfelernte ist die Weinernte der Normandie. Westwärts erstrecken sich die Weinäcker bis in die Gegend von Blois an der Loire. Von Vire geht die Landstraße über St. Sever nach Ville Dieu, welches außerordentlich reizend unter Höhen liegt, und dieser Weg durch den ganzen südlichen Theil vom Cotentin an der Vire ist einer der schönsten in der Normandie. Hier sind unstreitig die schönsten Wiesengründe Frankreichs. Aber auch der Ackerbau ist recht wohl betrieben und der Boden gut. Wie bei den Skandinaven und Ostpommern ist auch in der Normandie der Ackerbau vorzugsweise das Geschäft der Männer, und gewisse Verrichtungen werden sogar als Ehrensache betrachtet. Wenn der Herbst den Fluren das schöne Sommergewand geraubt hat, eine Stimme nach der andern in Wald und Feld verstummt, das verwelkte rothe Laub leise zitternd im Walde flüstert und nur dann und wann das Lied eines Hirten oder das Geläute der Heerdeglocken aus der Ferne herüberschallt, da wird der Wanderer herzlich erfreut, wenn er, aus einem schweigenden Gehölz tretend, plötzlich einen Kreis von kräftigen, rüstigen Landleuten erblickt, welche, von den Strahlen der milden Herbstsonne beglänzt, ein lustiges Buchweizendreschen anstellen. Dies ist nämlich kein alltägliches Geschäft, und deßhalb verwendet man zu demselben auch keine Tagelöhner. Man ladet vielmehr eine möglichst große Zahl von Freunden und Verwandten dazu ein und belohnt sie nach vollbrachter Arbeit mit einem stattlichen Schmaus. Ehe man zum Ausdreschen der letzten Garben schreitet, stellt man die Hausfrau auf die Mitte der Tenne und dann gehen die Drescher rings um sie herum, indem sie den Boden mit ihren Flegeln taktmäßig schlagen, und bestellen sich bei jener, was sie beim Schmause zu haben wünschen: der eine starken Cider, der andere Hammelfleisch, der dritte ein gebratenes Hühnchen, der vierte Gänsebraten, Alle aber verlangen gewiß einen Pfannenkuchen aus Buchweizenmehl. Ist die Arbeit gethan, so beginnt die Mahlzeit, der Rest des Tages verfließt unter Gesang und Tanz in der Scheune. Der Buchweizen bildet den Hauptnahrungsstoff der Landleute in der Unter-Normandie. Des Morgens ißt man denselben als Brei zubereitet, des Mittags backt man Pfannenkuchen daraus. Das übrige Getreide bewahrt man auf, um es zu verkaufen und das Pachtgeld, die Steuern und die zum Haushalte erforderlichen Gegenstände damit bezahlen zu können. In dem größten Theile des Bezirkes von Domfront im Departement der Orne, dessen westliche Hälfte noch zur Unter-Normandie gehört, backt man große Buchweizenbrode, welche 5 kg wiegen und das nur noch wenig übliche Weißbrod auf dem Lande ersetzen. An vielen Orten, z. B. in Vire, Condé, Domfront, Tinchebray u. s. w. verkauft man des Morgens und des Abends kleine, frisch aus dem Ofen kommende Buchweizenbrödchen, welche in den Straßen ausgerufen werden. Man schneidet sie in zwei Theile, bestreicht sie mit Butter und ißt sie noch ganz warm. Die Städtebewohner lieben diese Leckerbissen sehr und manche genießen jene Buchweizenbrödchen zum Frühstück.

Ungeachtet des reichen Bodens und des ungeheuren Ueberflusses seiner Erzeugnisse trifft man doch selbst in der Normandie bettelnde Menschen genug an den Landstraßen an, auch wandern alljährlich ganze Schaaren von Normannen nach den nächsten großen Städten um Arbeit für den Sommer und kehren gegen den Herbst in die Heimath zurück. Ebenso versehen die Landdörfer der Normandie die französischen Städte mit Ammen, denn einerseits ist das Heirathen unter dem Volke häufig genug ein bloßes Handelsgeschäft, andererseits waren die hübschen Normanninnen schon längst ein gefährdetes Geschlecht. Bei dieser Gelegenheit wollen wir nicht versäumen, der in der Unter-Normandie herrschenden seltsamen Hochzeitsgebräuche zu gedenken. Der junge Ehemann führt nämlich am Sonntage nach der kirchlichen Einsegnung seine Gattin einer alten Sitte gemäß zum Hochamt in die Pfarrkirche, wo Beiden ein Platz auf der Ehrenbank aufbewahrt ist. Welchen Rang auch die übrigen, dem Gottesdienst beiwohnenden Personen einnehmen, die Neuvermählte empfängt zuerst das geweihte Brod aus den Händen des Pfarrers. Als Erwiderung dieser Ehre schlingt sie ihm ein Bändchen ins Knopfloch und ziert mit einem zweiten das Körbchen, in welchem sich das geweihte Brod befindet. Sobald das junge Paar die Schwelle der Kirchthür überschreitet, wird es von einigen Gewehrsalven begrüßt: es sind die jungen Burschen des Kirchspiels, welche die Neuvermählten bewillkommnen und ihnen zu ihrer neuen Haushaltung Glück wünschen. Einer derselben, welcher die gelenkigste Zunge hat, tritt aus der Schaar hervor und überreicht ihnen einen riesigen Blumenstrauß, welcher auf den Feldern des Dorfes gepflückt ist. Er begleitet dieses Geschenk mit einer Beglückwünschungsrede, in der er seine ganze ländliche Beredtsamkeit entfaltet. Nachdem die junge Frau schüchtern einige Worte als Erwiderung hervorgestammelt hat, wird das neuvermählte Paar von der jubelnden Schaar heimgeleitet, welche im Hause des Letzteren eine reich besetzte Tafel findet. An dem Schmause, der nun beginnt, nehmen auch alle jene Freunde und Bekannte theil, welche der Hochzeit nicht beigewohnt haben. Auf die Mahlzeit folgen Gesang und Tanz. Diese zweite Hochzeit wird der „Recro“ genannt.

Ein uralter, wahrscheinlich dänischer Gebrauch ist auch die Miethsitte der normannischen Dienstboten auf dem Marktplatze alle Halbjahr. In der früher erwähnten Landschaft Bocage findet die Miethe der ländlichen Dienstboten, welche unter dem Schutze des hl. Clarus stehen, blos alljährlich statt und zwar an dem Sonntage, welcher dem 18. Juni vorausgeht. Die Herrschaften und Dienstboten versammeln sich gewöhnlich auf dem freien Platze des Dorfes. Diejenigen, welche sich vermiethen wollen, stellen sich in mehreren Reihen auf, die männlichen Dienstboten auf einer, die weiblichen auf der andern Seite. Die letzteren tragen einen Strauß von Rosen und Lavendel in der Hand oder am Busentuch (Cavrette); die Männer halten eine mit Blumen gezierte Peitsche und die jungen Bursche und Knaben eine gleichfalls mit Blumen geschmückte Gerte in der Hand. Fast alle Lebensalter sind in den Reihen dieser bescheidenen und wahren Arbeiter und Arbeiterinnen vertreten; das zarte Kind und der alte Graubart mit kahlem Kopf; das hübsche, jugendliche Mädchen mit blühendem Gesicht, die bejahrte Magd mit bleichen, eingefallenen, runzeligen Wangen; die arme Wittwe in ihrem Trauermantel und ihr Söhnchen, welches von nun an jeden Tag im Schranke seines Herrn das Stück Brod finden wird, das er so oft im Hause seiner Mutter vermißte; der lustige Müllerbursche, auf dessen Lippen stets irgend ein heiteres Liedchen schwebt, der alte Schäfer in malerischer Tracht, dessen traurige und verdrießliche Miene die langen, einsamen, in leerer Träumerei verbrachten Stunden verräth, unter denen sein Leben dahinschwindet, und der junge, stattliche Bursche, welcher stolz darauf ist, seinen Hirtenstab gegen die ehrenvolle Peitsche des Kleinknechts zu vertauschen. Daß die Pächter und Pächterinnen die Miethkontrakte nur nach vorgängiger, sorgfältiger Prüfung der Fähigkeiten und Kräfte ihrer künftigen Dienstboten abschließen, und daß die „Peitschen“ und „Sträuße“ einen möglichst hohen Lohn zu erringen suchen, ist leicht zu errathen, obwohl dieser im Allgemeinen nach einem gewissen Tarif bezahlt zu werden pflegt. So bietet man noch in der Normandie und bieten sich selbst die Menschen feil nach der Weise der Zeiten, als Menschen verhandelt wurden wie Sachen.

Wie oben erwähnt, gehört der ganze Westen des Orne-Departements zur Unter-Normandie. Dieses Gebiet ist etwas höher gelegen, hügelig und bergig. Kreide, Jura und Granit bilden Hügel und enge Thäler, bedeckt mit Weiden und Culturland. Ackerbau und künstliche Wiesen sind hier noch zurück, aber fast drei Viertel des Bodens haben natürliche Wiesen; Getreide gewinnt man wenig, zieht dagegen viel Pferde und Hornvieh. Die Normandie ist ja berühmt wegen ihres trefflichen Schlages schwerer Pferde. Unter den nennenswerthen

Plätzen dieser Gegend erwähnen wir wegen seiner interessanten Ruinen Domfront, in 215 m Höhe auf steilem Felsen liegend, welcher eine 70 m tiefe Schlucht hat, in der die Varennes fließt. Weiter östlich liegt das Städchen Argentan am Zusammenflusse der Orne mit der Ure auf einer Höhe, welche eine weite, fruchtbare Ebene beherrscht. Das Städtchen zählt nicht ganz 6000 Einwohner und es ist von demselben nichts weiter zu berichten, als daß man früher hier die berühmten Spitzen fabricierte, welche als „Points d'Alençon" in die Welt gingen. Heute ist diese Kunstindustrie stark in Verfall gerathen. Alençon selbst, das Cheflieu des Departements, liegt an der äußersten Südgrenze desselben, 50 km von Argentan und wird von der Sarthe bewässert, deren Quellen in der Nähe sind. Auf einem schönen Platze erhebt sich das Rathhaus, auch sieht man noch zwei Thürme vom alten Schlosse der Herzöge von Alençon; die aus grauem Granit gebauten Häuser geben aber der Stadt einen düstern Charakter. Alençon ist recht gewerbthätig. Die Spitzenklöppelei und die Musselinstickerei beschäftigt noch immer etwa 2000 von seinen 16,500 Einwohnern, auch Musselinzwillich sowie geschliffene Quarzkrystalle werden gearbeitet; zudem giebt es Flachsspinnereien, Bleichereien, Eisengießereien und Gerbereien.

Die Ober-Normandie.

Man kann annehmen, daß etwa der Lauf des Flüßchens Touques die Unter-Normandie gegen Osten hin begrenzt. Die Touques entspringt in dem gebirgigen Osttheile des Orne-Departements und in diesem, nur etwas weiter südöstlich, liegt unfern von der Stadt Mortagne und nur 4 km von dem Oertchen Soligny-la-Trappe, die berühmte Abtei La Trappe. La Trappe, d. h. die Fallthüre, wurde das öde Thal, in welchem das Kloster liegt, wegen seines engen, schwer auffindbaren Zuganges von der umwohnenden Bevölkerung genannt, und das im Jahre 1140 daselbst gegründete Cistercienser Kloster erhielt daher den Namen „Zu unserer lieben Frau von la Trappe" oder einfach La Trappe. Im Laufe des Jahrhunderts riß jedoch unter den Mönchen daselbst völlige Zuchtlosigkeit ein und das Kloster wurde ein Abscheu aller Frommen, als im siebzehnten Jahrhundert, als die Verwilderung und der Verfall in La Trappe die höchste Stufe erreicht hatte, Armand Jean le Bouthillier de Rancé (geb. 9. Januar 1626, gest. 20. April 1700), der Sprosse einer der angesehensten Familien Frankreichs, diesem Zustande ein Ende machte und der Gründer des strengsten Ordens der katholischen Christenheit, des Trappistenordens wurde. Der Ruf seines Klosters mit seiner, an Strenge und Größe der Entsagung bisher beispiellosen Regel, verbreitete sich über den Erdkreis und seine Schüler zogen hinaus und gründeten vielerorts Pflanzstätten der Entsagung und Buße. Sie besitzen gegenwärtig Niederlassungen in fast allen Ländern der Erde und vor mehreren Jahren wurde sogar im Lande der Kaffern ein Trappistenkloster gegründet. Die Abtei in dem öden Thale des Orne-Departements ist jetzt Dank dem Fleiße der Mönche eine wahre Musterlandwirthschaft; denn es liegt in den Aufgaben des Ordens, unwirthliche, ungesunde Gegenden ur- und bewohnbar zu machen. Die Trappistenmönche wollen für die vielen Sünden und Frevelthaten der Menschenkinder durch ihr entbehrungsvolles und opferreiches Leben eine Art Genugthuung leisten und sodann als stumme Bußprediger die Sterblichen von den Pfaden sündiger Lust und sündhafter Weltliebe zu einem Leben voll der Buße und Entsagung und der Hoffnung auf ewige Seligkeit hinüberführen, indem sie des alten Wortes gedenken: Verba docent, exempla trahunt (Worte lehren, Beispiele ziehen). Wie immer man auch über das Klosterwesen urtheilen möge, jedenfalls ist ein solches Beispiel von Standhaftigkeit, Entsagung und Seelengröße höchst bewundernswerth in unserer vorzugsweise dem Materiellen fröhnenden Zeit.

Im äußersten Osten des Departements liegt das Städtchen Laigle, berühmt durch seine Steck- und Nähnadeln; aber auch seine St. Martinskirche ist ein sehenswerther Bau. Das Schiff der Kirche stammt aus dem dreizehnten Jahrhundert, ward aber im fünfzehnten und sechzehnten beträchtlich erweitert. Laigle, mit etwas über 5000 Einwohnern und an dem Flüßchen Rille gelegen, ist im Allgemeinen ziemlich gut gebaut und durchaus Industriestadt. In anderer Weise berühmt, aber wenn man will ebenfalls Industrieort, ist das kleine Dorf Camembert, an einem Zuflusse der Vie unfern von Vimoutiers gelegen. Es ist das Vaterland des geschätzten Käses, welcher weit über die Grenzen Frankreichs Verbreitung findet. Die Vie, welche in die Dives mündet, fließt eine Strecke merkwürdig parallel mit der Touques, an welcher sich im östlichen Calvados-Departement die Bischofsstadt Lisieux erhebt, die alte Hauptstadt der Lexovier, jetzt ein lebhafter Fabriksort von etwa 20,000 Einwohnern und Mittelpunkt der Leinwand-, Flanell- und Tuchfabrikation der Gegend. Von Lisieux führt eine Eisenbahn sowohl nach Honfleur als nach Trouville-Deauville. Honfleur (Honnefleu, d. h. Dorf am kleinem Golfe) zählt über 9000 Einwohner und liegt an der Seine-Mündung, fast Le Hâvre gegenüber, auf einem waldigen Plateau, der Côte de Grâce, auf deren Höhe eine Capelle liegt, von wo man eine prächtige Aussicht genießt. Die Stadt selbst ist unregelmäßig und schmutzig, dürfte also an sich wenig Fremde anlocken, besitzt aber einen Hafen mit großer Ausfuhr von Eiern, Geflügel, Gemüse und Obst nach England. Um so mehr strömen Fremde wie Franzosen, namentlich Pariser, nach dem nahen Seebade Trouville.

Die normannischen Küsten am Canal haben ebenso ihre Badeplätze wie die Nordseeküsten zu Ostende, Blankenberghe, Scheveningen, Norderney, Cuxhaven, Helgoland und Föhr. Schade nur, daß die Badezeit nicht mit der Austernzeit zusammenfällt, denn die Normandie hat ihre reichsten Austernbänke unweit Granville, am äußersten Westrande des Landes. Im Uebrigen empfiehlt sich Trouville ganz hübsch mit seiner sandigen Küste; es ist von Natur aus eines der gesündesten Seebäder Frankreichs. Daß es zugleich auch das unterhaltendste ist, dient ihm als noch viel mächtigerer Magnet. Kein anderes ist so viel, so elegant und so bunt besucht, kein anderes ist so theuer und daher so angesehen. Die Stadt ist schlecht angelegt und noch schlechter gehalten, die schmalen und gekrümmten Straßen wetteifern an Reinlichkeitsmangel mit jenen von Constantinopel; die Stadtbehörde würde es offenbar für Frevel halten, durch irgend welche Reinigung in die von der Vorsehung vorgeschriebenen Naturgesetze einzugreifen. Dagegen sind in diesen selbigen Straßen so prachtvolle Läden, wie auf den Boulevards zu finden, nur mit dem Unterschiede, daß Alles darin um den vierten Theil theurer ist. Ja, Trouville hat es sogar schon so weit gebracht, daß ihm zu Ehren Moden erfunden und benannt werden, und Frauen und Männer setzen einen Ehrgeiz darein, daselbst als

„Sterne ersten Ranges“ zu erglänzen. Auch kann sich der Badeort eines Casino rühmen, in dem man behaglich plaudern, lesen, tanzen, Karten spielen, wetten, Bekannt- und Liebschaften anknüpfen kann und das gelegentlich auch als Kindergarten aus dem Stegreif dient.

Die Charakterzüge Trouville's sind: eben dieses Casino und während dieser Badezeit die „plage“; beide gewähren dem Beobachter und Humoristen recht ergiebigen Unterhaltungsstoff. Da finden sich alle Schattirungen auf der menschlichen Musterkarte vertreten, von den steifleinenen Philistern bis zu der üppig wuchernden „Bohème“, von jenem einfach vornehmen Gepräge der Vornehmheit zur lärmenden, bunten Gemeinheit. Man behauptet, daß der Mehrheit nach diese gesellschaftlichen Elemente je nach dem Datum wechseln. Von der förmlichen Eröffnung der Saison ab am 15. Juli bis zu der Augustwoche, in der die Rennen zu Deauville stattfinden, finden sich die „Élégantes“ mit ihren schönsten Toiletten und feinsten Manieren ein. In der Woche der Rennen kommt eine ganze Schaar von „Élégantes“ aller Sorten zusammen, die auf Unterhaltung ausgehen, von „Lionnes“ und „Cocottes“ geringerer Sorte, die mit den Sporthelden auf dem besten Fuße stehen, — von Chevaliers d'industrie, wie die Franzosen Schwindler anmuthig benannt haben, und jene goldene Jugend, die, reicher an Geld als Verstand, beeifert ist, zu zeigen, daß sie des ersteren ebenso gut ledig zu werden vermöge, als sie des letzteren ledig geworden ist. Nach dem Rennen treffen die Familien mit den kleinen Kindern und den Schuljungen ein und im September rücken die „Magistrature“ und die Advocaten an. Wer die ganze Saison an Ort und Stelle durchmacht, wird sicherlich den Unterschied zwischen diesen verschiedenartigen socialen Schichten gewahr werden, obwohl sich stets von jeglichem Elemente ein genügender Procentsatz vorfindet, um jede Badeepoche mit der vorhergehenden und nachfolgenden in Abstufung zu verbinden.

Spielen sich im Casino die pomphaftesten Momente des Badelebens ab, so kann man am Strande dagegen die ergötzlichsten beobachten. Die kleinen Badehäuschen werden nur selten von ihrem Standplatze wegbemüht. Da die Franzosen und Französinnen sich nichts daraus machen, selbst an einer sandigen Küste bei niederer Fluth zu baden, und da sie ebenso vorurtheilsfrei sich auch daraus nichts machen, angesichts einer starrenden Menge eine ganz hübsche Strecke in triefenden, fest anschmiegenden Schwimm- und Badekleidern herumzulaufen, bieten sich da häufig die seltsamsten Bilder. Hier eine Ueberfülle, dort eine Geradheit der Linien, die durch ein Costüm bloßgelegt, das kaum das Knie beschattet und nur in einer sehr bescheidenen Falbel von der Taille niederwallt. Daneben Familienväter, die, während sich die Sonne in ihrer Glatze spiegelt, mit offenbarem Stolze im Tricot ihre Wohlbeleibtheit zur Schau tragen. Frauen in vollster Blüthe oder solche, die es noch zu sein vermeinen, schwimmen, wenn sie in dieser Kunst bewandert sind — vorsichtig den Beobachtungsposten am Strande nahe — sicherlich gegen Villerville zu: die meisten in Hüten und Schwimmhauben, denn die Französinnen scheuen das Seewasser als dem Haarwuchse verderblich. An ausnehmend heißen Tagen kann man sich auch an ganz besonders wunderlichen Gruppen ergötzen; da stehen nämlich Männer und Frauen geduldig bis an die Taille im Wasser, ohne jeglichen Versuch, sich auch weiter noch den Fluthen anzuvertrauen, und halten mit vielem Ernste große rothe und gelbe Sonnenschirme über ihre Köpfe. Andere sind noch genügsamer, legen sich nur in den Küstensand und schreien auf, wenn eine heranrollende Welle sie benetzt. Dafür giebt es auch solche, die anmuthig und kühn die Fluthen durchschneiden, in die sie sich vom Rande eines Bootes aus mit schönem Schwunge versenken. Allein das sind nur selten Französinnen, zumeist Engländerinnen und Deutsche. Immer aber bietet die „plage“ ein buntes und unterhaltendes Bild.

Nirgends wohl wird die Tugend der Geduld so gründlich geübt als in den Casinoconcerten. Kaum ein halb Dutzend thörichter Enthusiasten denkt da nur daran, der Musik zuzuhören, und Beethoven und Haydn werden vor einem Publikum gespielt, das ganz laut lacht und plaudert, fortwährend mit seinen Stühlen herumrückt und mit klappernden Absätzen und rauschenden Gewändern auf- und abgeht. Die Musik wird eben nur als eine Art Schutz und Schirm betrachtet, unter dem man unbemerkt boshafte Bemerkungen tauschen oder Liebesgetändel treiben kann. Gar Niemand fällt es bei, um der schönsten Tondichtung willen sich Stillschweigen aufzuerlegen oder auch nur sein Geplauder zum Flüstertone zu dämpfen, und hat sich irgend ein Sonderling in der Menge eingefunden, dem es wirklich darum zu thun ist, das Concert zu hören, so werden seine entrüsteten Blicke und verwahrenden „chuts“ mit der tiefsten Geringschätzung überhört. Derlei Verwarnungen gelten nicht allein als Anzeichen unberechtigter Uebellaunigkeit, sondern sogar geradezu als offenbare Unart, als Unart gegen elegante Damen, die doch am besten wissen, was sich ziemt.

Die Zuseher beim Balle, der des Abends dem Concerte folgt, sind merkwürdiger Weise lange nicht so plauderhaft. Allerdings ist auch die Beobachtung der Tanzenden ungleich interessanter und wichtiger als die himmlischste Tondichtung. Da muß man Acht geben, ob jener stattliche Herr heute wieder so oft mit dem kleinen Mädchen in Rosa tanzen werde wie neulich und ob denn die Dame im schwarzen koketten Kleide ein Monopol auf Mr. So und so gelegt habe? Dann muß man sorgsam beobachten, wie die Amerikaner den Boston tanzen und ob jene schöne, aber steife Engländerin mit dem Walzer zu Stande kommt. Es darf Einem das Entstehen neuer Liebeständeleien nicht entgehen und man muß die Entwicklung schon angebahnter im Auge behalten; all dies nimmt die Aufmerksamkeit viel zu sehr in Anspruch, als daß die zu einem Gespräche erforderliche Geistesfreiheit erübrigte. Darum bleiben eben die Concerte die beliebtesten Plauderstündchen zu Trouville, die noch einen besonderen Reiz dadurch erlangen, daß den Kindern die vollste Freiheit gelassen wird, nach eigenem Willen in den Sälen herumzutollen.

Wieso französische Kinder zu erwachsenen und mindestens halbwegs gesunden Menschen gedeihen, ist eines jener Räthsel, für die man keine Erklärung findet! Kleine Geschöpfe von fünf und sechs Jahren treiben sich da bis elf Uhr Nachts im Casino herum, nur sehr oberflächlich beaufsichtigt. Noch kleinere menschliche Wesen nehmen an dem Kinderballe theil, der um acht Uhr beginnt und nicht vor halb zehn Uhr schließt. Statt Milch trinken sie sauren Rothwein und ihr Mittagsmahl nehmen diese Knirpse um sieben Uhr Abends ein. All dem nach kann es nicht Wunder nehmen, diese kleinen Geschöpfe selbst in der stärksten Seeluft an der Küste bleich, hohlwangig und spindelbeinig zu finden. Sonst die Bannerträger von allem Neuen, sind die Franzosen, was die Gesundheitspflege anbelangt, von der altväterischesten Naivetät. Ihr Glaube an die „Tisane“, einen schwachen Aufguß gewisser Blüthen oder Kräuter ohne Milch und Zucker, als Heilmittel für alle Kinderkrankheiten, steht jenem an das Wasser von Lourdes nicht um Vieles nach. Auch sind sie den kräftigenden kalten Waschungen gründlich abhold. So sind denn die französischen Kinder, die an der Lebensweise ihrer Eltern vollkommen theilnehmen, statt pralle, rosige Geschöpfchen, noch nicht entwickelte und doch schon halbwelke Miniaturmenschen. Als solche auch bewegen, verbeugen, fächeln sie sich, kokettiren sie unter einander, ja eifersüchteln und intriguiren sie, und wären diese Beobachtungen im Casino zu Trouville nicht so trübselig, sie wären hoch ergötzlich.

Küstenbesucher, die nicht Humor genug besitzen, um im Casino und auf der „plage“ Unterhaltung zu finden, sind in Trouville nicht am besten daran, da seine Nachbarschaft nicht viel Interessantes bietet. Die Gegend ist ganz hübsch, doch nicht eigenthümlich genug, um reizend zu sein. Vor dem Schnitte verleiht ihr die Ueppigkeit der Feldblumen ein farbenprächtiges Aussehen. Das Thal von Touques ist malerisch, allein das große Schaustück der Gegend, das Schloß von Bonneville oder Wilhelm des Eroberers, ist nun eine so armselige Ruine, daß sie nicht viel Anziehungskraft bietet. Ein modernes Haus, in dem die Pächter leben, schließt sich daran und ein moderner Garten, dessen Früchte für die Besucher feil sind, umgiebt es. Nur der „Eid-Thurm“, in dem William den Harold zu dem Schwure zwang, ihm bei der Eroberung Englands behilflich zu sein, ist von Interesse. Auch ist die Aussicht von den Ueberresten der Schloßmauer eine lohnende. Gegen Pont l'Evêque zu findet sich eine hübsche Waldstrecke und auf dem Wege nach Honfleur passirt man ein paar hübsche Dörfer und etliche malerische Punkte, nirgends aber in der ganzen Umgegend tritt uns irgend ein ungewöhnlicher Zug entgegen. Ebenso alltäglich ist die Tracht der Bauern, wenn man da eigentlich noch richtiger Weise von Tracht sprechen kann, denn die Charakterzüge des ursprünglichen Nationalcostüms haben sich hier in der Ober-Normandie schon arg verwischt. Und selbst wo sie erhalten sind, weisen sie kein sonderlich malerisches Element auf. Die kurzen, weiten Röcke, aus halbwollenem Stoffe, die formlosen Jacken sind um nichts pittoresker wie die altfränkischen weißen Baumwoll-Nachtmützen mit der Quaste an der obersten Spitze, die den Lieblingskopfputz alter Weiber bilden. Die jüngeren tragen jene Hauben, die wir bei den gewöhnlichen „Bonnes“ in ganz Frankreich finden. Die „malerische Normandie“ erweist sich in dem Küstenorte, den man füglich das Sommer-Paris nennen könnte, wahrlich nicht übermäßig als solches.

Das zumeist pittoreske Element im Leben zu Trouville steuert vielleicht die Kirche bei, durch eine stets wechselnde Menge prunkhafter Ceremonien, unter denen die Processionen eine hervorragende Rolle spielen. Da wird uns auch die Ueberraschung, im hellen Morgensonnenscheine die kleinen und größeren Mädchen, die wir gestern im Casino tanzen und kokettiren sahen, hinter dem Marienbilde andachtsvoll einhergehen zu sehen. Am schönsten und lokaleigenthümlichsten nehmen sich eigentlich die Fischer aus. Es ist für diese eigens ein „Calvaire“, Kreuzweg, auf dem Wege von Corniche errichtet worden. Die Mannigfaltigkeit und Häufigkeit der Gottesdienste ist namentlich für die Besucher von jenseits des Canals eine Quelle unversiegbarer Verwunderung; doch müssen wir uns mit den zahlreichen religiösen Uebungen in und um Trouville schon von dem Standpunkte aus sehr einverstanden erklären, daß die Bauern, solange sie in der Kirche, doch nicht im „Cabaret“ sind und sich nicht an ihrem geliebten „Calvados“, einem fürchterlichen Gemische aus schlechtem Moste und noch schlechterem Branntweine, betrinken, wie es in diesem Landstriche ihr Brauch ist. Im Allgemeinen sind die französischen Bauern sehr mäßig; in der Normandie aber genießt man nur selten das Glück, nach Eintritt des Zwielichtes noch einem nüchternen Landbewohner zu begegnen. Der District ist ziemlich wohlhabend und der Grundbesitz, zumeist zerstückelt, in den Händen der Bauern selbst. Die ungeheuern Preise, die während des Sommers in Trouville für alle Lebensmittel erzielt werden, ergeben auch einen hübschen Sparpfennig für den Winter, wenn das Treiben in der Umgegend wieder in seine ursprüngliche Schlafsucht verfallen ist, aus der es alljährlich zu einem viermonatlichen Delirium übergeht.

An die beiden Departements der Orne und des Calvados grenzt im Osten jenes der Eure, welches zum Theile von der Seine, dann aber von mehreren ihrer Nebenflüsse, wie die Rille mit der Charentonne, der Eure mit dem Iton, der Andelle bewässert wird. Es ist wohl eines der reichsten Departements Frankreichs. Landschaftlich bietet es, wie die Ober-Normandie (Haute Normandie) im Allgemeinen, wenig Bemerkenswerthes; es ist aber ein Land, an dem sich jeder, dem das Wohlbefinden des Volks in erster Linie steht, voll erfreuen kann. Weniger epheuumsponnene Ruinen, als man erwartet, dafür tausend hohe Schlote unaufhörlich arbeitender Fabriksstädte; da haben wir das an Spinnereien, Bleichen, Oelmühlen, Gerbereien, Sägemühlen, Papierfabriken und Gießereien reiche Bernay an der Charentonne mit seinen beiden berühmten Messen, eine sehr wichtige für die Wolle, die andere, foire fleurie genannt, für den Pferdehandel, welcher dann an 40,000 Menschen herbeizieht. Evreux, das Cheflieu des Departements, eine stille Stadt celtischen Ursprungs, das alte Mediolanum Eburovicum, mit seiner prächtigen Kathedrale und deren Uhrthurm, in fruchtbarem Thale an einen schönen Wald gelehnt, hat Getreidemühlen, Metallwerkstätten, Papier- und Quincailleriefabriken, Lohmühlen, Gerbereien, Bleichen, große Zwillichfabriken, Färbereien und dergleichen. Das Nämliche wiederholt sich in den zwei kleinen Städten Les Andelys, am rechten Ufer der Seine; sowohl in Le Grand Andely, dem Geburtsort des berühmten Malers Nicolas Poussin, dem hier eine Bronzestatue errichtet, als auch in Le Petit-Andely giebt es nebst anderen Fabriken Spinnereien für Baumwolle, Wolle, Seide u. s. w. In letzterem Orte kommt indeß auch noch ein anderes Interesse zur Geltung. Es besitzt nämlich eine schöne Kirche St. Sauveur, vom Ende des dreizehnten Jahrhunderts, deren hoher Glockenthurm eine sehenswerthe Treppe enthält, und über das Städtchen ragen die gewaltigen Trümmer des Schlosses Chateau-Gaillard empor, das Richard Löwenherz zur Beherrschung des Seinelaufes erbaut hat. Noch romantischer ist Gisors, ein altes gewerbreiches Städtchen von 4000 Einwohnern an der äußersten Ostgrenze des Departements, jetzt ein wichtiger Stationsort der von Paris nach Dieppe führenden Eisenbahnlinie. Unwillkürlich haften die Blicke des Reisenden auf den majestätischen Mauerresten seines alten Schlosses, um welches Engländer und Franzosen dereinst blutige Kämpfe geführt. Dies sind aber wohl auch die schönsten Punkte in der Ober-Normandie. Das von der ruhigen Seine durchströmte Land wellt sonst hügelauf, thalab; keine höheren Berge, keine großen dunklen Wälder, Alles licht, hell, gepflegt, grün, rasig, ohne viele Dörfer, aber besäet ohne Unterlaß mit grünen, viereckigen Wäldchen, die Einen wißbegierig machen, tiefer einzudringen. Man tritt näher, findet einen Erdwall, der oft mit doppelten Reihen von Buchen, Ahorn oder Erlen besetzt ist, und dieser windabhaltende, schattenspendende, hohe grüne Baumwall umgiebt einen großen obstbaumbesetzten Grasgarten, in dem das prachtvollste Vieh weidet, umgiebt die schönen weitläufigen Wirthschaftsgebäude. Gerade hier ist der Ackerbau

9*

ungemein vollkommen, und viel Getreide wird ausgeführt. Diese unzähligen grünen Burgen des Bauers, innerhalb deren die schönsten Kühe und die besten Pferde Frankreichs gedeihen — die Schafe grasen auf den hohen Tafelflächen am Meeresstrande — sind wie grüne Sträuße über das ganze Land gestreut und unterbrechen die wohlgepflegten Wiesen und Felder. Die Cultur ist zwar etwas monoton, aber sie macht Frankreich reich. Freilich ist die Romantik dabei in die Brüche gegangen. Die heutige Ober-Normandie ist Alles, nur nicht romantisch, bis zu den Punkten, wo hinter den abfallenden Strandfelsen das Meer aufblitzt. Auch die alten Ueberlieferungen, die Sitten und Gewohnheiten der Vorfahren schwinden dahin. Charles Jobey stimmt darüber ein trübes Klagelied an: „Die Kirmesse unserer normannischen Dörfer tragen nicht mehr wie einst den ländlichen Charakter, welcher ihnen so großen Reiz verlieh; man hat sie verdorben, indem man sich bemühte, sie den Kirchweihen der Pariser Umgebung ähnlich zu machen. Die Thalgründe, die Hügel, das platte Land sind jetzt bewohnt von unechten Bauern, welche Gehröcke und Lackstiefeln tragen, von unechten Bäuerinnen mit zerzausten Modefrisuren und Reifröcken. Diese ‚Herren' und diese ‚Damen' wollen nicht mehr bei hell lichtem Tage auf dem Grase tanzen zu den Klängen eines auf dem überlieferten Fasse stehenden Fiedlers; sie müssen einen Ballsaal haben, von rauchigen Lampen erhellt, ein Orchester wandernder Spielleute, welche einen Blechlärm vollführen, daß die Hunde heulen und die Rinder der benachbarten Meierhöfe brüllen. Man verschmäht es, sich bei einem Glase des heimischen Cider zu erfrischen, pfui! Das neue Geschlecht braucht Bier in Kannengläsern, Branntwein, Absinth und die anderen Gifte, deren Verbrauch auf dem Lande geradezu erschreckend wird. Das sind die Bedürfnisse, welche die Militärpflichtigen, die Arbeiter sich in den Städten geschaffen und die Geschmacksrichtung, welche sie von ihrer Wanderung mitgebracht haben. Die Greise jammern über diesen Stand der Dinge, aber die Jungen machen sich lustig über die alten Schwätzer und ihre Klagen. Sie sagen, daß mit ihren Erinnerungen, ihrem Bejammern des Vergangenen die Alten heute überflüssiger sind als je, daß sie blos den Gang der mit der Umwandlung des Bodens und des französischen Volkes beauftragten Arbeiter aufhalten und hemmen. Bei der Art, wie sie vorgehen, steht es zu befürchten, daß bis zum künftigen Jahrhundert das Land so umgestaltet sein werde, daß von Nord nach Süd, von Ost nach West die Menschen alle dasselbe Kleid und die nämlichen Laster haben werden." Da ist es denn nicht uninteressant, zu bemerken, daß sich in dem Vexin normand, d. h. dem östlichsten Theile des Eure-Departements, wenigstens noch Eine Sitte in aller Kraft der Ueberlieferung erhalten hat. Es ist dies die sogenannte Buvette de la veille des Rois, ein kleiner Schmaus am Dreikönigsabend. Weder Weihnachten, noch Neujahr oder Ostern haben für die Bauern auch nur annähernd die Bedeutung der „Buvette". Für Arm und Reich ist sie gewissermaßen die Communion der ländlichen Familie am häuslichen Herd, — woran niemals ein Fremder theilnimmt, das Abendmahl, welches Vater und Mutter ihren Kindern und Enkeln darbieten. Die Armen, die Bettler selbst denken und sparen schon drei Monate im Voraus für die Buvette und wer es nur immer möglich machen kann, kehrt selbst aus der Fremde zurück, um an jenem Abende am elterlichen Tische, der das Beste bietet, Platz zu nehmen.

Rouen und Umgebung.

Ein etwas verschiedenes Gepräge trägt das Departement der unteren Seine (Seine inférieure), das Land nördlich vom untern gewundenen Seinelauf, westlich von dem Bresleflusse, durchflossen von der Béthune mit der Aulne, der Saône, Durdent, Ganzeville und kleinen Nebenflüssen der Seine. Längs der ganzen Seeküste, von der Mündung der Bresle bis zu jener der Seine, umzieht eine Reihe von Sanddünen, die sich 50—240 m erheben, das Land und schützt dasselbe gegen die Wuth des Meeres. Das Innere ist eine fruchtbare, gut angebaute Ebene, die nur hie und da von einzelnen 200—260 m hohen Kalkhügeln voller Höhlen durchschnitten wird, die sich nach Osten zu in Ketten reihen und weite liebliche Thäler begrenzen. Fast durchaus in Anbau genommen und in Felder, Wiesen, Weiden und Gärten abgetheilt, bedecken allein dichte Waldungen diese Hügelketten, deren armer Boden dem Ackerbau und der Viehzucht nichts weniger als günstig ist. Der Ertrag des Ackerbaues reicht nicht hin, den Bedarf zu decken, da nicht allein die Bevölkerung zu dicht ist für den Flächenraum, sondern auch die beträchtliche Viehzucht, für welche sich ein großer Theil des Landes mehr eignet, als für den Landbau, einen großen Theil der Oberfläche dem Getreidebau entzieht. Die Pferdezucht machte hier früher einen Haupterwerbszweig der Gutsbesitzer; die normannischen Pferde waren von jeher berühmt und gehörten zu den schönsten und dauerhaftesten in Europa, der echte Schlag scheint aber ganz verschwunden zu sein; die jetzige Zucht besteht aus gemischten Rassen, die besonders zum Zug sich eignen, und nur in der Gegend von Aumale und Neufchâtel — welch letzterer Ort auch die gemeiniglich für Schweizerkäse gehaltenen „Bondons“ erzeugt — werden sehr gesuchte Reitpferde gezogen, die unter dem Namen „Bidets d'allure“ in ganz Frankreich bekannt sind. Die Rindviehzucht ist von außerordentlicher Wichtigkeit und bildet den ansehnlichsten Theil der Landwirthschaft. An den Ufern der Seine sieht man die schönsten Rinderheerden, deren Erzeugnisse an Butter und Käse nicht unbedeutende Handelsartikel liefern. Das Klima, im Allgemeinen naßkalt und veränderlich, erlaubt den Anbau der Rebe nicht mehr; dagegen gedeihen alle Sorten von Obst auf das Vorzüglichste und der Cider, der auch hier in außerordentlicher Menge und Güte bereitet wird, ersetzt den Wein mehr als hinlänglich. Nirgends in Frankreich giebt es eine so erstaunliche Menge von Apfel- und Birnbäumen; die Obstpflanzungen geben den Getreidefeldern, die überall von ihnen umzogen werden, das Aussehen ausgedehnter Gärten. Die ansehnlichsten Obstanlagen, die man hier „Cours“ nennt, findet man zwischen Havre und Dieppe; sie sind mit Gräben umgeben und an den Rändern mit hochstämmigen Waldbäumen eingefaßt, die den doppelten Nutzen gewähren, Brennholz zu liefern und die Obstbäume gegen die verheerenden Wirkungen der Seewinde zu schützen. Der wichtigste Nahrungszweig für die Bewohner der Küste und der Seinemündung ist übrigens die Seefischerei, die selbst in entfernten Meeren betrieben wird. Die Industrie ist gleichfalls von großer Bedeutung und Mannigfaltigkeit und liefert mehr als der Hälfte der Bewohner Beschäftigung und Unterhalt. Alle Bezirke nehmen daran in ausgiebigem Maße theil; Baumwollspinnerei und die Fabrikation der Baumwollenzeuge sind die wichtigsten Industriezweige. In Elbeuf (21,500 Einwohner), der Feintuchstadt an der Seine, die außer ihrer Lage in einem hübschen Thale nichts Bemerkenswerthes aufzuweisen hat, wird man ganz und gar nicht an die kriegerischen Ahnen der heutigen Normannen gemahnt, welch letztere nur darauf ausgehen, ihrer Industrie stets neue Gebiete zu erobern. In der ungemein betriebsamen und industriösen Stadt Rouen (105,000 Einwohner), der Hauptstadt nicht blos des Departements, sondern der ganzen Ober-Normandie, vergäße man über dem Flor der Industrie bald auch den Dom und die Jungfrau von Orléans, doch giebt es hier glücklicherweise noch manches Andere, das uns zu fesseln vermag.

Rouen breitet sich am Abhange eines Hügels und am Ufer der Seine aus, über welche hier eine prächtige Brücke nach der jenseits des Flusses gelegenen Vorstadt St. Sever führt, ist aber mit Ausnahme der ansehnlichen Gebäude im Allgemeinen ziemlich schlecht gebaut. Allerdings haben in neuerer Zeit nach dem Beispiele von Paris große Umwandlungen stattgefunden, die den früheren eigenthümlichen Charakter der Stadt sehr verwischten. Das von dem nahen Orte Darnetal hierher geleitete Flüßchen Robec durchströmt einen großen Theil der Stadt und dient dazu, eine Menge von Mühlen und anderen Werken zu treiben. Bei der Annäherung von Rouen wird man durch die herrliche Ansicht des Ganzen auf das Angenehmste überrascht: der mächtige Strom mit seinen Windungen, die reizenden Hirten- und Landhäuser, die belebte Brücke, die breiten prachtvollen Uferleisten, die große Häusermasse der Stadt mit ihren prächtigen Kirchen und Thürmen — Alles bildet eine der reizendsten Ansichten und erregt Erwartungen, welche freilich nicht erfüllt werden, sobald man das Innere der Stadt betritt; denn da bieten sich meist nur enge, winklige, düstere, schmutzige Straßen dar, mit hohen, beräucherten, altväterischen Häusern besetzt, deren Giebel nach vorn gekehrt sind, während jedes Stockwerk über das untere hervorragt. Den schönsten Theil der Stadt bieten die Strombämme, auf denen schöne Häuser, alle in zierlichem modernem Geschmack erbaut, sich zeigen. Sonst besitzt freilich Rouen in seinen Häusermassen noch viele alte Baudenkmale, namentlich herrliche öffentliche Gebäude in gothischem Geschmacke. Unter diesen steht sicherlich der Justizpalast obenan. Wir treten in den Hof und blicken auf das alte gothische Gebäude mit jener hohen Begeisterung, welche Kunstwerke so schnell in dem Beschauer anfachen. Ueberall spricht uns der Geist des alten, mit religiöser Glorie gekrönten fünfzehnten Jahrhunderts an, und wie das Kreuz, das auf dem Thurme über Alles hervorragt, erscheint uns Alles erhaben und heilig. Wo man hinblickt, herrscht der Geschmack jenes Jahrhunderts, allen Steinen ist der Styl des Würdevollen aufgedrückt, und doch verräth dieses merkwürdige Prachtgebäude durch Mangel an Einheit des Styles, daß es nicht zu Einer Zeit und von demselben Meister erbaut wurde. Der Hauptsaal dieses Palastes dient zu den Sitzungen des Assisenhofes, von seiner früheren Herrlichkeit besitzt er aber nichts mehr als die Decke von köstlicher Tischlerarbeit. In dem oberen Stocke ist ein großer, hochgewölbter Saal, der „Saal der Advokaten" genannt. Herrliche Verzierungen sind an der gewölbten Holzdecke von staunenswerth kühner Construction und an den Wänden angebracht. Die großartige Vollendung des Ganzen, die Vollkommenheit und Uebereinstimmung des Einzelnen macht einen wahrhaft überwältigenden Eindruck. Der zweite Flügel, welcher diesem ersteren gegenübersteht, wurde erst zu Anfang des vorigen Jahrhunderts in dem überladenen Styl jener Epoche erbaut und entstellt das ganze Gebäude. Nicht sehr entfernt davon steht die Tour de la grosse Horloge, ein viereckiger Thurm von einfacher Gothik aus dem Ende des vierzehnten Jahrhunderts. Prächtig ist die Westfronte der Abteikirche von St. Ouen, mit herrlichen Glasmalereien, welche schon in ihrem unvollendeten Zustande, ehe noch die beiden Thürme ausgebaut waren, als eines der schönsten gothischen Gebäude der Welt gelten konnte. Eine Perle der Baukunst ist endlich die Kathedrale von Notre-Dame, hauptsächlich aus dem dreizehnten Jahrhundert stammend, doch hat man bis in die erste Hälfte des sechzehnten Jahrhunderts daran gebaut. Nur schwer macht man sich einen Begriff von dem Reichthum dieses einzig dastehenden Gotteshauses, dessen Mittelthurm mit 150 m Höhe der höchste der Welt ist, indem er die ausgebauten Cölner Domthürme noch um 6 m überragt.

Von Rouen wird der Fremde sich nicht leicht trennen, denn die Stadt ist noch reich an anderen Sehenswürdigkeiten, auf welche ich hier nicht weiter eingehen will; ich nenne blos das Hôtel du Bourg Théroulde, die Kirchen St. Vincent und St. Maclou, das Rathhaus und das Alterthumsmuseum, endlich den Hafen; denn obwohl 120 km von der See entfernt, hat Rouen einen, und zwar einen der wichtigsten Seehäfen Frankreichs, da die Fluth sehr hoch steigt und lange anhält, so daß Dampfer von 800 t hierher gelangen. Wer mit der Zeit nicht gedrängt ist, der fahre mit dem Dampfschiff von Rouen aus die Seine thalabwärts, etwa nach Le Hâvre; er wird es nicht bereuen. Die Ufer der Seine sind noch nicht genug gewürdigt; ihr Ruhm leidet, wie alle Schönheiten der Provinzen, unter dem Uebergewicht der Hauptstadt, die sich allein geltend macht. Bei Caudebec, einem alten Städtchen mit einer alten Kirche und hübschen Landhäusern, die sich dem Strom entlang hinziehen, noch viele Kilometer vor ihrer Einmündung ins Meer, sieht sich die Seine breit und groß an, wie ein Weltstrom und scheint nichts gemein zu haben mit jener schmutzigen Seine, die zwischen dem Louvre und dem Institut hinläuft. Ruhig und blau fließt sie dahin, eine idyllische Welt wiederspiegelnd. Am rechten Ufer streicht eine üppig grüne Hügelreihe dem Norden entgegen, aus deren Büschen glückliche Landsitze hervorblicken, zu deren Füßen nette und wohlhabende Fischer- und Matrosendörfer lagern. Das linke Ufer verläuft als Ebene mit einzelnen saftigen Baumgruppen und hier ist hart neben weltumspannendem Großhandel die blühendste Rinderzucht zu Hause. Bei Quilleboeuf nimmt der Strom plötzlich eine Breite von mehreren Kilometern an und in dieser Mündungsregion kann man die alljährlich im Herbste wiederkehrende große Springfluth beobachten. Während im Allgemeinen und selbst an der äußersten Mündung bei Havre, Honfleur, Berville das Meer zur Zeit der Fluth unmerklich ansteigt, sieht man oberhalb und unterhalb Quilleboeuf die erste Welle in gewaltiger Höhe und in der vollen Breite des Stromes, 10—12 km, heranrauschen, Alles vor sich niederwerfen und das ungeheure Seinebecken plötzlich anfüllen. Die Gewässer des Stromes werden dadurch in der Geschwindigkeit eines galoppirenden Pferdes zurückgedrängt, die benachbarten Wiesen überschwemmt, die Sand- und Schlammbänke emporgeworfen. Der Anblick ist wahrhaft majestätisch und um so staunenswerther, als die Erscheinung in der tiefsten Ruhe und bei völliger Windstille eintritt. „Dort am äußersten Horizont, mehrere Seemeilen von uns entfernt“, schreibt ein Beobachter, „sahen wir eine weiße krystallhelle Mauer, die plötzlich die ganze Breite des Stromes einnahm und in gerader Richtung auf uns zueilte. Kaum eine Secunde nachher sprangen einige große Seeschiffe, die ungefähr auf der Hälfte des Weges zwischen uns und der Mauer ruhig vor Anker lagen, plötzlich in die Höhe, und schon lagen sie, oder vielmehr bewegten sie sich wild hin und her, als ob sie die Ankerketten sprengen wollten, weit jenseits der Mauer; schon war die Fluth hart an uns, schon sprangen thurmhohe Wellen, wie sie vorüberraste, an dem festen Damme auf und über die Straße — und schon war sie vorüber, weit, weit gegen Süden, und vor uns und überall, wo die Fluth vorübergekommen war, wogte es wie ein wildes, von hundert Stürmen aufgeregtes Meer, obwohl sich nicht ein Lüftchen regte. Die Seine sah aus wie ein flüssiges Gebirge mit hohen Felsenkämmen und tiefen Schluchten und Abgründen. Wie auf einen Zauberschlag hatte sich die ganze Welt, die wir überblicken konnten, verändert; die eben spiegelglatte Seine war, wie gesagt, ein kochendes Meer; die Dämme und Wege längs des rechten Ufers waren von der Fluth bedeckt, die hie und da weiß schäumend aufspritzte; die unendlichen Wiesen jenseits waren ein einziger großer See. Im Augenblick hatte sie die Fluth bedeckt; nur Baumspitzen blickten grün hervor, und nur eine Kirche und einige auf Anhöhen stehende Häuser erhoben sich als einzelne Inseln."

An der äußersten Mündung der Seine liegen dicht bei einander die Orte Harfleur und Le Hâvre de Grâce. Harfleur, das Honfleur gerade gegenüberliegt, war früher ein bedeutender Hafen an der Seine. Jetzt ist es eine gesunkene Stadt mit 2000 Einwohnern, die als einzige Merkwürdigkeit eine Kirche mit einem schönen, von den Engländern erbauten Glockenthurm aufzuweisen hat. Le Hâvre de Grâce, kurzweg Le Hâvre genannt, ist dagegen um so bedeutender. Mit Rouen kämpfend, mit Paris liebängelnd, hat Le Hâvre der normannischen Hauptstadt den reichsten Handel zum Theil entzogen und seine eigenen kaufmännischen Spekulationen bis an die Enden der Erde ausgedehnt. Es zählt heute über 92,000 Einwohner, ist aber eine relativ moderne Stadt, denn ihre Gründung geht nicht weit über das Zeitalter Franz I. hinaus. Heute verkünden industriöse Vorstädte die Nähe des Hafenplatzes; die Mahnung, daß wir uns einer großen Cultur- und Civilisationsstätte nähern, tritt uns in Gestalt eines lieblichen Schrankenhauses und seiner Bewohner, der Finanzwächter, entgegen, Vorstadthäuser drängen sich zusammen, immer noch geht es jäh abwärts, und nun biegen wir in schöne neue Gassen, Boulevards nach Pariser Art, Alles wie in Paris, Straßenzüge, Paläste, Squares davor, Häuser, Gaslaternen, Baumreihen, Läden nach dem bekannten Modelle, dem allgemeinen Baurecht, möchten wir sagen, der uniformen modernen Pariser Baukunst. Wir fahren noch weiter und sind im Herzen Havre's, in dem älteren Stadttheile, auf dem Marktplatz angelangt. Das ist ein kleiner Markusplatz, doch nur beim ersten Anblick. Von drei Seiten Häuser, im Mittelpunkte der Reihe das immerhin hübsche große Theater, bringt mitten durch, bis an den großen, baumbesetzten, kühleren Platz das Wasser, das man vor dichtgedrängten, hochmastigen Schiffen, Handelsfahrzeugen aus aller Welt, kaum sieht. Hier in dem trägen, geschützten Behälter ruhen die Schiffe geschützt; wie in den anderen zahlreichen Becken, welche zwischen den Häusern liegen, und aus diesem Theile Havre's ein Gemisch von Dächern, Schornsteinen, Masten, Häusern und Schiffen, Straßen und Canälen machen, ein Gemisch etwas schmutziger, übelriechender, nicht sehr wohlaussehender Art. Auch das Leben ist nicht so bewegt, daß es einen großen Verkehr verkünden möchte. Nur auf dem Platze geht es manchmal etwas lebhafter zu, wenn unter den Bäumen im Freien Feilbietungen stattfinden. Da kommt Alles unter den Hammer und man versteigert Dampfschiffe, die Hunderttausende von Franken kosten, als wenn es sich um einen Korb voll Obst handelte.

Auch sonst entspricht Havre wenig dem Bilde eines bedeutenden Hafens, eines Welthandelsplatzes. Viele Schiffe sind da, aber Alles so unreinlich, so schmierig, so gedrängt, so halbverkommen, Menschen wie Fahrzeuge. Die Straßen selbst sind eng und winklig, und die einzige schönste Gasse wenig reich ausgestattet mit Auslagen. Was die Matrosen brauchen, finden wir da, und Gewölbe, gefüllt mit aus Muscheln gefertigten Waaren ohne Zahl, als ob die fernen Meeresufer nichts nach Havre zu senden, und die Franzosen nichts in Havre zu kaufen hätten, denn Spielzeug aus kleinen Muscheln. Doch noch ein Artikel, ein schillernder, bunter, lärmender, macht sich uns sehr unangenehm laut bemerklich, wenn wir dem Meere nahen, die Hafendämme betreten. Es sind die Schaaren in Käfigen gehaltener Papageien und Kakadu, die einen Heidenlärm verursachen. Muscheln und Papageien, das Charakteristische des „Pariser Hafens", wie man Havre nennt! Doch wir lieben es nicht, aus kleinen Symptomen auf den Nationalcharakter zu schließen.

Treten wir dem Meere näher, da ist es freier, luftiger, wohler. Hier an den Quais liegen zahlreiche Dampfboote im Canale, welche den Lokalverkehr, kann man sagen, mit Honfleur, Trouville-Deauville u. s. w. vermitteln. Die Hafendämme sind kohlenstaubbedeckt, die ärmlichen Hütten, auf denen der Ort angeschrieben steht, nach dem hier Karten zur Fahrt verkauft werden, sind schwarz, die schwankenden Bretter, die vom Ufer bis zu den Schiffen führen, sind schmutzig, die Boote alt, unbequem, unreinlich, das Wasser morastig, dazu der Sonnenbrand auf dem glitzernden, sengenden, mit Kohlenstaub bedeckten Boden, man will rasch fort, dem Wellenbrecher zu, der weiter rechts, ziemlich weit in das Meer hinaus, fest und schön erbaut ist. Man eilt an dem Museum vorbei, vor dem die schönen Statuen der zwei berühmten Söhne von Havre: Casimir Delavigne und Bernard de St. Pierre stehen, denkt nach, wie wenig Aehnlichkeit zwischen Havre besteht und dem Unschuldsparadiese, in dem Paul und Virginie lebten, und athmet endlich frei auf, wenn man sich auf dem Rundplatze, dem Ende des Wellenbrechers, niedergelassen hat. Da sitzt man stundenlang, still und betrachtend. Da ist es kühl, da giebt es viel zu sehen. Die Wellen kommen und schlagen an den Granitbau, weiterhin in mächtigen Wogen zur Zeit der Fluth an den Kiesstrand. Von hier aus sieht man die Stadt, darüber hinaus den mit weißen, schönen Villen geschmückten grünen Hügelkranz, der sich unter Havre erhebt. Hier liegt St. Adresse, der Villeggiaturort der reicheren Bewohner der Hafenstadt. Weiterhin links auf der letzten, höchsten Spitze des Höhenzuges stehen die zwei Leuchtthürme. Nahe bei uns, am Ufer zur Linken, liegt die vielbesprochene und beschriebene Badeanstalt „Frascati", ein Paradies nach den Schilderungen der Pariser Feuilletonisten und Romanschriftsteller früherer Jahre. Rund um uns ist das Meer. Wir kehren auf unseren Sitzen uns dem Meere zu, der Stadt den Rücken. Zur Linken, weit hinten, ist der Seineausfluß, mächtig, breit, vom Meere kaum mehr zu unterscheiden. Jenseits ziehen grüne Hügel, der Häuserknäuel dort ist Honfleur. Uns gerade gegenüber, schon jenseits des Meeres an dem flacheren Strande, kann ein gutes Auge Trouville-Deauville erblicken. Das Meer ist ziemlich belebt. Schiffe ziehen aus dem Hafen alle an uns vorüber, lebhafter geschaukelt, je weiter sie in das offene Meer kommen. Man schaut, wie sie nahen, man lugt aus, bis sie verschwinden. Wird es dunkel mit einbrechender Nacht, da flammen wechselnd und drehend die zwei Leuchtthürme wie zwei Sonnen, da glitzern die Fenster Havre's, besonders jene des nahen „Frascati", da schimmern in der Ferne jenseits des Meeres wie Leuchtkäfer die Lichtpunkte der Orte Honfleur und Trouville, und besonders schön und hell leuchten über uns am nächtlichen Himmel die unzähligen, ungezählten Gestirne, die ewigen, leitenden Lichter des Luftoceans.

Die Nordküste des Departements der untern Seine birgt noch mehrere kleine Juwele, die freilich schon stark ans Tageslicht gezogen worden sind. Nördlich von Havre breitet sich ein Hochland aus und über dieses führt der Weg nach dem Seebade Etretat, immerfort unweit des Meeres, das uns stellenweise aus Landeinschnitten wie grüßend und mahnend, sein nicht zu vergessen, entgegenleuchtet, vorüber an den geschlossenen, baumumhüllten Wirthschaften, an wohlgepflegten Feldern und Wiesen, weidenden Pferden, Kühen und Schafen, hügelauf, hügelab durch frisches, saftiges Grün. Das kaum eine Viertelstunde breite, von grünen Höhen gesäumte Thal Etretats liegt tief in das Tafelland eingeschnitten, eine grüne blumenbesetzte Wiege am Strande des blauen Meeres und mit demselben fast auf gleichem Spiegel. Etretat besteht halb aus reizenden Villen, die zumeist die Höhen bedecken, halb ist es noch das Fischerdorf, das es vor drei Jahrzehnten gewesen. Etretat ist bescheidener als Trouville-Deauville, aber dennoch eines der gesuchtesten und reizendsten Pariser Modebäder geworden. Es ist auch wirklich der reizendste Punkt an der nicht eben mit Naturschönheiten gesegneten Küste der Normandie. Das Grün des Thales, der schöne, bequeme, mit reinen Kiessteinen überrollte Strand der kleinen Bucht, über welchen die Wellen des Wassers bis fast zu den ersten Häusern des Ortes schlagen, während man in Trouville z. B. weit über Sand gehen oder fahren muß, um endlich zu dem gewöhnlich seichten Wasser zu gelangen, endlich die Scenerie der Felsen, welche das Bild förmlich künstlerisch abschließen, zog die Künstler an und die Schriftsteller, und so wurde in Wort und Bild Propaganda gemacht für Etretat. Von dem dortigen Badeleben schweigen wir, mit wenigen Veränderungen müßten wir doch das bei Trouville Gesagte wiederholen. Eine Abwechslung in dasselbe bringen blos die Ausflüge, welche man ab und zu macht. Nicht zu häufig, nicht zu weit, denn Schöneres als Etretat findet man nicht weit und breit. Will man gehen oder fahren, so bietet die Straße, welche das Thal von den abschießenden Höhen bis zum Meere mitten durchschneidet, ein ausgiebiges Stück Weges, und will man steigen und klettern, das Meer weit hinaus sehen, so steigt man die steilen Pfade rechts und links an der See hinauf, welche aus der Mulde auf die Höhe der Strandfelsen führen, eigentlich auf die Höhe des Tafellandes, denn das schmale Thal Etretats scheint vom Meere ausgewaschen zu sein, nachdem die Wellen kämpfend das Bollwerk der Felsmassen durchbrochen hatten. Da oben auf den Wiesen sind wunderbare Gehpfade, von dort oben aus sieht man das Meer im Sonnenschein unendlich vor sich liegen in seiner ganzen Herrlichkeit. Man steht und schaut und forscht ferne, ferne, ob man nicht die Kreidefelsen Englands, irgend ein Pünktchen, das Land andeutet, entdecken könne. Jahrelang sehnt man sich, den Anblick des unbegrenzten Meeres zu genießen, und steht man am Meere, so forscht man in die Ferne nach Ufern, nach Begrenzung! Die Felsen, auf deren Höhe wir wandeln, weißgelb, weißgrau, schroff nach dem Meere abfallend, haben massenhaft Gerölle abgeschüttet, das bei der Ebbe chaotisch, kleine Wasserspiegel zurückhaltend und einschließend, umherliegt. Diese Felsen, die Schutzmauer und Wehr des Landes vor den anstürmenden Fluthen, bilden eine förmliche Bastei. Nur sind zahlreiche Breschen hinein gebrochen von den Fluthen, bald größer, bald kleiner, die zu kleinen grünen Thälern, zu gähnenden dunklen Pforten und Ritzen wurden. Da oben im warmen Sonnenschein, in der gleichzeitigen Frische der Seeluft ist es gut sein, herrlich zu schauen, wunderbar zu ruhen. Man vermißt dort nicht einmal die Gesellschaft Etretats, die wir da unten am Strande wie eine Krabbenfamilie umhergelagert sehen, an die der weiße Schaumkranz der Wellen heranspielt, während weiterhin die heimgekehrten Boote an das Land gezogen und die Beute der Fischer auf die Kiesel geworfen und öffentlich feilgeboten werden.

Nebst Etretat werden auch die Städte Fécamp und Dieppe noch als Seebadeplätze viel besucht. Fécamp ist uns freilich interessanter wegen des trefflichen Liqueurs, dessen Bereitung das Geheimniß der Mönche der dortigen Benediktinerabtei ist und der als „Bénédictine" sich Weltruf erworben hat. Dieppe, eine ansehnliche Stadt von über 20,000 Einwohnern, aber ohne alle Sehenswürdigkeiten, besitzt vortrefflich mit allem Zubehör eingerichtete Bäder, welche von der Pariser eleganten Welt und auch von vielen Söhnen Albions aufgesucht werden. Indessen kommen die Gäste mehr des Vergnügens, als des Badens wegen her und finden dazu auch alle wünschenswerthe Gelegenheit.

Picardie, Artois und Französisch-Flandern.

I. Die Picardie.

Frankreich übt auf die Touristen nicht dieselbe Anziehungskraft aus wie Italien oder Deutschland. Vielleicht ist der Grund der Vernachlässigung eines Landes, das überreich an Schönheiten der Kunst und der Natur ist, zum Theil in dem Umstande zu suchen, daß die Franzosen selbst wenig reisen und daß deßhalb wenig für die Bequemlichkeit der Reisenden gesorgt ist. Natürlich giebt es in Paris und in den großen Städten treffliche Gasthöfe; aber in den eigentlichen Provinzialstädten sind sie meist unbequem und das Essen ist sogar schlecht. Wie der Mensch aber nicht vom Brote allein leben kann, so kann umgekehrt der Reisende nicht blos vom Anblicke schöner Gegenden oder merkwürdiger Dinge leben, und die Folge davon ist, daß ein guter Gasthof ihm wichtiger ist, als er geneigt sein möchte zuzugeben. Dieser Umstand erklärt es wohl auch, daß die Landschaften Picardie, Artois und Französisch-Flandern, welche gegenwärtig die drei Departements der Somme, des Pas-de-Calais und des Nord bilden, von Fremden nur selten besucht werden. Höchstens daß einzelne Strecken jene flüchtig durcheilen, welche von Brüssel nach Paris sich begeben oder von der Seinestadt nach London streben und dazu den Einschiffungshafen Calais erreichen müssen. Und doch wird, wer wirklich Werth auf das Schöne legt und seine Behaglichkeit für einige Zeit aufgeben kann, eine Reise durch diese nordwestlichen Theile Frankreichs sehr lohnend finden.

Wir begeben uns aus der angrenzenden Normandie zunächst in die Picardie, nämlich das Gebiet der oberen Oise und hauptsächlich der Somme, des Stromes, welcher dem Departement den Namen giebt und dasselbe in ziemlich ostwestlicher Richtung durchfließt. Mit einem weit ins Land greifenden Mündungstrichter, der Baie de Somme, ergießt er sich in den Aermelcanal, dessen Gewässer in der flachen Küstenausbuchtung zwischen Dieppe und Boulogne als Bassurelle de la Somme bezeichnet werden. Das Land ist im Allgemeinen flach, einförmig, prosaisch, ohne natürliche Reize, aber die Kreideebenen der Somme sind fruchtbarer, torfreicher Boden, auf dem die Aepfel gedeihen, unabsehbare Getreidefelder und endlose Wiesen sich hinziehen und wo man viel Lein und Hanf gewinnt, auch viel Vieh und besonders Schafe zieht. Zwischen dem Meere, der Somme und der Baie d'Authie liegt eine 20 km lange, am Meere fast 15 km breite fruchtbare Ebene, höchst angenehm und malerisch; im Osten ist dichter Wald. In der Picardie giebt es große Landgüter und zahlreiche Dörfer, dabei wenig Bauern, die nicht Eigenthümer wären. Namentlich die Santere, ein Landstrich im Osten des Departements, ist eine der Kornkammern Frankreichs. Als Hauptort dieses Gebietes ist wohl Péronne zu betrachten, eine nie besiegte Festung, auf einem 53 m hohen Hügel, eine der stärksten, wenn sie nicht von Höhen beherrscht würde. Heute sind die Wälle in Promenaden verwandelt, aber noch im vorigen Jahrhundert, als Péronne das Grenzstädtchen vom eigentlichen Frankreich und mit einem Zollamte ausgerüstet war, passirte man wenigstens drei Gräben mit Mauern, Wall und Brücken, bis man zur Vorstadt kam. Der deutsche Professor Heinrich Sander, dessen Reisebeschreibung 1783 erschien, erzählt von Péronne: „Hier sind schon alle Häuser von rothen Backsteinen gebaut, aber in den Vorstädten waren noch viele Häuser mit Stroh gedeckt. Die Stadt selbst ist mittelmäßig, hat aber einen sehr schönen langen Platz. Wir fuhren ganz durch, weil der Gasthof, Hôtel de Flandre, vor der Stadt liegt. Da waren wiederum die Zimmer mit einem Bett so klein, so eng, daß man sich fast nicht umkehren konnte, und inwendig konnte man sie nicht einmal zuschließen."

Südlich von Péronne, an der Somme und im äußersten Südostwinkel des Departements, liegt das Städtchen Ham, mit einem alten festen Schlosse, das früher Staatsgefängniß war und durch den Aufenthalt des Prinzen Louis Bonaparte, des späteren Kaisers Napoleon III., der dort nach seinem verunglückten Einfall in Boulogne sechs Jahre lang gefangen gehalten ward, in weiteren Kreisen berühmt. Die Festung Ham ist ein düsteres, einförmiges Steinviereck, von vier Thürmen umsäumt, mit engen, stark vergitterten Fensteröffnungen. Wenn man ins Innere der Veste eingetreten, bemerkt man links eine alte Ulme, ihr gegenüber am fernsten Ende des Hofes ein düsteres Bauwerk, halb verdeckt im Schatten der Erdaufwürfe des begrasten Walles. Rechts in diesem Gebäude ist eine eiserne Thür, durch diese tritt man ein. Das Erdgeschoß enthält vier kleine Zimmer; zwei davon bewohnte General Montholon, welcher nebst dem Dr. Conneau Mitgefangener Louis Napoleons war. Im ersten Stock zwei kleine Zimmer, deren eines dem Prinzen zu Wohnung und Arbeitscabinet, das andere zum Schlafzimmer diente; zwei ähnliche Räume für Dr. Conneau, dazu eine Art gemeinschaftlichen Speisezimmers und ein kleines Cabinet, in welchem Louis Napoleon chemische Experimente machte. Zu gewissen Stunden durfte der Gefangene auf einer 13 m langen, 6 m breiten Plattform, auf der Brustwehr des Walles, mit der Aussicht über den Canal spazieren gehen, doch nie, ohne daß ihm eine Wache auf dem Fuße folgte. Außerdem stand ihm ein kleiner Baumgarten zu Gebote, den er sorgsam pflegte.

Von Ham wenden wir uns nach dem ziemlich in der Mitte des Departements gelegenen Cheflieu Amiens, früher, ehe die Revolution die alte Landeseintheilung vernichtete, auch die Hauptstadt der Picardie. Es verblieb ihr, aus dieser Zeit her, noch der ganz entsprechende Charakter: Befestigungen oder deren Ueberreste, Kirchenfülle, alte Häuser, krumme Straßen und Reichthum. Sie hat an 75,000 Einwohner, große Fabriken und leistet Vorzügliches in Wollgeweben, Teppichen, Halbsammet und Halbatlas, in Jute und — Entenpasteten.

Die Madeleines von Commercy
Und die Reimser Tafelbiscuits,
Und die Entenpasteten von Amiens,
Sie verlohnen schon eine Visite.

Amiens, das alte Somarobriva Ambianorum, ist unregelmäßig gebaut, schmutzig und bedeckt einen großen Flächenraum, der durch zwölf von der Somme gebildete Canäle durchschnitten wird. Boulevards, mit Linden- und Kastanienbäumen bepflanzt, nehmen die Stelle der alten Wälle ein und geben der Stadt, namentlich in der Blüthezeit, von außen ein freundliches Ansehen. Außer seinen Fabriken zieht Amiens seinen Reichthum aus dem Gemüsebau; es ist das Erfurt, der große Gemüsegarten Nordfrankreichs. Aber wenn es sich darum handelt, nicht blos auf das Product, sondern auch auf die Art der Gewinnung, auf das landwirthschaftliche Princip, ja selbst auf die landwirthschaftliche Erscheinung zu sehen, so ist die Hauptstadt der Picardie, inmitten ihrer sie umzirkelnden Gärten, den deutschen Spreewaldterritorien am meisten verwandt. Die Somme bildete hier in alter Zeit schon, genau wie die Spree, ein durch humusreiche Erde sich hinziehendes Wassernetz und innerhalb der Maschen dieses Netzes zahllose, für die feineren Culturen, namentlich für den Gemüsebau geeignete Inseln. Wenn nun aber die Dinge im Spreewalde einen bäuerlichen Charakter bewahrten und kein Verlangen zeigten, über eine enorme Gurkenproduction hinauszuwachsen, so bemächtigte sich in Amiens die geschickte Hand des Städters des hier natürlich Gegebenen, und den ohnehin fruchtbaren Boden durch ein sich von selbst darbietendes Bewässerungssystem, zugleich aber durch Anlage immer neue Canäle, von Jahrzehnt zu Jahrzehnt fruchtbarer gestaltend, entstanden hier, unmittelbar vor den Thoren der Stadt, viele Hunderte entzückender Inselgärten, die nun, mit chinesischer Sorgfältigkeit bestellt, mit Gartenhäusern und Strauchobstbüschen reich geschmückt, eine ebenso charakteristische Zierde der Umgebung der Stadt, wie eine Quelle ihres Reichthums geworden sind. Die Gärtner, die hier wohnen, bilden unter dem Namen der „Hortillons" eine hochangesehene Zunft und sind diejenigen, die das alte Leben der Stadt noch am meisten zur Schau tragen. Sie besitzen in der Kathedrale eine eigene Capelle, (La chapelle de Saint Salve), die im Gegensatz zu so vielen anderen Betplätzen, die todt sind, beständig Licht und Leben zeigt; hier brennen immer geweihte Kerzen, hier knieen Andächtige und zu Füßen eines großen byzantischen Crucifixes blühen unausgesetzt die schönsten Blumen. Dieses byzantinische Crucifix, das den Erlöser in einem Diadem und angethan mit einem langen Gewande zeigt, ist der Gegenstand nicht blos besonderer Verehrung, sondern auch besonderer Festlichkeiten. Im Sommer, wenn Alles in Frucht und Fülle steht, dann soll der Heiland des Fleißes seiner Gärtner froh werden und ihre Arbeit aufs Neue segnen; dann stellen sie ihn aufrecht an den Mast eines kleinen Schiffes, tragen das Schiff in Procession bis zu dem Canalnetz der Somme nieder und folgen dem voranffahrenden Christusbilde in Hunderten von Booten unter ernstem und heiterem Gesang, an den Inselgärten und ihren Häusern vorüber. Des Abends steht das Bild an alter Stelle in der Gärtnercapelle der Kathedrale.

Die Kathedrale, von außen und innen ein Meisterwerk gothischer Baukunst, liegt mitten in der Stadt, aber nicht erhöht und von Straßen dicht umgeben, so daß man von keinem Punkte einen guten Ueberblick gewinnen kann. Das ist um so mehr zu beklagen, als die Außenseite außerordentlich schön in ihren Verhältnissen und Verzierungen ist. Auch ist es unmöglich, den achteckigen Thurm zu sehen, den die feinste Ausführung auszeichnet, der aber im Vergleiche mit den großartigen Verhältnissen des Gebäudes, das er überragt, etwas kleinlich erscheint, obwohl er bei einer Höhe von 132,6 m zu den höchsten Thürmen zählt, die wir besitzen. Zu Beginn 1806, als der Napoleonenthusiasmus auf seiner Höhe stand, erkletterte Bruno Vasseur den Thurm bis zu seiner höchsten Stangenspitze und schrieb den Namen des Kaisers, unter unermeßlichem Volksjubel, auf die Brust des Wetterhahnes. Die Lorbern jener Stunde ließen einen andern Braven, einen Stadtmusikus von Amiens, nicht schlafen und er ruhte nicht eher, bis er, unter Anlehnung an eben diesem Wetterhahn, ein Violinsolo dort oben gespielt hatte. Die westliche Façade ist von zwei Thürmen eingefaßt, die von verschiedener Höhe sind, weil ihre Spitzen nie fertig gebaut wurden; so erscheinen sie zu klein gegen das ungeheure Gebäude, namentlich gegen das gigantische 67 m hohe Dach, welches die Kirche vielleicht zu mächtig überragt. Doch tritt dies nur hervor, wenn man es von der Seite betrachtet. Von dort gesehen, ist gerade die Westfront die Zierde der Kathedrale und der Ruhm der Stadt, und selbst die Ungleichheit der Thürme wirkt nicht störend. Während die Glasmalereien den innern Hauptschmuck der alten französischen Kathedralen ausmachten, sind letztere von außen durch reiche Sculpturen verziert. Die ganze Façade ist darauf berechnet, den Bildwerken den möglichst großen Raum zu gewähren. Dies ist auch in Amiens der Fall. Die Westseite des Domes zeigt eine Menge von Sculpturen. In das Innere der Kirche führen drei große und tiefe Portale, deren Bogen von einer langen Reihe von Statuen in Nischen gestützt sind, welche die Stelle von Säulen vertreten; die Bogen selbst sind mit Statuetten von Aposteln und Heiligen geschmückt; reiches Figurenwerk bedeckt die unteren Theile der Portale. Diese Sculpturen zeigen wie die von Notre-Dame in Paris eine Milderung des strengen archaistischen Styles und erheben sich zu einer edlen Freiheit des Ausdrucks. Dies ist besonders bei einer Kolossalstatue des Heilands sichtbar, die an den Strebepfeiler des Hauptportals gelehnt ist, welcher davon den Namen „Porche du bon dieu d'Amiens“ erhalten hat. Sowohl Viollet-le-Duc als Wilhelm Lübke sind einig darin, diese Statue als eines der schönsten Bildwerke des dreizehnten Jahrhunderts anzuerkennen. Auf dem Giebelfelde über dieser Statue ist das jüngste Gericht dargestellt. Ueber den Portalen ist eine Arkade angebracht, die dem Triforium im Innern entspricht; eine zweite Gallerie enthält die Bildsäulen von 23 Königen von Juda, welche Ahnherren der heiligen Jungfrau gewesen sein sollen. Darüber, in der Mitte, erblickt man das herrliche Radfenster, welches eine so große Zierde des Innern ist, und die beiden unvollendeten Thürme, die ungleich in der Höhe und den Ornamenten sind, springen von beiden Seiten vor. Auch an der Nord- und Südseite führen Eingangsthüren ins Innere; das Portal der Südseite zeigt sehr reichen Sculpturenschmuck. Das Innere der Kirche ist weniger reich an Details, aber ungemein wirkungsvoll in seiner Einfachheit und Größe, beim ersten Anblick fast überwältigend durch seine Höhe und das Ebenmaß seiner Verhältnisse. Höhe war allerdings, was die französischen Baumeister vorzüglich erstrebten, und in dieser Beziehung wird die Kathedrale von Amiens von wenigen erreicht, von keiner übertroffen. Die Kirche ist in der Form eines lateinischen Kreuzes erbaut, hat ein Mittelschiff, zwei Seitenschiffe mit einem Capellenkranz. Der Chor endet mit einer runden Apsis mit sieben Capellen. Die Wölbung des Chors ist von großer Kühnheit und vollendeter Schönheit und schließt den Blick in das Innere auf würdige Weise ab. Reihen auf Reihen von Pfeilern tragen das Gebäude, und die des Hauptschiffs, die von dem Boden bis zum Gewölbe reichen, sind fast erschreckend in ihrer Kühnheit. Die Bögen dieses Schiffes steigen bis zur Hälfte der inneren Höhe. Darüber geht ein aus Stein gemeißelter Kranz um das ganze Schiff; er bildet eine immerwährende Ausschmückung der Kirche. Darüber erhebt sich das Triforium und über diesem das Oberschiff, dessen Fenster von einander nur durch schmale Säulen getrennt sind, die von den Hauptpfeilern ausgehen. Die ganzen Mauern der Kirche, mit Ausnahme der Ummauerung der großen Pfeilerbögen, sind auf diese Weise fast in Glaswände verwandelt, welche, als sie von den Glasmalereien ausgefüllt waren, für die das Ganze entworfen war, einen feenhaften Anblick gewährt haben müssen. Unglücklicherweise sind die meisten dieser Glasmalereien verschwunden; die Kirche ist deßhalb zu hell und ruft nicht das Gefühl düsterer religiöser Ehrfurcht hervor, das die meisten gothischen Gotteshäuser erwecken. Einige und zwar sehr schöne Glasmalereien sind jedoch geblieben, namentlich in den drei ungeheuren Rosenfenstern an den Enden des Querschiffs und in der Mitte der Westfront, deren jedes fast 32 m im Umkreis hat. Das letzte ist als rose de mer bekannt. Sie enthalten vielfarbige geometrische Figuren, die aber im Mittelalter eine bestimmte mystisch-symbolische Bedeutung hatten. Der Chor, nur wenig über das Hauptschiff erhöht, von dem er durch ein eisernes Gitter getrennt ist, enthält eine Reihe prächtiger in Eichenholz geschnitzter Stühle von vorzüglicher Arbeit des sechzehnten Jahrhunderts, welche den Vergleich mit den besten italienischen Kunstschnitzereien dieser Art ertragen. Sie sind von inländischen Arbeitern angefertigt, und wir erfahren, daß der Werkmeister für sich und seinen Lehrling täglich sieben Sous erhielt — ein Umstand, der helles Licht auf die damaligen Verhältnisse wirft. Etwa 4000 Figuren hat man auf diesen Schnitzereien gezählt, welche Scenen aus dem Alten und Neuen Testament, sowie allegorische und humoristische Gegenstände darstellen. Vom Chor aus hat man einen sehr schönen Blick in die Kirche, und es zeigt sich, wie vortrefflich die Wirkung berechnet ist. Jeden Pfeiler sieht man einzeln, und dieser Anblick ist mit Recht der Ruhm von Amiens. Die Capellen der Apsis enthalten nichts Hervorragendes. Hinter dem Hochaltare ist das Grabmal eines Canonicus der Kathedrale. Dieses ist sehr berühmt wegen eines weinenden Engels, unter dem Namen „L'Enfant pleureur" bekannt. Der Name des Bildhauers ist Blasset. Das Werk stammt vom Anfang des siebzehnten Jahrhunderts und ist ein gutes, kräftiges Stück Arbeit. Der kleine Knabe sieht wirklich ganz verzweifelt aus. Doch ist die Manier der Zeit nicht zu verkennen. Von größerem Werthe, wenn auch minder gut ausgeführt, ist eine Reihe von Steinbildwerken, die in die Mauer eingelassen sind, welche den Chor von den Seitenschiffen trennt. Sie stammen aus dem fünfzehnten Jahrhundert und stellen die Legende des heil. Firmin, des Schutzpatrons von Amiens und der Picardie, dann die Thaten und den Tod Johannes des Täufers dar. Sie sind naiv und alterthümlich in Erfindung und Ausführung, dabei aber voll Leben, Bewegung und Ausdruck. Die Mannigfaltigkeit der Typen, die sprechenden Stellungen und die Gruppirung, Alles ist höchst merkwürdig. Sie sind gefärbt und gleichen dadurch den Terracotta-Gruppen, die man im Norden von Italien, namentlich in Modena findet.

Trotz aller vorzüglichen Einzelheiten bleibt doch die Harmonie des Ganzen das Bewundernswürdigste an der Kirche, die sich vom Triforium aus sehr gut überblicken läßt. Von hier aus kann man auch den Thurm besteigen, der die Aussicht über das Thal der Somme beherrscht. Von einem dieser Thürme sah Heinrich IV. den Rückzug der Spanier im Jahre 1597 an. Das Dach selbst ist ein Meisterwerk der Zimmerarbeit und muß einen Wald von Eichen und Kastanien verschlungen haben. Es hat manchen historischen Act beschirmt. Denn in der Kathedrale von Amiens wurde Isabeau von Bayern im Jahre 1385 mit dem schwachsinnigen König Carl VI. vermählt; hier huldigte im Jahre 1329 der englische König Eduard III. Philipp von Valois für Guienne, hier war 1263 Ludwig der Heilige Schiedsrichter zwischen dem englischen König Heinrich III. und seinen Baronen, und hier hat Peter der Einsiedler, der aus Amiens gebürtig war, den ersten Kreuzzug gepredigt. Seine in Erz gegossene Statue erhebt sich im Rücken der Kirche und zählt zu den besseren Arbeiten unter den vielen Hunderten, denen man überall im Lande begegnet. Sie faßt den Eremiten auf, wie er predigend, anrufend, durch die Lande zieht. Die Linke liegt auf der Brust, in der Rechten hält er das Cruzifix. „Dieu le veut!"

Das Rathhaus der Stadt lohnt einen Besuch nicht, außer wenn man den Saal sehen will, in welchem im Jahre 1802 der Congreß gehalten und der berühmte Friede von Amiens unterzeichnet wurde. Noch eine kleine Kirche sollte man sehen, nur nicht unmittelbar nach der Kathedrale. Es ist die Kirche St. Germain, in einer kleinen Nebenstraße gelegen, ein Studium für einen Baumeister, ein wahres Muster von dem, was eine Stadtkirche sein sollte. Sie stammt aus dem fünfzehnten Jahrhundert und ist höchst anmuthig in ihren Verhältnissen, lieblich und harmonisch, wie ein kurzes, in sich vollendetes Gedicht.

Bemerkenswerth wegen ihren schönen gothischen Kirche ist auch Abbeville, die zweitwichtigste Stadt der Picardie. Die St. Vulfram- (Wolfram-) Kirche ward im fünfzehnten Jahrhundert begonnen, aber niemals vollendet; sie hat ein prächtiges, mit Statuen geschmücktes Portal, eine durchbrochene Brustwehr und Gallerie nebst zwei mit etwas über 50 m hohen Thürmen. Die Stadt Abbeville selbst mit 20,000 Einwohnern ist die Hauptstadt der alten Grafschaft Ponthieu; ehemals eine Festung, ist Abbeville heute noch ein ansehnlicher Waffenplatz und dank einem unmittelbar mit dem Meere in Verbindung stehenden Canal zugleich Seehafen. Die Gezeiten machen sich im Hafen deutlich fühlbar, bei beträchtlicher Fluth steigt das Wasser um mehr denn 2 m. Die Somme, an welcher Abbeville liegt, theilt durch ihre Spaltung die Stadt in drei besondere Viertel; die Straßen sind aber auch hier enge und winklig, die Häuser indeß zum Theil interessant durch ihre aus Holz aufgeführten Façaden. Abbeville, das noch drei andere Flüßchen bewässern, liegt in dem hier 4 km breiten, lachenden und fruchtbaren Thale der Somme, welches durch die auf der Strecke bis zu dem 44 km entfernten Amiens gemachten urgeschichtlichen Funde in aller Welt berühmt geworden ist. Es war ein zu Abbeville wohnhafter Alterthumsforscher, Jacques Boucher de Crèvecoeur de Perthes (geb. 10. September 1788 zu Rethel, gest. 5. August 1868), welcher Jahrzehnte lang in den Diluvialbildungen, den Sand- und Kiesgruben des unteren Sommethales wählte, um die Beweise herbeizuschaffen für seinen Ausspruch, den er schon 1836 mit großer Bestimmtheit gethan, „daß man in Ermangelung fossiler Menschenreste früh oder spät im Diluvium Spuren von der Thätigkeit vorsintfluthlicher Menschen finden werde." Und schon im Jahre 1838 gelang es dem emsig suchenden Forscher, in den genannten Ablagerungen, mitten unter fossilen Elefanten- und Nashorngebeinen, zahlreiche aus Feuerstein verfertigte Werkzeuge — Aexte, Beile — aufzufinden, die er der Société d'émulation in Abbeville vorlegte. Sein Fund wurde jedoch mit Gleichgültigkeit und Unglauben aufgenommen und lange stand Boucher de Perthes einsam und verlassen. Man muß seine Klagelieder lesen, um den Schmerz dieses für die Aufklärung begeisterten Mannes über den Unglauben, dem er überall begegnete, begreifen zu können. Englischen Geologen gebührt die Ehre und das Verdienst, daß sie sich zuerst veranlaßt fanden, in dem Thale der Somme an Ort und Stelle selbst Untersuchungen anzustellen, welche alsbald die Echtheit der Boucher'schen Funde aufs Hellste erwiesen. Fast jedes Jahr brachte nun neue Funde und das Sommethal ward gradezu die klassische Fundstelle der primitivsten Artefakte, gewissermaßen die Geburtsstätte der heute schon über ein reiches Material verfügenden Wissenschaft der Prähistorie. Im April 1863 ward endlich die gelehrte Welt durch die Kunde überrascht, daß man in dem Diluvium von Moulin-Quignon, in der Nähe von Abbeville, einen menschlichen Kinnbacken gefunden habe — und sofort begann wieder der hartnäckige Proceß über die Echtheit oder Unechtheit dieses Fundes. Dem hochverdienten Boucher de Perthes ward glücklicherweise vor seinem Lebensende noch die Freude zu Theil, jeden Zweifel beseitigt zu sehen.

Wir wollen indeß uns in keine weiteren Untersuchungen über die vorgeschichtlichen Bewohner der Picardie verlieren, wohl aber müssen wir der heutigen Bevölkerung des Landes einige Worte widmen. Die Picarden sind von flämischer Abstammung; in diesem Lande, wo der Feudalismus und der Municipalgeist im Mittelalter zugleich so tiefe Wurzeln geschlagen hatte, sind die verschiedenen Klassen noch jetzt durch sehr merkliche Unterschiede getrennt und man findet hier den sogenannten Adel, die reiche Bürgerschaft (la bonne bourgeoisie), die Kleinbürger und die kleinen Leute (petites gens). Positiv, ohne innige Verbindungen, wie ohne Feindschaft unter einander lebend, den alten Gewohnheiten wie den alten Ansichten treu, ziemlich gleichgültig in der Religion, gute Soldaten, aber ohne Aufschwung, Freunde der Ordnung in der Politik wie im Privatleben, bilden die Picarden unter den sie umgebenden Provinzen eine Art Colonie aus dem Ende des siebzehnten Jahrhunderts. Wie ihre Nachbarn, die Flamänder und Artesier, zeichnen sie sich durch gesunden Hausverstand in der gemeinsten Bedeutung des Wortes aus, weit mehr als durch Geist und Einbildungskraft, und wie diese sind sie auch in ihrem Benehmen meist düster und stumm, verschlossen, trotzig, jähzornig und stolz. Es gehen bei ihnen bäuerliche Zweikämpfe im Schwange, bei welchen der Sitte gemäß um die Gegner vier Pflöcke eingeschlagen werden, während die Bedingungen des Kampfes mit leiser Stimme besprochen werden. Dann giebt man den vier ungeduldigen Raufern das Zeichen zum Losgehen. Die rechte Hand nach vorwärts gestreckt, trachten sich die Kämpfer mit dem linken Arm zu umfassen. Sie zielen blos nach den Schläfen. Ein einziger, wohl treffender Schlag genügt oft, um augenblicklichen Tod herbeizuführen. Doch leben unter den Picarden noch mancherlei Sagen und Märchen, in welchen Verzauberungen,

Feen und selbst der Teufel eine bedeutende Rolle spielen. Auch halten sie noch manch alterthümlichen Brauch fest, darunter einige, die nicht mit Stillschweigen übergangen werden sollen. Am Faschingdienstag wird wie in Rom der Carneval verbrannt. Die Burschen ziehen verkleidet im Dorfe umher, einen Fiedler an der Spitze, während ein gleichfalls maskirter Mann die in Lebensgröße hergestellte Puppenfigur des Carneval auf dem Rücken trägt. Abends bringt man sie auf den Platz, wo ein kleines Feuer angemacht ist. Nun bindet man die Puppe an einen Pfahl und zündet sie an. Die Anwesenden tanzen um das Feuer und singen:

Mardi-Gras est brûlé
Il va être enterré.
Demain il n'en sera plus parlé,
Mardi-Gras aura été.

Am Faschingdienstagvorabend ziehen die Masken von Haus zu Haus, indem sie folgendes sehr nichtssagende picardische Liedchen singen, welches zugleich als Dialectprobe dienen möge. Des besseren Verständnisses halber setzen wir die Uebersetzung ins Schriftfranzösische darunter:

Ou gui nel; mig et mig!
Donnez-mé d'ol flamigue;
Qu' all' fut bis, qu' all' fut blanc,
Ch'est por un' omme qu'est point freyant,
Ej' vous vois par un kion treu,
Qu' on mingéz du pâté keu;
Si on n' m' in donnez point un morcieu,
J'oll dirai à ch' conconnier
Qui vous mettro den sen peignier.

Au gui neuf! mig et mig!
Donnez-moi de la flamique (grober Kuchen);
Qu' elle soit bise ou blanche
C'est pour un homme peu friand.
Je vous vois par un petit trou
Manger du pâté chaud
Si vous ne m'en donnez pas un morceau
Je le dirai au marchand de lapins
Qui vous mettra dans son panier.

Die Sänger empfangen darauf Geschenke an Butter, Eiern, Brot und selbst mitunter an Geld.

Zu Allerheiligen wird an manchen Orten der Picardie zur Vornahme einer Ceremonie geschritten, welche sich — wie ihr Vorkommen bei vielen Naturvölkern beweist — offenbar aus tieferen Culturstadien in die Gegenwart noch gerettet hat; es ist dies die sogenannte réception des fieux, welche der Wehrhaftmachung der Jünglinge entspricht. Als fieu aufgenommen zu werden, bedeutet den Eintritt in die Reihen der Männer, und ist zugleich ein Pubertätszeugniß. Der Aufgenommene erwirbt das Recht, die Blouse mit dem blauen, in rother Wolle gestickten Kragen zu tragen, das eigentliche Mannskleid jener Gegenden. Alljährlich in der Frühe des Allerheiligentages versammelt das Oberhaupt der Fieux seinen Beirath in einem besonderen Gemach; dort werden die Register durchgesehen, worin alle Geburten männlicher Kinder in der Gemeinde sehr sorgfältig eingetragen sind und danach ein Verzeichniß aller jener gemacht, welche am 1. November um Mitternacht das sechzehnte Jahr erreichen. Dieser Gebrauch ist so festgewurzelt, daß bei der Geburt eines Sohnes der Vater denselben zuerst beim Register der Fieux anmeldet, ehe er sich zum Bürgermeister oder zum Pfarrer begiebt. Ist die Liste der Sechzehnjährigen festgestellt, so wird sie dem Gemeindeaustrommler übergeben, welcher sie in allen Straßen verliest mit der Weisung, sich Nachts, um Mitternacht, in einem dazu bestimmten Wirthshause einzufinden. Um besagte Stunde treffen die Candidaten ein. Ein Tisch ist in der Mitte des großen Saales aufgestellt. Um denselben sitzen das Oberhaupt der Fieux und sein Rath, aus zwölf Köpfen bestehend. Nur die Männer des Dorfes dürfen der Ceremonie beiwohnen. Weiber und Kinder sind davon streng ausgeschlossen. Nun werden die Aufzunehmenden eingeführt und um Name, Alter, Stand u. s. w. befragt. Man legt ihnen ein Buch vor, woraus sie müssen fließend lesen können. In ein aufgeschlagenes Register muß jeder eine Zeile schreiben, und es ist rührend, diesen umfangreichen Band zu durchblättern, worin der Jüngling auf den ersten Seiten die Schrift seiner Väter und Großväter findet, welche die nämliche Ceremonie durchmachen mußten, als sie in seinem Alter standen. Der Sechzehnjährige, welcher noch nicht seine erste Communion erhalten haben sollte, wird auf das nächste Jahr zurückgeschickt. Eine Holzhaueraxt liegt auf dem Tische; der Candidat muß sie mit einer Hand aufheben und beweisen, daß er im Stande ist, sie zu handhaben, um sich ihrer ordentlich bedienen zu lernen. Man läßt ihn dann eine Garbe binden, einen Ulmenstamm durchsägen, eine Sense schleifen, ein Holzbündel machen, einige Maschen eines Netzes knüpfen und die auseinander genommenen Theile eines im Saale aufgestellten Pfluges zusammensetzen. Hat er alle diese Proben siegreich bestanden, so führt man einen Esel herein, welchen jeder Candidat satteln, zäumen und schließlich besteigen muß. Dreimal macht er auf demselben die Runde um den Tisch, erhält dann ein Glas Branntwein, das er möglichst in einem Zuge leert, alle Anwesenden rufen: fieu! fieu! fieu! Er springt von seinem Esel und ist nun Mann geworden. In diesem Augenblicke öffnen sich die Thüren; alle Frauen und Mädchen des Dorfes, welche sich bis dahin an die Thüren und Fenster drängten, brechen in den Saal; sie bilden um die neu Aufgenommenen einen Kreis und jeder von diesen, nachdem er dreimal den Kreis umschritten, wählt sich eine Ehrenjungfrau, welche er in Aller Gegenwart umarmt. Nun kreischen die Saiten einer Violine die von Alters her im Lande gewohnte Melodie, die Quadrille stellt sich auf; man tanzt, trinkt, lacht, singt, namentlich singt man. Die Ehrenjungfrauen gehören die ganze Nacht jenen, die sie erwählt, tanzen nur mit ihnen, werden von ihnen nach ihrer Hütte zurückgeführt, und es ist selten, daß diese Wahl nicht ein Gefühl aufkeimen läßt, woraus fast immer einige Jahre später ein Ehebund entsteht, dessen reine und unschuldige Vorstadien durch ein fünf- bis sechsjähriges Verhältniß nicht nothwendig befleckt werden.

Nach seiner Aufnahme als Fieu ist es dem jungen Manne gestattet, nach den Mädchen zu blinzeln, auch auf die eine oder die andere ein Auge zu werfen. Das Ideal der Picarden sind stark geröthete, fleischige Backen, gutgewachsenes Haar, die Augen nicht zu groß und der Mund nicht zu klein, weil dies als Zeichen guten Gesichtes und gesunden Magens gilt, die Arme nicht weiß aber muskulös, die Beine nicht zart, aber auf breiten Sohlen ruhend, weil dies Kraft und Arbeitsfähigkeit andeutet. Die Mädchen ihrerseits sehen sich der Sitte gemäß nach ihrer ersten Communion um einen Zukünftigen, einen „promis", um, wollen aber keinen Burschen ohne Pfeife; das Nichtrauchen halten sie für ein Zeichen schlechter Lunge. Das Freien ist ziemlich einfach.

10*

Sonntags nach beendigter Messe stellt sich der Jüngling in der Kirche beim Weihbrunnen auf und bietet der Auserwählten das Weihwasser mit den zwei ersten Fingern an. Streckt sie den Daumen aus, dann ist nichts zu machen, ihr Herz ist nicht mehr frei oder der Bewerber paßt ihr nicht; macht sie aber eine Reverenz und zeigt den Mittelfinger bis zu dem Gliede, wo man den Trauring trägt, dann bedeutet dies: die Sache kann sich machen. Die weiteren Verhandlungen übernehmen dann die Eltern des Freiers. In Carlepont existirt aber eine besondere Sitte, bekannt im ganzen Lande als die Fiançailles de Carlepont. Zu Mitfasten, nach der Vesper versammelt sich seit unvordenklichen Zeiten die Jugend des Dorfes und der umliegenden Ortschaften auf dem Platze vor der Kirche. Die Mädchen und Burschen kommen stets zu zweien angerückt, trennen sich, kreuzen die Gruppen der Eltern, umkreisen die Neugierigen und zerstreuen sich in fröhlicher Weise. Nun beginnen die sogenannten „Fiançailles“. Die Gevatterinnen werden lebendig. Da spricht die eine ganz leise mit einem Burschen, eine andere winkt einem Mädchen, eine dritte wispert einer Mutter ins Ohr; dann treten sie Alle wieder zusammen inmitten von der Versammlung und geben die Losung aus, um die Dinge nicht zu verwirren. Endlich streift jede Gevatterin hinter einem Burschen und raubt ihm den Hut, welchen sie einem jungen Mädchen bringt. Wenn der Eigenthümer des Hutes sich dann meldet, giebt die Schöne ihm den Hut zurück, nimmt seinen Arm und wendet sich mit ihm nach dem Tanzsaale. Weder Vater, Mutter, noch selbst der Feldhüter haben an jenem Tage genügende Autorität, um jene zu trennen, welche die Gevatterinnen verbunden haben. Abends führt der Verlobte sein Mädchen bis zu ihrer Thür. Lassen ihn die Eltern, unter irgend welchem Vorwande, nach ihrer Tochter in das Haus treten, so nehmen sie ihn als Schwiegersohn an. Wehren ihm aber die Eltern den Eingang, so ist dies mit einer positiven Ablehnung gleichbedeutend. Eine seltsame Sitte herrscht noch in der Gemeinde Chauny. Hier setzt man nämlich für den ganzen Hochzeitstag bis zu dem Augenblick, wo der Bräutigam die Braut fordert, um sie in das Brautgemach zu führen, einen behenden, kräftigen, jungen Burschen als Wächter über die letztere. Alle möglichen Kniffe werden angewendet, um die Wachsamkeit desselben zu vereiteln, und manchmal sucht man ihm sogar mit Gewalt seinen Schützling zu entreißen. Wird er nur ein einziges Mal überlistet, so muß er am folgenden Tage verkehrt auf einem Esel sitzend, dessen Schwanz er statt des Zügels in der Hand hält, und von den Spielleuten und Hochzeitsgästen gefolgt, das ganze Dorf durchreiten.

II. Artois.

Die Picardie grenzt im Norden an die Grafschaft Artois oder das heutige Departement des Pas de Calais, das Quellgebiet der Scarpe, Lys und Aa. Artois ist ein an großen, gutangebauten und trotz zahlreicher Sümpfe fruchtbaren Flächen reiches, von zahlreichen kleinen Flüssen und Canälen durchströmtes und befruchtetes Land mit wenig Wald und wenigen flachen Kreidehügeln, deren Kette den südlichen, leicht welligen Theil, der sich gegen das Küstenflüßchen Authin senkt, von dem nördlichen, sanft gegen Norden gesenkten trennt. In diesen Hügeln gewinnt man Sandstein, Marmor und Steinkohlen. Nach dem Meere zu wird das Land sandig, obwohl der Anbau auch an den

Dünen fortschreitet. Zahlreiche Anpflanzungen und Entwässerungen haben seit einem halben Jahrhundert Boden und Luft des feuchten, nebligen, kalten und in manchen Theilen ungesunden Landes wesentlich verbessert. Doch bleiben die Winter lang und regnerisch, und das Wetter ist wohl nirgends in Frankreich so veränderlich und unbeständig, wie hier, in Artois. Seiner Natur so wie den politischen Verhältnissen nach gehörte die Grafschaft, welche das Artois flammingant oder Téronnannais, das Artois wallon (Gohelle), dann die Landschaft Escrebieu, Ternois und einen Theil der Pevèle umfaßt, zu der großen Grafschaft Flandern, an die sie im Norden grenzt; aber schon in der zweiten Hälfte des zwölften Jahrhunderts ward das Artois den Verlockungen französischer Begehrlichkeit bloßgestellt und als Brautschatz abgezweigt, kam zwar gleichfalls durch Heirath wieder an das flandrische, dann an das burgundische Haus, ward jedoch im siebzehnten Jahrhundert die erste Beute, als Ludwig VIII. die Zerreißung der spanischen Niederlande ins Werk zu setzen begann.

Dieser wechselvollen Vergangenheit gedenkt man vielleicht am meisten in der alten Bischofsstadt **Arras** am rechten Ufer der Scarpe, der einstigen Hauptstadt des Artois und jetzt Chefslieu des Departements. Eine mit allen bürgerlichen Freiheiten und Vorrechten ausgestattete Stadt einer Provinz, die den flandrischen Grafen und burgundischen Herzogen unter französischer Oberherrschaft gehörte, mußte Arras vielfach in die schwierige Lage kommen, die von so unklaren Verhältnissen unzertrennlich ist und wovon wiederholte Belagerungen Zeugniß ablegen. Ihren Herzögen treu anhänglich, übertrug die Stadt diese Anhänglichkeit auf ihre Erben, die Habsburger. Von Frankreich wollten die Bewohner der Stadt nichts wissen:

Quand les souris prendront les chats
Le roi sera seigneur d'Arras,

sang man in jenen Tagen. Hier fand unter glänzenden Festen die Versöhnung zwischen Philipp dem Guten und Karl VII. statt, welche den Engländern, die in der Nähe von Arras im Jahre 1415 den entscheidenden Sieg von Azincourt errungen hatten, den Boden ihrer Herrschaft unter den Füßen hinwegzog. Hier bezeichnete Ludwig XI. sein Walten mit breiter Blutspur. Inmitten der religiösen Wirren that Arras, welches den Cardinal von Granvelle unter seinen Bischöfen zählte, sich durch unerschütterliches Festhalten am katholischen Glauben hervor. Im Jahre 1640 eroberte der Marschall de la Meilleraye nach hartnäckiger Gegenwehr die Stadt, welche seitdem französisch blieb, manche ihrer Freiheiten bewahrte, aber ihre Blüthe und auch ihre Einwohnerzahl, welche jetzt nur mehr 26,000 beträgt, immer mehr schwinden sah und in der Revolutionszeit Schauplatz entsetzlicher Blutscenen wurde, wobei einige ihrer Mitbürger, die beiden Robespierre und Joseph Le Bon, ihr Bestes thaten. Auch in anderer Beziehung hat die Revolution hier gewüthet. Nebst zahlreichen Kirchen und Klöstern verschwand die großartige Kathedrale, aber noch manches merkwürdige Bauwerk ist gerettet worden, namentlich in der oberen Stadt. Die Grande Place mit ihren interessanten Häusern aus der Zeit der spanischen Herrschaft, das prächtige Rathhaus, eines der schönsten im nördlichen Frankreich, mit seinen Bogenhallen und 75 m hohem, reichgegliederten, viereckigen Wartthurme, der aus der Mitte des sechzehnten Jahrhunderts stammt, erinnern an die schönen Städte Flanderns und Brabants. Die neueren Befestigungen sind großentheils von Vauban. Einst zeichnete sich Arras durch einen auch in anderen Nachbarstädten blühenden Industriezweig aus, dem es den Namen gab, durch seine schon seit dem vierten Jahrhundert berühmte Teppichwirkerei, Oeuvre d'Arras, woraus das Arrazzo der Italiener. Rafaels berühmte Teppiche sind bekanntlich in den Niederlanden gewirkt. Heute erzeugt die sehr friedliche Stadt Arras vorzugsweise Spitzen, Töpferwaaren, Gußeisen, Oel, Cichorien, Zucker und hat einen ausgedehnten Getreidehandel.

Verlassen wir Arras mit der Eisenbahn in der Richtung nach Calais, so stoßen wir bald auf das in einer sumpfigen Ebene gelegene und ehemals befestigte Städtchen Béthune, welches uns blos durch seine Kirche St. Vaast, ein Bauwerk des sechzehnten Jahrhunderts, so wie durch seinen aus dem vierzehnten Jahrhundert stammenden Wartthurm auffällt. Seitdem Béthune zu Frankreich gehört, ist es nur einmal und zwar gegen Ende des vorigen Säkulums aus der Dunkelheit hervorgetreten. Um jene Zeit machte sie sich nämlich bemerklich durch einen gewissen Sieur de Huchin, Marquis de Longastre, welcher in dem ganz nahe von Béthune gelegenen Schlosse Annezin hauste und ein berüchtigter Raufbold, in Wahrheit ein Scheusal war, dessen Missethaten und Verbrechen, unter der Maske von Duellen begangen, ihn zum Schreck der ganzen Gegend gemacht hatten. Sehr fein sind die Leute auf dem flachen Lande in Artois auch heute noch nicht, wie die seltsamen Carnevalsvergnügungen zu St. Pol, einem Platze südwestlich von Béthune, beweisen. Dort ergötzt man sich nämlich nicht etwa an den Masken, sondern an einigen Zuschauern, welche systematisch auf dem öffentlichen Platze erscheinen und dort mit einem Muthe, der einer besseren Sache würdig wäre, Beleidigungen aller Art, selbst Hiebe und unbegreiflicherweise sogar die ekelhaftesten Schabernake erdulden, welche unter dem Maskenschutze die rohen Spaßmacher nicht weniger systematisch an sie verschwenden. Man sieht welche, die sich ins Gesicht schlagen, ihre Kleider in Fetzen zerreißen, sich im Koth wälzen und mit Flüssigkeiten aller Art und jeglichen Geruches begießen lassen, ohne eine Miene zu verziehen. Das ist ihr Triumph, ihr Stolz, ihr Ideal. Freilich, werden ihnen die „Späße" zu arg, so brauchen sie blos das leiseste Zeichen zu machen, um damit fortan verschont zu bleiben; der Sieg aber ist dann in diesem unfeinen Wettkampfe auf Seite der Bedränger. Allerdings ist die Musik die unerläßliche Begleiterin dieser Saturnalien, aber sie hat blos in allen möglichen Tonarten eine einzige, dort einheimische Melodie zu wiederholen. Sonst ist der Charakter im Artois offener als in Flandern, aber minder lebenskräftig, und die Einwohner, arbeitsam, eifrige Katholiken, eifersüchtig auf ihre politischen Rechte wie ehemals auf die Privilegien ihrer Stände, und fest wie die Flamänder, haben doch nicht mehr in gleichem Grade den Geist der Industrie und des Ackerbaues.

Von dem lieblichen St. Pol führt die Eisenbahn fast über das Schlachtfeld von Azincourt in das Thal der Canche und nach der Meeresküste, um dieser entlang nach Boulogne und Calais zu ziehen. Beide Küstenorte kann man von Béthune auch über St. Omer, einen wegen des dort befindlichen Lagers sehr bekannten Waffenplatz, erreichen. Boulogne-sur-mer, eine Stadt von mehr denn 40,000 Einwohnern, ist sehr arm an Sehenswürdigkeiten; das Anziehendste daran ist wohl seine Lage. Boulogne liegt in der That malerisch auf einem Hügel an der Liane, deren Mündung einen wichtigen Hafen bildet; kleine Schiffe können darin zu jeder Zeit verkehren, dagegen müssen die großen Dampfer beim Ein- und Auslaufen nach Ebbe und Fluth sich richten, weil der durch letztere bedingte Unterschied in der Tiefe des Fahrwassers ein sehr beträchtlicher ist. Die Einfahrt schützen zwei mächtige Hafendämme, von denen der kleinere, 600 m lange, ein beliebter Spaziergang ist. Auf seiner äußersten Spitze erhebt sich ein Leuchtthurm. In der Nähe dieses Dammes befindet sich die sehr gut eingerichtete und während der Saison stark besuchte Badeanstalt, denn Boulogne ist ein elegantes, aber theures Seebad, das besonders gern von Engländern besucht wird. Letztere bilden auch fast ein Drittel der ständigen Bewohner, ist doch ihre heimathliche Insel von Boulogne aus mit einem Dampfschiffe in zwei Stunden zu erreichen. Nebst dem Handel ist der Fischfang die Hauptnahrungsquelle der Bewohner dieses wie der übrigen Küstenplätze. Boulogne treibt Kabliaufang bei Neufundland, Hering- und Makrelenfang im Canal.

Unfern der nach Calais führenden Straße, etwa 3 km von Boulogne, steht auf einer die Stadt beherrschenden Hochfläche die marmorne Colonne de la grande armée, zu Ehren Napoleons I. errichtet. Die dorische Säule ist 53,6 m hoch bei 4 m im Durchmesser und trägt ein 5 m hohes ehernes Standbild des großen Eroberers. Diese Hochfläche war auch theilweise der Schauplatz des von seinem Neffen unternommenen Einfalls in Boulogne, welcher ihm die früher erwähnte Haft in Ham zuzog.

Viel weniger volkreich, aber eine Festung ersten Ranges ist Calais, welches seine Bedeutung fast ausschließlich seiner Lage an der schmalsten Stelle jener Meerenge zwischen Frankreich und England verdankt, welche nach Calais benannt ist — Pas de Calais. Die Entfernung von hier nach Dover beträgt blos 33,5 km. Aus diesem Grunde bildete Calais lange einen Gegenstand erbitterten Streites zwischen England und Frankreich, mit welch letzterem es erst 1598 durch den Frieden von Vervins für immer vereinigt wurde. Das Innere dieser Stadt hat blos in seinem Rathhause und dem hohen Thurme der Notre-Dame-Kirche einige interessante Bauwerke aufzuweisen. Im Uebrigen ist Calais eine hübsche Stadt. Die Wälle sind schöne Promenaden, die Straßen breit und elegant, die feineren Häuser aus Ziegeln. Doch besitzt die Stadt blos Cisternenwasser, und der bequeme Hafen, welchen jährlich über 100,000 Passagiere besuchen, versandet leider immer mehr.

III. Französisch-Flandern.

Artois und das Departement du Nord, das Grenzland gegen Belgien, bilden blos einen kleinen Bruchtheil des alten Flandern, dessen Name, ursprünglich auf die Umgebung des einst seemächtigen Brügge beschränkt, nachmals den ganzen Strich von dem südlichen Theile der heutigen holländischen Provinz Seeland bis zur Grenze der Grafschaft Artois begriff. Das jetzige französische Flandern, welches nur einen Theil der aus zwei getrennten und bei Armentières an dem Lys zusammenstoßenden Stücken bildet, zerfällt in das vlämische oder Seeflandern (Flandre maritime oder flammingante mit den Terres-franches oder Plat-pays und den Moëres) und das wallonische mit dem Mélantois und der Pevèle; dazu kommt das französische Hennegau (Hainaut): Cambrésis, Ostresand, Fugne. Vlämisch-Flandern, die Bezirke Dünkirchen und Hazebrouk umfassend, ist ein Flachland, in welchem nur die niedrige Höhen- oder Dünenkette von Nienport bis Gravelingen und das gegen den Lijs, einen Nebenstrom der Schelde, sich erstreckende wellenförmige Terrain die Monotonie unterbrechen. Wallonisch-Flandern mit den Bezirken

Lille, Douai, Orchies, St. Amand ist gleich dem Cambrésis theils fruchtbare Ebene, theils waldreiches Hügelland, von zahlreichen Strömen, Gewässern und Canälen durchschnitten. Noch weit mehr Terrainwechsel bildet Französisch-Hennegau mit dem ansehnlichen Bezirk von Valenciennes, von der Schelde und Sambre durchströmt, theils den vlämischen Landestheilen ähnelnd, theils den Charakter der Ardennen theilend in seinen waldigen, nicht selten öden und rauhen Hügelstrichen. Im Allgemeinen ist aber das Departement du Nord auf das Beste angebaut, reich an Wiesen, fast einem Garten gleich, wohl der gesegnetste und der bevölkertste Landstrich Frankreichs. Die Felder bringen im Verhältniß doppelt so viel hervor, als im ganzen übrigen Bereiche der Republik, und das Departement hat doppelt so viel Eisenbahnen und Wasser, viermal so viel Canäle als das übrige Frankreich. Festung an Festung schützen die in Kunst- und Gewerbefleiß blühenden, zahlreichen Städte, selbst das Haus des Bauern verräth überall Wohlstand und Reinlichkeit. Es ist zugleich eines der an mineralischen Schätzen reichsten Länder Frankreichs; für Steinkohlen und Eisengruben ist es die wichtigste Landschaft; doch gewinnt man auch Torf, Sandstein, Marmor und Schiefer. Kein anderer Theil hat so viele volkreiche Städte und feste Plätze, kein anderer liefert einen so bedeutenden Antheil zu den öffentlichen Einnahmen, denn mit Französisch-Flandern wetteifern nur wenige Provinzen in Handel und Industrie. Hinsichtlich der letzteren ist es zweifellos die wichtigste im ganzen Staate.

Wollen wir das Lob von Französisch-Flandern noch weiter verkünden, so müssen wir auch bemerken, daß in keinem anderen Lande Frankreichs die Bevölkerung so aufgeklärt, so bildungsfähig und so arbeitsam ist. Die früher aufgezählten Benennungen der einzelnen flandrischen Landstriche deuten auf eine Verschiedenheit der Nationalität und Sprache hin, — eine Verschiedenheit, die nach zwei Jahrhunderten französischer Herrschaft hier ebenso besteht wie in dem benachbarten Belgien. In der That finden wir in Flandern zwei verschiedene Rassen, eine germanische und die andere gallorömischen Ursprungs, die zwei verschiedene Idiome reden, vlämisch und französisch, phlegmatische Rassen, beide gleich tauglich zum Handel, zu den Arbeiten des Ackerbaues und des Kriegs, hartnäckig und vorsichtig in allen Unternehmungen, mit tiefer Anhänglichkeit an den Boden, an die Stadt, an die Familie, aber positiv, ohne Ideale, ohne Poesie, starke Esser und ebenso starke Trinker. Der schon einmal citirte Professor Sander, allem französischen Wesen grundsätzlich abhold, empfindet eine große Freude, als er auf der Rückreise nach Flandern kam, welches er also beschreibt: „Flandern hat viele kleine Berge, sehr wenig und fast gar keine Waldungen, keinen Wein, aber brave, gute Leute, in deren ganzem Charakter und Wesen schon mehr deutsche, gesetzte, männliche, ehrliche Art ist. Man hört da nicht immer singen, leiern, tändeln, fluchen, schwören, lügen, zotteln wie in Frankreichs großen Städten. Die Leute sind dienstfertig, stille und doch weder mürrisch, noch grob." Und weiterhin bemerkt er: „Die Leute trinken viel Bier und rauchen Tabak aus langen, holländischen Pfeifen. Schon ein Vorschmack von Holland." Augenscheinlich hat unser Reisender dabei hauptsächlich den vlämischen Theil der Bevölkerung im Auge, und in der That scheint der Vläme ganz ein Deutscher oder Holländer, er ist groß, kalt, langsam, ohne Anmuth und Feinheit, von festem würdigen Charakter, von Scharfblick in den Geschäften, Liebe zur Ordnung und zur Arbeit sowie von großem Rechtlichkeitsgefühl.

Die Geschichte der Städte dieser Landstriche erinnert natürlich vielfach an jene der vlämischen und hennegauischen Schwesterstädte, mit welcher sie auch in Zusammenhang steht, obgleich die Orte von Südflandern weit davon entfernt sind, mit dem Glanz, dem Ruhm, der Größe von Brügge, Gent, Antwerpen in ihrer Blüthezeit wetteifern zu können. Auch Lille (Ryssel), der Chefliеu des Departements, kann es nicht, heute die ansehnlichste und mit seinen 178,000 Einwohnern nächst Rouen die volkreichste Stadt des nordwestlichen Frankreich. Lille ist modernen Ursprungs, denn erst um die Mitte des elften Jahrhunderts erwuchs die Stadt aus einer inmitten der sumpfigen Niederung der Deule gelegenen Burg der Grafen von Flandern; aber sie nahm rasch zu und gehörte unter den burgundischen Herzogen zu einer der bedeutendsten des Landes, wie denn Philipp der Gute, der ihr besonders wohlwollte, hier das erste Kapitel des Ordens vom Goldenen Bließe hielt. Industrielle Thätigkeit und militärische Festigkeit haben Lille seit Jahrhunderten ausgezeichnet und so ist's bis auf diesen Tag geblieben. Lange Zeit hindurch war hier eine Art Stapelplatz für den Handelsverkehr einerseits mit Deutschland, andererseits mit Frankreich, besonders mit den großen Messen der Champagne. Industrie und Handel Lille's sind in der Gegenwart außer denen von Paris die bedeutendsten in Frankreich. Von den hier betriebenen zahlreichen Industriezweigen sind am wichtigsten: die Leinenspinnerei, die Fabrikation von Nähzwirn, Spitzenzwirn und Damast, die Baumwollspinnerei, die Schafwollweberei und die Fabrikation von Tüll und Spitzen, endlich in zweiter Linie die Oelerzeugung, die Brauerei, Destillation, Zuckerraffinerie, Seilerei und Papierbereitung. Der Handel vertreibt Oelkuchen, Colonialwaaren, Wein, Branntwein, Liköre, Krapp u. s. w. Die Befestigungen von Lille hatten von jeher einen sehr guten Ruf; heute ist es eine Festung ersten Ranges. Anfangs in die religiösen und politischen Unruhen der spanischen Zeit hineingezogen, hatte Lille in Uebereinstimmung mit dem wallonischen Flandern sich wieder mit Spanien verständigt und hielt nun aus für seine Könige. Turenne und Condé konnten den Platz nicht nehmen; glücklicher als sie war Ludwig XIV. Lille, „cette cité qui vaut une province," wie Lafontaine sich ausdrückt, bewahrte viele städtische Vorrechte, wurde durch Vauban neu befestigt, widerstand im Jahre 1708 tapfer dem Prinz Eugen, der es nahm und 1792 dem Herzog Albert von Teschen, der es vergebens bombardirte. Die Stadt hat ein modernes Aussehen; die neuen Stadttheile mit ihren Boulevards, ihren breiten, regelmäßigen Straßen und ansehnlichen Häusern machen einen sehr stattlichen, wenngleich etwas einförmigen Eindruck. Auch besitzt Lille kaum irgend ein merkwürdiges Gebäude, wohl aber ein für eine Provinzialstadt reiches Kunstmuseum, welchem eine ungewöhnlich bedeutende Sammlung von Handzeichnungen einverleibt ist, das Vermächtniß des hier geborenen, 1832 in Rom verstorbenen Malers Jean Baptiste Wicar, eines Schülers Davids und bewährten Kenners, der die französische Revolutionszeit in Italien zum Zusammenbringen von Kunstwerken trefflich zu benutzen verstand, von dem Zusammengebrachten aber jedenfalls einen patriotischen Gebrauch gemacht hat. Den Geschichtskundigen zieht nach Lille das außerordentlich bedeutende und für die Geschichte von Flandern und Nordfrankreich wichtige Archiv. Die Umgebung ist an Schlachtfeldern reich. Bei dem Dorfe Bouvines errang am 27. Juli 1214 König Philipp von Anjou den Sieg über die Flamänder und ihre Verbündeten, der dem wankenden Ansehen Kaiser Otto's IV. den Rest gab. Auch das Schlachtfeld von Fontenoy ist in der Nähe, wo am 10. Mai 1745 Ludwig XV. und der Marschall von Sachsen über die Engländer siegten.

Nicht Lille allein vertheidigt die Grenze. Valenciennes (27,600 Einw.) an der Schelde, lange die Hauptstadt der Grafen von Hennegau, Geburtsort Kaiser Heinrichs VII. und Jean Froissarts, in den Zeiten der Blüthe der südlichen Niederlande so gewerbreich wie unabhängigen Bürgersinnes voll, hat im Jahre 1793 erst nach 43tägiger Beschießung dem Herzoge von York die Thore geöffnet. Es ist heute eine schlecht gebaute Stadt, besitzt aber einen sehr schönen bemerkenswerthen Platz. Valenciennes, auch heute noch befestigt, ist zugleich ein ansehnlicher Industrieplatz, wo Gießereien, Schmieden, Walzwerke, Drahtziehereien, Fabriken von Zucker und Raffinerien, Destillationen, sowie zahlreiche Battist- und Leinenfabriken in Betrieb stehen. Unweit davon im Norden liegt der kleine Ort Condé, ein Kriegsplatz ersten Ranges, und weiterhin St. Amand les Eaux, ein Städtchen an der Scarpe, welches von der alten Abtei den Namen hat. Das Städtchen hat einen schönen Platz und ein prächtiges Rathhaus. Die hohen, alten Thurmspitzen der Abtei, in welchen, wie man sagt, der heilige Amandus den französischen König Childerich taufte, sind schon von Weitem sichtbar. Auch bestehen bei St. Amand Thermal- und Schlammbäder, — les boues minérales — welche sehr wirksam sind und schon bei den Römern in Gebrauch standen. Südöstlich von Valenciennes liegt an der Sambre Maubeuge, ein Kriegsplatz dritten Ranges, gleichfalls durch seine Industrie bemerklich.

Welche Bedeutung andererseits das nicht weit von der Grenze zwischen Calais und Ostende am Strande gelegene Dünkirchen oder Dunkerque für Frankreich, so für die Kriegsmarine, wie für die Behauptung der vlämischen Küsten gehabt hat und noch besitzt, zeigt die an Ereignissen und Wechseln reiche Geschichte dieses Platzes, namentlich die des siebzehnten Jahrhunderts, als Frankreich, Spanien, England, Holland um den Besitz des Hafens kämpften, dessen Seeleute, Jean Bart an der Spitze, der Schrecken der Meere waren. Auch heute noch sind die Bewohner Dünkirchens die furchtlosesten Seeleute. Der Hafen ist groß und bequem, aber vor demselben liegt eine gefährliche Barre. Dünkirchen ist regelmäßig gebaut und schon seit langen Zeiten ein wichtiger Handelshafen von jetzt 37,000 Einwohnern, vornehmlich reich durch seinen Kabliaufang. Die Umgebung der Stadt ist öde und sandig. Am Fuße der Dünen, die es vom Meere trennen, heißt das sandige Ufer „Estrange" und dieses bleibt bei der Ebbe in einer Breite von 156 m trocken. Im Süden aber breiten sich Canäle und Sümpfe aus, in deren Mitte Bergues, ein Waffenplatz dritten Ranges aber zugleich ein wichtiger Getreidemarkt, liegt. Bis vor wenigen Jahren war das Städtchen von Sumpffiebern heimgesucht, die jedoch seit den vorgenommenen Entwässerungsarbeiten verschwunden sind. Bergues besteht aus regelmäßigen Ziegelbauten und einer schönen, St. Martin geweihten Kirche, sowie einem Belfried, welcher als historisches Denkmal zu den schönsten im ganzen Departement gehört. Noch südlicher stoßen wir auf das einst befestigte Cassel (Castellum Morinorum). Es liegt auf einer Höhe, von der man 36 ansehnliche und fast hundert kleine Städte, deren Thürme sich über die Bäume erheben, und das Meer sieht: eine Aussicht, einzig in ihrer Art, über einen endlosen Garten, nach allen Richtungen von Alleen durchzogen, die über die fetten Weiden und über die goldgelben Saaten hinlaufen. Die Kraft der Vegetation und die Mannigfaltigkeit der Bebauung ist beispiellos. Aber wohin man in diesem Lande blickt, wird man an Kämpfe älterer wie neuerer Zeit gemahnt. Gravelines, im Westen von Dünkirchen, weist Egmonts Sieg über die Franzosen im Jahre 1559, Hondschoote dicht an der belgischen Grenze die Niederlage der Engländer im Jahre 1793, Cassel endlich den Sieg des Herzogs von Orléans über Wilhelm III. im Jahre 1677 auf. Wenn die Franzosen Herren dieser Provinz geblieben sind, so haben sie dieselbe jedenfalls mit vielem Blute erkauft.

Wenden wir uns von Lille sowohl nach Norden, als landeinwärts südlich, so gelangen wir nach Städten, deren Bedeutung, einst eine weit größere als heute, uns auf ein anderes Feld als das militärische ruft, obgleich auch bei ihnen Befestigungen nicht vergessen sind. Nördlich von Lille liegen die beiden wichtigen Industrieplätze Tourcoing und Roubaix, deren Einwohnerzahl auf 52,000, beziehungsweise 92,000 Köpfe angeschwollen ist. Im Allgemeinen ist von ihnen kaum etwas zu berichten; der Merkwürdigkeiten sind wenige, dafür aber das Getriebe der Industrie desto großartiger. Man hat hier recht günstige Erfolge erzielt mit der Anlage von Arbeiterquartieren, welche in Paris und Amiens nur ein Fiasko erlebt hatten. Man erbaute die anziehendsten, gesundesten, mit allem Comfort ausgestatteten Wohnungen; es meldeten sich aber keine Arbeiter. Der Arbeiter will eben nicht casernirt sein, er liebt die Freiheit des Daseins und betrachtet diese prunkenden Arbeiterstädte als eine Art Hospital; er will nichts davon wissen und zieht es vor, im Schmutze ungebunden weiter zu leben. In Marcy-en-Broeul, 4 km von Lille entfernt, besteht aber eine Arbeiterstadt, die sich des besten Gedeihens erfreut. Die Häuschen sind mit Gärten umgeben und die Leute schwärmen für die Gärtnerei. Die Fabrik liegt mitten in dieser Anlage, so daß die Arbeiter fast wie zu Hause sind. Sie erhalten die nöthigen Lebensmittel zu billigen Preisen, haben ihre eigene Musikkapelle, ihren eigenen Gottesdienst, ihre eigenen Vergnügungen. Alles ist aufs Trefflichste, und doch hat Marcy einen Fehler. Es gehört einem Besitzer. Noch weit großartiger sind die Erfolge dort, wo die Fabrikherren, wie in Roubaix, sich herbeilassen, den Arbeitern Haus und Gärtchen gegen entsprechende Lohnabzüge ins Eigenthum zu überantworten. Der französische Arbeiter strebt, wie alle seine Landsleute, nach Grundbesitz, und der Besitz bringt in ihm eine große Wandlung hervor. Die kleinen Häuschen und Gärtchen haben das Wirthshaus todtgeschlagen und in der Bevölkerung den Familiensinn geweckt und gepflegt, kurz sie haben mehr geleistet, als die eifrigsten Ermahnungen, um den Geist der Sparsamkeit zu nähren.

Einen etwas verschiedenen Charakter hat Douai (Duacum) mit etwa 27,000 Einwohnern. Im Mittelalter voll gewerblicher Thätigkeit, reich durch den englischen Handel, erlangte Douai im sechzehnten Jahrhunderte Wichtigkeit durch seine Hochschule, welche, mit jener von Löwen wetteifernd, den religiösen Neuerungen Widerstand zu leisten bestimmt war, und im achtzehnten Jahrhundert durch das Parlament von Flandern, das mit der alten Monarchie unterging. Douai an der Scarpe ist fest, mit alten bethürmten Mauern umgeben und nimmt großen Raum ein, da es fast ebenso viel Gärten als Wohnungen hat. Die Straßen sind gerade, der Platz ist schön, das Arsenal eines der bedeutendsten in Frankreich. Die Stadt besitzt nebst Museum und Bibliothek eine Akademie, eine Gemäldegallerie und einen botanischen Garten. Eine breite, prächtige Straße führt von Douai nach Cambrai oder Camryk (Cammerich) an der Schelde, welche dort noch ein Bach ist. Auch Cambrai blickt auf eine wechselvolle Geschichte zurück. Eine der ältesten Bischofssitze Galliens, von allen Schicksalswechseln der Merowinger- und Karolingerzeit betroffen, zu Austrasien und als freie Commune mit ihrer Grafschaft unter Bischöfen, nachmals Erzbischöfen, zum römisch-deutschen Reich gehörend, wiederholt in die Kriege der Grafen von Flandern und Hennegau und ihrer französischen Nachbarn, dann der Spanier und Franzosen hineingezogen, verblieb Cambrai den letzteren seit Ludwig XIV. und bewahrte auch dann und bis zur Revolution seine städtischen Freiheiten wie den fürstlichen Rang für seine Oberhirten. Zwei Verträge des sechzehnten Jahrhunderts haben der Stadt namentlich für die Geschichte Italiens eine verhängnißvolle Bedeutung gegeben, die Ligue von 1508, welche Venedig vernichten sollte und es jedenfalls auf immer schwächte, und der sogenannte Damenfriede von 1529, durch welchen Franz I. sich mit Karl V. vertrug, indem er ihm das durch Frankreich gegen das Reich aufgehetzte Italien preisgab. Der Bischofstuhl von Cambrai bietet in seiner Geschichte starke Contraste dar: Pierre d'Ailly und Robert von Genf, als Gegenpapst Clemens VII., Fénélon und Dubois, der übrigens nie hier war. Unter allen diesen leuchtet als mildglänzendes Sternbild unvergänglicher Größe durch alle Jahrhunderte blos Einer hervor: François Salignac de la Motte Fénélon, der im Schlosse Fénélon in Périgord am 6. August 1651 das Licht der Welt erblickte und am 7. Februar 1715 als Erzbischof von Cambrai starb.

Hier erhebt sich auch ein Denkmal des großen Kirchenfürsten; sonst bietet die Stadt, welche von dem St. Quentin-Canale durchflossen wird, wenig Bemerkenswerthes; nur eine Kathedrale mit herrlichem Thurme ist vorhanden und auch die Porte Notre-Dame ist ein interessantes Bauwerk. Wenn eine so alte geistliche Stadt so wenig Alterthümliches in ihrer Erscheinung bewahrt hat — das heutige Cambrai hat gerade Straßen mit Giebelhäusern aus Backsteinen — so mag sie sich dafür an die Revolution halten, welche überall in Frankreich die „glorreichen Spuren“ ihres haarsträubenden Vandalismus hinterlassen hat, der sich namentlich im Niederreißen von Kirchen und Schlössern hervorthat. Ueberall derselbe Mangel an Ehrfurcht vor dem Alten, der die französische Nation kennzeichnet, welche ausgezeichnete Historiker, aber keinen historischen Sinn besitzt. Die modernen Befestigungen wurden unter Karl V. begonnen, doch liegt Cambrais Bedeutung nicht in seiner Stellung als Festung, sondern in jener als Fabrikstadt. Die fleißige Bevölkerung (24,000 Einwohner) erzeugt Linon, Batist, Tüll und Spitzen, Baumwoll- und Merinostoffe, aber auch Seife, Oel, Pottasche, Zucker und dergleichen. So haben denn die Städte, die einst in der Industrie die erste Rolle spielten, auch heute noch einen guten Namen in manchen Gattungen, wie eben Cambrai und Valenciennes, aber sie sind doch nur Schattenbilder im Vergleich mit der Vergangenheit. Mit Ausnahme von Lille fehlt es allen diesen Städten an Leben und Bewegung.

Dies macht sich am meisten in den flandrischen Städten am Sonntage bemerklich. „Nehmen wir an“, sagt A. Cokney, dessen meisterhafte Schilderung ich hier wiederzugeben versuche, „daß ein Reisender an einem Sonntagsmorgen in Lille, Douai oder Cambrai ankomme; was ihn zuerst überraschen wird, das ist das reinliche, sonntägliche Aussehen dieser schweigsamen und etwas mehr als nöthig breiten Straßen. Seit Samstag Abend hat die Stadt Toilette gemacht; unzählige Wasserkübel haben sich über das Pflaster und zum Ueberflusse auch über die Beine der Vorbeigehenden ergossen, welche sich aus ihren Häusern wagten. Dafür glänzen aber auch, falls es in der Nacht nicht zu viel geregnet hat, Bürgersteig und Fahrstraße in einer Reinlichkeit, welche das Auge erfreut; das Wasser ist überall gewesen, die Luft ist damit gesättigt: desto schlimmer für Euch, wenn Ihr den Schnupfen habt, aber besser noch ein Schnupfen, als jene ekelhaften Gerüche, welche Morgens wie Abends den Pariser Straßen entsteigen. Denn trotz der durch die Obrigkeit der Großstadt eingeführten Verbesserungen könnte Erasmus heute wie vor drei Jahrhunderten wiederholen, daß Paris nach Koth und Mist rieche. Es ist nicht zu wundern, daß es eben ein Mann aus dem Norden gewesen, welcher diese Sprache führte. Schon frühzeitig beleben sich am Sonntage die Straßen. In der Provinz geht Jedermann zur Messe, selbst jene, welche kaum etwas glauben und fast gar nicht ausüben. Wer nicht aus Ueberzeugung geht, thut es aus Mode des Beispiels halber. Jede Klasse der Gesellschaft hat ihre eigene Messe; die Messe der ersten Stunde, wie man sagt, d. i. die Messe um sechs Uhr Morgens, ist jene der Armen und der Dienstboten, denn wohl nur diese sind schon wach um jene Zeit. Um acht Uhr kommt die zweite Kategorie der Gläubigen an die Reihe: jene, welche nicht Toilette machen können oder wollen und doch ihre religiösen Pflichten nicht versäumen möchten; die Zehnuhrmesse ist jene der wahren Gläubigen; sie ist ein Hochamt und dauert am längsten; sie ist namentlich für die jungen Leute und jene, welche sich einer vollständigen und regelrechten Orthodoxie berühmen. Wohl giebt es ab und zu bei dieser Messe einige Gläubige, welche man für bloße Neugierige halten könnte, denn sie erscheinen, um den Heirathsaufgeboten beizuwohnen, welche stets bei dieser Messe stattfinden. Aber Gott allein hat das Recht, Herz und Nieren zu prüfen. Beschuldigen wir also Niemanden und belauschen wir lieber die Zwölfuhrmesse.

„Für diese sparen sich die Weltmenschen und besonders die Weltdamen auf. Dort versucht man den Hut oder den gestern aus Paris eingetroffenen Paletot, welcher die Verzweiflung aller Rivalinnen und Freundinnen machen und ihren Dolchesblicken trotzen wird. Bei der Zwölfuhrmesse macht in der Provinz der Teufel weit bessere Geschäfte als der liebe Herrgott. Gewiß, und man muß es aufrichtig bekennen, die Vläminnen sind ehrbar und keusch unter allen Weibern Frankreichs und der Welt. Niemals keimt ein schlimmer Gedanke in ihren Herzen. Wenn aber jemals der dreifache Unschuldsmantel dieser liebenswürdigen Damen einen, kaum unter der Loupe bemerklichen Riß bekommt, so seid versichert, daß das Unglück bei der Zwölfuhrmesse geschieht. Es ist dies in ihrem friedlichen Dasein der einzige Augenblick, wo ihre Phantasie sich entzündet, und man weiß, daß Ueberspannung stets die Schwester leichtfertiger, ausschweifender Gedanken ist. Die ‚goldene Jugend‘ des Ortes weiß das! Auch verfehlt sie nicht, um halb ein Uhr sich beim Kirchenausgang aufzupflanzen und Spalier zu bilden, wie die ‚Elegants‘ zu Paris unter der Vorhalle der Großen Oper oder der Italiens. Die unverheiratheten Offiziere versäumen natürlich nicht, sich zu solchem Feste einzufinden. Sie haben ihre Musik zur Messe beigestellt; es ist also doch das Mindeste, daß sie ein Lächeln einheimsen von den Lippen der schönen Christinnen, welche noch unter dem Zauber jener halb heiligen, halb weltlichen Melodien stehen.

„Aber Alles nimmt ein Ende, selbst die Zwölfuhrmesse. Nachdem man mehr oder weniger an Gott gedacht, muß man wohl auch ein bischen an die Welt denken, man ist einmal in Toilette; man geht also Besuche machen. In der Provinz öffnet sich, wenn überhaupt, der Salon blos einmal in der Woche und zwar gewöhnlich am Sonntag. An diesem Tage wird er fast gar nicht leer. Man macht außerordentlich gern Besuche im Norden: zuerst, weil man wohlerzogen, dann weil Besuche machen ein Mittel ist, sich jenen zu entziehen, die man empfangen könnte. Die Leute versichern, daß in einzelnen nordischen Städten verhältnißmäßig mehr Visitenkarten verbraucht würden als in Paris. Es wäre dies nicht unmöglich; jeder Körper von Beamten besucht und empfängt die Besuche der anderen; das Leben geht darüber hin, kleine Papierblättchen, der eine bei dem andern, abzugeben; es giebt Leute, die das artig und angenehm finden; nun, jeder nach seinem Geschmack. Glücklicherweise bleiben einige hochgestellte Würdenträger zu Hause: es sind dies in der Regel ausgezeichnete Persönlichkeiten, bei denen man noch zu plaudern versteht, dort erholt sich ein wenig der Geist von den Alltäglichkeiten, aus welchen gemeiniglich das Gespräch in der Provinz sich zusammensetzt.

„Während die officielle Welt auf solche Weise ihre Zeit hinbringt, zerstreuen sich die Handwerker, die kleinen Krämer, wenn sie nicht in die Schenke pilgern, theils auf die Wälle, theils auf die Glacis oder Festungswerke. Gewiß ist der Norden kein Land der romantischen Erinnerungen, aber an lieblichen Stellen ist kein Mangel, die Promenade also ebenso angenehm als irgendwo. Viele gehen auf den Friedhof, welchen sie das Paradies nennen und der häufig der hübscheste Spaziergang im Bezirke ist.

„Es giebt keine eigentlichen Kaffeehäuser; da Frauen sie niemals betreten, sind sie nicht viel anders als Tabakstuben. Man kann nicht in Douai, noch selbst in Lille in ein Kaffeehaus gehen, um dort ein Eis oder Sorbet zu nehmen, wie in Paris oder Lyon. Es giebt blos Männer in allen diesen „Saufanstalten“, wie Rabelais sich ausdrückte. In jeder Schenke trifft man aber Gruppen, eines Rembrandt würdig. Es ist ein Vergnügen, diese guten, friedlichen Köpfe schweigsamer Raucher zu betrachten; es ruht eine gewisse Seligkeit in der Art, wie sie auf ihr Bierglas oder ihren Kaffee blicken. Vergleicht man die Schenken des Nordens mit jenen des Südens, so möchte man sich bei den Türken glauben. Aber ach! der Himmel ist grau und die Trachten sind grundhäßlich; die Mütze des Bauers ähnelt nur wenig dem Turban, und seine Blouse mahnt in gar nichts an die weiten und prunkenden Kaftane des Orients!

„Während man in der Kirche, auf Besuch oder bei der Platzmusik gewesen, brodelt zu Hause eine jener Brühen, deren Duft den gelehrten Brillat-Savarin ergötzt hätte. In Flandern ist Heinrichs IV. Wunsch Wahrheit geworden. Sonntags setzt jeder Bürger sein Huhn in den Topf, ohne damit den übrigen fünf oder sechs Gängen Eintrag zu thun, welche ihm als Gefolge dienen sollen. Um den Mittagstisch versammelt sich die Familie, vom Hausvater bis zum Säugling, welchen die Amme noch auf den Armen trägt. Nur langsam wird das Schweigen des ersten Hungers gebrochen; das Behagen tritt erst in bescheidenem Gemurmel auf, bald aber wird es vernehmlicher, denn nun erscheinen die Weine, die ihr Gewicht in Gold werth sind und den Stolz der flamändischen Bürgerschaft bilden. Der Keller ist für diese Leute des Nordens, was eine Bibliothek für den Bücherliebhaber. In Lille und Douai giebt es keinen Sohn guter Eltern, der nicht heute noch einige Flaschen Kometenwein besäße und damit seinen Freunden aufwarten würde. Aber dies geschieht nicht alle Sonntage; diese edlen Sorten bewahrt man für besondere Gelegenheiten. Wein und Bier thun ihre Wirkung. Allerseits beginnen jene guten und nichtssagenden Plaudereien, welche der Pariser, gewöhnt, sich für das Publikum und für sich selbst zu zieren und stets von dem Wunsch getragen, daß das Gespräch den Bewegungen eines Seiltänzers auf dem Trapeze gleiche, gar nicht zu würdigen weiß. Der Provinziale dagegen versteht nichts von den hübschen Schelmereien der Pariser Tischgespräche.

„Sind diese sechs oder sieben Gänge des Sonntagstisches verschwunden, hat man die vierte Sorte Wein angebrochen, ist das den Flamändern liebwerthe pain crotais aufgetragen und in Begleitung von Obst und Backwerk verzehrt, so ist eine recht anständige Stundenzahl verstrichen, seitdem man sich zu Tische gesetzt. Die älteste Dame erhebt sich nun und man tritt in den Salon, um den Kaffee einzunehmen, worauf die jungen Männer sich verflüchtigen, um im „Cercle“ noch zu rauchen, oder einige Glas Bier zu trinken. Die ernsteren Leute spielen Whist zu einem Sou die Marke. Die Frauen, welche nicht spielen, bleiben allein. Nur dieses muß man den Flamändern zum Vorwurfe machen; sie überlassen zu oft sich selbst die liebenswürdigen Damen, bei welchen sie so viel zu gewinnen hätten. Was können die armen Verlassenen thun? Sie nehmen die Unterhaltung vom Diner wieder auf, sprechen über Putz und Tand oder zerpflücken ihren Nächsten. Stockt das Gespräch, so setzt sich die beste Spielerin der Familie an das Clavier; sie spielt ganz trefflich ein langes Stück, aber ihr Spiel ist kalt und läßt kalt; sie getrauen sich nicht, sich gehen zu lassen; man applaudirt, aber man hat ein wenig Lust zu schlafen. Das Uebel ist nicht groß. Der Zapfenstreich ist längst vorüber, ein Zapfenstreich so unmusikalisch wie möglich, so daß er die Hunde nervös macht, welche ihr verzweifeltstes Geheul ertönen lassen. Der Belfried mit seinem Glockenspiel hat verkündet, daß die Thore der Stadt geschlossen sind. So ist es wohl an der Zeit, durch einen friedlichen Schlummer diesen anständigen Sonntag zu beschließen, der wohl Erinnerungen, aber kein Bedauern zurücklassen wird.

„Der Sonntag ist also in Flandern ein guter Tag und nicht, wie in Paris, ein Tag, den man allen seinen kleinen Sünden, und insbesondere der Faulheit widmet. Nein, es giebt kleine Pflichten, welche den Sonntag ausfüllen, welche ihn verhindern zu leer zu sein, kleine Pflichten, welche die Gesellschaft, die Sitte, die Beziehungen, die Familie auferlegen, aber immerhin Pflichten, und das ist schon etwas. Eine thätige Geschäftslosigkeit oder eine geschäftslose Thätigkeit haben die zwölf oder fünfzehn Stunden seiner Dauer ausgefüllt; das genügt. Auf solche Art gemildert, werden Ruhe und Arbeit weniger drückend und angenehmer; die Wochen, Monate und Jahre verstreichen, die vom Menschen gezogene Furche erweitert, die Ernte vermehrt sich, und die Industrie, diese Königin der nordischen Städte, beglückwünscht sich, ihren Sitz in diesen gesegneten Himmelsstrichen aufgeschlagen zu haben, wo der Mann thätig und verständig, das Weib sittsam, sanft und schön ist. Die Familie gedeiht dort zahlreich und in Ehren; die Menschen sind dort fast so glücklich, als man hienieden sein kann; die Arbeit ist überall, aber auch die Ruhe hat ihre Stunden. Darf man da nicht Alfred de Vignys bekannten Vers abändern: Que le dimanche est doux dans nos villes de Flandre!“

Die Champagne.

Ardennen und Argonnen.

Das östliche Nachbargebiet der Ile de France ist die ehemalige Grafschaft Champagne, deren Geschicke begreiflicherweise vielfach mit jenen der Ile de France aufs Engste verflochten gewesen sind. Heute zerfällt dieses Land, dem Flächenraume nach etwa der preußischen Provinz Sachsen entsprechend, in die vier Departements der Ardennen, der Marne, der Aube und der Haute-Marne, deren weiße, weite, steinige Ebenen, von Maas und Seine durchflossen, einen Haupttheil des Pariser Miocänbeckens ausmachen. Doch sind Natur und Bodenbeschaffenheit in den vier Departements von einander wesentlich verschieden, namentlich ist der Abstand zwischen jenen der Ardennen, welches an das belgische Luxenburg grenzt, und den Landschaften an der oberen Seine und Aube ein sehr beträchtlicher. Seinen Namen entlehnt das Departement dem Waldgebirge der Ardennen im südlichen Belgien, welchen im Alterthume die celtischen Bewohner jener Gegenden Ard nannten, d. h. einen scheinbar hohen Gebirgszug mit kahlem Kamme und steilen Abhängen. Vielleicht rührt der Name auch von Ardeiana, der Diana der Belger, her. Dieses Gebirge, von dem nur ein kleiner, etwa 1570 qkm umfassender Bruchtheil auf Frankreich entfällt, bildet den nordwestlichen Flügel der niederrheinisch-westfälischen Schieferplateaux und erhebt sich, mit dichten Wäldern bestanden, in welchen das Wildschwein haust und der Krammetsvogel nistet, plötzlich aus den fruchtbaren Ebenen des Rethelois. Seine mittlere Erhebung beträgt 550 m, in höchster etwa 650 m, aber auf französischem Boden ist der höchste Gipfel blos 504 m hoch. Charakterisirt werden die Ardennen einerseits durch zahlreiche Hochflächen, in welche das Thal der Maas, dann aber auch jene ihrer Nebenflüsse Chiers, Semoy, Bar, Sormonne tief eingeschnitten sind, andererseits durch Haiden oder sumpfige und öde Strecken, die sich großentheils auf den Hochflächen ausbreiten. Doch kommen dort auch Waldungen vor, die letzten Ueberreste der großen Ardennenforste des Alterthums, dem geheiligten Aufenthalte der Druiden, einem Waldcomplexe, welcher, dereinst der größte Galliens, sich zu Cäsars Zeiten bis an den Rhein erstreckte und dessen Schrecknisse noch im vierzehnten Jahrhunderte die Phantasie Petrarcas beschäftigten. Jetzt nehmen die Waldbestände den fünften Theil des Ardennendepartements ein, welches immer noch eines der holzreichsten Frankreichs ist, ja sein Holz ausführt gegen Hafer und gegen Wein, welcher in diesem nördlichen Abschnitte der Champagne fast gänzlich fehlt. In den Thälern breitete sich im Uebrigen fruchtbares Land und auch Weiden aus; besonders gesegnet ist das Thal der Maas, die zu beiden Seiten durch einen stachelförmig tief in das belgische Gebiet eindringenden Vorsprung französischen Landes begleitet wird, in dessen äußerstem Endwinkel die wichtige Grenzfestung Givet liegt, mit dem benachbarten Fort von Charlemont ein Waffenplatz ersten Ranges. Die kleine hübsche und regelmäßig gebaute Stadt mit ihren netten Plätzen zählt zwar nur 5600 Einwohner, ist aber der Sitz einer sehr werkthätigen Industrie und die Geburtsstätte des berühmten Tondichters Méhul (geb. 1763, gest. 1817). Am angenehmsten werden wohl die Besucher Givets durch die auffallende Schönheit seiner Bewohnerinnen überrascht.

Der Südabhang der Ardennen ist am Deutlichsten zwischen Mezières und Sédan zu erkennen, so daß diese Gegenden vollkommen gegen die Wirkungen des Nord- und Nordwestwindes geschützt sind. Mezières, obwohl der Chefslieu des Departments, ist dennoch blos ein unansehnliches, schlecht gebautes, wenn auch sehr stark befestigtes Städtchen von 5300 Einwohnern an der Maas, dessen Gründung in das Jahr 899 verlegt wird, das aber von seinem Alterthumsmuseum abgesehen gar keine Merkwürdigkeiten bietet, den Mangel an Schönheit indeß durch große Gewerbthätigkeit ersetzt. Im Gegensatze zu Mezières, welches stets treu der katholischen Sache anhing, ist das nur 22 km östlich davon auf beiden Ufern der Maas gelegene, weit volkreichere Sedan (16,000 Einwohner) der Mittelpunkt der Reformation im Lande geworden. Auch diese Stadt blickt auf eine wechselvolle Vergangenheit zurück, von welcher in den engen aber sauberen Straßen sich keine Zeugen erhalten haben. Nur auf einem ihrer Plätze erhebt sich das Erzbild des ruhmreichsten ihrer Söhne, des großen Marschall von Turenne, der am 11. September 1611 zu Sedan das Licht der Welt erblickte. In der Geschichte der Gegenwart ist Sedan, welches bis dahin blos durch den Weltruf seiner Tuchmanufactur glänzte, berühmt geworden durch die dort erfolgte totale Niederlage des französischen Heeres und die Gefangennahme Kaiser Napoleons III. am 2. September 1870. In dem schönen Schlosse Bellevue, dicht vor den Thoren Sedans, ward durch den General von Wimpffen jene denkwürdige Kapitulation unterzeichnet, womit die ganze Armee sich als kriegsgefangen den siegreichen Deutschen ergab. Die Bewohner der französischen Ardennen sind ein naives aber boshaftes Volk, das für Geschichte und Satire Beruf hat. Die tüchtigen, starken und kriegerischen Leute sind zwar kühn, haben aber eine gewisse Schwerfälligkeit und ein rauhes Wesen, das an die germanische Abstammung erinnert und nur schlecht zu ihrem französischen Dünkel paßt. Sie widmen sich vielfach der Ausbeutung der reichen Mineralschätze ihres Landes, welches eben im Gebiete der Ardennen unerschöpfliche Lager von Eisen und Schiefer, auch etwas Blei besitzt, während Zink und Steinkohle auf den belgischen Gebietsantheil beschränkt sind.

Die Ardennen nehmen blos den nördlichen und nordöstlichen Theil des Departements ein, welches vielmehr durch das Plateau des Argonnen-Waldes in zwei Hälften geschieden wird. Die eine, östliche, deren Neigung von Süd nach Norden geht, gehört dem Stromgebiete der Maas an; es ist die eben geschilderte Länderstrecke. Die andere, die Westhälfte, senkt sich von Ost nach West und liegt im Becken der Seine; sie wird bewässert durch die Aisne mit ihren Zuflüssen: Aire mit dem Agron, Migny, Vaux mit dem Plumion, Retourne, endlich durch den Ton, welcher der Oise zufließt. Der Ardennencanal verbindet mit einander die beiden Stromgebiete der Maas und der Seine. Zwischen beiden streicht die waldige Berglandschaft der Argonnen, 300—400 m hoch mit tiefen Längenthälern, ein Theil des lothringischen Plateaulandes, welcher sich zu beiden Seiten des Flusses Aire, namentlich an der Westseite hinzieht und westlich in die Tiefebene der Champagne, nördlich in die Ardennen übergeht. Der Argonnenwald selbst besteht aus bewaldeten Tafelflächen, die bis 100 m über die benachbarten Thäler aufsteigen und 3—15 km Breite bei 40—45 km Länge haben. Er ist nur schwer zugänglich, ja nach mehrtägigem Regen geradezu unzugänglich. Die Wege in den engen Schluchten nennt man dort „échavées“. Der Boden ist fast überall mager, für keine Art von Vegetation günstig, neuerlich aber vielfach verbessert.

Die Einwohner treiben Holzhandel und Viehzucht; ganz besonders gedeihen die Schafe, welche den Hauptreichthum der Gegend bilden. Der Ortschaften sind hier nur wenige, wie deren auch der übrige Theil des Departements bedeutendere Plätze kaum aufzuweisen hat. Am nennenswerthesten ist noch die kleine Fabrikstadt Rethel an der Aisne oder vielmehr unweit derselben am Abhange eines Hügels gelegen. Sie besitzt eine Kirche, die aus zwei ursprünglich selbstständigen Gotteshäusern, das eine aus dem XIII., das andere aus dem XV. und XVI. Jahrhundert, zusammengefügt ist. Rethel zählt etwa 6000 Einwohner und ist mit Mezières und Reims durch die Eisenbahn verbunden. Es war dereinst die Hauptstadt eines gleichnamigen Herzogthums und die Umgegend heißt heute noch das Rethelois. Der Ursprung der Stadt wird auf ein altes Römercastell zurückgeführt, doch sind alle darüber vorhandenen Traditionen durchaus unsicher.

Die Ober-Champagne.

Erst mit dem Departement der Marne betreten wir die eigentliche Champagne und zwar jenen Theil, welchen man als Ober-Champagne zu bezeichnen pflegt. Die Marne, dieser liebliche Zufluß der Seine, durchschneidet das Departement in der Richtung von Südost nach Nordwest und trennt die Ober-Champagne von der Champagne Pouilleuse, welche sich südwärts bis in das Nachbardepartement der Aube erstreckt und östlich an die Perthois genannte Landschaft grenzt. Die Ober-Champagne wird auf einer kleinen Strecke im Osten durch die Aisne, hauptsächlich aber durch deren Zuflüsse, die Suippe und Vesle, bewässert. Die Marne selbst wird von Vitry-le-François bis Epernay durch den Canal latéral begleitet, von welchem sich der die Marne und Aisne verbindende Canal abzweigt. Die Beschaffenheit des Bodens, ähnlich jener der Ardennen, zeichnet sich vor diesen durch größeren Reichthum aus; zwei Drittel der Oberfläche sind Kreideflächen, mit einer Erd- und Sandschicht bedeckt, welche ansehnliche Getreideernten liefern. Der beste Boden zeigt aber eine glückliche Mischung von Kalk, Thon und Sand, und dieser ist die Geburtsstätte des so berühmten „Champagners", eines reinen Kunstweines, der einen Handelsartikel nach allen Häfen des Erdballs bildet und unter allen Nationen, unter allen Ständen und Geschlechtern seine Verehrer findet. Der Champagner ist, wie der Franzose sagt, „der Wein der Könige, daher auch der König der Weine". Sein Erzeugungsbezirk ist ein ziemlich großer, denn er umfaßt nahezu 20,000 ha Weinberge, doch ist es von den vier Departements der Champagne blos jenes der Marne, welches in seinen Bezirken Châlons-sur-Marne, Epernay, Reims, Saint-Ménéhould und Vitry-le-François den beliebten Wein erzeugt, dessen Gesammtertrag sich auf jährlich ungefähr 700,000 hl beläuft, wovon ein Viertel im Bezirke selbst getrunken wird. Von den genannten fünf Districten, sagt Wilhelm von Hamm in seinem „Weinbuch", welches ich hier zum Führer annehme, erzeugen nur zwei den guten, zur Champagnerfabrikation geeigneten Wein, Reims und Epernay; erstere Stadt auf den sie umgebenden Hügeln des Bois et Montagne de Reims und in den berühmten Lagen von Bouzy, Verzy und Verzenay sowie auf den Höhen der Marneufer bei Ay, Mareuil, Dizy, Haut-Villers, letztere südlich von der Marne in dem wundervollen Weingefilde, das die Wälder von Anguien, Brugny und Vertus umgrenzen, auf den

Hügeln von Cramant, Avize, Oger und Lemesnil. Der Werth der guten Lagen ist ein ungemein hoher, um so mehr da der Besitz zerstückelt und außerordentlich vertheilt ist. Der Preis von 80,000 Franken für den Hektar ist kein seltener; in Verzy werden im Durchschnitt 10—30,000 Franken, in Epernay, Pierry und Haut-Villers 32—42,000 Franken bezahlt. Die Traubenarten, aus welchen der Champagner vorzugsweise gekeltert wird, heißen Plante dorée, einerlei mit dem schwarzen Burgunder, Pineau, Meunier (Müllertraube), Gros blanc und Petit blanc (weiße Champagnertraube); man zieht auch noch einige andere. Der Hauptweinbau der Champagne ist der Erzeugung von nicht schäumenden Roth- und Weißweinen gewidmet, auf deren Erzeugung 520,000 hl entfallen, während auf diejenige der Schaumweine blos 180,000 hl kommen, also wenig mehr als der vierte Theil. Die Erziehung der Reben ist eine sorgfältige, merkwürdig deßhalb, weil aller drei Jahre die Traghölzer in den Boden gesenkt werden, so daß die Weinberge stets ein jugendliches Aeußere haben. Die Stöcke erhalten Pfähle, alle Schößlinge ohne Blüthen werden ausgegeizt, die stehenbleibenden nicht bis zur ganzen Höhe des Pfahles wachsen gelassen, sondern unterhalb gekürzt. Ein Lesezwang herrscht in der Champagne nicht; jedermann kann ernten, wann und wie er will. Gewöhnlich kaufen die Champagnerfabrikanten die Trauben am Stock und lesen sie dann selbst äußerst sorgfältig mit ihren eigenen Leuten. Jede Traube wird untersucht, unreife, welke, beschädigte oder kranke Beeren werden ausgeschieden und nur ganz gesunde Exemplare unter die Kelter gebracht. In dieser Auslese so wie in der Wahl der Trauben zur richtigen Reifezeit und Zusammenstellung beruht eines der Geheimnisse des unerreichten Erfolges der französischen Champagnerdarstellung. Es werden nur eiserne Spindel- oder Kniehebelpressen zum Keltern verwendet. Der erste Kelterdruck liefert das feinste Produkt: selten wird aber dieses isolirt verwendet, sondern es werden gewöhnlich drei Abläufe vereinigt, die folgenden aber abgesondert behandelt. Früher setzte man von dem letzten Druck, bei welchem schon die Hülsen und Stengel stark mit ausgequetscht wurden, denjenigen Weinen zu, welchen man eine leicht bräunliche Färbung verleihen wollte, um die ehemals beliebte Marke „Oeil de Perdrix“ darauf anbringen zu können; heutzutage weiß man, daß diese Nuance ein Fehler ist. Je lichter gegenwärtig ein Champagner, um so beliebter ist er bei Allen, die da wissen, was ein guter, unverfälschter Wein ist. Doch muß bemerkt werden, daß in recht heißen Jahren die Schale und das Häutchen der Trauben öfters so überreif werden, daß sie dem Saft ihren Farbestoff mittheilen, besonders wenn es vor der Lese geregnet hat, wodurch diese Schalen weich werden.

Noch müssen wir des gewöhnlichen Weines der Champagne gedenken, des Champagners non mousseux. Er ist ein völlig ausgegorener, geschönter und auf Flaschen abgezogener Wein, welche gerade so verpfropft und verschnürt werden, wie diejenigen des schäumenden Champagners. Diese im Lande seit Alters her übliche Methode hat auch jedenfalls zur Entdeckung des Letzteren Anlaß gegeben. Auf den Flaschen erreicht der Wein seine vollkommene Ausbildung erst nach sehr langer Zeit; für vollendet hält man ihn nach acht bis zehn Jahren. Alsdann ist aber der Sillery sec non mousseux ein sehr feiner, trockener Wein von eigenthümlichem Arom und Wohlgeschmack. Er wird sowohl roth als weiß dargestellt. In den Handel kommt er wenig, namentlich gelangt er selten in das Ausland, wo er auch fast gar nicht gekannt ist. Daß er im Ganzen nicht genug Würdigung findet, daran ist nur die lange Zeit schuld,

11*

die er zu seiner völligen Reife braucht, eine Zeit, welche aber gewöhnlich nicht eingehalten wird. Französische Kritiker sagen von ihm: „Die Rothweine der Champagne stehen im zweiten Range der Qualität, sie haben viel Delicatesse, Feinheit, Esprit und sind seidenartig (soyeux); sie gehen rasch in den Kopf, aber ihre Wirkung zerstreut sich auch wieder schnell; im Allgemeinen sind sie sehr gesund.“ Es ist eigentlich wunderbar, daß ein an und für sich keineswegs fruchtbares Land so ganz vorzügliche Rebenprodukte hervorbringt. Allein gerade in dem Umstande der geringen Bodenbedeckung und der ungehinderten Widerstrahlung der Wärme ist der Grund zu suchen, weßhalb dort die Sonne den wundervollen Saft kocht, der das Epitheton ornans „Weltwein“ mit mehr Berechtigung trägt als jeder andere Sorgenbrecher. Und dies ist durchaus kein Vorurtheil, wie man uns manchmal einzureden versucht. Mögen auch, hauptsächlich des billigeren Preises willen, manche andere Weine, wie z. B. die Saumurweine von der Loire, unter der Marke echten Champagners, in England eingeführt werden und dort Anklang finden, so lassen sie sich doch mit diesem nicht vergleichen und noch weniger vermögen dies die in ihrer Art sonst ganz trinkbaren Schaumweine, welche Deutschland erzeugt. Die wohl hauptsächlich in nationalem Interesse vorgebrachte Phrase, daß ein guter deutscher Schaumwein einem französischen Champagner geringerer Sorte vorzuziehen sei, bleibt eben eine Phrase.

Die beiden Hauptmittelpunkte des Weinbaues sind, wie schon angedeutet, die Städte Epernay und Reims. Erstere, mit 16,400 Einwohnern, liegt am linken Ufer der Marne in der fruchtbarsten Gegend des Departements; sie besitzt einen Hafen und Schifffahrt und ist reinlich, aber unregelmäßig gebaut. In den Kreidehügeln der Umgegend sind ungeheure Keller ausgehöhlt, eine Art von Labyrinth, worin jährlich etwa fünf Millionen Flaschen gelagert werden. Eine gleiche Anzahl wird in Reims bereitet, was über 2000 Arbeiter beschäftigt; doch ist die Weinindustrie durchaus nicht der alleinige Erwerbszweig der Reimser. Vielmehr sind hier noch eine ganze Reihe anderer Manufacturen in Betrieb. Nebst dem bedeutenden Weinhandel sind die Wollfabriken, von den herrlichsten Shawls bis zum Flanell und Camelot ansehnlich; außerdem ist Reims bekannt durch die Fabrikation von Maschinen, Werkzeugen, Chemikalien, Seifen, Lichtern, Glas, Papier, Rübenzucker, Bier, Mehl, Conditorwaaren, namentlich Pfefferkuchen und jener Biscuits de Reims, welche häufig von den Champagnerfabrikanten ihren Kunden als don gratuit angeboten werden und in der That würdig sind, neben dem flüssigen Hauptartikel der Krönungsstadt zu glänzen; ferner giebt es in Reims Lederfabriken, Kalk- und Ziegelbrennereien und einen ausgedehnten Handel mit Wolle, den sogenannten Reimser Artikeln. Diese reiche Gewerbsthätigkeit hat wesentlich zum raschen Wachsthum der Bevölkerung beigetragen, welche dermalen auf 94,000 Köpfe angeschwollen ist.

Reims, früher Rheims geschrieben, die volkreichste Stadt, aber nicht das Cheflieu des Marnedepartements, liegt in 86 m Seehöhe am rechten Ufer der Vesle und nahe dem Verbindungskanal der Aisne und Marne, ein Knotenpunkt von vier Linien der französischen Ostbahn und ist zugleich eine der ältesten wie auch durch seine geschichtlichen Erinnerungen, seine Bau- und Kunstwerke eine der bedeutendsten Städte Frankreichs. Es hat meist schöne, gerade Straßen, vierzehn Plätze, einen prächtigen Platz mit der Reiterstatue Ludwigs XIV., und im ältesten Theile noch Häuser aus dem Mittelalter. Das hervorragendste Bauwerk in Reims ist aber die Kathedrale von Notre-Dame, eines der edelsten und reichsten Werke gothischen Stiles, 1212 nach den Plänen Roberts von Coucy begonnen, aber erst im vierzehnten Jahrhundert vollendet. Prachtvoll ist die westliche Façade mit ihren drei tiefen Portalen, einer großen Rosette und ihrem reichem Skulpturenschmuck. Von den ursprünglich vorhandenen sieben Thürmen sind 1481 fünf abgebrannt; damals verloren auch die beiden andern, noch 80 m hohen und mit reichen Bildnereien versehenen Thürme, von denen der südliche eine im Jahre 1570 gegossene und 11,500 kg schwere Glocke enthält, ihre Spitzen. Das Innere hat drei Schiffe, einen weit vorspringenden dreischiffigen Querbau und einen fünfschiffig ansetzenden Chor, der aber bereits nach zwei Bogen in das Halbrund mit Umgang und einen Kranz von fünf Capellen übergeht. Es ist zwar einfacher als das Aeußere, immerhin aber noch reich an bildnerischem Schmuck, hat meist gemalte Fenster, eine Holzuhr mit beweglichen Figuren, wohl das älteste der noch vorhandenen Werke der Uhrmacherkunst, zahlreiche Statuen, Gemälde von Tizian, Tintoretto, Mutiano, Poussin u. A., prächtige Gobelins und Tapisserien zum Theil von hohem Alter, einen sehr werthvollen Schatz mit kostbaren Werken der Goldschmiedekunst aus dem zwölften bis sechzehnten Jahrhundert, endlich verschiedene Grabmäler. Seit dem Jahre 1179 sind in der Kathedrale von Reims außer Heinrich II. und Ludwig XVIII. sämmtliche französische Könige gekrönt worden. Vor der französischen Revolution besaß die Kathedrale ein mit Goldblech überzogenes, mit Edelstein verziertes und in slavischer Sprache geschriebenes Evangelienbuch, auf welches die Könige den Eid ablegten, und die „Sainte Ampoule“, mit deren Inhalt sie gesalbt wurden Dieses Gefäß, welches schon bei der Salbung Chlodovechs I. zum König der Franken, 596, zu Reims benutzt wurde, soll eine Taube vom Himmel herabgebracht haben und das angeblich unversiegbare Oel darin wurde bei der Salbung aller Könige von Frankreich gebraucht. In der Revolution ward das Gefäß zertrümmert, aber etwas Oel in einem Bruchstücke gerettet und damit Karl X. im Jahre 1825 gesalbt.

Andere bemerkenswerthe Gebäude von Reims sind die ehemalige Abteikirche St. Remy, theils in romanischem, theils in gothischem Stile, ein sehr altes, schon 1041 neu aufgerichtetes Bauwerk mit schönen Glasgemälden und dem Grabmale des heiligen Remigius, geschmückt mit zwölf lebensgroßen Bildsäulen aus weißem Marmor. St. Remigius Remensis, geboren im Jahre 449 oder 437 als Sohn vornehmer Eltern, ward Apostel der Franken und 459 Bischof von Reims. Er war es, welcher König Chlodevech in der christlichen Lehre unterrichtete und ihn nebst vielen fränkischen Großen taufte. Der heilige Mann starb am 13. Januar 533. Sehenswerth ist ferner die 1183 erbaute Kirche St. Jacques mit interessanten Gemälden; das Rathhaus, 1627 begonnen aber erst 1825 vollendet, mit einem eleganten Glockenthurm und einer Reliefdarstellung Ludwigs XIII. zu Pferde; der erzbischöfliche Palast, 1498—1509 erbaut, mit einem großen Festsaale im gothischen Stile und einer zierlichen Capelle; der Justizpalast, 1845 vollendet; das Theater; das Hôtel-Dieu oder Krankenhaus und die Maison des musiciens, aus dem vierzehnten Jahrhundert, angeblich Residenz der Grafen von Champagne, mit fünf Statuen von Musikern. Auf der Place Godinot befindet sich ein hübscher Brunnen, auf einem andern Platze das Standbild des hier geborenen Marschalls Drouet d'Erlon und dem Bahnhofe gegenüber, inmitten hübscher Anlagen, hat man endlich dem berühmtesten Sohne von Reims ein Denkmal errichtet: Jean Baptiste Colbert, Marquis de Seignelay, dem Manne, der, wie einer seiner Biographen, Pierre Clément bemerkt, durch seine Sorge um das öffentliche Wohl das Meiste zu dem Ruhme Ludwigs XIV. beigetragen. Wenn man bedenkt, was Colbert sowohl für die staatliche Organisation als für die Künste geleistet, erscheint diese Bezeichnung nicht weniger als übertrieben, und es verlohnt wohl, bei dem Leben und Wirken dieses merkwürdigen Mannes etwas zu verweilen, zumal sich dabei Ausblicke auf ganz allgemeine, das gesammte Frankreich und selbst dessen Nebenländer betreffende Verhältnisse eröffnen.

Colbert.

Colbert war am 29. August 1619 zu Reims geboren. Sein Vater scheint ein Tuchhändler gewesen zu sein und Colberts Anspruch, von einer vornehmen schottischen Familie abzustammen, ist niemals erhärtet worden. Er dürfte ihn mehr, um der Zeitströmung zu entsprechen als zur Befriedigung persönlicher Eitelkeit erhoben haben. Ueber seinen Bildungsgang ist nicht viel bekannt geworden, nur einem Briefe seines Bruders Nicolaus, des nachmaligen Bischofs von Luçon, ist zu entnehmen, daß er in einer Jesuiten-Anstalt erzogen worden. Einer seiner Oheime vermählte sich mit einer Schwester Le Telliers, des Secretärs im Kriegsministerium, und durch diesen ward Colbert zuerst in das öffentliche Leben eingeführt. Er trat als Commissär im Kriegsministerium in den Dienst des Vaterlandes, erregte jedoch bald durch seine hohe Befähigung Aufmerksamkeit und wurde Le Tellier persönlich zugetheilt. 1649 nahm er schon den Rang eines Staatsrathes ein. Bald darauf verließ Colbert Le Tellier, um in den Dienst Mazarins zu treten, dessen volles Vertrauen er sich in seiner unerschöpflichen Ausdauer zu erringen wußte, und zwar in einem solchen Maße, daß er alle seine Angelegenheiten führte. Durch ihn auch besetzte Colbert eine Unzahl Posten mit seinen Anverwandten, doch muß zugleich bemerkt werden, daß jeder derselben seinen Platz auszufüllen verstand. In einem Briefe Colberts aus so ziemlich derselben Periode an seinen Vetter Colbert de Terron zeigt sich der seinem Charakter eigenthümliche Zug von Gewaltthätigkeit. Es handelte sich um einen Bauernaufstand bei dem Sammeln der „Tailles“, bei der einige Soldaten getödtet worden. Colbert schrieb diesbezüglich: „Il me semble que vous pourriez facilement et dans l'ordre et justice, faire faire le procès aux paysans qui sont vos prisonniers, puisqu'ils ont été pris les armes à la main; et si vous pouviez en faire pendre quelqu'un, assurément cela ferait beaucoup plus d'effet que toute votre guerre.“ Im Jahre 1559 fand ein weit bedeutsamerer Aufstand statt, die sogenannte révolte des gentilhommes, welche durch das königliche Verbot einer Versammlung der Generalstaaten hervorgerufen war. Die Führer der Bewegung wurden gefangen genommen, in effigie hingerichtet und ihre Wälder und Schlösser dem Boden gleichgemacht. Nach dem Gesetze hätte dies erst nach fünf Jahren stattfinden sollen, allein Colbert wußte diese Verzögerung durch eine ordre du roi zu beseitigen. Bonnesson, der Haupturheber der Erhebung, wurde hingerichtet.

Wenig später kam die Vermählung des Königs zur Sprache. Nach Mde. de Motteville beabsichtigte der Cardinal eine Zeitlang ernstlich, ihn mit seiner Nichte Maria Mancini zu vermählen. Wie dem auch immer sei, so viel steht fest, daß er später dieser Heirath jedes nur mögliche Hinderniß bereitete. Als der König nach seiner Vermählung nach Paris zurückkehrte, fiel die Anordnung der Empfangsfestlichkeiten Colbert zu, der das seltene Talent besaß, kleine Dinge ebenso gut zu versehen, wie große. Der Tod Mazarins, 1661, ließ im Staatsleben eine gewaltige Lücke leer, die Colbert, wenn auch nicht dem Namen nach, von diesem Augenblicke an voll ausfüllte. Im Testamente Mazarins findet sich der Satz: „. . . . je prie le roi de se servir de lui (Colbert), étant fort fidèle".

Bald darauf erfolgte die Gefangennahme und Untersuchung Fouquets, dessen Verschwendung und Mißwirthschaft, trotz aller Bemühungen, sie zu verbergen, eine Weile schon Mazarin und Colbert bekannt gewesen. Die Einrichtung des Surintendanten übertraf an Glanz, an Kunstwerken und Silberzeug weitaus jene des königlichen Palastes und das Fest, das er im August 1661 auf seinem Gute zu Vaux-le-Vicomte veranstaltete und zu dem sechstausend Einladungen ausgegeben worden, überbot alles bisher Dagewesene an märchenhafter Pracht. Einen Monat später befand sich Fouquet im Gefängnisse zu Nantes und Colberts langgehegter Plan einer Chambre de Justice war endlich verwirklicht. Der energischen Durchführung des Processes stellten sich jedoch so viele Hindernisse entgegen, daß er sich zwei Jahre hinzog, bis er mit dem Ausspruche lebenslänglicher Gefangenschaft für den Angeklagten endete. Das Urtheil war ein durchaus nicht zu hartes, denn nicht allein hatte sich eine wahrhaft haarsträubende Mißwirthschaft von Seiten Fouquets herausgestellt, sondern zugleich, daß er den Plan eines Bürgerkrieges gehegt und gefördert habe.

Das nächste Jahr rief durch Steuererhöhungen Erhebungen in verschiedenen Provinzen hervor. Die bedeutendste derselben erhielt sich durch die Energie und Klugheit ihres Führers Andijos, eines Edelmannes, der früher Offizier in dem Regimente Créquis bewesen, trotz dem energischen Einschreiten der Truppen, lange und ward nur dadurch beendet, daß ihr Führer, durch das Commando eines Dragonerregiments bestochen, die Leute, die er aufgehetzt und so lange befehligt hatte, im Stiche ließ.

Von diesem Zeitpunkte ab datiren beiläufig Colberts großartige Finanzoperationen; doch erschöpfte sich in dieser durchaus nicht seine gewaltige Energie; er verbesserte in sehr wesentlicher Weise sowohl die Flotte als die Festungen Frankreichs, wie er auch seine fördernde Aufmerksamkeit den Straßen, den Flußbauten und Bergwerken zuwandte. Ganz besonders ist aber Colbert der Vater der französischen Herrschaft auf kunstindustriellem Gebiete, und es scheint, daß der klarblickende Mann seine ungeheuren Erfolge eben durch dasjenige erreichte, an dessen Gegentheil neuere Versuche verwandter Art aller Orten kranken, durch sein ernstes Bestreben, von der Pflege der Kunst und Kunstindustrie Alles fernzuhalten, was dem Mehlthau Bureaukratismus nur von Weitem ähnlich sieht. Richelieu's Anschauungen über die Bedeutung der Kunst im öffentlichen Leben hatte deren Beschäftigung bereits über die mehr naive Sphäre emporgehoben, welche sie noch unter den Valois zu einem großen königlichen Vergnügen gestempelt hatte; sie galt nunmehr als unerläßlicher Begriff des die Majestät umstrahlenden Glanzes und dadurch aber auch als große volkswirthschaftliche Macht, indem es nur einen Blick mehr kostete, um zu erkennen, daß kein Nachbarland ähnliche Begünstigungen des Faches besitze und somit Frankreich berufen sei, sie alle durch seine Kunstmacht zu beherrschen. So wurde die Kunst gleichzeitig Symbol der höchsten Würde und — Staatsangelegenheit, Eines wegen des Anderen in jener oben erwähnten Auffassung, welche wir die glücklichste Mischung idealen und praktischen Strebens im französischen Charakter nennen.

Die Schule Richelieu's, Mazarin und Colbert an der Spitze, als Vertreter des bekannten und vielerörterten sogenannten „Mercantilsystems", mußte die Kunstindustrie Frankreichs vor Allem zu fördern suchen, denn deren Erfolge allein konnten die Herbeilockung fremden Geldes bewerkstelligen und zugleich den Franzosen vor Abgabe des eigenen Geldes an die Fremde zur Befriedigung der Luxusbedürfnisse behüten. Besser als durch Aufstellung negativer Maßregeln in einem geregelten System von Ausfuhrsverboten, erreichte man positiv dieses Ziel durch die sorgsamste Pflege des industriellen und künstlerischen Unterrichtes, für welchen nun Großartiges ins Werk gesetzt wurde. Ausfuhrverbote für Nahrungsmittel erzielten niedere Lebensmittelpreise, diese machten niedere Arbeitslöhne möglich und letztere vereitelten jeden ausländischen Wettbewerb.

Das System des Mercantilismus, welches Colbert auf den Gipfelpunkt förderte, wenn er es auch nicht geschaffen, hat unleugbar Frankreich zum ersten Industriestaate gemacht, obwohl es, an manchem Mangel krankend, später anderen Grundsätzen weichen mußte. Dennoch ist es für Frankreich das Beste gewesen, indem seine Früchte es überlebt haben, welche köstliche Früchte sind. Es konnte zu solchem Triumph aber dadurch allein gelangen, daß es die Kunstindustrie, sein Werkzeug, wodurch es Alles erreichte, wohl in seinen großen Plan verwebte, ihre Entstehung in den eigenen Grenzen aber nicht durch die geringste bureaukratische Zwangsmaßregel fesselte, sondern richtig erkannte, daß diesen freien und leichten Dingen auch eine freie und frische Atmosphäre geboten sein müsse, auf daß die Schwingen sich ausbreiten und heben möchten. In anderen Ländern trug dasselbe System nur schlimme oder keine Früchte, es strebte blos nach der Vergrößerung des Metallschatzes und ertödtete den besten Helfer zu solchem Zwecke durch Pedanterie und Paragraphe. Vor Allem war Colbert kein Doctrinär, und sein gewaltiger Erfolg scheint einzig und allein in der erfahrungsgemäßen, klugen, an alle zufälligen Vortheile rasch anknüpfenden Benützung der Umstände begründet zu sein, welche ihm die Begabung sowie die Ueberlieferung im Kunstleben seines Volkes und die gleichzeitigen Mängel bei den Uebrigen boten. Theorie hatte er keine und sein Amtsgang war der Cultus der Opportunität. Freilich verstößt ein derartiger Grundsatz gar nicht selten gegen dasjenige, was unser Jahrhundert unter der Etiquette freiheitlichen Fortschrittes für unentbehrlich erachtet. Der große Vater der französischen Kunstindustrie war, wenn's nöthig, wie schon oben angedeutet, auch ein gewaltiger Tyrann, — nach modernen Begriffen. Er ließ liederliche Fabrikanten gelegentlich am Pranger brandmarken, ihre Schunderzeugnisse ausstellen und hielt strenge auf die Gesetze der alten Meisterschaftserlangung. Die alten Fortschrittsmänner waren eben fortschrittlich auch durch richtige Handhabung von Radschuh und Bremse. Arbeitern, welche zu lange Zeit im Wirthshause zubrachten, wurden auf Befehl des Ministers künftig blos zu bestimmter Stunde im Tage Speisen verabreicht, Auswanderer durch die Wache festgenommen ꝛc. Zur Hintanhaltung der Schäden, zur Verhütung des Ueblen entwickelte Colbert allerdings eine Paragraphenthätigkeit, die ins Kolossale geht; aber dieser Bureaukratismus war wohlthätig, er schützte, er säuberte. Sein Amt bestand mit bescheidener Selbsterkenntniß im Abraupen der Fruchtbäume, nicht im Aufstellen von Regeln, wie die Blüthen duften und die Aepfel süßen Saft gewinnen sollen.

Die Geschäftszweige, welche Colbert zur Höhe hob, sind unzählige. Von der Seifensiederei bis zur Spitzenfabrikation, vom Thrangewinn bis zur Seidenweberei, Schiffbau, Bergwesen, Glas und Fayence, — tausendfache Unternehrungen und Neuschöpfungen tauchten rasch empor und gewannen Leben bis auf unsere Zeiten. Bald zählte das Land mehr als 44,000 Webstühle, für jeden neu aufzustellenden schoß die Regierung 2000 Livres vor; Englands Strümpfen ward schnell mit 6000 Stühlen Concurrenz gemacht, in Crêpe, Leinenzeug und Sammt behauptete Frankreich rasch die erste Stelle. Seine herrliche Seide, deren Cultur schon im fünfzehnten Jahrhundert geblüht hatte, brachte alsbald einen Absatz von achzig Millionen ins Land. Für das Spitzenfach wurden Florentinerinnen, Venezianerinnen und Flamänderinnen berufen, neue Erzeugungsstätten in Sedan, Argentan, Chantilly rc. geschaffen und die Hauptunternehmerei allein mit 150,000 Livres unterstützt. Dem Besitzer der Teppichfabrik zu Beauvais gewährte Colbert 60,000 Livres, hob in der altberühmten Savonnerie in Paris jene der orientalischen Teppiche und schuf, von den bedeutendsten Heroen der Malerkunst unterstützt, die Gobelinsverfertigung, welche die niederländische besiegte und sich selber den Weltmarkt eroberte.

In den Mitteln, durch welche Colbert zu seinen Zielen gelangte, erblicken wir bereits fast alle modernen Wege der Kunstbildung und des Kunstunterrichtes vorgebahnt. Er erreichte es, daß die durch seine Fürsorge gewaltig vermehrten Sammlungen des Königs den wissensdurstigen Künstlern und Gelehrten offen standen und vor den Kunstwerken belehrende Besprechungen gehalten wurden; er eröffnete 1673 im Palais Royal die erste Ausstellung moderner Gemälde, wie sie sich bis heute unter Staatsautorität erhalten haben; derselbe unermüdliche Geist schuf die Akademie der Maler und Bildhauer und die École des beaux arts, ferner die Académie de France in Rom (1666) als Heimath der jungen Künstler, welche nach dem Born der ewigen Schönheit in der heiligen Stadt die Schritte gelenkt hatten; fünf Jahre später folgte die Gründung der Architektur-Akademie. In diesem riesigen Organismus griff jedes Rad wundersam in das andere, ging kein fallender Span verloren und half auch das Kleinste zum Ganzen: denn der Geist und die Begeisterung der Nation war zum Werke erweckt, die Reform keine bloße Liebhaberei oder Schöngeisterei oder Pachtung Privilegirter. Auch die poesieloseste Seele interessirte sie schließlich, denn sie betraf auch die Geldtasche, die sie allein zu füllen vermochte, während wir noch nicht viel weiter gekommen sind, als daß der industrielle Bannerträger des ästhetischen Aufschwunges in der Regel sich auf die finanzielle Buße für seinen Idealismus gefaßt machen darf. Vom Könige angefangen, der dieses Ameisengetriebe seinen Thron vergolden und zugleich sich selber dadurch eine Goldgrube eröffnen sah, beugte sich jeder gern dem großen Gedanken des allgemeinen Interesses, den die vaterländische Industriereform bedeutete, — bis zur armen pointeuse, welcher sie Brod ins Haus brachte. Es war ein gewaltiges allgemeines Interesse: ein patriotisches, ein künstlerisches und ästhetisches, ein geschäftliches und vom Standpunkte des gesellschaftlichen Lebens selbst ein Interesse der Behaglichkeit und Lebensfreude.

Eine der wichtigsten Schöpfungen war die Manufacture royale des meubles de la couronne in Paris. In dieser großartigen Anstalt vereinigte der kluge Organisator den größten Theil der zahllosen Kunsthandwerker, welche für die Bedürfnisse des Hofes in dessen Palästen bisher gearbeitet hatten, zu einem wohlgegliederten Ganzen. Lebrun stand als Leiter an der Spitze der Anstalt und hatte darin ein ganzes Heer von Arbeitern zur Verfügung, welche sich in entwerfende Meister, Specialisten, ausführende Techniker und Lehrlinge schieden. Kein Zweig des Gewerbes fehlte in dieser Riesenschule, der Urmutter aller

Kunstgewerbeschulen, zweihundert Jahre vor dem Entstehen der übrigen! Nach manchem Wechselfall blüht die Anstalt noch heute, seit 1759 aber mit der Savonnerie vereinigt. Außerhalb dieser Anstalt wimmelte es aber auch im Louvre nach wie vordem von einer großen Menge einheimischer und fremder Künstler, welche für die Krone als Decorateure, Teppichweber, Tischler, Bildhauer 2c. beschäftigt waren.

Frankreich war von jeher auch in der Beziehung glücklicher als seine Nachbarländer, daß große Reformen daselbst in der Regel mit dem Abtreten ihrer Veranlasser nicht abzusterben pflegten, sondern der Volksgeist meist in dem Sinne der Reformatoren weiterzuschaffen verstand. So setzte das ganze achtzehnte Säculum bis zur Revolution eifrig fort, was Colbert begonnen, namentlich sind es die rührigen Encyklopädisten, deren Streben auf die schulmäßige Obsorge für das Kunstgewerbe gerichtet blieb. Im selben Geiste gründete Blondel in Paris die erste Baugewerkschule der Welt und der schon unter Colbert entstandene Entwurf der Gewerbeschulen der Provinzen erhielt seit 1726 seine Verwirklichung, so daß bis 1790 kaum eine bedeutendere Stadt im Reiche ihre eigene Schule entbehrte. Auf Blondel folgte alsbald wieder eine bedeutende organisatorische Kraft, der Blumenmaler J. J. Bachelier, welcher, getragen von dem ungeheuren geistigen Bedürfnisse der Nation der königlichen Manufaktur eine zweite an die Seite setzen konnte, ohne diese und das eigene Werk zu schädigen. Im Gegentheil erfreute sich die Vorläuferin der heutigen École nationale des arts décoratifs, damals École royale gratuite de dessin genannt, schon 1767 eines Besuchs von 1500 Zöglingen, für die es Preise und Stipendien gab. Die Schule hatte die Aufgabe, der großen Anzahl von Meistern, die nicht im Hofdienste beschäftigt waren, gleiche Ausbildung zu gewähren, wie die Anderen durch die Manufacture royale des meubles de la couronne erhielten.

Neben der Kunstindustrie fehlte es der Pflege der hohen Kunst zur gleichen Zeit ebenfalls nicht an Hilfsmitteln und an Förderung der wesentlichsten Art. Das aus dem Mittelalter stammende zünftige Wesen trat auch hier zu den Neuerungen nicht in schroffen Gegensatz wie anderwärts, sondern vermählte seine Vorzüge mit denjenigen der modernen Richtung zu neuen, glücklichen Errungenschaften. Die uralte St. Lucas-Akademie und die unter dem jungen, vierzehnten Ludwig gegründete königliche Akademie vereinigten sich bald zur Académie royale de peinture et de sculpture (1652) und Colbert führte an dem neuen Institute seinen Lieblingsgrundsatz der Verbindung von Kunst und Kunstindustrie durch, indem er den Akademiker Lebrun hier so wie an den gewerblichen Anstalten als Leiter bestellte. Die großen Künstler entzogen sich in Frankreich bis zur Revolution nicht der Einflußnahme auf das Gedeihen des Kunsthandwerks. Nachdem die Revolution diese Einrichtungen vorübergehend geändert hatte, folgte unter dem Kaiserreiche durch Gründung von zweiundzwanzig Provinzmuseen und die Zufuhr der italienischen Kunstbeute ein neuer Aufschwung, der bis heute andauerte.

Schon allein, was Colbert für Kunst und Wissenschaft geleistet, genügt, ihm das Lob der Nachwelt zu sichern. Außer den oben angeführten Anstalten gründete er das Journal des Savants, die orientalische Akademie und die Sammlung des Louvre. Einige der großartigen Bauten zu Paris danken ihm ihren Ursprung, so das neue Louvre, die Sternwarte und das Hôtel der Invaliden. Er vereinigte mit geradezu unerschöpflicher Energie den unermüdlichsten Fleiß, kluge Geduld, und eine Ausdauer, die ihn alle Schwierigkeiten besiegen, wie einen unbeugsamen Willen, der ihn nicht abweichen ließ, bis er nicht das vorgesteckte Ziel erreicht hatte, die ihn aber auch nicht allzu bedenklich werden ließ über die Mittel, durch die es zu erreichen sei. Seine Geringschätzung der Dienste Riquets, der den großartigen Canalbau in der Languedoc beinahe gänzlich ausgeführt, zeigt den Minister in recht ungünstigem Lichte und bildete ein Gegenstück zu dem Undank, den er selbst später vom Könige erfahren. Ein anderes Anrecht auf den traurigen Titel Vir marmoreus finden wir in der grausamen Gewaltsamkeit, mit der er für die Bemannung der Galeeren sorgte. Sein Biograph Clément bemerkte in diesen Beziehungen zu seiner Entschuldigung: „Si grand qu'on soit, on est toujours de son temps". Colberts Lebensschluß war so trübe, als sein Erfolg glänzend gewesen war. Daß seine letzte Krankheit durch den Kampf gegen den anwachsenden Einfluß Louvois' und den Schmerz über die Vernachlässigung Seitens des Königs vermehrt worden, ist mit Bestimmtheit anzunehmen. Daß sein Tod hierdurch herbeigeführt worden, ist jedoch eine wirkungsvolle Hyperbel; er litt an einer Krankheit, welche zu jener Zeit für unheilbar galt und es war. Nach Monthon äußerte er kurz vor seinem 1683 erfolgten Tode in Bezug auf den König: „Si j'avais fait pour Dieu, ce que j'ai fait pour cet homme-la, je serais sauvé deux fois, et je ne sais ce que je vais devenir." Die „Gazette de Leyde" meldete zwar: „il est mort fort regretté de toutes les honnêtes gens", allein in Wahrheit war der Mann, der so Vieles für sein Volk gethan, nur sehr wenig populär und erst später fand sein Wirken die verdiente Werthschätzung.

Chalons und die Hunnenschlacht.

Außer Reims, dem alten Durocortorum, der einstigen Hauptstadt der Remi und des belgischen Galliens, verdient der Chefslieu des Departements Châlons-sur-Marne einige Worte der Erwähnung. Die Stadt ist mit Mauern und Gräben umgeben, hat meist Holzhäuser, aber gerade und reinliche, wenn auch enge Straßen nebst einer großen Kathedrale, die wegen ihrer zwei durchbrochenen Thürme und ihrer Glasmalereien bemerkenswerth ist. Auch Chalons, das jetzt über 23,000 Einwohner zählt, ist der Sitz einer blühenden Industrie, in den Tagen des zweiten Kaiserreiches hauptsächlich jedoch durch das befestigte Lager bekannt geworden, welches 1857 unweit davon, auf einer von dem Bache Chenau durchflossenen Hochfläche, am linken Ufer der Vesle, in der Nähe eines alten römischen Lagers, wovon noch Ueberreste vorhanden, angelegt wurde. In den drei Sommermonaten fand hier alljährlich eine Truppenzusammenziehung von 60—70,000 Mann zu Manövern statt. Daneben entstanden in Folge dessen die Dörfer Groß- und Klein-Mourmelon. Hier reorganisirte im August 1870 Marschall Mac Mahon die geschlagene französische Armee, ehe er zum Entsatze von Metz nach Norden zog. Das Lager ward im Februar 1871 aufgehoben. Aber wie der Boden der Champagne überhaupt, welcher von Schlachtfeldern aus alter und neuerer Zeit wimmelt, so hat auch Chalons schon in den Tagen des sinkenden römischen Weltreiches eine wichtige, ja für die Geschichte des Abendlandes entscheidende strategische Rolle gespielt, denn Chalons ist das Catalaunum oder Durocatalauni der belgischen Gallier und vor ihren Thoren — auf den catalaunischen Gefilden — ward 451 die berühmte Völkerschlacht zwischen dem römischen Feldherrn Aëtius und den Hunnen unter dem gewaltigen Attila geschlagen.

In der Erinnerung, in den Heldensagen, in den Legenden späterer Zeiten verdichteten sich in diesem Attila die ganzen Schrecknisse der Völkerwanderung: Alles was die Hunnen in ihrer wildesten Zeit gefrevelt oder was ihnen auch nur die Uebertreibung angedichtet hat. In der historischen Erinnerung lebt er noch heute fort als „die Geißel Gottes“; in Wahrheit doch blos, weil dieser Mann, die gewaltigste Gestalt der Völkerwanderung, nur wie ein feuriges Meteor über die alte Welt hingegangen ist; weil das Bleibendste, was er hinterließ, nur Zerstörung gewesen ist. Die furchtbaren Mongolen des Mittelalters, Dschingiskhan und Timur, haben ihn unendlich an erbarmungsloser Wildheit und schauerlicher Blutgier überboten, aber zuletzt doch mehr positive Schöpfungen hinterlassen. In Wahrheit überragte Attila sein Volk geistig wirklich riesengroß. Nur den Typus der Rasse, kurze Gestalt, breite Brust, dunkle Farbe, den großen Kopf und die kleinen Augen, die aufgestülpte Nase und den kleinen Bart verleugnete er nicht, hielt auch inmitten des fürstlichen Glanzes, der auf der Höhe seiner Macht seinen Hof umgab, für seine Person die alte Einfachheit des Steppenlebens fest. Aber den Schmutz und die Gemeinheit des alten Hunnenthums hatte er abgestreift. Seine Persönlichkeit muß etwas ungemein Imponirendes gehabt haben. Die Hunnen verehrten in ihm eine großartige Herrscherkraft; aber auch Deutsche, Römer und Griechen, deren viele, jene als Krieger, diese als höhere Beamte, in seinen Diensten standen, hingen mit voller Treue an ihm. Und wie in Gallien zu den Westgothen, so zogen zu ihm nicht wenige Römer und Griechen, um unter seinem sicheren und bequemen patriarchalischen Regiment sich der zermalmenden Last der römischen Gesittung zu entziehen. Dieser gewaltige Fürst und Krieger war es, dessen Heer, 500,000 oder gar 700,000 Mann stark, in zwei mächtigen Heeressäulen 451 den Oberrhein überschritt. Die eine wurde mehr nördlich, über Trier durch Belgien geführt; die südliche leitete Attila selbst von Straßburg her gegen Metz. Als diese Stadt in der Osternacht (8. April) mit Sturm genommen und zerstört war, zog Attila, der sein Gesammtheer in der Champagne vereinigte, über Chalons, Troyes und Sens nach Orleans, vor dessen Mauern der Großkhan im Mai 451 anlangte. Hier endlich staute sich die furchtbare Fluth. Während Volk und Besatzung den Angriffen Attilas mit zäher Tapferkeit widerstanden, führte Aëtius das im innern Gallien gesammelte Heer, zu dem nach langem Zaudern endlich auch die Westgothen gestoßen waren, tief im Juni mit raschen Märschen nach der Loire. Er kam noch zur letzten Stunde, um Orleans zu retten. Schon waren die Hunnen in diese Stadt eingedrungen; schon tobte in ihren Gassen der Kampf, als endlich Aëtius und der westgothische Prinz Thorismund zu später Stunde erschienen und nun die Hunnen wieder aus der Stadt drängen konnten. Sofort trat Attila, der sich offenbar hatte überraschen lassen, den Rückzug an. Es wurde für ihn nöthig, sein zerstreutes, plünderndes Heer rasch zu sammeln und sich nach den für den Reiterkampf mehr geeigneten Ebenen der Champagne zu ziehen. Aëtius drängte ihm mit Macht nach und holte ihn in der Gegend von Troyes, südlich von Châlons-sur-Marne, ein. Auf der Ebene von Mauriacum, jetzt Méry-sur-Seine, einem Theile der sogenannten catalaunischen Gefilde, sollte der Kampf ausgefochten werden, der über die Zukunft von Europa entscheiden mußte. Bei dem erwähnten Mauriacum, nur zwei Stunden von den Mauern von Troyes, faßten am Abend vor dem entscheidenden Tage die Franken des Aëtius den feindlichen Nachtrab, die Gepiden, und erzwangen in heißem Kampfe — 15,000 Leichen bedeckten das Blachfeld — den Uebergang über die Seine, auf Attilas äußersten rechten Flügel. Am folgenden Tage entbrannte dann, nicht lange nach Mittag, die gewaltige Hauptschlacht. Die Fronte des unermeßlichen Heeres der Hunnen, in welchem neben diesen, Bastarnern und Sciren, die germanischen Schaaren derselben oder verwandter Stämme, die Ostgothen nebst den Gepiden, Herulern, Rugiern, die Alemannen, ein Theil der Franken und Burgunder, Thüringer u. A. aufgestellt waren, war gegen Nordwesten gerichtet. Attila mit seinen Hunnen hielt das Centrum; den Kern des linken Flügels bildeten die Ostgothen unter den Amelungen-Brüdern Walamir, Theodemir und Widemir, den des rechten Ardarichs Gepiden. Auf römischer Seite standen im Centrum die Alanen unter Sangiban, einem Fürsten von zweifelhafter Treue, der schon vor Orleans mit Attila verrätherische Verbindungen angeknüpft hatte, daher ihm Aëtius diesen Posten anwies, um seine Bewegungen genau beobachten zu können; auf dem rechten Flügel stand König Theodorich mit seinen Westgothen, den linken befehligte Aëtius selbst mit seinen Römern. Als Schlüssel des Schlachtfeldes galt eine bis zur Höhe von 50 m sanft aufsteigende Erdanschwellung bei Premier-Fait und Les Grandes Chapelles, zwischen beiden Heeren. Nachdem die Führer durch kräftige Anreden die Kampflust der Streiter angefeuert, gab Attila das Zeichen zur Schlacht. Aëtius und Prinz Thorismund vermochten indeß die Anhöhe zuerst zu nehmen, und nun kam Attila in die unbequeme Lage, den Hügelrücken erstürmen zu sollen. Die Genialität des Aëtius, der die Hunnen so genau kannte, hatte die richtige Art gefunden, um dem Großkhan den gewöhnlichen hunnischen furchtbaren Reiterstoß mit Pfeilregen unmöglich zu machen. Zwar durchbrachen die Hunnen schnell das feindliche Mitteltreffen der zweideutigen Alanen, richteten aber dann ihre ganze Macht auf die Westgothen. König Theodorich ritt längs der Reihen dahin, den Muth seiner Streiter anfeuernd; da empfing er von der Lanze eines edlen Ostgothen, Namens Andax, die Todeswunde: er stürzte vom Pferde und wurde unter den Hufen seiner eigenen Reiterei zertreten. Aber sein tapferer Sohn Thorismund stürzte herbei und stellte rasch die Ordnung wieder her; seine Westgothen faßte aber solche Berserkerwuth, daß sie von Thorismund gegen das vorausgeschrittene und entblößte Mitteltreffen der Hunnen geführt, in furchtbaren Stößen den feindlichen Widerstand über den Haufen warfen und den Tod ihres Königs durch den Sieg über die Feinde rächten. Attila, der mit Heldenmuth in der Mitte seiner Streiter kämpfte, zog sich bei heranbrechender Nacht zurück, das Schlachtfeld den Gegnern überlassend. Aber hinter seiner festen Wagenburg trotzte er „wie ein von Jägern bedrängter Löwe" den vereinten Angriffen des Aëtius und Thorismund, die sich in der Dunkelheit zusammengefunden und einen Sturm auf sein Lager versuchten. Er hatte die Sättel gefallener Pferde zu einem Hügel aufschichten lassen, in der Absicht denselben anzuzünden und in den Flammen seinen Tod zu suchen, wenn seine Verschanzungen erstürmt würden. Der Sturz des kühnen Thorismund vom Pferde rettete die Hunnen vor einer gänzlichen Niederlage. Aber erst am folgenden Morgen erkannte Aëtius, daß er gesiegt hatte. Noch zeigte Attila indeß eine so entschlossene Haltung, daß Aëtius es nicht wagen mochte, ihn zur Verzweiflung zu treiben. Er vermied eine neue Schlacht und ließ die Hunnen, soweit nicht massenhafte Verwundete und Nachzügler ihnen jetzt zu Grunde gingen, ostwärts abziehen. So endigte die große Völkerschlacht auf der catalaunischen Ebene; 165,000 Leichen, weitaus die Mehrzahl aus dem Heere der Hunnen, deckten das Blutfeld, und der lang erhaltene Volksglaube, daß die Geister der Erschlagenen, unversöhnt durch den Tod, noch drei Tage lang in den Lüften fortgekämpft, zeugt von der Erbitterung und Kampfwuth der rauhen Kriegsschaaren und von dem mächtigen Eindruck, den die gewaltige Völkerschlacht in der Phantasie der Menschen hinterließ.

Von den übrigen Städten des Marne-Departements ist blos noch Vitry-le-François, das alte Victoriacum, eine kleine gewerbreiche und hübsche Stadt in der Landschaft Perthois, zu nennen. Sie liegt an der Marne und ward nach der Einäscherung von Vitry-en-Perthois, durch Karl V. im Jahre 1544 von König Franz I. gegründet, auch ihm zu Ehren benannt. Die in deutschen Schriften mitunter vorkommende Vitry-le-François ist daher durchaus irrig.

Die Unter-Champagne.

Den südlichen Theil der Champagne bilden die beiden Departements der Aube und der Haute Marne, welche sich in ihrer Bodenbeschaffenheit nicht wesentlich von jenem der Marne unterscheiden. Doch hat das von der Seine und ihrem Nebenflusse Aube bewässerte Aubedepartement von allen den schlechtesten Boden. Es weist leicht wellige, große Kreideplateaux, im Nordosten aber Hügel und Ebenen mit Alluvium auf, diese Gegend erzeugt wohl Hafer, Gerste und Buchweizen, ist aber ärmlich und baumlos. Man nennt sie die Champagne pouilleuse. Im Südosten ist die Kreidegrundlage mit dicker, fruchtbarer Erde bedeckt, durch die ein Wagen hie und da von zwölf Pferden gezogen werden muß. Hier steht namentlich die Zucht von Rindern, Pferden, Geflügel und Bienen in Blüthe. Auch gedeihen hier Getreide, Kartoffeln und trefflicher Wein, von welch letzterem zwei Drittel des Gesammterzeugnisses zur Ausfuhr gelangen. Das Departement der Obermarne ist bedeutend bergiger, aber ebenso reich an Getreide und Hafer, so wie an Pferden und Rindern. Zugleich ist sein Boden einer der eisenreichsten in Frankreich, daher sich auch hier eine ausgedehnte Eisenindustrie entwickelt hat. Den Süden dieses Departements nimmt die Landschaft Bassigny mit dem Plateau von Langres ein, das sich im Norden und Nordosten von Dijon in der Richtung des östlicher gelegenen Schweizer Jura erstreckt und aus demselben Jurakalk aufgebaut ist. Hier entspringen die nach Westen gehenden Zuflüsse der oberen Somme, so wie die nach Norden und Nordwesten fast gleichlaufenden rechten Nebenflüsse der Seine: die Ource, die Aube mit dem Anjon, die Marne mit dem Rognon. Diese Reihe von Höhen und Hügeln, deren beträchtlichster, die Cime de Montaigu, blos 497 m Seehöhe erreicht, hat keine hervorragenden Kämme und Gipfel, bildet aber ein verbindendes Mittelglied zwischen den französischen und deutschen Mittelgebirgen. Es ist 15—20 km breit, 70 km lang und 325 bis 500 m hoch. Thäler, die wenig tief sind, zerschneiden es von der Quelle der Manche bis zu dem höchsten Gipfel der südlich davon in Burgund sich erhebenden Côte d'or. Da es die Thäler der Saône, Marne, Maas, Aube und Seine beherrscht, ist dieses Tafelland von Langres für die Vertheidigung der östlichen Grenze von großer Wichtigkeit. Auf demselben und nicht weit von den Quellen der Marne liegt auf dem dort von engen Thälern durchschnittenen Plateau das befestigte Städtchen Langres, das alte Andemantunum oder

Lingones; es ist von alten bethurmten Mauern umgeben und hat eine schöne Kathedrale, ist aber öde und schlecht gebaut.

Von den übrigen Städten der südlichen Champagne ist nicht viel zu berichten. Die wichtigste darunter ist zweifellos Troyes, der jetzige Chefslieu des Aube-Departements und die ehemalige Hauptstadt der Champagne überhaupt. Sie liegt an der Seine, in einer weiten Ebene, in 110 m Meereshöhe und ist sehr alt. Sie kommt schon zur Römerzeit als Trecae, Augustobona vor und kann in ihrer schlechten Bauart ihr Alter auch nicht verleugnen. Schon seit dem zwölften Jahrhundert sind ihre langen Vorstädte von Canälen durchzogen und um die Stadt, welche dermalen 46,000 sehr gewerbthätige Einwohner zählt, läuft eine schöne Promenade, le Mail. Den Glanzpunkt von Troyes bildet indeß die schöne, gothische Kathedrale mit ihrem reichen Portale und ihren kühnen Gewölben; doch hat sie blos einen Thurm. Von der Seine gesehen zeigt sich Troyes ganz stattlich. Weiter stromabwärts liegt an der Seine, ganz im Westen des Departements, das hübsche Städtchen Nogent-sur-Seine, dessen zahlreiche Gärten vielfach Paris versorgen, das aber hauptsächlich wegen der nahen Reste des von Pierre Abälard gegründeten Klosters le Paraclet bemerkenswerth ist. Die von dem großen Scholastiker und Theologen des zwölften Jahrhunderts ursprünglich erbaute Capelle und Klause wurde von seinen Schülern zu einer großen Stiftung erweitert, die er nach seiner Ernennung zum Abt von St. Gildes-de-Ruys in der Bretagne an seine durch das bekannte traurige Liebesschicksal mit ihm verbundene Geliebte Heloïse übergab, welche ihn nach seinem am 21. April 1142 erfolgten Ableben im Paraclet begraben ließ, wo sie ihm selbst erst 1163 im Tode folgte. Beider Asche wurde aber 1808 in das Museum der französischen Denkmäler zu Paris gebracht und 1818 in einem eigens dazu erbauten Denkmal auf dem Kirchhofe Père Lachaise beigesetzt.

Im Osten des nämlichen Departements liegt ein anderer berühmter Platz des Mittelalters: die jetzt in ein Centralgefängniß für die dreizehn östlichen Departements umgewandelte prachtvolle Cistercienserabtei Clairvaux, eine der schönsten und reichsten in Frankreich, die seinerzeit das Haupt von 3252 Klöstern war. Abälards kirchlicher Gegner, der heilige Bernhard, gründete sie im Jahre 1115 und ward zugleich ihr erster Abt, nachdem ihm der Herzog Hugo von Troyes das dortige Waldthal, Clairval (Clara Vallis) geschenkt hatte. Dieser einem edlen burgundischen Geschlechte entsproßte Reformator der Klosterzucht, dieser Rathgeber der Fürsten und Hauptsprecher in den Kirchenversammlungen, dessen hinreißende Predigten 1146 den zweiten, übrigens unglücklichen Kreuzzug zu Stande brachten, liegt in der Kirche zu Clairvaux begraben. Die alte Abtei gehört zum Arrondissement von Bar-sur-Aube, einem alten Städtchen mit Baumwollenfabriken und Weinbau, das in die Hunnenzeit hinaufreicht und aus jenen wilden Tagen noch Ruinen von dicken Mauern und sonstigen Bauten besitzt. Außer der hübschen Lage am rechten Ufer der Aube und am Fuße eines ziemlich hohen Berges, in einem lachenden Thale, dessen Gehänge Weingärten und Waldungen verkleiden, hat Bar-sur-Aube nichts Bemerkenswerthes. Mit Joinville im benachbarten Departement der Obermarne stritt es um den Rang der Hauptstadt in der Landschaft Vallage (Thalland). Hier war es auch, daß am 24. Januar 1814 Marschall Mortier die vordringenden Oesterreicher in erbittertem Kampfe zurückwarf, welcher dem Feinde 1500 Mann kostete. Und eine gleich blutige Schlacht aber mit unglücklichem Ausgang für Napoleon fand nur wenige Monate später, am 20. März 1814, bei Arcis-sur-Aube statt, wo der Franzosenkaiser der freilich numerisch gewaltig überlegenen Heeresmacht der Verbündeten unter Fürst Schwarzenberg weichen mußte. Der bescheidene Ort hat Baumwollenspinnereien und Webereien, Strumpffabriken und treibt einen ansehnlichen Kornhandel. Ein drittes Schlachtfeld, allerdings aus früherer Zeit, ist jenes von Wassy, wo am letzten Februar 1562 der Herzog von Guise die dort versammelten Calvinisten überfiel und damit das erste Signal zu jenen beklagenswerthen Glaubenskriegen gab, welche Frankreich während des sechzehnten und siebzehnten Jahrhunderts verheerten. Wassy, eine uralte Stadt der Vadicasses, ward schon im Jahre 211 durch Kaiser Caracalla niedergebrannt, erstand dann wieder aus den Ruinen, hatte aber noch schwere Schicksale durchzumachen. Sie liegt im Departement der Haute Marne am rechten Ufer der in die Marne mündenden Blaise, rings von ausgedehnten Wäldern umgeben. In ihren engen Straßen bemerkt man zahlreiche alte Häuser und darunter eine ziemlich merkwürdige Kirche: Notre Dame de Wassy. Nur 17 km südöstlich davon liegt das oben erwähnte Städtchen Joinville am linken Marneufer in freundlichem Thalbecken, ursprünglich der Sitz eigener Herren von Joinville, später Besitzthum der Herzoge von Guise, deren Mehrzahl auch hier das Licht der Welt erblickte; von diesen ging Joinville auf die Familie Orleans über, wovon ein Mitglied bekanntlich den Titel eines Prinzen von Joinville führt. Das dort befindliche Schloß ist ein hübscher, aber keineswegs imposanter Bau. Der Cheflieu der Obermarne ist das 12,000 Einwohner zählende Städtchen Chaumont, die ehemalige Hauptstadt der Landschaft Bassigny. Sie hat breite und reinliche, mitunter aber sehr steile Straßen, denn Chaumont liegt 312 m hoch auf einem Hügel zwischen der Marne und ihrem Nebenflüßchen Suize. An öffentlichen Bauten hat es wenig Bemerkenswerthes aufzuweisen; wahrhaft großartig ist dagegen der dreistöckige Eisenbahnviadukt, welcher 600 m lang und 50 m hoch das Thal der Suize überbrückt und in den Bahnhof von Chaumont einmündet.

Lothringen.

Geschichtlicher Ueberblick.

Die Geschichte Lothringens reicht in die ersten Anfänge deutscher Geschichte zurück. Was jenseit derselben liegt, kommt aber für uns um so mehr in Betracht, als von einer Kenntniß dieser alleräItesten Verhältnisse wesentlich die Beurtheilung der späteren und sogar der modernen Zustände abhängt. Wir müssen deßhalb einen flüchtigen Blick auf das Gallien der Urzeit werfen. Dieses war nun in ethnographischer Beziehung kein einheitliches Land, da sowohl die Iberer, die vor der Einwanderung der Celten in Südfrankreich (Ende des fünften Jahrhundert v. Chr.) alles Land nördlich von den Pyrenäen bis zur Garonne und der Rhone inne hatten, als die Ligurer, ein Volk unbekannter Stellung, das ursprünglich östlich von dem letztgenannten Flusse wohnte, auch nach Verlust des Rhonethales an die Eindringlinge, in der Gascogne und den Bergen von

Languedoc, oder in den Alpen in großen Massen zurückblieben, und nur langsam ihre Nationalität verloren. Das ganze Land nördlich von diesen Völkern aber bis zum Ocean und der Seine im Norden und Nordosten war seit den ältesten Zeiten von eigentlichen Kelten bewohnt. Nordöstlich von ihnen traf Cäsar die jenen nahe verwandten Belgen, welche von der Seine bis zum Rheine reichten, also auch das heutige Lothringen inne hatten. Daß die Sprache der Belgen die nämliche wie jene der Kelten war, erweisen die aufbewahrten Eigennamen hinlänglich; nicht nur zeigen sich bei Kelten und Belgen dieselben Stammwörter, sondern, wie schon der große Sprachforscher Zeuß dargethan, ganz dieselben Namen. Doch war die Sprache der Belgen von jenen der Kelten mundartlich verschieden, wofür wir direkte Zeugnisse besitzen. Indeß berechtigt diese dialectische Verschiedenheit keineswegs, die Belgen aus der großen Gruppe der Keltenvölker auszuscheiden; noch viel weniger sie, wie einst Adolf Holtzmann gewagt, gar mit den Germanen zu identificiren. Diese Annahme ist heute wissenschaftlich abgethan; ja nicht einmal die in Frankreich beliebte Sonderung in eigentliche Kelten, worunter man ausschließlich die Celtae Cäsars gelten lassen wollte, nämlich schwarzhaarige, brünette und kleine Leute, die man Gaelen nennt, und in Kymry, Menschen größeren Schlages, blond und blauäugig, erfreut sich des allgemeinen Beifalles der Gelehrten. Eine bedeutende Stütze fand sie allerdings in den Untersuchungen des verstorbenen Paul Broca — eines der hervorragendsten Anthropologen der Neuzeit — welcher in der That und in streng wissenschaftlicher Weise nachwies, daß allerdings in Frankreich sich zwei Rassen gegenüberstehen, eine, welche sich nördlich von der Seine ausbreitet, und eine andere südlich von der Loire wohnende, während die zwischenliegenden Landschaften von einer gemischten Bevölkerung bewohnt werden. Die kleine, dunkelhaarige und brachykephale Bevölkerung des Südens hat heute drei Fünftel des französischen Bodens inne und beziffert sich auf etwa 19 Millionen Köpfe. Die hochgewachsene blonde und dolichokephale Rasse des Nordens, zu welcher auch die Belgen, Wallonen, Walliser u. s. w. gehören, zählt nur etwa neun Millionen und bewohnt beiläufig ein Viertheil des Landes. Gegen die von William Edwards aufgestellte und hauptsächlich von Amédée Thierry und Henri Martin entwickelte, sowie von Paul Broca unterstützte Theorie von dem Vorhandensein zweier keltischen oder gallischen Familien erhoben sich indeß Omalius d' Halloy, Gobineau und Roget de Belloguet, in neuerer Zeit Alfred Maury und der geistvolle Henri Gaidoz. Sie zeigten, daß die alten Schriftsteller, wenn sie uns von dem Vorhandensein blonder Gallier in den Südprovinzen erzählten, eben nur die Krieger, d. h. die erobernde Rasse, vor Augen hatten; die dunkelfarbige Hauptmasse war bereits vorhanden, lange vor der Ankunft der ersten Kelten, welche schließlich in deren gewaltigem Strome untergegangen sind. Belloguet glaubt diese ältere, vor den Kelten auf dem Boden Frankreichs angesiedelte Bevölkerung Ligurer (deren Name früher fälschlich vom Flusse Ligeris [jetzt Loire] abgeleitet wurde) nennen zu dürfen. Doch liegt wenig an dem Namen. Durchschlagend und entscheidend ist die Thatsache der Existenz einer nichtarischen Rasse, welche heutzutage die große Mehrheit der französischen Bevölkerung — jene südlich von der Loire — ausmacht. Ebenso siegreich und überzeugend hat aber Roget de Belloguet nachgewiesen, daß die eigentlichen sogenannten Gallier sämmtlich echte Kelten waren, welche die hohen Fähigkeiten der hochgewachsenen blonden Rasse der Arier besaßen und in Frankreich nur eine einzige, gemeinsame Sprache redeten, wie sie sich auch zu einer und derselben Religion bekannten und ein und dasselbe politische und religiöse Ideal mit sich brachten. Die Kelten waren nun der älteste Zweig der arischen Völkerfamilie und saßen im Westen Europas, soweit derselbe nicht von Ureinwohnern besetzt war, lange, ehe die Germanen nach Deutschland einzogen, die Germanen, mit welchen sie die anthropologischen Merkmale aller Arier gemein hatten. Kelten und Germanen zu identificiren, wie Adolf Holtzman gethan, ist heutzutage wissenschaftlich wohl durchaus unzulässig; es waren zwei völlig verschiedene Völker, wenn auch, wie Italiker, Hellenen und Slaven, Glieder des nämlichen arischen Urstammes. Die keltische Sprache stand unter allen indogermanischen dem Lateinischen am nächsten, weit näher als dem Germanischen und kann im besten Falle als ein Bindeglied zwischen letzterem und dem Idiom der weltbeherrschenden Roma angesehen werden.

Durch die römische Eroberung erhielt das keltische Land (58 bis 50 v. Chr.) allmählich romanische Sprache, was durch die erwähnte Verwandtschaft erleichtert ward; das nationale keltische Idiom wich verhältnißmäßig rasch dem Romanischen, doch war das Keltische nach Irenäus noch gegen Ende des zweiten Jahrhunderts in Lugdunum (Lyon) und nach Hieronymus noch im vierten in Trier, der Stadt der gallischen Trevirer, lebendig; am längsten gewiß im französischen Westen, wo es in der Bretagne sich bis heute erhielt. Alle übrigen Beimischungen — und sie sind sehr zahlreich, — welche die keltisch-römische Bevölkerung des heutigen Frankreich empfing — sind untergeordneter Natur und vermochten nicht den allgemeinen ethnischen Charakter oder die neu geschaffene romanische Sprache zu verändern. Dies gilt unter Anderen auch von den germanischen Banden, welche im frühen Mittelalter vom Sturme der Völkerwanderung nach Gallien geweht wurden. Und dies ist um so weniger auffällig, als die Germanenstämme selbst erst kurz zuvor bis nach dem südwestlichen Deutschland und an den Rhein gedrungen waren. Weit über diesen Strom nach Osten hin erstreckte sich in der Vorzeit der alte Celtenboden: Argentoratum, das nachmalige Straßburg, war ein altkeltischer Waffenplatz, keltische Völkerschaften wie die Campi, Turones u. A. hausten im südlichen Deutschland noch bis in das zweite Jahrhundert v. Chr. und später noch reichte keltisch-römisches Volk den Main, den Neckar, die Altmühl und den Regen hinauf, verschmolz indeß binnen drei Jahrhunderten mit der römischen Einwanderung zu einer neuen ethnologischen Einheit: der romanischen Bevölkerung. Ihr Grundstock erhielt sich trotz dem Ansturme der Alemannen, der Quaden und Semnonen in den städtischen Mittelpunkten im Donauthale und noch viel länger in den Städten am Rheine. Für die dortige Fortdauer des Romanismus zeugen, wie Chr. Mehlis ausführt, die zahlreichen, cyklopischen und rohen Verschanzungen in der Nähe dieser Städte, sowie die körperlichen Eigenschaften ihrer heutigen Einwohner: der im Allgemeinen breite Schädelindex, die dunkleren Haare und Augen innerhalb als außerhalb der Mauern, manche Sprachreste u. A. Endlich kann man noch heute in dem regsamen, launigen, lustigen, wechselnden Charakter des Rheinländers das keltisch-gallische Ferment erkennen, wie es deutlich Cäsar und Ammian Marcellin schildern. Ja, sogar Reste vorgallischer Bevölkerung lebten lange, lange fort am Rheine. Wie zahlreiche Namen auf Inschriften beweisen, gehörten die Töpfer und Ziegler von Mogontiacum (Mainz), die Schmiede und Metallkünstler von Argentoratum zum wenigsten der römischen Bevölkerung an. Entweder vom gallischen Stamme oder noch älteren, vielleicht ligurischen Ursprunges waren sie seit vordenklichen

Zeiten innerhalb ihrer vier Pfähle, als rechte Pfahlbauern am Rheine geblieben und hatten in den Zeiten der Gallier und Römer, später der Franken und Alemannen ihre Ziegel geformt, ihre Backsteine getrocknet, ihre Bronze gegossen und ihr Eisen geschmiedet.

Auf dem linken, gallischen Ufer des Mittelrheines begegnen uns nun zuerst in der beglaubigten Geschichte die germanischen Schaaren des Heerführers Ariovist. Die Anfangszahl seiner Kampfgenossen war aber gering, blos 15,000 Mann, die sich obendrein aus einem gemischten Volksgemenge zusammensetzten, und stieg zuletzt einschließlich der Familien, die sie bei sich hatten, auf höchstens eine halbe Million Köpfe, die sich inmitten des dichtbevölkerten keltischen Sequanerlandes (in der Freigrafschaft und nördlich bis Straßburg) niederließen und sich zu einer Kriegerkaste entwickelten, welche über die unterdrückten Gallier nach dem Rechte des Eroberers ein Gewaltregiment führte. Erst im Anfange des ersten Jahrhunderts n. Chr. besetzten weitere germanische Stämme, Nemeter, Triboker, Vangionen, Bruchtheile der hundertgauigen Sueben, des damaligen Kernes der deutschen Stämme, das mittlere Rheinthal von Basel bis Koblenz, und die rohen Nomaden, die wie alle niederen Völker, Liebe zum Schmucke in sich trugen und als Krieger besonders nach den Stahlhelmen und Bronzeharnischen der Wälschen verlangen mochten, fanden Geschmack an der verfeinerten, verhältnißmäßig üppigen Lebensweise der Gallier. Mächtig lockte sie das gesegnete gallische Land und schon 240 n. Ch. durchzog dasselbe plündernd ein germanischer Haufe, den aber Marc Aurel bei Mainz zurückschlug. Es war ein Zweig jener vereinigten Völkchen des Mittel- und Niederrheines, die sich den Namen Franken gegeben hatten und später in Frankreichs Geschichte eine oft überschätzte Rolle zu spielen berufen waren. Nirgends ist nun der Bund zwischen gallischer Art, römischer Kunst und frühgermanischer Bevölkerung so eng und so dauernd geschlossen worden, als an den Fluten des Rheines, und eben dort haben sich die neu eingewanderten germanischen Elemente mit den älteren romanischen zu einer neuen kulturellen und ethnologischen Einheit verbunden: der fränkischen. Es ist also wohl zu beachten, daß die Franken, welche allmählich nach Gallien zogen, schon selbst ein gut Theil ihres germanischen Wesens eingebüßt hatten, daß manch Tröpflein fremden Blutes schon in ihren Adern rollte, was ihre spätere rasche Aufsaugung wesentlich erklärt. Weiter ist zu bemerken, daß diese Franken — wie auch die Alemannen — nicht etwa einen Völkerbund bezeichneten, wie man sich gerne vorstellt, sondern vielmehr nur die Ueberbleibsel, die Trümmer jener Stämme darstellten, welche Tacitus beschreibt. Die häufigen Kämpfe mit den Römern, die Vermengung mit den keltisch-römischen Elementen hatten die einst mächtigen Stämme stark herunter gebracht; viele verschwanden gänzlich aus der Geschichte. So waren die Franken z. B. Alles, was noch von den Chatten, Sugambren, Brukterern, Chamaven, Tenchterern und Angrivariern übrig geblieben war.

Erst im vierten Jahrhundert gelang es diesen Franken, im nördlichen Gallien Fuß zu fassen. Um die Mitte dieses Jahrhunderts bestehen in größerem Umfange Niederlassungen der fränkischen Bauernschaften, welche als foederati des Kaisers nominell unter römischer Hoheit standen, im Gebiete der Schelde und unteren Maas. Daß aber die Franken unter Verdrängung der römischen Provinzialbevölkerung allmählich den ganzen Norden Galliens colonisirten und germanisirten, ist eine Behauptung, welche keine geschichtliche Prüfung aushält. Dazu war zunächst ihre Kopfzahl viel zu gering. Der Westgothen,

12*

des mächtigsten aller germanischen Völker, waren bei ihrem Uebergange über die Donau blos 200,000, einschließlich der Weiber und Kinder; um wie Vieles bei ihrem Eintreffen in Gallien zusammengeschmolzen, läßt sich nicht berechnen. Die Burgunder erschienen 80,000 Köpfe stark an den Ufern des Rheines; als sie sich endlich im Rhônethale niederließen, waren sie durch die Niederlagen fast vernichtet, welche ihnen 435 Aëtius und später die Hunnen beigebracht. Für die Franken melden die Chroniken ungemein niedrige Ziffern, sie treten auch keineswegs als Eroberer auf, sie kamen vielmehr friedlich ins Land als Söldlinge der kaiserlichen Heere, weßhalb sie auch nirgends bei den Eingebornen Widerstand fanden; sie unterwerfen sich also nicht die galloromische Provinzialbevölkerung, noch viel weniger ward jemals ein Theil Galliens „rein deutsch“, ja es scheint nicht, daß, als unter den mit den keltischen Galliern sich allmählich vermischenden salischen Franken durch Chlodovech das fränkische Reich gegründet wurde, dieser Anführer bei seiner Taufe über mehr denn 600 seiner Stammesgenossen verfügt hätte. Die fränkische Herrschaft in Gallien drang übrigens nie jenseits der Loire oder hat wenigstens dort nie Dauerhaftes geschaffen, sich vielmehr fast nur durch Raubzüge geäußert. Aber auch diesseits der Loire ward durch Niederlassung der numerisch schwachen Germanen der eingeborne freie Mittelstand begreiflicherweise nicht vertilgt. Nichts deutet an, daß die Galloromer ihrer Grundstücke überhaupt beraubt worden wären; sie wurden nicht unterjocht, ja kaum in politischer Hinsicht untergeordnet. Die Germanen wohnten, in Gallien so wenig als in Deutschland, in Städten, sondern in Dörfern und auf Höfen; in den Städten blieb demnach die galloromische Bevölkerung von vorne herein unberührt. Die Galloromer gehorchten einfach fränkischen Königen, das war aber auch Alles. Die äußersten Provinzen des Nordwestens ausgenommen, ward den Galloromern nur in verschwindender Menge germanisches Blut zugeführt. Nichts änderte sich auch in den Gesetzen und Sitten. Die Germanen haben keine ihrer religiösen Meinungen der galloromischen Bevölkerung aufgepfropft; das römische Recht erhielt sich unverkümmert neben dem germanischen, welches ohne allen Einfluß auf das erstere blieb, vielmehr demselben schon nach einigen Geschlechtsfolgen und nach Maßgabe der zunehmenden Verschmelzung beider Völker wich. Auch die geographischen Ortsnamen blieben jene, welche die Galloromer den Bergen, Strömen und Städten beigelegt hatten. Weder die Vogesen, noch die Ardennen, weder der Rhein noch die Maas änderten ihre Namen. Köln, Trier, Koblenz, Mainz, Verdun, Metz, Toul, Zabern behielten ihre römischen oder keltischen Namen. Ja sogar die einfachen villae im Rheinthale behielten zwei Jahrhunderte lang ganz lateinische Benennungen, wie Tauf- und Schenkungsurkunden aus dem siebenten Jahrhundert darthun, ein Beweis, wie schwach damals noch das germanische Volksthum in diesen Gegenden gewesen. Ebenso wenig hat die germanische Einwanderung an der Sprache geändert. Sie blieb im Allgemeinen so, wie sie im Volksmunde zur Zeit des römischen Reiches gesprochen wurde. Weder in den Wurzeln, noch in ihren grammatischen Regeln, noch in ihrer Betonung erleidet sie eine Wandlung. Die sehr wenigen Wörter deutschen Ursprungs im Französischen sind nachweislich nicht durch die Franken, sondern in weit späteren Zeiten eingeführt worden. Nach dreihundertjähriger Anwesenheit der Franken auf gallischem Boden zeigte es sich bei der Theilung des Reiches 843, daß im westlichen Frankenreich ebenso wie im Süden die romanische Sprache die allgemeine Volkssprache geblieben war. Die beiden galloromanischen Idiome des

Südens und des Nordens (Langue d'oc und Langue d'oïl) behaupteten auch ihre engere Verwandtschaft insoweit, daß man sie später die beiden Hauptmundarten Frankreichs nennen konnte. In dem großen fränkischen Reiche ging also unvermeidlich während der ganzen Merowingerherrschaft ein gewaltiger Verschmelzungsprozeß vor sich, der den Unterschied zwischen den numerisch schwachen, Anfangs aber kriegerisch überlegenen Franken und den als Kern- und Grundstock sich behauptenden Galliern immer mehr verwischte, so daß nachweislich die germanischen Franken zu Ende des achten Jahrhunderts in den Galliern aufgegangen und von diesen nicht mehr zu unterscheiden waren. Sie wurden also binnen Kurzem völlig romanisirt und haben fast keine Spuren ihres Daseins hinterlassen, als ihren Namen, der wie jener der Burgunder am Lande haften blieb. Nur in Flandern konnten wir in den Grenzstrichen einen Streifen germanischen Volksthums erkennen. Ebenso hat sich an der französischen Nordküste, wo schon früher Sachsen und Friesen über's Meer erschienen waren, das skandinavische Blut der Normannen noch heute in der Bevölkerung der Normandie erhalten.

Will man also die Zustände der für die spätere Entwicklung Europas so wichtigen Merowingerzeit im Allgemeinen kennzeichnen, so muß man sagen: es gab kein Gallien mehr und kein Germanien, es gab aber auch noch kein Frankreich und kein Deutschland. Das große fränkische Reich besaß keinen gleichartigen Nationalcharakter; es besaß galloromische und germanische Unterthanen und bildete eine Periode der Gährung, aus der sich später zwei bestimmte Nationen: Franzosen und Deutsche erklärten. Noch die weltgebietende Gestalt des großen Karl steht gewissermaßen mitten inne. Höchst wahrscheinlich auf einem der Güter seines Hauses im heutigen Belgien, also in galloromischer Umgebung geboren, ward er durch seinen Entwicklungsgang vorwiegend Germane, während seine Thaten zuerst in lateinischer und darauf in altfranzösischer Sprache verherrlicht wurden und erst diese Epen die späteren Deutschen zur Nachahmung anregten. Die Unterscheidung zwischen Franzosen und Deutschen begann erst mit der späteren Karolingerzeit und vollzog sich wohl noch später; das Wort „deutsch“ ist erst um die Wende des neunten und zehnten Jahrhunderts entstanden; es ist zurückzuführen auf althochdeutsch thiod, das Volk, zunächst in Beziehung auf die alte Volkssprache, welche die Franken und anderen Germanen auf dem rechten Rheinufer selbstverständlich fortfuhren zu reden, während die romanisirten Franken auf dem linken Rheinufer, wie Felix Dahn ausführt, begannen, das damals in Gallien herrschende Vulgarlatein zu sprechen, aus dem sich etwa um die nämliche Zeit, im neunten und zehnten Jahrhundert, die Anfänge des Altfranzösischen entwickelten. Die erst spätere Abklärung der beiden Nationen ist aber kein Grund, die frühe Romanisirung der Franken in Gallien in Frage zu ziehen. Beweis der frühzeitig vollzogenen Entfremdung ist, daß sie völlig unberührt blieben von dem großen sprachlichen Riß, welcher im siebenten Jahrhundert in Oberdeutschland eintrat und Hoch- und Niederdeutsch schied.

Was nun das heutige Lothringen, eigentlich Lotharingen oder Lotharingien, anbetrifft, so erscheint es in den ältesten Zeiten, auf die ein historisches Streiflicht fällt, von zwei rein keltischen Völkerschaften bewohnt, den Mediomatrikern mit ihrem Hauptsitze in Divodurum, dem späteren Mettis und heutigen Metz und den Leukern mit ihrem Hauptsitze in Tullum, dem heutigen Toul. Ihre Grenznachbarn waren im Osten die Treviren, im Westen die Remer.

Cäsar zählt sie beide zu den belgischen Galliern, deren Keltenthum wir oben betont haben. Auch die nördlich von den Ardennen hausenden Völkerschaften, darunter die Eburonen (um Aachen) waren, wie Felix Dahn hervorhebt, nach Zeugniß ihrer Namen, nicht Germanen, sondern Kelten. Nach der fränkischen Einwanderung gehörte das Land unter den Merowingern zu dem Königreich Austrasien, als dessen Hauptstadt Metz zuerst Bedeutung erlangte. Die selbständige Landesgeschichte beginnt erst unter den Karolingern mit Karl des Großen Enkel Lothar I., dem in dem denkwürdigen Theilungsvertrage von Verdun im Jahre 843 außer Italien die ausgedehnten Landschaften zwischen dem Rhein und den Alpen, zwischen der Schelde, Maas, Saône und Rhone bis an das Mittelmeer zugesprochen wurden. Dieser umfangreiche, aber durch seine heterogene Zusammensetzung von Anbeginn an problematische Staat, für den sich weder eine völkerschaftliche noch eine landschaftliche Bezeichnung hatte finden können, umfaßte unter dem Namen „Lotharii regnum“ nach heutiger Bezeichnung die Provence, fast ganz Burgund, die Schweiz, Elsaß, Lothringen, den größten Theil der preußischen Rheinlande, Belgien und Holland.

Der von keinem einheitlichen Bande zusammengehaltene Staatskörper begann noch vor dem Absterben seiner ersten Beherrscher zu zerbröckeln. Um den Kern seines Besitzstandes stritten, nachdem sich erst Elsaß und dann die südlichen Gebirgsländer von ihm abgelöst hatten, Ost- und Westfranken hin und her. Karl der Kahle besetzte alsbald Lothringen, wurde aber durch die drohende Haltung seines Bruders Ludwig des Deutschen genöthigt, in eine Theilung zu willigen. Durch den Vertrag zu Mersen, (8. August 870) kam man überein, daß die Gaue am linken Ufer der Mosel und Maas an Karl fallen, während alles Land im Osten dieser Flüsse, Friesland, das ripuarische Franken, der größte Theil von Lothringen, namentlich die Diözesen Trier (mit Ausnahme von Toul und Verdun) Köln, Utrecht, Straßburg, Basel und Metz mit ihren gleichnamigen Hauptstädten, nebst Elsaß und einem Stück Burgund zum deutschen Reiche gehören sollten. In jenen frühen Zeiten fand bei Staatsverträgen solcher Art die Nationalität der abzutretenden Gebiete nicht die geringste Berücksichtigung, und das deutsche Reich gewann daher auch Ländereien, wie Burgund, welche auf die Bezeichnung deutsch im ethnischen Sinne nicht den leisesten Anspruch hatten. Solche unnatürliche staatliche Verhältnisse waren lange in Europa gang und gäbe und dauerten sogar bis in neuere Zeiten fort. Um jede sich allzuweit ausdehnende Vasallenmacht zu brechen, theilte man Lothringen dann nach Ausscheidung der umfangreichen Gebiete von Trier, Metz, Toul und Verdun, die (von jetzt an) unmittelbar vom römisch-deutschen Reiche zu Lehen gehen sollten, in zwei Herzogthümer, über die ein „Erzherzog“ eine ziemlich beschränkte Oberaufsicht führte. Es geschah dies im Jahre 954 durch Bruno, Erzbischof von Köln, welchem sein Bruder, Kaiser Otto der Große, das Land ein Jahr vorher zu Lehen gegeben hatte.

Niederlothringen (Lotharinga Mosana oder Ripuaria) oder die westlich vom Rheine gelegenen holländisch-vlämischen Niederlande erscheinen später in der Geschichte unter dem Namen eines Herzogthums „Brabant“; zu Beginn des fünfzehnten Jahrhunderts fielen sie nach dem Aussterben der einheimischen Dynasten an Burgund. Oberlothringen (Lotharinga Mosellana) und das 1419 mit ihm durch Heirath verbundene Herzogthum Bar erstreckte sich auf die heutigen drei Departements der Vogesen, der Meurthe und Maas, die nochmals durch Einverleibung des bischöflichen Gebietes von Metz zu dem französischen Provinziallande Lothringen erwuchsen. Das alte Herrschergeschlecht von Oberlothringen, das mit dem französischen Grafen Friedrich von Bar begann, erlosch gegen die Mitte des elften Jahrhunderts. Das Land wurde jetzt (1046) dem Grafen Albrecht von Elsaß zu Lehen übertragen, dessen jüngerer Bruder Gerhard als Stammvater der sogenannten alten lothringischen Dynastie betrachtet wird. Durch weibliche Nachfolge gelangte zweihundert Jahre später Lothringen an das Haus Anjou, kam jedoch nach dessen Erlöschen wieder an die alte Dynastie zurück. Die lothringischen Regenten verwickelten frühe schon das Land in die Interessen und das Parteigetriebe Frankreichs, und bereiteten so, obgleich ihnen und ihren Großen bis auf den Frieden von Lüneville herab Sitz und Stimme auf den kaiserlichen Reichs- und Kreistagen vorbehalten blieb, dessen endlichen Uebergang an die französische Krone vor. Der letzte Sprößling der alten Gerhard'schen Linie, Karl II., starb 1431 als Connetable von Frankreich und seine Tochter Isabella war es, welche sich mit René von Anjou, Titularkönig von Neapel, vermählte, wodurch eben das Haus Anjou auf den lothringischen Thron kam und eine neue Reihe lothringischer Herzoge begründete, welche die Stadt Nancy zu ihrer Residenz erhoben. Auch die mächtigen französischen Herzogsgeschlechter der Guise, Aumale, Elboeuf und Harcourt sind directen lothringischen Ursprungs. Der erste Schritt zur Einverleibung in den französischen Staatskörper begann 1552 während der Minderjährigkeit Herzogs Karl II. mit Besetzung der Bisthümer Metz, Toul und Verdun. Die Veranlassung hierzu ging von den Bürgern der letztgenannten Stadt selbst aus, welche in der Vertheidigung ihrer Selbständigkeit und deutschen Reichsstandschaft gegen ihre Bischöfe, die Herren der von den lothringischen Herzogen käuflich erworbenen Landschaft Verdunois, die Hilfe Frankreichs in Anspruch nahmen. Frankreich handelte übrigens bei Besitzergreifung der drei lothringischen Bisthümer im Einverständnisse mit dem deutschen Reichsfürsten Moritz von Sachsen und den protestantischen Reichsständen. Von einem an Deutschland verübten Raube ist keine Rede. Metz, Toul und Verdun waren einfach der Kaufpreis oder vielmehr das Pfandgut für die von Frankreich geleistete thatkräftige Hilfe, womit es den Protestanten gelang, Karl V. den Vertrag von Passau abzuringen. Für weitere auf Anrufung deutscher Stände geleistete Dienste und „baare Auslagen" in Sachen deutscher Uneinigkeit wurde Frankreich im Instrumentum Pacis Monasteriense (außer Abtretung des Elsasses) vom Reiche dieser unausgelöste Pfandbesitz für dauernde Zeiten bestätigt. Die erste Gesammtbesetzung Lothringens erfolgte während des dreißigjährigen Krieges. Cardinal Richelieu eroberte 1634 das Land wegen der Unterstützung, die Herzog Karl IV. dem Herzog Gaston von Orleans, dem Bruder Ludwigs XIII., angedeihen ließ. Erst der Friede von Ryswick setzte 1697 die lothringischen Erben endgültig im Herzogthume ein; in den Wirren des im folgenden Jahrhunderte beginnenden polnischen Erbschaftsstreites gelangte es jedoch 1733 wieder in die Hand Frankreichs zurück, das es in Folge des Wiener Friedens von 1735 für den vertriebenen Polenkönig Stanislaus Leszcinski, den Schwiegervater Ludwig XV., wiederherstellte. Der Minister Fleury unterhandelte nämlich mit dem letzten Herzoge von Lothringen aus dem Hause Anjou, mit Franz Stephan, dem Gemahl der späteren Kaiserin Maria Theresia, um ihn zu bewegen, sein Stammherzogthum mit Toscana zu vertauschen. Nach dreijährigen Verhandlungen, nach langem Sträuben des Herzogs Franz Stephan, nach energischer Einsprache der Landstände und des Prinzen Karl Alexanders, Franzen's Bruder, wurde endlich der Vertrag unterzeichnet. Franz Stephan gab sein schönes Besitzthum an der Mosel für das noch schönere Toscana hin; Stanislaus Leszczinsky aber zog als König in Nancy ein und lebte dreißig Jahre lang in Herrlichkeit und Freude. Er baute stattliche Paläste, legte schöne Plätze und Straßen an und erweiterte Nancy nach allen Richtungen. Als er am 22. Februar 1766 starb, hatten die Lothringer sich völlig mit ihm ausgesöhnt und priesen ihn als einen Wohlthäter des Landes. Dann aber ging Lothringen für immer als Provinz an Frankreich über, obwohl 1736 dem Herzogthume sein Sitz und Stimmrecht bei deutschen Reichs- und Kreistagen vorbehalten ward, daher die Fürsten, welche lothringische Besitzungen hatten, bis zum Lüneviller Frieden 1801 wegen derselben im deutschen Reichsverband blieben. Lothringens Geschichte fällt nach des Polenkönigs Tode mit der Frankreichs zusammen bis zum Jahre 1871, wo der nördliche Theil mit Elsaß zum deutschen Reichslande Elsaß-Lothringen vereinigt wurde.

Das ist in kürzesten Zügen die Geschichte Lothringens, die im Wesentlichen nichts Anderes darstellt, als einen langsamen, aber stetigen Klärungsprozeß, welcher die Zwitterstellung des Landes zwischen französischer Nationalität und deutscher Reichsstandschaft im Laufe der Jahrhunderte zu Gunsten ersterer entschied. Und dies ist natürlich, denn Lothringen ist und war von jeher in seiner ganzen Ausdehnung ein national-französisches, d. h. gallorömisches Land, in dem die später eingezogenen Germanen nur äußerst schwach vertreten waren und demnach keinen Boden gewannen. Der Lothringer hat weder in Sitten noch in der Sprache irgend etwas gemein mit seinen deutschen und deutsch-französischen Nachbarn; kein Lied, kein Fest, kein Brauch, ja nicht einmal ein Kinderspiel erinnert an eine etwaige deutsche Stammesgemeinsamkeit! Schon sein Aeußeres, seine kurze gedrungene Natur, sein dunkles krauses Haar und seine blitzenden Augen verkünden in scharfen und festen Zügen den Abkömmling der Galloromer. Charakteristisch ist das Schnurrbärtchen der lothringischen Damen, welches, sobald sie eine gewisse Altersgrenze überschritten haben, nicht selten nebst einer etwas zu stark ausgesprochenen Formenfülle ihre durchgängige Schönheit beeinträchtigt. Die mitunter vorkommenden blauen Augen, die blonden Haare in Lothringen darf man aber wohl als Erbstücke jener Mediomatriker und Leuker in Anspruch nehmen, welche im Alterthume das Keltenthum in diesen Gegenden vertraten. Daß es französisch-sprechende Germanen, Rheinfranken, seien, welche da an der Mosel hinunter wohnen, ist eine Vorstellung, welche in den ethnologischen Untersuchungen keine Stütze findet. Selbst in den heute deutschen Strichen des Landes lehrt der erste Blick auf das Land und die Dörfer, auf die Bebauung und Bepflanzung der Felder, auf die niederen zusammengedrückten Häuser, die sich mehr in die Breite als in die Höhe dehnen, deren flache Dächer und fensterlosen Wände den Eindruck des Massigen hervorrufen, daß dieses Gebiet kein urgermanisches Element beherberge. Und in beinahe dem ganzen Lande ist das Französische den Leuten Muttersprache nicht erst geworden, sondern es ist, so lange es eine französische Sprache giebt, in Lothringen nie eine andere gesprochen worden. Den besten Beweis hierfür liefern die Landesarchive in Metz und Nancy. Die Urkunden in der einheimischen d. h. französischen Sprache beginnen neben den lateinisch abgefaßten Urkunden genau da, wo bei uns die deutschen, auf der Grenzscheide zwischen dem 12. und 13. Jahrhundert. Das älteste Denkmal in französischer Sprache hat sogar einen Lothringer zum Verfasser; es ist die Weltchronik „le Mappemonde" des „maître Gauthier de Mès en Lorraine“ vom Jahre 1160. In Metz, der in den französischen Moselbergen gelegenen Stadt, war der nationale Charakter bereits um die Mitte des zwölften Jahrhunderts so scharf ausgeprägt, daß aus ihr der erste national-französische Dichter hervorgehen konnte. Auch ist der Name der Stadt, in welchem sich die Spur der Mediomatriker erhalten hat, in Schreibart und Aussprache nicht etwa eher deutsch als französisch. Im französischen Munde lautet der Schluß stets spirantisch, wie das einfache oder doppelte scharfe S. Dem entspricht auch die altfranzösische Schreibweise Mès und das organisch davon gebildete Beiwort messain, welchem im Deutschen kein ähnliches zur Seite zu stellen ist.

Heutzutage wird allerdings in dem an Deutschland abgetretenen Theile, auf einem Landstriche, der sich der alten Ostgrenze entlang von Diedenhofen oder Thionville nach Bitsch zieht und vielleicht ein Fünftel bis ein Sechstel des ganzen Landes betragen mag, deutsch gesprochen. Nach R. Böckh folgt die Sprachgrenze nahezu den Höhenzügen, welche die Wasserscheide des Saargebietes gegen die Zuflüsse der Meurthe bilden. In diesen Streifen fallen die Städte Sierck, Diedenhofen, S. Avold, wo das ungebildete Volk nur deutsch spricht. Doch ist auch dies kein ursprünglicher Zustand, sondern die Folge späterer Germanisation; denn daß das staatsrechtliche Verhältniß zum deutschen Reiche manch deutsches Element hereingespült und dem deutschen Idiom in den alten Gallorömerstädten des Landes, in Metz, Verdun, Toul, gewissen Eingang verschafft habe, war wohl unausbleiblich, sehr unwahrscheinlich und unnachweisbar aber, daß Metz je zweisprachig gewesen. Nancy vollends hat niemals Nanzig geheißen. Die Umgegend von Bitsch und Pfalzburg enthält dagegen in der That rein deutsches Element und ihre Bewohner sind unzweifelhaft Alemannen des Elsasses. Bis zur Auflösung der Provinzialeintheilung Frankreichs ward jene Gegend auch Lorraine allemande oder kurzweg Allemagne bezeichnet und zerfiel in „Baillages“. Das übrige Grenzgebiet wird jedoch von einer höchst traurigen Mischbevölkerung bewohnt, die weder in ihrem Aeußern noch in ihren Sitten und Gebräuchen an die Rheinfranken des Saar- und mittleren Moselthales erinnert; höchst traurig deßhalb, weil das untrügliche Kennzeichen, welches den Ausschlag für die eine oder andere Nationalität geben könnte, die Sprache, sich in einem derart verrotteten und zerrütteten Zustande befindet, daß sie einer organischen Bildung für den umfassendsten und allgemeinsten der Begriffe ermangelt. Auch hat das Lothringer Deutsch gar keine Blüthe getrieben, ja ist nicht einmal bis zu einem schlichten Volksliedchen, dieser in allen übrigen deutschen Dialecten so herrlich entfalteten Knospe, gediehen. Ein Märchen in der Mundart der Gegend zwischen St. Avold und Metz soll nebst einigen anderen deutsch-literarischen Erzeugnissen allerdings vorhanden sein. Dagegen fehlt es in den französischen „Patois“ Lothringens nicht an zahlreichen Volksmärchen, Erzählungen, Liedern und Rundgesängen, zu welchen eben das Metzer Land einen namhaften Beitrag liefert. Aus letzterer Gegend, aus Jouy-aux-Arches, stammt nachstehender Bittgesang, welcher am Charfreitagmorgen von den von Haus zu Haus wandernden, um Gaben bittenden Kindern vorgetragen wird und mehrere nicht recht erklärbare Worte enthält:

Entendez-tous, pécheurs et pécheresses,
L'on m'a menée joyeuse sur la liesse,
Car pour nous tous souffrir pour Jesus-Christ
Et à la croix pendu en escupi.

Entendez-moi, Seigneur, je me marrie,
Lorsque je suis dans le barbaie,
De mon cher fils, qui veut perdre la vie
Il veut mourir, la mort l'a deservi.

Die lothringischen Volksmundarten hat Herr Lucien Adam, einer der gewiegtesten Sprachgelehrten, einer sorgfältigen Prüfung unterzogen und die darin, besonders in dem Idiom der Gegend von Gérardmer und St. Dié vorkommenden deutschen Wörter als spätere Eindringlinge aufgezeigt. Das Nämliche ergiebt sich nach den verdienstvollen Untersuchungen Dr. Karl Uebeleisens, aus dem Studium der Ortsnamen, deren Mehrzahl, selbst in dem jetzigen deutschen Reichslande Lothringen, keltisch-romanischen Ursprungs ist und zwar theils aus römischen, vor der fränkischen Einwanderung im fünften Jahrhundert entstandenen, theils aus später gebildeten mittellateinischen Namen besteht. Eine ganz stattliche Anzahl ist keltischen Ursprungs, gehört somit der ältesten Zeit an. Nur ein Bruchtheil der Ortsnamen in Wälsch-Lothringen sind altdeutsche, d. h. solche, welche trotz ihrer romanischen Gewandung unzweifelhaft der fränkischen Einwanderung seit dem fünften Jahrhundert nach Christo ihre Entstehung verdanken.

Sitten und Gebräuche.

Die Lothringer sind im Allgemeinen von mittlerem, nicht gerade sehr kräftigen Körperbau, nur im Osten findet sich ein starker Menschenschlag. Als ihre Charaktereigenthümlichkeiten werden Gutmüthigkeit, Offenheit und Gastfreiheit gerühmt; in Niederlothringen gesellt sich dazu Fleiß aber Schwerfälligkeit, während der Oberlothringer durch lebendigen Geist sich auszeichnet. Gewohnt von Alters her unaufhörlich gegen mächtige Nachbarn zu kämpfen, hat er mit dem Blute seiner Vorfahren auch die Gewohnheiten der Vorsicht und der Zurückhaltung bewahrt. Als Tracht der männlichen Bevölkerung auf dem Lande erscheint meistens die blaue oder grüne Blouse und die Zipfelmütze, die in ganz Frankreich für den Bauer charakteristisch sind. Das weibliche Geschlecht auf dem Lande trägt eine helmartig geformte Mütze, die aber schon im Verschwinden begriffen ist. Malerische Trachten besitzt die Bevölkerung Lothringens überhaupt nicht. Die Häuser in den Dörfern sind meistens aus Bruchsteinen aufgeführt, ziemlich schmal, aber tief, mit wenig Fenstern an der Außenseite. Tritt man in das Haus, so gelangt man in die Küche mit einem französischen Kamine, auf dem Herde hängt an einer Kette der Suppentopf; auch in den Wohnzimmern findet sich kein Ofen. Selbst Keller sind auf dem Lande selten. Von dem alemannischen Bau der Häuser, wie er noch im benachbarten Elsaß herrscht, ist in Lothringen keine Spur zu finden.

Sitten, Gebräuche und Feste erinnern vielfach an das Heidenthum, nicht aber an das germanische. Wohl werden auch in Lothringen am Johannistage Höhenfeuer entzündet, ein Gebrauch, der auch in vielen Theilen Deutschlands herrscht, doch ist derselbe durchaus kein ausschließlich germanischer, sondern wir begegnen demselben auch in den Pyrenäen und in den südlichen Departements Frankreichs, in den baskischen Landstrichen wie auch im Limousin, Poitou und in der stockceltischen Bretagne. Ein anderer, ebenfalls nicht germanischer Brauch, welcher in einzelnen Dörfern herrscht, ist dieser: am ersten Sonntag im Mai erscheinen die jungen Mädchen vor der Kirche und fordern Geld von den jungen Männern. Haben sie dieses erhalten, so befestigen sie einen Lorbeer- oder Rosmarinzweig an ihren Hüten. Hierauf singen sie ein Lied, von dem jede Strophe mit dem Endreim schließt:

Ogez le mai!
Le joli mai!.

Das empfangene Geld wird dazu benutzt, um das Bild der Maria in der Kirche festlich herauszuputzen. Auch der Tag der Vielliebchen oder der Valentinstag wird von den jungen Männern in Lothringen festlich begangen. Sie bilden einen Ausschuß, welcher die Pärchen des Dorfes zusammenstellt. Am Tage des Vielliebchens werden letztere dann feierlich ausgerufen, wobei die Musik einfällt. Am zweiten Sonntag ist dann jeder Valentin verpflichtet, die Brezel mit dem ihm zugefallenen Mädchen zu brechen. Dieses muß dann ihrem Valentin ein Paar Handschuhe schenken. Am dritten Sonntage versammeln sich die jungen Männer dann wieder vor der Kirche, wobei jedes Mädchen einzeln aufgerufen wird. Dasselbe erhält, wenn mit ihm die Brezel gebrochen wurde, ein Hoch. Die Namen derjenigen, die der alten Sitte nicht nachgekommen sind, werden auf ein Papier geschrieben, das man verbrennt. Maibäume werden nicht aufgepflanzt, aber um die Hexen abzuhalten, werden am 1. Mai geweihte Palmen in Weihwasser getaucht und damit Wohnungen, Scheunen und Ställe besprengt, damit kein Unglück über sie komme. Eine uralte Sitte ist jene der „Day'mans" oder „Daillements". Gegen acht Uhr Abends gehen die jungen Leute beiderlei Geschlechtes, sei es mitsammen, sei es getrennt, an die Fenster oder Thüren und, ohne sie zu öffnen, sprechen sie halblaut die Worte: „Voleus me daillé?" Die im Hause Befindlichen antworten durch mehr oder minder abgebroschene Späße, auf welche die „Dailleurs" erwidern müssen. Gewöhnlich lassen sie sich also vernehmen; „Bonjour M. le bicbocteur tictocteur, je vous apporte mes souliers a bicbocter tictocter, si vous ne les bicboctez tictoctez pas bien, je les porterai à un autre bicbocteur tictocteur, qui les bicboctera tictoctera mieux que vous." Dies ist beiläufig die Formel, mit der man beginnt und worauf die älteste der Gesellschaft antwortet: „Dailleus, dailleus, jones gens, quand v'ereus des ofants è recouché et des poussotes è lou beillé, vé n'éreus pu le temps d'ollé daillé." Dann folgen Gespräche aus dem Stegreife, deren Dauer von dem Talente und Witze der Sprechenden abhängt. Häufig bedient man sich des Vorwandes dieser Day'mans, um lächerliche Zusammenstellungen zu machen. Haben die Dailleurs ihr Programm erschöpft, so treten sie in die Stube und setzen sich neben die Auserkorenen ihres Herzens. Man kennt solche Day'mans aus dem fünfzehnten Jahrhundert und ein Vergleich ergiebt, daß die heutigen unmittelbar aus jenen hervorgegangen sind. Lothringen und ganz besonders die Gegend um Metz ist unter den französischen Provinzen eines der reichsten an dieser Gattung ländlicher Dichtungen, welche bekanntlich auch in Italien unter dem Namen Fiori d'amore oder einfach Fiori, Ciuri, einer der blühendsten Zweige der Volkspoesie bildet.

Der lothringische Bauer wählt seine künftige Gattin gewöhnlich am Abend des St. Valentintages oder des ersten Fastensonntags. Wenn aus der Heirath nichts wird, so verlangt die Sitte, daß die Verlobte ihren Exbräutigam in effigie, und zwar in der Gestalt eines Strohbündels, verbrenne. Die Neuvermählten müssen aber mitunter am Hochzeitstage beim Ton der Instrumente aus kleinem Gesträuch und Buschwerk ein Reisbündel machen, welches mit

nach Hause genommen und angezündet wird; um l
die Burschen und Mädchen dann herumzutanzen.
linken Tasche ihrer Schürze eine Handvoll Salz tra
Thürschwelle des Hauses streut, um den Nachstellungen

Eine Hochzeit ist in den Vogesen, deren Zug Lot
nischen Elsaß scheidet, eine wichtige Sache. Die lang
beiden Geschlechter sich gesellschaftlich zusammenfinden
Veranlassung zu Liebschaften, aber es vergeht häufig
sich die beiden betreffenden Familien über die Heirath
junger Mann sein Auge auf ein Mädchen (bacelle)
schlossen ist, um diese zu werben, so sendet er an d
seiner Vettern oder irgend einen gewandten, hübscher
ab, welcher den seltsamen Beinamen „Trouite bondo
erscheint dieser im Hause der Auserwählten in Gest
bittet um gastfreundschaftliche Aufnahme für die Nac
lichen Begrüßungen: Guten Abend! (boun vêpoun)
(bènian sia vot), setzt er sich und trägt sein Anliegen
ein, so kommt er am zweiten Tage wieder und brin
Krapfen und andere kleine Kuchen, was „donner l
wird. Geben die Eltern ihre Zustimmung nicht, so
wiesenen Liebhaber eine kleine Katze zu schicken. I
Letztere die Erlaubniß, seine „Blonde" in der Nachmitt
(Conairaige) aufsuchen zu dürfen, und diese kann ihre
die kleinen Geschenke ihres „Blondin" annehmen.

Ist der Hochzeitstag herangekommen, so versam
gesellschaft früh am Morgen im Hause des Bräutigam
Gefolges und geführt von einem Ehrenburschen (garç
dann zur Wohnung seiner Braut. Sein Vater über
Hausthür zuerst, und den Herrn des Hauses grüßen
gestattet, daß seine Tochter am Feste Theil nehme und
Leute die Messe höre. Während dieses Gespräches
gewöhnlichen Arbeitskleidern in einem Winkel des l
Rocken und stellt sich, als ob sie nichts von dem
vorgeht. Auf die bejahende Antwort ihres Vaters
stehenden Ehrenmädchen empor und tragen sie in ihr
daß sie die Schuhe der Braut suchen würden. Die
einen Kreis um den Herd und ergehen sich um die
des jungen Paares. Während dieser Unterhaltung l
mädchen einen mit Bändern geschmückten Lorberstr
jeden Gastes. Ist diese Ceremonie beendet, so nähert
tigams abermals dem der Braut und sagt ihm, daß
beiden Familien geschlossenen Vertrages komme, um
seinen Sohn als Gattin zu begehren. Hierauf richt
eine kleine Danksagungsrede an jenen, welche stets mit
gespräche und der Erklärung schließt: „daß diejenige, l
Augenblick sich im Garten befindet; sie zeigt ihren Fr
gezogen und gepflegt werden müssen. Wenn sie ni
will ich sie Euch herführen". Mit diesen Worten
bald darauf mit einem der Ehrenmädchen zurück, we

m künftigen Schwiegervater vorstellt, der sie jedoch mit höflichen Worten lehnt und nach zweimaliger Wiederholung dieser Scene selbst die Braut im rten aufsucht. Er kehrt in der That mit der Braut zurück, welche in hwarz, — die bei Festlichkeiten übliche Farbe — gekleidet ist und ein Silber- nd als Gürtel trägt. Er ergreift das Taschentuch, das sie in der Hand lt, und spricht: „Hier ist Eine, welche wegen ihrer Tugend und Frömmigkeit r diejenige zu sein scheint, welche ich suche; ich habe nichts weiter zu wün- en“. Darauf überreicht der Vater der Braut dem Bräutigam eine weiße nne, das Symbol der Jungfräulichkeit, und empfiehlt ihm, gut für dieselbe sorgen. Alle knieen nieder, um seinen Segen zu empfangen, und die jungen dchen schluchzen um die Wette, während er noch einige moralische Regeln Nutz und Frommen des jungen Paares hinzufügt.

Nun beginnt die Hochzeitsfestlichkeit. Der Zug begiebt sich nach der rche. Voran schreiten Spielleute und ein Ehrenbursche, welcher eine an das de einer Stange angebundene weiße Henne und zwei Spinnrocken voll Flachs ägt, die mit Bändern geschmückt sind. Unterwegs feuern Andere dicht neben n Ohren des jungen Paares Pistolenschüsse ab, welche als Zeichen der Freude lten und in dem dortigen Patois „Hioder“ heißen. Sobald der Priester n Ring gesegnet hat, schlingt die Schwester oder die Base des Bräutigams in schwarzes Band herum und befestigt denselben am Finger der Braut mit der Worten: „Ich gebe Dir ihn im Namen meines Bruders (Vetters); erinnere Dich, daß Du ihm Liebe und Treue schuldig bist“. Dieser Ring ist gewöhnlich von Silber und hat einen Stein, welcher zwei von einem Kranz umschlungene Herzen vorstellt. Nach der Trauung muß die Neuvermählte beim Herausgehen aus der Kirche sich stellen, als ob sie zum Hause ihres Vaters zurückkehren wolle. Sie entwindet sich sogar einige Male den Händen, welche sie zurückhalten. Endlich führen die Ehrenburschen die halb Nachgebende und halb Widerstrebende in das Haus ihres Gatten. Vor dem Festmahle reicht man ihr eine Milchsuppe, von der sie einen oder zwei Löffel voll essen muß, und einen Besen, mit welchem sie zum Scheine die Vorderseite des Herdes abkehrt. Den übrigen Theil des Abends nehmen Gesang und die Ausführung der dort üblichen Tänze ein. Gegen Mitternacht schleichen sich die jungen Ehegatten davon; aber kaum haben sie sich zu Bette begeben, als die Ehrenburschen auch schon di Thüre des Brautgemaches mit gewaltigem Lärm erbrechen und jenen eine mit heißem Wein zubereitete und mit Zimmt, Pfeffer und Muskatnuß gewürzte, geröstete Brotschnitte vorsetzen, in welche die Neuvermählte trotz ihrem Widerstreben hineinbeißen muß.

Die Sitte, auf der Grenze jedes Dorfes ein Lösegeld für die junge Ehegattin zu bezahlen, darf nicht außer Acht gelassen werden.

Lothringens Boden und seine Erzeugnisse.

Das Fleckchen Erde, an dem heutigen Tages noch der Name des unglückseligen Sprossen Karl des Großen haftet, zerfiel seiner natürlichen Eintheilung gemäß in drei Theile: das eigentliche Lothringen, die Vogesen und das schon oben erwähnte Deutsch-Lothringen. Die Vogesen, mit dem Schwarzwald parallel gegen den Jura vorgeschoben, bildeten die östlichen und südlichen Gebietstheile. Das eigentliche Lothringen erstreckte sich von den Vogesen im Süden westwärts bis zur Maas und dem Gebiete von Toul, nordwärts bis zum Metzer Land (Pays Messin). Deutsch-Lothringen lag zwischen Elsaß und dem Herzogthum Zweibrücken nach Osten, Pfalz und Kurtrier nach Norden, Metzer Land nach Westen und Süden. Ganz Lothringen vertheilte sich bis 1871 auf vier französische Bezirke, die den Departements der Vogesen, der Meurthe, der Mosel und der Maas entsprachen. Das Departement der Mosel mit der alten austrasischen Hauptstadt Metz wurde im Frankfurter Frieden zum größten Theile an Deutschland abgetreten, so daß das jetzige, bei Frankreich verbliebene Lothringen (Lorraine) nur mehr drei Departements, jene der Maas (Meuse), der Meurthe-et-Moselle und der Vogesen (Vosges) umfaßt. Dieses Gebiet ist ein Berggelände, das bei einer stetigen Steigung von 160—320 m zu den bedeutenderen Hochflächen Mitteleuropas zählt. Im klimatischer Hinsicht kann jedoch ein Hochland nicht leicht begünstigter erscheinen als Lothringen, welchem die tief einschneidenden Flußthäler der Mosel, Meurthe und Maas und ihrer Wassergebiete durchgehends den Charakter eines milden, rebenbeflanzten und waldgekrönten anmuthigen Berglandes verleihen. Das Areal dieses orographisch sichtlich abgerundeten und von den Nachbarlandschaften in ziemlich ausgesprochener Weise abgegrenzten Ländchens ist bei einer Bevölkerung von 1,100,000 Einwohnern etwas größer als Schleswig-Holstein. In geologischer Beziehung fügt sich Lothringen fest und sicher als wesentlicher und zugehöriger Bestandtheil in die den Franzosen zugefallene Scholle unseres Erdtheiles ein. Hiervon überzeugt uns ein Blick auf die physikalische Karte von Frankreich.

Ganz Frankreich theilt sich seiner Bodengestaltung nach durch eine ideale Scheidelinie, die man etwa im Osten von Dijon aus bis westlich nach Poitiers ziehen könnte, in zwei sich ergänzende Landschaften verschiedenen Charakters: in ein südöstliches Gebirgsland und eine nordwestliche Tiefebene. Die südfranzösischen Hochgebirge lagern sich um das Centralplateau der Auvergne, das sich elliptisch um eine von Südosten nach Nordosten gerichtete Achse in hochgewölbten Felsenbildungen aufbaut. Seinen krystallinischen Kern umgeben mantelartig jüngere Formationen, die sich gleichmäßig nach allen Seiten hin absenken. Die secundären und tertiären Erdschichten, welche den von festem Gestein unterbauten Bodenkörper Nordfrankreichs bedecken, fallen in entsprechender Weise, wie das südliche Hochland in dem Felsendome der Auvergne gipfelt, gleichmäßig und stetig nach einer gemeinsamen Tiefmulde, dem Pariser Becken, hin ab. Die Absenkung nach dem Pariser Tiefcentrum darf man sich jedoch nicht als eine ununterbrochene denken. Die schalenartig über einander lagernden Schichten brechen oft steilrandig ab und bilden so concentrische Ringwälle. Fortificatorische Geologen oder geologische Fortificatoren unterscheiden von Paris aus nach der Ostgrenze hin sechs solcher natürlichen Vertheidigungsmauern, die von dem Centrum aufsteigend ihre Steilseiten dem Auslande zudehnen, und als deren äußerste Glieder die reich entwickelten jurassischen Hoch- und Tafellandschaften des durch die Senke des Moselthales geschiedenen westlichen und östlichen Lothringens erscheinen. Wo die jurassische Unterlage der lothringischen Bodenbildung zu freier Entfaltung gelangt, treten überall die eigenthümlichen Profile dieser Formation zu Tage, so daß man sich oft, wie bei dem Anblicke der zwischen Frouard und Metz auf dem rechten Moselufer aufragenden Bergkegel und der muldenförmigen Maasberge bei Toul mit ihrer falzartigen Verschiebung, unwillkürlich in eine Gebirgslandschaft des schweizer Jura oder der schwäbischen Alp versetzt glaubt.

Die Bodenentfaltung Lothringens, welches die Natur als ein reich entwickeltes Mittelglied zwischen die einförmigen Felsenwände der Argonnen und Vogesen eingefügt hat, bestimmt von selbst Charakter und Beruf seiner Bewohner, die, wie die Einwohner anderer Jura-Landschaften, Ackerbau und Viehzucht, daneben aber eine ausgedehnte Industrie betreiben. Das Ackerland Lothringens ist meist ergiebiger Weizenboden, der nicht selten dies- wie jenseits der Mosel zu weiten Hopfen- und Tabakpflanzungen benutzt wird. Seine Bearbeitung ist nicht schwierig. Das ziemlich tief in den Humusgrund einschneidende Pflugeisen fördert hinlängliche Massen der kalkartigen Unterlage zu Tage, die, sowie sie unter dem Einflusse der atmosphärischen Luft in Verwitterung übergeht, den vortrefflichsten Dünger ersetzt. Hieraus erklärt sich dasjenige, was norddeutsche Landwirthe ihren lothringischen Berufsgenossen gegenüber als „Dungverschwendung" bezeichnen. Die lothringische Landwirthschaft scheint sich auf den ersten Augenschein in einem „niederträchtigen" Zustande zu befinden. Je weiter wir aber von Gehöft zu Gehöft, von Ort zu Ort ziehen, in desto anderem Lichte erscheint uns der französische Landwirth, der, durchaus verständiger Natur, sich aller Vortheile und der ganzen neueren Maschinenvorrichtungen bedient, die ihm die heutige „Wissenschaft" der Haus- und Landwirthschaftslehre an die Hand gibt. Charakteristisch ist unter Anderem sein Pflug, der, eine Abart des sogenannten rheinischen Pfluges, in bei Weitem größeren Verhältnissen aber auch viel leichter als dieser aus Eisen gebaut, jene auf den ersten Blick etwas unregelmäßig erscheinenden Furchen aufwirft, welche der Benutzung des natürlichen Kalkdüngers so förderlich sind. Wie in ganz Frankreich, kennt man in Lothringen kaum eine andere als die Hofwirthschaft. Bodencomplexe wie unsere nordischen Domänen- und Gutsbezirke sind ebenso unbekannt, wie jenes ländliche Proletariat, das bei uns unter dem Namen von „Tagelöhnern" ein Dasein fristet, das materiell kaum verschieden von dem der einstigen Leibeigenen ist. Es sind dies Zustände, die wie in den deutschen Rheinlanden, theils aus den Stürmen der französischen Revolution hervorgegangen sind, theils in alten Agrarverhältnissen wurzeln. Der Bauernstand Lothringens erscheint so durchgehends in dem Lichte behäbigen Wohlstandes. Auffallend sind die vielen Steinbauten, die mit ihren massiven Gehöftsmauern jedes Dorf zu einer „formidablen Position" machen. Von Dörfern kann man eigentlich nicht sprechen, die lothringischen Ortschaften haben viele Aehnlichkeit mit den nassauischen Gemeinden, führen meist auch deren Namen: Communautés.

Der Weinbau hat im Moselthale fast eine zu große Ausdehnung gewonnen; selbst bessere Lagen, wie Pagny und Thiaucourt, erinnern stark an den weißen Säuerling der unteren Mosel; es ist eben dasselbe in „Roth". Um so erfreulicher ist dagegen der Stand der Obstcultur, die besonders dem nunmehr deutschen Pays Messin von Alters her und mit Recht den Namen „Jardin de la France" verschafft hat. Die Waldungen Lothringens zählen zu den bedeutendsten, sind fast die einzigen großartigeren Holzculturen Frankreichs. Was die Viehzucht anbelangt, so sind das Departement der Maas und jenes der Meurthe und Mosel reich an Pferden, letzteres auch an Schafen. Rindvieh, welches in beiden nicht ausreichend vertreten ist, weidet in zahlreichen Heerden auf den Grasebenen oberhalb der Waldregion im Vogesendepartement, wo in Folge dessen auch die Käsebereitung eine sehr entwickelte ist.

Das Industrieleben ist in Lothringen ein zweifaches, doch tritt die Gewerbsarbeit vor der mächtig entfalteten Bodenindustrie bedeutend in den Hintergrund. Erstere leistet in Glas- und Fayencewaaren schätzbare Artikel, die sich besonders durch kunstmäßige Behandlung auszeichnen. Die Erzeugnisse von Baccarat, der größten Glashütte Frankreichs, an einem großen Walde im südöstlichen Theile des Meurthe- und Moseldepartements gelegen, haben Weltruf erlangt. Nicht minder die Stickereien von Nancy. In der Umgebung Epinals, des Chefslieu des Vogesendepartements, sind schwungvolle Papierfabriken in Betrieb. Die Bodenindustrie ist zunächst durch Steinbrüche und Salzwerke vertreten. Die Salinen decken mehr als den provinziellen Bedarf. Die Bruchsteine sind ein sehr gesuchtes Material für Luxusbauten, für die der einheimische Arbeiter sie auf eine äußerst geschickte Weise zu behandeln weiß, indem er, auf eine combinirte Größe, in sich die Fertigkeiten und den Apparat verschiedener Gewerke, als des eigentlichen Bauhandwerkers, des Steinmetzen, des Bildhauers und Tischlers, vereinigt. Den Gipfelpunkt industrieller Production erreicht Lothringen in seinen weltbekannten Eisenwerken, die nächst den luxemburgischen die billigste Waare auf den europäischen Markt liefern. Sie erstrecken sich von Metz bis Frouard bei Nancy das ganze Moselthal hinauf; glühende Schmelzöfen und funkensprühende Essen drängen sich hier ohne Unterlaß, wie in den rheinisch-westphälischen Bergrevieren. Die Hauptwerke befinden sich in Ars-sur-Moselle (jetzt deutsch) bei Metz und in Pont-à-Mousson.

Das Maas- und Mosel-Land.

Am Saume der traurig einförmigen Ebene der Champagne erblickt der ostwärts ziehende Wanderer eine grünende Hügelkette, die er von ferne schon freudig begrüßt. Diese Höhen sind die Argonnen und an ihrem Fuße fließt von Süd nach Nord die an den südlichen flachen Argonnenausläufern entspringende Maas (la Meuse), ein gut französischer Strom, der erst in seinem Unterlaufe germanischen, nicht deutschen Boden bewässert. Weiterhin erhebt sich ein anderer Höhenzug mit leichten Uebergängen, der das Waldgebirge der Ardennen mit den Vogesen oder dem Wasgenwalde verbindet. Darüber hinaus erstreckt sich das köstliche Thal der am westlichen Abhang der Vogesen in mehr denn 720 m Seehöhe entspringenden Mosel, reich an allen Schätzen, welche die Erde dem Menschen zu bieten vermag, mit zahlreichen Zuflüssen, die aus den zur Eolithkalk-Formation gehörenden Bergen kommen. Von den lothringischen Nebenflüssen der Mosel bleibt heute blos noch die Meurthe auf französischem Gebiete; Seille und Orne erreichen sie auf nunmehr deutschem Boden. An Maas, Meurthe und Mosel liegen die bedeutendsten Städte des Landes, an der Maas Verdun, das alte, keltische Virodunum, an der Meurthe Lunéville und Nancy, an der Mosel Toul und die nunmehr deutsch gewordenen Städte Metz und Thionville. Ganz im Norden des Maas-Departements liegt an einem Nebenflusse der Maas, am Chiers, die von Natur starke, aber als Stadt schlecht gebaute Veste Montmédy (Mons maledictus); ihre modernen Werke verdankt sie dem großen Vauban, dessen Namen wir hier wie in Flandern überall begegnen. Montmédy reiht sich an die Kette der Maasfestungen, deren nördlichste Glieder wir in Sedan, Mézières, Rocroy und Givet schon kennen gelernt haben. Montmédy sowie das östlich davon, im Departement der Meurthe und Mosel gelegene, gleichfalls von Vauban unter Ludwig XIV.

befestigte Longwy, einst Hauptort einer Grafschaft, später einer besonderen Prévôté, liegt im sogenannten Französisch-Luxemburg, d. h. im südlichen, während des siebzehnten Jahrhunderts dem Herzogthume Luxemburg politisch entfremdeten Theile eines Staates, der gleich den meisten Grenzlanden eine stürmische Existenz gehabt hat. Das ganze Luxemburger Land — seinerzeit zum römisch-deutschen Reiche gehörig, — hat gleich dem anstoßenden Lothringen zwischen deutscher und französischer Nationalität ebenso geschwankt wie sein Fürstenhaus, welches das Franzosenthum auch dann nicht recht verläugnen konnte, als es schon seit längerer Zeit an die Spitze des deutschen Reiches getreten war. Denn Kaiser Heinrich VII., von einer dem Hause von Avesnes entstammten Mutter in Valenciennes geboren, sprach französisch, und wenn sein Bruder, Kurfürst Balduin von Trier, das deutsche Element mehr vorwalten ließ, so steckte doch sein Sohn, der Böhmenkönig Johann, tief im Franzosenthum, wovon seine Bündnisse, sein Tod auf dem Schlachtfelde von Crécy, die Heirathen seiner beiden Schwestern Zeugniß ablegen — ein Franzosenthum, das auch bei Kaiser Karl IV. stärker war, als einem deutschen Herrscher frommte. Dies kommt daher, daß eben nicht alles deutsche Reichsgebiet auch von deutscher Nationalität war. Das römisch-deutsche Reich hatte überall an seinen Grenzen sich Länderstrecken eingefügt, deren Bewohner niemals deutsch gewesen waren; so auch hier. Die alte Grafschaft Lucelinburg oder Lützelburg, woraus das spätere Luxemburg entstanden, ist allerdings, wie das heutige Großherzogthum dieses Namens, zum großen Theile ein nationaldeutsches Gebiet, umfaßte aber doch auch im Süden und Westen Landschaften, in welcher wie in Lothringen ursprünglich nie deutsch gesprochen worden war. Die hier sitzenden Wallonen sind die Nachkommen der keltischen Belgen, in welchen belgisch-gallische mit römischen Elementen, nicht auch ohne Einfluß germanischer, wahrscheinlich fränkischer, versetzt sind. Ihre Sprache ist ein sehr verdorbener, durch viele ganz romanischen Endungen fremd klingender französischer Dialekt, entstanden aus Altfranzösischem und Keltischem. Man findet im Wallonischen mehr keltische Elemente als in jeder anderen französischen Mundart, daneben auch einige wenige deutsche und noch weniger holländische und spanische. So der Sprache wie seinem Charakter nach ist dieser Volksstamm, der auch in die nordwestlichen französischen Departements weit hineinreicht, von seinen germanischen Nachbarn sehr verschieden, und der lange Aufenthalt spanischer Heere hat ihm nicht zum Vortheile gereicht. Die Grundverschiedenheit des bei ihm stark vertretenen keltischen Elements vom germanischen springt deutlich hervor. Mit den deutschen Nachbarn harmoniren die Wallonen, von denen mehrere Gemeinden heute preußisch sind, im Grunde sehr wenig. Der Deutsche erkennt ihre Thätigkeit, Tüchtigkeit und Energie an, aber er hat Scheu vor dem Jähzorn und der Rohheit der niederen Klassen.

Das alterthümliche Verdun, an beiden Ufern der Maas gelegen, gut gebaut, aber mit steilen Straßen, ist bei Weitem weniger stark als Metz, nimmt aber an der Maas ungefähr dieselbe Stellung ein, wie letzteres an der Mosel, und deckt die gerade Straße, die vom Mittelrhein nach den catalaunischen Feldern, nach Chalons und Paris führt. Karl der Große ließ die Mauern des ihm widerstrebenden, nicht germanischen Virodunum schleifen und die mächtigen Quadern schwammen die Maas hinab, um zum Bau des Marienmünsters der Aachener Pfalz zu dienen; die hadernden Enkel des großen Kaisers aber schlossen hier im Jahre 843 den berühmten Vertrag, der das Frankenreich theilte.

Mit Metz und Toul bildete Verdun später les trois Evêchés, die drei Bisthümer, wie man die aus den Gebieten von Metz, Toul und Verdun zusammengesetzte, durch lothringische Gebietstheile mehrfach auseinander gerissene Provinz des königlichen Frankreich nannte, welche zwei Militärgouvernements bildete und im Metzer Parlament ihren obersten Gerichtshof hatte. Während der großen Revolution wurden die drei Bisthümer in drei Präfekturen getheilt, von denen die der Mosel, im Lande selbst ihren Mittelpunkt in Metz hatte. Denn Verdun ward eine Unterpräfektur des Maas-Departements, zu dessen Hauptort sich das lothringische Bar-le-Duc erhoben sah. Der an beiden Seiten des Ornain sich ausbreitende Gau von Bar, die Landschaft Barrois, reich an Getreide, Waldung, Wein und Eisen, gehörte in der fränkischen Zeit zu Austrasien, später zu Oberlothringen und hatte eigene Grafen, welche im fünfzehnten Jahrhunderte mit den bedeutenden, großentheils durch Heirath an das Haus Bar gekommenen Besitzungen in Flandern und Perche abgefunden wurden, während Bar selbst mit Lothringen vereinigt ward. Das am Ornain gelegene Städtchen Bar-le-Duc, mit 17,500 Einwohnern, der Geburtsort des Marschalls Oudinot, zeichnet sich durch Zierlichkeit und Eleganz aus, weßhalb es im Volksmunde „la coquette" heißt. Nur schade, daß Mademoiselle, reinlich und zweifelsohne wie sie ist, dem flüchtigen Eisenbahnreisenden dasjenige zukehrt, was der höfliche Franzose als profil grec zu bezeichnen pflegt.

An der Eisenbahn, der großen Linie der Ostbahn, welche Paris mit Straßburg verbindet, stoßen wir, gegen Osten fortschreitend, auf das alte, von schönen Wäldern umgebene Städtchen Commercy an der Maas, bemerkenswerth durch das schöne Schloß des Cardinals de Retz und schon frühzeitig als Commerciacus vorkommend, dann auf das befestigte Toul, den alten galloromischen Bischofssitz Tullum, der jetzt zu einer starken Festung ausgebaut ist. Toul mit 10,000 Einwohnern liegt an der Mosel, wo diese, nachdem sie bis dahin in der Richtung von Süd nach Nord geströmt, plötzlich eine Kurve nach Westen gegen die Maas hin beschreibt, um dann gewissermaßen auf ihre Schritte zurückzukommen und sich wieder nördlich gegen Metz zu wenden. Die alte Stadt der Leuci, in deren Nähe Schloß Champagne, die Geburtsstätte des berühmten Landschaftsmalers Claude Gelée, genannt Lorrain, liegt, ward später — eine der vielen Anomalien, welche die Geschichte jener Grenzländer bietet — eine freie deutsche Reichsstadt, von welcher das deutsche Reich noch längere Zeit fortfuhr, Leistungen zu verlangen, nachdem sie längst durch freien Entschluß ihres bischöflichen Kapitels, 1552, definitiv sich Frankreich angeschlossen hatte. Der große Sprengel von Toul wurde unter Pius VI. getheilt und durch das Konkordat von 1801 verlor Toul seinen uralten Bischofssitz, der heute mit dem von Nancy vereinigt ist.

Unter den lothringischen Städten nimmt Nancy als ehemalige Landeshauptstadt die erste Stelle ein. Nancy, ganz grundlos von Deutschen mitunter Nanzig genannt, erscheint erst im zwölften Jahrhundert, also zu einer Zeit, wo die eingedrungenen fremden, d. h. deutschen Elemente in Lothringen schon völlig überwunden waren, als ein einfaches Schloß unter dem Namen Nancy oder Nancey, dessen Etymologie eine dunkle ist. Seit 1153 scheint Nancy die gewöhnliche Residenz der lothringischen Herrscher geworden zu sein. Wer in den letzten Jahren französische Provinzen bereist und gesehen hat, was deren Städte auf Kosten der Pariser Schablone von ihrem alterthümlichen, originellen Charakter eingebüßt haben, wird Nancy zu schätzen wissen, das sich mit seinen sieben triumphbogenartigen Thoren, seinem eleganten, breiten Straßennetze, seinen gefälligen Rokokopalästen und seinen ausgedehnten Spaziergängen unberührt den Charakter einer Hof- und Residenzstadt aus der Mitte des vorigen Jahrhunderts bewahrt hat. Eine schöne, schnurgerade, nur leider etwas geneigte Straße, die Rue Stanislas, führt auf die herrliche Place Stanislas, ein Platz, der an architektonischer Schönheit und an Ebenmaß seinesgleichen sucht. Vier prachtvolle gußeiserne und schwer vergoldete Gitterthore schließen die vier Ecken des Platzes und die Mündungen der Straßen ab, während fünf stattlich und symmetrisch aufgeführte Gebäude, darunter das Rathhaus, das Theater und der bischöfliche Palast, die Umrahmung des Platzes bilden. In der Mitte desselben erhebt sich das eherne Standbild des Polenkönigs Stanislaus Lesczynski, welchen die Inschrift als den Wohlthäter Lothringens preist. Sein Blick ist auf einen in edlem Stil gehaltenen Triumphbogen gerichtet, den er zu Ehren Ludwigs XV., dem heutigen Rathhause gegenüber, errichten ließ. Schreitet man durch die kurze Rue Héré unter diesem Triumphbogen hinweg, so gelangt man auf einen zweiten, größeren, mit schattigen Baumalleen bepflanzten Platz, der die Form eines regelmäßigen länglichen Viereckes besitzt. Es ist die Place Carrière, in deren Hintergrunde dem Triumphbogen gegenüber sich das ehemalige Residenzschloß des Königs Stanislaus, ein schöner stattlicher Bau, erhebt, dermalen dem Militärkommandanten als Wohnung zugewiesen. Etwas hinter diesem Schlosse, in dessen Nähe sich zur Linken ein prächtiger Park, die Pépinière, hinzieht, steht der alte aus dem fünfzehnten Jahrhundert stammende Palast der lothringischen Herzoge, das Palais ducal, den leider ein gewaltiger Brand im Jahre 1871 gründlich zerstörte; doch ist derselbe großentheils wieder hergestellt, nicht zum Wenigsten dank den reichen Mitteln, welche der regierende Kaiser von Oesterreich in freigebigster Weise zur Verfügung stellte. In der nahen Chapelle Ronde ruhen die meisten seiner Ahnen, die lothringischen Fürsten. Er war es auch, welcher hauptsächlich den Prachtbau der in reinster Gothik umgebauten Kirche von St. Epvre ermöglichte. Man hat Nancy, der Vaterstadt des Jacques Callot und des Malers Isabey, oft seine Regelmäßigkeit zum Vorwurfe gemacht: es ist wahr, man wird zuweilen an das Richtscheit und das Winkelmaß der Architekten erinnert, fühlt sich jedoch dadurch um so weniger verletzt, je ungezwungener die Stadt, die in der That etwas von dem Geiste regelmäßiger Klassizität des französischen Dramas athmet, in ihren alten eingefügten Rahmen die ganze Eleganz unserer Tage aufgenommen hat.

Neben Nancy verschwindet Lunéville, denkwürdig durch jenen bekannten Friedensschluß, welcher die französischen Eroberungen in Deutschland bestätigte, mit seinen aus der nämlichen Epoche stammenden Bauten fast ganz. Es liegt in schöner, fruchtbarer Ebene. Von dem nördlich von Nancy an der Mosel gelegenen Städtchen Pont-à-Mousson (Mussipons), aus dem die Deutschen „Muselbrück" machten, ist blos zu sagen: in höchst anmuthigem Landschaftsbilde am Fuße eines hoch emporragenden Bergkegels gelegen, zeichnet sich das Städtchen eigentlich durch nichts aus, als den harmlos-gemüthlichen Charakter seiner Einwohner. Merkwürdig ist, daß sich bis heutigen Tages sein Name aus der französischen Zeit her im Volksmunde des Niederrheins erhalten hat als der des Landes, „wo die Gänse Knotenperrücken tragen und die Enten Haarbeutel". Pont-à-Mousson ist nämlich dem Franzosen dasselbe, was uns unser Lalenburg. Wo diese Bezeichnung sich herschreibt, ist nicht recht klar; Thatsache aber ist, daß in Frankreich „mûr pour Pont-à-Mousson“ für eine Schmeichelei etwas zweifelhaften Werthes gilt.

In den französischen Vogesen.

Den südlichen Theil von Lothringen nimmt das Departement der Vogesen ein, welches westlich an jenes der Obermarne grenzt und nebst den Vogesen von den Monts Faucilles, dem Sichelgebirge erfüllt wird, das sich zwischen die Vogesen und das Plateau von Langres lagert. In ihrem Zusammenhange bilden die Vogesen oder das Wasgengebirge (les Vosges) eine Kette, die sich zwischen Lothringen und Elsaß von Südwest nach Nordost, von Belfort aus bis zum Zusammenfluß der Nahe mit dem Rhein bei Bingen auf eine Länge von 280 km erstreckt. Die obenerwähnten Sichelgebirge bei Langres, sowie die Gruppe des Donnersberges in der Pfalz werden in diese Masse mit inbegriffen. Das Ganze zeichnet sich scharf von der umliegenden Gegend ab, wenn auch Höhe und geognostische Beschaffenheit wechseln. Die Masse der oberen oder Hoch-Vogesen, mit der wir es hier allein zu thun haben, ist von vorwiegend krystallinischer Beschaffenheit und hat abgerundete Kuppen von bedeutender Höhe, während die Kette der Niedervogesen weiter im Norden ausschließlich aus länglichen Sandsteinplateaus besteht. Mit den zwei Belchen von Elsaß (Ballon d'Alsace), 1250 m hoch, und von Servance (Ballon de Servance) beginnend, erstrecken sich die oberen Vogesen bis zur Breite von Straßburg eingeschnitten durch tiefe, gegen den Ausgang verengte, und sich in einer Reihe stufenweise erhebende, elliptische Thäler. Die Niedervogesen, welche ihren Ursprung am 1010 m hohen Donon, zwischen Saales und Breusch haben, stumpfen sie fortwährend in ihrem Gange gegen Norden ab; sie stellen im Ganzen eine Art von Tafelland vor, auf dessen einförmiger Oberfläche die Wasser wie auf einer Tafel nach allen Richtungen, ohne regelmäßigen Gang, ohne Geräusch, ohne Fall über stille Sandbeete hinlaufen. Nur über diese Niedervogesen führt der einzige Schienenweg, welcher bis jetzt von dieser Seite Frankreich und Deutschland verbindet, die Eisenbahn von Straßburg über Avricourt nach Nancy und Paris. Nach den Obervogesen führen französischerseits vier verschiedene Bahnlinien; sie sind aber alle Sackbahnen, welche den Kamm des Gebirges nicht überschreiten.

Die Montagne des Bois bei Remiremont bildet — ich folge hier Charles Grad, einem trefflichen Kenner des Landes — den hervorragendsten Vorsprung der hohen Vogesen gegen Südwesten; der Grismonton und der Ban du Bois in der Nähe von Eloyes setzen sich auf dem rechten Ufer der Mosel fort und beherrschen die Tafelländer von Xertigny und Bains. Von der Anhöhe von Essey aus gesehen, eine Art natürliches Belvedere in der Ebene von Lunéville, zeigen sich die Vogesen besser als von irgend einem Punkte ihrer westlichen Seite. Das Gebirge nimmt gegen Sonnenaufgang den ganzen Horizont ein; man erblickt es vom Ende der Montagne des Bois bis an den Punkt, wo die Sandsteine des Donon am Rande und fast bei der Oberfläche der Ebene in nordöstlicher Richtung endigen. Dies macht einen Bogen von 105° aus, in welchem die große isolirte Masse der Sapins bei St. Dié am besten in die Augen springt. Man erblickt diese Masse durch die Einsenkung des Hôte-du-Bois. Die Sandsteinlager im Süden von Raon-l'Etape scheinen mit jenen des Nordens nur Eins auszumachen. Kaum merkt man, daß die Meurthe zwischen den einen und den anderen hinläuft, ebenso wie die des Südens, über welche man den Climont sieht, mit jenen des Nordens zusammenhängen, welche sich nach und nach mit den Hautes-Chaumes bei Framont verbinden. Man sieht auch in diesem weiten, den ganzen westlichen Theil der Vogesen umfassenden Raum die Sandsteinpyramiden des Donon und Climont, die Linie der abgeflachten Sandsteinmassen, die sich vom Donon bis Raon-l'Etape hinzieht, endlich die sanft gewellte Linie, die den Centralkamm bildet. Letztere beginnt mit den Bergen von Markirch (im Elsaß) — ein wenig auf rechter Seite der Sapins von St. Diè, und man folgt ihr nach Süden bis zum großen Belchen. Von dort bis zur Montagne des Bois sinkt das Profil sanft mit sehr wenig Wellenlinien. Die Masse der Montagne des Bois selbst endet gegen Westen mit einem sehr raschen Fall, der den Abschluß der rechten Vogesen bildet.

Die Hochgipfel der Vogesen führen den eigenthümlichen Namen „Belchen" oder „Ballon", welches Wort im Keltischen soviel als „Ort des Belen" bedeutet und wohl davon herrührt, daß diesem altgallischen Gotte auf den Höhen geopfert wurde. Der Name erhielt sich namentlich auf der im Alterthume weit früher und dichter besiedelten elsässischen Seite des Gebirges und lebte dort auch bei den späteren germanischen Einwanderern fort. Diese waren es, welche auch frühzeitig den Kamm der Vogesen überstiegen und sich zum Theile in den verödeten Westthälern niederließen, hauptsächlich aber die lothringischen Triften abweideten. Noch im zehnten Jahrhundert bestand der heutige Cheflieu des Vogesendepartements, die Stadt Epinal, blos aus fünf ländlichen Bauwerken; Rambervilliers, Bruyères waren nur elende Weiler und erst gegen Ende des dreizehnten Jahrhunderts taucht der Name Gérardmer auf. Von diesen Elsässern ging der Name Belchen in der französischen Form „Ballon" auf die Lothringer über.

Unter diesen Vogesengipfeln interessirt uns hier der südlichste, der Große oder Wälsche Belchen, der Ballon d'Alsace am meisten. Ein Gefühl freudigen Stolzes bemächtigt sich des Touristen, welcher von dieser imponirenden Höhe süd- und westwärts auf französisches, ostwärts auf nunmehr deutsches Gebiet schaut, tief unter sich die Fenster der mächtigen Bergveste Belfort erglänzen und gerade gegenüber das große, auf dem Ballon de Servance errichtete Sperrfort aufragen sieht, welches, mit weittragenden, angeblich 10 km tragenden Geschützen bewehrt, alle über und am Fuße des Wälschen Belchen führenden Wege, sowie jene nach Giromagny beherrscht. Die Fernsicht auf die Alpen ist großartig und manchmal sollen die Berge des Berner Oberlandes und selbst der Montblanc sehr deutlich zu erblicken sein. Geradezu reizend ist die Thalansicht in das Thal der Savoureuse, nach Belfort und in die Franche-Comté, sowie in das Moselthal weit hinein bis gegen Remiremont. Oestlich imponiren vor Allem der Gebweiler Belchen und alle höheren Vogesenberge, und ebenso auch nach Norden. Auf dem höchsten Punkte steht eine Muttergottesstatue mit der Inschrift: Sainte Marie garde la France, daneben eine Tafel des Club alpin français mit Höhenangaben. Nebenbei bemerkt sind die Leistungen des Club alpin français in den französischen und sogar auch noch in den deutschen Vogesen in Errichtung von Tafeln und Wegweisern geradezu ausgezeichnet zu nennen. Zwanzig Minuten unterhalb des Gipfels liegt die große Sennerei Jumenterie (Roßboden), und von da führt, die große Fahrstraße von Belfort nach St. Maurice durchquerend, ein Fußpfad nach jener kleinen Endstation der französischen Vogesenbahn. Derselbe zieht drei Viertelstunden lang durch herrlichen Wald; St. Maurice selbst liegt reizend in dem Thale der noch ganz jungen Mosel, welches von Industrie ungemein belebt ist. In zwei und einer halben Stunde bringt uns der Zug nach dem freundlichen, mit prächtigen Villen an den Abhängen besäeten Städtchen Remiremont, dessen Gründung auf ein hier im siebenten Jahrhundert errichtetes Kloster zurückzuführen ist.

Wer Lust hat, kann von hier einen Abstecher nach Plombières machen, wo Kaiser Napoleon III. sich öfters aufhielt und wo zuletzt die Abtretungsurkunde von Nizza und Savoyen unterschrieben wurde. Plombières besitzt berühmte, schon den Römern bekannte Heilquellen, indifferente Thermen von 18,75° bis 67,5° C., 27 an der Zahl, außerdem eine kalte Eisen- und eine sogenannte Seifenquelle. Die Bäder von Plombières werden namentlich bei Lähmungen und allen ursprünglich vom Rückenmarke ausgehenden Krankheiten, aber auch bei anderen Nerven- und Hautleiden mit Erfolg angewendet. Kaiser Napoleon that sehr viel zur Verschönerung Plombières; seither hört man aber den Namen dieser Quellen nur mehr selten nennen. In gewissem Sinne durfte man sagen: Plombières, das ist der Kaiser; um ihn, um seine Person drehte sich der ganze Gesprächsstoff. Daneben gab es blos noch die Heilquellen und das Badereglement. Eine Hauptsache, damit die Kur von guter Wirkung sei, ist, daß man einundzwanzig oder siebenundzwanzig Bäder nehme. Ein Bad mehr oder weniger, und der Erfolg ist lange nicht mehr derselbe. Auch das Menu und die Badediät werden viel und ernstlich besprochen. Feinschmecker ergehen sich in Wehklagen und sittlicher Entrüstung über die Gewissenhaftigkeit des Koches, der jede verbotene Würze auf Kosten des Wohlgeschmacks unterdrückt. Man frühstückt bei offenem Fenster. In Plombières geschieht Alles bei offenem Fenster; man lebt eigentlich auf der Straße; sobald die Mahlzeit vorüber, nimmt man einen Stuhl und setzt sich vor's Haus. Da wird dann ganz ungenirt große Conversation gehalten. Was sollte man auch thun in einer Stadt, die aus nur Einer Straße besteht? Sie enthält nur drei oder vier Galanteriewaarenladen, und eine schöne schattige Allee, an den Berg gelehnt, dient als Promenade. Im Westen der Stadt liegt ein wirklich reizender Park. In den Wald, welcher die Hügel bedeckt, sind eine Menge hübscher Pfade gehauen; die hellen kleinen Bäche sind in ihrem Laufe geregelt, ohne daß man ihnen deßhalb den Reiz des Urwüchsig-Natürlichen genommen; das Unkraut ist ausgerobet und an seiner Stelle hie und da, gerade wo es nöthig ist und ohne aufdringlich mit Absicht zu erscheinen, eine Steinplatte gelegt, um über eine schlechte Passage hinwegzuhelfen. Auf dem Gipfel bietet ein hübsches Häuschen einen guten Punkt zur Fernsicht.

Doch kehren wir zurück nach Remiremont. Die Eisenbahn von hier bis Epinal bietet wenig Bemerkenswerthes, außer den langweiligen gelbblühenden Ginster, der jede Landschaft verdirbt. Doch auf der letzten Station vor Epinal entdeckt man auf einer Anhöhe das ziemlich starke Fort Dinozé, eines von jenen, welche die Hauptstadt des Vogesendepartements, sämmtlich neu gebaut, in einem Kranze umziehen. Das in einem engen Thale an der Mosel malerisch gelegene Epinal, ein Städtchen von 16,500 Einwohnern, macht mit seiner Hängebrücke, der sich die alte und die elegante neue Steinbrücke zur Seite stellen, mit seinen schönen Uferdämmen und Promenaden, seinen Gärten und zahlreichen Springbrunnen für die eben nicht bedeutende Einwohnerzahl einen fast imposanten Eindruck, der freilich durch die halbverfallenen Häuser an der Mosel selbst theilweise wieder aufgehoben wird. Es ist im Ganzen ein recht freundliches, von regem Verkehr belebtes Handels- und Fabrikstädtchen. Von Epinal pflegt man mit der Eisenbahn über Bruyères den Ausflug nach Gérardmer und seinen See zu machen. Ehe man nach Gérardmer kommt, passirt man die Vallée de Granges durch einen prächtigen Tannenwald von düsterer Schönheit. Ganz besonders schön liegt Bichompré, letzte Station vor Gérardmer, am Zusammenflusse der Jamagne und Vologne. Gérardmer wird als eine Perle Lothringens gepriesen und im Liede heißt es:

Sans Gérardmer et un peu de
Nancy, que serait la Lorraine?

In den oberen Vogesen zeigen sich eine Anzahl von Wassermassen in Einsenkungen des Gebirges auf verschiedener Höhe von den unteren Thalsohlen aus bis zu den obersten Stufen von mehr als 1000 m über der Meeresfläche angesammelt. So ergießen sich — um auf dem westlichen Abhange gegen Lothringen zu bleiben — die Gewässer der Vologne auf einander folgend in die Seen von Retournemer und Longemer, um tiefer unten einen dem See von Gérardmer entsprungenen Zufluß zu erhalten; ferner erscheinen im Thale der Moselotte, bei La Bresse, die Seen von Lispach, von Marchet und Blanchemer, auf Seite des Lac du Corbeau; im Becken der Mosel der See von Fondromaix; endlich die kleine Wasserfläche von Maix, auf den Sandsteinbergen nahe bei Framont. Der größte von allen ist aber der von Gérardmer und er zeichnet sich aus durch seine elliptische Gestalt, deren Längenachse 2 km beträgt bei einer Breite von höchstens 800 m. Und entzückend einfach breitet sich das weit ausgedehnte Dorf Gérardmer aus an diesem herrlichen See, so ganz sich selbstgenügend, so wenig vergiftet von der Uebercivilisation, daß man wohl hier einige Tage verträumen mag, herumrudernd auf dem flinken Nachen. Ueber die Wasserfälle der Jamagne und auf der großen Landstraße erreicht man von hier den Schatten der Tannen am Lac de Longemer. Ein schönes Bild, dieser weltvergessene See, am meisten noch den Seen des Nordens, Norwegens oder Schottlands vergleichbar! Zehn Kilometer von Gérardmer erreichen wir den kleinen, äußerst lieblich gelegenen, im Norden von Buchen begrenzten Lac de Retournemer und das gastliche Forsthaus, das so einladend zuwinkt über den See, der in kleinen Kaskaden abfällt. Eine prächtige Idylle, ein Ort wie geschaffen zum Ausruhen unter üppigen Tannen und Buchen. Die Fahrstraße von Gérardmer nach der „Schlucht", dem von den Franzosen bevorzugtesten Punkte des Gebirges, berührt aber Retournemer nicht, sondern sie geht durch einen Tunnel, der durch die Roche du diable (Teufelsfels) gebrochen ist, von wo man eine prächtige Thalansicht der Seen bis Gérardmer genießt; 2 km vor der „Schlucht" harrt unserer ein schöner Ausblick ins Valtin mit seinen vielen zerstreuten Häusern im Thal und Sennhütten auf den Bergen, deren Sennen oder Melker, „marcaires" genannt, häufig Elsässer sind. Die „Schlucht" wird als der „Rigi der Vogesen" bezeichnet, sehr unpassend, denn sie bietet keinen Berggipfel mit freier Gebirgsschau, sondern von Berghöhen umschlossen eine Thal- und Schluchtlandschaft von allerdings außerordentlicher Schönheit.

Von den Vogesen, deren wichtigste Partien auf lothringischem Boden wir im Vorstehenden nur flüchtig andeuten konnten, zweigen sich gegen Westen und nach dem Tafellande von Langres zu die schon früher erwähnten Mons Faucilles oder Sichelgebirge ab. Eine von Belfort nach Langres gezogene Linie bildet etwa die Sehne des nach Norden ausgebuchteten Bogens, welchen dieses Gebirgssystem beschreibt. Es hebt im Osten mit Bergen an, um im Westen mit Hügeln zu enden und stellt einen mächtigen Fächer dar, aus welchem die oberen Zuflüsse der Saône nach Süden hervorbrechen. Dieses Gebirge ist zu großem Theile aus dem sonst in Frankreich ziemlich seltenen Buntsandsteine zusammengesetzt. Dem nördlichen Abhange der Sichelberge entquillt das Flüßchen Vaire, welches in die Maas sich ergießt etwas unterhalb des unansehnlichen Dörfchens Domremy, das sonst nichts Merkwürdiges aufzuweisen hat, als die Geburtsstätte der Jeanne d'Arc, des gottbegeisterten Mädchens von Orleans, welches Voltaire in dem Andenken seiner Landsleute zur Metze herabgewürdigt hat, während sie durch Friedrich Schiller verherrlicht in der Phantasie der Deutschen als eine Heilige lebt. Die von der französischen Regierung käuflich erworbene und als historisches Nationaldenkmal erhaltene Geburtsstätte der Heldenjungfrau steht als ein alterthümliches Häuschen da, von außen klein und unansehnlich, im Innern in neuerer Zeit auffallend restaurirt. Ueber der Hauptthüre ist eine Art Wappen aus Stein ausgehauen; es sind zwei mit gothischem Bildwerke verzierte Steine. Man sieht eine Garbe, unter welcher die Worte stehen: „vive labour", und unterhalb sind zwei Pflugschaaren ausgemeißelt. In der Mitte sind die königlichen Lilien mit der Aufschrift: „vive le roi Louis" angebracht, eine fast unkenntlich gewordene Jahreszahl läßt sich auf 1481 deuten. Zur Rechten steht das Wappen der Familie du Lys — im azurnen Felde zwischen zwei königlichen Lilien steht ein silberner Degen, auf dessen Spitze eine Krone ruht. In diesem Hause erblickte Johanna im Jahre 1412 das Licht der Welt. König Karl VII. hatte bekanntlich den Namen du Lys und dieses Wappen der Jungfrau verliehen, und ob sie gleich sich standhaft weigerte, sich dieser Gnade zu bedienen und dieses Wappen zu führen, so wurde es doch später von ihrer Familie angenommen, welche im Jahre 1760 mit Henry François de Colombe du Lys, Kanonikus von Champeaux und Prior von Coutras, erlosch. Es leben aber noch einige Familien in Lothringen, die von den Brüdern Johanna's abzustammen behaupten. In dem Hause befindet sich eine alterthümliche Statue, die Jungfrau knieend mit dem Schilde in der Hand und in voller Rüstung darstellend. Sie ist im Ganzen ziemlich gut gearbeitet, aber leider an vielen Stellen verstümmelt. Im Jahre 1820 ward übrigens dem Heldenmädchen von Orleans ein Denkmal auf dem Hauptplatze von Domremy errichtet.

Ost-Frankreich.

Die Freigrafschaft Burgund.

Belfort und die neue Landesbefestigung.

Wie das nördlich angrenzende Lothringen sieht auch die Freigrafschaft Burgund oder Oberburgund, von den Franzosen kurzweg die Franche-Comté genannt, auf eine wechselvolle Geschichte zurück. Schon zu Anfang des fünften Jahrhunderts unserer Zeitrechnung kamen als römische Bundesgenossen die germanischen Burgunder oder Burgundionen ins Land, welche alsbald auf dem Boden der keltischen Sequaner zwischen Alpen und Rhône ein nach ihnen benanntes, mächtiges Reich aufrichteten, welches auch das heutige Oberburgund umfaßte, aber schon 534 den Frankenkönigen erlag. Die Sieger theilten nun das gesammte Burgund unter sich; es wurde fränkische Provinz, doch mit Beibehaltung seines Namens und seiner Rechte. Im Jahre 561 fand eine weitere Theilung statt, derart, daß die eine Hälfte als Herzogthum bestand, die andere an Austrasien kam; der Frankenkönig Chlotar II. bemächtigte sich jedoch beider Länder, welche er mit seinem Reiche vereinigte, worauf sowohl die Merowinger als auch die Karolinger als Herzoge von Burgund Herren des Landes blieben. Zu Ende der letzteren Dynastie machte sich indeß der Statthalter der Provence, Graf Boso von Autun, unabhängig und stiftete das Königreich Arelat oder Burgundia cisjurana, zu welchem auch die Franche-Comté gehörte. Im Jahre 915 fiel sie aber an selbständige Herren und 995 ward Otto I., Wilhelm, Sohn des Königs der Lombardei, der Begründer eines Dynastengeschlechtes, welches vielfache Beziehungen mit dem deutschen Reiche anknüpfte, auch mannigfach mit deutschen Fürsten sich verschwägerte. Die Freigrafschaft, welche diesen Namen unter Graf Reinald III. wegen der großen ihr gewährten Freiheiten erhielt, wodurch sie der Schweiz ähnlich wurde, gerieth wie Burgund überhaupt unter die Oberhoheit des deutschen Reiches. Durch Heirath kamen die Grafen von Meran aus dem Hause Andechs 1208 zur Herrschaft in Oberburgund, dessen Fürsten sich nun Pfalzgrafen nannten;

später kam das Land für kurze Zeit an Frankreich, darauf an das Herzogthum Burgund. Mit Philipp I. erlosch der Mannesstamm der altburgundischen Dynastie 1361, und die Freigrafschaft ging an Margarethe über, deren Tochter 1369 den Herzog Philipp den Kühnen, den Begründer des neuburgundischen Herzogthumes, heirathete, wodurch die Grafschaft Burgund mit dem Herzogthume für immer vereinigt wurde. Nach dem Erlöschen des burgundischen Hauses fiel die Franche-Comté an das Haus Habsburg. Bei der Theilung zwischen Kaiser Karl V. und Ferdinand, 1521, kam sie an Spanien, wurde aber von König Ludwig XIV. erobert und endlich von Spanien 1678 im Frieden zu Nymwegen an Frankreich abgetreten, dessen Schicksale sie seither theilte. Doch wurden ihre außerordentlichen Freiheiten (franchises) bestätigt und erweitert; diese Freiheit erstreckte sich auf alle Gemeinden der Franche-Comté, wo der letzte Bauer Mitglied des Parlaments werden konnte. Die Einwohner der Freigrafschaft besitzen aber wie die Liebe zur Freiheit, so auch die zur Arbeit. Kräftig, schweigsam und besonnen, sind sie im Uebrigen bekannt durch ihren schönen Wuchs, der freilich in den Niederungen entartet. Gegenwärtig zerfällt dieses französische Juraland in die drei Departements der Haute-Saône, des Doubs und des Jura. Angliedern kann man denselben den kleinen Distrikt von Belfort, den Rest des 1871 an Deutschland abgetretenen elsässischen Departements des Oberrheins.

Das Territorium von Belfort, welches keinem Departement zugetheilt ist, grenzt an Oberelsaß, die Schweiz, so wie an die obengenannten Departements des Doubs und der Haute-Saône, ferner an jenes der Vogesen und umfaßt blos 607 qkm mit etwa 69,000 Einwohnern, von welchen 20,000 auf die an der Savoureuse, dem wichtigsten Zuflusse der Allaine, gelegene Hauptstadt entfallen. Belfort oder Béfort liegt im sogenannten Sundgau, wie man im engeren Sinne den südlich von der Thur gelegenen Theil des Elsasses bezeichnet, gehört aber geographisch nicht dem germanischen Rheingebiete, sondern den gallischen Strombecken der Rhône an. Auch die Sprache, welcher die Umwohner sich bedienen, ist nicht deutsch, sondern ein seltsames Gemisch keltischer, lateinischer, germanischer und französischer Bestandtheile. Die Lage von Belfort ist, wie seine Geschichte seit seiner Gründung im dreizehnten Jahrhundert beweist, in strategischer Hinsicht von ungeheurer Wichtigkeit, denn die Stadt liegt gerade inmitten des großen Völkerthores, welches zwischen Vogesen und Jura klafft. Es ist dies die sogenannte Bodensenkung von Altkirch, welche alle zwischen Vogesen und Jura nach Deutschland führenden Verbindungswege aufnimmt, und diese werden von Belfort und dem festen Schlosse von Montbéliard im Doubser Departement beherrscht. Belfort ist deßwegen von jeher ein befestigter Platz gewesen, der zahlreiche Belagerungen und Blockirungen auszuhalten hatte, und beständig ward an der Verstärkung seiner Werke gearbeitet. Der berühmte Vauban baute Belfort als Festung nach seiner dritten Manier ganz neu auf, 1825—1838 wurden die Vorwerke La Miotte und La Justice auf dem gleichnamigen Bergrücken östlich von der Festung und an der Straße nach Kolmar, welche das befestigte Lager dabei schützen sollten, erbaut und sowohl unter einander, als mit der Stadtbefestigung und dem 50 m über der Stadt liegenden Schlosse, der Citadelle, durch Befestigungslinien verbunden, welche das Camp retranché einschließen. So war denn Belfort schon vor dem Kriege von 1870, in welchem es durch den Genieobersten Denfert-Rocherau gegen den belagernden preußischen General von Treskow auf das Heldenmüthigste vertheidigt wurde, eine Festung von Achtung gebietender Stärke, ein Waffenplatz ersten Ranges. Zwar mußte sich auch Belfort am 18. Februar 1871 der feindlichen Uebermacht ergeben, allein die abgeschlossene Konvention sicherte dem Häuflein 6000 tapferer Streiter den freien Abzug mit allen Kriegsehren. Der Platz blieb bis Juni 1873 in deutschen Händen und wurde dann gemäß dem Frankfurter Friedensschlusse an Frankreich zurückgegeben, worauf die Stadt Paris am Fuße der Citadelle einen vom Bildhauer Bartholdi gearbeiteten prachtvollen Löwen zur Erinnerung an die denkwürdige Vertheidigung der Stadt aufstellen ließ.

Unmittelbar vor 1870 standen die Festungen überhaupt nicht in besonderem Ansehen; erst der Feldzug selbst brachte mit einem Schlage ihre oft bezweifelte Bedeutung wieder in das rechte Licht. Die Belagerung von Straßburg, Metz, Belfort und Paris hat die Wichtigkeit großer Centralplätze ein- für allemal bewiesen; zudem ward alsbald nach dem Friedensschlusse das Bedürfniß erkannt, die durch Abtretung der Vogesen erlittene Schwächung der Grenze gegen Deutschland in anderer Weise wett zu machen und hierzu ward die Anlage eines starken und ausgedehnten Festungssystems längs der deutschen Grenze, beziehungsweise der Maas und der Mosel, beschlossen, wofür die Nationalversammlung vorläufig die Summe von $88^1/_2$ Millionen Franken bewilligte, nachdem sie vorher schon zur Neubefestigung von Paris 60 Millionen Franken genehmigt hatte. Da sich die nach dem jetzt veralteten Systeme Vaubans erbauten Festungen fast ausnahmslos den Wirkungen der gezogenen Geschütze gegenüber ebenso unhaltbar erwiesen, als ihre vorgeschobenen Werke nicht vermocht hatten, die großen Bevölkerungscentren, zu deren Schutz sie erbaut waren, den Leiden einer Beschießung zu entrücken, so galt es nicht blos neue Festungen anzulegen, sondern auch die schon bestehenden den modernen Anforderungen der Kriegskunst entsprechend umzubauen, zu verstärken und zu erweitern. Unmittelbar nach dem Friedensschlusse begannen daher die Franzosen mit umfassenden Neuanlagen, die heute vollendet, mit einem fast beispiellosen Aufwand von Geschick, Arbeit und Geld durchgeführt wurden. Es sind mindestens 500 Millionen Franken innerhalb der letzten 8—9 Jahre in Frankreich auf Festungsbauten verwendet worden. Auf einzelne derselben war in den vorhergehenden Abschnitten Gelegenheit einige Streiflichter fallen zu lassen; hier dürfte es sich verlohnen, auf die neue, wahrhaft großartige Landesbefestigung Frankreichs einen zusammenfassenden Blick zu werfen.

Von der Ansicht ausgehend, daß Frankreich in einem neuen Kriege mit Deutschland anfänglich möglicherweise auf die Defensive angewiesen sein könnte, hat das französische Kriegsministerium eine 300 km lange, theils über große befestigte Lager, theils über Sperr- und andere Bollwerke führende Linie, die von der belgischen Grenze bis Belfort reicht, als erste Schutzwehr gegen einen einbrechenden Feind gezogen, welche, da sie sich mit ihren beiden Enden an neutrale Staaten lehnt, nicht wohl umgangen werden kann. Für den möglichen Fall, daß diese Front durchbrochen würde, ist hinter derselben eine zweite, gleichfalls sehr stark befestigte Linie errichtet, die von Reims über Langres nach Besançon geht, bestimmt die Depots aufzunehmen und den etwa zurückweichenden Heeren zur Aufnahme zu dienen. Unabhängig von diesen Werken wurde die Umwallung der Festung Dünkirchen hinausgeschoben, bei Calais der Bau neuer Festungswerke in Angriff genommen, endlich Le Quesnoy nächst der belgischen Grenze wieder in die Reihe der festen Plätze eingetheilt.

Es sind also deutlich zwei größere Gruppen, zwei Hauptvertheidigungsfronten zu unterscheiden, welche längs der ganzen Ostgrenze von Belgien bis zur Schweiz sich ausdehnen und fast schachbrettartig hinter einander liegen. Die erste, nördliche Vertheidigungslinie beginnt mit Verdun, das durch Verstärkung seiner Citadelle und Anlage abgetrennter Werke auf den benachbarten Höhen zu einem gewaltigen Waffenplatze umgestaltet ist. Zum Schutze der Maaslinie wurden bei Etain Eisenbahn-Sperrforts und bis nach Toul auf den das rechte Maasufer begleitenden Höhen die Forts Génicourt und Troyon, St. Mihiel, Lionville, Gironville und Boucq angelegt. Toul, in dem 1200 m breiten Moselthale, ward durch neue auf den beherrschenden Höhen angelegte Werke geschützt, welche die Stadt zu einem sehr festen Platz machen. Bei Frouard, wo die Meurthe mit der Mosel sich vereinigt, etwas nördlich von Nancy, steht ein ansehnliches Sperrfort und östlich von Lunéville jenes von Marainviller an der Bezouse nebst dem befestigten Grenzbahnhof Avricourt der Straßburg-Nancyer Eisenbahn. Das obere Moselthal, die aus diesem führenden Straßen, so wie die Wege und Päße über die Vogesen werden durch die um Epinal sich gruppirenden Werke und eine befestigte Linie vertheidigt, die sich südöstlich bis zum Elsässer Belchen hinzieht. Epinal, früher nicht befestigt, hat durch seine Lage im oberen Moselthal und als Knotenpunkt der von Paris nach Belfort führenden Straße eine besondere Wichtigkeit erlangt und wurde deßhalb zu einer sehr starken Stellung gemacht; es wurden fünf Bollwerke um dasselbe errichtet und von da gegen Belfort hin weitere fünf, durch eine Militärstraße unter einander verbundene Forts angelegt. Eine ganz besondere Sorgfalt aber hat die französische Militärverwaltung dem hochwichtigen Belfort selbst zugewendet. Da dessen ältere Werke, die Forts La Justice, La Miotte, Les Barres, Denfert-Rochereau, Hautes-Perches und Basses-Perches für den heutigen Stand der Belagerungskunst der Citadelle zu nahe lagen, so wurden in weiterer Entfernung noch zehn andere Forts angelegt und Belfort zu einem Waffenplatze allerersten Ranges erhoben. Als Ergänzung zu dem Befestigungssystem von Belfort wurden auch um das befestigte Montbéliard vier Forts errichtet und ein fünftes ist bei Beaucourt an der Eisenbahn von Montbéliard nach Basel geplant. Schließlich hat man sich entschlossen, weiter südlich zwei neue Forts bei Pontarlier an der Schweizergrenze aufzuführen, das eine östlich, das andere südlich von der Stadt, und zwar bei Morteau und Saint-Antoine. Jedes dieser Sperrwerke stellt eine hohe, nicht zu unterschätzende Widerstandskraft dar. Nach deutschem Vorbilde in einfachen, geraden, dem Terrain sich anschmiegenden Grundrißlinien gebaut, sind sie mit allen technischen Errungenschaften der modernen Befestigungskunst in fast überreichem Maße ausgerüstet: gedeckte Unterkunftsräume für die Mannschaft während der Dauer der Beschießung, tiefe und breite Gräben, welche durch Infanteriefeuer und Mitrailleusen flankirt werden, Panzerbatterien und, bei den wichtigsten dieser Forts, schmiedeeiserne Thürme, ähnlich den Drehthürmen der Schiffe und mit je zwei 15,5 Cm-Geschützen von 10 km Tragweite bewehrt, fehlen ebenso wenig, wie eine sonstige kraftvolle artilleristische Ausrüstung von 30—40 schweren Geschützen und eine ausgiebige Vorbereitung für Minenanlagen. Die Besatzung eines jeden Forts wird zwischen 700—1000 Mann schwanken. Dies ist die erste Schutzmauer, die sich Frankreich von Verdun bis an die Ufer des Doubs gegen Deutschland gebaut hat.

Mit dieser Vertheidigungslinie parallel und etwa 80 km von ihr entfernt liegt eine zweite theilweise aus älteren Festungen bestehende Linie, die von La Fère über Soissons, Reims, Vitry-le-François, Langres, Besançon, Dijon nach Chagny führt. Reims, ein Knotenpunkt von vielen Straßen und fünf Eisenbahnen, ist nunmehr ein durch zwei Forts sichergestellter großer Waffenplatz geworden. Die Festungen Vitry-le-François und Chaumont bilden die Verbindungsglieder zwischen Reims und der überaus starken Stellung von Langres. Diese Festung an der oberen Marne, im Mittelpunkte eines reichen Verbindungsnetzes und als Stützpunkt des rechten Flügels der ersten Vertheidigungslinie gegen Deutschland, ist von hoher strategischer Bedeutung. Er war zwar früher schon durch seine Citadelle und acht um dasselbe her liegende Werke und Batterien ein bedeutender Waffenplatz, entsprach aber nicht mehr den Anforderungen der Neuzeit. Deßhalb wurden einige dieser Werke wesentlich ausgebessert und die Festungswerke durch vier neue Forts und einige Batterien verstärkt. Die zweite starke Verschanzung des rechten Flügels der Vertheidigungsfront ist Besançon, das gleichfalls zu einem starken, befestigten Lager umgestaltet und von siebzehn Forts umgeben ist. Zur Erhöhung der Wirksamkeit der starken Stellungen von Langres und Besançon dienen die gleichfalls in letzterer Zeit stark befestigten Städte Dijon und Chagny, und als Verbindungsglied zwischen Dijon und Besançon die an der Saône und im Knotenpunkte wichtiger Verbindungen gelegene Festung Auxonne. An dieses gegen die deutsche Grenze gerichtete Befestigungssystem schließen sich im Süden noch die Sperren der Jurapässe bei Pontarlier an, wo die Festungen Les Rousses und Salins nebst drei weiteren Forts liegen. Auch gegen die belgische Grenze hin liegen, wie wir schon sahen, Festungen, dreiundzwanzig an der Zahl, darunter das starke Festungsviereck Cambrai-Valenciennes-Arras-Douai und nördlich von diesem Lille, eine der stärksten französischen Festungen. In zweiter Linie liegen sodann von Boulogne bis Soissons sieben befestigte Plätze. Für den Fall nun, daß bei einem etwaigen Kriege mit Deutschland die deutschen Heere früher operationsfähig wären, als die französischen, würde sich wohl die eigentlich französische Haupt- und Operationsarmee unter dem sicheren Schutz der Vogesen und der starken Stellung von Belfort sammeln und deßhalb der für einen Einmarsch feindlicher Heere günstigste Abschnitt zwischen der Luxemburger Grenze und den Vogesen durch eine starke Stellung in den verschanzten Lagern von Verdun und Toul zu decken sein. Im Fall einer Durchbrechung jener Linie würde sich die Hauptarmee nicht auf Paris, sondern auf das Gebirgsland von Langres, Côte d'or und Morvan, und erst nach ihrer Ueberwältigung auf das Pariser Vertheidigungssystem als letztes Bollwerk zurückziehen. Hier aber dürfte nach Ansicht des französischen Generalstabes dem weiteren Vorrücken des Feindes ein unbesiegbares Ziel gesteckt sein. Wir haben schon an passender Stelle der Neubefestigung von Paris gedacht und beschränken uns demnach hier, zu erinnern, daß zu den 17 Forts und 2 Schreckschanzen des älteren Festungsgürtels von Paris nunmehr 20 neue Werke gekommen sind, darunter sieben ersten Ranges, jedes der letzteren mit 60 schweren Geschützen bewehrt, und 28 Redouten oder Batterien. Die ganze Befestigungsanlage nimmt einen Raum von 1600 qkm ein, der von Ost nach West 50, von Nord nach Süd 40 km mißt. Der Festungsgürtel, der 1870 etwa 80 km im Umkreis betrug, ist jetzt auf das Doppelte erweitert. Die sämmtlichen Höhen und Tafelflächen, von welchen 1870/71 die deutschen Belagerer ihr Feuer auf die Forts und die Stadt selbst zu richten vermochten, sind nun mit Festungswerken gekrönt. Die Lage, welche

1870 zu Gunsten der Deutschen sich gestaltete, indem die einen Ausfall machenden Franzosen erst die Höhen ersteigen mußten, erscheint heute umgekehrt: die Franzosen nehmen die Uferränder, die Höhen und Tafelflächen ein und sind in der Lage, einen Ausfall von oben herab unter den günstigsten Bedingungen zu unternehmen. Der größte Vortheil der neuen Pariser Befestigungen besteht indeß nicht sowohl hinsichtlich der Defensive, obwohl auch in dieser Beziehung Paris heute schier uneinnehmbar ist, sondern darin, daß es einem Heere einen Stützpunkt und ein vielseitiges Ausfallsthor für gewaltige Offensivstöße bietet. Doch kann nicht verschwiegen werden, daß sich einige der Pariser Forts in keineswegs glänzenden Stellungen befinden. Die Werke von Marly im Westen und Vaujours nördlich von Chelles im Osten sind durch Wald und Gehölz, das sich neben oder vor ihnen ausbreitet, sehr beengt; Aehnliches dürfte zum Theil bei den Forts von Villiers und Champigny der Fall sein, wozu noch der Uebelstand tritt, daß die letztgenannten, auf flacher Ebene liegenden Forts den feindlichen Pionieren ohne große Schwierigkeiten gestatten, die Laufgräben unbemerkt bis in die nächste Nähe zu treiben. Immerhin daß es jetzt noch möglich werden könnte, das so befestigte Paris ganz einzuschließen, ist nach dem jetzigen Stande der Kriegstechnik kaum anzunehmen, wenngleich auch bei dem fabelhaft schnellen Fluge des Erfindungsgeistes die Möglichkeit nicht ausgeschlossen ist, daß neue Hülfs- und Zerstörungsmittel ersonnen werden, welche alle menschliche Berechnung zu Schande machen.

Das Hauptinteresse beansprucht natürlich das skizzirte Befestigungssystem, welches Frankreich gegenüber einem etwaigen deutschen Einfall angewendet hat; doch bleibt noch zu erwähnen, daß man französischerseits auch die Südfront, die schweizer und die italienische Grenze, keineswegs unberücksichtigt gelassen hat. Auch hier, wo der mächtige Gebirgsstock der Alpen eine an sich starke Schranke bildet, ist die Eisenbahn über den Mont Cenis durch zwei starke Forts gesperrt worden, Grenoble wurde neu befestigt, und wie Paris bei einem deutsch-französischen Kriege die Rolle einer gewaltigen Hauptstellung übernehmen soll, so ist hier der zweiten Stadt des Reiches, dem im größten Maßstabe befestigten Lyon, die gleiche Bedeutung zugedacht. Alles in Allem sind seit 1874 in Frankreich fast 350 selbstständige größere Befestigungen neu erbaut, fast jede aus Belgien, Deutschland und der Schweiz in das Land führende Eisenbahn und Straße durch Sperrforts oder befestigte Lager belegt und somit die strategische Mauer vollendet worden, welche der Landesvertheidigungsplan von 1872 entworfen hatte. Dennoch regt es sich sehr lebhaft in der französischen Militärliteratur, um eine weitere Durchführung dieses Systems der strategischen Verbarrikadirung durchzusetzen und wird vor Allem noch auf Verwandlung von Nancy in eine große Lagerfestung gedrungen.

Mit diesen großartigen Anstrengungen, in deren opferwilliger Verwirklichung die Parteien der verschiedensten Färbung sich stets und einmüthig vereinigten, ging Hand in Hand die Ausdehnung der Eisenbahnen, welchen bekanntlich in der jetzigen Kriegsführung eine wesentliche Rolle zufällt, sowohl für den Beginn der Operationen als auch während des Verlaufes derselben als Mittel rascher Verlegung größerer Truppenmassen von einem Theile des Kriegsschauplatzes nach einem andern. Freilich sind für viele Strecken auch berechtigte national-ökonomische Interessen entscheidend gewesen. Es sind Gebiete erschlossen worden, die dem größeren Verkehr verhältnißmäßig fern lagen, namentlich in dem früher ziemlich vernachlässigten westlichen Theile des Landes.

Aber neben diesem Interesse lassen sich auch politisch-strategische Gründe erkennen, welche, durch die Umstände immer mehr Geltung fordernd, bei den neuen Strecken deutlich hervortreten. Hier ist in erster Linie das Bestreben zu erwähnen, die übermäßige Centralisation abzuleiten, welche in der ganzen nördlichen Hälfte des französischen Eisenbahnnetzes alle Verbindungsadern der Hauptstadt concentrisch zuführen ließ. Die wichtigen Linien Orleans-Rouen, Rouen-Amiens und Orleans-Chalons sind im national-ökonomischen, wie strategischen Interesse von gleich großer Bedeutung, indem dieselben mit dem bereits länger bestehenden Schienensysteme Amiens-Laon, Reims-Chalons vereinigt, einen ziemlich regelmäßigen Kreis um den gemeinsamen Mittelpunkt Paris bilden. Die Linie Amiens-Dijon gestaltet dieses Verhältniß noch günstiger, da parallel dem Halbkreise Laon-Chalons-Troyes-Orleans ein zweiter ziemlich regelmäßiger und unterbrochener Eisenkranz von Sedan bis Nuits-sous-Ravières, d. h. von den Ardennen bis über die obere Seine hinaus, die Hauptstadt umschließt. Von strategischer Bedeutung neben dem hervorragenden volkswirthschaftlichen Interesse ist auch die größere Entwicklung der Bahnlinien im Küstengebiete. Durch den Ausbau der verschiedenen kleinen Stränge der Vendée und Saintonge ist eine ununterbrochene Küstenbahn von Nantes nach Bordeaux hergestellt. Unter den sonstigen Bahnen ist in dieser Beziehung als wichtigste die Verbindungslinie zwischen Cherbourg und Brest zu bezeichnen. Die Neigung, neue Verkehrswege gegen das Meer hin zu eröffnen, ist besonders in dem Gebiete zwischen dem Becken der mittleren und unteren Loire und der normännischen Küste wahrnehmbar. In den Bahnbauten nach Osten hin tritt natürlich das strategische Interesse am meisten hervor. Es verdienen hervorgehoben zu werden die Maasbahn, von der Ostbahn über Verdun nach Sedan führend, welche die drei von der Ostgrenze kommenden Stränge in Verbindung bringt. Ferner der Ausbau einer kürzesten Linie von Paris nach Epinal, d. h. den Vogesen, über Neufchateau; weiter noch die Linie Dijon-Langres, die bereits erwähnte Bahn zwischen den Ardennen und dem Moselthal, sowie das ganze Bahnnetz zwischen Marseille und dem Genfersee mit seinen Zweigbahnen in die Alpen und zum Rhônethal. Schließlich darf die große Gürtelbahn um Paris nicht unberücksichtigt bleiben. Von 280 Garnisons- und Kriegsplätzen waren 1876 bereits 249 in das Eisenbahnnetz gezogen und 64 Häfen hatten Eisenbahnverbindung. Im Jahre 1879 wurde ein Gesetz angenommen, welches den Bau von 17,000 km weiterer Bahnlinien mit einer Bauzeit von etwa 10—12 Jahren und einer jährlichen Anlage von 350 Millionen Franken verordnete. Die für die Berathung niedergesetzte Commission hatte als wesentliche Bedingung der einzelnen Linien einstimmig erkannt, daß sie der Landesvertheidigung dienlich sein sollten, d'être utile à la défense du pays.

Nicht uninteressant ist es, die Entwicklung, die Kosten und den Ertrag des französischen Eisenbahnnetzes zu verfolgen, wie dies an der Hand eines von Staatsrath A. Picard, ehemaligem Eisenbahndirektor im Ministerium der öffentlichen Arbeiten, verfaßten Werkes möglich ist. Zu Ende des Jahres 1882 betrug die wirkliche Länge der Eisenbahnen Frankreichs 26,330 km, zu Ende des Jahres 1840 genau 435 km. Die Zunahme betrug im Jahrzehnt 1840 bis 1850 genau 2575 km, im nächsten Decennium (bis 1860) 6431 km, im folgenden 8004 km, endlich in der Zeit von 1870 bis 1882 9623 km. Die Zahl der eröffneten bewilligten und klassificirten Linien betrug Ende 1882 genau 40,782 km. Die große Differenz rührt daher, daß ein großer Theil der zum Programme Freycinets gehörigen Eisenbahnen noch nicht hergestellt ist. Das verwendete Anlagecapital betrug Ende 1882 rund 11,588.5 Franken. Das Wachsthum desselben zeigt die folgende Tabelle:

	Anlagecapital in Franken
Ende 1840	145,978,000
Zunahme bis 1850	1,215,071,000
„ „ 1860	3,362,470,000
„ „ 1870	3,442,765,000
„ „ 1881	3,392,289,000

Bezeichnet man das Anlagecapital, wie es zu Ende 1882 stand, mit 100, so betrugen die Ausgaben für Eisenbahnanlagen zu Ende 1840 1.3 Procent, die Ausgaben des Jahrzehnts 1840—1850 10.5 Procent, die des folgenden Decenniums 29 Procent, die des nächsten 29.7 Procent, endlich die der Zeit von 1870 bei 1881 29.5 Procent. Von den gesammten ausgewiesenen Kosten hat der Staat ein Viertel übernommen, der Rest wurde von den Gesellschaften geleistet. Was die Betriebsergebnisse betrifft, so haben nur die Einheitsziffern Interesse. Es betragen:

	Einnahme	Ausgabe	Reinertrag	Verhältniß der Ausgaben zu den Einnahmen in %
	per km in Franken			
1845	36,485	17,664	18,821	48.42
1850	32,905	15,357	17,445	46.82
1855	53,087	22,226	30,861	41.87
1860	45,630	20,495	25,135	44.92
1865	43,738	20,276	23,462	46.36
1870	40,788	20,124	20,664	49.34
1871	45,644	21,188	24,476	46.40
1875	44,575	22,746	21,829	51.03
1880	45,936	23,320	22,616	50.77
1881	45,770	23,108	22,662	50.49

Die Brutto-Betriebseinnahme belief sich im Jahre 1881 auf 1100 Millionen Franken, im Jahre 1855 auf mehr als 267 Millionen Franken. Zur Verdoppelung dieser Summe genügten 9 Jahre; ehe sich die Summe neuerdings verdoppelte, vergingen 17 Jahre. Bemerkenswerth ist das Steigen der Verhältnißziffer zwischen Einnahmen und Ausgaben, welches beweist, daß sich die Einnahmen nicht so rasch vermehren wie die Ausgaben. Indessen muß auch hervorgehoben werden, daß die durchschnittliche Einnahme sowohl für den einzelnen Reisenden, als für die Tonne sinkt, und zwar vorwiegend in Folge einer stetigen Herabminderung der eingehobenen Sätze. So ist die Einnahme für den Reisenden von 3.27 Franken im Jahre 1855 auf 2.34 Franken im Jahre 1871 und auf 1.76 Franken im Jahre 1881 gesunken; die Einnahme per Tonne stellte sich in den nämlichen Jahren auf 10.90 Franken, beziehungsweise 9.11 und 7.47 Franken. Die Zahl der auf den französischen Eisenbahnen beförderten Personen stieg von 1855 bis 1881 von 32.9 Millionen auf 179.7 Millionen, die der beförderten Tonnen von 10.6 auf 84.6 Millionen. Die vertheilten Zinsen und Dividenden betrugen 165,797,000 Franken im

Jahre 1882 gegen 173,322,000 Franken im Jahre 1863. In diesem Posten zeigt sich also eine Verminderung. Berechnet man die Zinsen- und Dividendenbeträge auf den Kilometer, so ergeben sich für das Jahr 1863 16,075 Franken, für 1882 7984 Franken.

In der Ober-Saône.

Belfort und seine Umgebung ist interessant nicht blos für den Strategen, sondern auch für den Archäologen, welcher den ersten Spuren menschlichen Daseins in unserem Erdtheil nachgeht. Durch Steinbrucharbeiten in dem Berge Cravanches, 3 km von Belfort, sind Höhlen entdeckt worden. Eine Gebirgsspalte von 400 m Mächtigkeit auf der Grenze zwischen dem Jurakalk und dem Uebergangsgebirge bietet hier eine Menge von ausgedehnten Höhlen dar. Einige darunter enthielten eine große Anzahl menschlicher Skelette, zum Theil von Stalaktiten und Stalagmiten inkrustirt; dabei fanden sich grob gearbeitete Töpferwaaren mit Geräthen von Stein und Knochen. Die Höhlen, welche diese Gegenstände enthalten, bilden eine Reihe durch enge Gänge verbundener größerer, saalartiger Weitungen. Diese sind wenig übersichtlich durch die umgestürzten Steinblöcke, Stalaktiten und Stalagmiten, welche zum Theil zu malerischen Säulen ineinander verfließen. An anderen Stellen bildete der Kalksinter Draperien, welche noch fortwährend durch die herabtröpfelnden kalkhaltigen Massen sich vergrößern. Sprengarbeiten behufs Bausteingewinnung für die Befestigung von Salbert führten zur Entdeckung dieser Höhlen. Die erste saalartige Weitung ist 30 m lang, 10—12 m breit und 8—10 m hoch. Die anderen Ruinen haben ähnliche Ausmaße, alle aber sind sehr unregelmäßig. Einige der Gänge, welche tiefe Säulen untereinander verbinden, sind so enge, daß ein Mensch nur kriechend sie befahren kann, andere setzen lothrecht bis zu unbekannten Tiefen nieder.

In der letzten Zeit des Aufenthalts des vorgeschichtlichen Menschen in den Höhlen von Cravanches haben diese als Begräbnißplatz gedient. Neben einander lagen darin mehrere menschliche Skelette, zum Theil in den neugebildeten Kalksinter eingehüllt. Sie gehören einem masokephalen Typus an, von schöner Rasse und mit hoher Stirn, von sehr entwickeltem Gesichtswinkel und bedeutendem Gehirngehalt. Die Kiefer sind fast sämmtlich orthoponal, die Augenwinkel wenig zurückliegend. Andere Schädel, die in einer fetten plastischen Erde lagerten, waren weniger gut erhalten. Außer den Menschenskeletten ergaben die Ausgrabungen weiter: eine Kinnlade vom Reh, den Kopf eines großen Hirsches, ein ganzes Wolfsskelett, welches jedoch nicht so alt zu sein scheint, wie die menschlichen Gebeine. Unter den aufgefundenen Artefakten sind vorzüglich zu erwähnen: drei Gefäße aus gebrannter Erde mit knotigen Henkeln, zum Theil gut geschlagene Feuersteinmesser, zwei flache Ringe von Serpentin, Lanzenspitzen aus Feuerstein, Pfriemen und Dolchklingen aus Knochen, falzbeinartige Instrumente von Hirschhorn, wie man ähnliche auch in den Pfahlbauten der Schweiz findet, endlich ein halsbandartiges Geräthe, bestehend aus Körnern, theilweise von weißen sehr harten Knochen, theilweise aus Serpuln und fossilen Apiokriniten, theilweise endlich aus Schiefer, welcher von den Schichten zwischen Giromagny und Plancher-les-mines am Abhange der Vogesen herrührt. Dieses Geräth ist zu eng, um als Armband gedient zu haben; es gleicht mehr den

Schabern der Lohgerber. Die Gefäße fassen 8—10 l und sind von verschiedener Form. Eines derselben ist cylindrisch mit fast flachem, das ander mehr bauchig, mit rundem Boden. Beide sind aus freier Hand geformt und nicht gedreht, haben drei Henkel und drei Löcher zum Aufhängen an Schnüren In den beiden ersten Kammern finden sich auch Spuren von Feuerheerden.

Wenden wir uns nun von Belfort, welches uns so lange aufgehalten nach den übrigen drei Departements der Franche-Comté, so zeigt sich uns jenes der oberen Saône sofort als das begünstigste von allen. Es ist ein ziemlich hohes Land, das im Nordosten durch die Verzweigungen der Vogesen gebirgig ist und sich im Nordwesten an die Vorstufen des Plateau von Langres anlehnt, auf welchem die Saône, der bedeutendste Nebenfluß der Rhône, ihren Ursprung nimmt. Es hat schöne Wälder, welche ein Drittel der Bodenfläche einnehmen, und in den Thälern fruchtbaren Boden, welcher bei fortschreitendem Ackerbau und Erweiterung der Communicationen zweifellos noch mehr leisten wird. Schon jetzt vermag das Departement viel Getreide nach Süden auszuführen, auch der Kartoffelbau ist wichtig; dagegen bringen die längs der Saône hinziehenden Weinberge blos mittelmäßige Sorten hervor. Das Klima, milder zwar als in den Nachbarlandschaften, ist auf den Plateaus und in den Gebirgen immerhin kalt und rauh; im Winter sind die Berge mit Schnee bedeckt; in den Thälern dagegen sind Sommer und Winter gemäßigt, Frühjahr und Herbst besonders schön, wenn auch oft sehr veränderlich. In der Obersaône ist viel Hornvieh, aber nur selten das Schaf vorhanden. Der Boden liefert Steinkohlen und Eisen, welch letzteres namentlich in dem Städtchen Gray an der hier schiffbar werdenden Saône verhüttet wird, und die Industrie hat sich auf die Fabrikation von Quincaillerien, Destillationen und Spinnereien als Hauptbetriebsquellen verlegt. In diesem Lande sind nur wenige Plätze vorhanden, welche den Reisenden zu fesseln vermöchten. Der Cheflieu des Departements ist Vesoul, ein Städtchen von kaum 10,000 Einwohnern, in einem hübschen Thale, am Fuße des 452 m hohen Bergkegels La Motte und am Zusammenflusse des Durgeon und der Colombine gelegen, die sich in die Saône ergießen. Von der Höhe der Motte genießt man einen prächtigen Rundblick über das von Weinbergen umgebene Becken voll Ackerland und lachender Wiesen so wie über die zu Füßen ausgebreitete Stadt, deren sechs- bis siebenhundert Häuser gerade und breite Straßen bilden, auch mehrere ansehnliche öffentliche, aber keine alten Gebäude besitzen. Unweit von Vesoul sind sehenswerth die sehr ausgedehnten Grotten von Echenoz-la-Meline, welche wie jene bei Belfort zahlreiche Knochen vorweltlicher Thiere enthalten. An der Eisenbahn zwischen Vesoul und Belfort liegt in einer weiten, morastigen Ebene das Städtchen Lure, welches blos wegen seiner Abtei erwähnenswerth ist, deren Aebte seiner Zeit von den deutschen Kaisern hohe Privilegien und den Rang von Reichsfürsten erhielten. Ebenso geschichtlich interessant ist das südöstlich von Lure gelegene Héricourt, welches dereinst eine ansehnliche politische Rolle spielte und einem noch heute blühenden Grafengeschlechte den Namen gegeben hat. Im Jahre 1561 erwarben die Herzoge von Württemberg als Herren der benachbarten Grafschaft Montbéliard oder Mümpelgard auch Héricourt und nahmen dort zahlreiche Familien flüchtiger Hugenotten auf. Noch gegenwärtig ist die hauptsächlich mit Spinnereien beschäftigte Stadt, deren Einführung sie ebenfalls den Protestanten verdankt, zu ziemlich gleichen Theilen zwischen diesen und Katholiken getheilt, wobei jedoch zwischen beiden Confessionen eine rührende

Eintracht herrscht. Während des deutsch-französischen Krieges sind die Umgebungen von Héricourt der Schauplatz erbitterter Kämpfe zwischen den Deutschen und der von General Bourbaki befehligten Ostarmee gewesen. Dieser Feldherr operirte seit 3. Januar 1871 auf Belfort, um den damals von den preußischen Truppen belagerten Platz zu entsetzen. Vesoul, Gray, Villersexel, Héricourt waren in den Händen des Feindes. Am 4. Januar soll der französische General Cremer nach Vesoul marschiren, die Deutschen aber schneiden den elend ausgerüsteten und sehr schlecht genährten Franzosen den Weg ab. Am 8. befanden diese sich zu Montbozon und die beiden Heere standen auf zwei convergirenden Straßen etwa 20 km von Villersexel, wo jene sich kreuzten. Am 9. kam es zur Schlacht. Die Deutschen unter General von Schmeling nahmen Villersexel, aber am Ende des Tages bleibt nach zwölfstündigem Kampfe Villersexel, der Schlüssel der Position, welcher auch der Schlacht den Namen gegeben, in den Händen Bourbakis. Die Deutschen zogen sich auf Lure zurück, aber die Franzosen, vollkommen erschöpft durch die Anstrengungen des Tages und eine hereinbrechende Kälte von 18° unter Null, vermögen ihren Sieg nicht auszunützen. Erst am 13. griffen sie die feindlichen Vortruppen bei Arcey und Soulnot an und nöthigten sie zum Rückzuge in die Hauptstellung; gegen diese begann der Angriff am 15. Januar früh fast gleichzeitig auf der ganzen sehr ausgedehnten Front. Vergeblich aber suchten die Franzosen die feindliche Stellung zu durchbrechen; nach dreitägigen Kämpfen waren ihre Kräfte erschöpft und General Bourbaki mußte den Rückzug auf Besançon antreten, welcher bekanntlich mit dem Uebertritt der entwaffneten französischen Armee auf Schweizer Gebiet seinen tragischen Abschluß fand.

Unwillkürlich drängt sich wohl dem geneigten Leser bei der Erinnerung an jene denkwürdigen Tage die Frage auf, welche Umstände die so überraschende Ueberlegenheit des deutschen Heeres über die bis dahin das höchste Ansehen genießende französische Armee herbeigeführt haben mochten und ob die Gegenwart keine Veränderung in dieser Sachlage bewirkt habe. Wir gerathen dabei freilich ganz unversehens wieder auf das kaum verlassene militärische Gebiet, aber gerade hier ist es mehr als irgendwo am Platze, wie von der Landesbefestigung, so von dem Zustande des heutigen französischen Heeres und seiner Verfassung ein möglichst erschöpfendes, abgerundetes Bild zu geben.

Frankreichs Heeresmacht.

Nach der großen Niederlage von 1870—71 stürzte sich Frankreich mit aller Energie und Leidenschaft auf die Ausbildung seiner militärischen Kraft. Nicht nur nachahmen wollte man die Sieger, sondern sie sollten durch die Weiterführung ihres eigenen Systems überflügelt werden. Bald nach dem Friedensschlusse ward eine Commission pour la réorganisation de l'armée zur Wiederaufrichtung des erschütterten Heeresorganismus einberufen, deren Arbeiten die gesammten Gebiete des Militärwesens umfassen und um so folgenschwerer waren, als ihre Vorzüge der Nachahmung vieler militärischen Einrichtungen Deutschlands zu verdanken sind, die Ueberlegenheit derselben mithin lahm zu legen streben, während ihre augenscheinlichen Schwächen wunderbarer Weise vielfach derartig sind, daß sie die Franzosen gelegentlich sogar von Irrwegen und Schäden behüten können. Diese Arbeiten erhielten in sechs die Armee betreffenden Gesetzen Ausdruck, welche die Grundlage der jetzigen Einrichtungen bilden. Die drei wichtigsten dieser Gesetze sind das Gesetz über die Rekrutirung vom 27. Juli 1872, das Gesetz über die Organisation des Heeres im engeren Sinne vom Juli 1873 und das Gesetz über die Cadres vom 13. März 1875. Mit diesen drei organischen Gesetzen ward der Armee ein ganz anderes Gefüge gegeben, und sie aus dem Chaos der vorhergehenden Zeit heraus auf einen neuen Boden gestellt. Das erste dieser Gesetze führte die allgemeine Wehrpflicht ein mit einer freilich übermäßig langen und daher, wie sich jetzt zeigt, nicht recht durchführbaren Gesammtdienstpflicht von zwanzig Jahren, worin fünf Jahre im activen Heere, vier in der Reserve, fünf Jahre in der, der deutschen Landwehr entsprechenden Territorialarmee und sechs Jahre in der Reserve der Territorialarmee, dem deutschen Landsturm entsprechend. Der allgemeinen Wehrpflicht wurde auch, die deutsche Einrichtung nicht allzuglücklich nachahmend, die freiwillige einjährige Dienstleistung eingefügt. Die Anlage der französischen Armee auf dieser Grundlage ist überaus großartig und schon 1874 mußte man erkennen, daß die Anstrengungen der Franzosen behufs Wiederherstellung ihres Heeres zu den größten Leistungen gehören, die jemals von einem Volke erbracht worden sind. Durch die acht Decrete vom 28. December 1873 wurde nach dem Gesetze vom 24. Juli 1873 die Errichtung von 18 Armeecorps zur Besetzung der 18 militärischen Regionen oder Bezirke Frankreichs mit der den deutschen Landwehrbezirken entsprechenden Untereintheilung in Subdivisionen beschlossen. Jede Region und jede Subdivision besitzt ihre eigenen Zeughäuser und Magazine, welche im Mobilmachungsfalle Bewaffnung und Ausrüstung der die Truppentheile des Armeecorps ergänzenden Mannschaften der Reserve liefern. Man darf auch annehmen, daß Kriegsministerium und Generalstab Alles aufgeboten haben, um bei ausbrechendem Krieg einen Mobilmachungskalender in Thätigkeit setzen zu können, mit dem sie durch Schnelligkeit und Genauigkeit des Verfahrens den Feind zu schlagen im Stande sind, noch bevor er selber kriegsbereit ist. Aus den Vorgängen bei Gelegenheit der Mobilisirung verschiedener Truppentheile für die Expedition nach Tunis 1881 vermag man natürlich keine Rückschlüsse auf das Verfahren zu machen, wenn es sich einmal darum handelt, die ganze französische Armee gegen einen europäischen Nachbar schnell auf den Kriegsfuß zu setzen. Ein neunzehntes Armeecorps steht in Algerien, außerdem ward zur Beschaffung der Territorialarmee in der Stärke von 1,800,000 Mann geschritten. Außer diesen Streitkräften giebt es noch die militärischen Corps der Zollwächter in der Stärke von 30 Bataillonen, der Forstwächter mit 75 Compagnien und Schwadronen, dann die Gendarmerie, die neuestens indeß durch die Verordnung vom 8. April 1886 von 32 auf 22 Legionen herabgesetzt worden ist, und zwar: eine für jedes der 18 Armeecorps des Inlandes, eine für das neunzehnte Armeecorps in Algerien, eine für das Militärgouvernement in Paris, eine in Corsika, während die Garde républicaine, die eigentliche Schutzmannschaft von Paris, die zweiundzwanzigste Legion bildet. Das Cadregesetz vom 13. März 1875 endlich bildete den Abschluß der Neugestaltung des französischen Heeres. Es bestimmt die Zahl der einzelnen Regimenter, die Zusammensetzung der Verbände und die Stärke der Cadres an Officieren und Unterofficieren. Dermalen beträgt die Friedensstärke des französischen Heeres 649 Bataillone Infanterie, 398 Schwadronen Kavallerie, 446 bespannte Batterien, ferner Pioniere, Train (Stäbe) u. s. w. mit zusammen 523,283 Mann, d. h. gegenüber der bisherigen deutschen Friedensstärke ein Mehr von 116

Bataillonen und 106 bespannten Batterien, während die deutsche Kavallerie um 67 Schwadronen mehr aufweist. Frankreichs Heer zählt jetzt 78 Reiterregimenter, davon 70 im Mutterlande und 8 in Algerien und Tunis. Unter den ersteren befinden sich 12 Panzerreiter-, 26 Dragoner-, 20 Jäger- und 12 Husarenregimenter, jedes zu 5 Schwadronen. In Afrika stehen 4 Regimenter afrikanischer Jäger und ebenso viele Spahi, jedes Regiment jedoch zu 6 Schwadronen. Die Spahi sind eine in Algerien sehr geschätzte Truppe und bilden die eigentliche Gendarmerie in jenem Lande. Die gemeinen Spahi sind Eingeborne, nur die Officiersburschen machen davon eine Ausnahme. Officiere und Mannschaften der Cadres können jedoch sowohl Franzosen als auch Eingeborne sein. Von den 70 Regimentern im Mutterlande gehören 36 der Corpsreiterei und 34 der Divisionsreiterei an. Die erstere ist entsprechend den 18 Armeecorps in 18 Brigaden zu zwei Regimentern eingetheilt; jede Brigade besteht aus einem Dragoner- und einem Jäger- beziehungsweise Husarenregiment. Die 34 Regimenter der Divisionsreiterei (Cavalerie indépendante) sind in 6 Reiterdivisionen zu 3 Brigaden eingetheilt, jedoch fehlt einer derselben die dritte Brigade. Jede Division soll aus einer Panzerreiter-, einer Dragoner- und einer Jäger- oder Husarenbrigade bestehen, was jedoch bis jetzt mit Ausnahme der Panzerreiter-Brigade noch nicht erreicht ist. Für die Erhaltung dieser Streitkräfte sind entsprechend auch die finanziellen Leistungen Frankreichs wesentlich höhere als in Deutschland. Das französische Budget für Heer und Marine beträgt 588,000,000 Mk., das deutsche 369,000,000, also das erstere ein Mehr von 219,000,000 Mk. Was nun die Verlegung der Truppen in Friedenszeiten anbelangt, so ist dieselbe eine ungleich gruppirte, da allein im nördlichen Drittel von Frankreich 10 Armeecorps und 4 Kavalleriedivisionen stehen. Es verdient indeß bemerkt zu werden, daß die östlichen Departements von jeher mit den stärksten Reitergarnisonen bedacht waren, weil sich nirgends in Frankreich günstigere Fouragierungsbedingungen finden. Die große Garnison von Paris mit 120,000 Mann, nämlich 63 Bataillonen, 6 Kavallerieregimentern, 4 Artillerieregimentern, 1 Genieregiment und anderen Heereszweigen bildet gewissermaßen eine Hauptreserve für 3 größere Dislokationsgruppen an der belgischen Grenze, an der deutschen Grenze (Chalons s./M. als Mittelpunkt) und bei Lyon. Entlang der deutschen Grenze und in einer Entfernung von etwa 100 km. liegen 73 Bataillone, 65 Schwadronen, 28 Batterien. In Tunis stehen 58 Bataillone, 9 Schwadronen, $20^1/_2$ Batterien, 8 Compagnien Genie und die zugehörigen Verwaltungsbehörden und Trains, wobei die Bemerkung nicht ohne Interesse ist, daß die Verstärkungen, welche dem algerischen (19.) Armeecorps aus Frankreich allmählich zugeschickt wurden, der Mehrzahl nach Armeecorps entnommen wurden, welche der deutschen Grenze am entferntesten liegen. Hinter der activen Armee steht als eine in den Cadres vollständig organisirte Reserve und zum Schutze des Landes die oben erwähnte Territorialarmee, eingetheilt in 145 Regimenter Infanterie, 9 Zuavenbataillone, 18 Kavallerieregimenter, 4 Schwadronen Chasseurs d'Afrique, 18 Artillerieregimenter, 18 Geniebataillone und 18 Fuhrwesenschwadronen. Die **Kriegsformation** der französischen Armee weist nach französischen Angaben etwa 23 Armeecorps mit 620,000 Mann Infanterie, 42,500 Reiter (einschließlich der 19 Schwadronen Eclaireurs volontaires), 79,600 Mann Artillerie mit 2622 Geschützen, 6700 Mann Genie und 5800 Mann Pontonniere, insgesammt 754,000 Mann auf, gegenüber etwa 675,000 Mann, welche Deutschland ins Feld stellt.

Die Thatsache, daß Frankreich der bloßen Zahl nach Deutschland voraus ist, bedarf einer Erläuterung. Man darf nämlich die waffenfähige Mannschaft, welche Frankreich und Deutschland ins Feld zu stellen im Stande wären, nicht einzig nach der Bevölkerungszahl schätzen. Deutschland zählt rund $7^1/_2$ Millionen mehr als Frankreich, aber dabei sind für letzteres Algerien und die Colonien nicht gerechnet, und es ist, was mehr ins Gewicht fällt, bei einer solchen Vergleichung auch die Vertheilung der Einwohner nach Geschlecht und Altersklassen nicht berücksichtigt. Nun kommen aber auf 1000 weibliche Personen in Deutschland 965 männliche, in Frankreich dagegen, wo nur eine geringe Kindersterblichkeit herrscht, die ja hauptsächlich die Knaben trifft, 991. An männlicher Bevölkerung zählt demgemäß Deutschland nur etwa $3^1/_2$ Millionen mehr als Frankreich. Dazu kommt, daß in Frankreich, wegen der geringen Geburtsfrequenz so wie in Anbetracht der Geringfügigkeit der Auswanderung, von 1000 Einwohnern 610 im Alter von 15 bis 60 Jahren stehen, in Deutschland nur 576: diese, die „produktiven" Altersklassen sind es aber zugleich, aus welchen die Streitmacht eines Landes sich ergänzt, so daß, was das personelle Material für die Armee anbetrifft, Frankreich nur wenig hinter Deutschland zurücksteht, ja vielleicht, wenn man alle maßgebenden Factoren, Gesundheitszustand u. s. w. statistisch genau feststellen könnte, sich als überlegen zeigen würde.

Wie in den vorstehend im Wesentlichen angedeuteten Richtungen nach außen an dem Aufbau des nationalen Werkes der Wehr- und Vertheidigungsfähigkeit von allen Seiten mitgearbeitet, so ist auch im Innern an dem Ausbau dieses Werkes mit Eifer und Fleiß gefördert und gewirkt worden, so daß die französische Armee heute dasteht in nie erreichter Stärke, und eine sehr beachtungswerthe fachmännische Stimme berechnete, wie Frankreich im Jahre 1887 Alles in Allem nahezu vier Millionen Krieger würde aufstellen können, deren Ausrüstung im Allgemeinen vorzüglich ist. Doch kann nicht verschwiegen bleiben, daß betreffs der Bewaffnung der Infanterie Frankreich von dem deutschen Heere überholt worden ist. Die Infanterie war bisher mit dem ganz trefflichen Gras-Gewehre versehen, doch hatte man sich längst zu Gunsten eines Mehrladers entschieden, ohne sich über das „System" einigen zu können. Seitdem die Kunde von der Ausrüstung des deutschen Fußvolks mit dem Mehrlader die militärischen Kreise Frankreichs überraschte, wird nun Alles aufgeboten, um das Versäumte nachzuholen und die Summe von 86 Millionen Franken für Bewaffnungszwecke in den Kammern anstandslos bewilligt. Auch entschloß man sich zur Annahme des Gras-Lebel'schen Mehrladers, wobei das bisherige Kaliber des Grasgewehres von 11 mm auf 8 mm herabgesetzt wurde. Die nöthigen Werkzeuge zur Anfertigung der neuen Waffen wurden in Amerika eingekauft, da die in den Gewehrfabriken vorhandenen Werkzeuge sich zur Anfertigung des kleineren Kalibers nicht eigneten. Für dasselbe ist auch ein besonderes Pulver erforderlich; das neue Gewehr soll auf 1900 m Entfernung schießen, das Pulver nahezu keinen Knall und keinen Rauch erzeugen, kurzum etwas noch nicht Dagewesenes sein, was freilich erst die Zukunft lehren muß. Die Artillerie ist mit dem Canon Lahitolle (Stahlgeschütz) versehen; durch Einführung der deutschen Perkussionsgranate wurde ein wesentlicher Nachtheil ausgeglichen. Die französischen Granaten des letzten Krieges, die bekanntlich nicht beim Aufschlagen platzten, sondern sich durch sogenannte Zeitzünder entladen sollten, unterließen das sehr häufig ganz oder vollbrachten es auf sehr unschädliche Weise und erfreuten sich mithin im Allgemeinen keiner besonderen Achtung. Das wird künftig freilich anders sein. Sodann haben die Franzosen bei manchen ihrer Geschosse, durch ihre Studien auf dem Gebiete der inneren Ballistik, eine Anfangsgeschwindigkeit erzielt, die sonst nicht erreicht ist. Ferner haben sie bei ihren canons tubés und frettés die Widerstandskraft des Rohres durch Umlegung von Mänteln auf das 6- bis 8-fache gesteigert. Eine weitere Neuerung sind die Melinitbomben, von denen eine große Anzahl angefertigt wurden. Man will in dem Melinit einen neuen, bisher unbekannten Sprengstoff entdeckt haben, doch darf man ziemlich sicher annehmen, daß es sich dabei um eine der mannigfachen Nitroverbindungen handelt. Die Wirkung dieser Melinitbomben wird als eine geradezu verblüffende hingestellt: Festungen und Schanzen, und seien sie noch so stark, sollen in ihrer jetzigen Bauart zu einer wehrlosen Masse in kürzester Frist zusammengeschossen werden können, weßhalb der Umbau sämmtlicher Festungsanlagen Frankreichs in lebhafte Erwägung gezogen wird. Wichtig und neu ist auch die Bestimmung über die Verwendung der wegen leichter körperlichen Gebrechen nicht zum Dienste mit der Waffe herangezogenen Leute (ungefähr der deutschen Ersatzreserve zweiter Klasse entsprechend) zu militärischen Hilfsdiensten. Diese Heranziehung, die sich nach der bürgerlichen Berufsstellung richten soll, würde auf die letzten 7 Altersklassen ausgedehnt, die Verfügung über einen Vorrath von 220—230,000 Mann ergeben, von denen 12 Proc. zur Herstellung und Ausbesserung von Kriegsmaterial, 16 Proc. zur Verwendung bei Befestigungsbauten, 13 Proc. zur Hilfsleistung in den Hospitälern und Ambulanzen, 21 Proc. zu Arbeiten für die Bekleidung und Ausrüstung der Truppen, 16 Proc. zu Arbeiten im Verpflegungswesen, 5 Proc. im Feldtransport und 5 Proc. im Bureaudienste verwendet werden sollen. Eine Maßnahme aus neuester Zeit, zur Erleichterung und Beschleunigung des Mobilmachungswerkes dienend, ist ferner die militärische Organisation des französischen Eisenbahnpersonals, das in acht von den großen französischen Eisenbahnlinien fortgesetzt in voller Bereitschaft zu haltenden Eisenbahn-Abtheilungen formirt und für einen etwa eintretenden Kriegsfall in einer Gesammtstärke von ungefähr 10,000 Mann dem Militär-Eisenbahn-Departement zur unmittelbaren Verfügung gestellt worden ist. Dieser neuen Organisation des Militär-Eisenbahnwesens schloß sich dann, an dasselbe anlehnend, eine neue Einrichtung des Feldpostwesens bei der mobilen Armee und des Kriegszahlwesens an. Zu den Neueinrichtungen ist ferner die Aufstellung des militärischen Luftschiffahrtskörpers nach der Verordnung vom 19. Mai 1886 zu zählen. Zu Chalons besteht jetzt eine „Central-Werkstätte für Militär-Luftschiffahrt", in welcher die erforderlichen Versuche gemacht, die Vorräthe aufbewahrt werden und die Ausbildung des nothwendigen Personals erfolgt.

In die Ausbildung des französischen Heeres ist seit der Umformung desselben größere Planmäßigkeit und rationelleres Wesen, auch ein regerer Eifer gekommen. Dem Aufschwung, der sich in dem französischen Officierscorps sowohl in wissenschaftlicher wie auch in dienstlicher Beziehung zu erkennen giebt, ist unbedingtes Lob zu spenden. Was aber noch immer hemmend wirkt, ist das Unvermögen vieler Befehlshaber der oberen wie der unteren Grade, sich von dem geistlosen, schablonenhaften Wesen der früheren Zeit zu trennen, und an die Stelle des alten bequemen Schematismus eine freiere geistige Auffassung und eine mehr auf die Verwerthung der geistigen Kräfte des Individuums hinzielende Thätigkeit zu setzen.

Einen ungefähren Maßstab zur Beurtheilung der jetzigen Ausbildung geben die großen Manöver. Nach dem Kriege führte Frankreich das preußische Manöversystem ein. Bis dahin kannte man nur die Truppenzusammenziehungen im Lager von Chalons und anderen stehenden Lagern. Die Truppen übten daher stets in bekanntem Boden, auch niemals gegen einander, sondern nur gegen einen markirten Feind. Auch kannte man das System der Kantonnements nicht. Seit 1873 hat man mit diesem Verfahren gebrochen. Die Truppen üben — ganz wie in Deutschland — in wechselnden Gegenden, mit wechselnden Kantonnements und stets mit Gegnern. Deßhalb haben die Franzosen sofort ihre Zelte zu Säcken und sonstigen nützlichen Dingen umgearbeitet, worin sie wieder zu weit gegangen sind. Denn wenn es einerseits wahr ist, daß das schlechteste Kantonnement noch immer dem besten Bivouak vorzuziehen sei und ein Bivouak im mitteleuropäischen Klima niemals angenehm ist, so bleibt es doch immer zutreffend, daß die Unannehmlichkeiten des doch nicht immer zu vermeidenden Bivouaks durch Zelte ganz erheblich abgeschwächt werden. Gegenwärtig haben ein Dritttheil sämmtlicher Armeecorps, also sechs, sogenannte Corpsmanöver (Division gegen Division), ein Dritttheil der Armeecorps Divisionsmanöver und ein Dritttheil der Armeecorps Manöver in gemischten Truppen-Brigaden. Bei denjenigen Corps, bei welchen Corpsmanöver stattfinden, können die Truppen bis zu 20 Tagen, bei den anderen bis zu 15 Tagen aus ihren Garnisonen ausrücken, die Zeit der Regimentsübungen mit eingeschlossen. In der Regel sollen zwei Armeecorps zuletzt gegen einander manövriren. Die Kavalleriedivisionen, von denen 4 aufgestellt sind, haben fortan jährlich Uebungen im Divisionsverbande. Damit jedoch auch den nicht im Divisionsverband eingetheilten Kavallerieregimentern Gelegenheit gegeben werde, sich im Exercieren mit größeren Massen zu betheiligen, werden dieselben nunmehr abwechselnd zu den Divisionen commandirt, Theile der letzteren aber den Armeecorps zugewiesen, um sich im Dienste der Divisionskavallerie zu üben.

Hervorzuheben ist ferner zum Unterschied gegen deutsche Einrichtungen, daß für die Herbstübungen sämmtliche Truppentheile der Infanterie auf annähernde Kriegsstärke gebracht werden (190 Mann die Compagnie), daß ferner ein Theil der Truppenfahrzeuge aller Waffen, so auch die Park- und Munitionswagen, durch den Artillerietrain bespannt, mit auszurücken haben, und schließlich, daß bei den Corpsmanövern auch Theile des Munitionstrains wie der Feld-Telegraphenabtheilungen aufgestellt werden. Diese Einrichtungen, wodurch die Truppen auch unabhängiger von dem im Lande requirirten Fuhren werden, im Verein mit gesetzlichen und administrativen Anordnungen, auf Grund welcher die Unterbringung der Truppen in Kantonnements, so wie die Verpflegung, weniger gebunden und geringeren Schranken ausgesetzt sind als in Deutschland, dürften dazu beitragen, die französischen Manöver kriegsgemäßer anlegen zu können, als sich dies bisher auf deutschem Boden thun ließ.

Eine ganz besondere Aufmerksamkeit widmet man den Uebungen der Kavallerie. Die Mißerfolge dieser Waffe im Krieg 1870/71 hatten im Publikum wie im Heere die Regeneration der Kavallerie als eine der dringendsten Aufgaben erkennen lassen. Seitdem hat die Reiterei auch äußerst fleißig an sich gearbeitet, um die verrufene alte Uebung der Schule von Saumur zu beseitigen und die „Routiniers“ aus der Armee zu verdrängen. Die Franzosen haben gleich von vornherein ihre Kriegsformation bezüglich der Kavallerie nach der preußischen Kriegsweise eingerichtet. Einen weiteren Vorzug haben sie sich auf diesem Gebiete dadurch zu sichern gewußt, daß sie ihre sämmtlichen

Kavalleriedivisionen, welche nach preußischer Methode die Bewegungen der eigenen Armee gleich einer Wolke zu verdecken und die der feindlichen blitzähnlich aufzuklären bestimmt sind, hart an die Ostgrenze gelegt haben, d. h. sie haben in dieser Beziehung den Vorsprung von acht Tagen, den der deutsche Mobilmachungsplan sicherte, abgewonnen. An die Spitze der ganzen Bewegung war General Marquis de Galliffet, der kommandirende General des 9. Armeecorps (Tours) getreten. Die bessere Remontirung, die erhöhten Rationen, die bessere Pferdepflege, die vervollkommneten Vorschriften für die taktischen und strategischen Uebungen der Kavallerie sind vornehmlich sein Werk.

Die französische Reiterei ist in den Ausbildungszielen der deutschen in mancher Beziehung ebenbürtig. Man hat in Frankreich sich nicht darauf beschränkt, nach Muster der seit 1872 in Deutschland eingeführten taktischen Divisionsexercitien (wozu hier jährlich nur 1 bis 2 Divisionen zusammengezogen werden) alljährlich große Divisionsübungen abzuhalten, sondern man hat seit 1878 auch in jedem Herbst 2 der bestehenden 4 Kavalleriedivisionen gegen einander mehrtägige strategische Aufklärungsmanöver ausführen lassen, an welche sich dann taktische Uebungen beider Kavalleriemassen anschlossen. Galliffet wußte es durchzusetzen, daß diese strategisch-taktischen Manöver jetzt jährlich bei allen Kavalleriedivisionen stattfinden. Erwähnen wir schließlich noch, daß bei der Reiterei noch andere bedeutsame Einrichtungen getroffen sind, welche man bisher bei der deutschen einzuführen noch nicht für erforderlich gehalten hat, und welche doch schließlich dazu beitragen, diese Waffe für ihre strategische Verwendung zu vervollkommen. Dahin gehört die Maßregel, daß dauernd eine größere Zahl von Mannschaften sämmtlicher Regimenter auf ein halbes Jahr in eine Telegraphenschule kommandirt wird, um im Telegraphiren mit elektrischen und optischen Telegraphen, im Zerstören und Herstellen der Leitungen ausgebildet zu werden. Das Personal besteht bei jedem Regiment aus zwei Werkstätten; bei der ersten stehen zwei Reiter unter einem Maréchal de logis, bei der zweiten ebenso viele unter einem Brigadier. Der Unterricht erfolgt auf den Reitschulen, die Fortbildung auf den Telegraphenämtern der Garnisonen, wo jeder Militärtelegraphist mindestens neun Stunden wöchentlich beschäftigt ist. Ebenso sind berittene Pioniere eingeführt worden. Bei jeder Schwadron werden 1 Sergeant oder Unterofficier, 6 berittene Pioniere und 2 Pionier-Eleven zu einer Gruppe vereinigt, welche regimenterweise zusammengezogen einem jüngeren, bei den Pionieren ausgebildeten Officier unterstellt werden. Die Aufgabe dieser Mannschaften besteht im Zerstören und Wiederherstellen von Verbindungswegen, Eisenbahnen, Telegraphen und kleinerer Brücken; die Ausrüstung dieser berittenen Pioniere ist eine entsprechende und sie sind mit einer Anzahl schußfertiger Dynamitpatronen von etwa 100 gr Ladung versehen. Neben dieser unablässigen Sorge für die Ausbildung der Reiterei in allen ihr zufallenden so vielseitigen Aufgaben geht diejenige für eine zweckmäßigere kriegsgemäßere Bekleidung und Ausrüstung. Dahin gehört vornehmlich die Umwandlung der sechs letzten Kürassier-Regimenter in Carabiniers (ohne Kürasse), die Einführung des deutschen hochschäftigen Reiterstiefels mit einer in dieselben zu steckenden unten engen, oben weiten Reithose u. s. w.

An der Artillerie, welche 38 Regimenter zählt, wird die Manövrirfähigkeit gerühmt; besonders erstrebt sie schleuniges Auffahren und rasches Abgeben des ersten Schusses, wobei jedoch auf Treffsicherheit gar keine Rücksicht genommen wird. Die 95 mm-Geschütze erschweren durch ihr großes Gewicht die Beweglichkeit; sie dürften aber sonst ein vortreffliches Geschütz für die Reserve-Artillerie abgeben. Hervorzuheben ist, daß Verwendung und Aufstellung der Batterien stets zweckentsprechend ist und die Divisionsartillerie niemals die Verbindung mit ihrer Infanterie verliert. Daß hinsichtlich der Ausbildung der letzteren ein wesentlicher Fortschritt unverkennbar sei, darin stimmen alle Urtheile überein. Sie entspricht den an sie gestellten Anforderungen; jedoch ist der einzelne Mann noch zu ungeduldig in der Abgabe seines Feuers; es fehlt im Allgemeinen noch sehr an der nöthigen Feuerdisziplin, wie sie für ein Magazingewehr unbedingt erforderlich ist. Einige Stimmen tadeln die durch die neuen Feuerwaffen herbeigeführte zu große Ausdehnung des zerstreuten Gefechtes und den dadurch namentlich in wechselvollem Boden zu sehr gelockerten Zusammenhang der taktischen Einheit. Ganz besonders beachtenswerth ist bei den Manövern, zu welchen mit erfolgreicher Wirksamkeit auch Feldtelegraph und Brieftaube herangezogen werden, der trotz der körperlichen Untüchtigkeit hohe Grad von Leistungsfähigkeit des stark belasteten französischen Infanteristen hervorzuheben. Die eigenthümliche Neigung der französischen Generale, ihre Truppen in hochtrabenden Redensarten zu begrüßen und den Werth ihrer Leistungen zu übertreiben, hat übrigens nicht verfehlt, stets dieser Leistungen in vorstehend erwähntem Sinne zu gedenken.

Läßt man nun der Marschdisziplin der französischen, so wie der reglementmäßigen Durchbildung der Officiere alle Gerechtigkeit widerfahren, so scheint sich die Sache etwas anders zu stellen, wenn man zu den höheren Befehlshabern übergeht und ihre strategischen Anordnungen kritisiren will. Es ist kein großes Geheimniß, daß die Manövererfahrungen der letzten Jahre in dieser Beziehung nicht sehr glänzend gewesen sind. Die Anlage derselben erscheint zum Theil noch etwas schwerfällig, die Generalideen und Spezialaufträge etwas schwülstig und verwickelt. Es wird namentlich noch immer mehr Werth auf die Herbeiführung von Gefechtsbildern, als auf eine der Wirklichkeit entsprechende Entwickelung einer gegebenen Kriegslage gelegt, und dieses Streben führt oft dahin, die Operationen an bestimmte, im Terrain ausgeprägte Stellungen zu ketten, ohne einer natürlichen Entwickelung des Kampfes Rechnung zu tragen. Desgleichen fehlt es bei den gestellten Aufgaben an Kürze, Genauigkeit und Klarheit, die bei solchen Aufträgen nicht vermißt werden dürfen. Selbst Gallifet hat als Corpskommandant arge Verwirrungen und Unordnungen nicht vermeiden können, und wenn man lobend und rückhaltlos anerkennend über seine kavalleristischen Fähigkeiten und Verdienste spricht, zeigt man sich von seinen Leistungen als Infanteriegeneral und Stratege an berufenen Stellen nur wenig erbaut. Mit den andern Corpsgeneralen steht es nicht viel anders, und es ist die Ansicht vorherrschend, daß sich unter ihnen kein einziges wahres Feldherrngenie befindet. Wenn bei den hochgestellten Generalen nicht immer Alles so stimmt, wie es stimmen sollte, so ist es eigentlich schwer, einen durchweg triftigen Grund dafür zu finden; fast alle sind sehr unterrichtete und tüchtige Officiere, auch von dem besten Willen beseelt; aber es ist unbestreitbar, daß der französische Durchschnitts-Corpsbefehlshaber in Klarheit und Bestimmtheit der Anordnungen und kraftvoller, zielbewußter Beeinflussung der Durchführung den deutschen Durchschnitts-Corpsbefehlshaber nicht erreicht. Vielleicht ist es eine Sache der Ueberlieferung, die nirgends von selbst hergestellt werden, sondern nur auf einem alten vorhandenen Boden erwachsen kann. Wenn es auf dem strategischen Gebiete noch nicht ganz gelungen ist, so scheinen dagegen die französischen Generale im Begriff zu stehen, auf dem früher so vernachlässigten Verwaltungsgebiete eine ganz vortreffliche Ueberlieferung anzubahnen. Alles, was während der Manöver von Etappen- und Verpflegungsdienst zu sehen war, ferner die gesundheitlichen Anordnungen waren vortrefflich und theilweise vorsorglicher als in Deutschland, was allerdings mit den den Franzosen in reichlicherer Weise zur Verfügung stehenden Geldmitteln zusammenhängen mag. Das neue Verwaltungsgesetz hat übrigens eine der veraltetsten und überlebtesten Einrichtungen des französischen Heeres beseitigt, die Verwaltung decentralisirt, das Kriegsministerium entlastet und die bedingungslose Unterordnung der Verwaltung unter das Kommando ausgesprochen. Dabei tritt auch die Trennung der Leitung und Ausführung der Verwaltung von dem Kontrolwesen hervor. Endlich ward die Stellung der Intendanz zu einer weniger mächtigen herabgedrückt und die namentlich in deutschen Heeren mit so viel Nutzen betriebene Selbstverwaltung der Truppentheile eingeführt. Eine erstaunliche Besserung ist auch in der Berittenmachung der Officiere eingetreten, und wenn die französischen Kavallerieofficiere im Allgemeinen ebenso gute Pferde haben, wie die deutschen, so sind die französischen Artillerieofficiere entschieden sehr viel besser, die französischen Infanteristen aber mindestens ebenso gut beritten, als die deutschen, was freilich jenen durch verschiedenartige staatliche Unterstützungen leichter gemacht wird.

Die hier skizzirte Reorganisation des französischen Heerwesens nach zeitgemäßen, dem Geiste der heutigen Kriegsführung entsprechenden Grundsätzen bietet nun seit den letzten Jahren ein Bild widerstrebender Gegensätze dar. Es liegt hier abermals ein Beweis vor für die Erfahrung, daß selbstbewußte Völker von alter Gesittung nur schwer in fremde Bahnen einlenken, auch wenn es zu Tage liegt. daß diese zum Ziele führen. Gerade gegen das am meisten grundlegende Gesetz, das Rekrutirungsgesetz von 1872, erhob sich schon nach mehreren Jahren eine mit jedem Tage wachsende Bewegung, um die fünfjährige active Dienstzeit auf drei Jahre zu beschränken. Wie lange 1872 die Führer der französischen Nation noch Zeit vor sich zu haben glaubten, bis der Krieg wieder aufgenommen werden könnte, darüber haben sich dieselben wahrscheinlich keine ganz genaue Rechenschaft gegeben. Niemand unter ihnen würde es aber für möglich gehalten haben, daß auf den Frankfurter Vertrag, den man besten Falls als einen Waffenstillstand betrachtete, eine Friedenszeit folgen würde, die heute bereits das sechzehnte Jahr hinter sich hat. Für eine übersehbare Zeit eine gewaltige Kriegsbereitschaft zu improvisiren mit der Hoffnung, nach genommener Vergeltung die Last wieder zu erleichtern, das war sicher der geheime Gedanke, der der französischen Organisation von 1872 unterlag. Als aber das französische Officiercorps sich darauf angewiesen fand, statt des in Aussicht genommenen raschen Losschlagens ein Friedensheer methodisch zu organisiren, da zeigte es sich, daß die Vorschriften des Gesetzes in keiner Richtung sich durchführen ließen.

Die fünfjährige Dienstzeit des Hauptkontingents war zu lang, hatte Summen verschlungen, die selbst der patriotisch erhitzten Opferbereitheit zu weit gegangen. Die Zahl des französischen Heeres schwoll auf eine Höhe, welche zur finanziellen Unmöglichkeit wurde. Man theilte deßhalb das jährliche Ersatzkontingent in zwei Hälften, von denen die eine fünf Jahre, die andere nur ein halbes Jahr bei der Fahne bleibt, also kürzere Zeit, als für eine gründliche militärische Ausbildung unerläßlich ist. So hat man zwei verschiedene Elemente in der Armee, die sich nicht zu einem einheitlichen Ganzen verschmelzen wollen und die sich in der Ueberzahl von Cadres dazu noch systemlos verzetteln. So erhob sich aus der Armee selbst lauter und lauter der Ruf nach Einheitlichkeit der Dienstzeit, welcher auf die Dauer sich wohl nicht überhören lassen wird. Ebenso nimmt sowohl aus den Reihen der Nation als aus jenen des Heeres der Widerstand gegen die der Demokratie von vornherein verdächtige Einrichtung der Einjährigfreiwilligen immer größere Ausdehnung an. In bürgerlichen Kreisen wird dasselbe für eine Ungerechtigkeit gehalten, nachdem einmal der Grundsatz des persönlichen Dienstes angenommen ist. In der Armee wird dasselbe als eine der Truppe aufgebürdete Last betrachtet. Die Einjährigfreiwilligen erwiesen sich als eine Plage und ein Verderbniß für die Regimenter; statt auf den Geist derselben vortheilhaft einzuwirken, brachen Uebermuth und Unsitten in die Kasernen und erregten durch die Beispiele von Leichtfertigkeit und Verschwendung, die sie gaben, Mißgunst und Verstimmung. Die Stellung der Einjährigfreiwilligen in der französischen Armee ist eine von jener in der deutschen ganz verschiedene, weil die Truppenbefehlshaber sehr von einander abweichende Auffassungen von derselben haben und das Kriegsministerium aus der Einrichtung ein Mittel zur Füllung der fiskalischen Kasse gemacht hat. Thatsache ist, daß die Einjährigfreiwilligen unverhältnißmäßig wenig Officierskandidaten für die Reserve und die Territorialarmee liefern, dagegen das Material des Unterofficierersatzes in beträchtlicher Weise vermindern. Auf diese Weise gestaltet sich das Institut wirklich mehr zu einem Nachtheil und Schaden als zu einem Nutzen für den Dienst, dessen Betrieb es in mehrfacher Hinsicht erschwert und beeinträchtigt. Seine große Ausdehnung verbunden mit der einem Theile der Bevölkerung durch die nur sechsmonatliche Dienstzeit eingeräumten Bevorzugung, vermöge welcher viele geistig geweckte Elemente der Armee entzogen werden, während nur das schlechtere Material zu fünfjähriger Dienstzeit bei der Fahne bleibt, hat die Möglichkeit benommen, dem Heere ein tüchtiges Unterofficierspersonal zu schaffen. Daher ist die Zahl der zum Weiterdienen sich Verpflichtenden (Kapitulanten) eine sehr geringe und sich immer vermindernde. Zur Zeit werden 15,000 Unterofficiere aus der vierten oder fünften Jahresklasse der Mannschaft entnommen; bei einer Herabsetzung der Dienstzeit auf drei Jahre bliebe nur die Auswahl unter der dritten Jahresklasse übrig, was den Werth des Unterofficierscorps bedeutend verringern würde. Das mag in der deutschen Armee angehen mit ihrem unübertrefflichen Officierscorps; in Frankreich, wo das geringere Officierscorps keinen Ersatz bieten würde für ein geringeres Unterofficiercorps, geht das nicht an. Dennoch sind so ziemlich alle Parteien einig, daß das bestehende Rekrutirungsgesetz beseitigt werden müsse, da die volle Durchführung der zwanzigjährigen Dienstzeit sich als unmöglich herausgestellt hat. Obendrein zeigten die Erfahrungen des tunesischen und tonkinesischen Krieges, daß das den Deutschen nachgebildete System nur für einen Krieg paßt, wo die ganze Volkskraft für die Existenz eingesetzt wird, wo jeder an seiner Stelle thätig ist und die kleinlichen Berechnungen verschwinden in dem allgemeinen Aufschwung. Seitdem plant man in Frankreich neben dem Volksheer die Errichtung einer Kolonialarmee von Berufssoldaten.

Die große Frage bei Beurtheilung der französischen Armee wird immer darauf hinauslaufen, auf welchem Standpunkt sie im Verhältniß zur deutschen steht, und da wird man letzterer immer den Vorzug geben müssen, weniger vielleicht weil sie in einzelnen Punkten eine große Ueberlegenheit zeigt, sondern wegen des unübertrefflichen und unnachahmlichen Ineinandergreifens der ganzen Maschine. Diese Eigenschaft, die nur durch jahrelange, gleichmäßige Arbeit errungen werden kann, geht der französischen Armee noch ab. Ihr fehlt die vollkommene gleichmäßige Ausbildung, der schnelle und sichere Aufmarsch und auch die Festigkeit im Heeresmechanismus. So viel Kriegsminister, so viel Systemwechsel, so viel verschiedene Auffassungen der oft unklaren Gesetze; das Endergebniß ist dann Mangel an Stetigkeit und an einheitlicher Anwendung der bestehenden Vorschriften. Gegen 1870/71 scheint der heutige Sachverhalt hauptsächlich dahin geändert, daß ein Angriffskrieg Deutschlands gegen Frankreich jetzt einem im Vergleiche zu der Zeit des Kaiserreiches um mehr als das Doppelte erhöhten Widerstande zu begegnen gewiß sein dürfte.

Einer kurzen Beleuchtung bedürfen am Schlusse dieser Betrachtungen noch einige Momente aus dem inneren Leben der umgeformten Armee, wie sie eine sachliche Beobachtung an die Hand giebt. Zunächst die immer einen wichtigen Punkt im französischen Heere bildende Disziplin. Wer die Mannszucht der französischen Truppen nicht ungerecht beurtheilen will, der darf an sie nicht unmittelbar den deutschen Maßstab legen. Die erdbebenartige Wirkung der großen Revolution, der Zusammenbruch einer ganzen Reihe von Regierungen, das bis vor Kurzem herrschende und in seinen Nachwirkungen noch keineswegs überwundene Freikaufsystem, die Grenzverwischung zwischen dem Stande der Officiere und dem der Unterofficiere, das Buhlen der Parteien um die Armee und das hieraus folgende Parteigetriebe in derselben — Alles das hat seit fast hundert Jahren die Disziplin des französischen Heeres erschüttert, und wenn man nun auch noch jenen Grundzug der Auflehnung im gallischen Charakter, der doch ziemlich zwei Dritteln der Bevölkerung eigen ist, in Anschlag bringt, so wird man sich nicht wundern, wenn auch jetzt noch immer die Tageserscheinungen des inneren Dienstes in Frankreich von denen in Deutschland gründlich verschieden sind. Unverkennbar herrscht bei den Truppenbefehlshabern aller Grade jetzt das Streben, die Disziplin durch peinliches Formenwesen zu heben und zu kräftigen, und es zeigt sich darin wieder die bekannte Erscheinung, daß besiegte Armeen fast immer die Aeußerlichkeiten des siegreichen Heeres nachzuahmen beflissen sind. Jetzt streben die Franzosen nach etwas, was sie auf diesem Wege schwer erreichen werden. Niemand wird verkennen wollen, ein wie mächtiges Erziehungsmittel die strenge Beobachtung aller Regeln der Pünktlichkeit, Sauberkeit, Ordnung und der äußeren Haltung ist; aber es scheint, als ob diese Dinge anfingen in Frankreich übermäßige Geltung zu erlangen, nachdem sie früher zu wenig beachtet worden sind. Der Zustand der Disziplin ist da am besten und ihre Aufrechthaltung am leichtesten, wo die größte allgemeine Bildung unter den Ersatzpflichtigen herrscht, und in der zunehmenden Verbreitung jener Bildung findet die Mannszucht den besten Boden weiteren Gedeihens. Von Interesse ist in dieser Beziehung ein vergleichender Blick auf die Bildungsstufen des deutschen und französischen Heeresersatzes. In Frankreich giebt es sechs Departements, welche bis zu nur 10 Procent des Lesens und Schreibens Unkundige (Analphabeten) enthalten, und diese sechs Bezirke liegen im Osten des Staatsgebietes, der deutschen Grenze zunächst. Ihre Bevölkerung umfaßt etwa 5,3 Procent aller Franzosen. In Preußen dagegen zählen zu derselben günstigen Kategorie 26 Regierungsbezirke mit 70,4 Procent der Gesammtbevölkerung. In 65 französischen Departements wechselt die Zahl der Analphabeten von 11 bis 45 Procent, während sich analoge Verhältnisse nur in 10 preußischen Bezirken finden. Sie betreffen dort 79,1, hier 29,5 Procent der Bevölkerung. Alsdann sind in Frankreich noch 16 Departements vorhanden, welche von 46 bis 65 Procent Analphabeten enthalten, und diese 16 Departements stellen 15,8 Procent der Gesammtbevölkerung dar. Solche und ähnliche Verhältnisse bestehen in keinem preußischen Bezirke mehr. Die größte Zahl der deutschen Analphabeten männlichen Geschlechts steigt nicht über 35 Procent. Die Gründe der Niedrigkeit der allgemeinen Volksbildung liegen wohl in dem Mangel des Schulzwangs und in der Geringfügigkeit der Mittel, welche der Staat für die Volksschule aufwendet. Die Unterhaltung und Leitung der letzteren fällt größtentheils in Frankreich kirchlichen Genossenschaften, Mönchen und Nonnen, zu. Der Einfluß einer solchen Gestaltung der Erziehung oder Nichterziehung der französischen Jugend auf die Disziplin ist offenbar. Von den Ersatzmannschaften des deutschen Heeres sind zur Zeit nur 4,6, von denen in Frankreich dagegen noch immer 23 Procent Analphabeten.

Eine ganz eigenthümliche Schwierigkeit für die Befestigung der französischen Armee bieten ferner die politischen Verhältnisse. Das französische Heer hat nur ein Staatsoberhaupt, aber keinen Kriegsherrn an seiner Spitze. Diese Lage der Dinge kann nicht dazu beitragen, die Stellung des Präsidenten besonders zu kräftigen und der Armee gegenüber zu heben, das Auge des Soldaten muß sich aber auf die eine stolze Gestalt seines Kriegsherrn richten können, in derselben verkörpert sich das nationale Bewußtsein und der Drang nach kriegerischem Ruhm. Um die Wette arbeiten auch alle Parteien an der Verführung der Armee, und damit ihrer Consolidirung entgegen; den Unterofficier suchen die radikalen Agenten zu gewinnen, indem man ihm die Achselstücke des Hauptmanns verspricht, den Hauptmann, indem man ihm den Oberstenrang in Aussicht stellt. Ununterbrochen geht die unterirdische Arbeit der politischen Parteien ihren Weg, und welchen Einfluß der Klerikalismus übt und wie er die Hand bei wichtigen Entscheidungen im Spiele hat, daran hat es bis in die neueste Zeit hinein nicht an unzweideutigen Belegen gefehlt. Es liegt auf der Hand, daß die Aufgabe der Heeresleitung gegenüber diesen Strömungen und Einflüssen, welche theils mehr, theils weniger planmäßig in Thätigkeit erhalten werden, eine riesengroße ist, und daß durch sie die Einigkeit und die Hingebung des Officiercorps, als des wirksamsten Trägers echt redlichen Geistes, an die heiligsten Interessen des Landes fortwährend neuen Wandlungen und Erschütterungen ausgesetzt bleibt. Es läßt sich auch nicht leugnen, daß Zeichen einer gewissen Unbehaglichkeit und einer Entmuthigung im Officierscorps vorhanden sind, die leider nur zu berechtigt ist durch die Unzulänglichkeit des Soldes, durch die verzweifelte Langsamkeit in der Beförderung, durch die geringen, der Jugend gebotenen Aussichten für die Zukunft, durch die mehr und mehr sich hervorthuende Verminderung der dem Officiersstande gewidmeten Achtung, endlich durch die traurige Aussicht der unsicheren Lage, welche die Mehrzahl der Officiere, die nicht in höhere Stellen gelangen, als Abschluß einer Laufbahn voll Mühen, Gefahren und Opfern bei der Verabschiedung erwartet. Es wird demgemäß im französischen Heere eine durchgreifende Besserung der materiellen und moralischen Lage der Officiere gefordert, denn wenn auch die verabschiedeten jüngeren Officiere zur Reserve übertreten und zur Aufstellung neuer Cadres bei einer Mobilmachung Verwendung finden, so ist der Ausfall an jungen Officieren für den Friedensstand doch sehr bedenklich, da dieselben einen wesentlichen Antheil an der kriegsmäßigen Ausbildung des

Heeres haben. Immerhin aber muß festgestellt werden, daß trotz alledem das französische Heer erhebliche Fortschritte gemacht hat und für jede Armee Europas als ein ebenbürtiger Gegner betrachtet werden muß.

Im Hinblick auf die geschilderten Schwierigkeiten darf man also das Ergebniß der Gesammtanstrengungen auf dem Gebiete der Heeresorganisation in Frankreich während so kurzer Frist eine der großartigsten militärisch-politischen Leistungen aller Zeiten nennen, auf die das Land mit Stolz zurückblicken darf. Und doch ist man berechtigt, die Frage aufzuwerfen, ob es nicht für die einer rauhen Kriegsschule entwöhnte französische Nation am Ende des neunzehnten Jahrhunderts zu spät war, sich das Joch der allgemeinen Wehrkraft aufzuerlegen. Renan, der seine Nation kennt, scheint das auch im Sinne gehabt zu haben, als er von der zunehmenden Amerikanisirung der Franzosen, mit anderen Worten: von der zunehmenden Macht des Nützlichkeitsprincips und der Verweichlichung der Sitten sprach. Eine starke Hoffnungslosigkeit hinsichtlich der Fähigkeit der Franzosen, eine dauernde Heeresorganisation zu schaffen, ging auch durch das 1879 geschriebene Werk des Generals Trochu über die französische Armee, dessen Inhalt sich in den Satz zusammenfassen läßt: „Wir haben keine militärischen Institutionen! Unsere neuen Militärgesetze haben keine Wurzeln in der militärischen Ueberlieferung des Landes; und es fragt sich, ob wir je vermögen werden, die nöthigen Einrichtungen zu schaffen".

In der That kommt es ja nicht auf die Zahl der verfügbaren Streiter, sondern auf den kriegerischen Geist einer Nation an. Schon seit 1876 scheint für das mit Anspannung aller Kräfte betriebene Rüstungswerk eine gewisse Erschlaffung eingetreten zu sein und es läßt sich unschwer voraussehen, daß die etwaige Verhängung der dreijährigen Dienstzeit über die Söhne des wohlhabenden und wohllebenden Bürgerthums nur dazu beitragen kann, die allgemeine Wehrpflicht in diesen Klassen noch unbeliebter zu machen, als sie schon ist, und die sich täglich mehrende Friedensliebe der Nation noch mehr zu befestigen. Die Begeisterung für die dem republikanischen Grundsatze der Gleichheit schmeichelnde allgemeine Wehrpflicht ist in Frankreich doch nur eine sehr relative. Man nahm dieselbe Anfangs zwar mit Begeisterung auf sich und unterwarf sich freudig ihren harten Anforderungen, da Jedermann im Stillen dachte: es werde nur für ein paar Jahre sein, nämlich bis zu der geträumten siegreichen Vergeltung! Aber die schwere Last fortdauernder Arbeit im Frieden, das ununterbrochene Tragen einer gewaltigen Kriegsrüstung und der Zwang, in steter Thätigkeit dieselbe blank und schneidig zu erhalten, behagt der großen Mehrzahl der Franzosen immerhin nur wenig. Unleugbar herrscht ein militärischer Sinn in Frankreich; doch ein bekanntes Sprüchwort sagt auch: la France est assez riche pour payer sa gloire! Der größere Reichthum, der Hang zu Genuß und bequemem Leben, die Leichtigkeit reichen Erwerbs in hochentwickeltem Handel und Industrie und manche andere nationale Eigenschaften und Neigungen, alles das macht die Franzosen nicht gerade besonders geeignet für die allgemeine Wehrpflicht; und ohne allzu viel Mühe kann man sich davon überzeugen, daß die letztere den Franzosen noch lange nicht in Fleisch und Blut übergegangen ist, daß sie vielmehr dieselbe nur mit einiger Unlust ertragen. Die heutigen Franzosen sind nicht mehr die „große Nation" der napoleonischen Zeiten; ein Volk, das den ruhigen Lebensgenuß und die Sicherung desselben höher schätzt, als den Kinderreichthum, verliert den kriegerischen Sinn und die Lust am Waffenhandwerk. So ist es dermal in Frankreich: die militärische

Laufbahn hat ihre frühere Anziehungskraft verloren. Ob diese zunehmende Abneigung gegen den Waffendienst einen Fortschritt in der Gesittung bedeute, wird davon abhängen, ob ein ideales, den Menschen veredelndes Streben an die Stelle des Trachtens nach kriegerischer „gloire“ tritt, oder ob die Sorge um Erhaltung und Vermehrung des zinstragenden Besitzthums so sehr die Gemüther erfüllt, daß die geistigen und sittlichen Güter in Mißachtung gerathen. Als große Kriegsmacht ist Frankreich im Niedergang begriffen; wenn es dagegen auf friedlicheren Gebieten des Wirkens eine Großmacht bleibt, ein immer frisch sprudelnder Quell von geistiger Regsamkeit und Zeugungskraft, so wird weder Frankreich selbst, noch die Menschheit den Wechsel zu beklagen haben.

Am Doubs und Dessoubre.

Das Departement des Doubs führt nicht umsonst seinen Namen nach diesem Nebenflusse der Saône, der alle seine wichtigsten Städte bewässert und jedenfalls einer der merkwürdigsten Flüsse Frankreichs ist. Könnte sich die Saône nur entfernt mit der Rhône an Wassermasse vergleichen, so hätte sie zweifellos dem ganzen Stromgebiete den Namen gegeben, denn nach Richtung, geologischer Zusammensetzung der umgebenden Felsarten und Geschichte ihrer Anwohner ist sie die Hauptader des Rhônegebietes. Seinerseits verdiente der Doubs (spr. Du), daß man seinen Namen der Saône gäbe, wenn es nach der Länge des Flußlaufes ginge, denn der 430 km lange Fluß übertrifft um 165 km die Entwicklung dieses centralen Stromes des ganzen Beckens. Der Doubs entspringt unweit des Oertchens La Chaux Neuve in der Südostecke des Departements, auf einem Plateau in 937 m Seehöhe bei Mouthe in einer Höhle des zu 1299 m ansteigenden Noirmont, dessen Kammlinie Frankreich von der Schweiz scheidet, welches Land überhaupt das Doubs-Departement seiner ganzen Länge nach im Osten begrenzt. Zuerst fließt er parallel dem Orbe und der Reuse, klaren Bächen des Rheingebietes, welche beide in den Neuenburger See münden, und einer Falte des Jura folgen. Noch als einfacher Bach vereinigt er sich mit dem Ausflusse des kleinen Sees von Remoray (853 m hoch), und durchfließt dann den See von Saint Point (851 m hoch), dessen blauer Spiegel sich weithin zwischen zwei hie und da mit Wald bedeckten Hügelreihen ausstreckt. Hübsche Dörfer beleben die Ufer des Sees und die umliegenden Höhen. Unweit vom See, nur wenige Schritte vom Dorfe Montperreux entfernt, findet sich die „Blaue Quelle“, sehenswerth wegen der tiefblauen Farbe ihres Wassers. Dann bespült der Doubs das Städtchen Pontarlier, welches in 838 m Meereshöhe sich rühmen darf, die höchstgelegene Stadt Frankreichs zu sein. Sicherlich sehr alten, die Römerzeiten zurückgehenden Ursprungs, weist sie doch keine antiken Ueberreste mehr auf; zahlreiche Feuersbrünste haben Pontarlier ganz regelmäßig gestaltet und aus ihm eine der hübschesten Städte der Republik gemacht. Es ist auch der erste Handels-Stapelplatz zwischen Frankreich und der Schweiz, außerdem blühend durch seine Industrie; die etwa 6000 Einwohner erzeugen hauptsächlich berühmten Absynth und Kirschwasser; aber auch Käse, Leder und Uhren, und besitzen schöne Eisen- und Stahlschmieden, Kupferhütten und Gerbereien. Ganz nahe bei Pontarlier öffnet sich die Gorge de la Cluse, der natürliche und wohl auch der begangenste Paß durch den Jura zum Orbethale in der Schweiz, welcher durch das blos

3 km von Pontarlier entfernte, auf einem steilen Berge nahe am rechten Doubsufer gelegene, aus der Römerzeit stammende Fort de Joux vertheidigt wird. Es ist das wichtigste Grenzbollwerk auf der Schweizer Seite, im Nothfall ein uneinnehmbar fester Platz und berühmt durch die Gefangenschaft, welche Mirabeau in seiner Jugend dort erlitt, so wie durch den hier erfolgten Tod des berühmten und unglücklichen Negers Toussaint-Louverture's. Das Fort von Larmont, ein wahres Adlernest, überragt die Festung von Joux noch um 30 m. Das kleine Dorf und die Kirche von St. Pierre de la Cluse am Fuße der Festungen und am Ausgange der Schlucht gewähren einen malerischen Anblick.

Jenseits Pontarlier tritt der Doubs in eine Reihe von Engschluchten, wo jedes freie Plätzchen für die Arbeiten der Industrie ausgenützt wird. Sein wunderbar blaues Wasser drängt sich bald in schnellerer Strömung durch ein enges Thälchen, dessen Flanken von herrlich grünen, mit Sennhütten und einigen Weilern übersäeten Weiden bedeckt sind. Das ist das Thal von Saugeois, das einst eine eigene Gesetzgebung und eine eigene Sprache hatte. Die Mönche der Abtei von Montbenoît waren die Herren desselben. Das Kloster von Montbenoît ist heute noch das schönste der ganzen Franche-Comté nach demjenigen von Luxeuil. Dann fließt der Doubs vorbei an der als Kapelle und Wallfahrtsort benutzten Grotte von Remonot und an dem Dorfe Grande Combe, das am Fuße eines kolossalen Felsens liegt. In ein Thal von ganz besonderer Schönheit gebettet erscheint der Ort Morteau, seit Langem der Mittelpunkt einer lebhaften Gewerbthätigkeit; in allen umliegenden Dörfern trifft man Hüttenwerke und allerlei Handwerksstätten, hauptsächlich der Uhrenfabrikation, mit welcher sich die Bewohner dieser Gegend vornehmlich beschäftigen. Weiterhin wird das Thal breiter; man kommt durch einen großen Tannenwald, dann bei einer Schlucht vorbei, jenseits deren Bauernhäuser am Abhange zerstreut liegen, und erreicht den Col de Roches, gleichsam eine einzige Felsmasse, aus der von der Basis bis zum Gipfel ein Stück von der Gestalt eines umgekehrten Dreiecks herausgeschlagen ist, einer Kirche mit zwei spitzen Thürmen aus der Ferne gleichend. In den Höhlungen und auf den Vorsprüngen des Gesteins, wo nur eine Hand voll Humus Platz hat, haben sich Fichten mit ihren Wurzeln festgeklammert und strecken ihre Zweige über den Abgrund aus. Weiterhin folgt ein Tunnel, durch welchen die Straße auf Schweizergebiet nach dem nahen Locle, einem reinlichen, regelmäßigen Städtchen der Eidgenossenschaft, führt. Im Doubsthale abwärts erreicht man das Dorf les Brenets, unweit des darnach benannten schönen Clusensees von Chaillexon in nur mehr 400 m Meereshöhe, und von hier an dient der Doubs als politische Grenzscheide zwischen Frankreich und der Schweiz. Der See von les Brenets hat 3 km Länge bei 400 m Breite und nunmehr windet sich der Fluß durch fünf Becken, welche durch engere Pässe mit einander in Verbindung stehen. Gelangt man in das erste Becken, so sieht man den Gesichtskreis rings begrenzt von Bergen, die mit dunklen Fichten und hellerem Gesträuch bewachsen sind und deren Fuß aus nackten Felsen besteht. Rechts das Kreuz der Eidgenossenschaft, links die drei französischen Farben am Felsen. Unter dem ersteren öffnet sich die Grotte de Toffière; gegenüber findet sich ein Winkel, wo das Wasser fast still steht: mit merkwürdiger Klarheit schallt aus demselben zurück, was an dem gegenüberliegenden Ufer gesprochen wird. Die Modulationen von Aelplerweisen kehren sogar mehrfach in unendlicher Weichheit zurück. Durch einen engen, kurzen Kanal erreicht man das zweite Becken, einen regelmäßigen

Cirkus senkrechter Felsen, welche ein schier unbewegliches Becken grünen spiegelglatten Wassers umschließen. Wie überall in der Freigrafschaft sind die Felsen und Steine hier sonderbar gestaltet und gleichen bald menschlichen Figuren, bald phantastischen Dingen, die ihr Aussehen je nach dem Standpunkte des Beschauers oder schon je nach dem Spiele von Licht und Schatten wechseln. Ein etwas breiterer Eingang führt in das dritte Becken, einen länglichen elliptischen Kessel von Felsen, deren Gipfel bewaldet sind; zur Linken liegt ein riesiger Felsblock, der „Todtenkopf.“ Es folgt als viertes Becken ein Cirkus, von senkrechten Felsen eingefaßt, welche auf Schweizerseite durch eine große wellige Wiese, den Pré Philibert, unterbrochen werden. Nun führt das Boot in einen weiten viereckigen See mit gerundeten Ecken, das fünfte und letzte Bassin. Fichten bedecken die regelmäßig gestalteten Felsen, die in horizontalen Schichten über einander liegen. Die Schifffahrt nimmt hier ein Ende wegen der nahen natürlichen Felsbarre, von deren Rande der Doubs sich in einem prächtigen Falle von 27 m Höhe hinabstürzt: das ist der berühmte Saut-du-Doubs. Um ihn zu besichtigen, steigt man einen mit Kies bestreuten Pfad zur Linken aufwärts und schreitet über eine Wiese bis zu einer schmalen, moosbewachsenen Klippe, von welcher man den schäumenden Fall völlig überschaut. Wendet man sich stromaufwärts, so vermag man das enge Bett des tief in den Berg eingeschnittenen Doubs zu verfolgen: 200 m hoch steigen die Felsen empor, an deren Basis entlang der Fluß, stark fallend und die in seinem Bette lagernden mächtigen schwarzen Felsblöcke umtosend, dem Punkte zujagt, wo er sich in die Tiefe stürzt. Der Schlund am Fuße des Falles soll unergründlich sein, und das hineinstürzende Wasser sich in den Schooß der Erde verlieren; nichts von Allem, was es mit sich reißt, kommt wieder zum Vorscheine. Bei Hochwasser verschwindet Alles von der glasfarbenen, glatten Wassermasse; bei Niedrigwasser bleibt nur ein dünner Wasserfaden übrig; bei mittlerem Stande wird der Fall oben von schwarzen Felsinselchen zertheilt. Links fließt nur ein starker Bach, rechts aber ein breiter Fall, der sich mit dem ersteren unterhalb des beide trennenden Felsens wieder vereint. An den Fuß des Falles führt kein Weg, nur ein Ziegenpfad windet sich durch Steine und Gebüsche hinab, wo der eiskalte Wasserstaub herumfliegt und der Boden von der Wucht des Sturzes erdröhnt.

Weiter abwärts tritt der Doubs ganz auf Schweizergebiet, macht dann eine jener plötzlichen Biegungen, die ihm, wollte man einer offenbar falschen Etymologie glauben, seinen Namen Dubis (dubius = zweifelhaft, irrig, irrend) eingetragen haben, fließt westwärts, also seinem Oberlaufe gerade entgegengesetzt und tritt wieder auf französisches Gebiet, indem er eine der Ketten des Jura, den Clôs du Doubs, quer durchbricht. Von dem ersten französischen Dorfe Bremoncourt an, welches mit La Motte, dem letzten schweizerischen, durch eine Brücke verbunden ist, führt das Thal des Doubs den Namen Vallée d'Or, weil der Fluß Goldkörnchen mit sich führen soll. Man kann von dem Oertchen Vaufrey aus auf Bergpfaden die Roche d'Or, den höchsten Gipfel in jenem Theile der französischen Grenze, einen Ausläufer des Mont Terrible, ersteigen, von dem aus den Sonnenuntergang zu betrachten seine ganz besonderen Reize haben soll. Die den Doubs begleitende Straße führt dann über Montjoye und Soulce nach dem Chateau de la Roche, einer tiefen Höhle in einer hohen, senkrechten Felswand, welche einst das wahre Schloß La Roche getragen hat, und nach Saint Hippolyte, einst einer festen Stadt und Hauptort der Grafschaft de la Roche, jetzt nach Bedeutung und Bevölkerung kaum einem großen Dorfe vergleichbar. Hier nimmt der Doubs den aus Südwesten kommenden Dessoubre auf, dessen Thal von großer Schönheit ist. Der Theil bis zu dem Weiler Consolation, etwa fünf Wegstunden lang, bildet eines der malerischsten und wechselvollsten Schaustücke in jenem Theile der Franche-Comté, welche der nahen Schweiz sich an die Seite stellen kann, allein ungleich weniger bekannt ist.

Der Dessoubre ist ein klares, rasches Gewässer, ringsum von Bergen eingefaßt, von deren Halden der erquickende Duft der Tannen und Eichen, der wilden Münze und anderer Pflanzen herabweht. Zu beiden Seiten der Straße sind Haufen von Brettern in langer Reihe aufgeschichtet. Bei Vieux-Moulin unterbricht das schnelle Tiktak der Siebe, das Knirschen der Säge, das Rauschen in der Schleuse die Stille des Thales. Dann macht die Straße einen Bogen und tritt in eine ernste, traurige Landschaft: graue, nackte Felsen bilden die Bergeshänge; riesige Gesteinsblöcke liegen zwischen spärlichen Sträuchern, und lautlos wälzt der tief eingeschnittene Fluß seine Wasser zu Thale. Wenn man Lavoyèze, die Brücke von Fleurey und St. Maurice hinter sich hat, wird der Weg schwieriger und geht im Zickzack aufwärts nach der Mühle von Gaudion. Nähert man sich dem Weiler Consolation, so nimmt die Landschaft einen so schwermüthigen Charakter an, daß selbst das festeste Herz von einer überwindlichen Stimmung der Trauer und Hoffnungslosigkeit übermannt wird. Es giebt auf Erden kaum einen stilleren, ernsteren Winkel, eine wildere, imposantere Einöde, als diesen von hohen Steinwänden eingeschlossenen Cirkus, der wie geschaffen ist, um über menschliches Elend zu brüten. Dort liegt das Seminar von Consolation, ein großes, einzeln stehendes Gebäude mit weißen Mauern, kalt und schweigsam. Der Fuß des Gebirges dahinter bildet eine Reihe von riesigen Gesimsen, auf welchen Wassermühlen angebracht sind; aber diese Werke von Menschenhand bringen kein Leben in die Landschaft, sie verschwinden gegenüber der erdrückenden Größe der aufsteigenden Bergesgipfel. Oberhalb dieser Gesimse, am Fuße eines kreisrunden Felsens, entspringt der Dessoubre. Die krystallklare Quelle kommt aus einer grabesartigen Krypta, die sich nach hinten zu verengert und niedriger wird; Anfangs läuft sie in einem schmalen, gemauerten Kanal, theilt sich aber dann in verschiedene Bächlein, welche über eine senkrechte Felswand herabstürzen und die Räder jener Mühlen treiben. Das Gebiet zwischen dem im Ganzen mit dem Doubs parallel laufenden Dessoubre und jenem durchzieht die Straße von Saint Hippolyte nach Morteau. Steil in den Felsabhang eingeschnitten, tritt sie nach einigen Windungen in die Passage Fondereau, wo rechts senkrechte Felsenklippen aufragen und zur Linken ein Abgrund gähnt, in dessen Grund der Dessoubre schäumt. Kunst mußte hier der Natur zu Hilfe kommen, um die Straße zu sichern und auf die Hochebene hinaufzuführen. In weiten Wellen dehnt sich dieselbe aus bis zur Schweizergrenze, jenseits deren in weiter Ferne die Schneespitzen der Alpen sich von dem blauen Himmel abheben. Trévilliers ist das erste Dorf, welches man berührt. Seine meist mit Brettern verschalten Häuser ragen mit ihren Dächern, die mit großen Steinen beschwert sind, kaum über den Erdboden hervor; sie scheinen sich vor dem Nordwinde wie eine Herde Schafe zusammenzudrängen und diesem ihrem Feinde den Rücken zu kehren. Die Vegetation ist hier oben ohne Saft und Kraft. Dafür entfaltet sie auf den tieferen Tafellanden ihren ganzen Reichthum; da wachsen Tanne, Fichte, Eiche, Nußbaum, Buche, Espe, Esche, Linde, Eberesche, Birke, Haselstrauch, Mehlbeerbaum, Hol-

15*

lunder, Ahorn, Apfel-, Birn- und Kirschbaum, Akazie, Pappel, Weide u. s. w.; da finden sich die verschiedensten Sträucher, wilde Stachelbeeren, Alpenrosen, Maulbeerbäume, Himbeersträucher, Schwarzdorn, Geisblatt, Schlinggewächse und eine Legion von anderen Pflanzen, deren Aufzählung ein Buch füllen würde. Die Freigrafschaft bringt Alles hervor, was man zum Leben braucht: Wein, Getreide, Gemüse, Früchte, Vieh, Wild und Fische. Umgäbe man sie mit einer undurchdringlichen Mauer, sie könnte ihre Kinder allein ernähren, ohne die übrige Welt um irgend etwas bitten zu müssen.

Bei Saint Hippolyte, wo er den Dessoubre aufnimmt, verändert der Doubs abermals seine Richtung. Er fließt nun nach Norden durch eine finstere Kluse, in welcher er einen zweiten Gebirgswall, die Kette des Lomont, durchbricht und bis nahe an die Pforte, welche zwischen dem System des Jura und der Vogesen bei Belfort sich öffnet, herantritt, wo der natürliche Wasserweg durch einen künstlichen Fluß, den Rhein-Rhônecanal, der einst, als Elsaß noch zu Frankreich gehörte, von hoher Wichtigkeit war, verlängert worden ist. Nahe demselben, am Zusammenflusse der Alle und Luzine, liegt zwischen Wiesen und Hügeln in 322 m Meereshöhe die alte Stadt M o n t b é l i a r d oder Mömpelgard, welche, jetzt befestigt, ein Vorwerk von Belfort bildet. Sie war im zehnten Jahrhundert der Hauptort der Grafschaften Elsgau und Sundgau, später der burgundischen Grafschaft Mömpelgard, die schon seit dem elften Jahrhundert bestand, aber seit 1397 dem Hause Württemberg, an das sie durch Heirath gefallen, unter französischer Oberhoheit gehörte. Im Jahre 1535 wurde durch Herzog Georg von Württemberg die Reformation in Montbéliard eingeführt, dessen eine alemannische Mundart redenden Einwohner auch heute zur Hälfte dem lutherischen Bekenntnisse anhängen. Die Stadt ist gut gebaut, hat aber keine über das sechzehnte Jahrhundert hinaufreichenden Alterthümer; sie treibt viel Handel mit der Schweiz, erzeugt feine Uhren und besitzt Baumwollspinnereien und zahlreiche Gerbereien. Montbéliard ist der Geburtsort des großen Naturforschers Cuvier (geboren 1769), dem hier auf der Place St. Martin eine Bronzestatue, ein Werk von David d'Angers, errichtet worden ist.

Südlich von Montbéliard biegt der Doubs nochmals um und fließt nach Südwesten, weite Bogen beschreibend, zuerst zwischen Felsen und hohen Hügeln, dann inmitten einer weiten, schwach gewellten Ebene. In dem engeren Abschnitte des Doubsthales noch liegt der Cheflieu des Departements, die starke Festung B e s a n ç o n mit etwa 58,000 Einwohnern. Von Südosten kommend, umfaßt man mit einem einzigen Blick den gewaltigen Fels, der von den mit Zinnen und Schießscharten versehenen Mauern der Citadelle gekrönt ist, und auf der andern Seite die von dem Fort de Brégille beherrschten Abhänge und zwischen inne den Doubs, der seine lange Windung um die alte Stadt mit ihren spitzigen Dächern beginnt. Gegen Südosten durch den kolossalen Felsen der Citadelle abgeschlossen und auf drei Seiten vom Doubs umgeben, lagert Besançon seine Straßen zwischen Fluß und Berg. Seine großen Pulsadern gehen alle von den Ufern des Doubs aus, um am Fuße der Veste zu münden. Alle umliegenden Höhen sind mit Forts gekrönt, seit 1871 ist eine große Anzahl neuer Festungswerke aufgeführt worden, dank welchen Besançon einer der festesten Plätze Europas bleiben wird. Als Vesontio oder Bisuntio war Besançon die Hauptstadt der keltischen Sequaner, als Cäsar in Gallien anlangte und hat aus der Römerzeit interessante Spuren bewahrt; am Ende der Grande Rue erhebt sich das „Schwarze Thor“, das wahrscheinlich aus der Zeit der Antonine datirt und dessen eine Hälfte restaurirt werden mußte. Die Porte-taillée, ebenfalls römischen Ursprungs, wurde unter Ludwig XV. im Interesse des Verkehrs mit der Schweiz erweitert. Ferner verdienen Erwähnung die Ruinen des Capitols und, in der Nähe der aus dem zwölften Jahrhundert stammenden Kathedrale, einige Säulen, Ueberreste des römischen Theaters, welche den Square St. Jean zieren. Besançon hat schöne öffentliche Promenaden, darunter die Gärten des alten, in originellem Stile erbauten Palastes Granvella; Chamars mit der Statue des Generals Pajol; endlich die Promenade Micaud, die schönste von allen und außerhalb der Stadt an den Ufern des Doubs gelegen. Besançon mit seinem Erzbisthume, seiner Akademie, seinen Fakultäten für Wissenschaft und Kunst ist zu gleicher Zeit eine sehr industriereiche Stadt. Die Erzeugnisse seiner Uhrmacherei sind weithin bekannt. Diese alte Stadt rühmt sich mit Recht der großen Männer, die sie hervorgebracht hat: des Tonsetzers Goudimel, der beiden Granvella, Vater und Sohn, des Dichters Mairet, des Bildhauers Breton, des berühmten Menschenfreundes Fourier, des Schriftstellers Proudhon, der Bildhauer Jean-Petit und Clésinger, endlich der modernen Dichter Charles Nodier und Victor Hugo, des großen Phrasenhelden.

Während des ganzen Mittelalters eine freie Stadt, ließ Besançon niemals ab, mit allem Nachdrucke erst gegen den römisch-deutschen Kaiser, später gegen die Könige von Spanien für die Aufrechterhaltung ihrer Rechte und Freiheiten zu kämpfen; und als sie schließlich Frankreich zugetheilt wurde, geschah es nur unter der Bedingung, daß sie ihre Gemeindeautonomie voll und ganz behalte. Die Bewohner von Besançon haben auch zu allen Zeiten den Ehrennamen „Bürger“ getragen.

Unter den mannigfaltigen Ausflügen, zu welchen die Umgebung von Besançon Gelegenheit bietet, nennen wir denjenigen über Avanne nach den ausgedehnten Ruinen des Feudalschlosses Montferrand und weiterhin nach den Grotten von Osselle, einem der größten Naturwunder in Frankreich. Von der Eisenbahnstation Byans führt ein Marsch von 3—4 km nach den Mühlen von Osselle, wo man einen Führer und Fackeln mitnimmt. Der Eingang zu der über 1000 m weit in den Berg hinein sich fortsetzenden Grotte ist sehr eng und läßt kaum die Wunder ahnen, die sie in sich schließt. Es ist das eine Reihe von Gewölben mit riesigen Tropfsteinen geschmückt, welche man je nach ihrem Aussehen benannt hat: Die Kanzel des Predigers, die Vendômesäule, die Büste Louis Philipps, der Palmbaum, die Orgeln u. s. w. Die Grotte durchströmt ein Bach, den man auf einer Brücke überschreitet, auf der das Geräusch unsichtbarer Wasserfälle vernehmbar ist. Auch in dieser Höhle fanden sich Knochen urweltlicher Thiere, darunter des riesenhaften Höhlenbären (Ursus spelaeus) vor. Wenden wir von Besançon uns gegen Südosten, so stoßen wir auf die Reste des Schlosses von Montfaucon an der Stelle, wo einst ein römischer Wachtposten sich befand. Die edlen Herren von Montfaucon, welche in der Geschichte der Kreuzzüge eine wichtige Rolle gespielt haben, waren lange Zeit Gebieter von Neuenburg in der Schweiz. Aber die schönste Tour, die man von Besançon aus unternehmen kann, ist diejenige nach dem Thale der Loue, welches eine seltene Vereinigung von Naturschönheiten in sich birgt. Beim Ausgang der Stadt geht die Straße unter der Porte-taillée hindurch und zieht sich links vom Doubs bis zu den Tafellanden hinauf. Der Anblick der Hochebene der Freigrafschaft ist ziemlich einförmig und ermüdend; beim hübschen Flecken Ornans, der Heimath Courbets, hingegen finden wir wieder eine üppigere

Natur; 8 km von Ornans entfernt, durchwandern wir Vuillafans, von den Ruinen des Chateau Neuf beherrscht, dann Mouthier, reizend sich aufbauend an den Abhängen der Loue mit seinen Kaskaden. Etwas oberhalb des Dorfes geht die Straße ganz nahe am Wasserfall von Syratu vorbei. Nach der Percée de la Vieille Roche kündigt der Lärm der Wasserfälle die Nähe des Flusses an und wir stehen an den Quellen der Loue, etwa 14 km von Pontarlier. Im Hintergrunde eines ungeheuren Cirkus wirft der Fluß seine dunkelgrünen Wogen aus einer gewaltigen, 20 m breiten und 11 m hohen Oeffnung; noch ruhig in der Tiefe der Höhlung, bildet er beim Zutagetreten einen prächtig schäumenden Katarakt; seinen Lauf fortsetzend, prallt er gegen gewaltige, moosbewachsene Felsblöcke, zwischen denen er sich brausend hindurchwindet. Die Loue, der Hauptzufluß des Doubs, macht eben solche launische Bogen wie der Hauptfluß selbst. Am Ausgange des gewundenen Thales von Ornans ist sie nur 3 km vom Doubs entfernt; da aber die Felsen, welche an dieser Stelle beide Strombetten von einander trennen, sich nicht haben durchbrechen lassen, so biegt die Loue plötzlich nach Südwesten um und ergießt sich erst nach einem weiteren Lauf von 80 km und im Juradepartement in den Doubs. Nebenfluß der Loue ist der berühmte Lison, welcher ihr aus dem Süden zuströmt. Verschiedene Schlünde, darunter der an 300 m tiefe „Puits Billard", nehmen die Bäche und Rinnsale auf den Hochebenen der Freigrafschaft auf und vereinigen in unterirdischen Canälen ihre Gewässer, welche plötzlich bei Nans-sous-Sainte Anne wieder zu Tage treten. Dort stürzt sich aus einem prächtigen „Ende der Welt" aus der Mündung einer Höhle der Lison heraus und zwar als Kaskade und mit solcher Wasserfülle, daß die Loue selbst ihm darin ohne den Zufluß der Mène-Quelle, unterhalb Cléron und oberhalb der Lisonmündung, kaum gleich käme.

Der französische Jura.

Der zu Frankreich gehörende Theil des Juragebirges erstreckt sich längs der südöstlichen Landesgrenze vom Elsaß bis zur Rhône; die südlichen Ausläufer der Gebirgskette ziehen sich nach Savoyen hinein, und der Fuß der steilen östlichen Abhänge, einige in dieser Richtung vorspringende Höhenzüge, so wie die nordöstliche Fortsetzung des Gebirges gehören bekanntlich der Schweiz. Im Westen senkt sich der Jura, der vom Departement gleichen Namens umschlossen ist, terrassenförmig bis zur Ebene der Franche-Comté und zum Hügelland von Burgund. Von dieser Seite aufsteigend, müssen wir sein Gebiet in drei durchaus verschiedene Distrikte theilen.

Die Abhänge, die sich schroff zur ersten Stufe erheben, sind fast ausschließlich von Weinpflanzungen eingenommen, und dazwischen zeigen sich noch hie und da die schönen Eichen, die ein Hauptschmuck der Ebene sind. Dieser Region gehört der Landstrich an, welcher von der Grenze von Burgund bis an den Fuß des Jura sich ausbreitet. Hier liegt Dôle malerisch am Abhange eines Hügels, die Ebene des Doubs und der Loue beherrschend. Von der Esplanade St. Maurice aus bietet sich dem entzückten Auge eine wundervolle Landschaft: zur Rechten der Stadt, zu ihren Füßen der Doubs und der Rhein-Rhônecanal, eine lachende, fruchtbare, mit Dörfern übersäete Ebene, der weitgestreckte Wald von Chaux und gradaus am Horizont die duftblaue Kette des

Jura, stellenweise überragt von den ewigen Gletschern und Schneefeldern des Montblanc. Dôle ist eines jener alten, schlecht gebauten Städtchen mit dem eigenartigen Gepräge, wo sich der Reisende immer so heimisch fühlt und in Versuchung kommt, einen längeren Halt zu machen. Bedeutender als der Cheflieu des Departements, Lons-le-Saulnier, sowohl durch seine Vergangenheit als durch seine Alterthümer und seine Industrie, war Dôle ehemals Hauptstadt der Franche-Comté, der Sitz der Universität und des Parlaments der Provinz. Die Bürger von Dôle wachten eifersüchtig auf ihre Freiheit und wußten dieselbe im Nothfalle auch zu vertheidigen; noch zeigt man die „Höllenschlucht“ (cave d'enfer), wo sie sich heldenmüthig gegen Ludwig XI. erwehrten. Manche recht interessante Gebäude sind eines Besuches werth und eine Seltenheit in der Provinz, nicht minder die Bibliotheken und Sammlungen von Medaillen und Alterthümern.

Durch den riesigen Wald von Chaux mit seinem kühlen Schatten, dem einstigen Lieblingsjagdgrund Kaiser Friedrich Barbarossa's, treten wir in eine wechselvolle Landschaft; wir durchqueren jene Partie des Laufes der Loue, die den sentimentalen Namen „Thal der Liebe“ trägt, und gelangen nach Arc, dessen prächtige Salinen durch das Wasser der Salzbänke von Salins gespeist werden. Das Land steigt nun fortwährend, und nach Ueberschreitung des rauhen Thales, in welchem Mouchard liegt, stehen wir auf jener oben erwähnten ersten Bodenstufe, le vignoble genannt. Zwischen zwei Bergen von bräunlichem Kalkgestein, welche einen berühmten Wein erzeugen, liegt hier Arbois, eine alte Festung. Sie ist von einem Nebenflusse der Loue, der Cuisance, bespült, deren Gewässer, ähnlich der Mehrzahl der Flüsse des französischen Jura, sich in vollem Strom aus einer wenige Kilometer von der Stadt entfernten, tiefen Höhle in ein von steilen Abhängen umgebenes Becken werfen. Die hübsche Stadt mit ihren mächtigen Schloßruinen hat Eisenwerke, eine chemische Papier- und eine Seidenfabrik. Wenig nordöstlich von Arbois liegt Salins. Diese allerliebste kleine Stadt bildet in diesem sonst noch so wenig bekannten Theile Frankreichs eine Ausnahme und zieht viele Gäste herbei, sei es durch ihre Badeeinrichtungen, sei es durch ihre romantische Lage und ihre an Abwechslung reiche Umgebung. Schon von ferne fällt Salins dem von Mouchard Kommenden durch seine originelle Lage auf. Die beiden auf hohen Felsen thronenden Werke Belin und St. André sind weithin sichtbar. Links erhebt sich der Mont Poupet als vorgeschobene Schildwache des Jura, während der Waldstrom La Furieuse durch den Thalgrund braust und schäumt. Die Stadt füllt den Hintergrund der engen Schlucht und baut sich amphitheatralisch in einer Länge von 3 km bis unterhalb der Terrasse vor der Kirche St. Anatole auf. Letztere, aus dem elften Jahrhundert stammend, weist in ihrer Bauart ein seltsames Gemisch romanischen und gothischen Stiles auf. Salins ist schon unter den Römern ein fester Platz gewesen und hat auch in der Geschichte der Provinz eine ziemlich bedeutende Rolle gespielt. Merkwürdig ist, daß in dieser Stadt im Jahre 1363 das erste Pfandleihhaus errichtet wurde, welches deßhalb anfänglich Mont-de-Salins genannt ward. Außer mehreren Gasthöfen besitzt Salins seine große Anstalt der Soolenbäder, die in der Saison von einer bedeutenden Anzahl von Badegästen besucht wird. Die Mutterlauge (3,22 g bromhaltige Pottasche auf 1 kg Flüssigkeit) ist der flüssige Rückstand, der nach der Ausscheidung und Krystallisation des Salzes in der Siedpfanne zurückbleibt. Sie wirkt anreizend, tonisch, lösend, kräftigend und ist besonders lymphatischen Personen zuträglich. Die Salinen von Salins erzeugen 3,000,000 kg Salz im Jahre. Die Quellen, deren Salzgehalt 23—24 Grad beträgt, werden durch hydraulische Pumpen angesogen. Drei Bohrlöcher liefern täglich 500 hl; die Hälfte der Lauge wird durch eine 17 km lange Leitung gußeiserner Röhren auf die oben erwähnte Saline von Arc geleitet, während die andere Hälfte, durch dasselbe Werk in die Höhe gehoben, die Behälter füllt, aus denen sie in sechs Siedpfannen zum Abdampfen geht. Salins erzeugt auch die besten Rothweine des Jura und führt außerdem eine beträchtliche Menge Eisen, Erz, Gyps und Bausteine aus. Das Holz der unermeßlichen Wälder, welche den Reichthum der Gegend ausmachen, wird von Ochsen nach Chamblay an der Loue geführt und von da unter dem Namen Bois de Chamblay weiter geflößt.

Auch Lons-le-Saulnier, der Hauptort des Juradepartements und die nächstwichtigste Stadt der Vignoble-Region, ist einer Salzquelle halber angelegt und besitzt große Gradierwerke, welche alljährlich 1 Million kg Salz liefern. „Long" ist ein altes Maß Salzwasser, das 24 „Muids" enthält, so daß der Name der Stadt etwa mit „Salzmaß" übersetzt werden könnte. Sie stammt aus dem vierten Jahrhundert und liegt, von trefflichen Weinbergen umgeben, in einem angenehmen Thale am Zusammenflusse der Seille, Vallière und des Solman in 258 m Meereshöhe. Das Gebiet der Stadt bildete im Mittelalter den größten Theil des Scoding oder Sco-d'In, d. h. der Gegend des Ain, deren Bewohner durch ihre Tapferkeit berühmt waren. Sehenswürdigkeiten besitzt Lons-le-Saulnier nicht, doch rühmt es sich die Geburtsstätte Rouget de Lisle's zu sein, des Dichters des französischen Freiheitsliedes der „Marseillaise". In allen diesen Städten wohnt ein betriebsames Geschlecht; da werden Eisen-, Holz- und Lederwaaren verfertigt, da sind Hanf-, Flachs- und Baumwollenspinnereien, und im Winter, der hier ziemlich lange dauert, beschäftigt sich auch ein Theil der Landbewohner mit diesen Arbeiten. Die Bergbewohner im Osten von Lons-le-Saulnier gelten für besonders thätig. Ebenso treiben alle Ortschaften des interessanten Doubsbeckens am Fuße des Jura Industrie und Gewerbe; jeder Wasserlauf wird als bewegende Kraft ausgenützt. Trotzdem ist die Gegend wegen ihrer hohen Lage keinesweg reich und die Bevölkerung steht, ungeachtet der Wunder der Industrie, unter dem Durchschnitt derjenigen Frankreichs. Ja, im Ganzen macht diese Gegend eher den Eindruck der Armuth: die Wohnungen der Winzer sind größtentheils kleine, strohgedeckte Hütten; ihre Kleidung verräth Dürftigkeit, und ihr Aussehen zeigt, daß sie den Fiebern unterworfen sind, die in der Ebene herrschen.

Je höher wir indeß steigen, um so reiner wird die Luft, um so kräftiger der Menschenschlag, und wenn wir die zweite Bodenstufe, die sogenannte Basse Montagne, d. h. das große Tafelland erreichen, das sich längs der höchsten Gebirgsregion, in einer Breite von 12—15 km hinzieht, nehmen auch Gegenden und Ortschaften einen andern Charakter an. Die Wälder bestehen zwar noch hauptsächlich aus Laubholz, aber die Eichen werden mehr und mehr durch Buchen verdrängt; statt der rasch niederstürzenden Bäche, die das Weinland tränken, finden wir hier nur wenige träge Gewässer; das Gebirge, das den Horizont begrenzt, ist mit Tannenwald bekleidet, und schon zeigen sich auf den Erhöhungen des Hochlandes weite Strecken von Buchsbaum bedeckt. Dazwischen liegen Felder, Wiesen, kleine Städte, Dörfer und einzelne Gehöfte, hier „Granges" genannt. Der unergiebige Boden wird mit Fleiß bebaut; er trägt Hafer,

Gerste, Kartoffeln, Rüben, hie und da auch etwas Mais; die herrlichen Nußbäume, welche Häuser und Höfe umgeben, liefern ein stark schmeckendes Oel; die Bienenzucht giebt ebenfalls reichen Ertrag — aber der Hauptreichthum des Landes sind die Heerden, die theils auf den nahe liegenden Wiesen Nahrung finden, theils für die Sommerszeit in die Berge ziehen. Schafe, Schweine, Maulthiere und Esel bleiben jedoch immer in der Nähe ihrer Besitzer, und während sie sich ihr Tagesfutter suchen, beleben Tauben und Hühner die Höfe des Dorfes. Die Wohngebäude sind auf der Tafelfläche der Basse Montagne größer, reinlicher und solider als in der Ebene oder im Weinlande. Sie sind mit dünnen Sandsteinplatten gedeckt, die nach und nach die graue Farbe des Schiefers annehmen. Geräumige Stallungen schließen sich an das Wohnhaus, und den Hof verziert ein großer, viereckiger Düngerhaufen, dessen Anlegung und Unterhaltung die Sorge und der Stolz der Frauen ist.

Das regste Leben finden wir jedoch erst, nach der Schilderung C. von Glümer's, die wir hier zum Leitfaden nehmen, wenn wir in die oberste, im Jahre sechs Monate lang mit Schnee bedeckte Region der „hohen Berge" (Haute Montagne) vordringen. Es ist ein wildes, rauhes Gebiet voll Höhlen und Schluchten. Die Thäler und Höhen sind theils mit Tannenwald, theils mit Buchsbaumgestrüpp, theils mit kräuterreichen Weiden bedeckt; zerrissene Felsen krönen die Gipfel oder ragen aus dem dunklen Grün des Waldes hervor oder thürmen sich an kahlen Bergwänden in wunderlichen Gestalten auf und bilden Klüfte, in denen sich mitten im Sommer Schneelagen erhalten. Zahllose Quellen stürzen von den Abhängen, vereinigen sich zu Bächen, zu Waldströmen, und bahnen sich ihren Weg zur Rhône, zum Ain oder zum Neuenburger See.

In diesem Gebirgslande beschränkt sich der Ackerbau auf wenige Kartoffel-, Gerste- oder Haferfelder, die sorgfältig mit Steinen eingehegt sind und doch nur zu oft durch Wasserfluthen, Erdfälle oder Lawinen zerstört werden. Um so besser gedeiht die Viehzucht, die in großartigem Maßstabe getrieben wird. An allen Berghalden liegen die Granges zerstreut und geben Zeugniß von der Wohlhabenheit ihrer Besitzer. Sie sind von Backsteinen erbaut und haben gewöhnlich die Form eines Quadrats, dessen Seiten 25—33 m lang sind. Die Höhe des Gebäudes mit dem spitzen Dache, das mit steinbeschwerten Schindeln von Tannenholz bedeckt ist, mag 16—20 m betragen. Die Eingangsthüre und die Fenster der Wohnräume sind an der Giebelseite angebracht; die Front enthält mehrere Thore von verschiedener Höhe. Das Innere der Grange ist durch Holzverschläge abgetheilt, Wände und Decken der Stuben und Kammern sind mit braunem Getäfel bekleidet. Mitten in der Stube steht der Heerd, der zugleich die Stelle des Ofens versieht. Der Rauchfang ist ein weiter thurmähnlicher Bau, der bei starkem Schneefall als Thüre benützt wird. Neben der Wohnung befindet sich der Pferdestall, dann kommt die Scheuer, die zugleich als Dreschtenne dient, und deren Thor so groß ist, daß ein beladener Wagen hineinfahren kann. Darauf folgt der große Kuhstall, das Hauptgemach des Hauses. Da man das wenige Stroh, das hier geerntet wird, zum Futtern benutzt, und auch kein Laub zum Streuen besitzt, wird der Boden gedielt; oft ist ein Bach durch den Stall geleitet, der allen Unrath fortspült, und überall wird er sehr reinlich gehalten. Die Kühe stehen in zwei Reihen an den Wänden, den Kopf der Mitte zugekehrt. Zwischen den Raufen ist ein breiter Raum, den die Familie an kalten Tagen als Wohnzimmer zu benutzen pflegt. Auch wird er zum Aufbewahren der Ackergeräthe, der Kartoffeln und Rüben braucht. An der zweiten Giebelseite liegen gewöhnlich noch einige Gemäch die für den Nachwuchs bestimmt oder zum Altentheil und Wittwensitz eingeric sind. Die Heu- und Getreidevorräthe werden unter dem Dache verwahrt, u die Milch- und Käsekammern, die sich immer an der Nordseite der Grange finden, ersetzen den fehlenden Kellerraum. Das Hausgeräth ist äußerst einfa Bänke, Tische und Schemel von Tannenholz, eine laut tickende Uhr, ein kupfer Kessel, hölzernes und irdenes Küchengeschirr, zuweilen ein Heiligenbild oder Blumenstock zwischen den Doppelfenstern bilden die Einrichtung der Stu Die Kammern enthalten nur die nöthigen Betten und einen Schrank mit Kleidern und Leinenvorräthen der Familie. In den ärmeren Häusern schla die Söhne im Heu über dem Kuhstall.

Zur Sommerzeit haben die Bewohner dieser Grangen mit der Bestellu ihrer mageren Felder und Gärten, mit dem Hüten und Melken der Heer mit der Butter- und Käsebereitung zu thun. Die älteren Söhne ziehen wo auch mit einem Theil der Heerde zu höher gelegenen Weideplätzen oder v miethen sich als Fruitiers, Käsemacher, in den Dörfern des Tafellandes. Al im Winter vereinigt sich die ganze Familie im Vaterhause, um gemeinschaftl zu arbeiten. Bald machen sie Küferarbeit, die im Weinland verkauft wi bald Uhren und Bratspießwender, Holzlöffel oder Schachteln, die in ganz Fra reich Absatz finden. Um Mitternacht steht die Familie auf. Die Männ dreschen den Kornbedarf für den folgenden Tag, die Frauen bereiten das M auf Handmühlen und kochen Bohnen oder Kartoffeln zum ersten Frühstück, um vier Uhr genossen wird. Wenn das Vieh besorgt ist, geht Alles an „Winterarbeit". Halb spielend suchen die Kinder zu helfen und wetteifern einander, wer die schönste Schachtel, den besten Löffel zu erzeugen verst Um acht Uhr wird das zweite Frühstück eingenommen, gewöhnlich ein stei Maismehlbrei oder Rüben, oder Suppe von Kohl und Brot. Das Mittages ist den übrigen Mahlzeiten gleich, höchstens wird etwas gedörrtes Kuhflei „Brézi" genannt, hinzugefügt, oder etwas Milch und schlechter Käse. Das wöhnliche Getränk ist „Genevrette" d. h. Wasser, worin Wachholderbeeren, wi Pflaumen und Holzäpfel zur Gährung gebracht sind. Auch ein bitterer Enzi schnaps findet zahlreiche Verehrer. Abends wird wieder Suppe gegessen um sieben Uhr begiebt sich Alles zur Ruhe. An Zerstreuungen ist nicht denken. Die nächste Grange ist oft durch Schneefall unerreichbar; so meh sich die Erzeugnisse, und gegen Neujahr, oft schon früher, rüstet sich der Va oder der älteste Sohn zur Reise. Während er durch alle Provinzen Fra reichs hausiren geht, arbeiten die Seinigen wacker fort; der Großvater erzäl was er einst draußen erlebte, die Mutter wiederholt, was sie von den schäften und Abenteuern des Vaters gehört hat, und die Kinder träumen v der Zeit, die sie auf Reisen führen wird. Ist der Himmel klar und die Schl tenbahn gut, so wird wohl mitunter die Sonntagsmesse im nächsten Dorfe sucht; aber Unsere Liebe Frau von St. Claude ist nachsichtig und nim auch auf die Gebete Rücksicht, die in den verschneiten Grangen der Berge sprochen werden.

In den Dörfern ist das Leben natürlich weniger einsam, im Uebrig aber dem der Grangen ziemlich gleich. In den Gemeinden von Foucine, Bel Fontaine und Mouille beschäftigen Hochöfen, Drahtziehereien und Nagelschmied einen großen Theil der Bevölkerung. In den Schmiedewerkstätten helfen Frau und Mädchen ebenso gut, wie bei den Arbeiten der Uhrmacher und Holzschnitzer, und wo es, wie in Mouille, an Wasser fehlt, muß sogar der Hofhund einen Theil der Last übernehmen, indem er Blasebalg und Walzwerk in Bewegung setzt. So vergeht der Winter den Fleißigen unbegreiflich schnell. Mit den ersten Frühlingslüften kommen die Hausirer zurück. Sie bringen Geld, Kleidungsstücke, Materialwaaren, Wein, Schmuck und Kostbarkeiten aller Art. Freilich wird ein nicht unbeträchtlicher Theil dieser Herrlichkeiten auch auf dem Wege des Schmuggels über die nahe Schweizergrenze ins Land geschafft. Mouthe am Fuße des Noirmont ist ganz besonders eines der ärgsten Schmugglernester des Jura. Die Gabelous, wie der Volksmund die Steuerbeamten benennt, müssen dort beständig auf der Hut sein. Man kann die heutigen Schmuggler jener Gegend in drei Klassen theilen: die Bricotiers oder Kleinhändler, Greise, Weiber, Kinder, welche fast stets einzeln in der Schweiz kleine Mengen von Zucker, Kaffee, Schießpulver kaufen, um sie diesseits der Grenze mit Nutzen zu verkaufen; die Porte-Ballots oder Ballenträger, welche Stoffe, besonders Kaschmir, herüberschwärzen. Sie tragen nie mehr als 12—15 kg, doch ist ihr Geschäft das lohnendste, daher nur ganz verläßliche Leute dazu vom Assureur verwendet werden; so heißt im Jura der Agent oder Zwischenhändler, der für bestimmte Commissionsgebühren die Waaren über die Grenze zu schmuggeln übernimmt. Die schlechteste Sorte von Schwärzern sind endlich die meist in größeren Truppen arbeitenden Tabatiers oder Carotiers, meist unverläßliche Individuen, deren geringste Laster Trunksucht und Ausschweifung sind; Diebstahl ist ihnen dabei ebenso geläufig wie Betrug, und selbst Brandstifter sind unter dieser Menschenklasse keine Seltenheit.

Natürlich haben diese Schmuggler mit den im Frühjahre heimkehrenden Hausirern — Mercandiers heißen sie im Lande — nichts gemein. Letztere haben stets viel zu erzählen von ihren Handelszügen, und Frau und Kinder lauschen ihnen mit Entzücken. Während nun so in den Häusern und Herzen ein großes Wiedersehensfest gefeiert wird, beginnt sich auch draußen Alles zu regen. Von dem schmelzenden Schnee der höchsten Gipfel genährt, wachsen die Bäche und stürzen als schimmernde Kaskaden ins Thal. Vom Süden her kommen Krammetsvögel, Rothkelchen, Feldhühner, Drosseln und Fasanen gezogen, zuweilen läßt sich auch das Gurren der Waldtaube hören oder der Gesang der Nachtigall. Der Wolf zieht sich in die höchsten Berge zurück, das Eichhörnchen, die wilde Katze, der Hase spielen im Walde; die Tannen wiegen des Jahres neuen Trieb auf den mächtigen Armen, mit dem Duft des Nadelholzes mischt sich das Aroma der Alpenkräuter; weiße, rothe, gelbe Blüthen schmücken die Weiden und am Rande des Schneelagers entfaltet der Enzian seine blauen Sterne. Es ist dann, als ahnten die Heerden, daß ihre Wanderzeit kommt. Sie stehen unruhig im Stalle, brüllen, wenden sich der Thüre zu und athmen begierig die frische Luft, die ihnen von außen zuströmt. Ihre Hirten behaupten, daß sie den Tag des Auszugs auf das Genaueste kennen und sich mit Gewalt losmachen würden, wenn man versäumte, sie am ersten Mai auf die Weide zu treiben. Schon am Vorabend des festlichen Tages versammeln sich die jungen Bursche und Mädchen, schmücken sich mit Bändern und Blumensträußen, lassen zuweilen einen aufgeputzten Maibaum vor sich hertragen, ziehen im Dorf von Haus zu Haus oder in den Bergen von Grange zu Grange und singen alte Lieder in dem weichen Dialekt ihrer Heimath, der an die Nähe Italiens erinnert. Die Weisen sind monoton wie alle Volkslieder, und in den Versen ist mehr Wohllaut als Poesie, wie folgende Strophe aus einem der beliebtesten Mailieder beweisen möge:

Vettia veni lou zouli ma!
Netron metro lo bon sa.
Vettia veni lou zouli ma!
Do bon sa netron metro,
Vo plairet-y de vo levo
Per no bailli a baëri?

Seht, schon kommt der schöne Mai!
Unsern Herrn begrüßen wir.
Seht, schon kommt der schöne Mai!
Wir begrüßen unsern Herrn.
Gefällt es euch mal aufzustehn,
Uns einen Trunk zu geben?

Jeder gute Hausvater folgt dieser Aufforderung und giebt den Weiterziehenden meist noch einen Krug Wein mit auf den Weg; die Frauen geben Kuchen, Eier, ein Stück Speck, ein Band oder ein Tuch für die Mädchen. Nach vollendetem Umzuge werden die Eßwaaren zum glänzenden Abendimbiß vereinigt, und nachher tanzt die junge Welt bis in die Nacht, entweder in der Schenke des Dorfes oder auf der Dreschtenne einer Grange. Zuweilen finden sich zu diesen Feierlichkeiten einige Musikanten ein, mit Flöte, Dudelsack, Violine oder auch nur mit einem Leierkasten, meist Savoyarden. Doch auch ohne Musik geht der Tanz trefflich von Statten. Die Tänzer singen selbst die Melodie, nach der sie herumspringen, bald in sogenannten Contretänzen, die aber nur ein regelloses Hüpfen sind, bald in den alten Reigen, die zu den Eigenthümlichkeiten des Jura gehören. Bursche und Mädchen fassen sich bei der Hand, stellen sich paarweise hintereinander und suchen so getreu als möglich die Sprünge des Vortänzers nachzuahmen, der mit lauter Stimme das Tanzlied singt. Der Inhalt dieser Lieder, die fast in jeder Gemeinde verschieden sind, ist theils albern, theils obscön; wahrscheinlich stammen sie aus alter Zeit. Sobald eine Strophe gesungen ist, kehrt das erste Paar an das Ende der Reihe zurück; das zweite genießt nun die Ehre des Vortanzens und so geht es fort, bis der Liederschatz erschöpft ist oder die Glieder ermüden.

Oft tanzen auch die Bursche allein, während die Mädchen plaudernd und zusehend dabei stehen. Im Allgemeinen ist es Sitte, daß sich Männer und Frauen in den Stunden der Erholung trennen. Die Männer trinken, rauchen, spielen Karten oder Kegel. Die Frauen schmücken sich mit den besten Kleidern von feiner, dunkler Wolle, mit den buntesten Tüchern und Schürzen, mit silbernen Ketten und Nadeln — mustern sich gegenseitig und besprechen auf das Angelegentlichste das Thun und Lassen der lieben Nächsten. Französische Galanterie ist im Jura unbekannt; ein derber Spaß, ein Rippenstoß sind die beliebtesten Zärtlichkeitsbeweise. Die Hochzeitsgebräuche sind in allen Departements des Jura fast dieselben wie die in den Vogesen geschilderten; nur der Dialog ist je nach der geistigen Bildung und der Mundart verschieden. In dem eigentlichen Jura verkleiden sich die jungen Mädchen, um ihre Rollen in der auf S. 188 beschriebenen Scene besser durchführen zu können. Wenn der Bräutigam vor dem Hause seiner Braut anlangt, findet er die Thür verschlossen. Er pocht zu wiederholten Malen an und ruft: „Gebt mir das Lamm zurück, welches mir gehört!" Man läßt ihn endlich ein und die ganze „Heerde" zieht an ihm vorbei, bis er seine Verlobte gefunden hat. Den zur Kirche wallenden

Hochzeitszug eröffnet gleichfalls ein Ehrenbursche mit der weißen Henne, welche er vermittelst eines Bindfadens nöthigt, von Zeit zu Zeit zu schreien. Je lauter und durchdringender dieses Gegacker ist, desto größere Tugenden wird die künftige Ehegattin entfalten. Wenn diese am Altar den Trauring aus der Hand ihres Mannes empfängt, muß sie denselben auf eine geschickte Weise zwischen das erste und zweite Glied des Ringfingers gleiten lassen, damit sie den Nachstellungen des Bösen entgehe. Auf der Schwelle ihrer neuen Wohnung reicht man ihr ein Stück Schwarzbrot, von dem sie mit den Zähnen einen Bissen abbeißt. Die Ehen werden mehr aus Berechnung nach Familienbeschluß als aus Liebe geschlossen; aber die Gatten sind sich treu, leben und arbeiten einträchtig zusammen, erziehen die Kinder in hergebrachter Weise und werden oft durch die Gewohnheit zu herzlicher Anhänglichkeit geführt. Die Bewohner des Jura lieben ein stilles, häusliches Leben, sie sind arbeitsam, mäßig, vorsichtig und umsichtig in Geschäften, mißtrauisch gegen „Ausländer", d. h. gegen Alle, die außerhalb des Jura wohnen. Ihre Festigkeit artet leicht in Hartnäckigkeit aus, ihre Sparsamkeit in Geiz, wodurch jedoch die Gastlichkeit, die sie mit allen Gebirgsvölkern gemein haben, nicht beeinträchtigt wird. Mit sich und ihrer Heimath sind sie sehr zufrieden; obwohl sie auf ihren Handelswegen die gesegnetsten Gegenden Frankreichs und ein bequemes Leben kennen lernen, kehren sie immer mit Lust und Liebe in ihre rauhen Berge und zu den ländlichen Arbeiten zurück, die während der schönen Jahreszeit ihre Hauptbeschäftigung ausmachen.

Außer der Bestellung der Felder und der Sorge für die Bienen, die an jedem Hause ihren Stand haben, nehmen die Heerden Zeit und Sorgfalt in Anspruch. Sobald die Kühe wieder auf die Weide getrieben werden, beginnt das Käsemachen, das zu den besten Erwerbsquellen des Landes gehört. Der hier gewonnene Käse wird, wie der Schweizerkäse, unter dem Namen Fromage de Gruyère durch ganz Frankreich versendet. Jede der größeren Grangen hat ihren besonderen Käser oder Fruitier; aber in den Dörfern, wo manche Familie nur eine geringe Anzahl von Kühen besitzt, sind gemeinschaftliche Käsehütten (Fruiteries) angelegt; sie werden von einem für die ganze Saison aufgenommenen Käser bedient, welcher reihum essen geht. Man füttert ihn auf's Beste, denn dieser Käser ist eine hochwichtige Persönlichkeit. Nur der Pfarrer hat den Vortritt vor ihm, selten der „Maire", der Dorfschulze. Der Johannistag ist der Festtag des Fruitier, wie auch jener des Bouèbe oder Hirtenknaben, Buben (nach der Schweizer Aussprache). An jenem Tage staffirt man seine Käseformen mit Blumen heraus, beschenkt ihn selbst mit einem Strauße, Naschwerk und Geld. Aber auch im Alltagsleben treibt man einen wahren Kultus mit diesem Menschen, der im Grunde doch nur ein Dienstbote, im günstigsten Falle ein Bediensteter der Käserei ist. Es sind aber die Weiber, welche ihm zu seiner Stellung in der Gemeinde verhelfen; durch sie erkennt er Niemanden über sich an als den Pfarrer. Seine Beziehungen zu den Weibern sind eben fast stündliche. Zweimal im Tage bringen sie die Milch zu seiner Käsehütte; er erkundigt sich um die Kranken, seien es Menschen oder Vieh, spricht mit den Mädchen von ihren Herzliebsten, mit den Frauen über ihre häuslichen Angelegenheiten, schäkert mit den einen, ist liebenswürdig mit den andern, und da er zu all' diesen Eigenschaften oft noch jene gesellt, jung, fast immer ledig und oft hübsch zu sein, so wird man sich nicht wundern, daß man mehr als einen dieser Fruitiers wegschicken mußte, weil er Unheil in den Familien anstiftete.

Im Allgemeinen jedoch ist ihr Einfluß im Dorfe eher ein günstiger, besonders seit einigen Jahren. Die ersten Käser des Jura waren aus dem Schweizer Kanton Freiburg gekommen. Quacksalber, Kräutler und Viehärzte, wußten sie Alles, machten Alles, mischten sich in Alles, trieben selbst Zauberkünste. Die heutigen Käser haben diesem Thun entsagt, und thaten wohl daran. Betrügen, wie ehedem, fiele ihnen heute auch nicht leicht, obwohl man sich noch immer des patriarchalischen Kerbholzes bedient. Morgens und Abends schickt jede der betheiligten Familien ihren Milchvorrath, der Empfang wird auf einem Kerbholz vermerkt und die jungen Bäuerinnen verstehen so gut zu rechnen, daß derjenige sehr geschickt sein müßte, der sie um einen einzigen Einschnitt betröge. Die ganze Milchmasse wird dann zusammengeschüttet und in flachen, hölzernen Kübeln aufbewahrt. Der Rahm der Abendmilch wird Morgens abgenommen und der Familie du jour zum Buttermachen überantwortet. Dann werden Abend- und Morgenmilch in einem großen Kupferkessel an's Feuer gebracht, wo nach kurzem Kochen durch den Zusatz von Lab ihre Scheidung erfolgt. Der Käser, der die Masse fleißig umrührt, schöpft nun den Käsestoff in die weite flache Form, salzt ihn und drückt ihn fest zusammen. Dann wird die Form in die Käsekammer gebracht, ein dunkles gewölbtes Gemach, wo die Erzeugnisse des ganzen Sommers übereinander geschichtet stehen und täglich umgewendet werden müssen, bis sie nach einigen Monaten ihre Reife erlangt haben. Das Gewicht der Käse beträgt 25—40 kg, ihre Vertheilung nach Verhältniß der gelieferten Milch erfolgt zu Ende des Sommers. Die Milch von 80 Kühen giebt zu Anfang und Ende der Weidezeit täglich etwa 12, in der Mitte des Sommers 20—23 kg Käse.

Noch ergiebiger und besser ist die Milch der Kühe, die zur Weide in die höchsten Berge getrieben werden. Am 1. Juni treten sie ihre Wanderung an. Gewöhnlich besteht eine Heerde aus 150—200 milchgebenden Kühen, die Zahl der Rinder, Ziegen, Esel, die mitziehen, ist unbestimmt. Für 18—20 Kühe wird ein Hirt, für 80 Kühe ein Käser und ein Küchenjunge mitgegeben. Zur Wohnung der Hirten sind auf allen Weideplätzen kleine, mit Schindeln gedeckte Häuschen erbaut, die wie in der Schweiz „Sennereien", Chalets, genannt werden. Sie enthalten eine Küche, eine Milch- und Käsekammer, und einen „Stall", in welchem die Hirten schlafen. Ringsumher weiden die Kühe, bald näher, bald ferner, bewacht von ihren Hirten und Hunden. Zweimal täglich zur bestimmten Stunde, die sie nie verfehlt, kommt jede Kuh in den Stall, wo der Hirt ihrer Abtheilung mit dem Milcheimer bereits steht. Außerdem hat er sich den Melkschemel angeschnallt, ein Bret, das in der Mitte mit einem hölzernen Bein versehen ist und dem Hirten, so oft er aufsteht, das Ansehen eines steifgeschwänzten Ungethüms verleiht; an der linken Seite trägt er noch ein Säckchen mit Kleie und Salz, aus welchem er jeder Kuh eine Hand voll verabreicht. Die gewonnene Milch wird dem Käser überliefert, der damit verfährt, wie der Fruitier des Dorfes.

So vergehen die Tage und Wochen in einförmiger Folge. Wenn das Geschäft des Melkens vorbei ist, liegt der Hirt oft stundenlang am Bergabhang im Sonnenschein, sieht die Dünste aus den Thälern steigen, in seltsamen Gestalten über die Wälder ziehen oder, zu Gewitterwolken verdichtet, den Gipfel der Berge umhüllen, bis sie von Blitzen zerrissen, vom Winde vertrieben, in Regengüsse aufgelöst werden. Je mehr er schaut und sinnt, um so vertrauter werden ihm alle diese Regungen des Naturlebens;

bald kennt er die Vorboten des Unwetters, die Tücken der Winde, die Eigenschaften der Quellen, die Heilkräfte der Pflanzen in seinem Bergrevier. Und Nachts, wenn er die Wache hält, wenn der ungewisse Sternenschein, das bläuliche Mondlicht, in dem Alles wächst und verschwimmt, über dem Gebirge liegt, wenn der Hauch der Nacht mit wundersamen Tönen über ihn hinstreicht, die Eulen schreien, der Hund zu seinen Füßen im Traume knurrt, und dann und wann aus der dampfenden Heerde, die rings um das Haus gelagert ist, ein Aechzen zu ihm herüberschallt, gewinnen alle Märchenbilder des Volksglaubens Gestalt und Leben. Bald sieht er reiche Zwerge mit Gold und Edelsteinen beladen vorüberziehen; bald erzählen fallende Sternschnuppen von dem Sterben eines frommen Menschen; bald tönt ihm der Spruch in die Ohren, mit dem man die Alraunwurzel aus der Tiefe lockt; bald schwirren Fledermäuse, die Boten der Hexen, durch die Luft; bald glaubt er die Unholdinnen selbst zu sehen, die auf Böcken und Besen zum Sabbath eilen. Der Hirt schlägt ein Kreuz und spricht ein Ave Maria sich und der Heerde zum Schutz — die Spukgestalten verschwinden und in der Ferne erschallt bald darauf das Signal des Alphorns, tönt näher und näher von allen Bergen wieder und sagt dem einsam Wachenden, daß treue Freunde bereit sind, ihm in jeder Gefahr zu helfen.

Viel ist indessen nicht zu fürchten. Die Bären sind in den Bergen des Jura so gut wie vertilgt, und der Wolf ist eine wenig gefürchtete Erscheinung. Sobald er sich irgendwo zeigt, läßt der Wächter das Nothsignal erschallen; seine Gefährten und Nachbarn eilen herbei, die Heerde drängt sich zusammen, die Hörner nach außen gekehrt, die Hunde stürzen sich wüthend auf den Feind, und gewöhnlich zieht er sich ohne Kampf in den Wald zurück.

Ueber vier Monate bleiben die Heerden in den Bergen. Die Tage werden kurz, die Nächte kalt; immer größer wird das Verlangen nach dem lang entbehrten Familienleben. Und endlich kommt das Fest des heiligen Dyonysius (9. Oktober), der Tag der Heimkehr. Die Heerden scheinen die Reiselust der Hirten zu theilen, jedenfalls verstehen sie die Rüstungen zum Abzuge; sie ordnen sich unter die Anführung der Leitkühe, denen die Kleider der Hirten zwischen den Hörnern befestigt werden; Kessel, Töpfe, Kübel, Decken, Käsetonnen u. s. w. werden den Eseln aufgepackt, und nun geht's heimwärts. Auf allen Wegen ist fröhliche Bewegung. Vorsichtig schreiten die stattlichen Kühe einher und scheinen kopfnickend die bekannten Gegenden und Gegenstände zu begrüßen; das Geläut ihrer Glocken, ihr fröhliches Gebrüll, das Bellen der Hunde, das Jodeln der Hirten verkündigt den Zug von Weitem. Aus Dörfern und Grangen kommen ihm Frauen und Kinder entgegen. Die Häuser sind wie zum Empfange von Gästen geschmückt, auf dem Tische stehen Fleisch, Kuchen und Wein, und im Stall ist frisches Heu in die Raufen gesteckt. In den Bergen ist's nun einsam. Ueber die verödete Halde streicht der Wind mit klagenden Tönen; statt des melodischen Geläutes der Heerdenglocken schallt der Schrei der Raubvögel durch die Luft — bald legt sich eine dicke, weiche Schneedecke über Felsen, Weiden und Wald, und von den Höhen steigt der Winter immer tiefer herab. Er baut sich Eisbrücken über die Gewässer, zersprengt das Gestein, läßt Stürme durch die Schluchten rasen, entwurzelt Bäume oder erdrückt sie mit seinen Schneelasten, treibt hungrige Wölfe und Bären in das Thal und erschreckt die fleißigen Bewohner der Grangen durch den Donner der Lawinen, die er vom Bergabhange hinabrollt.

Das Herzogthum Burgund.

In Bresse und Dombes.

Neben Ile de France, Picardie, Orléannais, Champagne und Normandie ist das seit 1476 mit Frankreich vereinigte, im Gebiete der Seine, Loire und Rhône gelegene, ehemalige Herzogthum **Burgund** (la Bourgogne) sicherlich eine der Hauptprovinzen in Bezug auf die historische Heranbildung Frankreichs und des französischen Volkes. Das Land der alten germanischen Burgunden, welche dem schon von römischer Gesittung völlig durchtränkten keltischen Gebiete ihren Namen hinterließen, ist auch von der Natur ein reich gesegnetes. Hier sind überall sanft abgerundete und fruchtbare Berge, schöne und ruhige Ströme, erträgnißreiche Ebenen. Der östliche Theil Burgunds, an die Franche-Comté grenzend, steigt terrassenförmig zu dem Quellenlande der Mosel empor, der südliche, an das Lyonnais und das Dauphiné stoßend, ist mehr eben und lehnt sich an die westlichen Vorberge des Jura; er ist von allen Seiten von Höhen umschlossen, und hier sind auch die höchsten Erhebungen im Westen, nämlich die von Mâcon und Charolais, welche bis zu 1000 m emporsteigen, im Osten hingegen die des Jura selbst, die 1670 m erreichen; im Norden endlich breitet sich gegen die Champagne hin das uns schon bekannte Plateau von Langres aus, und südlich davon streichen die Hügel der Côte-d'or. Dieses ganze Gebiet, etwas größer als Pommern, umfaßt gegenwärtig vier Departements; das der Yonne, welches am weitesten gegen Nordosten vorgeschoben ist und bis an das der Reichsmetropole so nahe gelegene Departement der Seine-et-Marne reicht; das der Côte-d'or, östlich vom vorigen und südlich an jenes der Saône und Loire grenzend; südöstlich endlich von diesem das Departement des Ain, welches sich an das Juradepartement der Franche-Comté anschließt. Es ist der südlichste Abschnitt Burgunds, die Landschaften **Bresse**, **Bugey** und **Dombes** umfassend, ein recht merkwürdiger Bezirk. Der Ain, ein im äußersten Nordosten des Juradepartements bei Nozeroy entspringender und nach einem 160 km langen, ziemlich nordöstlich gerichteten Laufe bei Anthron in die Rhône mündender, rechtsseitiger Nebenfluß dieses das Ain-Departement im Osten und Süden begrenzenden Stromes, theilt dasselbe in zwei etwas ungleiche Hälften, deren östliche das obenerwähnte **Bugey**, 3925 qkm groß, enthält. Es war früher ein Theil des gallischen Sequanerlandes, später gehörte es zu Burgund und hatte seine eigenen Seigneurs; gegen Ende des elften Jahrhunderts bemächtigten sich die Grafen von Savoyen des Landes, das im sechzehnten Jahrhundert französisch wurde. Es ist ein von den südlichen Ausläufern des Jura durchzogenes romantisches Gebirgsland, welches nur in seinem nördlichsten Theile, den zum Schweizer Kanton Genf sich herabsenkenden Gehängen des Jura, mildere Formen aufweist. Hier liegt höchst malerisch, am Journan und am Fuße des 1691 m hohen Mont Colomby und in 647 m Meereshöhe das käseerzeugende Städtchen **Gex**, das antike Gesia, dessen schlechte Bauart — es ist eigentlich blos eine einzige zwar breite aber ziemlich steile Straße — man über den Anblick der sich zu Füßen ausbreitenden Sichel des Genfersees, Genf selbst und der savoyischen Berge, vom Montblanc überragt, gerne vergißt. Neun Kilometer südöstlich, dicht an der Schweizer Grenze und gewissermaßen zur nächsten Umgebung Genfs gehörig, erscheint in hübschem Thale das Oertchen Fernex oder Ferney, berühmt durch den Aufenthalt, welchen einer der hervorragendsten Geister Frankreichs, Voltaire, dort so lange genommen. Das Landhaus, welches er sich dort in einfachem aber edlem Stile erbaute, bildet heute noch die Hauptsehenswürdigkeit des Ortes, welcher dem Philosophen die Einführung der noch jetzt blühenden Uhrenmanufaktur verdankt; seither haben die Einwohner Ferneys diesem Industriezweige noch die Erzeugung gemeiner Fayencen und irdener Waaren so wie die Papiererzeugung hinzugefügt.

Die Juraketten, welche mit südwest-nordöstlichem Streichen hinter Ferney und Gex sich erheben, zeigen eine Reihe nicht unbeträchtlicher Kuppen, wie La vieille Maison, Le Taret und Montrond, zwischen welchen der 1323 m hohe Col de la Faucille mit schöner, gut gehaltener Straße sich hindurchwindet, ferner südwärts fortschreitend nebst dem schon erwähnten 1691 m hohen Colomby de Gex, der Montrisey mit dem inzwischen liegenden Col du Crozot, der zu 1723 m ansteigende Crêt de la Neige, der nur 3 m weniger hohe Reculet, der Crêt de la Goutte und der Grand Credo, mit welchem die gewaltigen Massen des Jura hier zur Rhône abstürzen, die sich zwischen ihnen und dem Mont Vuache in Savoyen hindurchzwängt. Die Schienenstraße von Genf nach Lyon, welche dem Rhônelaufe folgt, durchbricht hier den Jura in dem mächtigen fast 4 km langen Tunnel des Credo, über welchem das starke Sperrwerk de l'Ecluse trotzig zu Thale blickt. Es ist eine in der That großartige Landschaft im Angesicht der majestätischen Gebirge Savoyens, das blos der Rhônelauf vom Ain-Departement trennt. Oberhalb des Dörfchens Bellegarde, wo die aus Genf kommenden Reisenden sich der französischen Zollrevision unterwerfen müssen, fließt ihm von Norden her aus engem, tief eingeschnittenem Thale die herabbrausende Valserine zu, welche auf einem großartigen, 250 m langen und 52 m hohen Viadukte überschritten wird, dann macht die Rhône eine jähe Wendung nach Süden, nachdem sie kurz oberhalb der Valserinemündung, im Engpaß de l'Ecluse bis auf 5 m Breite zusammengedrängt, in einen engen Felsentrichter stürzt, worin sie früher auf eine kurze Strecke völlig verschwand. Es ist dies die sogenannte Perte du Rhône. In der Tiefe tritt der Fluß nämlich in einen engen Canal, von steilen Felswänden eingefaßt, in welchem er etwa sechzig Schritte weit von übergestürzten Felsblöcken verdeckt ward. Neuere Sprengungen haben indeß das Bett der Rhône derart erweitert, daß sie jetzt auch beim niedrigsten Wasserstande überall sichtbar bleibt. Die Perte du Rhône, welche der Schreiber dieser Zeilen noch in ihrer ursprünglichen Seltsamkeit bewundern konnte, ist jetzt, von dem schroffen Charakter der engen Thalspalte abgesehen, interesselos geworden. Viel großartiger und auf eine Strecke von mindestens 400 Schritte wiederholt sich dieses Phänomen in der Perte de la Valserine, durch deren Thal theilweise die neue Eisenbahn nach Nantua gezogen ist. Es liegt dieses gewerbreiche Städtchen in einer der wildesten und ödesten Schluchten des Jura an einem kleinen forellenreichen See gleichen Namens in 480 m Meereshöhe. Die Stadt besteht blos aus drei nahezu parallelen Straßen, wovon zwei breit und schön, die dritte aber alt, düster, eng und unsauber ist; ein hoher Berg überragt die Häuser im Osten; im Westen baden sie sich in den klaren Fluten des Sees, der bei 2 km Länge etwa 2 km Breite hat. Nantua verfertigt Tuch, Kämme, Perlmutterknöpfe, Drechslerwaaren, Seiden- und Wollstoffe, treibt Handel mit dem in der Umgebung erzeugten Bergkäse, mit Getreide und Wein, welch letztere es der nahen Schweiz zuführt.

Charakteristisch für diese Osthälfte des Ain-Departements ist, daß die tiefen Thäler mit reißenden Bergströmen fast alle von Norden nach Süden gerichtet sind, mehr oder minder dem Laufe der Rhône parallel; doch giebt es darin fruchtbare Aecker; man zieht Ochsen, Hammel und Pferde, man gewinnt Eisen und ausgezeichnete Baumaterialien, so wie die besten lithographischen Schiefer Frankreichs. Bei Pyrimont an der Rhône liegen bedeutende Asphaltgruben, deren Ausbeutung ein Jahresertrágniß von 30,000 Franken abwirft. Sieben Kilometer weiter abwärts folgt Seyßel, ein altes Städtchen, den Römern als Saxitis bekannt, an beiden Ufern der von hier schiffbaren Rhône, über die eine Doppelhängebrücke führt. Das Rhônethal erweitert sich nunmehr; der reißende Strom fließt in einem breiten inselreichen Bette an dem Oertchen Culoz vorbei, wo die Bahnen nach Lyon und Turin abzweigen, bis nach St. Genix, wo er eine neue plötzliche Wendung aus dem Süden nach Nordosten macht. Von dem savoyischen St. Genix an bildet er die Grenze zwischen Burgund und Dauphiné, besonders zwischen dem Ain- und Isère-Departement. Bei Villebois beschäftigen ausgedehnte Steinbrüche über ein halbtausend Arbeiter und bei Lesault bildet eine 975 m lange Felsenwand den Saut du Rhône, wo der Strom zwei Fälle, jeden von 1 m Höhe macht; durch Einschnitte findet hier die gefährliche Schifffahrt statt. Wenig unterhalb dieser Stelle, bei Lagnien, wendet die Rhône sich abermals, diesmal gegen Westen und nimmt unterhalb Loyettes den zwischen meist steilen Ufern fließenden Ain auf, der nicht weniger denn zwanzig Wasserfälle aufweist; von diesen ist die Port de la Seez, 16 m hoch und 130 m breit, der bedeutendste.

Die Landschaft, welche von der Ainmündung an die Rhône bis zu ihrer Vereinigung mit der Saône im Süden und letztere im Westen begrenzt, ist das Pays oder die Principauté de Dombes, ein früheres Fürstenthum in Burgund, welches 1681 von der Prinzessin von Montpensier an den Herzog von Maine kam, dessen Sohn sie 1762 an Ludwig XV. abtrat. Trévoux ist die Hauptstadt dieses Gebietes, welches sich als ein 1448 qkm umfassendes Tafelland, das mit ungesunden Teichen wie übersäet ist, darstellt. Diese Teiche nehmen etwa 19,000 ha ein und man legt deren in den Dombes beständig neue an; der Boden ist dann abwechselnd überaus fischreiches Wasser und dann Gerste und Hafer tragender Acker; auch die Zahl der Wasservögel ist übergroß. In diesem kalten, feuchten, nebeligen Landstriche sind auch die wenig zahlreichen Bewohner schwächlich und ohne Energie. Weit günstiger ausgestattet ist die nördlich von den Dombes sich über 3925 qkm ausbreitende, ehemalige Grafschaft Bresse, welche in Ober- und Nieder-Bresse getheilt war und gleichfalls ihre alte Geschichte hat. Unter dem Namen Brexia kommt dieses Land schon im elften Jahrhundert, als Saltus Brixius schon früher und zwar als ein Theil Burgunds vor. Der erste bekannte Graf ist Rudolf und lebte im elften Jahrhundert. Sibylle, die Erbtochter des letzten Grafen, Guido's, brachte die Grafschaft 1272 dem Herzog Amadeus von Savoyen zu; 1535 nahm sie König Franz I. von Frankreich in Besitz. Frankreich gab sie jedoch im Frieden von Cambrai 1559 zurück und erhielt sie erst 1601 wieder im Frieden von Lyon im Austausche gegen Saluzzo, worauf die Bresse mit der französischen Krone vereinigt blieb. Der Ackerbau gewinnt hier reiche Ernten und der Boden hat Torf so wie einige Steinkohlen; die vorhandenen Teiche werden im Gegensatze zu den Dombes entwässert, das Land ist gesund und hat kräftige, mäßige, arbeitsame Bewohner. Die Hauptstadt der Bresse, zugleich auch das

Chestieu des Ain-Departements, ist Bourg, auch Bourg-en-Bresse genannt, mit heute 18,500 Einwohnern. Sie liegt an der Reyssouze und nahe der Veyle, welche beide Gewässer der Saône zufließen, in 227 m Höhe in hübscher Umgebung und ist mit herrlichen Promenaden ausgestattet. Die Bauart läßt viel zu wünschen übrig und von Resten aus dem Mittelalter ist so gut wie gar nichts mehr vorhanden. Dagegen erhebt sich nur 2 km von Bourg entfernt die wundervolle Kirche von Brou, von Margarethe von Bourbon an der Stelle einer bescheidenen Einsiedelei gestiftet, welche der heilige Gerhard aus Mâcon im Jahre 958 inmitten der damals das Land bedeckten dichten Waldungen gegründet hatte. Aber erst Margarethen von Oesterreich, der Gemahlin des burgundischen Herzogs Philibert des Schönen, ward es beschieden, 1511 die Grundsteine zu dem Prachtbau zu legen, dessen Vollendung auch sie nicht mehr schauen konnte. Doch befahl die als Statthalterin der Niederlande berühmt gewordene Fürstin, die Muhme Kaiser Karls V., daß ihre irdischen Ueberreste in der Kirche zu Brou beigesetzt werden sollten. So ruht denn die angeblich jungfräuliche Wittwe zweier Gatten hier neben ihrem Gemahle Philibert dem Schönen und Margarethe von Bourbon, der ersten Stifterin, welche gleichfalls nach Brou gebracht ward. Alle drei Grabmäler sind wahrhaft prachtvoll, am schönsten jenes Philiberts. Doch auch jenes Margarethens von Burgund ist aller Bewunderung werth.

Auch im Ain-Departement haben sich, wie in vielen Theilen Frankreichs, noch besondere Sitten erhalten. Die Tauffeierlichkeiten freilich bieten kaum etwas Bemerkenswerthes, außer daß in den Städten die Ceremonien ungemein kostspielig geworden sind für jene, welche sich hervorthun wollen. In Bourg muß ein Gevatter aus den bemittelteren Classen dem Taufzuge einen betreßten Schweizer voranschreiten lassen, welcher mit seiner schweren Hellebarde den Marsch eröffnet. Orgelklang empfängt die Taufgäste beim Eintritt in die Kirche und die Glocken läuten während der ganzen Feierlichkeit; die Neugierigen drängen sich allerseits heran und beim Abgange wirft man Zuckerwerk, ja selbst Silbermünzen in die Menge. Gewöhnlich werden die Täuflinge erst gegen die Tagesneige zur Kirche getragen; ein prächtiges Abendessen ist für die Rückkehr ausgerichtet und dazu ladet man die Eltern und die Freunde der Familie. Alle Auslagen für die Kirche, das Geläute, die Geschenke u. s. w. fallen dem Gevatter zur Last, welcher auch einen großen Theil des Nachtisches bestreitet. Das Geläute allein kostet in der Regel 30 Franken. In den Dörfern bereitet man einen kleinen Imbiß für das rückkehrende Pathenpaar und die übrige Gesellschaft; in einigen Orten ist es die Wöchnerin selbst, welche während der Tauffeierlichkeit das Abendbrot bereitet.

Die Heirathen werden durch einen Freund oder Verwandten des Brautwerbers bei den Eltern des begehrten Mädchens eingefädelt. Wird der Antrag angenommen, so begiebt sich der Brautwerber nach der Wohnung der Auserkorenen; man nennt diese Besuche: aller en côté und wiederholt sie mehrere Male, meist gegen Ende des Tages; sie dauern mehrere Stunden und enden erst gegen Mitternacht. Der Vermittler plaudert mit Vater oder Mutter, der Bursche mit dem Mädchen in Gegenwart aller Hausinsassen. Ersterer streicht den Bewerber heraus, spricht von seiner Herkunft oder von seinem Wohlstande und seinen guten Eigenschaften. Die Eltern dagegen rühmen ihre Tochter, und während dieser Zwiegespräche wird, wenn die Bewerbung gefällt, Wein getrunken. Ist der Bursche aus der nämlichen Gemeinde, so verlaufen diese

16*

Besuche zumeist ganz friedlich; ist er aber aus einem fremden Dorfe oder hat er Nebenbuhler in der Gemeinde selbst, so entstehen daraus oft Streitigkeiten und Kämpfe, welche mitunter schlimme Folgen haben. Die Landleute sind ungemein vorsichtig im Schließen ihrer ehelichen Verbindungen; sie gehen solche nicht ein mit Familien, welche durch irgend eine ehrenrührige Verurtheilung befleckt sind und erachten sich nicht als gleich unter einander. Der gute Ruf, der Wohlstand oder gar der Reichthum fällt bei ihnen sehr ins Gewicht. Unter den Bemittelten giebt es solche, welche als Zauberer gelten; man nennt dies „einen Namen haben" (avoir un nom). Männer und Weiber dieses Rufes können nur wieder in solche Familien heirathen, welche im nämlichen Verdachte der Hexerei stehen. Ein junger Mann aus einer alten Bauernfamilie, gut beleumundet und begütert, wird niemals eine Magd heirathen. So bewahrt in dieser Classe wie in anderen ein jeder seinen Rang und die sonst doch so sehr gleichhobelnde französische Revolution hat in diesen Verhältnissen nicht die leiseste Veränderung hervorgerufen.

Bei den Bauern der Bresse so wie bei den sogenannten „Chiserots" des Ain-Departements ist die Braut schwarz gekleidet und trägt einen mit Silber gestickten seidenen Gürtel, um den Hals aber eine goldene Kette. Sie verläßt das Haus ihres Vaters beim Klange der Dudelsäcke und wird von den Ehrenburschen begleitet, welche die Luft mit einem uralten „Jou iohe!" erfüllen, ein Geschrei, das in der Bresse „Huchement" genannt wird. Der Bräutigam wird von seinem Vater oder Vormund zur Kirche geführt. Vor der Kirchthüre angelangt, streiten sich Braut und Bräutigam zum Schein, wer von Beiden die Ehre haben soll, zuerst einzutreten; ihr Beispiel ahmen die jungen Burschen und Mädchen des Hochzeitszuges um die Wette nach; allein dieser scheinbare Streit muß auf ein gegebenes Zeichen plötzlich aufhören. Wenn der Segen gesprochen ist und die Hochzeitsgesellschaft paarweise die Kirche verläßt, macht sich die Neuvermählte vom Arm ihres Gatten los und spricht weinend zu ihm: „Warum hast du mich gesucht? Ich war glücklich; du hättest mich bei meiner Mutter lassen sollen u. s. w." Der junge Ehemann antwortet ihr, indem er auf seine Weise den Vers Catulls umschreibt: Non aequum est pugnare, pater quod tradidit ipse. Dann zieht man nach dem Hause, wo das Festmahl hergerichtet ist, dem alle Verwandten und Freunde beiwohnen und welches mitunter mehrere Tage dauert. Man tanzt und löst Pistolenschüsse als Freudezeichen. Gewöhnlich trennt man sich beim Mahle in zwei Gesellschaften: die Männer speisen bei dem Vater und die Frauen bei der Mutter der Braut. Auf das Hochzeitsmahl folgt die Ceremonie des „Abholens". Der Neuvermählte erscheint an der Spitze einer Schaar junger Burschen, welche die „Farandole" tanzen, um seine Gattin abzuholen. Er ist gewissermaßen genöthigt, sie mit Gewalt den Händen der jungen Mädchen, welche sie umringen, zu entreißen. Sie weint und klagt, indem sie den Schafen, den Kühen, dem Geflügel, dem Hausgeräth und endlich auch der Schwelle der Hausthür Lebewohl sagt. Die Etikette verlangt, daß sie bis zum Abend mit Weinen fortfahre. Vor der Thüre der neuen Wohnung wird einen Augenblick Halt gemacht und währenddem aus dem Dachboden Getreide auf das junge Paar gestreut, was ihm Glück und Ueberfluß wünschen heißt.

Im Heirathsvertrag versprechen die Gatten ihren Frauen schwarze Kleider, welche diese am Allerheiligen- und Allerseelentage so wie bei Familientrauer anlegen. Ist einer der beiden Eheleute Wittwer, so kann er, wessen Grades und welcher Stellung er auch sei, auf dem Lande wie in den Städten, nicht umhin, einen öffentlichen Ball zu geben, den man „Charivari“ nennt. Man läßt denselben am nämlichen Tage wie das Heirathsaufgebot durch den öffentlichen Ausrufer zur allgemeinen Kenntniß bringen, um die Katzenmusik zu vermeiden, die sonst mit Feuerschaufeln, Kesseln und sonst lärmerzeugenden Geräthen dem freienden Wittwer unfehlbar dargebracht werden würde. Dieser Gebrauch, welcher sich mit der größten Hartnäckigkeit erhält, ist uralt und hat auch die Revolution überdauert. Das Seltsame daran ist, daß die Eheleute, welche diesen Charivariball nur unwillig veranstalten, auf demselben blos für einen Augenblick erscheinen, um den Tanz zu eröffnen. Niemand wird dazu besonders eingeladen, und das Publikum, welches denselben heischt, benützt ihn kaum, so daß er meist ein reiner Verlust für die ist, welche ihn geben müssen. Die Stadtleute lieben es nicht, den Charivari bei sich zu Hause zu veranstalten; sie setzen sich meist mit einem Unternehmer in Verbindung und lassen den Ball in einem öffentlichen Saale stattfinden. Sind aber die neuen Eheleute beide Wittwer, so giebt es keinen Charivari.

Bei Leichenbegängnissen versammeln sich die Verwandten und bei der Rückkehr vom Friedhofe trägt man einen Leichenschmaus auf, welcher den ganzen Rest des Tages dauert; man bespricht dabei die Eigenschaften des Verblichenen. War derselbe aus einer angesehenen Familie der Gemeinde, so holt ihn auf Aufforderung der Angehörigen der Pfarrer in Chorhemd mit dem Kreuzträger ab, wie groß auch die Entfernung vom Sterbehause nach der Kirche sein möge, und man entrichtet dann eine dieser Entfernung entsprechende Vergütung. War der Todte arm, so führt man ihn zu Wagen nach der Kirche. An einigen Orten und besonders an dem Ufer der Saône ist es noch nicht lange her, daß man einige seiner Geräthe dem Verstorbenen mit in den Sarg legte, ein Gebrauch, welchen die Geistlichkeit allmählich abgeschafft hat. In einigen Gemeinden trachtet man aber noch immer, heimlich hinter dem Rücken des Pfarrers ein Geldstück dem Verstorbenen in den Mund zu stecken und einer Kinderleiche eine kleine Kugel in die Hand zu drücken.

Die Dörfler haben den Gebrauch, zweimal im Jahre in den Feldern, welche ihren Behausungen zunächst liegen, große Stroh- und Reisigfeuer anzuzünden: eines am Dreikönigstage, das andere am ersten Fastensonntag, welchen man dieserhalb auch Dimanche des Brandons heißt. Die ländlichen Feste, welche Vogues heißen, bestehen in Trinken und Tanzen. Die Dorfbewohner versammeln sich in einem Scheunenhofe, unter einem Flugdache oder auf einer Wiese beim schreienden Klange einer Leier oder Sackpfeife; einer nach dem andern hebt die plumpen Füße, ohne fast sich von der Stelle zu bewegen; dabei haben sie immer die Arme herabhängen und den Blick gesenkt. Selbst in den Städten ist der Nationaltanz schwerfällig und ohne Bewegung.

Das Mâconnais, Charolais und Autunnois.

Ueberschreiten wir die Saône, so treten wir aus dem rauhen Klima des Ain in die gesegneten milden Landschaften des Departements der Saône und Loire. Nur ein kleiner Abschnitt im Westen wird von der Loire durchzogen, welche freilich dann die Grenze gegen das westlich anstoßende Departement des Allier bildet. Hauptfluß bleibt die Saône, welche diesen Theil Burgunds in fast nordsüdlicher Richtung durchquert und zur Linken den Doubs und die Seille, zur Rechten aber die Grosne aufnimmt. Ist das ganze Saône- und Loire-Departement ein Land des Ackerbaues und der Manufakturen, reich an Weinbergen, Steinkohlen, Blei, Eisen, Mangan und anderen Mineralien, so darf man ganz besonders das Land längs der Saône mit Fug und Recht eines der schönsten und ergiebigsten Frankreichs nennen. Oestlich vom Flusse breitet sich eine wellige und fast durchweg fruchtbare Ebene aus, welche etwa ein Viertel der Departementsoberfläche ausmacht und gleichwie in den Dombes mit zahlreichen Teichen bedeckt ist. Noch vor zwei Jahrzehnten gab es hier nahe an 2000 solcher Teiche, doch vermindert sich ihre Zahl durch stetige Trockenlegung; viele sind in Kornfelder und Wiesen umgewandelt. Ein Theil dieser Gewässer, die von bloßen Teichen bis zu Seen von 20—40 ha im Areal vorhanden sind, spielt eine merkwürdige Rolle im Anbau dieser Gegend; denn sie werden abwechselnd trocken gelegt und angebaut, und dann wieder mit Wasser gefüllt. Die kleinen Teiche dienen namentlich für die kaum ausgekrochenen Fischchen, die dann erst in den größeren Wasserflächen ihre volle Größe erreichen. Das Verfahren ist dabei folgendes: zu Anfang des Winters läßt man 10—15 Karpfen in jeden kleinen Teich und sorgt dafür, daß ja kein Hecht mit hineinschlüpfe. Das nächste Jahr werden diese Teiche abgelassen und Tausende kleiner Fische springen in dem seichten Wasser. Diese kleinen Fische nennt man la feuille und läßt sie, etwa 30 auf dem Ar, aus der kleineren Wasserfläche in einen größeren Teich hineinschwimmen. Hier bringen sie das zweite Jahr ihres Lebens zu und werden etwa 10—12 cm lang. In diesem Zustande nennt man sie Carpillons oder Alvins, läßt endlich das Wasser dieser Teiche gleichfalls ab und leitet die Fischchen, etwa 4—5 Carpillons auf den Ar Wasserfläche, nach größeren Teichen. In diesen erhalten sie ihre vollständige Größe. Merkwürdig ist, daß man in diese dritten Teiche auch einige Dutzend kleiner Hechte hineinläßt; diese sollen das Aufkommen einer jungen Karpfenbrut verhindern, damit die großen Fische die möglichst beste Nahrung haben. Der Fang findet dann im Frühjahr statt und die größeren Teiche liefern 4—6000 Karpfen jährlich, welche alsbald an Händler aus Paris oder Lyon verkauft werden. Hat man einen solchen Teich drei Jahre lang ausgefischt, so läßt man ihn ganz ablaufen, legt ihn trocken und säet Mais oder Hafer ebenso viele Jahre lang, als der Boden unter Wasser lag.

In diesem östlichen Theile des Departements liegen keine bemerkenswerthen Orte; solche treffen wir erst im Saônethale. Da ist zunächst Mâcon, der Chefflieu des Departements, das alte Matisco, eine Stadt der keltischen Aeduer, in welcher schon in den Jahren 582 und 585 n. Chr. Concile gehalten wurden. Seit dem zehnten Jahrhundert bildete die frühzeitig zum Sitze eines Bisthums erhobene Stadt mit ihrer Umgebung, der Landschaft Mâconnais, eine eigene Grafschaft; 1238 kam Mâcon an die Krone Frankreichs; unter Karl VII. aber fiel es im Jahre 1435 an Burgund, von welchem es 1476 durch Ludwig XI. zurückerobert ward. Heute zählt die Stadt an 20,000 Einwohner, bietet aber keine Merkwürdigkeiten außer einer alten Brücke über die Saône; im Allgemeinen ist Mâcon ein eng und unregelmäßig gebauter Ort, jedoch mit schönen Promenaden auf den ehemaligen Wällen und einem schönen Uferdamme nebst zwei bequemen Häfen, an denen sich jetzt moderne elegante Häuser erheben. Die schöne Kathedrale ist leider in Ruinen. Der Hauptreichthum Mâcons ruht in den trefflichen Weinen, welche die Umgebung erzeugt. Obwohl

—

das Hauptgebiet des Burgunders das Gebirge der Côte-d'or in Oberburgund ist, zu welchem auch noch ein Theil des Departements der Saône und Loire von Chagny bis St. Gengoux le royal gezählt wird, so bildet doch das Mâconnais mit dem angrenzenden Beaujolais im Rhône-Departement einen besonderen Bezirk des Burgunder Weinlandes, in welchem vorzugsweise Rothweine gewonnen werden, deren beste in den zweiten Rang der allgemeinen Classifikationen zu stellen sind. Darunter treten hervor der köstliche Moulin à-vent von Thorins, ein feiner, zarter, flüchtiger, geistiger, würziger Wein mit feinem Bouquet, besonders zum Veredeln anderer Weine geeignet; der Chênas, weniger geistig, aber körperreicher; die Weine von Fleury, von Romanèche, Guinchay, Lancié, Brouilly, Villiers u. s. w. Die Bedeutung des Weinbaues für diese Gegend Burgunds giebt sich in dem jährlich stattfindenden Volksfest zu Romanèche, einem 17 km südlich von Mâcon, an der Grenze des Departements gelegenen Orte, kund, welches das Gedächtniß des Winzers Raclet feiert, der das Mittel des heißen Wassers gegen die Larven des verderblichen Rebenwicklers (Pyralis vitis) zuerst — im Jahre 1828 — angewendet hat, welches jetzt überall während des Winters mit Erfolg angewendet wird.

Mâcons Umgebung ist auch noch in anderer Hinsicht merkwürdig. Nur etwa 8 km westlich von der Stadt entdeckte im Jahre 1867 de Ferry auf einem wüsten Hügel beim Dorfe Solutré, auf einer Fläche von 462 qm, genannt le clos du charnier d. h. Knochenfeld, eine gewaltige Masse von Knochen vom Ren, von Pferden und Menschen, außerdem aber Küchenreste und andere Anzeichen, daß der Mensch hier bereits in vorgeschichtlicher Zeit gehaust habe, nämlich Werkzeuge aus Feuerstein und anderen Gesteinen, die dieser Gegend durchaus fremd sind. Außerdem waren aber auch noch Knochen von Elephanten, Urochsen und dem großen Tiger vorhanden, die einer früheren Periode angehören. Einige dieser Knochen waren angebrannt, im Allgemeinen aber zeigten sie sich erstaunlich gut erhalten. Einige Rennthiergeweihe waren außerordentlich hart und entwickelten bei der Bearbeitung den Geruch der frischen. Schwer zu deuten sind die großen Massen von Pferdeknochen, die man hier gefunden hat. Sie stellen mehr denn 2000 Skelette dar. Dies ist durchaus unverträglich mit dem wilden Zustande eines Thieres, dessen Jagd so äußerst schwierig ist; aber ebenso wenig ist daran zu denken, daß das Pferd in jener Zeit bereits gezähmt war und dem Menschen als Hausthier diente. Der steil aufstrebende Felsen, der dieses Knochenfeld beherrscht, hat nun den französischen Alterthumsforscher Adrien Arcelin auf den Gedanken gebracht, daß die vorgeschichtlichen Bewohner des Mâconnais denselben benutzten, um sich auf sehr leichte Weise ihre Hauptnahrung, d. h. Pferdefleisch, in genügender Menge zu verschaffen. Es konnte ihnen nicht schwer fallen, bei der Jagd die wilden Pferde auf den Felsen zu treiben und zu zwingen, sich in den Abgrund zu stürzen, da ihnen jeder andere Ausweg abgeschnitten war. Am Fuße des Felsens waren dann wohl andere Jäger aufgestellt, die mit den herabgestürzten Thieren ein leichtes Spiel hatten. Auf diese Weise glaubt Arcelin die Unmasse der hier lagernden Pferdeknochen erläutern zu können. Die Pferde hätten somit den in dieser Gegend lebenden Menschen zur Nahrung gedient. Der Werth dieser Hypothese möge indeß vorläufig dahingestellt bleiben. Noch etwas weiter westlich als Solutré liegt der Flecken Saint-Point im Kanton von Tramayes, bemerkenswerth wegen des häufigen Aufenthaltes, welchen in seinem dortigen Schlosse während langer Jahre einer der namhaftesten

Dichter des neueren Frankreich zu nehmen pflegte — Alphons Marie Louis Prat de Lamartine, welcher am 21. Oktober 1790 in dem nahen Mâcon das Licht der Welt erblickt und auch als Staatsmann eine nicht unbedeutende Rolle gespielt hat.

Schon im Westen von Mâcon erheben sich bei Sologny Granitkuppen aus der Jurazeit, die Mère Boittiers, zu 761 m Höhe. Weiterhin lehnt sich das Mâconnais an eine Reihe granitischer Höhen, im Osten zum Theil mit Jurabildungen besäumt. Es sind dies die Gebirge von Charolais. Sie reichen an 50 km weit vom Canal du Centre, welcher die Loire mit der Saône verbindet, bis zu den Quellen des Azergues, eines rechtsseitigen Zuflusses der Saône, und theilen das Departement der Saône und Loire in der Mitte von Norden nach Süden in zwei einander entgegenstehende Thäler. Ihre Höhe erreicht im Haut Joux 994 m; sanft gerundete Berge, bis zum Gipfel bebaut und bewohnt, an den Abhängen mit Hutweiden und Reben bedeckt. Die Ochsen der Monts Charolais sind berühmt und können den besten schweizerischen verglichen werden. Ihren Namen theilen die Berge mit der zwischen dem Mâconnais einerseits und der Loire, Guise und dem Arroux andererseits eingeschlossenen Landschaft, deren Hauptstadt das jetzt zu einem wichtigen Korn-, Wein- und hauptsächlich Viehmarkte gewordene alte Städtchen Charolles am Zusammenfluß der Semence und der Arconce, einem Nebengewässer der Loire, war. Das Charolais war früher ein Theil des Briennois und kam mit der Zeit an die Grafen von Châlon-sur-Saône und durch Tausch an den Herzog Hugo IV. von Burgund. Dieser vermachte die Kastellanei Charolais seiner Enkelin Beatrix, der Gemahlin Roberts, Sohnes von König Ludwig dem Heiligen. Unter Roberts Enkelin Beatrix wurde das Charolais zur Grafschaft erhoben und kam durch Heirath an die Grafen von Armagnac, die sie 1319 an Burgund verkauften, daher Karl der Kühne als Erbprinz Graf von Charolais hieß. Ludwig XI. zog das Charolais 1477 zur Krone Frankreichs, aber Karl VIII. trat es 1493 an das Erzhaus Oesterreich ab. Nachher wurde zwischen Spanien und Frankreich über das Charolais gestritten; in mehreren Friedensschlüssen wurde es den Spaniern gesichert, aber unter Philipp IV. besetzte es Ludwig von Condé endgültig für Frankreich.

Das Charolais grenzt im Norden an das Chalonnais und das Autunnois. Ersteres, das Gâtinais und die Bresse Challonnaise umfassend, hatte als Hauptort die jetzt 22,000 Einwohner zählende Stadt Châlon-sur-Saône, das Cabillonum der Alten. Es war eine Stadt der Aeduer im Lugdunensischen Gallien, Sitz eines römischen Marinepräfekten, da die Kaiser auf der Saône eine Flotille unterhielten, und besaß Kornmagazine für die Armee, dabei einen ausgebreiteten Handel. Aus jener fernen Römerzeit hat das heutige Châlon noch viele Alterthümer, darunter die Ruinen eines römischen Amphitheaters, sich bewahrt. Im fünften Jahrhundert ward ein Bisthum hier gegründet. Die Burgunder rissen Châlon dann an sich und König Guntram hielt hier Hof. Im sechsten Jahrhundert kam es an die Franken, in der Theilung unter den Söhnen Ludwigs des Frommen an Karl den Kahlen; im zehnten Jahrhundert machte sich Graf Lambert von Châlon unabhängig. Im Jahre 1097 kam die Grafschaft Chalonnais durch Kauf halb an die Bischöfe von Châlon, halb hatten sie die Herren von Douzy geerbt und diese Hälfte kam 1237 durch Kauf an Burgund. 1562 ward die Stadt durch die Hugenotten genommen, ein Jahr darauf wurde eine Citadelle mit fünf Bastionen erbaut, wozu 1671 noch Außenwerke errichtet wurden, doch später ließ man die Festung wieder verfallen. Nicht minder bewegt ist die Geschichte des Autunnois, des Landes am Arroux und Tarnin, dessen Hauptstadt Autun auf einem Hügel erbaut ist, welchen eine halbrunde Krone hoher Berge umschließt. Obgleich jetzt ziemlich unbedeutend trotz seiner 14,000 Einwohner, welche sich mit Teppichfabrikation, Kalkbrennereien, Holz-, Kohlen- und Viehhandel beschäftigen, verrathen doch zahlreiche römische Alterthümer, als mehrere Tempel, Stadtthore und ein Amphitheater, die Wichtigkeit, welche Autun einstens besessen. Nicht aber in seiner Vergangenheit aus römischen Tagen liegt seine Bedeutung, sondern in jener, welche es so wie seine nähere Umgebung als Fundstätte gallischer Alterthümer gewonnen hat. Lange hielt man Autun für die alte Aeduerstadt Bibracte, doch haben des verdienten Archäologen J. G. Bulliots Ausgrabungen im Nièvre-Departement auf dem nahen Mont Beuvray, zwischen welchem und Bibracte sich auch ein etymologischer Connex herstellen läßt, die Lage des alten Bibracte endgültig entschieden. Als Sitz einer Rhetorenschule und mannigfacher Gewerbszweige, namentlich der Verfertigung von Panzerhemden, wurde Autun 269 v. Chr. von Tericus zerstört, von Constantin dem Großen wieder aufgebaut, 335 von den Alemannen belagert und von Julian entsetzt, endlich in der ersten Hälfte des sechsten Jahrhunderts zu Burgund geschlagen, worauf es seine eigenen Grafen erhielt. Im Jahre 888 wurde das schon 725 von den Sarazenen geplünderte Autun von den Normannen zerstört, erholte sich zwar wieder, gelangte jedoch nie mehr zur alten Blüte. In den Bürgerkriegen des sechzehnten Jahrhunderts spielte es eine hervorragende Rolle.

Le Creusot.

Etwas südöstlich von Autun liegt an der Wasserscheide zwischen der Saône und der Loire, mit welch letzterem Strome sie durch den Centralcanal und eine Privateisenbahn verbunden ist, die Stadt Le Creusot, der auf 26,500 Köpfe gestiegenen Kopfzahl nach die Hauptstadt des Departements, thatsächlich aber das Eigenthum der großartigen Maschinenfabrik der Herren Schneider & Comp., welche es in vierzig Jahren aus einem Dorfe von 2700 Einwohnern zu ihrer jetzigen Lage emporgehoben haben. Im Jahre 1780 war Le Creusot eine bloße Gruppe von Hütten, entlegen von irgend einer Straße, und seine Einwohner nährten sich von dem Verkaufe von Steinkohlen, die auf der unfruchtbaren Oberfläche zu Tage traten. Um diese Zeit ungefähr ward unter dem besonderen Schutze Marie Antoinettes eine Zuckerraffinerie gegründet. Ein Jahr später errichteten Perrier, Beltanger & Comp. eine Eisengießerei, die im Jahre 1818 an die Herren Chagot und 1826 an eine englische Gesellschaft, Mamby-Wilson, überging. Diese ward 1834 bankerott und Le Creusot kam 1837 in die Hände der Gebrüder Schneider & Comp., seit welcher Zeit die industriellen Geschäfte, ohne auch nur einen Monat Unterbrechung zu erleiden, ihren Fortgang nahmen. Die Werke nehmen jetzt einen Flächenraum von 314 ha ein, wovon mehr als 50 mit Werkstätten und dergleichen bedeckt sind. Le Creusot umfaßt unter anderem zwei Bergwerke, eine Kohlengrube, zwei Kalköfen, Backsteinfelder, Gebläse-, Kok- und Puddlingöfen, Dampfhämmer, unzählige Maschinenräume, Zimmerplätze, Schmieden und Modellräume, außerdem zwei

Kirchen, Schulen, ein Hospital und Gaswerke. Im Jahre 1874 beschäftigte Le Creusot 15,000 Arbeiter nebst 308 Dampfmaschinen von 19,000 Pferdekräften. Die im Betrieb stehenden zehn Schächte fördern jährlich 715,000 t Kohle, die Le Creusot allein verbraucht. Zehn Hohöfen sind im Gange, wovon acht das Rohmaterial verarbeiten und jährlich 180,000 t Roheisen darstellen. Die Menge des erzeugten Eisens beträgt 90,000, die von Stahl 60,000 t. Noch wichtiger ist der Maschinenbau, es gehen aus den Werkstätten von Le Creusot jährlich 100 Lokomotiven im Werthe von durchschnittlich 7 Millionen Franken, außerdem andere Maschinen und Brücken im Werthe von $8^1/_1$ Millionen Franken hervor. Bei dieser Gelegenheit wollen wir einige Daten über die Eisen- und Stahlerzeugung Frankreichs im Allgemeinen einschalten. Die Roheisenproduktion stieg von 1859 bis 1864, in welchem Jahre sie 10,341,161 metr. Ctr. (= 100 kg) betrug, um 2,754,350 metr. Ctr., fiel dann in der Periode 1865 bis 1869 um 152,166 metr. Ctr., und erhob sich bis 1874 wieder um 3,685,905 metr. Ctr., nämlich auf 13,875,900 metr. Ctr. In der ersten Periode betrug die gesammte Roheisenproduktion 45,239,786 metr. Ctr., also im Durchschnitt jährlich 9,047,957 metr. Ctr.; in der zweiten stellten sich diese Zahlen auf 48,683,371 bezw. 9,736,714, in der dritten auf 57,557,829 bezw. 11,511,566 metr. Ctr. Hiernach ist die Gesammterzeugung von der ersten zur zweiten nur um 3,443,785 und die jährliche Durchschnittsproduktion nur um 688,757 metr. Ctr. gewachsen, von der zweiten zur dritten dagegen um bezw. 8,874,258 und 1,774,851 metr. Ctr. An Gußeisen zweiter Schmelzung erzeugte Frankreich 1873 7,602,689 metr. Ctr., 1874 7,742,040 metr. Ctr. Während in der ersten Periode die Produktion von 4,668,233 auf 6,570,739, also um 1,902,506 metr. Ctr. gestiegen war, betrug die Zunahme in der zweiten Periode nur 421,754 metr. Ctr., in der dritten Periode dagegen wieder 749,547 metr. Ctr. In der Periode von 1850 bis 1864 wurden zusammen 28,409,492, also im jährlichen Durchschnitt 5,681,898 metr. Ctr. gewonnen, in dem Zeitraum von 1865 bis 1869 dagegen 31,770,848 bezw. 6,354,169, in der dritten Periode von 1870 bis 1874 endlich 33,832,998 bezw. 6,766,599 metr. Ctr. Die Gewinnung von Eisenblech und fertigen Eisenfabrikaten betrug 1873 1,296,232 und 1874 1,122,214 metr. Ctr. In den fünf Jahren 1860 bis 1864 betrug die Gesammtproduktion dieser Artikel 3,611,171, also im jährlichen Durchschnitt 722,234 metr. Ctr. Für die folgende fünfjährige Periode von 1865 bis 1869 stellten sich diese Summen auf 4,824,420 bezw. 964,884 metr. Ctr., und während der dritten fünfjährigen Periode bis Ende 1874 erhoben sie sich auf 5,309,340 bezw. 1,061,868 metr. Ctr. Die Stahlgewinnung weist seit 1859 überaus schnelle Fortschritte auf; sie betrug 1859 noch 169,228 metr. Ctr., 1874 dagegen 2,104,676 metr. Ctr. Bis zum Jahre 1864 wurden von sämmtlichen Stahlsorten zusammen nur 1,314,676 metr. Ctr., also im jährlichen Durchschnitt nur 262,935 metr. Ctr. gewonnen. In der folgenden Periode erhob sich die gesammte bezw. jährliche Stahlgewinnung schon auf 2,605,543 bezw. 521,128 metr. Ctr. In den Jahren 1870 bis 1874 endlich wurden zusammen 6,597,246 metr. Ctr., also im jährlichen Durchschnitt 1,319,449 metr. Ctr. dargestellt. Nach dem gegenwärtigen Stande der Dinge läßt sich sagen: die Erzeugung von Roheisen ist ohne Unterbrechung gestiegen und betrug 1878 nicht weniger denn 1,507,000 t; die Fabrikation der verschiedenen Sorten zeigt aber überall einen Rückgang, nur die Stahlerzeugung nahm bedeutend zu und zwar 1878 und

1879 von 3,129,210 auf 3,276,700 metr. Ctr. Gefördert wurde diese Seite der Eisenindustrie durch die Ersetzung der Eisenschiene durch die Stahlschiene; von dem obigen Betrage entfielen 1879 auf Bessemer- und Martinstahlschienen: 3,280,000 metr. Ctr. Ganz im Zusammenhang damit hat die Fabrikation von Stabeisen abgenommen. Die Produktion von Roheisen ging von 15,200,000 Ctr. 1878 auf 13,880,000 Ctr. 1879 zurück, die Fabrikation hat sich aber gehoben und davon wurden 1878: 1,240,000 Ctr. und 1879: 1,409,840 Ctr. fabrizirt. Die Eisenindustrie Frankreichs ist also nach vorstehenden Zahlen in einem lebhaften Aufschwunge begriffen. Der Verlust des Beckens der Mosel wird mit Erfolg durch einen überaus intensiven und fruchtbaren Betrieb der Eisenwerke in anderen Gebietstheilen zu ersetzen gesucht.

Doch zurück nach Le Creusot! Die dort betriebenen Industrien sind in verschiedenen Entfernungen um die Stadt zerstreut und werden durch ein Netzwerk von Telegraphen und Eisenbahnen mit einander verbunden. Die letzteren ihrerseits stehen mit der Lyoner Linie in Verbindung und sind nach dem Muster derselben gebaut: sie werden täglich von durchschnittlich 152 Zügen bedient, die aus 500 Wagen bestehen und von 15 Lokomotiven getrieben werden. Etwa 1,410,000 t kommen jährlich durch die Centralstation von Le Creusot, wovon die Hauptposten liefern: die Eisenminen von Change und Mazenay 300,000 t; die Kohlengrube 250,000 t; die Gebläseöfen 130,000 t; die Schmieden 110,000 t.

Le Creusot enthält an 2000 Häuser, die gut gebaut sind und in breiten, gesunden Straßen stehen. Die Zimmer gewähren jedem Einzelnen im Durchschnitt 1100 Kubikfuß Luft. Diese Bauten werden jetzt hauptsächlich durch Privatunternehmungsgeist auf ausgewähltem, durch die Firma gelieferten Grund errichtet. Die Herren Schneider haben ihren ursprünglichen Plan, für Arbeiterwohnungen selber zu sorgen, großentheils aufgegeben; dennoch aber erhalten fortwährend noch 700 Familien, die sich durch lange und treue Dienste empfohlen, Wohnungen zum halben Preis, und 700 Gärten werden fleißigen Bewerbern um einen blos nominellen Zins überlassen. Die Stadt ist gut gepflastert und reichlich mit Wasser versehen, auch vollständig mit Gas beleuchtet. Sie besitzt treffliche Einrichtungen, nämlich einen täglichen Markt, die zwei erwähnten Kirchen, Haupt- und Hülfsschulen, Abendclassen, eine Leihbibliothek, einen Schatz für unvorhergesehene Bedürfnisse, ein Hospital und eine Apotheke, eine mildthätige Gesellschaft, eine Depositen- und Ersparnißbank so wie einen Unterstützungsschatz, und alle diese Dinge verdanken ihr Dasein und ihre Organisation hauptsächlich der Freigebigkeit der Herren Schneider. Sechs Geistliche, zwei Aerzte, ein Sanitätsbeamter und acht Hebammen leisten den Stadtbewohnern unentgeltlich ihre Dienste, und letztere können sich ebenso frei in gesetzlichen und baulichen Dingen Raths erholen; auch erhalten sie Baumaterialien und Kohlen zu sehr vermindertem Preise. Die merkwürdigste Einrichtung in dieser blühenden Gemeinde sind aber vielleicht die Schulen. Gleich nach ihrer Ankunft im Lande machten es sich die Herren Schneider zu einer ihrer ersten Pflichten, für das sittliche und geistige Wohl der Bevölkerung zu sorgen, indem sie erkannten, daß dies die beste Vorbereitung für die wirthschaftlichen Interessen ihrer Werkstätten sei. Die Schulen, sowohl jene für Knaben als die für Mädchen, sind theils frei, theils mit Schulgeldbeiträgen unterstützt. In der Centralschule ist die Erziehung der Knaben eine besondere und hat die Bestimmung, sie für die einzelnen Gewerbzweige tauglich zu machen. Demnach ist mit den gewöhnlichen

Unterrichtsgegenständen der Primarschulen noch Zeichnen, beschreibende Geometrie, Maschinenlehre, Physik und Chemie verbunden. Die freien Schulen sind nicht zahlreich; Befreiung von der Zahlung des Schulgeldes wird nur in besonderen Fällen gewährt. Der Gebrauch weißen Brodes, Fleisches und Weins ist allgemein; Heirathen sind zahlreich; der Ueberschuß der Geburten über die Todesfälle ist ein viermal so hoher Bruchtheil der ganzen Bevölkerung als im übrigen Frankreich. Uneheliche Geburten kommen verhältnißmäßig wenige vor; von Trunksucht weiß man kaum etwas. Endlich giebt es in Le Creusot keinen Friedensrichter, keinen Gendarmen; der Polizeikommissär des Cantons, von zwei Agenten unterstützt, reicht zur Aufrechterhaltung der Ordnung in der Stadt aus. Keine ähnliche Bevölkerung bietet ein Beispiel, das sich diesem zur Seite stellen ließe.

Die Côte d'or.

Le Creusot liegt am Fuße einer Hügelkette, welche als eine Abzweigung des Charolaisgebirges gelten kann, die in der Quellgegend der Bourbince allmählich in die rebengesegneten „Goldhügel", die Côte d'or übergehen. Sie geben dem gleichnamigen Departement den Namen und streichen in fast nord-südlicher Richtung vom Centralcanal bis zum Canal de Bourgogne, welcher Saône und Yonne verbindet. In der Gegend von Bligny-sur-Ouche, wo das der Saône zufließende Flüßchen Ouche entspringt, erreicht die Côte d'or ihre größte Höhe; im Mittel beträgt ihre Erhebung 450—500 m. Nach Südosten steil abfallend, erscheint sie von der Ebene des sich hier erweiternden Saônethales als ein Hügelzug von ziemlich bedeutender Höhe; ihre Abhänge sind hier reich mit Reben bekleidet, die eine der trefflichsten Weinsorten Europas geben und den Bergen den Namen der Goldhügel verschafft haben. Es ist der Hauptbezirk des Burgunder Weinbaues. Hier liefern die Lagen Romanée Conti und Richebourg bei Vosne, Vougeot, Mont-Rachet bei Puligny, St. Georges bei Nuits, Corton bei Aloxe, das denkbar feinste Gewächs; dann kommen Volnay, Pommard, Beaune, von welch letzterem das Sprüchwort sagt: Le vin de Beaune ne perd sa cause que par faute de comparer, Prémeau, Chambole, Savigny, Meursault mit ebenfalls ausgezeichneten, wenn auch lange nicht so theuren Weinen, wie die erstgenannten. In letzte Reihe, zum Hausgebrauch, stellen sich die von Gevray, Chassagne, Santenay, Morey u. s. w. Alle diese sind Rothweine mit Ausnahme des Mont-Rachet, des einzigen Weißweines ersten Ranges der Côte d'or. In den zweiten und dritten Rang treten die weißen Burgunder von Meursault, Rougeot und Blagny. Die Eigenthümlichkeiten der Gewächse von jedem einzelnen kleinen Weinberg — hier wegen der gemauerten Umfriedung „Clos" genannt — sind in dessen Umgebung und darüber hinaus genau bekannt und es wird darnach der Wein geschätzt. Der unverfälschte rothe Burgunder der guten Lager ist einer der edelsten Weine der Welt; von brillanter, tiefer Purpurfarbe, einem wundervollen, ganz unnachahmlichen Aroma, schmalzig, voll Körper, außerordentlich mild über die Zunge fließend, von köstlichem Wohlgeschmack, in kleinen Mengen dem Körper sehr zuträglich, sonst aber schwer, zu sehr ins Blut übergehend. Wäre dies Eine nicht, so müßte der edle Burgunder unbedingt der vollkommenste, der König aller Weine genannt werden.

Zur Zeit der Weinlese in diesem Theile Burgunds strömen dort viele Bauern von sehr entlegenen Orten zusammen, in der Erwartung, daß sie hohe Löhne erhalten würden. Und darin täuschen sie sich auch nicht. Der Begehr nach Arbeit in den Weinbergen ist so groß, daß einige Rebenbesitzer, denen es darum zu thun ist, ihre Ernte rasch einzuheimsen, bis zu fünf Franken täglich anbieten, wofür allerdings lange Stunden der Arbeit verlangt werden. Schon früh Morgens um drei Uhr wird man geweckt durch die nicht sehr harmonischen Trompetenstöße, die eine halbe Stunde lang fortgesetzt werden, bis sämmtliche Männer und Frauen, die sich mit dem Lesen beschäftigen und die meist auf Stroh in Scheunen und Nebengebäuden geschlafen haben, versammelt sind. Dann begeben sie sich, nachdem sie einen Trunk schwachen Weines zu sich genommen, anscheinend freudigen Muths an ihre Arbeit, denn die Straßen hallen von ihren Liedern, die meistentheils auf die Weinlese Bezug haben. Hier eine Strophe aus einem häufig gesungenen Liede, die auch bedeutungsvoll ist für theilweise unruhige Nächte:

Nous allons en vendange
Pour gagner des sous,
Coucher sur la paille,
Ramasser des pious (Flöhe).

Vor der großen französischen Revolution beobachtete man in Beaune in Bezug auf die Weinlese mancherlei Feierlichkeiten. Die wichtigste war die, welche man le ban, den Bann, d. h. die öffentliche Ausrufung nannte. Dieser „Bann“ gab dem Bürgermeister der Stadt die Vollmacht, die Weinlese eröffnen zu lassen, wann er es für geeignet hielt. Auch durfte die Lese in keinem Weinberg ohne seine Erlaubniß vorgenommen werden. Nachdem er sich von sachverständigen und zuverlässigen Personen in Betreff des Zustandes der Trauben Kunde verschafft, begab er sich, wenn dieselben erklärt hatten, daß sich die Trauben in einem Weinberge zur Lese eigneten, unmittelbar vor Tagesanbruch, begleitet von den Behörden, auf den öffentlichen Platz. Dort machte er dann, nachdem der Trompeter das Zeichen gegeben, bei Fackellicht bekannt, in welchen Weinbergen man herbsten dürfe, und jeder seine Befehle verletzende Rebenbesitzer wurde mit schwerer Geldbuße belegt. Der Verkauf von Trauben so wie die „Grappillage“ oder das Nachleserecht wurde verboten bis nach Verfluß von vierzehn Tagen nach der Lese. Mit allen diesen Beschränkungen ist es heute längst zu Ende; die Trompeten, welche die Winzer zu ihrer täglichen Arbeit rufen, sind das einzige Ueberbleibsel des „Banns“. Allein die landwirthschaftliche Gesellschaft in Beaune erfüllt einigermaßen die Zwecke jener alten Einrichtung; denn erst wenn der Rath der Gesellschaft, nach persönlichem Augenschein, erklärt, daß die Trauben vollkommen reif sind, beginnt die Lese. Der Zweck dieser Ueberwachung ist die Aufrechterhaltung des hohen Charakters der Burgunder Weine, die sonst Gefahr liefen, ihre Berühmtheit durch vorzeitige Lese zu verlieren.

Um die Mittagsstunde kommen die Weinleser aus den Rebenbeständen heraus und sammeln sich gruppenweise im Schatten reicher Wallnußbäume, welche die Rebberge im Departement der Goldhügel umsäumen. Hier nehmen sie an einem frugalen Mahle theil. Sie essen kein Fleisch; ihre Mahlzeit besteht aus ziemlich schwarzem Brode, Käse, Salat und leichtem Wein, so wie einer unbeschränkten Menge Trauben, von welchen viele derselben eine ungeheure

Masse verzehren. Bei diesem Mahle gedeihen sie und sind, mit wenigen Ausnahmen, kräftig und wohlgestaltet.

Etwa 24 km von Beaune liegt das berühmte Clos de Vougeot. Man kann es nicht verfehlen, denn über dem Thorweg, welcher in den Weinberg führt, ist in großen Buchstaben der Name angeschrieben. Der Anblick des „Clos" ist prachtvoll. Kein Unkraut ist unter den wohl zugestutzten, buschigen Reben sichtbar, die an vielen Stellen ihre Frucht ganz niederhängen lassen. Wenn Burgund in höherem Grade als irgend ein anderes Land Weine hervorbringt, welche sich durch ihre schöne Farbe, ihren vollendeten Wohlgeruch und ihre Aroma auszeichnen, so erzeugt das Departement der Côte d'or den Fürsten der Burgunder Weine. Kein Wunder also, daß die Könige von Frankreich nach dem Besitz dieses reichen Gebietes lüstern waren. Clos de Vougeot ist von den berühmten Weinbergen von Nuits, Romanée und St. Georges umgeben, allein Clos gleicht inmitten dieser Juwelen einem Diamant vom reinsten Wasser. Clos de Vougeot gehörte ursprünglich den Mönchen der berühmten, nicht sehr ferne gelegenen Abtei Citeaux, welche dem durch den Beitritt d. h. Bernhard emporgehobenen Cisterzienserorden den Namen gab. Die Mönche verwandelten das Clos in einen Weinberg und sparten keine Mühe, um den Anbau desselben zur höchsten Vollkommenheit zu bringen. Es gelang ihnen über alle Erwartungen, und in ihren Händen wurde Clos de Vougeot der berühmteste Weinberg Burgunds. Es giebt wenig schwierigere landwirthschaftliche Phänomene als den Wein. Hier, wie in fast allen Weinländern, ist es ein kleiner Bezirk (denn Clos de Vougeot umfaßt nur etwa 46—47 ha), der aus leichtem rothem Lehmgrunde besteht, gemischt mit Kalksteintrümmern so wie einer Menge Muscheln, und der dem Anschein nach dem Boden der benachbarten Weinberge ähnlich ist. Dennoch aber erzeugt der letztere nie einen Wein, welcher an Vortrefflichkeit dem von Vougeot gleichkommt. Die Reben im oberen Theile des Weinberges, welche auf einem sehr trockenen Grunde wachsen, liefern den besten Wein. Diejenigen auf dem Thonboden geben den gewöhnlichen „Landwein". Als die Revolution die Mönche störte und sie aus ihrem schönen Kloster im Clos vertrieb, ging der Weinberg in den Besitz des Bankiers Ouvrard über. Er legte den Garten in der Nähe des ehemaligen Klosters an. Ouvrard besaß, was man nicht vergessen möge, eine Leidenschaft für Gärten, und ihm verdankte die bezaubernde Madame Tallien, später seine Frau, den lieblichsten Garten, welchen Paris in der damaligen Zeit hatte. Später ging Clos de Vougeot in verschiedene Hände über. Man schätzt seinen Werth auf $2^1/_2$ Millionen Franken.

Der Weinsegen der Côte d'or-Gebirge erstreckt sich hauptsächlich auf deren östlichen Abhang. Gegen Westen fallen sie sanft nach dem Arroux hin ab, welcher Fluß sie von den Bergen des Morvan im Nivernais scheidet und verflachen sich südlich von dem Oertchen Montcenis bei Le Creusot in das niedrige Hügelland am Canal du Centre. In den höchsten Partien des Gebirges, also in der Gegend von Bligny, zweigt sich westwärts ein Seitenast ab, der zwischen den Quellen der Ouche und des Arroux die Verbindung der Côte d'or einerseits mit dem Morvan, andererseits aber in seinem nördlichen Fortzuge mit den Juraketten des Plateau von Langres herstellt, dessen höchster Punkt, die Cime de Montaigu (497 m), an der Nordgrenze des Goldhügeldepartements sich erhebt. Der gedachte verbindende Gebirgszug, von den Quellen der Yonne angefangen bis zu jenen der Seine, ist vorwiegend ein Kalkrücken. Vom Mont

Moresol (517 m) an steigt das Gebirge allmählich über Sombernon zu dem 608 m hohen Mont Tasselot an den Quellen der Seine und des Ignon empor. Die Quellen der Seine liegen in den Wäldern von Saint-Seine im Departement der Côte d'or und bereits in den Jahren 1763 bis 1822 entdeckte man römische Antikaglien in der Gegend dieser Quellen. Weitere Funde lieferten den Nachweis, daß hier einst ein römischer Tempel, der Göttin Sequana gewidmet, gestanden habe. Mit großer Wahrscheinlichkeit wurde der Tempel der Seinequelle gegen Ende des ersten Jahrhunderts christlicher Zeitrechnung errichtet und gegen Ende des vierten Jahrhunderts zerstört, in welch letzte Epoche die allgemeine Zerstörung der heidnischen Tempel durch die Christen in dieser Gegend zu setzen ist. Die Hauptstadt von Frankreich verdankt der Entdeckung dieses Tempels eine interessante Seite ihres Geschichtsbuches, da die Seine die Ursache ihres Reichthums und ihrer Schönheit ist. Gleich bei dem Anfange der Nachgrabungen entstand der Gedanke, daß ein Monument an der bedeutungsvollen Stelle den Quellen der Seine errichtet werde, welches zugleich den Wohlstand der Gegend heben könnte. Der Gedanke ward 1867 durch die Stadt Paris und den Generalrath des Departements verwirklicht. Mitten in dem Thale, wo der Seinebach seinen vielfach gewundenen Lauf beginnt, erhebt sich jetzt eine Grotte, erbaut von Felsstücken, die in der Nähe gewonnen wurden, und in ihrem vorne offenen Innern zeigt sich ruhend die Nymphe der Seine, von dem Meißel des ausgezeichneten Künstlers Jouffroy aus Stein gearbeitet. Es ist ein wunderschönes jugendliches Frauenbild, zwar gewandlos, aber doch wohlanständig. In der Linken hält es die umgestürzte symbolische Urne, aus welcher die vereinten Quellen der Seine ausfließen. Die Rechte umfaßt straußartiges Gebinde von Früchten aller Art, welche in üppigster Fülle herabhängen. In der Grotte entspringen die Flußwasser, welche sich in einem vor ihr ausgebreitetn seeartigen Becken sammeln und daraus ihren Lauf durch einen großen Theil von Frankreich bis zum Meere fortsetzen. Die Stelle macht einen sehr vortheilhaften Eindruck, das Bächlein fließt durch die herrlichen Wiesen des engen Thales, welches von dem prachtvollen Grün des dichten, hochstämmigen Waldes umgeben erscheint. Völlige Ruhe beherrscht diesen Fleck, die Seele wird in feierliche Stimmung versetzt, wozu die würdige Einfachheit des schönen plastischen Denkmals wesentlich beiträgt.

Mit tief abfallenden Thälern erhebt sich der Gebirgsstock des Tasselot aus den flachen Gegenden zu beiden Seiten der oberen Seine. Seine östlichen Ausläufer senken sich ziemlich schroff und bewaldet an die Ouche und die Nebenthäler der zur Saône fließenden Tille hinab. Dort wo die Ouche mit dem Suzon sich vereinigt und am Canal de Bourgogne, erhebt sich in fruchtbarer, von grünen Hügeln umrandeter Ebene, 245 m über dem Meere, das Chefslieu des Departements, die Stadt Dijon mit 56,000 Einwohnern, älter als die Römerherrschaft; Kaiser Marc Aurel umgab sie mit Mauern und 33 Thürmen. Heute macht der erste Anblick von Dijon den Eindruck, als hätte man eine schöne Departementsstadt, Sitz einer Präfektur, vor sich — und nicht, wie man es doch erwartet, eine alte burgundische Stadt, welche einst die Residenz des mächtigsten Vasallen Frankreichs war. Seit der Revolution sind die alten Wälle zum Theil zerstört, zum Theil umgestaltet worden, manche Thürme wurden abgetragen, und diese und andere Veränderungen neueren Datums haben der Originalität einigermaßen Eintrag gethan. So wie es jetzt ist, bietet Dijon immerhin noch einen stolzen Anblick und gilt mit Recht für eine der hübschesten Städte der Provinz. Es verdankt seinen eleganten und zugleich monumentalen Charakter den schönen Vierteln, wo sich die Paläste der alten Magistratur befinden, seinen Denkmälern aus der Zeit der Renaissance, seinen reizenden Promenaden, seinen saubern, breiten und hellen Straßen. Endlich tragen seine Schulen, seine wissenschaftlichen und künstlerischen Sammlungen, seine kostbaren Archive und die von seinen großen Männern hinterlassenen Erinnerungen wesentlich dazu bei, Dijon für den Besucher höchst interessant zu machen. In der neuen Stadt erregen die breiten Straßen, die herrlich sprudelnden Brunnen, ein wahrer Luxus Dijons, und die prächtigen Viertel unsere Bewunderung. Die Straße „Vannerie“ und die Rue de la Préfecture sehen besonders großartig aus mit ihren im siebzehnten und achtzehnten Jahrhundert erbauten Palästen. Im Durchschlendern der Stadt bemerken wir das Geburtshaus Bossuets, das Hôtel des Präsidenten de Brosses, die Wohnung Crébillons, das Haus der Familie Buffon, in der Straße gleichen Namens gelegen u. s. w. Im Mittelpunkte der Stadt erhebt sich auf dem schönen, halbkreisförmig gebauten Waffenplatz der Herzoge von Burgund, auch „das Logis des Königs“ oder Palais des Etats (Ständehaus) genannt. Heutzutage dient es als Rathhaus und zugleich als Museum. Der Palast wurde im siebzehnten und achtzehnten Jahrhundert umgebaut; von dem alten Herzogspalast, der aus dem zehnten Jahrhundert oder selbst aus noch früherer Zeit stammte, blieb nichts übrig als der prächtige Thurm Tour de la Terrasse, von Philipp den Guten vollendet, und der Thurm von Brancion, seit der Gefangenschaft Réné's d'Anjou, Herzogs von Bar, auch Tour de Bar genannt, der große Saal der Garden auf der Nordseite, die Küchen und die gewölbten Säle im Erdgeschoß. In dem hübschen Saal der Garden fesselt das kolossale Kamin sofort unsern Blick. Die berühmten Grabmäler der burgundischen Herzoge Philipp's des Muthigen und Johann's ohne Furcht nehmen durch den Reichthum ihrer Skulpturen die Aufmerksamkeit in Anspruch; dann ebenfalls im gleichen Saale die Altarblätter oder tragbaren Kapellen der Herzoge von Burgund. Der neue Theil des Gebäudes, auf dem Platze der gänzlich zerstörten heiligen Kapelle erbaut, enthält das naturhistorische und archäologische Museum nebst der Kunstschule. Unter den übrigen Gebäuden Dijons sind mehrere Kirchen, wie der Dom St. Benigne, die Kirchen von Notre-Dame, St. Michel und St. Etienne erwähnenswerth. An dem rechten Eckthürmchen der Front von Notre-Dame ist eine mechanische Uhr, die sogenannte Horloge de Jacquemart, angebracht, welche als eine der Sehenswürdigkeiten Dijons gilt. Die Stadtbewohner hängen ungemein an ihrem Jacquemart; dieser wahrscheinlich Jacques Marc genannte vlämische Mechaniker, dessen Kunstwerk aus Courtray durch Philipp den Kühnen als Trophäe nach Dijon gebracht ward, ist ihnen eine Art Palladium und die einheimischen Dichter feierten ihn in ihren Versen. Changenet, ein dichtender Winzer vom Ende des fünfzehnten Jahrhunderts, verfaßte ihm zu Ehren des Poem: „Mairiage de Jacquemart“, worin er singt:

Jaquemart de rien ne s'estonne;
Le froi de l'ivar, de l'automne,
Le chau de l'étai, du printam,
Ne l'on su randre maucontan.
Qu'ai pleuve, qu'ai no, qu'ai grôle,
El é sai tête dans sé caulé;
Ai ne veu pas sôti de la.

Im Nordwesten von Dijon erhebt sich die Citadelle, das „Schloß", dessen Festungswerke in Ruinen zerfallen. Sein Bau wurde von Ludwig XI. begonnen und von Ludwig XII. vollendet. Seit der Zeit der Fronde diente es als Staatsgefängniß. In den öffentlichen Promenaden ist volle Gelegenheit zur Erholung geboten. Ein prachtvoller „Cours" mit vier Reihen von Bäumen führt zum „Park", dem schönsten in Frankreich außerhalb Paris; der Plan wurde von Le Nôtre entworfen und die Ausführung desselben von dem großen Condé, damaligen Gouverneur von Burgund, begonnen. Nahe beim Bahnhof zieht sich längs der Promenade de l'Arquebuse mit ihren kolossalen, vierhundert Jahre alten Pappeln der Jardin des plantes hin; die Aussicht auf die Stadt und ihre von der Ouche bespülten Umgebungen ist besonders lieblich.

Weitere Ausflüge bieten manches Interessante. So am Eingange der Stadt Fontaine-les-Dijon, wo St. Bernhard geboren wurde. Von hier aus kann man prächtig die Umgebung Dijons durchstreifen. Dann ist die Besteigung des zwei Stunden entfernten Mont Affrique sehr lohnend. Sein Gipfel erhebt sich über den Motte-Giron und gewährt eine herrliche Fernsicht über die ganze Côte d'or, über einen großen Theil der Franche-Comté und bis hinüber zu den fernen Ketten des Jura, über welchen an hellen Tagen die weiße Spitze des Montblanc auftaucht.

Burgundische Sitten.

Liegt südlich von Dijon und dem Canal de Bourgogne das Land des Weines, für welchen die burgundische Hauptstadt den Centralmarktplatz bildet, so erstreckt sich gegen Norden hin, wo ein Theil des Plateau von Langres liegt, das Land des Eisens, welches hier neben Steinkohle in ergiebiger Menge abgebaut wird. In den Thälern gewinnt man viel Getreide; auch ausgezeichnete Weiden sind vorhanden und die Wälder bedecken ein Viertel der Landesfläche. Während den Osten und Südosten des Departements die Landschaften des Dijonnais, des Beaunois (les Chaumes) und des Auxonnais einnehmen — der Hauptort des letzteren ist das kleine Städtchen Auxonne an der Saône — zerfällt der Norden und Nordwesten in die zu Unterburgund gehörenden Gebiete des Auxois und des Pays de la Montagne. Die ehemalige Hauptstadt des Auxois ist die Stadt Semur-en-Auxois, das alte Castrum Sinemurum der Römer, trotzig auf einem Granitfelsen am Armançon und in 422 m Meereshöhe erbaut. Semurs Hauptmerkwürdigkeit nebst seinem Schloß und seiner alten gethürmten Mauer ist die schöne gothische Notre-Dame-Kirche, welche im elften Jahrhundert gegründet, im dreizehnten wieder aufgebaut wurde und mit schönen Skulpturen verziert ist. Nördlich davon liegt an der Brenne und dem Canal von Burgund das malerische Städtchen Montbard, das sehr viel Industrie treibt, hauptsächlich aber bekannt ist als Geburtsort zweier Männer, deren Namen von einander nicht zu trennen sind, der großen Naturforscher George Louis Leclerc, Graf von Buffon und Ludwig Johann Maria Daubenton, von welchen der erstere hier ein wohlverdientes Denkmal besitzt. Unweit von Semur und Montbard, 14 km nordnordöstlich von ersterem, liegt das Dorf Bussy-le-Grand, wo der napoleonische Marschall Junot, Herzog von Abrantes, das Licht der Welt erblickte und sich ein wegen der darin enthaltenen mittelalterlichen Porträtsammlung des Grafen Roger de Bussy-Rabutin berühmtes Schloß befindet. In der Architektur desselben lassen sich drei stimmte Epochen unterscheiden: die Front des Schloßhofes ist im Stile wigs XIV. gehalten und stammt aus dem Jahre 1649; die beiden Gal mit ihren hübschen Friesen sind aus der Zeit Heinrichs II. und die vier thürme reichen wohl noch weiter zurück.

Die Balley oder das Pays de la Montagne umfaßt die kleineren L schaften des Chatillonnais, des Barrois bourguignon, Mémontais Duesmois, zählt aber blos eine einzige bemerkenswerthe Stadt, das in 232 m Meereshöhe gelegene Chatillon-sur-Seine, mit etwa Einwohnern, sonst eine starke Festung und ehemalige Residenz der burgundi Herzoge; von den ehemaligen Stadtmauern sind noch ansehnliche Reste sich Chatillon-sur-Seine ist die Vaterstadt des Marschalls Marmont, Herzog Ragusa, und besitzt ein interessantes gallo-römisches Museum. Die ge thätigen Einwohner beschäftigen Hohöfen und Eisenhämmer, Papier- und mühlen, Gerbereien und Wachsbleichereien.

Der Charakter der Menschen in allen diesen Gebieten ist derselbe wie jenige der übrigen Burgunder, nur in Dijon zeigt sich noch hervorstech der ihnen allen gemeinsame Hang zur Satyre. Man findet da die bereitw Gastfreundschaft, die natürliche Offenheit, die einnehmende Gemüthsart, die lichkeit und Zuvorkommenheit wieder, welche die Bevölkerung schon unte Regierung seiner Herzoge charakterisirte. Daneben besitzt sie ein mun witziges Wesen und eine etwas kaustische Gutmüthigkeit, trotz des nachlä Sprechens und des schleppenden singenden Accents. Ein eingeborner Di La Monnoye, kennzeichnet im Patois trefflich diese Neigung zum Spott:

J'y meitton queique chôse qui pique,
Ein grain de sal per iqui, per llai;
Vo saivé que le prôvarbe antique,
Palan de no, dit: Borgignon salé.

In deutscher Wiedergabe etwa:

Etwas Pikantes da und dort,
Ein Körnchen Salz — was Wunder!
Sagt doch von uns ein altes Wort
„Gesalzene Burgunder!“

Davon legen ganz besonders die sehr eigenthümlichen „Noëls“ Ze ab. Bei aller Naivetät des Ausdrucks verrathen diese seltsamen Volksge eine Bitterkeit der Satyre und Ungebundenheit der Denkweise, durch weld als merkwürdige Reste des alten „Esprit gaulois“ erscheinen. Diese barocke Weihnachtslieder mit vielleicht frommem Sinn, aber fast stets sehr lichem Gewande sprechen wohl für eine gewisse, dem Geburtstage des Hei gezollte Verehrung, aber für eine Verehrung anderer Art vielleicht als welche die Kirche gutheißt. In Burgund werden alle Festtage gefeiert Burgunder braucht Feste, und Weihnachten ist für ihn das Fest der Feste. jeder Festtagsfeier erfreut sich der Burgunder, erlustigt er sich und, d Gesang wesentlich zur Belustigung beiträgt, der Burgunder auch nicht g geistlos ist, hat er für alle seine Festtage, für alle seine Ergötzungen L gemacht. Sind es weltliche Feste, so stimmt er auch weltliche Gesänge an er aber jedes Ding seinem Zwecke angepaßt haben will, so hat er auch liche Lieder gedichtet für die Tage, auf welche hohe Kirchenfeste fallen. sich nun einen möglichst genauen Begriff von der Tragweite und Wicht dieser Volkshymnen zu machen, giebt es nur ein Mittel, nämlich die Oertlichkeiten ins Auge zu fassen, wo sie abgesungen werden. Man bildet sich vielleicht ein, daß die Kirchenschiffe von den Lauten dieser naiven Strophen widerhallen? Schwerer Irrthum, dessen wir uns entschlagen müssen! Diese Noëls werden nicht in den Kirchen, nicht in den Umgängen, ja nicht einmal in den frommen Versammlungen vorgetragen, sondern zu Hause und in den Schankstuben, in der Ecke des Ofens oder Kamins, hauptsächlich unter dem weiten Mantel der bäuerlichen Feuerheerde, in immer zahlreichen Gruppen der Familie, Nachbarn und Freunde und stets in Begleitung von Kastanien, Weißwein, Schinken, Wurst und Rostfleisch. Nun stelle man sich ein wenig die Art Andacht der meisten Noël-Sänger vor!

Alljährlich beim Nahen des Advents thaut das Gedächtniß auf, entrostet sich die Kehle und des Abends versucht man jene Verse, deren unabänderliches und ewiges Thema die Ankunft des Messias ist. Aus alten Schränken holt man die Broschüren, die kleinen staubigen und schmierigen Büchelchen hervor, in welchen gedruckt, oft auch nur geschrieben, jene Lieder gesammelt sind und sobald der erste Adventsonntag angebrochen, kommen die Nachbarn zusammen, wachen zusammen, bald bei dem einen bald bei dem andern, einander ablösend in der Beistellung der Kastanien und des Weißweins, stets aber alle gleichzeitig das groteske Lob des Jesukindleins singend. Es giebt wenige Dörfer, wo man um jene Zeit, alle Abende des Advents, nicht einige jener merkwürdigen Lieder beim Klange des Dudelsacks oder der Bockpfeife in den Straßen abfingen vernähme. Der Spielmann kommt dann wie eine Verstärkung zu den Sängern am Ofenwinkel, er bringt seinen Freudenantheil, den er mit der Lustbarkeit, welche vor dem Heerde sich breit macht, vereinigt, und wenn die Stimmen einmal erschallen, ist jede Stimme mehr hoch willkommen. Bis zum Weihnachtsabend ist dies im Allgemeinen der Verlauf bei unseren frommen Sängern, von einigen Liter Wein und ein paar hundert Kastanien mehr oder weniger abgesehen. An jenem denkwürdigen Abende aber schlägt man einen anderen Ton an. Für diesen Schlußabend heischt man Besonderes. Die Leute beginnen damit, daß sie bei einbrechender Nacht Toilette machen; endlich schlägt die Stunde des Abendessens und nun vereinigt man sich so zahlreich als möglich, um gemeinschaftlich den Festimbiß einzunehmen. Nach beendetem Mahle versammelt man sich um den Feuerheerd, welcher diesmal auf besondere Art hergerichtet ist und bei vorgerückterer Nachtstunde der Gegenstand außergewöhnlicher Aufmerksamkeit Seitens der Kinder werden wird. Auf die glühenden Feuerbrände hat man ein ungeheures Holzscheit gelegt, welches man an diesem Weihnachtsabend „suche" nennt (statt bûche, wie es sonst im Französischen heißt). „Gebet acht", sagt man den Kindern, „wenn ihr heute Abend recht artig seid, so wird Weihnachten euch in der Nacht Zuckerplätzchen bringen!" Und die Kinder verfehlen nicht, recht brav zu sein, sich so ruhig zu verhalten, als ihr kleines ungestümes Naturell erlaubt. Die Gruppen der Erwachsenen, oft lange nicht so vernünftig wie die Kinder, benützen diese guten Augenblicke, um sich aus vollem Halse dem Sangeskult der wunderbaren Weihnachten zu widmen. Für diese letzte Feier hat man die mächtigsten, enthusiastischsten Strophen aufgespart. „Noël! (Noei!) Noël, Noël, dieses Zauberwort ertönt von allen Seiten und in allen Tonarten. Unter den tausend verschiedenen Lobgesängen, die heute erschallen, beginnen und endigen neunhundertneunundneunzig mit dem Worte, welches so zu sagen deren Alpha und Omega, deren Krone und Schemel ist.

17*

Dieses letzte Mal verlängert sich der Abend. Anstatt sich um zehn oder elf Uhr zurückzuziehen, wie es an den vorhergehenden Abenden geschieht, erwartet man diesmal den Schlag Mitternacht; dies sagt deutlich genug, wozu man sich rüstet: seit zehn Minuten oder einer Viertelstunde rufen die Glocken in dreifachem Getöne die Gläubigen zur Kirche und jeder, versehen mit einer kleinen buntgestreiften Kerze (chandelle de Noël) folgt durch die belebten Straßen, worin die Laternen gleich Irrwischen tanzen, dem ungeduldigen Rufe des dringenden Geläutes. Nun ist man in der Mitternachtsmesse, in der Mette, welcher man mit mehr oder weniger Andacht beiwohnt. Dann aber begiebt man sich lärmend und hastig, aber stets in zahlreichen Gruppen auf den Heimweg, wobei man gewöhnlich singt:

Voisin, c'est fait.
Les trois messes sont dites;
Deux heures ont sonné,
Le boudin a hâte,
L'andouille est prête, allons déjeuner.
Si la loi Judaïque
Défend le lard, comme hérétique
Ce n'est pas de même en Chrétienté. Noël!

Zu Hause angekommen begrüßt man die „Suche“ und setzt sich zu Tische und nimmt unter verdoppelten Gesängen jenes so heiß erwartete, so gefeierte, so fröhliche und lärmende Mahl ein, welches, man weiß nicht recht warum, „Rôssignon“ d. h. Schmauserei genannt worden ist. Es kommt wohl vom burgundischen rôssignôlai (rossignoler), melodisch singen, weil gerade beim Schmause dieses Namens die Noëls gesungen werden. Der früher bei einbrechender Nacht verzehrte Abendimbiß hindert natürlich nicht, in dieser Morgenstunde wieder bei Appetit zu sein, besonders wenn der Besuch der Metten die frommen Esser durch einige Stöße des schneidenden Nordwindes aufgestachelt hat. „Rössignon“ nimmt also seinen Fortgang oft bis ziemlich tief in die Nacht hinein. Endlich aber werden die Kehlen allmählich heiser, die Mägen füllen sich, die Suche verglimmt und die Stunde rückt heran, wo jeder, wie es eben geht, in seine Wohnung und sein Bett schlüpft, nicht ohne gemeiniglich ein tüchtiges Halsweh oder eine gründliche Indigestion für den nächsten Morgen sich zugelegt zu haben. Vorsorglich steckt man noch in die Holz- oder Lederschuhe der Kinder die Zuckerplätzchen, welche beim Erwachen die willkommenen Früchte der Weihnachts-Suche sein werden. Dies der beiläufige Verlauf der Weihnachtsfeier in Burgund.

Solange die Herzen vom Glauben erfüllt waren, blieben auch die Noëls fromme Gesänge, deren Inhalt einzig der Heiland war. Nach und nach aber trat die Huldigung des Irdischen an die Stelle der Anbetung des Himmlischen, und da wurden nun die Noëls, immer unter Beibehalt ihrer ursprünglichen Form, zum Theil Gebete um irdische Bedürfnisse, Anspielungen auf zeitgenössische Ereignisse und Menschen; giebt es doch sogar politische Noëls! Einige sind bis auf die fehlende Form völlige Lieder, voll Actualität, Satyre, Frohsinn und hinreißender Heiterkeit in einer frömmelnden und weihevollen Hülle. Der Anachronismus bildet dann das Possierliche daran. In einem dieser Noëls, das irgend einen städtischen Rhapsoden zum Verfasser hat, begeben sich alle Bewohner der Stadt und der benachbarten Ortschaften in Menge zur Krippe des Erlösers. Eine auf gut Glück herausgegriffene Strophe lautet:

Messire Jean Gillot,
Curé de Saint-Denis,
Apparta plein un pot
Du vin de son logis.
Prêtres et écoliers
Toute cette nuitée
Se sont pris à danser, à sauter,
Ut, ré, mi, fa, sol, là, là, là!
A gorge déployée.

Daraus möge man beurtheilen, welche Frömmigkeit dieser fröhlichen Pilgerschaar als Leitstern dient. So findet man in gar vielen Noëls eine Naivetät, welche stark an Cynismus oder wenigstens an muntere Heiterkeit streift. Häufig sind Travestirungen der Bibel im Geschmacke der Passionsspiele und ausgelassene Scherze über die „Conception“ oder den „bon homme Josèphe“:

Qui d'une mine ébahie
Se gratta le front.

Die Burgundischen Noëls gehen auch noch weiter und schikaniren selbst den lieben Gott, weil die Welt trotz der Erlösung noch so schlecht sei:

Il semble à le voir si mal-sage,
Que vous n'y soyez venu jamais.
Vous y reviendriez bien cent fois
Sans gagner davantage.

Im Allgemeinen gilt jedoch von den Noëls, was La Monnoye, ihr Hauptverfasser, zu seiner Entschuldigung sagt:

Mes fers sont badins,
Toutefois ce n'est qu' à bonne fin;
En riant j'y lave aux gens la tête.

In Niederburgund.

Das Departement der Yonne, das letzte derer, die wir in diesem Abschnitte zu betrachten haben, greift schon über die einstigen Grenzen von Burgund hinaus, denn zu letzterer Provinz gehörten blos die Landschaften Avallonnais und Auxerrois. Vom Sénonais, Tonnerois und der Puisaye, welche heute weitere Bestandtheile des Yonnedepartements sind, zählten die beiden ersteren zur Champagne, die letztere aber zum Orléanais. Seinen Namen hat das Departement von der Yonne, die, in den Morvangebirgen entspringend, dasselbe von Süd nach Nord durchfließt und bei Montereau in die Seine sich ergießt. In die südlichsten Theile des Departements erstrecken sich die Ausläufer des Morvan, in welchem der Serein und die Cure, rechtsseitige Zuflüsse der Yonne, ihren Ursprung nehmen. An der Cure und auf einem der letzten Vorsprünge des Morvan liegt das Dörfchen Chastellux mit einem bemerkenswerthen Schlosse, welches in der Geschichte des Landes eine hervorragende Rolle gespielt hat und in ein hohes Alterthum zurückreicht. Nur 14 km nördlich davon treffen wir an den steilen Ufern des Cousin, welcher in die Cure mündet, in 263 m Meereshöhe die hübsche kleine Stadt Avallon, in deren Nähe, bei Arcy-sur-Cure, herrliche Tropfsteinhöhlen vorhanden sind. Dieses Gebiet hat noch ganz die Natur des rauhen Morvan mit seinen unfruchtbaren Heiden, die man hier pâtures nennt. Auch die Wälder nehmen einen großen

Theil des Bodens ein, der dann weiterhin gegen Norden und Nordwesten Hafer und Gerste nach Bedarf hervorbringt.

Der Hauptreichthum des übrigens weit weniger als die Côte d'or bevölkerten Yonne-Departements ist indeß wie in jener der Weinbau. Ja es wächst hier in Niederburgund noch bedeutend mehr, etwa doppelt so viel Wein wie in der Côte d'or, doch stehen nur wenige seiner Haupterzeugnisse im höchsten Range, und selbst diese müssen sich den Hochgewächsen der Côte d'or in Feinheit und Vollkommenheit unterordnen. Es gehören dazu von Rothweinen die Gewächse von Dannemoine, von Tonnerre und Auxerre. Die genannten edlen, feinen und zarten Weine mit Würze und Blume, namentlich auch viel Farbe, sind zwar die ersten ihres Gebietes, stellen sich aber nur in die zweite Classe der allgemeinen Rangordnung. Im Mittelalter galten die Weine von Auxerre als die edelsten Frankreichs. Vin d'Auxerre est la boisson des rois, sagte man unter Lugwig XI., und „der Wein von Auxerre ist so edel, daß er kein Wasser verträgt"; mit Buveur d'Auxerre bezeichnete man eine besonders feine Zunge. In den dritten Rang treten der Clairion und der Bovie von Auxerre, der feine Pertuys-Batteaux und der farbige, körperreiche Beauvais von Tonnerre, der zarte Palotte von Francy, die Marguérites, Craies und Lorraines aus dem Armançonthale zwischen Epineuil und Dannemoine, endlich der Monsieur aus dem Franc-Pineau bei Coulange-la-vineuse. Von Weißweinen stehen der Baumorillon von Jaunay, die Grisées von Epineuil und die Weine um Chablis am Serein östlich von Auxerre obenan. Letztere sind bekannt, weil sie ihr durchsichtiges Weiß behalten, sie besitzen Geist, ohne stark zu berauschen, Körper, Feinheit und einen angenehmen Geruch. Zahlreich ist die Verwendung der weißen Niederburgunder Weine zu schäumenden Sorten. Viele von ihnen zeichnen sich ohnedies dadurch aus, daß sie während des ersten Jahres die „Moustille" besitzen, während derer sie höchst angenehm sind, aber leicht berauschen.

Das inmitten der besten Weinlagen Niederburgunds in reizender, fruchtbarer Gegend, auf einem Hügel gebettete **Auxerre** an der Yonne ist das Chefslieu des Departements, zugleich eine alte, schon zur Römerzeit blühende Stadt, die gegenwärtig 14,000 Einwohner zählt und hauptsächlich Holz- und Weinhandel treibt. Auch Leder- und chemische Fabriken so wie eine wichtige Böttcherei sind hier vorhanden. Die Stadt, altmodisch und regelmäßig gebaut, besitzt als Hauptsehenswürdigkeiten mehrere Kirchen, darunter eine schöne Kathedrale mit Glasmalereien. Geschichtlich noch wichtiger als dieses alte Autesiodorum ist die gleichfalls an der Yonne und am Fuße des zwischen Yonne und Seine streichenden Höhenzuges, der Forêt d'Othe, gelegene Stadt **Sens**, welche auch an Kopfzahl mit Auxerre wetteifert. Es ist dies das alte römische Agedincum, die Hauptstadt der Senonen, in der späteren Kaiserzeit Hauptstadt der Provinz Lugdunensis quarta, aus welcher Epoche das heutige Sens noch viele römische Ueberreste aufzuweisen hat. Im Mittelalter wurde es der Hauptort der Grafschaft Sénonais in der Champagne und stark befestigt. Seit dem dritten Jahrhundert war es Sitz eines Bischofs, später eines Erzbischofes, welcher seit Theodosius dem Großen den Titel „Primas von Gallien und Germanien" führte. Hier fanden auch mehrere Concile statt. Die ungemein gewerbreiche Stadt mit vielen Fabriken in Baumwolle, Wolle, Seide, Leinwand, Knöpfen, Messern, Lichten, Zündhölzchen, stählernen Agraffen und Schnallen, Schuhwaaren u. dgl., mit Branntweinbrennereien, Gerbereien, Mühlen, lebhaftem Handel mit Getreide, Mehl, Wein, Essig, Hanf, Wolle, Holz und Leder, besitzt eine schöne frühgothische, nach St. Stephan benannte Kathedrale mit drei an Skulpturen reichen Thüren und zwei Thürmen an der Front. Sie ward 972 gegründet, dann neu aufgebaut unter Ludwig VII. und Philipp August und birgt in ihrem Innern das Mausoleum des „Dauphin", des Vaters Ludwigs XVI.

Nivernais und Bourbonnais.

Der Morvan und seine Bewohner.

Die südlich und westlich an Burgund grenzende Grafschaft Nivernais nebst dem Herzogthume Bourbon bildet heutzutage die beiden Departements der Nièvre und des Allier. Ersteres, etwas größer als Oldenburg, umfaßt das eigentliche Nivernais, bestehend aus dem Vaux de Nevers, den Bec d'Allier, den Amognes, den Vallées de Montenoison, dem Vallée d'Yonne, dem Donziois oder Val de Bargis, dem nivernäischen Morvan oder Bazois. Bewässert wird diese Provinz von der oberen Yonne und Oure, dann von der Loire, links mit dem Allier, rechts mit der Nièvre, welche dem heutigen Departement ihren Namen giebt, und dem Aron, längs dessen der 175 km lange Canal du Nivernais läuft, welcher die Loire mit der Yonne verbindet. Die Loire, deren Thal von Roanne im Lyonnais abwärts von den Ausläufern der Montagne de la Madeleine auf der Linken, von den Höhen des Beaujolais und Charolais auf der Rechten begleitet werden, tritt unterhalb Nevers vollständig aus der Höhenregion, die zuletzt von den Hügeln des Nivernais, der südwestlichen Fortsetzung des Morvan, gebildet wird, um mit dem Allier, ihrem Zwillingsbruder vereinigt, ihren Mittellauf zu beginnen. Sandige aber fruchtbare Ebenen begleiten nunmehr die Loire auf ihrem rechten Ufer, machen die Westgrenze des Departements und geben hinreichend Getreide, Hafer und Wein. Im Nordwesten gehen die Berge in das Tafelland von Orléans über, von dem sie gleichsam die Vorterrassen sind. Im Seinebecken, d. h. im Thale der Yonne und ihrer Zuflüsse ist das Land sehr malerisch, aber wenig kulturfähig. Wir dringen hier in ein thalreiches zerschnittenes Hochland, vom granitischen, durchschnittlich 500 m hohen Morvan erfüllt. Der Hauptrücken dieses Gebirges zieht Anfangs etwa von Saulieu im Côte d'Or-Departement, das rechte Ufer des Arroux begleitend nach Süden zum 810 m hohen Mont Beuvray, einem seiner höchsten Gipfel, biegt dann in einem spitzen Winkel um die Quellen der Yonne gegen Norden und führt parallel mit dem rechten Ufer der Loire, bis zum Canal du Nivernais, den eigentlichen Namen Monts du Morvan. Auch dieser Theil des Gebirges ist ein von vielen Thälern eingeschnittenes, wechselvolles Hochland, von dem mehrere waldige Seitenzüge gegen die Loire westlich und die Yonne östlich auslaufen. In der Gegend des im Norden des Departements an der Yonne und dem Nivernaiscanal gelegenen Clamecy, eines kleinen, angenehmen Städtchens, dessen Reichthum der Handel mit Holz bildet, welches von hier in großen Flössen auf der Yonne, die etwas unterhalb der Stadt den Beuvron aufnimmt, nach Paris hinab treibt, löst sich der

Morvan in niedere Höhenzüge auf, und nur eine unbedeutende Hügelreihe, welche das rechte Loireufer begleitet, verknüpft ihn mit dem Plateau von Orléans.

Einige Theile des Morvan erscheinen so wild wie die gebirgischen Gegenden der Auvergne oder der Alpen. Auf den Höhen ist das Gebirge schön bewaldet, wie denn die ganze Provinz wie ein großer Wald erscheint; die Schätze des Morvan an Eisen und Steinkohlen sind bedeutend. Blos die Metalle beschäftigen über 1400 Arbeiter in mehreren wichtigen Werkstätten. Die Thäler sind gut angebaut, der Ackerbau ist auch vorgeschritten, doch wird nur wenig oder kein Weizen gewonnen, dafür aber Roggen, Buchweizen, Rübsamen, auf kleinen Strecken auch Hanf, endlich in großer Menge Kartoffel und gutes Gemüse gezogen. Die sogenannten Ouches sind bevorzugte Bodenstreifen, wahre Oasen in dieser Granitwüste, deßhalb auch sehr gesucht und ob ihrer ausnahmsweisen Fruchtbarkeit theuer bezahlt.

Die Behausungen der Landleute in Morvam, der Morvandiaux, sind alle aus Granit erbaut, aber die Dächer sind mit Stroh eingedeckt und die Stuben mit rohen Platten oder Fliesen belegt. Die Giebelmauern lehnt man oft, auf die ziemlich gewisse Gefahr hin, Feuchtigkeit zu ernten, gerne an Erdhügel an, um Schutz gegen die Winde zu finden. Um in diese Häuser zu gelangen, muß man öfter eine Stufe hinab als hinauf steigen. Die Wohnungen sind schlecht gelüftet. Die Leute ausgenommen, welche sich einigen Wohlstandes erfreuen und sich ein oder zwei Fenster gönnen, begnügen sich die Uebrigen mit einer einzigen, in vier kleine, in das Gebälk eingelassene Scheiben getheilten Luke. Raucht man, so wird die Thüre offen gelassen und im Winter friert man beim Feuer. In den elendesten Hütten des oberen Morvan sieht man nicht selten das Geflügel auf einem in der Schlafstube aufgehängten Flechtwerk untergebracht und schmettert der Hahn seinen Morgenruf von der Höhe des Betthimmels herab. Bei der Unreinlichkeit, welche überall, in- wie auswärts, an der Tagesordnung ist, sind die meisten Wohnungen für Thier und Menschen ungesund; daher auch aus dieser Ursache, so wie in Folge der schlechten Nahrung und der Arbeitsüberbürdung, die meisten Leute gegen Ende des Sommers von Wechselfiebern heimgesucht werden. Diese Fieber sind wohl nicht ernsthaft gefährlich; aber sie berauben die davon Betroffenen ihrer Kräfte und hindern sie oft recht geraume Zeit, ihren Beschäftigungen nachzugehen.

Die Kleider sind grob, aus Garnleinwand oder Baumwolle im Sommer, aus „Bouëge“ (Schafwolle auf Garn) im Winter, aber äußerst enge und unbequem. Die Weste überschlägt sich nicht und die Jacke läßt, gar zu husarenhaft, die Lenden unbedeckt. Die Wohlfeilheit der Gewebe hat in letzterer Zeit dieser Toilette noch ein Halstuch und bei Einigen auch ein Taschentuch hinzugefügt; denn fast Alle benahmen sich früher im Hinblick auf letzteren Punkt, wie jener Edelmann, dessen Gebahren Montaigne schildert. Die meisten Männer haben heutzutage die Mütze, den grauen Filz oder den runden Hut angenommen. Die Weiber tragen Leibchen, Rock und Schürze, ein Halstuch und eine kleine Mütze oder Haube, mit einer großen schwarzen Spitze besetzt. Im Winter legen sie eine Art „Limousine“ in Form eines langen Mantels an oder auch eine auf die Schultern zurückgeschlagene Kapuze. An Feiertagen gewinnt ihre Tracht ein gewählteres Aussehen und ermangelt bei Einigen mitunter nicht einer gewissen Eleganz und Koketterie, oft die Mittel der Trägerin übersteigend. Längst hat ihnen dies die Kritik zum Vorwurfe gemacht in der Strophe eines alten Liedes:

C'est les filles de Château-Chinon,
Les petites Morvandelles,
Qui ont vendu leur cotte et cotillon
Pour avoir des dentelles.

Die Morvandiaux beider Geschlechter stecken zu jeder Zeit die Füße in Holzschuhe, die sie billig bei sich herstellen lassen aus einem Birken- oder Erlenstamm, den sie selten kaufen: sie ziehen es vor, ihn im nächsten Walde einfach zu rauben.

Ihre Mäßigkeit ist außerordentlich. Morgens giebt es eine mit etwas Rüböl oder einer Schnitte Speck gewürzte Suppe. Butter nimmt man nicht dazu, da der größte Theil der Milch für die Aufzucht der Kälber verwendet wird. Mittags ißt man Brot mit Kartoffelmuß oder Bohnen, grün oder getrocknet, oder auch einen Buchweizenkuchen, oder endlich „Piconlée", d. i. eine Art Haferabsud. Die Aermsten und Elendesten müssen sich darein ergeben, ihr Stück Brot trocken zu verspeisen. Abends genießt man wieder Suppe und Kartoffel au naturel und in beliebiger Menge. Vor der Einführung des Kartoffelbaues im Morvan war das Leben dort noch viel schwieriger. Gewiß bildete die Kastanie einen Bestandtheil der Kost bei diesen Bergbewohnern. Man kann dies beurtheilen nach den Gebälken sehr alter Kirchen, welche aus Kastanienholz bestehen, so wie aus den enormen Stöcken dieses Baumes, die man noch an manchen Orten sieht. Aber die Einführung der Kartoffel bleibt immerhin eine unermeßliche Wohlthat für den Morvan; in diesem Lande ist sie wahrlich das Brot des Armen. Das einzige Getränk des Volkes ist das Wasser, das überall schmackhaft und frisch ist. Die Leute trinken Wein blos im Wirthshause, auf den Jahrmärkten und bei Hochzeiten. Aber bei solchen Anlässen — du lieber Himmel, man muß es wohl sagen — verschlucken sie so viel, als ihre Kräfte oder ihr Geldbeutel zu ertragen vermögen.

Der Morvan besitzt keine Industrie; man findet dort keine Fabriken. Die Weber, in Räumen arbeitend, kaum groß genug für ihren Webstuhl, erzeugen Leinwand oder „Bonëge" zu 30—40 Centimes die Elle großer Breite (nach altem Maße), und, sind sie sehr geschickt, so verdienen sie 1,20—1,50 Franken im Tage. Strümpfe und Socken werden von den Weibern gestrickt, besonders von den Hirtinnen, während sie ihre Heerde hüten. Die Holzschuhmacher berechnen 20 Centimes für die „Façon" bei jedem Paar Schuhe, groß oder klein. Der Wagner wird im Taglohn genommen, wenn es sich darum handelt, einen Karren oder neue Räder herzustellen. Aber die meisten Morvandiaux, von Jugend an gewöhnt, das Holz zu bearbeiten, bessern selbst ihre Fuhrwerke und Pflüge aus. Sie verstehen sich vortrefflich darauf, die Räder ihrer Karren mit Holzbändern zu umgeben, woraus sie die Beschienung herstellen lieber als aus Eisen, welches sie bezahlen müßten. So weit es ihnen möglich ist — kostet ihnen das Holz nichts. Die vornehmsten Beschäftigungen der Morvandiaux bestehen in der Ausbeutung der Wälder, dem Bau der Felder und der Wiesen, so wie endlich der sinnigen Pflege, welche man den Heerden schuldet.

Der Morvan ist zweifelsohne der interessanteste Theil des Nièvre-Departements, welches sonst wenig hervorragende Ortschaften besitzt. Nur am Ufer der Loire finden wir solche wie Cosne, Pouilly-sur-Loire und La Charité-sur-Loire. Der Ursprung der letzteren Stadt geht in ganz dunkle Zeiten zurück. Heute besitzt die am Fuße eines Rebenhügels neckisch gelagerte hübsche Stadt eine reizende Promenade auf einer Halbinsel der Loire, über welche hier eine verschiedene Inseln benützende Brücke nach dem linken Ufer im Cher-Departement führt, dann Hohöfen und Feilenfabriken, treibt auch lebhaften Handel mit Holz, Getreide und Eisen. Ein paar Stunden südöstlich von La Charité, ziemlich in der Mitte von Frankreich, liegt der kleine, aber lebhafte Ort Pougues-les-Eaux, im Sommer wegen seiner beiden Mineralquellen stark besucht; das kalte, eisenhaltige Wasser wird namentlich gegen Nierenleiden empfohlen. Der Ort soll sogar von diesen Quellen den Namen erhalten haben: Podii aquae, die Wasser am Berge. Es liegt nämlich ein Berg dabei, von dem aus man den schönen Strom der Loire sich wie ein langes silbernes Band durch das Thal hinschlängeln sieht, über das sich dort der alte Thurm des hochgelegenen Städtchens Sancerre (im Cher-Departement) erhebt, während südlich die Kirchspitzen von Nevers und noch weiter hinab die Bergkuppen der Auvergne in die Bläue hervorragen. Erwähnt wird der Ort erst in der zweiten Hälfte des elften Jahrhunderts. Um 1193 war Geoffroy de Pougues Seneschall der Grafschaft Nevers; im Jahre 1330 wählte das Domkapitel von Nevers Pierre de Pougues zum Bischof. Aber dann geht die Geschichte des Ortes in der seiner Mineralquellen auf. Im sechzehnten Jahrhundert wurden sie wissenschaftlich beschrieben, zuerst 1584, und dann wieder 1597 von Jean Pidoux, Arzt des Herzogs Louis von Gonzaga, dann 1592 von einem Arzte in Nevers, Antoine de Fouilhoux. Um dieselbe Zeit schrieb Raymond de Messac, Decan der medicinischen Fakultät zu Orleans, ein lateinisches Gedicht auf die Pugea Nympha, das sein Sohn ins Französische übersetzte. Auch „Meister Adam“, der Tischlermeister und Meistersinger Adam Billaud, geboren und gestorben (1662) in Nevers, hat die Quellen von Pougues besungen; er entrichtete damit den Zoll der Dankbarkeit, denn er hatte das Privileg derselben erhalten. Dagegen beschrieb sein Zeitgenosse Augustin Courrade in Prosa den „wunderbaren Triumph der Nymphe von Pougues über die weibliche Hyder“. Wer nämlich zu sehr vom Becher der Freude gekostet hat, der findet Erfrischung in dem Becher, den ihm besagte Nymphe darreicht. Solches erfuhr an sich König Heinrich III. Er klagte sehr über Nierenleiden, meinte aber seinem Leibarzte Miron gegenüber, er sei behext. Miron lächelte dazu und sprach: „Die, so Eure Majestät krank machen, sind keine Hexenmeister, sondern hübsche Hexen; bleibt ein paar Wochen fein ruhig und trinkt von dem Wasser in Pougues.“ Das that denn auch der König und das Wasser bekam ihm so gut, daß seine Mutter, die berüchtigte Catharina von Medicis, die sich auch behext fühlte, ebenfalls davon genießen wollte. Und weil es ihr auch gut bekommen war, ließ sie für die Bequemlichkeit armer Kranker ein Kapuzinerkloster bauen, von dem man noch einige Spuren sieht. Nun war der Ruf der Mineralquellen begründet, und Heinrich IV., Ludwig XIII., dessen Bruder Gaston von Orléans, Ludwig XIV. und der Prinz von Conti erhöhten ihn durch ihren Aufenthalt; der letzte, der den Ort dreimal besuchte, ließ eine schöne Lindenallee zu den Quellen anlegen. Aber der schönste Spaziergang bleibt immer der auf den Berg mit der herrlichen Aussicht. Da stand vor Zeiten ein gewaltiges Schloß mit hohen Zinnen und Thürmen; es ist längst zerfallen, nur wenige Mauerreste sind davon übrig geblieben, und die Kurgäste pflücken darin Veilchen, Sinngrün und besonders schöne weiße Rosen, in deren Dufte eine wehmüthige Sage verhaucht.

Das Chef-lieu des Departements, Nevers, ob seiner vieler Kirchen die „Kirchthurmstadt“ genannt, ist das Noviodunum, Augustonemetum oder Nivernum der Römer und heute eine Stadt von 24,000 Einwohnern, könnte auch wegen seiner amphitheatralischen Lage am rechten Ufer der Loire für schön gelten, wenn nicht der schauderhafte Zug seiner engen, unregelmäßigen und steilen Straßen den Besucher gar so unangenehm berührte. Seine alten Mauern sind zerstört, doch giebt die Porte du Croux noch eine gewaltige Vorstellung der alten Bauten aus der Feudalzeit. Ebenso bemerkenswerth sind die Kathedrale und das ehemalige Schloß des Herzogs von Nevers. Während der Schreckenszeit der französischen Revolution spielte sich in Nevers ein fast heiter zu nennender Vorgang ab, den wir unsern Lesern nicht vorenthalten wollen. Der Nationalconvent hatte 1793 den Jakobiner Joseph Fouché nach Nevers geschickt, mit der Aufgabe, hier das Feuer der Revolution zu schüren. Der Advokat Fouché (geboren am 19. September 1754 im Dorfe La Martinière beim Flecken Le Pellerin unterhalb Nantes und gestorben am 25. Dezember 1820 in Triest), der an allen Akten der Schreckensherrschaft Theil genommen, ging bekanntlich sehr ernüchtert und klar schauend aus den Revolutionsstürmen hervor und wurde unter Napoleon, ja auch noch unter König Ludwig XVIII. Polizeiminister. Aber in den Tagen, als der Jakobinerclub Frankreich regierte, führte er eine andere Sprache, und während seiner Sendung nach Nevers war die Guillotine hier auf dem Schloßplatze in ununterbrochener Thätigkeit. Und doch hatte der Terrorist eine Art poetischer Ader, wenn auch im Dienste des Materialismus; auf seinen Vorschlag beschloß der Nationalconvent: es solle fortan nur eine gemeinsame Stätte geben, um die Asche der Todten aufzubewahren, und dieselbe solle mit Bäumen bepflanzt werden: in der Mitte solle eine Bildsäule stehen, die den Schlummer darstellt. Ueber dem Eingangsthor solle man die Worte lesen: „Der Tod ist ein ewiger Schlaf.“ Indessen hatte Fouché nicht immer so düstere Gedanken. Einmal hub er gutgelaunt nach einem friedlich verlaufenen Tage am Abend im Jakobinerclub zu Nevers also zu reden an: „Die Kriegsgeschütze entvölkern unsere Gefilde, aber die vorsehende Natur wird sich beeilen, die Opfer an Menschenleben zu ersetzen, die der Freiheit und Gleichheit gebracht werden. Laßt uns die Ausführung der süßen Gebote der Natur beschleunigen; in unseren Tagen, wo der junge Mann schon ein Greis an Ruhm ist, ist der Jüngling mit männlicher Reife beglückt.“ Und sich feierlich aufrichtend, gebot Fouché, sofort in der Stadt und auf dem Lande umher alle junge Leute beiderlei Geschlechts, die den Kinderschuhen entwachsen seien, zusammenzulesen und nach Nevers zu beordern: ein Aufgebot in Masse. Diese hochzeitliche Treibjagd ergab ungefähr dreihundert Paare, die sich am festgesetzten Tage in die Stadt verfügten. Hier hielt der Volksvertreter mit wahrhaft priesterlicher Würde Heerschau über diese sonderbaren Rekruten, dann verlobte er endgültig die jungen Leute, deren Herzen sich schon vorher gefunden hatten. Die Uebrigen, die einander noch fremd waren, paarte er, so gut es gehen wollte; nöthigenfalls schuf er die Sympathien aus dem Stegreif. Unterdessen wurde auf einer Ebene am linken Loireufer angesichts der Stadt Nevers der Traualtar errichtet aus grünem Laubwerk, das mit Blumen geschmückt war; Stufen von frischen Rosen führten zu ihm hinauf. Auf dieselben trat jetzt Fouché als „Hohepriester der Natur“, wie er sich selbst betitelte, den Schleppsäbel an der Seite, auf dem Kopfe den Hut mit dem dreifarbigen Federbusche und den Leib mit einer gewaltigen Schärpe umgürtet. Ein zahlreiches Gefolge umgab ihn. Für die imposante Ceremonie war auch eine Militärmusik zu Stande gebracht worden und die Marseillaise, die Carmagnole und der Chant du départ feuerten den Festzug ohne gar zu schrille Mißtöne an, selbst das von Fouché mit seinem Witz gewählte „Ça ira“ ging nicht übel. So kam man auf dem Festplatze an. Die jungen Burschen und Mädchen waren, getrennt, im Halbkreise um den Altar geordnet. Bürger Fouché wollte, daß es den Anschein habe, als träfe die Natur selbst die Wahlen, als fänden sich die Herzen, die doch schon Tags vorher gepaart worden waren, plötzlich von selbst zusammen. Natürlich begann die Ceremonie mit einer Rede des Volksvertreters. Sie war ziemlich lang. Noch länger war die darauf folgende, die der Vorsitzende der Volksversammlung hielt; dann kam aber noch eine dritte, eine wahre Predigt, gesprochen von einem Kommissär der Vollziehungsbehörde. Endlich war der feierliche Augenblick gekommen; der Hohepriester der Natur gebot jetzt jedem der Heirathskandidaten, aus den Reihen der Mädchen sich seine Braut zu holen, und wenn sich nun ein Paar ihm vorstellte, entfaltete er über den glücklichen Häuptern die goldenen Fransen vom Saume seiner Schärpe und erklärte sie vermählt „im Namen des Vaterlandes“. In der Verwirrung kam es wohl vor, daß die Brautleute vom Tage vorher sich versahen und in der Eile einen andern Bund schlossen; aber der Segensprecher hielt sich bei solchen Uneinigkeiten nicht auf und die erhabene Feier schloß mit dem Rufe: „Es lebe die Republik!“ Ein gewaltiges Festmahl versammelte nun Hochzeiter und Hochzeitsgäste „unter dem Dome der Natur“; es wurde viel gegessen und noch mehr getrunken. Die unerläßlichen patriotischen Gesänge stiegen lustig zum Himmel auf und lustig schieden die Gäste aus einander. Die sechshundert Neuvermählten aber verschwanden, unter dem Doppelgeleite von Bacchus und Amor, im verschwiegenen Schatten der Nacht. Erst nachträglich fiel unserem Fouché ein, daß er bei der Massentrauung einen wichtigen Punkt vergessen habe; er hatte nämlich ohne jegliche Civilakte getraut. „Na, in so was wie zwanzig Jahren werden die Civilstandsbehörden in Nevers eine hübsche Arbeit haben“, dachte philosophisch der Volkstribun.

Nevers besitzt in seinem Weichbilde Kalkgruben, Fayenceerde und Kaolin. Die Industrie ist in der Gegenwart dort vertreten durch Feilenhauereien, Schlossergeräthe-, Email-, Porzellan- und Fayencefabriken, durch Gerbereien so wie Erzeugung von Chemikalien und geschätzte Zuckerbäckereien. Der Handel, welchen eine ziemliche Anzahl von Märkten begünstigen, bewegt sich hauptsächlich in Getreide, Wein, Vieh, Eisen, Stahl und Klingewaaren. Nevers ist der Sitz eines alten, einst geschichtlich bedeutenden Bisthums. Die Leute in Stadt und Land sind fromme, gute Katholiken in jener Weise, wie sie schon geschildert ward. Aus dem Kanton von Dornes, südlich von Nevers, können wir ein volksthümliches Gebet anführen, welches von den dort landesüblichen religiösen Begriffen wie auch von dem Dialecte der Gegend eine gute Vorstellung giebt. Es heißt „La raison d'Dieu“, wobei „raison“ zweifelsohne verderbt für „oraison“ steht, und lautet:

Disons la raison d'Dieu
Pour le nom
De Saint Pierre baron
[La raison d'Dieu]
Qu'a fait le jour
Qu'a fait la nuit,
Le jour, qu'est tant bel,
La nuit qu'estancelle,
Le jour d'un beau mardi
Que le monde doit tout fini.

Non, non, nous n'finirons point!
Nous dirous trois fois:
Feuille de Mâr
Feuille d'Avri
Feuille de tourmente,
Qu'i pleuve, qu'i neige, qu'i vente
Ouvrez nous la porte du paradis!

— Les portes du paradis sout ouvries
Depuis hier à midi;
Dieu les a ouvries,
Dieu les a bénies.
Saint Jean d'archange
Dans le paradis a mis
Une petite planche,
Pas pu longue, pas pu large
Qu'un ch'veu de la Sainte Viarge.
Ceux qu' saront la raison d'Dieu
Par dessus passeront.
Ceux qu' la saront pas
Au bout mourront.

Ils leu z'y diront les uns aux autres
Zenfants, zenfants,
Qu' avons-nous fait, qu' avons-nous dit:
La raison d'Dieu nous avons pas appris!
Jésus leur z'y dit:
Quand vous étiez dans l'autre monde
Vous maudissiez mon corps,
Vous maudissiez mon sang:
— Je m'en repens!
Ainsi soit-i.
— Mais Jésus leur z'y répond:
Tant que votre âme est diors
De vout' corps,
C'est pu temps d'vous en r'penti.

Das Bourbonnais.

Das Land der keltischen Arduer, Arverner und Bituriger, zu welchem zu Cäsars Zeiten noch die Bojer sich gesellten, bildete das spätere Herzogthum Bourbon, das Stammgut jener berühmten Familie, welche nicht blos Frankreich, sondern auch Spanien und Italien eine lange Reihe von Regenten gab. Nach dem Zerfalle von Karls des Großen Reich wohnte der erste Sire de Bourbon auf dem Schlosse von Bourbon und gründete die Stadt Moulins, das heutige Cheflieu des Allier-Departements. Seine Dynastie endete im Jahre 1218 mit Archambault VII. Dann kam das Bourbonnais durch Heirath an das nördlich angrenzende Nivernais. Im Jahre 1522 wurden die Ländereien des Connétable von Bourbon beschlagnahmt und wurden königlich, kamen aber dann an Condé, und 1661 wurde daraus ein „Duché-Pairie" gemacht, das ein eigenes Gouvernement bildete, aber 1789 aufgehoben wurde. Die Revolution schnitt sich aus dem Hauptttheile des Bourbonnais das Departement Allier zurecht, gab aber ansehnliche Theile an das Departement des Puy-de-Dôme, kleinere an die Departements des Cher und der Creuse ab. Das Bourbonnais, in geographischem Sinne das nördliche hügelige Terrassenland der Auvergne, zerfällt in Ober- und Unter-Bourbon. Ersteres umfaßt die bourbonische Sologne, das Sistenois, das Billezois, das Bichias und das Thal der Böbre; letzteres dagegen die bourbonische Limagne. Nur im Südosten ist das Land gebirgig und malerisch, wild und kalt; dort auf den granitischen Ausläufern des Forezgebirges, les Bois Noirs geheißen, und besonders auf dem Puy de Montoncel, bei 1292 m Höhe einem der höchsten Gipfel Frankreichs, liegt der Schnee einen großen Theil des Jahres. Nach Norden hin machen Hügelzüge den Uebergang zu bedeutenden Ebenen. Die Thäler im Süden dagegen sind meist traurig. Drei große und lange Parallelthäler, jene der Loire, des Allier und des Cher, durchschneiden in süd-nördlicher Richtung das Land. In die Loire geht die Böbre, in den Allier die Flüsse Sioule und Andelot, in den Cher die Aumance. Das Thal des Allier ist das bemerkenswertheste. Die nackten traurigen Stromufer werden nach Süden angenehmer und bei Vichy, wo die Limagne beginnt, herrlich. Die traurigen Landstriche im gebirgigen Theile, die nur Haidekraut, Ginster und Binsen tragen, heißen „Brandes"; sie liegen oft neben grünen Ebenen und Ackerfeldern. Besonders auf der Grenze gegen das Herzogthum Berri sieht man nur Brandes, gegen die Landschaft Marche fruchtbare Thäler und oberhalb derselben ungeheure Granitblöcke. Zwischen Marche und Berri liegt die äußerst malerische, aber volkleere Landschaft Châtaigne.

Die Hauptstadt des Departements, das obengenannte Moulins, hat heute etwa 21,500 Einwohner und ist nach den zahlreichen Mühlen der Umgebung benannt. Sie liegt im Thale und am rechten Ufer des Allier, über welchen hier eine 300 m lange Brücke, eine der schönsten in Frankreich, gespannt ist. Moulins hat eine ruhige Vergangenheit gehabt und ist, so wie es heute aussieht, eine ganz moderne Stadt, die nicht mehr Interesse besitzt als ihre Vergangenheit. Man muß jedoch sagen, daß sie ziemlich gut gebaut ist, seltsam verzierte Häuser aus Ziegeln, mehrere schöne öffentliche Gebäude, Museen und Theater besitzt. Ihre Notre-Dame-Kirche, die jetzige Kathedrale, ist ein historisches Bauwerk, welches schon 1468 begonnen, aber erst in unseren Tagen vollendet wurde. Vom alten Schlosse der Bourbonen, die einst hier Hof hielten, ist nur mehr ein viereckiger Thurm, la Tour Mal-Coiffée geheißen, der jetzt als Gefängniß dient, zu sehen. Man erzeugt in Moulins Leder, Saiten und Seilwerk.

Wer von Moulins nach der südwestlich gelegenen, aber volkreicheren und uralten Stadt Montluçon will, thut wohl, falls er nicht Eile hat, die dahin führende Eisenbahn zu verschmähen und die Straße einzuschlagen, welche in einem hübschen Thale mit einem Gewässer ihn nach dem Dörfchen Marigny bringt. Am Saume eines Wäldchens dahinschreitend gelangen wir nach dem Flecken Saint-Menoux, der es verdient, daß wir einen Augenblick Halt machen, um die Façade der romanischen Kirche zu betrachten, welche auf den Flanken eines grünenden Hügels sich erhebt, wenige Schritte, ehe man an das liebliche Flüßchen Ours gelangt, für dessen Namen wir uns vergeblich nach einer wahrscheinlichen Etymologie umsehen. Ist das Thal überschritten, so befindet sich der Wanderer bald auf einer höher gelegenen Bodenstufe, von welcher er die herrlichen Ruinen von Bourbon-l'Archambault zu sehen beginnt. Das heute in Trümmer liegende, fünfhundert Jahre alte Schloß der Sires von Bourbon war die letzte Station in Frankreich jenes glänzenden, gefährlichen und verhängnißvollen Mannes, welcher, erzogen durch Anne de Beaujeu, halb

Italiener und halb Franzose, zugleich Gonzaga und Montpensier, sich der Connétable von Bourbon nannte. Um dieses Schloß herum, von dessen früheren 24 Thürmen nur noch drei erhalten sind, findet unser Wanderer alle Ueberlieferungen der Vergangenheit unversehrt, bis auf die Lieder, welche die Bauern sangen, um den Schloßherrn zu alarmiren, der nur mehr mit einem Auge schlief, seit dem Tage als ihn der König am Tische der Königin-Mutter überrascht hatte. La tour prends garde! was die auf den Wiesen im Reigen tanzenden Kinder heute noch singen, ist eines jener „Noëls“, welches die lässigen Schildwachen aufmerksam machen sollte. Einer der drei stehen gebliebenen Thürme heißt Quiquengrogne, weil die durch den Bau dieses Werkes sich bedroht fühlenden Bürger darüber murrten. Der Herzog aber versicherte, daß der Thurm vollendet werden würde trotz ihrer Klagen. On la bâtira, messieurs, qui qu'en grogne. Was heute die Fremden nach Bourbon-l'Archambault lockt, das sind seine Thermen, sieben erdige Kochsalzquellen, welche mitten auf einem Platze brodelnd entspringen; sie waren schon als Aquae Nisineji den Römern bekannt und zeichnen sich, besonders die Quelle La Lymbe, aus durch ihre hohe Temperatur — 51,25 bis 60° C. — so wie durch ihre Wirksamkeit bei Lähmungen, Rheumatismen und Schußwunden.

Wandert er auf der bisherigen Straße weiter, so wird der Tourist sehr bald die hohe Spitze des Kirchthurmes von Ygrande entdecken, und wenn er sich dort aufhält, um zu speisen, so mag er vom Wirthe von den schönen Karpfen, den prächtigen Hechten und fetten Barschen begehren, welche in den Teichen der Gemeinde gefangen werden; freilich gehen die besten Fische der Flüsse und Teiche im Bourbonnais meistens nach Paris. Von Ygrande sind nur wenige Schritte nach Vieure, wo wir auf dem beherrschenden Punkte der Ebene ein wenig Rundschau halten möchten. Man steht hier im Mittelpunkte eines von allen Seiten durch schöne Hügel abgegrenzten Horizontes. Die entferntesten dieser Höhenzüge sind jene von Montmarault, von Montet-les-Moines und bei Commentry, dessen Rauchsäulen, seinen zahlreichen Essen entqualmend, je nachdem sie zur Rechten oder Linken sich wenden oder spiralförmig aufsteigen, den Meteorologen der Gegend dazu dienen, Regen oder Sonnenschein zu prophezeien. In geringerer Ferne streichen die Gelände von Ygrande und Louroux-Bourbonnais. Diese liebliche Landschaft hat eine ganz patriarchalische Physiognomie mit ihren großen Wäldern, schroffen Thalungen und entzückenden Gehölzen. Ein einziges wichtiges Gewässer, das eine Menge kleiner Bäche aufnimmt, durchfließt das oben umschriebene Becken; es ist der Fluß Aumance, der bei Chamblet entspringt, die Dörfer von Neuville, Sauvagny, Cosne benetzt und mit dem Morgon und Oeil vereinigt etwas unterhalb Maulne in den Cher sich ergießt.

Die hier lebende Bevölkerung trägt noch die überlieferte Tracht des Bourbon'schen Landmannes, bemerkenswerther indeß bei den Weibern als den Männern wegen eines seltsamen, jagdhornartigen Hutes, des Chapeau à la Lirette, von dessen Nützlichkeit man sich schlechterdings keine Rechenschaft geben kann. Man muß ihn wohl der Phantasie irgend eines Lirette genannten Dämchens zuschreiben, das populär genug gewesen, um ihre Laune nicht blos ihren Zeitgenossinnen, sondern auch ihren Nachkommen bis ins zehnte oder elfte Glied aufzunöthigen. Uebrigens bleibt der Hut für die Leute im Bourbonnais, wie beiläufig für alle Gebiete, die allmählich ihre Nationaltracht ablegen, um sich der allgemein werdenden Uniform der Völker zu unterwerfen, das letzte

Ueberbleibsel, an welches sich die Pflege der Ueberlieferung klammert. Deßhalb trägt auch seinerseits der Bauer des Bourbonnais so tapfer wie seine Gefährtin den breitkrämpigen Hut, den man außerhalb der Departements Allier und Indre nur noch bei den Kohlenbrennern und den Hallenmännern antrifft. Unter diesem Hute à la Lirette sind die Weiber nicht gerade hübsch; die einen sehr brünett, mit sehr schwarzen und sehr lebhaften Augen, sehen ganz verständig aus; die anderen, blond und in einen Mantel aus grober Wolle, fast immer aus Berkan, gehüllt, tragen einen gewissen angebornen Stolz zur Schau, welchen man mit Vergnügen gewahrt. Im Uebrigen ist die Lage der Frauen auf den Dörfern, nicht blos im Bourbonnais, sondern in ganz Frankreich, so traurig, daß man solche für ein gesittetes Land unmöglich glaubt. Das große Unglück liegt darin, daß die Weiber Arbeiten verrichten, die nur den Männern zukommen. In ihrer ersten Jugend führen sie die Heerde und schneiden das Getreide. Wachsen sie heran, so werden sie schnell kokett, weßhalb sie keinen Theil mehr nehmen an den rauheren Arbeiten des Landbaues; die Mütter, mit Rücksicht auf die Verheirathung der Töchter, begünstigen diese Zurückgezogenheit, damit die Schönheit erhalten bleibe. Sowie aber die Mädchen verheirathet sind, ändert sich Alles in ihrem Leben, sie müssen das Haus verlassen und mit dem Mann an die Feldarbeit gehen. Da sieht man sie tagelang, mit weniger Unterbrechung, zur Erde gebückt, schwere Arbeiten verrichten und schwere Lasten tragen. In manchen Gegenden werden sie sogar, wie Ochsen oder Pferde, an den Pflug gespannt. Dadurch wird ihre Haut runzelig und springt auf, die Gesichter schwärzen sich und nehmen grobe, männliche Züge an, sie selbst werden früh alt und häßlich. Während aber die Frauen so die Männerarbeit theilen, vernachläßigen sie nothwendig alle Verrichtungen im Innern des Hauses. Es giebt nichts Schmutzigeres und Ungesunderes als die Bauernhütten in Frankreich. Da leben auf dem feuchten Boden Hühner, Enten und Schweine zusammen; der Koth fließt über die Thüre in die Stube, und wenn ja Fenster da sind, so gehen sie auf den Mist. In dieses morastige Loch treten Mann und Frau des Abends ein, wenn sie ermüdet von der Arbeit kommen. Aber ehe die Frau noch daran denken kann, für die Kinder zu sorgen und das Abendessen zu bereiten, muß sie in den Stall, um dem Vieh Futter zu geben, auszumisten und neue Streu aufzuschütten. Indessen ruht der Mann auf einer schmalen Bank aus. Dieser Zustand herrscht in den reichsten wie in den ärmsten Provinzen.

Wie fast überall, sind auch im Bourbonnais die Kinder häßlich und schmutzig. Der einzige Unterschied zwischen ihnen und jenen in den Städten besteht darin, daß man sie im Landespatois gleichmäßig Bouinats nennt, wenn sie noch saugen, und Chacrots oder Chacrotes, wenn das Butterbrod mit Käse an die Stelle des mütterlichen Busens getreten. Sind sie von schlechter Gesundheit, so ist das Patois des Bourbonnais so reich, daß zwei neue Worte für die Bezeichnungen Chacrot und Chacrote, so elegant sie auch sein mögen, zum Ersatz sich einstellen; die armen schwächlichen Würmer heißen dann Chétis und Chétites. Sind sie, anstatt kränklich, blos eigensinnig, wie manchmal vorkommt, so nennt man sie einfach Tétas, was sie natürlich nicht hindert, wie andere Kinder christliche Namen zu tragen und Gilbert, Claude oder Jean, — Magdalene, Agnes oder Marie zu heißen. Alle diese braven Leute, Weiber im Lirettehute, Männer mit dem breitkrämpigen Filz, Chacrots, Chétis oder Tétas, wimmeln nun in diesen entzückenden, fruchtbaren, frischen und zugleich wilden

Landschaften des Bourbonnais. Ueberall sieht man die Kleinen herumtollen in den rothblühenden Haiden, in den üppigen Wiesen, in welchen der rothe Fingerhut und die Aubelia urens prangen, oder in den Haselnußbüschen, zwischen welchen Geisblatt und wilder Wein zum Vorscheine kommen. Natürlich ist das Landvolk auch abergläubisch und hängt an alten Legenden. Ehe man z. B. ein neues Haus bezieht, muß man ein Huhn oder anderes Geflügel schlachten und dasselbe in allen Theilen des Hauses bluten lassen, denn, sagen die Bauern, es muß etwas Todtes durchgegangen sein, ehe es für Lebende bewohnbar ist.

An alten Sagen und Legenden fehlt es nicht im Bourbonnais. Unheimlich klingt z. B. die Sage, welche sich an die Ruinen der Burg la Celle knüpft. Unfern von Vieure fesselt den Blick des Wanderers ein weißer Thurm, der sich mit seinen Zinnen und Scharten aus einem Trümmerhaufen erhebt. In der westlichen Ecke der Burg stand ehemals ein zweiter Thurm, der dreimal neu aufgebaut, dreimal wieder vom Blitze zerstört wurde, und wohl nicht ohne Grund. Das Burgfräulein, die schöne achtzehnjährige Loïse de Vieure, verliebte sich in den Grafen Mauguyon, einen Wütherich, der nach fünfundzwanzigjähriger Abwesenheit aus dem Morgenlande heimgekehrt war, wo er, wie man sich erzählte, Gott verleugnet und sich von den Magiern in die furchtbarsten Mysterien der geheimen Wissenschaften habe einweihen lassen. Loïse von Vieure trat mit ihm an den Traualtar, wobei sie auf Mauguyons Frage, ob sie ihn zum Gemahl wolle, mit der Ueberreichung einer Blume aus ihren Locken antwortete. Aber kaum hatte er die Rose berührt, so erblaßte Loïse; ihre Kniee wankten und plötzlich stürzte sie todt auf den Boden nieder. Im selben Augenblicke hallte das Gewölbe der Kapelle von einem schrecklichen Gelächter wieder, die Kerzen verloschen und durch den finstern Raum ertönten die Worte: „Mauguyon, ich habe sie Dir zum Altar geführt, mein Versprechen ist erfüllt, jetzt halte das Deine“. Der Graf war verschwunden. Das hochzeitliche Bett Loïsens war im westlichen Thurm des Schlosses la Celle bereitet; es ward zu ihrem Todtenbett. Aber kaum bedeckte die Nacht das schöne Thal von Vieure mit ihrem Schatten, als ein fürchterlicher Sturm über dem Schlosse ausbrach. Ein Blitzstrahl zertrümmerte den Thurm und als die Morgenröthe anbrach, war keine Spur von den sterblichen Resten des edlen Fräuleins mehr sichtbar. Den Thurm aber versuchte man vergeblich wieder aufzubauen; stets stürzte er, vom Feuer des Himmels getroffen, wieder zusammen.

Unfern von Vieure wiederholte sich dort das Wunder, welches wir vom heil. Dionysius berichteten (S. 95). Maura, eine deutsche Dame, wollte den falschen Göttern abschwören, sie verkaufte ihr Besitzthum und kam mit ihren zwölf Kindern zum heil. Martin nach Tours, der sie taufte. Der eine ihrer Söhne, Principin, zog nun hinunter an die Ufer des Allier, den noch ungläubigen Galloromern das Christenthum zu predigen. Aber bei der von den Gothen zerstörten, jetzt nicht mehr existirenden Stadt Cordes, in der Nähe des jetzigen Städtchens Hérisson, westlich von Vieure, wurde der Apostel von den Verehrern Jupiters überfallen, die ihm in dem Augenblicke, als er für sie betete, das Haupt abschlugen. Sofort raffte Principin dasselbe mit seinen Händen auf und ging der Kirche des Dorfes Chastelói zu, die inmitten einer reizenden Landschaft am Ufer der Aumance auf einem hohen Felsen erbaut ist. Beim Durchschreiten des Flusses verwandelten sich die Blutstropfen, die von seinem Körper in das Wasser fielen, in Steine, die der Wanderer noch in dem Bette der Aumance sehen kann. An der Kirchthüre angekommen, fand Principin einen armen Blinden, Macharius geheißen, der vom Almosen der Gläubigen lebte und hier eingeschlafen war. Den weckte er auf, ließ sich von ihm in die Kirche führen und gab am Altare seinen Geist auf. Macharius hatte sich die Hände mit dem Blute des Märtyrers benetzt; zufällig rieb er sich die Augen damit, sofort war er wieder sehend. Professor Hermann Semmig, dessen hübschem Büchlein, „Fern von Paris", diese Legende entlehnt ist, bemerkt sehr richtig, der Leser möge sich durch etwaige Zweifel an dieser Geschichte nicht abhalten lassen, in die Kirche von Chasteloi zu treten. Er wird dort herrliche Frescogemälde byzantinischen Stiles aus dem Ende des dreizehnten Jahrhunderts bewundern. Das Merkwürdigste an der erzählten Legende bleibt aber, daß, wie Professor Semmig berichtet, dieselbe sich noch an einer andern Stelle des Bourbonnais wiederholt, und dort haben zwei Französinnen das Wunder nachgemacht, zuerst eine Heilige desselben Allier-Departements. Da es eine Frau ist, so ist auch ein bischen Roman dabei im Spiele. Ganz unten im Süden des Departements, da wo es an die Auvergne grenzt, erzählt Semmig, liegt in dem fruchtbaren Landstriche der Limagne die wohlhabende Stadt Gannat. Zwar auch eine ziemlich unheilige Erinnerung knüpft sich an dieselbe. Die Familie de Fontanges besaß nämlich hier einen Wohnsitz und vielleicht wurde hier 1661 das schöne tolle Kind geboren, das über Ludwigs XIV. Herz eine wie ein Blitz glühende aber auch ebenso flüchtige Herrschaft ausgeübt hat. Marie Angélique Scoraille de Roussile wurde in ihrem sechzehnten Jahre Ehrendame der Königin Mutter und verdrängte bekanntlich die Montespan aus dem Herzen des Königs, dessen Maitresse sie wurde. Er erhob sie 1681 zur Herzogin, aber nachdem sie ihre Schönheit durch eine Entbindung verloren, verwies er sie in die Abtei Portroyal, wo sie schon am 28. Juni des nämlichen Jahres starb. Ihr Name lebte aber noch lange in einem Damenkopfputze fort, welcher dem französischen Geschmacke nur mäßige Ehre macht. Unter dem Bürgerregimente Ludwig Philipps kam Gannat gar in etwas ketzerischen Geruch; von dort ist nämlich der Abbé Châtel gebürtig, der in Paris „die französisch-nationale Kirche" stiftete, unter deren Heilige er auch Napoleon I. aufnahm. Aber sein Kirchenwerk dauerte nur um Weniges länger als die Liebschaft des großen Königs. Die Franzosen sind nun einmal so: entweder Alles glauben oder gar nichts. Und so sind auch die Wallfahrer zur Kapelle der heil. Procula bei Gannat; sie glauben Alles. Die Geschichte versetzt uns in das neunte Jahrhundert. Procula war die Tochter eines Edelmannes. Ihre große Schönheit hatte dem reichen Grafen Gerhard von Aurillac eine heftige Leidenschaft eingeflößt; er warb um ihre Hand, aber sie schlug ab, erklärend, daß sie sich Gott geweiht habe; als ihre Eltern sie zur Vermählung zwingen wollten, entfloh sie in die Wälder, die damals noch das Land bedeckten. Hier irrte sie lange Zeit umher, betete wie die Büßerin Magdalena in der Wildniß und zog sich Nachts in Felsengrotten zurück. Die Hirten der Umgebung wurden von Verehrung für die schöne, fromme Jungfrau ergriffen und sorgten für ihren Unterhalt. Aber bald durchzog die Kunde von der schönen Flüchtigen das Land und kam auch zum Grafen Gerhard. Sofort sattelt er sein Roß und streift durch die Wildniß, bis er die reizende Jungfrau entdeckt. Aber Procula bleibt unerbittlich, fest entschlossen, ihre Jungfräulichkeit zu bewahren. Da wird des Grafen glühende Liebe zu glühendem Haß. Wüthend faßt er sein Schwert, trennt das schöne Haupt mit jähem Hiebe vom Rumpfe und entflieht. Die edle Märtyrerin aber bleibt stehen, neigt sich sanft zur Erde, nimmt das Engelsköpfchen in ihre Hände und trägt es nach Gannat in die Kirche zum heil. Kreuz; dort legt sie es auf die Stufen zum Hauptaltar nieder, läßt sich dann auf den Boden hingleiten und stirbt. An der Stelle aber, wo die Mordthat geschehen war, erbaute ihr das Volk eine Kapelle, und da sich die Heilige nach ihrer Enthauptung fünfmal niedergesetzt hatte, um auszuruhen, so bezeichneten fünf Stationen diese Ruhepunkte. Gerhard aber fand keine Ruhe; von Leidenschaft und Gewissensbissen zugleich verzehrt, suchte er zwar in dem Gewirre der Schlachten vergeblich den Tod, reinigte aber sein Herz noch nicht von sündigen Gedanken; als er indeß einst seinen begehrlichen Blick wieder auf ein junges Mädchen hatte fallen lassen, erblindete plötzlich sein Augenlicht. Nun erst ging er ernstlich in sich. Er zog sich in seine Heimath nach Aurillac zurück und stiftete hier zum Zeichen seiner Reue eine Abtei, die er reich beschenkte.

Etwa 15 km nordwestlich von Gannat liegt das Dörfchen Beauce, beachtenswerth wegen eines prächtigen Schlosses, welches auf hohem Felsen erbaut ist im Hintergrunde einer Schlucht, in deren Tiefe das gleichnamige Flüßchen Beauce braust. Die Unregelmäßigkeit seiner Bauart, seine Thürme, seine beiden schönen Terrassen, die ihm als Basis dienen, verleihen dem angeblich aus den Tagen Ludwigs des Gutmüthigen stammenden Schlosse etwas wahrhaft Malerisches. Dieser alte Feudalsitz gehörte nach einander den Familien de Bessoles, de Blain le Loup und de Blot; jetzt ist er Eigenthum des Freiherrn Cadier de Beauce, welcher ihn mit ebenso viel Geschmack als Verständniß hat im Renaissancestile wieder herstellen lassen. Von der großen Terrasse vor dem Hauptflügel genießt man eine wunderbare Aussicht auf die Umgebung. Der Blick schweift hinüber bis zu den Wäldern und Hügeln von Montpensier, hinter welchen der Allier fließt und im wildem gesunden Thale eines der besuchtesten und vornehmsten Modebäder Frankreichs eingebettet liegt: Vichy-les-Bains. Es giebt eigentlich zwei Vichy, nämlich die alte finstere Stadt Vichy-la-Ville und das durch prachtvolle Parkanlagen und Promenaden davon getrennte, elegante Quartier neuf oder Vichy-les-Bains. Es entspringen hier im Ganzen 14 alkalische Thermen von 12—44,63° C.; von den sieben Hauptquellen haben La Grande Grille 41,88° C., Le Puits Carré 44,63°, Les Sources de l'Hôpital 30,75°, die Fontaine des Célestins oder du Rocher 19,5° C. Das Wasser enthält Chlornatrium, doppelt kohlensaures Natron, kohlensaure Magnesia, Glaubersalz, phosphorsaures Natron, Kieselsäure, etwas Eisenoxydul, Strontianerde u. dergl. Es wird zum Baden, Trinken, so wie zu Gießbädern benutzt und gegen erhöhte Venosität, Hämorrhoidalleiden, Verdauungsbeschwerden, Rheumatismen, Katarrhe, Blasenleiden, Skropheln, Bleichsucht, Milzleiden und Frauenkrankheiten empfohlen. Die Bäder waren schon im Alterthum unter dem Namen Aquae calidae bekannt und lagen im Gebiete der Arverner im aquitanischen Gallien. Es sind noch Ueberreste von altrömischen marmornen Badewannen und auch noch in neuerer Zeit römische Münzen hier gefunden worden. Ihren großen Ruf erhielten die Bäder jedoch erst in diesem Jahrhundert, nachdem das bereits 1784 von den Muhmen Ludwigs XVI. begonnene Etablissement thermal 1829 vollendet worden.

In Vichy beginnt der Tag um fünf Uhr Morgens, wenn der erste Zug von Paris kommt, und die Reisenden, mißgestimmt über die nächtliche Eilfahrt durch die staubigste Strecke Frankreichs, in den Gasthöfen Lärm schlagen. Es ist unmöglich, bei dem Spectakel, welches sie und ihr Gepäck veranlassen,

18*

wieder einzuschlafen, überdies wäre es auch gar nicht gerathen, um des Bades willen. Schon beschatten die alten Bäume des Parkes die Badenden, welche in Schleier und lange, weite Mäntel gehüllt nur das Auge und die Fußspitzen zeigen, und erst später in voller Toilette gesehen zu werden verlangen. Die beiden sich kreuzenden Wandelbahnen sind nahezu überfüllt von Unglücklichen, welche bemüht sind, die Zeit, welche die nothwendige Pause zwischen dem ersten und zweiten Becher Wasser ausfüllt, todtzuschlagen. Es ist ein Gesumme und Gesurre wie in einem Bienenschwarm. An jeder der steingefaßten Quellen reichen nicht immer junge und schöne Nymphen das heilspendende Getränk den Gläubigen hin.

Seid Ihr blutarm? oder vollblütig? Nervös oder lymphathisch, habt Ihr die Gicht oder das Asthma, seid Ihr gelähmt oder kataleptisch, zu mager oder zu dick, kommt, hier könnt hier unter Pauken und Trompeten — das Orchester ist unermüdlich — von Eueren Leiden befreit werden. Alle zwei Schritte wechselt das Wasser den Namen und die Wirksamkeit. Wer aber zu den glücklichen gesunden Kranken zählt, die hier weit seltener sind als in Baden-Baden, der wandle zur Damenquelle, welche die Tante Louis' XVI. in die Mode gebracht, und die, der großen Mehrheit der Besucherinnen gegen die Besucher nach zu schließen, immer noch gegen „Vapeurs“ höchst wirksam ist. Da ist die reizende Blondine, deren Haarputz wie aus Sonnenstrahlen gewoben und über dem sich wie ein Abendwölkchen eine rothe Feder, vom winzigen Hütchen herab, wiegt. Dann zwei Schwestern, höchstens sechzehn und siebzehn Jahre alt, die ihren an Farblosigkeit mit dem Reispapier wetteifernden Teint benützen, um sich mittelst einer violetten Bluse über gelbem Rock und gänzlich auf dem Wirbel zusammengestrichenem und mit Blumen und Nadeln bespicktem Haar, zu Chinesinnen zu verkleiden. Fräulein X. benützt wieder ihren Stil Watteau, um im Naiven zu machen, während die schöne Marseillerin ihren sammtschwarzen, mandelförmig geschlitzten Augen zu Ehren sich aufs Schmachten wirft. Und so von den Vielen, welche nur an Jugend, Nerven oder eleganter Erschöpfung leiden, ist Jedes in seiner Art bemüht, möglichst viel Wirkung hervorzubringen. Charakteristisch ist schon die Wahl der Trinkgefäße am Brunnen. Eine Schöne bedient sich einer Perlenmuschel, während eine andere ein Trinkhorn von Krystall oder einen Pokal von böhmischem Glase vorzieht; auch darin versucht man möglichst viel Ueberspanntheit kund zu thun.

Zu den Klängen des unermüdlichen Orchesters, das zumeist Walzer von Strauß ausführt, wandeln die Kurgäste nach dem Bade paarweise auf und ab. Doch vielleicht ist es Schuld der Kur, das Geplauder flaut so ziemlich und macht dem französischen Esprit eben nicht viel Ehre.

Von zwölf bis zwei Uhr herrscht nahezu völlige Ruhe, selten nur durch ein unglückliches Klavier unterbrochen. Einige Neulinge sind ausgezogen, die Reize der Umgegend kennen zu lernen. Einige waldeinwärts, wo einst ein entsprungener Sträfling ein tugendhaftes Einsiedlerleben geführt und wo jetzt in einem Wirthshaus treffliche Forellen verspeist werden. Andere haben sich nach dem Schlosse Bourbon-Busset gewendet, um legitimistische, oder wieder andere nach dem Schlosse Bandau, um orleanistische Reliquien zu verehren. Naive Gemüther, welche sich im Gebirge glauben, werden weit ausgeführt und ihnen in weitester Ferne ein Wölkchen gezeigt. Sie kehren vom großartigen Anblick der Berge entzückt heim.

Die Musik ist natürlich nur ein Vorwand, um glänzende Toilette zu machen und vorzuführen. Die Versammlung gemahnt ein wenig an die Concerte Musard, aber nicht wie sie im Frühjahr, sondern wie sie ein wenig später sind, wenn die Crême der Elegance schon dem geputzten Bürgerthum Platz zu machen beginnt. Die jungen Männer sind kaum minder kokett als die Damen, sie gehen alle Schattirungen durch, von der rohen Seide bis zum Lille, tragen weiße Sonnenschirme und hantieren nicht selten auch mit dem Fächer. Da sind auch ein paar Landpfarrer, die mit dem einen Auge das Brevier lesen, während sie mit dem anderen Rundschau halten, auch ein paar junge Nonnen, die unter dem gewaltigen Bollwerk ihrer Kopfbedeckung hervorlugen. Eine Menge apoplektisch aussehender Männer, die sich auf ihre, meist sehr stattlichen und grellfarbig geschmückten Ehehälften stützen. Doch die Glocke ertönt, und so eifrig, wie am Morgen zum Brunnnen, stürzt jetzt Alles zum Mittagstisch. Es gehört viel dazu, wenn Jemand dem Speisengeruch, welcher die Straßen erfüllt, zum Trotz Appetit mitbringt.

Um sechs Uhr begiebt sich Alles wieder ins Freie, auf die Bänke vor den Gasthöfen. Wenn irgend Etwas Vichy auszeichnet, so ist es der gänzliche Mangel an Originalität. Spanische Händler in rothen Barreten und Sammtwämmsern bieten ihre Chokolade, falsche Chinesen Quincaillerien, Tiroler schön geschnitzte Holzwaaren aus, während kleine Blumenmädchen aus dem Bourbonnais, von mäßig pikantem Aussehen, Blumen feilbieten.

Endlich beginnt das Casino in Lichtschein zu schimmern; es ist von außen schwerfällig und düster, erhält aber innen durch den Glanz der zahllosen Lichter und frischen Toiletten ein hübsches Ansehen. An Theaterabenden ist der Saal überfüllt und an Ballabenden noch mehr, obwohl für die Tanzenden ein Uebermaß an Raum bleibt. Eine Anzahl zweideutiger Schönheiten läßt es nämlich für junge Mädchen nicht rathsam scheinen, Quadrille oder überhaupt zu tanzen. Die Mehrzahl der Damen bildet somit blos Ausschmückung und drängt sich auf den Bänken, höchstens, daß man am Arme eines nahen Verwandten einmal herum walzt. Man mißtraut, mißt, beobachtet sich, und wenn man eben beginnt aufzuthauen und sich zu unterhalten, beginnen die Lichter zu verlöschen. Es ist elf Uhr und das Kurreglement sendet Einen unerbittlich zu Bette.

Nur 4 km östlich von Vichy liegt das Städtchen Cusset, welches seinen Ursprung einem im Jahre 882 gegründeten und im dreizehnten Jahrhundert zu einer Abtei adeliger Damen erhobenen Frauenkloster verdankt. Das jetzige Cusset zählt gegen 6500 Einwohner und ist im Allgemeinen eine ganz moderne Stadt, obwohl sich noch einige seltsame alte Häuser, ferner die Reste eines romanischen Klosters und ein alter Thurm dort finden, welcher als Gefängniß dient. Auch Cusset hat Mineralquellen so wie Baumwoll- und Wollspinnereien nebst Weinbau; es erzeugt nebstdem Pfeifen und Papier. Weiter im Osten des Departements stoßen wir endlich auf das Städtchen Lapalisse am Bèbre, ausgezeichnet durch ein den Ort beherrschendes Schloß aus der Renaissancezeit, welches an Stelle einer älteren, dem dreizehnten Jahrhundert vorangehenden Befestigung erbaut ward. An dem einen Ende dieses Gebäudes befand sich eine gothische Kapelle, von welcher nur mehr die Mauern zu sehen sind; sie enthält das Mausoleum des Marschalls La Palice. So sollte eigentlich der Ort sich schreiben, welcher seine ganze Berühmtheit dem Namen verdankt, den er einer der hervorragendsten Familien des französischen Adels gegeben hat. Diese aus Bigorre stammende Familie kam 1429 nach dem Bourbonnais, wo sie für 6000 Goldthaler die Kastellei Lapalisse erwarb. Es waren dies die

Chabannes, welche die Könige von Frankreich als Verwandte ihres Hauses betrachteten und von denen mehrere den Ehrentod auf dem Schlachtfelde fanden.

Bei diesem Anlasse sei es uns vergönnt, mit einem französischen Schriftsteller, Frédéric-Béchard, einen Blick auf den hohen Adel zu werfen, zunächst auf dessen weibliche Mitglieder. Erziehung, Gewohnheit an Eleganz, das Blut endlich haben im Herzen dieser jungen Damen die zarten Instincte bis zu einem außerordentlichen Grade entwickelt. Sie sind wohl, wie Fourier sagte, die weiblichsten, d. h. die vollkommensten der Frauen. Wenn die Brüder eines Tages in sich den Adel ertödten, die Schwestern werden in sich die Race aufleben lassen. Zahlreiche Lakaien, Vollblutpferde, kostbare Equipagen, prächtige Paläste, alle diese Genüsse des Reichthums haben für sie nicht einmal den Reiz des Vergnügens, sondern die unbeugsame Strenge eines Bedürfnisses; sie sind nicht Sache der Eitelkeit, sie sind wie eine Familienüberlieferung. Das Außenleben, das sie seit der Kindheit gelebt, es ist ihr ganzes Leben; sie kennen, sie verstehen kein anderes. Sie setzen ihre Mütter fort, nichts weiter, und ihr Luxus selbst ist Einfachheit. Die Zeiten haben sich indeß geändert. Hervorragende und reichlich entlohnte Aemter, sei es in der Verwaltung, sei es im Heere, einträgliche Stellen bei Hofe oder in den Finanzen — all' diese hohen Staatswürden lagen ehedem in den Händen dieser Familien. Von ihren Ahnen hatten sie erbliche Lehen, unermeßliche Besitzthümer überkommen, welche das Erstgeburtsrecht unversehrt dem Oberhaupte des Hauses erhielt. Das Gold strömte in diesen Palästen und die alten Edelleute waren stolz auf ihre Freigebigkeit. Die Reichthümer, welche sie dem Lande verdankten, stellten sie in vornehmer Weise dem Lande zurück. Heutzutage sind die öffentlichen Aemter kein Sonderrecht mehr der Aristokratie. Seit sechzig Jahren hat diese sich übrigens fast stets abseits gehalten von den Regierungen, welche sich in Frankreich ablösten, und wer möchte dies nicht begreiflich finden? Die Güter werden durch die modernen Erbgesetze unter zahlreichen Kindern zersplittert. Die großen Adelsvermögen, welche drei Staatsumwälzungen überdauerten, kann man zählen. Die freien und industriellen Berufe, die allein in der Gegenwart große Vermögen begründen können, werden verschmäht und erheischen Verstandeskräfte, die unter allen Classen selten sind. Dennoch gehen diese Familien, obgleich eingeschränkt in ihren Mitteln, nicht darauf ein, sich einzuschränken in ihrer Existenz. Sicherlich ist die Wunde nicht gänzlich unheilbar. Noch ist keine eigentliche Noth vorhanden, vielmehr nur eine Art Beengung, ein Unbehagen, Vorläufer des Uebels. Auf den Trümmern des Schlosses, welches der zu Grunde gerichtete „Grand Seigneur" losschlug, erhebt sich das dreistöckige Bürgerhaus des reich gewordenen Kaufmannes. Der Pächter erwirbt käuflich das Gut, dessen Boden er gepflügt. Die alten Paläste, die alten Schlösser verschwinden. Ueberzeugt, daß ein Titel eine immer gut und sicher verwerthbare Waare sei, von einem einträglichen Lebensberufe überdies durch eine Geringschätzung entfernt, welche sie desto lieber zur Schau tragen, als dieselbe ihrem Hange nach Müßiggang entspricht, in ihren eigenen Häusern durch den schmeichelnden Luxus entnervt, verschwenden die Träger der vornehmsten Adelsnamen Frankreichs ihr Leben zum größten Theile in blöden Alltäglichkeiten und gemeinen Tollheiten. Einige Ausnahmen, aller Sympathien werth und auch von der öffentlichen Meinung mit Erfolg unterstützt, bestätigen leider nur die Regel. Die entarteten Nachkommen der alten Römer mahnten wenigstens durch die Größe ihrer Laster an die Größe der Tugend ihrer Vorfahren. Aber die Franzosen der Verfallsperiode sind kleinlich bis in ihre Lächerlichkeiten. „Der Stolz," sagte Montesquieu, „ist die Triebkraft der Aristokratie." Montesquieu sprach von den aufsteigenden Aristokratien. Eitelkeit ist die einzige Leidenschaft der verschwindenden Aristokratien. Alle diese Existenzen sind noch nicht völlig abgedankt, aber sie zeigen täglich die Neigung, sich zu verwischen, zu verschwinden. Die heutigen Gesetze und Sitten verurtheilen diese ganze gehaltlose und schlaffe Gesellschaftsgeschichte zum Untergang, zur Zersplitterung, während unter ihr verständige, unterrichtete und arbeitsame Geschlechter gähren und wallen, immer steigende Fluthen, welche die letzten Trümmer verschlingen werden. Konnte doch einmal ein Redner kurzweg sagen: „Lassen wir das bürgerliche Gesetzbuch und den Luxus allein walten; sie bedürfen keiner Hülfe." Freilich dürfen wir nicht übersehen, daß dieses rasche Aussterben der Adelsfamilien, die sich blos aus einer Gesellschaftsclasse ergänzen, schon seit dem Alterthume zu beobachten ist. Nach Edgar Quinet waren die Familien der Franken in Frankreich schon im neunten Jahrhunderte erloschen, im sechzehnten gab es keine Enkel der Kreuzfahrer mehr. Immerhin bleibt in Frankreich noch eine gute Zahl adeliger Häuser übrig, welche die Ueberlieferungen des ritterlichen Zeitalters noch nicht verloren haben: unbezähmbaren Heldenmuth, patriotische Ergebenheit und selbst die Charakteristik der Gesichtszüge.

Die Auvergne.

Um den Puy de Dôme.

Zweifellos eine der interessantesten Landschaften Frankreichs, interessant durch sein großartiges Gebirgsrelief, interessant durch die vulcanische Natur seiner Gipfel, interessant endlich sogar durch die Menschen, welche sie bewohnen, ist die Auvergne, deren einstiges Gebiet beiläufig durch die beiden jetzigen Departements des Puy de Dôme und des Cantal dargestellt wird. Das zur hier entspringenden Dordogne gehende Flüßchen Rue theilt das Land in die nördliche Limagne oder Unter-Auvergne und die südlichere Ober-Auvergne. Die politische Eintheilung der ehemaligen Provinz war aber: Herzogthum Auvergne, Grafschaft Auvergne und das Dauphiné d'Auvergne. Das Herzogthum Auvergne wurde 1416, das Herzogthum Mercoeur 1712 aufgehoben; die Grafschaft Auvergne und das Herzogthum Montpensier bestanden bis 1789. Die Hauptstadt der Unter-Auvergne war Clermont, jene der Ober-Auvergne St. Flour. Letztere umfaßte auch das Carladès oder die Grafschaft Carlat, die Planèze, das Artense, das Lieutadès, und das heute zum Departement der Ober-Loire gehörige Arrondissement Brioude. Zur Unter-Auvergne rechnete man die Limagne, das Livradois und einen Theil der Pays de Combrailles. Bei der geographischen Schilderung dieser Region kann ich mich nicht genau auf die Grenzen der beiden heutigen Departements Puy de Dôme und Cantal beschränken, sondern muß, wo es nöthig, auch die Bezirke der benachbarten Departements mit hineinziehen.

Während nun, wie aus meiner bisherigen Darstellung hervorgeht, der Norden Frankreichs als weite Ebene an die Küsten des Aermelkanals tritt, steigt südlich von 46° 30′ n. Br., d. h. von jener Region an, bis zu welcher ich bisher den freundlichen Leser geführt, das Land allmählig empor und erhebt sich langsam, bis es in den Departements Ober-Loire und Puy de Dôme seine höchste Höhe erreicht. Diese höchste Erhebung von Centralfrankreich (von den Gebirgen östlich der Rhône, die zu der Alpenkette hinüberführen, in den Departements Drôme und Isère abgesehen) stellt sich dar als ein mächtiges Granithochland von im Großen und Ganzen dreieckiger Gestalt, von allen Seiten von jurassischen Gebilden oder wenigen älteren Bildungen begrenzt. Es war zweifelsohne in den Zeiten der Meere, in denen sich der Absatz dieser jüngeren Bildungen vollzog, eine mächtige Granitinsel, deren Grenzen wir noch heute deutlich bestimmen können. Nach Osten endet das Tafelland in den tiefen und steilen Abstürzen des Rhônethales, nach Südwesten fällt es ebenfalls schnell nach dem Becken der Gironde zu, nach Norden geht es allmälig in die Ebene über. Von diesem mächtigen Plateau aus, welches die Gebirge der Auvergne, des Cantal, der Ober-Loire, des Forez und des Limousin bildet, ziehen sich einige Ausläufer nach Norden in die Bourgogne hinein, nach Süden erstrecken sich Gebirgszüge durch das Departement Lozère, die Cevennen bis in das Aveyron und zu den Bergen der Montagne Noire. Im Innern erscheint das Hochland vorzugsweise durch zwei tiefe Thäler gegliedert: das Thal der oberen Loire, die vom südlichen Abhange des Mont Mezenc, dem Gerbier des Joncs im Departement Ardèche kommend, Anfangs westlich, dann aber, durch zahlreiche Zuflüsse verstärkt, fast genau in eine nördliche Richtung umwendend und das längere und breitere Thal des Allier, der vom südlichen Ende der Margeride-Kette, unweit von La Bastide im Departement der Lozère kommend, mit nordwestlicher Richtung, bald durch zahlreiche und starke Gebirgswasser wachsend in dem weiten Becken der Limagne hinfließend in das Tafelland einschneidet. Der letztere, der sich, wie wir wissen, bei Nevers in die Loire ergießt, ist weitaus der mächtigste Fluß von Centralfrankreich, und verliert wohl mit Unrecht nach der Einmündung der Loire in ihn seinen Namen. Das centrale Hochland (dessen ganze Masse vorherrschend aus altkrystallinischen Felsarten von Granit, Gneiß und Glimmerschiefer besteht), zerfällt durch die beiden Stromthäler in drei getrennte Gebirgstheile. In das Gebirge zwischen Rhône und Loire erscheint nördlich das Kohlenbecken von St. Etienne eingelagert; weiter nach Süden bildet es den Unterbau der vulcanischen Gruppe in der Umgegend von Privas, im Departement Ardèche, so wie der gewaltigen im Mont Mezenc südlich von Le Puy (Departement Ober-Loire) die Höhe von 1774 m erreichender Trachytmassen. Zwischen Loire und Allier, die in ihrem Laufe auf etwa 20 km nahe sind, aber nach Norden sich von einander entfernen, um sich endlich wieder zuzufallen, liegt auf dem Plateau die schöne Reihe der erloschenen Vulcane von Pradelles bis Paulhaguet (Departement Ober-Loire), und weiter nördlich im Gebirgszuge des Forez schiebt sich die mächtige Porphyrmasse des Puy de Montcelle zwischen Roanne und Thiers in die Tafelfläche ein. Endlich westlich des Allier zieht sich, südlich durch den von Ost nach West fließenden Lot begrenzt, der langgestreckte Granitrücken der Margeride von Südost nach Nordwest hin, von diesem westlich liegen die vulcanischen Massen von La Guiolle, davon nördlich der ungeheure mächtige Bau des Cantal aus basaltischen und trachytischen Decken zusammengesetzt, und davon noch nördlicher, nur durch einen schmalen Streifen nicht überdeckten Granits getrennt, der Mont Dore und die Kette der sogenannten „Puys“ mit dem

Puy de Dôme bei Clermont-Ferrand, alle auf dem Granitplateau aufgesetzt. Die vulcanischen Gebiete bei Le Puy, der Cantal, der Mont Dore und die Reihe der Puys bilden eines der ausgezeichnetsten und reichsten Gebiete für das vergleichende Studium alt- und neuvulcanischer Formen, Bildungen und Gesteine.

Die Stadt Clermont-Ferrand, Chefslieu des Departements Puy de Dôme, ist hierzu ein prächtiges Hauptquartier. Sie ist an sich voll von Interesse in archäologischer Hinsicht. Hier war es, wo Peter der Einsiedler den Kreuzzug wider die Sarazenen predigte, wo Pabst Urban II. das Kreuz vor der versammelten Menge erhob; hier war es, wo Papst Alexander III. seine versengenden Bannstrahlen gegen Kaiser Barbarossa schleuderte. Aber Clermont war auch der Geburtsort Pascal's des ersten Naturforschers, welcher das Gesetz des atmosphärischen Druckes zu verschiedenen Höhen ermittelte und zu diesem Zwecke ein Barometer auf den Puy de Dôme trug, auf welchem jetzt ein ihm zu Ehren errichtetes Observatorium steht. Clermont ist das alte Nemossus, später Augustonemetum, die Hauptstadt der Arverner, deren Name in jenem der Auvergne fortlebt, und die im Jahre 253 n. Chr. vom heil. Austramonius zum Christenthume bekehrt wurden. Dieser ward auch der erste Bischof des in Clermont errichteten Bisthums. Aus der Römerzeit sind noch mancherlei Reste vorhanden, so ein Stück einer gallorömischen Mauer und einer Wasserleitung, und 1878 ward durch Obersten Champvallier eine römische Villa ausgegraben, in welcher sich Frescomalereien von lebhaftesten Farben vorfanden, die an Schönheit den pompejanischen nicht nachstehen sollen. Im Mittelalter war es eine Festung, die Clarus mons hieß, woraus der jetzige Name entstand. Die blühende Stadt wurde 761 von den Franken unter Pipin und 976 von den Normannen zerstört, erhob sich aber bald wieder. Später wurde Clermont die Hauptstadt der Grafschaft Auvergne, daher sich die Grafen von Auvergne auch Grafen von Clermont nannten. Ludwig XIII. ließ dann 1633 Clermont mit dem eine halbe Stunde entfernten Städtchen Montferrand verbinden und nannte die Stadt nunmehr Clermont-Ferrand. Jetzt zieht zwischen beiden Plätzen eine hübsche Allee. Clermont-Ferrand liegt auf einem 50 m hohen konischen Hügel, 407 m über dem Meere, am Eingange eines halbkreisförmigen Thales von etwa 25 km Umfang und von fruchtbaren Hügeln umgeben. Nach Osten steht dieses Thal mit der Limagne-Ebene im Zusammenhange, so daß erst die 35—45 km entfernten Berge im Osten die Aussicht begrenzen. Die alterthümlich erbaute Stadt ist aus der festen dunkelfarbigen Lava von Volvic aufgeführt. Die alten, engen, krummen, geneigten Straßen hat man nun angefangen zu verschönern und gesünder zu machen. Die im Jahre 1248 begonnene und leider unvollendet gebliebene Kathedrale beherrscht die Stadt. Die Kirche Notre-Dame de Port hat eine Krypta mit einem wunderthätigen, durch die Zeit geschwärzten Muttergottesbilde und soll bis ins Jahr 580 n. Chr. zurückreichen. Als ihr Erbauer wird der heil. Avit, Bischof von Clermont, genannt. Im Norden und Osten besitzt die Stadt angenehme Boulevards mit Baumpflanzungen. Die Plätze im Innern sind groß und mehrere Gebäude sehenswerth. Der Stadttheil Montferrand mit 5000 Einwohnern, fast am Fuße des 556 m hohen Puy de Champturgue, um 14 m niedriger als Clermont gelegen, ragt mit seinen schwarzen gothischen Häusern gleichfalls auf einem Hügel auf. Vom Platze der Rodade hat man eine der schönsten Aussichten des Landes. In einer der Vorstädte von Clermont entspringt die versteinernde

Quelle von St. Alyre, ein Eisensäuerling, reich an kohlensaurem Kalk. Es giebt in der Auvergne viele andere ähnliche Wasser, aber keines versteinert darin befindliche Gegenstände so rasch wie St. Alyre. Die Geologen schreiben die große Menge des im Wasser abgesetzten Travertins den unterirdischen vulcanischen Kräften zu und sind der Meinung, daß die Quellen stärker waren, als letztere noch größere Thätigkeit zeigten. Auch die im Südwesten der Stadt entspringende Quelle der Jaude mit ihren stoßweisen Aufwallungen ist erwähnenswerth. Clermont-Ferrand zählt gegenwärtig 43,000 Einwohner, aber die Zahl seiner Fabriken und Gerbereien ist nicht bedeutend. Handelsgegenstände sind besonders Getreide, Mehl, Leinwand, Eisen. Sein Aprikosen- und anderes Fruchtmuß ist berühmt. Indeß ist Clermont-Ferrand immerhin ein wichtiger Handelsstapelplatz für die Umgegend, selbst für Lyon, Bordeaux und Paris.

In der nächsten Umgebung und im Westen von Clermont bemerken wir den Bach Fontanat, der Mühlen, Papierfabriken u. s. w. bewegt und in einem lachenden frischen Thale mit Weingärten, alten Nuß- und Kastanienbäumen fließt. An 5 km von Clermont liegt das Dorf Royat, berühmt wegen seiner 11 m breiten, 8 m tiefen und etwa $3^1/_2$ m hohen, moosbewachsenen Höhle, aus welcher in fünf Oeffnungen Quellen sprudeln, die sich zu einer Cascade vereinigen. Diese Wasser speisen durch die Tiretaine, ein Flüßchen, in welches sie sich ergießen und das Clermont durchfließt, die Brunnen jener Stadt, worunter jener auf dem Platze Delille wirklich hübsch und geschmackvoll ist. Die Grotte und das Thal von Royat sind von den Dichtern wiederholt besungen und, wohl nicht ohne Uebertreibung, mit dem Tivoli des Horaz oder Calypso's Grotte verglichen worden. Royat besitzt aber außerdem noch bedeutende Mineralquellen, welche in der dort errichteten Badeanstalt zu gewöhnlichen und Gießbädern, wie auch zu innerem Gebrauche benutzt werden. Oberhalb des Dorfes erhebt sich der Puy de Chateix, sogenannt nach einem einst hier bestandenen Schlosse der Herzoge von Aquitanien. Er ist mit Weinbergen und Obstbäumen bedeckt, während basaltische Felsen seinen Gipfel krönen. Royat selbst ist eingezwängt in eine Schlucht zwischen zwei Basaltbergen und ruht auf einem alten Lavastrome, welcher sich von der Ortschaft Graveneire ins Thal ergossen hat. Dort ist zwar kein Krater zu gewahren, aber ungeheure Massen von rothen und schwarzen Schlacken, Lapilli und Puzzolanerde, die man behufs Verwerthung bricht, sehen aus, als wären sie erst gestern ausgeworfen und erzählen deutlich genug von der Thätigkeit der unterirdischen Feuer. Die vulcanischen Massen scheinen aus Spalten in dem Granathügel des Puy de Charade hervorgequollen zu sein, an dessen Flanken drei Lavaströme sich zu Thale senken. Nebst dem nordwärts gerichteten Royatstrome giebt es deren noch zwei, einen östlichen und einen südlichen. Der östliche ward in seinem Laufe abgelenkt durch den Puy de Montaudoux, einen weitaus älteren Basaltstock, welcher seine dermalige Stelle einnahm, ungezählte Jahrhunderte, ehe die vulcanischen Ausbrüche von Graveneire ihren Anfang nahmen. Von Graveneire lohnt sich ein Besuch des mehr denn 900 m hohen Puy de Berzé, dessen Gipfel von Granit überlagerndem Basalt bedeckt ist. Eine andere Route über das granitische Land führt über das Dorf Chamalières, das Plateau de Pradelles und Sarsenat nach Channat und dann über Nohanent und die Côtes de Clermont zurück nach dieser Stadt. Bei Pradelles, in 705 m Meereshöhe, stößt man wieder auf alten Säulenbasalt, welcher den Granit überlagert. Das Thal von Villar ist in die granitischen Felsen erst seit dem Erscheinen dieses Basaltes ausgenagt worden, und dieses Thal hinab floß der moderne Lavastrom vom Puy de Pariou. Dieser Berg ist 1223 m hoch und hat einen Krater von etwa 318 m im Durchmesser bei 90 m Tiefe. Ebenfalls interessant ist der Marsch nach dem Puy de Channat, von welchem neuere vulcanische Massen über das Granitplateau gerade in der Linie nach dem Puy de Dôme geflossen sind.

Der 1465 m messende Puy de Dôme ist das Hauptobject aller Ausflüge von Clermont-Ferrand. Er ist der König des dortigen Landschaftsbildes und thront inmitten einer Schaar von 64 „Puys", deren Gesammtheit auf einem Flächenraume von 80 qkm die Kette der Monts Dômes bildet. Der Puy de Dôme, aus Domit erbaut, hat auf der Spitze eine kleine Fläche ohne Vertiefung, und dort hat Hr. Vimont Nachgrabungen angestellt, welche Spuren eines großen Gebäudes bloßlegten, das in die ersten Perioden der römischen Besetzung des Landes hinaufreicht. Nach einer aufgefundenen Votivtafel war es ein Tempel des Merkur, neben dem sich ein Circus befand. Das Ganze scheint von dicken Mauern, welche in gewissen Abständen eiserne Klammern verstärkten, umgeben gewesen zu sein. Im Mittelalter stand hier eine dem heil. Barnabas geweihte Kapelle, zu welcher in späteren Tagen gewallfahrtet wurde; eine alte Ueberlieferung erzählt freilich auch, daß zu gewissen Zeiten die Hexen dort ihren nächtlichen Sabbath hielten. Mit dem Puy de Dôme in Verbindung steht der nicht so hohe Kleine Puy de Dôme (1267 m), aus Schlacken gebildet, und zwischen beiden liegt ein Krater, das „Hühnernest" genannt. Der Puy ist bis zum Gipfel mit üppigen Alpen- und Medicinalkräutern bedeckt. Nur an zwei oder drei Stellen kommen weiße Lavamassen zum Vorscheine, welche andeuten, daß er kein Berg wie andere Berge ist. Man erklimmt den majestätischen Kegel auf zwei verschiedenen Wegen; der eine, südliche, heißt Weg von Alagnat, der andere, nördliche, La Gravouse. Vom Gipfel des Puy genießt man eines der schönsten Schauspiele und der herrlichsten Rundsichten auf Erden. Zu Füßen schaut man die zahlreichen kleineren Puys mit ihren alten Kratern, ihren schroffen Abstürzen, ihren Lavaströmen und ihren Lagern rother oder schwarzer Puzzolanerde. Weiterhin schweift das Auge über die ganze Limagne mit ihren Städten, Dörfern und zahlreichen Hügeln; überall farbige Felder, Weingärten, menschliche Behausungen auf dieser weiten Oberfläche zerstreut, unabsehbare Straßen und Wege, Bergketten! Alles dies vereinigt sich zu einem wahrhaft zauberischen Anblick, der einen guten Theil der Auvergne umfaßt. Obwohl der Puy de Dôme ein ausgebrannter Felsen ist, so verleihen ihm doch Regen und Dämpfe, die auf ihn unablässig einwirken, eine seltene Fruchtbarkeit, welche auch, mit ein oder zwei Ausnahmen, den übrigen Puys eigenthümlich ist. Sie alle sind mit dichtem Grase bewachsen und dienen als treffliche Weiden. Unter diesen nennen wir im Nordwesten den Puy de Côme (1255 m), dessen breiter Lavastrom in das Bett der Sioule bis gegen Pontgibaud, über 7 km weit, geflossen ist. Nördlicher liegen der schon erwähnte 1211 m hohe Puy de Pariou, der Grand Sarcouy (1158 m) und der 1181 m hohe Puy Chopine, der erstere aus Domit, der letztere ohne Krater; dann der Puy de la Nugère, dessen schiefer Krater zwei Lavaströme nach verschiedenen Seiten ergossen hat, die sich unterhalb Volvic, einem Orte unfern von der alten Rivalin Clermonts, der Stadt Riom, vereinigt haben. Südöstlich aber vom Puy de Dôme erhebt sich der Puy de Nadailhat 600 m über die Ebene; aus seinen Seiten hat sich zwischen der Sioule und Monne eine Lavamasse, Mont de la Serre genannt, in ansehnlicher Breite und über 10 km Länge ergossen.

Der Mont Dore.

Den ganzen südlichen Theil des Departements Puy de Dôme nimmt der Mont Dore ein, vielfach aber ganz unrichtig Mont d'Or geschrieben. Er hat seinen Namen von dem Bache Dore, der nahe seinem höchsten Gipfel entspringt und mit der Dogne zur Dordogne, dem bedeutendsten Nebenflusse der in den atlantischen Ocean strömenden Garonne, sich noch oberhalb des Badeortes Mont Dore vereinigt. Die ganze Gruppe der Monts Dores besteht zunächst aus einer schmalen Reihe von Bergnadeln, von Norden nach Süden geordnet, zwischen den Flüssen Alagnon und Rue, und von 1500 m mittlerer Höhe. Darin erhebt sich der Cézallier 1453 m, der Puy Ferrand 1864 m, der Puy de l'Aiguillier 1849 m hoch. Der Mont Dore selbst, dessen Hauptgipfel Puy de Sancy heißt, hat 1886 m Höhe und ist der zweithöchste Gipfel im Innern Frankreichs, angeblich auf mehr denn 150 km Entfernung sichtbar. Dieser alte eruptive Vulcan ist eine echte Berggruppe, ja, wenn man von der Gliederung, wie sie durch die scharfe Thalbildung hervorgerufen ist, absieht, würde man ihn als einen einzigen, mächtigen Kegelberg bezeichnen, der dem Granitplateau aufgesetzt erscheint. Trefflich schildert in wenigen Worten der englische Geologe Poulett Scrope, einer der eifrigsten Durchforscher dieses Gebietes, in seinem Werke über die erloschenen Vulcane Central-Frankreichs die Umrisse des Mont Dore: „Derselbe ist, wenn auch nicht das bedeutendste der vulcanischen Gebirge von Central-Frankreich, so doch von der höchsten absoluten Erhebung. Seine höchste Spitze hat nach Ramond 1886 m Höhe, den Cantal noch um circa 50 m überragend. Seine Gestalt mag uns am deutlichsten werden, wenn wir annehmen, daß sieben oder acht felsige Gipfel um einen etwa eine (engl.) Meile (1,6 km) im Durchmesser fassenden Kreis gruppirt sind, von wo aus, wie von dem Scheitel eines abgestumpften und unregelmäßigen Kegels, alle Seiten mehr oder weniger steil nach außen abfallen, bis ihre Neigung sich allmählich in der Hochebene und umher verliert. Stellt man sich nun diese Masse tief und weit an entgegengesetzten Seiten durch zwei Hauptthäler eingefressen vor, ferner gefurcht durch etwa ein Dutzend kleinerer Wasserläufe, die alle nahe der centralen Erhebung entspringen und sich dann nach allen Richtungen der Windrose hin ergießen, so wird man eine zwar rohe, aber nicht ungenaue Vorstellung vom Mont Dore erhalten." Eine ungeheure Menge vulcanischer Producte bedeckt die ursprüngliche Granitbasis, die etwa 1040 m Höhe hat, auf einem Raum von 50 km Umfang. Es bleiben also selbst bei dieser Höhe des Granitplateaus immer mehr noch an 850 m für vulcanische Massen übrig. Dieser mächtige Bau ist wie ein Mantel um einen gemeinsamen Kern gelagert und besteht aus Decken, stromförmigen Ablagerungen von Trachyten und Basalten, ungeheuren Lagen vulcanischer Bruchstücke, Rapilli, Sand, Aschen, Bimssteinen, die theilweise wieder zu Conglomeraten und festen Breccien verkittet sind, durch welche hindurch zahlreiche, oft mächtige Trachyt-Basalt-Phonolithgänge zu Tage treten. Endlich erheben sich an dem tiefstgelegenen Rande des ganzen Aufbaues verschiedene jüngere embryonale Schlackenkegel mit ihren im Vergleich zu den ungeheuren Massen des uralten Kernvulcans verschwindend unbedeutenden Producten. Alle die verschiedenen nach und nach übereinander gelagerten vulcanischen Massen des Mont Dore führen mit einer gewissen Bestimmtheit auf einen centralen, jetzt allerdings vollständig unkennbar gewordenen Ausbruchspunkt hin. Wohl am wahrscheinlichsten müssen wir denselben in die unmittelbare Nähe der Dordognequelle am nördlichen Abhange des Puy de Sancy verlegen, wo ein flachgrundiger runder Kessel, jetzt von einer sumpfigen Wiese erfüllt, sowohl der Form als auch der Umgebung nach wie ein wahres Durcheinander von Tuffen, Conglomeraten, Breccien, Trachytschlacken und anderen Gesteinen bildet, noch den alten Krater verräth. Auch der ganze Kreis der umgebenden Felsgipfel bestätigt diese Vermuthung. Sie bestehen aus verschiedenen Lagern von Trachyt, die in ihren gestörten und unregelmäßigen, von Gängen durchsetzten und von echten Schlacken begleiteten Lagerungen wohl die Nähe eines Eruptionspunktes andeuten. Die mächtigen Felsen des Puy de Sancy, Puy Ferrand, Pan de la Grange, der Cacadogne, Roc Cuzeau schließen den gewaltigen Kreis, der nur nach der Thalseite geöffnet ist, alle nach innen steile, zertrümmerte und zerrissene Wände kehrend. Diese höchsten Gipfel bestehen aus Trachyt, der sich nach allen Richtungen als breite Decke hinstreckt, wie der Basalt es thut, und zwar ist eine besondere Art an den Gipfeln, eine besondere in den geflossenen Massen zu erkennen. In der Gegend der Hochebenen beim Guérysee sind die Puys und alle Felsen durchweg Phonolith, der in regelmäßige Prismen abgesondert ist. Die basaltische Formation ist aber noch viel ausgedehnter als die trachytische; weite Basaltdecken sind rings um die mittlere Masse nach der Ebene hin ausgegossen; im centralen Theile ist der Basalt seltener. Endlich waren auch alte Gletscher, wie vielfache Spuren beweisen, einst zu großer Ausdehnung im Mont Dore vorhanden.

Die westlichen Abhänge des Gebirges sind steil, die östlichen ziemlich sanft, beide dicht mit kräftigen Gräsern bedeckt, und diese reichen Triften sind von herrlichen Cascaden bewässert, während in den tiefen Schlünden der Schnee noch im August liegt. Die Ostabhänge senken sich in Hochflächen gegen die linke Allierseite; über die einförmigen Weiden erhebt sich hier kein Baum, nur einige Hütten und eine gothische Kapelle aus dem sechzehnten Jahrhundert, welche wöchentlich die Bergbewohner versammelt und zu welcher alljährlich eine berühmte Wallfahrt gehalten wird. Im Winter ist die Höhe ganz unbewohnt. In der Nähe der Kapelle ist das Creux de Souci, eine Art von Brunnen, 30 m tief und etwa 32,5 m im Umfange haltend; es ist dies eines der zahlreichen Löcher in einer der Basaltdecken. Dasselbe soll in Verbindung stehen mit dem Pavinsee, an dessen Rande sich der Vulcan Montchaline, 1418 m hoch, erhebt, und der in seiner Lavaumwallung 30 m Tiefe hat; die inneren Abhänge sind dicht mit Gehölz bedeckt. Dieser und eine große Zahl anderer, neuerer Vulcane mit Kratern und Seen liegen alle in gewisser Entfernung vom Mont Dore, besonders nach Süden, und auch aus ihnen haben sich ausgedehnte Lavaströme ergossen. Die Basis aller bildet ein nach Süden geneigtes Tafelland. Wie schon angedeutet, sind es vor Allem zwei tiefe Thäler, die in den Mont Dore einschneiden, das der Dordogne und das der zum Allier fließenden Couse, oder des Lac de Chambon. Beide sind in ihrem Aeußern durchaus alpiner Art, wie im Allgemeinen die landwirthschaftliche Scenerie des Mont Dore den Besucher durchaus an die Thäler der Schweiz erinnert. Die reiche Cultur der Wiesen, unterstützt durch die allenthalben hervorbrechenden

Quellen, die sparsame Baumvegetation auf den Thalgehängen vollenden die Aehnlichkeit. Das Thal der Dordogne beginnt am nördlichen Flusse des Puy de Sancy. Ausgezeichnet ist es in seinem oberen Theile dadurch, daß verschiedene flache Kesselgründe über einander liegen, in deren meist sumpfigem Boden die verschiedenen Bäche ihren Anfang nehmen. Das obere Thal zerfällt in zwei getrennte Thäler; ein steiler Felsengrat, durch einen mächtigen Trachytgang gebildet, scheidet das Thal de la Cour, welches einen weiten kraterähnlichen Kessel bildet, von der Gorge d'Enfer oder Höllenthal. Diese ist ein wilder, tiefer, von steilen Wänden aus Trachytconglomerat, das von zahlreichen Gängen durchsetzt wird und in pyramidalen Felsenspitzen emporstarrt, eingeschlossener Einschnitt, der bis in die Masse des Puy de Sancy selbst hineinführt. Am Eingang dieser Schlucht ist ein Damm von wildem Haufwerk aufgeführt, der Stirnmoräne eines Gletschers durchaus ähnlich. Auch ist es noch jetzt gerade in dem oberen Theile dieser Schlucht nicht selten, daß der Schnee des einen Winters dort liegen bleibt, und von dem Schnee des folgenden Jahres überdeckt wird. Hat einmal ein Gletscher im Mont Dore existirt, so muß es wohl in diesem Thale gewesen sein, und in der That ist der erwähnte Steinwall unzweifelhaft als Stirnmoräne eines Gletschers anzusehen. Von dem Vereinigungspunkte des Val de la Cour und des Höllenthales an zieht sich das Thal der Dordogne fast genau von Norden nach Süden, schmal und überall von steilen Gängen eingefaßt, etwa 14 km hin, bis es an dem Vereinigungspunkte mit dem von Osten nach Westen niedersteigenden Thale von Prentigarde (Prends-toi-garde) rechtwinklig umbiegt und dessen Richtung annimmt. Das zweite Hauptthal des Mont Dore ist das Thal des Chambonsees, in seinem oberen Theile auch Val de Chaudefour genannt. Es beginnt gleichfalls mit rundem Kessel und erstreckt sich zunächst in gerader Linie nordöstlich, bis es sich zum Becken des genannten Sees erweitert, und in einer östlichen Richtung umbiegt. Es waren die hervorbrechenden mächtigen Eruptionsproducte des jungen Vulcans, des Puy de Tartaret, welche die Wasser des Thalbaches der Couse aufstauten. So bildete sich der See, und die Couse mußte sich erst einen neuen Abfluß durch den vulcanischen Damm suchen, den sie nun tiefer und tiefer aushöhlt und so den Spiegel des Sees erniedrigt.

Ein drittes Thal beginnt südöstlich vom Puy de Sancy, schneidet tief in dessen Flanke ein; geht am Fuße des Puy Chambourget vorbei, in Anfangs genau südöstlicher Richtung, wendet aber plötzlich scharf um und nimmt eine östliche Richtung an. Endlich schneidet noch ein viertes, weniger tiefes Thal, aber in genau radialer Stellung, in das Gebirge ein. Es beginnt ebenfalls im Süden des centralen Gipfels und geht in fast westlicher Richtung nach dem Thale der Dordogne zu. Diese hat nach ihrem Austritt aus den vulcanischen Massen des Mont Dore sich zu einer vollkommen südlichen Richtung umgewendet. Ein weiteres mächtiges Thal, welches aber nicht radial in die centrale Masse des Gebirges einschneidet, sondern dasselbe gewissermaßen nach Norden hin begrenzt, ist das schon erwähnte Thal von Prentigarde. Es beginnt mit kesselförmiger Weitung am Fuße der Croix Morand, dem höchsten Punkte der von Clermont aus in den Mont Dore führenden alten Straße, und geht mit ziemlich bedeutendem Gefälle von Osten nach Westen, vereinigt sich mit dem Thale der Dordogne und zwingt dieses, in seine Richtung einzubiegen, so daß man richtiger das Thal von Prentigarde als Hauptthal ansehen muß, in welches das Thal des Mont Dore einmündet. In letzterem liegen in 1046 m

Höhe Mont Dore les Bains, vielbesuchte Bäder, welche schon von den Römern benutzt wurden, aber erst Anfangs des siebzehnten Jahrhunderts wieder in Aufnahme kamen; eine Drahtbrücke führt hier über den Fluß. Die Gestaltung aller dieser Thäler, enge, tiefe, meist gerade gerichtete Thäler mit steilen Gehängen, in ihren oberen Theilen stets in mehr oder weniger deutlicher Kesselform endigend, entspricht genau den Thälern der Schweiz, in denen noch die Gletscher vorhanden sind. Wären die Wände dieser Thäler von Granit oder sonst einem etwas widerstandsfähigen Gestein gebildet, so würden sich ohne Zweifel auch im Mont Dore die deutlichen Spuren der früheren Gletscher finden, und diese sind in der That vorhanden in der Umgebung des centralen Gebirges, wenn wir in den Richtungen der genannten Thäler das granitische Gebirge untersuchen, welches rund um die vulcanischen Gesteine hervortritt.

Die Cantal-Berge.

Die Reihe dieser Auvergner Berge, der rauhesten im Innern Frankreichs, die wildesten und malerischesten Landschaften darbietend, beschließt die im Südwesten von Mont Dore vereinzelt aufsteigende Gruppe des Cantal, welche mit ihren sternförmigen Abzweigungen fast das ganze nach ihr benannte Departement bedeckt und den Alten unter dem Namen Mons Celtorum bekannt war. Die Mitte bilden Trachyte, die Abhänge Basalte, Schlacken, Bimssteine und Laven, welche in solcher Fülle herausgeflossen sind, daß sie bis fernhin die Thäler ausgefüllt haben; sie bilden so Tafelflächen, die stufenweise nach dem Centrum hintereinander aufsteigen uud tiefe und breite Schluchten zwischen sich lassen. Die Basis der ganzen Masse hat über 50 km Umfang, und mehr als zwanzig aus einander laufende Zuflüsse der Dordogne, des Lot und des Allier durchfurchen sie. Klare Quellen treten ringsum hervor, die Bäche bilden schöne Wasserfälle, erzeugen im Grunde der sternförmig auslaufenden Thäler kräftige Weiden und vereinigen sich zu Flüssen. Die wichtigsten derselben sind: am Nordabhange die zur Dordogne gehende Rue; am Westabhange Maronne und Cère, am Ostabhange die Truyère, welche zum Lot geht, und der Alagnon, der in den Arcueil und mit diesem in den Allier fließt. Nach Süden gehen nur kleine Flüsse zur Truyère. Alle aber sind ungemein fischreich, besonders an Salmen, Forellen, Aalen und Aeschen, aber wegen ihrer Strömung, zahlreichen Wasserstürzen und Felsenbetten niemals schiffbar. Die Thäler dieser Flüsse sind durch Fruchtbarkeit des Bodens ausgezeichnet, aber das meiste Getreide gewinnt man in der Ebene Planèze, welche der Alagnon und Arcueil bewässern, zwischen St. Flour und Murat im Osten des Departements. Man nennt sie die Kornkammer der Ober-Auvergne. Der König dieser Landschaft ist der majestätische, 1858 m hohe Plomb du Cantal, ein ganz regelmäßiger Kegel mit breitem Fuße, auf dessen Abhängen steile Wände nach der Mitte zu laufen, und immer von heftigen Winden umweht, während der Gipfel acht Monate des Jahres in Schnee gehüllt bleibt. Bei einer Neigung seiner Abhänge von 4° besteht auch er aus trachytischen, phonolithischen und basaltischen Laven, Tuffen und Conglomeraten oder Breccien, in welchen sich selbst am Gipfel ausgeworfene Massen der Süßwasserschichten, zuweilen mit Feuersteinstücken, welche Muscheln der unteren Miocänformation enthalten, befinden. Die Aushöhlung in der Mitte ist wahrscheinlich der ehemalige Krater, um den herum einzelne Puys oder Gipfel auf den ungeheuren Lavamassen gereiht stehen. Ein pyramidenförmiger Berg, der Puy de Griou, 1694 m hoch, nimmt die Mitte der Aushöhlung ein. Unter den übrigen nenne ich den 1787 m hohen Puy Mary, den Puy Chavaroche oder l'Homme de pierre (1744 m), den Puy Violent (1594 m), den Puy du Peyroux (1686 m), den Puy Gros (1599 m), den Lioran oder Puy de Massabian (1420 m), den Bataillouze (1685,5 m), und die Mandailles (1679 m). Ueber die Seite des Cantal führt die Straße von Murat nach St. Flour über das 1089 m hohe Tafelland von Flageole, jene von Murat nach Aurillac, der Departementshauptstadt, über den 1296 m hohen Font de Cère, die von Murat nach Salers über den 1539 m hohen Col de Cabre. Der bedeutendste Ausläufer des Cantal geht zwischen Lot und Dordogne nach Südwesten; er ist Anfangs eine sehr steile Kette von 1700 m Höhe, von tiefen Schluchten und zahlreichen Strömen durchfurcht, wird dann aber breiter und flacher, bis er ein bergiges Hochland mit fruchtbaren Thälern darstellt, deren höchster Punkt bei den Quellen der Vave, die Bastille du Haut-Mont, 794 m Höhe hat. Nach Südosten streicht die Kette der Monts de la Margeride, welche den Cantal mit den Lozèrebergen der Cevennen verbinden, während nordwärts die vom Pic de Cézallier beherrschten Höhenrücken ihn mit dem Mont Dore verknüpfen.

Die Natur hat die höchsten Gipfel des Cantal nur stiefmütterlich bedacht; sie sind nackt und entblößt, lange Monate hindurch mit Schnee bedeckt. Begünstigter zeigen sich die niedrigeren Gipfel und die Tafelflächen, welche den ersteren als Basis dienen. Zwar lagert auch dort der Schnee volle fünf Monate lang, aber im Frühjahre schmücken sie sich mit üppigem Grün, und Veilchen, Hyazinthen, Maiglöckchen, allerlei Maßliebchen, Primeln, wilde Nelken sprießen und blühen nebst manchen officinellen Gewächsen. Im Sommer vollends verwandeln sie sich in treffliche Weiden, und diese sind dann in den hohen Thälern und bis an den Gipfel des Plomb mit Vieh bevölkert, das auch den benachbarten Departements angehört. Die fetten Ochsen gehen von hier nach allen Landestheilen, die Hammel nach den südlichen, die Ziegenhäute nach Millau, wo man Pergament daraus bereitet; die Pferde, klein aber kräftig, werden für die leichte Cavallerie verwendet. In den malerisch auf den Weidegründen zerstreuten Behausungen der Hirten, kleinen Hütten, welche den Namen Buron führen, macht man Butter und drei Arten von Käse. Waldungen von Eichen und Kastanien wechseln mit den Triften. Tiefer unten baut man Hafer und Buchweizen, die hier, wie im Bourbonnais, die Hauptnahrung des Volkes geben; Lein, der an Feinheit mit dem flandrischen wetteifert; Hanf, dessen Gewebe in der Marine verwendet oder nach Spanien verkauft wird; Kartoffeln, verschiedene Obstsorten, besonders Kastanien, ebenfalls ein wichtiges Nahrungsmittel des Landes, endlich einen mittelmäßigen Wein. An weiteren Naturschätzen gewinnt man auch Steinkohle, und die Menschen erzeugen Kessel und Kupfergeräthe, Papier und Spitzen.

Städte und Dörfer im Cantal sind nur auf den unteren Gehängen der Hochflächen oder in den Thälern, welche sie trennen, anzutreffen. Das größte und schönste dieser Thäler ist das 24 km lange und 4 km breite, nach Südwesten sich öffnende Thal der Cère, welche am Fuße des Puy-Gros entspringt. Unweit von dem Orte Thiézac macht sie einen hübschen Fall, den Pas de la Cère, und rauscht zwischen zwei Felsenwänden dahin, welche nicht weniger als 140 m Höhe haben. Von da an hüpft die Cère unter Lärm und

Getöse von Felsen zu Felsen und bildet zahlreiche kleinere Cascaden, welche beständig die Aufmerksamkeit des Wanderers fesseln. Thiézac liegt im Canton Vic, und dieses ist ein nur wenig davon entfernter Ort, welcher den Namen Vic-sur-Cère führt, obgleich er gar nicht an der Cère, sondern am Iraliot, einem Nebenbache derselben, liegt. Wegen seiner doppelt kohlensauren, eisenhaltigen und schäumenden Mineralwässer, welche sehr angenehm zu trinken sind und einen beliebten Zusatz zum Weine geben, aber auch gegen Kopfschmerzen, Herzklopfen u. dgl. empfohlen werden, nennt man es auch Vic-les-Bains. Ein besonderes Curhaus ist etwa 1200 m von dem an 2000 Einwohner zählenden Städtchen eingerichtet und wird von Mitte Juni bis Mitte September von einer gewissen Anzahl Leidender besucht. Nirgends kann man eine reichere und mannigfaltigere Vegetation sehen, nirgends hübschere Landschaften, lebhaftere und klarere Gewässer als im Thale von Vic-sur-Cère. Zahlreiche Schlösser waren früher in der Umgebung zerstreut und der 250 m hohe Rocher de Muret, welcher eine 1574 zerstörte Burg trug, ist jetzt noch eine Sehenswürdigkeit des Landes, zugleich ein beliebtes Ausflugsziel für die Spaziergänger von Vic.

Parallel mit dem Thale der Cère, in welche sie auch mündet, fließt die Jordanne, an welcher das Chef-lieu des Departements, Aurillac, sich erhebt. Die Stadt steht auf Lava, mit Kalk überdeckt, bietet aber nichts Bemerkenswerthes. Gegen Ende des achten Jahrhunderts gegründet, besitzt sie breite, unregelmäßige Straßen und ein altes Schloß, an neueren Bauten ein Theater, eine Irrenanstalt und ein reiches naturhistorisches Museum. Ein Mineralbad, deren es in Auvergne eine Unzahl giebt — die chemisch untersuchten Quellen allein belaufen sich auf 512 — darf natürlich auch hier nicht fehlen. Berühmt in ganz Frankreich sind die Pferdewettrennen, welche in Aurillac alljährlich vom 1. bis 15. Mai abgehalten werden. Aurillac nennt sich mit Stolz den Geburtsort jenes gelehrten Gerbert, welcher als Papst Sylvester II. nicht blos der Philosophie, sondern der ganzen Wissenschaft des Abendlandes einen neuen Aufschwung gegeben und den der Volksglaube wegen seiner in damaliger Zeit — er starb im Jahre 1003 — ganz wunderbaren Kenntnisse in Physik und praktischer Mechanik zum Zauberer und Teufelsverbündeten gemacht, so daß er als der älteste beglaubigte faustische Charakter erscheint. Die heutigen 14,000 Einwohner von Aurillac sind zwar keine Schwarzkünstler mehr, aber doch den mechanischen Künsten der Industrie nicht abhold. Sie besitzen Kupferhämmer, chemische, so wie Tapeten-, Spitzen-, Kessel-, Haarsieb- und Papierfabriken, treiben auch Goldschmiedearbeit und Viehzucht so wie Handel mit Maulthieren und Viehzucht. Von den übrigen Orten des städtearmen Departements, wie Carlat, Maurs, St. Flour, Chaudesaigues, Murat, Salers, Mauriac, Fontanges ist noch weniger als von Aurillac zu berichten. St. Flour, nahe dem Dauzon, steht in 883 m Meereshöhe auf steiler Basaltmasse, längs deren herrlicher Säulenreihe der Weg hinaufführt. Ganz aus Lava erbaut, hat es zum großen Theil erbärmliche, finstere und schmutzige Häuser. Auch Salers ist sehr alt und liegt an der Maronne auf dem Lavastrome einer Hochebene; die Berge umher nähren das beste Vieh der ganzen alten Auvergne. In der Nähe von Mauriac liegen das reizende Thal von Fontanges, so wie die Cascaden von Salins, und bis zu den Ufern der Rue, in 762 m Höhe, reichen tiefe Thäler und steile Felsen. Dieser Fluß wird in seinem Unterlaufe, bei St. Thomas, allerseits von porphyritischen Gneishügeln mit kahlen Spitzen und dürren Gipfeln eingeengt. Ab und zu löst sich von denselben irgend ein wuchtiges Stück los und zerschellt an ihrer Basis. Einige derselben tragen ein armseliges Niederholz und verkrüppelte Bäume. Durch dieses Hügelgewirr gelangt man zu dem vornehmsten Wasserfalle des Landes, zu dem von der Rue gebildeten Saut de la Saule. Eingezwängt zwischen Felsen, wie sie sind, stoßen die Wasser der Rue in ihrem Laufe auf eine mehrere hundert Schritte lange Gneiswand. Da ihr Felsenbett sie hindert, sich auszubreiten oder das Gestein zu umgehen, so haben sie sich trotz der Härte desselben einen Weg durchgeneigt und gelangen dergestalt zu einem 7—10 m hohen Sturze: das ist der Saut de la Saule. Mit solcher Hast stürzt sich der ohnehin schon reißende Fluß in die Tiefe, daß man schon auf fünfzig Schritte das Zerstäuben seiner wider die Felsen prallenden Wasser empfindet und das Getöse betäubend wird. Unterhalb des Falles hat die Rue sich ein sehr tiefes Bett gegraben und brodelt inmitten der Felsklippen, von welchen sie starrt.

Die Auvergnaten.

Fassen wir den Charakter der Auvergne, wie er aus den vorstehenden Schilderungen sich darthut, in wenigen Worten zusammen, so dürfen wir sagen: die Ober-Auvergne starrt von Bergen und vulcanischen Felsen, die wilde Schluchten und Bergströme durchziehen, — ein großartiges, ernstes Land, aber arm und unfruchtbar. Ewige, mit einander streitende Winde wehen darüber; es ist ein kaltes und dennoch südliches Land, man friert auf der Lava in den langen Wintern, während deren die Bevölkerung fast stets in ihren Ställen mit ihrer dumpfen, warmen Luft eingeschlossen lebt. Wie die Limousiner, bedecken sich die Auvergnaten, diese Nachkommen der alten Arverner, welche an der Erhebung der Gallier gegen die Römer 52 v. Chr. unter Vercingetorix sich betheiligten, mit dicker und schwerer Kleidung und zittern dennoch beim Nordwinde. Roth, die barbarische Farbe, ziehen sie allen anderen vor: sie lieben den schweren Rothwein und rothes Vieh. Die Bevölkerung ist häßlich, obwohl südländisch; von Brioude bis zu den Quellen des Allier meint man Trottel oder spanische Bettler zu sehen. Nur in Vic-sur-Cère rühmt man den Leuten überraschende Anmuth und frischen Teint nach. Offenbar sind die Auvergnaten ein Rest der alten gallischen Bevölkerung. In großen Holzschuhen lenken sie mit einem spitzen Stocke ihre langsamen Ochsen vor dem knarrenden Holzkarren, dessen Räder keinen Eisenbeschlag haben, oder vor dem in ganz Südfrankreich gebräuchlichen kleinen räderlosen Pfluge, dem alten araire, der kaum den Boden ritzt, und halten ihre Thiere mit dem ihnen selbst unverständlichen Zurufe sta bos! an. Auffallend ist, wie viele fast wörtlich lateinische Ausdrücke in ihrer Sprache vorkommen; z. B.: hort, Garten von hortus; establé, Stall, von stabulum; pari, Mauer, von paries; ariston, Steppe, von arista; stantaine, der stehende Holzbaum des Heuwagens, von stans; prédiôn, Holzstück beim Gespanne, von predium; steva, Pflugstiel, von stiva u. s. w. Roh, wie ihr Dialect, der für einen der rohesten in ganz Frankreich gilt, sind auch ihre Manieren und Lebensweise. In den Bergen finden sich kleine Weiler von zwei bis drei Hütten, oft auch ganz vereinzelte Hütten, in welchen geöltes Papier die Stelle der Fensterscheiben vertritt und die blanke Erde als Fußboden dient, während die Dachziegel zugleich Stubendecke sind. Unter den Häusern der Dörfer findet man noch einige, die aus dem fünfzehnten Jahrhundert stammen, deren Thür- und Fensterstock aus düsterem, massigen Stein einige einfache gothische Schnitzereien trägt — seltsames Lächeln einer Kunst, welche man überall sonst mit so viel leichter Verschwendung sich entfalten zu sehen gewohnt ist. Das Erdgeschoß des Stalles ist von oben nach unten geneigt und führt zum ersten Stockwerke oder Speicher, so daß die beladenen Gespanne aus- und einfahren können. Die innere Einrichtung der Hütten beschränkt sich oft auf ein paar Holzstühle, einen wackeligen Tisch und eine von den Mäusen zernagte Truhe. In den elendesten Weilern beobachtet man noch die barbarischen Ueberbleibsel alter Druidenbauten. In Montbaillard z. B., dessen Bevölkerung fast blos aus Bettlern und Landstreichern besteht, ist jedes Haus mit einer Art Propyläen aus kyklopischen Felsstücken versehen, auf welchen man nach keltischen Inschriften sich umzusehen versucht ist. Die Nahrung der Auvergnaten besteht fast ausschließlich aus Roggen, aus Buchweizen, den man viel in der Gestalt von Boni genannten Fladen genießt, aus Kartoffel nebst Milchspeisen und Käse. Man bereitet in der Auvergne einen bittern Ziegenkäse, Cabrocouts genannt. Weizen und Obst finden geringe Verwendung. Der große und seltene Leckerbissen ist ein in Milch gekochter Hafergrützenbrei oder, freilich noch seltener, ein wenig Weißbrod, Miche, das man im nächsten Marktflecken ersteht. Der Hausirer ist der einzige Pionier der Gesittung in dem tiefen, socialen Halbdunkel der auvergnatischen Hütten.

Die Sitten der Auvergnaten sind im Allgemeinen rein, aber doch schlägt der Eigennutz, die alle anderen beherrschende Leidenschaft, ihrem rauhen, schlauen und zähen Charakter manche Scharte. Wenn Verbrechen und im Allgemeinen alle Gewaltakte selten sind, so verräth sich doch der Mangel an Ehrfurcht vor dem Rechte und Eigenthum des Nächsten nichts desto weniger in fortwährender, systematischer Unredlichkeit. So schildert sie Jules Laurent, welcher hinzufügt, daß die Mehrzahl der Bergbewohner im Elende, unthätig und ohne Industrie die Hälfte des Jahres dahinleben und blos im Frühjahre zu erwachen scheinen, nach einem sechsmonatlichen Kampfe mit dem rauhen Klima. Andere Urtheile lauten günstiger. Zugegeben wird, daß die Auvergnaten auf tiefer Stufe stehen, sie seien aber ehrlich und bieder, auch unverdrossen fleißig. Die Frauen, welche ihre Waare auf dem Kopfe zur Stadt tragen, führen stets Stricknadel oder Spindel. Obwohl die Auvergnaten sehr häufig in die flacheren Gegenden Frankreichs zu landwirthschaftlichen und anderen Arbeiten, dann als Kesselmacher bis nach Spanien und Holland auswandern, sind sie doch unwissend und durch alte Vorurtheile verdummt. Glauben sie doch, daß Zauberer auf den Wolken reiten und nach ihrem Belieben hageln lassen! Ja, F. Sugier, einer der geistreichsten Männer, welche die Provinz neuerdings hervorgebracht hat und der in vieler Hinsicht neben Paul Louis Courrier gestellt werden kann, erzählt, er habe selbst gesehen, wie sie nach diesen Zauberern ihre Flinten abgeschossen und daß von einem vom Blitze Erschlagenen behauptet wurde, er sei ein aus den Wolken gefallener Zauberer, welchen die geweihten Kugeln der Leute von Pamole getödtet hätten! Aus der Fremde bringen sie zwar etwas Geld, aber wenig Gedanken mit. Unter ihren Festen ist die Johannisfeier vielleicht eine der interessantesten. Während nämlich sonst bis zur Erntezeit jeder seine Herden für sich weiden läßt, ist der Johannistag (24. Juni) der bevorzugte Tag, an welchem Hirten und Hirtinnen ihre Herden vereinigen und miteinander schmausen dürfen, ein Tag, der für den auvergnatischen Herdenhüter das ist, was einst dem Sklaven im alten Rom die Saturnalien gewesen. Die Hirten

19*

sind dann gewissermaßen die Herren den ganzen lieben langen Tag. Brod, Milch, süß und geronnen, Käse, Ziegenkäse (chatrillon) — Alles ist zu ihrer Verfügung. Natürlich legen sie auch ihr bestes Sonntagskleid an. Schon bei Tagesanbruch ziehen sie nach dem verabredeten Zusammenkunftsplatze, die Größeren führen die Kühe und Ziegen, die Kinder die Schafe. Unter einer großen Buche legen dann Bursche und Mädchen ihre Vorräthe nieder; die Buben laufen zur nächsten Sägemühle und holen daraus Planken, um Tische und Bänke zu bauen. Die Mädchen haben mittlerweile mehrere Zuber Milch zum Trunke gemolken, das Vieh wird auf sehr einfache Weise festgehalten, indem man rings um den Festplatz Salz ausstreut, welches mit Begierde aufgesucht wird. Nach dem Male schreitet man zur Bourrée, dem von einer hüpfenden Melodie begleiteten Tanze. Die Bursche erwählen eine Königin, die Mädchen einen König, und diese Beiden müssen den Tanz eröffnen. Musikanten sind wohl nicht zur Hand, aber jeder kann die Bourrée singen, für die es mehrere Texte giebt. Einer derselben lautet z. B.:

Bargeira
De too pê legei
Ibra la dansa
Imbei que bargei

Si genta,
I gente moï se;
Ch'aïé sa fida
T'nivejariou be

Schäferin,
Mit deinem leichten Fuße
Eröffne den Tanz
Mit diesem Schäfer.

Du bist schön,
Er ist auch schön;
Wenn Du sein Liebesversprechen hättest,
Würde man Dich darum beneiden.

Dann folgen weitere Gesänge und Jeder muß ein Lied im Landespatois singen, ob gut oder schlecht. Als weitere Sprachprobe sei noch das nachstehende hübsch empfundene Gebet eines jungen Mädchens an den heiligen Johann nebst französischer Uebertragung mitgetheilt.

Quand Péire, pré lâ missou
S'innê, la nâdâ passâdâ,
O me jurê par mou piou
De revegnî quitâ nâdâ.

Quand Pierre après la moisson
S'en alla, l'année passée,
Il jura par mes cheveux
De revenir cette année.

I le pête, ô bon sin Jan
Sin fôtâ quitâ semânâ,
Ramenê-le, bon sin Jan
Ch'o m'âmâ neü com'antan

Depeii qu'o lò mon amou
Sé na pòrâ lèbre o gite;
Jé pou, i trimble toujou
Que dichelien o m'oublede.

I le péte, ô bon sin Jan
etc.

Mê chi jamaï Pétre chanjà
Ch'o pins 'à d'ôtrê que me,
Dieu d'o ciê, pregnê ma vidà
Devan qu'i nin sabe re!

I le péte, ô bon sin Jan
etc.

Je l'attends, o bon saint Jean
Sans faute cette semaine.
Ramenez-le, bon saint Jean
S'il m'aime encore comm' autan (voriges Jahr).

Depuis qu'il a mon amour,
Je suis un pauvre lièvre au gîte,
J'ai peur, je tremble toujours
Que là-bas il ne m'oublie.

Je l'attends, o bon saint Jean
etc.

Mais si jamais Pierre change,
S'il pense à d'autres que moi,
Dieu du ciel, prenez ma vie
Avant que j'en sache rien.

Je l'attends, o bon saint Jean
etc.

Von den Liedern geht man zu den Räthselaufgaben über, welche einen Theil des Festprogrammes bilden. Die Unterhaltungen des Tages werden geschlossen mit kleinen Gesellschaftsspielen, und diese mit Auslösung der eingesetzten Pfänder.

Die Grafschaft Lyonnais.

Beaujolais und Forez.

Die Grafschaft Lyonnais, östliche Nachbarin der Auvergne, gehört, wenn auch zum Theil in anderer Hinsicht als diese, zu den interessantesten Gebieten Frankreichs, denn hier ist ein durch mannigfache landschaftliche Reize ausgestatteter Boden zugleich der Hüter zahlreicher Naturschätze und damit der Schauplatz einer hochgespannten gewerblichen Thätigkeit, welche das Lyonnais zu einem der wichtigsten Mittelpunkte des industriellen Frankreich erheben.

Wir werden daher dieser Seite des socialen Lebens, welcher die gewinnsüchtige und sparsame Natur des sonst unreinlichen und abergläubischen Landmannes jener Gegend noch zu Hülfe kommt, eine besondere Aufmerksamkeit schenken müssen.

Das Lyonnais, die beiden Departements der Loire und der Rhône umfassend, ist etwa so groß wie der Schweizer Kanton Graubünden, und zerfällt in zwei deutlich verschiedene Theile: der östliche, das eigentliche Lyonnais (Franc-Lyonnais) und das weinreiche Beaujolais ist fast ganz mit der Bergkette bedeckt, welche sich als eine südliche Fortsetzung des Charolaisgebirges im Saône- und Loire-Departement darstellt und auf deren Ostabfall die Länder liegen. Diese im Mittel 600 m hohen Berge des Beaujolais reichen bis zum 1000 m hohen Mont Tarare, wo sie nackt und steil sind und gehören, namentlich auf der Westseite, dem Uebergangsgebirge an, das der Granit an drei Stellen durchbricht. Ihre Ausläufer erstrecken sich bis an die Rhône und die Saône; die abgerundeten Gipfel sind zum Theil noch mit Resten alter Wälder bekleidet, die Abhänge zum Theil durchschnitten und mit Reben bepflanzt, welche trefflichen Wein liefern; am bekanntesten darunter sind wohl der Côte-Rotie und der Weißwein von Condrieu. Die Rhôneweine des Lyonnais unterscheiden sich von denjenigen des benachbarten Dauphiné durch weniger Körper, größere Leichtigkeit und Lebhaftigkeit. Die kleinen Rothweine des Beaujolais dienen in einem großen Theile Südeuropas als Tischweine. Ausgenommen von der Rebencultur des Beaujolais sind blos die steilen, dürren Gehänge. Vom Mont Tarare nach Süden, zwischen Loire und Rhône, dehnt sich das Gneißsystem aus, auf etwa 60 km Länge die Monts du Lyonnais (im Mittel 800 m hoch) bildend, bis zum 1364 m hohen Mont Pilat, bei der Quelle des Gier. Letzterer Gipfel endet mit einer breiten Tafelfläche, auf welcher drei Spitzberge stehen und enorme Granitblöcke, „Chirats" genannt, umhergestreut liegen. Von hier läuft die Kette zuerst nach Nordost, dann nach Ost, längs des linken Gierufers, nach Nordost längs der zur Loire fließenden Coize, von wo die wirre Masse des Mont d'Or (nicht zu verwechseln mit dem Mont Dore) bis in den Nordwesten von Lyon sich erstreckt und weiterhin sich an den Tarare anschließt. Die Gneißformation wird durch das Kohlenbecken von St. Etienne und von Rive de Gier unterbrochen. Dasselbe beginnt an der Rhône als schmales Band und breitet sich nach Westen aus, so daß es ein Dreieck bildet zwischen den Orten Rive de Gier, Andrézieux und Le Chambon. Seine größte Längenausdehnung ist etwas über 15 km, sein Flächeninhalt $236^3/_4$ qkm. Obwohl in diesem zwischen Loire und Rhône sich ausbreitenden Berglande die Ebenen unbedeutend sind, ist das Land doch überall grün und der Boden so gut bebaut, daß er das Möglichste liefert. Die künstlichen Wiesen nähren viel Rinder, Hammel und Ziegen, doch ist die Zahl der Ochsen stets im Abnehmen. Dies ist der allgemeine Charakter des Rhône-Departements, zu welchem der größere Theil des Beaujolais gehört; ein kleiner Theil dieser Landschaft ist dem Loire-Departement einverleibt, welche auch den zweiten westlichen Abschnitt des Lyonnais bildet. In den nördlichen Theil dieses Departements fällt die Grafschaft Forez, in ältesten Zeiten das Land der Segusianer, deren Hauptstadt Forum Segusianorum, das jetzige Feurs, am Einflusse der kleinen aus den Bergen des Lyonnais herabkommenden Oise in die Loire war. Die Grafschaft hatte im Mittelalter eigene Grafen und wechselte öfters ihre Herren; erst im Jahre 1523 ward sie mit der französischen Krone vereinigt. Das Forez breitet sich zu beiden Seiten der Loire aus, welche bei dem mit den ansehnlichen Ruinen eines alten Schlosses gekrönten Dorfe Saint Paul-en-Cornillon das Departement betritt und dasselbe seiner ganzen Länge nach von Süden nach Norden zwischen zwei Ketten von Granit und Kalk- und Sandstein in einem Thale mit wenig fruchtbaren Ebenen durchströmt. Sonst hat das Land große und schöne Thäler, welche den linksseitigen Zuflüssen der Loire, als Bouson, Mare, Lignon mit dem Vizezy, Aix mit der Isable, Renaison und Teissonne bewässert werden. Sie alle entquellen den Monts du Forez und ihren nördlichen Fortsetzungen, deren Raum das Lyonnais von der Auvergne scheidet. Das Forezgebiet geht zwischen den Quellen der Dore und des Bèbre hin, die wir in der Auvergne und im Bourbonnais kennen gelernt haben; es ist eine steile, besonders gegen Westen plötzlich abfallende, bewaldete Kette mit theils kahlen und dürren, theils reich bedeckten Gipfeln und an den unteren Abhängen bebaut und mit herrlichen Weiden versehen. Darin erhebt sich an den Quellen der Ance, unfern Montbrison, der alten Hauptstadt des Forez, der 1640 m hohen St. Pierre-sur-Haute oder Sur-Autre, der höchste Gipfel der Kette; andere weniger erhabene sind der Proche mit 1543 und der Chauvé mit 1468 m Höhe. An der Quelle des Bèbre, beim 1290 m hohen Puy de Montoncelle, theilt sich das Gebirge; der westliche Zweig dringt, längs des linken Bèbreufers streichend, ins Bourbonnais ein und endet in den Ebenen von Moulins mit bewaldeten Hügeln; der östliche, im Mittel 850 m hoch, läuft als Montagnes de la Madeleine längs des rechten Bèbreufers bis La Palisse im Allier-Departement, wo er sich in den Ebenen des Bourbonnais verliert. Die Monts du Forez sind Urgebirgsmassen mit granatischem Kamme; die Madeleineberge werden aber aus Porphyr gebildet, der sich bis an die Loire, südlich von der Industriestadt Roanne, ausdehnt; er begrenzt die fruchtbare Tertiärebene von Montbrison auf der Südseite. Zwischen beiden Ebenen hat sich die Loire durch einen mächtigen Ausläufer des Uebergangsgebirges von den Bergen des Beaujolais den Durchgang suchen müssen. Das Forezgebirge bietet fast längs seiner ganzen Erstreckung die herrlichsten Thäler und malerischesten Landschaften. Die Ebenen darin sind sehr fruchtbar; man gewinnt ausgezeichneten Hanf, Maronen, Wein, im Forez namentlich die vorzüglichen weißen Weine von Chateau-Grillet nebst den geringeren von St. Michel-sous-Condrieu, la Chapelle und Chuynes, und baut viel Maulbeerbäume. Wiesen sind zahlreich, aber Wald fehlt. Dafür sind die Berge reich an Eisen und Blei und haben mit jenen des Rhône-Departements die reichsten, wohl noch ein Jahrhundert vorhaltenden Kohlenlager Frankreichs.

Wenn man sich von Lyon nach dem Thale des Gier begiebt, so erreicht man bald die Minenbezirke mit ihren zahlreichen Schachten und Gallerien, mit ihren langen Reihen von Coaks-Oefen, welche bei Nacht den Himmel erhellen und der ganzen Gegend das Gepräge eines vulcanischen Gebietes mit zahlreichen Kratern verleihen. Die in dieser Region liegenden Orte bieten nichts weniger als einen angenehmen Anblick, aber dort hat auch der Tourist nichts zu suchen, die ganze Umgegend gehört eben der Kohlenindustrie. Die Straßen sind bedeckt mit schwarzem, zähem Schmutz, die Fronten der Häuser sind geschwärzt von Rauch und Kohlenstaub, welche nichts verschonen, und der Flecken Terre Noire trägt mit Fug und Recht seinen Namen. Die hohen Kamine senden ihren dicken, mit Kohlentheilchen geschwängerten Rauch zum Himmel, die Luft ist erfüllt von dem eigenthümlichen Schwefel- und Theergeruch, das Geräusch der Hämmer und Ambosse verfolgt uns auf jedem Schritt und versetzt uns in die mythischen Zeiten der Kyklopen. Dies ist die Heimath der fleißigen Kohlengräber, das Becken der Loire oder von St. Etienne. Im Beginn des siebzehnten Jahrhunderts war St. Etienne ein kleiner Flecken, bewohnt von einigen Hunderten geübter Waffenschmiede und von Zeugschmieden; zweihundert Jahre später beherbergte die Stadt 20,000 Einwohner, welche ihrer früheren Kunst noch die der Fertigung von Messern, gröberen Quincaillerieewaaren und von Spitzen beigefügt haben, und heute rechnet man gegen 130,000 Einwohner in der Stadt, welche seit 1855 das Chefslieu des Departements der Loire bildet. An die Kohlengruben schließt sich die metallurgische Industrie mit großen Eisenwerken, Bessemer- und Martinstahlhütten, Schienenwalzwerken und Erzeugung von Waffen, besonders Schußwaffen, Kriegsmaterial, Panzerplatten u. dergl., welche in den weitläufigen Anlagen der Waffenfabrik unter der Aufsicht von Artillerieoffizieren hergestellt werden. Aehnlich erging es auch andern Plätzen. Sonst war z. B. das nahe St. Chamond am Gier höchstens berühmt durch das kolossale Bergschloß der Grafen von Forez; letzteres liegt in Trümmern, an deren Fuße sich eine Stadt erhob, die durch ihre Metallarbeiten und Spitzenmanufactur einen hohen Grad von Wohlhabenheit errungen hat. Den reichen Gruben des Loirebeckens mit ihren meist ausgezeichneten Kohlen verdankt auch Frankreich seine beiden ersten Eisenbahnen, nämlich die von St. Etienne, welches am Furens liegt, zum Hafen von Andrézieux an der Loire, und die von dem gleichen Ausgangspunkt nach dem 57 km entfernten Lyon, welche 1876 begonnen ward. Auf letzterer, als auf einer schiefen Ebene, gehen die Züge ohne Locomotive nach Lyon, zurück natürlich mit einer Locomotive. Das große Kohlenbecken der Loire ist aber die Veranlassung zur Entstehung nicht blos der zahlreichen Eisen- und Glaswerke, deren erstere in St. Etienne über 20,000 Arbeiter beschäftigen, sondern auch von Seiden- und Baumwollenfabriken. St. Etienne selbst ist nächst Lyon der wichtigste Platz für Seide in Frankreich. Diese Industrie beschäftigt dort 15,000 Stühle und liefert jährlich Waaren im Werthe von 52 Millionen Franken; auch ist hier eine Conditionirungsanstalt für Seide vorhanden.

Die zweite Industriestadt des Loire-Departements ist das im Norden desselben und an der Loire selbst gelegene Roanne. Die Eisenbahn führt von St. Etienne über Andrézieux dahin und kreuzt sich unfern von Montrond mit jener, welche Montbrison mit Lyon verbindet. Das Dorf Montrond fällt durch die stattlichen Ruinen eines aus dem vierzehnten und sechzehnten Jahrhundert stammenden Schlosses auf. Roanne zählt 25,000 Einwohner, ist das antike Rodumna und war im Mittelalter die Hauptstadt des Herzogthums Roannois (Roannez); die gut gebaute Stadt besitzt noch jetzt Alterthümer aus der Römerzeit und ist der Sitz von Baumwollspinnereien, Färbereien, Gerbereien, Fayence- und Hutfabriken.

Lyon.

So wenig wie von den vorbenannten, ist von den meisten Städten und Orten des Rhône-Departements zu berichten. Die wichtigsten unter ihnen sind hauptsächlich Industrieplätze, obenan Tarare, an der Turdine und am Fuße des gleichnamigen Berges, welches die ältesten Musselin- und Stickereifabriken Frankreichs hat, die wenigstens 60,000 Arbeiter in verschiedenen Cantonen beschäftigen; außerdem erzeugt die gewerbthätige Stadt mit ihren 13,000 Einwohnern viel Seidenplüsch, Tarlatan, Sammt, geblümte Seidenzeuge und besitzt Färbereien und Appreturanstalten. Das nördlich davon gelegene Amplepuis mit den umliegenden Gemeinden verfertigt vornehmlich jene Baumwollen- und Leinengewebe, Musselin und Calico, welche als Articles du Beaujolais bekannt sind. Das Gleiche gilt von Villefranche-sur-Saône (13,000 Einwohner), welches einen ganz angenehmen Eindruck macht, aber blos aus einer $2^1/_2$ km langen, schönen Straße an der Saône und am Morgon besteht. Diese alte Hauptstadt des Beaujolais liegt inmitten eines sehr fruchtbaren Bodens und rebenbedeckter Hügel; ihre Fabriken von Baumwollgeweben, Decken und Kattun sind nicht ohne Bedeutung. Das nahe, blos 10 km westlich davon entfernte Montmelas-Saint Sorlin ist dagegen nur durch sein prächtig restaurirtes Schloß bemerkenswerth, von dessen Zinnen man eine ausgedehnte Aussicht über die Umgegend genießt. L'Arbresle endlich, 26 km nordwestlich von Lyon, vereinigt wieder die Vorzüge einer ungemein fruchtbaren Umgebung mit einer entwickelten Seidenindustrie, doch dürfte hier voraussichtlich noch für lange die Bodenbewirthschaftung über letztere die Oberhand behalten.

Ueber Villefranche führt die von Paris und Dijon kommende Eisenbahn dem rechten Saôneufer entlang nach Süden durch ein Land, welches in dieser Gegend in Bezug auf Anbau, Eisenhämmer, Fabriken, Landhäuser eine auffallende Aehnlichkeit mit den lieblichen Maaslandschaften zeigt, nur daß die Pflanzenwelt einen südlichen Anstrich hat. Die mit Schiffen bedeckte Saône eilt in engem, tiefem, von Felsufern umgrenztem Bette ihrer Vereinigung mit der aus Osten den Alpen entströmenden Rhône zu, welche hier eine jähe Wendung macht, und jetzt liegt ihr weites, sonnenhell erleuchtetes Thal mit dem prächtigen Lyon vor uns, das sich im Rundgemälde an den Bergen emporbaut. Lyon, in 70—295 m Höhe, ist das alte Lugdun der Kelten, was Rabenberg oder langer Berg bedeutet und woraus das römische Lugdunum geworden. Es ward im Jahre 41 v. Chr. von einer Anzahl aus Vienna vertriebener Italiker gegründet oder wieder erbaut und zur Hauptstadt der drei Provinzen Galliens erhoben von Kaiser Augustus, welchem der Platz so wohl gefiel, daß er drei Jahre hier mit den Seinen verweilte. In dem Kaiserpalaste, auf dessen Grund und Gemäuer, wie man sagt, sich jetzt das sehr alte Kloster de la Visitation erhebt, lebte jahrlang Antonia, die Gemahlin des Drusus, als sie ihrem Gemahl aus der schönen Kaiserstadt am Tiber hierher in das ferne, fremde Land und in das Getümmel des Krieges gefolgt war; hier war es, wo sie den edlen Germanicus, freilich auch den an Geist und Herz verkümmerten Claudius gebar. Auch Caligula, Domitian, Trajan und Severus lebten bald länger, bald kürzer auf dem über der Saône emporragenden Berge, dessen heutiger Namen Fourvières die Erinnerung an das Forum vetus der Römer noch bewahrt, und haben in verschiedenen Bauten ihre Spuren hinterlassen, die an der letzten Krümmung des Weges unterhalb der neuen Kirchenbauten zu Tage treten. Der Palast war auch der gewöhnliche Aufenthalt der römischen Präfekten, Marc Aurel und Caracalla erblickten hier das Licht der Welt; hier ist man also recht im Mittelpunkte des alten Lugdunum, welches nicht unten im Thale, sondern meist auf dem Berge stand. Diese Stadt nahm zur Römerzeit eine ähnliche Ausnahmestellung ein, wie heutzutage Washington in den Vereinigten Staaten. Sie war neben Karthago die einzige Stadt in der lateinischen Reichshälfte, welche nach dem Muster der hauptstädtischen Garnison eine ständige Besatzung hatte. Hier war die einzige Münzstätte für Reichsgeld im Westen, die Centralstelle des ganz Gallien umfassenden Grenzzolls, der Knotenpunkt des gallischen Straßennetzes, hier war endlich der Sitz des Landtages der drei gallischen Provinzen. Aber neben dem als Amtssprache obligatorischen Lateinischen behauptete sich lange das Keltische als Volkssprache und wurde hauptsächlich erst durch das Christenthum verdrängt, welches in Gallien nicht, wie in Syrien und Aegypten, die von der Regierung bei Seite geschobene Volkssprache aufnahm, sondern das Evangelium lateinisch verbreitete. Zu Lugdunum aber wurde die erste christliche Kirche in Gallien errichtet, nicht ohne daß es zu jenen Verfolgungen der Jesulehre und ihrer Anhänger kam, die der Bischof der Gemeinden von Lugdunum und Vienne bei Eusebius so ergreifend schildert, als Epagathos und Attalus und Blandina auf Stühlen glühenden Eisens ihre Seelen aushauchten. Seither ist Lyon dem Katholicismus treu geblieben. Zwar hatte von Genf aus die Reformation Eingang gefunden, und von 1560—1563 besaßen die Hugenotten die Herrschaft in der Stadt; allein durch die blutigen Verfolgungen von 1572 wurden die Reformirten unterdrückt und 1685 gänzlich vertrieben. Der Geist Roms hat sich auf diesem Fleck Erde des Einflusses der Reformation trefflich zu erweh- n gewußt und bis vor Kurzem war nach der Ansicht aller Kundigen Lyon f... mehr als Rom ein Centrum des Katholicismus geworden.

Das Lyon unserer Tage ist die Königin des Rhônethales und mit seinen 400,100 Einwohnern (Mai 1886) die zweite Stadt Frankreichs, die erste nach Paris, eine Festung ersten Ranges, von einem Gürtel starker Forts, sechzehn an der Zahl, umgeben. Die Stadt hat vier Vorstädte, fünf Bahnhöfe und zwanzig großentheils mit Bäumen bepflanzte Uferdämme längs der langsam fließenden Saône und der schnellen Rhône, über welche beiden Flüsse 21 Brücken gespannt sind. Lyon übertrifft alle Erwartungen. Sogleich am Bahnhofe Perrache überrascht den Ankömmling der „Park“, dieser weite Platz mit seiner Teppichgärtnerei im Großen, mit seinen gewaltigen Bananen, seinen Beeten glühender Scharlachgeranien und Blumen aller Art! Er liegt in der eigentlichen Stadt, welche sich von Norden her auf einer langen, schmalen Halbinsel bis zu dem Punkte erstreckt, wo sich seit 1799 die Saône mit der Rhône vereinigt, nachdem dieser ihr gegenwärtiges Flußbett durch den Bildhauer Perrache angewiesen worden ist, der dadurch das Stadtviertel schuf, welches nach ihm benannt wird und jetzt ein Sitz der großen industriellen Anstalten und des Handels so wie des Reichthums und des Luxus geworden ist. Dieses durchschneidet die prächtige, gerade Rue Bourbon, die nur darum schmal erscheint, weil die Häuser sechs Stockwerke hoch sind. Ihr gleich sind alle die übrigen Straßen dieses zwischen Rhône und Saône gelegenen mittleren Stadttheiles, gerade, aber keineswegs immer unter rechten Winkeln sich schneidend; im reichen Renaissancestile erbaut und durch die Menge der zierlichen eisernen Balkone, die bis in die höchsten Stockwerke symmetrisch über einander geordnet sind, ein vornehmes Ansehen gewinnend. Das Centrum dieses Stadttheiles bildet das ungeheure Rechteck des prachtvollen Platzes Bellecour mit abermaligen grünenden, blühenden, schattigen Anlagen, Wasserbecken und Springbrunnen, in deren Mitte die bronzene Reiterstatue Ludwigs XIV., ein Meisterwerk Lemots, sich erhebt. Der von Gebäuden mit monumentalen Fronten aus dem sechzehnten Jahrhundert umgebene Platz ist die Lieblingspromenade der Lyoner. Der großen Plätze sind, wegen des spärlich zubemessenen Raumes der Halbinsel, sonst nur wenige vorhanden. Der ansehnlichste ist nach Place Bellecour jener des Terreaux, wohin von ersterer die imposante Rue de l'Hôtel de Ville führt. Hier steht in der That neben dem Palais des Arts das edel gehaltene Rathhaus, welches durch seine Treppen, auf denen man ins Innere hinaufsteigt, seine Höfe und Vorhallen einen großen Eindruck macht, auch mit einem malerischen Sinn für Durchsichten und Licht und Schattenmassen angeordnet ist. Das nahe dabei gelegene Grand Theâtre — Lyon zählt im Ganzen fünf Schauspielhäuser — würde man eher für eine Börse oder Bankgebäude halten, wo die wichtigsten Geschäfte betrieben werden; es hat aber vier Millionen Franken gekostet. Die wirkliche Börse liegt in einer Nebenstraße unweit der Place Perrache und ist ein recht schmuckes Gebäude. Das größte Gebäude von Lyon ist das Hospice de la Charité, das bürgerliche Krankenhaus an der Rhône, welches im Stande ist, mehr als 3000 Kranke aufzunehmen. Das untere Stockwerk wird zu Waarenniederlagen und Kaufmannsläden benutzt. Das mittlere Stockwerk enthält einen überaus geräumigen Saal, der sich durch eine schwere viereckige Kuppel auch an der äußeren Vorderseite hervorhebt und mit den Sinnbildern der Medicin geschmückt ist. Zu den bemerkenswerthesten Denkmälern des P[illegible]racheviertels gehört endlich die Kirche d'Ainay, eine der ältesten in der C[illegible]ristenheit. Die vierseitige Halle, in welcher der Hauptaltar steht, wird von vier Porphyrsäulen getragen, und darüber befindet sich eine Gallerie von kleinen byzantinischen Säulen, auf denen Rundbogen ruhen. Ohne Zweifel sind jene Prachtstücke von Porphyr einem antiken Bauwerke entlehnt. Im Uebrigen wechseln im Innern Lyons Licht- und Schattenseiten. Die vielen Magazine, das Gewühl in den Straßen, der eilige Schritt der Menschen, die vielen Karren und Lastwagen: Alles dies trägt das Gepräge einer großen Handelsstadt. Das gewaltige Leben und Treiben erinnert überall an Paris, mit welchem Lyon seit 1871 in verschiedenen Richtungen zu wetteifern wagt. Den gemüthlichsten, freundlichsten Theil der Stadt bilden aber die schönen breiten Dämme an der Saône. Welch eine Menschenmenge, die hier auf und nieder wogt, und doch nirgends ein Gedränge. Die Leute sitzen auf den Steinbänken unter den Platanen oder lehnen an der Brustwehr, der Regatta zuzusehen, die auf dem sanften Arar sich abspielt, oder den Burschen, die dort in der offenen Schwimmschule am ersten Pfeiler der Brücke baden. In London oder Paris fühlt man sich wehrlos in die Wirbel und Brandungen der Menschenmenge hineingezogen; auf den Uferdämmen und Straßen Lyons nicht also. Bei aller Belebtheit überall Ruhe; wie harmlos bummelt's sich noch am späten Abend auf Place Bellecour, wo eine Regimentsmusik ein Concert mit Streichinstrumenten giebt, deren sanftere Klänge in dem Gesumse der bummelnden Tausende und Zehntausende verhallen. Daß unter diesen Tausenden nicht ein Betrunkener zu sehen ist, fällt Jenem besonders auf, der aus dem Lande der „Kneipen" kommt.

Die Rhônedämme haben im Gegensatze zu jenen der Saône etwas Kaltes, Stolzes, dem wilden Alpensohne gleich, der mit seinen graugrünen Fluten unter den hohen Brücken dahintobt. Von diesen Brücken zeigen sich die nördlichsten Ausläufer der Cevennen. Jenseits des Stromes dehnt sich auf dem linken Ufer in weiter Fläche der zweite, erst im Werden begriffene, mindest fesselnde Stadttheil aus, dessen rauchende Schornsteine aussagen, daß er der Industrie geweiht sei. Es ist das neue Viertel des Brotteaux, eines der schönsten Quartiere Lyons, an welches sich aber das volkreiche, lärmende und unreinliche La Guillotière anschließt. In Brotteaux erhebt sich ein Denkmal zur Erinnerung an die Opfer von 1793, an der Stelle, wo 210 Lyoner damals durch Collot d'Herbois niederkartätscht wurden. Zur Zeit der Revolution waren viele königlich Gesinnte zu Lyon, und obgleich das Volk 1789 das feste Schloß Pierre-en-Cise zerstörte, bewies sich doch die Stadt für die Revolution sehr lau, wofür sie vom Convent mit einer ungeheuren Brandschatzung bestraft wurde. Im Mai 1793 wurde die jakobinische Municipalität von der Stadt abgesetzt, allein von einer Armee des Convents belagert und ausgehungert, mußte sich Lyon am 10. October auf Gnade und Ungnade ergeben, und die für schuldig Geachteten wurden in Haufen zu Hunderten niedergeschossen. In seiner Verblendung beschloß der Convent, Lyon wegen seiner Widersetzung gegen die Freiheit vom Erdboden zu vertilgen. Die Mauern und viele Häuser wurden niedergerissen und die Stadt erhielt den Namen Commune affranchie. Auch der 9. Thermidor war in Lyon nicht ohne blutige Reaction. Sehr langsam nur erholte sich Lyon von diesen Schlägen, wobei besonders viele fleißige Arbeiter umgekommen waren.

Die Rhônebrücke Pont Claire verbindet Brotteaux mit der nordöstlich von Perrache auf dem Plateau des steilen Hügels St. Sebastian liegenden Vorstadt La Croix Rousse mit bergigen und volkreichen Straßen, in denen Häuser aus Granit von fünf bis sechs Stockwerken stehen. Es ist dies nebst den anschließenden Vierteln Serin und Chartreux die Stadt der Seidenarbeiter, zu der man aus den nördlichen Theilen von Perrache auf Treppen oder in steilen Straßen hinaufsteigt; doch ist seit 1862 Croix Rousse mit der inneren Stadt auch durch eine Eisenbahn verbunden. Auf dem rechten Saôneufer folgt dann Vaise, durch eine Ueberschwemmung von 1840 zum Theil verwüstet und seitdem neu aufgebaut. An der von der Saône gebildeten Bucht liegt nun das alte Lyon der Römer. Schon wenn wir die Saônedämme von Perrache betreten, glauben wir in einer ganz anderen Welt zu sein, dünken wir uns gewissermaßen aus der Neuzeit ins Mittelalter versetzt. Der Blick von den Brücken die Saône aufwärts zu den thalschließenden Höhen mit ihren Häusermengen, Thürmen, der Kuppel der Karthäuserkirche und Befestigungswerken ist ein wahrhaft großartiger. Am Fuße des Berges von Fourvières liegen das Palais de Justice, welches dem Berliner Museum gleicht, und die Kirche Johannis des Täufers oder der Dom, dessen Inneres durch seine Gallerien über den unteren Bogen und den Reichthum an Bildhauerschmuck eine mächtige Wirkung hervorbringt. Der älteste Theil scheint die achtseitige Kuppel über dem Hochaltar, die von schön verzierten Pfeilern und Säulen getragen wird. Der Fourvières-Berg macht als solcher schon einen gewaltigen Eindruck, ist er doch eine aus der Ebene aufragende Granitklippe, über welche sich bis zu 40 m hoher Moränenschutt des alten Rhônegletschers gelagert hat. Am Dome St. Jean vorbei führt ein steiler Weg zu der hochliegenden Vorstadt Fourvières, der die Städte des heiligen Justus und Irenäus sich anschließen. Hohe Mauern hemmen jede Aussicht in das Thal, nur hie und da lockt eine halbgeöffnete Hausthüre zur Beschauung des weinumrankten Bildes. Ein immer noch abschüssiger freier Platz ist endlich erreicht, der Marché au bétail, — das ehemalige Forum. An dasselbe stoßen die hinteren Räume des großen Hospice de l'Antiquaille; noch gilt es einige Anstrengung, die hohle Gasse zu der Spitze des Berges zu erklimmen, in welcher, Bude an Bude gedrängt, heilige Bilder, Kerzen, Blumen, Gypsfiguren, die Pilger zur wunderthätigen Madonna weisen, welche hier eine uralte, hochverehrte Cultusstätte hat, unter deren Schutze Tausende da oben auf freier

Höhe im Cimetière de Loyasse ihre Ruhestätte finden. Früher stand auf der Höhe der Fourvière nur ein Kuppelbau mit dem vergoldeten Marienbilde. Jetzt ist derselbe durch einen massiven Neubau einer Kirche mit vier Block-thürmen überragt, welche dem Berge ein ganz neues Aussehen geben, und so bildlich die Macht des Katholicismus vor Augen stellen, der hier seinen Sitz aufgeschlagen hat. Doch ich beeile mich hinzuzufügen, daß in den letzten fünfzehn Jahren kaum eine zweite Stadt Frankreichs einen ähnlichen Aufschwung zum Fortschritt genommen hat, als eben Lyon. Niemand mehr wird es wagen, den früher passenden Ausspruch zu wiederholen, daß Seide und Pfaffen einen Fortschritt in Lyon zur Unmöglichkeit machen. Im Gegentheile finden wir eine Reihe der Beherzigung werther Einrichtungen, auf welche das heutige Lyon mit Recht stolz ist. Avant! avant! lion le melhors! steht als altfranzösische Devise über dem Eingange des neuen Baues der medicinischen Facultät, der am Westende der Stadt errichtet worden ist; 250 Arbeitstische zählt das chemische Laboratorium, während die Säle der alten Museen und Facultäten überfüllt sind und eine Anstalt nach der anderen nach erweiterten Räumlichkeiten sich umsieht. Seit 1868 haben sich die im Straßen- nnd Kohlenstaub halb erstickten Schätze eines Jourdan und Thiollière frei gemacht und sind jetzt in hellen, freundlichen Räumen in wohlverschlossenen Glasschränken dem Publikum zugänglich geworden. Ein classischer Bau ist das Museum Guimet, in welchem die Schätze des fernen Orients, aus Japan, China, Cochinchina und Aegypten vereinigt sind und das in einer fabelhaften Menge der seltensten und kostbarsten Gegenstände die Religionsgeschichte der Inder in Götterbildern und Altären dem Beschauer vor Augen führt; eine orientalische Bibliothek von unschätzbarem Werthe steht Jedermann offen, der orientalische Bücher lesen kann. Einen besonderen Eindruck aber machen je zwei Eingeborene des betreffenden Landes, welche der gebildeten Classe angehören, sich mit Uebersetzen von Büchern und mit Erklärung ihrer Bücher befassen. Dieses ganze Institut ist aber die Schöpfung eines einzigen noch jüngeren Mannes, des liebenswürdigen Herrn Emile Guimet, der ein riesiges Vermögen mit Waschbläue erworben hat, welches er zu ausgedehnten Reisen und gründlichen Studien im Oriente benutzte und der stolz darauf ist, sein Vaterland durch eine Anstalt bereichert zu haben, die indeß kürzlich nach Paris verlegt ward, wobei der opferwillige Stifter wiederum einen ansehnlichen Theil der Kosten bestritt. Sonst verdankt man es der Seide, daß die Stadt sowohl als eine Reihe gelehrter Gesellschaften stets eine gefüllte Börse haben, wenn es sich darum handelt, wissenschaftliche Zwecke zu verfolgen. Kosten doch die Neubauten der Facultäten und der naturhistorischen und archäologischen Museen Millionen, zu denen der Staat nicht den geringsten Beitrag leistet.

Doch kehren wir nach Notre-Dame de Fourvières zurück, die zu dieser Abschweifung verleitet hat. Die Aussicht von der Terrasse vor der Wallfahrtskirche ist eine der großartigsten überhaupt, nicht allein in Frankreich, und sie ist es, die den vollen Eindruck der gewaltigen, natürlichen wie geschichtlichen Scheidung gewährt, an deren Grenze Lyon gleichsam liegt, jener von Nord- und Südfrankreich. Wo eilt das Auge in dem ungeheuren Panorama wohl zunächst hin, als nach Osten zu jener von Wolkenschichten umlagerten, in scharfen Spitzen und gezackten Formen weithin gedehnten und allmählich niedersteigenden Alpenkette? Eben erglänzt im Lichte der Abendsonne der Schneegipfel des Montblanc, und das Fernrohr führt uns fast unmittelbar zu den scharfen Felsengraten, an die Schneeflächen, in die tief beschatteten Spalten des über 200 km in gerader Linie entfernten Berges. Und weiter folgen wir dem Wechsel der Spitzen zum Kleinen St. Bernhard, zum Mont Cenis, von deren Reihe die dunklen Kalkalpen bei Grenoble sich übereinander aufbauen. Zwischen den Alpen und uns liegt eine ungeheure Ebene voll einzelner Weiler und Maulbeerbaumanlagen, durchschnitten von der schnurgeraden nach Turin führenden Straße. Im Norden begrenzt sie die in vielfachen Windungen sich nahende Rhône. Mit frischer, nordischer Färbung blicken uns von Nordwest die grünen, weidereichen Gipfel des Mont d'Or und der ganzen das Loiregebiet abscheidenden Bergkette an, die im Südwest zum hohen Mont Pilat sich gipfelt und weiter schon an die schwarzgrauen vulcanischen Massen der nördlichen Cevennen sich anschließt. Welcher Reichthum der herrlichen Gärten, unterbrochen von Klostergebäuden und Befestigungen, ist über die westliche Hochebene ausgebreitet, die wir erblicken! Aber unwillkürlich wendet sich das Auge dem Rhônelaufe wieder zu; da ist die Brücke der Mulatière, weiter tritt in einzelnen Spitzen der villenreiche, von Weinreben bedeckte, felsige Thalrand hervor, bis von beiden Seiten die Höhen das Thal verschließen. Dort hinten, in jenen Thalebenen, zwischen dem zackigen Gebirge, unter dem Grün des Maulbeerbaumes und der rebenumschlungenen Ulme, weiterhin des ernsten, einförmigen Oelbaumes liegt das Südfrankreich, wo einst Griechen ein neues Hellas sich schufen, wo ein Julius Cäsar sich schon so heimisch und sicher fühlte, als jenseits der Alpen, wo die griechisch-römische Gesittung eine Fülle von Werken schuf, völlig ebenbürtig in ihren Resten der Trümmerwelt Italiens. Dort liegen die seligen Thäler der Provence, von denen der Dichter singt:

Ueppig blühend war't ihr immer,
Aber eure reichste Blüthe
War des Minneliedes Schimmer.

Unweit von Notre Dame de Fourvières, bei dem Kloster de la Visitation haben sich mehrere Bogen einer alten römischen Wasserleitung erhalten, welche das Wasser von den zwölf Stunden davon gelegenen Bergen Pilat und Mont d'Or herüberführte; in mehreren Weingärten unweit des Kirchhofes St. Just sieht man die Fortsetzung dieses Aquäducts. Die Höhen von Fourvières sind begreiflicherweise das Pilgerziel nicht blos der frommen Madonnenverehrer, sondern auch aller Fremden, welche sich nicht satt sehen können an dem Panorama vor ihren Augen. An sonstigen Promenaden besitzt Lyon blos die von Rouville und die Tête d'or, nebst einem an den Anhängen von Croix Rousse gelegenen hübschen botanischen Garten, Jardin des plantes. In der näheren Umgebung ist die Saôneinsel Barbe, nördlich von der Stadt, ein beliebtes Ausflugsziel der Lyoner. Hier stand ehemals ein berühmtes Kloster. Karl der Große ließ sich hier eine Burg bauen, in der er eine Bücherei anlegte, die, später unter dem Namen Librairie de Charlemagne bekannt, die seltensten Handschriften enthielt, im Jahre 1562 aber von den Calvinisten verbrannt wurde.

Industrielle Verhältnisse in Frankreich.

Die alte Cäsarenstadt Lyon ist nicht blos die zweite Stadt Frankreichs, sondern auch das industrielle Herz des Reiches, dem die Adern der Gewässer in ihrem natürlichen Lauf und in der durch menschliche Hand ihnen angewiesenen Bahn, so wie die der Schienenstränge die Rohstoffe des Südens, Westens und Nordens zuführen, so die Kohlen des Loiregebietes, das Eisen, die Bleimassen der Cevennen, der Auvergne und Voralpen, die Wolle, vor Allem die Rohseide aus allen Städten und Städtchen des Rhônegebietes, wo über 100,000 Webestühle tagtäglich in Bewegung sind, um die reichsten Seidenstoffe in aller Form, zu allem Gebrauche zu liefern, wo eine Menge von künstlerisch gebildeten Zeichnern immer neue Muster für Teppiche und Shawls, andere dergleichen für Gold- und Silberarbeiten aller Art entwerfen, wo ein ganzer Stadttheil, von Eisenbahnen durchschnitten, nur Kohlenlager und Maschinenwerkstätten aufweist. Unzählige Bedürfnisse des Luxus und der Mode, die nirgends besser und wohlfeiler als in Lyon befriedigt werden können, machen diese Stadt merkwürdig und berühmt. Unmöglich ist es, nur alle die Artikel aufzuzählen, welche fleißige Hände hier hervorbringen; sie kleiden und putzen halb Europa. Alles wird hier gewoben und gearbeitet. Seidene Stoffe, Bänder, Stickereien, die schönsten, die man sich denken kann, in Gold, Seide und Baumwolle, goldene und silberne Tressen und Verzierungen aller Art, Knöpfe, Gaze, Sammt. Am Saônequai St. Vincent fallen dem Fremden die glänzendsten Waarenläden ins Auge. Hinter Spiegelscheiben von außerordentlicher Größe sind die reichsten seidenen Stoffe ausgebreitet und verdienen die Tapetenwerke durch den Schmelz der Farben und die geschmackvollen Zeichnungen bewundert zu werden. Obenan unter allen Industriezweigen steht in Lyon natürlich die Seidenweberei, welche in der Stadt selbst 33,000 Webstühle beschäftigt; 70,000 und darüber befinden sich auf Rechnung der Lyoner Fabrikanten in den Departements Ain, Isère, Loire, Saône-et-Loire, Drôme, Ardèche und Savoyen. Die Seidenfärberei beschäftigt 1500 Arbeiter. Lyons Name ist auch mit der Geschichte der Seidenweberei im übrigen Frankreich unauflöslich verflochten, und es verlohnt sich wohl, bei diesem Anlaß einen Rückblick auf die Entwickelung dieses hochwichtigen Industriezweiges in Frankreich zu werfen.

Ludwig XI., jener „grausame Tyrann", welchen man gleichwohl als den eigentlichen Begründer der französischen Nationaleinheit betrachten muß, war es auch, welcher die Kunst der Seidenweberei in seinem Reiche einbürgerte. Er ließ einige Arbeiter aus Italien dahin kommen, und mit Hülfe dieser gründete Wilhelm Brissonet in Lyon eine kleine Fabrik für Gewebe von Seidenstoffen in Mischung mit Gold und Silber. Mittelst eines aus Orléans, vom 23. December 1466 datirten Patents erkannte der König die Anstalt förmlich an, und um ihr eine passende Aufmunterung zu geben, bestimmte er, daß alljährlich von den Bewohnern Lyons eine Abgabe von 2000 Silberpfund (etwa 72,000 Mark), erhoben werden solle, „um die vorbesagten Webstühle, die zu beschäftigenden Arbeitermeister und die für die Färber unumgänglichen Dinge zu bezahlen". Ferner befreite der König für einen Zeitraum von zwölf Jahren sämmtliche Arbeiter, die in irgend einer Weise mit dem Seidengeschäft in Verbindung standen, von allen Abgaben, Gebühren und Steuern. Vier Jahre später, 1470, siedelte sich eine Colonie italienischer Weber in Tours an und gründete daselbst eine Fabrik, die noch heutigen Tages besteht. Endlich wurden gegen das Ende dieses Jahrhunderts die ersten Maulbeerbäume in Frankreich gepflanzt. Allein trotz dieses scheinbaren Fortschrittes und ungeachtet des außerordentlich großen Begehrs nach Seidenwaaren, gediehen die französischen Fabriken nicht. Die wärmsten Vaterlandsfreunde mußten eingestehen, daß die in Frankreich verfertigten Gewebe sich nicht mit den Gold- und Silberstoffen, den Seiden und Sammten von Genua vergleichen ließen. Der Preis französischer Seidenstoffe sank, die Weber fingen an Noth zu leiden, und der Lyoner Handel schien auf dem besten Wege zum Verfall, als Franz I. den Thron bestieg und in diesem Zustande der Dinge eine Aenderung herbeiführte, indem dieser kunstsinnige Monarch, die von Ludwig XI. den Webern bewilligten Vorrechte und Freiheiten als unzureichend erkennend, dieselben vermehrte und durch Erlaß vom 2. December 1536 den fremden Seidenarbeitern die verlockendsten Verheißungen machte. Die Seidenweber durften keine Steuern zahlen, erhielten unentgeltliche Wohnungen, konnten wegen Schulden nicht gefänglich eingezogen werden und bekamen die Erlaubniß, Schwerter zu tragen — eine Auszeichnung, welche in jenen Tagen blos den Adeligen gebührte. Zwei Genueser, Stephan Turqueti und Bartholomäus Nariz, gelockt durch diese verführerischen Anerbietungen, gingen ihren Landsleuten mit dem Beispiele voran und kamen nach Lyon. Sie sammelten schnell ungeheure Reichthümer. Ihr Glücksstern veranlaßte Andere ihnen zu folgen, und ein wahrer Strom von Italienern ergoß sich über die Grenze. Das Talent und die Ausdauer der neuen Ankömmlinge, durch das Patronat aufeinanderfolgender Könige und Minister gestützt, brachten die französische Seidenverarbeitung zu raschem Gedeihen, so daß sie in kurzer Zeit eine hohe Stufe der Vortrefflichkeit erreichte und sich diese bis zur Stunde zu wahren wußte. Dennoch waren die genuesischen Fabriken noch furchtbare Nebenbuhler der französischen, und bald fing man an von „Schutz" zu murmeln; ja, 1560 wurde eine Bittschrift an den König gerichtet, worin man bat, die Einfuhr fremder Seidenwaaren zu verbieten oder doch mit so hohen Zöllen zu belegen, daß sie fürderhin den französischen Erzeugnissen nicht gefährlich sein könnten. Doch Franz II., der damalige König, antwortete entschlossen: der einzige Weg, die französischen Weber zu ehrlichen Anstrengungen zu veranlassen, sei den Wettbewerb zu gestatten. Trotzdem kam es später, unter Heinrich IV., zu einem Verbot, das jedoch auf den Rath des berühmten Herzogs von Sully im Jahre 1600 wieder aufgehoben wurde. Der Zustand der verschiedenen Manufacturen zog nach zurückgekehrtem Frieden bald die volle Aufmerksamkeit dieses einsichtsvollen Ministers auf sich, welcher seine ganze Thatkraft der Verwischung des Unheils widmete, das die Bürgerkriege veranlaßt hatten. Er ließ in Paris, Tours, Orléans und in der Provinz Poitou neue Maulbeerbaumpflanzungen anlegen und gleichzeitig große Mengen Samen des werthvollen Baumes durch das ganze Land vertheilen, mit gedruckten Anweisungen, wie das Anpflanzen und Aufziehen geschehen müsse. Nicht zufrieden damit, sandte er eine ansehnliche Zahl französischer Weber nach Italien und that sie auf Kosten der Regierung zu italienischen Seidenwebern in die Lehre. Im Verlaufe der Zeit kehrten diese Knaben (fortwährend wurden jedes Jahr einige abgesendet) als geschickte Arbeiter, reich an Erfahrungen in die Heimath zurück und waren im Stande, durch Verbesserung der Manufacturen des Landes die Summen zurückzuzahlen, die man auf sie verwendet hatte, und so dem Seidengewerbe einen neuen Aufschwung zu geben.

Noch aber blieb ein letzter Schritt zu thun, ehe Frankreich den Fuß der Gleichheit mit seinen seidewebenden Nachbarn erreichen konnte. Weder Lyon noch Tours konnten jene reichen und prächtigen Stoffe verfertigen, in welchen Gold und Silber mit Seide vermischt war, um wundervolle Figurirungen und glänzende Zeichnungen zu bilden. Italien und das Morgenland allein besaßen noch das Monopol dieser Mustergewebe. Einem Bewohner Lyons, Claude Dagon, war es vorbehalten, seinem Lande das zu schenken, was es bedurfte. Die ersten französischen Webstühle für gemusterte Seidenstoffe wurden 1605 aufgestellt. Die ersten Versuche schlugen fehl, aber Claude Dagon verlor nicht den Muth, und 1611 konnte er dem Gemeinderath von Lyon einige Muster seiner neuen Stoffe zeigen, wofür er 200 Silberpfund als Belohnung erhielt. Zwölf Monate später sprach ihm die Stadt Lyon, aus Anlaß neuer Erfolge seinerseits, einen Gehalt von jährlich 6000 Silberpfund zu und ertheilte ihm ein fünfjähriges Monopol für die Verfertigung und den Verschleiß gemusterter Stoffe. Der von Claude Dagon neu eingeführte Webstuhl war der „Zugstuhl" (métier à la tire). Er führte eine vollständige Umwälzung im Lyoner Seidengewerbe herbei und war ununterbrochen im Gebrauch bis zum Beginn des gegenwärtigen Jahrhunderts, wo er durch den verbesserten Jacquardstuhl beseitigt wurde. Im Jahre 1666 erhielt Anton Bourget von Ludwig XIV. ein Patent für das in Lyon, St. Etienne und St. Chamond privilegirte Gewebe von Kreppen der Boulogner Art, sowie für die Verfertigung von „Organsin" (Kettenseide, Kattseide), dessen Herstellung bereits mehrmals, aber mit schlechtem Erfolge, in Frankreich versucht worden. Die Methode, den gewobenen Zeugen einen künstlichen Glanz zu geben, war drei Jahre zuvor schon, 1663, erfunden worden. Ihre Entdeckung verdankt man einem bloßen Zufalle. Octavio Mey, ein Lyoner Kaufmann, nahm nämlich, eines Tages in tiefem Nachdenken begriffen, einen kleinen Knäuel Seidenfäden in den Mund und begann denselben zu kauen. Als er ihn wieder heraus und in seine Hand nahm, fiel ihm der eigenthümliche Glanz auf, welchen der Faden erlangt hatte, und er gerieth in nicht geringes Erstaunen, als er fand, daß dieser Glanz dem Faden sogar noch nach dem Trocknen verblieb. Sogleich kam er auf den Gedanken, daß in dieser Thatsache ein der Enthüllung werthes Geheimniß stecke, und da er ein sehr verständiger Mann war, so machte er sich augenblicklich an das Studium dieser Frage. Das Ergebniß seiner Versuche war das Procédé de lustrage oder das „Appretirungsverfahren", welches, wie alle anderen Einzelnheiten der Webekunst, im Verlaufe der Jahre gewisse Aenderungen erlitten hat.

Während der ersten Hälfte der Regierung Ludwigs XIV. erreichte der Lyoner Seidenhandel den Höhepunkt seiner Blüthe. Die französischen Seidenzeuge stiegen an Berühmtheit und Werth immer mehr, und um 1670 hatten die Ausfuhren von Lyoner Waaren nach England, Deutschland, Schweden und Spanien bereits einen sehr ansehnlichen Umfang gewonnen. Diese Blüthe sollte indeß durch die Religionsverfolgungen, welche die zweite Hälfte der Regierung Ludwigs XIV. kennzeichnen, einen schrecklichen Schlag erhalten. Schon 1680 erschien eine Verordnung, welche den Seidenwebern verbot, protestantische Arbeiter zu beschäftigen oder protestantische Lehrlinge anzunehmen. Diese unverständliche Handlung benahm den Lyoner Webern allen Muth; die Hälfte der Webstühle ward verlassen. Der Widerruf des Edicts von Nantes, 1685, gab dem Seidengewerbe den Todesstoß: die Zahl der Webstühle in Lyon, die sich früher auf 10,000 belaufen hatte, wurde plötzlich auf 2500 vermindert, während die Webstühle zur Verfertigung von Bändern und Borten von 8000 auf 3000 herabsanken. Die verfolgten Weber aber nahmen ihr Gewerbe mit sich nach Genf, Zürich, Krefeld, Berlin, Elberfeld und London. Erst unter der Regentschaft Philipps von Orléans erholte sich das Lyoner Seidengeschäft theilweise wieder von den unheilvollen Folgen der Bigotterie Ludwigs XIV. Um demselben eine kräftigere Aufmunterung zu geben, ertheilte der Regent einigen der wichtigeren unter den Seidenwebern den Titel „königlich“, und ein Sammtfabrikant, Namens Luinson, wurde geadelt; ferner beschloß der Herzog von Orléans, daß aus dem Staatsschatz reiche Geldbelohnungen einem Jeden zu Theil werden sollten, der eine Entdeckung mache entweder zur Vervollkommnung der Webstühle oder zur Verbesserung der Seidenzeuge selbst. Im Jahre 1744 sandte der damalige Premierminister Cardinal Fleury den berühmten Mechaniker Vancauson nach Lyon, um die Webstühle in Augenschein zu nehmen und über ihre Mängel zu berichten. Dieser fand nicht nur die Webstühle einer beträchtlichen Vervollkommnung fähig, sondern erfand auch einen neuen Webstuhl, auf dem man zwei Stücke Seidenzeug auf einmal, statt eines einzigen weben konnte. Dies veranlaßte jedoch eine Empörung unter den Arbeitern, welche meinten, der Erfinder wolle damit die Handarbeit beseitigen, und eines Tages mit Steinen nach ihm warfen. Um sich zu rächen, ersann Vancauson eine Maschine, womit ein Esel ein ganzes Stück Seidenzeug weben konnte, ohne der Hülfe eines Menschen zu bedürfen. Allein damals waren vielleicht Esel spärlicher vorhanden als Menschen, was erklären dürfte, warum Vancausons witzige Erfindung nie in Gebrauch kam. Nach der Revolution, während welcher, nebenbei gesagt, der Seidenhandel auf einmal gänzlich zu Grunde gerichtet wurde, befahl Napoleon I., daß nur französische Seidenstoffe und Sammt zur Ausschmückung der kaiserlichen Paläste und bei den Amtstrachten der Staatswürdenträger gebraucht werden sollten. Die Manufacturen von Lyon und Tours gelangten während des Kaiserreichs wieder zu ihrer früheren Blüthe. Während der Continentalsperre, in welcher Lyon ein vollständiges Monopol für den Verkauf seiner Waaren in Europa genoß, erwarben sich die französischen Seidenzeuge, weil sie in ungeheuren Massen ausgeführt wurden, ihre große Berühmtheit. Dann trat Joseph Maria Jacquard auf und bewirkte in der Weberei durch Einführung vervollkommneter Maschinen eine neue, vollständige Umwälzung.

Dieser Mann (geboren zu Lyon am 7. Juli 1752, gestorben am 7. August 1834 zu Oullens bei Lyon) war weder ein Mechaniker, noch ein Künstler, noch selbst ein ausgezeichneter Arbeiter. Eine Maschine Vancausons, die bei Seite gelegt und vergessen worden war, fiel ihm indeß als besonders scharfsinnig auf, und er erkannte bald, daß sie mit einigen Abänderungen, die er vornahm, die größten Dienste leisten könne. Jacquard's Webstuhl beseitigte in der That einen der beiden bis dahin erforderlichen Arbeiter und vereinfachte die Thätigkeit des Mechanismus beträchtlich, so daß der eine Weber jetzt weniger zu thun hatte, als früher bei der Unterstützung durch einen Gehülfen. Auf der Pariser National-Industrie-Ausstellung 1801 wurde die neue Maschine zum ersten Male gezeigt, fand aber wenig Beachtung und erhielt blos eine bronzene Medaille. Jacquard stellte nun einige seiner Webstühle in Lyon auf und erzielte damit einige sehr befriedigende Ergebnisse. Auf diese Kunde brachen aber die eine Verminderung der „Hände“ besorgenden Arbeiter in des armen Jacquard Werkstätte ein, zerstörten alle seine Webstühle und nöthigten ihn zu fliehen, um wenigstens sein Leben zu retten. Zum Glück für sein Land erkannte ein bei der Versteigerung der zerbrochenen Webstühle anwesender Regierungsinspektor deren Werth und erstattete einen diesbezüglichen Bericht an das Ministerium des Innern. Sofort bot die kaiserliche Regierung Herrn Jacquard eine Prämie von 50 Franken für jeden Webstuhl, den er aufstellen würde. Im Jahre 1806 kaufte ihm der Gemeinderath von Lyon gegen ein Jahresgehalt von 3000 Franken das ausschließliche Recht ab, die Maschinen in Thätigkeit setzen zu dürfen. Dies war eine bettelhafte Entschädigung, allein der Erfinder war arm und er nahm sie mit Freuden an. Im Jahre 1819 wurden endlich — freilich spät genug — seine Verdienste durch Verleihung der Ehrenlegion anerkannt, und im Jahre 1839 errichteten ihm seine Mitbürger, plötzlich erkennend, daß Jacquard ein großer Mann gewesen und ihnen zahllose Millionen Franken in die Tasche geschüttet habe, ein ehernes Standbild. Natürlich war er damals todt.

Die Erfindung Jacquard's gab dem Seidengewebe einen neuen Aufschwung. Die Zahl der Webstühle betrug im Jahre 1789, vor der Revolution, 17,000. Unter dem ersten Kaiserreiche stieg sie von 900, auf welche Zahl sie 1793 herabgesunken war, auf 12,000. Im Jahre 1825 gab es 27,000 Webstühle, im Jahre 1835 40,000, im Jahre 1847 55,000 und der Preis der von diesen 55,000 Webstühlen erzeugten Seidenstoffe betrug 250 Millionen Franken. Im Jahre 1855 waren die Webstühle auf 70,000 herangewachsen; Ende der sechziger Jahre zählte man ihrer ungefähr 80,000, aber schon damals hatte das Seidengeschäft während der letzten Jahre wegen der unter den Seidenwürmern herrschenden Krankheit beträchtlich gelitten und konnte man von dem Lyoner Handel kaum sagen, daß er noch in einem so blühenden Zustande sei, wie zwanzig Jahre zuvor. Frankreich genoß schon um jene Zeit weitaus nicht mehr das Monopol früherer Epochen. Rußland hatte bereits 15,000 eigene Webstühle, Preußen und Sachsen besaßen ihrer 35,000, Basel und Zürich 20,000. Oesterreich und Italien machten riesenhafte Anstrengungen in der nämlichen Richtung, und England erzielte so wundervolle Fortschritte in der Verfertigung von Seidenwaaren, daß es schon vor 1870 auf den festländischen Märkten billiger verkaufen konnte, als Frankreich und in seinen colonialen Ausfuhren dieses Land vollständig überflügelt hatte. Seitdem hat die französische Seidenfabrikation weitere Rückschritte zu verzeichnen, welche ihr zum großen Theil aus dem Wettbewerb des Auslandes erwuchsen. Deutsche Seidengewebe z. B., deren im Jahre 1865 nur für eine Million Franken eingeführt wurden, figuriren auf den Zolltabellen von 1872 mit 7 Millionen, für 1872 mit 8 und für 1881 mit 12 Millionen. Während die Ausfuhr von Seidenbändern nach Deutschland um 27 Prozent gesunken war, stiegen die Einfuhren aus Deutschland nach Frankreich um 574 Prozent! Zwar machte dem gegenüber Lyon große Anstrengungen, um die Oberhand zu behalten, und in der That haben die Lyoner Fabrikanten seit einiger Zeit große Erfolge errungen, aber sie haben sich die Verbesserungen und Neuerungen nicht angeeignet und diese Fortschritte der Neuzeit ihrer Concurrenz überlassen. Während in der Schweiz, in Deutschland und Amerika überall mit Maschinen gearbeitet wird, sitzt der Lyoner Seidenweber noch immer vor seinem altväterlichen Webstuhl und spinnt mit der Hand, wie zur glückseligen Zeit der Postkutschen. So stand Lyon machtlos der schweren Prüfung gegenüber, welche seinen Haupt-Manufacturzweig während des Sommers 1884 traf. Der Ausbruch der Cholera in Toulon erschreckte die öffentliche Meinung in Italien und Spanien dermaßen, daß die Cabinette jener Staaten die Einfuhr französischer Gewebe strenge untersagten, wodurch die Lyoner Industrie zweier ihrer vornehmsten Absatzgebiete verlustig ging. Aber auch der ägyptische und südamerikanische Markt wurden ihr versperrt. Ein weiteres Hemmniß bildet die Erhöhung der Einfuhrszölle in den

20*

Staaten, mit welchen Frankreich Handelsverträge abgeschlossen hat. Seine Unterhändler hatten sich offenbar bei der Bemessung der Tarife geirrt, und es stellte sich heraus, daß Seidenwaaren, welche 6—8 Prozent, wie man vermuthete, zahlen würden, 15—20, ja 25 Prozent entrichten, wodurch jeder Wettbewerb unmöglich wird.

Dazu rechne man die Ueberproduction in einzelnen Waarenzweigen, die Launen der Mode, die Theuerung der Lebensverhältnisse für Lyon, die Concurrenz endlich, welche dem französischen Erzeugniß auf dem Weltmarkte, namentlich von Deutschland, gemacht wird, und man wird sich nicht wundern, wenn die Waaren sich in den Magazinen aufthürmten und die Fabriken zu feiern begannen. Im Herbst 1884 kam unter der Lyoner Arbeiterbevölkerung ein Nothstand zum Ausbruche, dessen Intensität selbst solche überraschte, welche mit der Lage der Lyoner Industrie genau vertraut zu sein meinten. Tausende und Abertausende von Seidenarbeitern wurden brotlos, so daß sogar der Ruf nach Errichtung von Nationalwerkstätten laut werden konnte, um den nothgebrungen Feiernden auf Staatskosten Arbeit zuzuführen. Und wie das Seidengeschäft, so befindet sich auch der französische Seidenbau in einem bedenklichen Rückgange, welcher ausschließlich durch die Krankheit der Seidenraupen hervorgerufen wurde. Vor dem Erscheinen dieser Krankheit wurden von 1852—1854 jährlich 23 Millionen kg Cocons gewonnen, die einen Werth von $105^1/_2$ Millionen Franken darstellten. Der Durchschnitt der drei letzten Jahre, 1882 bis 1884, betrug nur noch 7,851,920 kg zum Verkaufspreise von 29,337,296 Franken. Das Jahr 1884 war dabei das schlechteste, indem es 6,753,536 kg zum Preise von 24,775,467 Franken lieferte. Dies stellt also einen Rückgang des Ertrages des Seidenbaues von $105^1/_2$ Millionen auf $24^3/_4$ Millionen Franken innerhalb 30 Jahren dar. Der französische Gewerbefleiß ist deßhalb weit überwiegend auf fremdländische Seide angewiesen, die hauptsächlich von Kleinasien, Japan und besonders China geliefert wird. Die Erwerbung Cochinchinas wie das jetzige tonkinesische Unternehmen sind daher in dieser Hinsicht sozusagen eine Nothwendigkeit geworden, um der französischen Industrie den Bezug der unentbehrlichen Seide möglichst zu sichern.

Seit ihrer Begründung hat die französische Republik allerdings eine außerordentliche Gewandtheit in Ueberwindung entgegenstehender Schwierigkeiten an den Tag gelegt, aber sie bedarf auch dieser Eigenschaft, wenn sie ihre Macht über die Gemüther behaupten will. Zu diesem Behufe muß die Regierung sich auch ihrerseits entschließen, in die Bahn wirthschaftlicher Reformen einzulenken, nach denen die öffentliche Meinung Frankreichs berechtigtes Verlangen trägt. Bis jetzt ist es nicht die Initiative der Regierung, sondern die der bedrängten Classen und Gewerbe, welche die Reformfrage in Fluß gebracht hat. Die Unzufriedenheit mit der wirthschaftlichen Lage hat in der früher so befriedigten und ruhig verharrenden französischen Landwirthschaft einen hohen Grad erreicht. Hat doch die schwierige Lage des Ackerbaues einen Preisrückgang von 25 Prozent bei den Landgütern zur Folge gehabt. Die agrarische Schutzzollbewegung ist daher unter den französischen Landwirthen in vollem Gange und die Regierung hat sich schon zu einigen Zugeständnissen verstehen müssen. Am 2. Juli 1885 ist nun zum ersten Male eine Sendung amerikanischen Schlachtviehes auf dem Pariser Viehmarkt erschienen; wie versichert wird, machten die Händler noch ein gutes Geschäft, trotzdem sie 111 Franken Fracht und Zoll auf jedes Stück zu tragen hatten. In diesem Falle werden die französischen

Viehzüchter sich bald ebenso über die amerikanische Concurrenz zu beklagen haben, als die Getreidebauern. Gleichzeitig ist die für die Arbeiterfamilie wichtigste Frage des unmittelbarsten Lebensbedürfnisses: die Brotfrage in den großen Städten Frankreichs, zu einer sehr kritischen geworden. Erinnerungen an die verschiedenen Epochen der französischen Revolution werden wachgerufen, wenn man die modernen Berichte aus Lyon, Marseille, Paris über das Verlangen nach wohlfeilerem Brot, nach billigerer Miethe, nach Gewährung von Arbeit liest. Es unterliegt keinem Zweifel, daß auf die goldenen Träume von dem unerschöpflichen Reichthume des Landes, denen man sich in und außerhalb Frankreich hingab, ein um so rauheres Erwachen gefolgt ist. Mit Stolz konnte Frankreich darauf hinweisen, daß trotz der riesigen Kriegsentschädigung von fünf Milliarden Franken, welche es in überraschend kurzer Frist an Deutschland zahlte, die Finanzen des Landes sich anscheinend von Jahr zu Jahr günstiger gestalteten, und ein deutsch-ungarischer Schriftsteller nannte deßhalb Frankreich das „wahre Milliardenland". Die Ausweise der französischen Regierung über die Ergebnisse der ersten Hälfte des Jahres 1878 straften indeß die feuilletonistische Phantasie Lügen, und seither haben Léon Say und Paul-Leroy-Beaulieu mit grausam deutlichen Zahlen die glänzenden Illusionen unerbittlich zerstört. Schon 1878 zeigte sich, daß Frankreich von der allgemeinen Geschäftskrisis nicht ausgeschlossen war. Der Ertrag der Abgabe auf die Werthpapiere war in fortwährendem Fallen, die indirecten Steuern verblieben in beständiger Steigerung; in den meisten Fällen hing die Steigerung mit der in jenem Jahre zu Paris veranstalteten Weltausstellung zusammen. Die höheren Staatseinnahmen sind keineswegs ein günstiges Symptom, sie stehen mit dem Steigen der Einfuhr und dem Fallen der Ausfuhr in enger Verbindung. Im ersten Halbjahr 1878 betrug in Frankreich die Einfuhr 601,870,880 (1877: 456,637,000) an Nahrungsmitteln, 1,173,071,000 (1,010,172,000) an Roh- und Brennstoffen, 223,214,000 (207,288,000) an verarbeiteten Waaren und 100,070,000 (114,103,000) Franken an sonstigen Waaren. Die Ausfuhr betrug: 859,052,000 (1877: 869,793,000) an verarbeiteten Waaren, 648,738,000 (711,190,000) an Roh-, Brenn- und Nährstoffen, und 70,049,000 (83,353,000) an sonstigen Waaren. Die Gesammteinfuhr von 2,098,225,000 Franken übertraf um 310 Millionen jene des ersten Halbjahres 1877, während gleichzeitig die Ausfuhr um 87 Millionen dahinter zurückblieb. Sehr hervorzuheben ist, daß die Einfuhr an verarbeiteten Waaren um 16 Millionen gestiegen, während sie bei der Ausfuhr um 10 Millionen gefallen ist. Daraus ergiebt sich, daß die französische Industrie trotz ihrer Vollkommenheit gegen den Wettbewerb des Auslandes schon damals einen schweren Stand hatte. Im ersten Halbjahre 1878 war die Differenz zwischen Einfuhr und Ausfuhr im Ganzen 521 Millionen Franken zu Ungunsten der Ausfuhr aus Frankreich.

Diese Zustände waren nicht auf einmal, plötzlich so geworden, einzelne Industriezweige litten schon seit längerer Zeit. Die gesammte Bergwerkindustrie nebst Allem, was damit in Verbindung steht, kränkelte und stockte im östlichen Frankreich schon seit 1869. Auf der Weltausstellung in Philadelphia 1876 bemerkte man mit Ueberraschung, daß Frankreich nicht mehr den Ton angebe in Amerika, welches sich durch seine eigene Industrie zu versorgen begann, selbst mit gewissen Luxusgegenständen, die bisher Frankreich eigen waren. Schon fanden die Erzeugnisse französischer Wagenbauer in Amerika fast keine Abnahme mehr und, was noch schlimmer, man verkauft in Amerika französische

Erzeugnisse unter amerikanischem Namen. Ohne daß der Gesetzgebung die Schuld aufzubürden wäre, befanden sich auch alle Zweige der Textilindustrie in einem Zustande immer zunehmenden Leidens, ja ihre Lage wurde in einigen Fällen gefährdet. Die Ausfuhr nahm ab und der inländische Verbrauch verminderte sich zugleich, alle Preise sanken. Am meisten aber sah sich die Pariser Luxusindustrie bedroht. Im Jahre 1882 wies Leroy-Beaulieu nach, daß Frankreich damals im Auslande fünfmal mehr Wagen kaufe als acht Jahre früher, während die Ausfuhr eine rückgängige Neigung zeige. „Ist nun“, so fragt der bewährte Nationalöconom, „der Wagenbau etwa eine Ausnahme? Nein, alle Pariser Industrien sind in großer Gefahr. Man nehme die Kunstschreinereien, die Spiel- und Kurzwaarenfabrikation, welche in den Zolltabellen unter Einer Rubrik vereinigt sind. Unsere Ausfuhr in diesen Artikeln belief sich in den ersten vier Monaten von 1874 auf 48,338,000 und in der nämlichen Periode von 1875 sogar auf 49½ Millionen; aber seitdem welcher Verfall! 38 Millionen in den ersten vier Monaten von 1878, 35 Millionen in derselben Zeit von 1879 und endlich 24 Millionen in den ersten vier Monaten von 1882. Seit acht Jahren ist also unser Export in diesen Artikeln um mehr als die Hälfte zurückgegangen. Vergangenes Jahr hatten wir einen Streik unter den Klavierarbeitern. Will man wissen, was aus unserem Export von Musikinstrumenten geworden ist? In den ersten vier Monaten der Jahre 1874, 1875 und 1876 betrug er beinahe ohne Veränderung circa vier Millionen Franken; in den ersten vier Monaten von 1882 ist er auf 2,738,000 Franken, also um ein Drittel zurückgegangen. Von zehn Pariser Industrien sind neun in demselben Falle: das Glas, die Krystalle, die Spiegel, die Kunstgegenstände. Die Kunstdrechslerei, die Spielwaarenfabrikation und das Kurzwaarengeschäft haben seit neun Jahren allmählich eine Einbuße von 47 Prozent erlitten. In den ersten zehn Monaten 1874 wurden für 131 Millionen ihrer Producte ausgeführt, im Jahre 1882 erreichten sie nur noch 72 Millionen. Aehnlich verhält es sich mit den Möbeln und Schnitzwaaren, die seit 1874 (in den ersten zehn Monaten) bis 1882 von 27 auf 12½ Millionen, mit den Musikinstrumenten, die in demselben Zeitraume von 10 auf 8¼ Millionen, mit den Spiegel- und Krystallwaaren, die sogar von 7 auf 3 Millionen fielen. Der sogenannte Article de Paris endlich hatte vor 5—6 Jahren eine jährliche Ausfuhr von 10—12 Millionen aufzuweisen und ist gegenwärtig unter 1 Million herabgesunken.“ Dieses Darniederliegen der Pariser Industrie hat die Einsetzung einer eigenen „Enquete-Commission“ veranlaßt, welche als eine der Hauptursachen der Stockung nachwies: die Lehrlinge werden nicht mehr geschult. So fehlt es z. B. in der Maurerei, welche in gewöhnlichen Zeiten durchschnittlich 45,000 Arbeiter beschäftigt, an jeder einschlägigen Organisirung. Forscht man näher nach den wesentlich auf Pariser Boden einheimischen Industrien, so wird man der Thatsache gegenübergestellt, daß sich die Generationen der Arbeiter nicht mehr erneuern oder im Verfalle sind. Das Syndicatscomité für künstliche Blumen, Grünwerk, Früchte u. s. w. bemerkt, daß das Gewerbe, welches es vertritt, einen Schutzverein für Lehrlinge vor zwanzig Jahren gegründet und ohne jeglichen Erfolg ungeheure Ausgaben gemacht hat. Aehnlich soll es in allen Zweigen der Pariser Industrie stehen, auch der bedeutendsten, wie der Kunstschreinerei. In dem Protocoll der Fabrikanten von Kunstrahmen heißt es: „Das Lehrlingswesen ist beinahe unmöglich geworden; darum erdrückt uns die deutsche und italienische Concurrenz. Von 15 Lehrlingen harren kaum fünf ihre Zeit aus.“ „Von den Lehrlingen,“ sagt der Abgeordnete der Syndicatskammer der Tapezierergehilfen, „ist nichts zu erwarten, sie können nichts, kennen aber dafür alle Straßen von Paris, ja sogar der Umgebung. Mindestens 600 befinden sich in diesem Falle; das Uebel sitzt tief, denn es läßt sich nicht leugnen, daß die Berufsfertigkeit im Auslande Fortschritte macht.“ Solcher Stellen ließen sich noch viele anführen. Was am meisten betrübt, das ist, daß alle Anstrengungen, gleichviel, ob sie von der Gemeinde oder von der Privatinitiative ausgehen, fruchtlos bleiben. Als eine der Hauptursachen des Uebels wird die Gleichgiltigkeit bezeichnet, welche die Meister gegen die Lehrlinge statt der einstigen väterlichen Fürsorge an den Tag legen. Die Jungen sind angewidert und mögen nicht länger Lehrlinge bleiben, während die Eltern ihrerseits in ihrer Ungeduld verlangen, daß sie zu früh Geld verdienen. Der Geselle nimmt sich des Lehrlings nicht mehr an oder thut dies nur noch in der Provinz, wo die Lehrzeit eingehalten wird. Vor dem Auftauchen der großen Industrie wurde die Jugend in der Werkstatt erzogen, Eltern und Meister beschäftigten sich angelegentlicher mit ihr. Wir stehen hier vor einer der Folgen des gewerblichen Umschwunges.

Aehnlich wie den Pariser Artikeln ging es auch den anderen Zweigen der Industrie Frankreichs. Vor 1860 führte Frankreich für nur 40 bis höchstens 55 Millionen Franken verarbeitete Waaren ein, aber für 1400 bis 1500 Millionen aus. In Folge der Handelsverträge stiegen beide Ziffern um mehrere hundert Millionen, so daß im Jahre 1883 für 1810 Millionen verarbeitete Waaren aus- und für 663 Millionen eingeführt wurden. Die Steigerung der Einfuhr ist, wie man sieht, ungleich beträchtlicher als die der Ausfuhr, letzter ist sogar schon im Rückgange, indem sie 1882: 1853 $^{1}/_{2}$, 1875: 2139, 1876: 1932 Millionen betrug. Die Einfuhr der verarbeiteten Waaren ist dagegen stetig gestiegen; sie betrug für 1882: 647, 1875: 466 $^{3}/_{4}$ und 1876: 496 $^{1}/_{4}$ Millionen. Gegen 1859, wo die Bedürfnisse des Landes fast gänzlich durch die heimische Arbeit gedeckt wurden, stellt sich daher für die französische Industrie ein Verlust von 600 Millionen heraus. Die Thatsache, daß gerade während der letzten schlechten Jahre die Einfuhr ausländischer Manufacturwaaren gestiegen ist, beweist zur Genüge, daß die französische Industrie den Anforderungen des eigenen Volkes nicht mehr zu entsprechen vermag.

Zu diesen gewerblichen Niederlagen haben übrigens alle Nationen das Ihrige beigetragen. Alle haben die französische Concurrenz abzuschütteln versucht. Den Deutschen ist es durch Herabsetzung der Eisenbahntarife gelungen, nach Paris selbst deutsche Erzeugnisse zu führen, welche dort billiger verkauft werden als die französischen. Diejenigen Industrien, welche eine besondere Geschicklichkeit erfordern, haben allerdings noch immer viel Erfolg im Auslande. So sind die Pariser Bronzen noch nicht übertroffen worden; ihre geschmackvolle Ausführung macht sie auf allen europäischen Märkten gesucht. Dagegen hat Berlin Paris, was die Messingartikel betrifft, vollständig vom guten Markte verdrängt. Was die Fayence, die Porzellan- und Glaswaaren betrifft, so geht Deutschland gegenwärtig daran, den französischen Waaren eine sehr ernste Concurrenz zu machen. Die Tücher von Roubaix, Sedan und Elbeuf verzeichnen eine geringere Ausfuhr, als die Fabrikate aus Berlin, Aachen und andern Städten des Rheins und der Lausitz. Das Gleiche ist bei dem Confectionsgeschäft der Fall; die französischen Industriellen machen die Mode, aber sie führen nicht aus. Die Bortenmacherwaaren von Paris fahren fort, ihrer geschmackvollen Ausführung wegen den Ton anzugeben; aber sie fordern höhere Preise. Annaberg ahmt die Pariser Zeichnungen und Modelle nach und paßt dieselben den Bedürfnissen des internationalen Handels an. Die Fabriken von Krefeld, Mühlheim am Rhein und Elberfeld führen große Mengen Seidenwaaren, Sammete und Seidenatlasse aus; die Leinen von Lille und Armentières behaupten sich ehrenvoll der Concurrenz der schlesischen Fabriken gegenüber. Was Spitzen betrifft, kann Deutschland nicht mit Calais wetteifern. In der Kunsttischlerei hält sich Paris auf der Höhe seiner glänzenden Vergangenheit; aber gewisse Artikel, wie Stäbe und Goldrahmen, welche eine Besonderheit der Vorstadt Saint Antoine waren, werden heute ebensogut in Berlin und Köln hergestellt. Was die Schmuckwaaren in Gold, wie die nachgeahmten betrifft, so hat man anderwärts die Vollendung in der Ausführung und die Feinheit der Handarbeit des Pariser Arbeiters nicht erreichen können, aber die deutschen Bijouteriefabrikanten haben selbständige Modelle geschaffen, die selbst in Frankreich Anklang finden. Wodurch ist nun der augenfällige Rückgang der französischen Industrie verschuldet? Ist die Productionskraft der Franzosen gelähmt? Mit Nichten! Sie sind immer die Alten, sie arbeiten mit derselben Ueberlegenheit. Die Ursachen ihrer gewerblichen Niederlagen sind verwickelte. Da sind zunächst die Frachtermäßigungen in Deutschland, die fast in allen Ländern vorgenommenen Aenderungen des Zollwesens. In Amerika wie in Europa schließt man der französischen Ausfuhr die Thür. Ferner hat die Fabrikation aus den Fortschritten der Wissenschaft Vortheil gezogen und verliert die selbständige Thätigkeit des Arbeiters immer mehr an Werth. Die Maschinen sind an Stelle des schaffenden Verstandes getreten. So konnten allmählich die Völker, welche nothgebrungen Kunden Frankreichs waren, sich selbst an die Arbeit machen und seine Waaren verschmähen. Die Industrie hat sich verallgemeinert und die Vorliebe für billige Waare das Uebrige gethan. An der Vollendung der Ausführung ist heute weniger gelegen, als ehedem. Man klammert sich vor Allem an das, was billig ist. In Frankreich aber, wo man immer gut arbeitete, hat man auch immer ziemlich theuer gearbeitet. Man verstand es da nicht, das Werkzeug zu erneuern, und jetzt sehen die Franzosen sich Nationen gegenübergestellt, die in der Industrie Neulinge sind und ein ganz neues Arbeitszeug besitzen.

Das Herzogthum Savoyen.

Das Chablais.

Gewissermaßen als den vorgeschobensten Posten des östlichen Frankreich können wir das alte Herzogthum Savoyen betrachten, das Stammland des heutigen italienischen Königshauses, ein alpines Gebirgsland, welches, vormals zur sardinischen Monarchie gehörend, erst durch Vertrag vom 24. März 1860 an Frankreich abgetreten wurde und seitdem die beiden Departements Savoyen (Savoie) und Ober-Savoyen (Haute Savoie) bildet. Vom Lyonnais ist Savoyen durch das uns schon bekannte Ain-Departement der Freigrafschaft Burgund getrennt; weiter südlich grenzt es an das Dauphiné, im Osten an das Königreich Italien und die Schweiz, im Norden, wo es zum größten Theil das Südufer des Genfer Sees bespült, gleichfalls an letztere. Diesseits der höchsten wasserscheidenden Alpenerhebungen gelegen, gehört das Land geographisch seit jeher mehr zu Frankreich, als zu Italien; auch die Landessprache in diesem alten Gebiete der kriegerischen Allobroger, eines Gallierstammes, ist durchweg ein Französisch mit vielen provinziellen abweichenden Eigenthümlichkeiten. Sehr erhoben in den Theilen, welche sich an die Massen des Montblanc und Mont Cenis im Osten, an die Hochalpen anlehnen, schon von den Alten die Penninischen, Grajischen und Cottischen genannt, senkt sich der von der Drance und Arve — beide in den Genfer See mündend — vom Fier und der Isère mit dem Arc durchfurchte Boden allmählich bis zu dem Spiegel der Ebenen am Ain und der unteren Isère herab, welche letztere oberhalb Valence im Dauphiné die Rhône erreicht. Dieser Boden Savoyens wird durch einen Gebirgsstock gebildet, welcher mit der Centralkette durch ein verwickeltes Gewirr von Ausläufern und Nebengruppen verbunden ist, alle zur selben Zeit emporgehoben. Der erste Anblick von einem beherrschenden Punkte herab, wo das Auge nur auf öde Schneeflächen, steile Bergspitzen und Felsenwände trifft, läßt das Land kalt und nackt erscheinen. Aber je weiter der Blick sich senkt, je mehr verändert sich das Aussehen desselben: das Leben erscheint, der Pflanzenwuchs entfaltet seine grünen Abstufungen an den Abhängen. Am Fuße der mächtigen Berge sieht man Thäler eingegraben gleich den Abgründen eines sturmbewegten Meeres, das von plötzlichem Frost erstarrt ist. Diese anfänglich etwas flachen Einschnitte vertiefen und erweitern sich, je mehr sie sich von ihrem Ausgangspunkte entfernen, und münden endlich in breiten Flächen in die herrlichen Becken des Leman, der Rhône und der Isère aus, in die sich alle Wasser Savoyens ergießen. Das Land, welches als ein ungeheures unfruchtbares Chaos erschien, solange nur die oberen Theile des Reliefs sichtbar waren, bietet jetzt dem Beschauer den wechselnden Anblick grüner Thalgründe dar, wo der Pflanzenwuchs seine Wunder ausbreitet und der Boden neben der Flora nördlicher Breiten die Erzeugnisse des milden Klimas im mittleren Frankreich hervorbringt. Mit Ausnahme der 130,000 ha, welche im Kataster als unfruchtbar verzeichnet die Region des ewigen Schnees, den zu Tage liegenden Fels und die Strombetten mit dem Gletschergeschiebe begreifen, ist alles übrige Land durch die Vegetation nutzbar geworden. Die unterste Schneegrenze findet sich in dem savoyischen Hochgebirge auf 2700 m über dem Meere, und der niedrigst gelegene Punkt des Landes mit 200 m kommt den Ebenen der Saône gleich.

Wenn wir Savoyen von Norden her betreten, so befinden wir uns an den Ufern des herrlichen Genfer Sees in der Landschaft Chablais, deren Name aus Provincia caballica (Provincia equestris) entstand, weil die Römer mehrere Stutereien hier hatten. Sie ward von Nantuatern bewohnt. Kaiser Konrad der Salier, der Herrscher Deutschlands, an welches nach dem Untergange des Arelat'schen Reiches Savoyen um 1033 gekommen war, schenkte die Landschaft Chablais dem Grafen Humbert von Savoyen, wovon die Grafen im vierzehnten Jahrhundert den Titel Herzoge von Chablais annahmen, bis sie durch Savoyen selbst zum Herzogthume erhoben wurde. Im Jahre 1536 eroberten die Berner mit dem Waadtlande auch das Chablais und führten dort die Reformation ein, gaben es aber im Jahre 1564 wieder an Savoyen zurück. Eine zweite Eroberung 1591 ging noch schneller vorüber, und Franz von Sales bekehrte das Chablais wieder zum katholischen Glauben. Seit 1815 bildete es mit der angrenzenden Landschaft Faucigny eine neutrale Zone in Savoyen, welche von der Schweiz besetzt werden konnte, was aber seit der Einverleibung in Frankreich in Frage gestellt ist. Das Chablais, die Thäler d'Abondance, du Biot, de Bellevaux umfassend, ist stellenweise hügelig, wie im Osten von Genf und im Westen der Mündung der Rhône in den See, im Uebrigen aber gebirgig und bis über 2270 m hoch. Thäler und Hügel sind ergiebig an Bodenerzeugnissen, an Getreide, Hülsenfrüchten, Gerste, Wein, Nüssen, Kastanien und Kirschen, die in wahren Wäldern die ebene Landschaft bedecken und aus denen man als Haupterzeugniß Kirschwasser gewinnt. Künstliche Wiesen breiten sich außerordentlich aus und die Rindviehzucht ist beträchtlich. Aber auch wilde Thiere, Wölfe, Füchse, Dachse und jagdbares Wild, wie Hasen und Geflügel, bewohnen die Thäler des Chablais, von welchen jene der Drance und ihrer Nebengewässer prachtvolle Hochgebirgsscenerien darbieten. Die Berge selbst liefern Marmor, Schiefer, Steinkohlen, Eisenerz und Kalkstein; auch sprudeln im Chablais viele Gas- und Mineralquellen, worunter jene von Evian-les-Bains zu den besuchtesten gehören. Die 2600 Einwohner zählende Stadt liegt am Genfer See, längs welchem sie sich in einer langen Straße mit kurzen Seitengassen hinzieht und ist einer der häufigsten Haltepunkte der den See befahrenden Dampfschiffe. Da sie so ziemlich an der breitesten Stelle der klaren Wasserfläche angelegt ist, so genießt man einen schönen Ueberblick über dieselbe und einen großen Theil des Schweizer Ufer, welche indeß unvergleichlich weniger reizvoll sind, als das savoyische von der Schweiz aus gesehen. Evian gegenüber und deutlich sichtbar glänzen die Gasthöfe von Ouchy und darüber die an der Berglehne sich aufbauenden Häuser von Lausanne herüber. Hinter Evian erhebt sich das Land sofort zu Hügeln, die sich vom See aus gesehen ganz beträchtlich ausnehmen, aber von der weit höheren Reihe der eigentlichen Chablais-Berge überragt werden. Diese beginnen mit der Dent d'Oche im Osten und werden weiter durch Mont Billat, Bois de la Comte, Mont Bonet und Monts Voirons markirt. Am Fuße der letzteren bricht die Arve, die dicht unterhalb Genf, auf Schweizer Boden in die Rhône mündet, in breitem, malerischem Thale, aus der Landschaft Faucigny hervor.

Der Montblanc und das savoyische Gebirgsland.

Dieses Gebiet der Arve, in welche sich von Norden her der Giffre nebst vielen anderen Alpenbächen, in Savoyen „Nants“ geheißen, ergießt, ist eine der höchsten Gegenden in Europa, daher kalt, feucht und regenreich; schroffe Temperaturwechsel sind nicht selten und die mittlere Jahreswärme beträgt blos 5° C. An den Bergabhängen trifft man ziemlich viel Wald und die herrlichste Alpenflora; die fruchtbaren Thäler sind wohl gut angebaut und erzeugen auch hier noch Getreide, Wein und Obst, aber die Thierwelt, in welcher Gemsen, Steinböcke, Luchse, Murmelthiere und Lämmergeier erscheinen, verkündet, daß wir uns im Herzen des Hochgebirges befinden. Mehrere zu den Penninischen Alpen gehörende Gebirgsketten durchziehen das Land, in dessen äußerstem Osten endlich sich zwischen den Quellen der Arve und Dora Baltea, da, von wo aus sich das gesammte Alpensystem sich nach verschiedenen Richtungen, nach Nordost und nach Südwest erstreckt, die ein besonderes Gebirge bildende Masse des Montblanc aufthürmt. Gegenwärtig ist die Kette zwischen Frankreich, Italien und der Schweiz getheilt. Frankreich besitzt den Löwentheil, die Schweiz die fruchtbarsten Gegenden, Italien die steilste Seite. Die Kette steht in einem Rufe, den sie nicht ganz verdient. Sie kann sich weder der Schönheit des Berner Oberlandes, noch der Erhabenheit des Dauphiné rühmen. Sie zieht aber den großen Haufen durch den Besitz des höchsten Alpengipfels an. Entfernt man diesen, so ist die Erhebung der Kette durchaus nicht merkwürdig; in der That sind ihre Berge mit Ausnahme des Montblanc selbst weniger bedeutend, als die des Oberlandes und der Mittelgruppen der Penninischen Alpen. Wer von Genf aus in das Montblanc-Gebiet dringen will, kann von der französischen Ortschaft Annemasse, welche von Genf aus mittelst Trambahn zu erreichen ist, die Eisenbahn bis La Roche-en-Faucigny benutzen, einem von herrlichem Bergpanorama umgebenen Städtchen, wo Fahrgelegenheiten nach Bonneville am Bahnhofe bereit stehen. Bonneville, wo die Uhrenindustrie blüht, liegt an der Arve, welche hier vom Mont Môle im Norden und vom Mont Brisson im Süden flankirt ist, in fruchtbarem Thale unweit der Trümmer des alten Schlosses Faucigny. An der Arve aufwärts schreitend gelangen wir nach Sallanches (Salancia Sabaudorum) in einem schönen offenen Thale, wo der vier Stunden entfernte Montblanc scheinbar ganz nahe in voller Pracht hinter dem an der Arve sich erhebenden 1523 m hohen Mont Forclaz herüberblickt. An seinem Fuße mündet das Val Montjoye ein, welches gewissermaßen den westlichen Abschluß des Montblanc-Massivs bildet und die reizend gelegenen, auch vielbesuchten Schwefelbäder von St. Gervais-les-Bains, ziemlich nahe an seinem Ausgange, einschließt. Eine Merkwürdigkeit der Umgebung sind die aus dunklen Tannenwäldern emporragenden riesenhaften Erd- oder Trümmerpyramiden, deren oberste Spitze ein mächtiger Findlingsblock krönt. Diese „Feenpyramiden", wie der Volksmund sie getauft hat, sind ein Product der Abwaschungen des Regenwassers. Wir setzen unsere Wanderung fort; schon fängt das Thal an zu stocken, die Arve schießt aus einer Felsenkluft hervor, die Schneeberge rechts vor uns werden immer höher. Abwechselnde Berge, alte Fichtenwälder zeigen sich rechts, theils in der Tiefe, theils in gleicher Höhe mit uns. Links über uns sind die Berggipfel kahl und spitzig. Wir fühlen, daß wir einem stärkeren und mächtigeren Satz von Bergen immer näher rücken. Wir kommen über ein breites trockenes Bett von Kieseln und Steinen, das die Wasserfluthen die Länge des Berges hinab zerreißen und wieder füllen; dann in ein sehr angenehmes, rund geschlossenes, flaches Thal, worin das Dörfchen Serves liegt. Von da geht der Weg um einige sehr bunte Felsen wieder an die Arve. Wenn man über sie weg ist, steigt man einen Berg hinan, die Massen werden hier immer größer, die Natur hat hier mit sachter Hand das Ungeheure zu bereiten angefangen. So gelangen wir dem Thale von Chamounix (Chamonix, Chamonny, Chamouny — alle diese Schreibarten sind gebräuchlich —) immer näher und endlich darein. Das Thal von Chamounix, dessen mittelstes Dorf den Namen le Prieuré führt, liegt 1050 m hoch in den Gebirgen, ist etwa 5—6 Stunden lang und geht ziemlich von Mittag gegen Mitternacht. Der Character, der es vor anderen auszeichnet, ist daß es in seiner Mitte fast gar keine Fläche hat, sondern das Erdreich wie eine Mulde sich gleich von der Arve aus gegen die höchsten Gebirge anschmiegt. Mont Brévent und die Aiguilles Rouges begleiten die Arve im Westen; der Montblanc und die Gebirge, die von ihm herabsteigen, machen die östliche

Wand aus, an der die ganze Länge des Chamounixthales hin sieben Gletscher, einer größer als der andere, herunterkommen. Vom Hauptkamme, auf welchem die französisch-italienische Grenze läuft, sieht man vom Chamounixthale aus wenig, und im Dorfe selbst zeigen sich blos zwei schmale Streifen desselben, die keine einen Kilometer lang sind, deren einer vom Gipfel des Montblanc nach dem Dôme du Goûter hinübergeht, während der andere in der Nähe des Col de Balme liegt, welcher aus dem Chamounixthale nach der Schweiz und dem oberen Rhônegebiet führt. Der ganze Rest wird durch vorliegende Grate und Berge untergeordneter Bedeutung verdeckt.

Der 4810 m hohe Montblanc selbst wird durch die beiden Gletscher des Miage, die Gletscher der Brenva und des Géant, das Val Véni und das Chamounixthal begrenzt. Vom Gipfel aus läuft ein langer Grat in nordwestlicher Richtung durch den Mont Maudit zur Aiguille du Midi. Ein zweiter Grat geht in nordwestlicher Richtung durch die Bosse du Dromadaire zum Dôme du Goûter, wo er sich nun in zwei Grate theilt, von denen der eine der nordwestlichen Richtung bis zur Aiguille du Goûter treu bleibt, der andere aber, der zum Hauptkamm der Kette gehört, gegen Westen zur Aiguille de Bionnassay streicht. Die Grandes Jorasses (4206 m) sind der schönste und nach dem Montblanc der höchste Berg der Kette. Der nächste ist ohne Frage die Aiguille Verte (4127 m). Die Aiguille de Bionnassay (4061 m), die an Höhe auf die Verte folgt, sollte eigentlich als ein Theil des Montblanc aufgefaßt werden, und ebenso ist der Gipfel, der Les Droites heißt (4030 m) blos ein Theil des Grates, der in der Aiguille Verte gipfelt. Die Aiguille de Trélatête (3932 m) ist die nächste Nadel, welche auf den Namen eines besonderen Berges Anspruch hat, und im Südwesten der Kette der weitaus bedeutendste und zugleich höchste Gipfel. Dann folgt die Aiguille d'Argentière (3901 m), die im nordwestlichen Endpunkt denselben Rang einnimmt, wie jener Berg im südwestlichen. Die übrigen Nadeln sich verhältnißmäßig unbedeutend und obgleich manche derselben, wie der Mont Dolent (3830 m), sich von niedrigen Standpunkten gesehen recht stattlich ausnehmen und eine gewisse Wichtigkeit zu besitzen scheinen, so fallen sie sogleich auf den ihnen gebührenden Platz zurück, sobald man eine erhebliche Höhe erreicht. In der Masse des Montblanc und der Aiguilles Rouges herrscht der Protogin oder Alpengranit überall vor; er hat bei seinem Hervortreten die Kalk- und Gneißgebirge zerbrochen und schief bei Seite gelegt, so daß ihm nun die steilen Seitenwände zugekehrt sind und die Schichten von ihm wegfallen. Krystallinische Schiefer und Kalk bilden die Abhänge. Von den ins Chamounixthal niedersinkenden Gletschern sind der Glacier des Bossons, das Mer de Glace und der Glacier d'Argentière der größten, Mer de Glace wohl der am häufigsten besuchte. Um die Backen nicht zu voll zu nehmen, sollte man es besser „Eisthal“ oder „Eisstrom“ nennen, denn die ungeheuren Massen von Eis dringen aus einem tiefen Thal, von oben gesehen, in ziemlicher Ebene vor. Gerade hinten endigt ein spitzer Berg, von dessen beiden Seiten Eiswogen in den Hauptstrom hineinstarren. Wenn noch kein Schnee auf der zackigen Fläche liegt, glänzen die blauen Spalten gar schön hervor. Eine kleine, aus Steinen erbaute Hütte ist hier für das Bedürfniß der Reisenden erbaut, und zum Scherz „das Schloß von Montanvert“ genannt. Die Gipfel der Felsen und auch in der Tiefe des Thales hin sind sehr spitzig ausgezackt, weil aus einer Gesteinsart zusammengesetzt, deren Wände fast ganz senkrecht in die Erde einschießen. Wittert eine leichter aus, so bleibt die andere spitz in der Luft stehen. Solche Zacken werden „Nadeln“ (Aiguilles) genannt, und die Aiguille du Dru ist eine sehr hohe, merkwürdige Spitze, gerade dem Montanvert gegenüber. Es ist ein ganz trefflicher Anblick, wenn man, auf dem Eise des Mer de Glace selbst stehend, den oberwärts sich herabdrängenden und durch seltsame Spalten geschiedenen Massen entgegensieht. An dem Orte, wo der Eisstrom stufenweise bis herunter ins Thal dringt, liegt eine Höhle, in der er sein Wasser ausgießt. Sie ist weit, tief, von dem schönsten Blau, und es steht sich sicherer im Grunde, als vorne an der Mündung, weil an ihr sich immer große Stücke Eis schmelzend ablösen. Ueber das Mer de Glace führt ein Pfad durch den Col du Géant an der steilen italienischen Seite hinab nach Courmayeur im fruchtbaren, von der Dora Baltea durchbrausten Aostathale, welches wegen seiner Steinböcke ebenso berühmt als wegen seiner „Cretins“ berüchtigt ist.

Der Steinbock, (Bouquetin, Capra Ibex L.) ist jetzt hauptsächlich, vielleicht sogar einzig und allein auf einen kleinen Bezirk im Süden des Aostathales beschränkt, die eigenthümliche Form von Blödsinn aber, die man Cretinismus nennt, ist überall in den Alpen und daher über ganz Savoyen verbreitet. Der Cretinismus, dessen ganze Erscheinung große Schwierigkeiten bietet, vereinigt zwei verschiedene Elemente, die höchste Stufe des Blödsinns und schlechte Körperbeschaffenheit. Die Zahl der davon Befallenen ist unbekannt, die Heilung der Krankheit unsicher, ihr Ursprung geheimnißvoll. Lange hielt man den Kropf für das erste Stadium des Cretinismus, und es ist ja richtig, daß die Cretins, zu deutsch „Trottel“, fast ohne Ausnahme Kröpfe haben, aber es ist auch ebenso richtig, daß es Zehntausende von Leuten mit Kröpfen giebt, die von allen Spuren des Cretinismus völlig frei sind. In Mittel- und Nordeuropa gilt ein Kropf für ein Unglück und wird nach Möglichkeit versteckt. In den Alpen ist ziemlich das Gegentheil der Fall. In Frankreich, Italien und der Schweiz ist es ein sicherer Vortheil, einen Kropf zu haben, da derselbe vom Militärdienste befreit. Ein Kropf ist eine Sache, die man hochschätzen, Jedermann zeigen und pflegen muß, weil sie so gut wie baares Geld ist, und es ist eine unzweifelhafte Thatsache, daß dieser Umstand die Fortpflanzung der großen Familie der Kropfkranken begünstigt. Als Savoyen an Frankreich fiel, untersuchte die Regierung die Hülfsquellen der neuen Besitzung, und entdeckte bald, daß sie viele Morgen Land, aber wenige Rekruten erworben habe. Sie suchte diesen Zustand der Dinge zu verbessern, und da sie zu dem Schlusse gelangte, daß der Kropf, wenn er auch durch einfältige und thierische Gewohnheiten begünstigt werde, ursprünglich doch durch schlechtes Trinkwasser entstehe, so reinigte sie die Dörfer, untersuchte die Brunnen, aus denen getrunken werden sollte, und versah die Schulkinder mit Plätzchen, welche Jod enthielten. Wie man sagt, wurden von 5000 Kindern, die man so behandelte, in acht Jahren 2000 geheilt und der Zustand von weiteren 2000 gebessert. Die Zahl der Heilungen würde noch größer gewesen sein, wenn die Eltern der Regierung nicht entgegengewirkt hätten, um ihren Kindern das Vorrecht der Befreiung von der Militärpflicht zu erhalten. Die verblendeten Geschöpfe entsagten dem Marschallstabe und behielten ihre „Fleischsäcke“. Was den eigentlichen Cretinismus betrifft, so findet man die Krankheit in Savoyen hauptsächlich in den Thälern der Arve, der Isère und des Arc, so wie in jenen, welche sich längs den Massivs aus Urgestein hinziehen, sonst aber gewöhnlich in Thälern oder in anderen abgeschlossenen Gegenden, wo ein beschränkter Verkehr stattfindet, oder die Einwohner nicht auswandern und unter einander heirathen, während sie auf Ebenen, wo viele Verbindungen vorhanden, selten vorkommt. Dies erklärt auch, weßhalb der Cretinismus in den unteren Classen so stark wurzelt und die höheren Stände fast unberührt läßt. Die Armen verheirathen sich meistens mit Leuten ihres eigenen Bezirkes, während die Reichen in dieser Beziehung keinem Zwange unterliegen. Von Versuchen, Trottel zu heilen, darf man nur geringe praktische Erfolge erwarten. Wer einmal ein Trottel ist, der bleibt es immer. Der körperliche und geistige Zustand von Halbtrottel läßt sich zwar durch eine angemessene Behandlung, Pflege und Erziehung verbessern, aber in körperlicher, sittlicher und geistiger Beziehung vollständige Menschen kann man nie aus ihnen machen. Das Schlimmste daran ist aber, daß selbst der ärgste Trottel zeugungsfähig bleiben kann.

Die Gruppe des Montblanc und seiner Nachbarn haben uns in die oberste Region des ewigen Schnees geführt. Ihr folgt, abwärts steigend, unmittelbar die der Grasalpen. Ihr saftiges Grün hebt sich lebhaft von Schnee und Eis ab, und an ihren steilen Hängen klimmt mit leichtem Fuße die kleine Alpenkuh empor, während die Schafheerden aus dem Tieflande noch höher oben ihre Nahrung suchen. Auf 2000 m über dem Meere stehen schon die ersten Menschenwohnungen, die Sennhütten im Schutze der Berge, die Dächer gegen den Sturm mit Felssteinen beschwert. Aus dieser hohen Region gehen die ergiebigsten Erzeugnisse Savoyens hervor, fettes Schlachtvieh und köstliche Butter, die ihren Wohlgeschmack mehr den würzigen Weiden als sorgfältiger Zubereitung verdankt, und verschiedene Arten von Käse, worunter das Product aus dem Tignethal am Kleinen St. Bernhard, schon bei den Römern als „caseus vatusius“ beliebt, sich auszeichnet. Diese Weidestrecken nehmen fast die Hälfte der productiven Bodenfläche, ungefähr 300,000 ha ein und sind gewöhnlich Gemeindegut, aber oft an Einzelne verpachtet. Auf die Grasalpen folgt der Wald, dessen Ausdehnung ungefähr 194,000 ha beträgt und sich bis zu 1900 m Höhe erhebt. An seiner obersten Grenze sind die Bäume kümmerlich und verkrüppelt, als wollten sie gegen eine Macht anstreben, die sie erdrückt. Sie dehnen sich wagrecht mehr aus, um aus dem Boden die Kraft zu saugen, welche die dünne Luft ihnen versagt. Eine Thatsache, die schon öfter auf diesen Höhen beobachtet worden, ist, daß wenn die hohen Bäume, welche gleichsam als Vorposten dem Walde voranstehen, gefällt werden, dieser zurückweicht wie ein zurückgeworfener Heerhaufe, ohne je wieder sich aufrichten zu können. Die Bäume, welche stehen geblieben, verkümmern in ihrer Vereinzelung ohne einen Nachwuchs, der nicht mehr gedeihen will, um die verstümmelten Waldgründe zu ergänzen. Auf diese Weise wurden bedeutende Strecken, welche in dem Kataster von 1738, dem ältesten, das die neueren Regierungen unternommen, als Wälder verzeichnet stehen, fortschreitend zuerst in Weideland, und dann in durch Wasserströme und Lawinen verheerte Abhänge verwandelt, wo Baumstümpfe und Wurzeln noch den einstigen Sieg der Waldzone über das mörderische Klima auf diesen Höhen bezeugen. Die härtesten Baumarten, die Zirbel und Lärche, Roth- und Weißtannen werden kräftiger, je weiter sie herabsteigen und nehmen in geschützter Lage die riesigen Verhältnisse an, welche dem Nadelwald einen eigenthümlichen Character von Größe und Hoheit verleihen.

Auf den Wald folgen die Culturen, welche in Savoyen zur äußersten Höhe sich erheben und Abhänge einnehmen, die ein verständigerer Landbau dem Wald oder der Weide einräumen würde, um sie vor dem Abschwemmen der

Regengüsse zu bewahren. Nicht selten findet man noch auf 1200 m Höhe Hafer und Roggen gebaut, dann Gerste und zuletzt Weizen, den man in guter Lage noch auf 1000 m treffen kann. Der Ackerbau verschwendet auf diesen Höhen eine Summe von menschlichen Kräften, die weit größer ist als in dem Thale. Manchmal ist der Abhang so steil, daß Alles durch Menschenhand beschafft werden muß. Am ersten sonnigen Tage, wenn das Stückchen Feld noch unter dem Schnee verborgen ist, sieht man den Ackersmann schon Asche oder Haferstreu ausstreuen, um das Schmelzen desselben zu beschleunigen. Durch dieses Verfahren gewinnt er dem Winter mehrere Tage ab, welche er dazu anwendet, die Verwüstungen der schlimmen Jahreszeit auszubessern, den noch feuchten Boden zu behacken, und die paar Furchen, welche auf das Feld des Nachbars geschwemmt zu werden drohen, oben anzusetzen. Ist dann endlich die magere Frucht seiner Arbeit gereift, so muß er sie Garbe um Garbe auf dem Rücken nach der Scheune tragen. Bei diesem Allen sind die Bewohner des Hochlandes ein kräftiges Geschlecht von starkem Wuchs, wohlgebildet und nur selten körperlichen Gebrechen unterworfen. Auch sind sie aufgeweckter als die Bewohner der Thaltiefen, welche unter dem schwächenden Einfluß atmosphärischer Verhältnisse stehen und dem Cretinismus nicht immer entgehen.

Die Culturen bringen nach oben in die Zone der Wälder ein, wie nach unten in die Rebgelände und bis in die Thäler hinab. Die Fläche, welche alljährlich mit Getreide und Hülsenfrüchten angebaut ist, beträgt ungefähr 200,000 ha, die ein Erzeugniß von 2 Millionen hl liefern. Dieses Ergebniß von 10 hl auf 1 ha steht nicht hinter demjenigen in Ländern zurück, welche man für fruchtbarer hält als Savoyen, aber es zeugt von einem wenig umsichtigen Anbau, der im Verhältniß zu der Grasfläche dem Getreide zu viel Raum giebt, das den Boden aussaugt, ohne daß hinreichend Dünger vorhanden wäre, seine Kräfte zu ersetzen. Die Zone des Rebbaues umzieht den Fuß des Gebirges nach drei Seiten hin, nach Osten, Süden und Westen, aber nur in den tiefsten Thälern, in denen, die von der Kette der Hochalpen auslaufen, gedeiht der Weinstock allein noch in mittäglicher Lage. Er nimmt eine Fläche von 14,000 ha ein. Diese Rebhalden werden vignes basses genannt, im Gegensatz zu dem hutin oder der hohen Rebe, die in den Niederungen oder an den untersten Abhängen an Baumstämmen gezogen wird, auf die antike Weise, wie Vergil sie schildert, indem die Ranken von Baum zu Baum sich fortspinnen und gleichsam ein Netz bilden über die Culturen, die darunter zur Reife kommen. Diese hohen Reben liefern geringeren Wein, der sich nicht lange aufbewahren läßt. In den engen Thälern gewinnt der Boden durch die Einwirkung von Wärme und Feuchtigkeit die äußerste Fruchtbarkeit, und trägt einen Pflanzenwuchs, der sich mit der Ueppigkeit tropischer Länder entwickelt. Ungeheure Nußbäume beschatten die Dörfer und riesige Kastanien fassen die ersten Stufen des Gebirges ein. Diese Lebensfülle sticht seltsam ab von der Unfruchtbarkeit der kahlen Felsenhäupter, die nur spärlich mit dem Grün der Weiden oder kümmerlicher Waldungen angeflogen sind. Dieser Gegensatz wird sowohl durch die Naturkräfte, als die wenig einsichtige Arbeit der Menschen hervorgebracht. Alljährlich muß dieses Hochland einen Theil seiner Elemente den Schneestürzen und Wildbächen oder der Einwirkung der Winde überlassen, welche unaufhörlich die hohen Gipfel peitschen. Der Mensch hilft diesen blinden Kräften noch durch die Entholzung, welche den rascheren Ablauf der Wasser erleichtert, durch den Anbau, welcher einen lockeren Boden bereitet, während die Hufe der Heerden den Rasenteppich der Abhänge zerreißen und sie den Regengüssen preisgeben.

In dem Boden, dessen äußere Rinde so wechselnd gestaltet ist, hat die Natur in ihren großen Umwälzungen Schätze geborgen: Silber, Eisen, Kupfer, Brennstoffe, bunten Marmor und Schieferlager, welche den Gewerbefleiß der Menschen fast ebenso sehr angelockt haben, wie die Erzeugnisse seiner Oberfläche. Der Montblanc, dieser größte Gebirgsstock der savoyischen Urgebirge, hat seine Trümmer weithin zerstreut. An seinen Flanken findet sich silberhaltiges Blei in den Bergen von St. Gervais, Contamines, Chamounix; Eisen, Kupfer, Antimon und Arsenik bei Servoz und Sixt. Diese verschiedenen Erze, in mächtige Adern vertheilt, aber schwer zugänglich, haben seit der Römer Zeit zu zahlreichen Ausbeutungsversuchen geführt, die indeß meist fruchtlos blieben. Blos die Eisengruben von Hurtières haben als wichtigste metallhaltige Gruppe Savoyens Bedeutung erlangt.

Savoyen's Bevölkerung und Städte.

Die Bewegung des Bodens unter der Einwirkung all' der geschilderten verschiedenen Kräfte wird von einem entsprechenden Abwärtsrücken der Bevölkerung begleitet, welche ebenso in die Tiefe der Thäler fortgerissen wird. Die zunehmende Entvölkerung der höher liegenden Gemeinden ist eine durch wissenschaftliche Untersuchungen gesicherte, aber auch bezeichnende Thatsache. Das Kataster von 1738, an dem Jean Jacques Rousseau Mitarbeiter war, verzeichnet Felder, Gärten und Häuser an Orten, welche jetzt mit wildem Gestrüpp überzogen sind. Die Savoyarden sind ein sehr thätiges, arbeitsames Volk von einfachen Sitten, theils von ihren Heerden, theils vom Durchzug der Waaren, die namentlich über den Kleinen Bernhard und über den Mont Cenis gehen, sich ernährend. Meine Schilderung des Landes läßt schon ahnen, in welcher Weise die Ackerbaubevölkerung ihr Leben hinbringt: ungeheure Thätigkeit und Aufwand an physischer Kraft, solange der Boden offen ist, Ruhe und Unthätigkeit während des langen Winters, der oft über fünf Monate andauert. Zu jener Zeit geht alsdann jene Auswanderung vor sich, womit Savoyen andere Länder, namentlich Frankreich, überfluthet und Arbeiter für die niedersten Dienste liefert. Schon als Knaben suchen sie in der Fremde ihren Unterhalt, indem sie Murmelthiere oder Affen zeigen, als Stiefelputzer oder Schornsteinfeger arbeiten und mit ihrem Erwerbe wieder in ihre Heimath zurückkehren. Alljährlich nimmt dieser Strom wenigstens 25,000 Köpfe hinweg und führt sie im Frühling beinahe alle wieder zurück. Was im Dorfe zurückbleibt, ist zur Unthätigkeit verdammt, denn die geringe Industrie, welche sich in Savoyen findet, Strohflechterei im Chablais, Uhrmacherei in Faucigny, Steinbrüche, Bergwerke, Holzhandel und Getreideverkehr beschäftigen nur eine geringe Anzahl im Vergleich zu der übrigen Bevölkerung. Die langen Winterabende werden um den eisernen Ofen oder in den Viehställen zugebracht, welche auf der einen Seite die Vierfüßler, auf der anderen die Familie beherbergen. In der Mitte steht auf steinerner Unterlage die antike Lampe und wirft ein zweifelhaftes Licht auf den Kreis spinnender Weiber, weiterhin liegen die Männer auf dem Stroh, plaudernd, lachend oder schlafend, und im Hintergrunde lagern friedlich die

Wiederkäuer, nur manchmal durch lautes Gelächter aufgeschreckt. Sobald der Frühling zurückkehrt, regen sich alle diese trägen Hände mit erneuter Kraft.

Der größeren Städte sind nur wenige in Savoyen. Als bedeutendste Gewerbestadt müssen wir Annecy in der Landschaft Genevois bezeichnen. Obwohl gebirgig, ist dieses südlich von Genf sich ausbreitende, den größten Theil der ehemaligen Provinz Carouge einnehmende Gebiet doch einer der schönsten und reichsten Theile ganz Savoyens. Durchströmt vom Chéran und vom Fier, kleinen Nebenflüssen der Rhône, umschließt es den prächtigen, 30 m tiefen aber fischarmen See von Annecy, dessen Länge bei 14 km Länge 1—3 km Breite besitzt. Die dermalige Bevölkerung der Stadt Annecy, welche am Nordende des Sees gebaut ist, übersteigt nicht 11,500 Köpfe, aber es finden sich hier Baumwollspinnereien und Druckereien, Glas- und Messererzeugung, Seiden- und Strohwaarenfabriken u. s. w. Annecy oder vielmehr das nahe Dorf Annecy-le-vieux ist das Bautae der Römer; die Vorstadt Le Boeuf die Civitas bovis des Mittelalters. In letzterer Periode war es unter dem Namen Annesium der Sitz der Grafen von Genevois, eines kleinen, zwischen Frankreich, Savoyen und der Schweiz gelegenen Staates mit der freien Stadt Genf als Hauptstadt, in welcher Eigenschaft diese durch Annecy abgelöst ward, nachdem die Trennung von Genf vollzogen ward und 1536 der aus Genf verjagte Bischof mit dem Domcapitel in Annecy seinen Sitz aufschlug. Hier starb auch im Jahre 1857 eine der literarischen Größen Frankreichs, Eugène Sue, in der Verbannung. Die Stadt Annecy bietet mit Ausnahme eines jetzt als Kaserne dienenden Felsenschlosses wenig Bemerkenswerthes, ist aber freundlich bei doch ernstem Aussehen, wozu die Laubengänge in den Hauptstraßen nicht wenig beitragen. Die Rue Royale ist gut ausgestattet mit geschmackvollen Kaufläden, welche auch einer größeren Stadt zur Ehre gereichen würden. Den Hauptanziehungspunkt Annecys bildet natürlich seine zauberische Lage am See, von dem man indessen wenig gewahr wird, wenn man nicht den der Stadt vorgelagerten Jardin Public aufsucht. Von hier aus dagegen eröffnet sich ein geradezu herrlicher Ausblick auf die blaue Wasserfläche und den schönen Gipfel de la Tournette, welcher sie im Osten überragt. Der Canal du Thion verbindet den See von Annecy mit dem Fier, welcher vom Mont de la Gietta herabkommt.

Von Annecy, welches 454 m über dem Meere liegt, führt eine Zweigbahn nach Aix-les-Bains an der großen Linie Paris-Lyon-Méditerranée. In dem Gebiete, welches diese Zweigbahn durchschneidet, ist wie im übrigen Genevois seit Einführung der künstlichen Wiesen die Viehzucht bedeutender als der Ackerbau. Eine Strecke lang, bis Chavaroche, begleitet in ziemlich flachem Lande die Schienenstraße der windungsreiche Fier, dessen dunkelgrüne Wasser in einem seltsam eingeschnittenen Felsenbette voll ausgewaschener Wände und Buckel sich überstürzen und in weißem Gischt aufbrausen, — eine wirklich merkwürdige und überraschende Formation. Die Grotte du Fier, ein Engpaß, welchen der Fluß durchbricht, wird als eines der Wunder des Landes gepriesen. Aix-les-Bains, schon im Departement Savoyen gelegen, ist einer der besuchtesten Badeplätze Frankreichs, das alte Aqua Allobrogum oder Aquae Gratianae, dessen Schwefelquellen schon zur Römerzeit bekannt waren und von Alters her vielfache medicinische Benutzung gefunden haben; doch werden von den verschiedenen Thermalquellen, welche sämmtlich zu den akratischen Schwefelthermen gehören, vorzugsweise nur zwei, die Schwefel- und die Alaunquelle, mit einer Temperatur von 43—44,5 ° C. zu Kurzwecken verwendet. Beide Quellen sind sehr ergiebig; ihr Wasser, welches sowohl zum Baden als zum Trinken dient, ist vollkommen klar und hat einen merklichen Geruch nach faulen Eiern. Eine wahre Zierde der 4500 Einwohner zählenden Stadt ist das neue große Etablissement Thermal, in edlem Stile erbaut, zugleich eine der am besten und vollständigsten eingerichteten Anstalten dieser Art, welche mehrere Schwimm-Piscinen, darunter eine nur für Hautkranke, zahlreiche Wannenbäder und alle möglichen Arten von Gieß- und Dampfbädern, Inhalationssäle und Büvetten enthält. Auf dem vor der Schmalseite des Etablissement Thermal befindlichen Platze erhebt sich als Mahner an die Vergangenheit ein aus dem dritten oder vierten Jahrhundert unserer Zeitrechnung stammender und von Lucius Pompejus Campanus errichteter, noch ziemlich erhaltener Triumphbogen inmitten moderner Verkaufsbuden, wo Spanier in ihrer malerischen Tracht heimathliche Waaren feilbieten. Dazwischen fahren zahlreiche einspännige Droschken, über welche ein weißes Leinwanddach zum Schutze gegen die Strahlen der sengenden Sonne gespannt ist. Im Sommer ist es sehr heiß in Aix-les-Bains, dessen Klima überhaupt mild und gesund, dabei etwas feucht ist, so daß die Bäume des Südens hier in 258 m Seehöhe trefflich gedeihen. In dem gut erhaltenen Stadtparke labt sich das Auge an dem Anblicke der Feigen-, Granat- und Jujubenbäume, während die kahlen Felszinnen der nahen Gebirge, über welche sich fast beständig blauer Himmel wölbt, den faltenartigen Abschluß des Gemäldes bilden. Aix-les-Bains erfreut ferner durch seine Reinlichkeit und Sauberkeit, wodurch nicht alle französischen Städte glänzen. Nicht blos die Straßen sind gut gehalten, auch die einzelnen Häuser stechen durch freundliches Aussehen hervor. Neben prachtvollen Gasthöfen, in denen es sich freilich wie überall in Aix auch prachtvoll theuer lebt, zeigen sich zahlreiche Häuser im Villenstil und inmitten reizender duftender Gärten, welche bis an die von Baumalleen beschatteten Straßen reichen. Aix liegt auf einem Abhange; vom Parke wie vom Etablissement Thermal senkt man sich nicht unbeträchtlich hinab, um zum Bahnhofe zu gelangen, der an der tiefsten Stelle des herrlichen, von hohen Bergen umrahmten Thales liegt. Dieses Thal ist jenes des Sees von Bourget, welcher mit der nahen Rhône in Verbindung steht. Von Aix-les-Bains, welches 31 m über dessen Ostufer sich erhebt, ist, einzelne Punkte ausgenommen, so gut wie gar nichts von dieser stattlichen Wasserfläche zu sehen, welche sich 16 km lang und 5 km breit zwischen dem Chambotte-Berg und der Molarne oder Dent du Chat ausdehnt. Am südlichen Ende des 80 m tiefen und sehr fischreichen Bourget-Sees liegt der gleichnamige Marktflecken, bemerkenswerth als Geburtsort des Grafen Amadeus V. von Savoyen und wegen der Erbbegräbnißstätte der savoyischen Herzoge in der nahen Cistercienserabtei Hautecombe. Am Fuße der Dent du Chat zieht die Straße nach Yenne an der die Grenze des Departements bildenden Rhône, über welche bei der nahen Ortschaft la Balme eine schöne Hängebrücke führt.

Das Land im Süden der beiden Seen von Annecy und Bourget ist das eigentliche Savoyen und hier liegt auch, nur ein paar Kilometer südlich vom Bourgetsee, die alte Landeshauptstadt Chambéry an der Laisse und der Albane, welche in der Nähe einen 71,5 m hohen Wasserfall bildet. Beide fließen in den Bourgetsee. Die Lage Chambérys ist entzückend schön, inmitten eines weiten Gebirgspanoramas mit schroffen Umrissen, in welches vier Alpenthäler einmünden. Diese Lage sichert der Stadt eine strategische Wichtigkeit. Ihr Ursprung ist ziemlich dunkel; man weiß nur, daß sie unter dem Namen Camberiacum in Urkunden vom Jahre 1029 erstmals vorkommt. Im Jahre 1232 ward sie vom Grafen Thomas nach Erbauung des Schlosses zur Hauptstadt Savoyens, und vom Grafen Amadeus V. zur Residenz erhoben; 1525 nahmen die Franzosen Chambéry und nachdem sie es mit vielen Unterbrechungen bis 1713 besessen hatten, kam es durch den Utrechter Frieden wieder an Savoyen zurück. Nach der großen Revolution ward es wieder französisch, kam 1815 nochmals an Savoyen und 1860 endgültig an Frankreich. Das heutige Chambéry theilt mit Aix-les-Bains das reinliche Aussehen seiner Straßen und Plätze und nimmt den fremden Besucher durch sein heimeliges Wesen ein. Bei starkem Sonnenbrande wandelt's sich so kühl in seinen dunkeln engen Straßen, welche von hohen grauen Häusern besäumt werden, unter dem Schatten alter Bäume auf den ehemaligen Boulevards. Besonderes Characteristisches bietet Chambéry wohl nicht und die Rue de Boigne, welche die Stadt ihrer ganzen Länge nach durchzieht, ist so ziemlich die einzige, welche eine Erwähnung verdient. An Bauwerken sind noch Reste vom alten Schlosse der savoyischen Fürsten auf einer die Stadt beherrschenden Anhöhe vorhanden, dann die Kathedrale, welche 1430 vollendet wurde. Unvergeßlich wird wohl Jedermann das groteske, elephantengeschmückte Brunnenwerk bleiben, welches die Bronzebildsäule des Generals de Boigne krönt. Dieser Mann, ein Kind Chambérys, begab sich als Jüngling nach Ostindien, wo er zuerst im Dienste der ostindischen Compagnie, dann des Mahrattenfürsten von Delhi zum General aufstieg und ein kolossales Vermögen erwarb, welches er, 1796 nach seiner Vaterstadt zurückgekehrt, zu edlen Stiftungen verwendete. Chambéry, welches gegenwärtig 20,000 Einwohner zählt, ist in raschem Wachsen begriffen und besitzt Fabriken in Uhren, Quincaillerie, Hüten, Seidengaze u. dgl. Als Cheflieu des Departements Savoyen, richtiger als ehemalige Hauptstadt des Herzogthums ist es der Sitz eines Erzbischofs und des obersten Gerichtes, eines Handelsgerichtes, theologischen Seminars, einer medicinischen und Rechtssekundärschule, eines Kunst- und naturhistorischen Museums, botanischen Gartens und Theaters. Herrlich sind Chambérys Umgebungen, welche eine Fülle der reizendsten Ausflüge gestatten. Die umliegenden Hügel sind meist mit Landhäusern besetzt; in einem derselben, in Les Charmettes, lebte bekanntlich Jean Jacques Rousseau im vertrauten Umgange mit Madame de Warens, deren Ueberreste in der Gruft der Kirche von Lemenec ruhen. Es ist dies das alte Lemnicum der Römer, ein Fels oberhalb Chambéry und beliebtes Ausflugsziel der Städter, ebenso wie auch die nahe Dent de Nivolet, von deren 1546 m hohem Gipfel sich eine herrliche Aussicht auf die Alpen und die Thäler der Isère und des Bourgetsees entfaltet.

Nach dem Mont Cenis und seinem Durchstich.

Im Osten dieses eigentlichen Savoyen erstreckt sich die Landschaft Tarantaise, das Val des Tignes und Combe d'Isère umfassend, vom Doron durchflossen, der in die Isère geht, ein hohes kesselförmiges Alpenthal. Die von Chambéry nach Italien führende Schienenstraße erreicht die Isère bei Montmélian in 254 m Meereshöhe, einem kleinen winkeligen Ort, von dessen höchstem Punkte man eine entzückende Fernsicht genießt. Im Osten heben sich die ehrwürdigen Häupter der schneeigen Alpen und des Montblanc vom blauen Himmel ab, zur rechten weilt das Auge auf den anmuthigen Windungen der

Isère durch die reizende Ebene von Graisivaudan bis nach Grenoble hin, und nach links verfolgt man den Lauf des Flusses bis nach Conflans durch die heitere und üppige Comba von Savoyen. Auf einer bedeutenden Höhe erblickt man endlich die Trümmer einer einst berühmten Festung, welche in den langen und fast unaufhörlichen Kriegen Frankreichs mit Savoyen häufig Belagerungen zu bestehen hatte. Schon unfern von St. Pierre d'Albigny, wo man die Ruinen des Schlosses von Miolans gewahrt, welches 1694 in ein Staatsgefängniß umgewandelt wurde, verläßt die Bahn aber wieder das Thal der Isère, an deren nördlichster Krümmung in 422 m die Ortschaft Albertville aus den beiden Flecken Conflans und l'Hôpital entstanden ist. Im Isèrethale aufwärts dringend, gelangen wir nach Moutiers, dem alten Forum Claudii, Civitas Centronum, mit einer Bergschule und Saline; 5 km davon, am Fuße des Mont Jovet und am Zusammenflusse des Doron und dem Bergstrome des Allues, liegt der Badeort Brides-les-Bains, eine neuere Schöpfung; endlich noch weiter thalaufwärts, in 851 m Meereshöhe und im Süden des Kleinen St. Bernhard der Flecken Bourg-St. Maurice.

Die Tarantaise hat nur wenig Verkehr und selten verirrt sich darin ein Tourist. Desto bekannter sind den modernen Reisenden die großartigen Scenerien der Landschaft Maurienne (Garocelia), des oberen halbkreisförmigen Thales des Arc, in welchem sich die Eisenbahn nach Modane und den Mont Cenis hinaufwindet. Auf der Höhe eines Felsens, an dessen Fuß die ehemalige Stadt Aiguebelle, jetzt ein Dorf, liegt, erhebt sich das von den Grafen von Savoyen erbaute und von Heinrich IV. zerstörte Schloß La Charbonière. Die Berge zerklüften sich nun immer kühner und steigen höher empor; an die Stelle der weichen goldenen Töne des Südens treten ernste, dunklere Farben; bis hoch hinauf sehen wir Tannenwald und mit kühler Krystallfluth stürzt der Wildbach vorüber. Einsame Hütten aus brauner Rinde liegen am Wege; nur selten noch kommt ein verwittertes Dorf, nur bisweilen noch finden sich schattiges Laubholz und läutende Heerden. Es ist die volle trotzige Bergeswelt, das alte Jagdgebiet der wetterfesten Savoyarden. In solcher Gegend, von hochanstrebenden, schneebedeckten Bergen umringt, liegt 573 m hoch am linken Ufer des Arc die kleine Stadt Saint Jean de Maurienne, wo Karl der Kahle an Gift starb, einstmals die Hauptstadt der Maurienne und die Wiege des Hauses Savoyen. Das Thal ist sumpfig und ungesund. Gar häufig wird das Auge daselbst durch den Anblick mißgestalteter Trottel beleidigt. Aber noch immer empor, noch immer höher gestaltet sich das Bild, je weiter wir eilen; nur noch ein schmaler Fußpfad führt in die Seitenthäler, die sich im Fluge öffnen und schließen. Der Kampf, mit dem die Menschenhand sich hier den Weg gebahnt, wird schon in hundert Zeichen sichtbar. Die Hindernisse und Schwierigkeiten des Bodens wurden durch eine Reihe von Kunstbauten beseitigt, welche im höchsten Grade Staunen und Bewunderung erregen. Bald bewegt sich die Bahn inmitten weiter Felsenthäler vorwärts, bald erscheint sie durch eine mächtige Wand gestützt, hier überbrückt sie auf massiven Viadukten schwindelerregende Abgründe, dort verbirgt sie sich wieder im Innern des Berges. Von dem kleineren Flecken St. Michel am rechten Ufer des Arc an, in welchem jedoch ein reges Handels- und gewerbsthätiges Leben herrscht, erscheint das Arcthal wie ein langer und tiefer Graben, der auf beiden Seiten von ungeheuren Felsmassen eingeschlossen wird. Starr und verwildert rücken die Berge entgegen, bis mit einem Male der Weg durch Felskolosse vermauert erscheint —

es ist nicht mehr möglich, noch weiter zu bringen. Schrillend pfeift die Locomotive, die eisernen Räder knarren — das ist Modane, die letzte Station hart am Fuße des Mont Cenis. Modane liegt in einem Felsenkessel, der kaum eine Stunde im Umkreis mißt; verwittertes Geröll drängt sich bis fast an die Schienen, und schon am frühen Nachmittag werfen die Berge ihren kalten blauen Schatten herab in das öde Thal. Hier ist der Eingang zum sogenannten Mont Cenis; in dieser Wildniß steht jetzt der gewaltige Bahnhof, der den eisernen Angelpunkt zwischen Frankreich und Italien bildet. An Stelle des französischen Zuges, der uns bis hierher geführt, steht jetzt der italienische auf dem Perron. Langsam verläßt er die Halle, mühsam emporkeuchend. Denn der Eingang in den weltberühmten Tunnel liegt senkrecht etwa 100 m hoch über der Station, und die Bahn macht zwei ungeheure Bogen, ehe sie diese Oeffnung erreicht. Es sind wahrhaft grauenerregende Kurven; die Locomotive rollt nicht mehr weiter, sondern sie steigt gleichsam empor, Schritt um Schritt den Boden erkämpfend, und schon sehen wir tief hinab auf die grauen Schieferdächer von Modane, bis sie mit einem Male hart zu unseren Füßen liegen. Ein gellender Pfiff erdröhnt, in wilden Verschlingungen krümmt sich der Dampf auf der Erde, nur noch ein Augenblick des Zwielichts, dann sind wir für eine halbe Stunde im Mont Cenis-Tunnel gefangen.

Die erste Idee des großartigen Werkes verdankt man Herrn Médail aus Bardonnèche, wo sich heute der Ausgang des Durchstichs auf italienischer Seite befindet. Im Jahre 1855 wurde dann im Schooße der sardinischen Regierung der Gedanke einer Ueberschienung oder Durchbohrung des Mont Cenis zuerst ernstlich ins Auge gefaßt, galt es ja dabei doch, eine der reichsten und schönsten Provinzen mit der Hauptstadt zu verbinden; und mit wahrhaft mustergiltiger Rührigkeit waren, der Bedeutung des großen Werkes entsprechend, die ersten Vorbereitungen zur Durchführung so rasch in Scene gesetzt, daß schon mit Beginn 1858 rege Thätigkeit die bisher so stillen Bergeshöhen beleben konnte, denn die auf 25 Jahre berechneten Arbeiten hatten im August 1857 ihren Anfang genommen Ueber die Wahl der Hauptrichtung für die Gebirgsbahn konnte man von allem Anfange an nicht im Zweifel sein, denn wo sich die alte Paris-Turiner Poststraße im Arcthale auf savoyischer Seite aufwärts und im Thale der Dora Riparia, eines Nebenflusses des Po, auf piemontesischer Seite abwärts windet, da schien der gewaltige Alpenstock zwischen den zwei in jenen Thälern gelegenen und auf der Poststraße etwa 17 km von einander entfernten Ortschaften Fourneau bei Modane und Bardonnèche auf seine geringste Breite verengt, und hier mußte auch die neue Bahn gezogen werden, wollte man nicht den Bergübergang oder Durchbruch in unnöthiger Weise verlängern oder erschweren. Zwischen den genannten Gebirgsdörfern war aber in Folge der topographischen Beschaffenheit des Gebirges die Durchbohrung eines über 12 km langen Stollens durch den mehr als 1520 m hohen Berg unbedingt nothwendig. Es bedurfte wahrlich nicht vieler Ueberlegung, um zur Einsicht zu gelangen, daß man hier mit den gewöhnlichen mechanischen Hülfsmitteln um so weniger ausreichen würde, als die von den bekannten Autoritäten Beaumont und Sismonda auf der Bergoberfläche vorgenommenen geologischen Untersuchungen nach Zuhülfenahme der beobachteten Schichtung des Materials die Wahrscheinlichkeit in Aussicht stellten, daß man bei Durchtreibung des Stollens stellenweise auf Felsen von ungewöhnlicher Härte stoßen würde; eine Voraussetzung, die allerdings nicht zutraf. Der Mont-Cenis-Paß, an der höchsten

Stelle 2100 m über dem Meere gelegen, führt von St. Michel nach Lans-le-Bourg und durchschneidet ein geologisches Gebiet, das aus drei Abtheilungen, lauter metamorphischen Felsarten aus der Jurazeit besteht, nämlich einer Formation von Quarzconglomeraten, Quarzit, feinkörnigen Sandsteinen und etlichen theils thonigen, theils kalkigen Schiefern, welche dem Alter nach der mittleren oolithischen Stufe entsprechen. Die Schichtung ist sehr schwierig zu erkennen, gleichzeitig die Umwandlung bedeutend. Unter dieser Formation erscheint eine zweite vielgliederige Reihe, aber durchaus erkenntlich an häufigen Einschaltungen von Gyps. Zu ihm gesellen sich Thonarten mit thierischen Versteinerungen aus der unteren oolithischen Stufe. Noch tiefer folgt eine sehr ansehnliche und beharrliche Gruppe von Schiefern aller Sorten abwechselnd mit Quarz und gelegentlichen Massen von Quarzit. Die Schichten fallen gegen Nordwesten mit durchschnittlich 50° Neigung.

Begeben wir uns nun in das Innere des Tunnels. Die alte Mont-Cenis-Straße bleibt östlich liegen, doch hat man ihr zu Ehren und wegen der Berühmtheit des Mont-Cenis-Passes die Durchbohrung nicht den Fréjus-Tunnel genannt, wie es streng genommen richtiger gewesen wäre, weil der Tunnel unter dem Col de Fréjus, nicht dem Mont Cenis gezogen ist. Von Modane erhebt sich die Bahn mit einer Steigung von 1:150, wie schon bemerkt, noch um 105 m oder auf 1158,96 m bei St. Michel, um den Bergrücken auf einer Strecke von 12253,50 m zu durchsetzen. Die beiden Endpunkte des Tunnels haben einen Höhenunterschied von 132,15 m, doch liegt die Steigung auf der französischen Strecke, während die italienische beinahe eben verläuft. Die Mitte des Tunnels liegt 1284 m über der See, während das Observatorium auf der Fréjusspitze darüber eine Höhe von 2949 m besitzt; folglich befindet man sich im Tunnel 1665 m unter der Erde und von beiden Ausgangspunkten 6000 m entfernt. Das ist ganz gewaltig tief, denn selbst unsere stolzesten Brunnen reichen nicht viel weiter als 600 m. Die tiefste Grube der Erde ist die von Kuttenberg in Böhmen, 1080 m, und die nächsttiefe, die von Kitzbüchel in Tyrol, 889 m. Kommt man nun von Modane her, so geht der Tunnel auf eine Strecke von 2000 m durch feine und grobe Sandsteine, Quarzite, Quarzconglomerate, Schiefer verschiedener Mischungen, auch durch etliche Kalklager und auf etwa 1200 m Entfernung vom Mundloch durch Anthracitflötze. Die Felsarten erscheinen recht beträchtlich gefaltet, und die Schichten fallen unter ziemlich steilen Winkeln gegen das nördliche Thal. Sie zeigen zwar Spuren starker Quetschung, doch sind beträchtliche Verwerfungen nirgends sichtbar. Diese Formation endigt mit Quarzit, an welchen sich dann eine Serie von Kalken mit Gyps anschließt. Steigt man auf den Kamm hinauf, wo die Formation ihr Ausgehendes hat, so sind die einzelnen Glieder nicht wieder zu erkennen bis auf den Quarzit, welcher keinen Zweifel zuläßt. An den ausgehenden Felsen sind keine Lagerungsstörungen und namentlich keine Quetschspuren zu bemerken. Auf diese erste Formation folgen Kalkfelsen und Thon mit Gyps in amorphem Zustande, und endlich eine Reihe von blauen und schwarzgrauen schieferigen Felsarten, wechsellagernd mit Quarz, die sich nicht nur durch die ganze italienische Strecke des Tunnels, sondern noch weit jenseits bis zum Dorathale erstrecken. Nirgends ist man auf einen Erzgang gestoßen.

Daß überhaupt ein solcher Tunnel, wie jener des Mont Cenis — dem seither der Gotthardt- und der Arlbergtunnel folgten — sich herstellen ließ, verdankt man der Wahl der Kräfte, die dazu angewendet wurden. Gesellte sich doch zu allem Uebrigen noch die fast unübersteiglich scheinende Schwierigkeit, bei allfälligem Arbeitsfortschritt im Innern des Stollens der zunehmenden Unathembarkeit der Luft zu steuern. Doch wie alle großen Unternehmungen, so war auch der Durchstich des Mont Cenis die unmittelbare Veranlassung für eine große Anzahl sinnreicher Erfindungen und für Verbesserungen des Bestehenden, und die verschiedensten Vorschläge für die Einführung der Maschinenarbeit sind einander ebenso rasch gefolgt, als die Schwierigkeit der Handarbeit sich bei fortschreitendem Eindringen in den Stollen zu beiden Seiten mehrte. Nach Prüfung aller vorgelegten Entwürfe, von welchen ich nur jener der Ingenieure Daniel Collabon aus Genf, Mans aus Brüssel und Bartlett aus England erwähne, trug der von den Ingenieuren Grandis, Grattoni und Sommeiller, einem Savoyarden, vorgeschlagene Apparat, der die Benützung der an den beiden Tunnelköpfen vorhandenen bedeutenden Wasserkraft zur Grundlage hatte, den Sieg davon. Im Jahre 1861 wurde denn auch auf italienischer Seite, nachdem daselbst bereits ein Stollen von 725 m mittelst Handarbeit eingetrieben war, die erste Sommeiller'sche Maschine aufgestellt, und von diesem Augenblick datirt der raschere Fortschritt der Arbeiten, die nunmehr einer schnelleren und sicheren Beendigung entgegengeführt werden konnten. Die Maschine beruht im Wesentlichen auf der Idee, die an den Tunneleingängen vorgefundenen Wasserfälle zur Luftverdichtung zu verwenden, die bis auf sechs Atmosphären verdichtete Luft in den Tunnel zu leiten und daselbst in doppelter Eigenschaft, nämlich als Motor für eine Bohrmaschine, so wie als Ventilator des Arbeitsraumes auszunützen. In letzterer Beziehung war bei der täglich vorzunehmenden Entladung von durchschnittlich 400 Minen das Erforderniß von frischer Luft im Arbeitsraum auf circa 85,000 cbm angesetzt, was, die oben erwähnte Verdichtung vorausgesetzt, die tägliche Einführung von 14,200 cbm verdichteter Luft nothwendig machte. Der verfügbare Motor genügte für diese Arbeitsstellung vollständig, so daß die Luft im Arbeitsraum, selbst nach jedesmaliger Vornahme der Sprengungen, immer noch athembar blieb. Dagegen stieg die Temperatur der Luft bei einer Entfernung von 4—5 km von der Mundöffnung in unerträglicher Weise und betrug daselbst, während die äußere mittlere Wintertemperatur auf dem Mont Cenis — 8° C. zeigt, nie unter + 35°, nach Entladung der Minen aber oft + 42 und + 45° C.

Auf der savoyischen Seite hatten Bau und Aufstellung der Maschine, so wie Einrichtung des Dienstes und Abrichtung der noch ungeübten Arbeiter längere Zeit in Anspruch genommen, so daß die Maschine in Fourneau erst im Februar 1864, nachdem daselbst bereits 921 laufende Meter mittelst Handarbeit gebohrt waren, zu arbeiten beginnen konnte. Mit jeder Bohrmaschine waren achtzehn, nach zwei verschiedenen Systemen ausgeführte Bohrer in Verbindung; dieselben arbeiteten zwölfmal rascher und nahmen weniger Arbeitsraum in Anspruch, als sechs Minenarbeiter gebraucht haben würden: zwei Faktoren, durch welche der eigentliche Vortheil ihrer Anwendung begründet war. Zum Sprengen des Mont-Cenis-Tunnels wurde ausschließlich Schwarzpulver verwendet, wobei die Bohrlöcher eine durchschnittliche Tiefe von 85—90 cm besaßen. Das Gestein des Gebirges ist in seinem Hauptstocke Kalkschiefer (7459 m lang), doch ist man auch, namentlich auf dem an der französischen Seite gelegenen Eingang, Anfangs auf Anthracit und sehr harten Quarz, auf italienischer Seite dagegen nur auf ziemlich günstiges kalkartiges Terrain (2495 m lang) gestoßen. Eine reine Quarzschichtung von 381 m Dicke, die man im Juni 1865 auf der französischen Seite antraf, verzögerte die Arbeiten daselbst bis zum März 1867. Erwähnenswerth scheint hier die Thatsache, daß die früher schon genannten Geologen Beaumont und Sismonda, welche die ersten Sondirungen und Beobachtungen über die Gebirgsschichtung anstellten, sich nicht nur über die allgemeinen geologischen Verhältnisse des Alpenstockes ziemlich genau äußerten, sondern speciell die Dicke dieser in einer Tiefe von fast 1200 m unter der Erdoberfläche liegenden Quarzschichte beinahe ziffermäßig vorherzusagen in der Lage waren.

Der Mont-Cenis-Tunnel ist in seiner ganzen Länge für eine doppelspurige Bahn hergestellt. Sein Profil besteht in einem vollen Halbkreis von 4 m Radius, der auf zwei Kreissegmenten von $10,_{1}$ m Radius, die bis zur Sohle reichen, aufsitzt. Zu beiden Seiten der $6,_{2}$ m breiten Fahrbahn sind $0,_{7}$ m breite gepflasterte Gehsteige angebracht, wodurch die Sohle auf $7,_{6}$ m verbreitert wurde. Bei der Wasserlässigkeit des Gesteins mußte der Tunnel auch seiner ganzen Länge nach mit einer $0,_{8}$ m dicken Ausmauerung versehen werden. Ueberdies wurde auch an allen Stellen, wo das Terrain nicht vollkommen widerstandsfähig war, zwischen den Stützmauern ein concaves Sohlengewölbe gespannt. Ein zwischen den breiten Geleisen angebrachter gemauerter Canal von $1,_{2}$ m Breite und 1 m Tiefe sollte Anfangs nur zur Abführung des Wassers nach beiden Eingängen des Tunnels während und nach der Bauausführung dienen, wurde aber noch im Laufe der Arbeit zur Legung von Luft- und Gasleitungsröhren, so wie für andere bauliche Zwecke benützt und deßhalb auf diese ziemlich bedeutende Dimension erweitert. Das Tunnelprofil hat somit im Ganzen eine Fläche von $42,_{7}$ qm. Zur Aussprengung eines Currentmeters dieses Profiles waren 97 Bohrlöcher, die zusammen mit $48,_{4}$ kg Schießpulver geladen wurden, nothwendig. Nach Einführung der Maschinen erfuhr die Arbeit in Folge der von den Arbeitern durch Uebung erreichten Geschicklichkeit von Jahr zu Jahr eine merkliche Beschleunigung; denn während man im Jahre 1862, um einen Arbeitsfortschritt von 1 Currentmeter zu erreichen, ungefähr 21 Stunden verwenden mußte, erreichte man dasselbe Ergebniß im Jahre 1865 in 12 Stunden 23 Minuten, im Jahre 1869 aber in 6 Stunden 57 Minuten; ein Erfolg, der um so bezeichnender war, als eben die Arbeit durch das Hinwegschaffen des Abraumes nach geschehener Sprengung, ohne welches die Bohrungen nicht fortgesetzt werden konnten, naturgemäß um so schwieriger und zeitraubender wurde, je weiter man sich von den Tunnelköpfen ins Innere des Gebirges entfernte. Bei den vorstehenden Zeitangaben stellten sich jedesmal die zum Bohren der Sprenglöcher, zum Sprengen der Minen und zum Wegschaffen des Abraumes verwendeten Zeiträume in nahezu gleiches Verhältniß, nämlich wie 58:25:17, zu einander, aus welchem Umstande allein man schon auf die gleichmäßige Vervollkommnung des Arbeitsganges in Folge Einübung der Arbeiter ziemlich sicher schließen muß.

Was die Kosten der gesammten Tunnelarbeit betrifft, so betrugen dieselben 75 Millionen Franken. Von diesen Gesammtkosten zahlte aber die französische Regierung, wie sich dieselbe nach Einverleibung der Provinz Savoyen an Frankreich mittelst Staatsvertrages vom 7. Mai 1862 verpflichtet hat, an die italienische Regierung ein Kapital von 19 Millionen Franken und außerdem vom 1. Januar 1862 an eine Prämie von 500,000 Franken für jedes Jahr der Beschleunigung des damals zu 25 Jahren angenommenen Beendigungstermines des Tunnels; diese Prämie erhöhte sich nach dem erwähnten Vertrage auf 600,000 Franken für das Jahr, sofern der Tunnel in mindestens 15 Jahren fertig würde, was in der That geschah. Der Durchstich des Tunnels erfolgte am letzten Weihnachtstage des Jahres 1870, und am 17. September 1871 konnte die Eröffnung der ganzen Linie stattfinden. Wenn man in Bardonnèche auf italienischem Boden aus der Nacht des Tunnels wieder an die Tageslichte tritt, so ist es nicht blos ein Gefühl der Befreiung, welches sich in der Brust erhebt, es ist auch ein Gefühl des Stolzes und des Glückes, daß wir in Tagen leben, die solche Thaten vermochten. Man könnte sie wohl ein Wunder nennen; aber nicht unsichtbare Hände, sondern der Mensch selbst hat es gewirkt!

West-Frankreich.

Das Herzogthum Orléans.

Perche und Beauce.

Vom äußersten Osten der französischen Republik wenden wir uns mit jähem Sprunge nach dem Westen und führen den freundlichen Leser in das Land an der mittleren Loire, in das Herzogthum Orléans oder das Orléanais, welches mit Isle de France, Touraine, Champagne und Maine für ganz Frankreich das ist, was Latium für Italien war und den wahren französischen Geist vertritt. Das Orléanais, etwa so groß wie das Königreich Württemberg, ist im Allgemeinen flach und gewährt daher wenig Anlaß zu landschaftlichen Schilderungen, erscheint aber doch sehr verschieden in seinen einzelnen Theilen: im Norden herrscht die Fülle und Eintönigkeit der Landschaft Beauce, im Süden die Unfruchtbarkeit und Oede der Sologne; die Brenne ist durchaus sumpfig; im Osten, Westen und in der Mitte die trefflichen und mannichfaltigen Landschaften des Gâtinais, Vendômois, Orléanais, mit ihren Weinhügeln, Wäldern und Wiesen. Das alte Herzogthum Orléans, welches als Kronlehen Frankreichs verschiedenen königlichen Prinzen Anfangs als Apanage, später als bloßer Titel gegeben wurde, umfaßt die jetzigen Departements Loiret, Loir-und-Cher und Eure-und-Loir nebst einem kleinen Theil der Departements Seine-und-Oise, Indre, Indre-und-Loir, Cher und Nièvre.

Den nördlichsten Theil des Orléanais nimmt im Departement Eure-und-Loir ein Stück der ehemaligen Provinz Perche ein, welche an die Normandie und Beauce, an das Maine, Vendômois und Blaise grenzte und seit 1584 an die Krone Frankreichs kam. Vom zehnten Jahrhundert bis dahin gehörte die Perche dem Hause Bellême, und Rotran II., der Stifter der Abtei La Trappe, nahm zuerst den Titel eines Grafen von Perche an. Heute ist die Landschaft, welche von der mittleren Eure und der ihr links zufließenden Blaise bewässert wird, durch ihre Leinwanderzeugung, noch mehr aber durch ihre kräftige Pferderasse bekannt, die nach ihr den Namen „Percheron" führt. Der wichtigste Platz jener Gegend ist die alte Stadt Dreux an der Blaise und in 136 m Meereshöhe. Es ist das Durocasses der Alten und war Stadt der Carnuter in Gallia lugdunensis. Weil Dreux für das Centrum von Gallien gehalten wurde, so fanden hier die allgemeinen jährlichen Versammlungen der Gallier statt. Später wurde es königliches Besitzthum, dann Grafschaft. Die Grafen von Dreux trennten sich in zwei Linien, deren jüngere das Herzogthum Bretagne erwarb. Das heutige Dreux zeigt noch auf einem Hügel Ruinen vom Schlosse der Grafen, und auf der Plattform des Schlosses die Grabkapelle des Hauses Orléans. Die schöne St. Peterskirche, so wie das Stadthaus stammen aus dem sechzehnten Jahrhundert. Die 7500 Einwohner beschäftigen sich hauptsächlich mit Lederhandel und Gerbereien, Färbereien, Erzeugung von Wollenstoffen, Strümpfen und Hüten, Schmucksachen, Juwelierarbeiten und Lichten.

Nördlich von der Stadt, auf dem rechten Ufer der nahen Eure, dehnt sich ein schöner Forst aus, die Forêt de Dreux, welche eine leichte Bodenanschwellung bedeckt, an deren nördlichem Fuße die Ortschaft Anet liegt in einem herrlichen Thale, umzogen von lachenden, rebengekrönten Geländen. Heute ist der Ort vergessen und verschollen, die kunstschänderische französische Revolution hat in Trümmer verwandelt, was einst das Versailles einer anderen Epoche gewesen, denn hier stand das Feenschloß, welches König Heinrich II. von Valois (1547—1559) seiner Maitresse Diana von Poitiers erbauen ließ, und dessen skulpturenblühendes Portal heute noch den Hof der Pariser Kunstschule schmückt.

Südlich an die Perche grenzt eine niedrige, nur am südlichen Rande etwas hügelige oder wellenförmige Ebene, die man das Plateau von Orléans nennt und welche nur etwa 150 m über dem Meere erhaben ist. Nur längs des Thalrandes der Loire ist dieses Plateau jetzt noch bewaldet und trägt namentlich bei Orléans und nordostwärts der Stadt den berühmten „Wald von Orléans". Vom Volke wird dieses Plateau die Beauce genannt, welche, 3460 qkm groß, den größten Theil des Departements Eure-und-Loir ausmacht. Die Beauce, deren Namen vielleicht von beau abzuleiten ist und möglicherweise etwa so viel bedeutet, als die „Schöne" oder „Die goldene Au", dehnt sich rund um Orléans herum in weitem Halbkreise aus; sie geht west-, nord- und ostwärts bis zu den Städten Chateaudun, Chartres und Pithiviers hin. Es ist ein weiter, ganz ebener und sehr einförmiger Landstrich von außerordentlicher Fruchtbarkeit. Der ganze Strich ist mit der Ablagerung einer thonigen Ackerkrume von meistens 1 m Dicke bedeckt, und hat eine theils kreidige, theils sandige Unterlage, die das überflüssige Wasser durchläßt und zu keiner Sumpfbildung Veranlassung giebt. Dieser Bodenbau hat der Beauce ihre außerordentliche, seit alten Zeiten berühmte Fruchtbarkeit mit einer Ernte, fast dreimal so reich wie die anderen Departements, gesichert und sie zu einer Hauptkornkammer von Frankreich gemacht, die zur Sommerzeit ein unübersehbares Meer von wallendem Getreide darstellt, stets eine starke Bevölkerung und zahlreiche wohlhabende Dörfer und Ortschaften ernährt hat. Da der Ueberfluß der Beauce hauptsächlich Paris und der Nachbarschaft zu Statten kommt, nennt man sie auch wohl die „Kornkammer von Paris". Neben den Bodenerzeugnissen ist es der Viehstand, welcher den Reichthum der Einwohner, der Beaucerons, bildet; die Zahl der Pferde übertrifft bei Weitem die mittlere, das Erträgniß der Wolle das Doppelte des Mittels, die Bewaldung ist gering, etwa ein Sechstel der gesammten Bodenfläche, der Wein recht mittelmäßig, dafür giebt es Eisengruben, welche Frischöfen in's Leben riefen; auch Fabriken von Bonneterie und Tuchen sind vorhanden. Die Beauce im engeren Sinne heißt auch Pays Chartrain, nämlich die Gegend um die Stadt Chartres, welche jetzt das Cheflieu des Departements Eure- und -Loir ist. Die Grafschaft Chartres, Anfangs zu Neustrien gehörend, kam später mit Blois an die Champagne. Nachher von dieser getrennt, erhält sie 1218 Graf Walther von Avesnes durch Heirath und von diesem Hugo von Châtillon, dessen Nachkommen sie 1286 an den König Philipp den Schönen verkauften. Im Jahre 1528 erhob sie Franz I. zu einem Herzogthume, welches von der Krone als Apanage königlicher Prinzen oder Prinzessinnen, besonders aus dem Hause Orléans, gegeben wurde. Die Stadt Chartres selbst ist sehr alt; sie hieß Autricum und war die Hauptstadt der Carnuter, weßhalb sie auch Carnutum civitas und im Mittelalter Carnotum hieß, als welches sie die Hauptstadt der Landschaft Beauce wurde. Bald nach Einführung des Christenthums ward Chartres der Sitz eines Bisthums, dessen Inhaber lange in der Stadt eine fast souveräne Herrschaft übten. Aus den frühen Tagen des Mittelalters stammt auch die auf dem höchsten Punkte der Stadt sich erhebende herrliche gothische Kathedrale „Unserer Lieben Frau von Chartres", welche im Innern ein hochverehrtes Marienbild mit dem schwarzen Jesusknaben birgt. Im Jahre 1020 begonnen, brannte sie 1195 ab und wurde 1260 neu gebaut; sie besitzt zwei Thürme, deren einer $115,_{17}$ m Höhe erreicht und mit dem reichsten Schmuck ausgestattet, der andere aber von ungeheurer Masse ist. Jedenfalls gehört die Kathedrale von Chartres zu den größten architektonischen Merkwürdigkeiten Frankreichs, welche ein alter Spruch also zusammenstellt:

Clocher de Chartres, nef d'Amiens,
Choeur de Beauvais, portail de Reims.

Außer dieser Liebfrauenkirche und der Peterskirche mit ihren schönen Glasfenstern bietet Chartres wenig Bemerkenswerthes. Die Stadt erhebt sich amphitheatralisch auf einem Hügel, dessen Fuß die Eure bespült, und welchem die Gebäude, womit er bedeckt ist, das Aussehen einer weiten Pyramide verleihen, gekrönt von den Thurmspitzen der Kathedrale. Die Oberstadt hat enge, steile, unregelmäßige, düstere Straßen und Holzhäuser mit vorspringenden gothischen Giebeln und Spitzbogenthoren. Die Unterstadt an der Eure, in 58 m über dem Meere, ist dagegen gut gebaut; hier liegen der schöne Waffenplatz, das neue Stadthaus, von herrlichen Gärten umgeben, und das Theater, dessen Schönheit gleichfalls gerühmt wird. Von den in Boulevards umgewandelten Stadtwällen sind nur ein paar wenige Mauerreste stehen geblieben, wie an der Porte Guillaume, eines der sieben Thore, welche in die Stadt Einlaß gewähren. Chartres, das heute über 21,000 Einwohner zählt, liegt an der französischen Westbahn und treibt großen Handel mit Korn, Geflügel und berühmten Wildpasteten.

Unter den übrigen Städten des Eure- und Loir-Departements sind Nogent-le-Rotrou und Chateaudun, wo sich wie in Dreux Unterpräfecturen befinden, zu erwähnen, obwohl die Einwohnerschaft keiner von beiden 6000 Köpfe übersteigt. Nogent-le-Rotrou, an den Flüßchen Huisne und Arcise, in 105 m Seehöhe, erstreckt sich lang und gut gebaut in hübschem Thale mit einem gothischen Schlosse auf der Höhe. In der Umgegend nistet noch mancher

Aberglaube. So meint man, daß ein am Abend vor dem Johannisfest an der Quelle von Nogent gespültes Gefäß das Haus vor dem Blitz sichere; der während der Nacht gesammelte Thau heilt Krätze und Geschwüre; der erste Eimer Wasser, welcher am Tage vor dem Johannisfest aus einem Brunnen geschöpft wird, heilt das Fieber; jeder Liebhaber, welcher die Neigung der Erwählten gewinnen will, braucht an diesem Abende nur Nußbaumblätter unter seinem Fenster auszustreuen. Chateaudun, das alte Castrodunum am Loir, einem im Departement entspringenden, nicht unbedeutenden rechtsseitigen Nebenflusse der Loire und mit dieser selbst nicht zu verwechseln, ist seit dem Brande von 1723 eine der hübschesten französischen Städte; es liegt reizend in 143 m Seehöhe, beherrscht von dem Schlosse der Grafen Dunois, welches man wohl eines der schönsten Gebäude des zehnten Jahrhunderts nennen darf.

Die Sologne.

Der südöstliche Nachbar des Departements Eure-und-Loir ist jenes des Loiret, welches seinen Namen einem ganz elenden, kleinen, blos ein paar Stunden langen Bache verdankt, einem linksseitigen Zuflusse der Loire, welche dieses Departement von Osten nach Westen durchzieht und in demselben ihren großen, nordwärts ausgekrümmten Bogen beschreibt. Vom Bec d'Allier, nämlich von der Vereinigung des Allier mit der Loire im Nièvre-Departement abwärts nehmen Strom und Thallandschaft der Loire die Physiognomie an, die ihnen im Großen und Ganzen auf dem langen Mittellaufe verbleibt. Es ist zunächst die Zone der Juragebilde, die sich um die vulcanisch-krystallinische Centralerhebung Frankreichs angelagert hat, und die darauf folgende der Tertiär- und Kreideformationen, welche zusammen die alten Provinzen des Nivernais- und Berry, des Orléanais und Blaisois, der Touraine und Anjou's bedecken, der große Fruchtgarten Frankreichs mit wenig beträchtlichen Höhen, mit den historischen Städten, mit den Weinbergen von Pouilly und der Côte de Grouets, von Joué und Vouvray, von Saumur und Bourgueil, mit dem Character der Anmuth und der Weichheit, wie er vor Allem hervortritt in der westlich benachbarten Touraine. Gerade dieser herrliche Landstrich aber ist es auch, über welchen die Loire als fleuve dévastateur zu unzähligen Malen die Schrecken verbreitet hat, welche entfesselte Wasserfluthen an Menschenleben und Besitzthum zu üben vermögen. Von dem noch zahlreiche römische Alterthümer aufweisenden Städtlein Briare (Brivodurum), wo sich der gleichnamige Canal nach Montargis abzweigt, dessen Schloß eine der ersten Festungen der französischen Könige gewesen und wo er sich mit dem zur Seine führenden Canal de Loing verbindet, sieht man zu beiden Seiten der Loire nur unfruchtbaren Sand: die sterile Sologne.

Es ist dies ein etwa 4600 qkm großes Plateau, das, von den Flüßchen Sauldre und Beuvron durchschnitten, sich ein paar Stunden südlich von Orléans und Blois bis zum Cher, einem ostwestwärts fließenden Nebenflusse der Loire, auf dem linken Loireufer, den ganzen breiten inneren Winkel des Stromes ausfüllend, ausdehnt, eine aus wüsten Sandweiden, Sümpfen und Teichen bestehender ärmlicher und ungesunder Landstrich. Diese traurige Sologne im Süden bildet einen großen Gegensatz zu der schönen Beauce im Norden. Sie ist von einer sehr dürftigen und sandigen Ackerkrume bedeckt, die eine feste, das

Wasser nicht durchlassende Unterlage hat. In Folge dessen bildet der ganze Landstrich während des Winters und in der Regenzeit einen unermeßlichen Sumpf. In der heißen Jahreszeit dagegen verwandelt er sich in eine brennend heiße Wüstenei, welcher pestilentialische Miasmen entsteigen, obwohl in neuerer Zeit zur Entwässerung dieses Gebietes schon viel geschehen ist. Dasselbe erzeugt nur etwas wenig Roggen, Hafer, Heidekraut und als Hauptproduct Buchweizen, ist übrigens meistens unbebaut und mit endlosen Haiden, Ginster, Moorpflanzen und hie und da mit verkrüppelten Bäumen und Gestrüpp bedeckt. Die Sologne nährt keine Rinderheerden, sondern nur eine dürftige Race kleiner magerer Schafe, den berühmten Haidschnucken der Lüneburger Haide ähnlich, so wie eine besondere Race Pferde, „Solognote“ genannt, dazu ein verkommenes, kränkliches und noch jetzt wenig gesittetes Geschlecht von Menschen, die sich meistens von Kartoffeln nähren und von denen nur 40 auf 1 qkm kommen. Sie leiden fortwährend an Fieber und aus Furcht, davon angesteckt zu werden, wird das Land wenig besucht. Ein Ort gilt namentlich für ungesund, sein unheimlicher Name macht schon zittern: Tremblevif; er rührt aber nicht von dem fieberhaften Zittern der Bewohner her, sondern von einer Zitterespe, die aus einem Kirchenpfeiler herauswächst. Natürlich siedeln sich in der Sologne wenig Fremde an. Eine Folge davon ist, daß die Leute ihren nationalen Character und ihre alten Gebräuche beibehalten haben; daß sich bei den kümmerlichen Verhältnissen Körper und Geist nicht kräftig entwickeln, begreift sich. Aberglaube ist vielfach vorhanden und spielt namentlich bei den Hochzeiten eine große Rolle. Der Solognot erlaubt seiner Frau bei der Trauung nicht, den Trauring selbst anzustecken, sondern er selbst schiebt ihn vorsichtig bis zum dritten Gliede; denn wenn er anders thäte, würde sicher seine Frau Herr im Hause sein. Während der Trauung hält jedes von Beiden eine brennende Kerze in der Hand, und man glaubt, daß, wessen Wachs am weitesten heruntergebrannt ist, zuerst sterben wird. Kaum glaublich klingt folgender, trotzdem verbürgter Gebrauch: während der Priester am Altare die Traumesse liest, sticht man Braut und Bräutigam von hinten bis auf's Blut, um zu wissen, wer von beiden am eifersüchtigsten sein wird. Die Hochzeit dauert mehrere Tage; da wird getanzt, gespielt und getrunken. Man ladet nicht nur den Herrn und die Frau von jedem Nachbarhause ein, sondern auch die Dienstboten, Tagelöhner, die Gebrechlichen und die Kinder. Jeder Eingeladene darf seinerseits andere Personen dazu einladen. Am ersten Tage wird nach dem Festmahle, bei welchem, wenn auch die Küche nicht die feinste ist, sich Jeder tüchtig satt essen kann, für die Neuvermählten eine Sammlung angestellt. Dieselbe geschieht auf verschiedene Weise: bald giebt die junge Frau ihren bräutlichen Strauß den Brautjungfern; diese führen unter den grellen Klängen der Dorfgeige verschiedene ländliche Tänze auf, wobei der Strauß von Hand zu Hand wandert und die Tänzerinnen im Vorbeitanzen die Freigebigkeit der Gäste ansprechen; bald übernimmt ein Umzug von fünf Bauernmädchen die Sammlung. Die erste hält in der Hand einen Rocken und eine Spindel, zeigt Beides den Gästen vor und singt dabei:

„L'épousée a bien quenouille et fuseau,
Mais de chanvre, hélas! pas un écheveau,
Pourra-t-elle donc filer son trousseau?“

Die zweite empfängt die Spenden in einem Becher der Neuvermählten; die dritte schenkt den freigebigen Gästen zu trinken ein; die vierte wischt mit einer

Serviette den Trinkern den Mund ab, auf welchen die letzte, gewöhnlich die hübscheste, zum Danke einen Kuß drückt. Am letzten Tage der Hochzeit giebt es einen drolligen Spaß. Auf eine Stange wird ein Steinkrug gestülpt. Die Gäste gehen nun mit verbundenen Augen und einem Stock in der Hand auf den Topf zu, um ihn mit einem Schlage zu zertrümmern. Wer so glücklich ist, hat das Recht, die junge Frau zu küssen; wem es mißlingt, der muß sich auf einen Thron von Laubwerk setzen; man schenkt ihm zu trinken ein, und Jeder thut, als ob er mit ihm anstieße. Er muß nun so lange trinken, bis es ihm gelungen ist, an das Glas eines der Necker zu stoßen, der dann seine Stelle einnimmt, bis auch dieser wieder abgelöst wird.

Das jenseitige, nördliche oder rechtsseitige Loireufer bietet ein von der Sologne durchaus verschiedenes Bild. Da gewinnt man auf den Hügeln ansehnliche Mengen Wein, geschätzten Honig, hat Ueberfluß an Getreide und zieht fette Rinder und Truthühner. In diesem Schlaraffenlande bildet Pithiviers am Oeuf, der weiterhin Essonne heißt und der Seine zufließt, den Mittelpunkt für den Handel mit Safran, der für den besten in Europa gilt, liefert aber daneben auch treffliche Lerchenpasteten und leckere Mandelkuchen. Wir sind hier eben wieder in der üppigen Beauce, deren niedriges Tafelland mit einem nicht sehr schroffen Uferrande zum Loirethale abfällt, und dieser nördliche Uferrand, an dessen Fuße sich Orléans und die meisten anderen Städte dieses Abschnittes der Loire eingenistet haben, ist dem Wein- und Gartenbau, so wie der Cultur mannichfacher Nutzpflanzen so günstig, daß man diese Gegend an der Loire bis Blois abwärts den Garten von Frankreich genannt hat. Dieser schöne wiesenreiche Thalboden, im Lande selbst „Val“ oder „Val de Loire“ genannt, eine fette Flußmarsch, ist oberhalb der Stadt Orléans ungefähr 64 km weit bis zur Stadt Gien Loire aufwärts ungemein breit, fängt bei diesem Orte an und endigt bei Orléans. In diesem Loirethale folgen dem Strome abwärts die Orte Neuvy, Bonny und Chatillon-sur-Loire, welche in der Geschichte des englisch-französischen Krieges bedeutsam geworden sind. Immer reicher werden nun die historischen Erinnerungen, je weiter man den Ufern des Stromes hinab folgt. Römer und Franken, Burgunder und Engländer, Hugenotten und Liguisten und ihre Gegner und endlich die Kämpfer von 1870 haben ihre Andenken hinterlassen in den von der Loire bespülten Städten Briare und Gien, wo schon Cäsar, den Strom überschreitend, der Katastrophe von Gergovia entgegenzog, Sully und Chateauneuf, Jargeau, welches 1429 durch Jeanne d'Arc den Engländern entrissen wurde, und Orléans, Meuny und Beaugency, und ihnen folgen Blois und Amboise, Tours und Saumur — wohl nirgends findet sich auf Frankreichs Boden, wenn wir von der Hauptstadt absehen, eine größere Fülle geschichtlicher Daten von grauer Vorzeit an bis herein in die Tage der Gegenwart. Die Namen der gallorömischen und fränkischen Machthaber, der französischen Könige, ihrer Feldherrn und Günstlinge, die Namen der Jeanne d'Arc, der Guise und Condé, Coligny, der im Lande selbst, in Chatillon-sur-Loing, das Licht der Welt erblickte, und Turenne, bis auf die Kriegsmänner, die sich in der letzten großen Kriegsthat hier bekämpft, sind mit den geschichtlichen Städten der mittleren Loire verknüpft.

Orléans und die Jungfrau.

Unter diesen Städten ist wohl keine wichtiger als Orléans, welches Dank seiner geographischen Lage schon zu Attilas und der Hunnen Zeiten oder noch von früher her stets sofort nach einem Siege im Norden das nächste Streitziel gewesen ist. Gerade hier bei Orléans, am Eck- und Scheitelpunkt eines mächtigen schiffbaren Stromes, wo an und für sich in allen Ländern der Welt eine Ansiedlung, eine Stadt zu entstehen pflegt, schiebt zwischen dem gebirgigen Frankreich im Osten und dem ebenfalls gebirgigen Westen der niedrige und flache, freilich auch ziemlich breite Isthmus des Plateaus von Orléans oder der Beauce sich ein, und diese Landenge bildet die südliche Hälfte des sogenannten „Tertiärbeckens von Paris", das sich von den mittleren Partien des Seinegebietes zu dem Loirewinkel bei Orléans hinzieht und alle um diesen herum gruppirten Landschaften in sich faßt. Dabei greift die Loire mit ihrem nach Norden vortretenden Winkel sehr tief in dieses Pariser Becken ein, und mit der nördlichsten Spitze des Winkels bei Orléans nähert sie sich auch dem wichtigsten Flusse des nördlichen Frankreich, der Seine, und zwar in einer Gegend, wo dieselbe auch schon längst schiffbar und bedeutend geworden ist. Zwischen Orléans an der Loire und Paris an der Seine bleibt so eine Landenge von nur 105 km Breite, während beide so wichtige Flüsse sonst überall in abweichenden Richtungen weit auseinandergehen. Diese Verhältnisse haben hier zu allen Zeiten einen lebhaften, sowohl kriegerischen als friedlichen Verkehr zwischen Seine und Loire veranlaßt, und an der Loire mußte dieser Verkehr bei dem Endpunkte von Orléans sein Ziel finden. Handelsstraßen und Heerwege von der Loire zur Seine hinüber sind hier eine alte Erscheinung. Auch wurden in diesem Striche die allerersten französischen Canäle angelegt, und heute folgt der Schienenweg der alten Richtung. Das Pariser Becken, zu dem Orléans gehört, ist nun die Wiege von Frankreichs Geschichte, das Kerngebiet, von dem die ganze Ausbildung des französischen Staates und Volkes ausging, und Orléans hat, indem es in dieses merkwürdige Becken weit hinaus vorschritt, einen wesentlichen Antheil an dieser Ausbildung genommen. Die Städte Paris und Orléans waren in allen Zeiten gewissermaßen Zwillingsschwestern in derselben Wiege, die sowohl an demselben Werke mitwirkten, als auch meist gleichzeitig dieselben Schicksale erduldeten.

Das Alter von Orléans an seiner Flußecke in der südlichen Gegend des Pariser Beckens, am Rande der fruchtbaren Beauce, an der westlichen Spitze der breiten Flußmarsch der Loire steigt in die dunkelste Vorzeit hinauf, wie denn die meisten Städte, die eine so markirte und auffällig vortheilhafte Lage, wie sie, besitzen, gewöhnlich sehr alt sind. Schon zu den Zeiten der alten Gallier war hier eine der bedeutendsten Städte des Landes emporgeblüht, welche die Römer vorfanden und unter dem Namen Genabum oder Cenabum erwähnen. Später erhielt sie von Kaiser Aurelian den Namen Aureliana civitas, und dieser — im Mittelalter Aurelium — ist ihr unter der französirten Form Orléans bis heute geblieben. Im Jahre 451 ward die Stadt von Attila belagert und hart bedrängt, aber von Aëtius entsetzt. Chlodovech eroberte sie nach Besiegung des Syagrius und berief hieher im Jahre 511 die erste Kirchenversammlung. Bei der Theilung des Frankenreiches unter Chlodovech's vier Söhnen fiel Orléans Chlodomir zu, welcher hier seine Residenz nahm. Später kam es mit dem ganzen Frankenreich an Chlothar, bei der Theilung unter dessen vier Söhnen aber an Guntram und wurde unter ihm Hauptstadt des burgundischen Reiches. Chlothar hinterließ Orléans seinem Bruder Childebert, bei dessen Nachkommen es blieb, bis Chlothar II. wieder das ganze Frankenreich vereinigte. In allen späteren Theilungen gehörte Orléans zu Neustrien. Hugo Capet vereinigte es mit der Krone. Stets und zu allen Zeiten wurde auch Orléans als politisches Haupt der ganzen Landschaft, die sich um den nördlichen Loirewinkel gruppirte, betrachtet, so bis auf die französische Revolution herab als Mittelpunkt des großen „Gouvernement von Orléans" oder der vom Volke l'Orléanais genannten Provinz. Seit Philipp von Valois wurde Orléans mehreren Prinzen der königlichen Familie unter dem Titel eines Herzogthums zur Apanage, später nur als Titel gegeben. Vom 12. October 1428 wurde Orléans von den Engländern belagert, aber am 8. Mai 1429 von Jeanne d'Arc, die deßhalb die „Jungfrau von Orléans" genannt wurde, befreit.

Im ersten Viertel des fünfzehnten Jahrhunderts lag Frankreich schwer darnieder. König Karl VI. aus dem Hause Valois (1388—1422), welcher bei seinem Regierungsantritt erst zwölf Jahre alt war, wurde schon nach wenigen Jahren geistesschwach, und um die Regentschaft des Reiches stritten sich sein Oheim, der Herzog Philipp von Burgund, und sein Bruder, der Herzog Louis von Orléans. Weder der natürliche Tod des ersteren, 1404, noch die Ermordung des letzteren, 1407, beendeten den Streit; vielmehr kam es zwischen beiden Parteien zu den blutigsten Kämpfen. Philipp's Sohn, Johann der Unerschrockene von Burgund, rief schließlich, als der Dauphin Karl, welcher später Karl VII. wurde, alle Kräfte des Staates gegen ihn aufbot, den Beistand der Engländer an, welche damals unter der Herrschaft des hochbegabten kriegerischen Königs Heinrich V. standen, dessen jugendlichen Muthwillen und Leichtsinn, wie seinen Seelenadel und seine Heldengröße der britische Dichter Shakespeare so meisterhaft gezeichnet hat. Dieser ritterliche Fürst schlug das dreifach überlegene französische Heer bei Azincourt, nordwärts von der Somme, worauf er in den nächsten Jahren, durch Johann von Burgund und die mit diesem im Bunde stehende Königin Isabeau, Karl's VI. Gemahlin, unterstützt, Paris selbst in seine Gewalt brachte. Johann ward aber bei einer Zusammenkunft mit dem Dauphin von einer Brücke zu Montereau in die Yonne gestürzt, wobei er seinen Tod fand. Dies bewog seinen Sohn Philipp den Guten und Königin Isabeau, sich an Heinrich V. von England anzuschließen, ihn und seine Nachkommen als Erben des französischen Reiches anzuerkennen und dem Dauphin das Recht der Thronfolge durch Parlamentsbeschluß entziehen zu lassen. Durch den Vertrag von Troyes, den sogar der geistesverwirrte Karl VI. unterzeichnen mußte und Stände, Universität und Parlament anerkannten, erhielt der englische König mit der Hand der französischen Königstochter die Regentschaft und die Anwartschaft auf die Thronfolge in Frankreich. Nun kam Heinrich V. mit burgundischer Hülfe bald in den Besitz alles Landes nordwärts von der Loire, indeß der Dauphin unthätig in Tours weilte. Das Volk begrüßte den fremden Herrscher, von dem es seine Freiheit erwartete, mit Jubel und unterwarf sich ohne Murren allen Geldforderungen; der politischen Selbständigkeit ward in jenen Tagen noch nicht gedacht. Allein mitten in seiner Heldenlaufbahn wurde Heinrich V. im Sommer 1422 durch einen frühen Tod hinweggerafft und wenige Monate später, im October, folgte ihm auch der geisteskranke Karl VI. in das Grab, worauf der Dauphin als Karl VII. den Königstitel annahm. Nun erklärten aber die Engländer und ihr Anhang den neuen, kaum einjährigen König Heinrich VI. von England zum rechtmäßigen Herrscher von Frankreich, für welchen einstweilen dessen tapferer Oheim Bedford den Kampf gegen den vergnügungssüchtigen, schwachen Karl VII. erfolgreich weiter führte.

Nur Orléans, der wichtigste Uebergangspunkt an der Loire, gleichsam der Schlüssel zum südlichen Frankreich, leistete der Belagerung hartnäckigen Widerstand. An diese Stadt war Frankreichs Schicksal gebunden. Karl VII. aber, dem die Noth seines Reiches so wenig zu Herzen ging, daß er sich nicht einmal in seinen Lustbarkeiten stören ließ, sondern üppige Tanzfeste hielt, dachte schon an die Verlegung seines Hofes in das Dauphiné, ja sogar an Flucht nach Schottland oder Castilien und war schon entschlossen, der Uebermacht der Feinde seine wichtigste Stadt zu opfern, als ganz plötzlich und unerwartet ein Ereigniß eintrat, welches diese schreckliche Krisis zum Guten wendete.

Dieses Ereigniß war das Auftreten Johanna's, genannt die Jungfrau von Orléans (Pucelle d'Orléans). Als die Tochter einfacher Landleute am 6. Januar 1412 zu Domrémy geboren, wo wir schon ihr Geburtshaus kennen lernten, war sie in stiller Ländlichkeit aufgewachsen und hütete in ihrer Jugend die Schafe und Pferde ihres Vaters. Sie konnte nähen und spinnen, aber weder lesen noch schreiben; die jämmerliche Lage ihres Vaterlandes und die Noth, so wie das Elend des Volkes begriff sie sehr wohl. Männlicher Geist und glühender Patriotismus beseelten sie, ungewöhnlicher Ernst und schwärmerische Religiosität erfüllten sie von frühester Jugend; schon seit ihrem dreizehnten Jahre glaubte sie bei ihren religiösen Uebungen zuweilen Stimmen vom Himmel zu vernehmen, welche sie zur Tugend und Frömmigkeit ermahnten. Schon damals gelobte sie zeitlebens Jungfrau zu bleiben. Nun begeisterte das Unglück Frankreichs die siebzehnjährige Schwärmerin für die Befreiung ihres Vaterlandes, wozu sie noch durch Erscheinungen der heiligen Maria ermuntert worden zu sein behauptete. Sie ging im Februar 1429 zum Gouverneur von Vaucouleurs, Robert von Baudricourt, und offenbarte demselben ihre Erscheinungen; doch dieser entließ sie als irrsinnig, und erst das dritte Mal schickte er sie mit Empfehlungsschreiben nach Chinon an den König, welcher sich endlich ihrem Begehren willig finden ließ. „Johanna war von schlanker, kräftiger Gestalt“, sagt ein neuerer Schriftsteller; „ihr Gesicht erhielt erst in den Augenblicken innerer Bewegung einen schönen Ausdruck, ihre Züge verklärten sich dann und ihre Aufregung entlockte ihr ebenso leicht Thränen als freudiges Lächeln. Sie gefiel sich in schimmernder Stahlrüstung und auf feurigem Rosse. Ueber den Panzer warf sie eine kurze Blouse und den langen offenen Faltenrock, wie ihn die Männer damals trugen. Einen Helm auf dem Haupte, umgürtet mit dem Schwerte aus der Kirche der heiligen Katharina zu Fierbois, das mit Lilien besäete Panier mit dem Bilde der heiligen Jungfrau schwingend, zog sie dem Heere voran und weckte durch ihre gottbegeisterten Reden „die Religion des Königthums“ in den Massen. Sie hatte eine sanfte, einnehmende Stimme. Sie sprach wenig, ihre Rede war schlicht und bestimmt und selbst in erhöhter Stimmung schmucklos.“ In jeder Lage flößte sie Allen, die ihr nahten, eine Ehrfurcht ein, die sie vor Zudringlichkeit schützte. Sie brachte oft manche Tage zu Pferde und ganze Nächte in der Rüstung zu. Bei dem Heere führte sie Zucht und Ordnung ein und hielt auf ehrliche Kriegführung; den König ermahnte sie, nach den Grundsätzen des heiligen Ludwig zu regieren, die Städte schützte sie in ihren Gerechtsamen, das Volk vor Willkür und Bedrückung. Alle, die mit Johanna in Orléans lagen, haben ihre politische Einsicht bewundert, die aus der ihr angeborenen freien Anschauung, aus ihrem bei aller Begeisterung nüchternen Verstande entsprang. Und was der Verstand ihr eingab, das wußte sie mit dem Muthe gläubigen Ver-

22*

trauens zu vertreten. Außer dem Glauben ihrer göttlichen Sendung trug sich die Menge noch mit vielen Sagen von ihrer Wunderkraft und erwies ihr abgöttische Verehrung. Der Glaube an ihre höhere Sendung flößte den Franzosen Muth und Selbstvertrauen, den Feinden Furcht und Zagen ein. Wirklich siegten in ihrer Anwesenheit die französischen Heerführer über die Engländer. Am 29. April 1429 — so lange hatte man gezögert — ließ man Johanna mit 10,000 Mann von Blois nach Orléans abgehen, welches vom Grafen Dunois vertheidigt wurde, und schon am 8. Mai mußten die Engländer die Belagerung aufheben. Am 18. Juni siegte die Jungfrau bei Patay und führte den König nach Reims, wo er am 17. Juli gekrönt wurde. Am 8. September wurde sie beim Sturm auf Paris am Schenkel schwer verwundet, in Bourges aber, wohin sich der König zurückgezogen hatte, sammt ihrer ganzen Familie unter dem Namen Jeanne d'Arc in den Adelstand erhoben, ihrem Heimathsörtchen Domrémy auf ewige Zeiten die von ihr erbetene Steuerfreiheit verliehen. Als die Engländer neue Kräfte gesammelt und mit dem verbündeten Herzoge von Burgund Compiègne belagerten, warf sich Johanna in diesen Platz, wurde aber am 23. Mai 1430 bei einem Ausfall von den Burgundern gefangen. Anfangs saß sie zu Crotoy, dann zu Beaurevoir, und hier sprang sie, als sie hörte, daß sie den Engländern ausgeliefert werden solle, von einem Thurme herab, blieb jedoch, von dem Falle schwer verletzt, liegen, und wurde um einen hohen Preis den Engländern in Rouen ausgeliefert, welche sie vor das geistliche Gericht stellten. Der Bischof von Beauvais, Pierre Cauchon, ein Freund der Engländer, leitete gegen sie den Prozeß wegen Zauberei und Hexerei ein. Nach langem inquisitorischen Verfahren ließ sie sich zum Widerruf ihres Irrglaubens bewegen. In einer feierlichen Sitzung auf öffentlichem Platze in Rouen entsagte sie in einer kurzen Abschwörungsformel ihrem bisherigen Glauben und Thun, bekannte gegen die heilige Schrift und die Satzungen der Kirche gefehlt, Visionen erheuchelt, wider göttliches Gebot die Waffen ergriffen und männliche Kleider getragen zu haben. Darauf wurde sie zu ewiger Haft bei Wasser und Brod verurtheilt. Aber dieser Spruch war dem englischen Volke und dem Regenten nicht genügend. Man suchte sie zu bestricken und zu Fall zu bringen. Rohe Wächter nöthigten sie im Gefängniß Männerkleider anzulegen. Darüber betroffen, wurde sie des Rückfalles zur Ketzerei schuldig befunden und im Januar 1431 zum Flammentode verurtheilt, den sie am 30. Mai in Rouen erlitt. Karl VII. that nichts, um sie zu retten. Sie starb mit demselben Heldenmuthe, den sie auf dem Schlachtfelde bewährt hatte, und in dem festen Glauben an ihre göttliche Sendung; noch aus den Flammen heraus ertönte ihr Bekenntniß zu ihrem Glauben. Ihre Begeisterung, Vaterlandsliebe und Selbstaufopferung hatten indeß ähnliche Gefühle in den Truppen erweckt und Kriegsmuth und Kraft erzeugt; daher verblieb ihnen von nun an auch nach Johanna's Gefangennahme der Sieg, besonders unter der Führung des tapfern Dunois, Bastards von Orléans, und die englischen Heere verloren eine Provinz um die andere. Die heilige Verehrung, worin der gesalbte König in Frankreich von jeher gestanden, war wieder erwacht und dies war das Werk der Jungfrau von Orléans. Im Jahre 1450 ließ auf Ansuchen der Angehörigen und auf Instanz des Papstes Kalixtus III. König Karl VII. die Revision ihres Prozesses vom Erzbischof von Reims, den Bischöfen von Paris und Coutances vornehmen, die nach sechsjährigen Untersuchungen und Verhören das Resultat ergab, daß man die gegen sie erhobene Anklage für unbegründet und sie selbst für schuldlos hingemordet erklärte. Man war jetzt nach Kräften bemüht, die Blutthat zu sühnen. Das Andenken Johanna's wurde durch eine feierliche Prozession geehrt, und zu Domrémy, Versailles, Rouen und Orléans errichtete ihr die dankbare Nachwelt Standbilder. Jenes, welches sich auf dem **Martroi-Platze** zu Orléans erhebt, ist eine Reiterstatue aus Bronze, von Foyatier.

Das heutige Orléans, eine Stadt mit 58,000 Einwohnern, bietet, trotz einiger alten und schlecht gebauten Theile, im Allgemeinen einen schönen Anblick, ist aber wenig belebt. Ueber die Loire, an deren rechtem, nördlichen Ufer die Stadt sich ausbreitet, führt eine schöne, 333 m lange Brücke. Die alten Festungswälle sind auch hier in Boulevards verwandelt und mit vier, ja selbst sechs Reihen Bäumen bepflanzt. Die früher engen und gewundenen Straßen werden in neuerer Zeit bedeutend verschönert; besonders schön ist die große Rue Bannier, die in den Mittelpunkt der Stadt und die große Rue Jeanne d'Arc, welche direct zur Kathedrale Ste. Croix führt, einer Kirche von modernem Bau, obgleich im Allgemeinen im Charakter des Spitzbogenstiles gehalten. Sie steht auf dem Platze einer früheren, die 1567 von den Hugenotten verwüstet wurde und von der nur einige Theile der Chorhaube erhalten sind; sie ist in den Jahren 1601—1829 im Stil der tertiären Gothik erbaut worden und nimmt trotz vieler Fehler einen hervorragenden Platz unter den französischen Bauwerken ein. Aus einiger Entfernung gesehen, macht sie einen edlen, großen Eindruck. Ihre Dimensionen (148 m Länge), die schlanke, 1859 wieder erbaute Thurmspitze in der Mitte, die eigenthümlichen, 87 m hohen, spitzenlosen Thürme des Portals, die Eleganz und Mannichfaltigkeit der Gallerien u. s. w., alles dies trägt zu einem malerischen Gesammtbild bei. Außer zahlreichen Renaissancehäusern verdienen in Orléans noch Erwähnung die unvollendet gebliebene Kirche St. Aignan, die Kirche St. Euverte aus dem zwölften und dreizehnten Jahrhundert und **Notre Dame de Recouvrance** aus dem fünfzehnten und sechzehnten Jahrhundert, worin moderne Freskogemälde gesehen zu werden verdienen, endlich das Rathhaus, ein hübsches Gebäude aus Bruch- und Ziegelsteinen, 1530 in vlamändischem Stil erbaut und 1850 restaurirt und vergrößert. In demselben starb 1560 König Franz II.; als Rathhaus dient es erst seit 1790. Orléans besitzt ferner eine Universität, Akademie der Künste und Wissenschaften, einen botanischen Garten, ein Kunst- und Alterthumsmuseum, so wie eine ansehnliche Bibliothek. Der Handel war sonst bedeutender, die Industrie ist aber heute noch sehr entwickelt; sie umfaßt Zuckerraffinerien, Fabrikation von Bonneterie, Woll- und Baumwolldecken, feinen Tüchern und Flanellen, sowie feine Spinnereien.

Das Blaisois.

Etwa acht Stunden stromabwärts von Orléans liegt das malerische Städtchen Beaugency mit einem gewaltigen, weithin sichtbaren Thurm aus dem elften Jahrhundert, von dem aber das Volk, romanischen Baustil mit römischem verwechselnd, steif und fest glaubt, Julius Cäsar habe ihn erbaut, weßhalb er auch la Tour de César genannt wird. Aber es giebt noch viel ältere Dinge in nächster Nähe der Stadt, die zum Theil ihr mittelalterliches Aussehen bewahrt hat: alte Keltensteine, von denen sich das Volk Wunder erzählt. Da ist ein sogenannter Wendelstein, der dreht sich alljährlich in der Weihnacht um sich selbst herum, aber so schnell, daß Niemand das Drehen sieht. Im Jahre 1822 grub ein Winzer unter dem Steine nach Schätzen; er fand Menschenknochen mit einer römischen Münze, tiefer darunter lagen wieder Knochen; das war das erste Keltengrab, Jahrhunderte nachher hatte sich ein Galloromer, der vermuthlich an dem nun verdrängten Keltenglauben hing, über seinem Urahnen begraben lassen. Nicht zu ferne davon, bei dem Dorfe Tavers, steht in dem Gehege Guignes, wo ein Wein wächst, der sich mit Burgunder messen kann, nahe bei der Meierei Ver ein „Dolmen", wie man die aus einer über gerabstehende Steine gelegten Steintafel bestehenden Grabstätten der Vorzeit nennt. Die große Steintafel ist zerbrochen und hat einige der acht Träger mit sich gerissen, zwischen die Steintrümmer hindurch ist eine Ulme gewachsen und beschattet die Ruhestätte des alten Keltenhäuptlings. Die Stätte muß lange für heilig gegolten haben, sonst hätten die christlichen Sendboten nicht hart bei dem Grabmal eine Kapelle des heiligen Antonius gebaut; sie gaben damit der heidnischen Andacht eine christliche Richtung. Die Wahl des Heiligen ist nicht so unbedacht; der heilige Antonius hat in der Legende immer ein Schwein bei sich, das Schwein aber ist das echte keltische Hausthier. Wenn man durch das Gitter der Kapelle ein paar kleine Münzen wirft, erlangt man nach der Volksmeinung alle verlorenen oder gestohlenen Gegenstände wieder.

Am Fuße der kleinen Anhöhe, worauf der Dolmen steht, rinnen mehrere klare Quellen, von denen die eine sogar Wunder bewirken soll, und weiter drunten im lachenden Thale rauscht die „prächtig strömende" Loire, welche nur wenig unterhalb Beaugency mit seinen reichen Weinpflanzungen in das Departement des Loir-und-Cher übertritt. Es ist dies eine einförmige Ebene, nur von Weinhügeln unterbrochen, nördlich von der Loire fruchtbarer als im Süden, wo noch ein Theil der trostlosen Sologne hereinragt und drei Viertel des Bodens mit Sümpfen, Haiden und Wäldern bedeckt sind. Die Wälder, von denen jene von Blois, Russy, Boulogne, Marchenoir, Bruadan und Fréteval die bedeutendsten sind, nehmen ein Sechstel des Departements ein. Doch erzeugt dieses Getreide über den Bedarf, Früchte und Gemüse aller Art, viel Hanf und Bauholz. Schafe und Geflügel sind in Menge vorhanden, Torfstiche und auch Eisenlager werden reichlich ausgebeutet, während Feuersteine, die namentlich bei St. Aignan und Romorantin gewonnen werden, ein Handelsartikel sind. Nur den nordwestlichen Theil des Departements durchfließt der Loir in meist engem Bett, und an ihm, dort wo er sich in acht Canäle theilt, erhebt sich in 84 m Meereshöhe die hübsche, aber uralte Stadt Vendôme mit einem der schönsten Collèges in Frankreich. Vendôme, das alte Vendocinum und spätere Hauptstadt der Grafschaft Vendômois, besitzt fünf Kirchen, darunter jene der Dreifaltigkeit mit schönem, 80 m hohem Thurm besonders bemerkenswerth ist, dann nebst anderen modernen Gebäuden schöne Ruinen des hohen Schlosses der Grafe und Herzoge von Vendôme. Von den Zinnen desselben, in welchem jetzt das Rathhaus untergebracht ist, genießt man eine prächtige Aussicht über die Landschaft.

Der Cheflieu des Departements ist die ehemalige Hauptstadt des Blaisois, das 21,000 Einwohner zählende Blois, welches sich amphitheatralisch am rechten Ufer der Loire erhebt. Sie ist in die Ober- und Niederstadt getheilt; der obere Theil, der älteste, ist schlecht gebaut, aber malerisch; viele Straßen werden von Treppen gebildet; der untere Theil besteht besonders aus einem Uferdamme längs des Stromes, über den eine 305 m lange, über 11 Bogen gespannte und 1717 gebaute steinerne Brücke zur Vorstadt Vienne hinüberführt. Blois besitzt noch eine Anzahl Herren- und Patrizierhäuser aus dem fünfzehnten und sechzehnten Jahrhundert von großem baulichen Interesse, so wie alte Holzhäuser in der Straße St. Lubin. Von seiner Kathedrale in der oberen Stadt ist zu melden, daß dieselbe 1678 von Mansard in verdorbenem gothischen Stile neu erbaut ward. Die größte Merkwürdigkeit von Blois ist unstreitig das auf einer Anhöhe liegende und weithin sichtbare Schloß, eines der interessantesten in Frankreich, im Mittelalter eine feudale Festung, seit Mitte des sechzehnten Jahrhunderts ein glänzender Königssitz, später, in unseren Tagen die räucherige Kaserne eines Infanteriebataillons. Ueber dem mächtigen einfachen Portale befindet sich eine große bis unter das Dach reichende Nische in gothischem Stile, reich verziert; sie enthielt einst die Bildsäule des Königs Ludwig XII. zu Pferde. Die verschiedenen anderen Theile dieses weitläufigen Palastes sind nicht nur in anderem, sondern selbst einzelne Abtheilungen in verschiedenem Stile erbaut und sogar unregelmäßig angehängt, so daß der Eindruck, welchen das Ganze auf den Beschauer macht, durchaus kein wohlthuender ist. Der älteste Theil des Schlosses stammt aus dem elften Jahrhundert von den Grafen von Blois; den östlichen Theil erbauten die Herzoge von Chatillon und Champagne — nur ein dicker Thurm ist noch davon übrig; die Front im Westen baute Ludwig XII., die nördliche Franz I. An der Morgenseite ist ein theils neues, theils altes Gebäude angehängt. Darin ist die Salle des Etats, der Versammlungssaal der berühmten Stände von Blois, welche sich besonders im Jahre 1338 historisch bemerklich machten. Im Schlosse von Blois hat man drei Kunstepochen vor sich, die maurische, Renaissance und Rococo. Blois wurde 1793 arg zerstört und geplündert, dann recht vernachlässigt. Napoleon I. schenkte das Schloß der Stadt, die es neu herrichten ließ. Eine jammervolle, schaurige Vergangenheit hat dasselbe. Hier ward 1462 Ludwig XII. geboren, hier 1498 zum König ausgerufen. Sein Wappen mit dem Stachelschwein und der Devise Qui s'y frotte, s'y pique ist häufig in den Ornamenten des Schlosses zu sehen. Diejenige, welche Blois in der Weltgeschichte zu einem Schreckbild machte durch die Ermordung der Guisen, war Katharina von Medicis, die Gemahlin Heinrichs II. und Mutter Heinrichs III. Die Räume, die sie bewohnte, besonders la Salle des Gardes de la reine, sind prachtvoll. Ringsum an den Wänden ist altes Tafelwerk mit geheimen Fächern. Die Säle und Gemächer des Schlosses haben sämmtlich schöne riesige Kamine, Zimmerdecken von Eichenbalken und Holztäfelung an den Wänden. Vieles ist sehr schadhaft, aber das, was dem Vandalismus trotzte, ist der schönste Raum im Schlosse, die schon genannte Salle des Etats, sehr hoch und gewölbt, wodurch er prachtvoll aussieht, in maurischem Stile, reich verziert und vergoldet, blau und roth, mit sechs großen Marmorsäulen, die die Wölbung tragen. Ein ungeheurer Kamin aus Marmor steht in der Mitte der Wand. An einer anderen Stelle des Schlosses gelangt man durch eine geheime enge, düstere Wendeltreppe in die oubliettes, Zellen und Gefängnisse, in welchen diejenigen eingekerkert wurden, die nie wieder das Tageslicht erblicken sollten. Katharina von Medicis starb im Schlosse von Blois bald nach der Ermordung der Guisen, und nach ihrem Tode ward dasselbe verlassen; es schien, als hätten die letzten Blutthaten einen unheimlichen Schauer über den Ort geworfen, welcher bislang der Schauplatz großartiger Hoffeste gewesen. Von nun an sandte man nur

Staatsgefangene oder verbannte Prinzen nach Blois. Die Commission des monuments historiques thut gegenwärtig sehr viel zur Herstellung des alten Prachtbaues. Die Aussicht vom Schloß aus ist wunderbar schön, man übersieht das ganze Thal, die Hügelketten, die Flüsse Loire und Arou.

Blois ist eine der am angenehmsten gelegenen Städte, die vielleicht schon vor Eindringen der Römer vorhanden gewesen, und ihre Umgebung ladet zu zahlreichen lohnenden Ausflügen ein. Besonders sehenswerth sind darin die beiden Schlösser von Chambord und Chaumont. Das Schloß von Chambord auf dem linken Ufer der Loire und an deren Nebenflusse Cosson steht inmitten eines Wildparkes, d. h. eines Waldes, der 5500 ha groß ist, in welchem drei Dörfer liegen und der 400 Seelen faßt. Der ganze Besitz ist von einer ungeheuren, an 56—60 km langen Mauer umgeben und gleicht einem für sich abgesperrten Reich. Der erste Anblick des Schlosses ist großartig. „Wenn es", schreibt M. v. Thébiage in seiner Geschichte der berühmtesten Schlösser, — „in Frankreich ein Gebäude giebt, das jenen herrlichen maurischen Palästen, wie Spanien einen in seiner Alhambra besitzt, zu vergleichen ist, so ist dies ohne Widerrede das Schloß Chambord, dieser so geräumige und von den Königen Frankreichs so oft bewohnte Palast mit seinem ungeheuren Park, der abwechselnden schönen Umgegend, mit dem für jede Art von Jagd so günstigen Boden, den unermeßlichen Waldungen, hundertjährigen Bäumen, breiten Alleen und verborgenen Fußpfaden. Wenn man auf der Anhöhe vor Blois steht, so erblickt man diesen großartigen Fürstenbau mit seinen Domen, Donjons, Thürmchen und Terrassen, mit den mannichfaltigen Formen des Renaissancestiles, Formen, die weder ganz germanisch, noch griechisch oder römisch sind, die aber durch ihre Eigenthümlichkeit eine Epoche bezeichnen, welche zwischen der Barbarei und der Civilisation unserer Tage mitten inne steht. Das Hauptgebäude des Schlosses erinnert allerdings durch seine vier starken Thürme an die unförmlichen oder vielmehr festen Steinmassen des zwölften Jahrhunderts, aber die prächtigen Gallerien, welche der Façade größere Ausdehnung gaben, verleihen dem Schlosse ein elegantes Aeußere, wie es vor der Renaissancezeit nicht bekannt war. Man könnte Bände füllen, wollte man die Geschichte dieser ebenso zarten als imposanten Architektur genügend schildern. Alle möglichen Ornamente und Verzierungen sind hier mit verschwenderischem Ueberfluß gespendet worden." Besonders zierlich nehmen sich die vielen Rauchfänge aus, die, in graziösem, koketten Renaissancestil aufgeführt, eine Zierde des Schlosses bilden. Ueber der Mitte des Riesenbaues ragt die sogenannte „Lanterne" empor, mit der Lilie und Krone auf ihrer Spitze. Um die Lanterne herum laufen auf der Höhe des Schlosses Terrassen, die sich in vier Riesenflügel theilen, ein Malteserkreuz bildend. Ein berühmtes Kunstwerk in Chambord ist die Steintreppe: sie windet sich in zwei Spiralen zierlich in einem durchbrochenen Thurm im Innern des Schlosses, der allerhand Fenster, Lücken und Verzierungen hat, aufwärts und endet in der Lanterne. Es können zwei Personen zugleich die Treppe ersteigen, ohne sich zu sehen; nur bei jedem Stockwerke begegnet man sich einmal oder winkt sich zu durch die Guckfenster. Die Lanterne hat oben auf der Spitze ein à-jour-Cabinet ganz in Gold. Eine herrliche Fernsicht bietet sich von da aus; man sieht über den ganzen Besitz und weiter bis nach dem 14 km entfernten Blois. Gebaut wurde dieses herrliche Schloß von Franz I., und zwar begann er den Bau 1523 nach seiner Rückkehr aus der Gefangenschaft in Spanien und beschäftigte zehn Jahre unausgesetzt 1800 Arbeiter dabei. Die innere Ausschmückung wurde erst unter seinen Nachfolgern beendet. Die Könige von Frankreich schlugen häufig für einige Sommer- oder Herbstmonate ihren Aufenthalt im Schlosse Chambord auf, das mit seinen 440 Zimmern und Sälen, seinen Stallungen für 1200 Pferde allerdings zahlreiche Gäste beherbergen konnte. Die Glanzzeit des Schlosses war die Regierungsperiode des prachtliebenden Ludwig XIV., der hier dem Hofe und seinen Gästen großartige Feste gab. Ludwig XV. schenkte das Schloß dem Marschall Moritz, Grafen von Sachsen, welcher sich aber nur zwei Jahre des schönen Besitzes erfreuen konnte, denn der Tod ereilte ihn am 30. November 1750. Im Jahre 1792 theilte Chambord das Schicksal so vieler Herrschaftsschlösser in Frankreich; es wurde von dem revolutionären Pöbelhaufen geplündert. Der Nationalconvent erklärte aber, wie alle königlichen Besitzungen und die Güter der Ausgewanderten, so auch Chambord als Nationaleigenthum. Napoleon I. schenkte 1809 das Schloß dem General Berthier, von dessen Wittwe es eine Gesellschaft von Legitimisten 1821 für 1,850,000 Franken kaufte und dem damals erst ungefähr ein Jahr alten Herzog Heinrich von Bordeaux verehrte, der später auch den Titel eines Grafen von Chambord annahm, unter welchem er in der Verbannung zu Frohsdorf in Niederösterreich am 24. August 1883 gestorben ist. Gegenwärtig wird fleißig am Schlosse ausgebessert, Millionen gehören aber dazu, es in der früheren Pracht wieder herzustellen.

Loire abwärts von Blois liegt das Dorf Chaumont, wo eine große auf fünf Pfeilern ruhende Kettenbrücke den Strom überspannt; 2 km davon liegt auf dem Gipfel eines Hügels das jetzt dem Herzog von Broglie gehörende Schloß Chaumont und es steht noch unverändert da, wie es einst im Mittelalter stolz in's weite Thal schaute. Ein schöner Park mit geschmackvollen Anlagen und von Katharina von Medicis gepflanzten Eichen umgiebt das von vier starken Thürmen flankirte Schloß. Das Schloß hat einen sehr schönen Hof mit Arkaden und eine große Terrasse mit wundervoller Aussicht über das Loiregebiet, die mit jener von St. Germain-en-Laye verglichen wird. Viele Erker und kleinere Thürme sind am Schlosse, dessen sehenswerthes Innere sehr stilvoll eingerichtet ist. Chaumont wird als Burg und zwar besonders als Behausung arger Raubritter schon im Jahre 900, dann 1000 und 1100 genannt — dreimal wurde es zerstört. Im Jahre 1459 baute George d'Amboise auf den Trümmern der alten Burg das Schloß, das wir heute sehen. Von Antoinette d'Amboise kaufte es Katharina von Medicis und gab es nach Heinrichs II. Tode Diana von Poitiers als Ersatz für das schöne Chenonceaux. Während der Revolution erlitt Chaumont keine Zerstörung, weßhalb denn auch so Vieles dort unberührt erhalten geblieben ist.

Berry und Touraine.

Im Lande der Bituriger.

Die öde Sologne südwärts durchkreuzend, gelangt man an die Ufer des Cher, eines Flusses, welcher im Departement der Creuse hart an den Grenzen der Auvergne seinen Ursprung nimmt und in seinem Laufe einen merkwürdigen

Parallelismus zum Allier und später zur Loire bekundet, in welche er bei Tours sich ergießt. Nach ihm, den man gewissermaßen als eine Miniaturausgabe der Loire betrachten könnte, hat das Departement Cher seinen Namen, welches aus einem Theile des Bourbonnais und dem ehemaligen Ober-Berry gebildet wird. Das gesammte Berry oder Berri, ein ehemaliges Lehensherzogthum, an die uns schon bekannten Landschaften des Bourbonnais, Nivernais und Orléanais stoßend, zerfiel in das Ober- und Unter-Berry, welche gegenwärtig die Departements Cher und Indre ausmachen, zu den Römerzeiten aber von dem bedeutenden keltischen Volke der Bituriger bewohnt waren. Aus dem alten Namen des Landes, Biturica, ist wohl das spätere Berry entstanden. Es war der von seinen Brücken, den Bituriges Vibisci an der Garonne, getrennt lebende Stamm der Bituriges Cubi, welcher den im Norden und Osten von Liger, d. i. der Loire begrenzten Landstrich inne hatten. Im Gallischen Kriege, 52 v. Chr., verbrannten die Bituriger ihre Städte und zogen sich nach dem befestigten Avaricum, dem jetzigen Bourges, welches Cäsar jedoch eroberte und verbrannte. Im Jahre 475 unserer Zeitrechnung kam das Land an die Westgothen, unter Chlodovech aber an die Franken, welche es durch Grafen beherrschen ließen, dann an die Karolinger; seit 917 wurde es durch eigene, an Burgund lehenspflichtige Vicomtes regiert, deren letzter, Eudo Arpin, Berry an den König Philipp I. von Frankreich verkaufte. Nun war Berry oft Apanage nachgeborner Prinzen und ward 1360 von Johann zum Herzogthum erhoben. Dieser und mehrere spätere Prinzen führten den Namen eines Herzogs von Berry. Das Land, mit 14.3379 qkm, etwa so groß wie der preußische Regierungsbezirk Cöslin, umfaßt einen Theil der unfruchtbaren Sologne, auch hier ein flaches, sandiges Hügelland mit Sümpfen und Teichen, im Nordosten aber das mit Höhen und Thälern bedeckte Sancerrais, welches nach der Loire hin von größter Fruchtbarkeit ist. Auch in der Mitte des Ober-Berry, im Pays Fort, Pays de Bois-Belle und Pays da la Forêt ist längs des Cher und seines linksseitigen Nebenflusses Arnon fruchtbarer Boden, besonders an Hanf. Die wichtigsten Hülfsquellen des Landes sind aber nebst den ausgedehnten Waldungen die zahlreichen Eisenwerke, die blühende Rinder- und hauptsächlich Schafzucht, endlich die „Chablis" genannten, sehr geschätzten Weißweine. Unter-Berry, d. h. der Hauptbestandtheil des westlich angrenzenden Indre-Departements, umfaßt die Champagne Berrichonne (Bazelle), das Bois-chaud, nämlich Fromentol, Boussacoit und die Terres de la Brosse, dann einen Theil der Landschaft Brenne, deren große flache Wassermassen im Sommer verderblich werden. Auch rechts vom Indre, gleich dem Cher ein linksseitiger Nebenfluß der Loire, in welche er kurz unterhalb des Cher mündet, breiten sich schädliche Teiche und Moräste aus. Das übrige Land ist meist sandig, liefert aber Getreide über das Bedürfniß, und die Hälfte des gewonnenen aber mittelmäßigen Weines kommt in den Handel. Auch in Unter-Berry zieht man viel Schafe, Gänse, Truthühner und gewinnt man Eisen in ansehnlicher Menge.

Die wichtigste und auch der Volkszahl nach bedeutendste Stadt in Berry ist die jetzige Hauptstadt des Cher-Departements, Bourges, das alte Avaricum, welches durch die Umgebung vom Flusse Avara, des jetzigen Auron, und von Sümpfen der festeste Platz der Cubischen Bituriger war. Die Stadt, welche gegenwärtig über 40,000 Einwohner zählt, und fast genau im Mittelpunkte von Frankreich sich befindet, erhebt sich in 155 m recht freundlich an den Gehängen eines Hügels, an der Vereinigung der Flüßchen Auron, Yèvre und Yevrette. Die alten Wälle sind, wie fast überall, zu Promenaden geworden. Das Innere der Stadt ist aber eines der am schlechtesten gebauten in ganz Frankreich, mit zwar breiten und luftigen, aber krummen Straßen und niedrigen schlechten Giebelhäusern, zwischen welchen sich Gärten ausbreiten, so daß Bourges einen sehr beträchtlichen Flächenraum einnimmt. Aber inmitten dieser mangelhaften Umgebung erheben sich mehrere hochinteressante Denkmäler der Baukunst, vor allen die dem heiligen Stephan geweihte Kathedrale, eine der schönsten in Europa, mit zwei Thürmen, deren südlichster unvollendet geblieben, herrlich in ihren Verzierungen erhalten, so daß sie eben erst vollendet zu sein scheint. Sie ward aber schon im dreizehnten Jahrhundert auf den Fundamenten einer älteren Basilica erbaut. Die Notre-Dame- und die Saint-Bonnet-Kirche stammen wohl aus den Jahren 1157 und 1250, sind aber 1520 und 1510 neu aufgeführt worden. Bemerkenswerth ist auch der erzbischöfliche Palast mit seinem von Le Nôtre entworfenen und dem Publicum geöffneten Garten; dagegen würde Niemand in dem heutigen Präfecturgebäude die Ueberreste des alten Schlosses der Herzoge von Berry vermuthen. Ein köstliches Denkmal der Renaissancezeit ist der Justizpalast, das frühere Wohnhaus des berühmten Finanzmannes, Jaques Coeur, welcher in Bourges als Sohn eines Kürschners das Licht der Welt erblickte und durch seine wechselvollen Geschicke sich die Theilnahme aller Zeiten gesichert hat.

Das Geburtsjahr des seltenen Mannes steht nicht fest, dürfte aber an das Ende des vierzehnten Jahrhunderts fallen. Wir hören von ihm zuerst anläßlich einer Reise nach Syrien und Aegypten, auf welcher er 1432 Handelsbeziehungen anknüpfte und in Montpellier ein Comptoir errichtete, welches das Privilegium erhielt, mit den Ungläubigen zu handeln. Damit erwarb Jaque Coeur bald einen ungeheuren Reichthum; er besaß zwölf Schiffe auf dem Mittelländischen Meere nebst 300 Agenten in dem Binnenlande so wie in den Häfen, und verdiente mehr als alle Kaufleute in Frankreich zusammengenommen. Im Jahre 1435 ward er Münzmeister zu Bourges, 1436 zu Paris und stieg zum Range eines Finanzministers Königs Karl's VII. empor, dessen Finanzen er in Ordnung brachte, indem er Ehrlichkeit und Gerechtigkeit, was damals unerhört war, als leitende Principien für die Finanzwirthschaft aufstellte. Coeur blieb auch lange in Gunst bei dem schwachherzigen Monarchen, der ihn 1440 in den Adelstand erhob und mit wichtigen Sendungen nach Genua und Rom betraute. Der einstige Kaufherr war jetzt so reich, daß er vier Heere besolden konnte, mit denen Karl VII. die Normandie eroberte. Natürlich schuf ihm das zahlreiche Feinde und Neider, welche ihn endlich durch falsche Anklagen zu stürzen verstanden. Er wurde 1453 zu 40,000 Thaler Strafe verurtheilt, ins Gefängniß geworfen, seine Güter wurden die Beute seiner Ankläger und seine Kinder geriethen in das größte Elend. Im Jahre 1455 floh er nach Marseille und von da nach Rom, wo er beim Papste Nikolaus V. gute Aufnahme fand. Das Jahr darauf ernannte ihn Calixt III. zum Generalcapitän der Kirche gegen die Ungläubigen und gab ihm den Auftrag, mit einem Theile der päpstlichen Flotte die von den Türken bedrohten griechischen Inseln zu vertheidigen. Noch im nämlichen Jahre aber starb Jaques Coeur am 25. November auf Chios. Karl VII. gab seinen beiden Söhnen einen kleinen Theil von Coeur's Gütern zurück, aber erst Ludwig XI. brachte das Gedächtniß seines engeren Landsmannes wieder zu Ehren. Wie Coeur, dessen Bronzestandbild jetzt einen der Plätze der Stadt schmückt, war nämlich auch Ludwig XI. zu Bourges geboren, und dieser Fürst war es, welcher 1464 in seiner Vaterstadt eine Universität stiftete. Das heutige Bourges ist stolz auf seine Museen, Sammlungen und gelehrten Gesellschaften, verschmäht aber auch nicht die Industrie, namentlich die Erzeugung von Wollwaaren, und treibt lebhaften Handel mit Getreide, Hanf, Häuten und Holz. Die Wollindustrie blüht auch in dem nahen Städtchen Mehun-sur-Yevre, welches nebenbei auch noch Leinwand und Porzellan erzeugt und inmitten von Weinbergen und schönen Wiesen liegt. Doch würde ich dieserhalb desselben an dieser Stelle wohl nicht gedenken, wäre Méhun nicht ein Lieblingsaufenthalt König Karl's VII. gewesen, mit welchem für Frankreich das Mittelalter seinen Abschluß findet. Karl VII. ließ dort ein von seinem Großoheim, Herzog Johann von Berry, begonnenes Schloß vollenden, dessen Herrlichkeit der Ausstattung wie Pracht der Lage von den Zeitgenossen ungemein gepriesen wird. In diesem Bau war es auch, daß der wankelmüthige König, nachdem die Anschläge seines Sohnes und Nachfolgers, Ludwig's XI. in ihm die Furcht vor Vergiftung hervorgerufen und er sich längere Zeit des Essens enthalten, am 22. Juli 1461 verhungert aus dem Leben schied. Von dem stolzen Schlosse sind nur noch Ruinen zu sehen.

Unter-Berry oder das Departement des Indre bietet nur wenig Bemerkenswerthes. Blos im äußersten Süden verdient das aus dem zwölften Jahrhunderte stammende Schloß Chateaubrun im Thale der Creuse und unfern von dem unbedeutenden Orte Eguzon Erwähnung. Ein Denkmal anderer Art, — wenn dieser Ausdruck hier statthaft ist — mag man in dem allerdings mehr einem Bürgerhause ähnelnden Schlößchen von Rohant-Vicq, 6 km nördlich von dem Städtchen La Châtre, erblicken. Es war dies nämlich das Eigenthum der unter dem Namen George Sand bekannten französischen Schriftstellerin, welche hier viele Jahre ihres Lebens, zum Theil im vertrautesten Verhältniß mit dem Musiker Chopin, zubrachte und dort auch mehrere ihrer Werke schuf. In Nohant und Umgebung wissen die Leute wenig oder gar nichts von dem Wirken jener genialsten und hervorragendsten aller weiblichen Schriftsteller der Gegenwart, kümmerten sich auch nicht um das Treiben der mittelbar aus königlichem Blute stammenden Frau, welches nicht immer mit der landläufigen Zucht und Sitte im Einklang stand, sondern erinnerten sich, als die zweiundsiebzigjährige Greisin inmitten ihrer Kinder und Enkel zu Nohant die Augen schloß, blos der unzähligen Wohlthaten, welche die bonne dame, wie der Volksmund sie nannte, den Armen erwiesen hatte. Die bedeutendste Stadt des Departements ist zugleich dessen Cheflieu Chateauroux, am linken Ufer des Indre in 158 m Seehöhe. Sie ward im zehnten Jahrhundert von Raoul de Déols gegründet, der hier sein Schloß Chateau-Raoul baute, woraus der heutige Name entstanden ist. Chateauroux, die Vaterstadt des treuen Gefährten Napoléon's I., Marschall Bertrand's, dessen Bronzebildniß eine der Promenaden schmückt, besitzt 21,000 Einwohner, Tuch- und Tabakfabriken und liegt zwischen weiten Wiesen am Chemin de fer du centre. Issoudun, das uralte Uxellodunum, verdankt den Feuersbrünsten, die es wiederholt verheerten, daß sein Aussehen sich immer freundlicher gestaltet, sich immer mehr modernisirt. Im Handel lange etwas zurückgeblieben, treibt es doch allerlei Industrie und Manufactur. In seiner Umgegend stößt man noch auf verschiedene Denkmäler aus gallischer Zeit.

Sitten und Gebräuche in Berry.

Die „Druidensteine“, wie man sie gewöhnlich nennt, haben wie an vielen Orten, so auch hier die römische und fränkische Herrschaft, den Polytheismus und das ursprüngliche Christenthum überdauert, und sind in Berry Gegenstände der Verehrung und der Sitz eines eigenthümlichen, geheimnißvollen Cultus geblieben, welcher unter dem Scheine der allgemeinen Religion kabbalistische Tendenzen verbirgt. Was am allerschwersten aus der Seele des Landmanns auszurotten war, ist unstreitig die Verehrung des Gottes Terminus, da mit dem Menschen, dessen Leben in enge materielle Schranken eingeschlossen ist, der Grenzstein gleichsam mit seinem ganzen Sein und Denken zusammenhängt. Sein Acker, seine Wiese, sein Landgut — das ist seine Welt. Auf diesem Fleckchen Erde däucht er sich Herr zu sein, weil er sich verhältnißmäßig frei fühlt und von keinem Andern unmittelbar abhängt. Jener Stein, welcher dem Nachbar die Furche bezeichnet, wo sein Reich beginnt, ist mehr ein Sinnbild als eine Grenze, es ist beinahe ein Gott, ein geheiligter Gegenstand.

Bei den Bauern im Innern Frankreichs, wo sich die uralten Sitten vorzugsweise erhalten haben, reicht die Achtung vor dem Eigenthume nicht in allen Fällen aus, und dieselben suchen mehr bei der Religion der Vergangenheit als bei dem Grundsatz der öffentlichen Billigkeit Hülfe gegen einander. Man macht sich eben kein Gewissen daraus, seinen Acker alljährlich um eine Furche nach dem arglosen Nachbar hin zu vergrößern. Aber dabei wird nur irgend ein allen Augen sichtbarer Stein von seiner Stelle gerückt, so daß man im Nothfalle sagen könnte, der Zufall habe diese Versetzung bewirkt. Endlich bemerkt der übervortheilte Besitzer, daß zehn Furchen von seinem Acker verschwunden sind; er bekümmert sich über den Verlust, er beklagt sich und ruft das Gedächtniß seiner anderen Grenznachbarn (joux tans) zu Hülfe. Wenn der Kläger nun die Schiedsrichter versammelt hat, so bezeichnet man den Landstrich, der dem Letzteren betrüglicher Weise entrissen worden ist, und sucht den wahren Grenzstein auf, welcher noch immer mit dem lateinischen Namen jus (Recht) benannt wird: die uralte Grenzsäule, durch deren Verrückung der Schuldige ein an und für sich weit größeres Verbrechen, als der Betrug ist, auf sich geladen haben würde. Derselbe wird fast immer aufgefunden. Es ist ein bedeutend dickerer Stein als alle übrigen und ist so tief in die Erde gesenkt, daß das Pflugmesser denselben nicht mehr zu erreichen vermag. Dieser rohe Stein ist der alte Gott. Um ihn von seiner Stelle zu verrücken, wäre zweierlei erforderlich gewesen: eine Kühnheit des Skepticismus, deren oft selbst der Unglaube nicht fähig ist, und eine ganz besondere Arbeit, deren Spuren das Verbrechen augenscheinlich gemacht haben würden. Der Schuldige hätte bei Nacht und mit verschiedenen Geräthschaften kommen und die Zeit wählen müssen, wo das Land brach liegt und das aufgewühlte und zertretene Getreide so wie die zerstörte Furche ihn nicht verrathen können. Außerdem ist die Verrückung der Grenzsäule eine schwierige Arbeit, wobei der, welcher sie unternimmt, in Gefahr kommt, nicht allein damit fertig zu werden. Er bedarf eines oder mehrerer Mitschuldigen. Um einige Furchen zu gewinnen, setzt man sich nicht gerne der Möglichkeit aus, durch die letzteren verrathen zu werden.

Wenn die Besichtigung der Schiedsrichter geschehen ist, wenn jeder seine Stimme abgegeben und erklärt hat, wo das ursprüngliche jus sein muß, so gräbt man an der bezeichneten Stelle nach und findet den unter der fortdauernden Erhöhung des Bodens verschwundenen Gott. Der falsche Gott wird zertrümmert und die Grenze auf's Neue bezeichnet und geweiht. Der Betrüger kommt ohne Strafe davon, wenn er erklärt, daß er sich getäuscht, daß ein dicker, durch die Feldarbeit nach und nach fortgerückter Stein seinen Irrthum herbeigeführt habe und daß er bedauere, nicht eher davon benachrichtigt worden zu sein. Dies läßt allerdings einige Zweifel über, aber er hat doch das wahre jus nicht berührt, er ist nicht entehrt.

Gewöhnlich ragt das jus einige Centimeter aus der Erde hervor, und wird am Palmsonntage mit einem geweihten Buchsbaumzweige geschmückt, so wie der Grenzstein bei den alten Römern mit einer Kette oder einem Kranz geziert wurde. Die Reinigungsgewässer empfangen ebenfalls alljährlich gewisse Ehrenbezeugungen und werden auf's Neue geweiht. Dieselben heilen Uebel verschiedener Art, besonders Wunden, Lähmungen und andere Gebrechen. Die Kranken tauchen ihre Glieder in demselben Augenblick hinein, als der Priester den Segen ausspricht; die mit dem Fieber Behafteten trinken ohne Bedenken aus demselben Strom.

Wie sehr der Bauer in Berry noch an manchen, offenbar aus dem Heidenthum stammenden religiösen Gebräuchen hängt, zeigt folgende Geschichte, welche einem Pfarrer seiner Gemeinde gegenüber begegnet ist: „Als ich meine erste Pfarrstelle betrat", erzählte der Pfarrer, „sah ich den Sacristan aus einer Truhe mehrere kleine, grob aus Holz geschnitzte, höchst unanständige Figuren hervorziehen, welche ich weihen sollte. Dieselben waren das Fabricat eines im Kirchspiele wohnenden Wagners, welcher sie nach dem Muster alter, vermeintlicher guter Heiliger, berühmter Helfer in allen Arten physischer Uebel, verfertigt hatte. Diese Muster waren ohne Zweifel mittelalterliche Dämonenbilder gewesen, welch letztere selbst nur die überlieferte Erinnerung der obscönen Götter des Heidenthums waren. Mein Vorgänger hatte den Muth gehabt, dieselben in's Feuer zu werfen, aber gleich darauf hatte eine epidemische Krankheit die Gemeinde heimgesucht, und meine abergläubischen Beichtkinder bezeichneten die Vernichtung jener Bilder als die Ursache der Plage. Der Wagner hatte sich auch anheischig gemacht, neue zu verfertigen, welche ebenso gut sein würden, wenn sie geweiht und hinter dem Hochwürdigsten hergetragen worden seien. Ich weigerte mich auf das Entschiedenste, eine solche Entweihung zu begehen; ich nahm die neuen Heiligen und warf sie gleich meinem Vorgänger in's Feuer. Allein diese Kühnheit hätte ich beinahe mit dem Leben bezahlt. Meine Pfarrkinder rotteten sich wider mich zusammen, und ich sah mich genöthigt, einen Vergleich zu schließen. Ich ließ neue Heilige kommen, irgend welche Figuren, die etwas weniger häßlich und bedeutend anständiger aussahen, welche ich weihte und unter dem Namen der alten Beschützer des Kirchspiels zu verehren erlaubte. Ich gewahrte bald, daß der Cultus der Bauern vollkommen götzendienerischer Art ist und daß ihre Huldigung sich nicht mehr an das geistige Wesen richtet, an welches die Bilder erinnern, sondern daß sie an das Bild selbst, an den Stein oder das geformte Holz glauben, dieses grüßen und zu ihm beten. Meine neuen Heiligen gewannen nie Credit bei meiner Gemeinde. Sie waren nicht ‚gut', sie heilten nicht. Ich vermochte meinen Pfarrkindern nie begreiflich zu machen, daß kein Bild mit Wunderkraft in dem materiellen Sinne begabt ist, welchen der Aberglaube daran knüpft."

Dieser Pfarrer steht mit seinen Klagen über den Materialismus der

Bauern nicht vereinzelt da. Manche Seelsorger verbieten es, den geweihten Buchsbaumzweig an den Ecken der Felder als ein Schutzmittel gegen den Hagel anzuwenden und Wallfahrten zur Heilung der Thiere zu unternehmen; aber man hört nicht auf dieses Verbot und sucht die würdigen Pfarrer sogar zu täuschen. Man erzwingt ihre Segnungen, denen man eine magische Kraft zuschreibt, indem man den Geistlichen einen ganz anderen Zweck angiebt als den, welchen man mit dem zu weihenden Gegenstande zu erreichen hofft. Man bringt sehr gerne geweihte Dinge mit Zaubereien in Verbindung, wobei unter geheimnißvollen Namen verschiedene, dem Christenthum fremde Gottheiten ganz leise angerufen werden.

Ganz eigenthümliche und verwickelte Gebräuche herrschten auch noch vor einem Menschenalter bei der am Abende vor der Hochzeit stattfindenden Ueberbringung der Geschenke, welche der Bräutigam der Braut verehrt: es ist ein ganzes höchst naives und poetisches Drama, welches im Berry vor und in der Wohnung der Braut aufgeführt wird. Um die Stunde des Abendessens beginnt dasselbe. Allein im Hause der Braut ist kein Abendessen bereitet. Die Tische stehen an der Wand, das Tischtuch ist versteckt, und der Herd leer und kalt, was für Wetter es auch sein mag. Alle Eingänge (huisseries) des Hauses sind mit der äußersten Sorgfalt von innen verschlossen und auf furchtbare Weise verrammelt: Thüren, Fenster, Dachluken und Kellerlöcher. Ohne den Willen der Braut oder ohne einen heftigen Kampf, eine wahrhafte Belagerung, kann Niemand hereindringen. Die erstere, von ihren Eltern, Verwandte, Freunden und Nachbarn umgeben, erwartet so die Ankunft des Bräutigams. Der „junge Bräutigam“ — denn „jung“ wird derselbe stets genannt, in welchem Alter er auch stehen mag, und in der That pflegt es in Berry allezeit ein Bursche zu sein, dessen Kinn noch mit Milchhaar bedeckt ist — erscheint darauf mit seinem Anhange (parti), d. h. seinen Eltern, Freunden und Nachbarn. Neben ihm schreitet ein Bursche, welcher einen mit Blumen und Laubwerk geschmückten Bratspieß trägt, auf dem eine Gans steckt, welch letztere gleichsam den Mittelpunkt bildet, um den sich die ganze Ceremonie dreht. Ihnen folgen die Träger der Geschenke und die „feinen“, d. h. geschickten und erfahrenen Sänger, welche mit denen der Braut einen Wettkampf zu bestehen haben. Eine Salve von Gewehrschüssen verkündet, daß der Bräutigam mit den Seinen naht. Nachdem man lange, aber vergeblich versucht hat, durch Ueberrumpelung in das Haus einzudringen, klopft man an der Thüre.

„Wer ist da?“ ertönt es drinnen.

„Arme, ermüdete Pilgrime (oder verirrte Jäger), welche um ein Plätzchen am Herd bitten“, lautet die Antwort.

Man erwidert ihnen, daß der Herd kalt und für sie kein Platz am Tische sei; man schilt sie und nennt sie Bösewichter oder heimathlose Landstreicher. Auf diese Weise wird lange verhandelt; der Dialog ist stets höchst eigenthümlich und manchmal sogar voll Geist und Poesie. Endlich räth man den draußen Stehenden ein Lied anzustimmen, um sich die Langeweile zu vertreiben, oder um sich zu erwärmen, wenn es ein Winterabend ist; jedoch fügt man die Bedingung hinzu, etwas zu singen, was der im Hause versammelten Gesellschaft nicht bekannt ist. Darauf beginnt nun ein Liederwettkampf zwischen den Sängern des Bräutigams und jenen der Braut; denn auch diese hat ihre geschickten Sänger (chanteux fins) und überdies ihre erfahrenen Sängerinnen: Matronen mit meckernder Stimme, welche man nicht täuschen kann, wenn man ihnen Altes für Neues giebt. Kennt die Gesellschaft im Hause das draußen angestimmte Lied, so unterbricht sie dasselbe, indem sie den zweiten Vers singt, und jene müssen ein anderes beginnen. Auf diese Weise bringen die Begleiter des Bräutigams oft drei Stunden in Wind und Regen zu, ehe sie nur eine einzige Strophe zu vollenden vermögen, so reich ist das Repertoire der im Berry üblichen Lieder, und so gut ist das Gedächtniß der wackeren Sänger. Jede siegreiche Erwiderung im Innern des Hauses ist von schallendem Gelächter auf der einen und von Verwünschungen auf der andern Seite begleitet. Endlich wird eine der Parteien besiegt und man stimmt nun das Hochzeitslied an:

„O öffne doch die Thür,
Mein trautes Bräutlein, mir;
Ich bring Dir viel Bänder, hübsch und fein,
Ach Liebchen mein, ach laß uns ein!“

„Mein Vater trauert gar sehr,
Meine Mutter noch viel mehr;
Meine Ehre ist gar theuer mir,
Nicht öff'n ich zu dieser Stund' meine Thür.“

Die Draußenstehenden müssen ebenso viele Strophen singen und beim dritten Vers ebenso viel verschiedene Gegenstände nennen, als die Zahl der Geschenke beträgt. Diese Geschenke werden „Livrées“ genannt. Bis auf das Hundert Nadeln wird Alles und Jedes, was diesen bescheidenen Brautschmuck bildet, aufgezählt, worauf die unbestechliche Braut stets erwidern läßt, daß ihr Vater betrübt, ihre Mutter in zu großer Traurigkeit sei und daß sie ihre Thüre nicht zu solcher Stunde öffne. Endlich kommt die Schlußstrophe an die Reihe, in welcher es heißt:

„Einen schönen Gatten bring' ich Dir“

und nun öffnet sich die Thür. Aber dies ist das Signal zu einem wilden Getümmel: der Bräutigam muß den häuslichen Herd in Besitz nehmen, er muß seinen Bratspieß darauf befestigen und das Feuer anzünden. Die Anhänger der Braut widersetzen sich und wollen nur der Gewalt weichen; die Frauen flüchten mit den Greisen auf die Bänke und Tische; die erschreckten Kinder kriechen unter die letzteren; die Hunde heulen und die Flinten krachen: es ist ein Kampf, der ohne Erbitterung gekämpft wird und in dem keine absichtlichen Wunden geschlagen werden, in welchem aber das Ehrgefühl dennoch so stark in Anregung kommt, daß Jeder seine ganze Kraft und Geschicklichkeit aufbietet, um seiner Partei den Sieg zu verschaffen, wodurch dann oft schwere Verletzungen herbeigeführt werden. Nachdem vor etwa vierzig Jahren einer der Gäste in einem solchen Ehrenkampfe im wahren Sinne des Wortes gespießt wurde, ist diese Sitte ganz abgekommen. Man hätte sich darauf beschränken können, nur den Kampf abzuschaffen; allein da die Eroberung des Herdes der symbolische Zweck der ganzen Ceremonie war, so meinte man, daß die übrigen Einzelnheiten ohne jene keinen Sinn haben. Dies ist insofern zu bedauern, als nunmehr manche Lieder, welche vor der Thür gesungen wurden, besonders die schöne Melodie des: „O öffne doch die Thür!“ verloren gehen.

Hatte der Bräutigam den Bratspieß mit der Gans auf dem Herde befestigt, so mußte er noch eine letzte Probe bestehen. Man setzte drei junge Mädchen nebst der Braut auf eine Bank und bedeckte sie mit einem Tuche, worauf jener, dem nur verstattet war, die Verhüllten mit einem kleinen Stäbchen zu berühren, auf den ersten Blick seine künftige Gattin herausfinden und bezeichnen mußte. Wenn er sich irrte, so war er verurtheilt, während des ganzen Abends nicht mit seiner Braut zu tanzen — denn auf alle jene Ceremonien folgten Tanz, Abendessen und Gesang bis zum hellen Morgen. Die Freuden und Schwelgereien einer Hochzeit dauerten drei Tage und drei Nächte ununterbrochen fort.

Die Touraine.

Ich schließe an die Schilderung des Berry sogleich jene der benachbarten Touraine an, weil in der That beide Gebiete eine gewisse geographische Zusammengehörigkeit bekunden, weil sie auch geschichtlich verwandte Schicksale hatten und für Frankreichs Entwickelung ähnliche Rollen spielten, trotz mancher Abweichungen im Einzelnen. Die Touraine ist eine altfranzösische Landschaft, zwischen den Provinzen Maine, Anjou, Poitou, Berry und Orléanais, welche das jetzige Departement Indre-und-Loire und einen Theil des Departements der Vienne ausmacht und ehemals in die Varennes, die flache, fette Champeigne, zwischen Indre und Cher, die nach Berry übergreifende feuchte, sumpfige Brenne, das Plateau von St. Maure mit seinen unermeßlichen Massen fossiler Muscheln, faluns genannt, welche fast 22 km Länge bei $7^1/_2$ km Breite einnehmen und für das Düngen der Aecker von großer Wichtigkeit sind, ferner in das reiche fruchtbare Véron zwischen Loire, Indre und Vienne, endlich in die trockenen und dürren Gâtines, rechts von der Loire eingetheilt war. Hauptstrom der Touraine ist die Loire, in welche hier von rechts die Brante, links aber der Cher, Indre und die Vienne mit der Claise einmünden. Die Ufer der Loire sind mit Weinbergen, Städten und Schlössern besetzt, ähnlich wie im Orléanais. Wegen dieser, so wie wegen seines milden Klimas und seiner fruchtbaren Thäler hat die Touraine immer für einen der schönsten Theile Frankreichs gegolten und ward sogar als dessen Garten bezeichnet. Bei aller Fruchtbarkeit ist aber von schönen Gegenden nicht die Rede; den von der Loire entfernten Reisenden ermüden überall unbebaute Steppen; das Land bringt kaum den Bedarf an Getreide auf; fast ein Sechstel des Bodens ist erträgnißlos; aber der Ertrag der reichen Thäler, besonders an Wein, nebenbei auch an Hanf, Bohnen, Pflaumen und Nüssen, von welchen Artikeln beträchtliche Mengen zur Ausfuhr gelangen, ist sehr bedeutend. Dennoch sind noch große Verbesserungen in der Cultur und in allen Zweigen der Industrie wünschenswerth.

Die Touraine bildete seit 941 eine besondere Grafschaft, kam dann im Jahre 1045 an die Grafen von Anjou, später an die Plantagenet und 1203 an die Krone Frankreich. Im Jahre 1360 erhob König Johann die Touraine für seinen Sohn Philipp den Kühnen zu einem Herzogthume, übergab es aber 1370 seinem zweiten Sohne Ludwig. Dann erhielten die Touraine 1386 Ludwig, zweiter Sohn Karl V., und 1416 Karl, des Vorigen jüngerer Bruder. Als dieser König wurde, gab er 1424 dem Grafen Archibald von Douglas das Herzogthum, dessen Titel seine Nachkommen bis auf Jakob VII. führten. Erst 1584 ward es wieder mit der Krone vereinigt. Obwohl ohne die gepriesene landschaftliche Schönheit, ist diese Touraine doch für den Reisenden ein sehr anziehendes Land. Die Veränderungen in den Wohnungen und Sitten des Volkes, in dem Zustande des Bodens und der Häuser sind wahrscheinlich, seit das Land zu England gehörte, nicht in großer Zahl vor sich gegangen, selbst wo die Häuser erneuert oder neu aufgebaut wurden. Die Festungen, die Klöster, die Feudalschlösser sind allerdings zerfallen und in Ruinen, aber die Localität und ihre Züge, Wälder, Baum- und Weingärten, Alleen, Fischteiche, Straßen sind noch wo, und wahrscheinlich auch so ziemlich wie sie im dreizehnten Jahrhunderte waren. Den Salamander, das Wappen der herzoglichen Familien von Poitou und Guienne, sieht man noch auf dem behauenen Schlußstein manchen Thores und Säulenganges um Tours, Saumur und anderer Städte an der Loire. Das heutige England ist nur eine Leinwand, auf der ein altes Gemälde gemalt war, während ein neues fast jeden Zoll der alten Arbeit deckte; die Touraine ist aber noch ein altes Gemälde trotz alles Waschens und Wischens der Künstler der Revolution, theilweise zwar morsch und wurmangefressen, aber die ursprünglichen Umrisse und Farben sind noch in einigen Ecken der Leinwand zu bemerken, und in den Wohnungen und dem ganzen Haushalt des Volkes noch lebendig. Das altmodische Bauernhaus aus der Zeit vor der Revolution ist ein geräumiges Gebäude mit niedrigen Seitenmauern, die unter einem Berg von Dach begraben sind, und sehr massive Balken von Eichen- oder Nußbaumholz stützen den oberen Stock, dessen Fenster kaum hervorschauen zwischen dem dicken Stroh- und Binsendach, das sich im Laufe vieler Generationen, Schichte um Schichte, aufgehäuft zu haben scheint. Der Erdstock ist getheilt in eine große Küche, welche der gewöhnliche Sammelplatz der Familie ist, und in ein inneres Zimmer, ähnlich wie es in Schottland der Fall war und ist; aber in diesem reicheren Lande sind die Wohnungen besser, als sie je in Schottland, vielleicht als sie je in England für die arbeitende Landbevölkerung waren, weil das Baumaterial, Roggenstroh oder Binsen zum Dach, Holz, Ziegel oder Steine zur Aufführung der Mauern, wenig Handelswerth hatte in einem Lande, wo es gar keine oder nur schlechte Straßen giebt und somit nur an Ort und Stelle zu verwenden war. Ein Lieblingsmöbel in diesen alten Wohnungen der Bauern in der Touraine ist ein großer schimmernder Schrank von Nußbaumholz, der vom Boden bis an die Decke reicht und geschnitzte Flügelthüren hat, die in glänzenden Angeln von polirtem Stahl hängen. In den besten Zimmern wohlhabender Bauern stehen vier solcher Kästen mit allem Leinenzeug und andern werthvollen Gegenständen des Haushalts einander gegenüber.

Auch nach anderer Hinsicht ist die Touraine interessant. „Die große Rolle," sagt der bedeutendste französische Geograph der Gegenwart, Elysée Reclus, „welche namentlich den Gegenden an der mittleren Loire zugefallen, ist, daß dieselben mehr als jede andere Provinz Frankreichs zur Entstehung und Entwickelung der französischen Nationalität beigetragen hat. Im Süden durch die Massen der Centralerhebung mit ihrer dünn gesäeten Bevölkerung, im Osten durch die Morvanberge, im Westen durch die Granitregion des Poitou und der Bretagne geschützt, ist das Gebiet der mittleren Loire nur von Norden her feindlicher Ueberfluthung leichter zugänglich, demnach aber auch hier durch die Niederung der Seine gedeckt. Lothringen und Champagne, Picardie und Isle-de-France bildeten die Schutzmarken für das Orléanais und die Touraine. So konnte sich das eigentliche französische Wesen vor Allem im Süden der großen Loire-Krümmung entwickeln und befestigen; hier treffen wir Geist und Sprache Frankreichs am eigenthümlichsten und vollendetsten ausgebildet. Obgleich noch während eines großen Theiles des Mittelalters die Langue d'oc auf den Tafellanden in der nächsten Umgebung der mittleren Loire gesprochen wurde, so ist heute doch die Sprache des Paysan tourangeau die wahre Langue d'oui in ihrer ganzen Reinheit und Reichhaltigkeit. Die Touraine ist die Heimath derjenigen Franzosen, welche ihre Sprache am besten gesprochen haben, des Guillaume de Lorris (gest. 1240), des ersten Verfassers des Romans De la rose, und seines Fortsetzers Jean de Meung (gest. um 1310), des Honoré de Balzac (geb. 1799 zu Tours) und vor Allem des François Rabelais, der ihre Kraft und Fülle am tiefsten erfaßt hat." Will man überhaupt die Mitte, das eigentliche Gleichgewichtscentrum der französischen Nationalität suchen, so ist es nicht der politische Mittelpunkt Paris, sondern gleich weit von Alpen und Bretagne, von Pyrenäen und Ardennen entlegen, die Gegend der mittleren Loire. Hier finden sich zu einem harmonischen Ganzen von bon sens und fröhlichem Humor, von Witz und Ernst die so heftigen Gegensätze verschmolzen, welche der Bretone und Provençale, der Bearner und Lothringer neben einander gestellt zeigen würden.

Wer freilich heutzutage aus dem Getriebe der Seine-Hauptstadt herabkommt in jene historischen Städte an der Loire, nach Orléans und Tours, nach Blois und Angers, den mag leicht das Gefühl überkommen, wie es beim Anblick mancher berühmten Stadt Italiens wach wird. Der geräuschvollen lebendigen Vergangenheit ist die stillere Gegenwart gefolgt. „Sie schlafen," sagt Michelet, „unter dem Murmeln des Stromes, diese vielberufenen, vielumstrittenen Städte der Loire." Nur der Kriegslärm unserer Zeit hat sie wieder aus diesem Schlafe gerüttelt, und es ist wieder lebendig geworden auf den Brücken von Gien und Jargeau, von Orléans und Tours, und auf den altersschwarzen Mauern von Meung und Beaugency. Aber seither sind sie in ihren ehrwürdigen Schlummer zurückgesunken. Diesen Eindruck empfängt der Reisende, welcher von Orléans und Blois kommend, vielleicht in dem Städtchen Amboise aussteigt, wo sich gegenwärtig eine der wichtigsten Feilenfabriken Frankreichs befindet. Einst war Amboise eine der mächtigsten Festungen, das Thor der Touraine genannt. Jetzt ist sein an Erinnerungen reiches schönes Schloß zur Hälfte eine Ruine. Zu Cäsars Zeiten schon war Amboise, als Ambacia eine Veste, in die der Eroberer Galliens römische Besatzung legte. Das Schloß liegt hoch und beherrscht einen Theil des Loire-Flußgebiets; weit schweift von seinen Zinnen das Auge in die Ebene hinaus. Amboise diente hauptsächlich als sicheres, strengeres Gefängniß; frohes Lachen und Spiel haben diese Mauern damals nie gehört, wohl aber Verwünschungen und Thränen. Von den alten Gebäuden stehen nur noch die beiden mächtigen massiven Thürme, der Donjon und die Schloßfaçade an der Loire mit den Bogengängen, alles Andere ist zerstört. Der Fluß hatte früher ein anderes Bett und floß hart unter dem Schlosse vorüber, statt wie jetzt weiter oben. So konnte Katharina von Medicis, deren Namen wie jenem Dianens von Poitiers man auch hier wieder begegnet, durch eine Fallthüre aus ihrem Boudoir die Mißliebigen in die Loire verschwinden lassen und vom großen Altan herunter die der Ketzerei Beschuldigten den gleichen Weg senden. Die Chambre des Etats, in welcher mit Folterbank und Zangen vorgegangen wurde, ist jetzt ebenfalls halb zerstört und im Umbau begriffen. Im nördlichen Thurm des Schlosses saß eine Zeitlang, 1847—1852, Abd-el-Kader gefangen, als man ihn von Pau nach Amboise gebracht hatte.

Auf einer weiten Ebene am Cher liegt südöstlich von Amboise das präch-

23*

tige Schloß Chenonceaux, die Perle der Touraine. Von einem Oberfinanzeinnehmer, Thomas Bohier, 1515 gegründet, wurde es 1535 Krongut; Heinrich II. schenkte es der „éternelle jeunesse“, Diana von Poitiers, die den Bau noch fortsetzen ließ, später aber es an Katharina von Medicis abtreten mußte. Auch die unglückliche, liebliche La Vallière hat Chenonceaux bewohnt; ihr Name ist im französischen Volksmunde gerade so geläufig, ihre Erinnerung lebt ebenso fort, ja vielleicht noch mehr wie die der Königinnen. Louise Françoise de la Baume le Blanc de la Vallière war 1644 auf dem Schlosse la Vallière, neun Stunden nordwestlich von Tours, geboren und hinkte ein wenig, war aber sehr anmuthig und noch ganz mädchenhaft naiv. Von all den zahlreichen Maitressen am französischen Hofe war sie die Einzige, die ein wahrhaft weibliches Herz besaß; sie hat Ludwig XIV. geliebt ohne alle Hintergedanken, mit wahrer Zärtlichkeit und war dabei schamhaft, sittsam und schüchtern. Ohne Ueberrumpelung wäre sie nicht gefallen.

„Den Zugang zum Schlosse Chenonceaux“, so berichtet aus allerneuester Zeit Adelma von Vay, „vermittelt eine mächtige Platanenallee, 1 km lang; zwei Sphinxe von Stein ruhen auf riesigen Sockeln am Eingang. Inmitten des Parkes, über den Fluß Le Cher gebaut, steht das prachtvolle Schloß. Was jetzt Parkanlagen sind, war einst Festung; das Ganze ist von Festungsgräben umgeben, deren Wasser klar und rein ist. In alter Zeit hieß Chenonceaux La Forterresse de Marque. An beiden Ufern des Cher liegen zwei mächtige Bauten mit gewaltigen Eckthürmen, verbunden durch eine Gallerie, ein wahrer Wunderbau, der auf drei starken Pfeilern im Flusse ruht. Zu beiden Seiten befinden sich Zugbrücken; sind diese gehoben, so umgiebt Wasser von allen Seiten das stolze Gebäude. Viele Thürmchen und ein spitz zulaufendes Dach zieren das Schloß, das Hauptportal desselben ist reich geschnitzt, jede Schießscharte selbst zeigt prächtige Ornamente. Der Bau steht auf der einstigen Mühle Le Marque. Der Eingang ins Schloß ist ein breiter, gewölbter Gang, rechts und links sind Säulen und Zimmer ganz ohne ineinandergehende Verbindung; jedes Zimmer hat seinen Austritt in das Vestibül, das mit Waffen, geschnitzten Stühlen und Truhen reich geschmückt ist. Links vom Eingang ist die Salle des Gardes, jetzt ein Speisesaal, aus welchem man in die Kapelle geht, die sich in einem großen Thurm befindet. Im Speisesaal ist ein prachtvoller großer Kamin, über demselben das Wappen der Reine Claude: der mit einem Pfeil durchbohrte Schwan. Die Treppe zum ersten Stock ist durchgehends gewölbt und architektonisch verziert.“

Wandern wir vom Cher nach den Ufern des in seinem Unterlaufe mit ersterem annähernd parallel laufenden Indre, so erweckt uns das in 90 m Meereshöhe und amphitheatralisch gebaute Städtchen Loches, welches heute an dem etwas prosaischen Ruhme zehrt, die sogenannten Prünellen von Tours zu liefern, die Erinnerung an eine andere Königsmaitresse, an die erste von Allen, an Agnes Sorel. Auch sie war ein Kind der Touraine, geboren um 1409 oder 1410, wofür man jedoch keine gute Autorität besitzt, im Dorfe Fromentau, wie Aeneas Sylvius, der spätere Papst Pius II., ausdrücklich bemerkt, non abjecto loco nata, also aus guter Familie; sie kam 1431 als Ehrendame der Herzogin von Anjou, Isabella von Lothringen, an den französischen Hof und ward nach dem Zeugnisse des Bischofs von Lisieux, Thomas Basin, im Jahre 1444 die Geliebte des Königs Karl VII., welcher ihr das Schloß Beauté an der Marne spendete, daher ihr Beiname Dame de Beauté. Sie übte auf den König einen sehr großen, aber doch stets wohlthätigen Einfluß aus und wußte seine Zaghaftigkeit zu beleben, wenngleich die Annahme, sie habe den König zur Ausdauer in der Bekämpfung der englischen Herrschaft ermuthigt, durch die Chronologie umgestoßen wird. Im Jahre 1446 empfing sie die Herrschaft Rocquiere, 1447 eine Leibrente von 3000 Livres, was damals mehr bedeuten wollte, als heute die Jahresgage einer Primadonna der großen Oper, und 1449 die Herrschaft Vernon. Da sie von dem Dauphin, dem nachherigen König Ludwig XI., viele Rohheiten zu erdulden hatte, so zog sie sich nach Loches zurück, wo ihr der König ein ziemlich düsteres Schloß hatte erbauen lassen, welches später hauptsächlich als Staatsgefängniß Verwendung fand. Zwar kam sie wieder an den Hof und nahm das Schloß Masnal-la-Belle zum Aufenthalt, um dem König nahe zu sein, starb aber daselbst schon am 9. Februar 1450 an einer Dysenterie in ihrer Jugendfrische, in flore juventutis, wie der Bischof von Lisieux meldet, und wurde in der Collegiatkirche in Loches begraben. Ihre Mildthätigkeit hat ihr das Andenken der nachkommenden Geschlechter bis auf den heutigen Tag gesichert. Einige lassen sie an Gift sterben, welches der Dauphin ihr gereicht hätte. Am Indre weiter abwärts liegt wieder ein hübsches Schloß Azay-le-Rideau, welches 1510 auf einer Insel des Flusses durch Gilles Berthelot, Bürgermeister von Tours, erbaut wurde. Das Bildhauerwerk am Portale ist von einer Eleganz und Reinheit des Stiles, welche eines Jean Goujon würdig wären.

Unter den übrigen Schlössern der Touraine wäre noch jenes von Langeais, ein gothischer aus dem zehnten Jahrhunderte stammender aber noch gut erhaltener Bau, dann das berüchtigte, von Ludwig XI. erbaute Plessis-les-Tours zu nennen. Letzteres liegt blos 1 km entfernt von Tours, der alten Hauptstadt der Turones, später der Touraine und jetzt Chefliew des Indre- und Loire-Departements. Ehemals über 80,000 Einwohner zählend, ist Tours, in fruchtbarer Ebene am linken Loireufer gelegen, gegenwärtig wieder von blos 35,000 auf 52,000 Köpfe angewachsen und zugleich der Typus einer stillen, reinlichen, schönen und behäbigen französischen Provinzialstadt; ihre Straßen sind alle regelmäßig, gerade, breit, mit sehr hübschen, eleganten Kaufläden und tragen ein völlig modernes Gepräge; aber dennoch zeigt Tours auf Schritt und Tritt Monumente einer großen künstlerisch bedeutenden Vergangenheit. Die Straße von Paris nach Bordeaux durchschneidet die ganze Stadt der Quere nach längs der Hauptstraße, der **Rue Royale**, einer schönen, in gerader Linie laufenden Allee, an der sich die besuchtesten Kaffeehäuser und Läden befinden und die südseits in ihrer Fortsetzung als **Rue de Grammont** bis zum nahen Cher reicht, bis zu dessen Ufern die neuen Stadttheile sich ausdehnen, nordwärts aber über einen großen Platz zu der imposanten Loirebrücke führt. Letztere, auf fünfzehn Bogen ruhend, 434,18 m lang und 14,6 breit, ist unzweifelhaft eine der schönsten Brücken in ganz Europa und wurde im achtzehnten Jahrhundert erbaut. Von ihr kommend fällt der Blick beim Beginn der Straße rechts auf das Rathhaus, ein Gebäude gleichfalls aus dem achtzehnten Jahrhundert, das aber kein Interesse bietet, links auf das Museum von untergeordneter Bedeutung. Vor Allem aber fesselt der mächtigste Bau der alten Stadt, die Kathedrale von St. Gatien. Sie stammt aus dem Mittelalter, wurde von 1170—1547 erbaut und ist weniger durch die Reinheit ihres gothischen Stiles als durch dessen üppigen Reichthum ausgezeichnet. Dies gilt besonders von der westlichen, aus dem Anfang des sechzehnten Jahrhunderts stammenden

Stirnseite mit ihren drei an Blumen- und Laubverzierungen und Nischen reichen Portalen, von welchen das große Hauptportal mit einer prächtigen Rose besonders großartig wirkt. Sie wird von zwei berühmten 69 und 70 m hohen Renaissancethürmen flankirt, die sich auf dem gothischen Bau etwas sonderbar ausnehmen; zumal wollen ihre gewölbten schuppigen Spitzen mit dem unteren Theile gar nicht harmoniren; das Innere der Kathedrale aber ist in edlem gothischen Stile gehalten. Zwei andere Thürme, von jedem Standpunkt in der Stadt aus sichtbar, erheben sich zu beiden Seiten der Rue St. Martin; der eine, weil Luitgarde, die Gemahlin Karl des Großen, darunter begraben sein soll, Tour de Charlemagne, der andere mit einer kuppelförmigen Spitze wegen der in ihm befindlichen Glocke Tour de l'Horloge genannt. Die beiden Thürme sind die Ueberreste der Abtei St. Martin, die sie besäumten; sie stammte aus dem zwölften Jahrhundert, wurde aber in den Religionskriegen von den Calvinisten, dann während der Revolution bis auf diese beiden schönen Thürme zerstört. Die Abtei St. Martin war ein Hauptheiligthum und Wallfahrtsort Frankreichs; die Gebeine ihres Schutzheiligen sind dort in unterirdischer Gruft beigesetzt; er soll heute noch ein Wunderthäter sein, und immer noch wallfahrten Tausende zu seinem Grabe. Von den anderen Kirchen entzücken die aus dem dreizehnten Jahrhunderte stammenden Kirchen von St. Julien und Notre Dame de la Riche, erstere gothisch, ziemlich unregelmäßig und mit einem Thurme aus dem elften Jahrhundert, die letztere bemerkenswerth durch den Reichthum und die Schönheit baulichen Kleinschmucks ihres herrlichen Südportales, so wie durch ihre Glasmalereien aus dem sechzehnten Jahrhundert. Auf den Wanderungen durch die Straßen begegnet man in Tours zahlreichen Denkmalen eines reichen und mächtigen Bürgerwesens, während andere Bauten an die gewaltigen Regenten Frankreichs erinnern. So fällt in der Rue du Commerce der Blick auf das schönste im Renaissancestil gebaute Haus der Stadt, das Hôtel Gouin, wie es heißt die Kanzlei Ludwig XI. Die Façade ist mit Wappen, Schnörkeln und Giebeldachfenstern reich verziert; ein Thurm mit sehr zierlicher Gallerie über dem Hausthore überragt die Fronte des interessanten Gebäudes. Ein ähnlich merkwürdiges Haus ist das Wohnhaus von Tristan l'Hermite, des Scharfrichters Ludwig XI. Auf der Cavalleriekaserne zeigt sich der Thurm Guise als letzter Ueberrest des im zwölften Jahrhundert erbauten Schlosses der Grafen von Touraine. Unter den Bauwerken der Neuzeit verdient das imposante Theater in modernem Renaissancestil, dann auch der Bahnhof rühmliche Erwähnung, letzterer um so mehr, als schöne, geschmackvolle Bahnhöfe in Frankreich zu den Seltenheiten gehören. Reizend sind die Boulevards und besonders die Promenade Mail mit ihren majestätischen Alleen. Das Klima von Tours ist sehr milde und die Stadt wird deßhalb von zahlreichen Fremden, namentlich Engländern, als Aufenthaltsort gewählt. Die Industrie, welche hauptsächlich Webereien aller Art, wie Tuch, Teppiche und Seidenwaaren betrifft, von welch letzteren die Gros de Tours ehemals weltberühmt waren, tritt nicht störend oder belästigend auf, ebensowenig der Handel, welcher eingemachte und gedörrte Früchte, sowie die zahlreichen in der Umgegend gedeihenden Landweine umfaßt.

Anjou und Maine.

Das Herzogthum Anjou.

Aus der lieblichen Touraine der Loire entlang westwärts wandernd, treten wir in ein flaches, welliges aber fruchtbares Land, welches von mehreren Nebenflüssen der Loire bewässert wird. Von Süden strömen ihr die Thoue mit dem Canal der Dive, der Layon und der Evre zu, von Norden empfängt sie den Anthion und die Mayenne mit der Sarthe und dem Loir. Diese Landschaft ist das einzige Herzogthum Anjou, dessen Bewohner im Alterthum die von Cäsar unterworfenen Andegaver waren, welche dann 464 n. Chr. unter fränkische Herrschaft geriethen. Im Jahre 850 erhielt Robert der Starke vom König Karl dem Kahlen die Mark Anjou zur Vertheidigung gegen die keltischen Bretagner; sein Sohn Eudo war Herzog von Francien und endlich König von Frankreich. An seiner Stelle erhielt die Grafschaft Anjou Ingelgar, welcher als Stammherr der Grafen von Anjou im Jahre 888 starb. Sein Nachfolger, Fulco I., der Rothe (gest. 938), vereinigte ganz Anjou. Mit Gottfried II. starb 1060 das alte Grafengeschlecht von Anjou aus. Durch seine Schwester Ermengarde kam die Grafschaft an das Haus Gatinois, aus dem Fulco V. 1131 König von Jerusalem wurde. Dessen dritter Sohn Gottfried, als Graf von Anjou der fünfte dieses Namens, war der Ahnherr der Plantagenet, während seine beiden ersten Söhne ihm auf dem Throne von Jerusalem folgten. Gottfried V. eroberte einen großen Theil der Normandie und heirathete 1127 Mathilde, die Tochter des Königs Heinrich I. von England, wodurch sein Sohn Heinrich 1154 den britischen Königsthron bestieg, während ihm sein zweiter Sohn als Gottfried VI. in Anjou folgte. Auf dem englischen Throne blieb das Haus Anjou bis 1485. Die Grafschaft Anjou wurde nach dem Tode Wilhelms, dritten Sohnes Gottfried's V., nun auch den englischen Besitzungen in Frankreich zugefügt, bis sie 1203 durch Philipp August mit Waffengewalt wieder für die französische Krone gewonnen wurde, die sie von nun an als Lehen willkürlich vergab. Zuerst erhielt sie Philipp, der Sohn von Ludwig VIII., und als derselbe bald starb, 1246 sein Bruder Karl zugleich mit der benachbarten Grafschaft Maine. Als dieser den Thron des Königreichs Neapel bestieg, wurde Anjou ein Nebenbesitz von Neapel. Nach König Karl's I. Tode, des Stifters des älteren Hauses Anjou, das außer Neapel auch Sicilien und Ungarn Könige gab, folgte 1285 König Karl II. auch in Anjou und Maine. Sein Enkel Karl Robert wurde 1307 zum Könige von Ungarn gewählt und auch wirklicher König, nachdem schon sein Vater, Karls II. ältester Sohn, 1290 vom Papste mit der ungarischen Krone belehnt worden war. Mit Anjou belehnte Karl II. von Neapel 1291 seinen Eidam, Karl von Valois, zweiten Sohn Philipps IV. von Frankreich, Gemahl seiner Tochter Margarethe, und nun erhob König Philipp Anjou 1297 zur Pairie. Sein Sohn Philipp V., Graf von Anjou, ward als Philipp VI. 1328 König von Frankreich, und Anjou kam sonach wieder an die französische Krone zurück. König Johann der Gute erhob Anjou 1356 zum Herzogthume mit einem eigenen Recht, aber dem Parlament von Paris untergeordnet, und gab es nebst Maine seinem zweiten Sohne Ludwig, der damit der Stifter des jüngeren Hauses Anjou und als

Ludwig I. 1382 König von Neapel wurde, wodurch das Haus Anjou zum zweiten Male auf den Thron von Neapel kam und das Herzogthum bei den allerdings nur mit Mühe sich behauptenden Königen von Neapel aus diesem Hause blieb, das aber mit René's II., Titularkönigs von Neapel, jüngerem Bruder Karl, 1481 erlosch, nachdem schon 1480 nach René's Tode Ludwig XI. das Herzogthum an sich genommen und mit der Krone Frankreich vereinigt hatte. Von dieser Zeit an bestand das Herzogthum Anjou nur noch als Titel für französische Prinzen, und die französische Revolution machte sich daraus das heutige Departement Maine-und-Loire zurecht, nachdem sie außerdem einige kleinere Landestheile den Nachbar-Departements Mayenne, Sarthe und Indre-und-Loire zugewiesen hatte.

Arm an landschaftlichen Reizen, machen Getreide- und Weinbau, Industrie, Granit-, Schiefer- und Marmorbrüche, darunter die größten Schieferbrüche Frankreichs, nebst anderen Bergwerken Anjou wohlhabend. Man gewinnt viel getrocknete Gemüse, namentlich Bohnen, die für die Marine einen wichtigen Ausfuhrsartikel geben, dann aber auch Wein und Essig, welche gleichfalls außer Landes gehen. Ganz besonders rebenreich ist Unter-Anjou, namentlich die Umgebung der alten, an der Dive und Loire gelegenen Stadt Saumur. Zwei Brücken führen hier über den Strom, an dessen linkem Ufer der größte Theil der Stadt sich ausbreitet. Saumur enthält nebst seinem modernen, stattlichen Theater manche Reste aus der Vergangenheit. Sein gothisches Rathhaus, in neuester Zeit restaurirt und vergrößert, stammt aus dem fünfzehnten und sechzehnten Jahrhundert. Sehr alt, bis in's zwölfte Jahrhundert zurückreichend, ist die Peterskirche. Geht man rechts von derselben eine schlecht gepflasterte Straße hinauf, so kommt man zu der steilen Anhöhe, auf welcher das gewaltige feste Schloß von Saumur steht, welches, von Pipin begonnen, jetzt als Pulvermagazin und Arsenal dient. Auf der anderen Seite der Stadt, wo sich jetzt nahe am Loirestrom ein neues Viertel erhoben hat und eine schöne Promenade den Uferdamm schmückt, liegt die große, berühmte Ecole de cavalerie, 1768 gegründet und in einer ausgedehnten Kaserne eingerichtet. Kreidehügel mit zahlreichen Aushöhlungen und verschiedenen megalithischen Denkmälern, Cromlech und Dolmen, beherrschen die über 14,000 Einwohner zählende Stadt, welche lebhaften Handel treibt und mit der Erzeugung von Rosenkränzen und Schmelzwerk mehrere hundert Arbeiter beschäftigt.

Sehen wir ab von dem 16,000 Einwohner zählenden, ungemein gewerbthätigen Städtchen Cholet an dem Flüßchen Moine im Süden des Departements, wo Garnspinnereien und Webereien über 120 Gemeinden verbreitet sind, sehen wir ferner ab von den kleinen unbedeutenden Ortschaften Montreuil im Süden und Beaugé im Norden von Saumur, welche blos durch die dort befindlichen interessanten und wohlerhaltenen Schlösser Anspruch auf Erwähnung besitzen, so bietet Anjou als einzig bemerkenswerthe Stadt blos noch Angers, das heutige Chefslieu des Departements. Die ehemalige Hauptstadt des Herzogthums, in den ältesten Zeiten Andegavum, später unter Cäsar Juliomagus geheißen, ist sehr schön an der Maine gelegen, einem breiten Flusse, der hier einen bequemen und belebten Hafen bildet, nicht weit von dem Zusammenflusse der Mayenne und Sarthe, und 8 km von der Loire. Angers ist getheilt in die eigentliche Stadt am linken Ufer der Maine und den Dontre genannten Theil am rechten Ufer. Die eigentliche Stadt erhebt sich amphitheatralisch über den Fluß; der älteste Theil, la ville noire genannt, hat enge, steile, schlecht gebaute Straßen, während außerhalb der ehemaligen Ringmauer, die jetzt in Boulevards umgewandelt ist, schöne Stadttheile entstanden sind. Das Stadtviertel La Dontre hat das Ansehen einer Vorstadt. Unter den hervorragenden Gebäuden Angers nenne ich vor Allem die Kathedrale St. Moriz, einen merkwürdigen Bau im byzantinischen Stile des zwölften Jahrhunderts, ausgenommen einen Theil der Stirnseite, die Spitzen der beiden Thürme an den Seiten und einen dritten zwischen den beiden hinzugefügten Thurm von anmuthloser Wirkung, vor dem aber acht schöne Kriegerstatuen angebracht sind. Diese Kirche, die ehemalige Begräbnißstätte der Herzoge von Anjou, so wie der Könige von Neapel und Sicilien aus diesem Hause, fesselt den Kunstfreund durch ihre herrlichen Glasmalereien, ihre Tapisserien, die Bildsäule der heiligen Cäcilie und einen Kalvarienberg von David d'Angers. In der Nähe steht St. Serge, eine alte, jetzt erneuerte Abbatialkirche, deren dreifaches Schiff aus dem fünfzehnten Jahrhundert datirt, die aber besonders wegen ihres kleinen Transepts und ihres Chors in elegantem byzantinischen Stile aus dem elften und zwölften Jahrhunderte sehenswerth ist. Die Kirche Toussaint, aus dem zwölften Jahrhundert, gehörte zu der gleichnamigen Benedictinerabtei, jene der heiligen Dreifaltigkeit, im romanischen Stile, ist neuerdings restaurirt. In dem Thurm St. Aubin erblicken wir den Rest einer anderen gothischen Abbatialkirche aus dem zwölften Jahrhundert; leider ist die steinerne Spitze des Thurmes zum Theile zerstört. Einige Schritte davon ist die Präfectur, zum Theil in den Gebäuden der alten Abtei St. Aubin, die im siebzehnten Jahrhundert neugebaut wurde; doch sind in ihr im Hofe schöne Bogengänge aus dem zwölften Jahrhundert mit Bildhauereien und Malereien erhalten. Sehr interessant ist auch das Logis Barrault, ein Haus des fünfzehnten Jahrhunderts, das nach seinem Erbauer benannt ist und gegenwärtig die Stadtbibliothek so wie ein an trefflichen Gemälden und Schnitzwerken reiches Museum enthält. In dem großen, schönen, durch elegante Säulen in drei gleiche Schiffe getheilten Saale des alten Hospital St. Jean, aus der zweiten Hälfte des zwölften Jahrhunderts, ist ein interessantes archäologisches Museum untergebracht. Neben dem Pont de la Basse-Chaîne ragt auf einem die Maine beherrschenden Felsen eine mittelalterliche Festung, zum großen Theile im dreizehnten Jahrhundert erbaut, das Schloß von Angers, der ehemalige Sitz der Herzoge von Anjou empor, ein unregelmäßiges Fünfeck, dessen Umfang mit 17 massiven Thürmen ausgerüstet ist, die ehemals 20—25 m Höhe hatten, am Ende des sechzehnten Jahrhunderts aber bis auf Spiegelhöhe der Plattform abgetragen wurden. Die zu einem Garten umgewandelten alten Gräben, die zum Theil dem Boulevard du Chateau Platz gemacht haben, sind ungefähr 33 m breit. Das Innere, dermalen als Kaserne, Arsenal und Pulvermagazin dienend, ist wenig anziehend, doch hat man von der dem Boulevard entgegengesetzten Seite eine schöne Aussicht auf das rechte Ufer der Maine. Angers mit nahezu 70,000 Einwohnern ist eine ziemlich industriereiche Stadt, treibt aber besonders beträchtlichen Handel mit Schiefer, von welchem in der Nähe große Brüche vorhanden sind.

Maine.

Die benachbarte Grafschaft Maine, deren im Vorstehenden schon flüchtige Erwähnung geschah, war im Alterthume von dem Volke der Cenomanen bewohnt, nach welchen sie auch den Namen Cenomania trug. Wie das übrige Gallien gerieth die Landschaft unter die Herrschaft der Römer, später unter jene der Franken und bildete nunmehr einen Bestandtheil des Herzogthums Francien, unter besonderen Grafen, die sich im Jahre 955 ihre Würde erblich machten. Der letzte dieses Dynastengeschlechtes hinterließ nur eine Tochter, und durch diese kam Maine 1062 an den Herzog Robert von der Normandie, ihren Verlobten. Nach längerem Streite gelangte endlich im Jahre 1110 das Haus Anjou und mit diesem 1164 die Krone Englands in den Besitz von Maine. Nachdem König Philipp August von Frankreich Maine 1204 wieder erobert, verlieh Ludwig der Heilige dieselbe an seinen Bruder Karl und dessen Nachkommen. Als die Grafschaft jedoch schon 1242 durch Jolanthe's Tod wieder erledigt war, sprach Karl VII. sie dem Hause Anjou zu, nach dessen Aussterben 1481 die Krone Frankreich Maine endgültig einzog. Heute bildet Maine die beiden Departements der Sarthe und der Mayenne, und zerfällt in die zwei Abtheilungen der Ober- und Untermaine. Obermaine, im Nordwesten, ist im Allgemeinen ein granitisches oder Schieferplateau, hoch, mit Haidekraut bedeckt und nur wenig fruchtbar; Untermaine dagegen bilden durchweg wellige Ebenen, Hügel und ziemlich tiefe Thäler; sie sind gut bewässert und enthalten viele Teiche, der Waldbestand ist aber gering. Der sandige oder kalkige Boden ist überall fruchtbar. Zum Schlusse der Dreschzeit wird hier in jeder Meierei ein eigenthümliches Fest, das sogenannte „Garbenfest“ (la Fête de la gerbe) gefeiert. Wenn die Drescher ihre letzte „Tenne voll“ ausbreiten, befestigen sie in einem Winkel der Scheune, in welcher das eingeerntete Korn aufgestapelt worden, eine mit Blumen und Bändern geschmückte Garbe. Diese wird mit unsichtbaren Bändern an einen in die Erde gerammten Pfahl gebunden. Während der übrige Theil des Korns auf der Tenne ausgebreitet bleibt, versammelt sich das ganze Dorf und begiebt sich in feierlichem Zuge zu der Herrschaft des Gutes oder, wenn diese abwesend ist, zu dem Pächter und der Pächterin. Man ersucht diese dann um ihren „Beistand“ in Bezug auf eine Garbe, die man nicht ohne ihre Hülfe aufzuheben vermöge, wie man sagt. Dieselben begleiten darauf den Zug nach der Scheune, und nach einigen vergeblichen Anstrengungen werden die Bänder, welche die Garbe am Pfahle festhalten, zerrissen. Man hebt die letztere auf, ordnet sich in Reihen und zieht im Triumphe nach der Tenne, wobei ein eigens zu diesem Zweck bestimmtes Lied, die Ronde de la moisson, mit voller Kehle gesungen wird. Die naiven, reizenden, einfach-beredten Worte desselben lauten folgendermaßen:

Vergangen ist Sanct Johannis,
Gekommen ist die Erntezeit,
Wo auszieh'n froh zum Dreschen
Alle Bursche weit und breit.
Frisch auf! nun laßt uns dreschen,
Ihr Brüder, mit Fröhlichkeit!

Mit dem ersten Sonnenstrahle
Eines Morgens steh' ich auf,
Und geh' nach einer Tenne,
Alle Drescher sind darauf.
Frisch auf! nun laßt u. s. w.

Ich grüße die Herr'n und Gebieter
Und die Diener allzumal;
Es waren wohl zwanzig bis dreißig —
Ist's nicht eine hübsche Zahl?

Ich grüße die schöne Dame
Und ihre Kindlein klein,
Und durch eine silberne Thüre
Tret' ich in den Garten ein.

Schau, dort bringt man viel Sträuße
Von prächtiger Farbengluth;
Nur eine Blum vom Felde
Steck' ich auf meinen Hut.

Doch dort seh' ich Levkoien
Die blüh'n so roth als weiß,
Ich will meiner Liebsten pflücken
Ein Sträußlein mit allem Fleiß.

In Kummer und schweren Mühen,
In Lust und Fröhlichkeit,
Vergeß' ich nie meine Liebste,
Denk' ihrer zu aller Zeit

Mein Lieb empfängt meine Briefe
Durch die Lerche mit Liederschall;
Sie sendet mir die ihren
Wohl durch die Nachtigall.

Wir können nicht lesen, nicht schreiben,
Und lesen doch wunderfein;
Es steht in diesen Briefen;
„Lieb' mich — bin ja ganz dein!"

Zur Arbeit unverdrossen!
Der Hochzeitstag wird nah'n,
Am Tage Allerheil'gen
Werd' ich mein Glück empfah'n.

Der Zug wird von zwei mit Besen versehenen Männern eröffnet, welche sich ein Vergnügen daraus machen, eine Wolke Staub aufzujagen, indem sie vorgeben, sie wollten den zur Tenne führenden Weg kehren. Ihnen folgt die „Garbe", welche von dem Pächter und seiner Frau mit feierlicher Haltung getragen wird. Hinter ihnen schreiten ihre Kinder, welche Aehrenbüschel in den Händen schwingen. Sind einige Fremde anwesend, so bieten ihnen die jungen Mädchen auf einer mit Korn gefüllten zinnernen Schüssel einen Strauß von Feldblumen an, und darauf hebt man dieselben, sie mögen wollen oder nicht, auf einen mit Blumengewinden geschmückten Tragsessel und führt sie im Triumph um die Tenne. Diesen letzteren folgt der geschickteste Kornschwinger mit seiner gefüllten Wanne, aus welcher er von Zeit zu Zeit das Korn in die Lüfte wirft. Der Haufe der Drescher schließt den Zug; sie sind mit ihren Dreschflegeln bewaffnet und schlagen mit denselben in rascher Aufeinanderfolge gegen die Erde. Nachdem man in feierlichem Umgange um die Tenne herumgezogen ist, wird die „Garbe" aufgelöst und ausgebreitet, wobei einige Flintenschüsse abgefeuert werden — eine Freudenäußerung, welche bei keinem Feste der französischen Bauern fehlen darf. Ist dies geschehen, so bringt man auf einem Stuhl, der mit einem glänzend weißen, leinenen Tuche behängt ist, einen Laib Brot von reinem, feinen Weizenmehl, einen Klumpen Butter und einige Flaschen Wein herbei, damit Jeder „nach Belieben und zur Genüge" davon essen und trinken möge. Darauf wird das Dreschen beendigt.

Dieses Garbenfest ist in Maine der einzige Ausdruck der dem Korn gezollten uralten Verehrung, welche in der benachbarten Bretagne noch weit schärfer sich ausprägt. Für die Menschen jener Landschaft ist allerdings das Getreide das, was das Manna den wandernden Hebräern in der Wüste war; in Maine aber baut man daneben, wenigstens im südlichen Theile, auch viel Wein, der freilich den Transport nicht aushält. Obstmost in den zwei Gattungen des Cider und „Poiré" wird sehr viel bereitet, denn im Mayenne-Departement sind Aepfel- und Birnbäume ungemein zahlreich. In den Thälern, welche die Mayenne mit dem Aron, der Jouanne, Ernée und Vicoin, ferner die Sarthe durchfließen, gewinnt man viel Hafer und Gerste, auch schönen Hanf. Wiesen sind nicht zahlreich, werden aber künstlich hergestellt und tragen wichtige Heuernten. Die Haiden und Brachen Obermaines nähren viel Vieh, treffliche Rinder, Schweine und Hammel, Geflügel und Bienen. Der Grundbesitz ist sehr getheilt; die kleinen Höfe, „Bordages" und „Closeries" genannt, sind mit einer Hecke umgeben, nebst einem Graben und einer Böschung. Die tiefeingeschnittenen Rinnen werden während der Regen zu wahren Strömen, und das Land ist dann unwegsam. An der Schwelle der oberen Bretagne gelagert, scheint Maine durch seine Bodencultur sowohl als durch das Aussehen der Landschaft eine einfache Fortsetzung jener zu sein. Es sind immer die nämlichen, mit sonnenschirmförmigen Aepfelbäumen bestandenen Getreidefelder, immer die nämlichen, nach allen Richtungen unter einem Laubdache streichenden Hohlwege.

Durch die Bretagne und die Normandie nach entgegengesetzter Richtung gedrückt, haben die Bewohner von Maine, die Manceaux, von Alters her in diesem doppelten Kampfe einen mißtrauischen Sinn und rauflustigen Character erworben. Beständig bedroht, hielten sie sich beständig auf der Hut. War ihr Gebieter mitunter genöthigt, in irgend etwas seinen mächtigen Nachbarn nachzugeben, so entschädigten sie sich durch Marodieren auf den Märkten der beiden Herzogthümer. Was dem Grafen im Großen entrissen worden, die Vasallen brachten es im Kleinen wieder an sich. Unabläßig wurden auf solche Weise ihre Geduld und ihr Muth auf die Probe gestellt. Bald aber wurden sie der Raubzüge nach dem Lande der Bretagner überdrüssig, welche brandzuschatzen wegen ihrer Armuth eher gefährlich als nutzbringend war, und wandten sich nach den fetten Triften der Normandie; und da in diesen individuellen Kämpfen der Arme aber Kühnere und Gefestetere, gewöhnlich über den Reichen obsiegt, so entstand die sprichwörtliche Redensart, wonach: Un Manceau valait un Normand et demi (Ein Mainebewohner galt soviel als anderthalb Normannen). Später, als die Einheit der französischen Monarchie diesen Nachbarzänken ein Ziel gesetzt, war es die Einführung der Salzsteuer, welche den kriegerischen Geist wach erhielt. Das Salz, dieser Zucker der Armen, wie Béranger, der große Dichter es sinnig nannte, kostete blos einen Sou das Pfund in der Bretagne, dank der dieser Provinz gewährleisteten Freiheiten; in Maine aber ließ sich die Regie das Pfund mit dreizehn Sous bezahlen. Die Edelleute erhielten allerdings alljährlich eine Vertheilung von Sel royal, Salz des Königs, das ihnen steuerfrei geliefert wurde; die Landleute aber mußten sich bei der Regie versehen, deren Bedienstete sie am Preise, an der Beschaffenheit und dem Gewichte des Salzes übervortheilten. Ja noch mehr, das Recht zu sparen durch Entsagung oder Einschränkung des Salzgenusses war verboten. Jedem Einzelnen war ein Minimum des Bedarfs gesetzlich zugemessen. Die königliche Regie verkaufte ihr Salz, wie wir in unseren Tagen die Engländer ihr Opium verkaufen sehen, bei Geldbußen und mit Flintenschüssen. Die Geldbußen waren für die Verbrauchenden, die Flintenschüsse für die Faulx saulniers. So nannte man nämlich die Schmuggler, welche in der Bretagne das Faux sel holten, d. h. das Salz, dessen Einfuhr vom Fiscus nicht gestattet war. Fast alle an der Grenze wohnenden Bauern waren diesem gefährlichen Handel ergeben. Mit einem Doppelsacke auf dem Rücken, bewaffnet mit der „Ferte", einem langen Stocke, der zum Uebersetzen von Hecken und Gräben diente, führten die Manceaux die Zollwächter in die Irre, bekämpften sie nöthigenfalls und trotzten dem Verderben, den Galeeren und selbst dem Tode mit unbesiegbarem, aber berechnetem Muth. Denn wenn auch der Muth eine allen im Bürgerkriege mit der Republik stehenden Völkerschaften gemeinsame Tugend ist, so entwickelt er sich doch in sehr verschiedenen Formen. Glänzend beim Vendeer und Normannen, schweigsam beim Bretonen, wird er beim Manceau zu etwas Vernünftigem, welches ihn in seiner Anmuth beeinträchtigen kann, aber ihm zugleich einen Theil seiner Gefährlichkeit benimmt. Die Ersteren sind kühn aus Neigung, der Manceau ist es nie anders als durch Ueberlegung. Er kennt keine Tapferkeitsgelüste und überläßt gerne Anderen den Luxus des Muthes, um nur Gewinn daraus zu ziehen. Als wahrer Holländer Frankreichs betrachtet er die Kühnheit wie ein Capital, welches man vor Allem gut anlegen muß.

Unter den Städten des Landes nimmt Le Mans, die alte Hauptstadt von Maine und heutiger Chesflieu des Sarthe-Departements, eine der ersten Stellen ein. Zur Römerzeit hieß Le Mans Suindinum und war die Hauptstadt der Cenomanen. Im dritten Jahrhundert unserer Zeitrechnung ward die Stadt durch den heiligen Julianus zum Christenthume bekehrt, und im vierten Jahrhundert ward hier ein Bisthum errichtet. Zu Karl des Großen Zeiten war Le Mans eine der beträchtlichsten Städte des fränkischen Reiches, kam aber durch die Verheerungen der Normannen im neunten und zehnten Jahrhundert, später im elften und zwölften Jahrhundert durch die Kriege der Grafen von Anjou gegen die Herzoge der Normandie sehr herunter und erlitt fast alle Jahrhunderte Belagerungen oder sonstige Unfälle, besonders während der dreihundertjährigen englisch-französischen Kämpfe. Im Jahre 1067 erschien Le Mans zuerst unter allen französischen Städten als Gemeinde. Seine Theilnahme an der Ligue mußte es 1589 mit seiner Einnahme durch Heinrich IV. büßen; 1793 war die Stadt die letzte Zufluchtsstätte der Vendeer; nach deren Niederlage durch die Republikaner unter Marceau am 12. December 1793 und der Eroberung der Stadt ließen die Conventsabgeordneten hier 10,000 Menschen niederkartätschen. Heute zählt Le Mans über 55,000 Einwohner und darf sich zu den interessanteren Städten Westfrankreichs rechnen. Sie liegt an beiden Ufern der Sarthe, in 77 m Meereshöhe und hat alte, eng gewundene Straßen; die Oberstadt ist besser gebaut, und das neue Viertel ist naturgemäß das schönste. Unter den Bauwerken der Stadt ist die ehemalige Abteikirche Notre Dame de la Couture hervorzuheben, der Hauptsache nach im zwölften bis vierzehnten Jahrhundert erbaut; bemerkenswerth ist die von zwei unvollendeten Thürmen überragte Stirnseite mit einer Vorhalle. Die schöne Kathedrale St. Julien, an der man sechshundert Jahre gebaut und neben welcher ein Menhir aus der Druidenzeit aufragt, trägt die Spuren ihres allmählichen Entstehens deutlich an sich: verschiedene Stilformen, romanisch und gothisch stehen ziemlich unvermittelt neben einander. Trotz dieses Mangels an Einheit macht die Kirche einen durchaus edlen und großartigen Eindruck. Das Aeußere wirkt weniger durch den Reichthum der Ornamente als durch die strenge und doch harmonische Führung der Linien. Unter den modernen Bauten ist das Theater als eines der hübschesten in Frankreich zu rühmen. In Le Mans wohnen viele gebildete Leute, und mehrere gelehrte Gesellschaften haben dort ihren Sitz. Die Stadt verfügt über eine schöne Bücherei, eines der besten naturwissenschaftlichen Museen und ein ausgezeichnetes Archiv. An der Stelle eines römischen Amphitheaters liegt die hübsche Promenade der Jakobiner. Le Mans, reich an Fabriken, treibt lebhaften Handel mit verschiedenen Artikeln, besonders mit Leinwand und Hanf, und ist ein Knotenpunkt der Straßen und Eisenbahnen; fünf Schienenwege und mehr als zehn Straßen vereinigen sich hier und deßhalb war Le Mans längere Zeit Mittelpunkt der französischen Kriegsoperationen, bis auch diese Stadt mit ihren zahlreichen Thürmen und Häusermassen, ihren rebenumkränzten Bergen und ihren fruchtbaren Thalauen in Folge der Schlachten vom 7.—12. Januar 1871 von den Deutschen genommen wurde. Eine weitere Erwähnung verdienen im Sarthe-Departement das schöne Schloß Le Lude mit seinen enormen Thürmen, im Thale des Loir, dann an dem nämlichen Flusse die Stadt La Flèche, ziemlich gut gebaut, mit wenigen Fabriken, aber reich und besonders bemerkenswerth durch das von König Heinrich IV. gegründete prächtige Collège, welches jetzt in eine Militärschule umgewandelt ist. An der Sarthe endlich ist noch die kleine Industriestadt Sablé zu nennen, welche Marmor und Anthracit liefert, auch durch eine schöne Brücke aus schwarzem Marmor ausgezeichnet ist.

In das Mayenne-Departement übergehend bemerken wir im Süden das Städtchen Château-Gontier an der Mayenne, deren Ufer mit Nußbäumen, Weinanpflanzungen und Wiesen geschmückt sind und das sich einer lieblichen Aussicht erfreut. Unter den Schlössern in der Nähe ist jenes von St. Ouen das ansehnlichste. Sehr bedeutend ist auch das sogenannte Château du Rocher in der Nähe von Mezangers, etwa 30 km östlich von dem Cheflieu des Departements, Laval am linken Ufer der Mayenne malerisch und angenehm zwischen zwei Bergen gelegen, aber schlecht gebaut und mit alten Mauern umgeben. Die moderne Unterstadt (Ville basse) ist allerdings gut gebaut, dagegen hat die Oberstadt (Ville haute) auf dem rechten Ufer steile, enge und winklige Gassen. Laval ward angeblich von Karl dem Kahlen gegründet, und die Seigneurs de Laval kommen schon zu Hugo Capet's Zeiten vor. Clémence, Erbtochter Guy's VI., letzten Barons von Laval, heirathete 1271 Matthieu II., Baron von Montmorency, wodurch Laval in den Besitz letzterer Familie kam. Im Jahre 1428 ward es durch Karl VIII. zur Grafschaft und Pairie erhoben. Im dreizehnten Jahrhundert ward hier die Leinenweberei begründet durch Guy VIII., Herrn von Laval, welcher flandrische Weber in's Land rief. Die Leinen von Laval stehen heute noch in hohem Rufe; jeden Sonnabend ist Leinwandmarkt, wo oft für eine halbe Million Franken Geschäfte gemacht werden, und die Stadt besitzt eine große Leinwandhalle. Mitten in der Stadt steht das alte Schloß der Barone, jetzt ein Gefängniß; ein anderes Schloß ist jetzt Justizpalast. Das alte, sehr stattlich sich ausnehmende Schloß und die im zwölften Jahrhundert begonnene, die Stadt überragende Kathedrale sind die Hauptsehenswürdigkeiten Lavals, welches heute etwa 30,000 Einwohner zählt. Weiter aufwärts im Thale der Mayenne liegt die gleichfalls der Leinenindustrie ergebene, uralte, gleichnamige Stadt am Abhange zweier Hügel. Auch Mayenne hat steile, enge und krumme Straßen, dazu ein altes Felsenschloß der ehemaligen Herzoge von Mayenne, endlich reinliche, hübsche Plätze mit schönem Brunnen. In der Nähe befinden sich viele Eisenhütten und Hohöfen.

Das Herzogthum Bretagne.

Allgemeiner Ueberblick.

Unter den verschiedenen Provinzen Frankreichs ist die nordwestliche Halbinsel, welche den Namen der Bretagne führt, in vielfacher Hinsicht eine der anziehendsten. In den ältesten Zeiten war das Land zwischen dem Liger, der Loire und der Sequana oder Seine, mithin auch den größten Theil der jetzigen Normandie umfassend, als Armoricum oder Aremorica bekannt und von keltischen Völkerschaften besetzt. Die Benennung der Halbinsel selbst stammt aus dem keltischen are-mor und bedeutet wörtlich „vor dem Meere". Als Bewohner dieser Gegenden nennt Cäsar die Veneti, Curiosolites, Redones, Caleti, Osismii, Unelli und Lexovii, wozu noch die Abrincatui, Viducasses und Bajucasses kamen, meist seegewohnte Völker. Ein halbes Jahrhundert vor unserer Aera, genauer 57 v. Chr. verbanden sich diese Keltenstämme gegen den römischen Eroberer Galliens, Julius Cäsar, wurden aber besiegt und ihr Land bildete nunmehr unter den Römern den westlichen Theil der Provinz Lugdunensis tertia. Erst im vierten Jahrhundert befreiten sich die armorischen Kelten von der Herrschaft der Römer, mit denen sie indeß noch lange zu kämpfen hatten, ebenso später mit den Westgothen, Alanen, Friesen und andern Germanen, gegen deren Einfälle unter Kaiser Honorius die armorischen Häuptlinge und Städte zum Schutze einen Bund bildeten, der bis zur Eroberung des Landes durch den Frankenkönig Chlodovech im Jahre 500 n. Chr. bestand. Bald darauf wanderten viele von den Angelsachsen verdrängte Briten aus dem heutigen England nach Armorica ein, welches deßhalb Britannia minor (Kleinbritannien) oder Britannia cismarina (Britannien diesseits des Meeres) genannt wurde, und daraus ist der seither übliche Name der Bretagne entstanden. Die keltischen Ureinwohner lebten meist in kleinen Städterepubliken, deren mehrere mit der Zeit kleine Monarchien bildeten. In der fränkischen Zeit erhoben sich dann und wann kräftigere Fürsten und machten sich wieder unabhängig. Seit dem Jahre 874 war die Bretagne zwischen den Grafen von Vannes und Rennes getheilt, welche zu Anfang des zehnten Jahrhunderts von den Normannen abhängig wurden. Aber im Jahre 987 wurde Conan I., Graf von Rennes, der einzige Herr der Bretagne und nahm auch den Titel eines Herzogs an. Seine Nachfolger wurden bald Frankreichs, bald Englands Vasallen, welche beide Mächte sich um die Bretagne stritten. Herzog Conan IV. rief gegen die Franzosen die Engländer zu Hülfe, verlobte seine Erbtochter Constanze mit Gottfried von Anjou, dem dritten Sohne des Königs von England, und trat diesem 1166 das Land ab. In Folge dessen spaltete sich die Bevölkerung in eine normannische und eine französische Partei, worunter die alte bretonische Sprache so wie die Volkseigenthümlichkeiten erheblich litten. Auf Conan IV., der im Jahre 1171 starb, folgte sein Schwiegersohn Gottfried von Anjou (gest.

1186), dessen nachgeborener Sohn Arthur auf Anordnung seines Oheims, König Johannes von England, 1203 ermordet wurde. Philipp August von Frankreich erklärte diesen deßhalb der französischen Lehen für verlustig und eroberte 1206 die Bretagne, wo nun Aliz, eine Tochter Constanzens aus neuer Ehe, nebst ihrem Gatten Peter von Dreux den Besitz der Herrschaft als Grafschaft unter französischer Hoheit erhielt. Beider Enkel, Johann II., wurde im Jahre 1298 von Philipp dem Schönen zum Herzog der Bretagne und Pair von Frankreich erhoben. Seine Nachkommen, unter deren Regierung beständige Kriege zwischen England und Frankreich um den Besitz des Landes geführt wurden, erloschen mit Franz II., welcher 1488 starb, nachdem er vergeblich versucht, sich von Frankreich unabhängig zu machen und zu diesem Zwecke sich mit England und Burgund gegen König Ludwig XI., den Schöpfer des französischen Einheitsstaates, verbunden hatte. Franzens Tochter Anna war erst mit König Maximilian I. verlobt, wurde aber 1491 gezwungen, ihre Hand Karl VIII. von Frankreich zu reichen, nach dessen Tode sie seinen Nachfolger Ludwig XII., und ihre Tochter Claudia dessen Nachfolger, Franz I., heirathete. Hierdurch wurde die Bretagne endgültig mit Frankreich vereinigt, dessen Schicksale sie seitdem theilte.

Die Bretagne umfaßt blos den westlichsten Theil des alten Armorica, einen Flächenraum, welcher etwa jenem der deutschen Staaten Württemberg und Baden nahe kommt und nunmehr in fünf Departements zerfällt. Sie heißen Ille und Vilaine, Côtes-du-Nord, Finistère, Morbihan und Loire inférieure. Früher unterschied man die Obere Bretagne oder Bretagne Gallot und die Untere oder Bretagne bretonnante; erstere umfaßte das Rennais, Fougerais, Pays Nantais, die Marches communes, das Pays d'Aleth oder Poholeth und das Penthièvre; die letztere das Trégorais, Léonnais, das Cornouaille und Vannetais.

Obwohl einzelne begünstigte und fruchtbare Länderstrecken umschließend, ist die Bretagne im Ganzen ein armes und auch rauhes Land mit zerrissenen Küsten, in welche tiefe Buchten eindringen, so daß Halbinseln weit ins Meer hinausragen. Die Küsten sind im Süden meist flache Sumpf- und Marschgegenden, hie und da felsig und klippig; im Westen steil, düster und schrecklich, dabei von Fjorden zerrissen, auch nach Norden steil mit einer schmalen Sandküste davor, die nach Osten hin breiter und marschig wird. Dabei machen die Meeresfluthen unaufhörliche Eroberungen an der bretagnischen Küste, hauptsächlich in Folge der Gewalt der Strömungen. Die einen sind dauernder Natur, die anderen periodisch. Die erste ist ein Ausläufer des Golfstroms, der eine mittlere Schnelligkeit von 112 km des Tages hat. Die periodischen Strömungen sind sehr ausgesprochen und man schlägt den mittleren Unterschied der Ebbe und Fluth zur Zeit der Syzygien auf 10 m an. Zur Zeit der Fluth stürzen sich die Gewässer in den Aermelcanal und kommen mit gleicher Geschwindigkeit nach dem Ocean zurück. Viermal des Tages wird die Spitze der Halbinsel von diesen furchtbaren Zerstörungswerkzeugen angegriffen. Wenn das Meer bewegt ist, werden ungeheure, auf einigen Punkten des Ufers aufgehäufte Geschiebe von den Fluthen fortgerissen und mit Heftigkeit gegen die Wälle der Felsen geschleudert, die auf ihrer Schneide angegriffen werden, ziemlich rasch weichen und 60—90 m hoch schroff abgeschnitten werden. Andere, welche den Wellen eine Neigung von 45° entgegensetzen, bleiben lange Zeit unzerstörbar. Der Granit widersteht besser als die geschichteten Felsen, und im Schooße dieser letzteren ist die Bai von Douarnenez und die Rhede von Brest ausgegraben.

Zweifellos hingen in alter Zeit England und Frankreich zusammen, wenigstens kann man mit Hilfe der über den Untiefen zerstreuten Granitblöcke mit Sicherheit 28 km als das Minimum der Verluste der Küste durch die Angriffe des atlantischen Oceans festsetzen. Denkmäler von Menschenhand beweisen, daß das Zerstörungswerk seit einigen Jahrhunderten ziemlich rasch vor sich geht.

Das Innere der Bretagne ist, wie bemerkt, arm und rauh. Die unermeßlichen Haiden dieses Landes und seine ungeheuren Wälder, deren Bäume die mystische Mispel umrankt, haben etwas Schauerliches und Unheimliches. Man reist in diesem nordwestlichen Winkel Frankreichs wie im Innern von Nordamerika. Auf stundenlangen Strecken erscheint kein gepflügtes Feld, ja nicht einmal ein Stückchen Rasen, nackte Einöden wechseln mit Gestrüpp und Waldung. Tausend und abertausend Mal hat man den Versuch gemacht, diese Provinz anzubauen, und immer vergebens; zahlreiche Gesellschaften von Speculanten haben an diesen undankbaren Boden viele Millionen vergeudet. Obwohl die größten Erhebungen blos 385 m über den Meeresspiegel betragen, hat er doch durch und durch einen rauhen Gebirgscharakter. Da sind schroffe Felsenkämme mit tiefen Schluchten, spärlicher Vegetation, struppigen Haiden und mageren Weiden; die Thäler sind im Winter oft fußhoch mit Schnee bedeckt. Manche Geographen wollen eine Armorische Kette erkennen, welche in westlicher Richtung, die Ufer der Loire verlassend, die Bretagne bis zur Pointe de St. Mathieu in einer Länge von etwa 600 km durchzieht. Der Hauptrücken streicht immer näher an der Nordküste, von der er im Durchschnitt blos 35 km entfernt ist. Seine nördlichen Abfälle sind deßhalb kurz und steil, während die südlichen Aeste in welliges Hügelland verlaufen. Der bedeutendste der letzteren ist jener, welcher die Oust hart an ihrem rechten Ufer bis Josselin begleitet und mit seinen niederen Verzweigungen, den Landes de Lanvaux, das Morbihan von der Vilaine bis zum Blavet bedeckt. Granit und Thonschiefer bilden das Gerüst der Halbinsel, welche man besser in zwei Tafelflächen zerlegt, die durch eine tiefe Einsenkung von einander getrennt sind. Der südlichste Theil ist flaches Land mit Hügeln, zu einem Drittel mit Wäldern, Haiden und Sümpfen; das linke Ufer der unteren Loire gleicht ganz dem Bocage der nahen Vendée. Die Grundstücke sind mit Hecken umgeben, und zwischen diesen liegen Hohlwege, mit Ginster bedeckte Hügel, schöne Weiden, kleine, wilde Flüsse. Auch giebt es da große Moore, von Canälen durchschnitten; der merkwürdigste ist der Brière, ein Torfmoor von 90 km Umfang, bei hohem Wasserstande der Loire aber ein wahrer See. Im Morbihan ist die Hälfte des Bodens Haide, Wald und Sumpf; das Finistère ist bergig und zum größten Theile ebenfalls mit Haiden, Sandflächen und Sümpfen bedeckt, erzeugt aber dennoch das nöthige Korn. Das „Goëmon" oder Seegras ist der einzige vorhandene Dünger. Das Arrondissement von Châteaulin, das den größten Theil von Cornouaille bildet, ist eines der elendesten Länder Frankreichs, nur von wilden Hirten bewohnt. Hier erhebt sich die rauhe Montagne d'Arrée mit dem Mont de St. Michel, während die südlich davon fließende Aune durch den Canal de Blavet die beiden wichtigsten Städte der Bretagne, Brest und Nantes, mit einander verbindet. Nördlich von Brest, das Daoulas, ist sehr fruchtbar und bevölkert, und das Léonnais, ein Landstrich um Morlaix, ist wieder eines der besten Länder Frankreichs. Die Côtes du Nord haben einen etwa 10 km breiten Küstenstrich, der wegen des Reichthums seiner Erzeugnisse der „Goldgürtel der Bretagne" heißt; das Innere freilich ist eine traurige Haide. Im Allgemeinen aber darf man wohl sagen, daß die nördlichen Landstriche der Halbinsel gegenüber den westlichen und südlichen als die von der Natur begünstigten erscheinen.

Was das Klima anbelangt, so ist es bei Weitem nicht so rauh, als der bretagnische Boden. Man hat die mittlere Jahrestemperatur auf 13,5 ° C. berechnet. Die Temperatur der Luft unterliegt mannichfachen Wechseln. Sie wird schnell kälter, wenn man aufwärts steigt, und die Verschiedenheit zwischen dem Meeresspiegel und dem Gipfel der Berghöhe ist etwa 3 °. Die Gegenden in der Mitte und im Süden der Nieder-Bretagne, die gegen die Sonne geneigt sind, saugen die Strahlen rascher ein als die nördliche Gegend am Abhange der Berge von Arrée. Die verschiedene Höhe macht nur 1 ° und übt nur einen geringen Einfluß aus. Die warmen Fluthen des Golfstromes erhöhen die Wärme der Küste ein wenig. Die atmosphärischen Strömungen kommen fortdauernd vom Meere, dessen Temperatur minder wechselt, als die des Festlandes. Darum wird das Land durch die gewöhnlichen Winde gegen große Hitze und scharfe Kälte gesichert; Hagel, Wasserhosen, starke Gewitter sind nicht häufig, aber der Himmel selten ganz von Wolken rein, und es regnet einen großen Theil des Jahres hindurch. Die Dichtigkeit der Luft ist nicht ohne Einfluß auf die organischen Wesen: in dem Maße, als sie sich verdünnt, nimmt das Leben ab. Das Umgekehrte findet im Wasser statt: je gewaltiger die Wassersäule wird, desto minder zählt sie Bewohner. Die Nähe der Küsten ist also, bei sonst gleichen Verhältnissen, den Thieren und Pflanzen günstig. Pflanzen, welche die Winterkälte in Ländern unter demselben Breitengrade nicht ertragen können, gedeihen in der Bretagne, wo man Feigenbäume und Lorbeerrosen im freien Boden findet. Pflanzen aber, die starker Kälte trotzen und eine starke Hitze verlangen, wenn ihre Früchte reifen sollen, bringen unter einem nebeligen Himmel keine Frucht. Auch auf das Thierreich sind die Einflüsse sehr merklich. In den höheren Bergen findet man die Thiere und selbst die Pflanzen am kleinsten, und obwohl die Hügel der Bretagne nicht hoch sind, macht sich die Wirkung doch auffallend bemerkbar.

Die Ober-Bretagne.

Wir beginnen unsere Wanderung durch die Bretagne im Departement der Ille und Vilaine, so benannt nach zwei Flüssen, von welchen der erstere sich bei Rennes mit dem letzteren vereinigt, der seinerseits im Morbihan das Meer erreicht. An reichlicher Bewässerung fehlt es diesem Lande überhaupt nicht; Men, Samnon, Seiche, Nebenflüsse der Vilaine, erheben Anspruch auf Bedeutung, während der in die Bai von St. Michel einmündende Küstenfluß Couesnon, welcher in seinem Unterlaufe die Grenze gegen das Manche-Departement der Normandie bildet, sogar schiffbar ist. Unfern von demselben liegt in geradezu herrlicher Umgebung das gewerbthätige Städtchen Fougères mit Eisengießerei, Seilerei, Segel-, Pack-Hanftuch- und Flanellfabrikation, kurz, mit der mannichfaltigsten Industrie. Nach einem verheerenden Brande ist Fougères zweifelsohne eine der hübschesten Städte des Departements geworden und erfreut sich der Nähe eines schönen Waldes mit mehreren Druidendenkmälern. Die Bretagne ist hauptsächlich der Boden, wo dereinst, in der alten Keltenzeit, entmenschte Priesterinnen formlose Steinmassen umtanzten und dem blutigen Kriegsgotte zu Ehren Menschen schlachteten. Den stummen Zeugen einer geschichtslosen Vergangenheit, den Dolmen, Cromlech und Menhir, begegnet man hier häufiger denn irgendwo in Frankreich. Gigantisch ragen sie auf aus den Haiden, welche nebst den Wäldern fast die Hälfte des Departements einnehmen, während blos die Uferränder der Flüsse von Weiden umsäumt sind. Granit- und Schieferhügel durchziehen das Land, das auch zahlreiche Mineralquellen, so wie ein Eisenbergwerk und einen Schieferbruch besitzt.

Die obengenannte Stadt Rennes ist das Chefflieu des Departements, zugleich die alte Hauptstadt der Ober-Bretagne und die wissenschaftliche Metropole des ganzen Landes. Sie zählt heute an 61,000 Einwohner und liegt nicht blos am Zusammenflusse der Ille und Vilaine, sondern auch an der Vereinigung des Ille- und Rance-Canals, in 54 m Seehöhe. Rechts von der Vilaine breitet sich ein schöner Stadttheil aus, und der sogenannte Palastplatz gehört entschieden zu den schönsten Frankreichs. Boulevards mit schönen Spaziergängen gereichen der Stadt zur Zier, und ihr Rathhaus steht am Ende einer prächtigen Lindenallee. Unter den Bauwerken ragen besonders die Kathedrale St. Pierre, deren Inneres ein griechisches Kreuz bildet und die mit zwei 40 m hohen Thürmen versehen ist, dann noch mehrere andere Gotteshäuser hervor, die aus dem Mittelalter stammen. Die Kirche Ste. Mélaine z. B., seit 1845 Notre Dame genannt, ward im elften bis sechzehnten Jahrhundert erbaut, ihr Thurm freilich, der eine Kolossalstatue der Jungfrau Maria trägt, jedoch erst im Jahre 1857 vollendet. Rennes hieß zur Römerzeit Condate und war die Hauptstadt der Rhedonen. Es wurde schon früh von den Franken, im neunten Jahrhundert von dem Bretagner Nomenojus mit Hilfe der Normannen erobert, und Karl der Kahle trat es dessen Nachkommen ab. Im Jahre 1357 wurde die Stadt vergebens von den Engländern belagert. Heute ist Rennes der Mittelpunkt von zwölf großen Straßen und steht in Wasserverbindung mit der freilich nicht sehr bedeutenden Meeresküste des Departements. Diese beschränkt sich auf den Hintergrund der St. Michels-Bai, an deren westlichem Gestade das wegen seiner Austernfischerei berühmte, auf 50 m hohem Felsen gelegene Städtchen Cancale dem normannischen Badeplatze Granville schräg gegenüberliegt. Die Austern von Rocher de Cancale erfreuen sich in Frankreich eines weitverbreiteten Rufes.

Westlich von der St. Michels-Bai schneidet eine schmale Meeresbucht tief in das Land ein. In sie mündet das Flüßchen Rance und an ihrem Ausgange zieht sich eine lange schmale Landzunge weit in die See hinaus. Sie besteht aus lauter Felsen, sonst würden die wildbrandenden Meereswogen sie längst weggespült haben — sie hat deßwegen den Namen Aaronfelsen erhalten, und darauf ist eine Stadt erbaut, welche Jahrhunderte hindurch eine besondere Wichtigkeit besaß und bis auf den heutigen Tag, wenn auch in veränderter Weise, erhalten hat. Es ist Saint Malo mit etwa 10,300 Einwohnern. Die amphitheatralisch und in einigen Theilen regelmäßig gebaute Stadt bildet mit ihren starken, allen Elementen trotzenden, von gewaltigen Quadern aufgeführten Befestigungsmauern eine wahre Granitinsel. Ueberall sieht man nichts als Steine, alle Häuser sind durchaus massiv und bei dem beschränkten Raume durchgängig sehr hoch. Schrecklicher Unflath herrscht in denselben wie in den Gassen. Die Thore sind rechts und links durch ausnehmend starke, runde, aus Quadern erbaute Thürme geschützt, und eben solche Steine bilden die Umfassungsmauern. Die Promenaden gewähren eine herrliche Aussicht auf das Meer. Auf der ganzen Felsenlandzunge ist aber nicht die geringste Spur

24*

von pflanzlichem Leben anzutreffen; nur mitten in der Stadt, auf dem nach einem berühmten Seefahrer benannten Platz Duguay Trouin, stehen einige Bäume, für die man jedoch den erforderlichen Grund und Boden erst mühsam herbeischaffen mußte. Es versteht sich nach alledem, daß Handel und Schifffahrt die einzigen Erwerbszweige der Einwohner sind. Das war der Grund, weßhalb man die Stadt auf diesem nackten Felsen anlegte und so ungeheure Hülfsmittel dienstbar machte, sie vor Wind und Wetter, sowie den tückischen Wellen der sie von drei Seiten umfluthenden See zu schützen.

Der Erfolg zeigte, wie richtig man bei der Wahl des Platzes gerechnet hatte, denn die Mehrzahl der Einwohner wurde reich, ja manche von ihnen besitzen einen wahrhaft kolossalen Reichthum, und man weiß, daß ein Kaufherr dieser Stadt Ludwig XIV. die baare Summe von dreißig Millionen Livres lieh! Im dreizehnten Jahrhundert gehörte St. Malo zum Bunde der Hansa; im sechzehnten eröffneten seine Schiffe zuerst die Straße nach Mokka, und unterhielten eine lebhafte Verbindung mit Amerika und Indien trotz aller sich entgegenthürmenden Hindernisse. Der erwähnte berühmte und heute noch dankbar verehrte Duguay Trouin trat im Jahre 1711 an die Spitze einer Actiengesellschaft, welche die damals vielfach gebräuchliche Kaperei betreiben wollte; er warb die nöthige Anzahl mannhafter und kühner Seefahrer, woran es in der Stadt nicht mangelte, und lief alsbald mit einer kleinen Flotte auf Abenteuer aus. Brasilien war sein Ziel; er nahm Rio de Janeiro mit Sturm, plünderte die Stadt und verkaufte sie dann wieder an die Portugiesen für eine so bedeutende Summe, daß die Geschäftstheilhaber hundert am Hundert gewannen. Fortwährend und bei allen Gelegenheiten zeichneten sich die Kaper von St. Malo durch kühne, mit glänzenden Erfolgen gekrönte Thaten aus und erregten dadurch den Neid der Engländer, welche keine Gelegenheit versäumten, diese kleine und unbedeutende, und ihnen doch so viel Schaden zufügende Nebenbuhlerin zu vernichten. Nur von 1688 bis 1697, also während neun Jahren, nahmen diese Corsaren den vereinigten Briten und Holländern 162 Kriegsschiffe und 3384 Handelsfahrzeuge weg, wie die genau und sorgfältig geführten Admiralitätsbücher nachweisen. Die Stadt wurde öfters bombardirt, jedoch immer fruchtlos, und im Jahre 1693 wurde der vergebliche Versuch gemacht, sie durch eine Höllenmaschine zu zerstören.

Der Hafen von St. Malo, mit gefährlichem Eingange, ist von Klippen umgeben, zwischen denen das Meer bei Springfluthen um 15 m steigt. Auch sonst legt die Ebbe den Hafen immer trocken, die Schiffe, welche dort ankern, legen sich immer auf die Seite, und schwerfällige Karren versehen die Stelle der flinken und leichten Segelboote, während der ärmere Theil der Einwohner auf dem Sande Würmer zum Angeln, Muscheln u. s. w. eilig sucht. In früheren Zeiten ließen die Bewohner den Hafen durch große Doggen bewachen, welche den Tag über eingesperrt, des Nachts aber losgelassen wurden. Diese absichtlich in ihrer Wildheit erhaltenen Hunde versahen den Wächterdienst mehr als sechshundert Jahre lang und haben in dieser langen Zeit wohl manchen Unvorsichtigen zerrissen, wenigstens war ein solcher tragischer Vorfall im Jahre 1770 Ursache, daß dieser gefährliche Gebrauch abgeschafft wurde. Die Kaperei hat längst aufgehört, aber noch blüht die Schifffahrt, der Handel und nebenbei die Fischerei, doch nicht gerade als Nebensache. Saint Malo hat sich mit der naheliegenden Hafenstadt St. Servan am Ausflusse der Rance in neuerer Zeit verbunden und beide Städte betreiben ihre ausgedehnten Geschäfte gemeinsam.

besonders den Stockfischfang, zu welchem Behufe alljährlich eine kleine Flotte die nordischen Meere besucht. Der bedeutendste Verkehr St. Malos ist mit England; dorthin führt man Vieh, Geflügel, Eier, Butter u. dgl., während Salz, Holz, Kohlen, Getreide, Fische u. s. w. zur Einfuhr gelangen. Die ausgedehnte Fischerei bildet zugleich jährlich mehr als 3000 tüchtige Matrosen, welche der Kriegs- und Handelsmarine trefflich zu statten kommen. Saint Malo ist auch die Vaterstadt zahlreicher berühmter Männer, darunter des großen Dichters Chateaubriand, dessen einfach schmuckloses Grab auf dem Eilande Grand Bey dicht bei St. Malo die weite See überschaut.

Folgen wir dem Küstenzuge weiter nach Westen, so stoßen wir zunächst auf die Bai von Frenay, dann nach Umseglung des Cap Fréhel auf die geräumigere Bai von St. Brieuc, in deren Hintergrunde am Goult und nur wenig vom Meere entfernt die von Fischerei und etwas Handel lebende Stadt St. Brieuc mit 18,000 Einwohnern liegt, das sonst wenig bemerkenswerthe Cheflieu des Departements der Côtes du Nord. Zahlreiche Küstenflüsse, wie der Guer, der Trieuc mit dem Laff, Evron, Arguenon u. s. w. bewässern dieses Gebiet und sind zum Theil schiffbar. Im Gegensatze zu Ille-und-Vilaine verfügt das Departement über eine Küstenentwicklung von etwa 420 km, mit tief eingeschnittenen Baien und zahlreichen Felsenvorgebirgen. Das Innere ist ziemlich gebirgig, wenn man sich so ausdrücken darf; es finden sich hier die Höhenzüge des Mt. Mené, des Ménébret und die Ausläufer der Arréeberge, alle trocken, felsig und schluchtenreich. Sie fallen mit sanften Abhängen nach Norden und Süden zu unfruchtbaren Sandflächen ab, denen an der Küste jedoch sehr fruchtbare Ebenen folgen, die viel Lein, Hanf und Ciderfrüchte hervorbringen. Auch führen die Berge verschiedene Metalle, Eisen und Blei, ferner Granit und Schiefer, und enthalten mehrere Mineralquellen.

Die Bretonen.

Schon in den östlichen Theilen der Bretagne, wie in der Ille-und-Vilaine und im Osten der Côtes du Nord, z. B. in dem alten Städtchen Dinan mit seinen ungeheuren hohen und dicken Mauern, wo das alte Schloß der Herzoge der Bretagne noch zu sehen ist, oder in Jugon tragen die Bewohner allenthalben langes Haar und ungeheure Hüte, welche sich seltsam ausnehmen auf den Köpfen der kleinen Männer, und gehen auf dem Lande insgesammt in Holzschuhen, die nicht die zierlichsten sind. Die Holzschuhe sind in der Bretagne viel häufiger, als in der benachbarten Normandie. Je weiter wir nach Westen kommen, desto größer wird auch die Unreinlichkeit. In der Nachbarschaft von St. Brieuc beginnt auch die bretonische Sprache. Westlich davon zu Chatelaudren und Guingamp, welcher Ort durch seine darnach benannten Baumwollgewebe bekannt ist und sich einer schönen Kirche nebst herrlichen Promenaden rühmen darf, spricht schon alles Volk bretonisch. Eine über Plouha, Chatelaudren, Moncontour, Uzel, Loudéac, Josselin und Locminé nach Vannes gezogene Linie bezeichnet etwa die östliche Grenze der eigentlichen Bretagne, wo bretonisch gesprochen wird. Alles Land westlich von dieser Linie ist gallisch geblieben und nicht französisch d. h. romanisirt worden. Noch jetzt weicht es von ganz Frankreich ab und war bis vor nicht langer Zeit in vielen Beziehungen fast unbekannt, westlich vom 5° w. L. v. P. bis zum Westcap eine Sprache nährend und bergend, die es mit der nördlich liegenden Insel Großbritannien verschwistert erscheinen läßt. Mehr als 80,000 Kinder kennen nicht ein französisches Wort. Es ist dies die Niederbretagne, die Bretagne bretonnante, wie die Franzosen sagen, was wir im Deutschen am besten mit der Bezeichnung der „keltischen Bretagne" übersetzen. Man hat die Bretagne häufig mit der englischen Landschaft Wales verglichen, doch sind beide Gebiete im Allgemeinen wie im Besonderen sehr verschieden, denn in den meisten Theilen von Wales, zumal im Norden, findet sich ein bedeutend starkes westgermanisches Element in der Bevölkerung. Aber die schmutzige Bretagne ist rein keltisch, und man kann sie höchstens mit den wälschen Landschaften Carmarthen und Cardigan, mit Sky und Roß in den schottischen Hochlanden und mit der Westhälfte Irlands vergleichen, denn der Kelte sieht sich überall ähnlich. Nimmt man das starke französische Element in der Sprache der Oberbretagne aus, so hat der nachbleibende keltische Theil sehr viel Aehnlichkeit mit dem Wälschen. Das Volk der Bretagne ist klein, schmächtig, mager, hat meist schwarzes Haar, ein schmales, kurzes, unmarkirtes Gesicht, meistens dunkle und häßliche Augen, eine schmale und eingefallene Brust und kraftlose Beine. Das Aussehen ist unbedeutend, gutmüthig und etwas leichtsinnig; dabei empfängt man aber den Eindruck, als ob der keltische Bretagner moralisch viel unverdorbener sei, als der französisch sprechende. Freilich beginnt diese Sitteneinfalt dem Einflusse moderner Berechnung zu weichen. Noch halten indeß die Leute sehr zusammen und ihre Anhänglichkeit an einander ist rührend wie die irische. Der Volksgeist äußert sich aber in einem unzähmbaren Widerstande, in furchtloser Opposition, die blind und hartnäckig ist. Der keltische Bauer ist rauh und wenig mittheilend, von einer natürlichen Grobheit, zu Schwermuth geneigt, versteckten Wesens, nur gegen seines Gleichen offen. In diesen „Chouans", so genannt nach ihrem ersten Anführer, und ihrer treuen Anhänglichkeit an den König, fand die große Revolution entschiedenen Widerstand. Von Natur geizig, lebt der Bretone stets in Entbehrungen, welche ihm freilich auch die Armuth seines Bodens auferlegt, enthüllt nie seinen Besitz, ist aber geschmeidig, wenn er bittet. So thätig, forschend, zu allen Fortschritten bereit die benachbarten Normannen sind, so apathisch und dem Schlendrian anklebend sind die Bretonen; die Einen könnten auri sacra fames, die Anderen parvo contentus auf ihr Wappen schreiben. „Enthalte Dich und der Himmel wird Dir helfen", das ist, wie Guilbert bemerkt, der Wahlspruch der bretagnischen Bauern. „Ist er arm, so verträgt er mit Gleichgültigkeit alle Entbehrungen; ist er krank, so braucht er kein Mittel dagegen, und noch im Sterben erwartet er die letzte Stunde ohne Klagen. Unter allen Leiden und aller Noth findet man ihn gleich ergeben. Die Bretagner sind verständig, stolz ohne Härte, religiös, den bestehenden Gewalten in einem Gefühl von Unterordnung oder hierarchischer Ergebenheit gehorsam, ausdauernd, gutmüthig, gastfrei und redlich in den gewöhnlichen Verhältnissen des Lebens; ihre sprichwörtliche Tapferkeit geht bis zum Heroismus, und die Trägheitskraft, die sie allen Prüfungen entgegensetzen, macht sie tauglich zur Ertragung der größten Beschwerden. Ihre Zuneigungen sind lebhaft und man erkennt sie an der Liebe zum Heimathlande, die sich mit der Energie einer Leidenschaft kundgiebt. Jeder Nichtbretone, selbst der Franzose oder „Gallo", wie sie ihn nennen, ist ihm ein Fremder". Der Bretone will lieber die härtesten Lasten tragen, als einen Theil der großen Nation ausmachen, und wenn er seine Heimath verläßt, um in eine benachbarte Provinz zu gehen, so sagt er: „Ich reise nach Frankreich". Es ist seiner Natur zuwider, die Franzosen als Brudervolk zu betrachten, da sie nicht blos eine für ihn wildfremde Sprache reden, sondern auch mit Spott und Hohn auf ihn herabsehen. Die alte bretagnische Nationalität, für die sie so lange gekämpft, ist für diese Menschen ein moralischer Instinct geworden, dem sie stets folgen, oft ohne sich dessen bewußt zu sein.

Im Nordwesten der Côtes du Nord, im sogenannten Trégorais, lernen wir den Trégorrois kennen. Es ist dies der Einwohner der Umgegend von Tréguier, einem Städtchen im Arrondissement von Lannion, in dessen unmittelbarster Nähe das Oertchen Brélevenez mit seiner romanischen, ehemals einer Templercommende gehörigen Kirche Unserer Lieben Frau vom Schnee (Notre Dame des Neiges) auf steilem Hügel sich erhebt, während 13 km südwestlich die stattlichen Ruinen des Schlosses der Vicomtes von Tonquédec zu sehen sind, welche sich zu den Vornehmsten des bretagnischen Adels rechneten. Ihre Veste ward unter Ludwig XIII. eingerissen. Die Umwohner jener Gegend, die Trégorrois, sind weniger rauh und ernst in ihrem Wesen, als die westlicher wohnenden Bretonen der Küste, aber auch nicht so erregbar als jene der Gebirge. Es liegt etwas in ihnen, was im Vergleich mit dem Charakter der übrigen Bretonen als Milde, Sanftmuth und Unterwürfigkeit ausgelegt und in seinem Ursprunge auf die Seminarien des Landes zurückgeführt werden kann. Der Trégorrois ist ungemein religiös, aber er hält sich vorzüglich an die friedlichen und hoffnungbringenden Feste der katholischen Kirche. So wird Weihnachten ganz besonders gefeiert, und Wallfahrtsörter, über die noch mancherlei zu sagen sein wird, stehen in hohem Ansehen. Der Seminarist („Kloäreck", wahrscheinlich von clericus abzuleiten) von Tréguier ist gewöhnlich ein junger Bauer von 16—18 Jahren, welcher Neigung zum Studium zeigt und von seinen Eltern in eines der zahlreichen Seminarien geschickt wird, wobei denn etwas von der Ehre des Priesterthums vom Sohne auf die Eltern zurückstrahlt. Er wohnt nicht im allgemeinen Collegium, sondern in einem Dachstübchen, oft mit 4—5 seiner Kameraden zusammen. Er bekommt etwas zu seinem Lebensunterhalte von den Eltern, aber das reicht nicht aus, und deßhalb erwirbt er das Uebrige durch allerlei niedrige Arbeiten, z. B. Holzspalten, Wassertragen, oder im besten Falle durch Unterrichtgeben im Lesen und Schreiben. An Markttagen bringen ihm Vater und Mutter etwas Schwarzbrod, Butter, Speck und Kartoffeln zur Fristung des armseligen Lebens. Der Gegensatz zwischen diesem elenden Dasein und der darauf folgenden mächtigen und fast übermächtigen Gewalt als Priester, die Trennung von der Heimath und allen Freuden der Jugend, ja des Lebens wirken natürlich ungemein auf das Gemüth, erregen dasselbe und stimmen es zum Mysticismus, der sich in den von jenem Stamme ausgehenden Gedichten wieder Luft macht. Die Schmerzen und Leiden werden in Elegien und Idyllen, die Frömmigkeit wird in Gesängen ausgedrückt. Tréguier ist durch seine Seminaristen die Nährerin der Bretagne in der volksthümlichen, elegischen und religiösen Dichtung.

In der frommen Bretagne muß heute noch wie zuvor der Geburtsadel die Segel streichen vor der priesterlichen Toga. Die dem Priester gezollte Verehrung streift an Anbetung. Die Tonsur ist eine Krone, welche das Anrecht auf königliche Ehren verleiht. Jede andere Würde verblaßt im Vergleiche zur Weihe, welche den Seelenhirten schafft. Der junge Bauer, welcher blaß und mit geschorener Stirne, sein lateinisches Missale in der Hand, auf den väterlichen Hof zurückkommt, erscheint dort als ein übermenschliches Wesen. Die

Stimme der Natur schweigt in seiner Gegenwart, um einer furchtsamen Verehrung zu weichen. Sein Vater entblößt vor ihm das erbleichte Haupt und nennt ihn „monsieur le prêtre.“ Er sitzt allein an der von der Mutter bereiteten Tafel, auf welcher ungewohnter Luxus herrscht; seine Geschwister bedienen ihn stehend, ohne seine Mahlzeit zu theilen. Aber diese Ehren wollen erkauft sein! Man glaube nicht, daß er am heimathlichen Herde irgend etwas von dem wiederfände, was ihn an seine Kindheit mahnte, weder das eintönige Geräusch des Spinnrads, noch den Gesang der Spinnerin, noch endlich die Neckereien der jüngeren Schwestern. Bei seinem Eintritt geräth das Familienleben ins Stocken; das Haus wird zum Sanctuarium. Anscheinend kalt und traurig muß er mit Ruhe die Ehrenbezeugungen entgegennehmen, mit denen man ihn umringt, muß er in sein Herz die Erinnerungen, in seinen Augen die Thränen zurückdrängen, muß er stets daran denken, daß nunmehr seine Hände zu ewigem Gebete gefaltet sind und sich nicht mehr zu zärtlichen Umarmungen ausstrecken dürfen, daß alle seine Neigungen fallen mußten an dem nämlichen Tage, als seine langen Jünglingshaare von dem geschorenen Haupte fielen und daß selbst die Arme seiner Mutter ihm verschlossen sind wie einem todten Kinde. Bei seinem Scheiden aus dem zeitweilig besuchten Elternhause waltet der nämliche ceremonielle Zwang, und wenn ihm das Herz überläuft und er seine Arme nach jenen Eltern ausstrecken will, die er verlassen muß, so faßt keine Hand nach der seinigen und nur die Stirnen beugen sich, wie um seinen Segen zu erhalten.

Dies ist eine der Ursachen der ungeheuren Gewalt des Priesters auf dem platten Lande der Bretagne. Die königliche Vereinsamung, in der er lebt, ist ein Zauber, der auf Alle wirkt. Uebrigens, wenn sein Einfluß groß ist, so muß man anerkennen, daß er gemeiniglich Alles besitzt, um ihn zu erhalten. Wer den bretonischen Clerus nach jenem der französischen Städte mit seiner Manierlichkeit, Geschniegeltheit und Schönrednerei beurtheilen wollte, würde schwer irren. Die bretonischen Priester, vom Pfluge hergekommen, lassen unter dem Chorhemd noch den Bauernkittel hervorgucken; ihre Stimme ist rauh, ihre Hand schwielig. In einen groben, von Sonne und Regen verfärbten Leibrock gehüllt, in benagelten Schuhen und einen schweren Stock in der Hand, traben sie auf den kothigen Straßen, durch unwegsames Gestrüpp, um Kranken die letzte Wegzehrung zu bringen, bei den Todten ihre Gebete zu verrichten. Unwissend wie jene Fischer, welche ihre Netze verließen, um Menschenfischer zu werden, haben sie, wie jene, auch den Glauben, welcher das Wort belebt und ihm die Stärke des Donners verleiht. Nichts kann dem, der niemals eine bretonische Predigt gehört, das Ansehen jener Männer, wenn sie auf der Kanzel stehen, begreiflich machen. Die Menge bebt, seufzt unter ihren Worten wie das Meer unter Sturmgeheul. Und das sind hier keine Thränen auf Befehl, die man mit einem Battisttaschentuche abtrocknet; das ist hier nicht jene so zu sagen literarische Bewunderung, jene Rührung, welche die Hände falten läßt, eher um Beifall zu klatschen als um zu beten; nein, es ist Zerknirschung und Reue in ihren energischesten Bethätigungen; es sind Thränenströme, Schluchzen, Aufschreie; es sind Männer, die mit starker Faust auf ihre starke Brust klopfen, Frauen, welche, das Antlitz zur Erde gewandt, um Gnade rufen bei dieser von oben kommenden Stimme, die da zwei Worte wiederholt, bei denen das Herz erzittert: Verdammniß, Ewigkeit! Oft werden im Verlaufe dieser Predigten ihrer mehrere ohnmächtig hinausgetragen.

Ein solcher Einfluß der Geistlichkeit mag in unserer Epoche überraschend erscheinen. Wer aber die Bretagne kennt, begreift ihn und wundert sich wenig darüber. Dieser Einfluß ist nicht blos das Ergebniß eines starken Glaubens, sondern auch die Frucht des Guten, welches auf dem Lande die katholischen Geistlichen thun. Der bretagnische Priester ist nicht blos ein Diener Gottes, sondern auch ein Freund, ein Rathgeber, ein kostbarer Beschützer in irdischen Dingen. Kein Unglück ereignet sich in der Pfarre, ohne daß er herbeieile, um Trost zu spenden. Könnte der Bauer die Hoffnung personificiren, er würde sie nicht, wie die Alten, mit dem blauen Flügelkleide, sondern mit dem schwarzen Priestertalar ausstatten. Sicherlich könnte der von den Geistlichen ausgeübte Einfluß ein glücklicherer sein: es mangelt ihnen oft an der nöthigen Einsicht, um das Gute zu thun. Sie predigen der Menschheit, sich am Fuße des Kreuzes unbeweglich niederzuknien und zu beten, während sie ihnen unablässig „Vorwärts" zurufen sollten, wie einer Karawane auf dem Wege nach dem Lande der Verheißung. Aber wenigstens erwärmen Barmherzigkeit und christliche Aufopferung ihren Eifer; wenigstens wirft die heilige Brüderlichkeit, die sie predigen, einen Schein der großen Genossenschaft, zu welcher die Menschen berufen sind. Sie sind vielleicht nicht immer auf der rechten Fährte, aber sie folgen jedenfalls einem parallelen Wege. Ihre ganz moralische Macht, die sich blos an die Seele wendet, hat etwas Tröstendes, Leidenschaftliches.

Dabei soll nicht verschwiegen bleiben, daß die von der Geistlichkeit gehegten und genährten religiösen Vorstellungen den Bretonen mitunter in verderbliche Aufregung versetzen. Glücklicherweise sind solche Fälle von Fanatismus selten, kommen aber doch hin und wieder vor. Auch ist der Katholicismus der Bretonen in vielen Stücken nicht viel mehr denn ein Firniß, unter welchem sich der alte Keltenglaube noch bis zur Stunde erhalten hat. Noch jetzt heißen die katholischen Priester wie die Druiden „Bellec'h" (von belh, Leinen) und die Nonnen „Léanoz" (von lean, weiß) wie die Druidinnen. Ebenso sind die alten Keltenleidenschaften geblieben und der Bretone hat ihnen auch einen Cult bewahrt. Vor ihrer Bekehrung besaßen die Kelten einen dem Hasse errichteten Altar; die christlichen Nachkommen konnten sich nicht dazu verstehen, einen solchen blos für die Barmherzigkeit zu besitzen. Sie behielten den alten Cultus und wechselten blos den Patron. So ward, was früher dem barbarischen Gotte zugeschrieben, nunmehr auf die Gottesmutter übertragen und sah man Kapellen sich erheben mit der seltsamen Bezeichnung, Unserer lieben Frau des Hasses (Notre Dame de la Haine). Eine solche existirt immer noch bei Tréguier und das Volk hört nicht auf, an die Kraft der dort verrichteten Gebete zu glauben. Manchmal sieht man gegen den Abend verschämte Schatten nach jener traurigen Kapelle huschen, die auf einem vegetationslosen Hügel sich erhebt. Es sind junge Mündel, welche der Aufsicht ihrer Vormünder überdrüssig geworden, Greise, welche dem Nachbar sein Gedeihen neiden, Frauen, die sich durch den Despotismus ihres Gatten zu sehr gedrückt fühlen; sie Alle pilgern zu jener Kapelle, um dort um den Tod des Gegenstandes ihres Hasses zu beten! Drei inbrünstig wiederholte Avemaria bewirken diesen Tod unfehlbar im Laufe des Jahres.

Ganz besonders sind aber die Menhir, Dolmen, Lochavens, Cromlech und sonstigen Druidensteine überall auf dem Lande in der Bretagne der Gegenstand der Verehrung wie gespenstischer Furcht geblieben. An die meisten heften sich fromme Legenden, offenbar absichtlich als Ersatz für die alten Ueberlieferungen ersonnen. Es giebt fast kein altes Keltendenkmal im Lande, das nicht in der heiligen Geschichte irgend eine Rolle gespielt. Was die Dolmen anbetrifft, so sind sie alle die Wohnungen von „Conribes“, „Corniconets“ oder „Poulpiquets“, im Morbihan „Poulpicans“ genannt, schwarzer häßlicher Zwerge, welche Abends im Mondenscheine tanzen und die verirrten Wanderer zwingen, mit ihnen zu tanzen, bis sie vor Müdigkeit leblos umsinken. Tausenderlei seltsame Erzählungen sind im Umlauf über diese schwarzen Männlein, welche besonders in den Landen von Croyon, den Gebieten von Rosporden, den Wäldern von Laguen u. s. w. hausen. Wer den bretonischen Bauern nur nach seinem groben Aeußern beurtheilen wollte, der möchte ihn wohl für jeder Vernunft und Einbildungskraft bar halten. Dies wäre aber ein Irrthum. Diese Menschen, anscheinend so rauh, so schwer zu bewegen und zum Reden zu bringen, sind voll Urwüchsigkeit und politischer Instincte. Man lausche an den Winterabenden, wenn die abendliche Versammlung spinnender Mädchen und Frauen (filerie) um den Herd oder im Stalle vereinigt ist, dem inmitten der horchenden Weiber befindlichen Erzähler, welcher die Ueberlieferungen, Sagen, Volksballaden zum Besten giebt, und man wird staunen über den Reichthum dieser Erzählungen, welche keine Uebersetzung in ihrer Mannichfaltigkeit und Ursprünglichkeit wiederzugeben vermag. Ganz besonders anziehend sind darunter die von Paul Sébillot gesammelten Légendes des houles, durchweg die wunderbarsten Feengeschichten und dabei von einer Mannichfaltigkeit der Handlung, daß sich aus ihnen eine ganz achtbare Naturgeschichte dieser die Phantasie der armen und glaubensstarken bretagnischen Fischer mit allerlei tröstlichen Gaukeleien erfüllenden Wesen entwickeln läßt.

Mit dem Ausdrucke „houles“ werden die Höhlen und Grotten bezeichnet, die zuweilen in monumentalen und großartigen Maßen von dem Seegestade aus in das felsige Land verlaufen und meist nur von der Wasserseite zugänglich sind. Oft verlieren sich die Zugänge auch in einer starren Felsenwildniß, die Gewölbe sind geborsten, die Wände zerklüftet und durcheinandergeschoben, als hätte eine architektonisch geordnete Halle alle Gräuel der Verwüstung erfahren und trauerte nun als Ruine über die verlorene maßvolle Schönheit. Die bretagnische Küste zeigt mehrere solcher düsteren, von elementaren Gewalten bezwungenen Grotten, deren seltsame Bildung heute noch das Fischervolk mit ahnungsvollen Schauern erfüllt. „Seit die Feen davongegangen,“ sagen die älteren Leute, „sind die schönen Grotten, die einst prächtig waren wie Kirchen, verfallen und wahre Höllenschlünde geworden.“ Sébillot versichert, daß er mit eigenen Ohren aus dem Munde steinalter Fischer die Kunde vernommen habe, im Jahre 1900 würden die Feen, diese Wohlthäterinnen der Armen und Rechtschaffenen, wiederkehren und die Grotten in ihrer einstigen Pracht und Herrlichkeit wieder aufrichten. Wie stark dieser überlieferte Glaube mit kirchlichen Anschauungen verwachsen ist, beweist der Name Couvent des Fées, Feenkloster, welcher im Volksmund einem übelberufenen Steinfels bei Saint-Cast beigelegt wird. Auch pertus (pertuis) ès Fées werden diese bretagnischen Höhlen genannt, und das märchenstarke Auge der Bretagner erkennt durch die Ritzen hindurch noch die Schlafgemächer, die Tische, Sitze und Wiegen der „bonnes dames.“

Es giebt männliche und weibliche Feen; die männlichen heißen faitos oder faitauds, und in der Gegend von Saint-Brieuc fions. Doch wird letztere Bezeichnung zuweilen auch ohne Rücksicht auf das Geschlecht den Feen im Allgemeinen und sogar den im Range tiefer stehenden Koboldеn beigelegt. Die bretagnischen Erzählungen enthalten eine ungemein reiche und genaue Charakterisirung der Feen, und der überliefernde Volksmund wacht mit der rührendsten Gewissenhaftigkeit darüber, daß keiner der typischen Züge dieser theueren Fabelwesen verwischt oder verloren werde; ein Erzähler überwacht den anderen, damit Alles beim Rechten bleibe. Aus diesen Erzählungen geht klar und übereinstimmend hervor, daß die Feen, beiderlei Geschlechts, abgesehen von ihrer übernatürlichen Macht und ihrer Unsterblichkeit, genau wie die Menschen lebten und fast den nämlichen Leidenschaften wie diese unterworfen waren. Junge Feen leiden an Kinderkrankheiten und an einem hartnäckigen Augenleiden; eine Fee-Mutter bekommt die Wehen und wird von einer Hebamme bei der Entbindung unterstützt. Die weiblichen Feen vermählen sich theils mit den Faitauds, die jedoch im Ehestand eine herzlich unbedeutende Rolle spielen, theils mit gewöhnlichen Menschen. Es kommt sogar vor, daß eine blutjunge, liebebedürftige und jedenfalls vermögliche Fee zweierlei Tuch dem bestsitzenden Civilistenfrack vorzieht („Fleur du Rocher“ nennt sich die heroische Jungfrau im vorliegenden Fall). Allein es scheint, daß die mit gewöhnlichen Sterblichen (den Militärstand inbegriffen) vermählten Feen ihre Unsterblichkeit verlieren, sei es in Folge der Taufe, wie die Fee von Créhen, sei es, weil sie durch das Zusammenwohnen mit Menschen deren endliches Schicksal theilen müssen. Die Feen sind, solange sie ihre Grotten bewohnen, niemals am Tage den Menschen sichtbar. Sie sind häuslich, fleißig, wiegen und singen ihre Kinder ein, spinnen, backen Brod, waschen und breiten ihre Leinwand auf dem Gras aus. Ihre Leinwand ist aber so fein und weiß, daß man von sehr schöner Wäsche sprichwörtlich sagt: „C'est comme le linge des Fées“ oder „Blanc comme le linge des Fées.“ Manche unter ihnen besitzen Hausthiere, Kühe, Pferde, Schafe, Gänse, Hühner von seltenem Wuchs und kräftiger dunkler Farbe; andere ziehen es vor, sich die Thiere der menschlichen Nachbarschaft leihen zu lassen, während wieder andere die wirthschaftliche Unverfrorenheit so weit treiben, das ihnen passende Vieh einfach zu nehmen, wo sie es gerade finden. Daß einige sich auch mit der Wahrsagekunst beschäftigen, z. B. die Feen der Houle Cosseu, spricht für sehr liberale Anschauungen hinsichtlich der Gewerbsausübung im Feenreich.

Mit sehr geringen Ausnahmen erweisen sich die bretagnischen Grotten-Feen als liebenswürdige, dienstfertige und gefällige Wesen, weßwegen sie auch von den dankbaren Fischern mit Vorliebe „les bonnes dames“ oder „les bonnes mères“ genannt werden. Den Kranken gewähren sie Heilmittel, den armen, aber höflichen Arbeitern, die recht schön zu bitten verstehen, geben sie Kuchen und Brod von außerordentlich feiner Güte; die groben Arbeiter hingegen, die in rücksichtsloser Rede sich gefallen, finden beim Zubeißen im geschenkten Brode einen Büschel Hundshaare. Das gewöhnliche Feengeschenk ist eine Brodschnitte, die stets frisch und schmackhaft bleibt und nicht abnimmt, so man Sorge hat, sie still für sich zu behalten und an Dritte nichts davon abzugeben. Von den übrigen wunderbaren Gaben der Feen erscheinen in den bretonischen Legenden die glückbringende Angel, die unerschöpfliche Geldtasche, die schwarze Henne, die den Besitzer zum reichen Mann macht, und der unscheinbare Sack, der die herrlichsten Kleider enthält. Oft führen sich die Feen bei den Menschen mit der Bitte ein, man möge sie bei Neugebornen Pathenstelle vertreten lassen. Wehe dem, der ihnen den Wunsch versagt! Die beleidigten Feen rächen sich an den Kindern. Nach einigen anderen Legenden haben die Feen ekelhafte Würmer im

Munde, weil das geweihte Tauffalz nie ihre Lippen berührt hat; lassen sie sich aber taufen, so verlieren sie ihre Unsterblichkeit. Einmal ist es sogar geschehen, daß die Fee eines plötzlichen Todes gestorben ist, nachdem man ihr eine Handvoll Salz in den Mund geworfen. Im Allgemeinen gelten die Feen den bretagnischen Fischern und Landleuten als schöne, jugendlich anmuthige Personen; doch will man einige bemerkt haben, die schienen, als wären sie viele hundert Jahre alt. Heute nun sind sie alle todt oder unstät und flüchtig in der fernen Welt zerstreut. Ihre wunderbaren Grotten sind verfallen, und die dort aufgehäuft gewesenen Schätze von einigen Frechlingen gestohlen worden. Es giebt aber alte Weiber, die glauben steif und fest, daß, sofern es in der Welt mit rechten Dingen zugeht, auch die überlebenden Feen zurückkehren und in den ungeschmälerten Genuß ihrer alten Macht und Herrlichkeit wieder eingesetzt werden müssen. Bis dahin würde weder Frieden noch Segen walten im Lande.

Neben diesen Feen bevölkern noch eine ganze Menge anderer Fabelwesen die bretagnische Volksphantasie. Da giebt es Zwerge (Teuz) und Wassernixen, Mary morgan oder Groach geheißen. Letzteres Wort bedeutet eigentlich „alte Frau“. Ursprünglich nannte man so die Druidinnen, welche ihren Sitz auf der Insel Groach, später Groais und Greix genannt, hatten. Nachher benannte man so eine Art von Feen oder Wassernixen, und jetzt bedeutet das Wort „boshafte Hexe“. Die Bretonen glauben auch an einen besonderen Schlafteufel (c'housl-Kezik von konska, schlafen), der es besonders liebt, die Gläubigen in der Kirche zu verführen. Sehr merkwürdig ist die Auffassung des Idiotismus bei den Bretonen. Er ward und wird bei den Kelten niemals als eine Erniedrigung betrachtet, vielmehr als ein eigenartiger Zustand, in welchem das Individuum zu gewissen, der großen Menge verschlossenen Wahrnehmungen, zu einer Kenntniß der unsichtbaren Welt gelangt. Die Aussprüche der Blödsinnigen wurden daher für prophetisch erachtet, man suchte in ihren Worten einen verborgenen Sinn, man dachte, diese Menschen hätten, um mit einem alten Dichter zu reden, die Füße in dieser und die Augen in der andern Welt. Diese antike Ehrfurcht vor den Geistesschwachen hat sich in der Bretagne bis zur Stunde erhalten. Nicht selten sieht man auf den Maierhöfen des Léonnais solche Unglückliche, die ohne Rücksicht auf ihr Alter mit einem langen Talar mit Hornknöpfen bekleidet sind und einen weißen Stab in der Hand haben. Man pflegt sie mit Zärtlichkeit und bezeichnet sie nie anders denn als „liebe Unschuldige“. Auch die Elemente sind in der Bretagne ein Gegenstand des Cultus für die meisten Landleute. Cambry spricht von dem Brunnen zu Bodilis, dessen Wasser die Mädchen befragen, um zu wissen, ob sie sich im Laufe des Jahres vermählen werden. Der Brunnen von Saint Laurent bei Ponton hat die Eigenschaft, Schmerzen und Rheumatismus zu verhüten, jener von Saint Jean du Doigt heilt Augenleiden, und Aehnliches gilt fast von jedem alten Brunnen. Die Mispel, bekanntlich die geheiligte Pflanze der Druiden, besitzt gleichfalls ihre besonderen Eigenschaften; sie bewahrt vor Fieber und heilt gewisse Krankheiten der Thiere. Die Bretonen nennen sie „Kreuzeskraut“, ein Name, der ihr wahrscheinlich von den Priestern beigelegt ward, um das heidnische Gewächs durch eine christliche Bezeichnung zu heiligen. In gleicher Weise wurden die Menhir, weil man sie nicht entwurzeln konnte, mit einem Kreuze versehen, und die Johannisfeuer an Stelle jener gesetzt, die man früher dem Sonnengotte zu Ehren entzündete. Ungeheure Reisbündelhaufen, welche gegen Abend in allen Dörfern angezündet werden, umgeben den Horizont mit einem Feuerkreis. Ein lustiger Tumult erhebt sich in den Thälern beim Schalle der Muschelhörner oder Schalmeien („Biniou") der Hirten, die Alle zur Ceremonie herbeirufen. In vielen Kirchdörfern geht der Geistliche mit dem Kreuz und den Kirchfahnen selbst zum Holzstoß hin und zündet ihn an. Man schließt einen Kreis um den brennenden Haufen, und während die jungen Burschen hin und her durch die Flammen springen, zerstreuen sich die Mädchen und laufen in Festkleidern durch die Felder, in der sicheren Hoffnung, im Laufe des Jahres einen Mann zu bekommen, wenn sie am Johannisabend neun Feuer besuchen. Der geweihte Brand wird einer Reliquie gleich erachtet und zwischen einem Zweig vom Palmensonntage und einem Stück Kuchen vom Dreikönigstage neben das Bett gelegt. Die wunderbarsten Eigenschaften schreibt man indessen den Blumen des Kranzes zu, welcher auf den Gipfel des Holzhaufens gelegt wird. Fast jedes junge Mädchen trägt eine solche in ein kleines Säckchen gesteckte Blume an einem rothen wollenen Faden auf dem Busen, da man glaubt, daß alle nervösen Schmerzen dadurch geheilt und sogar die Qualen der Seele gelindert werden. In der Nieder-Loire geht der junge Mann, der wissen will, mit welchem Mädchen er sich im Laufe des Jahres verheirathen wird, dreimal barfuß um das Johannisfeuer, nimmt einen geweihten Brand heraus, läßt ihn in seiner linken Hand verglühen, wickelt ihn in ein vor drei Tagen verfertigtes Hemd und legt dies unter den Pfühl seines Bettes; Alles aber muß mit geschlossenen Augen vollbracht werden. Am folgenden Morgen beim Erwachen weiß er den Namen seiner Braut.

Finistère.

Nirgends sind Vorstellungen, wie die hier angedeuteten, indessen mehr verbreitet, als in den beiden Departements des Finistère und des Morbihan, welche man als die Hauptsitze des Keltenthums bezeichnen kann. Wir sind hier wirklich am Ende der Erde. Davon und von der Kapelle Notre Dame Fin de terre auf der westlichsten Landspitze St. Mathieu hat das erstere Departement seinen Namen. An den zerrissenen Küsten zählt man mehr denn fünfzehn Vorgebirge; zwanzig Inseln liegen in der Nähe; überall starren Granitfelsen in die wilden Wogen hinaus und veranlassen zahlreiche Schiffbrüche. Lange haben sich ganze Küstenstrecken vom Strandrecht genährt; durch irreleitende Feuer führte man die Schiffe selbst absichtlich ins Verderben. Am gefährlichsten ist die 100 m hohe Pointe de Raz bei Plogoff, wo noch im sechzehnten Jahrhunderte die Ruinen von Ys, der alten Hauptstadt von Cornouaille (Cornu Galliae) gestanden, und bei Cléden gegenüber der kleinen Insel Sein (Sena), einer Sandbank ohne Bäume und Schutz, ehemals das Heiligthum der keltischen Welt, nur von einigen armen Familien bewohnt, welche Schiffbrüchige retten. Dort wohnten ehedem die heiligen wettermachenden Jungfrauen. Der Boden des Finistère ist mäßig fruchtbar und bringt viel Getreide, Hanf und Lein hervor. Sand und Sumpf nehmen aber mehr denn ein Drittel des Landes ein; die Berge sind mit dichten Fichtenwäldern bedeckt, die Thäler haben lachende Wiesen. An Silber und Blei ist dieses Departement das reichste, während Regen und Nebel es zum feuchtesten machen. Zwei Bergketten geben ihm eine große Mannichfaltigkeit; der Bergrücken nämlich, der von der Normandie durch die Côtes du Nord läuft, theilt sich beim Eintritt ins Finistère nördlich in das Gebirge Arrée, dessen letzter Ausläufer das erwähnte Cap St. Mathieu bei Brest ist, und in die südliche Montagne Noire oberhalb Quimper. Ihr Ausläufer ist die Spitze von Raz, so daß beide Ketten die Rhede von Brest und die Bai von Douarnenez umschließen. Das erstere Cap ist das höhere (etwa 300 m). Südlich davon ist das alte Bisthum (und Grafschaft) Cornouaille mit der Hauptstadt Quimper, nördlich das von St. Pol de Léon und östlich des Flusses von Morlaix das von Tréguier. Die Mundart wechselt in jedem. In Morlaix, einer reichen und angenehmen Stadt, die weniger schmutzig als die meisten bretagnischen Plätze, durch ein Schloß vertheidigt und mit Uferdämmen und Promenaden ausgestattet ist, sehen die Leute schon keltischer aus als im Osten, nämlich häßlicher, gelber, finsterer, und haben mehr den keltischen Ausdruck im Gesicht. Ihre Kleider sind meistens aus eigengemachtem Zeug. Das Arrondissement von Morlaix und jenes von Brest bilden das sogenannte Léonais (Lemovicus in der Zeit der Merowinger), welches das äußerste westliche Horn der Bretagne umfaßt. Es ist die reichste und schönste Landschaft des Finistère. Die Felder sind fruchtbar und die Bevölkerung (wenn man von der französischen Hafenstadt Brest absieht) lebt in ihren zerstreuten Dörfern und vereinsamten Landhäusern ein ungemein einfaches Leben, das an vergangene Tage erinnert. Die Kirche ist auch für den Leonarden der Angelpunkt, um den sich Alles dreht. Dort hält er seine „Pardons“ oder Heiligenfeste und den großen Todtentag (2. November). Dann trauert Jedermann, und den ganzen Tag über werden Gottesdienst, Messe und Gebete für die Todten abgehalten. Die Reste eines Mahles, welches die religiösen Uebungen beschließt, bleiben auf der Tafel stehen; sie sind für die Todten bestimmt, welche sich um den Tisch zum Schmause vereinigen. Auch der Johannistag wird hoch in Ehren gehalten. Eine ungemeine Bigotterie, die oft in den stärksten Aberglauben übergeht, ist ein vorherrschender Charakterzug der Leonarden. Sie sind ernst, tieffühlend, verschlossen, mißtrauisch gegen Fremde und hängen mit zäher Liebe an ihrem Heimathlande, dessen Gebräuchen und Glauben. Die Kleidung der Leonarden ist gewöhnlich von dunkler Farbe, schwarz oder dunkelblau; sie wird bei den Männern blos durch eine rothe oder blaue Schürze etwas gehoben, während die Frauen einen weißen Ueberwurf, ähnlich jenem der Beguinen, tragen. Die Ehen werden schnell geschlossen, die allgemein geübte Gastfreundschaft erscheint als eine Pflicht, und jeder Arme, sei er auch der niedrigste Bettler, gilt als „Gottes Gast“. Die Leonarden sind die ernstesten unter den Bretonen und lassen sich eher mit den Wälschen als mit den irischen Kelten vergleichen.

Dies der Typus der Leute, wie man sie in Landivisiau, Landerneau und selbst an Markttagen vielfach in Brest sehen kann, Frankreichs zweitwichtigster Kriegshafen, von Richelieu geschaffen, zugleich eine starke Festung und große Handelsstadt, welche jetzt 70,000 Einwohner zählt. Ihre Rhede, die Rade de Brest, zu welcher man durch die Meerenge Goulet einfährt, hat Raum für 500 Linienschiffe. Brest, obwohl vielmals größer, ist Boulogne-sur-mer ähnlich; beide liegen an einer Seeschlucht und haben abschüssige Straßen, besonders Brest. Dennoch, obgleich die Fortschaffung des Unraths leichter wäre, als an anderen Orten, ist es allenthalben voll von Schmutz und Gestank in dieser Stadt. In Boulogne ist mehr Reinlichkeit, in Brest mehr Handel und Verkehr. Das Beste in der Bretagne für Frankreich ist Brest, wo vordem einer der jetzt aufgehobenen Bagno war, nach welchem die schwärzesten Verbrecher als paarweise aneinandergeschmiedete Galeerensklaven gesandt wurden. Das System hätte nicht so lange dauern können, wenn es dem Gericht der öffentlichen Meinung unterworfen gewesen wäre. Die ganze innere Maschinerie war ein verwickelter Despotismus, von welchem das Spionirsystem einen wesentlichen Theil bildete. Auf allen Plätzen, in allen Straßen, Gassen, Winkeln und Löchern der schmutzigen Stadt sah man früher die traurigen Sträflingsgestalten; diese Staffage ist nunmehr verschwunden, auch hat sich Vieles verschönert in der Unterstadt, wo in dem Recouvrence genannten, von den Arbeitern bewohnten Viertel die gothischen Häuser vor den Neubauten weichen. Die zwischen rings aufsteigenden Granitbergen eingeengte Oberstadt hat aber noch ihre steilen, krummen Straßen, zum Theil mit Felsentreppen. Hier und da stoßen an das fünfte Stockwerk die Gärten anderer Häuser. Auf einem 65 m hohen Felsen thront das Fort Brethume. Von der Höhe erblickt man die 50 km weit im Meere liegende und 1558 ha große Insel Ouessant, auf welcher an 2500 Menschen, zumeist Fischer leben. Sie ist fruchtbar und hat herrliche Wiesen, auf welchen zahlreiches Vieh weidet, besitzt aber kein Holz, und das Brennmaterial stellt man aus Stroh und Mist dar. Obwohl von vielen Franzosen bewohnt, die sich des ausgedehnten Handels wegen dort aufhalten oder zum Kriegshafen in Beziehung stehen, hat Brest doch durchaus bretonischen Charakter und die keltische Sprache ist in den unteren Volksschichten die vorherrschende. Die Einwohner von Brest haben im Allgemeinen gar nichts Schönes; die meisten sind häßlich. Die Plumpheit an den Gebäuden findet sich auch am Bau des menschlichen Körpers. Von den uralten Hüten mit ihrem 30—40 cm breiten Rande flattern lange leichtsinnige Schleifen wie Wimpel an den Kriegsschiffen unten im Hafen, der Hutkopf ist rund und so klein wie das Köpfchen, sehr Viele, am Vorderkopfe kahl, tragen ihr nie geschorenes Haar mit seinem Schmutze auf dem Rücken ihrer großen, altmodischen Röcke ohne Kragen, unter welchem ihre langen Westen mit den zwei Knopfreihen bis unter die Hüften reichen, und ganz unten zeigen sich die merkwürdigen Strümpfe mit einer Reihe Knöpfe an den Seiten und die unästhetischen Holzschuhe, die für die zarten Ohren der Städter nicht recht geeignet sind. Die meisten gehen mit einem Tuch um den Leib, alle Mannsleute mit bloßem Halse, einige in der gewöhnlichen kurzen Hose, andere in der kurzen Hose älterer Art, die unter dem Knie wie ein zusammengeschnürter Sack aussieht.

Die Kernéwoten, d. h. die Bewohner von Cornouaille, sind in ihrem Charakter von den Leuten in und um Brest verschieden und zeigen eine Mischung von Freude und Pathos, wie sie dem Iren eigen ist. Ihr Land liegt um die Berge von Arrée herum, zwischen Morlaix im Norden und Pontivy im Süden; im Norden haben sie das Léonais, im Süden den Bezirk Vannes zur Grenze. Der nördliche Theil ist wild und unfruchtbar. Hier liegt zwischen der Aulne und der Montagne Arrée das Oertchen Le Huelgoat mit alten, jetzt aufgegebenen Bleigruben. Der Weg dorthin führt über die Berge von Edern nach Pléiben, von da nach L'an hebern, L'och'effert u. s. w., eine Gegend, die von wahren Wilden bewohnt wird. Unter der Bezeichnung Dorf ist dort nicht zu verstehen, was man in andern Theilen Frankreichs so nennt. Hier besteht solch ein Dorf im Gebirge aus 6—8 Häusern, manchmal sind es auch nicht so viele, die unregelmäßig neben einander liegen. Kein Gedanke von einer Straße oder auch nur einem Gäßchen, wohl aber Schlamm und Schmutz, in welchem um die Wette mit den Schweinen sich Kinder umhertreiben. Sie laufen weg, sobald sie einen Fremden kommen sehen und sind wild, wie ihre Väter auch. Diese Leute hausen in kleinen, mit Stechginster bedeckten Hütten, die Männer sind unzertrennlich von ihrem „Penbas“ (pen = Kopf, bas = spalten), also dem Kopfspalter. Derselbe besteht aus einem dicken Knüttel von der Stechpalme mit einem starken Knorren als Knopf und hat zum Festhalten einen ledernen Riemen. Wenn sie, allemal betrunken, von einer Hochzeit oder auch von einem benachbarten Marktorte heimkehren, kann man den wilden Schrei torriben, torriben hören, d. h. wir müssen den Kopf zerschlagen! Und um diese Waffe in Bewegung zu setzen, bedarf es häufig nur eines geringen Anlasses. Das Feld wird dürftig bestellt, Hausthiere fehlen. Aber diese Wilden treiben Handel mit Pferden und diese sind wie die Menschen von einer besonderen Rasse, klein, nicht viel größer wie ein Esel; alle haben, wie die Menschen auch, schwarzes Haar, sind ungemein zäh und ausdauernd. Die Menschen kleiden sich in Schaffelle, sind wild und bösartig, und vor den Schwurgerichten des Departements Finistère haben sie sich oftmals zu verantworten, weil Verwundungen mit dem Messer oder dem Penbas so häufig vorkommen. Es ist für Jemanden, der nicht bretonisch spricht, keineswegs gerathen, das Gebirge zu durchwandern, um nach L'an hedern zu gehen, nach Saint Herbot, L'och'essert, La Feuillée, Saint Roch, Trezevel; er wird sonst, falls er nicht im Lande bekannt ist, für einen Feind gehalten; man sucht ihn auf Irrwege zu locken und spielt ihm böse Streiche. Diese Wilden haben einen kümmerlichen Wuchs und niemals die Größe, um als Rekruten eingestellt werden zu können. Alle sind schmutzig, viele mit Krätze behaftet, haben dünne Beine, wenig oder nichts von Wade, vorstehenden Bauch, völlig glanzloses, meist kohlschwarzes, oder auch ziegelrothes, sehr selten braunes Haar, das nach dem zwanzigsten Jahre sehr dick steht, vorher aber sehr dürftig ist. Auch die Frauen haben fast keine Waden, sehen mit dreißig Jahren schon alt aus, und wenn sie in Lumpen gehüllt aus ihren Hütten kommen, nehmen sie sich aus wie Zigeunerinnen. Der Rand um die Brustwarze ist sehr groß und sehr dunkel. Ihre Moralität steht auf sehr tiefer Stufe.

Arm ist auch das Land an der Bucht von Douarnenez und seine Bewohner. Die Bucht heißt so nach dem an ihr gelegenen Fischerort dieses Namens, bemerkenswerth deßhalb, weil die Reste einer versunkenen Stadt, Ys, der alten Hauptstadt von Cornouaille, sich fast rings an der ganzen Bai unter dem Wasser in 5—6 m Tiefe vorfinden sollen: Druidensteine, Altäre, Mauerstücke und dgl. Im sechzehnten Jahrhundert scheint die Bai noch nicht so tief gewesen zu sein, weil damals Moreau die Linien einer weiten gemauerten Umwallung verfolgen konnte und Aschenurnen, Steinsarkophage u. s. w. hervorzuholen vermochte; er erkannte endlich auch die gepflasterten Straßen nach Quimper und nach Carhaix. Von dem versunkenen Ys (kelt. is = tief) erzählt eine hübsche Ballade, und dort wurde noch innerhalb der letzten fünfzig Jahre die Messe in einem Boote in der See vor einem Druidensteine gelesen, der bei niedrigem Wasserstande aus den Fluthen hervorragte. Das Volk glaubte, er sei einer der Altäre der untergegangenen Stadt gewesen; also verrichtete die christliche Fischerbevölkerung ihren Gottesdienst vor einem heidnischen Druidensteine. Von Douarnenez erstreckt sich eine spitze Erdzunge ins Meer; ringsumher nichts als wüste Heide, von Ginster, Binsen und Farnkraut bewachsen und mit Felsenstücken übersäet, hie und da eine Thaltrift von Bächen durchrauscht, dann etwas Getreidefeld, Hanf und Klee. Im Städtchen Pontcroix, angenehm auf einem Waldhügel jener Landzunge gelegen, mit einem Seminar, echter Pflanzschule für bretonische Priester, zeichnet sich die Kirche durch kühne Bauart aus. Ein romantischer Weg führt von hier nach Audierne, rechts Fichtenwald, tief im Thal das Meer, das zur Zeit der Fluth hereintritt, und jenseits öde Haideberge mit einer Kirchenruine: so wird man auf das Städtchen Audierne vorbereitet, das amphitheatralisch am Berge lehnt; der kleine Hafen wird von einem Mol geschützt, der einen weiten Blick auf die See gewährt. Von hier an bis zum Vorgebirge Raz ist die Gegend kahl, soll darum aber nicht unfruchtbar sein, wozu vielleicht der Meerdünger („Goëmon") beiträgt. Letzterer ist ein Hauptnahrungszweig der Gegend, man brennt ihn zu Brei, und verkauft ihn abgehärtet als Soda in die Glas- und Seifenfabriken. Im Dorfe St. Tugent gewahrt man eine Kirche mit Resten byzantinischer Baukunst; weiterhin steht links auf steinigem Hügel eine Kapelle, de bon voyage genannt, zu der im Juli eine Wallfahrt stattfindet. Der letzte Ort Europas heißt hier Lescoff. Eine trostlose Gegend! Kaum einige Zwergbäume in der von der Sonnenhitze ausgedörrten Landschaft, die ohnehin steinig ist, keine Wiese, kein Gehölz, kein Bach. Auf der äußersten Klippe der Pointe du Raz erhebt sich der einsame Leuchtthurm.

Das Leben der Menschen in diesem Theile der keltischen Bretagne ist ein armseliges. Die Wohnhütten der Bauern verdienen weit eher den Namen schlecht gebauter Viehställe. Man steckt vier dicke Pfähle an den vier Ecken in den Boden, verbindet sie mit einer Art von Gitter aus dünneren Pfählen, füllt die leeren Räume zwischen denselben mit einer Mischung von Stroh und Lehm, und die Mauer ist fertig. Das Dach wird mit Stroh gedeckt, und oft sieht man auf dem Giebel wildwachsende Gräser und Sträucher. Das Innere dieser Baracken ist womöglich noch armseliger als das Aeußere: ein Flechtwerk aus Weidenruthen, das nicht bis zum Dache reicht, theilt die Hütte in zwei Abtheilungen, von denen die eine dem Vieh, die andere der Familie angehört. Die Betten stehen oft wie Fachwerke eines Schrankes über einander, und in demselben schlafen mehrere Personen, Knecht und Magd, von welchen der Pächter indeß dennoch Keuschheit verlangt. Die Bauern des Binnenlandes haben eine besondere Art von Tischen: eine Vertiefung in der Mitte der Tafel beherbergt das Mahl der ganzen Familie, und von dieser Vertiefung laufen verschiedene Rinnen aus, die in ebenso viele kleinere Aushöhlungen am Rande des Tisches münden. Vermittelst dieser Canäle fördert jedes Glied der Familie seinen Antheil aus der großen Vertiefung in eine der kleineren, welche die Stelle unserer Teller vertreten. Große Reinlichkeit ist eben nicht die Tugend der Bretonen. Der Landmann nährt sich namentlich von Milch, die, obgleich die bretonischen Kühe zwerghaft klein sind, eine vortreffliche Butter liefert (beurre de Bretagne ist durch ganz Frankreich berühmt, da man sonst nur Käse macht), ferner von Speckſuppe, äußerst schwarzem Brot und von wahrscheinlich nur dem Hunger schmackhaften Haferbrei. Als Leckerbissen, obgleich unschmackhaft, gelten dem Bauer die „Crèpes", ein dünner Mehlauflauf von Haidekorn, etwa wie die französische Galette. Es besteht übrigens eine merkliche Verschiedenheit zwischen dem Seemanne und dem Ackerbauer. Der Kernewote der Küste gleicht in vieler Beziehung dem Leonarden. Gleich diesem ist er ernst, finster und verschlossen. Das Leben des Ackerbauers im Innern des Landes ist arm und hart, härter als jedes andere, wie ein bretonisches Volkslied sagt, das die Mädchen warnt, keinen Landmann (Pächter) zu heirathen. Zerstückelung des Grundbesitzes hindert eine umfassende und verständige Ausnutzung des Bodens, und eine Menge Güter zahlen nur 300—500 Franken Pacht. Dennoch spielt ein lustiger Ton in das Wesen dieser Menschen hinein. Der Landmann ist bei Hochzeiten ausgelassen und hält wilde Zechgelage auf den Jahrmärkten. Ist er bei der Heimkehr unfähig zu gehen, so läßt ihn die Frau, falls sie nicht selbst betrunken ist, was häufig vorkommt, ruhig im Straßengraben liegen. Wenn er seinen Schnapsrausch ausgeschlafen hat, wird er schon den Weg heim finden; sie nimmt ihm vorsichtig nur das Geld, den Hut und den Gürtel, sowie das Pferd, wenn er eines hat. Seine Kleidung zeigt glänzende Farben; sie ist stets mit Blau, Roth oder Violett eingefaßt, und bei Quimper trägt man die „Barbugraz", eine Art weiter türkischer Hosen, die ein Ueberrest der alten Keltentracht sind. Das Gewand von Cornouaille ist weit und breit bekannt: auffallend sind die Jacken und Westen, in welche oft der Name des Schneiders, der sie gemacht, und das Datum, an welchem sie vollendet wurden, mit bunter Wolle auf der Brust eingenäht sind. Dazu kommen der breite Gürtel, und die Schnalle, die sackförmigen Hosen und der breite Filzhut, unter dem die Haare bis auf die Schultern herabfallen. An der Küste hat man dagegen schmalkrämpige Hüte, die mit vielfarbigen, flatternden Bändern geziert sind. Die alten Gebräuche werden in Cornouaille am strengsten aufrecht erhalten und die nationalen, oft barbarischen Ringkämpfe unter großem Zulaufe abgehalten, jedoch nicht mehr so häufig wie früher; der Hauptpreis ist ein Lamm; sie finden auf einer eigenen Arena, in Gegenwart des Dorfschulzen statt. Der Haupttanz ist die „Gavotte", die in nichts als in einem steten Hüpfen besteht, wobei alle Tänzer sich an der Hand fassen und schlangenähnlich herumwinden. Eigentliche Tanzschenken giebt es auf dem Lande nicht; man tanzt auf der „neuen Tenne". Man drischt nämlich in der Bretagne das Getreide im Freien; um nun die Tenne festtreten zu lassen, ohne viele Kosten und Maschinen, miethet der Pächter einen Dudelsackspieler, der das junge Volk zum Tanze lockt. Die Verkäufer von Schnaps, Cider (Apfelwein) und Kuchen kommen von selbst, und das Fest ist fertig. Das Grundelement der bretonischen Volksweisen, die man da mitunter zu hören bekommt, ist übrigens Trauer. Die Musik ist einfach und ungekünstelt, ausdrucksvoll und ergreifend. Bald läßt sie die unruhigen und wilden Gefühle der menschlichen Brust in oft wechselnden Tönen mit großer Natürlichkeit hervortreten, bald hat sie, was häufig der Fall, den Anschein von Ruhe, Einförmigkeit und Unbedeutsamkeit, und es ist, als ob dann ihre Töne ohne Leben und Mannichfaltigkeit wären, während sie doch aus der Tiefe des Herzens kommen. In den Volkstönen der keltischen Völker ist wie in allem Schönen etwas Unvergleichliches und Unaussprechliches.

Gelegenheit zu größeren Versammlungen und Festlichkeiten geben ferner die Wallfahrtsorte mit ihren Umzügen und Kirchweihen, den sogenannten „Pardons". Durch Meyerbeers Musik ist der Pardon von Ploërmel im Morbihan in weiteren Kreisen bekannt geworden. Im Sommer aber ist Auray, gleichfalls im Morbihan, als der bedeutendste Wallfahrtsort der Bretagne der heiligen Anna wegen, bekanntlich Schutzpatronin der Seeleute, ungemein besucht. Ihr zunächst ist keine so berühmt und verehrt als die heilige Anna vom Sumpfe (de la Palue), der am Strande der Bai von Douarnenez eine einsame Kapelle errichtet ist. Der Pardon dauert dort ungefähr drei Tage, von weit und breit kommen Pilgrime mit weißen Stäben, Kuchenkrämer, Schenkwirthe u. dgl. herbei; es ist wie ein Jahrmarkt. Die Kapelle liegt hart am

Meere auf einer Anhöhe. Der Zug geht aus der Kirche den Berg hinauf und zieht sich dann wie eine Riesenschlange um die Kirche herum. Es ist ein prächtiger Anblick: die wallenden Kirchenfahnen, die blitzenden Meßgewänder, die zahllosen Pilger, worunter Seeleute barfuß und barhaupt, die ein Gelübde auf stürmischer See gethan; dabei in der Natur tiefe Stille, nichts als die Glocke der Kapelle und der Priestergesang unter dem wolkenlosen Himmel. Im nahen Thale ist ein wunderwirkender Brunnen mit Annas Statue: hier schöpfte der Kranke oder Krankheit Fürchtende Genesung, Frauen lüften das Mieder und heben die Röcke auf, um Busen und Schenkel zu netzen, andere trinken, waschen den Arm, und so verdienen die Armen, die das Wasser schöpfen, manches Geldstück. Malerisch ist das Menschengewimmel in der Kapelle, wo es von häßlichen Gesichtern, an denen Armuth, Elend und Schmutz zehren, wimmelt. Einige haben die kurze Hose über dem Knie heraufgezogen und rutschen auf dem bloßen Fleisch herum, andere horchen den Bänkelsängern zu, welche keltische Legenden absingen. Die Sprache ist dem modernen Geschmack gemäß mit französischen Wörtern gespickt; nicht übel hören sich im Bretonischen die folgenden Verse an:

O mammon carantezas, c'hui a velan bepret
O vouela donrec, bemnos, en cornic an oalet,
Pa jonzet en o mibien partiet eus ar guaer,
Eb gout ac int a ello distrêc en o quever.

Ha c'honi, oll merc'hed yaouarne, evel an durzunel,
Pehini pa goll e far a neun lez da vervel,
C'hui zo leun a calono a zizesper c'hoëro,
Balamour d'ho mignonet zo ed ermes ar oro.

O Mütter voll Liebe, euch seh' ich immer
Weinen das Naß, all' Nacht am Winkel des Herdes,
Denkend an eure Söhne, (die) gegangen aus eurem Haus,
Ohne zu wissen, ob sie können zurückkehren an eure Seite.

Und ihr, junge Mädchen all', gleich der Turteltaube,
Die, wenn sie verliert ihre Gefährtin, sich sterben läßt,
Euch ist voll euer Herz von bitterer Verzweiflung
Um eurer Liebsten willen, die gegangen außer Landes.

Der Süden von Cornouaille führt im Gegensatze zum Norden in eine lachende, liebliche Gegend. Der Weg geht von Douarnenez aus über die „Schwarzen Berge"; grüne, bach-durchrauschte Thäler wechseln mit düstern Schluchten, worin einsame Kapellen und klappernde Mühlen stehen. Man passiert Locronan, ein armes Städtchen, wo die Armuth und Unreinlichkeit der bretonischen Dörfer zu Hause sind und dessen Bewohner nicht im besten Rufe stehen. Quimper, das Chefflieu des Finistère-Departements, sieht man schon von ferne am Ende eines weiten Thales; die ausgezeichnete, mit Spital und Findelhaus vereinte Irrenanstalt erscheint auf ihrem Berg wie ein Schloß. Die Stadt, einst Hauptsitz der Ligue und befestigt, wovon noch bedeutende Reste übrig sind, hat einen Hafen für Schiffe von 300 t und liegt am Zusammenflusse des Odet und Steyr, die hier in einen Arm des fünf Stunden entfernten Meeres fließen. Der Hafendamm ist eine schöne Promenade längs eines hohen, waldigen Berges, an dessen Fuß der klare Odet rauscht, und von der Höhe des Berges hat man eine entzückende Aussicht über die Thäler,

25*

durchkrümmt von dem Meeresarm. Die Kathedrale, ein schönes gothisches Werk aus dem fünfzehnten Jahrhundert, mit seiner Bildhauerei, ist gegen das Ende hin schief geneigt, angeblich um das Neigen des Hauptes am Kreuze darzustellen. An den Küsten bei Quimper eröffnet sich eine großartige und furchtbare Scenerie: dort stürmt und wüthet das Wogengedränge des Atlantischen Oceans gegen Penmarch (d. h. den Pferdekopf), einen der westlichsten Punkte der Bretagne, mit grimmem Tosen an. An der Baie de la Forest liegt der Ort Concarneau, bemerkenswerth wegen seiner Sardinenfischerei, besonders aber durch seine zur Zucht und Beobachtung der Gewohnheiten der Fische gegründete Anstalt. Die Weiher oder „Viviers", wie man diese umfangreichen Aquarien nennt, werden von der Regierung unterhalten, d. h. sie stehen unter der Leitung derselben, aber der Verkauf der Fische trägt mehr ein, als die Anstalt kostet. Man zieht und züchtet dort Hummern, Bachkrebse, Steinbutten, Meergrundeln, Engelfische u. dgl. Weiter gegen Osten und von der Küste etwas entfernt liegt Quimperlé in reizender Lage im Thale; eigentlich heißt es Quimper-Ellé. Ellé ist ein Flüßchen, welches sich hier mit der Isole verbindet, Quimper selbst bedeutet wie Koblenz „Zusammenfluß". Schiffe von 50 t kommen hier in den Hafen, an welchem sich ein hübscher Damm hinzieht. Dieses, dann Papier- und Sägemühlen, Klöster und Kirchen auf den Hügeln, und die halb ländliche Bauart des Städtchens, alles dies giebt ein recht anmuthiges lebhaftes Bild.

Morbihan.

Ein Schienenweg, welcher den echt keltischen Flecken Rosporden berührt, verbindet Quimper mit Quimperlé und weiterhin mit Vannes, der Hauptstadt des Morbihan. Der Name dieses Departements rührt von dem gleichnamigen Meerbusen her, welcher mit seinen zerrissenen, inselreichen Küsten, obwohl wenig tief, der ansehnlichste jener Gegend ist und im Keltischen „Kleines Meer" bedeutet. Der Eingang liegt zwischen den Halbinseln Rhuys und Locmariaquer. Unter den zahlreichen kleinen Inseln in demselben sind die Iles aux Moines und von Arz die beträchtlichsten, bewohnt und bebaut. Weniger bedeutend ist die durch die Vereinigung des Blavet und Scorff gebildete Mündungsbucht, an welcher Lorient liegt. Der Name Lorient deutet den ostindischen Verkehr an, und in der That ist Lorient für den Handel sehr wichtig, wenn auch nicht mehr in dem gleichen Maße, wie ehedem. Lorient, zugleich bedeutender Kriegshafen und Festung, ist ganz modern, 1719 von der indischen Compagnie sehr nett gebaut und sehr anmuthig, namentlich mit schönen Promenaden und Plätzen. Der Charakter der Bewohner ist ein seltsames Gemisch von Kleinstädterei und dem weiten Blick, der Seestädten eigen ist. Das benachbarte Städtchen Hennebont, berühmt durch die heroische Vertheidigung der Johanna von Montfort, ist ein Gegenstück zu Lorient, alterthümlich und romantisch gelegen. Weiter oben im schönen Thale des Blavet liegt das Städtchen Baud, in dessen Schlosse die sogenannte Venus von Quinipily zu sehen ist. Es ist eine recht ungeschlachte Venus, der die dortigen Bauern in ihrer keltischen Sprache einen ganz andern, recht häßlichen Namen geben, oder vielmehr, es ist gar keine Venus, sondern ... nur, wer weiß was? Denn die Archäologen haben sich darüber die Köpfe zerbrochen, und — an ein keltisches Machwerk ist am wenigsten zu denken — vielleicht haben diejenigen Recht, die an einen orientalischen Ursprung glauben, d. h. die da meinen, eine Colonie römischer Soldaten asiatischer Abkunft habe sich das Götzenbild von einem rohen Bildhauer der dortigen Gegend meißeln lassen und in der keltischen Venus eine ägyptische Isis erblickten. Dem sei nun wie ihm wolle, sie ist in der Bretagne so berühmt geworden, wie die Venus von Milo in Paris; die Gelehrten haben über sie Abhandlungen und Denkschriften in Unzahl geschrieben und die bretonischen Dichter haben sie besungen, als wäre sie das Palladium der keltischen Heimath.

Auch nach anderer Hinsicht bietet das Innere des Morbihan interessante Plätze. Da ist vor Allem das arme Städtchen Rohan, welche dem berühmten Geschlechte der Vicomtes von Rohan den Namen gegeben. Sie stammen von den alten Herzogen der Bretagne ab, und Gregor von Tours berichtet, daß im frühen Mittelalter die Ländereien der Rohan den Titel „Königreich“ führten. Vielleicht rührt daher ihre stolze Devise: Roi ne suis, prince ne daigne, Rohan suis! Im Jahre 1603 ward die Vicegrafschaft Rohan zum Herzogthume erhoben. Von dem Ahnenschlosse der berühmten und auch heute noch in mehreren Linien blühenden Familie sind freilich blos mehr einige Steinhaufen zu sehen; aber in der Kapelle zu Notre Dame ist die Decke mit den neuen durchbrochenen Rauten des erlauchten Geschlechtes geschmückt. Drei Viertelstunden vor Rohan liegt die Trappistenabtei von Thymadeuc, der Mittelpunkt einer mit Umsicht und Sachkenntniß geleiteten Landwirthschaft. Vor etwa vierzig Jahren legten drei Trappistenväter daselbst den Grund zu der jetzigen Klostergemeinde, die rasch an Ansehen gewann. Der etwa 100 ha umfassende Grundbesitz bestand zum größten Theil in Wald- und Haideland. Aber es währte nicht lange, so war durch den Fleiß der ehrwürdigen Väter Alles in Acker- und Wiesenboden umgewandelt. Und nicht etwa mit alten und veralteten Mitteln betrieben sie ihr Werk; sobald eine neue praktische Erfindung auftauchte, bemächtigten sie sich ihrer und führten sie auf ihrem Gebiete ein. Südöstlich von Rohan erheben sich bei dem gleichnamigen Flecken die mächtigen Ruinen des Schlosses von Josselin, einer der stärksten Vesten des Mittelalters und zuerst im Besitze der Clisson, später der Rohan, welchen es heute noch gehört. Wir gelangen dann auf jene Haide von Ploërmel, auf welcher 1351 dreißig gegen dreißig in einem Kampfe auf Leben und Tod, Bretagner und Engländer, sich schlugen und wo der berühmte Ruf: „Trinke dein Blut, Beaumanoir!“ erscholl. Ein granitener Obelisk verewigt das denkwürdige Ereigniß. Das Städtchen Ploërmel selbst, nach welchem die Haide benannt wird, ist eines der ältesten in der Bretagne und hat noch Ueberbleibsel seiner alten Befestigungen bewahrt. Es liegt in 76 m Meereshöhe am Zusammenflusse des Oust und Malestroit, und in der Nähe, in der Umgebung eines Ortes, der den Namen La Villeder trägt, befinden sich alte Zinngruben, die gegenwärtig wieder in Betrieb sind, da das Vorhandensein von Gold in den Anschwemmungen der Oberfläche und selbst das Vorkommen des Quecksilbers darin nachgewiesen ist. Auch für die alte Geschichte Galliens haben diese Bergwerke sehr große Wichtigkeit. Man fand in denselben polirte Steinbeile, Bronzebeile, Trümmer von Ziegeln, Töpferwaaren, Ueberreste von Leitungen, die das Wasser zum Waschen der metallhaltigen Sande herbeiführten, zu geschweigen von den ungeheuren Schutthaufen und den an der Oberfläche immer noch sichtbaren Ausgrabungen. Das Bergwerk von La Villeder besteht aus einem System von Quarzgängen, die in Verbindung stehen mit den

Graniten und alten Schiefern. Die Hauptrichtung dieser Gänge ist eine nordnordöstliche, und die Gruben schließen sich an die von Penestin (bretonisch: Pen-stain, d. h. das Cap oder die Spitze des Zinns) und von Piriacan, die man an der Mündung der Vilaine und der Loire, am Gestade selbst des Oceans, trifft.

Nicht der Nähe dieser Bergwerke verdankt Ploërmel seinen Ruf, sondern seiner gothischen Kirche, welche ein in der Bretagne vielbesuchtes Wallfahrtsziel bildet. Doch wird es in dieser Hinsicht noch weit überboten von Auray, der heiligen Stadt der Chouans, welche uns weiß von ihrem Berge entgegenschimmert, an dessen Fuße ein rauschender Bach, gleichfalls Auray geheißen, sich mit einem Meerarm verbindet. Auray zeigt schon an seinem Namen, daß es eine germanische Gründung ist, vermuthlich eine skandinavische. Von diesem Städtchen kommen verschiedene französische Buggers (Seefahrzeuge von altem Schnitt und mit drei Masten), welche mit bretonisch sprechenden Matrosen bemannt sind und in Auray ihre Heimath haben. Die Einwohner von Auray waren zur Zeit der ersten französischen Revolution stets für die Bourbonen. Dieses Völkchen sammt dem der Umgebung ist von den eigentlichen Bretonen im Aeußeren sehr verschieden, obwohl man zu Auray noch bretonisch spricht. Die Landleute bei Auray sind ziemlich groß gewachsen, schwarzhaarig und sehr oft blauäugig. Ihre ländlichen Tänze, wenn Markt ist, geschehen in Begleitung der Sackpfeife. Ein paar Kilometer nordwestlich von Auray liegt der Flecken Belz an einer Seebucht, dessen Bevölkerung so wie die der Nachbarschaft, die alle bretonisch sprechen, durch eigenthümliche körperliche Merkmale von den übrigen Kelten der Bretagne verschieden ist. Ihre Brust ist gewölbt, ihr Haar blond oder schwach kastanienbraun, ihr Nacken breit und stark, und ihre Stirne ziemlich hoch und breit; ihr Dialect ist der niederbretonische. Hier in der Nähe ist Georg Cadoudals Heimath, und das ganze Land erinnert an die Chouannerie, deren Opfern in einer besonderen Kapelle ein Denkmal gesetzt ist. Im Sommer ist Auray als der bedeutendste Wallfahrtsort der Bretagne, der heiligen Anna wegen, ungemein besucht. Am 26. Juli beginnt das große Wallfahrts- oder Ablaßfest (le grand pardon), und obschon dasselbe eigentlich nur vierundzwanzig Stunden dauert, so währt doch das Hinpilgern ununterbrochen fort bis Ende September. Um die Jahreszeit können in der That wenig Bretagner, namentlich Landleute, der noch nicht vollendeten Ernte wegen, sich hinbegeben, und da ihnen nicht wenig daran liegt, das Fest derer zu feiern, die von jeher als die Schutzpatronin nicht blos der Seeleute, sondern von Armorica überhaupt betrachtet wird, so sind sie darum eingekommen und ist ihnen gestattet worden, den Tag festlich zu begehen, an welchem die Umstände ihnen gestatten, sich in Procession nach der alten Kapelle zu begeben.

Von allen in der Bretagne üblichen Wallfahrten — und es sind deren nicht wenige — ist die zur „heiligen Anna von Auray" stets am meisten in Ehren gehalten worden, und es ist fast kein Bretagner, der nicht wenigstens einmal in seinem Leben hingegangen wäre und der guten Heiligen seine Verehrung und seine Gebete dargebracht hätte. Die Wallfahrt zur heiligen Anna ist übrigens eine der ältesten nicht nur in der Bretagne, sondern überhaupt in Frankreich. Am 26. Juli, wo das Fest beginnt, bietet die Stadt Auray einen merkwürdigen Anblick dar, denn dank den Schienenwegen strömen von allen Punkten in der Bretagne die Pilger zu Tausenden herbei, und in den Straßen wimmelt es von den wunderlichsten und verschiedenartigsten Trachten. Das

Erste, was der Bretagner bei seinem Anlangen in der Stadt thut, ist, daß er niederkniet und drei „Pater“ und drei „Ave“ hersagt, erst nachher nimmt er an dem geweihten Brunnen seine Abwaschungen vor. Alsdann erhebt er sich und begiebt sich unter den Vorbau des Kalvarienberges, kniet zum andern Male nieder, entblößt sein Haupt, nimmt seinen Rosenkranz und betet. Vor fünfundzwanzig Jahren noch wimmelte es — beiläufig bemerkt — in der Stadt und Umgebung von Bettlern, die aus vollem Halse die Litaneien der Jungfrau Maria, ihren Rosenkranz oder Klagelieder zu Ehren der heiligen Anna absangen. Nicht selten sah man alsdann einen von diesen Bettlern die Pilger anreden und ihnen das Anerbieten machen, für einige Geldstücke auf den Knien oder auf einem Beine die Kirche umrutschen oder umhinken zu wollen, worauf der Seele ihres Clienten die Indulgenz (Erlaß der Kirchenstrafen) zu Gute kommen solle, die mit derartigen Kasteiungen verknüpft sei. Dieses Gebahren hat gegenwärtig aufgehört. Kaum ist nur der Pilger mit dem letzten Paternoster zu Ende, so lenkt er auch schon seine Schritte nach der Kirche, kniet vor dem Altar der heiligen Anna nieder und verharrt durch lange Zeit im Gebete; der dienstthuende Priester bietet ihm, damit er sie mit seinen Lippen berühre, die Reliquien der Heiligen dar, und ein Meßner nimmt sein Almosen entgegen. Hierauf rutscht er auf den Knien um die Kirche herum und begiebt sich, ohne der angenommenen Körperhaltung zu entsagen, bis an die Scala sancta, wo während der Dauer des Ablaßfestes die imposantesten Feierlichkeiten stattfinden. Diese Scala sancta, auch Kalvarienberg genannt, ist ein architektonisches Juwel, von dem der Singchor in der Saint Etienne du Mont-Kirche zu Paris einen schwachen Begriff geben kann. Das Bauwerk ist mit trefflichen, von den geschicktesten französischen Bildhauern gemeißelten Steinbildern geschmückt, überaus zart gemeißelte Geländer zieren die beiden hinanführenden hohen Treppen. Die den Gipfel des Baues schmückende Marmorgruppe muß dem Schönsten beigezählt werden, was Frankreich in diesem Kunstfache besitzt. Wenn der Zug die Scala verlassen hat, begiebt sich der Pilger in das Innere des Klosters und bringt seine Andachtsübungen in dem sogenannten „Kreuzesgang“ (Chemin de la Croix) zum Abschluß. Die Gläubigen verlassen die Stadt nicht, ohne sich zum andern Male an den geweihten Brunnen begeben zu haben, von dessen Wassern sie eine kleine Menge als Andenken an ihre Wallfahrt mit nach Hause nehmen.

In der Nähe des Gotteshauses haben, wie man sich denken kann, zahlreiche kleine Händler ihren Sitz aufgeschlagen, die Allen, so da vorüberziehen, Rosenkränze, Scapuliere, goldene, silberne, elfenbeinerne und andere Denkmünzen sowie, was wesentlich bretagnisch, Brillanten (brillants) und Busennadeln (épinglettes) zum Kaufe anbieten. Die „Brillanten“ bestehen in einem Stückchen Spiegelglas, das, auf Pappe geklebt, mit durchbrochener und versilberter Drahtarbeit sowie blauen, rosenfarbenen und weißen schmalen Seidenbändchen verziert ist. Die Busennadeln sind eine Art von Drahtbroschen, deren Schmuck in farbigen Perlen und hellrothen Wollzöpfchen besteht. Die Landleute stecken die Brillanten an den Hut und die Nadeln an ihr Vorhembe. Die jungen Mädchen schmücken ihren Hals mit Rosenkränzen und Scapulieren und tragen die Brillanten und Nadeln an der Seite. Die jungen Bursche kaufen sich am liebsten auf der Wallfahrt zur heiligen Anna ihre Zängelchen. Hier in wenigen Worten, was es damit für eine Bewandtniß hat. Der Bretagner, Raucher par excellence, zieht als solcher dem Scaferlati die Carotte vor, und zum Anzünden dieses Rauchkrautes bedient er sich entweder eines Braseros oder einer glühenden

Kohle; zum Halten der Kohle dient aber ein eisernes Zängelchen, das in der Regel mit weißem oder gelbem Metalldraht, häufig auch mit Glasperlen verziert ist. In der Bretagne hat sich vom Vater auf den Sohn der Glaube vererbt, daß jeder, der täglich eine Pfeife Tabak rauchen kann, ohne daß diese ausgeht, sicher ist hienieden glücklich zu leben und dereinst in den Himmel zu kommen. Demnach meint der Raucher, indem er sich zum Anzünden eines geweihten Zängleins bedient, damit um so leichter sein Ziel zu erreichen, und deßhalb vergißt er ja nicht, sich wenigstens ein Stück zu kaufen und dasselbe auf dem bevorrechteten Altar der heiligen Anna weihen zu lassen. Hat der Bretagner alle seine Einkäufe in Auray besorgt, so begiebt er sich an einen Ort, an welchem sich, der vorher getroffenen Verabredung gemäß, sämmtliche junge Bursche und Mädchen aus seinem Kirchspiel einzufinden haben, und Arm in Arm ziehen alle unter Absingung von geistlichen Liedern nach der Heimath zurück.

In der Nähe von Auray ist das an Druidensteinen so reiche Carnac; hier stehen ihrer 5—600, grob zugehauen, als Obelisken, mit der Spitze im Boden, in Reihen, die senkrecht auf die Küste laufen. Seit fünfzig Jahren sind in dieser Gegend über 2000 solcher „Menhir" zur Einfriedigung der Felder zerschlagen worden. Südlich davon bei Locmariaquer, welches unter den Römern stark befestigt war und noch Trümmer eines Circus, viel Scherben, Statuetten und dergleichen aufweist, liegen drei Tumuli, davon einer Mané-ar-Groach, d. h. Feenberg, heißt; ein anderer besteht nur aus Asche, Kohlen, verbrannten Knochen, angeblich den Resten der zahllosen Menschenopfer aus der Druidenzeit, jetzt zum Düngen der Felder benützt. Dort liegt auch, in drei Stücke zerbrochen, der größte Menhir, 25 m lang und über 200,000 kg wiegend. An den Steinen des Dolmen, „Cäsarstisch" oder „Tisch der Kaufleute" genannt, bemerkt man seltsame Zeichnungen; dieselben finden sich an einer langen bedeckten Gallerie, Menplatt, d. h. flache Steine geheißen, welche bei 20 m Länge 1,6 m hoch ist. Locmariaquer erhebt sich auf einer Halbinsel, und westlich davon ragt die weit bedeutendere Halbinsel Quibéron oder Keberoen traurig in die See hinaus. Es ist eine schmale aber 9 km lange öde Landzunge, deren Eingang vom Fort Penthièvre vertheidigt und die zur Fluthzeit durch das überströmende Meer in eine völlige Insel verwandelt wird. An ihrem äußersten Ende liegt das dem Sardellenfang obliegende Dörfchen, welches wie die Halbinsel und die Bai, welche jene umschließt, den Namen Quibéron führt. Von hier schweift das Auge hinüber nach dem blos 16 km entfernten Eilande Belle-Ile-en-mer, dem größten an der südbretagnischen Küste, 8760 ha groß, mit steilen Gestaden und Häfen; ausgezeichnete Pferdezucht, Weizen und Salz sind die Haupterzeugnisse der Bewohner, welche sich nebstbei dem Sardellen- und Thunfischfang widmen und am dichtesten in Le Palais, dem bedeutendsten Flecken der Insel, beisammen hausen. Die Bai vor Quibéron gewährt durch eine schmale Pforte in die tiefer ins Land eingeschnittene Bai von Morbihan, Cäsars Mare conclusum, ein lagunenreiches Binnenmeer, in dessen Hintergrund Vannes, das Cheflieu des Departements, in 18 m Meereshöhe liegt. Sein Hafen ist nicht allzubedeutend, aber immerhin belebt. Das Innere der im Norden von trockenen Steppen, im Süden von weiten Sümpfen umgebenen Stadt, welche einst, als Hauptstadt der Veneter, die mächtigste, reichste und bevölkertste Stadt Armoricas war, heute aber kaum 20,000 Einwohner zählt, hat in seiner Bauart noch viel Mittelalterliches; eine Vorstadt, durch Mauern und Thürme davon getrennt, ist größer als die dunkle Stadt mit ihren krummen, winkeligen Straßen, mit Schiefer benagelten Häusern, deren Giebel nach der Straße zu stehen, und mit ihren Priestern und Nonnen, die hier in hohen Ehren gehalten werden. Das weiß auch die weibliche, dienende Classe gar wohl. Wenn es einer Dienstmagd nicht mehr schmeckt, einer Herrschaft gehorchen zu müssen, so wird sie barmherzige Schwester oder sonst etwas Aehnliches, und wenn sie dann in ihrer Ordenstracht auf der Straße ihrem Herrn von gestern begegnet, darf sie sicher sein, daß derselbe vor ihr, d. h. vor ihrem Gewand den Hut abzieht, weil er sonst für einen Ketzer oder Gotteslläugner gelten würde.

So groß nun auch der Einfluß der Geistlichkeit in der Bretagne ist, so hat es ihr doch noch nicht gelingen wollen, dem Aberglauben ein Ende zu machen, der gerade im Morbihan und in der Umgegend von Vannes tiefer denn irgendwo eingewurzelt scheint und einige ganz besondere Eigenthümlichkeiten aufweist. Der Einwohner des Morbihan ist ein getaufter Kelte, welcher seinen Ursprung weit deutlicher erkennen läßt als alle übrigen Bretonen. Nirgends ist der Cult der Elemente sowie der Genien der alten Druidenmythologie deutlicher unter einer leichten christlichen Verkleidung erhalten. Man trifft hier noch die hohlen Bäume, die Wunderbrunnen, die gallischen Spiele, die verehrten Steine. Unter den Tausenden alter Druidendenkmäler ist keines, vor welchem der Morbihanais sich nicht von Ehrfurcht ergriffen fühlte. Alle diese Steine decken wunderbare Schätze, alle besitzen irgend eine geheime Kraft, eine geheimnißvolle und allmächtige Göttlichkeit. Mißtrauische Ehemänner mögen zu den Schaukelsteinen (Roulers) von Pontivy gehen, und ist ihr Verdacht begründet, so bleibt der ungeheure Klotz, der auf der Spitze eines anderen stehend und das Gleichgewicht haltend, durch den Finger eines Kindes in Bewegung gesetzt werden kann, unbeweglich trotz aller Anstrengungen. Wer sein Leben liebt, gehe nicht zu spät am Peulvan von Noyal vorbei, denn man könnte dem aufrechtstehenden Steine begegnen im Augenblicke, wo er zum Flusse trinken geht. Man mißtraue dem Kistvaen von Caro, denn dort hat man in der Osternacht die Feen beim Mondenschein ihren Reigen tanzen sehen. Man meide auch in der Nacht Hohlwege und schmale Stege. Auf letzteren zeigt sich mitunter ein schwarzer Bock, es ist aber der „Gabino", welcher den Wanderer, der ihn etwa verscheuchen will, in den Fluß stürzt. Zu Coat-Bian giebt es Barrows, welche man das Schloß der Poulpicans nennt. Diese gelten als die Gatten der Feen und als Erdgeister. Man trifft sie zu Elven, zu Neuilliac und überall, wo es Druidendenkmäler giebt. Sie sind es, welche in den Waldungen Glöckchen ertönen lassen, um die jungen Hirten auf der Suche nach den verlaufenen Ziegen in die Irre zu führen; sie sind es, welche die zu spät von den „Pardons" heimkehrenden jungen Mädchen von rückwärts abfassen und auf den Nacken küssen. Oft, wenn man in den Winterabenden gedankenvoll am Feuer sitzt und dem Knistern der Flamme lauscht, erhebt sich draußen ein knarrendes Geräusch. Kinder und Uneingeweihte sagen: es ist die Brunnenwinde, welche sich im Winde dreht, oder der Flügel einer Windmühle, der auf seiner Achse knarrt; aber die erfahrenen Alten schütteln den Kopf und belehren uns, daß es die Poulpicans sind, welche sich rufen, um in der Runde um die Cromlech der Hügel zu laufen. Die Vorsichtigen gehen dann nicht aus, sondern sprechen fromm ein Gebet und begeben sich nicht zur Ruhe, ohne vor ihr Lager ein Gefäß mit Hirse zu stellen; denn wenn die Poulpicans kommen, so verschütten sie die Hirse und da ihre Natur sie zwingt, dieselbe Korn für Korn wieder aufzulesen, so werden sie durch diese Beschäftigung die ganze Nacht hingehalten.

Bei Saint-Gildas werden die Sünder und solche, die sich wenig um ihr Seelenheil bekümmern, mitunter in der Nacht durch drei Schläge geweckt, welche von einer unsichtbaren Hand an ihrer Thüre herrühren. Dann erheben sie sich, von einer übernatürlichen Macht getrieben, und gehen ans Ufer, wo sie lange schwarze Boote sehen, welche, obwohl anscheinend leer, doch bis zum Wellenspiegel im Wasser tauchen. Sobald sie diese Fahrzeuge betreten, entfaltet sich ein großes weißes Segel an der Mastspitze und das Boot verläßt das Ufer, wie fortgezogen von einer raschen Strömung. Man fügt dem hinzu, daß diese mit verdammten Seelen beladenen Boote sich nie mehr an der Küste zeigen und der Sünder verurtheilt ist, auf den Meereswogen bis zum Tage des Jüngsten Gerichtes umherzuirren.

Neben solchen offenkundigen Resten altheidnischer Anschauungen fehlt es auch nicht an solchen, welche das Christenthum umgestaltet und zum Theile gutgeheißen hat. Fragt man z. B. den Bauer, welcher mit frommer Scheu an den Peulvan der Haide von Lanvaux vorübergeht, warum dieselben an ihrer Spitze eine Art hohlen Halsbandes tragen, so wird er antworten, es sei dies die Spur des Strickes, mit dem einst der Teufel daran befestigt worden. Anderswo, wenn man ihm einen „Galgal", d. h. Steinhaufen, besonders Kieselsteinhaufen ohne untermischte Erde zeigt, so versichert er, daß keine Menschenhand diese Steine berührt, sondern daß die heilige Jungfrau sie in ihrer Schürze herbeigebracht habe. Eine Wasserfee (Marymorgan) bewohnt den Herzogsteich bei Vannes, kommt aber manchmal daraus hervor, um an der Sonne ihre grünen Haare zu flechten. Ein Soldat überraschte sie so eines Tages auf ihrem Felsensitze; angezogen von ihrer Schönheit, näherte er sich ihr, aber die Nixe umschlang ihn mit ihren Armen und zog ihn in die Tiefe. Auch im Brunnen von Vannes haust eine solche Undine. Auf dem Eilande Artz im Morbihangolfe bemerkt man mitunter, nach Angabe der Eingebornen, große weiße Frauen, welche vom Festlande oder den Nachbarinseln kommen, auf dem Meere gehen und sich am Ufer niederlassen. Dort graben sie, gebeugt und traurig, mit dem nackten Fuße in dem Sande und entblättern mit den Fingern die Rosmarinblumen, welche sie auf der Düne gepflückt. Diese Weiber sind nach auswärts verheirathete Töchter der Insel, welche in der Sünde fern vom geliebten Heimathsboden gestorben, dahin kommen, um von den Verwandten Fürbitte zu erflehen. Mitunter werden auch in den langen Winternächten und bei schwerem Wellengange die Weiber von Artz, deren Gatten in See sind, plötzlich aufgeweckt. Sie vernehmen das monotone, dumpfe Geräusch des Wassers, welches tropfenweise zu Füßen ihres Bettes herabrieselt; dann blicken sie erschreckt um sich, und wenn das Geräusch keine natürliche Ursache hat, wenn der Boden nicht naß ist, dann wehe! denn das ist das Anzeichen des Schiffbruchs, dann hat das Meer sie zu Wittwen gemacht. Geht man zu Carnac um die Mitternachtsstunde über den Friedhof, so sind alle Gräber offen, die Kirche ist beleuchtet und zweitausend Skelette liegen darin auf den Knien, während der als Priester gekleidete Tod von der Kanzel herab predigt. Mehrere Landleute haben von ferne den Schimmer der Kerzen gesehen und die verworrene Stimme des Predigers vernommen. Auf der Ebene zwischen Auray und Pluvigner hat zu Zeiten der Streitigkeiten der Grafen von Blois und von Montfort ein blutiger Kampf stattgefunden und Reste von Waffen und menschlicher Gebeine sind dort wiederholt zum Vorscheine gekommen. Der Volksüberlieferung gemäß ruhen dort Hunderte von Kriegern unter dem Ginster. Die Seelen jener, die hier den Tod gefunden im Zustande der Ungnade, sind nun verurtheilt, bei ihren Leichnamen zu verbleiben, erheben sich aber zu einer bestimmten Stunde der Nacht und durchwandern das Schlachtfeld in seiner ganzen Ausdehnung; dies müssen sie thun bis zum Jüngsten Tage, und dabei dürfen sie niemals von der geraden Linie abweichen. Wehe dem nächtlichen Wanderer, dem sie auf ihrem Wege begegnen; so wie sie ihn berühren, fällt er von einer unbesieglichen Gewalt getroffen zu Boden und stirbt, ehe der nächste Abend hereinbricht. Der Glaube an die gespenstische Erscheinung der „Nachtwäscherinnen" (Lavandières de nuit, im Keltischen Kannérez-noz) ist über die ganze Bretagne verbreitet. Mit ihren Waschbläueln Leichentücher klopfend, harren sie der Unbußfertigen, welche sie auffordern, ihnen beim Auswinden der Tücher zu helfen. Läßt der Unbußfertige die Vorsicht außer Acht, nach derselben Seite wie sie hin zu drehen, so schnürt ihm im selben Augenblick das Leichentuch die Hände zu, als wäre es ein Schraubstock, und er stürzt nieder, zermalmt von den eisernen Händen der Nachtwäscherinnen. Zuweilen glaubt auch der Bretagner die unheimliche Erscheinung des „Todeskarren" zu sehen. Er wird von sechs schwarzen Pferden gezogen, die der „Ankou", d. h. die Angst, das Gespenst des Todes führt, eine eiserne Peitsche schwingend. Endlich hat jedes Dorf, jeder Flecken in irgend einem alten Weibe seine Hexe mit einer schwarzen Katze, die das Vieh bespricht, Diebstähle ermittelt, die Diebe bannt, daß sie nicht vom Fleck können u. dgl. Die schwarzen Katzen aber versammeln sich um Mitternacht des Vollmondes alle auf der großen Haide, wo ihnen der Teufel die Befehle für ihre Herrinnen, und was er sonst diesen zu verkünden hat, mittheilt. In einem ordentlichen Hause wird natürlich aus diesem Grunde keine schwarze Katze geduldet.

An der Nieder-Loire.

Die Küste des Departements Morbihan ist niedrig, und besteht auf eine weite Strecke hin aus Quadraten für die Salzindustrie und aus Salzwasserwiesen (prés salants), die das Meer zwei Mal des Tages überfluthet. Hier und noch mehr im Süden der Bretagne, im Departement der Niederloire (Loire inférieure) wird viel Salz bereitet; zwei Classen Arbeiter beschäftigt diese Industrie besonders: die „Paludiers" und die „Saulniers". Die ersteren haben ihren Namen von palus, Sumpf; sie ziehen das Salz aus den Quadraten (oeillets), in denen das Seewasser verdunstet und tragen es zum Saulnier, dem Handelsmann. Letzterer lebt ziemlich bequem; der eigentliche Producent bleibt aber immer arm, seine Wohnung am Rande der Sümpfe ist eine Hütte aus Binsen und Lehm, das Fenster besteht aus geöltem Papier und als Bett dient der Seetang, den das Meer auswirft; Hafermus und Hirse sind die einzige Nahrung. Die Paludiers von Bourg de Bas und Taillé-Kermoison in der Niederloire heirathen nur unter einander; es giebt kein Beispiel, daß sie sich mit Bauern aus andern Dörfern verheirathet hätten. Der Pfarrer von Bourg de Bas gab ihnen ein rühmliches Zeugniß, als er auf der Kanzel die Worte sprach: „Setzt in meinem Dorfe eine Kugel in Bewegung, und gleichviel, wo sie liegen bleibt, sie bleibt vor der Thüre eines rechtschaffenen Mannes liegen". Wir befinden uns hier aber auch inmitten eines ganz anderen Menschenschlages. Schon bei Vannes, wo freilich noch alles Landvolk in der Umgegend und selbst das gemeine Volk in der Stadt bretonisch spricht, hört die eigentliche keltische Bretagne auf und das Aeußere der Menschen verändert sich. In der Niederloire vollends sind die Männer schlank gewachsen, ihr ganzer Typus ist schön; sie haben blaue Augen und blondes Haar, sprechen auch nicht mehr bretonisch.

Wie die Bevölkerung, so ist auch das Land selbst in der Niederloire, besonders im Süden des Stromes, verschieden. Die Bretagne verdient mit Recht das Beiwort „pittoresk", denn sie bietet in der That die seltsamsten Gegensätze. Im Nordwest, im Finistère, kahle Klippen oder Meeresstrand, im Innern wüste Berge und Haiden, abwechselnd mit Wiesen und Aeckern; im Süden das fruchtbare Loirethal, einst die Grafschaft Nantes, jetzt das Departement der Niederloire, westlich an das weinreiche Anjou, südlich an die Vendée stoßend. Es ist ein Land mit reichen Anschwemmungen, Salzsümpfen, fetten Weiden und schönen Wäldern, reich an Steinkohlen und Eisen, das in mehreren Frisch- und Hohöfen bereitet wird, reich aber auch an Getreide und namentlich an Wein. Bewässert wird dasselbe hauptsächlich von der unteren Loire, rechts mit dem Erdre, von welchem der Canal zum Isac und zur Vilaine geht, die den Don aufnimmt. Links in die Loire mündet die Sèvre Nantaise. Jener Landstrich, welcher sonst das Land Retz genannt wird, umschließt den größten See Frankreichs, den See Grandlieu, in den mehrere Flüßchen gehen, während er selbst einen Abfluß nach der Loire besitzt. Dieses Gebiet ist die äußerste Nordgrenze des mittäglichen Frankreich. Die Vegetation ist üppiger als in Mitteldeutschland; Feigenbaum, Myrte, Lorbeer und der schöne Tulpenlorbeer oder die Magnolie gedeihen noch im Freien; auf der Grenze der Vendée, um Vallet, wächst ein schwerer, arg berauschender, weißer Wein, und die immergrüne Stechpalme nebst den gelbblühenden Binsen erhalten auch im Winter der Landschaft einen Schein von Leben. Dazu kommt das feuchte Klima; gewährt aber dasselbe das feine Gemüse — denn Blumenkohl, Salat u. dgl. stirbt hier nie aus —, so ist es doch wohl auch Ursache, daß das Obst, Pflaumen, Kirschen, Aepfel hier weniger kräftig und schmackhaft sind als selbst in Norddeutschland, dessen geregelteres Klima ihm zuträglicher ist; die Erdbeeren scheinen hier des Aromas zu ermangeln. Nur eines gedeiht hier, erfreut sich aber auch vieler Pflege, das sind die Birnen, die man namentlich um Nantes an Spalieren und Zwergbäumen zieht, und nach Paris und London versendet; eine andere Delicatesse liefert das Land bei Paimboeuf, am linken Loireufer, in den Hammeln der vom Meerwasser gedüngten Wiesen. Einen ungemeinen Reiz gewährt der Landschaft der viele Epheu, der in üppigem Wuchse sich um Mauern und Felsen schlingt, als wolle er uns andeuten, daß wir das Land der Sagen betreten. Freilich erscheinen beim ersten Anblick die Färbung des Himmels und der Landschaft, das laue feuchte Klima, die dicke Luft und die oft von Wolken verdunkelte Sonne trübe, ein wenig grau, ein wenig eintönig. Indessen wohnt dieser ruhigen Natur ein stiller, milder Zauber inne, dessen Gewalt sich bald fühlbar macht. Das Auge giebt sich gefangen; bald folgt es mit Behagen den sich schlängelnden Windungen des Geländes, den durchsichtigen Schichten des leichten Nebels, der wie ein Schleier Alles umwebt, und den schillernden Wolken, die in Menge aus dem nahen Ocean am Himmel aufsteigen, bald ruht es mit Behagen auf dem üppigen Grün, das die von Feuchtigkeit gesättigte Erde bedeckt.

Das Altbretonische ist hier fast gänzlich von dem Französischen verdrängt, und hat sich nur hie und da in Trachten, Sitten und Charakter erhalten. Im

Chefslieu des Departements, in der großen Handelsstadt Nantes (125,000 Einwohner) selbst sieht man eine wahre Musterkarte der höchst mannichfaltigen Weiberkopfbedeckungen, die bald kegelförmig hintenaus stehen wie ein Zuckerhut, bald wie ein Quadrat vom Nacken sich aufrichten, bald altgriechischen Helmen, bald modernen holländischen Mützen ähneln. Nantes ist die Stadt der Bretagne, wo es am besten und reinlichsten aussieht, zugleich eine der schönsten Städte Frankreichs. Auf dem rechten Ufer der Loire, aber 52 km von deren Mündung entfernt, ist Nantes vom Erdre, dessen Canal Nantes und Brest verbindet, in zwei Theile getheilt; östlich ist das alte Nantes mit der schönen Kathedrale aus dem fünfzehnten Jahrhundert und dem mächtigen alten Schloß der Herzoge der Bretagne, 930 gebaut, wo Heinrich IV. das berühmte Edict erließ; es steht am Ende der schönen St. Peter-Promenade an der Loire und ist von breiten Gräben umgeben, die in Gärten umgewandelt sind. Nantes gegenüber mündet die Sèvre in die Loire; also an drei Flüssen (kelt.: ann aonet) gelegen, hat es auch davon den Namen und schon früh Bedeutung als Handelsplatz. Nächst Marseille, Hâvre und Bordeaux ist es auch der wichtigste Hafen Frankreichs, in Betreff der Zölle der erste. Was die Stadt am meisten beunruhigt, ist der Zustand der Loire, welche ober- wie unterhalb viele Eiländchen hat und zu versanden droht; die Fluth steigt um 1,6 m und es können daher nur Schiffe von 200 t in den Hafen einfahren, freilich ihrer 2—3000 im Jahr. Die größeren Fahrzeuge müssen aber bei Paimboeuf, 36 km westlich am linken Ufer des Stromes, liegen bleiben und löschen. Die Höhen um Nantes sind nicht zu bedeutend, um ein Panorama der wahrhaft glänzenden Stadt zu geben, der Blick jedoch über die grünen Inseln der Loire und auf die amphitheatralische schöne Campagne ringsum ist unvergleichlich. Die Stadt selbst besitzt schöne Uferdämme, regelmäßige öffentliche Plätze und elegante Gebäude; sechzehn meist sehr schöne Brücken verbinden beide Ufer; von den vier Vorstädten können drei mit den schönsten Vierteln von Paris gleichgestellt werden. Alles Leben verdichtet sich, von der Promenade abgesehen, in der schönen Rue Crébillon, welche die zwei Hauptplätze der Neustadt verbindet und des Abends ein buntes, glänzendes Leben zeigt. Die Perle der Stadt ist aber die Passage Pomeraye, durch welche vom Erdgeschoß bis ins dritte Stockwerk eine Freitreppe führt, so daß sie im Innern zwei schöne Gallerien umschließt; selbst Paris hat nichts Aehnliches; am Fastnachtsabend ist der Anblick feenhaft; an jenem Abende wimmelt auch die Promenade von Cavalcaden und Maskenschwärmen, mit denen sich kaum die Pariser Boulevards messen können. Sonst hat der Charakter der Nantesen, deren Französisch an Reinheit verloren und einen schleppenden, singenden Ton angenommen hat, im Allgemeinen nichts Entgegenkommendes. Zahlen, Zuckerpaillons, Kaffeesäcke u. dgl., d. h. rein mercantile Interessen, füllen die Seele aus und ertödten in den Meisten den feineren Geschmack. Um Maitressen dreht sich zunächst das gesellige Vergnügen der höheren Stände, schmutzig sind die öffentlichen Tanzlokale, die Kunst findet in wenigen Kreisen Pflege. Von den öffentlichen Festen sind es blos die im August stattfindenden Pferderennen, welche sich der Theilnahme der höheren Stände erfreuen. Alsdann sind vier Wochen lang Zelte auf einer Wiese an der Loire aufgeschlagen, und Bänkelsänger und Gaukler aller Art suchen die Massen zu belustigen; auch die „Foire“ im December ist, wie in ganz Frankreich, nichts als ein Stelldichein von Seiltänzern, Kunstreitern u. s. w. Nantes eigenthümliche Volksfeste sind die sogenannten „Assemblées“, eine Art Kirchweihe vor den Thoren, die ihren Namen meist von den Haupterfrischungen haben. Das Crispinsfest wird von den Schuhmachern mit Umzug und Ball gehalten. Das Volk feiert seine Hochzeiten in den Schänken der Vorstädte; es zieht dann paarweise durch die Stadt, einer oder zwei aufspielende Fiedler voran. In einem Dorfe vor der Stadt feiert man den ersten Mai, gewiß noch von heidnischer Zeit her; Kränze sind über die Straße gezogen und die Kinder bitten die Spaziergänger aus der Stadt um ein kleines Geschenk, indem sie Liedchen absingen. Das Hauptfest ist jedoch das Fronleichnamsfest, ein wahres Volksfest, wobei alle mögliche Pracht entfaltet wird, namentlich in der reichen Pfarre St. Nicolas, welche Kirche, in unserem Jahrhundert neu erbaut, ein schönes Werk der Architektur ist. Ueberhaupt hat Nantes mit der Bretagne noch einen großen Rest Frömmigkeit gemein; die Kinder bauen am Gründonnerstage auf der Straße kleine Ruhealtäre auf, die sie „Paradies" nennen, und für die sie die Vorübergehenden um einen Sou ansprechen. Dies ist ein Kinderfest, aber in den Alten nährt sich hie und da noch etwas Fanatismus. Eine protestantische Gemeinde besteht indeß in Nantes schon seit vielen Jahren. Zahlreich ist hier auch das Proletariat, welches in ziemlicher Armuth lebt; aber dies scheint dem eigentlichen bretonischen Arbeiter noch Gold, denn er arbeitet noch viel billiger als der Nantese, weil er viel weniger bedarf, und drückt so den Arbeitslohn herab.

Reizend sind die Umgebungen von Nantes, vor Allem das Thal des Erdre, eines langsam schleichenden, düsteren Flusses, dessen Ufer aber romantisch sind und im Sommer zu Spazierfahrten einladen. An seinem Ufer steht eine Stunde von der Stadt das Schloß Barbebleue, wo der Ritter Blaubart hauste, eine düstere Ruine über und über mit Epheu und wildem Wein überwachsen. Der Bach Chézine durchläuft ein hübsches Thal. Malerisch sind auch die Ufer der Sèvre; in dem lieblichen Verton, einem Flecken, feiert der Nantese seine Sommervilleggiatur. Aber von weither kommt man, um das entferntere Clisson zu sehen und sich der romantischen Stimmung hinzugeben, die der Ort erweckt. Man kommt auf der Straße dahin an dem Dorfflecken Le Paillet vorbei, dem Geburtsorte Abälards, und der Ortskirchhof steht auf dem Platze, wo einst das Schloß seines Vaters stand. Ihm, diesem Kämpen der Scholastik, und seiner Heloïse sind in dem Parke des nahen Clisson die reizendsten Partien geweiht. Dieser Park, der wirklich an italienische Landschaften erinnert, wie auch das Städtchen ganz italienisch gebaut ist, gehört zu dem jetzt eine prächtige Ruine bildenden Schlosse, das Olivier I. im dreizehnten Jahrhunderte erbaute, der berühmte Connétable Clisson befestigte und später der Herzog Franz II. von Bretagne bewohnte. Höchst bemerkenswerth ist auch das etwa 8—10 km westlich von Nantes auf einer Loireinsel gelegene Indret, eine der größten Maschinenbauanstalten Frankreichs, deren 2000 Arbeiter eine bedeutende Rolle in den dortigen politischen Bewegungen spielen. Von der Höhe des Ufers hat man ein herrliches Panorama über die Loire und das industriebelebte Thal, worin Essen dampfen, Steamer ächzen, Maschinen hämmern, Fischerboote sich kreuzen und das Auge überall angezogen wird von reizenden Villen.

Mit Ausnahme einiger Volksgruppen, die sich an den Küsten niedergelassen haben, und sich um so reiner erhalten, als die ganze Bevölkerung dieselbe Beschäftigung treibt und Heirathen mit Fremden daselbst fast unbekannt sind, entbehrt der Volksstamm, welcher den Boden der alten Grafschaft Nantes bewohnt, eines auffallenden originellen Charakters. In Folge von Einwanderung und Kriegen hat sie sich aus mancherlei Rassen zusammengesetzt, welche alle aus weit entfernten Punkten die Instincte, Gewohnheiten, Tugenden und Laster ihrer ursprünglichen Typen mitgebracht haben. Das Ergebniß dieser verschiedenen Kräfte, der Bauernstamm der Grafschaft Nantes, birgt unter seinem schwerfälligen Aeußern indeß mehr solide Eigenschaften des Herzens und mehr Schlauheit, als man ihm auf den ersten Blick zutrauen möchte. Halb schon von der modernen Gesittung und den Ideen ergriffen, die sie im Gefolge hat, halb noch widerspenstig gegen dieselben, der gehässigen Erinnerungen an die Revolution von 1793 wegen, ist namentlich der Bauer der Niederloire seinem alten Herkommen zugethan, ehrerbietig gegen die alten adeligen Familien, die bei ihm wohnen, thatsächlich und auch dem Aeußern nach religiös, und zu gleicher Zeit gierig sich zu bereichern, wie ein moderner Capitalist, mißtrauisch wie ein angehender Socialist gegen Alles, was in der gesellschaftlichen Stufenleiter über ihm steht, ironisch und leichtfertig in seinen Reden wie ein Voltairianer. Er grüßt im Vorbeigehen den Herrn, der nach etwas aussieht, mit einem freundlichen und ehrerbietigen „guten Tag", aber unter seinem wohlwollenden Lächeln lauert eine schlaue mißtrauische Spötterei. Ebenso zieht er zuweilen das Wirthshaus der Messe vor und fällt dann, wenn er getrunken hat, über Pfarrer und Fromme und alle Heiligen beiderlei Geschlechts in seinen Reden gar übel her, aber die frommen oder schaurigen Sagen seiner Heimath finden an ihm immer einen treuen Gläubigen, und der abergläubische Schrecken, welcher die Einbildungskraft und die Erzählungen des Volkes beherrscht, regt seine rauhe Natur bis auf's Tiefste auf. In der Gegend um den See Grandlieu ist der Grundbesitz zum großen Theile noch in den Händen einzelner Grundherren, deren Pächter sich in drei Classen theilen: fermiers, die den Zins in Geld zahlen, métayers, die ihn in Producten abliefern und gemeiniglich die Ernte mit dem Herrn, von ihnen schlechthin notre maître angeredet, theilen, und endlich die bordiers, arme Häusler, die ihn an bestimmten Tagen abfronen; zwischen den beiden Theilen besteht noch ein Rest patriarchalischen Verhältnisses. Das Leben der Landleute ist ziemlich hart. Dabei fehlt es an jeglicher Vergnügung; selbst Tanzböden giebt es nicht. Das Fronleichnamsfest und das Fest des heiligen Ortspatrons sind die einzigen Tage öffentlichen Prunkes; die Kirche beherrscht das öffentliche Leben und monopolisirt selbst die Erholung der jungen Leute. Die männliche Jugend versammelt sich Sonntags als geschlossene Gesellschaft beim Pfarrer zu Kartenspiel, Musikeinübungen für die hohen Kirchenfeste u. s. w., die weibliche bei der Oberin der barmherzigen Schwestern.

Aus dieser Charakteristik treten die wenigen Küstenbewohner heraus, die oben erwähnt wurden. Einiger derselben, der Paludiers, haben wir schon gedacht. Ein eigenthümliches, in sich abgeschlossenes Völkchen sitzt aber auch in dem ansehnlichen Flecken Batz — der Name bedeutet im Keltischen Ueberfluthung — welcher auf wilder Felsklippe über das Meer hinausragt. Es zeichnet sich in jeder Hinsicht durch ein charakteristisches Gepräge aus. Die männliche Bevölkerung soll von Sachsen, normännischen Seeräubern, abstammen, die einst hier gelandet und sich niedergelassen haben. Ihre Tracht ist höchst malerisch. Die Männer sind meist groß, schlank und blond, die Weiber frisch, hübsch und von überraschend weißer Hautfarbe, verbunden mit kräftigen Formen. Das Nämliche rühmt man auch von den Bewohnerinnen von Pornic, welches sich, wie Batz, auf 25 m hoher Klippe über dem Meere amphitheatralisch aufbaut. Wenig Bemerkenswerthes hat dagegen Saint-Nazaire aufzuweisen, welches an der Mündung der Loire gelegen, als Hafenplatz sehr bedeutend ist und sich zu einer Bevölkerung von 20,000 Köpfen aufgeschwungen hat. Von hier bestehen regelmäßige Packetbootverbindungen mit Spanien, Portugal, den Antillen und Mexico. Ein zweiter Hafen, doppelt so groß als der erstere, ward neuerdings angelegt und ist zum Theile in den Fels eingesprengt.

Bräuche in der Bretagne.

Wir können von der Bretagne nicht scheiden, ohne einige ihrer Bräuche zu erwähnen, die im Vorhergehenden unbesprochen blieben. Zu den interessantesten gehören jene, welche Brautwerbung, Hochzeit, Taufe und Begräbniß betreffen. Die Brautwerbung geschieht in der keltischen Bretagne nie durch den Bräutigam oder dessen Vater selbst, sondern durch zwei Arme, gewöhnlich die zwei ältesten armen Männer, die man kennt. Man gestattet in der Bretagne einem Jeden, sich in einem Hause an dem Heerdfeuer eine Pfeife anzuzünden und sich an demselben zu wärmen oder dort auszuruhen. Wenn nun Jemand sich um die Hand eines Mädchens bewerben will, so schickt er zwei arme alte Männer (waswandelh) in das Haus der Braut. Diese treten dort ein und, nachdem sie um Erlaubniß gebeten, sich die Pfeife anzünden zu dürfen, setzen sie sich ruhig am Herde nieder. Sie wählen zu diesem Behufe immer eine Zeit, wo es wahrscheinlich ist, daß sie den jeweiligen Hausherrn antreffen; ist er abwesend, so erwarten sie ruhig, ohne sich nach ihm zu erkundigen oder irgend etwas von dem Zweck ihres Besuches ahnen zu lassen, seine Rückkehr. Ist diese erfolgt, so unterhalten sie sich mit ihm Anfangs über gleichgültige Dinge; dann stehen sie Beide mit einem Male auf, nehmen ihre Hüte ab und verlangen den Hausherrn allein zu sprechen. Dieser entfernt sofort alle andern in der Küche Anwesenden und setzt sich mit bedecktem Haupte den Männern gegenüber, die mit dem Hute in der Hand vor ihm stehen bleiben und ihren Antrag vorbringen, wobei sie ganz genaue Auskunft geben über die Vermögensverhältnisse des Bewerbers, wie viel dieser sofort bei seiner Verheirathung, wie viel er später noch erhalten würde u. s. w. Der Hausherr antwortet hierauf kein Wort, sondern ruft das Mädchen und sagt ihr: sie solle den beiden Männern etwas zu essen geben. Diese setzt dann Brod, kaltes Fleisch und Cider — nie aber Butter — auf den Tisch, entfernt sich dann mit dem Hausvater, und nun versammelt sich die ganze Familie zum Familienrathe. Sind die Verhältnisse des Bewerbers schon bekannt, und kennt ihn das Mädchen, so erfolgt die Entscheidung sofort. Andernfalls bestellt der Hausvater die Freibewerber in acht bis vierzehn Tagen wieder. Diese entfernen sich dann sogleich, und es kann eine solche Bedenkzeit, ohne daß darin etwas Beleidigendes läge, drei bis vier Mal verlangt werden. Ist man dagegen einig, den Antrag zurückzuweisen, so geht das Mädchen allein in die Küche zurück und stellt mehrere Kloben Holz aufrecht um den Herd herum, so daß das obere Ende nach dem Schornstein zu gerichtet ist, was als Weigerung gilt, einen unangenehmen Besuch zu empfangen. Sobald die Waswandelh dies sehen, entfernen sie sich, ohne ein Wort zu sagen. Nimmt aber das Mädchen den Antrag an, so kommt sie lachend in die Küche zurück, ladet die beiden Männer nochmals zum Essen ein, bereitet nun ein Gericht von geröstetem Speck und setzt Butter auf den Tisch. Je fetter der Speck, den sie wählt, je eifriger sie im Bedienen der Gäste ist, desto angenehmer ist der Antrag gewesen. Nun findet sich allmählich die ganze Familie mit dem ganzen Haushalt in der Küche ein und nimmt am Mahle Theil, mit Ausnahme des jungen Mädchens, die während des Essens bedient und sich bemüht, sich so thätig als nur irgend wie möglich zu zeigen. Von dem Antrage wird kein Wort gesprochen, auch der Name oder die Familie des Bewerbers während der Mahlzeit nie erwähnt. Nach beendigtem Mahle kehren die Baswandelh, denen Alles, was auf dem Tische unverzehrt geblieben, in einem Korbe mitgegeben wird, zu ihrem Absender zurück, verkündigen ihm das Ergebniß ihrer Mission, und je mehr sie die freundliche Aufnahme, die reichliche Bewirthung und namentlich den fetten Speck loben, desto mehr Ehre für den Bewerber.

Am folgenden Tage, sobald als möglich, begiebt sich der Bräutigam in Begleitung seines Vaters oder nächsten Angehörigen selbst zu der Auserkorenen. Dieselbe muß von ihm im Hauskleide und zwar arbeitend angetroffen werden, was natürlich immer geschieht, da man ziemlich genau die Zeit des Besuches weiß. Nach gegenseitigen Begrüßungen, wobei jedoch nicht die geringste Annäherung zwischen den Brautleuten wahrgenommen wird, welche im Gegentheil kaum mit einander sprechen, setzt man sich zu einer Mahlzeit nieder. Ungefähr um die Mitte derselben nimmt der Bräutigam sein Glas, füllt es bis zum Rande mit Cider, steht auf und trinkt es halb aus, dann reicht er dasselbe dem ihm gegenüber sitzenden jungen Mädchen. Diese muß sich, ohne die Annahme geradezu abzuschlagen, auf eine sprödethuende Weise weigern zu trinken, muß sich vielmehr von allen Tischgenossen erst dazu nöthigen lassen, und zuletzt das Glas auf die Gesundheit des Bewerbers, dessen Namen sie nennt, und der ganzen Gesellschaft bis auf den Grund leeren. Dann steht sie auf, wäscht das Glas und stellt es wieder vollgeschenkt vor den Begleiter des Bräutigams hin. Dieser erhebt sich von seinem Sitze, nimmt den Hut ab und bittet nun den Vater der Braut, sich für seinen Sohn, beziehungsweise Verwandten, um die Hand des jungen Mädchens bewerben zu dürfen. Ist diese Erlaubniß ertheilt, so wendet er sich an die Braut, indem er ihr sagt, er habe von glaubwürdigen, ehrenwerthen Leuten gehört, daß sie ein arbeitsames Mädchen sei, die also wohl eine Wirthschaft in Ordnung halten würde, daß sein Sohn so viel Land, so viel Vieh, so viel Getreide und so viel baares Geld habe, und schließt mit der Frage, ob sie seine Frau werden wolle. Das Mädchen erwidert nun, daß sie darüber nicht zu entscheiden habe und daß er sich an ihren Vater wenden möge. Hierauf wiederholt der Vater des Bräutigams gegen den Vater der Braut seinen Antrag fast mit denselben Worten, worauf nun Beide vom Tische aufstehen und allein in eine benachbarte Stube gehen. Dort werden die näheren Verabredungen wegen Mitgift u. dgl. getroffen, und wenn nun Beide zurückkehren, so giebt der Vater des jungen Mannes diesem ein rothes, seidenes Band, welches dieser dem Mädchen umbindet und sie nun als seine Braut umarmt und den Platz neben ihr einnimmt. Allmählich finden sich nun die näheren Bekannten der Familie der Braut ein, und erst am Abend trennt man sich, nachdem die Familien der Brautleute verabredet, sich am folgenden Tage in der Stadt zum Ankaufe der Brautkleider einzufinden. Von diesem Augenblicke an sehen die Brautleute sich im Hause der Braut bis zur Hochzeit nur noch einmal wieder, nämlich an dem Tage, wo der Bräutigam die Braut abholt, um die

Hochzeitsgäste einzuladen, was immer von den Brautleuten persönlich geschehen muß. Außer bei dieser Gelegenheit würde es als eine große Unschicklichkeit gelten, wenn der Bräutigam in dem Hause der Braut gesehen würde, ja sogar wenn er nicht in demselben Orte mit ihr wohnt, darf er daselbst nicht einmal eine Nacht zubringen. Ebenso wenig kann ihn die Braut in seinem Wohnorte besuchen; man trifft sich vielmehr nur in auswärts gelegenen Gasthöfen.

An dem verabredeten Tage treffen sich die Brautleute mit ihren Familien und ihren Schneidern in der Stadt. Der Bräutigam wählt den Anzug der Braut, die Braut jenen des Bräutigams, dessen Vater Alles bezahlt. Eine stillschweigende Bedingung dabei ist, daß der Kaufmann für seine Waare einen höheren Preis als gewöhnlich verlangt, und dieses Mehr erhalten die beiden Schneider. Acht Tage vor der Hochzeit erfolgen die Einladungen, wobei die Brautleute von Haus zu Haus gehen. Die Einladung ist nie persönlich an einzelne Familienglieder gerichtet, sondern es wird das ganze Haus, einschließlich des Gesindes, eingeladen. Am Tage vor der Hochzeit treffen die Familien der Brautleute sowie diese noch einmal in der Stadt zusammen, um die letzten Einkäufe zu machen, nämlich für Braut und Bräutigam ein Paar blaue Strümpfe, ein Paar Schuhe mit großen silbernen Schnallen und für die Braut einen großen Strauß aus gemachten Blumen mit einem rothen seidenen Bande. Diesmal bezahlt der Vater der Braut.

Am Hochzeitstage finden sich in aller Frühe die Freundinnen der Braut, aber nur die unverheiratheten, im größten Putz im Hochzeitshause ein und setzen sich mit der Braut, die in ihrem ganz gewöhnlichen Hauskleide ist, um den Herd, woselbst die letztere mit irgend einer häuslichen Arbeit sich beschäftigt. Im ganzen Hause darf durchaus keine Vorbereitung zu irgend einer Festlichkeit wahrgenommen werden, Alles muß seinen gewöhnlichen Gang gehen; alle Anstalten zum Empfang der Gäste u. s. w. sind in der Scheune und im Hofe, in aufgeschlagenen Zelten getroffen. Ein eigens dazu gedungener Schlächter hat das Schlachten des Viehes besorgt und bleibt während der Hochzeitstage als Vorschneider, während seine Frau — er nicht — zu den Gästen gehört. Gegen zehn Uhr Morgens kommt der Bräutigam in Begleitung seiner sämmtlichen Freunde, tritt mit diesen in die Küche und fragt die immer noch beschäftigte Braut: ob sie bereit sei, ihm zu folgen? Diese entschuldigt sich, daß sie nicht zum Kirchgange angezogen sei, entfernt sich sodann mit zwei jungen Mädchen und kehrt im bräutlichen Schmucke zurück. Die Eltern der Brautleute sind bereits zur Kirche vorangegangen, ihnen folgen nun sämmtliche junge, unverheirathete Leute — die verheiratheten gehen nicht mit zur Kirche — das Brautpaar beichtet und nach der Beichte erfolgt die Trauung, wobei die Braut besonders Acht hat, daß beim Niederknien des Bräutigams Knie eine Ecke ihrer Schürze berührt, und er ihr den Trauring nicht weiter als bis an das zweite Glied des Fingers steckt, weil sie sonst eine Null im Hause würde. Nach der Trauung geht der Zug, der sich nun paarweise, die Neuvermählten an der Spitze, ordnet, nach dem Hochzeitshause zurück. Auf halbem Wege erwartet sie die Musik, nämlich zwei Hoboen und ein Dudelsack, die alte bretonische Gesänge spielt. Führt der Weg am Schlosse des Grundherrn vorbei, so wird vor demselben Halt gemacht und ein Tanz aufgeführt. Sämmtliche Tänzer und Tänzerinnen werden sodann vom Schloßherrn eingeladen einzutreten und ein Glas Wein zu trinken, ohne daß jedoch etwas zum Essen angeboten wird. Die Dame oder Tochter des Hauses beschenkt die Braut mit einem goldenen

Kreuz, was sie ihr umhängt, die Söhne nehmen als Gäste an der Hochzeit Theil und, wenn sie die Brautleute recht hoch ehren wollen, in bretonischer Volkstracht.

Wenn nun der Hochzeitszug vor dem Dorfe oder, wenn die Kirche im Dorfe selbst ist, auf einem eigens bestimmten freien Platze anlangt, so wird dort Halt gemacht und abermals getanzt. Mitten auf dem Platze steht ein mit weißen Laken bedeckter und ringsum mit Moos eingefaßter Tisch, worauf eine Flasche Wein, zwei Gläser, zwei Teller mit Kuchen und ein leerer Teller stehen. Hinter dem Tische befindet sich eine alte, arme Frau, die von den Eltern der Braut dazu bestimmt ist, und diese bietet zuerst dem Brautpaar, dann jedem der anwesenden Gäste ein Glas Wein und ein Stück Kuchen an, welches diese annehmen und dafür ein Stück Geld in den leeren Teller legen. Keiner darf mehr geben als die Neuvermählten, deren Gabe als die erste die alte Frau offen neben den Teller legt. Sowie eine Flasche geleert, oder ein Teller leer ist, wird diese durch eine andere, unter dem Tische versteckt gehaltene ersetzt; auf dem Tische darf nie mehr als eine Flasche stehen. Von hier begiebt man sich in das Hochzeitshaus, wo alle Anstalten zum Empfange der Gäste getroffen sind. Ringsumher sind verdeckte Gänge mit in die Erde gerammten Tischen und Bänken, an denen die Gäste Platz nehmen. Die Tafeln sind mit Fleisch, Brod und Cider fast überladen, weiter giebt es aber nichts auf denselben. Dagegen bietet die Mitte des Hofes geradezu den Anblick eines Jahrmarktes dar, denn dort befinden sich die Buden mit Liqueuren, Wein, Zuckerwerk, Kuchen, Früchten, besonders auch Kaffeeschänken. Hier bezahlt Jeder, was er genießt und die Verkäufer, welche die Erlaubniß dazu vom Brautvater erhalten haben, machen gewöhnlich gute Geschäfte. Auf einem erhöhten Platze sitzen die drei Musiker, in deren Lieder die Anwesenden, sowie Cider und Liqueure ihre Wirkung üben, laut einstimmen. Getanzt wird am ersten Tage nicht; man bleibt bis gegen neun Uhr bei Tische, worauf die Braut von zwei Freundinnen in das Brautgemach geführt, dort entkleidet und ins Bett gelegt wird. So wie dies geschehen, verlassen die beiden Brautjungfern das Schlafgemach, und nun wird von zwei Freunden der Bräutigam hineingeführt und von diesen ebenfalls ausgezogen und ins Bett gelegt. Unterdessen versuchen die jungen Leute draußen in das Brautgemach einzudringen, dessen Eingang von den beiden Vätern der Neuvermählten und deren nächsten Verwandten energisch vertheidigt wird. Ist der Bräutigam zu Bett gebracht, so wird die Thüre geöffnet und alle Gäste stürzen in das Gemach. Einer der jungen Männer fragt nun die Braut, was sie zu haben wünsche? und was sie auch verlangt, es muß ihr, wenn irgendwie möglich, gebracht werden. Der junge Mann, der zuerst das Geforderte bringt, kann sich dies als die größte Ehre anrechnen. Bis dahin bleibt die Gesellschaft unter Lachen und Scherzen im Brautgemach.

Am folgenden Morgen um neun Uhr finden sich die sämmtlichen Gäste in der Kirche ein, wo eine feierliche Messe für die Todten gelesen wird, weil es Unrecht wäre sich zu vergnügen, ohne auch der Todten zu gedenken. Von der Kirche geht es wieder in das Hochzeitshaus, und dieser Tag wird nun mit Tanzen, Essen und Trinken verbracht. Die Braut empfängt am Eingange des Hauses jeden Gast, der sie umarmt und ihr ein Hochzeitsgeschenk, Geld, in die Hand drückt. Man trennt sich vor Mitternacht und Jeder kehrt in seine Heimath zurück. Für diejenigen aber, die des Guten zu viel gethan haben und deßhalb ihren Weg schwerlich finden würden, sind eigens Lagerstellen

26*

bereitet, wo sie ihren Rausch ausschlafen. Am dritten Tage kommen nur noch die nächsten Verwandten der Brautleute wieder und gehen gemeinschaftlich in die Kirche, wo die junge Frau ihren Hochzeitsstrauß der Mutter Gottes opfert. Thut sie dies nicht, so kann sie nach dem Volksglauben sicher sein, daß sie entweder im ersten Jahre Wittwe oder von einem todten Kinde entbunden wird. Bei diesem Kirchgange finden sich auch die Eingeladenen ein, die wegen eines Trauerfalles behindert gewesen sind, an den lärmenden Freuden der Hochzeit theilzunehmen.

Die Hochzeiten der Armen werden natürlich in kleinerem Maßstabe, fast ebenso begangen. Sie werden in Gasthöfen gefeiert, jeder der Gäste bezahlt, was er genießt, und bringt Lebensmittel als Hochzeitsgeschenke mit, die oft ausreichen, die Neuvermählten für Monate zu erhalten.

Ist eine Frau ihrer Entbindung nahe, so darf nie eine Person allein nach dem Arzte oder der Hebamme gehen, sondern wenigstens zwei, die während des ganzen Weges Gebete hersagen. Geht blos eine Person, so hat dies jedesmal den Tod der Mutter oder des Kindes zur Folge. Weil nämlich das Kind im Augenblick der Geburt noch nicht getauft ist, hat der Teufel volle Macht über dasselbe und kann nur durch fortwährendes Beten abgehalten werden. Da nun eine Person allein sehr leicht durch irgend etwas im Gebete unterbrochen werden kann, so gehen immer wenigstens zwei. Gleich bei der Geburt werden einige Tropfen bereit gehaltenen Weihwassers auf das Kind gesprengt, und dies hat bis zur Taufe schützende Kraft. Kinder, welche am Charfreitag geboren sind, oder vor vier Uhr Morgens die Nothtaufe erhalten, haben die Gabe, Geister und Gespenster zu sehen. Gleich nach der Geburt wird ein großer Eierkuchen gebacken, wozu nur das Gelbe der Eier genommen werden darf. Dieser wird mit Cognac begossen, und wenn Jemand die Wöchnerin besucht, oder den Vater beglückwünscht, so wird dieser Kuchen durch in Cognac getauchtes Papier, welches auf denselben gelegt und angezündet wird, erwärmt und dem Besuchenden ein Stück gegeben. Unterbliebe dies, so würde das Kind siech und elend werden und vor seinem vierten Jahre sterben. Die Zahl der zu diesem Kuchen verwandten Eier muß eine ungerade sein, sonst wird das Kind viel Kummer und Noth im Leben haben. Dieses Gericht wird nur bei der Geburt eines Kindes, oder wenn Jemand von einer langen Seereise zurückkehrt, bereitet, und es würde gewiß zum Unheile derjenigen ausschlagen, die es bei einer anderen Gelegenheit machen wollten.

Zur Taufe wird das Kind nach der Kirche des Dorfes getragen. Jedes Kirchspiel hat nämlich nur eine Kirche, entweder in einer zu demselben gehörenden Stadt oder im bedeutendsten Dorfe. Die einzelnen Höfe liegen oft stundenweit davon entfernt. In dieser Kirche werden alle geistlichen Amtshandlungen vorgenommen und auf dem Kirchhofe dieser Kirche alle Todten des Kirchspiels begraben. Außerdem hat dasselbe immer noch einige Kapellen, in denen die Gläubigen ihre Privatandacht verrichten. In diese Kirche also wird das Kind zur Taufe getragen, es dahin fahren würde seinen baldigen Tod nach sich ziehen, da nur Todte nach der Kirche gefahren werden dürfen. Die Pathen erwarten das Kind in der Kirche, das Kind selbst aber muß von dem Geistlichen hineingeholt werden und bis zu seiner Ankunft vor der Kirche warten. Wird es nicht auf diese Weise in die Kirche eingeführt, so wird es ein Geisterseher. Nachdem das Kind getauft ist und der Geistliche die Kirche verlassen hat, tritt der Träger des Kindes mit diesem an jene Säule heran, auf welcher der Schutzpatron der Kirche steht und klopft, das Kind auf dem Arme haltend, drei Mal an die Säule, zum Zeichen, daß nunmehr ein neues Mitglied in die Gemeinde getreten sei, welches hierdurch dem Patron besonders empfohlen werden soll. Von der Kirche begiebt sich der Vater mit den Taufpathen in das Dorfwirthshaus und giebt ihnen dort ein kleines Mahl.

Sobald die Wöchnerin das Haus verlassen kann, begiebt sie sich ebenfalls in die Kirche, in welche sie ebenfalls von dem Geistlichen eingeführt werden muß. Dann geht sie zum Altar und legt ein kleines Brod darauf. Dieses wird von dem Geistlichen gesegnet und nachher von den Eltern in kleine Stücke zerschnitten und jedem der Taufzeugen, den Verwandten und Freunden ein Stück davon gesandt. Ein Stück wird für das Kind selbst aufbewahrt, und das gilt für die beste Medicin, wenn dasselbe jemals unwohl ist.

Ist Jemand im Kirchspiel verstorben, so verkündet dies die Glocke der nächsten Kapelle. Hat der Verstorbene nicht im Dorfe gewohnt, so wird der Todesfall im nächsten Hause angezeigt, dessen Bewohner die Kunde zu dem Nachbarhause bringen, und so geschieht die Mittheilung im ganzen Dorf von Haus zu Haus. Unmittelbar nach dem Tode beginnen im Sterbehause die Gebete, welche so lange dauern, als die Leiche darin anwesend ist. Im Sterbezimmer werden sofort Fenster und Thüren geöffnet, damit die Seele sich entfernen könne. Die Leiche wird dann gewaschen und nur mit einem Hemde bekleidet in ein großes Laken gewickelt, welches auch das Gesicht verhüllt. Dann wird über dem Sterbebette von weißen Tüchern eine Art Zelt errichtet, welches mit Gewinden von Kirschlorbeerblättern, je zwei und zwei in Kreuzesform zusammengestellt, verziert wird. Zuweilen näht man auch den Namen des Verstorbenen mit schwarzem Band auf die Tücher. Männliche Leichen werden rasirt und dafür 5—20 Franken bezahlt, weil das Messer sofort zerbrochen werden muß, denn wer nach dem Todten mit einem solchen Messer rasirt werden würde, wäre unbedenklich noch im Laufe des Jahres dem Tode verfallen. Ist dies Alles geschehen, so wird die Leiche wieder in's Bett gelegt, und die Bewohner des Kirchspiels erscheinen nun einzeln, oder mehrere zugleich, sagen im Todtenzimmer ihre Gebete und entfernen sich, ohne mit Jemand im Hause gesprochen zu haben. In einem Nebenzimmer, oder in der Küche sind zwar Brot und Cider aufgestellt, doch nimmt nur selten Jemand etwas. Von den Bewohnern des Sterbehauses läßt sich Niemand sehen, auch wird, solange die Leiche im Hause ist, kein Feuer auf dem Herde angezündet. Gegend Abend finden sich die Erwachsenen der Gemeinde, welche lesen können, ein, und lesen abwechselnd die ganze Nacht Gebete oder singen Psalmen. Um Mitternacht ist in der Küche für sie ein Mahl bereitet, ihrer Zwei bleiben aber stets bei dem Todten, damit die Gebete nicht unterbrochen werden. Kein Hausbewohner, sondern eine Magd oder eine Freundin des Hauses bedient die Gäste. Am Morgen entfernen sich diese nicht früher, als andere, welche nun mit den Gebeten beginnen, sich eingefunden haben. Gewöhnlich bleibt die Leiche achtundvierzig Stunden im Hause, dann wird sie nach dem Kirchhofe gebracht, und zwar von vier Männern getragen; nur bei jungen Mädchen, oder einem Kinde weiblichen Geschlechts wird der Sarg von vier Mädchen getragen, welche in den Städten weiß, auf dem Lande schwarz gekleidet sind. Vier andere junge Mädchen tragen die vier Zipfel des Leichentuches, eine fünfte geht vor dem Sarge her mit einer Krone blühender Blumen, im Winter von Moos, welche mit in das Grab gelegt wird. Die nächsten Verwandten, und wer die Leiche besonders ehren will, tragen große Wachskerzen, welche nach dem Begräbniß in der Kirche gelassen werden.

Ehe die Leiche aus dem Hause getragen wird, enthüllt man das Gesicht noch ein Mal, um zu sehen, ob der Todte auch die Augen und den Mund geschlossen und die Hände offen hat, weil er sonst noch Jemand aus dem Hause mitnimmt. Bei großer Entfernung wird die Leiche auf einem der landesüblichen zweiräderigen Wagen nach dem Kirchhofe gefahren. Der Wagen ist mit einem weißen und einem schwarzen, kreuzweise über einander gelegten Laken verdeckt, und wird von zwei Pferden gleicher Farbe gezogen. Nur die nächsten Verwandten sind im Sterbehause anwesend und folgen von dort dem Zuge. Sowie der Sarg aus dem Hause ist, fangen alle demselben Folgenden laut zu weinen und zu schluchzen an und brechen in laute Klagen aus, die so lange fortdauern, als die Leiche noch auf dem zum Sterbehause gehörigen Grund und Boden ist, oder, wenn sie in einem Dorfe, solange sie noch in diesem ist. Dann aber verstummen sie plötzlich, und nun darf auch kein lautes Weinen mehr gehört werden. Bei jedem Hause schließt sich wenigstens einer der Hausbewohner dem Zuge an, aber auch die auf dem Felde Arbeitenden gehen gewöhnlich eine Strecke weit, oft bis zum Kirchhofe, mit. Männer und Frauen haben Rosenkränze; die Männer gehen barfuß, und während der ganzen Zeit bis zur Ankunft auf dem Friedhof werden laute Gebete hergesagt.

Am Eingange des Friedhofes erwartet der Geistliche die Leiche, die dann aus dem Wagen genommen und eingesegnet wird. Darauf beginnen das Schluchzen und die Klagen von Neuem, und werden fortgesetzt, bis der letzte Trauergast den Kirchhof betreten hat. Nach der Einsegnung wird die Leiche in die Kirche getragen und in deren Mitte niedergesetzt, wo sie bleibt, bis die Todtenmesse gelesen ist. Nach dieser tritt der Geistliche an den Sarg, besprengt ihn mit Weihwasser und segnet die Leiche nochmals ein. Dann besprengt auch jeder der Anwesenden den Sarg mit Weihwasser aus einem großen Kübel zu dessen Füßen. Nun nehmen die Träger den Sarg auf, ehe sie aber mit demselben die Kirche verlassen, treten sie wieder an die Säule, worauf der Schutzpatron des Gotteshauses steht, und wie bei der Taufe, klopfen sie mit den Füßen des Sarges dreimal an die Säule, zum Zeichen, daß nun ein Mitglied der Gemeinde Abschied nimmt und sich dem Schutzpatron derselben nun noch besonders empfiehlt. Dann tragen sie den Sarg aus der Kirche, und zwar aus einer besonderen Thüre, denn eine Leiche darf weder durch dieselbe Thüre in die Kirche hinein- noch aus derselben herausgetragen werden, durch welche man zum Gottesdienste, zu Trauungen und Taufen schreitet. Nach dem Begräbniß kehrt das Trauergefolge sofort nach Hause zurück. Nur den nächsten Angehörigen wird im Gasthof von dem Aeltesten der Trauerfamilie ein Glas Wein vorgesetzt, welches stillschweigend getrunken wird, worauf auch diese sich entfernen.

Vendée und Poitou.

Die Vendée und die Vendeer.

Zwischen der Bretagne und Anjou und Touraine im Norden, den Landschaften Marche und Limousin im Osten, dem Angoumois und der Saintonge im Süden breitet sich, westlich vom Ocean begrenzt, und etwa in der Größe der Herzogthümer Schleswig-Holstein das Poitou aus, dessen Nordwestwinkel nach einem in die Sèvre Niortaise mündenden Flüßchen den Namen Vendée führt. Dieses Land der alten Pictones kam nach der Eroberung durch die Römer zu Aquitania secunda, wurde darauf von den Westgothen besetzt und im sechsten Jahrhundert von den Franken unter Chlodovech erobert. Vom Ende des siebenten bis in die Mitte des achten Jahrhunderts besaßen es Herzog Eudes von Aquitanien und dessen Nachfolger, dann vereinigte es Pipin im Jahre 768 mit seinen Besitzungen. Die Grafen, welche von den fränkischen Königen eingesetzt wurden, machten sich gegen Ende des neunten Jahrhunderts erblich und nahmen den Titel als Herzoge von Aquitanien an. Im Jahre 1137 kam Poitou durch Heirath an England und bis zum Jahre 1360 befand es sich in den Händen bald der Briten, bald der Franzosen. Schon 1202 nahm es nämlich König Philipp II. August den Engländern wieder ab und belehnte damit zuerst Arthur, Herzog von Bretagne, verleibte aber schon 1206 den größten Theil Poitou's Frankreich ein; am 20. Mai 1259 wurde es förmlich an Frankreich abgetreten, aber ein Jahrhundert später kam es durch den Frieden von Bretigny am 8. Mai 1360 an England zurück, bei dem es jedoch blos zwölf Jahre verblieb, denn König Karl V. nahm es den Engländern 1372 wieder ab und gab es im November 1380 seinem Bruder Johann, Herzog von Berry, nach dessen Tode 1416 König Karl VI. es seinem Sohne Johann verlieh, welcher schon am 4. April 1417 ohne Erben starb. Seitdem ist das Poitou bei der Krone Frankreich geblieben.

Man unterschied das Nieder- oder Unter-Poitou, welches das Bocage vendéen, nämlich das Pays d'Herbauges, de Tiffauges und de Paillers, dann die Plaine (Pareds) und das südlichste und westliche Marais umfaßte, während das Ober-Poitou sich aus dem Niortais, der Gâtine, dem Thouarsais, der Marche poitevine, dem Loudunais, Mirabalais und Chatelleraudais zusammensetzte. Gegenwärtig entfallen auf Nieder-Poitou die zwei Departements der Vendée und der Deux Sèvres, auf Ober-Poitou das Departement der Vienne. Der Vendée sind die Inseln Noirmoutier und Ile d'Yeu (Dieu) vorgelagert, auf welche wir rasch einen Blick werfen wollen.

Vor der Bucht von Bourgneuf gelegen, hat Noirmoutier eine Länge von 18, eine Breite von 2—6 km und wird vom Festlande durch die 4 km breite Meerenge Fromentine getrennt, welche während der Ebbezeit trocken liegt und als Passage für Fußgänger dient. Noirmoutier ist nämlich fortwährend durch Anschwemmungen in der Vergrößerung begriffen. Südlich von der Loiremündung gelegen, empfängt sie alles von diesem Strome mitgeführte Erdreich, das um den Granitkern des Eilands sich sammelt, und seit einem Jahrhundert einen Landzuwachs von 700 ha veranlaßt hat. Dadurch wächst eben die Insel immer mehr mit dem Lande zusammen. Der zur Ebbezeit trocken gelegte Weg ist unter dem Namen Passage du Gois bekannt und in der Mitte mit einer Bake versehen, auf welcher ein Häuschen bei plötzlich anschwellender Flut dem Wanderer Sicherheit gewährt. Noirmoutier und die benachbarten Inseln Bouin und d'Yeu waren im Alterthume als Insulae Namnetum oder Namnitum bekannt; der alte einheimische Name von Noirmoutier war Er, Erus, Eri, Eris, der keltischen Ursprungs sein dürfte. Der heutige Name stammt von dem Benedictinerkloster, welches der heilige Philibert im Jahre 830 auf der Insel gründete und Monasterium insulae Hero nannte, woraus Hermoutier und verderbt Nermoutier entstand. So heißt auch heute noch die Insel bei den Eingebornen wie auf dem benachbarten Festlande; nur der Schriftgebrauch hat daraus ein Noirmoutier gemacht. Der Boden des Eilandes, welches 4 m unter dem Meeresspiegel liegt und durch Deiche gegen Ueberfluthungen geschützt wird, gehört vier verschiedenen geologischen Epochen an. Den Kern bilden Granite, Glimmerschiefer und Gneis. Die secundären Formationen sind durch Sandsteine, in denen sich verkieselte Versteinerungen finden, und Quarzite vertreten. Die tertiären Meeresablagerungen, die man nur bei der tiefsten Ebbe beobachten kann, gehören der miocänen Periode an; daran schließen sich die neueren Bildungen. Auch eine Mineralquelle mit alkalischem Eisenwasser besitzt die Insel. Das Klima ist sehr mild; es friert selten, und die immergrünen Eichen, die Myrthen-, Lorbeer-, Feigen- und Granatbäume, sowie viele andere südliche Pflanzen kommen gut im Freien fort; aber der Weinstock will nicht gedeihen. Auf den Dünen, den Feldern, in den Morästen, kleinen Wäldern und an der Seeküste kann man eine große Anzahl seltener und interessanter Pflanzen sammeln. Manche Arten von Crustaceen sind Noirmoutier eigen und die Nähe der Loire sowie weitgedehnte Sandbänke in der Umgebung begünstigen das Vorkommen von Fischen. Blindschleiche und Natter, aber nicht die Viper, sind auf der Insel vertreten; Vögel und Säugethiere stimmen mit jenen des Festlandes überein, doch sind 2000 Esel, welche als Lastthiere benutzt werden, besonders zu erwähnen. Die Einwohner sind ein armes und elendes Völkchen. Grund und Boden gehören einigen wenigen großen Herren, und von diesen sind die meisten Eingebornen abhängig. Salz ist ein Haupthandelsartikel und wird auch hier, wie in der Bretagne, in großen Massen durch Verdampfung am Strande gewonnen. Der Getreidebau, wenn auch nicht rationell betrieben, ist doch ziemlich bedeutend; man versendet Weizen und andere Brotfrüchte nach Bordeaux und Bayonne. Die Erzeugung von Kunstdünger aus Seetang und pulverisirten Muschelschalen wird schwunghaft betrieben, nicht minder die Gewinnung von Varné-Soda, durch Einäschern des Tangs, man führt von derselben jährlich über eine Million Kilo aus. Nur wenige Boote fahren in die Bai von Bourgneuf auf den Sardinenfang, der in Frankreich in Durchschnittsjahren 200,000 Kisten liefert. Desto wichtiger ist für Noirmoutier die Austernfischerei und der Austernhandel, denn auf den Bänken der Insel kommen die kleinen grünen Austern vor, die von den Feinschmeckern außerordentlich geschätzt werden. Die Ausfuhr beträgt jährlich zwanzig Millionen Stück. Als eine der Plagen der Insel muß das Anwachsen und Vorrücken der Dünen im Westen bezeichnet werden, die mit einer Geschwindigkeit von 20 m im Jahre vorwärts marschieren und in ihrem Gange Alles übersanden. Man sucht ihrem Fortschreiten durch Anpflanzungen entgegenzuwirken. Der Flecken Noirmoutier, die Hauptstadt des Eilandes, ist zugleich Kriegsplatz zweiter Classe, und dies gilt auch von der bedeutend kleineren (22½ qkm) Ile d'Yeu, welche hauptsächlich von Fischern, namentlich Thunfischern bewohnt ist. Sie besitzt mehrere Batterien, vier Leuchtthürme, und viele sogenannte Druidendenkmäler nebst einem alten Schloß. Ihre Hauptorte sind Port-Breton und Lebourg.

Das diesen Eilanden gegenüberliegende Festland der Vendée besteht aus drei von einander wesentlich verschiedenen Gebieten: dem Marais oder Sumpflande, dem Bocage oder Waldlande und der Plaine oder Ebene. Das Marais umfaßt die ganze Meeresküste und wird in das westliche und das südliche Sumpfland getheilt. Auch hier hat das Land bedeutende Fortschritte in's Meer gemacht; einige zwanzig Hügel sind ehemals Inseln gewesen; von Luçon nach Aigrefeuille hatte man ehemals 6 km über das Meer zu setzen, und jetzt geht man zu Fuß hinüber. Allein im Gebiete der Sèvre Niortaise, die mit ihren Nebenflüssen, der im Unterlauf schiffbaren Vendée und dem Lay mit dem Yon den südlichen Theil des Landes bewässert, sind an 200 qkm vom Wasser verlassen und bilden überaus fruchtbare Aecker. Sonst ist das Marais theils sandig, theils mit ansehnlichen Morästen bedeckt, aber durch Kunst, nämlich durch die Anlage von Canälen und großen Fleiß urbar und erträgnißvoll gemacht. Den von den Canälen durchschnittenen Landstrich nennt man zwar „Klein-Holland“, doch sind die Deiche der Canäle oft durch die Sèvre bedroht, das Land ist ohne alles Trinkwasser und hat ungesunde Luft, welche aus den Sümpfen aufsteigt. Letztere liefern große Mengen Salz, der bebaute Boden aber trefflichen Hanf, Getreide, ausgezeichnetes Gemüse, während die Weidegründe die größten Pferde, Ochsen und Hammel nähren. Aus dem Marais gehen die großen, „Chollet“ genannten Ochsen nach Paris und die bis 7000 Franken theuren Maulthiere nach Spanien. Das ganze Sumpfland mit Ausnahme seiner Ränder, welche mit hohen Bäumen bewachsen sind, bietet überall nur einen höchst einförmigen Anblick dar. Das Auge verliert sich in einem Labyrinth von Wassergräben und wird der Monotonie der weiten Fläche sehr bald müde, auf welcher es oft nichts gewahrt, als den starren Blick der großen Ochsen von Sallertaine, die regungslos auf dem Abhange der Erdwälle liegen. Städte und Dörfer sind, wie in der ganzen Vendée überhaupt, nicht viele vorhanden. Die nennenswerthesten sind der alte Bischofssitz Luçon und Les Sables d'Olonne, eine etwa 10,000 Einwohner zählende und auf dem Meeressande in 6,2 m Höhe erbaute Stadt, welche außer ihrem befestigten Hafen und ihren breiten Straßen nichts Bemerkenswerthes bietet. Etwa 14 km südöstlich erheben sich am Fuße eines Hügels und inmitten weiter Sümpfe die mächtigen Ruinen des alten Schlosses von Talmont, einstmals der Sitz einer kleinen Feudalherrschaft und Hafenplatz, während es jetzt ziemlich entfernt vom Meere liegt. Etwas mehr Abwechslung bietet der Bezirk von St. Jean-de-Mont im Norden. Jede Meierei ist von einer Baumgruppe umgeben, und am Sonntagmorgen kann man das eigenthümliche und höchst anmuthige Schauspiel genießen, eine Menge kleiner Kähne (nyoles) aus allen diesen Oasen hervorkommen und auf den regungslosen Wassern des Sumpflandes rasch nach dem Thurm des Kirchdorfs dahingleiten zu sehen; in diesen Kähnen sitzen die Weiber, welche die Messe hören wollen. Die jungen Burschen dagegen verschmähen das bequeme Fahren. Sie eilen quer durch die Sümpfe in gerader Linie dem Kirchthurm zu, indem sie mit Hülfe ihrer 3 m langen Springstöcke (ningles) über alle Gräben setzen, welche sie unterwegs antreffen und von denen einige mehr als 7 m breit sind.

Das unschöne Land ist merkwürdiger Weise von einer schönen Bevölkerung besiedelt. Den Bewohner des westlichen Sumpflandes (le Maraichin), den man nur zu oft mit dem Bewohner des südlichen Sumpflandes verwechselt hat, würde man leicht beim ersten Blick an seinem hohen Wuchs, an seinem ungezwungenen Wesen und an der Frische seiner Gesichtsfarbe erkennen, wenn ihn nicht schon sein runder, an einer Seite aufgeschlagener, mit hellfarbigen Schnüren gezierter Hut, seine Weste von weißem Flanell, seine weiten Beinkleider und sein grellbunter baumwollener Gürtel hinreichend von den Bewohnern des Waldlandes (Bocains, Bocageons) unterschieden, welche die Märkte von St. Gilles, von Challans und Saint Gervais in Schaaren besuchen. Die blonde Farbe seiner Haare, welche man besonders nach der Insel Bouin zu bemerkt, seine kurze und abgestoßene Redeweise und mehr noch die heimliche Feindschaft, welche zwischen ihm und seinen Nachbarn im Waldlande herrscht, obwohl er deren religiöse Ansichten und politische Meinungen theilt, alle diese Zeichen deuten fast mit Sicherheit darauf hin, daß hier zwei verschiedene Volksstämme von verschiedenem Ursprung neben einander leben. Es scheint übrigens, daß der Geist der Nationalität der vernichtenden Wirkung der Jahrhunderte ebenso Widerstand leistet als die physischen Eigenschaften, welche die Völkerstämme von einander unterscheiden, weil man trotz der ununterbrochenen Verbindungen, trotz der gemeinsamen Gefahren, Unglücksfälle und Triumphe zur Zeit des „großen Krieges“ noch Spuren von dem alten Hasse findet, welcher einst zwischen jenen beiden Stämmen geherrscht haben muß. So pflegen die Bewohner des Marais unter sich jene des Waldlandes les Dannions zu nennen, ein Ausdruck der Verachtung, welcher nach der Meinung einiger Gelehrten einen „verdammten Menschen“ bezeichnet, und ein unglücklicher Dannion, welcher sich in das Innere des Sumpflandes wagt, sieht sich mitunter von einer Kinderschaar umringt, die ihn verfolgt und schreit; ah Dannion! Dannion saraillon! (welches letztere Wort „eingezwängt“, „eingeschnürt“ bedeutet), da er engere Beinkleider trägt als die Sumpfbewohner. Der Maraichin, welcher sich so stark gegen die Dannions abschließt, behandelt diejenigen, welche den Rand des Sumpflandes bewohnen, fast ebenso, da er sie kaum als Maraichins betrachtet, wogegen er wiederum von den Bewohnern des niedrigsten Theiles des Sumpflandes, der les bonnes terres heißt, nicht als ebenbürtig betrachtet wird. Der Maraichin besitzt mehr Freiheitsliebe, hat eine offenere Miene und freundlichere, traulichere Manieren als der Bocageon. Lebhaft, zum Zorn geneigt und schwer zu leiten, hält er mit seinem Zutrauen gegen Fremde sehr zurück; aber seinen Freunden aus allen Classen beweist er die größte Ergebenheit und nimmt sie mit der herzlichsten Gastfreundschaft auf. Die Häuser im Sumpflande, von denen sehr viele und besonders die der Taglöhner Lehmmauern und ein Rohrdach haben und unter dem Namen „Bourines“ bekannt sind, zeigen im Innern die größte Reinlichkeit und Sauberkeit. Selten vermag der Maraichin dem Besucher ein Glas Wein anzubieten, aber wer ihn recht glücklich machen will, der greife ohne Umstände in seinen Tabaksbeutel, setze sich neben seinem Feuer von Ochsenmist auf eine der Bänke von Lehm, welche auf beiden Seiten des Heerdes stehen, und rauche eine Pfeife mit ihm. Das Rauchen ist eine fast allgemeine Sitte im Lande und ein so dringendes Bedürfniß geworden, daß man sehr häufig sehen kann, wie Männer und mitunter sogar Knaben, wenn sie kaum die Kirche verlassen haben, ihre kleinen rothen Thonpfeifen aus dem Gürtel ziehen und zu rauchen beginnen, daß die Gruppen der Plaudernden bald in einer Dampfwolke verschwinden.

Die Frauen dieses Landstriches sind nicht weniger bemerkenswerth als die Männer. Ihre Haltung und Bewegung zeigen eine gewisse Ungezwungenheit, welche mitunter an Anmuth streift, obwohl es nicht die bescheidene, treuherzige Anmuth ist, welche sentimentale Gemüther fesselt. Ihr Gang ist rasch und keck, ihr Benehmen bedeutend freier als in den übrigen Theilen der Vendée. Wenn man an einem Sonntagabend vor einem der zahlreichen Wirthshäuser an der Grenze des Bezirks von Challans oder St. Jean de Mont vorübergeht, so erblickt man darin fast ebenso viele weiße Weiberhauben als runde Hüte. Ein junger Bursche (gas) begegnet einem jungen Mädchen aus seiner Bekanntschaft und schlägt ihr vor „einen Schluck mit ihr zu trinken“. Nachdem das Mädchen der Form wegen sich etwas geziert hat, nimmt sie das Anerbieten gewöhnlich an, und beide gehen zum Wirthshause, ohne die Blicke der Leute zu fürchten. Diese allgemein landesübliche Art von Galanterie ist eher unschicklich als gefährlich zu nennen, da Niemand zu beweisen vermag, daß die Sitten im Marais weniger rein sind als im Bocage. Die jungen Mädchen lieben den Tanz leidenschaftlich und verwenden die größte Sorgfalt auf ihren Anzug. Für ihren Teint sind sie außerordentlich besorgt, denn im Sommer gehen sie nie aus dem Hause, ohne ein Stück Papier an das Vordertheil ihrer Haube zu heften, welches sie wie ein Schirm vor den Sonnenstrahlen schützt. Eine junge Waldlandbewohnerin würde zwischen ihrer Tracht und jener der Sumpfländerinnen gewiß wesentliche Verschiedenheiten finden, namentlich in dem Faltenwurf des Tuches. Aber jene, welche in die feinen Abstufungen der weiblichen Tracht nicht eingeweiht sind, erblicken nur in dem Kopfputz einen wesentlichen Unterschied. Während die Mädchen von Challans ihre ungeheuren Haarwülste (hennins) am Hinterkopf tragen, befestigen die des Sumpflandes die ihrigen oben auf dem Kopfe und bedecken sich je nach der Jahreszeit mit einer Haube oder Kapuze (capot), deren unterer Theil bis auf die Schultern herunterfällt.

Durch die „Plaine“, das kalkige Gebiet zwischen Bocage und Marais, an der Südgrenze ein trauriger baumloser, dürrer und wenig bewässerter, sonst aber fruchtbarer Landstrich mit weiten Getreideflächen und Weingärten, gelangt man auf die mit Gehölz, Haidekraut und blühendem Ginster bewachsenen Hügel des „Waldlandes“ und steht dann auf dem Boden der wahren Vendée. Hier liegt die Departements-Hauptstadt, von welcher sich nicht viel sagen läßt, außer daß sie chamäleonartig ihren Namen wechselt, je nach dem in Frankreich herrschenden politischen Regime. Erst 1804 unter dem Kaiserreiche im langweiligen Schachbrettplane angelegt, führte sie zuerst den Namen Napoleon-Vendée, welcher nach der Restauration in Bourbon-Vendée umgewandelt wurde. Unter der jetzigen Republik heißt sie nach einem ehemals hier befindlichen Schlosse Roche-sur-Yon, unter welcher Benennung sie noch auf den wenigsten Karten verzeichnet ist. Ohne jegliche Wichtigkeit und Verbindung liegt sie anmuthig am Fuße eines im Flüßchen Yon sich badenden Hügels; ihren schönen breiten Hauptplatz ziert eine Reiterstatue des großen Korsen. Obwohl weniger bevölkert, erscheint Fontenay-le-Comte, südöstlich davon an der Grenze des Marais und im angenehmen Thale der Vendée gelegen, die einstige Residenz der Grafen von Poitiers, mit seinen weitläufigen Vorstädten, seinen Fabriken und Handel, endlich mit seinen über 100 m hohen Kirchthürmen als eine wichtige Stadt.

Das Bocage ist zum Theil mit Gehölz bedeckt, von zahlreichen Bächen und kleinen Flüssen bewässert, welche seine Urbarmachung befördern, zum Theil besteht es aus großen unfruchtbaren Haiden, enthält aber auch hie und da gute

Rebenpflanzungen, namentlich im Norden herrliche Wiesen und fruchtbare, von mit hohen Hecken eingefaßten Feldern bedeckte Hügel, dazwischen kräftige Wäldchen, überschattete, tiefe Hohlwege, in den Dörfern eine zahlreiche und wohlhabende Bevölkerung. Besonders aus dem Bocage ging in neuerer Zeit die katholische und royalistische Opposition der Vendée hervor. Gleich beim ersten Kreuzweg sieht man eine Menge kleiner hölzerner Kreuze, welche die Anverwandten und Freunde eines Verstorbenen in dem Augenblick dort in die Erde gesteckt haben, als der Leichenwagen mit der sterblichen Hülle vorüberfuhr. In diesem Gebrauche offenbart sich zwar ein frommer Sinn, aber wir argwohnen, daß derselbe seinen Ursprung theilweise im Aberglauben hat. Es ist bekannt, daß die Zauberer, Kobolde und Hexen nach dem Volksglauben ihre höllischen Tänze an den Kreuzwegen um die Geisterstunde aufführen und daß man hier am meisten der Gefahr ausgesetzt ist, der schrecklichen „Chasse-Gallery" (der wilden Jagd) zu begegnen, welche nächtlicher Weile aus den Lüften herniedersteigt, über die Hügel, die Haiden und Wälder braust und in rasendem Laufe die Unvorsichtigen mit sich fortreißt, welche zu spät von den Abendgesellschaften um Allerheiligen nach Hause gehen. Demnach liegt die Vermuthung nahe, daß die Bocageons jene Kreuze deßhalb mit so frommer Sorgfalt an den Kreuzwegen aufpflanzen, damit der Todte gefahrlos und in Frieden an letzteren vorüberziehe. Mit Gewißheit läßt sich indeß in dieser Beziehung nichts behaupten, da die Bauern ihre abergläubischen Meinungen einem „Herrn" ungern mittheilen. Richtet man z. B. geradeweges die Frage an sie: „Glaubt Ihr an Zauberer?" so werden sie stets antworten: „Dam", i ne sais ja si ol y en a; mais ol est terjou bé bé sûr, qu'ol y a de mouvé monde". (Ich weiß wahrlich nicht, ob es deren giebt, aber es ist sehr glaublich, daß es böse Menschen giebt.)

Was die Vendée von anderen Gegenden unterscheidet, ist die begeisterungsvolle Fröhlichkeit ihrer Nationaltänze und vor Allem die liebliche und wehmüthige Melodie der alten Lieder des Poitou. Ist es doch allbekannt, daß die Hofleute Ludwigs XI. aus dieser Provinz die Tänzer und Tänzerinnen kommen ließen, welche den sorgenvollen, finstern Monarchen aufheitern sollten. In dieser Hinsicht ist die Vendée noch nicht ganz ausgeartet; es giebt Rund- oder Tischgesänge, „Weglieder", um die Langeweile auf der Reise zu verscheuchen, einen Ochsentreibergesang, welcher in einer Reihenfolge von außerordentlich lange ausgehaltenen Tönen besteht und den trägen Schritt des Ochsengespannes begleitet; es giebt Lieder für jeden Geschmack und für alle Umstände des Lebens. Fast alle diese reizenden Lieder haben eine wehmüthige, klagende Weise, welche so überaus gut zu dem melancholischen Anblick der großen Wälder paßt. Wenn aber die Melodien der Lieder fast immer anmuthig sind, so sind die Worte dagegen selten poetisch; sehr häufig werden diese letzteren während des Tanzes aus dem Stegreif erfunden. Dies geschieht unter andern bei dem „Küchentanz", welcher noch bei den Hochzeiten in der Nieder-Vendée üblich ist und auf folgende Weise ausgeführt wird. Außer dem symbolischen, ringsum mit blumenbehängten Dornzweigen besteckten Kuchen, welcher vor der Neuvermählten steht, setzt man andere weniger prächtige in bestimmten Zwischenräumen auf die Tische der Hochzeitsgäste; allein, ehe diese die Kuchen anschneiden dürfen, müssen sie dieselben erobern. Auf ein gegebenes Zeichen erhebt sich ein junger Bursche, bemächtigt sich des zunächst stehenden Kuchens, hält ihn so hoch als möglich empor und eilt tanzend nach der Mitte des Speisesaales. Ihm folgen sogleich drei oder vier andere junge Burschen, welche Teller und Gabeln tragen, die sie nach dem Takte gegen einander schlagen, und tanzen singend um den ersteren herum, indem sie sich bemühen, mit den Zinken ihrer Gabeln einige Stückchen von dem Kuchen zu erhaschen, welchen jener ihnen zu entziehen sucht. Dieser Kampf endet mit einem tapferen Zechen, wobei der Kuchen zerschnitten und unter die Hochzeitsgäste vertheilt wird. Aber trotz Wein, Tanz und Gesang würde ein Fest in der Vendée ohne Pulverdampf und Pulvergeruch nur unvollkommen sein. Die Leidenschaft zu schießen und zu knallen, berauscht die Leute mit einer tollen Lustigkeit. Wenn mitunter ein Tanz träger dahinschleicht, wenn die Finger der Geiger und die Bläser erlahmen, — werfet eine Petarde in die ermüdete Menge oder brennt eine Pistole ab — und augenblicklich wird Alles lebendig! Ein wahrhaft betäubendes Freudengeschrei, ein unaufhörliches Gejauchze und Sprünge, wovon die Erde erzittert, folgen dem Knall. Glücklich derjenige, der sich eine schlechte Pistole hat verschaffen können! Er ist der König jedes Festes und der Spender der Freude. Man schmeichelt ihm, man liebkost ihn und Jedermann drängt sich zu ihm, um die hohe Gunst zu erlangen, etwas Pulver verpuffen zu dürfen. Wenn die Wichtigkeit und Bedeutung des Festes eine solche Würze nicht zulassen, so beschränkt man sich auf Freudenfeuer, z. B. am Johannistage oder wenn der Diöcesanbischof seine Runde macht. Wenn die Wege bei dieser Gelegenheit „glücklicher Weise“ für Pferdegespanne zu schlecht sind, so streiten sich alle Hofbesitzer des Kirchspiels um die Ehre, wer die Ochsen für den Wagen des Prälaten stellen soll. Die auf der Haide knieende fromme Menge, die lange Reihe der mit Bändern und Blumen geschmückten Ochsen, welche sich bald auf den Abhängen der Hügel dahinschlängelt und bald in den schattigen Hohlwegen des Bocage verschwindet, all dieser ländliche Pomp inmitten einer Landschaft voll von ursprünglicher Frische macht einen äußerst wohlthätigen Eindruck auf das Herz und erfreut es wie eine reine und liebliche Harmonie. Obgleich noch Manches aus dem Gebiete der Sitten und Gebräuche mitzutheilen wäre, so giebt es in der Vendée doch etwas, was Alles beherrscht, eine Poesie, welche jede andere Poesie getödtet hat: die Erinnerung an den „großen Krieg“. Welcher Partei man auch angehören möge, es ist unmöglich, sich der Macht dieser Erinnerungen zu entziehen, welche Herz und Phantasie ergreifen und dem Zauber der Erzählungen zu widerstehen, welche uns in ihrer naiven und kräftigen Sprache in die Periode des großen Vendéekriegs (1793—1796) einweihen, wo nach ihrem derben Ausdrucke „der Teufel herrenlos herumlief“.

Das Poitou und seine Bewohner.

Im Osten der Vendée breitet sich das noch zum Theile dem Nieder-Poitou angehörige Departement der beiden Sèvres aus, in seiner Nordhälfte bewässert von dem zur Loire gehenden Thouet mit dem Argenton, südlicher aber von der Sèvre Niortaise, sogenannt zum Unterschiede von der bei Nantes in die Loire mündenden Sèvre Nantaise. Die Sèvre Niortaise ist ein selbständiger Strom, welcher in der Bucht von Aiguillon gegenüber der Insel Ré in den Ocean sich ergießt. Quer durch das ganze Departement zieht die ziemlich hohe Hügelreihe, die Gâtine, deren großes Tafelland rauhe Granitfelsen bilden, mit Buschwerk und schönen Wäldern bedeckt, nach allen Richtungen von zahlreichen Thälern durchfurcht. Auch fruchtbare Ebenen, reiche Weinberge und

Wiesen, daneben freilich auch zahlreiche Sümpfe, fischreiche Teiche und verschiedene unbebaute Strecken sind vorhanden. Im Allgemeinen indeß giebt es Wein und Getreide im Ueberfluß, und Hausthiere aller Art, besonders ausgezeichnete Rinder und Schafe, weiden auf den Wiesen. Hier, namentlich im Arrondissement Melle, zieht man die sicheren Maulthiere (mulets d'Auvergne und provençaux genannt) selbst für die Alpen und Pyrenäen, besonders für das südliche und mittlere Frankreich, wo sie die Frachtwagen ziehen; der Verkauf derselben bringt jährlich Millionen von Franken ins Land. Fette Ochsen liefert man nach Paris, zu mästende nach der Normandie. Die Industrie des Landes weist Eisengruben, Frisch- und Hohöfen, ferner Fabriken grober Wollen- und Baumwollenstoffe auf. Bemerkenswerth ist der wenig beneidenswerthe Reichthum dieses Gebietes an Vipern, die es sonst nach Venedig schickte.

Die Städte des im Großen und Ganzen reich gesegneten Landes bieten wenig Anlaß zu eingehender Schilderung. Die bedeutendste darunter ist zweifellos das Cheflieu Niort mit 22,000 Einwohnern, welches sich zugleich durch seine hübsche Lage am Abhange zweier Hügel auszeichnet, deren Fuß von der Sèvre Niortaise bespült wird. Die Umgebungen sind geradezu reizend. Niort ist uralt und kommt schon in der Römerzeit als Nyrax, Novirogus vor. Durch Neubauten ist die alte Stadt, welche stolz ist auf ihre gothische Kathedrale, sehr verbessert worden und jetzt einer der angenehmsten Plätze in Poitou. Ein Wartthurm, das wichtigste Ueberbleibsel des alten Schlosses, welches Richard Löwenherz erbaut haben soll, ist das sichtbarste Wahrzeichen der Vergangenheit in Niort, welches sich in unseren Tagen hauptsächlich der Industrie in die Arme geworfen hat. Man erzeugt hier Handschuhe, Oele, Essig, grobe Baumwollenstoffe, Felle, Schuhwerk, Leim und Leinöl, aber auch die ganz vortrefflichen, berühmten Angelica-Confitüren, wie denn Angelica, Artischocken und Zwiebel, letztere jährlich auf 100 ha gezogen werden. Folgen wir der Sèvre Niortaise stromaufwärts, so gelangen wir nach dem von Niort 22 km entfernten Saint Maixent, einer gleichfalls schön gelegenen Stadt mit reichem Grundbesitz und ansehnlicher Industrie. Eine schöne Brücke überspannt hier den Fluß, der jedoch in dieser Gegend aufgehört hat, schiffbar zu sein. Am 16. Mai 1880 hat man auf dem Exercierplatze von Saint Maixent, welches der Sitz einer Unterofficierschule ist, dem wackeren Vertheidiger von Belfort im deutsch-französischen Kriege, Oberst Denfert-Rochereau, ein von seinem Landsmanne Baujault geschaffenes Denkmal errichtet. An sonstigen Plätzen verdient höchstens noch Parthenay am Thouet Erwähnung, welches inmitten einer von Bergen und Wäldern durchschnittenen Gegend gelagert und von einem Höhenrücken in eine obere und untere Stadt geschieden wird. Auch hier stoßen wir auf die Ruinen eines alten, von Wällen und Gräben umgebenen Schlosses, welches einstmals einen festen Waffenplatz bildete.

Weit bedeutender ist Poitiers, das Cheflieu des Departements der Vienne, welches aus dem ehemaligen Ober-Poitou herausgeschnitten ist. Schon die Lage ist eine höchst charakteristische. Man denke sich eine Tafelfläche von Jurakalk, meist schroff in einer Höhe von 30—50 m in das Thal herabfallend, in langer birnenförmiger Gestalt von Südwest nach Nordnordwest gestreckt. Zwei Thäler schließen es ein, die bei dem südlichen Beginn nur durch eine schmale, höchstens 500 m breite Landzunge getrennt sind, wo wahrscheinlich seit keltorömischer Zeit mit Kunst ein tiefer Einschnitt in den Fels gemacht ist und starke Mauerwerke aufgeführt sind. Das östliche Thal wird von dem Flusse Clain durchströmt, der in bedeutendem Bogen nach Osten und dann wieder nach Westen wendet, von vier Brücken überspannt und durch vier große Wehre gehemmt, die ihn zur Vertheilung seines Wassers an kleine, einen Wiesengrund berieselnde Canäle zwingen. Das westöstliche Thal wendet sich in ziemlich gleichbleibender Richtung von Südwest nach Nordost; vielfach getheilt durchfließt der kleine Boivre den breiten, feuchten Grund und vereinigt sich endlich mit mehrfachen Mündungen nördlich mit dem Clain. Nur an zwei Punkten führt eine Straße über den Boivre, am obern und untern Ende. Die jenseitigen Ufer beider Thäler sind wohl angebaut oder mit Gebüsch und frischem Graswuchs besetzt und auf dem steilen Abhang, an dem jene einzelnen so bezeichnenden Kalkfelsen senkrecht in die Höhe treten. Zwischen ihnen ziehen sich im Thale des Clain in der Tiefe hin und auf der Höhe verschiedene Vorstädte, welche die Gesammtbevölkerung Poitiers dermalen auf etwa 37,000 Köpfe schwellen. Die Hochfläche selbst, welche die Stadt trägt, hat eine sehr bedeutende Ausdehnung, über 2300 m Länge und an der breitesten Stelle 1000 m, kann also unter anderthalb bis zwei Stunden nicht umschritten werden. Noch umkränzen fast überall Mauern mit Thürmen die steile Anhöhe, welche an manchen Punkten aus der Tiefe des Thales emporgebaut sind. Das Innere der Stadt ist durchaus nicht eben, sondern nach gewissen Höhepunkten wie dem Hauptkern, der Place Notre Dame nnd Didier emporsteigend. Besonders nach der Seite des Clainthales senkt sich das Terrain mehr allmählich, und so bauen sich hier malerisch die kirchlichen Anlagen, wie La Ste. Radegonde oder die Kathedrale St. Pierre oder an einer andern Stelle die großen Gebäude der einstigen Abtei Moutierneuf über einander. Zwar durchschneiden Straßen ziemlich nach allen Richtungen das Plateau, aber sie umschließen große Gärten und selbst Feldercomplexe. Aehnlich wie in Rom wandelt man oft weite Strecken zwischen Gartenmauern dahin, wo alle Spur des städtischen Verkehrs aufgehört hat, und sieht sich dann auf ein Mal wieder in der Nähe einer kirchlichen Anlage in enge, sehr oft ärmliche Straßen versetzt, deren Häusergruppen eine Menge schwer zugänglicher Höfe enthalten.

Es ist nicht zu bezweifeln, daß auf diesem Plateau bereits der feste städtische Haltepunkt des keltischen, selbständigen, in keiner Clientel sich befindenden Stammes der Pictones, oder wie sie seit dem vierten Jahrhundert durchgängig heißen, der Pictavi, sich befand. Sein alter Name war Lemonum. Sehen wir die Pictonen bereits in den ersten Jahren der cäsarischen Verwaltung ihre Schiffe den Römern zur Verfügung gegen die Küstenvölker der Normandie stellen, so entziehen sie sich allerdings nicht dem allgemeinen Aufruhr des Auvergnaten Vercingetorix zur Vertheidigung der gallischen Freiheit, ohne jedoch in dem Kampfe besonders hervorzutreten. Das keltische Lemonum, bald zur Civitas Pictonum oder einfach Pictavi geworden, fügte sich bald in seiner äußeren Erscheinung der allmächtigen römischen Cultur, und auf dem Boden von Poitiers sind römische Inschriften und Denkmäler, allerdings nicht in großer Anzahl, gefunden worden. In neuester Zeit, 1882, wurden in der Nähe auch sehr interessante gallische Denkmäler aufgedeckt. Die aufgefundenen Trümmer bedecken eine Bodenfläche von über 10 ha und rühren von einem Tempel, einem Theater, einer Herberge und einer Badeanstalt her. Die Vorderseite des Tempels ist 76 m breit und weist eine große und zwei kleine Thüren auf, zu denen vier Stufen hinanführen. Ein Säulengang, der zum größten Theile zerstört ist, bildete die Vorhalle des Tempels, in dessen Mitte sich der Altar des Kriegsgottes erhob. Unter diesem befindet sich eine Rinne, durch die das Blut der Opfer ablief. Das unterirdische Gewölbe ist noch gut erhalten, von einem reinigenden Luftstrome durchzogen, mit Topfscherben, Münzen, Waffen und Geräthen aller Art angefüllt. Unter letzteren erwähne ich kleine Sicheln, deren die gallischen Priester sich bedienten, um die heilige Mistel in den Wäldern zu schneiden. Die Rinnen dienten übrigens nicht nur zur Ableitung des Opferblutes, sondern auch des Wassers der Thermen, welche 114 m lang und 32 m breit sind und neunzehn kleine Badezellen enthalten. Die Herberge dehnt sich über 3 ha aus und umfaßt Hunderte von Stuben, die sämmtlich durch einen noch vorhandenen Centralofen geheizt wurden. Das Schauspielhaus bietet eine Vorderseite von 84 m, die Bühne ist rund und sowohl für Cirkusübungen als für theatralische Vorstellungen eingerichtet und wenigstens 8000 Zuschauer konnten darin Platz finden. Die vier Gebäude gehörten keineswegs einer Stadt an, sondern standen vereinzelt da und bildeten den Versammlungsort der Pictonen. Aus einem Abschnitte von Cäsars Commentaren und einer Stelle der Historien des Tacitus wußte man bereits, daß die Gallier zu bestimmten Epochen des Jahres große Versammlungen zu halten pflegten; aber man war über die Wichtigkeit und den wahren Charakter derselben im Dunkeln geblieben und mochte glauben, daß die Führer allein sich versammelten, um ihre Angelegenheiten durchzuberathen. Jetzt aber kann man nicht mehr bezweifeln, daß Jedermann an diesen Versammlungen theilnehmen durfte; die Größe der Herberge, der Umfang des Tempels und des Theaters legen davon Zeugniß ab. Wie es scheint, hat sich die Sitte solcher Generalversammlungen in jener Gegend erhalten. Die Gemeinde Sanxay, auf deren Grund und Boden die Trümmer sich ausdehnen, grenzt an das Dorf Herbort, dessen Name von dem keltischen „Herber" (Versammlung) herrühren soll. Die gallischen Denkmäler von Sanxay sind übrigens nicht keltischen, sondern römischen Ursprungs und wahrscheinlich von dem Kaiser Antonin, der im Jahre 121 auf seiner Reise nach Spanien Aquitanien berührte, erbaut worden. Ueber die Zerstörung der Monumente von Sanxay ist nichts Bestimmtes bekannt; doch weiß man, daß sie der Völkerwanderung widerstanden und erst nach dem Einfall der Saracenen aus Spanien vom Erdboden verschwanden. Damals wurden sie in Brand gesteckt und unbewohnbar gemacht, die Bevölkerung zog sich davon zurück und im Laufe der Jahrzehnte wurden sie mit Schutt und dürrem Laub so verdeckt, daß hundert Jahre später das Auge hier kaum noch irgend Etwas zu unterscheiden vermochte. Seitdem ging die Pflugschar unzähliger Geschlechter darüber hinweg und dem Zufall einer Schienenlegung war es vorbehalten, diese Ueberreste vergangener Tage wieder ans Licht zu fördern.

Der Clain, an dem Poitiers erbaut ist, mündet in die Vienne, einen sehr ansehnlichen Zufluß der Loire, welche das nach ihm benannte Departement von Süd nach Nord der ganzen Länge nach durchzieht und die Creuse mit dem Gartempe, sowie den Clain mit der Auzance und Vonne aufnimmt. Chauvigny und Châtellerault sind die wichtigsten Plätze an diesem Gewässer. Ersteres ist bemerkenswerth durch die sehr ansehnlichen und imposanten Trümmer eines uralten Schlosses, welches schon im Jahre 507 durch König Chlodovech belagert, später aber häufig die Residenz der Bischöfe von Poitiers wurde. Ein solches altes Schloß finden wir auch in Châtellerault, einem durch seine Messer- und Waffenerzeugung bekannten, ziemlich beträchtlichen Orte von 18,000 Einwohnern, wo die Vienne in 55 m Meereshöhe anfängt schiffbar zu werden. Eine prächtige Brücke aus Steinquadern verbindet die ziemlich schlecht gebaute Stadt mit einer Vorstadt, und an ihr erhebt sich das hübsche, von vier Thürmen umsäumte Schloß, unter welchem die Straße hindurchzieht und welches zugleich als Stadtthor und Brückenkopf dient. Ein drittes, einst sehr stattliches Schloß, genannt la Bâtie, dessen Reste jetzt gleichfalls die Stelle eines Stadtthores vertreten, besitzt das von Weinbergen umgebene, ganz im Norden des Departements, östlich von der Dive gelegene Städtchen Loudun, welches einst glanzvollere Tage gesehen hat. Jetzt werden dort Spitzen und Posamentierarbeiten verfertigt; auch giebt es hier ein bedeutendes Mauleselgestüt.

Vom Vienne-Departement im Allgemeinen läßt sich sagen, daß es aus weiten Ebenen besteht und blos im Süden hügelig ist; die Mitte nimmt eine Hochfläche ein, mit Tiefebenen und kleinen Thälern im Osten. Obwohl stellenweise unfruchtbar, bringt es doch zur Genüge Getreide und Wein hervor, welch letzterer zum Theil in Branntwein verwandelt wird. Der Bauer ist hier in Ober-Poitou von mittlerer Statur, aber ebenmäßig gebaut, hat dicken Kopf und Hals, gelblich bleichen Teint, schwarzes Haar, kleine aber ausdrucksvolle Augen; sein Gang ist schwerfällig und linkisch; dem Charakter nach ist er nach Edouard Ourliac's Schilderung gallig, schweigsam und melancholisch, rachsüchtig, abergläubisch, hartnäckig, mißtrauisch und ungemein bedächtig, aber auch unbegrenzt vertrauensvoll, wenn er sich einmal hingegeben, die Güte selbst, von lebhafter Einbildungskraft, strengster Treue in seinen Verpflichtungen, großmüthig, stoisch, voll Anhänglichkeit an seinen Boden, seine Sitte und seinen Glauben, in der Leidenschaft der heroischesten Gefühle fähig. Der „Poitevin" spricht ein verderbtes Französisch, welches mit lateinischen und englischen Wörtern vermischt ist. Er redet wenig und drückt sich selten in bestimmter Weise aus. Frägt man ihn, ob es kalt sei, so antwortet er, es sei nicht warm; ob jenes Mädchen schön sei, — nun, sie läßt nicht gleichgültig. In seiner Redeweise liebt er eine gefällige Boshaftigkeit, einen schelmischen Ernst, eine geheuchelte Naivetät, die er dem Fremden gegenüber häufig mißbraucht. Dies heißt la gouaille. Die Schloßherren selbst entgingen ihr in früheren Zeiten nicht, wußten sie aber mit guter Laune zu ertragen. Am Sonntage versammelt sich die ganze Gemeinde gewissenhaft in der Kirche: die Männer sitzen im Chor, die Weiber, in ihren „capots" verhüllt, knieen im Schiffe; überall herrscht Stille, andächtige Sammlung. Alle Gebräuche des Poitou, bis zu den Unterhaltungen, sind stets mit religiösen Praktiken oder abergläubischen, jedoch fast stets unschuldigen und ehrwürdigen Vorstellungen durchtränkt. Oft bieten sich zwei Gemeinden einen Wettkampf an: man spannt irgendwo ein Seil, an dem zwei Athleten beiderseits ziehen, bis der Eine den Andern fortzieht; der Einsatz ist meist ein Fäßchen Wein, welches man nach dem Siege gemeinschaftlich vertilgt. Das üblichste Spiel ist das Ballspiel. Schlachtet eine Familie ihr Schwein, so ist dies der Anlaß zu einem kleinen Feste, Rilles genannt. Der ganze Tag geht in Essen, Trinken und Tanzen auf; zu Ende des Nachtmahls besteigt irgend ein Spaßvogel einen Tisch und erzählt eine Geschichte, oder hält eine meist scherzhafte Rede, die er in seiner Jugend gelernt. Die Ernte ist eine glückliche Zeit für den Landmann in Poitou. Man kommt schon beim Tagesgrauen auf den Ruf des Dudelsacks zusammen, die Arbeit beginnt unter Lärm, Gelächter und Gesang, welche erst das Mittagsbrot unterbricht. Nach der Mahlzeit streckt man sich zu einem Mittagsschläfchen hin. Zum Schlusse der

Ernte umstehen die Schnitter die letzte Garbe und geben sich anscheinend die größte Mühe sie fortzubringen, aber die Garbe, sagen sie, hält fest. Sie holen also den Herrn, und sobald er erscheint, giebt sie auf den ersten Versuch nach. Der Herr spendet dann Jedem eine gewisse Menge Korn, die man verkauft und für deren Erlös man eine Gans und Wein eintauscht, welche fröhlich in einem Gelage verzehrt werden, wo der Herr den Vorsitz führt.

Die religiösen Feste kennzeichnen sich durch andere Gebräuche, an welchen gewisse Vorurtheile haften. Zu Lichtmeß verspeist man Krausteig in den Familien im Glauben, daß dann das Getreide nicht brandig werde. Am St. Johannisabend schleppt Jeder sein Holzbündel herbei und der Aelteste oder Angesehenste der Gemeinde zündet den Holzstoß an; sehr häufig feiert man das Fest, indem man ein mit einem getheerten Strohreif umgebenes Rad auf den Wegen hinrollt: ein Bild der Sonne im Solstitium, deren Strahlen die Früchte zeitigen. Wenn die Flamme aus dem Stoße emporschlägt, fällt man auf die Kniee und bittet zu Gott, daß er die Ernte segnen möge. Die Brände, welche man am Johannisfeuer anzündet, sind wohlriechende Kräuter oder mit Bändern geschmückte Nußbaumzweige, welche man aufbewahrt, um die Asche in das Getränk des kranken Viehs zu mischen, welches dadurch geheilt wird. Jede Bäuerin weiht in dem Johannisfeuer außerdem den Stengel einer Königskerze (Verbascum), welcher unter den Pfühl gelegt wird, um vor allen Zaubereien zu bewahren. Die zu Asche gebrannte Kohle eines Brandes vom Johannisfeuer schützt das Getreide vor Mehlthau. Wer einige Stückchen desselben unter einen Stein legt, findet am andern Morgen unfehlbar ein Haar des heiligen Johannes darunter. Die jungen Burschen umtanzen das Feuer und springen durch dasselbe unter dem Lachen der Anwesenden. Zu Weihnachten ist es Sitte, ein großes Holzscheit auf den Herd zu legen, welches man feierlich mit einigen Tropfen Wasser besprengt und völlig zu verkohlen hindert, weil es über die ganzen drei Festtage andauern soll. Vor dem flammenden Holzscheit kniet man nieder und sagt alle Gebete her, die man auswendig weiß. Die Bauern meinen, daß die Temperatur der drei Monate März, April und Mai von jenen drei Weihnachtstagen abhänge. Ist's zu Lichtmeß klar, so ist der Winter gar.

In Poitou herrscht noch große Sittenreinheit. Diese Provinz liefert fast gar kein Contingent für die Prostitutionslisten der Pariser Polizei. Ein entehrtes Mädchen ist im Lande unmöglich; die Heirathen kommen dort in rührender Unschuld zu Stande meist auf den Bällen, den sogenannten assemblées. Die aufkeimenden Gefühle bekunden sich in einer Spindel, welche das Mädchen fallen läßt; der Bursche, der sie am raschesten aufhebt, ist der anerkannte Liebhaber. Die gewöhnlichste und zarteste Art den Hof zu machen besteht darin, die Mädchen zu kneifen, ihnen die Schürze loszubinden, die Arme zu verdrehen u. dgl., worauf die Holden galant mit den derbsten Püffen antworten. Sind die Eltern einig, so ladet man alle Verwandten und Freunde der beiden Familien ein, was zumeist eine so zahlreiche Gesellschaft ergiebt, daß die geräumigste Scheune sie kaum zu fassen vermag. Die Hochzeit selbst wird einen oder zwei Monate nach der Verlobung gefeiert. Am Tage der Ceremonie rufen die Töne des Dudelsacks (vere) früh am Morgen alle Gäste nach dem Hause der Braut. Diese bekleidet man mit einer Mütze, von welcher lange Fransen auf die Schultern fallen, mit einem Immortellenkranz, in welchen jedes Mädchen eine Stecknadel steckt, in der Hoffnung, daß sie im Laufe des

Jahres unter die Haube kommen werde, und endlich mit einem Gürtel aus Silberband, welchen der Gemahl allein zu lösen berechtigt ist.

In dem Augenblick, wo man sich nach der Kirche begeben will, reicht die Braut Jedem ein Stückchen Band, welches ihr Strumpfband vorstellen soll, und welches die Männer in das Knopfloch binden; dies nennt man „die Leute der Hochzeitsgesellschaft zeichnen". Hierbei vergißt man nicht, in jeden Schuh der Braut ein Geldstück gleiten zu lassen, um den schädlichen Einwirkungen der Zauberer vorzubeugen. Wenn Alles bereit ist, wandert der Zug zur Kirche: zwei junge Mädchen tragen hinter der Braut, die eine einen mit mit Blumen, Obst und Bändern geschmückten weißen Dorn, die andere Spindel und Wocken; ihr Gevatter bringt in die Kirche einen ungeheuren Kuchen, welchen der Priester weiht und den die Braut beim Nachtisch des Hochzeitsschmauses den Gästen kredenzt. Ehe der Geistliche die bindenden Worte spricht, segnet er nebst dem Trauring dreizehn Silbermünzen, welche der Gatte seiner Frau schenkt. Wenn diese Herrin im Hause sein will, muß sie auch in Poitou Sorge tragen, daß der Trauring nicht über das zweite Glied des Ringfingers herabsinke. Unter den Klängen von Fiedeln und Pfeifen begiebt man sich dann nach dem Orte des Festbanketts, wo die Braut die „Offerte" empfängt, d. h. kleine Geschenke an Geld oder Hausgeräth. Wenn man die Speisen aufgetragen hat, erscheinen zwei junge Mädchen, denen der Dorfspielmann voranschreitet, und bieten ihr ein Stück Kuchen und einen Strauß, wobei sie eine Art Klagelied mit tief moralischem und melancholischen Sinn singen, das mit folgender naiven Strophe endigt:

Die kleine Nachtigall
Die singt im grünen Wald,
Wenn sie Junge hat geheckt,
Aendert sie den Ton gar bald.

Auf die Sängerinnen folgen die „Momous" oder Spaßmacher, Bursche, welche der Braut ein in einem Körbchen verborgenes Geschenk bringen, gewöhnlich eine Taube oder sonst einen hübschen Vogel, der an Bändern befestigt ist. Zum Danke ladet man die Momous zu Gaste. Der Gemahl bedient die Gäste und setzt sich erst beim Dessert zu Tisch. Nach dem Nachtmahle und der wohlbekannten Strumpfbandceremonie beginnen die Tänze. Unterdessen ziehen sich die jungen Ehegatten zurück und verstecken sich in irgend einem entlegenen Hause; aber man forscht sie in Bälde aus und bringt ihnen Zwiebelsuppe nebst einem Teller mit Asche. Dies giebt Anlaß zu tausenderlei schlechten Scherzen, worauf die Neuvermählten zur Gesellschaft zurückkehren. Am Tage nach der Hochzeit müssen sich die beiden Ehegatten der seltsamen Ceremonie des „Beschlagens" unterziehen. Der Hufschmied des Dorfes erscheint in baumwollener Mütze, Hammer und Zange in der Hand, und stellt sich, als ob er einige Nägel in ihre Schuhe schlüge, gleichsam um ihnen zu sagen, daß es auf dem Wege des ehelichen Lebens manche schlüpfrige Stelle gebe, wo man fein achtsam sein müsse, um nicht zu fallen. Nach dem Mittagsmahle ergreift jeder Gast irgend ein Hausgeräth und so zieht man unter dem Gejohle der Kinder feierlich durch das Dorf. Dies ist die Hochzeitsprocession; die Neuvermählte macht ihre Besuche und richtet sich gewissermaßen in ihrer neuen Stellung ein. Die Hochzeit dauert so lange, als es Wein zu trinken giebt. Wer das letzte Fäßchen leert, befestigt das Zäpfchen an seinem Hut; dies ist das Zeichen des Aufbruchs. Jeder zieht sich zurück und die Hochzeit ist zu Ende, zur großen Erleichterung der jungen Ehegatten.

In den langen Winterabenden versammeln sich die Weiber bei anbrechender Dämmerung in einer Scheune, welche von einer auf gemeinsame Kosten unterhaltenen Lampe erleuchtet wird. Dort hocken sie auf ihren Fersen im Kreise, spinnen ihren Wocken, und die unterrichtetste unter ihnen erzählt grausige Geschichten von Gespenstern und Zauberern. Der Werwolf ist fest eingewurzelt im Volksglauben und man kennt sehr wohl die Verbrechen, welche diese Verwandlung nach sich ziehen. Abends gehen dann die Bursche in Verkleidung von einer „veillée“ zur andern und erschrecken die alten Weiber, die ihnen begegnen; andere wieder verbringen den ganzen Abend zu Füßen ihrer Liebsten, welche sie zur Belustigung der ganzen Gesellschaft unablässig necken. Wenn die Lampe ermattet, nehmen die Bursche die Mädchen an der Hand und tanzen eine „Frisée“ oder Gavotte des Poitou, wozu eine beliebige Anzahl Paare erforderlich ist. Zwei Mädchen singen abwechselnd und stellen das Orchester vor. Die Melodien sind aus Alters her von Geschlecht zu Geschlecht überkommen, es werden keine neuen erfunden. Die „Veillée“ ist zu Ende, wenn die Lampe erlischt.

Marche und Limousin.

Land und Leute der Marche.

Wandert man das Thal der Vienne hinauf, so gelangt man in ein Land von wesentlich verschiedenem Charakter, als Poitou ihn aufweist. Das Quellgebiet der Vienne liegt an der Grenze der beiden Landschaften Marche und Limousin, die sich südlich vom Poitou ausbreiten und nichts Anderes sind als nach Westen weit vorgeschobene Terrassen des von den Vulcanen der Auvergne durchbrochenen Hochlandes. Aber nicht blos die Vienne, sondern alle Flüsse, welche Poitou sowie das südlich darangrenzende Angoumois bewässern, entspringen in der großen Gneis- und Graniterhebung des Limousin, aber sie brechen dann durch die in weitem Bogen dasselbe umziehende Jurakalk- und Kreideformation nach drei Richtungen durch. Nach Süden sind es die Nebenflüsse der Dordogne, wie Droane, l'Isle, Vezère, die Dordogne selbst, welche alle dem Stromgebiete der Garonne sich zuwenden. Gerade nach Westen in das Meer ergießen sich nur Charente und die Sèvre Niortaise, aber auch die erste muß sich durch die Parallelthäler des Jurakalkes in nordöstlicher, dann in südlicher Richtung den Weg nach Westen mit Mühe bahnen. Endlich am zahlreichsten sind die nach Norden fließenden Gewässer, alle dem Loirebecken anheimfallend; während sie bei ihrem Ursprunge meist westlich gewendet sind, weisen die Thäler des Jura ihnen dann eine ganz nördliche Richtung an, und erst in der Tertiärschicht gewinnen sie ihre westliche wieder, ja es scheint zuletzt, als ob sie der Loire parallel, nur wenige Kilometer von ihr entfernt, dem Meere zuströmen wollten: so die Vienne mit ihren Nebenflüssen, dem Clain, der Creuse, Gartempe, ferner der Indre und der Cher.

In Hinsicht der Bodenplastik ist die Marche, welche sich nördlich vom Limousin nach der Auvergne und dem Bourbonnais hin erstreckt, und aus deren oberem Theile das jetzige Departement der Creuse gebildet wurde, während der Rest hauptsächlich dem Departement der oberen Vienne zufiel, durchaus ein Hügel- und Bergland, welches von den nördlichen, niedrigen Ausläufern der Montagne du Limousin durchzogen wird. Die wenigsten derselben erreichen eine mittlere Höhe von 300 m, aber ihre Gipfel sind mit traurigen Haiden, die Abhänge nur zum Theile mit schönen Kastanienwäldern bedeckt. Zwischen all dem düsteren, ernsten und wilden Lande findet man indeß auch manche lachende Scenerie. Im Allgemeinen ist jedoch der Boden im Süden steinig und steil, im Norden und Westen etwas fruchtbarer, und das Creuse-Departement gehört zweifellos zu den ärmsten von ganz Frankreich. Das bergige Land bringt keinen Wein und nur wenig Getreide hervor, denn der Winter ist hier lang und rauh, das Klima feucht, kühl und veränderlich. Roggen, Hafer, Buchweizen, Obst, Nüsse und Kastanien machen die Haupterzeugnisse der Marche aus, deren Boden allerdings Stein- und Braunkohlen, Gyps und Quadersteine in sich birgt, während die früher sehr umfangreichen Waldungen in neuerer Zeit sehr gelichtet sind und kaum noch einen Flächenraum von 350 qkm bedecken. Von ziemlicher Bedeutung ist die Rindvieh-, Schaf-, Schweine- und Pferdezucht, daher sich der Handel fast ganz auf den Ausfuhrhandel mit Schlachtvieh, dann mit Teppichen beschränkt, in deren Erzeugung die Creuse einen begründeten Ruf genießt. Sonst ist jedoch die Industrie wenig bedeutend; man spinnt zwar Wolle und Baumwolle, erzeugt Papier, Glas und Porcellan und gerbt Felle, alle diese Erwerbszweige reichen aber nicht hin zur Ernährung der im Allgemeinen kräftigen und fleißigen Bevölkerung, welche ein grobes Patois spricht. Fast ein Zehntel davon wandert alljährlich in die anderen Departements Frankreich aus, um dort während neun Monaten als Arbeiter, zumeist als Steinsetzer, Maurer, Zimmerleute, Steinschneider, Dachdecker, Zimmermaler, Schneider, Hanf- und Wollkämmer ihren Unterhalt zu suchen. Nur wenige bleiben indeß dauernd in der Fremde, fast alle kehren in die Heimath zurück, um das Erworbene zum Ankaufe eines kleinen Grundbesitzes oder zu gewerblichen Anlagen zu verwenden.

Neben diesem anerkennenswerthen Zuge von vernünftiger Sparsamkeit und Heimathsliebe, welche übrigens dem Franzosen im Allgemeinen eigen ist, darf nicht verschwiegen werden, daß die Marche zu den ununterrichtetsten Landstrichen Frankreichs gehört. Namentlich das Creuse-Departement ist eines jener, wo es mit dem Volksunterricht am schlechtesten bestellt ist. Freilich ist dies ein wunder Punkt, nicht blos für diese Gegend, sondern für den größten Theil der ländlichen Bevölkerung in der französischen Republik. Einsichtsvolle Patrioten haben längst den Finger auf die Wunde gelegt und machen aus der die östlichen Nachbargebiete weit übertreffenden Unwissenheit des Westens und Südens in Frankreich kein Hehl. So sagt der einsichtsvolle Graf Gobineau, einer der tüchtigsten französischen Gelehrten: „Die allerwichtigste und so leicht zu erlernende Elementarkenntniß, Lesen und Schreiben, ist ein Geheimniß für die weit überwiegende Mehrzahl unserer ländlichen Bevölkerung. Der französische Bauer kann durchgängig weder lesen noch schreiben, und er legt auch gar keinen Werth darauf, Beides zu erlernen, weil er den Nutzen davon nicht begreift und keine Anwendung dafür weiß. Wer die Provinz kennt, muß beobachtet haben, daß die Eltern nur mit dem größten Widerwillen ihre Kinder in die Schule gehen lassen und daß sie die Zeit, welche auf das Lernen verwandt wird, für völlig verloren erachten. Sie benutzen jeden Vorwand, um Knaben oder Mädchen den Lehrstunden zu entziehen. Sobald der junge Mensch einmal die Schulbank verlassen, hat er nichts Eiligeres mehr zu thun, als das Gelernte möglichst rasch wieder zu vergessen. Ja, gerade daraus macht er sich eine Art von Ehrenpunkt, und die verabschiedeten Soldaten, welche in den Regimentsschulen etwa Unterricht genossen, wollen es in manchen Theilen Frankreichs nicht einmal merken lassen, daß sie Lesen und Schreiben gelernt haben." Noch mehr: sie geben sich alle Mühe, das Französische wieder zu vergessen und reden nur ihr Patois. In dieser Gleichgültigkeit gegen das Höhere liegt, wie Graf Gobineau wohl mit Recht betont, ein unüberwindliches, inneres Widerstreben gegen unsere Gesittung, für welche das französische Volk wenig Geschmack hat, weßhalb es ihr auch fern geblieben ist. Bischöfe und Pfarrer haben noch heute, wie vor hundert, fünfhundert, fünfzehnhundert Jahren gegen erblich überkommene Wahnvorstellungen und Vorurtheile anzukämpfen, wovon in diesem Buche schon zahlreiche Beispiele angeführt werden konnten, und diese sind um so gefährlicher, als sie fast nie offen hervortreten oder eingestanden werden. Deßhalb kann man sie nicht anpacken und besiegen. Jeder umsichtige Dorfpfarrer weiß, mit welcher listigen Verschlagenheit selbst der andächtige Bauer Manches in sich versteckt hält, mit dem er nie herausgeht. Spricht man mit ihm davon, so leugnet er, läßt sich auf eine Erörterung nicht ein und bleibt bei seinem Wahn. Zu seinem Geistlichen hat er volles Vertrauen — nur nicht in Bezug auf das, was man als seine geheime Religion bezeichnen könnte. Deßhalb ist in beinahe allen Provinzen der Bauer so schweigsam und verschlossen gegen den von ihm sogenannten „Bourgeois", und deßhalb ist die Scheidelinie zwischen ihm und dem gebildeten Gutsbesitzer, auch solchem, den er im Uebrigen ganz gerne hat, nicht zu überschreiten. Diese Bemerkungen Gobineau's sind allerdings schon vor dreißig Jahren (1856) niedergeschrieben worden, und es muß rückhaltlos anerkannt werden, daß seither sowohl vom Kaiserreiche als von der Republik zur Hebung des Volksunterrichtes sehr Beträchtliches geleistet wurde; ja, man darf sagen, das Volksschulwesen ist gegenwärtig in lebhaftem Aufschwunge; im Jahre 1877 zählte man 71,547 Volksschulen mit 4,716,935 Schülern, für Lehrerbildung gleichzeitig 78 Lehrer- und 17 Lehrerinnenseminare, dazu wächst die Zahl dieser Anstalten von Jahr zu Jahr. Immerhin bleibt Gobineau's Charakteristik der französischen Landbevölkerung und ihres Verhaltens in geistiger Beziehung wohl noch für lange Zeit zutreffend.

Daß in einem so armen Lande wie die Marche kein Boden für die Entwickelung großer Bevölkerungsmittelpunkte gegeben ist, bedarf kaum der Erwähnung. Die Städte sind alle klein und den wenigsten kommt eine besondere Bedeutung zu. Das Cheflieu des Creuse-Departements, Guéret, das alte Varactum oder Garactum, entstand im achten Jahrhundert um die 720 von Chlothar gegründete Abtei und ward später Hauptort der Haute-Marche; heute zählt es kaum 7000 Einwohner, welche nur sehr wenig Industrie treiben und hauptsächlich vom Handel mit Steinkohlen, Holz, Vieh, Butter und berühmten Früchten leben. Guéret besitzt gar kein historisches Denkmal, wäre aber immerhin eine recht hübsche kleine Stadt, wenn ihre Straßen besser angelegt wären; es fehlt nicht an öffentlichen Plätzen und Spaziergängen, auch nicht an Brunnen, welche in reichlicher Menge treffliches Wasser spenden. Der größte Vorzug der

Stadt ist wohl ihre anmuthige Lage am Fuße des Maupuy in 445 m Meereshöhe. Fast ebenso bevölkert wie Guéret ist das Städtchen Aubusson an der Creuse, welches man wohl mit Recht als den hauptsächlichsten Industrieplatz der Marche betrachten darf. Durch die sammtartigen Teppiche, welche dort gewebt werden, hat sich Aubusson einen nicht nur auf Frankreich beschränkten, sondern geradezu europäischen Ruf gemacht. Außerdem erzeugt man grobes Tuch und Decken. Aubusson liegt ungemein malerisch in einer tiefen, engen Granitschlucht, auf deren Grunde die Creuse sich durch pittoreske Felsengen hindurchwindet. Ungleich unbedeutender sind die beiden Städte Bourganeuf und Boussac. Erstere liegt auf einer Hochebene über dem Thale des Thaurion und besitzt nebst zwei alten Kirchen Reste eines Castells, ehemals Sitz eines Maltesergroßpriorats. Ihre 3000 Einwohner treiben Kohlenbergbau, Porcellan-, Papier- und Hutfabrikation. Boussac hingegen an der kleinen Creuse, auf einem steilen, fast unzugänglichen Felsenhügel in 350 m Seehöhe erbaut, ist von bethürmten Mauern umgeben und mit einem alten Schlosse ausgestattet. Trotz seines romantischen Aussehens ist Boussac ein höchst trauriger Aufenthalt und zugleich von allen Bezirkshauptorten Frankreichs der kleinste, denn er zählte 1881 blos 1137 Einwohner.

Die Landschaft Marche hat ihren Namen daher, weil sie die Grenze, die Mark zwischen Poitou und Berry bildete; den Namen Marche Limousine erhielt sie später, als sie von der Mitte des zehnten Jahrhunderts ein Theil von Limousin wurde. Der erste bekannte Graf der Marche war ein gewisser Boso I., Graf von Limoges und Charroux, welchem Herzog Wilhelm III. von Aquitanien die Grafschaft als eine selbständige um 950 v. Chr. verliehen hatte. Schon 1091 ging die Marche an die weibliche Linie Boso's über und durch diese an den englischen Grafen von Lancaster, Roger II. von Montgomery und seine Nachkommen, denen indessen die Grafen von Lusignan lange den Besitz streitig machten, ja selbst den größten Theil der Grafschaft abnahmen, bis endlich Mathilde von Angoulême, Urenkelin Roger's II., sich entschloß, Hugo IX. von Lusignan zu heirathen. Dadurch vereinigte sie im Jahre 1199 wieder die ganze Grafschaft Marche, auch den seit 1177 im Besitze der Engländer gewesenen Theil, in ihrer Hand. Ihr Sohn, Hugo X., erbte durch seine Gemahlin die Grafschaft Angoulême, so daß die Marche, da noch Angoumois und Saintonge dazu kamen, sich von den Quellen der Creuse bis zur Mündung der Charente und den Aunis-Inseln erstreckte. Unter Hugo XI. (1249—1260) kam noch die Gesellschaft Penthièvre hinzu. Sein Enkel Hugo XIII. verpfändete indessen 1301 den ganzen Besitz an König Philipp den Schönen von Frankreich und dieser zog 1303 die Grafschaften Marche und Angoulême für sich ein, indem er sich 1308 mit Hugo's Erben verglich. König Philipp V. erhob die Marche zur Pairie und gab sie seinem Bruder Karl als Apanage, doch vertauschte sie dieser 1327 gegen die Grafschaft Clermont an Ludwig I., Herzog von Bourbon. Als dessen Mannsstamm 1438 erlosch, kam die Marche mit der Erbtochter Eleonora an Bernhard von Armagnac und Pardiac, deren Sohn Jacob jedoch die Herrschaft wegen einer Verschwörung gegen Ludwig XI. im Jahre 1477 verlor. Die Grafschaft gelangte nun an Peter, aus dem Hause Bourbon-Beaujeu, 1505 durch dessen Erbtochter Susanne an Karl II. von Bourbon, Grafen von Montpensier, und als dieser von König Franz I. geächtet wurde, zog die Krone im Jahre 1525 die Herrschaft ein, um sie 1531 mit den übrigen Kronländern zu vereinigen.

Das Limousin.

Das eigentliche Limousin, dessen Geschichte mit jener der Marche verflochten ist, übertrifft diese noch durch die Ungunst seiner natürlichen Verhältnisse. Wie die Marche bildet es eine der Vorterrassen des Auvergner Gebirgsstockes und zwar die bedeutendste von allen. Sie ist ein hohes, kaltes, regenreiches Land mit wirklichem Gebirgscharakter. Im Westen des Puy de Dôme geht nämlich nach Südwesten ein im Mittel 1000 m hoher, an den Abhängen nackter, zum Theil unfruchtbarer Höhenzug, der sich um die Quellen der Creuse, Vienne und Vezère zum Plateau de Millevaches (der Tausend Kühe) ausdehnt. Letzteres zieht von seinem höchsten Punkte, dem Besson (984 m), dem Puy de Meymac (978 m) und dem 954 m hohen Puy d'Odouze zum 950 m hohen Mont Jargean, an der Quelle der Briance. Dieses größtentheils wüste und unfruchtbare Tafelland scheidet das Ober-Limousin oder Ligoure von dem Unter-Limousin, welches das Turennais, Brivois und Saintrie umfaßt. Von letzterem Punkte aus streichen die Berge des Limousin (Montagnes du Limousin), in demselben Charakter und allmählich niedriger werdend, nach Westen. Sie erreichen die Südwestgrenze der Provinz in dem kleinen Plateau von Chalus, an der Quelle der Dronne und Tardoire. Die langen Bergzüge gehen meist vom Puy d'Odouze aus; die Höhen sind runde Granitkuppen, mit Kastanienwäldern und Wiesen bedeckt. Zwischen diesen Bergzügen liegen 250 bis 400 m hohe Hochflächen und liebliche Thäler, die zum Theile gut angebaut, theils aber auch öde und unfruchtbar, oder doch nur nach langen Zwischenräumen zur Hafercultur geeignet sind. Das Land im Osten der Corrèze, welche dem den Südosten des Limousin einnehmenden Departement den Namen giebt, ist das gebirgigste, ohne gute Straßen, ohne schiffbare Gewässer; es wird einfach la Montagne genannt, nimmt etwa zwei Drittel jenes Departements ein und besteht hauptsächlich aus unfruchtbaren Haiden. Ihm entquellen zahlreiche Nebengewässer der Dordogne, wie Doustre, Luzège und der Diège, zwischen welchem und der Sarzonne und in einer Meereshöhe von 640 m zwischen dürren Hügeln das gewerbthätige Städtchen Ussel, angeblich das antike Uxellodunum und ehemals die Hauptstadt des Herzogthums Ventadour, sich erhebt, welches Wollkämmereien und Färbereien, ferner Fabrikation von Holzschuhen und Leder, endlich in der Nähe nicht unwichtige Granitbrüche besitzt. Die Corrèze, die auf dem südlichen Theile des Hochlandes von Millevaches ihren Ursprung nimmt, mündet aber in die ansehnlichere Vezère und gesellt also nur mittelbar ihre Wasser jenen der Dordogne zu. In ihrem tiefen, engen und malerischen Thale liegt das Cheflieu des Departements, die häßliche Stadt Tulle, mit ihren steilen Straßen, die sich an die Felsen anlehnen; sie kommt erst in der fränkischen Zeit unter dem Namen Tutela vor und ihre Kathedrale stammt aus dem neunten Jahrhundert. In der Nähe liegen die sogenannten Ruinen von Tintignac, römische Alterthümer, darunter die Reste eines Theaters. Tulle zählt gegenwärtig über 16,000 Einwohner und besitzt eine große Waffenfabrik, nebst Manufacturen in Eisenwaaren, Spitzen (Plisse de Tulle), Papier, Spielkarten, Liqueuren und Destillationen, Chocolade und Conserven, Färbereien und Gerbereien, halbwollenen Zeugen und Wachslichtern. Auch treibt man lebhaften Handel mit Pferden und Nußöl. Die Corrèze weiter stromabwärts liegt das gleichfalls sehr industrielle Brive-la-

Gaillarde mit 14,000 Einwohnern, in 117 m Seehöhe zwischen Wiesen und Weinbergen. Es ist das alte Briva Curretia und besitzt sieben Kirchen, darunter die aus dem zwölften Jahrhundert stammende Kirche St. Martin. Gleichfalls im Berglande und 42 km nordwestlich von Brive liegt Arnac-Pompadour mit dem berühmten Schlosse eines einst glorreichen alten Geschlechtes, dessen erloschenen Namen Ludwig XV. besudelte, indem er seine berüchtigte Maitresse Jeanne Antoinette Poisson zur Marquise von Pompadour erhob und ihr deren Schloß überwies, das sie jedoch niemals bezog. Seit mehr denn einem Jahrhundert besteht hier eines der hervorragendsten Gestüte des Landes, in welchem treffliche limousinische Pferde, ausgezeichnet durch Schönheit, Kraft und Ausdauer, gezogen werden; doch scheint man in den letzten Jahren weniger Sorgfalt auf die Zucht derselben zu verwenden, und will man schon eine Entartung dieser vorzüglichen Rasse bemerken. Auch die berühmten Familien der Turenne und der Noailles haben ihre Stammsitze in diesem Theile Frankreichs.

Der südwestliche Theil des Departements der Corrèze, vom Volke das Niederland (Pays-bas) genannt, ist stärker bevölkert, weniger bergig und fruchtbarer als die nordöstliche Montagne, denn er besitzt wichtige Weiden und viele Nußbäume, liefert Tausende von Rindern nach Paris, gepökeltes Schweinefleisch nach Bordeaux und Nußöl nach anderen Provinzen. Dennoch reicht der Ertrag des Bodens auch hier kaum aus, die Bewohner kärglich zu ernähren, was überhaupt nur mit Hülfe der Kastanien geschieht. Auch in dem weniger rauhen Departement der Oberen Vienne (Haute Vienne), dem ehemaligen Ober-Limousin mit seinem feuchten und veränderlichen Klima ist der Boden nur in den niederen Gegenden fruchtbar, im Allgemeinen wenig ergiebig und hauptsächlich für Kastanien, die in Wäldern mehr als 400 qkm bedecken und als Volksnahrung dienen, weniger für Wein und Getreide geeignet. 220 qkm sind mit Eichenwäldern bedeckt. Das Departement ist größtentheils gebirgig von mehreren Ausläufern des Gebirges der Auvergne, als deren höchste Punkte Mont Jargeau im Südost und der Pic de Sauvagnac im Nordosten zu nennen sind, durchzogen und hat im Allgemeinen üppige schöne Wiesen, welche zahlreiche geschätzte Pferde ernähren, jedoch auch sehr viele Teiche. Dagegen ist das von der Vienne mit der Briance bewässerte Gebirgsland reich an Metallen und nutzbaren Steinarten, namentlich an Kaolin, das in zahlreichen Porzellanfabriken verarbeitet wird. Porzellanindustrie bildet auch den wichtigsten Industriezweig, von dem die Hälfte der Stadtbewohner lebt. Von Wichtigkeit ist ferner die Eisenindustrie, die Papierfabrikation, dann die Erzeugung von Flanell, Droguets, ordinärem Tuch, Handschuhen und Holzschuhen, Gerberei und Seilerei. Trotz der vorhandenen zahlreichen Erwerbsquellen wandert die arbeitsame Bevölkerung auch hier nach allen Theilen Frankreichs aus. Das ganze Limousin ist eben einförmig, halbwild und Alles in Allem eines der ärmsten Gebiete des Staates. Die Bauernwohnungen, namentlich im Corrèze-Departement, sind scheußliche Hütten und zugleich Ställe. Fleisch ist den Bewohnern fast unbekannt, und sie trinken blos Wasser, nähren sich nur von schwarzem Brot, Buchweizen, Kartoffeln und Kastanien. Dabei ist der limousinische Bauer hart und ausdauernd bei der Arbeit, sparsam, ein Feind selbst des bescheidensten Luxus.

Unter den Städten der Haute-Vienne nimmt Limoges unbedingt die erste Stelle ein. Es ist eine uralte Stadt, das Lemoricum Cäsars, an das noch zahlreiche in Limoges vorhandene römische Alterthümer erinnern. Im achten Jahrhundert kam es an die Westgothen, später an die Franken und gehörte fast immer zu Neustrien. In der karolingischen Ländertheilung kam Limoges an Frankreich, und Ludwig d'Outremer gab es an Wilhelm von Aquitanien. Durch Eleonore kam die Stadt an England, und um ihren Besitz kämpften dann wiederholt die Engländer und Franzosen, bis endlich König Johann sie für immer mit der Krone Frankreich vereinigte. Die alten Vicomtes von Limoges, von denen ein Gerald bereits im zehnten Jahrhundert genannt wird, starben schon 1226 mit Aymar II. aus. Limoges, welches dermalen über 63,000 Einwohner zählt, ist am rechten Ufer der mit herrlichen künstlichen Wiesen und hübschen Hügeln eingefaßten Vienne, über welche drei Brücken führen, amphitheatralisch gebaut und hat wie Tulle krumme, sehr steile Straßen, dafür aber sehr gute Luft und ist reinlich gehalten: daher die Frische und Kräftigkeit der Bewohner. Im höchsten Theile der Stadt liegen schöne Promenaden und öffentliche Plätze, wovon einer die Stelle eines römischen Amphitheaters einnimmt. Limoges besitzt mehrere alte Kirchen, darunter die imposante gothische Stephans-Kathedrale aus Granit, die, obwohl im dreizehnten Jahrhundert begonnen, noch immer unvollendet ist, dann die alte St. Martinskirche und St. Martial mit sehr hohem Thurme. Der erzbischöfliche Palast ist einer der schönsten in Frankreich. Limoges ist auch eine der industriellsten Städte der Republik. Ihre Porzellanfabriken beschäftigen einschließlich der Porzellanmalerei-Werkstätten 4000 Arbeiter; die vom vierzehnten bis achtzehnten Jahrhundert hier blühende Fabrikation der unter dem Namen Emaux de Limoges oder „Limosinen" bekannten Emaillearbeiten hat jedoch in neuerer Zeit gänzlich aufgehört. In Menge erzeugt man dagegen wollene und halbwollene Stoffe, Handschuhe, Leder und Holzschuhe. Auch der Bücherdruck ist bedeutend. Bedeutender Handel wird mit Brotfrüchten, Wein, Spirituosen, dann prächtigen Ochsen und Pferden getrieben. Im Südosten von Limoges, 16 km davon entfernt, liegen die schönen Ruinen des Schlosses Chalusset, welche einen beträchtlichen Flächenraum einnehmen. An dem Flüßchen Graine und 42 km westlich von Limoges erhebt sich auf steilem Fels in 242 m Meereshöhe und nahe dem Walde der Vienne das Städtchen Rochechouart mit einem alten Schlosse, dem Stammsitz des uralten, in der französischen Geschichte berühmten Geschlechtes gleichen Namens. Das Schloß, ein viereckiger Bau mit massiven, gewaltigen Eckthürmen, ist eines der wohlerhaltensten des Limousin. In der Umgebung sind zahlreiche Eisenwerke vorhanden. Endlich sei noch des Städtchens Bellac, ganz im Norden des Departements gedacht, welches ebenfalls auf steilem Hügel am Vinçon liegt; seine 4000 Einwohner treiben Weinbau, Schafwoll- und andere Industrie und Handel. In der Nähe zieht ein schönes Druidendenkmal die Schritte der Besucher an.

Angoumois, Aunis und Saintonge.

Die Landschaften an der Charente.

Zwischen dem Limousin im Osten und der atlantischen Küste im Westen liegen die beiden Departements der Charente und der Nieder-Charente (Charente inférieure), deren ersteres größtentheils die ehemalige Landschaft Angoumois, nämlich die Terres chaudes, Terres froides und Klein-Angoumois umfaßt, während das andere, westlichere aus den alten Gebieten von Aunis und der Saintonge besteht. Man unterschied eine Ober- und Unter-Saintonge und rechnete zur ersteren das Bocage saintongeois, Champagnie und einen Theil der Double, zur letzteren aber das Pays-Bas, Brouageais, Klein-Flandern und Marais. Diese Saintonge kam mit dem Herzogthum Guienne im Jahre 1152 durch Eleonore an England und wurde erst unter Karl V. wieder mit Frankreich vereinigt. Das Angoumois war aber in alten Zeiten eine Grafschaft, die 1307 mit der Krone vereinigt wurde. Im Jahre 1515 erhob sie Franz I. zum Herzogthume zu Gunsten seiner Mutter und Ludwig XIV. machte aus derselben die Apanage des Herzogs von Berry, der 1714 starb. Von dieser Zeit an behielten die Prinzen der älteren bourbonischen Linie, nach der Hauptstadt des Landes, den Titel eines Herzogs von Angoulème.

Im Allgemeinen finden sich überall in diesen Landschaften, ohne große Unterbrechung, weite und fruchtbare Ebenen, grün und beschattet, von friedlichen Flüssen durchzogen, an denen sich Weinhügel hindehnen. Die fruchtbarsten Gegenden sind die Thäler der Charente, der Rizonne und der Dronne. Der Hauptfluß bleibt natürlich die Charente, welche die beiden nach ihr benannten Departements bewässert. Sie entquillt den Limousinbergen im Departement der Ober-Vienne und fällt nach einem außerordentlich gewundenen Laufe von 355 km in die Meerenge Pertuis d'Antioche des Busens von Gascogne, gegenüber den Inseln Madame und Oléron. Durch ihre Ueberschwemmungen befruchtet die Charente ihre Uferlandschaften und nimmt im Angoumois die Tardouère, den Bandiat, Taponnat und Touvre auf, welche sehr charakteristische Eigenthümlichkeiten aufweisen. Sie haben nämlich in ihrem Bette so viele Höhlungen, daß sie in denselben einen großen Theil ihres Wassers verlieren, die Tardouère z. B. die Hälfte. Der Bandiat kann sich nur in der Regenzeit mit der Charente vereinigen und der Taponnat verliert sich gar nach einem Laufe von ein paar Stunden ganz in Abgründen. Auch der Touvre kommt aus Höhlen in steiler Felswand, kann aber von seiner Quelle an Schiffe tragen. Das Land ist eben ein ausgezeichnetes Kalkgebiet, welchem bekanntlich solche Höhlenbildungen eigenthümlich sind. Nur im Norden streichen als Fortsetzung der Limousinberge hohe granitische Hügel, den südlichen Theil des Landes zwischen Loire und Garonne oder Dordogne nehmen weniger ansehnliche jurassische und Kreidehöhlen ein. Die Natur des Gesteins, des Jurakalkes, hat auch, wo der von Tours nach Bordeaux in ziemlich gerader Linie führende Schienenstrang die Wasserscheide durchbrechen muß, die Anlage ganz gewaltiger Tunnels erfordert, die dem Reisenden auf einmal die Ansicht der Gegend unterbrechen. Wer von Poitiers kommt, hat einen fortwährenden Wechsel von Höhlen und Tiefen durchzumachen. Die einzige Stadt von einiger Bedeutung, welche die Eisenbahn von Poitiers nach Angoulème berührt, ist Ruffec am Lien, einem Bache, der etwas unterhalb in die Charente mündet. Das Städtchen, welches ungemein viel Gewerbfleiß entwickelt, ist im Allgemeinen gut gebaut und schön gelegen, hat aber als einzige Merkwürdigkeit eine Kirche aus dem zwölften Jahrhundert mit bemerkenswerther romanischer Façade aufzuweisen. Zwischen zwei Armen des Lien liegt auf einer Insel das alte Schloß der ehemaligen Marquis, denn Ruffec war nächst La Rochefoucauld die bedeutendste Herrschaft des Angoumois. Das eben genannte La Rochefoucauld liegt abseits von der Eisenbahn an der Tardouère und ist die Wiege des hochberühmten Geschlechtes gleichen

Namens. Noch steht das gewaltige mittelalterliche Schloß, von vier runden Eckthürmen eingefaßt, welche ein noch massiverer und dem Anscheine nach viel älterer Wartthurm überragt. Zwei Kirchen aus dem elften und dreizehnten Jahrhundert, dann eine alte Brücke sind die weiteren Merkwürdigkeiten des Ortes welcher blos aus einer Straße längs des Flußufers besteht.

In Ruffec die Eisenbahnfahrt in südlicher Richtung wieder aufnehmend, tritt man bald in einen ansehnlichen Tunnel und endlich stellt sich ein vereinzelter Berg von Häusern, die auf gewaltigen Untermauern ruhen, terrassenweis besetzt, bekrönt von einem thürmereichen Schloß, aber auch mit freundlichen Weingärten und besonders Platanenalleen geschmückt, dem weiteren Wege entgegen. Es ist Angoulême, in spätromanischer Zeit allerdings als Iculisna oder Engolisma genannt, aber von Ausonius als ein einsamer, abgesonderter Ort geschildert, der jedoch eines literarischen Lebens nicht entbehrt, im Mittelalter ein angesehener Bischofssitz, von Grafen aus dem Hause Taillefer, dann der Lusignan beherrscht, jetzt aber das Cheflieu des Charente-Departements, und durch seine Töpferei, seine Eisenarbeiten, vor Allem aber durch seine großen Papierfabriken industriell nicht unbedeutend. Der Reisende, welcher nicht länger sich hier aufhält, bekommt aber von der eigentlichen Stadt nur jene malerische Außenseite zu sehen. Zwar durchschneidet die Eisenbahn die Stadt, aber im Innern eines Berges. Ein Tunnel versetzt uns rasch von der gewerbereichen Vorstadt Houmeau, am Nordabhang im weiten Thale der Charente, nach der entgegengesetzten Seite der Stadt. Freilich verliert der Reisende dabei nichts, denn Angoulême, welches 31,000 Einwohner zählt, ist, das neue Viertel ausgenommen, schlecht und unregelmäßig gebaut. An Sehenswürdigkeiten besitzt es blos ein altes Schloß mit mehreren Thürmen, das zu einem neuen Rathhause umgebaut ist, und eine romanische Kathedrale aus dem zwölften Jahrhundert. Nur 7 km von Angoulême erreicht die Bahn das der Papierindustrie ergebene Oertchen La Couronne-le-Palud, wobei die Reste einer prächtigen Augustinerabtei zu bewundern sind. Sie stammen aus der Zeit König Childeberts und gelten wohl für das herrlichste Bauwerk in Angoumois. Bald ist man wieder von höheren Bergen umgeben, und jäher klimmt der Schienenweg zur bedeutenden Höhe hinan, welche das Gebiet der Charente und Dordogne trennt, nach Süden. Die Gegend nimmt immer mehr den Character einer Berglandschaft an. Felsige Höhen umschließen uns und so braust der Zug in den gewaltigen Tunnel von Livernan hinein, welcher der Länge nach den Tunnel der Cote-d'Or und bei Marseille übertrifft. Jenseits desselben sind wir im Thale des Tude, durch welches wir uns in jenes des Dronne und der l'Isle hinabsenken.

Obwohl die Flußthäler reiche Weiden haben, machen doch die Kalkflächen und Sandebenen das Charente-Departement großentheils zu einem sehr trockenen. Nur ein Drittel der Fläche ist Ackerland mit Getreide, namentlich Weizenbau, dessen Ernte indeß den Bedarf der Bevölkerung übersteigt. Das Aussehen der Gegend bestimmen nebst unbebauten Ebenen und Kastanienwäldern die weiten, theils natürlichen, theils künstlichen Wiesen, auf denen jährlich mehr als 30,000 Stück Rinder gemästet werden, dann aber die mit Wein bedeckten, vielfach auch mit Laubholz bewaldeten, schroffen Höhen, die fast vereinsamt vorspringenden, kahlen Felsen. Freundliche Dörfer sind hier nicht zu suchen, aber jene kleinen Flecken, die „Bourgs", mit den aus Stein roh aufgeführten Wohnungen, fast ohne Fenster und jeglichen freundlichen Schmuck, in enge Straßen gedrängt, umgeben von Obstbäumen, die aber der südlichen Ueppigkeit ganz entbehren, wie sie in gleicher Breite an der Rhône und Saône den Süden laut verkünden. Um so bezeichnender ist der Reichthum an den jene einzelnen Felsen allein einnehmenden oder eine kleine Stadt beherrschenden Schlössern. Hier in der That tritt Einem das Bild der altfranzösischen „Seigneurs" in jenen massenhaften, mit Ringmauern umgebenen, vom „Donjon", dem dicken Feudalthurm, überragten Gebäuden, jenen von niedrigen Thürmen umsäumten Thoren lebendig entgegen. Man begreift vollkommen, wie jene Schlösser, welche den Namen „Fels" (la roche) erhielten, wie La Roche Chalais, La Roche Mareuil, La Roche Foucauld, La Roche Chouart, La Roche Chandry, La Roche Beaucourt, La Roche sur Yon, La Roche de Maine, La Roche Posay, La Rochefort u. a. auf kleiner Strecke sich drängen; wie andere mit dem bescheidenen Namen la motte (Hügel) sich begnügen, wie endlich es der la tour auch nicht wenige auf derselben Stelle giebt. Wenige derselben sind noch oder seit der Restauration wieder in den Händen ihrer alten Herren, aber ihre neuen Besitzer haben oft rasch die Ueberlieferung, die an diesen Mauern haftet, sich zu eigen gemacht oder ihre eigene, an einer andern Stelle unterbrochene hier fortgesetzt. Die drückenden Verhältnisse der Landbevölkerung zu diesen Herrensitzen sind längst geschwunden, aber noch lebt an vielen Punkten im Volke dort eine tiefgewurzelte Pietät und Ehrfurcht gegen jene reichen Besitzer, in deren Wesen die ganze die Umgebung beherrschende Feinheit und Ueberlegenheit aristokratischer Bildung sich erhalten hat. Und es ist merkwürdig, wie der heutige Franzose, der in jungen Jahren sein Vermögen in rastloser Thätigkeit sich erringt, doch immer von einem solchen Landbesitz mit den äußeren, wohl erhaltenen Zeichen der Feudalzeit als dem Ziele seiner Wünsche träumt. Allerdings entstehen wohl so bald keine Turenne, keine Taillebourg, keine La-Rochefoucauld, keine Mortemarts aus dem Pariser oder Bordelaiser „Epicier."

Dies ist nun freilich auch nicht nöthig. In unseren Tagen ist es unendlich wichtiger, daß die Besitzer jener Schlösser der agriculturellen und industriellen Hebung des Landes ihr Augenmerk widmen, und in dieser Hinsicht darf sich das Charente-Departement nicht beklagen. Dasselbe hat in den letzten Jahren nach verschiedenen Richtungen einen erheblichen Aufschwung genommen. Sorgsam und energisch beutet man aus, was der Boden bietet, Eisen und Baustein, den Reichthum an Nüssen und Trüffeln, welchen letzteren ich an späterer Stelle eine eingehendere Betrachtung zu widmen gedenke. Fast ein Sechstel des Departements ist mit Rebenpflanzungen bedeckt, deren Ertrag sich in guten Jahren auf zwei Millionen Hektoliter und mehr beläuft, wovon ein großer Theil in Branntwein umgewandelt wird. Liegt doch hier an der Charente das Städtchen Cognac, weit weniger berühmt als Geburtsort Franz I., denn durch die Niederlage der ausgezeichneten Franzbranntweine, welche in der Umgegend destillirt werden. In Cognac selbst wird freilich am wenigsten von dem seinen Namen führenden Produkte erzeugt. Es giebt dort nur wenige Brennereien, während das Departement Charente deren eine große Anzahl besitzt, deren Produkte meistens durch die Vermittelung der Zwischenhändler in Cognac in den Verkehr gelangen, so daß dieser Ort in der That den Centralpunkt des Cognachandels bildet. Je nach der Herkunft des Cognacs unterscheidet man vier Sorten. Der edelste Cognac führt den Namen Fine Champagne, und zwar, weil er als Liqueurzusatz für die feinsten Champagnersorten Verwendung findet; den zweiten Rang nimmt die Marke Petite Champagne ein. Der Erzeugungsbezirk dieser ausgezeichnetsten Sorten ist auf einen sehr geringen

Flächenraum beschränkt. In die dritte Classe gehören die Borderies oder Fins Bois, zu deutsch: Feinholz. Diese Bezeichnung führen sie aus dem Grunde, weil die Destillate gern einem längeren Lager im Fasse vom vorzüglichsten Holze behufs eines harmonischen Ausbaues unterzogen werden. Die vierte Stufe endlich nehmen die Zweiholzsorten ein, wozu schon Lagerfässer geringerer Qualität verwendet werden. Dieses sind die vier Classen jenes geistigen Getränkes, welche allein auf den Namen „Cognac" Anspruch erheben dürfen. Das eigentliche Produktionsgebiet derselben ist ein sehr kleines und die Frage sehr berechtigt, ob es möglich ist, auf einem so kleinen Flächenraume, wie ihn das Arrondissement von Cognac bietet, jene ungeheure Menge von Cognac zu erzeugen, die der Verbrauch der Welt nun einmal erfordert. Diese Frage beantwortet die Statistik mit einem erdrückenden Nein. Dazu kommt noch, daß die verheerenden Wirkungen der Reblaus, welche dem gesammten Weinbau Frankreichs so ungeheuren Schaden zufügt, auch für die Cognacfabrikation der Charente verhängnißvoll geworden sind. Die obere Charente hatte vor dem Erscheinen der Reblaus 117.205 ha ertragsfähiger Weinberge; hiervon sind gänzlich verwüstet: 16.696 ha; der Verwüstung nahe 39.178 ha, zusammen 54.869 ha. Also fast die Hälfte des früheren Bestandes ist als ertragsunfähig anzusehen. Ein ähnliches Bild zeigt die Nieder-Charente. In dieser sind von 168.945 ha verwüstet 31.351 ha, der Verwüstung nahe 50.135 ha, zusammen 81.588 ha. Es ist nun Thatsache, daß trotz dieser Verheerungen und der durch dieselben verminderten Ertragsfähigkeit der Weinberge dieselbe Massenausfuhr von Cognac aus Frankreich stattfindet, wie in den glänzendsten Jahren vor den Phylloxera-Verwüstungen. Dies ist nicht allein dadurch ermöglicht, daß auch die aus den Weinrückständen der Trestern gewonnenen Destillate, welchen man meist durch Färbung mit gebranntem Zucker das Aussehen bester echter Marken und alter Jahrgänge zu geben pflegt, als erste Sorten in den Handel gebracht werden, sondern daß man sogar künstliche Fabrikate, deren Bestandtheile mit dem Produkte des Weinstocks der Charente auch nicht die mindeste Verwandtschaft haben, unter echter Flagge segeln läßt. Wie der amerikanische Consul zu La Rochelle seiner Regierung kürzlich meldete, hat die Herstellung von unverfälschtem Cognac aus Weißwein in Folge des Mißrathens der Weinernte so gut wie aufgehört und wird der große Theil des als Cognac verkauften Artikels aus Sprit erzeugt.

Der Obstbau in Frankreich.

Wie durch das Angoumois, so ging auch durch Aunis und Saintonge stets der Weg bei den Invasionen, und immer war hier der Schauplatz der Kriege zwischen dem Norden und Süden des Landes. Hier wurden die blutigen Kämpfe zwischen den Engländern und Franzosen, und zwischen den katholischen und reformirten Einwohnern entschieden. Heute noch giebt es hier zahlreiche Calvinisten unter den Bewohnern, welche wie das Land den Uebergang von den nördlichen zu den südlichen Franzosen bilden. Die ehemalige kleine Landschaft Aunis, in welcher ein guter Rothwein gebaut wird, im Norden von der Sèvre Niortaise begrenzt, nimmt den nördlichen Theil des Departements der Unteren oder Nieder-Charente ein und hat zum Mittelpunkte das schon im zehnten Jahrhundert gegründete, gegenwärtige Cheflieu des Departements, La

Rochelle, welchem sein sicherer, bequemer, von Vauban befestigter Hafen dauernde Bedeutung gewährleistet. Im Vertrage von Bretigny wurde die Stadt den Engländern abgetreten, welche sich daselbst festsetzten, später ward sie von Karl V. wieder zurückerobert. Während der bürgerlichen und religiösen Wirren des sechzehnten und siebzehnten Jahrhunderts war La Rochelle der Mittelpunkt der hugenottischen Opposition. Im Jahre 1572 wurde sie acht Monate lang vergeblich vom Herzog von Anjou belagert; ein andermal ergab sie sich am 29. October 1628 erst nach dreizehnmonatlicher Belagerung dem Könige Ludwig XIII. Gegenwärtig ist La Rochelle ein Kriegsplatz erster Classe. Die Stadt hat trotz vieler moderner Neubauten ihr alterthümliches Aussehen bewahrt: in mehreren Straßen erstrecken sich die Hallen längs den Häusern, und viele interessante Gebäude stammen noch aus dem fünfzehnten Jahrhundert und der Renaissancezeit. Prächtig ist der Schloßplatz, die Place d'Armes, einer der schönsten Plätze in Frankreich. Börse und Rathhaus, letzteres festungsartig und in gothischem Stil, sind ansehnlich, das Arsenal berühmt. Als Promenaden dienen die mit Ulmen bepflanzten Wälle, und außerhalb der Festung das Marsfeld sowie der „Mail“, ein weiter Grasplatz von 600 m Länge. Seit 1827 bestehen auch höchst elegante Seebäder. La Rochelle ist aber nicht blos ein starker Kriegshafen, sondern auch ein lebhafter Handelsplatz für Branntwein, Wein, Salz, Austern, Fische, Kornfrüchte, Bauholz und Steinkohlen. Die Leute von La Rochelle betreiben den Fischfang auf den Neufundlandbänken, zu Hause aber widmen sie sich industriellen Beschäftigungen, erzeugen Glas, Fayence, Steinkohlenbriquettes, berühmte Faßbinderwaaren, raffiniren Zucker, spinnen Hanf, Flachs und Lein, gießen Eisen und Kupfer, beschäftigen sich mit Schiffsbau und Schiffsausrüstung, bereiten Sardinen und dergleichen. Von der Stadt aus gewahrt man die nahe, blos durch den Pertuis Breton von der Vendée getrennte Insel Ré oder Rhé. Von Riffen und Befestigungen umgeben, mit zahlreichen sicheren Häfen versehen, ist Ré 30 km lang und von 17,000 Menschen bewohnt, die meist vom Fischfange und der Zucht der Meeresthiere leben. Gegenüber, im Süden von La Rochelle, liegt die kleine, blos 129 ha große, ebenfalls von Fischern bewohnte Insel Aix, welche im Jahre 1400 noch mit dem Festlande verbunden war. Sie besitzt ein Festungswerk nebst einem Leuchtthurm und die Schiffe warten dort gerne den günstigen Wind ab.

Die an Aunis südlich anschließende Landschaft Saintonge zwischen der Gironde im Süden und der Charente im Norden, welche rechts die Boutonne, links die Seugne aufnimmt, hat als Hauptstadt das ehemalige Mediolanum Santonum, heute Saintes, an der Charente, eine alte, schmutzige, unregelmäßig und finster gebaute Stadt von etwa 16,000 Einwohnern mit zahlreichen römischen Alterthümern. Noch sieht man dort die Reste eines kyklopisch gebauten Triumphbogens, die Ruinen eines Amphitheaters, fast so groß wie das von Nimes, eines Circus, Aquäducts u. s. w. Bemerkenswerth ist auch der schöne gothische Thurm der angeblich von Karl d. Gr. erbauten Peterskirche. Die Saintonge ist das Paradies Frankreichs, eines seiner reichsten Ackerbaugebiete. Das liebliche Ländchen mit seiner zahlreichen, arbeitsamen Bevölkerung, mit seinen reichen fruchtbaren Thälern, lachenden Fluren und süßen Wohlgerüchen trägt den Namen la fleur de la France. Es giebt nichts Herrlicheres als diese sanftgewellte Gegend, über welche die Natur die ganze Fülle ihrer Reize in Berg und Thal, Wald und Bach, Blumen und Blüthen ausgegossen hat, und der Anbau ihrer fleißigen Bewohner, welche das Ganze in einen großen

Garten umgeschaffen haben, erhöht die kunstlosen und doch so künstlerisch schönen Reize der Natur. Man baut Getreide, Hülsenfrüchte, Hanf und Flachs, viel, aber nicht sehr geschätzten Wein und ganz vorzügliches Obst, bei welchem sich schon die Einflüsse eines milderen Himmels geltend machen. Da die Obstzucht einen sehr ansehnlichen Zweig der Landwirthschaft nicht blos in der Saintonge, sondern in den meisten Theilen Frankreichs bildet, so sei es verstattet, hier einen kurzen Gesammtüberblick der auf diesem Gebiete in Frankreich erzielten Leistungen einzuschalten.

Wohl in keinem Lande Europas steht der Obstbau durchweg auf so hoher Stufe als in Frankreich. Aber auch in keinem Lande wird dieser wichtigen Cultur größere Aufmerksamkeit zugewandt. Wie emsig ist man bemüht, nicht blos den Boden für Obstbaumanlagen, sondern auch die Wände der Wohn- und Wirthschaftsgebäude für Spalierobst zu verwerthen! Einen lieblichen Anblick gewähren diese die Wände der Häuser und sonstigen Gebäude einfassenden, wohlgepflegten und im Sommer mit vielen schönen Früchten behangenen Spaliere. Nirgends ist das Interesse für Formobstbäume so rege und ihre Pflege so beliebt als in Frankreich. Der rationelle Schnitt dieser Obstbäume ist weit verbreitet, so daß die Gartenbesitzer gemeiniglich auch selber im Stande sind, denselben auszuführen. Freilich kommt den Franzosen ihr Klima, das ausgezeichnet für den Obstbau und durchgehends milder ist als in Deutschland, zu Hülfe. Der Frühling stellt sich dort eher als bei uns ein. Freilich vor schädlichen Nachtfrösten werden auch sie nicht verschont. Aber mit welcher Energie sucht der emsige französische Baumzüchter der Stärke des Klimas zu begegnen. Am leichtesten und einfachsten geschieht es bei Spalieren. Man bringt etwa 30 cm über der Spitze der Spalierbäume 60 cm lange hölzerne Zapfen an, die etwa 1,5 m auseinander stehen. An diesen befestigt man Leinwandlaken, die man, um sie recht dauerhaft zu machen, in warmes Leinöl getaucht hat, und sie in einem Winkel von etwa 45 Grad am Boden so befestigt, daß man bequem darunter noch gehen kann. So hat Licht und Luft zu den Bäumen Zutritt. Unter diesem schirmenden Dache bleiben die Bäume, bis die Blüthenperiode vorüber ist. Desgleichen wählt man für Zwergobst Schutzwehren. So weiß die Energie des französischen Baumzüchters die schädlichen Wirkungen der auch bei ihnen stattfindenden Nachtfröste zu besiegen.

Kein Wunder, wenn in Frankreich, begünstigt von mildem Klima, fruchtbarem Boden und riesigem Fleiße der Bewohner, viel schönes Obst gebaut wird. Ein ungemein lebhafter Handel wird im Innern Frankreichs mit frischem Obste getrieben. Die in den nördlichen Provinzen wachsenden Aepfel werden nach dem Süden geführt, wo namentlich Marseille der Hauptort ist. Von hier wird viel Obst nach dem Orient verschifft. Die Früchte der südlichen Provinzen dagegen, besonders der Provence und von Roussillon an dem Fuße der Pyrenäen, gehen wieder nach Norden, wo Paris und Lille die Hauptstapelplätze sind. Nach amtlichen Mittheilungen soll Frankreich an Steinobst jährlich durchschnittlich für 17 Millionen Mark, an Kernobst für 52 Millionen, an anderem Obste für 6 Millionen Mark erzeugen.

Berühmt sind die Pfirsichculturen zu Montreuil bei Paris. Ueber 400 Gärtner widmen sich hier der Zucht dieser werthvollen und edeln Frucht an Spalieren und fast tausend Morgen Landes werden dazu verwendet. Höchst lohnend und einträglich ist der Handel mit Pfirsichen. Aber auch mit welcher Sorgfalt wird von den Züchtern verfahren. Wie vorsichtig werden die zum

Versenden bestimmten Früchte gepflückt. Schon vor der vollen Reife und zwar am Morgen früh und am Abend werden sie abgenommen. Die in ein Zimmer gebrachten Früchte werden sorgfältig abgebürstet, um sie ihres Flaums, ohne den sie versandt werden müssen, zu entledigen. Die das Bürsten besorgenden Leute verhüllen vorsichtig Mund und Hals mit einem Tuche, da die abfliegenden Flaumen Jucken und Brennen, sogar Entzündung hervorrufen. Dann werden die abgebürsteten Früchte in einem gut gelüfteten Zimmer abgekühlt und darauf vorsichtig in Körbe oder Kisten verpackt. Unten auf den Boden der letzteren hat man zunächst eine Schicht gut gereinigten Mooses und darüber eine Lage Weinbeerblätter gelegt. Die Früchte liegen mit der Samenseite nach oben. Auf jede Schicht Pfirsiche kommt wieder eine Lage Rebenblätter. Die Durchschnittsernte soll sich auf 15 Millionen Stück belaufen und einen Werth von von 8—900,000 Mark vorstellen.

Großartig ist auch die Erdbeerzucht bei Paris, im mittleren Frankreich und vorzüglich bei den Städten Orléans und Angers an der Loire. Von der Größe dieser Anlagen hat man bei uns meistens keine Vorstellung. Hauptbedingung für diese Culturen, die man fraisières nennt, ist guter und ebener Boden, sowie die Möglichkeit, denselben zu bewässern. Mit musterhaftem Fleiße werden dieselben bewirthschaftet. Mittelst des Pfluges werden die Beete alljährlich gelockert. Alle fünf bis sechs Jahre werden die Stöcke durch neue ersetzt. Ganze Beete sind mit Glasglocken für die Sämlinge bedeckt. In Orléans hat man in der Vorstadt St. Marceau Dutzende von Morgen mit Erdbeer-Plantagen bedeckt. Hier stellen sich die Händler ein, um die Früchte an Ort und Stelle einzukaufen und von hier zu verschicken. Man pflückt die Früchte des Morgens, nachdem der Thau abgetrocknet ist und vor dem Eintritt größerer Hitze. Wo die Erdbeerculturen sehr umfassend sind, pflückt man die Früchte am Vorabend vor der Versendung und läßt sie des Nachts an einem kühlen, bedeckten Orte stehen.

Aus den Katharinen- und Agener Pflaumen werden die berühmten Prünellen durch Dörren hergestellt. Hunderte von Frauen sind Monate lang dabei beschäftigt, die Früchte auszulesen und zu dörren. In der Erntezeit wird Tag und Nacht gearbeitet. Viele Küfer und Fabriken haben zu thun, um Kisten und Fässer zur Versendung herzustellen. Mit welcher Umständlichkeit und Sorgfalt wird das Dörren betrieben. Eine Sortirmaschine theilt die Früchte in drei Sorten. Diese werden auf Hürden so lange der Sonne ausgesetzt, bis die Haut anfängt, einzuschrumpfen. Dann werden sie in einen mäßig heißen Backofen geschoben. Die Prünellen dürfen sich nicht so schnell schließen und ihre Oberfläche nicht verkrusten. Nachdem sie zwölf Stunden in diesem Ofen gewesen sind, werden sie herausgenommen, erkältet mit Alaunwasser benetzt und dann zum zweiten und endlich zum dritten Male in den immer mehr erhitzten Ofen eingeschlossen. Nun machen sie noch ein Bad in heißem Zuckerwasser durch und werden dann sorgfältig verpackt. Aber so umständlich und peinlich sorgfältig bei diesem Dörren verfahren wird, auf der letzten Pariser Weltausstellung hat es sich gezeigt, daß der kalifornische sogenannte Alden-Dörrapparat vorzüglichere Erzeugnisse liefert. Die Anlagen zur Zucht der zu Prünellen verwendeten Pflaumen haben sich seit zehn Jahren schon verdoppelt und die Produkte gehen in alle Erdtheile. Der Preis berechnet sich nach der Größe und Güte der Früchte. Früchte erster Qualität, von denen 50 Stück auf ein Kilo gehen, heißen Kaiserzwetschgen und kosten 5 Mark das Kilo. Im

Jahre 1878 wurde die Sorte, von der 160 Früchte auf ein Kilo gehen, zu 80 Mark pro Centner und die geringere Sorte, von der 240 Stück auf ein Kilo gehen, etwa zur Hälfte dieses Preises verkauft.

Besonders wichtig ist in Frankreich auch die Obstwein-Bereitung. Im Jahre 1881 betrieben 75 Departements Traubenwein- und 55 Cider-Bereitung. Von ersteren wurden 34 Millionen Hektoliter, von letzteren 17 Millionen Hektoliter bereitet. Da die Durchschnittsernte von 1871 bis 1880 sich für die Ciderbereitung nur auf 10 Millionen Hektoliter stellte, so ist zu ersehen, daß sich dieselbe bedeutend gehoben hat. So ist denn die Obstzucht, der Obsthandel und die Obstindustrie in Frankreich überaus bedeutend und mancher Hausbesitzer deckt blos durch den Ertrag seiner Wandspaliere den Betrag seiner Steuern.

Die französischen Muschel- und Austernzüchtereien.

Mit den geschilderten Paradieseslandschaften der Saintonge stehen in grellem Widerspruch die öden Küstenflächen im Norden und Süden der Gironde, d. h. des Mündungstrichters der Garonne, welcher eine weite Strecke des Departements der unteren Charente umsäumt. Es sind schmale Ebenen, ohne Ortschaften und Cultur, nur Sand, so weit das Auge reicht, durchbrochen von magerem Haideland, von wüsten Mooren und Brüchen. Man hat schon lange versucht, diese Moräste auszutrocknen, bisher aber ohne Erfolg. Viele Canäle leiten die träge fließenden, trüben Gewässer der Sümpfe ins Meer, dennoch haben diese nicht aufgehört, allem Anbau unüberwindliche Hindernisse entgegenzusetzen. Wenn aber die Sonne hier ihre heißen Strahlen herabsendet, dann entwickeln sich pestartige Miasmen aus diesen fürchterlichen Sümpfen. Die künstlich angelegten Canäle trocknen aus, das Brackwasser der Moräste, eine Mischung von süßem und salzigem, beginnt zu gähren, und Tausende von Fischen finden ihren Tod darin. Mitten in diesem Moraste liegt am rechten Ufer der Charente das freundliche Rochefort-sur-Mer, dessen erst in neuerer Zeit erfolgte Anlage unermeßliche Kosten verursacht hat. Rochefort ist nämlich eine Festung ersten Ranges, eine der fünf Flottenstationen Frankreichs und einer der größten Kriegshäfen der Republik, 2 km lang und tief genug, um die größten Schiffe während der Ebbe zu bergen. Große Werfte, Magazine, Becken zum Ausbessern, eine 380 m lange Seilerei sind hier angebracht. Auch giebt es in Rochefort ein Arsenal mit 10,000 Arbeitern, eine Kanonengießerei und ein Marinehospital, welches, obwohl schon 1788 erbaut, doch an Pracht jenem von Plymouth nicht nachsteht und 800 eiserne Bettstellen zählt. Stadt und Hafen werden von zahlreichen Außenwerken vertheidigt. Die Stadt ist regelmäßig gebaut und hat gerade und breite Straßen, die mit Bäumen bepflanzt sind. Im Mittelpunkte derselben liegt die Place d'Armes oder Place Colbert, gleichfalls mit Ulmenalleen besetzt und mit einem monumentalen Brunnen geschmückt. Vom August bis October ist der Aufenthalt in Rochefort ungesund, denn rings ist die „Felsenveste" von jenen gefährlichen Niederungen umgeben, welche sie, wie ein verderbensprühender Drache im Zauberschloß, hüten.

Dennoch haben die Moräste ihren Nutzen. In Esnandes, 7 km von La Rochelle entfernt, an der Bai von Aiguillon, hat man weite Morastflächen in fruchtbare Industriefelder umgewandelt, welche Behäbigkeit und Wohlstand schaffen — durch systematische Muschelzüchterei. Man zieht dort die in

Frankreich vielgegessene Miesmuschel (la moule). Der Hafen von Esnandes hat eine sehr große Aehnlichkeit mit allen andern Fischerdörfern und die Fischerleute mit allem andern Fischervolk. Sowie man in den Ort eintritt, fühlt man, daß er den gewöhnlichen alten und fischartigen Geruch hat, und sieht man, wie allerwärts die kleinen Buben in Beinkleidern, die für ihren raschen Wuchs um Vieles zu kurz sind. Ist man eine kurze Strecke die eine Straße des Dorfes hinabgelangt, so bemerkt man überall rechts und links die unveränderlichen Muschelhaufen, die alten abgenutzten Fischkörbe und die verschiedenen anderen Wahrzeichen des Handelsverkehrs der Leute. Die Fischerhürden (bouchots) oder vielmehr die Werkstätte der „Bouchotiers" ist etwa 400 m vom Dorfe entfernt. Die Züchtereiarbeit in Aiguillon wird sehr systematisch betrieben; sie besteht darin, daß an starken Pfosten ein Netz mit dem aufgefangenen Laich der eßbaren Muschel über dem Schlamme aufgespannt wird. Die Muscheln wachsen sehr rasch und haben, wenn reif, einen viel feineren Geschmack, als die schlammgewachsenen Bivalven, von denen der Laich geschwommen hat. Die Züchterei umfaßt einen Bodenraum von 8 qkm und die Sorgfalt des Züchters geht dahin, daß die Muscheln das ganze Jahr genießbar bleiben. In den Monaten zwischen Juli und Januar geht aber die große Ernte vor sich und wird das Hauptgeldgeschäft gemacht. Aus dem trüben Wasser der Moräste wird aber auch Salz gewonnen, denn die heiße Sonnenglut im Sommer befördert die Krystallisation der darin enthaltenen Salztheile, und dieses so gewonnene Salz ist ein vortreffliches, besonders von den Engländern gesuchtes. Wo aber die Glut nicht hinreicht, sämmtliches Wasser zu verdunsten, da werden, wie in der Gegend der reichen und gutgebauten, aber in schrecklicher Luft gelegenen Handelsstadt Marennes, nördlich von der Mündung des Seudre oder Teudre, welcher mit der Gironde ziemlich parallel fließt, noch mehr in dem Marennes gegenüberliegenden La Tremblade, die an dem davor liegenden Eilande Oléron, der beträchtlichsten der Aunisinseln, gefischten Austern in den kleinen Lachen aufbewahrt, wodurch sie einen außerordentlichen Wohlgeschmack erhalten, weßhalb sie, die Austern von Marennes, schon bei den Römern berühmt, auch heute noch von Feinschmeckern in Paris und Bordeaux allen anderen vorgezogen werden. Eigenthümlich ist die grüne Farbe, welche die Austern dort annehmen und die ihren Sitz im Mantel, den Kiemen, dem Darm und der Leber hat, indessen auf den Geschmack keinen Einfluß ausübt, obwohl die grünen Austern besonders geschätzt sind. Die Austern finden sich sehr zahlreich an den französischen Küsten, und wiederholt bot sich schon in diesem Buche Gelegenheit ihrer zu erwähnen, sowohl im Aermelcanal als auch im Atlantischen Ocean. Paris hat aber einen ungeheuren Schlund und starke Magensäfte. Nicht weniger als 75 Millionen Austern verschwinden dort jährlich auf Nimmerwiedersehen. Aber alle guten Dinge haben ein Ende, und die Austernbänke an den Küsten Frankreichs waren um das Jahr 1858 so erschöpft, daß, wenn die Kunst nicht nachhalf, die Austern bald zu den Dingen gehören mußten, von denen die Großeltern ihren Enkeln erzählen würden. Man wußte längst, daß das Fischen der Austern mit dem Schleppnetz die Bänke zerstöre, aber man hatte nichts Verständigeres ersonnen. Da fiel nun in diese trüben Zeiten ein Lichtstrahl, als ein Wundermann, Herr Coste, versprach, nicht blos Austern zu mästen, was man längst gekonnt hatte, sondern auch Austern zu züchten, was bisher nur die Anwohner am See Fusaro bei Neapel, dort aber schon seit undenklichen Zeiten, gekannt hatten, denn die Austern des Lucriner Sees, wie er damals hieß, waren schon bei den Römern geschätzt und berühmt. Zur nämlichen Zeit, im März 1858, begründete ein alter Soldat, Namens Boeuf, die künstliche Austernzucht auf der Insel Ré durch Anlegung eines kleinen Austerngartens.

Die Auster ist weder Vater noch Mutter, sondern Vater und Mutter, ein Ehepaar im Singular, welches alljährlich 1—2 Millionen junger Wesen auf die Welt setzt. Würden nicht von jeder Million 999,999 zu Grunde gehen, so müßte schon längst der Ocean in eine Austernwelt verwandelt worden sein. Die junge Auster findet aber viele Feinschmecker im Salzwasser: Weichthiere, Krebse und Polypen, ja die Mondbohrmuschel und eine andere Schnecke bohren durch das Kalkgehäuse hindurch und schlürfen mittelst einer Röhre den Fleischsaft der Auster aus. Außerdem giebt es noch ein Thier, welches die französischen Küstenbewohner „Maërle“ nennen, ein Ausdruck, welchen jedoch das Wörterbuch der Akademie nicht kennt. Doch muß nach der Beschreibung das Geschöpf ein Mollusk sein, welches sich außerordentlich rasch verbreitet und die mächtigsten Austernbänke verheert. Was alle diese Austernliebhaber von den 999,999 Stück in der Million übrig lassen, vertilgt der Homo sapiens des Linné. Die aufgezählten Mörder der jungen Austernbrut richten im Grunde aber nur wenig Schaden an im Vergleich mit dem Hauptzerstörer des Austernlaiches, mit dem Schlamme, welcher die jungen Geschöpfe erstickt. Vor diesem Untergang kann der menschliche Fleiß sie retten durch die künstliche Zucht. Es versteht sich von selbst, daß nur in den „Watten“, d. h. dem Küstensaume, der von der Fluth bedeckt wird, zur Ebbezeit aber entblößt liegt, Austern gezüchtet werden können, und der Triumph besteht darin, die Austern zu zwingen, auf solchen Plätzen zu wachsen, welche die Natur zu keinem solchen Zwecke bestimmt hatte. Die französische Regierung legte nun unter Herrn Coste's Leitung in den Buchten von Saint-Brieuc in der nördlichen Bretagne und von Arcachon im Gironde-Departement Austernzüchtereien an, ertheilte auch an vielen anderen Orten Bewilligungen zu solchen. Von diesen Unternehmungen sind viele gescheitert, andere dagegen, namentlich auf der Insel Ré, zu einer riesenhaften Industrie gediehen. Die dort angelegten, über 60 qkm großen Austernparks können jährlich 300 Millionen Austern liefern. So weit das Auge reicht, liegt längs der Vorderküste der Insel eine lange Reihe von Austernbänken; Austern in allen Stufen des Wachsthums enthaltend, von der Größe eines kleinen Samenkorns bis zum reifen, für den folgenden Wintermarkt bereiten Thiere.

Was nun die Austernzucht betrifft, so muß man genau wie bei der Viehzucht die Erzeugung von Jungvieh und von Mastvieh unterscheiden. Das Verfahren der „Stallfütterung“ ist bei den Austern längst schon angewendet worden. Was wir als Ostender Austern verzehren, sind keineswegs belgische Muscheln, sondern sie kommen aus England und erhalten nur als Pensionäre in den Ostender Erziehungsanstalten ihre höhere Ausbildung. Man nennt diese Anstalten „Parks“, in Marennes und auf Ré aber „Claires“. Diese Parke und Claires sind sehr urwüchsig; man schafft sie, indem man die Steine am Küstenrande sammelt, und sind diese alle aufgebracht, so verschafft man sich die weiter benöthigten durch Sprengen der anstoßenden Klippen. Die erste Bedingung für das Wachsthum des Thieres ist, daß es einen Haltplatz hat. Bretter mit aufgehobelten Spänen, die unter Wasser an Pfosten befestigt werden, Vorrichtungen aus Dachziegeln und noch einfachere Faschinen oder Reisbüschel, die an einem Stein festgebunden oder versenkt werden, genügen vollständig, um den Laich aufzufangen und ihm einen Haltplatz zu bieten. Dort läßt man die jungen Austern sitzen, bis sie die Größe eines Frankenstückes erreicht haben, worauf sie einem Fütterungspark abgeliefert werden. Diese einzelnen Teiche sind 2—3000 qm groß, das Wasser steht in ihnen 30—50 cm hoch. Man bringt die besonders an den Küsten der Bretagne gefischten jungen Austern im Herbst in die Claires, in welchen sie die größte Vollkommenheit nicht vor drei bis vier Jahren erreichen. In den Mastteichen auf Ré, wo sie auf Mergelboden ruhen, ist ihr Wachsthum jedoch ein so ungemein rasches, daß sie zur vollen Reife nicht über dreißig Monate brauchen. Man bilde sich jedoch nicht ein, daß die Austern dort sich selbst überlassen werden können. Sie wollen vielmehr gegen allzugroße Kälte wie gegen allzugroße Hitze geschützt werden, vor allen Dingen aber darf der Boden nicht verschlammen. Zeitweise müssen daher die Austern aus einer Claire in die andere wandern, damit man ihren „Stall" in der Zwischenzeit ausputzen kann. Sie verlangen überhaupt eine unablässige Pflege, wie sie ihnen von den Bauern auf Ré zu Theil wird. Die ganze Austernindustrie wird dort gleichwohl auf die einfachste Weise betrieben. Die Männer, Weiber und Kinder, denen die Parke gehören, verrichten alle Arbeit, die ganz verschieden ist von der englischen Betriebsart in Whitstable, indem weder Boote noch Schleppnetze für die Bearbeitung der Bänke erforderlich sind, weil sie, bei niederem Wasser zugänglich, mit der Hand bearbeitet werden können. Wenn die Bänke zugänglich werden, gewährt es ein wahres Vergnügen, alle Welt thätig zu sehen — Mann und Weib und Kinder, selbst die jüngsten, helfen, ordnen die Bänke, drehen die steinernen Laichaufnehmer um, vertheilen die Brut, wo sie zu dicht angehäuft ist, oder versetzen Austern aus den Parken, in welchen sie gewachsen, in die Mergel-Claires, in denen sie für den Markt gemästet werden. Die meisten Personen, die einen Austerngrund erhalten haben, betreiben auch irgend eine andere Beschäftigung auf dem Lande, was sie leicht thun können, da sie auf jedem Austerngrund nicht mehr als eine oder zwei Stunden täglich zu arbeiten brauchen. Der Gewinn, den diese kleinen Züchtereien abwerfen, ist dennoch überraschend. Im Jahre 1880 verkaufte man in Frankreich 195 Millionen Austern aus 4260 Zuchtparken. Auch die Insel Oléron, südlich von Ré und vom Pertuis d'Antioche, nördlich vom gefährlichen Pertuis de Maumusson, besitzt solche, obgleich sie hauptsächlich durch ihre Wein- und Salzerzeugung wichtig ist. Die Insel, welche nebst mehreren Flecken drei Städte und eine Gesammtbevölkerung von 18,500 meist reformirten Einwohnern besitzt, ist 30 km lang und 4—10 km breit. Im Allgemeinen haben die Austernzüchtereien in Frankreich wie auch anderwärts doch nicht den auf sie gesetzten Hoffnungen so völlig entsprochen, und gar manche Parke sind wieder aufgegeben worden. Auch in Arcachon fürchtet man neuerdings den Wettbewerb der allerdings nicht so feinen portugiesischen Auster, welche sich an der Mündung der Gironde von selbst angesiedelt hat und schon 1880 in Anzahl von 40 Millionen ausgeführt wurde.

Die breite Mündung der Gironde ist eine der bedenklichsten Meeresstellen, am gefahrvollsten die Küste bei dem kleinen Städtchen Royan am rechten Ufer des Stromes. Hier tost die Brandung täglich schonungslos an das Land, von dem sie alljährlich ein Stück abnagt. Der Südwestwind führt oft Wolken Sandes in die Straßen von Royan hinauf und schleudert sie gegen die Mauern und Thüren der Häuser, bisweilen mit solcher Gewalt, daß sie einstürzen. Zwischen den zahlreichen größeren und kleineren Sandbänken, die hier zerstreut umher liegen, toben wilde Meeresstrudel, deren mächtige kreisförmige Bewegung die Schiffe, welche in die Gironde einlaufen, in die äußerste Gefahr bringt. Am verderblichsten ist der Strudel von Maumusson. Weithin vernehmbar ist das Gebrüll der Wogen, welche hier, von unsichtbaren Mächten getrieben, bald sich zu Bergen aufthürmen, von deren Spitzen der Schaum weit umherspritzt, bald sich zu Thälern vertiefen, die Alles, was in ihren Bereich kommt, in ihren kesselförmigen Schlund hinunterwirbeln, zertrümmern und verschlingen. Je toller der Wind saust, desto heftiger tobt die Brandung, aber niemals, auch beim leisesten Windhauche nicht, ruht sie gänzlich. Eine Zufluchtsstätte für Schiffe, die hier vom Sturm überholt werden, findet sich nirgends. Der Hafen von Royan ist zu klein und in zu großer Nähe der Klippen, als daß größere Fahrzeuge dort einen gesicherten Ankerplatz finden könnten. Auch zeugen an dieser Stelle die über den Wellen hervorragenden Mastspitzen versunkener Schiffe nur zu deutlich von der reichen Beute, welche das Meer zu machen weiß.

Süd-Frankreich.

Die Franzosen in Nord und Süd.

In den vorangehenden drei großen Abschnitten dieses Buches habe ich den Norden, Osten und Westen Frankreichs geschildert und dabei die Ueberzeugung gewonnen, daß weniger vielleicht in der Physiognomie des Landes als, figürlich gesprochen, in jener der Bewohner weit tiefere Unterschiede zwischen den einzelnen Provinzen vorhanden sind, als der Nichtfranzose auf den ersten Augenschein hin anzunehmen geneigt sein möchte. Wiederholt wies ich daher auch auf die verschiedene ethnische Zusammensetzung des französischen Volkes hin. Indem wir uns nunmehr den südlichen Gebieten der Republik zuwenden — fast hätte ich gesagt des Reiches, denn mehr denn irgend ein anderer Staat macht Frankreich den Eindruck eines abgerundeten einheitlichen Reiches — begegnen wir einer neuen Spielart von Menschen, welche in mannichfacher Hinsicht in noch schneidenderem Gegensatz zu den übrigen steht als jede andere, und daher zu eingehender Erörterung auffordert. Zugleich ist aber hier auch der passendste Ort, einen zusammenfassenden Gesammtblick auf das Franzosenthum im Großen und Ganzen mit seinen geschichtlichen und nationalen Eigenthümlichkeiten zu werfen. Der ausführlichen Schilderung des mittäglichen Frankreichs seien daher die nachstehenden Betrachtungen vorangesendet.

Das an verschiedenen Stellen dieses Buches über die Ethnologie Frankreichs Bemerkte kurz zusammenfassend, finden sich germanische Vlamen im Norden, Bretonen oder Breyzards in der Bretagne, keltisch-germanische Mischlinge in der Mitte des Landes, Basken an den westlichen Pyrenäen, Provençalen im Süden, also fünf keineswegs homogene Völkergruppen. In den bisher betrachteten Landestheilen hatten wir es fast ausschließlich mit den drei erstgenannten dieser Stämme zu thun. Basken und Provençalen werden uns in den dem Süden gewidmeten Abschnitten näher beschäftigen. Was aber schon hier betont werden muß, ist, daß in Frankreich nicht blos verschiedene Völker, sondern auch zwei ganz verschiedene Rassen nebeneinander vorhanden sind. Paul Broca hat schon nachgewiesen, daß die eine derselben sich nördlich von der Seine ausbreitet, die andere südlich der Loire wohnt, während die zwischenliegenden Landschaften von einer gemischten Bevölkerung besiedelt sind. Die Südrasse ist von verhältnißmäßig kleiner Statur, hat dunkle Augen und Haare nebst rundem Kopf; sie bewohnt drei Fünftel der Bodenfläche und beläuft sich auf nahezu 19 Millionen Menschen. Die Rasse des Nordens, hochgewachsen, mit lichten Augen, blonden Haaren und länglichem Kopfe, beziffert sich nur auf 9 Millionen und hat etwa ein Viertheil des Landes inne. Der Leser weiß schon, daß diese Nordfranzosen ursprünglich alle Kelten waren, die sich mit eindringenden germanischen Stämmen vermischten. Wenngleich das reine Keltenthum, wie wir sahen, nur in sehr beschränkten Gebieten, in der Nieder-Bretagne, sich erhalten hat, so haben doch unläugbar diese keltischen Ahnen dem Nordfranzosen der Gegenwart einen sehr ansehnlichen Theil keltischen Wesens als Erbe hinterlassen, während in körperlicher Hinsicht der germanische Typus der Vlamen im Nordosten, der skandinavischen Normannen in der Normandie, der Sachsen an einzelnen Küstenpunkten den Sieg davontrug. Ist es doch eine auch anderwärts häufig wiederkehrende Eigenthümlichkeit der Germanen, nach vielen Jahrhunderten noch leiblich unterscheidbar zu sein von ihrer stammfremden Umgebung, in welcher sie sonst in Gemüth, Charakter und Sinnesart, also national völlig aufgegangen sind. Konnte eine solche Verschmelzung sogar zwischen Germanen und Berbern in Nordafrika Platz greifen, wo heute noch rothhaarige, lichtäugige Kabylen die einstige Anwesenheit von Germanen, der Vandalen, auf afrikanischer Erde verrathen, um wie viel mehr erst zwischen Germanen und Kelten, welche, wenn auch verschiedene, doch immerhin Glieder einer und derselben Rasse, der arischen, waren.

Es unterliegt keinem Zweifel, daß die Kelten der ältere Stock der französischen Arier waren; aber sie hatten bei ihrer Ankunft auf dem Boden Frankreichs eine bereits dort angesiedelte, noch ältere Bevölkerung vorgefunden, welche der verdiente Ethnologe Roget de Belloguet Ligurer (von Ligeris, Loire) nennen zu dürfen glaubt. Doch liegt wenig an dem Namen. Durchschlagend und entscheidend bleibt das Vorhandensein einer vor- und nichtarischen Rasse, welche ursprünglich die große Mehrheit der Bevölkerung in Frankreich ausmachte und auf welche zweifelsohne die starke Beimischung dunkelfarbiger Elemente der im Westen ansässigen Bevölkerung zu beziehen ist. Diese Elemente, in denen die blonde arische Rasse der keltischen Eroberer so verändert erscheint, sind aller Wahrscheinlichkeit nach keltisirte Ligurer und bilden den Uebergang zu dem Volke Südfrankreichs, wo die nichtarischen Bestandtheile auch jetzt noch in gewissem Sinne überwiegen. Inmitten dieser Uebergangsbevölkerung, zu der beispielsweise auch die Leute der Saintonge zählen, stößt man auf einzelne Gruppen, in denen der vorarische Typus selbst heute noch lebendig ist. So z. B. sind die Leute am Puy de Dôme nach den Mittheilungen des Dr. A. Roujou sehr dunkelfarbig, brachykephal oder mesokephal. Das Gesicht ist groß, viereckig, platt, die Nase groß und aufgeworfen, die Zähne prognath, die Haut braun, beinahe niemals rosig; die Haare schwarz oder kastanienbraun, die Augen gewöhnlich braun. Außerordentlich stark ist die Behaarung bei vielen Frauen entwickelt; Bart und Schnurrbart sind so stark, daß dieselben sich mehrere Male in der Woche rasiren müssen. Der Schnurrbart zeigt sich schon mit zwölf oder vierzehn Jahren. Die Leute sind plump, mittelgroß und haben unter sich viel Kropfige, Verwachsene und Trottel. Sie sind wenig intelligent, dem Fortschritte abhold, von abstoßender Unsauberkeit. Wie die Eskimo lassen sie in ihren Wohnungen sich alle möglichen organischen Abfälle anhäufen; sie machen sich nichts aus Ungeziefer und man sieht sogar, daß Männer wie Frauen, wenn kein Wasser da ist, Harn in ihre Hände lassen, um sich zu waschen. Was Bäder sind, wissen sie nicht; der Schmutz setzt sich bei ihnen auf Armen und Beinen in dicken Krusten an. Die Bevölkerung verschwindet übrigens im arischen Typus durch Vermischung mit diesem. Im Mittelalter war sie noch zahlreich; in hundert Jahren werden wohl nur noch geringe Spuren von ihr da sein. In den Gebirgsschluchten und den hochgelegenen Weilern ist sie noch am zahlreichsten. Spuren derselben finden sich in ganz Frankreich. Im Süden von Frankreich, wo in der geschichtlichen Urzeit die iberischen Stämme der Aquitanier ansässig waren, nimmt das vorarische Volksthum an Dichtigkeit entschieden zu, aber auch dort ist dasselbe nur ausnahmsweise unvermischt, sodaß es auf Uebertreibung beruht, zu sagen, drei Fünftheile von Frankreich seien noch in der Gegenwart von einer vorarischen Rasse besetzt. Sogar die Basken, sprachlich zweifelsohne ein unverfälschter, vorarischer Rest, sind, wie ich seinerzeit zeigen werde, ethnisch eine schon gemischte Rasse. Ihr Name ist abzuleiten von den Vascones, einem iberischen Volke, welches gegen Ende des sechsten Jahrhunderts in die Landschaft zwischen Pyrenäen und Adour einrückte. Ursprünglich im heutigen Guipuscoa und Navarra sitzend, wichen sie dem westgothischen Andrange. Im Jahre 581 griffen die Basconen weiter aus nach Norden, drangen über den Adour, warfen die Franken und ließen sich von Dietrich II. das Land zwischen Pyrenäen und Adour abtreten, das nun Vasconia, Baskenland, hieß. Der Name Basconia, fortlebend in Gascogne, hat sein eigenes Schicksal gehabt; er dehnte sich weit über sein ursprüngliches Gebiet aus und wurde dem ganzen Lande zwischen Garonne und Pyrenäen gegeben. Die hier herrschende romanische Mundart empfing den Namen des Gascognischen, während die etymologisch gleiche Bezeichnung „baskisch“ an dem Striche zwischen Adour und Pyrenäen haften blieb.

Wie man sieht, kamen diese Basken nach Frankreich erst in nachrömischer Zeit. Sie blieben also von der Romanisirung unberührt, welche bekanntlich sich fast über das ganze übrige Frankreich erstreckte. Bei den Kelten im Norden wie bei den Ligurern im Süden wich das nationale Idiom verhältnißmäßig rasch dem Romanischen. Aquitanien, wie man ursprünglich das südwestliche Gallien nannte, hatte zwar Iberer, also Nichtarier, zu ältesten Bewohnern, unter denen sich jedoch später auch keltische Stämme niederließen, und erscheint in römischer Zeit als vollständig romanisirt. Selbst später, als das Land unter fränkische Herrschaft gerieth, blieb die Bevölkerung romanisch. Das Land der Ligurer, die noch in historischer Zeit von der Rhônemündung dem Meere entlang bis nach Genua saßen, dereinst gewiß aber sich tief ins Innere Galliens erstreckten, kam gar von allen zuerst mit den Römern in Berührung, welche es als Gallia Narbonensis zur römischen Provinz erhoben. Gerade dort ging die Romanisirung am frühesten vor sich. So ward denn der Grundcharakter des Volkes in fast ganz Gallien ein keltisch-römischer, und dieser konnte seither auch nicht wieder verwischt werden. Die sprachlichen Veränderungen, welche durch später beigesellte fremde Elemente herbeigeführt wurden, waren ungemein gering. Gerade in dem nichtarischen Ligurerthum ging nach seiner Romanisirung aus dem nach der Provincia romana verpflanzten

Volkslatein ein eigener Zweig des romanischen Sprachstammes, das Provençalische, hervor und wurde im Mittelalter innerhalb einer Linie gesprochen, die Périgord, Limousin, Auvergne, Dauphiné, Genf, Lausanne und wohl auch Wallis, Valencia, die Balearen und Catalonien umschließt, aber nicht überall bis an die Pyrenäen reicht. Die französischen Hauptmundarten bildeten sich auch aus ohne Rücksicht auf die alten Völkergrenzen, denn weder die Grenzen der Gallia belgica noch celtica sind heute in der Grenze zwischen Nord- und Südfranzösisch wiederzufinden. Diese beiden Hauptmundarten Langue d'oc und Langue d'oil werden seit alter Zeit in Frankreich unterschieden, das durch ihre Grenzlinie in zwei Hälften zerfällt, ähnlich wie Deutschland in das ober- und niederdeutsche Sprachgebiet, aber nur annähernd fallen dieselben in ihren Hauptzügen mit den Begrenzungen zusammen, welche man den beiden Hauptgruppen der Bevölkerung, der arischen und ligurischen, anweist. Die beiden Namen Langue d'oc und Langue d'oil verdanken ihre Entstehung dem in den beiden Landstrichen üblichen Ausdrucke der Bejahung: oc, vom lateinischen hoc; oil (jetzt oui) vom lateinischen hoc illud. Langue d'oc, das Südfranzösische, ist auch als Provençalisch, Troubadoursprache, Occitanisch u. s. w. bekannt; es sank in ähnlicher Weise zur bloßen Mundart herab, wie in Deutschland das Niederdeutsche. Denn als das staatliche Uebergewicht des nördlichen Frankreich im Anfange der neueren Zeit begründet wurde, trat auch naturgemäß das Uebergewicht der nordfranzösischen Mundarten ein, aus denen sich die Gesammtsprache herausbildete, die nun schlechthin „französisch" genannt wurde. Was nun die bisherige Begrenzung dieser beiden Mundarten anbetrifft, so verläuft dieselbe nach den von Ch. de Tourtoulon und O. Bringuier gewonnenen Ergebnissen in ihrem westlichen Theile folgendermaßen: Le Verdou an der Pointe de Grave (Girondemündung) bleibt der Oilsprache; von hier ab bildet bis Blaye die Gironde die Grenze, während Bourg-sur-Gironde an der Dordognemündung zur Ocsprache gehört. In südöstlicher Richtung geht die Sprachgrenze auf die Mündung der Isle in die Dordogne, so daß Fronsac und Libourne beim Oc bleiben. In einem Bogen Lussac berührend, geht sie nach Nordnordost auf St. Aulaye an der Dronne, nördlich auf Angoulème zu, wendet sich bei Mansle an der Charente nach Nordwest und überschreitet südlich von l'Isle Jourdain die Vienne. Nun geht sie in fast östlicher Richtung durch den äußersten südöstlichen Theil des Vienne-Departements und den südlichen Theil des Indre-Departements, so daß St. Benoit der Ocsprache bleibt. Bei Eguzon überschreitet sie die Creuse und wendet sich gerade auf Aigueronde. Südlich von der eben bezeichneten Sprachgrenze liegt noch eine zur nördlichen, Oil-Mundart gehörige kleine Sprachinsel südöstlich von Bordeaux, die sogenannte Gavacherie, welche sich zwischen den Arrondissements von Libourne, Réole und Marmande, an den Ufern des Dropt, eines rechten Nebenflusses der Garonne, hinstreckt. Hauptort der Gavacherie ist Montségur. Dieser Landstrich wurde im sechzehnten Jahrhundert unter Henri d'Albret mit Einwanderern aus Poitou, Angoumois und der Saintonge besetzt, da er 1523—1525 durch die Pest fast völlig menschenleer geworden war. Diese historische Nachricht bestätigt die Ueberlieferung und die Sprache, denn in Taillecavat, einem Orte der Gavacherie, sagt man z. B. j'avions vu, j'avions fait. Uebrigens mischt sich bereits der gascognische Dialect hier dem saintongischen bei, und es ist ein Gemisch der Oil- und Ocsprache entstanden, das le Maro heißt. Darnach bezeichnet man die Einwohner der Gavacherie auch als „Marotins".

Geht nun aus dem Gesagten zur Genüge hervor, daß von Alters in Frankreich eine ausgiebige Romanisirung stattgefunden hat, welche die ethnischen Unterschiede vielfach nivellirte, so läßt sich doch andererseits nicht in Abrede stellen, daß geradeso wie im Norden das keltische Wesen auf die späteren Franzosen sich fortgepflanzt hat, auch im Süden das nichtarische Element, heiße man es nun Ligurerthum oder anders, sich in den dermaligen Landeskindern noch deutlich bemerkbar macht. Frankreich hat trotz seiner scheinbaren Gleichartigkeit, welche zum Theile auch ein Ergebniß seiner straffen Centralisation ist, doch niemals eine wirkliche nationale Einheit besessen. Zweifellos bleibt auch, daß zu allen Zeiten ein Gegensatz zwischen Kelten und Ligurern bestanden hat. Auch dann, wenn er unter gewissen Verhältnissen zu erlöschen schien, schlummerte er nur und trat bald darauf mit erneuerter Schärfe hervor. Bekannt ist, wie hartnäckig die Südprovinzen sich gegen eine Einverleibung in Nordfrankreich gewehrt haben. Der Krieg gegen die Albigenser ist nur ein Act in dem langen und großen Drama. Mehr als einmal hat ein mächtiger Dynast den Plan verfolgt, das Languedoc zu einem unabhängigen Königreiche zu erheben. Dahin trachtete z. B. auch Bischof Bernhard de Saisset im Anfange des vierzehnten Jahrhunderts; er wußte wohl, daß die Bevölkerung des Südens günstig für seine Pläne gestimmt war, und diese Südländer haben allezeit die französische Sprache als eine solche betrachtet, welche die Niederlage der romanischen, durch die Dichtung der Troubadours verherrlichten Sprache besiegelte. Unterdrückt in ihrem Aufschwung und in ihrer Entwickelung blieb sie eine bloße Masse von Mundarten, ins Volk verbannt, die Sprache des Ackerbauers, des Handwerkers, des Tagelöhners, und doch hat sie sich selbst in dieser gedrückten Stellung nicht minder ihre Ueberlieferung von Jahrhundert zu Jahrhundert bewahrt. Jeder Dialect hat seinen Dichter gehabt, in der Provence war es Nic. Saboly mit seinen naiven weitverbreiteten Noëls provençaux, in Languedoc im siebzehnten Jahrhundert Goudouli, der auf den Tod Heinrichs IV. Verse machte, denen Malherbe nichts Aehnliches an die Seite zu setzen hatte. Im achtzehnten Jahrhundert trat in Bearn Despourrins auf, der zierliche und picante Pyrenäendichter. Diese Sprache mit ihrer Vergangenheit und der Armuth ihrer ersten Entwickelung hat, obwohl sie in ihrer Blüthe als literarisches Idiom unterging, einen nicht unbedeutenden Einfluß ausgeübt. Sie hat etwas von ihrem Glanze den neueren Poesien mitgetheilt, und noch im sechzehnten Jahrhundert hat Montaigne in seine vielfarbige kräftige Prosa manche ihrer kräftigsten Ausdrücke aufgenommen, obgleich sie damals schon nur die Sprache des unteren Volkes war. Es wäre auch ein Irrthum, zu glauben, daß eine Verschmelzung des Südens mit dem übrigen Frankreich alsbald Platz griff. Im Gegentheil: zur Zeit des Pyrenäenvertrags, in der zweiten Hälfte des siebzehnten Jahrhunderts, war das Französische noch für alle Classen des Roussillon eine fremde Sprache, und erst am Ende des Jahrhunderts brachte es die Macht Ludwigs XIV. dahin, daß es in bürgerlichen Urkunden und von den Priestern in der Predigt gebraucht wurde. Es ist nur wenig über hundert Jahre her, daß die Akademiker von Marseille gestanden, sie dächten provençalisch. Auch auf politischem Gebiete, obgleich mit Frankreich verbunden, betrachteten sich die Provençalen immerfort als unabhängig, so daß Ludwig XIV., um sie gänzlich unter seine Herrschaft zu beugen, eine Stadt um die andere einnehmen mußte. Dennoch gelang es ihm keineswegs, den Unabhängigkeitssinn der Provençalen völlig zu unterdrücken. Sie behielten ihre Sprache und ihre

Sitten bei, und fuhren in ihrer Verachtung gegen die „Francimands“ fort, wie sie die Bewohner des nördlichen Frankreich zu nennen pflegten. Am Ausgang des achtzehnten Jahrhunderts, also ungeachtet dreihundert Jahre seit ihrer Vereinigung mit Frankreich verflossen waren, betrachteten sich die Einwohner jener Provinz noch immer nicht für abhängig vom französischen Reich. Allerdings war das Französische die einzige amtliche Sprache, die einzige, die bei der Rechtsprechung, in Verwaltungssachen und bei notariellen Urkunden in Anwendung kommen durfte. Außerdem wurde sie aber sozusagen gar nicht gebraucht und auf dem Lande war sie nachgerade unbekannt. So sehr ist es wahr, daß die Sprache eines Volkes, welches lange Zeit frei und unabhängig gewesen, von allen Werken der Menschen dasjenige ist, das sich am längsten erhält. Man weiß ferner, wie feindselig der Süden Frankreichs sich immer gegenüber dem Norden, besonders während der Revolution, dann unter der ersten Republik und hauptsächlich unmittelbar nach dem Sturze Napoleons I. verhielt. Seit jener Zeit scheint jedoch im Allgemeinen die Abneigung der Provençalen gegen die Nordfranzosen etwas abgenommen zu haben.

Die provençalische Literatur schien aber völlig in Todesschlaf versunken zu sein, nachdem sie bekanntlich im Mittelalter eine hohe Blüthe erreicht hatte. Mit hohem materiellen Wohlstand verbanden die Provençalen einen reich entwickelten Kunstsinn, der sich besonders auf dichterischem Gebiet geltend machte. Gegen Ende des Mittelalters gerieth jedoch ihre Literatur in Verfall, hauptsächlich in Folge der Albigenserkriege, welche lange Zeit hindurch den Süden Frankreichs verwüsteten und entvölkerten. Erst in unseren Tagen, seit 1847, ist dieselbe zu neuem Leben erwacht. Eine ganze Schaar von Dichtern trat wieder ans Tageslicht: J. Roumanille, Theodore Aubanel, Glaup, Jaquon, Jasmin, Joseph Mistral, welche 1854 den sogenannten „Felibrige“ oder Verein der „Felibres“ (Dichter) zu dem Zwecke gründeten: dem Süden Frankreichs seine Sprache und seine Sitten zu erhalten, sowie dessen nationale Würde und seine Stellung auf dem Gebiete der Kunst zu behaupten. Die Felibre-Bewegung beschränkt sich übrigens nicht ausschließlich auf das literarische Gebiet. Die Jung-Provençalen bieten Alles auf, um den Gebrauch ihrer Sprache zu fördern, deren Rechte zu vertheidigen und ihren nationalen Charakter zu wahren. Bereits wiederholt haben sie gebeten, daß das Provençalische in der Volks- und Mittelschule eingeführt, sowie in das Programm der Bacheliersprüfung aufgenommen werde. Kurzum, sie wollen sich das Französische nicht länger aufdrängen lassen. Dabei behaupten die Felibres gute Franzosen zu sein und auch bleiben zu wollen; doch wünschen sie sich dem Sprachzwange zu entziehen, welchen Paris ihnen auferlegt. Darum fordern sie die Decentralisation, einige unter ihnen wohl gar die bloße Föderativverbindung mit dem nördlichen Theile Frankreichs. Sie wollen dem Süden seinen eigenthümlichen Charakter bewahren, und dies zunächst mit Hülfe der Sprache, denn, mag ein Volk noch so tief in den Banden der Sklaverei schmachten, solange es seine eigene Sprache besitzt, meint Mistral, hat es auch den Schlüssel in Händen, um sich aus seinen Ketten zu befreien:

Se tèn sa lengo, ten la clau
Que di cadens lou deliéro.

Wiederaufrichtung der provençalischen Nationalität ist die Losung, welche auch in Oberitalien, hauptsächlich aber in Spanien zahlreiche Anhänger zählt.

Mistral's Gedicht „La Coumtesso“ (die Gräfin) wird von den Catalanen sogar als eine Art von Marseillaise betrachtet und gesungen; diese Ode gilt als eine Art von Kriegsruf gegen die „Sorâtres“, die Nordfranzosen. Blos als Sprachprobe setze ich im Originaltexte die erste Strophe dieses Gedichtes her:

Sabe, iéu, uno Coumtesso
Qu' es d'ou sang imperiau
En bèuta coume en autesso
Cren degun, ni lieuen ni aut;
E pamens uno tristesso
De sis iue nèblo l'uiau
Ah! se me sabien entèndre!
Ah! se me voulien segui!

Daß die im Vorstehenden geschilderte Zusammensetzung der französischen Nation nicht ohne tiefen Einfluß auf die Geschichte wie auf den Charakter des ganzen Volkes bleiben konnte, bedarf wohl keines näheren Hinweises. Die Geschichte hat ihre unerbittlichen Gesetze, so gut wie die Natur. Was im Einzelnen als Ergebniß der Laune und des Zufalls erscheinen mag, fügt sich bei der Betrachtung großer weltgeschichtlicher Entwickelungen oft als eine nothwendige Folge früherer Vorgänge in die Reihe der Begebenheiten ein. Ueber Eintönigkeit ihrer Geschichte können sich die Franzosen nicht beklagen, denn sie bietet eine fortlaufende Reihe überraschender Ereignisse, unerwarteter Begebenheiten. In Frankreichs Geschichte treten die individuellen menschlichen Leidenschaften mächtiger und unverhüllter zu Tage, als in der eines andern Landes. Darum hat französische Geschichte stets den größten Reiz auf die Phantasie der Unbetheiligten ausgeübt. Die Franzosen haben im Laufe ihrer Geschichte mehr als einmal ihre Staatseinrichtungen völlig über den Haufen geworfen und ihre eigenen Fundamentalgesetze gründlich verneint. Sie werfen sich allemal und nach kurzen Zwischenräumen gleichsam selber über Bord. Dies entspricht aber dem ethnischen Naturell der Franzosen. Sie greifen alles Neue mit Leidenschaft auf, lassen es aber sofort wieder fallen, um es wiederum mit Neuem zu vertauschen. In buntem Wechsel sahen sie Krieg und Revolution, Königthum und Republik, Kaiserthum und Anarchie, gleich den gaukelnden Bildern einer Zauberlaterne, auf einander folgen. Dabei sind die Franzosen allemal von einem Extrem in das andere übergesprungen. Sie hatten das Feudalwesen glänzend ausgebildet, das Mönchswesen weitgreifend gestaltet, an den Kreuzzügen den lebhaftesten Antheil genommen. Aber es ist das Frankreich Ludwig Capet's gewesen, welches die härtesten Schläge gegen den Feudalismus führte und alle politische Macht des Adels brach. Ludwig XIV. und Cardinal Richelieu führten den absolutistischen Polizeistaat ein. In dem Lande des heiligen Ludwig war es König Franz I., welcher mit dem türkischen Sultan ein Bündniß gegen christliche Staaten schloß. Frankreich hatte den heiligen Bernhard und warf doch zuerst das Mönchswesen nieder. Der monarchisch-absolutistische Polizeistaat wurde von der ersten Revolution hinweggefegt und durch eine „Republik“ ersetzt, welche Freiheit und Gleichheit verkündete, aber nichts Anderes war als ein demokratischer Absolutismus. Diesem folgte der soldatische Absolutismus des ersten Napoleon, dann der Scheinconstitutionalismus unter den Königen der beiden bourbonischen Linien, die ephemere zweite Republik, das zweite Kaiserreich und endlich nach Bürgerkrieg und der Anarchie der Commune eine dritte Republik, die sich einstweilen blos deßhalb erhält, weil man nichts Besseres an die Stelle zu setzen weiß und sie von einem mächtigen Nachbar begünstigt wird. Seit nun bald einem Jahrhundert sind die Franzosen nicht aus dem Fieber herausgekommen. Auf Gluthhitze folgt Eiseskälte, Alles ist und bleibt aber provisorisch. Dabei scheint es fast wie ein Gesetz, daß in Frankreich immer das Gegentheil von dem eintritt, was die Mehrzahl, wenigstens scheinbar, erstrebt. Gleich als ob das Geschick von Zeit zu Zeit über ihr Treiben ungeduldig würde, packt es die Franzosen mit eiserner Hand und schüttelt sie zu wilder Leidenschaft durcheinander. Dann bricht unter entsetzlichen Zuckungen der Bürgerkrieg bei ihnen aus, und es genügt dem Sieger nicht, die Gegenpartei unterliegen und seinem Willen gehorsam zu sehen, er duldet sie überhaupt nicht mehr im Lande, sondern nöthigt sie, den vaterländischen Boden zu verlassen.

Die Franzosen sind nicht, gleich den Völkern germanischen Stammes, zum Wandern geneigt; ihnen genügt das beschränkte Thal der Heimath, und selbst der Aermste zieht es vor, in den engen Verhältnissen seines Dorfes weiter zu dulden, als sich in andern unbekannten Ländern ein Feld größerer Thätigkeit zu suchen. Die Sehnsucht Faust's, ferne Länder zu sehen, ist ein Charakterzug des germanischen Stammes, der, von diesem Trieb geführt, sich über die ganze Erde verbreitet hat. Der Franzose wüßte mit dem Zaubermantel, wie ihn Faust sich wünscht, nichts anzufangen, und wäre wohl geneigt, ihn gegen eine Königskrone zu vertauschen. Aber die Weltgeschichte verlangt Bewegung der Völker und nicht Absonderung, und ihre Gesetze müssen zur Geltung kommen. So sind es denn in Frankreich die Umwälzungen und Bürgerkriege, welche, wenn auch auf traurigem Umweg, jenes geschichtliche Gebot zu erfüllen bestimmt sind. Trotzdem aber jene inneren Kämpfe meist die Ergebnisse des finstersten Fanatismus, des gewaltthätigsten Despotismus waren, haben sie doch nur dazu beigetragen, geläuterte Ideen in Europa zu verbreiten, und eine Zeit freieren, würdigeren Völkerlebens in der Welt heraufzuführen.

Kein Volk kennt, wie das französische, in seiner Geschichte solche Ausbrüche des Hasses, solche Sprünge in seiner Entwickelung, solche Reactionen. Auch England hat seine Revolution gehabt, und Deutschland unter den Schrecken des dreißigjährigen Krieges und anderer brudermörderischen Kämpfe gelitten. Allein in dem Leben der beiden Völker waren dies nur Krisen einer harten Krankheit, die endlich glücklich überstanden wurde. Die vielen Kriege Deutscher gegen Deutsche konnten allerdings das Gefühl der Zusammengehörigkeit bei den einzelnen Stämmen zerstören, aber den einzelnen Stämmen nicht jeden inneren Halt rauben. Anders jedoch stellt es sich in Frankreich, wo eine fortschreitende Schwächung des Volkscharakters unverkennbar ist. Freilich wird der besonnene Beurtheiler sich hüten müssen, diese Schwächung hoch anzuschlagen. In Deutschland war es lange Zeit Mode geworden und ist es zum Theil noch, für das Germanenthum die Rolle des auserwählten Volkes zu beanspruchen und auf die Franzosen als auf Menschen geringerer Gesittung, Bildung und Moral herabzublicken. Was französisch, galt schon eben deßhalb für geringer. Kaum mehr den alten Culturverdiensten, den Lebensäußerungen des französischen Geistes wollte man gerecht werden. Die Gothik, dieses echteste Kind Frankreichs, galt widerspruchslos für „altdeutsche Kunst", und daß Frankreich überhaupt kaum etwas mehr als „Mode und Eleganz" hervorbringen könne, wurde in gewissen Lagern als ganz ausgemacht angesehen. Gar deutlich sah man im Auge des Nachbarn den Splitter und lachte weidlich ob der Anmaßung, mit der er „an der Spitze der Civilisation" zu marschiren wähnte, während man ganz unbefangen seinen eigenen Balken zur Schau trug und von der „Ueberlegenheit deutscher Bildung" als von etwas Selbstverständlichem redete. Wer aber lange unter dem französischen Volke gelebt, wird wohl gerne zugeben, daß auch die Franzosen ihre Tugenden haben, wenngleich nicht diejenigen, welche dem deutschen Gefühle zusagen, noch auch alle die, welche sie sich gerne selber anzudichten pflegten in den Tagen ihres Glanzes. Er wird zugeben müssen, daß sie im Grunde

ni cet excès d'honneur, ni cette indignité

verdienen. Vor Allem aber hüten wir uns, den sittlichen Verfall der Franzosen zu sehr zu betonen, weil ein geistiger Stillstand und ein politischer Schwächezustand sich gerade jetzt bedenklich bei ihnen kundgeben. Weder sittlich, noch materiell, ja selbst weder politisch noch geistig kann die Rede sein von einer Gesunkenheit der französischen Nation, wie etwa die Deutschlands im Jahre 1648. Ueberhaupt von einem sittlichen Verfall der Nation zu reden, die in den letzten drei Jahrhunderten schon drei Mal — während des Religionskrieges, unter der Regentschaft, und während des Directoriums — weit tiefer „verfallen" war, als sie es jetzt ist, beweist nur, daß man die Geschichte nicht kennt oder sie vergißt. Eine Nation kann bei einem solchen Verfall noch gar munter und fröhlich gedeihen.

Wie der jedes anderen Volkes weist auch der französische Nationalcharakter dunkle Schatten auf. Wenn aber gesagt wird, daß die Franzosen platterdings über sich selbst nicht ins Klare kommen wollen, daß auch die bitterste Erfahrung sie keine Selbsterkenntniß lehre, sie keine Einkehr in sich selbst halten, an den langgehegten Irrthümern festkleben und keinen ihrer Fehler ablegen, so vergißt man uns das Volk zu zeigen, welches solches je gethan hätte. Niemals aber hat es in Frankreich an Stimmen und einsichtsvollen Denkern gefehlt, welche dem Volke den Spiegel seiner Fehler gezeigt. Von Niemandem sind den Franzosen schärfere Wahrheiten gesagt worden, als von ihren eigenen Landsleuten: „Von der französischen Nation, welche schon so große Dinge vollbracht hat, aber dabei noch nicht mündig geworden ist, kann man Alles erwarten. Lebhafte Vorurtheile, eine oberflächliche Erziehung, die mehr durch eine civilisirte Verderbtheit, als durch wahre Civilisation geleitet wird, romanhafte Legende an Stelle des Geschichtsunterrichts, Moden an Stellen der Gewohnheiten, Eitelkeit an Stelle des Stolzes, eine sprichwörtliche Albernheit, welche schon vor neunzehn Jahrhunderten dem Glücke Cäsars ebenso günstig war als der Muth seiner Legionen, eine Leichtfertigkeit, welche an das Kindische grenzt, der Geschmack an Schaustellungen und Manifestationsbegeisterung an Stelle des öffentlichen Geistes, die Bewunderung der Gewalt, der Cultus der Kühnheit an Stelle der Achtung vor dem Gesetz, — das ist in Kürze das Bild des französischen Volkes", wie es kein Fremder, sondern ein französisches Provinzialblatt, der Courrier de la Champagne 1873 entwarf. Das Journal des Débats klagte bitter: „Unsere Erbsünde ist Lüge". Aber schon lange vor unseren Tagen urtheilten die Franzosen ungemein hart über ihre Landsleute. Voltaire hat sie bekanntlich „als halb Tiger, halb Affen" bezeichnet. Proudhon's Meinung über ihren Werth war nur gering, er erklärte sie gut für Kanonenfutter; de Tocqueville äußerte: „Manche einzelne Franzosen haben als Individuen gesunden Menschenverstand, die Franzosen als Volk und als Bürger genommen, haben ihn nicht.“ Timon-Cormenin schrieb: „Frankreich ist ein Land, das wesentlich durch die Einbildungskraft beherrscht wird; diese schlägt überall vor und beherrscht die Geister. Die Nation ist unbesonnen und leichtfertig, will immer etwas Neues um die Hand haben, Dinge treiben, die starken Eindruck machen und blenden.“ Montesquieu, Ségur und insbesondere Dumesnil tadelten bitter jene maßlos gesteigerte Eigenliebe, die Eitelkeit, welche schon Diodor Siculus bei den alten Kelten betont hatte. Und in neuerer Zeit bekannte der beühmte Volkswirth Michel Chevalier: „Wer nicht unserer Eitelkeit schmeichelt und sie hätschelt, gilt in unseren Augen für einen schlechten Menschen, für einen Feind des Gemeinwesens“. Können die Ruhmredigkeit, die Selbstüberschätzung, der Mangel an Wahrheitsliebe und der Größenwahnsinn, welche man den Franzosen vorzuwerfen pflegt, herber gegeißelt werden, als von den vorstehenden französischen Stimmen selbst?

Ein kühles Urtheil bewahrend, sei indeß nicht verkannt, daß eine tiefe Kluft, welche beide Völker trennt, dem Deutschen eine gerechte Beurtheilung der Franzosen ungemein erschwert. Die Kluft liegt darin: der Franzose ist eitel, der Deutsche hochmüthig. Der Deutsche strebt und arbeitet aus Pflichtgefühl, der Sache wegen; den Franzosen spornt die Aussicht auf Erfolg, der freilich nicht blos in Frankreich entscheidet. Der Deutsche ist im Großen und Ganzen immer Idealist; in Frankreich hat der Rationalismus alle Lebensgebiete durchdrungen. Der Franzose ist ein geborener Jurist. Ein Unglück für das Land ist nur, daß das Ansehen des Richter- und Advocatenstandes ihm auch eine so große Rolle im politischen Leben verschafft und dadurch juridischen Ideen viel zu viel Raum im Staatswesen gegeben ist. Denn die Erfahrung lehrt, daß es für ein Land kein Segen ist, wenn die Advocaten in ungebührlicher Menge als Politiker das große Wort in Volksvertretung und Regierung führen. Bei der rationalistischen Anlage der Franzosen ist es aber kaum anders möglich. Nicht das Gute und Schöne an sich, sondern das Nützliche herrscht. Deßhalb geht auch Alles im Parteiwesen auf. Für einen vorurtheillosen Denker, einen unabhängigen Humoristen, einen nicht im System verrannten Mann, einen Schriftsteller, dem Alles auf die Wahrheit ankommt, ist in Frankreich kein Platz. Das Zweckmäßige umd der schöne Schein sind die Ideale der französischen Gesellschaft. Der schöne Schein gilt überall: in Politik und Religion, wie im Unterrichtswesen und geselligen Verkehr. In letzterem haben die Franzosen wohlthuenden, äußeren Schliff, gefällige Umgangsformen, und ihre Sprache eignet sich trefflich für Phrasen und Artigkeiten, die hübsch klingen, ohne viel zu bedeuten; sie sind wie blanke Scheidemünze. So hat sich eine reizende Nationaleigenthümlichkeit entwickelt: anmuthige Liebenswürdigkeit. Die Franzosen legen vielleicht größeren Werth auf die äußere Form als auf den inneren Kern, jedenfalls fügen sie zu diesem unbedingt auch die erstere. Sie bemühen sich artig, höflich und zuvorkommend zu sein, was natürlich besticht und für sie einnimmt. So sind sie die Leute des „guten“ Gesellschaftstones, den deutsche Federn dadurch zu bemäkeln suchen, daß sie ihn als den „leichten“ bezeichnen. Man macht sich angenehm, indem man sich zugleich selber hübsch bespiegelt. Die ganze französische Gesellschaft ist im Grunde eine gegenseitige Eitelkeits-Versicherungsanstalt. Man streichelt, um wieder gestreichelt zu werden; doch geschieht's nie plump, nie ohne Geschmack. Der gute Ton ist den Franzosen als dramatisches Talent angeboren, und deßhalb wird bei ihnen auch die Komödie auf der Bühne trefflich gespielt. Darin wird kein anderes Volk, wenigstens kein germanisches, sie jemals erreichen, und es ist thöricht, ihnen auch nur nachahmen zu wollen. In glatter Zierlichkeit sind sie Meister, und selbst wo auf der Bühne die Schlüpfrigkeit an die Zote streift, wissen sie das mit einer gewissen élégance und mit einer Art von esprit zu thun. Sie machen manchen ihrer Fehler durch Witz verzeihlich, und Witz ist ihnen nicht abzusprechen. Der allzeit fertige und sprudelnde französische Witz, der seine ewige keltische und gallische und athenische Leichtigkeit bewahrt hat, behält seine Kraft und Klarheit und schießt heute noch Blitze. Ueber die Mehrzahl der Lebensaugenblicke leichter hinwegzukommen, hat der Gebildete auch in Deutschland oft kein tauglicheres Hülfsmittel als die Produktion des fröhlichen, stolzen und eitlen Frankreichs mit seinen in anderem Sinne — eitlen Hoffnungen. Gerade die nationale Selbstüberhebung brachte in die schöne Literatur Frankreichs eine sprudelnde Fülle von Freude am Dasein, und weil dieser Dünkel nicht wie bei verschiedenen uns bekannten Nationalitäten nur vom Credit lebt, von Wechselbriefen, die einer eingebildeten Zukunft zur Annahme vorgelegt werden, sondern am Erbe einer an Leistungen für die Welt thatsächlich überreichen Vergangenheit, so hatten die Uebertreibungen des Lebensmuthes und der Eigenliebe auch Stil und Form, woran selbst ein ernsthafter Mann, der ihren trügerischen Inhalt durchschaute, ein edles Vergnügen zu finden vermochte.

Daß in einer Gesellschaft wie die französische die Frauen mehr denn anderwärts herrschen, ist natürlich und auch allbekannt. Nur sieht man häufig die Französin in ganz falschem Lichte. Man hält sie für ein putzsüchtiges, verschwenderisches, leichtsinniges Geschöpf, das Romane liest und lebt. Nichts ist aber irriger. Wohl herrscht die Französin im Salon, in den Amtsstuben der Ministerien, in der Familie, ja im Handel, wie früher am Hofe, aber sie verdient in der That zu regieren, wie sie es in Wirklichkeit thut; denn sie ist sittlich und geistig dem Manne überlegen: die Ordnung, die Sparsamkeit, der Familiensinn, welche der Nation überhaupt angehören, sind bei ihr naturgemäß ausgeprägter, als beim Manne. Kalt, berechnend, praktisch, ist sie zugleich weniger gewissenhaft, sieht den Vortheil der Familie mit sicherem und schnelleren Blick, weiß ihn energischer zu verfolgen. Es giebt keine trefflicheren Haushälterinnen als die Französinnen, die, ohne mit der Haushalterei auf deutsche Weise zu prahlen, den Hausstand mit umsichtiger und fester Hand zu leiten wissen. An Keckheit und Dreistigkeit im Auftreten wird's einer Französin nie fehlen; ehrgeizig im höchsten Grade, leidenschaftlich unter einem Anflug von Nüchternheit, gewandt in ihrem Betragen, charakterfest und willensstark, leitet sie den Mann wie den Bruder oder den Sohn, bringt ihn vorwärts, ebnet ihm die Wege, thut für ihn die Schritte, welche nothwendig, aber peinlich zu thun sind; kurz, sie erobert ihm seinen Platz in der Welt und hilft ihm, ihn behaupten. Ebenso falsche Meinungen sind über das französische Familienleben im Umlaufe. In Paris allerdings sind Mann und Frau oft „tolerant“ und erlauben sich Alles, wenn nur der Schein gerettet wird. Wahr ist auch, daß sehr viele Ehen in Frankreich nur ein äußeres Vertragsverhältniß sind, grundfalsch hingegen, daß die Franzosen das Familienleben gar nicht kennen. Vielmehr ist die Liebe zur Häuslichkeit das Herrschende in ganz Frankreich; in der Provinz ist die Heirath, das häusliche Leben, die Ehrbarkeit immer die herrschende Mode geblieben und man findet schwerlich außer dem Hause einen Ersatz für das Glück, dem man sich weigert, einen Platz am eigenen Herde zu gewähren. Die Achtung vor der Familie giebt sich auch in dem schönen Gebrauche kund, daß am ersten Tage des neuen Jahres sich alle Familienglieder um die Mutter versammeln und an ihrem Tische speisen. Da anerkannter Maßen überall die höheren Stände es sind, welche sich durch das Familienleben am wenigsten fesseln lassen, so spricht schon der Hinweis auf die Thatsache, daß die große Anzahl der Franzosen dem Bauernstande angehört, für einen ausgeprägten Häuslichkeits- und Familiensinn. Nach Alfred Bonnards Schätzung giebt es in Frankreich $19^1/_2$ Millionen Ackerbauer, $9^1/_2$ Millionen arbeiten in Werkstätten und Fabriken; $4^1/_5$ Millionen leben von Handel, Verkehr, Bankwesen u. s. w., $1^1/_2$ Millionen beschäftigen sich mit Wissenschaften, Publicistik, Kunst und Kunstgewerbe, und rund 2,400,000 Personen sind Rentner und Pensionirte. Die Zahlen beruhen zwar augenscheinlich nur auf oberflächlichen Schätzungen, geben aber doch einen ungefähren Begriff von der Vertheilung der Franzosen nach Berufsarten.

Das Herzogthum Guyenne.

Das Rouergue.

Den größten Theil des Garonnebeckens nimmt das Herzogthum Guyenne oder Guienne ein, der Kern des alten Aquitanien, das von den Pyrenäen bis zur Loire reichte. Ursprünglich, als Aquitanien im Jahre 57 v. Chr. durch Cäsars Legaten Crassus den Römern unterworfen wurde, umfaßte dasselbe allerdings blos den vorwiegend von Iberern bewohnten südwestlichen Theil Galliens, die spätere Gascogne. Bei der neuen Provinzeintheilung unter Octavian im Jahre 37 v. Chr. wurde aber Aquitanien nach Norden und Osten bis zur Loire erweitert und umfaßte also auch keltische Stämme, welchen die Garonne als Südgrenze diente. In der Völkerwanderung ließen sich die germanischen Westgothen unter Athaulf in Aquitanien nieder und stifteten unter dessen Nachfolger Wallia ein Reich mit der Hauptstadt Toulouse. Doch blieb auch unter germanischer Herrschaft die Bevölkerung, was sie früher gewesen: romanisirte Iberer und Kelten. Von den Gothen aber stammen höchst wahrscheinlich die „Cagots“ in den Pyrenäen ab, eine mit dem Fluche ihrer Nachbarn beladene Pariakaste, die wir später noch genauer kennen lernen werden. Durch die Schlacht bei Vaillon 507 ward mit ganz Südgallien auch Aquitanien ein Theil des fränkischen Reiches. Unter den Merovingern bildete es ein nur dem Namen nach von dem Frankenreiche abhängiges Herzogthum. Seit 720 machten dann die Araber wiederholt Einfälle in Aquitanien. Herzog Eudes suchte endlich vor diesen Schutz bei Karl Martell, welcher auch durch seinen Sieg bei Poitiers im Jahre 732 das Land vor dem Islam rettete. Nach blutigen Kämpfen zwischen den Karolingern und den Herzogen Hunold und Waifar, die auch unter dem Frankenkönige fortdauerten, ward Aquitanien 771 durch Karl den Großen zu einer Provinz des fränkischen Reiches gemacht und von Grafen regiert, bis es der Kaiser zum Königreiche erhob und seinem Sohne Ludwig dem Frommen verlieh, wodurch jedoch in der Verwaltung des Landes oder in dessen Stellung zum Reiche nichts verändert wurde. Im Jahre 814 übergab Ludwig Aquitanien nebst der spanischen Mark zur Verwaltung seinem Sohne

Pipin, welcher 817, als Ludwig sein Reich theilte, zum Könige von Aquitanien ernannt wurde. In dem berühmten Vertrage von Verdun, 843, wurde Aquitanien zwar zu Karl des Kahlen Antheil geschlagen, das Land blieb aber der Schauplatz blutiger Kämpfe zwischen Kronprätendenten. Die meisten erklärten sich für Pipin II., den Sohn des genannten Pipin, und Karl sah sich 845 genöthigt, demselben die Herrschaft über Aquitanien, mit Ausnahme von Poitou, Saintonge und Angoumois, zu überlassen. Nach mannichfachem Thronwechsel ward Aquitanien, als Ludwig der Stammler den westfränkischen Thron bestieg, 877 mit Frankreich zwar vereinigt, jedoch von Neuem an einen Vasallen Rainulf, Grafen von Poitiers, mit dem Herzogstitel verliehen. Derselbe nahm später den Königstitel an. Aquitanien umfaßte unter seinem Nachfolger Wilhelm Werghaupt (Tête d'étoupes) um 950 die Grafschaften Gascogne, Armagnac, Fézenvac, Périgord, Poitou, Angoulême und La Marche, während das Gebiet der oberen Garonne 929 an den Grafen Raimund Pons von Toulouse verliehen worden war. Die Nebenbuhlerschaft der beiden Häuser Poitou und Toulouse zerrütteten das Land und schwächten seine politische Macht und Selbständigkeit. In diesen Zeiten verschwand der Name Aquitanien und blieb nur dem Besitze der Familie Poitou in der verderbten Form Guyenne, nach welcher sich die Herzoge des Landes nannten. Sie residirten meist in der von den alten keltischen Biturigern gegründeten Stadt Bordeaux und hatten sich, obgleich Großbeamte der Krone, doch von dieser fast unabhängig gemacht. Als sich 987 Hugo Capet des französischen Thrones bemächtigte, erkannte ihn Herzog Wilhelm IV. nicht an, schloß aber 989 doch Frieden mit ihm. Wilhelm VIII., der schon vorher im Besitze eines Theiles von Guyenne und des Herzogthums Gascogne gewesen, eroberte Saintes und Saumur und starb 1086. Sein Sohn Wilhelm IX. nannte sich wieder Herzog von Aquitanien und Graf von Poitiers. Wilhelm X., sein Sohn und Nachfolger, unterstützte 1136 den Grafen Gottfried Plantagenet bei dessen Einfall in die Normandie; ihn beerbte seine Tochter Eleonore, an den König Ludwig VII. von Frankreich vermählt. Als sich aber dieser wegen ihres ausschweifenden Lebens von ihr scheiden ließ, heirathete sie den Herzog Heinrich von der Normandie aus dem Hause Plantagenet, welcher 1154 König von England wurde, wodurch Guyenne an England kam. Nur vorübergehend, 1296—1303, gehörte Guyenne den Franzosen, welche das Land erobert hatten. Endgültig setzten sie sich erst 1451, also nach fast dreihundertjähriger Trennung, in den Besitz des Landes, welches 1472 für immer mit Frankreich vereinigt wurde.

Die eigentliche Guyenne, welche heute sechs Departements umfaßt (Gironde, Lot und Garonne, Tarn und Garonne, Aveyron, Lot, Dordogne), reichte von der Mündung der Cère in die Dordogne bis Nérac an der Baïse im Süden und von der Mündung der Gironde bis Millau. Man theilte sie in die meist aus Tafelländern und Gebirgen bestehende Ober-Guyenne und die mit Ebenen und Steppen ausgefüllte Unter-Guyenne. Jede derselben zerfiel wieder in eine große Anzahl verschiedener Landschaften, die der Leser im Nachfolgenden kennen lernen wird. Zunächst wenden wir uns dem Rouergue zu, welches den größten Theil des Aveyron-Departements ausfüllt. Es zerfällt in Ober-Marche (Vabrais und Larzac) und Unter-Marche (Aubrac), geologisch in „Causses“ und „Segalas“. Mit dem westlich angrenzenden Quercy im jetzigen Lot-Departement bildet es die übereinander aufsteigenden Hochflächen der Ober-Guyenne. Unter diesen gehören zu den bedeutendsten die oben er-

29*

wähnten Causses, die sich nach Norden und Nordosten bis zu den Cevennen und dem Cantal hindehnen. Der Westen und die Mitte sind hier niedrig, ein fruchtbares Hügelland; der Osten aber ist eines der gebirgigsten, rauhesten und unfruchtbarsten Länder Frankreichs, das im langen Winter, wenn der Schnee es bedeckt, fast jeglicher Verbindung entbehrt. Die zwischen dem Chefslieu Rodez und Millau 1880 vollendete Eisenbahnlinie von Figeac nach der Mittelmeerküste hat in dieser Beziehung einem tiefgefühlten Bedürfnisse abgeholfen. Das gebirgige Rouergue besonders ist einer der höchsten Theile Frankreichs. Zwischen den Auvergnegebirgen und den Cevennen gelegen, dacht sich das Land nach Südwesten gegen die Garonne hin, welcher der Tarn mit Dourdon und Rance, der Aveyron mit Viaur und Lot mit Truyère zufließen, ab und erreicht im Osten, im vulcanischen Aubracgebirge (1471 m), seine höchsten Erhebungen. Im Süden erhebt sich das Kalkplateau Larzac (850—921 m); das Centrum zwischen den Thälern des Tarn und Aveyron nimmt das kahle, granitische Lévezougebirge (1116 m) ein. Diese zum Cevennensystem gehörigen Gebirgszüge sind reich an merkwürdigen Bildungen, wie Höhlen, Stalactitengrotten und das brennende Steinkohlenlager bei Fontaynes. Große Wälder von Eichen, Buchen und Nadelholz bedecken ihre Abhänge, und der Schnee bleibt auf ihnen sechs Monate liegen. In diesen Hochebenen und Gebirgen ist das Klima rauh und kalt, besonders im Norden; im Westen aber, wo sich die Flußthäler ausbreiten, mild und angenehm. Dennoch baut man selbst in diesen begünstigteren Strichen keinen Weizen, sondern anderes Getreide, Roggen, Hafer, Gerste, dann auch Hanf, Rüben, Kartoffeln und Hülsenfrüchte. Wohl ein Drittel des ganzen, wenig ergiebigen Bodens ist unangebaut, dennoch reicht die Ernte für die Bewohner aus. Auf den kiesigen Bergen des Nordens wachsen Kastanien und dieser Baum trägt dort so reichlich, daß seine Früchte hie und da das Brod ersetzen. Der Weinstock liefert mit wenig Ausnahmen nur ein mittelmäßiges Getränk, das größtentheils zur Branntweinbrennerei verwendet wird. In den Eichenwäldern finden sich Trüffeln in Menge und groß ist der Reichthum des Landes an Wiesen und Weiden, daher es sich ganz vorzüglich zur Viehzucht eignet, die auch in der That in Maulthieren, Pferden, Rindern, Schweinen, Ziegen und hauptsächlich in Schafen stark entwickelt ist. Man zählt an 800,000 Stück Schafe, welche jährlich 1—2 Millionen kg Wolle liefern und aus deren Milch mit Ziegenmilch vermischt man den berühmten Roquefortkäse darstellt.

Wer bei einem Besuche des südlichen Frankreichs das malerische Felsennest Capdenac, das Uxellodunum der Römer, verläßt und auf der Zweigbahn nach Rodez fährt, der kommt bald in ein mit Waldbergen umsäumtes rauhes Thal, auf dessen Wiesen er viele Ziegen- und Schafheerden grasen sieht. Hier liegt das Dorf Roquefort auf der Kalktafel von Larzac, einer Gegend, die vorzugsweise zur Schafzucht geeignet ist. In dem Boden, dem Jurakalk angehörend, finden sich geräumige Höhlen oder Grotten, welche die Eigenthümlichkeit besitzen, daß sie durch Luftströme auf einer niedrigen Temperatur erhalten werden: 6—8 ° C. während der größten Sommerhitze, bei welcher der Thermometer außerhalb 26—28 ° zeigt. Einige Landwirthe aus Roquefort bewahrten ihren Käse in diesen natürlichen Felsenkellern auf und bemerkten sehr bald, daß das Produkt eine höhere Qualität angenommen hatte, wenn es hinlängliche Zeit der Einwirkung des Kellers ausgesetzt war. Auf diese Weise entstand eine Industrie, welche jährlich viele Tausende von Kilogramm an Käse erzeugt. Unter dem Einflusse der kalten Luftströme, welche diese Keller durchziehen, lockern sich die weißen Massen des frischen Käses nach kurzer Zeit, welchen nunmehr ein gelblicher Schimmer überzieht. Er rührt von dem Penicillium glaucum her, einem Schimmelpilz, der sich üppig auf dem Caseïn entwickelt und die Umwandlung des Caseïns in eine Fettsubstanz bewirkt, welche die Ursache des von den Feinschmeckern so sehr geschätzten Geschmackes des Roquefortkäses ist. Die Erzeugung des Fettes ist leicht zu constatiren. Behandelt man das Caseïn mit einem Gemisch von Alkohol und Aether, so lassen sich nur zwei Prozent eines Fettes ausziehen, welches sich von der Butter nicht unterscheidet. Behandelt man auf gleiche Weise Käse, der zwei Monate in dem Käsekeller verweilt hat, so erhält man 30—40 Prozent einer Fettsubstanz, die von der Butter verschieden ist, obgleich sie die nämlichen Bestandtheile enthält. Es ist also wohl nicht zweifelhaft, daß die Umwandlung das Ergebniß der Vegetation der genannten Schimmelpflanze ist, welche die Oberfläche des Käses überkleidet. Ehe man den Käse der Einwirkung der Mykodermen überläßt, wird das Caseïn, welches der Landwirth dem Kellerbesitzer bringt und das, wie gesagt, höchstens zwei Prozent Butter enthält, scharf gesalzen. Eine Abtheilung des Kellers ist für diese Arbeit bestimmt. Nach dem Salzen wird der Käse in Laibe von 2—$2^1/_2$ kg Gewicht gebracht und dann in den kühlsten Theilen des Kellers auf Gestelle gelegt, so daß sie einander nicht berühren. Nach kurzer Zeit bedecken sie sich mit Schimmel, welcher in Gestalt einer weißen Vegetation an den prächtigsten Schwanenflaum erinnert. Nach einigen Tagen hat die Mykoderme alle Phasen ihres Lebens durchlaufen, was man daran erkennt, daß an den Enden der zweigähnlichen Phasen schwarze Poren zum Vorscheine kommen. Nun entfernt man sie mit Hülfe von Schabmessern, um die Entwickelung neuer Keime zu befördern, welche die alte Pflanze ersetzen und so die Arbeit weiterführen, die eine einzige Vegetation nicht vollenden konnte. Es bildet sich nunmehr über der Masse eine graugrüne Schimmeldecke, welche wieder mit den Schabeisen entfernt und nach kurzer Zeit durch eine neue hellgrün-rosafarbene ersetzt wird, deren Flaumgebilde man zu einiger Höhe anwachsen läßt. Auf solche Weise erneuert man in Zeit von etwa zwei Monaten sechs- oder siebenmal die Oberfläche der Käse, welche gerade durch diese mehrfachen aufeinander folgenden Generationen der Schimmelpflanze die Eigenschaften erhalten, um derentwillen sie so geschätzt sind. Dann nähert sich der Käse seiner Vollendung. Aus dem Caseïn ziehen sechs oder sieben Generationen der Schimmelpflanze die zu ihrer Entwickelung nöthigen Nährstoffe. In dem Grade aber, als das Caseïn eine Metamorphose erleidet, wird es zur Ernährung des Schimmels immer untauglicher, und die später zum Vorschein kommenden Generationen sind überaus dürftig. Wenn nach ungefähr zweimonatlichem Verweilen im Keller der Käse nicht mehr zur Ernährung des Penicillium geeignet ist, bringt man ihn in den kältesten Kellerraum und setzt ihn den schärfsten Zugwinden aus. Dort wird er aufs Neue seiner Schimmeldecke beraubt und wiederum scharf gesalzen. Bald erscheinen zwei neue Schimmelpilze: der eine davon, eine Ascophora, ist weiß und bildet seidenglänzende Fäden, während der andere hie und da in Gestalt orangerother Näpfchen auftritt und als Zeichen der höchsten Würde, zu der er nun herangereift ist, den Käse mit einem köstlichen Purpurgewand bekleidet. Das Erscheinen dieser beiden Cryptogamen lehrt den Fabrikanten, daß das Caseïn den gewünschten Grad der Umwandlung erlitten hat und der Käse „reif“ ist. Derselbe wird, nachdem man die Schimmelbildung lange Zeit nicht gestört hat, wieder abgeschabt und nunmehr versand-

Aus den vorangegangenen Proceduren erklärt es sich leicht, daß bei den verschiedenen äußeren Pilzbildungen das Innere vom Schimmel nicht unberührt bleiben konnte und daß seine dendritische Adernetze dasselbe durchzogen, die Käsemasse zersetzten und zu kleinen blaugrauen Klümpchen umgestalteten. Diejenigen Theile, welche von diesem Netzgeflecht nicht berührt wurden, nehmen eine grünlichblaue Uebergangsfarbe an. Die besten Keller zum Reifen der Käse sind natürlich diejenigen, in welchen das Penicillium am schnellsten wuchert, und die feinsten dieser Käse haben ihre Ausbildung in der Delmatgrotte bei Roquefort erhalten. Sie bilden die gesuchtesten Artikel auf den berühmten großen Käsemärkten zu Millau, einem Orte in den Cevennen am Fuße der Larzachochebene, und von St. Affrique, einem zwischen Gärten, Wiesen und Weinbergen gelegenen Städtchen mit krummen Straßen und gothischen Häusern. Die mächtigen Cylinder, in die der Käse geformt, bilden den Glanzpunkt des Nachtisches einer feinen Tafel. Man macht einen etwa einen Zoll tiefen ringförmigen Einschnitt in die kreisrunde Oberfläche des Cylinders, hebt das gelöste Stück, wie man einen Stein aus dem Pflaster mit einem Brecheisen lockert, und genießt alsdann aus dem Innern die kleinen losbröckelnden Stückchen, deren wunderbar feiner Duft und pikant belebender Wohlgeschmack einen Jeden, der das unbeschreiblich verführerische Aroma auf den Lippen spürt, vergessen läßt, daß idealer Moder nach wonnevoller Verderbniß und fadenpilziger Schimmel ihm einen Genuß zu verschaffen wußten, um den ihn die Unsterblichen des Olymp beneiden könnten.

Aber nicht nur die Käsefabrikation steht in hoher Blüthe, sondern die Industrie im Allgemeinen hat sich in den letzten Jahrzehnten im sonst so armen Aveyron-Departement bedeutend gehoben. Die reichen Mineralschätze des Landes, welche namentlich in den Bergen zwischen Aveyron und Lot an Alaunschiefer, Steinkohlen, Anthracit, Eisen, Blei, Kupfer, Zink und verschiedenen Steinarten vorhanden sind, werden allerdings noch nicht genügend ausgebeutet. Nur Decazeville, eine seit 1830 bestehende Gründung des Herzogs von Decaze, im Nordwesten des Departements, hat einen ansehnlichen Kohlenbau. Daneben stehen in erster Linie Eisen- und Stahlguß- und Walzwerke, Kupfer- und Zinkhütten. Andere lebhaft betriebene Erwerbszweige sind Leinen- und Schafwollweberei, Wirkerei, Gerberei, Seidenspinnerei, Glas- und Papierfabrikation. In Wolldecken, Serges und Tricotwaaren arbeitet insbesondere das Chefflieu Rodez, das alte Segodunum, eine kleine, unebene, schmutzige Stadt am Aveyron mit 15,000 Einwohnern, engen Straßen und vielen Holzhäusern. Die einzige Merkwürdigkeit von Rodez ist seine Kathedrale mit dem 80 m hohen Glockenthurm, zugleich einem der schönsten gothischen Bauwerke in Südfrankreich.

In Quercy.

Die Landschaft Quercy, von dem Lot mit dem Sellé und der Dordogne bewässert, bildet den größten Theil des heutigen Lot-Departements. Die Gebirge sind mäßig hoch, aber ausgedehnt, zerschnitten, der Primitivformation angehörig und an den Puy de Cantal sich anschließend; den größeren Theil des Landes machen aber die bis 450 m hohen Kalkflächen der Mitte aus. Die Thäler, bis zu 200 m hoch, sind fruchtbar und man gewinnt dort Getreide, Hanf, Tabak und Obst mehr als man braucht, an den Hügeln Wein bis zu drei Fünftel des Bedarfes. In den Bergen ist die Eisenbereitung nicht unbedeutend. Das Klima ist im Allgemeinen gesund und angenehm. Die Hauptbeschäftigung der Bewohner in diesem Theile der Ober-Guyenne bilden wie im Rouergue Ackerbau und Vieh-, namentlich Schafzucht. Dagegen ist die Industrie weniger bedeutend.

Von den Städten des Quercy ist wenig zu berichten; sie sind von nur geringer Bedeutung. Cahors, das Chefslieu des Lot-Departements und ehemalige Hauptstadt des Quercy, hat steile, krumme Straßen in der Oberstadt, während die Unterstadt regelmäßig gebaut ist. Cahors liegt auf einer vom Lot gebildeten Halbinsel, hat vier Brücken, eine schöne romanische Kathedrale, in der Nähe Reste von römischen Bädern und die Trümmer eines antiken Amphitheaters. Seine 15,000 Einwohner treiben hauptsächlich Handel mit Korn, Trüffeln, Nüssen und Nußöl, Prünellen, insbesondere aber mit Wein. Die Cahorsweine, die besten Sorten der Pontacweine, sind von dunkelrother Farbe, in der Jugend von vieler Lieblichkeit, die sie später verlieren, wofür sie aber bei sorgfältiger Behandlung für den Magen sehr wohlthätige Eigenschaften annehmen. Den ersten Rang nimmt der Regomme ein, von funkelnder dunkler Farbe, hoher Geistigkeit, viel Arom und von concentrirter Süßigkeit, welche sich gewöhnlich bis ins späte Alter erhält. Unter den sonstigen Städten des Departements seien blos der imposant auf hoher Felsklippe am Alzou gelegene Wallfahrtsort Rocamadour, dann die Stadt Figeac erwähnt. Ersterer verwahrt in der Kirche einer berühmten Abtei einen mächtigen Degen, welcher jener Rolands Durandal sein soll. Figeac am Sellé war ursprünglich eine im Jahre 755 von Pipin gegründete Benedictinerabtei und besitzt noch zwei schöne gothische Kirchen. Der Ort hat Kattunfabriken und treibt Wein- und Viehhandel.

Den Glanzpunkt des Quercy bilden, wie im nördlich benachbarten Limousin, seine vielen mittelalterlichen Schlösser. Dicht bei Cahors, nur 8 km nordwestlich, erhebt sich bei dem gleichnamigen Dorfe das Schloß Mercuès, welches in ein hohes Alterthum zurückreicht und auf der Stelle eines ehemaligen Mercurtempels erbaut worden sein soll. Die Nordgrenze des Quercy aber bewacht Castelnau, die großartige Burgruine, welche die Gipfel jener Gegend krönt. Ueber einem unabsehbaren Thale, durch welches die Dordogne majestätisch zwischen Blumenwiesen und von der Sonne vergoldeten Saaten rollt, denke man sich auf hoher Felsenzinne zwischen Himmel und Erde ein Schloß so groß wie eine Stadt von rothen Steinen gebaut, mit ungeheuren Thürmen, welche ihre düsteren, von der Zeit ausgezackten Umrisse in die Luft erheben. Mauern, aus welchen dicke Eichen sprossen, Schwärme von Raben und Raubgevögel durch die Lüfte kreisend, Todesschweigen über der Landschaft schwebend: das ist Castelnau. Es zeigt sich besser erhalten als alle anderen Vesten. Nicht nur das Zimmerwerk und Dach stehen noch, sondern auch im Innern die Schnitzereien, die Fußböden, Vergoldungen, Malereien sogar, Alles befindet sich an seinem Platze. Die ausgedehnten Höfe sind mit Schlingpflanzen, Nesseln, Hollunder, wilder Münze überwuchert, und diese trübe Vegetation verbreitet einen scharfen Geruch, der sich dem Wanderer aufdrängt und ihn wehmüthig stimmt. Obschon der Grundbau des Schlosses in das elfte Jahrhundert zurückreicht, findet man fast nirgends das Gepräge dieser Zeit. Alles verräth jene unbestimmten Tage Ludwigs XIII., wo die Architektur zugleich die gewaltigen Verhältnisse des Mittelalters verloren und die zarte Kunst der Renaissance vergessen hatte. Die Stände von Quercy versammelten sich im fünfzehnten Jahrhundert zu Castelnau. Es gehörte der Familie Caylus, deren Abkömmlinge sich Clermont-Lodève nannten. Nachmals erbten es die Herzoge von Luynes, welche es in den Vierziger Jahren um einige Tausend Franken verkauften.

Aehnlich wie hier, trifft man auch sonst, namentlich in der Nachbarschaft von Flüssen und großen Waldungen noch Schlösser mit der ganzen feudalen Architektur aus der Zeit Franz I. und Heinrich IV. Allein es ist am Ende ermüdend, in denselben Thronsäle ohne Thron, Rüstungen ohne Ritter, Hellebarden ohne Schweizer zu sehen. Manchmal ersetzt die Papiertapete die Wandbehänge aus corduanischem Leder, angestrichener Gyps die Holzschnitzerei, und der Bürgerliche, der es den Adeligen nachthun will, zeigt seinen Ohrzipfel. Uebrigens ziehen es die Insassen meistens vor, nur einen einzigen Schloßflügel zu bewohnen; die alten unbequemen Lehnstühle sind durch bequeme Divane ersetzt und moderne „Bibelots“ machen die alten Räume heimlich. Zumeist glaubt auch natürlich der Bürger, welcher ein solches Schloß gekauft, er müsse in die Haut seiner alten Bewohner schlüpfen und entscheidet sich entweder für die Nachahmung des Mittelalters, der Renaissance oder des Directoriums. Uebrigens haben sich in vielen Gegenden Frankreichs die kleinen Landjunker ziemlich so erhalten, wie sie vor dem großen 4. August waren. Sie besitzen nicht mehr, wie R. Belloc, der Kenner des mittleren Frankreichs, im Scherze sagt, das ausschließliche Recht, Tauben zu züchten, was gewiß sehr ehrenvoll war, aber sie besitzen neben der öffentlichen Achtung eine gute Unterkunft für ihren Nachwuchs. Es ist dies zumeist ein Gebäude halb Meierhof, halb Burg. Unter dem Anstrich aus neuerer Zeit erscheinen die feinen Sculpturen des sechzehnten Jahrhunderts. Der Taubenschlag ist noch da und beherrscht den Hühnerhof, wo der Landjunker seine Pächter empfängt. Derselbe reitet, wie in vergangenen Zeiten, auf seinem Klepper zu Markte. Er führt ein ganz erträgliches Leben, bei seinem einfachen Haushalt und dem Vertrauen, das zwischen ihm und seinen Nachbarn herrscht. In dieser und jener kleinen, vom Weltverkehr abgelegenen Stadt leben freilich zahlreiche Junker, die sich nicht der Landwirthschaft ergeben wollen. Dieselben bewahren bei ihrer Armuth das empfindliche Ehrgefühl von Edelleuten. Man findet allerdings auch gelegentlich einen Abkömmling von Kreuzfahrern als Postboten oder als Gutsverwalter eines Bürgerlichen. Eine adelige Dame, die von einer kleinen Rente lebt, sagt, von Millionären sprechend: „Das sind Leute, die für uns nicht existiren, sie haben ihr ganzes Leben lang gearbeitet.“ Ihr Müßiggang führt natürlich manche von jenen Lastern herbei, für welche die Gesellschaft ehedem so nachsichtig war, und man flüstert sich gern kleine Scandale ins Ohr. Vielleicht wird Mancher staunen, von französischen „Junkern“ sprechen zu hören. Hat denn nicht die große Revolution mit den Adelsvorrechten aufgeräumt, und rühmt sich nicht Frankreich der vollen Gleichheit aller seiner Bürger? Nun, was in den Gesetzen steht, ist noch immer nicht ebenso in den Gewohnheiten und Anschauungen festgewurzelt, und der Franzose ist, was Standesunterschiede anbetrifft, ohne Frage conservativer als der Deutsche. Ein Diener, der aus einem Bankierhause in ein gräfliches übergetreten, sagt wohl, über den Grund des Wechsels befragt: „Du lieber Gott, ich werde jetzt schlechter bezahlt, aber ich brauche doch nicht mehr meines Gleichen zu bedienen.“

Man hat geglaubt die Junker ausrotten zu können, indem man durch die

Theilung der Erbschaften den Boden Frankreichs ins Unendliche zerstückelte. Aber Frankreich zählt heute kaum weniger große Landbesitze, als irgend ein anderer Staat Europas. Die Männer der Revolution, die Schüler J. J. Rousseau's, hatten eben nicht bedacht, wie großartig der bewegliche Reichthum sich entwickeln werde und daß derselbe eines Tages sich dem Grundbesitze zuwenden könne, der dem Eigenthümer große Jagdgebiete und herrliche Waldungen verschafft. Mit Recht bemerkt Belloc, daß die Junker, bei ein bischen Geist, durch die revolutionären Erbgesetze nicht belästigt werden. Ehedem sagte wohl ein Herzog zu seiner Schwiegertochter, die einen dritten Erben zur Welt gebracht: „Das ist sehr schön, aber wenn Sie mir noch einen schenken, so werden wir verkaufen müssen." Er dachte eben nicht an die Heirathen, die während der letzten drei Generationen sein Wappen vergoldet haben. Der letzte Herzog hat die Tochter eines reichen Gewerbetreibenden geheirathet. Er überläßt seinem jüngeren Bruder das väterliche Gut, das ihm nicht mehr genügt. und kauft für baares Geld einen früheren Königssitz. Hier tritt nun an die Stelle der langjährigen Stille der Lärm der Wagen, Jäger und Hunde. Der Glanz der Livréen, die Eleganz der Kutschen übertrifft die alte Zeit. Sammt und Seide rauschen von Neuem über die alten Steintreppen. Elegante Nachen wecken das schlafende Wasser der Teiche auf. Hundert Pächter hängen vom Schloß ab, und wenn ein förmliches Abhängigkeitsverhältniß nicht besteht, so besteht doch der Zwang des Interesses. Ist der Schloßherr nur menschenfreundlich, zahlt er reichliche Entschädigung für Jagdschaden, drückt er ein Auge wegen der Wilddieberei zu, so wird man ihn, wenn er es wünscht, in die Kammer oder in den Senat schicken. So wird er durch seine Wähler vielleicht mächtiger als ehedem durch seine Geburtsrechte.

Heirathete man früher, um die Schulden zu zahlen, die man beim Spiel oder am Hofe gemacht, so heirathet man heute, um sein Haus aufrecht zu erhalten. Die Demokratie hat hierin nichts geändert. Der Preis der Adelsnamen ist nicht gesunken, sondern eher gestiegen. Die Amerikaner gehen am eifrigsten darauf aus. Ein Herzog, Graf, Marquis u. s. f. darf in Frankreich nur wählen. Die Tochter eines jeden Gewerbetreibenden, ob hübsch, oder häßlich, gehört ihnen. Es verhält sich mit einem Adelsnamen, wie mit dem Closvougeot oder Lafitte, der nur in einem bestimmten Boden erzeugt wird: es liegt hier ein angebornes Monopol vor, das seinen Liebhaberpreis hat. Jene Heirathen entsprechen übrigens einer gesellschaftlichen Nothwendigkeit. Sie bilden für die Junker die Befreiung von einem sehr harten Gesetze, das ihnen verbietet, den Erstgebornen zu bevorzugen, und sie zeugen von der Gemeinsamkeit der Stufe zwischen einem selten ganz unvermischten Blut und der hohen „Bourgeoisie", die dieser Elite weder an Bildung, noch an Manieren nachsteht. Ist es doch häufig schwer, zwischen einer Herzogin aus dem Stegreif und einer großen Dame von echtestem Adel zu unterscheiden.

Das Périgord.

Schlösser wie Castelnau und Mercuès, welche die vorstehenden Betrachtungen veranlaßten, sind auch in der Unter-Guyenne keine Seltenheit. Ich nenne dem Leser jene von Jumilhac-le-Grand und von Bourdeilles, welche an den südlichen Ausläufern der Montagnes du Limousin sich erheben.

Ersteres, dessen Architektur an jene des Schlosses von Chenonceaux erinnert, war lange Zeit Eigenthum der Familie Roche Chouart und liegt an der Isle im Departement der Dordogne, zu dessen schönsten Bauwerken es zweifelsohne zählt; das andere erhebt sich an der Dronne unfern vom Städtchen Brantôme und war der Stammsitz des Pierre de Bourdeilles, Seigneur de Brantôme, der sich durch seine Memoiren einen dauernden Namen in der französischen Literatur geschaffen hat. Die Bourdeilles waren einer der vier großen Barone des Périgord, einer Landschaft, welche heute den größten Theil des Dordogne-Departements bildet und in das Ober-Périgord mit der Double und Unter-Périgord mit dem Sarladais zerfiel. Das Périgord, so genannt nach den keltischen Petrocorii, den ältesten Einwohnern des Landes, ward unter Augustus von den Römern erobert und mit Aquitanien verbunden; später kam es an die Gothen, dann an die Franken, und die Karolinger ließen es durch Grafen verwalten. Einer derselben wurde der Stammvater der jetzigen Fürsten von Talleyrand-Périgord. Erst Heinrich IV. aber vereinigte es mit der Krone. Das Périgord ist ein von engen Schluchten zerschnittenes Land, mit Kuppen besetzt, die zu den letzten Ausläufern der Berge von Limousin gehören; nach allen Richtungen ziehen Hügelketten, das Isle- und Dordognethal ausgenommen, von den Fluthen häufiger Unwetter zerrissen. Zwischen den Kuppen liegen weite Tafelflächen mit Ginster, Buschwerk und Kastanienwäldern, deren Früchte als Nahrung dienen. Der Boden ist nur wenig erträgnißreich; oft zeigt sich der nackte Kalkfels; auch Sümpfe und Weiden sind ausgedehnt, fruchtbare Stellen aber eigentlich nur Oasen. Dennoch übersteigt die Weinernte den Bedarf; denn mehr als die Hälfte derselben geht in den Handel oder wird in Branntwein verwandelt. Sehr berühmt ist der treffliche Weißwein von Bergerac, eines hübschen, freundlichen Städtchens von 12,000 Einwohnern, in einer fruchtbaren Ebene am rechten Ufer der Dordogne, welches am Ausgange des Mittelalters ein wichtiger Handelsplatz war, aber seit der Aufhebung des Edicts von Nantes sehr herabgekommen ist. Jetzt treibt es starken Handel mit seinem Wein und den zahlreichen Trüffeln des Landes. Ein großer Theil der Arbeiter ist in den umliegenden Eisenhütten und Papierfabriken beschäftigt. Die Mineralschätze des Périgord sind nicht unbedeutend; man gewinnt Eisen, auch Steinkohle und Mangan. Großen Ruf genießen auch die Trefflichkeit der Schweine, die Fülle der rothen Rebhühner, die schönen Hechte, die Liqueure, feinen Droguen und in allererster Linie die Trüffeln von Périgord.

Zu den gesuchtesten Leckerbissen unserer Feinschmecker gehören die Trüffeln, eine Familie unterirdisch wachsender fleischiger Pilze, welche zwar einen sehr bedeutenden Handelsartikel bilden, aber nur wild vorkommen und seither allen Bemühungen, sie wie die Champignons, durch künstliche Zucht zu gewinnen, energisch widerstrebt haben. Die Gattung der Trüffeln ist sehr artenreich und hat einen großen Verbreitungsbezirk, denn dieser erstreckt sich von der heißen Zone bis nach Deutschland, jedoch sind die deutschen Trüffeln nur klein und nicht sehr würzig. Je weiter gen Süden sie wachsen, desto größer und schmackhafter sind sie. Diese unterirdischen Pilze, welche fast alle der Gattung Tuber angehören, wachsen beinahe ausschließlich auf kalkhaltigem Boden, wo Eichenbäume stehen oder gestanden haben, oder auf etwas humusreichen Sanddünen, wo man eigens Eicheln ansäet, weil man die Erfahrung gemacht hat, daß, wenn die Eicheln zur Buschform sich entwickelt haben, darunter Trüffeln gedeihen, so daß es beinahe erscheinen möchte, als ob die Sporen dieser Pilze schon im Boden liegen und sich nur da entwickeln, wo die den Eichenwurzeln innewohnende Gerbsäure vorkommt. Spanien, Italien, Sardinien und das südwestliche und mittlere Frankreich sind besonders ergiebig an schönen und guten Trüffeln. Einige Departements liefern bis zu 100,000 kg und der Trüffelbau nimmt von Jahr zu Jahr in Frankreich größere Verhältnisse an. Eichenpflanzungen werden angelegt und in den gelockerten Boden junge unreife Knollen gebracht und wieder bedeckt. Das ist Alles, was der Mensch zu thun braucht, wenn nur sonst die entsprechenden klimatischen und Bodenverhältnisse vorhanden sind. Die Trüffel verholzt in heißem Klima und verlangt gemäßigte Temperatur, sie gedeiht bis ziemlich hoch in den Alpen und reift erst im Winter durch den ersten Frost. Magerer kalkhaltiger Boden mit etwas Eisengehalt ist da vorherrschend, wo die besten Trüffeln gedeihen. Unter Eichbäumen von acht bis zehn Jahren findet man gewöhnlich die besten. Aber auch unter Wachholdersträuchern sind sie oft von besonders pikantem Aroma. Sie lieben lockeren Boden. Ich erwähnte die Trüffel schon im Aveyron- und im Lot-Departement, und wir werden sie noch ferner finden, wie z. B. im Departement der Niederalpen. Die besten und geschätztesten kommen aber aus Périgord, wo sich eine Menge Landleute mit dem Aufsuchen derselben abgeben. Sie haben ihre eigenen, sorgsam geheim gehaltenen Merkmale für das örtliche Vorkommen derselben. Wer diese nicht kennt, kann die 8—10 cm unter dem Boden liegenden Trüffeln auch durch abgerichtete Hunde oder Schweine aufstöbern lassen, welche dieselben alsbald durch den Geruch erkennen. Die Dressur der jungen Hunde zum Trüffelsuchen geschieht in folgender Weise: dieselben werden zuerst nur mit Milch, worin Trüffelstückchen gekocht sind, gefüttert. Dann gewöhnt man sie erst in der Stube, später im Freien, eine Trüffel aufzuspüren, die man irgendwo gut verborgen, gewöhnlich in eine kleine runde, mit einem durchgehenden Loch versehene Dose eingeschlossen hat, und belohnt sie jedesmal, wenn sie die Trüffel gefunden haben. Sind sie abgerichtet und suchen auch im Walde eifrig nach Trüffel, so können sie das gewöhnliche Futter der Haushunde erhalten. Besitzt man erst einmal einen alten, gut abgerichteten Hund, so lernen die Jungen unter seiner Anleitung leicht. Es ist sehr unterhaltend, zu sehen, wie ein Trüffelhund eifrig suchend den Boden beschnuppert; er schlägt bei jedem Funde an, dann eilt der Trüffelsucher herbei, gräbt die Trüffeln aus und belohnt den Hund. Aber, wie bereits erwähnt, auch die Schweine werden beim Trüffelsuchen verwendet. Dieselben gehen aus angeborener Gefräßigkeit den Trüffeln nach und erleichtern den Suchern noch das Geschäft dadurch, indem sie das Graben mit ihrem Rüssel selbst besorgen. Dann muß man aber schnell bei der Hand sein, sonst fressen sie die Beute selber. Sobald das Schwein ein Trüffellager entdeckt hat und nach demselben wühlt, wird der Trüffelsucher aufmerksam; wenn dann die Trüffel zum Vorschein kommen, rafft er sie eilends mit der einen Hand auf, wirft mit der anderen dem Schweine eine Hand voll Mais oder Johannisbrotschalen zu, um es zu entschädigen, und steckt die gefundenen Trüffeln in den Sack oder die Ledertasche, welche er zu diesem Behufe mitnimmt. Diese Trüffeljagd dauert vom November bis Februar; während dieser Zeit begeht der Jäger die Trüffelplätze wöchentlich ein- oder zwei Mal und bringt seine Ausbeute sogleich auf den nächsten Markt. Die noch unreifen Trüffeln, welche noch nicht einmal die Größe einer Pistolenkugel haben, werden wieder in den Boden getreten, um weiter zu wachsen, denn um marktgut zu sein, muß die Trüffel mindestens

2 cm Durchmesser oder die Größe einer Wallnuß sammt Schale haben. Erst dann besitzen sie das beliebte Aroma, welches den Hauptreiz der Trüffel für den Feinschmecker ausmacht, sich aber sehr schnell verflüchtigt, weßhalb sich die Trüffeln auch nur schwer längere Zeit aufbewahren lassen. Die Trüffel theilt mit den übrigen eßbaren Schwämmen die große Nahrhaftigkeit; man genießt sie entweder für sich allein, gleich Kartoffeln gebraten oder in Rothwein gekocht mit Butter. Ferner verwendet man sie zu Pasteten, deren Hauptbestandtheil sie bilden, oder giebt sie als Zusatz zu Fleischspeisen, Salat, Brühen und Suppen.

Der Handel mit Trüffeln datirt seit 1770 und ist beständig im Steigen. Im Jahre 1868 wurden für 1,110,000 Franken Trüffeln aus Frankreich ausgeführt, 1871 schon trotz des Krieges für 1,600,000, 1875 für gegen 7,500,000, 1877 für fast 13,500,000 Franken. Die ganze Trüffelernte Frankreichs mag jetzt zwischen 20—25 Millionen Franken betragen. Ein Haupthandelsplatz dafür, ganz besonders aber auch für Trüffelpasteten, ist das Cheflieu des Dordogne-Departements, Périgueux, das alte Vesunna und Geburtsort Talleyrands. Die in schönem Thale an der Isle gelegene Stadt besteht aus zwei Theilen: der ältere, die „Cité" genannt, war mit Festungswerken aus dem fünften Jahrhundert umgeben, von denen noch Ueberreste vorhanden sind, und liegt gesondert; sie ist wüst, aber auch der andere Theil hat schwarze, enge, krumme Straßen, darin aber viele schöne alte Häuser im Stil der Renaissance und ein paar bemerkenswerthe Kirchen. Die mit fünf Kuppeln geschmückte Kathedrale stammt aus dem zehnten Jahrhundert und ist nach demselben Plane wie die Marcuskirche in Venedig erbaut. Seit 1858 sind in Périgueux und Umgebung auch zahlreiche römische Alterthümer entdeckt worden, so die Ruinen von Wasserleitungen, Bädern und eines Amphitheaters. Ein rundes Gebäude von 27 m Höhe und 66 m Umfang, ohne Thüren und Fenster, mit unterirdischem Zugange, vom Volk Tour de Vesone genannt, gilt für den Rest eines antiken Venustempels.

Das Périgord ist aber auch reich an Resten, die in eine weit ältere Periode zurückreichen als die heidnische Römerzeit. Das Thal der Dordogne namentlich ist reich an Höhlenfunden wie keine andere Gegend; hier gehen auf engem Raume theils natürliche, theils durch Menschenhand erweiterte und wohnlich gemachte Höhlen in das von steilwandigen Thälern durchschnittene Kalkgebirge. Diese Höhlen und Felsdächer in Périgord befinden sich an den Abhängen der Thäler der Dordogne und Vezère in verschiedenen Höhen und sind voll von Ueberresten, die ihre ehemaligen vorgeschichtlichen Bewohner hinterlassen haben, Gegenständen, welche ein ebenso anschauliches Bild von dem Menschenleben dieser Zeit gewähren, wie die verschütteten Städte Herculanum und Pompeji von den Sitten und Gebräuchen der Italiker im ersten Jahrhundert unserer Zeitrechnung. Namen wie Les Eyzies, Laugerie, La Madeleine, Le Moustier sind aus dieser Region jedem Anthropologen wohl bekannt. Der Boden, auf dem dort einst die Menschen hausten, besteht aus zerbrochenen Knochen von erlegten Jagdthieren, untermischt mit rohen Geräthen, Waffen aus Knochen und unpolirtem Stein, sowie Kohlen und verbrannten Steinen, welche die Lage der Feuerstätten andeuten. Reste vom Höhlenbär, der Höhlenhyäne, von Höhlenlöwen und dem Mammut sind hier selten, aber um so häufiger dafür die Pferde und die Rennthierreste, weßhalb man diese Höhlen des Périgord so recht als der Rennthierzeit angehörig betrachtet.

Das Garonne-Land.

Während die drei bisher gemusterten Departements Aveyron, Lot und Dordogne alle von mehr oder minder ansehnlichen Nebenflüssen der Garonne bewässert werden, ist es dieser Hauptstrom des südwestlichen Frankreich selbst, welcher in den drei anderen Departements der Guyenne die Hauptader bildet. Die Garonne, Garumna oder Varumna der Römer, entspringt in den Pyrenäen, aber auf spanischem Gebiete auf dem Plan de Coucou im Arranthale, tritt aber schon nach einem Laufe von nur 48 km bei St. Béat und in 538 m Meereshöhe nach Frankreich ein. Die Gesammtlänge ihres Laufes beträgt 605 km; dabei fließt sie erst nördlich bis Montrejean, dann bei Toulouse nordöstlich, von da ab aber behält sie durch die Departements Tarn-und-Garonne, Lot-und-Garonne und Gironde ihre nordöstliche Hauptrichtung. Nach ihrer Vereinigung mit der Dordogne nimmt sie den Namen Gironde an und bildet einen 95 km langen Mündungsbusen. Die Garonne führt in geringer Menge Goldsand bei sich, wird schon bei Cazères im Departement der oberen Garonne für kleinere Fahrzeuge, und nach ihrer Vereinigung mit der Dordogne für Seeschiffe schiffbar. Von Toulouse an breitet sich eine weite, fruchtbare Ebene aus bis Montauban und Moissac. Ueberall sieht man gut bebaute Felder, von lebendigen Hecken und Quittenbüschen umgebene Grundstücke, auf welchen Weizen weit über den Bedarf gewonnen wird. Vielfach erblickt man sorgfältig angepflanzten weißen Maulbeerbaum, die Grundlage einer ausgedehnten Seidenwürmerzucht. Der gallische Hahn ist in Tausenden seiner Brüder vertreten. Nirgends sieht man auf Straßen und Eisenbahnen so viele Käfige angefüllt mit Hühnern beisammen, die alle aus den gänse- und hühnerreichen Gegenden der oberen Garonne und weiterhin des höheren Languedoc ihrem Tode in dem volkreichen Bordeaux entgegengeführt werden. Der Gegengabe des Tieflandes am Meere begegnet man in den großen Heerden wohlgenährter Hämmel. Durch dieses fruchtbare, auch weinreiche Land wälzt der breite Tarn seine Wasser der Garonne zu. An ihm liegen die beiden schon genannten Städte Montauban und Moissac, erstere das Cheflieu des Tarn- und Garonne-Departements; an seinem Nebenflusse, dem Aveyron, den dort eine fünfbogige Brücke überspannt, das merkwürdige und interessante Städtchen St. Antonin, der Geburtsort des berühmten Malteser-Großmeisters Jean de La Valette und des Troubadours Raymond Jourdain, bekannt durch sein Liebesverhältniß mit der schönen Adelaide de Penne. In St. Antonin, das etwa 5000 Einwohner zählt, sieht man viele alte Häuser aus dem dreizehnten Jahrhundert, darunter mehrere von wahrhaft monumentalem Aussehen. Ganz besonders merkwürdig wegen seiner originellen Verzierungen ist aber das aus dem zwölften Jahrhundert stammende und geschickt restaurirte Rathhaus, welches man gemeiniglich das Petit-Monument nennt. Die Stadt liefert heute Leder, Strohhüte, Serges, Genèvre, Safran und treibt großen Handel mit Wildpret, Pflaumen und einem geschätzten Wein, welcher auf ihrem Gebiete wächst. Auch um Montauban, das in einer weiten, ausgedehnten Ebene von 6 km Breite und 20 km Länge liegt, wird viel Wein gebaut. Montauban wurde im Jahre 1144 vom Grafen Raymund von St. Gilles bei der Abtei St. Théodard angelegt. Ihren Namen hat die Stadt nach der Menge von Weidenbäumen, welche das Volk alba, jetzt aubes nennt, daher Mons albanus. Viel älter als die Stadt selbst ist ihre in

Gestalt eines griechischen Kreuzes erbaute und allerdings erst 1739 vollendete Kathedrale, denn es war schon früher ein Kloster, Mons aureolus, hier vorhanden. Die eigentliche Stadt ist klein, ihre Vorstädte aber sind ziemlich ausgedehnt. Montauban zählt mit denselben an 30,000 Einwohner, und kann mit seinen Ziegelhäusern und stattlichen öffentlichen Gebäuden auf die Bezeichnung „schön" Anspruch erheben. Von der Hauptpromenade gewahrt man bei klarem Himmel die schneeigen Zinnen der Pyrenäen. Montaubans Geschicke waren bewegt genug. Obwohl seit 1317 Sitz eines Bisthums, nahmen doch die Einwohner 1572 die Reformation an, machten Montauban zu einer Republik und befestigten sehr bedeutend ihre Stadt, welche bald eines der stärksten Bollwerke der Hugenotten wurde. Seit 1621 wurde sie lange vergebens von Ludwig XIII. belagert, unterwarf sich aber endlich 1629, worauf Cardinal Richelieu ihre Werke schleifen ließ. Auch unter Ludwig XIV. hatten die Einwohner Montaubans nach dem Widerrufe des Edictes von Nantes ihres Bekenntnisses wegen viel zu leiden. Dann kam die französische Revolution mit ihren Ausschreitungen. Die Stadt, welche vor derselben schon 30,000 Einwohner hatte, sank auf 22,000 herab, und unglücklicher Weise hat ihre Erhebung zum Cheflieu des Departements nur wenig beigetragen, sie und ihre etwas darniederliegende Industrie zu heben. Dieselbe umfaßt Woll- und Baumwollgespinnste, seidenes Beuteltuch, Seidenstoffe, Porzellan, Mehl, Leder, Kessel und chemische Produkte. Offenbar thut die große Nähe der volkreichen Stadt Toulouse Montauban Eintrag. Doch haben sich in neuerer Zeit die Verhältnisse gebessert, seitdem ein Seitencanal es in unmittelbarere Verbindung mit der Garonne bringt und besonders seitdem es durch die Eisenbahnen Anschluß an die wichtigsten Handels- und Industrieplätze Frankreichs besitzt. Jetzt unterhält Montauban großen Verkehr mit Bordeaux und ist ein Stapelplatz des Südhandels. Ganz die entgegengesetzte geschichtliche Rolle spielte das nahe, gleichfalls am schiffbaren Tarn gelegene Moissac, einst durch seine Abtei hochberühmt, welche ihren weltlichen Abt im Grafen von Toulouse sah und zu Zeiten von 500 Mönchen bevölkert war. Dieser Ort ist den neuen Lehren sowohl der Albigenser als der Hugenotten stets feindlich gesinnt und der katholischen Sache treu geblieben. Auch Moissac entstand als Stadt nach der Abtei und um diese herum. Wie jene war sie von Mauern umgeben und befestigt in der Gestalt eines römischen Castrum.

Moissac, welches großen Mehlhandel treibt und auch Töpfereien, Gießereien, Mühlen und Oelpressen besitzt, ist nur wenig entfernt von der Einmündung in die Garonne, welche bald darauf in das Nachbardepartement des Lot-und-Garonne tritt. Den Osten desselben bedecken unwirthbare Steppen, im Norden versucht man zwar den Anbau, aber die Hälfte des Bodens ist undankbar. In den fruchtbaren Thälern der großen Flüsse dagegen gewinnt man reichlich Korn und köstliches Obst, besonders Pflaumen, die unter dem Namen Prunes d'ente sehr viel über das Meer gehen. Das Centrum dieses Zwetschkenhandels ist die gewerbreiche Stadt Villeneuve-sur-Lot, auf beiden Seiten des Flusses gelegen. Eine Brücke aus dem dreizehnten Jahrhundert verbindet den nördlichen, größeren Stadttheil mit der Vorstadt St. Etienne am südlichen Ufer. Diese alte Brücke führt den unpassenden Namen Pont-Neuf und zeichnet sich aus durch ihren kühnen Bogen von 36 m Spannung bei 18 m Höhe. Villeneuve ist eine der Städte des Departements, wo die meisten Geschäfte gemacht werden. Man handelt dort auf den sehr belebten Märkten nicht blos in Papier, Leder und Vieh, sondern auch in Eisen, welches im Departement vorkommt, und in Wein. Letzterer, für welchen man den Boden in manchen Gegenden pflügt und den man ohne Pfahl läßt, ergiebt ein starkes, dunkles, dauerhaftes Getränk. Der treffliche Hanf wird sehr hoch und der hier im Großen gebaute Tabak ist der beste in ganz Frankreich. Vielleicht ist es bei diesem Anlasse verstattet anzumerken, daß Frankreich einen ganz kolossalen Tabakverbrauch aufzuweisen hat, doch wird natürlich der Bedarf nur zum geringsten Theile durch das einheimische Gewächs gedeckt. Im Jahre 1882 stieg der Tabakverbrauch auf die fabelhafte Ziffer von $363^1/_2$ Millionen Franken. Diese Summe vertheilte sich auf die verschiedenen Tabakproben folgendermaßen: Havanacigarren 2,500,000 Franken, in Frankreich verfertigte Cigarren 58,000,000 Franken, Cigarretten 16,000,000, Schnupftabak 68,000,000, Rauchtabak 160,000,000 und Kautabak 9,000,000 Franken. Hiezu kommen noch 50,000,000 Franken für Tabak zu herabgesetzten Preisen; es ist dies der Tabak, der den Soldaten in den Grenzbezirken zu billigen Preisen geliefert oder verkauft wird, um den Schmuggel zu verhindern. Was in diesen Ziffern sofort auffällt, ist das starke Uebergewicht des Rauchtabaks über die Cigarre. Das Landvolk in Frankreich und vielfach der kleine Bürgersmann der Städte ist der gewohnten Pfeife treu geblieben; die modernere Cigarre hat diese noch wenig zu verdrängen vermocht. Immerhin ist der Verbrauch an Cigarren, namentlich an solchen französischen Fabrikats, ein sehr ansehnlicher. Die Fabrikation der Cigarren ist meist Frauen anvertraut. Was den Kautabak anbelangt, so wird er fast ausschließlich von dem seemännischen Theile der Bevölkerung verbraucht. Das Rauchen von Cigarretten in der Damenwelt, wie es anderwärts selbst in höheren Kreisen eingerissen, gehört in Frankreich nicht zum guten Tone und ist fast lediglich auf die Halbwelt in den großen Städten beschränkt.

Das Klima des Lot- und Garonne-Departements wäre ein geradezu herrliches zu nennen, würden nicht Dürre und Regen oft zu lange dauern. Zuweilen tritt im Frühlinge der sogenannte Brouillard ein und wenn auf ihn schnell Hitze folgt, so ist die Hoffnung der schönsten Ernten gänzlich zerstört. Glücklicher Weise sind diese Fälle nicht gar zu häufig und gestatten den Garonneanwohnern, sich des Reichthums ihres gesegneten Landes zu erfreuen. In das Stromthal drängen sich naturgemäß auch die meisten Städte zusammen; unter jenen, welche abseits liegen, verdient besonders Nérac Erwähnung, welches berühmte Gänseleberpasteten bereitet. Ausländische Feinschmecker verzehren sie oft unter der Etikette „Straßburger Erzeugnisse". Auch Schiffszwieback wird in Nérac gebacken, welches indeß weniger dadurch denn als ehemalige Residenz der Könige von Navarra allgemeines Interesse beansprucht. Ein gothisches Schloß erzählt noch von jenen Tagen. Die hübsche Stadt liegt in 59 m Meereshöhe an einem linken Nebenflusse der Garonne, an der Baïse, dort wo sie schiffbar wird, und eine Steinbrücke verbindet Groß- und Klein-Nérac. Unter den Städten des Garonnethales nimmt natürlich das Cheflieu Agen mit 18,800 Einwohnern die erste Stelle ein. In fruchtbarer und reizender Umgebung gebettet, ist es eine der ältesten Städte Frankreichs, hat daher enge Straßen und schlechte Häuser, aber einen ziemlich guten Flußhafen. Seine Sehenswürdigkeiten bestehen in der Kathedrale, in einer Brücke von elf Bogen über die Garonne und einer schönen Hängebrücke mit einer Spannung von 170 m. Promenaden und Umgebungen der einen blühenden Handel mit

Toulouse und Bordeaux treibenden Stadt sind herrlich. Vom Strome aus sieht man nur wenig von Aginnum, der alten Hauptstadt der Nitiobriger, dem Geburtsort der größten Philologen des sechzehnten Jahrhunderts, Joseph Scaliger, Lacépède's und Bory de Saint-Vincent's, sowie des dichtenden, weithin in Südfrankreich berühmten Barbiers Jasmin; aber die reich bewachsenen Uferhügel und Terrassen der sogenannten „Hermitage“ machen den freundlichsten Eindruck, dazu die stattlichen Brücken über den Fluß selbst und der Aquäduct, welcher den Canal du Midi oder vielmehr seine bei dem ungeregelten Laufe der Garonne zwischen Toulouse und Agen nöthig gewordene Fortsetzung auf die andere Seite führt. Dieser Seitencanal der Garonne geht über die Aquäductbrücke mit 23 Bogen durch die Stadt und vermittelst einer Passerelle von 170 m über den Strom.

Es giebt kein zweites Land in Europa, welches ein seit Jahrhunderten planmäßig angelegtes und so reich entwickeltes System von künstlichen Wasserstraßen besitzt wie eben Frankreich. Seine zahlreichen Canäle sind theils solche, welche verschiedene Stromgebiete unter einander verbinden, theils Seitencanäle (Canal latéral) innerhalb eines oder desselben Beckens. Auf diesen Canälen wird etwa die doppelte Summe von Waaren fortgeschafft, als auf den natürlichen Wasserwegen. Nach einer unlängst von der Verwaltung veröffentlichten Statistik der Wasserstraßen für Schifffahrt und Flösserei in Frankreich beträgt die Gesammtlänge der Flüsse 11,506,50 km, wovon 2960,70 km der Flösserei und 8545 km der Schifffahrt zufallen. Die Länge der Canäle aber beträgt 4758,10 km. So erreicht die Totalentwickelung der Wasserwege in Frankreich die Höhe von 16,264,60 km, nur gerechnet die für Flösserei oder Schifffahrt geeigneten. Diese Länge vertheilt sich auf die einzelnen Stromgebiete in folgender Weise:

	Flüsse	Canäle
Gebiet der Nordsee	9426,8 km	914,6 km
Seinegebiet	2219,6 „	1396,2 „
Loiregebiet	2709,4 „	1264,1 „
Garonnegebiet	3046,7 „	334,8 „
Rhônegebiet	2588,0 „	848,6 „

Im Becken der Garonne ist nun der obengenannte Canal du Midi, auch von Languedoc oder Canal des deux Mers genannt, der bedeutendste. Er ward schon im Jahre 1668 beendet und ist 240 km lang. Einen Ausläufer der von den Ostpyrenäen sich abzweigenden Corbières-Berge, die Wasserscheide, übersteigt er im 189 m hohen Col de Naurouse und hat von da zum Mittelmeere 26 Schleusen bei 63 m Gefälle, zum Atlantischen Ocean dagegen 73 Schleusen bei 189 m Gefälle. Er ist aber nur 1 m tief, an der Oberfläche 20 m, am Grunde 10 m breit und wird von mehr als 100 Wegbrücken, 55 Passerellen überschritten, läuft auch durch Tunnels, z. B. den von Malpas, 170 m lang, und endet am Mittelmeer im Etang de Thau, beim Hafen von Onglous, während er im Westen bei St. Macaire in die schiffbare Garonne mündet. Den heutigen Anforderungen der Schifffahrt genügt dieser Canal längst nicht mehr und man war deßhalb in neuerer Zeit auf einen Ersatz des nunmehr nutzlosen Canal du Midi bedacht. Man faßte daher den kühnen Plan, die Landenge zwischen Bordeaux und dem nächsten Punkte am Mittelmeere durch eine neue, großartige Canalanlage zu durchstechen. Die Ausgangspunkte würden Bordeaux und La Nouvelle nahe bei dem überaus günstig gelegenen Narbonne sein. Der sehr lobenswerthe Plan bietet indeß auch große Schwierigkeiten. Allerdings ersparen die nach dem östlichen Mittelmeere bestimmten Schiffe Nordeuropas die Umschiffung Spaniens; sie hätten aber an Canalgebühren 5 Franken pro Tonne zu entrichten und nicht weniger den 61 Schleusen zu passiren. Eine Hauptschwierigkeit beim Bau des Canals liegt in der zu überwindenden Höhe von 152 m, welche eben die zahlreichen Schleusen nöthig macht. Sehr bedenklich und gefahrvoll ist ferner die Ueberbrückung oder vollständige Unterbrechung tiefer Thäler durch Dämme, welche jedenfalls wegen des ungeheuren Wasserdruckes eine außergewöhnliche Festigkeit besitzen müßten. Die Kosten des etwa 450 km langen Canales schätzt man auf $1^1/_2$ Milliarden Franken, die Bruttoeinnahme aus dem Canalverkehre hingegen auf nahezu 65 Millionen jährlich, wovon nur 39 aus den Abgaben der den Canal passirenden Fahrzeuge. Den Rest sollen die Anwohner der neuen Wasserstraße in Gestalt von Gebühren für die Ablassung von Wasserkraft und für die Bewässerung ihrer Ländereien herbeischaffen. Der Canal soll 8,50 m tief und im Wasserspiegel 55 m breit werden, und wäre also gleichsam als eine Fortsetzung des Suezcanals zu betrachten, insofern, als die größten Seeschiffe denselben benutzen könnten. Aber auch den größten Kriegsschiffen würde er den Durchgang gestatten und damit auch eine unleugbare militärische Bedeutung gewinnen, indem dadurch die Vereinigung der Ocean- mit der Mittelmeer-Flotte erleichtert würde. Nach dieser Richtung leistet übrigens schon jetzt das vorhandene Canalsystem dem Lande treffliche Dienste, indem es dessen Seemacht erheblich verstärkt. Für die jetzt so wichtigen Torpedoboote sind die französischen Canäle fast alle passirbar, und 1885 gelangte ein solches in der That von Havre aus vermittelst der Seine und der Frankreich durchziehenden Canäle nach der Rhône bis zu deren Mündungen ins Mittelländische Meer. Während in Paris das Schauspiel zahllose Schaaren von Neugierigen anlockte, empfand England das Ereigniß als das wichtigste und bedrohlichste für die englische Oberherrschaft zur See, das sich seit langer Zeit vollzogen habe. In der That erscheint die Seemacht Frankreichs im Hinblick auf das furchtbarste Kriegsmaterial der Gegenwart verdoppelt, seitdem sich gezeigt hat, daß ein Torpedoboot im Laufe von vierzehn Tagen aus der Seinemündung, und zwar mitten durch Frankreich hindurch, unbehelligt durch die Gefahren einer Seefahrt, wie von den Kanonen von Gibraltar ins Mittelländische Meer gelangen kann. Was nun schon das bestehende Canalsystem für die kleinen Torpedoboote leistet, das würde der beabsichtigte Canal durch Südfrankreich in noch kürzerer Zeit auch den Panzerkolossen ermöglichen; die nautische Umwälzung wäre vollendet.

Ich habe den Leser lange aufgehalten bei den Canälen Frankreichs und ihrer Bedeutung; es ist Zeit, an die Ufer des Canal du Midi und der Garonne zurückzukehren, die er in Agen verlassen hat. In Agen selbst braucht er nicht weiter zu verweilen, 10 km südlich davon fesselt aber die Kirche des Oertchens Moirax seine Aufmerksamkeit; sie ist der Rest einer alten, aus dem elften Jahrhundert stammenden Benedictinerabtei und zählt zu den historischen Denkmälern Frankreichs. Ihr Gewölbe ist romanisch, das Innere dreischiffig, Portal und Capitäler sind mit Skulpturen geschmückt. Die Landschaft, worin Moirax und Agen liegen, hieß früher das Agenais, erstreckt sich zu beiden Seiten der mittleren Garonne, und ihre Grenzen fielen mit dem alten Bisthume Agen zusammen. Als jedoch 1317 das Bisthum Condom gestiftet wurde, beschränkte man das Agenais auf das Garonneufer; so klein nun heute die

Localität ist, so herrschen auf ihr doch mehrere Dialecte, wie eben das Südfranzösische (Languedoc) überhaupt außerordentlich zersplittert ist. Die Mundart der Stadt Agen, in welcher wir uralte Volksmärchen besitzen, einem Glauben angehörend, der schon lange erloschen ist, hat einen unverkennbaren starken spanischen Beigeschmack, und um sie zu kennzeichnen, gebe ich hier eine Probe zugleich mit der reinfranzösischen Version:

Lou rei de Franço partisquèt per son gran bouitage, e oèit annados francos se passéron sans que tournèsse. Sa fenno attendèt enquèro un mes; après partisquèt au recerc de soun marit. Al cat de tres jours, troubèt uno pèl d'ase sur soun cami e la metèt sur soun col.

Le roi de France partit pour son grand voyage et huit années franches se passèrent sans qu'il revint. Sa femme attendit encore un mois; puis elle partit à la recherche de son mari. Au bout de trois jours, elle trouva une peau d'âne sur son chemin et la mit sur son cou.

Bordeaux.

Die Garonne hat bei Agen noch einen starken Fall; Sandbänke, meist grünbewachsene, treten aus ihr hervor; trotz ihrer Breite sind luftige Hängebrücken, dieser Stolz der französischen Ströme, über sie gespannt. Man hat durch weiteingreifende Faschinen ihr vielfach Land abgewonnen. Die Ufer unmittelbar sind fast durchgängig mit hohen Bäumen und Gebüsch von Weiden, Erlen und Pappeln besetzt. Die linke Seite, zum größeren Theile flach, erscheint wenig belebt durch Ortschaften und nimmt zwar zahlreiche aber wenig bedeutende Nebenflüsse auf, wie die Gélise und Avance im Lot- und Garonne-, die Beuve im Gironde-Departement. An letzterer liegt das alte, schlecht gebaute Städtchen Bazas, welches indeß eine schöne gothische Kathedrale aus dem dreizehnten Jahrhundert mit sehr bemerkenswerther Stirnseite besitzt. Auf dem rechten Garonneufer treten grüne Hügelketten von Zeit zu Zeit nahe an den Strom, ja sie fallen dann in schroffe Felsen herab. Dies ist der Punkt, wo parallel einer solchen Kette ein Nebenfluß, z. B. der bedeutende Lot, sich in die Garonne ergießt, wo Städte wie Aiguillon, das reizend gelegene, mehr als halb protestantische Tonneins, das alte, ziemlich gut gebaute Marmande und das gewerbreiche La Réole, letzteres schon im Gironde-Departement gelegen, sich steil über den Strom aufbauen. Keine derselben vor Langon macht aber einen stattlichen blühenden Eindruck; sie sind meist in Terrassen als enge, dunkle Häusergruppen, oft mit den freundlichsten, rebenumwachsenen Veranden einfachster Art dem Felsen angefügt, hohe Mauern und Thurmreste alter Befestigungen ragen hie und da hoch über sie empor oder schützten sie einst unten gegen die Flußseite. Bei Langon, mitten in den Weinpflanzungen an den Gravehügeln und links an der Garonne gelegen, welche von nun an bis zu ihrem Ausflusse entschieden nordwestliche Richtung einhält, treten wir in den Bereich der den Fluß anschwellenden Meeresfluth und erkennen in den von da an zahlreichen, sich gegenüberliegenden Ortschaften, einzelnen schönen, auf der Hügelkette prangenden Schlössern, und dem reichen Weinbau die Nähe der Hauptstadt des südwestlichen Frankreich. Die Gegend nimmt einen offeneren, freundlicheren Charakter an, die Hügel von St. Macaire, Cadillac, Rious, Langoiron, die Umgebung von Sauterne sind beredte Zeugnisse der berühmten Weincultur des Bordelaiser Landes; auf den Höhen glänzen stattliche Schlösser, wie das von Cadillac, welches der Herzog von Epernon erbaute, wie das von Benange, von la Brède auf der anderen Seite, welch letzteres in schönem gothischen Stile erbaut mit englischem Garten das Besitzthum des berühmten Montesquieu war und unter diesem Namen das Pilgerziel der Künstler und Literaturfreunde geworden ist. Endlich tritt die steile Hügelreihe weiter vom rechten Ufer zurück, und im weiten Halbkreisbogen dehnt sich die Häusermasse von Bordeaux an dem prachtvollen Strome hin, welcher hier in einer gewaltigen Biegung zugleich fast seeartig sich ausbreitet.

Bordeaux, das römische Burdigala (vom keltischen bur und wal, d. h. gallische Festung), lange Zeit der Wohnort der Herzoge von Aquitanien und der Geburtsort vieler berühmter Männer, wie Montaigne, Montesquieu, Dupaty, Desèze, Lainé u. A., hatte wie alle Städte des südwestlichen Frankreich von den Einfällen der Normannen, Mauren und Westgothen viel zu leiden. Erst, als mit des letzten Herzogs von Aquitanien, Wilhelms IX. Erbtochter Eleonore das Land an Heinrich von Anjou und so 1154 an England kam, begann sich Bordeaux zu heben. Die Altstadt, durch die Römer verschönert, brannte mehrere Male ab. Wieder erbaut im Mittelalter, hat sie sich nach und nach so verändert, daß sie jetzt die Bewunderung aller Fremden erregt. Einst Hauptsitz der Girondisten, ward sie von den Schreckensmännern verheert und durch die bekannte, von Napoleon I. angeordnete Continentalsperre so zu Grunde gerichtet, daß ihre Bewohner die Bourbonen freudig und von allen Städten zuerst willkommen hießen, weßhalb König Ludwig XVIII. dem Sohne des Herzogs von Berry, dem späteren Grafen von Chambord, den Titel eines Herzogs von Bordeaux beilegte. Jetzt beträgt die Bevölkerungszahl der prächtigen Stadt 218,000 Köpfe. Aus der römischen Glanzzeit von Bordeaux ist als das einzige größere Monument das sogenannte Palais Gallien erhalten, das Fragment eines Amphitheaters, dessen Cavea etwa 1500 Menschen fassen mochte.

Die Hauptlebensader der Stadt ist nicht der auf dem rechten Ufer der Garonne liegende Bahnhof, sondern der weite, halbmondförmige Hafen, daher Port de la Lune genannt, der mit seinen breiten, langgestreckten, von schönen Häusern begrenzten Uferdämmen zu den schönsten derartigen Anlagen in Europa gehört. An diesem prächtigen, über hundert Schritte breiten und über eine Stunde langen Damm legen Schiffe aller Nationen an, um Weinladungen in Empfang zu nehmen, und so athmet man hier den angenehmen Wohlgeruch des Rothweines, während in anderen Häfen gewöhnlich der fatalste Thran- und Fischgeruch die Sinne beleidigt. Vom Pont de Pierre bis zum Faubourg des Chartrons reichend, finden in diesem Hafen gegen 1200 Schiffe von 2000—2500 t mit aller Bequemlichkeit und Sicherheit Raum. Dem beständig wachsenden Verkehre genügt aber dieser Raum längst nicht mehr, und so ist denn am unteren Ende der Stadt, im Quartier Bacalan, noch ein 1879 vollendetes, 10 ha großes Becken angelegt worden, das auch bei Ebbe $6^1/_2$ m Tiefe hat. Den Kern von Bordeaux bildet die mittelalterliche Altstadt mit engen, krummen, finsteren Gassen in der Nähe des gewaltigen Platzes des quinconces, welcher die Statuen von Montaigne und Montesquieu, sowie eine prächtige, kunstvolle Garbe trägt und auf den Quai Ludwigs XVIII. mündet, aber höher als dieser gelegen ist und durch ein eisernes Gitter nach der Seite des Quai hin begrenzt wird. Auf diesem Platze, der am 22. Januar 1818 feierlich mit Bäumen bepflanzt wurde, stand früher das Trompetenschloß, eine im Jahre 1677 nach Vauban'schem System erbaute Veste. Schon hier ragen

30*

uns inmitten der Platanengänge die Maste der Schiffe entgegen und den ganzen Tag ist der Platz ohne Unterlaß mit Spaziergängern bevölkert, die unter seinen schattigen Anlagen lustwandeln, von wo sie in den nahen Jardin public, 1858 zu einem großen englischen Park erweitert, gelangen können. Drei breite Treppen führen vom Quinconcen-Platz auf den Hafendamm hinab, welcher am eigentlichen Knie der Strombiegung noch mit einem Vorbau versehen ist, so daß man den vollen Ueberblick über die ganze Stadtlänge und weit darüber hinaus genießen kann. In der That, bei warmer Beleuchtung eine der großartigsten und freundlichsten Stadtansichten, erinnernd zugleich an Dresden, Hamburg und Köln. Wie weich und doch so mannichfaltig sind die Linien jenes Hügelzuges am jenseitigen Ufer, von demselben sicher fast eine Stunde entfernt! Reich sind sie mit weißen Landhäusern besetzt, bedeckt mit frischem Weinlaub, das durch dunklere Massen von Cypressenwäldchen unterbrochen wird. Uns mehr zur Linken drängen sie mit weißglänzenden Felsen sich hart an die Garonne mit ihren trüben, schmutzig gelben Fluthen heran und schließen in trefflichster Weise die weite Perspektive dem schönen Viertel des Chartrons, dem Sitze des Handels, entlang. Rechts nach Süden verliert sich der Blick über die Stadt hinaus in eine weite Fläche. Ja, Ausonius hatte Recht, wenn er „die ragenden Villen auf dem Uferhang, den weingrünen Hügeln, den lieblichen Strom“, gern das einschmeichelnde Bild seiner schmucken Burdigala in der Ferne wiederfand, wenn er sich ausmalte, „wie das Weinland die gelbliche Garonne mit Farben schmückt, von dem höchsten Gipfel des Berghanges bis an den Flußrand den grünen Lyäus streckend“. Die Cypressen jener Hügel bildeten einst den Stolz des Bordelaisers; noch in der Mitte des sechzehnten Jahrhunderts durfte kein Schiff mit seiner Weinladung die Stadt verlassen, ehe es gegen eine bestimmte Abgabe den Cypressenzweig von der Stadtobrigkeit sich gelöst. Uns zur Linken drängen sich in ununterbrochener Reihenfolge moderne hohe Privathäuser mit den großen Waarenlagern im Erdgeschoß und den in tiefen Höfen oft vervielfachten Räumen, jenen „Chaix“, die den reichsten Schatz des Landes, den Bordeauxwein, in Hunderten von Fässern bergen. Die reichsten Kaufleute wohnen in diesem Viertel, den Chartrons, darunter viele Deutsche, die auch eine deutsch-protestantische Kirche in der Stadt besitzen. Weiterhin gegen Bacalan werden die Häuser kleiner, Schenkbuden aller Art drängen sich, und die kleinen Gewerbe, die dem Matrosen seine Bedürfnisse bieten. Unter Bäumen sammeln sich die Gruppen der Hafenarbeiter und Seeleute beim Spiel und dem auch hier vielgetrunkenen Bier. Hie und da ragen die Schlote und Mauermassen großer Gebäude hervor, Zuckerraffinerien und Destillationen. Ein ganz anderer Anblick bietet sich zur Rechten. Dort drängt sich an den Strom das eigentlich städtische Leben in seiner Jahrhunderte alten Gestaltung. In unserer Nähe zuerst ein paar große moderne Gasthöfe, dann das große Halbrund, das von dem Zollgebäude und der Börse umschlossen wird, einer Anlage aus der Zeit Ludwigs XV., mit reicher Verschwendung äußerer Architektur und kleinen Kuppeln. Ein mittelalterliches Stadtthor mit zwei den Mittelbau flankirenden Rundthürmen tritt weiter zurück, während dann auf der ansteigenden Höhe der Place de Bourgogne ein modern classischer Triumphbogen breit sich aufstellt. Er steht vor und in einer Linie mit der gewaltigen, herrlichen Steinbrücke, welche hier, an seiner engsten Stelle den 480 m breiten Strom überspannt. Sie selbst ist 486,68 m lang, 15,86 m breit und ruht auf 17 Bogen, die auf dem beweglichen Grundsande in 6—10 m Tiefe bei zweimal täglich wiederkehrender Fluth (von 3,9—5,8 m Höhe) aufgeführt sind. An ihrem Ende wird die Brücke mit dorischen Hallen als die Wegzoll- und Wachthäuser abgeschlossen. Ueber sie hinaus heben sich noch die dunklen, schwarzen, niedrigen Gebäude der Schiffswerften und großen Werkstätten vom Flusse und dem Firmamente ab, und hinter ihnen ragen die Massen der mittelalterlichen Abteikirche Ste. Croix und St. Michel hervor. Erstere ist ein Werk des fünften Jahrhunderts. Von den Sarazenen sammt der dazu gehörigen Benedictinerabtei niedergerissen, ließ Karl der Große sie wieder aufbauen; von den Normannen abermals geplündert, wurde sie im Anfange des elften Jahrhunderts neu erbaut. Die Michelskirche ist das schönste, 1160 im gothischen Stile aufgeführte Gebäude des Gironde-Departements. Ihr Glockenthurm, am 8. September 1860 vom Blitze zerschlagen, zählte vor diesem Ereigniß zu den größten Frankreichs, und die unter dem Thurme befindliche Gruft hat die Eigenschaft, die daselbst seit mehreren Jahrhunderten aufbewahrten Leichname unversehrt zu erhalten.

Wem es in Bordeaux blos um den gewöhnlichen Reisegenuß, um das Treiben der Gegenwart, um den Anblick schöner, moderner Bauten, eleganter Kaffeehäuser und Läden, besuchter Spaziergänge zu thun ist, dem kann man nur rathen, außer dem Hafen die Umgebung jener Place des Quinconces mit ihren strahlenförmigen Ausläufern, den Platz vor dem Theater, Alles was den Namen Tourny trägt, Alleenplatz, Cours, vor Allem die breite, marktähnliche Straße Chapeau Rouge, deren Name offenbar den Cardinalshut des unmittelbar dabei in einem Platz gefeierten Richelieu gilt, fleißig zu besuchen. Auf den gewaltig langen, die Stadt mit zwei fast rechtwinklig sich treffenden Armen umschließenden „Cours“ mag er auch nicht zu weit über Place Dauphin hinausgehen, sonst wird er bald in einsamere, weniger elegante Gegenden kommen. Innerhalb jenes Bereiches findet er aber auch alle seine Wünsche reichlich erfüllt. Die Börse, die jetzige Präfektur, die Bank, das Museum, endlich das stattliche Theater bilden hier die hervorragendsten Gebäude. Sie sind alle in Einem Stile gebaut, in jenem dem Rococco gegenüber viel einfacheren, strenger an das Classische sich haltenden Stil vom Ende des vorigen Jahrhunderts, der aber zugleich möglich viel Fenster zwischen die Pilaster, hinter die Säulenhallen drängt, Attiken aufsetzt, große Treppenhäuser baut, oft aber hinter ihnen kleine Gemächer öffnet. Das Theater, welches 1871 der Nationalversammlung als Berathungslokal diente und in strengerem antikisirenden Stile erbaut ist, wirkt allerdings durch seine Masse und ist im Innern mit Concertsälen, Hallen, Kaffeehäusern, sowie einer Menge Wohnungen auf das Reichste ausgestattet. Es ward im Jahre 1774 begonnen und mit einem Aufwand von 2,300,000 Franken von Seite der Stadt 1780 vollendet. Bordeaux hat an 50 katholische und 3 protestantische Kirchen. Architektonisch besonders ausgezeichnet ist darunter jene von St. Seurin aus der Zeit, als das Christenthum sich zu verbreiten begann, dann die im elften bis vierzehnten Jahrhundert erbaute gothische Metropolitankirche oder Kathedrale St. André, einschiffig und auffallend breit, mit einem reich mit Statuen geschmückten, von zwei eleganten, 50 m hohen Thürmen flankirten Portale und schönem Chor. Sie besitzt werthvolle Malereien von den größten Meistern. Unweit der Kathedrale steht ein vereinzelter Glockenthurm, la Tour de Peyberland, in welchem lange Zeit Bleikugeln gemacht wurden. Er ward 1492 erbaut, seine Spitze aber 1793 zerstört. Jetzt befindet er sich wieder in seinem ursprünglichen Zustande und trägt eine Glocke von 11,250 kg Gewicht. Imposant erhebt er sich als schlanke viereckige Masse, auf welche ein achteckiger, von Strebebogen gehaltener Oberthurm aufgesetzt ist. Ueber dem massenhaften Untertheil gliedert sich in drei Stockwerken die reichste Fensterarchitektur immer leichter und üppiger, die Mauer in Maßwerk fast auflösend. Von seinen Zinnen genießt man einen prachtvollen Rundblick. Unmittelbar zu unseren Füßen liegt die Stadt, weit durchzogen von dem grünen Bande der Alleen. Dann aber folgen wir dem breiten Wasserlaufe der Garonne an die äußerste nördliche Grenze; die Dordogne strömt dort vor unseren Augen mit ihr zusammen, schroffe Abhänge fallen zu dem Strom herab, an denen Blaye und Pauillac liegen, deutlich hebt nach Nordost das Hügelland vor der Dordogne von den Höhenzügen sich ab, die weit über sie hinaus ihr Flußgebiet von dem der Charente scheiden. Westlich der unteren Garonne überschaut man einen bedeutenden Theil des Landes Médoc, jene weinbedeckten Flächen, in deren Mitte die weltberühmten Namen Macau, Margaux, Médoc in kleinen Flecken und Dörfern sich wiederfinden. Der ganze westliche Horizont ist durch die langsam steigende Fläche des fruchtbaren Landes eingenommen, welche in den Haiden und Pinienwäldern ihre Grenze findet.

Frankreichs Weinhandel und Weinbau.

Bordeaux ist in industrieller Hinsicht eine der wichtigsten Städte Frankreichs. Es hat Hochöfen für Eisen, Stahlmanufakturen, Woll- und Baumwollspinnereien, Zuckerraffinerien, Korkschneidereien, Salpetersiedereien, Eisen-, Metall- und Schriftgießereien, Buchdruckereien, berühmte Liqueurfabriken, Fabriken von Maschinen, Fayence, Glas, Pergament, Handschuhen u. s. w. Seine Größe und seinen Reichthum verdankt aber Bordeaux seinem Handel, welcher, durch die örtlichen Verhältnisse sehr begünstigt, sich über die ganze Welt erstreckt und Bordeaux zum dritten Handelshafen Frankreichs emporgehoben hat. Bordeaux ist so entschieden der Mittelpunkt des See- und Handelsverkehrs im südwestlichen Frankreich, daß alle benachbarten Punkte, wie z. B. Blaye und Teste, gleichsam nur Vorposten sind, ausgestellt um vorläufig das dem Haupthafen Bestimmte festzuhalten oder hinauszugeleiten. Es bekundet in dieser seiner 100 km oberhalb der Flußmündung zurückgezogenen, gegen den Andrang der Meeresgewalt und des ersten Seeangriffs geschützten Lage, welche aber selbst noch in Fluth und Ebbe sowie der seeartigen Erweiterung des Stromes den unmittelbaren Seeverkehr begünstigt, durchaus seine uralte Bestimmung als Seehandelsplatz, und daß es bereits von den Römern als eigentliches Emporion an der Garonne in der Hand eines wichtigen keltischen Stammes, der Bituriges Vivisci, vorgefunden ward, wissen wir ja ausdrücklich.

In der Gegenwart ist Bordeaux ganz vorzugsweise der Mittelpunkt des **Weinhandels**, in dem es die erste Stelle in Frankreich einnimmt und der sich schon seit dem dreizehnten Jahrhundert, namentlich in England stetig entwickelte. Lange, bevor man die Stadt erreicht, sieht man die Spuren des großartigen Verkehres, der die Weinausfuhr zum Hauptgegenstand hat, das regste Leben entfaltet sich aber in den zum Bahnhof führenden Straßen und im Hafen. Frankreich ist das Welt-Wein-Land. Nicht blos der Masse seiner Produktion nach, welche allerdings von keinem anderen erreicht wird, sondern auch hinsichtlich der ausnehmenden Güte seiner Weine. Mag der deutsche Patriotismus sich wehren, wie er will, die Thatsache kann er nicht wegstreiten: Frankreich erzeugt bessere, es erzeugt mehr gute Weine, als Deutschland. Ueber den Geschmack ist freilich nicht zu streiten; allein daß die Bordeauxweine in der ganzen Welt Nehmer und Trinker finden, die edlen Rheinweine aber nicht, das entscheidet jedenfalls. So schrieb Wilhelm von Hamm, der große Weinverständige, in seinem classischen „Weinbuch". Ich hatte im Verlaufe meiner Darstellung schon wiederholt Veranlassung, des französischen Weinbaues zu gedenken, namentlich in der Champagne und in Burgund; hier im Bordelais öffnet sich das große Weingebiet Frankreichs, welches Land nicht blos die größte Produktion, sondern auch die bedeutendste Ausfuhr an Wein unter allen Ländern der Erde besitzt; es dankt letztere vorzugsweise seinen beiden Weltweinen, dem Champagner und dem Bordeaux, welchen erfolgreichen Wettbewerb zu bieten anderswo trotz aller Anstrengungen bisher nicht gelungen ist. Auch an Mannichfaltigkeit der Weine kann sich kein anderes Land mit Frankreich vergleichen. Dabei durchlaufen die Bodenarten, auf welchen Wein wächst, alle Formationen, vom Moore der Sologne, dem angeschwemmten Sand der „Landes" bis zu der Kreide der Champagne und dem Basalt der Auvergne, von dem Jurakalk der Côte d'or bis zu der granitischen Terrasse des Morvan. Wachsen doch im Gironde-Departement auf beiden Seiten des Stromes die Reben brüderlich nebeneinander auf Thonmergel der tertiären Bildung, auf Diluvialsand und in den Sümpfen des Schwemmlandes, und bringen — was das Merkwürdigste ist — in allen drei Formationen ausgezeichnete, berühmte, allerdings im Geschmack von einander abweichende Produkte. Die Strecke von Bordeaux bis zur Mündung des Stromes ins Meer ist kurz — sie ist das eigentliche Médoc — daher zählen sich auch die Lagen oberhalb der Stadt Bordeaux an der Garonne, Dordogne und im Innern des Departements zu den nach ihr genannten Weinen. Im eigentlichen Médoc, der Landspitze zwischen dem linken Ufer der Gironde und dem Golf von Gascogne, unterscheidet man nun nach dem Standorte drei Arten der Gewächse, von „Côtes" (Hügeln), „Palus" (humoser Lehmboden der Flußniederungen), „Graves" (Kies, Gerölle, Sand), doch fügt man oft noch hinzu: „Terres fortes" (Niederungen ohne Sand) und Entre deux mers, zwischen Garonne und Dordogne, und bringt jede Art wieder in Unterabtheilungen, in „Crûs" (Gewächs oder Lage von bestimmter Grenze), und zwar in fünf; was nicht zu diesen gehört, ist „unclassificirter Wein" und heißt Bon Bourgeois, mit den Abstufungen supérieur, bon und ordinaire; darauf folgen die Paysans (Kutscher), die Gewächse der kleinsten Besitzer; was noch geringer ist, heißt Petit vin. Vor den ersten Crus stehen die Grands crûs und die Crûs supérieurs. Der letzteren hat das Bordelais vier: Chateau Lafitte, Chateau Margaux, Chateau Latour und Haut Brion. Schon als Seconds crûs und billiger gelten: Mouton, Rauzan, Léoville, Vivens-Durfort, Gruau-Laroze Lascombe, Branne, Pichon-Longueville, Ducru-Beaucaillou, Cos-Destournel, Montrose. Die Bordeauxweine zeichnen sich aus durch ein hervortretendes, höchst angenehmes Bouquet, viel Mark — kein anderer Wein kann sich in dieser Eigenschaft mit ihnen vergleichen — Stärke und Geistreichthum ohne Heftigkeit und eine leichte milde Herbigkeit, die nur ihnen eigenthümlich ist. Sie stärken den Magen, ohne den Kopf einzunehmen, und können in größerer Menge getrunken werden, ohne üble Folgen zu hinterlassen.

Die Erziehung der Reben ist in einzelnen Theilen Frankreichs unübertrefflich, namentlich überall da, wo Weltweine gebaut werden. Aber nicht an allen Orten ist es so; im Allgemeinen herrscht noch große Liederlichkeit in dieser

Hinsicht, und selbst die Weincultur der Gironde, bei aller Wichtigkeit derselben für das Land, läßt doch noch in nicht wenigen Bezirken sehr viel zu wünschen. Es kommen alle Arten von Schnitten und Erziehung vor, am verbreitetsten ist der Kopfschnitt in Bordeaux, der Bogenschnitt in Burgund und der Champagne, die Rahmenerziehung im mittleren und südlichen Frankreich. Die Weinlese, welche im Ganzen mit dem deutschen Verfahren übereinstimmt, ist für das gesammte französische Volk ein Fest, dem es sich mit einer Lebhaftigkeit hingiebt, von der sich der kältere Nordländer keinen Begriff macht, und welche wächst, je weiter man nach Süden voranschreitet. Monatelange Sorgen und Kosten und Arbeit hat man geduldig ertragen; jede einzelne Pflanze ist, früh und spät, auf das Liebevollste gepflegt worden; die Ernte ist reichlich, die Frucht sieht vielversprechend aus; allein da so viele Zufälle dem guten Zustande schaden können, so hört man nur in Jahren, wo Sonnenschein die Erde wie eine Fluth überdeckte, ein allgemeines Jubeln nach allen Seiten hin. Es muß Regen genug geben, um die Frucht zu schwellen, aber doch nicht so viel, um ihren Wohlgeschmack zu beeinträchtigen. Dies ist nicht Alles: am meisten fürchtet man den Hagel. Oft geschieht es, daß auf Stunden weit die Weinberge durch Hagelstürme niedergeschmettert werden, — ein Umstand, dem die zahlreichen französischen Gesellschaften zur „Versicherung gegen den Hagel" ihr Dasein verdanken. Bald reifen die Trauben ungleich, bald verdickt sich die Schote der Frucht, und nur selten wirkt zum Besten des Weines Alles zusammen, wie in dem Kometenjahre 1858. Doch selbst dann ist der Wein nicht überall von gleicher Güte: oft genügt schon eine Entfernung von nur wenigen Metern, um einen großen Unterschied in der Qualität der Frucht einer und derselben Species hervorzubringen. Eine geringe Schwankung in der Tiefe des Bodens oder ein vermehrter Grad von Senkung auf einer Oberfläche wirkt wesentlich auf den Wein ein.

Alle diese Gefahren treten indeß in den Hintergrund gegenüber den Verheerungen, welche ein Schmarotzerinsekt in den französischen Weinbergen anrichtet. Es gehört zu den Blattläusen, schmarotzt an den Wurzeln des Rebstockes und ist nicht größer als der Punkt am Ende dieses Satzes. Diese Wurzel- oder Reblaus vermehrt sich in unglaublich kurzer Zeit millionenweise und wurde zuerst 1863 in der Provence bemerkt, sicher nachgewiesen aber erst 1866 an den Rebenwurzeln bei Arles. Die Weinblätter begannen dort schon Juni und Juli zu vergilben; die Ranken hörten auf zu wachsen, das Laub war im August abgefallen und die Trauben erreichten ihre Reife nicht. Nun starben auch die Schößlinge ab und gegen Ende des Jahres war der ganze Stock so gut wie vernichtet; nur wenige zeigten frische Triebe im kommenden Jahre; 1867 stellten sich dieselben Erscheinungen ein, und jetzt fand man daß die Wurzeln mit eigenthümlichen Knötchen bedeckt waren und wie verbrannt aussahen. Die Ursache dieser Krankheit entdeckte am 15. Juli 1868 zuerst Professor Planchon zu Montpellier in dem mikroskopischen Thierchen, das man Phylloxera vastatrix nannte. Heute ist die Phylloxera eines der am besten bekannten Wesen der Schöpfung; man braucht ihre Beschreibung nicht mehr zu machen. Wie wohl unterrichtet man aber auch in Betreff dieses Feindes ist, so haben alle Hülfsmittel der Wissenschaft nicht vermocht, ihn zu vernichten. Die Fortschritte der Phylloxera waren anfänglich langsam und im Verborgenen, man glaubte, es sei ein örtliches Uebel, dessen man bald Herr werden werde; erst gegen die Jahre 1872—73 gewahrte man die ganze Schwere der unterirdischen Invasion, welche die Weinberge hinraffte. Da hatte die französische Regierung eine Eingebung, die unfehlbar schien: die Kammern bewilligten alsbald eine Nationalbelohnung von 300,000 Fr. für denjenigen, der ein taugliches Mittel finden würde, um Frankreich von dem Insekt zu befreien; trotzdem hat dieses Versprechen nichts hervorgebracht, was der Rede werth wäre; Hunderte, Tausende und Zehntausende von Mitteln strömten zwar herzu, scheinbare und sinnreiche, die Mehrzahl lächerlich, aber alle diese Mittel wurden beim Versuch ihres Unvermögens überwiesen. Während die Regierung so einen Appell an die Fruchtbarkeit der Erfinder machte, appellirte sie zu gleicher Zeit auch an die Wissenschaft. Sie setzte eine große Phylloxera-Commission ein, in welcher Alles Platz fand, was nur immer in Frankreich an als hervorragend bekannten Doktoren, durch frühere Entdeckungen bekannten großen Chemikern, bei der Ausstellung preisgekrönten Landwirthen vorhanden. Dieser ehrwürdige Areopag wurde mit mannichfachen Attributen ausgerüstet, man überließ ihm weitgehende Machtvollkommenheiten zu Anordnungen; man vertraute ihm die Sorge darüber an in den Prozessen und Methoden, welche die Weinbauer anwandten, um sich gegen die Plage zu vertheidigen, das Unkraut von dem wahren Korn zu unterscheiden. Aber trotz des Preises von 300,000 Fr. und trotz der amtlichen Commission hat die Phylloxera ihren unterirdischen Weg fortgesetzt, wobei sie Flüsse durchkreuzte und Berge überschritt. Weder die Rhône noch die Cevennen haben sie aufgehalten, man findet sie durch die Winde auf Hunderte von Kilometern von den als angesteckt bekannten Orten fortgetragen. Im Jahr 1877 waren 28 Departements angesteckt; Ende 1878 zählte man deren 39; 1879 kamen wieder zwei neue Departements, Ariège und Tarn, auf die Liste. „Alle großen Weinberge Frankreichs,“ sagte im Senat Gaston Bazille, „sind entweder schon inficirt oder sehr ernstlich bedroht, mit Ausnahme der Champagne.“ Nach den statistischen Aufstellungen des Generaldirectors im französischen Ackerbauministerium waren im Jahr 1877 in Frankreich schon 288,000 ha Weinberg vollständig zerstört; 1878 zählte man 373,000, also 85,000 ha mehr, und das war ungefähr das Fünftel der Gesammtfläche der französischen Weinberge. Außer diesen völlig verwüsteten Strecken waren 250,000 ha mehr oder weniger von der Krankheit ergriffen, im Ganzen also mehr als 600,000 ha dem Verderben verfallen, denn die Zerstörung durch die Phylloxera ist eine vollständige, die Pflanze ist todt für immer, und die französische Rebe, die man an ihre Stelle setzt, verfällt nach Verlauf von zwei oder drei Jahren demselben Schicksal. Am schlimmsten wurden folgende Departements von dem Uebel betroffen: Var, Vaucluse, Hérault, Gar, Drôme, die beiden Charente und ein Theil der Gironde, wo nur noch traurige und zweifelhafte Ueberreste des einstmaligen Wohlstandes geblieben sind. Savoyen, Côte-d'or, Loiret, Deux-Sèvres, Vienne, Aube, Ost-Pyrenäen, Ariège, Tarn und noch viele andere Departements sahen sich von demselben Schicksal bedroht. Glücklicher Weise zeigt sich in den jüngsten Jahren, den amtlichen statistischen Berichten zufolge, eine ganz deutliche Abnahme des fürchterlichen Uebels. Die Oberfläche der durch die Phylloxera zerstörten Weingärten betrug 1881 noch 113,000 ha, im Jahre 1882 nur 91,000 ha und sank 1883 auf nur 64,500 ha herab. Die Anzahl der Hektare der inficirten Weingärten, die aber bislang noch der gänzlichen Vernichtung widerstanden hatten, veränderte sich von 1882—1883 nicht; sie betrug 642,363 ha. Bis dahin hatte sie alljährlich eine Zunahme aufzuweisen gehabt.

Während nun die amtliche Commission sich vergeblich abplagte, gelangten bescheidene Weinbauer zu ernstlichen Ergebnissen. Ein einfacher Ackerbauer nämlich, Namens Faucon, entdeckte, daß ein vollständiges und mindestens vierzig Tage andauerndes Unterwassersetzen, wobei aber der Boden nicht zu durchdringlich sein darf, die Phylloxera vernichtet, indem sie dadurch der ihr zur Existenz nöthigen Luft beraubt wird. Zum Unterwassersetzen braucht man aber viel Wasser, und außerdem muß der Boden nicht zu durchdringlich sein, welche zwei Bedingungen nur ausnahmsweise zusammentreffen; immerhin ist von dieser Seite Rettung für einen Theil der Weinberge, wenn auch den allerkleinsten, zu erwarten. Zu gleicher Zeit wurde von anderen Privatleuten, von Rebenbauern in dem Departement Hérault, die Entdeckung gemacht, daß amerikanische Reben, welche seinerzeit die Reblaus nach Frankreich eingeführt, den Bissen des Insekts widerstanden. Seit etwa fünfzehn Jahren haben nun die Weinbauer im Hérault, und mit ihnen die Ackerbauschule in Montpellier, Versuche über die Widerstandsfähigkeit der amerikanischen Pflanzen gemacht, und diese Versuche scheinen zu einer triftigen Schlußfolgerung geeignet. Verschiedene Reben, als „Jacquez," „Tailors," „Cordifolia" ꝛc., gedeihen trotz der Reblaus, haben eine reiche Vegetation und geben auch ziemlich reichlich Trauben. Die einen sind zur direkten Produktion geeignet, die anderen dienen als Pfropfreiser. Die Weinbauer im südlichen Frankreich, welche die üppige Vegetation der amerikanischen Reben mit der vollständigen Zerstörung der französischen an demselben Ort vergleichen können, sehen der Mehrzahl nach die amerikanischen Reben als einziges Mittel an, den Weinbau wieder in die Höhe zu bringen. Wenn aber bisher das Pflanzen amerikanischer Reben im südlichen Frankreich nicht in großem Maße stattgefunden, so sind daran zunächst die Verfügungen vieler Präfekten schuld, die willkürlich deren freien Verkehr verbieten; ferner ist man noch nicht endgültig über die Vorzüge der verschiedenen Sorten dieser Reben und die Anpassungsfähigkeit jeder einzelnen für den verschiedenen Boden schlüssig geworden, und endlich sind die amerikanischen Reben sehr theuer, wenn auch ihre Preise jetzt heruntergehen. Unter diesen Umständen konnte man nur schwache Versuche machen. Es ist aber trotzdem im südlichen Frankreich, und namentlich im Departement Hérault, schon eine ziemlich bedeutende Fläche mit amerikanischen Pflanzen besetzt, von denen viele schon vor fünfzehn Jahren gepflanzt worden sind.

Trotz dieser traurigen Lage des Weinbaues in Frankreich und im Gironde-Departement insbesondere, ist der Weinexport aus Bordeaux doch nicht allzusehr zurückgegangen. Dies liegt an mehreren Ursachen, und zwar vor Allem daran, daß vielfach neue Weinberge in Gegenden angelegt werden, wo früher keine waren, im Thale der Garonne, an den Ufern der Loire und in mehreren Departements Mittelfrankreichs. Weiter kommt dabei die sehr starke Einfuhr von italienischen und spanischen Weinen in Betracht. Die findigen Franzosen bezogen sofort, als die eigene Erzeugung nicht mehr ausreichte, große Mengen jener Weine zu sehr niedrigen Preisen, und verwendeten sie zum Verschneiden, oder brachten sie hergerichtet als Bordeauxweine in den Handel. Besonders von dem blühenden Hafen von Giarre-Riposto am Fuße des Aetna zwischen Catania und Taormina wird der billige und kräftige Rothwein in Mengen nach Bordeaux verschifft und dort sehr geschickt verarbeitet. Aber auch Spanien muß vor den Riß treten: einer amtlichen Angabe des spanischen Regierungsanzeigers zu Folge wurden in dem ersten Halbjahre von 1881 allein nach

Frankreich 3,140,547 hl spanischen Weines im Werthe von 131,902,947 Fr. eingeführt. Im Jahre 1883 kamen allein fast 100 Millionen Flaschen Wein nur aus Spanien nach Bordeaux, um dort zu Bordeauxweinen verarbeitet zu werden. Diese, sowie die italienischen und ungarischen Weine werden in genügender Menge mit Wasser vermischt, mit chemischen Substanzen, da ja Bouquet erforderlich ist, wohlriechend gemacht und dann mit großen Anpreisungen als „Sève de Médoc," als „Bouquet Médocain" u. s. w. verkauft. Nach dem Berichte der Handelskammer von Bordeaux für 1882—1883 belief sich der Gesammtwerth der Einfuhren:

1863 auf	552,000	Franken;
1879 „	532,425,564	„
1880 „	381,901,105	„
1881 „	362,770,914	„

Der Gesammtwerth der Ausfuhren betrug in denselben Jahren beziehungsweise: 258,272,000 Franken; 328,342,327; 348,698,165 und 362,192,069 Franken, letzteres die höchste Summe, die erreicht wurde. Ein weiterer Grund, der die Ausdehnung des Phylloxera-Uebels verschleierte, liegt in der mehr und mehr um sich greifenden Fabrikation künstlicher Weine, namentlich solcher, die aus trockenen Trauben, wie sie aus Griechenland und Kleinasien kommen, hergestellt werden. Einigen zu Folge wären diese Kunstweine bisweilen mit höchst gefährlichen Säften versetzt.

Die Gironde mit den Landschaften Médoc und Buch.

Rasch sind wir aus der Mitte des Landes in die Nähe der See gerückt; zwar sind es noch 105 km bis zu dem Leuchtthurm der Ile de Cordouan, dem festesten und ältesten an jener Küste, dessen Bau 26 Jahre, von 1584 bis 1610, in Anspruch nahm und welcher jetzt den Schiffern als der letzte Punkt der Küste weithin leuchtet; aber schon bei dem nahen Bec d'Ambès, nur wenig unterhalb Bordeaux, tritt die Dordogne zur Garonne, welche nunmehr den Namen Gironde annimmt und bei Blaye sich zu einem Meerbusen ausdehnt, wo die größten Dreimaster ihre volle Ladung erhalten. Der Landstrich, richtiger die nach Süden hin sich verbreiternde Landzunge zwischen Garonne und Dordogne, an deren Spitze das Dörfchen Ambès liegt, trägt den Namen Entre deux Mers und wird von dem Schienenwege durchschnitten, melcher von Bordeaux nach Angoulême führt. Die Bahn erreicht die Dordogne dort, wo die Isle in sie einmündet, und dort liegt auch das gewerb- und handeltreibende Städtchen Libourne mit einem Flußhafen, der Schiffe von 300 t aufnehmen kann. Eine Hängebrücke überspannt hier die Isle, während eine neunbogige Brücke aus Stein und Ziegelwerk die Dordogneufer verbindet. Weiter abwärts, am rechten Ufer der Dordogne, stoßen wir auf das höchst malerisch gelegene Dorf Cubzac und dort führt eine der schönsten aller Hängebrücken, 28 m hoch, unter welcher die Seeschiffe hinwegsegeln, über den Fluß, sowie zu dem nahen Orte St. André de Cubzac, welchen eine Kirche aus dem zwölften Jahrhundert ziert. An die Ruine eines Schlosses am Wege dahin knüpft das Volk den Namen Montalban und den der vier Haimonskinder. Unmittelbar am nahen Bec d'Ambès beginnt die Gironde mit Inseln sich zu füllen, die sich bis in die Höhe von Pauillac hinziehen. Der untere Theil der Gironde aber ist vom hydrologischen Gesichtspunkt eher ein Arm des Meeres, als die Mündung eines Flusses. Noch in großer Entfernung von Royan sind die Gewässer des Aestuariums sehr felsig; 9 km östlich von diesem Orte giebt es in dem schlammigen Bette bei Mechers, das früher vom Meere bedeckt war, Salzwerke, welche jährlich 40 t vortrefflichen Salzes liefern. Auf den Sandbänken desselben Platzes wurden 1860 Austernbänke angelegt, in welchen Millionen jener Bivalven sich niederließen und vorzüglich gediehen. Oestlich von Mechers und Talmont nimmt die Tiefe des Aestuariums beträchtlich ab. Sein Bett ist keineswegs sehr ausgedehnt, von Sandbänken versperrt und gestattet nicht so vielem Flußwasser Zutritt; das Wasser des Stromes wird allmählich weniger salzig und endlich ganz süß. Gleichzeitig nimmt der schwebend gehaltene Schlamm zu und giebt der ganzen Oberfläche der Gironde das Aussehen eines unermeßlichen Thonlagers. Die Garonne ist ein normaler Fluß, d. h. sie greift in dem größeren Theil ihres Laufes in das rechte Ufer ein und verläßt das linke. Die Gironde ihres Theils ist gerade ebenso regelmäßig. Auf dem östlichen Ufer endigen sämmtliche Bergketten in steilen Abhängen, welche der Strom durch unaufhörliches Unterhöhlen ihres Fußes zum Zurückweichen zwingt. Von allen diesen Vorgebirgen der unteren Gironde ist das von Mechers, unmittelbar Vernon gegenüber, das merkwürdigste. Die dortigen Klippen bestehen aus ungleich zerreiblichen Schichten, aber von nahezu gleichförmiger Dichtigkeit. In Folge der Wirkung der Stürme sind die Schichten der Felsen in verschiedenen Entfernungen zernagt worden und haben sich Arcadenreihen gebildet, welche dem Aussehen nach den Säulen cyklopischer Mauern gleichen.

Dem Eingriffe in das östliche Ufer entspricht die Ablagerung auf allen niedrigen Theilen des gegenüber liegenden Gestades. Ausgedehnte Sümpfe, welche dereinst das Bett des Stromes bildeten und die das Wasser allmählich verlassen hat, dringen bis weit in das Innere der im Norden mit der Pointe de Grave endenden Halbinsel von Bas-Médoc. Bis an die Spitze derselben, zur Rhede von le Verdon, führt von Bordeaux aus eine Eisenbahn, welche die weinberühmten Orte Macau, Cantenac, Margaux, Cussac, St. Julien, Pauillac und St. Estèphe theils berührt, theils streift. Ganz im Norden erreicht sie die mittelalterliche Kirche und das auf den Sandbänken von Cordouan erbaute Bäderdorf Vieux Solac, welche in der schönen Jahreszeit eine große Menge Besucher anziehen. Die Kirche ist im Grunde des Thales, in welchem sie steht, vollständig von Fichten umgeben und die bilden durch ihr düsteres Nadelwerk einen schönen Gegensatz zu den weißen Mauern, die mit einer Lage Sand bedeckt gewesen sind. Weiter nach Westen, an der atlantischen Seite, steht ein kleiner bewaldeter Dünenrücken, dessen Gipfel aber nicht hoch genug sind, um den in Passe de Grave ankernden Schiffen die Aussicht zu entziehen. Die eigentliche Grave-Halbinsel liegt der Salzmarsch von Mechers gegenüber, ist eine ausgedehnte dreieckige Dünenmasse von beträchtlicher Oberfläche und steht durch eine schmale Landenge mit den „Landes“ der Gascogne in Verbindung. Vom Meere aus gesehen, haben die Dünen, die sich malerisch um einen großen konischen Hügel von mehr denn 30 m Höhe gruppiren, das Aussehen eines steilen Vorgebirges, so daß man sie für die Außenposten eines Gebirgslandes zu halten versucht wäre. Ein schöner Fichtenwald bedeckt den Grund und trägt durch seine dunkelgrüne Färbung dazu bei, das Ganze düster und feierlich erscheinen zu lassen. Durch die Anpflanzungen von Fichten, deren werthvolle Erzeugnisse den Wohlstand der Gegend sehr erhöhen, gelang es auch, den beweglichen Sandbänken der Dünen Festigkeit zu verschaffen. Unter den Bäumen keimte mächtiges Gestrüpp aus, das man zum Futter für das Vieh benutzen kann, und zugleich wurden die Thäler von den Sümpfen entwässert, welche sie sechs Monate des Jahres bedeckten, so daß der Gesundheitszustand des Bezirkes sich sehr verbesserte.

Nur eine Entfernung von etwa 50 km trennt in westlicher Richtung Bordeaux von dieser atlantischen Küste; keine höhere Bergreihe hindert hier die frische, belebende Luftströmung, die über das Weltmeer streicht. Nur die breiten Sanddünen, die etwas höheren Sandflächen (les Sablons) mit ihren dichten Pinienwäldern, die einsamen Strecken der „Landes de Buch“ und von Médoc halten die Sturmwellen von dem fruchtbaren schwarzen Tieflande, welches als la Grave an der Garonne hinzieht. Nur die weinreichen Hügel von Médoc, Haut Brion, St. Estèphe und Grave trennen die Garonne von der Steppenlandschaft der „Landes“, die im nächsten Abschnitte genauer geschildert werden sollen. Dort will ich die „Landes von Bordeaux“ im Zusammenhange mit den „Landes der Gascogne“ beschreiben, der Einheitlichkeit des Bildes wegen. Hier gedenke ich blos der Thatsache, daß der Ocean sich in das bewegliche, veränderliche Sandland, worin menschliche Anlagen, kaum gemacht, oft spurlos wieder verschwinden, in vielfachen sogenannten „Etangs“ (Teichen, Lagunen) tief eingewühlt hat. Teiche bilden so hinter den äußersten Dünen eine zweite Wasserlinie; sie ziehen den geringen Wassergehalt jenes Sandlandes an sich und zerfasern sich selbst oft in eine Masse schmaler, stehender, die Landzunge der Médoc weit durchziehender Wasserrinnen. Solche „Etangs“ sind jene von Hourtin oder Carcans, von Lacanan und von Bateurtot. Der bedeutendste aber, in den der einzige Fluß des Landes, der Leyre, sich ergießt, das versandete Bassin von Arcachon, ist allerdings von menschlicher Hand an seinem Verbindungscanal mit dem Meere geregelt, und die kleine Tete de Buch oder kurzweg La Teste, die Spitze der alten Bai, ist zu einem nicht ganz unbedeutenden Hafen seit jenen Kunstanlagen emporgestiegen. Teste de Buch, das Testa Bojorum der Römer, ist sehr alt und historisch bedeutend, denn es war in den Zeiten der Gallier eine der zwölf Städte von Novempopulania, und im Mittelalter spielten die zu den großen Kronvasallen gehörigen Herren des Ortes, die Captals oder Chaptals von Buch genannt, eine wichtige Rolle in der Geschichte von Aquitanien, besonders unter der Herrschaft der Engländer, bis die Revolution den Herrenrechten der Captals ein Ende machte. Diese schöne Landschaft Buch am Südende des Beckens von Arcachon, mit dem wegen seiner zahlreichen Quellen, Ackerfelder und Obsthaine das Paradies des Landes genannten reizenden Leyrethale, unterbricht die „Landes“ von Bordeaux, und die Küsten-„Landes“; eine Eisenbahn verbindet sie mit Bordeaux, und das Vergnügen der Seebäder kann im Sommer in einem Nachmittag von da aus leicht genossen werden. Die Bai von Arcachon ist an sich ein schöner Hafen von etwa 32 km Umfang, in der Form eines Dreieckes und überall geschützt, mit zwei engen Eingängen: Passe du Nord und Passe du Sud. In der Mitte desselben liegt die „Vogelinsel“, welche bei niedrigstem Ebbestand ungefähr eine halbe Stunde Umfang hat; sie nimmt fortwährend an Größe zu und eine Sandbank, die sich von ihr zum Ufer hinzieht, strebt sie damit zu verbinden und so den nördlichen Eingang zu verschließen. Ihren Namen hat sie von den großen Mengen wilder Enten erhalten, welche dort, wie überhaupt in den flachen Ufersümpfen des Beckens von Arcachon, in dunklen Winternächten in

Netzen gefangen werden. Die Fluth bedeckt bei Arcachon einen unermeßlichen Flächenraum: wenn sie hoch ist, kann man die grüne Farbe des Wassers kaum unterscheiden von den Sandhügeln und der unsicheren Linie ihrer sumpfigen Küsten; ist sie niedrig, so sind die in Krümmungen sich hinziehenden Wasserläufe mit ihren zahlreichen Verästelungen den Saugstrahlen einer riesenhaften Meduse zu vergleichen. Das feste Gestade ist von dieser mehr oder weniger flüssigen Masse durch Schlammfelder getrennt, die mit rothen Weiden bedeckt sind. Die „Trembleyers" oder zitternden Grasgründe, welche die Linien früherer Buchten bezeichnen, Savannen mit Gruppen von Bäumen da und dort, in Krümmungen sich schlängelnde Canäle zwischen Inseln und Halbinseln, dann die Wälder und Dünen, welche im Westen liegen, vollenden den sonderbaren und urzeitlichen Anblick, welchen Wasser, Sand und Schlamm bieten. Wirft man einen Blick auf die weite Wasserfläche, so kann man da und dort Stangen sehen, welche auf die hier betriebene Austernzucht hinweisen. Von den frühesten Zeiten an ist dieses Schalthier in der Bai von Arcachon bemerkenswerth gut gewesen; im Grunde der Canäle, wo die Fluthen höchst reißend sind, findet man die huîtres de grave, während man auf den Schlammbänken die berühmten huîtres de gravette sammelt und sie in alle Theile Europas ausführt. Eines der Hauptgewerbe in den Schlammgewässern an dieser Bucht ist auch die Blutegelzucht. Außer der natürlichen Scenerie zieht die Aufmerksamkeit die lebhafte Stadt Arcachon auf sich, welche seit der Eröffnung der Eisenbahn nach Bordeaux, einem amerikanischen Badeorte gleich, urplötzlich aufgetaucht ist. Auf allen Seiten erheben sich Gebäude, Schweizerhütten, gothische Herrschaftshäuser, maurische Pavillons oder chinesische Tempel, je nach dem Geschmack der verschiedenen Grundeigenthümer. Die Stadt liegt auf dem sandigen Gestade am Fuße der Dünen, welche mit Fichtenwäldern gekrönt sind. Die herrlichen Wälder von La Teste und Arcachon bilden höchst interessante Ausflüge. Durch die wundervolle Einsamkeit derselben kann man stundenweit wandern und die Höhen des Truc de la Truque oder die Berge von Lascours erreichen, welche die höchsten Dünen in ganz Europa sind. Von diesen Bergen aus steigt man an den Teich von Cazaux hinab, dessen durchsichtige Gewässer dem Eingang der Bucht gegenüber Tausende von Acres bedecken.

Gascogne und Béarn.

Die Landes und ihre Bewohner.

Der schmale Küstenstreif im Süden der Gironde bis hinunter nach Bayonne an der Mündung des Adour, in einer Ausdehnung von etwa 220 km, ist eine öde Sandwüste. Eine nur wenig erhabene Dünenreihe streckt sich längs dieses Strandes von Norden nach Süden, so daß der Schiffer, der auf dem Atlantischen Ocean an dieser Küste entlang fährt, kaum im Stande ist, das graue Gestade von dem Meere, welches es bespült, zu unterscheiden. Träge wallt die Woge zu dem bleichen Sandgürtel hinüber, ihr Rauschen erstirbt, indem sie sich daran bricht, und weit ins Meer hinaus dehnt sich das flache Uferland. Kein Schiff wagt sich in dessen Nähe. Wird einmal eins von dem jäh stürmenden Westwind dorthin verschlagen, so ist sein Untergang gewiß, der Kiel bleibt unbeweglich im Sande stecken und nach und nach wälzt sich eine Sandwoge nach der andern über das unglückliche Fahrzeug. Gleich den Gerippen gefallener Kameele, die halb vergraben im Sande der Sahara der vorüberziehenden Karawane entgegenstarren, ragen bei niedrigem Wasserstande hier die Gerippe zerschellter Schiffe warnend aus den trüben Wogen. Doch ist die ganze öde Küstenfläche von der Gironde bis zur Adourmündung mit Leuchtthürmen besetzt, um so viel wie möglich die Seefahrer vor den Untiefen und Sandriffen zu warnen. Hinter dieser gefährlichen Küste erstreckt sich eine weite einsame Gegend, die sogenannten „Landes“ von der Garonne bis zum Adour und von der Gélise bis an die Dünen des Oceans. Es ist der westliche Theil des alten Aquitaniens, welches unter den Römern den Namen Novem populanum erhielt, später jedoch unter dem fränkischen Kaiserreich Basconien oder Gascogne genannt wurde. Der Boden dieses Landes, aus lauter Sand bestehend, welcher auf einer undurchdringlichen Lehmlage „Alios“ genannt, ruht, wurde schon seit Jahrhunderten als für den Landbau ungeeignet gehalten. Versengt im Sommer und durchfroren im Winter, nährte er nur Farne, Binsen und Haidepflanzen, und bot nur hier und da eine kümmerliche Nahrung für einige wenige halb verhungerte Schafe. Und um all diesem Elend noch die Krone aufzusetzen, wurden die Landes unaufhörlich bedroht durch das Stäuben der Dünen, welche vom Westwinde landeinwärts getrieben über die Ebene hinrollten und allen Boden unter ihrem Sande begruben. Die ganze Provinz schien zu einer unvermeidlichen Verwüstung verurtheilt zu sein — bis Brémontier seine Erfahrungen, die Dünen durch Anpflanzungen zu befestigen, mittheilte. Außer den Anpflanzungen von Sandgras, Rohrbinsen, Ginster, Waldrebe (Clematis), Fichten und anderen Gewächsen, welche den Sand zusammenhalten, gebraucht man an einigen Stellen noch die sogenannte „Clayonnage“; sie besteht darin, daß man oben auf den Dünen in der Richtung der vorherrschenden Winde kleine Beete mit 30—45 cm hohen Wänden, die aus Lehm und Stroh geknetet werden, umgiebt und den Samen der vorgedachten Gräser und Gewächse hineinsäet, welche dann das Erdreich zusammenhalten, worauf man später Fichten pflanzt. Der Sand allein hatte das Land in seinen traurigen Zustand versetzt. Seitdem die Dünen aber einmal festgelegt und die Gegenden östlich hinter den Dünen geschützt waren gegen das Stäuben des Dünensandes, versuchte man bald das Land zu bebauen, legte Gebüsche an, machte Entwässerungen und diese Versuche wurden mit solchem Erfolge gekrönt, daß die Wiederinbesitznahme einer der traurigsten und größten Einöden Europas im Vollzuge ist. Und daß es eine höchst belangreiche Sache ist, die Landes wieder ertragsfähig zu machen, fällt am besten in die Augen, wenn wir erfahren, daß ihre Ausdehung in dem nach ihnen benannten Departements des Landes allein 424,271 ha beträgt. Man theilt diese Haiden ein:

1) in Große Landes; dieses sind die unfruchtbarsten.

2) in Kleine Landes; sie sind angebaut und bilden den westlichen Theil der Hochebene, zwischen einem kiesigen Thale und den Großen Landes.

3) in die Landes von Médoc, im Gironde-Departement, einbegriffen zwischen der Straße von Bordeaux nach Teste, dem Wasserbecken von Arcachon, den Dünen und der Straße von Lespasre nach Bordeaux.

Die Landes bestehen aus mehreren Hochebenen. Die größte von allen dehnt sich gegen Osten auf dem Wege von Bordeaux nach Bayonne aus, geht durch Laboulègre und ist von einer Seite begrenzt vom Adour, Midon, der Douze und dem Estampon; auf der andern vom Ciron und der Garonne. Sie hat die Form eines Dreiecks und liegt etwa 100 m über der Meeresfläche. Die durchgängig horizontale Lage aller dieser Tafelflächen ist nur scheinbar. Schon Brémontier hatte diese bemerkenswerthe Thatsache vermuthet, welche durch neuere Messungen bestätigt wurde. Es ist in der That erwiesen, daß von Osten nach Westen, wenn man sich eine senkrechte Linie zum Meere denkt, eine Neigung von mindestens 0,001 auf den Meter stattfindet, und diese Abdachung ist so schwach, daß der geringste Zufall oder vielmehr die geringste Unregelmäßigkeit des Bodens, z. B. Fußtritt einer Heerde oder eine Haidekrautwurzel die Neigung unterbricht und das Wasser verhindert ihr zu folgen. Von Westen nach Osten ist das Gefäll vielleicht noch schwächer, aber es genügt doch, um das Abfließen des Wassers zu gestatten. Aus diesem glücklichen Umstande geht hervor, daß wenn man, gleichviel an welchem Ende des Landes, eine Grube von höchstens 30—40 cm Tiefe unterhalb der mittleren Terrainhöhe graben und den Grund der Grube ganz parallel mit der allgemeinen und regelmäßigen Abdachung richten würde, diese Grube nie tiefer als 60—70 cm ausgegraben zu werden braucht. Man ist in diesen Landes schon, sowie man Bordeaux verlassen hat. Sie bieten zuerst nicht viel Interessantes dar; das Auge verliert sich in einer großen einförmigen Wüste, welch nur hie und da durch eine Hütte, umgeben von ein paar Mais- oder Hirsefeldern oder zuweilen durch ein Karren mit Ochsen bespannt, welcher durch die pfadlose Haide zieht, belebt wird. Dabei aber hat der Boden des Landes, obgleich durchgängig Sand, doch abwechselnde Färbungen, hauptsächlich durch seine vielen Moose und Flechten. Die Vegetation dieser Haiden ist viel mannichfaltiger und interessanter, als man beim ersten Anblick glaubt; sie besteht nicht überall aus verkrüppelten Haidesträuchern, Binsen, Ginster, Seetang und Farnkräutern, sondern sie enthält unter den Haideblumen die hübscheste, die in Europa sich findet, Erica ciliaris, ferner zwei Arten Binsen (Spartium) und drei Ginsterarten, auch hübsche Blumen wie Daphne Cneorum, Meerzwiebel (Squilla), Veilchen, wilden Flachs, Knoblauch u. s. w., umflattert und umkrochen von mancherlei, zum Theil merkwürdigen Insekten, wie die Mantis oder Phasma Rossii.

Elisée Reclus, einer der vorzüglichsten Geographen nicht blos Frankreichs, sondern der Gegenwart überhaupt, entwirft von den Landes und von den dortigen Dünen folgendes Bild: Unmittelbar südlich des Landes „Buch" liegt das Land, welches dem unermüdlichen Helden, dem persönlichen Feind von Richard Löwenherz, dem Minnesänger und Ritter Bertrand von Born seinen Namen lieh. Im Lande Born zeigen sich die Landes in all ihrer Schönheit. Hier erheben sich die früher beweglichen Spitzen der Dünen zu einer durchschnittlichen Höhe von 75 m. Durch das Wehen des Windes sind sie fast überall gleich hoch gemacht, regelmäßiger vielleicht als andere Dünengürtel zwischen der Gironde und dem Adour. An einigen Punkten, besonders im Westen von Biscarosse, gleichen die „Lettes" oder die Längenthäler, welche zwei Dünenreihen oft auf viele Kilometer von einander scheiben, den trockenen Betten großer Ströme, und in ihnen runden sich grüne Eilande ab, von mächtigen Wogen Sandes umfluthet. Die Seen und Altwasser, welche man in diesen Strecken antrifft, sind ebenso merkwürdig durch ihre Tiefe wie durch ihre Ausdehnung. Es ist unbezweifelt, daß der See von Cazaux früher eine Meeresbucht war, da der Boden dieses kleinen Binnensees 10 m unter dem Meeresspiegel liegt. Auch der große See von Biscarosse, welcher sein Gewässer von dem Cazauxsee empfängt durch einen von Menschenhand verbesserten Abzugscanal, war früher ein Meerbusen; dicht an dem Binnenfuße der Dünen ist er 28 m tief. Südlicher liegt der See von Aureilhan, dessen Boden ebenso tiefer liegt als der Seespiegel bei niederem Wasser. Der Ocean, welcher stets beschäftigt ist, die Küsten flach zu spülen, hat nach und nach von seinem eigenen Schooße all die Baien des Landes abgeschnitten, die früher landeinwärts gedrungen waren, und mit der Zeit haben sie sich durch Regen- und Quellwasser in Süßwasserseen verwandelt, welche auch von Süßwasserfischen, als Karpfen, Schleien, Weißfischen und Barschen, wimmeln. Das Land um Capbreton, das sogenannte Land von Marensin, dessen Name von Maris sinus, Seebusen, gewöhnlich abgeleitet wird, beherbergt ebenso wie die Länder Buch und Born große Seen, die sich durch Abzugscanäle entleeren. Doch ist die Küste von Marensin weit weniger beweglich als die von Born, Buch und Médoc. Man muß die Küste nordwärts verfolgen bis zum See von Léon, 45 km nördlich von der Adourmündung, bis man auf eine Sandfläche kommt, die ein untergegangenes Dorf bedeckt: Girons de l'Est. Unter den Gemeinden, die durch Fluth und Sand genöthigt worden sind, öfters mehr ostwärts sich zurückzuziehen, ist eine der berühmtesten, wenn nicht die berühmteste, jene von Mimizan, welche dereinst, weit von ihrem gegenwärtigen Platze, am Fuße der Düne von Udos lag, einer schönen mit Holzgewächsen bestandenen Hügelreihe, die durch ihre abgesonderte Lage, ihre regelmäßige Böschung und durch eine doppelte, kegelförmige Kuppe wie ein Vulcan aussieht. Das Land von Marensin unterscheidet sich nicht blos von dem Lande Born und Mimizan durch eine größere Fruchtbarkeit, sowie dadurch, daß die Dünenkette daselbst schmäler ist und die Seen kleiner sind, sondern auch vor Allem durch die weite Verbreitung seiner Tannen-, richtiger Fichtenwäldchen, Pineidas genannt. In der Umgebung des ziemlich gut gebauten, von einer bethürmten Mauer umschlossenen Städtchens Dax oder Acqs am Adour, über den hier eine kühne Brücke führt — ein Ort berühmt durch seine warmen Quellen, deren Dampf zuweilen die ganze Stadt bedeckt — findet sich ein Fichtengehölz von nicht weniger denn 25 Wegstunden Breite. Rings um Castets, ein Dorf, das man als einen Hauptplatz dieser Gegend betrachten darf, sieht man allerorts lange Alleen, gebildet von den kerzengeraden und majestätischen Stämmen der Seefichte (Pinus Syrtica). Mehr südlich findet man Gebüsche von Korkeichen (Quercus Suber), gemengt mit Haidepflanzen und ähnlichen Gesträuchern, vor allen den Besenginster, der da so dicht im Schlusse wächst, daß das Durchkommen durch denselben ebenso beschwerlich ist, als durch die mächtigen Schlingpflanzen in Amerika. Wie das Land von Médoc und von Buch hat auch Marensin seinen Wohlstand den harzreichen Produkten der Fichtenwälder zu verdanken. Die Gemeinden, welche über solche Waldbestände verfügen, werden zusehends reich. Ihre Finanzen sind im blühendsten Zustande und viel besser selbst als die mancher großen Städte. Die Quelle des Reichthums ist die Menge des ausfließenden Harzes, welches aus 5—6 Ritzen am Fuße aller großen Tannenbäume quillt. Leider muthen viele Eigenthümer dem Walde das Unmögliche zu und entkräften die Bäume durch übermäßiges Anbohren. So sieht man denn manchmal ganze Hektaren von Wald, der dem

Tode geweiht ist. Die Stämme, woran das Beil des Harzsammlers bis auf einige Meter in der Höhe sein Zeichen hinterlassen hat, sind rings behängt mit Gefäßen aus Blech, Thon oder Gußeisen, worin das Herzblut des Baumes abfließt, Tropfen für Tropfen, und der ganze Wald wird so durch den Besitzer selbst systematisch hingemordet. Die Waldcultur in den Landes umfaßt auch die Zucht der Korkeiche, deren Produkte zwar nicht so plötzlich zu einer Einkommensquelle geworden, doch stehen sie viel höher im Preise, einmal weil es nicht viel Punkte giebt, wo die Korkeiche fortkommt, dann aber weil es vollkommen an anderen holzartigen Gewächsen mangelt, welche die Korkeiche ersetzen könnten. Der Gewinn aus diesem Industriezweige ist ein sicherer. Vom fünfzigsten Jahre an kann man den Baum alle 7—8 Jahre abschälen, und diese bequeme Einnahme, welche keine andere Mühe als die des Erntens verursacht, dauert etwa 200 Jahre. Die Eichel des Baumes giebt eine für die Schafe und Schweine vorzügliche Nahrung. Der Kork, den man in den Landes gewinnt, gilt für den allerbesten, weil er eine bemerkenswerthe Elasticität besitzt, fein gekörnt ist und wenig davon abfällt. Doch nehmen die Korkeichenwälder leider keinen großen Flächenraum ein.

Die Bewohner dieses Landes, Lanusquets oder Landscots geheißen, auch Couzcots oder Cocozates, wie sie sich selbst nennen, sind gascognischer Abstammung, schwächlich, von kleiner Statur, oft abgemagert, und von gelblicher, leberkranker Farbe, aber glänzend schwarzem Haar, das mitunter in langen Locken bis auf die Schultern fällt. Man schreibt ihre schwächliche Gestalt und das kränkliche Aussehen den häufigen Wechselfiebern ebensowohl als ihrem täglichen starken Trinken zu. Gutmüthig, dürftig und wenig gebildet, beschäftigen sie sich mit Viehzucht, Kork- und Harzsammeln, Korkschneiden, Kohlenbrennen, Fischfang, im Süden auch mit Ackerbau, Obstzucht und selbst Weinbau, denn die Dünen von Boucan, dem früheren Ausflusse des Adour, sowie die von Capbreton, Souston und Messanges erzeugen Rothweine bester Sorte, welche viel Farbe, Kraft und einen schönen aromatischen Geschmack besitzen. Diese Lanusquets zerfallen nun in drei verschiedene Classen: Eigenthümer, selbständige Ansiedler und Meier oder Pächter. Der Eigenthümer ist so wie er überall ist, das was man einen guten, braven Mann nennt, bequemen Handel treibend, manchmal erwerbsam, Gemeinderath, Wahlmann, guter Ehegatte und Vater u. s. w., dabei gastfrei und freigebig. Der Ansiedler ist ebenso, hat aber weniger Schliff. Seine Erziehung ist mangelhaft und er geht vorzugsweise nur mit den Bewohnern der Meierhöfe um, von welchen er auch Tracht und Sprache angenommen hat. Uebrigens führen ihn auch Interessen und Geschmacksrichtung dorthin. Von dem Pächter zieht er Nutzen, von ihm erhält er in kleinen Raten seine Einkünfte, die, beständig zusammengescharrt, ein großes Vermögen ausmachen würden, wenn der Himmel nicht vermittelst einer ganz patriarchalischen Fruchtbarkeit dagegen Vorkehrung träfe. Die dritte Classe ist der Meier, der Bauer, der Proletarier des Ortes. An ihm sind Revolutionen spurlos vorübergegangen. Wenn seine Rechte auf Freiheit und Gleichheit anerkannt worden sind, so denkt er sich kaum Etwas dabei und glaubt sich noch in der „guten alten Zeit". Herr über ihn ist der Eigenthümer der Pachtung, die er bebaut. Diese moralische Knechtschaft ist theilweise Folge seiner mangelhaften Erziehung. Der dortige Bauer hat ein Bewußtsein, untergeordnet zu sein. Er wagt es nicht, seine Augen zu einer besser gestellten Classe der Gesellschaft zu erheben, und lebt für sich allein, sorglos und mißtrauisch. Der

Eigenthümer fühlt übrigens die moralische Verpflichtung seinem Meier zu helfen, wo es nöthig ist, und in den Jahren des Mangels kann dieser sich glücklich schätzen, einen Herrn zu haben.

Der Bauer der Landes lebt ausschließlich in der Familie und zeigt im Umgange mit der Genossenschaft eine merkwürdige Entsagung. Die Leitung ist gewöhnlich dem Aeltesten in der Familie und der Frau anvertraut; ihre Rathschläge werden gehört und ihre Befehle mit passivem Gehorsam vollzogen. Kurz, es ist eine patriarchalische Familie mit dem einzigen Unterschiede, daß der Patriarch ein König war und dieses eine Art von Republik ist, wo wie bei den Bienen, unter der Leitung Eines, jeder für die Gesammtheit arbeitet. Alte Gebräuche haben sich bei der Verlobungsceremonie erhalten, indem das zur Ehe begehrte Mädchen dem Freiwerber als ein Zeichen seiner abschlägigen Antwort Nüsse auf den Teller legt. Beim Heraustreten aus der Kirche streiten sich die Ehrenmädchen (donzeles) und Ehrenburschen (donzelous) um das Taschentuch der Braut, welches man schließlich an das Ende einer Stange bindet, und der junge Ehemann schlingt ein Band um seinen Leib, um Allen seine Eroberung kund zu thun. Eine gewisse Anzahl Personen, welche mit Besen versehen sind, und deßhalb „Cassecans“ (Pedelle oder Küstergehülfen) genannt werden, laden sämmtliche Gäste ein und sorgen für Alles, was zur Hochzeit gehört. Gegen Mitternacht bringt man dem jungen Ehepaare eine mit Knoblauch geröstete und stark mit Pfeffer bestreute Brodschnitte. Die Nahrung der Bauern ist sehr einfach: Geflügel, selbstgezogene Schweine, Thiere, die er aus seiner Heerde nimmt, Produkte aus seinem Garten, Brot von ziemlich grobem Korn und eine ganz besondere Speise, die sie „Escanton“ oder „Cruchade“ nennen. Sie ist aus Mehl, Wasser und Salz zusammengesetzt; die Zubereitung ist jener der italienischen „Polenta“ ähnlich oder dem „Kuskussu“ der Araber. Der Geschmack ist nicht unangenehm, wenn man erst daran gewöhnt ist, und Ludwig XVIII. geruhte sogar ihn „deliciös“ zu finden! Unglücklicher Weise hat aber der Bauer der Landes nicht den Koch dieses Monarchen zu seiner Verfügung. Ein anderes eigenthümliches Gericht jener Gegend besteht aus den Samenkörnern der Faselblume (Dolichos unguiculatus), Kohl, Rüben und einem Stückchen Schweinefleisch. Die Tracht ist im Allgemeinen jene der Leute, die zwischen den Pyrenäen und der Garonne wohnen. Einige Greise haben noch Kniehosen und Gamaschen beibehalten, die Anderen tragen „Pantalons“, „Gilet“, Kamisol und Barett. Die bevorzugten Farben sind blau und kastanienbraun. Im Winter tragen die Schäfer einen Ueberwurf ohne Aermel von Schafhaut, die wirklich undurchdringlich ist. Die Frauentrachten sind viel verschiedenartiger. Jede Ortschaft hat ihre Unterscheidung. Als Kopfputz ist die „Capulette“ sehr verbreitet. Im Innern des Landes tragen sie Strohhüte oder Hüte von schwarzem Filz à la Catalane. Dies ist der einzige Kopfputz der Frauen an der Küste. Die Wohnungen sind nichts weniger als prunkhaft, aber es sind doch weder Strohhütten noch Zelte. Im Ganzen sind sie weniger erbärmlich als die Bauernhäuser in einem großen Theile des übrigen Frankreich.

Der größte Theil dieser Bauern führt ein wahres Nomadenleben, insbesondere die Schäfer, die Ochsenhirten und die Harzsammler, welche drei verschiedene Classen unter den Meiern und Ackerbauern bilden. Die Schilderungen von Rosa Bonheur haben uns bekannt gemacht mit der eigenthümlichen Gewohnheit der Hirten der Landes, den größeren Theil ihres Lebens auf 2 m hohen Stelzen zuzubringen. Sieht man zum ersten Male eine Gruppe dieser Leute, so macht dies einen seltsamen Eindruck auf das Gemüth. Die Höhe des Haidekrautes, die weite Ausdehnung und Tiefe der Sümpfe, die große Zahl der Thiere und die Nothwendigkeit, sich gegen die Angriffe der zahlreichen Wölfe zu sichern, nöthigt die Leute, sich dieser Art von Fortbewegung zu bedienen. Sie gewöhnen sich von frühester Jugend daran und erlangen eine so große Geschicklichkeit, daß sie fast immer in gerader Richtung gehen, wie unregelmäßig auch der Erdboden sei. Ernst schreiten sie über Schilfe und Ginster hinweg, laufen aber auch so schnell wie ein Pferd im Trab und tanzen und walzen auf ihren langen Stelzen nach den Tönen ihres Dudelsacks. Der lange Stock, den sie tragen und mit so vieler Geschicklichkeit handhaben, dient ihnen als Balancirstange, wenn sie gehen, oder als Stütze, falls sie ausruhen wollen, trägt aber jedenfalls noch mehr zur Sonderbarkeit ihres Aussehens bei; sie gewähren einen Anblick wie riesenhafte Grillen, die sich zum Sprunge vorbereiten. Wenn sie stillstehen, oder selbst im Gehen, stricken sie Fußbekleidungen von naturfarbener Wolle, die sie selbst gesponnen haben. In den Steppen von Médoc macht nicht nur der Hirt, sondern Jedermann Gebrauch von den Stelzen. Die Kinder haben keine Furcht, und die Frauen, die stets in Schwarz gekleidet sind, gleichen großen, auf abgestorbenen Aesten sitzenden Raben. Der Ursprung der Stelzen ist unbekannt, allein es ist wahrscheinlich, daß sie vor dem Mittelalter nicht im Gebrauch waren, da alte Schriftsteller keine Erwähnung davon thun. Auf diesen geborgten Beinen, die sie „Chanques" nennen, bewacht der Hirt verborgen im Gebüsch seine Heerde, schreitet sicher über die Marschen und den Flugsand, fürchtet nicht von Dornen und dürren Zweigen verletzt zu werden und kann jederzeit die Geschwindigkeit seines gewöhnlichen Ganges verdoppeln. Ob damit einige Wirkung auf den Charakter ausgeübt wird, läßt sich nicht bestimmen; gewiß aber ist, daß diese Leute sich durch ihre furchtbar wilde Natur auszeichnen; sie haben einen Abscheu vor Fremden, und wenn sie einen auf sich zukommenden Reisenden bemerken, suchen sie sich schleunigst zu verstecken. Der Schäfer, in welchem man irrthümlicher Weise die Verkörperung des Landes finden wollte, wandert fast beständig mit seiner Heerde. Er lagert jede Nacht in einer jener Hütten, die man „Parcs" nennt, und mit denen die Landes besäet sind, und kehrt, wenigstens in den Sommermonaten, nur zu seiner Familie zurück, um seine Nahrungsmittel zu erneuern. Auf dem Wege von Bordeaux nach Bayonne, von der Eisenbahn aus, sieht man allemal eine große Menge dieser Schäfer. Sie kommen von weither dem Zuge entgegen, denn es ist dies ihre einzige Zerstreuung in dieser Wüste, und setzen sich dann auf die festen Schranken, die den Weg einzäunen, um den Eisenbahnzug vorüberfahren zu sehen. Die Rasse ihrer Schafe ist klein, ihre grobe Scheerwolle hat wenig Gewicht, ihr Fleisch ist durchaus nicht von guter Qualität, deßhalb ist auch der Gewinn an den Schafen beinahe gleich Null und beschränkt sich hauptsächlich auf den Dünger. Schreckliche Krankheiten verwüsten oft ganze Heerden.

Der Ochsenhirt führt beinahe ein gleiches Nomadenleben wie der Schäfer. Er schläft ebenfalls in seinem zweiräderigen Wagen oder auf bloßer Erde unter freiem Himmel und sieht nur zuweilen seine Familie. Er wird beauftragt, auf schweren Karren, „Cros" genannt, von fern her Lebensbedürfnisse herbeizuholen oder überflüssige Erzeugnisse der eigenen Ernte zu verkaufen. Dieses Leben macht aus ihm etwas Eigenartiges. Die Einsamkeit flößt ihm eine starke Neigung zu seinen Ochsen ein, er ißt erst, nachdem sie satt, schläft, wenn sie eingeschlafen sind. Des Abends, wenn die Familie bei ihrem gemeinschaftlichen Abendessen versammelt sitzt, fehlt immer ein einziges Mitglied derselben, und das ist der Ochsenhirt. Er sitzt vor dem „Bayalé“, einer Luke, durch welche die Ochsen ihre dicken Köpfe stecken und gravitätisch das Futter erwarten, das er ihnen mit vollen Händen in das Maul stopft. Diese Dienste werden auch dankbar anerkannt, denn gewöhnlich nehmen die Ochsen nur aus der Hand ihres Hirten oder seiner Kinder das Futter. Die von Ochsen gezogenen Wagen in den Landes sehen echt antik, wahrhaft homerisch aus. Die Ochsen sind mit dem Kopfe in ein Doppeljoch, das mit einem Schaffell bedeckt ist, angespannt, und sie sehen so ernsthaft und geduldig aus, daß sie an die Stiere auf den Basreliefs von Aegina erinnern; dabei tragen die meisten zum Schutze gegen die Fliegen eine Decke von weißem Leinen, und nichts sieht komischer aus als diese großen Thiere in ihren Hemden, wenn sie Einem ihre feuchten Schnauzen entgegenstrecken und mit den großen blauen Augen anstarren, welche von den für Schönheit empfänglichen Griechen so sehr bewundert wurden, daß sie Juno die „ochsenäugige“ nannten.

In den Küstendörfern leben zweierlei Menschenclassen: die Harzsieder und die Fischer. Früher lebten beide Classen in einem Zustande offener Fehde: die Civilisation hat diese feindseligen Gefühle einigermaßen gemildert, der Gegensatz zwischen ihnen tritt aber dem Reisenden immer noch bald vor Augen. Der Fischer ist ein munterer Bursche, seine Gesichtsfarbe frisch, seine Glieder wohlgeformt, sein Schritt sicher; er lacht und singt gern, und verbraucht hochherzig den Ertrag seiner schwierigen Fahrten. In den Dünen errichten diese Fischer nur in der Zeit, wenn sie im offenen Meere fischen, von Fastnacht bis zu Ostern, Hütten, wo sie sich dann aufhalten. Die Fischer von La Teste, Capbreton, St. Jean de Luz und Biarritz werfen in derselben Gegend ihre Netze aus an beträchtlich tiefen Stellen mit Felsengrunde, welche sie „Can“ (im gascognischen Dialect: Ufer oder Rand) nennen. Diese Stellen im Meere sind von 260—480 m tief, und aus den tiefsten zieht man große Korallen herauf. Der Harzer (Résinier) wie man ihn nennt, zeichnet sich im Gegensatze zum Fischer aus durch seinen hageren Gliederbau, seine hohlen und blassen Wangen, seinen festen Blick, sein hartnäckiges Schweigen, seine wilden Manieren und seine strenge Sparsamkeit: er ist finster, als ob das Geheimniß des Waldes einen steten Druck auf ihn ausübe, und wenn er lacht, scheint seine Heiterkeit der Ausbruch des Grimmes zu sein. Auch der Harzer bedient sich der Stelzen, und sogar noch höherer als die gewöhnlichen. Sie bestehen aus einem Hauptstück, pale de la chanque geheißen, aus einer Art Untersatz („About“ genannt), auf welchem der Fuß ruht; endlich aus einem ledernen Band („Roumère“), welches am About befestigt ist und dazu dient, den Fuß festzuhalten, den es gleichzeitig mit „Pelitroun“ (dortiger Name eines Stückes Schafhaut, woran die Wolle nach außen bleibt) bedeckt. Das unterste Ende der Stelze, das die Erde berührt, ist mit einem Wulst von Holz, Horn oder Knochen versehen und heißt „Cret“ oder „Pedis“. Ein messingenes Knieband mit einer Schnalle, „Baouc“ genannt, schließt die Stelze leicht an den Stiefel, von dem eine messingene Platte („Palegre“) sie trennt. Das obere Ende der Stelze reicht nicht über das Knie. Außerdem führt der Harzer eine Leiter, welche er mit der linken Hand an den Stamm der anzuzapfenden Fichte stellt, während er die Axt mit der Rechten hält. Diese Leiter besteht aus einem einzigen Stück Holz, in das querüber einige Stufen gehauen sind; er klettert hinauf wie ein Eichhörnchen und haut, indem er mit dem einen Fuße auf der Leiter ruht und den anderen gegen die rauhe Rinde des Baumes stemmt, die langen Einschnitte ein, aus denen das Harz herausfließt. Mit Einem Sprung hat er den Boden wieder erreicht und eilt rasch durch den Schatten des Waldes, um einen andern Stamm $3^1/_2$ m über dem Boden anzugreifen. Der Harzer, von Kindesbeinen an zu diesem Berufe erzogen, wird ebenso gewandt im Klettern wie die Ureinwohner Australiens. Wie diese, ist auch er schweigsam, mißtrauisch und düster. Sein Patois-Wörtervorrath ist sehr beschränkt und überschreitet wahrscheinlich nicht einige Hundert Vocabeln. Seine Hütte ist eine bloße Höhle, gebaut aus Baumstämmen und bedeckt mit Aesten. In neuerer Zeit hat er seine rothe Jacke bei Seite gelegt und dafür die gewöhnliche Bauernkleidung angenommen, und wegen des höheren Preises seiner Waare kann er Felder kaufen, eine Hütte bauen und sich aus dem Schmutz seiner Lebensweise nach und nach herausarbeiten. Wird er Bewohner einer Stadt, so hört er auf ein Wilder der Wälder zu sein.

Freilich ist es mit den Städten im Landes-Departement nicht weit her. Es giebt dort überhaupt nur wenige größere Ortschaften. Des Städtchens Dax, eines der volkreichsten im Departement, habe ich schon oben flüchtig gedacht. Das Chefleu Mont de Marsan mit 11,000 Einwohnern, an der Midouze, einem rechtsseitigen Nebenflusse des Adour, und am Rande der Ebene gelegen, ist zwar gut gebaut, mit geraden, breiten Straßen, auch der Handelsstapelort der Gegend, hat aber sonst nichts Bemerkenswerthes aufzuweisen. In St. Sever am Adour, ehemals Residenz der Herzoge von Gascogne, verdient die alte romanische Kirche Erwähnung. Weiter stromabwärts liegen an dem nämlichen Strome Tartas und Peyrehorade, letzteres lieblich am Fuße eines Hügels gebettet, welcher die Ruinen des Schlosses von Aspremont trägt. Ueberhaupt ist die Umgebung des Städtchens besäet mit Trümmern adeliger Schlösser, welche meist im Jahre 1793 von den Bauern niedergebrannt worden sind.

Béarner und Basken.

Die Gascogne umfaßt außer dem soeben geschilderten Departement der Landes noch jene des Gers und der Ober- oder Hochpyrenäen. Aus geographischen Gründen, um eine von West nach Ost fortschreitende und zusammenhängende Darstellung zu ermöglichen, führe ich indeß den Leser zunächst nach der Landschaft Béarn und Nieder-Navarra, welche den südwestlichsten Winkel Frankreichs einnehmen und in dem heutigen Departement der Niederpyrenäen vereinigt sind. Zwei Völker, verschieden in Charakter und Abstammung, die Béarner und die Basken, bewohnen das Land. Die Béarner, ursprünglich die gallischen Venarner im alten Beneharnum, sind Franzosen, aber noch mehr Béarner, Landsleute Heinrichs IV., Bewohner eines Landes, welches früher viele Freiheiten besaß. Noch jetzt sind sie eifersüchtig auf ihre Freiheit, unerschrocken und starrsinnig, dabei aber jähzornig, neidisch, eigennützig, mißtrauisch und verstellt. Sie sind ein geistreiches Volk, zu Allem, was Intelligenz und Geschmeidigkeit erheischt, geeignet und verbinden damit einen Stolz, einen Schliff und eine Höflichkeit, wie man sie sonst nicht wieder findet. Die Landleute auf dem Markte zu Pau sehen alle treuherzig und gut aus, sind recht zuvorkommend, wenn man sie anspricht, und man wird dort nicht herumgestoßen, wie anderwärts. Sie haben unzweifelhaft ein einschmeichelndes

Wesen und sind die feinsten Gascogner, aber „höflich mit dem Stock in der Hand", oder „höflich, aber falsch" werden sie von ihren Nachbarn genannt. In den Thalungen zeigt der Béarner freieren Geist und kräftigeren Körper; er hängt sehr an seinem Glauben, wenn auch ohne Fanatismus und ohne sonderlichen Aberglauben; doch hat er überall Kapellen erbaut, selbst auf den wildesten Gebirgswegen, wo er durch Beten Muth gegen Gefahr gewinnt; auch fürchtet er den Teufel, Hexen und Kobolde. Sonst sind die Béarner leichtlebig, lieben sehr die Weiber, den Wein und derben Witz, auch Gesang, Tanz und Würfelspiel; sie machen sich nicht leicht Bedenken über Etwas und schlagen selbst das Leben, ohne zu zaudern, in die Schanze. So sehr sie den Genuß lieben, so enthaltsam sind sie im Falle der Noth, auch im Allgemeinen mäßig in Speise und Trank; ihre Tapferkeit ist bekannt, Schmuggel und Straßenraub gelten wegen der damit verbundenen Gefahren für ehrenhaft; oft schleicht der Béarner aus der Armee, selbst wenn sie im Felde steht, um einige Tage im Heimathsdorfe zu verleben, und kehrt dann von selbst zum Regimente zurück. Béarn hat dem französischen Heere eine lange Reihe guter Generale geliefert; Machtentfaltung imponirt dem Béarner sehr, aber er unterwirft sich willig dem Gesetz. Enthusiastisch in der Liebe, machen ihn sein Stolz und Jähzorn unversöhnlich im Haß und rachsüchtig, aber die Angst vor Schande und dem Verlust seiner Habe lassen ihn meist die gerichtlichen Hülfsmittel aufsuchen. Ist er besiegt, so zeigt er sich eher vom Triumphe seines Gegners gedemüthigt, als für den erlittenen Schaden empfänglich. Kein Departement beschäftigt mehr die Gerichte als jenes der Niederpyrenäen. Die Sitten der Béarner sind sanft, selbst im Gebirge, deren Bewohner, vom Winterschnee mit ihren Heerden nach den Ebenen vertrieben, sich dort abschleifen und ihre natürliche Rohheit verlieren. Selten beflecken sie schwere Verbrechen. Wirthshausbalgereien sowie Verletzungen von Flur- und Forstvorschriften sind die gemeiniglichsten Vergehen.

Fast alle Ackerbauer in Béarn sind auch Grundeigenthümer; beinahe Niemand bearbeitet fremden Boden. Der Béarner ersetzt durch seinen Fleiß, was ihm der Boden versagt; Weizen wird wenig gebaut; ist er geerntet, so säet man noch Mais auf denselben Acker. Die wesentlichsten Beschäftigungen, namentlich in den Bergthälern, sind die Viehzucht und der Handel mit dem Innern sowie mit Spanien. Heirathen werden nach Stand und Vermögen geschlossen und von Verwandten und Pathen eingeleitet. In Béarn gilt das Recht der Erstgeburt; jeder jüngere Sohn baut sich mit Hülfe der Nachbarn aus den Kieseln des Baches, die er in Mörtel knetet, ein Haus, das aus vier Wänden und einem Schieferdach besteht. Hier lebt er als Junggesell, indem er sich und sein Pferd vermiethet. Hat er Etwas erworben, so pflastert er sein Zimmer mit Backsteinen, macht an sein Haus neben die Eichenthür und Fensterbretter eine Einfassung von grauem Marmor und Fensterglas, Stall und Scheuer, während das Heu auf dem Boden ruht. Den Maismehlbrei macht er sich im Kessel des Kamins selbst, und die Pechfackel, die er als Licht am Kamin befestigt, kann er sich auch selbst anzünden. Das Bett mit schweren wollenen Vorhängen steht dem Kamin gegenüber. Brod aus Maismehl oder Maisbrei mit Pfeffer, Speck und Oel gebraten und ein Glas Landwein sind die allgemeine Nahrung. Alle Arbeitskleider sind aus ungefärbter brauner Wolle. Der Bergbewohner trägt eine grauwollene Jacke, rothe wollene Schärpe und eine wollene, braune, runde und flache Mütze auf dem Ohr. In der Ebene geht der reiche Bauer an Festtagen im runden Hut, Tuchrock, auch in Sammt und Seide;

sonst trägt er eine längere Weste, Beinkleider und Wollgamaschen, verschieden in Farbe und Stoff, je nach der Wohlhabenheit des Bezirkes.

Die Sprache, die nämliche wie die des Gascogners, ist ein Idiom für sich, das weder mit dem Französischen, noch mit dem Italienischen Aehnlichkeit hat, ein Gemisch von Keltisch, Lateinisch und Spanisch. Sie klingt weich und angenehm, ist reich und ausdrucksvoll, auch sehr zur Poesie geeignet. Dieses Patois ist das Idiom des Volkes sogar in den Städten, obwohl französisch allgemein verstanden wird. Selbst die Gebildeten bedienen sich unter sich dieses Patois, von dem ich hier eine Sprachprobe in französischer Uebersetzung folgen lasse:

Quoan lou Gabe, en braman, dits adiü à las pennes
Y s'abance, à pinnets, à taubès boscs et prats,
Qué diséren que craing dé rencountrà cadénes
Süs bords de 'mille flous oundrats.

Uebersetzung:

Quand le Gave quittant les rochers pour les plaines
S'élance, en bondissant, dans les bois, dans les prés,
On dirait qu'il a peur de recontrer des chaînes
Dans les touffes de fleurs, dont ses bords sont parés.

Neben diesen Béarnern lebt im Departement der Niederpyrenäen als zweites Bevölkerungselement ein Theil des hauptsächlich im benachbarten Spanien seßhaften Volkes der Basken, welche eine eingehendere Betrachtung verdienen, weil sie in der That einer der merkwürdigsten Völkerreste in Europa sind. Es ist nämlich nahezu allgemein angenommen, daß die Basken zu beiden Seiten der Pyrenäen die Ueberreste jener alten Iberer sind, welche sich dort angesiedelt hatten, die letzten Vertreter des nichtarischen Stammes, der in den frühesten geschichtlichen Zeiten Westeuropa bewohnte und den die Kelten, als der Vortrab der arischen Wanderung, verdrängten. So bilden die Basken die merkwürdigste Völkerinsel, welche vielleicht irgendwo auf der Welt besteht, die letzten Vertreter einer vormaligen Bevölkerung unseres Welttheiles, aber auch sie dürften wahrscheinlich innerhalb einer verhältnißmäßig kurzen Frist mit den von allen Seiten sie umringenden arischen Völkern verschmolzen sein, mithin als selbständiger Stamm zu bestehen aufgehört haben.

Die spanischen Basken, nach den neuesten Zählungen 330,000 Köpfe, nennen ihre Sprache Euskara, und sich selber Euskaldunak, d. h. Menschen, die die Euskara-Sprache sprechen. Ihr Land nennen sie Euskalearia. Die französischen Basken, weitaus geringer an Zahl (ca. 120,000 Köpfe), nennen sich Bask, von Vasok, Mann, ihre Sprache Basçunse, und ihr Land Heskualherriak, das ist das baskische Reich. Alle Völker, die sich einer anderen Sprache als der baskischen bedienen, nennen die Basken Erdaldunak, ein von Erdu, ankommen, abgeleitetes Wort; es bezeichnet Menschen, die neu angekommen, folglich Leute, die nach Spanien und Frankreich eingewandert sind, als die Euskaldunak bereits daselbst angesiedelt waren. In diesem Wort Erdaldunak lebt also die historische Erinnerung von der Ankunft der indoeuropäischen Völker in Europa fort, eine Begebenheit, die so weit in die Nacht der Zeiten zurückgreift, daß bei den indoeuropäischen Völkern selbst die Erinnerung daran verloren gegangen ist, und erst in neuerer Zeit die vergleichende Sprachforschung auf die Spur derselben geführt hat.

Die Basken bekehrten sich schon frühzeitig zum Christenthum; von ihrem alten Heidenglauben weiß man blos, daß sie ehedem einen großen Geist, „Jaïnkoa“ oder „der Herr der Höhen“ genannt, verehrten. Das Grab nannten sie das „Bett der großen Ruhe“, der Tod war für sie ein zeitlicher Schlaf, aus dem man zu einem neuen Leben erwachte, in dem dann die guten Thaten belohnt, die bösen bestraft werden sollten. Die Ueberlieferungen der Basken sprechen auch von einem bösen Gott, „Bassajaon“ oder der wilde Herr, der jetzt noch im Volksmunde fortlebt und in seiner äußeren Gestalt beiläufig wie ein Waldmensch geschildert wird. Bezüglich des Ursprungs ihres Stammes hatten die alten Basken gleichfalls merkwürdige Sagen. Sie erzählten vom Untergang einer Vorwelt, aus dem nur wenige Menschen sich retteten; unter diesen befand sich einer, Aitor genannt, der beim Herannahen jener Naturumwälzung sich mit seiner Frau in eine Höhle im Gebirge zurückgezogen hatte. Ein ganzes Jahr lebten sie auf dieser Höhe und sahen zu ihren Füßen das Wasser und das Feuer um die Herrschaft der Erde kämpfen. Dieses Schauspiel entsetzte Aidor dergestalt, daß er nicht nur alle Ueberlieferungen seiner Voreltern, sondern sogar seine Sprache vergaß, so daß, als das Unheil vorüber war, er sich genöthigt sah, eine neue Sprache, das Euskara, zu erfinden.

Der Pflug, bei den alten Griechen und Römern schon in den frühesten Zeiten im Gebrauch, scheint den Voreltern der Basken unbekannt gewesen zu sein; und selbst heutzutage noch bedient man sich in Guipozcoa keines Pfluges, sondern verrichtet alle Landarbeit mittelst einer Haue und eines eigenthümlichen Werkzeuges, welches ungefähr die Form einer Heugabel hat. Sonst erfreut sich der Landbau unter den Basken einer großen Pflege, was um so anerkennenswerther, als der Boden nicht nur mühsam zu bearbeiten, sondern von der Natur aus unfruchtbar ist, und nur mittelst Kalkdüngung einigermaßen verbessert werden kann. Deßhalb findet man auch bei jedem Häuschen einen Kalkofen, zur Bereitung des erforderlichen Düngers. Eines der gewöhnlichsten Produkte ist der Mais. Nebst dem Landbau sind Fischerei und Jagd, namentlich auf Wildtauben, die Haupterwerbsmittel der Basken. Auch Handel und Industrie blühen im Lande. In Biscaya findet man hauptsächlich Eisenfabriken. Die vornehmsten Ausfuhrartikel, nebst Eisen, sind Zimmerholz, Obst, Chokolade und Wein. Auch die großen Bayonner geräucherten Schinken sind berühmt. Seit uralter Zeit sind die Basken als kühne und unternehmende Seeleute bekannt. Sie waren die Ersten, die den Walfisch bis ins Polarmeer verfolgten, die Ersten, die Neufundland entdeckten und von dort den Kabeljau und den Lengefisch mitbrachten.

Das französische Baskenland, das ich hier ausschließlich im Auge habe, bildet weniger als die Hälfte und mehr als ein Drittel des Departements der Niederpyrenäen; dasselbe umfaßt beinahe das ganze Arrondissement von Bayonne und den größten Theil des Arrondissements von Mauléon. Früher war es in drei Provinzen getheilt; diese sind in der Richtung von Westen nach Osten das Labourd, Nieder-Navarra und La Soule. Diese Benennungen sind noch heute im Lande gebräuchlich, haben aber keine bestimmte Abgrenzung mehr. Das Labourd ist das Land südlich von Bayonne. Hauptstadt von Nieder-Navarra war St. Jean de Luz; Mauléon war eine Stadt in der Soule und wird wohl auch Mauléon-Soule genannt, um es von einem andern Soule zu unterscheiden, das im Departement der oberen Garonne liegt. Die Souletins oder Bewohner der Soule sind schlauer und pfiffiger als die übrigen Basken und lassen den Einfluß der benachbarten Béarner erkennen. Die Navarresen gelten für leichtfertiger. Beide aber leben nüchterner und sind einfacher in ihrer Erscheinung als die Labourdins, ergeben sich lieber dem Ackerbau und ziehen viele Heerden. Die Labourdins hingegen leben üppiger; bei ihnen, die als vortreffliche Matrosen berühmt sind, herrscht mehr Müßiggang, weßhalb wohl auch der Diebstahl dort, besonders seit der Revolution, häufiger ist. Die Mehrzahl der Basken versteht außer ihrer unter allen Idiomen der Welt völlig vereinzelt dastehenden Muttersprache auch das Französische, nicht aber das béarnische Patois. Diesem gegenüber ist die Scheidelinie schroff; die Namen der Dörfer und Weiler auf der Grenze sind entweder rein baskisch oder rein béarnisch, und es giebt nur einige wenige Ausnahmen von dieser Regel. Seit Menschengedenken kennt man keinen Ort, wo die eine Sprache an die Stelle der andern getreten wäre. Dagegen vermehrt sich die Zahl jener, welche nur mehr französisch sprechen, namentlich an der Paris-Madrider Bahn, von der Station Negresse an. In Hendaye besteht eine förmliche französische Colonie, von deren Angehörigen wohl nur Wenige das Baskische verstehen. Die dermalige Sprachgrenze hat in Frankreich folgende Richtung: Sie beginnt am Pyrenäengipfel Pic d'Anie und geht nordwestlich über St. Engrace, Aubacs-Ibarra und Licq, von hier nordöstlich auf Montary, dann wieder nordwestlich nach Tardetz. Von da aus macht sie eine Spitze nach Osten zu, gewinnt Bareux, und als äußersten nördlichen Punkt Esquiale, von wo sie plötzlich zurückweicht und nun in westnordwestlicher Richtung verläuft über Berrogain, Charitte, Arroue, St. Palais, Garritz, Isturitz, Agherre; von hier geht sie ein wenig nördlich von Hasparren, Ustaritz und von Guethary, um bei Bidart, etwas südlich von Biarritz, am Meere zu endigen. Bei den französischen Basken unterscheidet man als Hauptmundarten, d. h. als die einzigen, die eine literarische Bedeutung haben, das Labourdin und das Soule. Unter sich unterscheiden sich die einzelnen Dialecte nicht blos in der Aussprache, sondern selbst durch die Verschiedenheit der Wörter, und dies geht so weit, das manche baskische Dialecte selbst für Angehörige desselben Stammes unverständlich sind. Das Baskische ist reich und ausdrucksvoll, erleichtert auch, wegen der Inversionen, die es gestattet, und wegen der Regeln ihrer Syntax, die alle auf Endungsvarianten abzielen, ungemein die Versbildung. Zudem drückt diese Ursprache eine Anzahl Gedanken und Dinge, welche bei den gegenwärtigen Schicklichkeitsrücksichten in neueren Sprachen durch Aequivalente oder Umschreibungen gegeben werden müssen, auf wohlanständige Weise durch eigene Worte aus. So giebt es eine Menge baskischer Ausdrücke, welche selbst die zartesten, keuschesten Ohren nicht beleidigen, und die doch, buchstäblich ins Französische oder gar ins Deutsche übersetzt, unerträglich wären. Leider geht das Baskische, trotz seiner stabilen Umgrenzung, unaufhaltsam zu Grunde. Umgewandelt durch ein beständiges Phänomen der Ansetzung von innen, der Intus-Susception, nimmt es Wörter fremden Ursprungs in sich auf, welche seinem Geiste zuwider sind; die Sprache verliert ihre zierlichen Wendungen und sucht sich mehr und mehr dem Geiste der im Lande niedergelassenen Fremden anzubequemen; sie büßt unablässig an Ursprünglichkeit ein und bildet sich allgemach in ein Kauderwelsch um. Hier eine Sprachprobe:

Guiçon batec cituen bi seme.
Eta gaz tenac erran cion sitari: Aita indaçu,
onthassuretic riri helçen çartan partea; eta
partilu çaizcoten bere onthassunac.

Uebersetzung:

Un homme avait deux fils.
Dont le plus jeune dit à son père: Mon père,
Donnez-moi ce qui doit me revenir de votre
Bien; et le père leur fit le partage de son bien.

Eben solchen Räthseln wie das Baskische den Sprachforschern giebt die körperliche Beschaffenheit der Basken den Anthropologen auf. Paul Broca hatte aus seinen Messungen gefunden, daß nur wenige Baskenschädel brachykephal, d. h. Kurzschädel seien; der höchste Index war 83,25 und das Mittel zeigte einen Index von 77,67, so daß die Schädel als subdolichokephal classificirt wurden; der Schädelraum (Capacität) war bedeutend, denn sie betrug im Mittel 1486,88 ccm (Mittel der Pariser Schädel 1437), was namentlich der starken Entwickelung des Hinterhauptes zugeschrieben wird, da die Stirn bei den Basken geringer als bei den Parisern entwickelt ist. Uebrigens wies Broca darauf hin, daß die Dolchokephalie (Langköpfigkeit) der Basken eine andere als die der übrigen dolichokephalen Völker sei; sie ist nicht frontal, sondern occipital, auch glaubte er einen typischen Rassenunterschied darin zu finden, daß die occipitale externe Protuberanz bei den Basken sehr gering und undeutlich ausgebildet ist, ja oft ganz fehlt. Die Messungen d'Abbadie's an lebenden Basken lieferten aber ein ganz anderes Ergebniß. Er maß die Köpfe von 3 Frauen und 16 Männern und fand, daß von letzteren 10 ganz entschieden kurzköpfig, nur einer entschieden dolichokephal war; 5 standen im Uebergange von der Kurz- zur Langköpfigkeit. Von den drei Frauenköpfen war einer entschieden zu kurz, einer lang und der dritte näherte sich der Dolichokephalie. Daraus wäre also zu schließen, daß auch die Basken eine gemischte Rasse sind, und d'Abbadie glaubt in ihnen zwei Typen zu erkennen: jenen des Ignatius von Loyola mit aufgeblähten Schläfen, und einen andern, namentlich im spanischen Ober-Navarra herrschenden. Auch darf man nicht außer Acht lassen, daß namentlich die baskischen Fischer sich vielfach mit fremden Weibern vermischen. Der ganze äußere Habitus der Basken ist auch kein einheitlicher; es giebt brünette und schwarzhaarige, sehr weiße und schwarzhaarige und auch blonde. So viel steht jetzt fest, daß auch die Basken ein gemischtes Volk sind, doch darf man wohl mit Sicherheit annehmen, daß sie sich verhältnißmäßig reiner wie alle übrigen europäischen Völker erhalten haben.

Die Basken sind in der Regel schlank und mager, dabei aber stark, nervig und von kräftigem Körperbau. Sie haben graue Augen und eine etwas dunkle Gesichtsfarbe. Ihre Leibeskraft wird blos von ihrer außerordentlichen Gelenkigkeit und Biegsamkeit erreicht; sie sind so geschmeidig, thätig und sehnig, daß es scheint, sie hätten etwas Panther- oder Leopardenähnliches an sich; ihr Gang ist rasch, ihr Blick sicher; ohne den geringsten Schwindel springen sie von einem Felsen zum andern, und klettern auf die höchsten Zinnen der Gebirge. Außerdem sind sie gute Schützen, gewandte Reiter, unermüdliche Tänzer und vortreffliche Schwimmer. Die baskischen Frauen sind im Allgemeinen schön, zart gebaut, anmuthig in ihren Bewegungen, und haben einen bezaubernden klar braunen Teint, schöngeformte Hände und Füße, einen zierlichen Gang, feurige große, schwarze Augen und ein an das Griechische erinnerndes Profil. Dabei sind sie äußerst liebenswürdig, lebhaft, lustig und schalkhaft. Mit allen diesen Eigenschaften verbinden sie eine staunenswerthe Leibeskraft, die sie nicht nur die männlichen Beschäftigungen theilen, sondern häufig noch mit mehr Ausdauer verrichten läßt, wie die Männer selber.

Was die Nationaltracht anbelangt, so trägt der Baske mit Vorliebe ein Sammtwams, einen seidenen Gürtel, ein rothes oder blaues „Béret“ d. h. eine breite, flache Mütze ohne Schild, und die eigenthümlichen „Esparteries“, aus Hanfschnüren geflochten, sehr leichte Schuhe ohne Absätze, in denen er mehr über den Boden hinwegzugleiten, als aufzutreten scheint. Seine Haare sind über der Stirn kurz geschoren und fallen hinten in langen Locken auf die Schultern; in der Hand hält er den „Makita“, einen Stock aus Weißdorn oder Eichenholz, mit dünnem, messingbeschlagenen Griffe, mit allerlei in den Schaft eingekerbten Verzierungen, nach unten anschwellend zu der Breite eines Thalerstückes, wie denn auch meist eine Geldmünze in das dicke, mit einem breiten Eisen- und Messingrande umschlossene Ende eingenagelt ist, eine tödtliche Waffe, sei es zum Stoßen mit dem Griffe oder zum Schlagen mit dem andern Ende. Die baskischen Frauen wickeln ein buntes Tuch, gleich einem Turban, um das Haupt, während eine lange Schlippe nach rückwärts hinab hängt; sie tragen zierliche Schuhe, blaue oder weiße Strümpfe mit bunten Zwickeln, bunte Schürzen und rothe Mieder; ihre gleichfalls scharlachrothen Wollröcke reichen blos bis an das Knie. Die verheiratheten Frauen schneiden sich das Haupthaar ganz ab, die ledigen blos am Hinterkopf, während sie das übrige Haar in langen Zöpfen zu beiden Seiten herabhängen lassen oder wohl auch um den Kopf wickeln. Am Arme tragen sie Scapulier und Rosenkranz, außerdem sind Finger- und Ohrringe sowie Armbänder beliebt. Vortheilhaft unterscheiden sich die Basken beiderlei Geschlechts durch ihre besondere Reinlichkeit, die auch in ihren Häusern, innen wie außen, sich angenehm bemerkbar macht. Sie sind überhaupt eines der reinlichsten Völker auf Erden. Daneben trifft man bei ihnen treue Gastfreundschaft und Behaglichkeit. Die kleinen weißen Häuser der Landleute sind von Buschwerk halb versteckt; vor dem Eingange liegt ein Blumengärtchen von Reseda, Rosen, Veilchen und Astern; hinter dem Hause breiten sich Obst- und Weinpflanzungen aus. Große Ställe und Scheunen sind selten, da das Vieh in den Vorbergen überwintert und nur Ziegen, Schweine und Geflügel neben dem Hause gehalten werden. Die Häuser sind einstöckig, große Eichenbalken oder gröbere Marmorarten bilden das Gerippe, dessen Zwischenräume mit Kieseln angefüllt sind, die ein fester Mörtel bindet, und ein weißer Kalkanwurf deckt das Ganze. Simse, Schwellen, Thür- und Fenstereinfassungen, dann der weite Kaminmantel des Wohnzimmers, das zugleich als Küche dient, sind von graublauem pyrenäischen Marmor. Das Dach ist mit Ziegeln gedeckt, der Boden mit Backsteinen belegt. Thüren und Laden bestehen aus roth oder grün angestrichenem Holze. Fensterscheiben sind ein seltener Luxus; weiße Vorhänge vertreten sie. Tisch, Bank und Schemel sind von Eichenholz, das Geschirr von Kupfer und Thon; dazu noch das Bett mit den dunklen Vorhängen, das Cruzifix, das Muttergottesbild, der Weihbrunnenkessel und Waffen bilden den Zierrath der Wände.

In moralischer Hinsicht zeichnen sich die Basken durch Muth, Freiheitsliebe, Ehrlichkeit und Festhalten an dem gegebenen Worte aus. Während der Béarner, wie erwähnt, zwar „höflich, aber falsch“ genannt wird, liegt in der ganzen Haltung des Basken, in seinem offenen Blicke, seinem jeden Wechsel der Stimmung rasch und treu wiedergebenden Antlitz, in dem Kopfe, den er stolz etwas zurückwirft, der Ausdruck der Ehrlichkeit zugleich und des Selbstbewußtseins.

Wenn uns ein baskischer Bauer, in seinem raschen Dahinschreiten einhaltend, sein „Egün hun!“ (Guten Tag!) zuruft, so ist in seinem Gruße ebenso viel adeliger Anstand als Herzlichkeit. Der Baske weiß sich Jedem ebenbürtig und er hat noch vor Niemandem den Rücken gebeugt. Er ist stolz darauf, daß sein Volk einst den Stürmen der Völkerwanderung Widerstand geleistet, zur Vertreibung der Araber mitgewirkt, im Mittelalter seine Freiheiten gegen jeden Uebergriff des Adels geschützt und nach dem Absolutismus Ludwigs XIV. unübersteigliche Schranken gesetzt hat. Feind von jeglichem Zwang, stemmt sich der Baske gegen Drohung und Strafe; viel aber vermag man über ihn mit Milde und Ueberredung. Rasch entzündbar, leicht zu besänftigen, ist er als Feind unerbittlich, rachsüchtig und in der Rache bis zum Aeußersten schreitend, als Freund treu, offenherzig und aufrichtig, auch gerne wohlgefällig, wenn man seiner Eigenliebe zu schmeicheln weiß, jeder Unthätigkeit durchaus abhold, arbeitsam, gewöhnlich nüchtern und keusch, anhänglich an seinen katholischen Glauben und seine Priester. Dies die Grundzüge seines Charakters, auf welchen Hochmuth, Unbeständigkeit und eine Neigung zum Diebstahl einen dunklen Schatten werfen. Hat er seine Pflicht erfüllt, so wendet sich der Baske dem Vergnügen zu und findet es in zwei für ihn gleich anziehenden Arten von Belustigungen: im Tanz und im Ballspiel.

Von jeher hatten die Basken eine leidenschaftliche Liebe für die erstere dieser Uebungen. Sie zeigt sich in allen ihren Handlungen. Früher nahmen die Priester ihren Antheil daran so gut wie die andern. Doch haben die einheimischen Volkstänze der Basken einen ganz anderen Charakter als die unsrigen; man sieht darin keine Mischung der Geschlechter und auch beim Manne jene seiner Würde so widersprechenden Stellungen nicht. Der baskische Tanz zeigt den Mann nicht herabgesetzt; er ist eine wahre, geschickt erdachte, gymnastische Uebung, welche auf das verhältnißmäßige Spiel der Hauptgliedmaßen, um sie allesammt elastischer und daher zum praktischen Gebrauche des Lebens geeigneter zu machen, berechnet ist. Allein nicht blos auf den Bällen und öffentlichen Plätzen machen sich die Basken das Vergnügen dieser Tänze; sie bilden vielmehr während der langen Winterabende ihre Lieblingserholung. Links am Herde spinnen unter dem Vorsitze des „Etcheco-anderia“ Frauen und Mädchen den schönen Flachs des Landes oder die Wolle; zur Rechten reihen sich die bejahrtesten Männer um den „Etcheco-jauna“; die jungen Leute nehmen Platz, wo sie können, nur nicht in der Nähe der weiblichen Gruppe. Da klatscht plötzlich einer der Greise in die Hände, stößt ein kräftiges houp aus und stimmt die Volksweise an: sofort stellen sich ein halbdutzend Bursche in Reih und Glied, beschreiben einen Bogen und führen den „Mutchico“ aus, den Nationaltanz, der seinen Namen unzweifelhaft von Muthico, d. h. Bursche, hat und auch bei den „Romeria“, den öffentlichen Versammlungen unter freiem Himmel und unter Begleitung von Trommeln und Flöten getanzt wird. Unter die kleinen Abendunterhaltungen zählt man ferner den Kampf Mann gegen Mann, die warme Hand, die Kraftspiele, das Blindekuhspiel, das Schäferspiel, eine Art ganz einfachen Damenspiels, das Spiel mit dem angezündeten Hölzchen, das von Hand zu Hand geht. Besteht die Versammlung nur aus Frauen und Greisen, so wendet man sich zu den Chroniken der Vergangenheit, zu religiösen Fragen, zu Werwolfs- und Hexengeschichten. Die Unterhaltungen in freier Luft bilden: der Wettlauf, in welchem die Bewohner der Pyrenäen von jeher sich ausgezeichnet haben; der einfache Sprung mit gleichen Füßen, mit oder ohne

Hülfe des Stocks; das kleine Kugelspiel u. s. w. Es ist noch nicht sehr lange her, daß man in der oberen Soule noch die Spiele mit dem Beile und dem Wurfspieß trieb, eine Waffe, welche die Navarresen im Mittelalter und die Cantabrer im Alterthume mit so großer Geschicklichkeit zu schleudern verstanden. Wer ein Beil oder einen Wurfspieß aus möglichst großer Ferne von einem gegebenen Punkte zu schleudern vermochte, galt als Sieger. Das Lieblingsspiel bleibt indeß das Ballspiel (Pelote), welches die Leidenschaft und den Ehrgeiz des Volkes besonders dann erregt, wenn die Basken aus Spanien sich mit denjenigen aus Frankreich messen; es werden dann ungeheure Wetten gemacht, und man erzählt sich, daß baskische Soldaten aus nordfranzösischen Garnisonen entlaufen sind, um solchen Kämpfen anzuwohnen. Für einen Neuling ist es geradezu unmöglich, die Hunderte von Gesetzen, Feinheiten oder Fehlern, Vortheilen oder Nachtheilen, die hier in Rechnung kommen, zu verstehen, aber die Kraft und Geschicklichkeit, und je näher es dem Ende des Spieles zugeht, die Leidenschaft der Kämpfenden ist ein äußerst spannendes Schauspiel. Auch die „Novadillas", der Kampf von Kühen aus den Landes, sind eine — auch über das Baskenthum hinaus — beliebte Volksbelustigung. Die Spanier haben Unrecht, mit Achselzucken von diesen Kuhkämpfen ihrer Nachbarn zu sprechen. Freilich werden der sanfteren französischen Sitte gemäß die Thiere nicht getödtet, und diese Kühe besitzen entfernt nicht die Kraft und das stattliche Aussehen andalusischer Stiere, ja sie sind, was die Spanier vollends lächerlich finden, an einen Strick gebunden und dadurch in ihren Bewegungen etwas behindert. Aber da eine und dieselbe Kuh unzählige Male zum Kampfe zugelassen wird, so weiß sie bald alle Wendungen des „Ecarteur", d. h. des Kämpfers, der sie durch ein vorgehaltenes Tuch reizt und dann durch einen Seitensprung ihren Stoß zu vermeiden sucht, auswendig und, statt wie der plumpere Stier blos gegen das Tuch, richtet sie sodann ihre Wuth gegen den Menschen selbst. Ihr Stoß ist aber nicht selten tödtlich, da ihre Hörner, um die Gefährlichkeit zu steigern, mit Eisenspitzen versehen sind. Auch ersetzen diese Kühe durch Bosheit und Behendigkeit leicht, was ihnen an Kraft abgeht.

Die Basken vereinigen sich übrigens nicht blos zu solchen gymnastischen Spielen, sondern sie führen auch noch nach alter Sitte Pastorale und Volkslustspiele auf. Sie sind berühmt ihrer Stegreifdichter halber, welche bei Festlichkeiten zusammenkommen und einander in Liedern, „Sorficos" genannt, zum Wettkampf herausfordern. Sie besitzen ferner Maskeraden und satirische Dramen, von welchen die ersteren mindestens ins sechzehnte Jahrhundert hinaufreichen und die verschiedenen Classen der Feudalgesellschaft darstellen; diese Maskeraden enden zumeist mit der Aufführung eines Charaktertanzes. Bei den satirischen Dramen darf man freilich keinen Molière zu finden erwarten. Der Baske ist kein besonderer Freund von Abstractionen und nichts liegt seinen Gedanken ferner, als eine allgemeine Sittenkritik. Die Privatsitten, die Thatsachen, welche sein Auge verletzen oder zu öffentlichen Aergernissen Anlaß geben, das ist das Thema, das er auffaßt, das er brandmarkt oder wenigstens ehedem brandmarkte. Wehe den Urhebern des Aergernisses! Die jungen Leute versammeln sich, selbst die Verwandten laufen herbei; ein Dichter wird berufen, man macht ihn mit allen Einzelnheiten des Vorganges bekannt; er verfaßt um einen bestimmten Preis ein Drama, das um so größeren Beifall findet, je spitziger und bitterer die Ironie, der Sarcasmus und die Lächerlichkeit aus der Darstellung des Sachverhaltes hervorleuchten. Die Tracht der Schauspieler unterscheidet sich in nichts von der der dargestellten Personen, deren Stimme, Haltung und Charakter man aufs Täuschendste nachzuahmen versucht. Achtung vor der Religion, der Familie, der Verwandtschaft, dem Publikum, dies sind die Elemente, die Aufgabe dieser Dramen. Darunter war der „Ritt auf dem Esel" (Asto lastarca) die der ehelichen Untreue auferlegte Brandmarkung; der Name rührte daher, daß ehemals die schuldige Frau mit Gewalt auf die Schaubühne geführt wurde. Man zwang sie vor und nach der Darstellung, rittlings auf einem Esel sitzend und dessen Schweif als Zaum gebrauchend, einen Triumphzug im Dorfe herum zu halten. Die Fortschritte unserer Gesittung gestatten heute diese spartanisch harte Behandlung des Lasters nicht mehr und die Asto lastercac sind jetzt polizeilich verboten. Die Charivaris (Cintzarrosao, von Cintzarri, Glöckchen), wie sie in der Soule vorkommen, weichen bedeutend von den in andern, selbst den nächstgelegenen Gegenden üblichen ab. Denkt z. B. ein Wittwer oder eine Wittwe an Eingehung einer zweiten Ehe, so ist dies ein Fest für das Dorf. Sobald das Heirathsproject Bestand gewinnt, wird sämmtliches Kleinvieh seiner Schellenbänder beraubt, die Ochsenhörner werden gerüstet, der „Thupina utsu" läßt sein dumpfes Brüllen hören, ein bezahlter Dichter kommt allabendlich mit seinem furchtbaren Sprachrohre herbei und ertheilt dem Brautpaare vor der eigenen Wohnung seine poetischen Rathschläge. Jede Strophe wird von der Menge mit Hurrah aufgenommen, und das Schellengetön und der Ochsenhörnerklang und das Brummen der Thupina-utsu bilden ein Concert, das man nicht gräulicher hören kann. Dieselbe Serenade, stets mit Stegreifversen gewürzt, findet selbst noch in der Vermählungsnacht statt, denn in der Soule läßt sich kein Wittwer bei Tag trauen. Ein Ehrengeleit, Musik und Dichter voran, begleitet die Verlobten in die Kirche, dicke Chorknaben geben ihnen die Wohlgerüche rothen spanischen Pfeffers zu schlürfen, den sie in irdenen Töpfen anzünden und womit sie dieselben einräuchern. Nach der Kirchenfeier geleitet derselbe Zug die Neuvermählten in ihre Wohnung zurück — und von diesem Augenblicke an haben die Charivaris ein Ende. Die Absicht dieses Gebrauches war ohne Zweifel, der Eingehung zweiter Ehen möglichst vorzubeugen. Heutzutage ist dieses Mittel nur noch eine Gelegenheit für junge Leute, um ihren Opfern eine mehr oder minder große Geldspende für ihr Stillschweigen abzupressen.

In der Landschaft Labourd und auch sonst im Baskenland entfalten die Bauern am Hochzeitstage einen sehr kostspieligen Staat. Es ist nichts Seltenes, daß sich die Kosten des Festes ebenso hoch belaufen als die Mitgift der Braut. Die jungen Leute pflegen unter Anderem das ganze umliegende Land in abenteuerlichen Verkleidungen zu durchziehen, um eine Art von Steuer zu erheben, welche in Lebensmitteln aller Art besteht und la cragunde genannt wird. Am Hochzeitstage begeben sich die Gäste beim Tone der „Chirota", einer Flöte mit drei Löchern, welche von einer Art Hackbrett begleitet wird, zum Hause des Bräutigams. Die jungen Bursche führen ein mit Blumen und Bändern geschmücktes Lamm im Triumphe mit sich, welches für den Hochzeitsschmaus bestimmt ist, und die Mädchen tragen Körbe mit Früchten, Wein und allen jenen kleinen Vorräthen, welche die Cragunde geliefert hat. Die Ersten im Zuge stoßen von Zeit zu Zeit ein Geschrei aus, das einem langgezogenen Glucken ähnelt (l'irricina genannt), ein allen Basken wohlbekanntes Signal. Die Mädchen ihrerseits singen verschiedene Stanzen zu Ehren der Braut. Wenn letztere in ihre neue Wohnung eintritt, wird sie auf der Schwelle von der „Etchekandere", der Herrin des Hauses, empfangen, welche sie alle Hausgeräthe der Reihe nach berühren läßt und ihr dabei sagt: „Alles dies gehört Dir, uns und der ganzen Familie". Die Basken bleiben den Gebräuchen der Väter im Guten wie im Schlechten treu. Sie sind ungemein abergläubisch, glauben an Hexen, Geister und allerhand Schnickschnack. Am Johannisfeste singt man am brennenden Holzstoße die Litaneien der Jungfrau Maria, indem man bei der Schlußstrophe beginnt. Die Bauern tragen gewöhnlich einen Wundkrautstengel (Sedum telephium), den sie durch die Flamme ziehen und dem sie Kraft zuschreiben, die „Lubinas" (Spiritus familiares) zu vertreiben. Wenn die Pflanze um Mariä Himmelfahrt noch blüht, so ist dies eine glückliche Vorbedeutung; wenn sie aber schon verwelkt, so ist das ein Zeichen, daß ein Glied der Familie im Laufe des Jahres sterben muß. Das Wundkraut ist glücklicherweise eine sehr ausdauernde Pflanze und es ereignet sich nur selten, daß sie die Segnungen und Freuden des Johannisfestes stört. Das Kochen mit heißgemachten Steinen ist ein äußerst ursprüngliches Verfahren, welches noch bei manchen Naturvölkern beobachtet wird, und dieses hat sich bei den Basken bis heute erhalten, wenngleich auf die Milch beschränkt. Diese wird in Gefäße aus Zitterpappelholz, die aus Einem Stück gedrechselt sind und 6—7 Liter fassen, gethan und dann mit faustgroßen Kieseln, die man heiß gemacht, gekocht. Die Milch erhält dadurch einen angenehmen Geschmack. Der Gebrauch existirt noch an verschiedenen baskischen Orten, wird aber besonders in Bidbaray, zwischen Bayonne und St. Jean-Pied-de-Port beobachtet. Einer der seltsamsten Baskenbräuche ist die bis in dieses Jahrhundert auch bei den Béarnern übliche „Cubada", d. h. die Sitte, daß der Mann, wenn die Frau niedergekommen ist, statt ihrer mit vielem Seufzen das Bett hütet, das Kindlein in seinen Armen wiegt und sich von den Gevatterinnen allerlei süße Speisen und Getränke zutragen läßt. Nur in der Pflege des Mannes, glauben sie, könne das Kind gerathen. Der Ursprung dieser wunderlichen uralten, bei manchen Naturvölkern noch verbreiteten Sitte ist ein streitiger Punkt.

Im Uebrigen haben die Basken schon im Alterthum und im Mittelalter die Frau höher geachtet als andere Völker und derselben sogar häufig alle politischen Rechte eingeräumt. In Soule ist die Magistratur erblich in gewissen adeligen Familien und zwar auf beide Geschlechter. Die Damen üben indeß ihr Recht nicht persönlich aus, sondern übertragen es auf ihre ältesten Söhne oder wissen es ihren Ehemännern zu sichern, wenn diese der Ehre würdig erscheinen. Trotz Code Napoléon wissen sie das Recht der Erstgebornen durch alle möglichen Mittel aufrecht zu erhalten, und dieses Erstgeburtsrecht wird ohne Unterschied des Geschlechtes oder der Person oder der Eigenschaft des Eigenthums, ob dieses bewegliches oder unbewegliches sei, ob Sondereigenthum oder gemeinschaftliches, auf gerade Abstammung oder auf Seitenlinien, auf Verwandte jeden Grades und auf deren Nachkommen und Stellvertreter auf alle Zeit angewendet. Sollte der Erbe im Falle dringender Noth in den Verkauf von Eigenthum willigen, so behalten er selbst und seine Rechtsnachfolger ein Rückkaufsrecht, welches in Soule ein vierzigjähriges, in Labourd gar ein immerwährendes ist. Während solchergestalt die Zukunft des Familienältesten sichergestellt erscheint, sind die jüngeren Kinder fast rechtlos und haben im Allgemeinen auch nicht die Rechte und Privilegien von Bürgern. Ein jüngerer Bruder ist thatsächlich bis zu seiner Verheirathung der unbezahlte Dienstbote seines älteren Bruders oder seiner älteren Schwester. Nimmt er dann eine jüngere Tochter, so kann er zwar nicht Bürger ihres Wohnortes werden, aber er gewinnt doch einen gewissen Grad von Selbständigkeit. Sein und seiner Frau Vermögen wird wenigstens ein gemeinsames, wenn auch an einigen Orten die Frau die Freiheit behält, auch ohne die Einwilligung ihres Mannes Verträge abzuschließen, so jedoch, daß die Erfüllung der eingegangenen Verpflichtung bis zu seinem Tode aufgeschoben bleibt. Heirathet er aber eine Erbtochter, so bleibt sie nicht allein Haupt der Familie (was zuweilen durch eine besondere Tracht angedeutet wird), sondern er verliert obendrein seinen Namen, indem er denjenigen seiner Frau anzunehmen hat. Dieser wiederum ist von deren Hause abgeleitet, da jedes Haus seinen besonderen, von jedem Eigenthümer desselben zu führenden Namen hat. Ein solcher Gatte kann weder seine Frau, noch seine Kinder aus dem Hause entfernen; er kann auch seinen jüngeren Söhnen nicht Erlaubniß ertheilen, das mütterliche Dach zu verlassen, obwohl seine Frau das Recht dazu hat. Sollte sie ihn als Wittwer zurücklassen, so hat ihre Mutter, falls sie noch lebt, an manchen Orten mehr Recht über seine Kinder als er selbst. Er darf deren Vermögen nicht verwalten, noch darf er der Herr ihres Hauses sein, und ohne ihre Einwilligung darf er auch keine zweite Frau heimführen. Im Allgemeinen erlangt jede Ehegattin mit ihrem achtzehnten Lebensjahre das Recht, auch ohne Zustimmung ihres Ehegatten zu testieren. Die Einwilligung des Familienoberhauptes wird allerdings bei einer sehr frühen Heirath des ältesten Kindes verlangt, in späteren Jahren aber ist dasselbe völlig frei, auch ohne jene Einwilligung zu heirathen.

Die Basken werden wegen der Kraft ihrer Kniee, ihrer Nüchternheit, ihres guten Betragens, ihres oft tollkühnen Muthes zu den besten Soldaten des französischen Heeres gezählt; allein trotz dieser militärischen Eigenschaften fehlt ihnen die Liebe zum Kriegerstande. Die Ausreißer unter den in das Aushebungsalter gelangten Basken sind stets sehr zahlreich. Die amtlichen Ziffern bezeugen laut diese Abneigung des Basken vor dem Militärdienste, denn unter allen dem Militär sich entziehenden Franzosen weist das Departement der Niederpyrenäen zuweilen für sich allein zwei Fünftheile oder die Hälfte solcher Flüchtlinge auf. Die jungen Leute verlassen Frankreich, um die Knechtschaft zu vermeiden, und durch ihr Beispiel ermuntern sie ihre Landsleute zur Nachahmung. Sie wandern aus und lassen hinter sich leere Plätze, die dann von Béarnern, Franzosen und Spaniern in Besitz genommen werden. Die euskarischen Namen, die so viele Béarner Familien tragen: Elisabide, Elisagaray, Elisalde, Detchebarne, Etcheco, Daguerre, sind ein Beweis dieser beständigen Auswanderung, welche die pyrenäischen Thäler zum Vortheile der benachbarten Ebenen entvölkert. In unseren Tagen richtet sich der Exodus des freien Volkes hauptsächlich nach den Laplatastaaten, dann aber auch nach den großen Städten Aquitaniens, um sich mit den gascognischen Bevölkerungen zu vermischen. In Bordeaux arbeiten Tausende von Basken als Schiffspacker, Lastträger, Handwerker und Handelsdiener. Viele Baskinnen treten auch in Familien als Dienstboten, und leider bezahlen manche unter ihnen, ihrer Schönheit wegen mehr umflattert als andere, und oft durch das Elend verlockt, das Lösegeld ihres Verbanntenlebens sehr traurig. Die Statistik von Bordeaux faßt in einigen Zahlen das Leben der Schande zusammen, welches diese armen jungen Mädchen, die voll Hoffnung und Freude ihr heimathliches Dorf verließen, zu gewärtigen haben.

Das Land Béarn.

Den nördlichen Theil des Departements der Niederpyrenäen bilden unfruchtbare Ebenen, die südlichen Ausläufer des Landes, welche indeß alsbald in reiche bevölkerte Landstriche übergehen, in das mittlere Béarn mit schönen Thälern, Wiesen und Weinland, bewässert von der ins Meer gehenden Nivelle, von der Nive, Bidouze und dem Gave de Pau, die in den Adour gehen, und im Osten von unzähligen fächerförmig den Hochpyrenäen entströmenden Gewässern. Den Süden erfüllen die rauhen waldigen Schneegebirge der Pyrenäen, über welche längs dem Gave d'Aspe der wichtige Paß über den Col de Canfranc, neben dem Pic du Midi nach Spanien führt. Die zusammenhängende Schilderung der Pyrenäenkette verspare ich für einen späteren Ort; hier genügt die Charakteristik: Béarn hat in seinem Hochgebirge Gletscher, dunkle Seen und steile Gebirgswege; steile Bergwände mit Felszacken, wo der Adler horstet, tiefe Schlünde und Schluchten mit wildtobenden Gewässern, öde Flächen mit dürrem Haidekraut und grauem Moose. Auf diese Region folgt der Wald mit seinen Baumriesen und Gebüschen, mit seinen Farnkräutern, Stechpalmen, Blumen und Gräsern; hierauf breiten sich Weiden aus mit kleinen Pyrenäenschafen, dann kommen weiter unten fette Wiesen mit Käsehütten, wo die Milch der Kühe und Schafe zu Käse gemacht wird, weiter unten die Region der Wald- und Rebhügel, und endlich Thäler, die doppelte Ernte geben, mit ihren Dörfern, Heilquellen und Wallfahrtsorten, behaglich sich ausdehnende Städte und das Meeresufer mit den Klippen von Biarritz.

Dort im Westen, an der geraden, flachen Küste herrscht die Sandebene vor, und hier giebt es blos zwei Hafenorte: St. Jean de Luz und Bayonne. Ersteres ist eine sehr alte Stadt, höchst eigenthümlich, mit total südlichem Charakter. Längs des Meeres ist ein Uferdamm in Quadersteinen erbaut und ein Landungsplatz. Früher war St. Jean de Luz eine bedeutende Stadt; jetzt hat sie nur noch 800 Einwohner; ihre Kirche mit maurischem Gepräge ist sehr alt und recht vernachlässigt. Das Gegenstück dazu bildet Bayonne, eine Festung ersten Ranges. Die Straßen sind hier wohl erhalten und reinlich; es fehlt nicht an Boulevards und Squares; große öffentliche Anstalten, eine Handelskammer, eine landwirthschaftliche Kammer, eine Börse, zweckmäßig eingerichtete Spitäler zeugen von dem Gemeinsinn und dem Unternehmungsgeist eines gesitteten Volkes, in den Werkstätten und Gewölben, auf der Werfte und die Ufer des Adour und der Nive entlang herrscht lebhafte Thätigkeit. Die zahlreichen spanischen Namen und Inschriften in den Straßen, die hellfarbigen Häuser mit den der Hitze wegen durch lang herabhängende Tücher verhüllten Altanen, die stark an das Spanische erinnernde Mundart der Einwohner, die Tracht des niederen Volkes, der ungezwungene Verkehr des gemeinen Mannes mit dem höheren, und so manche andere Züge mahnen jedoch sofort daran, daß wir uns an der Grenze Spaniens befinden. Auch baskisch hört man viel reden, doch nur von den Dienstboten, die aus den Thälern der Nivelle, Nive, Bidouze und des Saison herübergekommen sind; denn obwohl Bayonne seinen alten Namen Lapurdum an einen der drei baskischen Bezirke, an Labourd abgegeben hat, so verstehen doch seine Einwohner bereits seit mehr als einem Jahrtausend das Baskische nicht mehr. Unter den Frauen Bayonnes bemerkt man vielleicht weniger so vollkommene Schönheiten, wie in spanischen Städten, doch haben dieselben mit ihren Nachbarinnen die Anmuth des Ganges und die Kleinheit der Füße gemein und vor ihnen unzweifelhaft voraus, daß die Einzelne nicht blos als Glied einer Rasse, als Mitvertreterin eines Allen gemeinsamen Typus erscheint, sondern ihren eigenthümlichen, persönlichen Gesichtstypus hat. Die Mädchen aus dem Volke tragen bunte, und zwar Sonntags seidene Tücher um den Kopf geschlungen, die sich kaum weniger hübsch ausnehmen als die spanischen Mantillen, und durch den Gegensatz ihrer hellen Farben die dunklen, lebhaften Augen und den feinen Schnitt des Gesichtes wirksam hervorheben. Sehr zahlreich sind die seinerzeit aus ihrer Heimath vertriebenen spanischen und portugiesischen Juden zu Bayonne und gehören zu dessen reichsten Einwohnern. Sie haben viel beigetragen zur Blüthe oder dem Wiederaufblühen der Stadt, und der Einfluß, den sie auf das öffentliche Leben ausüben, zeigt sich schon in dem Umstande, daß ihr Sabbath gewissermaßen zu einem zweiten Sonntage für die ganze Bevölkerung geworden ist, was die Juden dadurch erwidern, daß sie ihrerseits den Sonntag durch Spazierengehen mitheiligen.

Bayonne ist in keiner Weise das, was die Franzosen eine ville monumentale nennen, denn es hat sehr wenig sichere und greifbare Ueberreste der Vergangenheit, obwohl es sich durch seine heldenmüthigen Vertheidigungen gegen Normannen, Spanier und Engländer den Namen der „jungfräulichen Festung" erworben. Außer einer schönen gothischen Kathedrale, deren edle Einfachheit wohlthuend wirkt, besitzt Bayonne auch keine in künstlerischer Beziehung nennenswerthen Gebäude. Als eine bloße Landschaftsansicht ist aber die Stelle wahrhaft prächtig. Bayonne liegt an dem Punkte, wo die Nive in den Adour fällt; beide Flüsse kommen von Osten, so daß der östliche Winkel an dem Verbindungspunkte ein sehr spitzer wird. Auf dem schmalen, so zwischen den Flüssen eingeschlossenen Streif und am südlichen Ufer der Nive oberhalb der Verbindung und des Adour unterhalb derselben ist die Stadt gebaut. Der Theil, welcher zwischen beiden Flüssen liegt, ist der kleinere und heißt Petit Bayonne. Auf dem Nordufer des Adour, der die Grenze zwischen dem Departement der Niederpyrenäen und dem der Landes bildet, liegt die Stadt St. Esprit, eigentlich eine Vorstadt von Bayonne, obwohl sie einen eigenen Maire hat. Oberhalb St. Esprit gegen Norden steigt der Boden an und hier liegt die Citadelle, welche eine prachtvolle Aussicht über beide Städte, sowie über den Flußlauf und den Hafen bietet. Unmittelbar unterhalb der Stadt schwillt der Boden zu einer wahrhaft majestätischen Strommündung an, die namentlich zur Fluthzeit mehr einem See als einem Flusse gleicht. Das südliche Ufer ist mit einer schönen Baumanlage, der Promenade von Bayonne, geschmückt, ein äußerst angenehmer, fast eine halbe Stunde langer Spaziergang, zugleich der Stolz und die Freude der Bayonnesen, die ihre „Allées marines" für keinen städtischen Spaziergang der Welt hergeben möchten.

Bayonne bildet mit dem durch seine vielbesuchten Seebäder bekannten Biarritz (Bi-Arrits d. h. zwei Felsen) gleichsam nur Eine Stadt, namentlich seitdem das dürre, sandige Land zwischen beiden Orten mit schönen Garten- und Parkanlagen bedeckt und von stattlichen Straßen durchzogen worden ist. Ehedem machte man den Weg von Bayonne nach Biarritz en cacolet. Auf den Rücken eines Pferdes oder Maulthieres setzte man ein Gerüst, ähnlich dem Doppelkorb eines Esels. Der Reisende setzte sich auf die eine Seite und hatte als Gegengewicht eine „Cacoletière", eine hübsche Baskin mit schwarzen Augen, lebhaften Geistes und schneller Zunge. Der Fortschritt der Civilisation, das

32*

Bedürfniß rascherer und häufigerer Verbindung machte diesen malerischen Reisen längst ein Ende. Jetzt fährt man, sei es mit der Eisenbahn, sei es auf staubiger Straße durch einen öden, schwach bestandenen Kiefernwald, ohne eine Spur von dem nahen Meere zu sehen. Dasselbe zeigt sich erst in Biarritz selbst, denn letzteres liegt hoch auf Felsen mit schroff ansteigenden Ufern, an welchen die brandenden Wogen schäumend und tosend zerschellen. Die Wellen spritzen oft hinauf bis an die Promenade. Zu Anfang unseres Jahrhunderts war das einst durch den Walfischfang blühende Biarritz zu einem armen Fischerdorfe herabgesunken; seinen Glanz als nunmehriger eleganter Badeort hat es blos der Kaiserin Eugenie zu verdanken, die als Gräfin Montijo die Seebäder dort gebrauchte und dann als Kaiserin dem Orte Ansehen und Gedeihen verlieh. Das Palais Eugenie, jetzt ein Gasthof, hat eine romantische Lage, von felsigen Ufern und schäumender Brandung umgeben. Angenehme Seewinde erfrischen in Biarritz fast beständig die südliche Temperatur; die Meereswelle besitzt heilende Kräfte, wie sie dieselben anderwärts nicht hat, und nirgends vielleicht brechen sich herrlichere Wogen mit bedeutenderem Gekrach in so weißem Schaum an so malerischen Felsen. An der Stelle, wo sich die Villa Eugenie erhebt, beginnt die Küste von Moulin, die von der neuen Kirche beherrscht wird. Auf der andern Seite der Felsen, welche die Küste von Moulin abschließen, thut sich der kleine Fischerhafen auf, hinter dem sich das Vorgebirge von Atalaya, geschützt durch einen Gürtel spärlicher Felsen, in den Golf vorstreckt. Zwischen Atalaya und der Spitze, welche der alte Leuchtthurm krönte, liegt tief hinein der alte Hafen. Endlich dehnt sich jenseits des alten Leuchtthurms hufeisenförmig die mit steilen Gestaden versehene baskische Küste aus. Geschickt gezogene, mit Bänken versehene und ziemlich gut erhaltene Wege schlängeln sich bergauf längs des ganzen Gestades, am Fuß oder auf dem Kamme aller Felsen. Blos bei dem alten Hafen sind sie unterbrochen und man steigt an der baskischen Küste auf einer steilen Treppe hinab. Die Küste von Moulin ist ein offenes Gelände, beherrscht von grasbewachsenen Abhängen, welche eine schöne Kurve beschreiben. Beide Geschlechter baden gemeinschaftlich, aber eine Kleidung, die den skrupulösesten Anstand befriedigt, deckt die Badenden: lange Wollengewänder, welche nur die Enden der Arme und Beine dem neugierigen Blicke sichtbar werden lassen. Der Sand ist fein und glatt, die Woge gemeiniglich stark; allein obwohl man die Küste von Moulin zuweilen die „Narrenküste" genannt hat, läuft man dort doch keine Gefahr, wenn man sich keine Unvorsichtigkeit zu Schulden kommen läßt. Malerische Fußpfade führen vom Fischerhafen auf den Gipfel des Atalaya, welchen die Ruinen eines alten Schlosses krönen. Die Rundschau von dieser Höhe ist sehr schön: nach dem Süden dehnt sich die Küste Spaniens aus, nach Norden die Ebenen Frankreichs und zu Füßen treibt sich auf dem Badeplatze die feine Welt, dort aber an der Côte des Basques in dem selbst bei Windstille sehr unruhigen Wasser die ländliche Bevölkerung herum, die manchmal Sonntags beim Klange der Pfeifen und bei Trommelschlag von den Bergen herabsteigt, um sich im Meere zu baden. Es wird jetzt in Biarritz sehr viel gebaut; besonders sind es Engländer, die sich große Villen an malerischen Punkten errichten. Die Stadt legt auch neue Gärten an, die recht schön zu werden versprechen. Ueberall wächst der Tamarindenbaum und steht in dichten Gruppen an den Abhängen. Sonst ist die Vegetation sehr nieder, keine Wälder, Alles flach und sandig.

Die Landausflüge um Biarritz sind sehr interessant. Der Boden ist hügelig und hat viel Brachland, die Aussicht auf die spanischen Berge ist wunderschön; die Spitzen der Trois Couronnes ragen über alle empor. Nach der andern, nördlichen Seite hin liegt in kurzer Entfernung von Biarritz die Chambre d'amour, eine tiefe im Halbkreis ausgehöhlte und von unzugänglichen Klippen eingeschlossene Bucht; man gelangt hinein durch eine schmale Sandzunge, die das Meer zur Ebbezeit am Fuße der Nordspitze trocken läßt. In dieser „Liebeskammer" soll einst ein Liebespaar von der Meeresfluth überrascht und ertränkt worden sein; an dieser Stelle haben die Naturforscher die letzten Spuren der Pyrenäennatur festgestellt, die von hier ab jener der „Landes" weicht. Fast über dieser Chambre d'amour und am äußersten Ende des Vorgebirges St. Martin erhebt sich der neue Leuchtthurm von Biarritz, zu dem 350 Stufen hinaufführen. Das felsige Gestade, das am Cap St. Martin endet, wird Küste von Tout genannt. Noch weiter nördlich stoßen wir auf die Barre des Adour, die von den mächtigen Wogen des Oceans immer wieder mit Sand verschüttete oder willkürlich veränderte Mündung des Adour, die man schon seit Jahrhunderten und erst in der letzten Zeit mit Erfolg frei zu machen suchte. Zur Weiterreise in das Innere des südlichen Frankreich ist die Fahrt auf dem Adour bis zu dessen Vereinigung mit dem Gave de Pau am zweckmäßigsten zu wählen, doch kann man sich auch gleich von Biarritz oder Bayonne der Eisenbahn bedienen, welche das ganze Departement der Niederpyrenäen der Länge nach durchschneidet.

Die erste bemerkenswerthe Station auf diesem Wege ist das schon einmal erwähnte Städtchen Peyrehorade mit den zahlreichen verfallenen Schlössern seiner Umgebung. Eine der schönsten Ruinen ist diejenige des Schlosses der Herzoge von Gramont bei dem baskischen Städtchen Bidache. Ein Spaziergang von Peyrehorade nach diesem Orte lohnt sich reichlich. Der zur Ruine führende Gang von alten Ulmen und Eichen ist prächtig, die Ueberbleibsel dieses einst stolzen Herrensitzes theilweise noch nach Stil und Einrichtung erkennbar; die Aussicht nach unten auf die fleißig bebauten Felder reizend. Die herrlichen Ufer und Inseln des Adour sind von üppig strotzenden Citronen und Feigenbäumen besetzt. Von Peyrehorade führt die Linie der Südeisenbahn auf dem rechten Ufer des Gave de Pau nach dem kleinen Orte Puyôo, von wo man über Salies und Sauveterre leicht in die niederen Pyrenäen und namentlich in das baskische Gebiet eindringen kann. Salies, ungefähr in der Mitte zwischen Puyôo und Sauveterre, hat seinen Namen von den Salinen, der Quelle der einstigen Blüthe des Städtchens. Seitdem die Salinen aus einem untheilbaren Eigenthume aller verheiratheten Bürger von Salies Staatseigenthum geworden sind, verliert der Ort verhältnißmäßig mehr als jeder andere Frankreichs an Einwohnerzahl durch die Auswanderung nach Amerika. Indeß wählen neuerdings viele Brustkranke, die den Winter in Pau zugebracht, diesen Ort wie Sauveterre wegen seiner gleichmäßig milden Witterung zum Sommeraufenthalte. Sauveterre liegt reizend am Abhange über dem brausenden Gave, malerisch sind die Ruinen seiner alten Festung, seines Schlosses, seiner Brücke, und herrlich ist es eingefaßt von dem Prachtgürtel einer lachenden Landschaft. Und durch eben eine solche windet sich auch weiterhin die Bahnlinie. Von mancher Anhöhe grüßt eine stattliche Villa herunter, und von Zeit zu Zeit liegt nach Süden die ganze Kette der niederen Pyrenäen vor uns ausgedehnt. Besonders schön ist die Aussicht auf das Gebirge von Orthez aus, sei es daß wir daselbst den alten Thurm des Schlosses Moncade oder jene Höhen besteigen, wo die Franzosen unter Marschall Soult 1814 den verbündeten Engländern, Spaniern und Portugiesen in blutiger Schlacht unterlagen. Das alte Orthez selbst bietet wenig Merkwürdigkeiten mehr; in den vielen früheren Klöstern liegen Vorräthe von Heu, in der einstigen calvinistischen Universität sind Schinken aufgespeichert, das Haupterzeugniß der Gegend. Orthez, das im Uebrigen gut gebaut ist, hat den ersten schweren Schlag durch den Umzug des früheren Hofes nach Pau erlitten, den letzten durch die Dragonaden Ludwigs XIV. Trotz aller Verfolgungen und anderer Wechselfälle hat sich Orthez jedoch als Hauptort der Protestanten in Béarn behauptet. Die im französischen Süden zerstreuten Nachkommen der Hugenotten sind durch ihre verhältnißmäßig kleine Zahl auf ein sehr festes Zusammenhalten unter einander angewiesen. Man nimmt gegenseitig den innigsten Antheil an den Familienereignissen, unterhält freundschaftliche Verbindungen auch mit den Entfernteren und unterstützt einander im Falle der Noth. Die protestantischen Bauern des Béarn zeichnen sich angeblich vor ihren Nachbarn durch Fleiß, Sparsamkeit und Wohlstand aus, und gehören fast ausnahmslos der freisinnigen Partei an.

Seine herrliche und gesunde Lage hat Pau, das Cheflieu des Departements der Niederpyrenäen, theilweise davor bewahrt, in ähnliche Unbedeutendheit herabzusinken wie Orthez. Ueber dem Gave de Pau, den eine hohe Brücke überspannt, auf einem langgestreckten Hügel hingelagert, lacht es mit der Selbstzufriedenheit eines Béarners hinab in den Fluß und die mit freundlichen Dörfern geschmückten Ebenen, stimmt bisweilen eine seiner ländlichen Weisen an und läßt die hellen Töne voll melancholischer Lust über die nahen Hügel hinüber, hinan zu den zauberischen Bergen mit ihren weißen Gipfeln, zu dem das Ossau-Thal beherrschenden, vereinsamten Pic du Midi d'Ossau schweifen. Die Luft in Pau ist ganz eigenthümlich, so unbewegt und mild wie in einem Treibhause; wenn auch auf den Gesunden etwas erschlaffend wirkend, ist sie dem Kranken gewiß sehr heilsam, und Pau ist deßhalb einer der beliebtesten Luftcurorte geworden. Die Stadt wird vom Monat October bis Ende April von vielen Fremden besucht, meist Engländern und Amerikanern, welche denn auch so recht eigentlich das gesellschaftliche Leben und die Vergnügungen von Pau regieren. Pau hat Alles was man will. Pau hat nicht blos seine katholischen Kirchen und protestantischen Tempel oder Kapellen. Pau hat nicht blos seine Archive, Bibliotheken und wissenschaftlichen Vorträge; Pau hat auch seine Theater, Concerte und Bälle; Pau hat seine Jagden, Pferderennen und seinen dreitägigen Carneval. Die Engländer haben dort den Turf, die Fuchsjagd, Lawntennis und das Taubenschießen eingeführt, so daß in dem kleinen französischen Flecken alle britischen Vergnügungen vertreten sind. Man sieht die Söhne Albions in den eigenthümlichsten Anzügen umherschlendern; hier ein Fuchsjäger im rothen Frack zu Pferd, dort Einer im Tricot mit nackten Armen und in Strümpfen auf dem Tretrade (Veloціped), da ein Lawntennisspieler in gestreifter Jacke, hier ein Gebirgstourist, ganz sonderbar ausgestattet. Die Promenadenengländer bilden eine eigene Abart und steigen mit Schleiern auf den Hüten und großen Sonnenschirmen herum. Die „schöne Welt" ergeht sich auf dem Boulevard du Midi und der Place Royale und läßt sich von der Sonne braten; wenn die Militärkapelle spielt, ist dort stets ein großes Gedränge und eine Menge von Kutschen halten da, deren Insassen angeblich der Musik zuhören. Dennoch hat Pau mit seinen 27,300 Einwohnern und trotz seiner zahlreichen Fremden kein unangenehmes Weltgeräusch und Menschengewühl, und hundert Schritt tragen Einen an irgend eine Stelle, wo die Seele ungestört in die Weite schweifen kann.

Pau war einst die Residenzstadt des Béarner Landes und hat heutzutage noch ein feudales Gepräge. Sein Schloß soll im zehnten Jahrhundert von einem Vicomte de Béarn, Gaston Centull, erbaut worden sein. Gaston wohnte früher in dem nahen Morlaas. Die Thalbewohner von Ossau, denen der Grund gehörte, bewilligten ihm den Bau nur unter der Bedingung, daß derselbe drei gesteckte Pfähle nicht überschreite. Pfahl heißt auf Béarnisch pecon, woraus mit der Zeit der Name Pau entstand. Den schönen Wartthurm des Schlosses, das die Mauren aufhalten sollte, weiter nach Norden vorzudringen, erbaute Gaston Phöbus. Am 14. December 1553 gebar Jeanne d'Albret, Tochter der vielgepriesenen Dichterin Margarethe von Valois, Schwester König Franz I., im Schlosse zu Pau Heinrich IV. Während der Entbindung soll sie auf Bitten des Königs von Béarn, ihres Vaters, das Béarner Lied Notre Dame du bout du Pont gesungen haben, ein Gebet der Wöchnerinnen um den Beistand der heiligen Jungfrau. Der neugeborne Prinz, der ohne zu schreien oder zu weinen das Licht der Welt erblickt hatte, bekam nach alter Sitte ein Stück Knoblauch zum Saugen und Jurançonwein zum Trinken Die Béarner hängen noch in unseren Tagen mit viel Liebe an dem Andenken Jeanne d'Albrets und Heinrichs IV., des volksthümlichen Königs, von dessen tollen Jugendstreichen es noch heute heißt:

Vive Henri quatre,
Vive ce roi vaillant!
Qui fit le diable à quatre;
Il eut le triple talent
De boire, de se battre
Et d'être un Vert-Galant.

Das Schloß Heinrichs IV., in welchem als bedeutendste Merkwürdigkeit die aus einem Schildkrötrücken verfertigte Wiege des Königs gezeigt wird, ist nicht sehr groß, ein Fünfeck mit Thürmen aus der Feudalzeit; drei Brücken verbinden es mit der gut gebauten Stadt und dem Park, und dichter Epheu rankt an den massiven Mauern empor; eine kleine Kapelle steht hart am Schloßhofe. Im Parke des Schlosses erhebt sich ein lebensgroßes Standbild Heinrichs IV. als Jüngling, auf der Place Royale die Statue des Königs in reiferem Alter. Seine Aehnlichkeit mit dem 1883 verstorbenen Grafen von Chambord ist geradezu erstaunlich, aber auch sonst ist sein Geschlecht dort zu Lande noch nicht ausgestorben, selbst wenn man von der unschwer zu erklärenden großen Aehnlichkeit mancher Gesichter von demjenigen des galanten Königs absieht. Von der Terrasse des Schlosses und von der Place Royale, einem der schönsten Plätze der Welt, genießt man eine unvergleichliche Aussicht zunächst auf den Park und die Gärten, eine altberühmte Zierde der Stadt Pau, dann auf den Fluß Gave und seine in immer frischem Grün prangenden Ufer, dann drüben auf die Wald- und Rebenhügel, die sogenannten Cauteaux, wo ein herrlicher Wein gedeiht, und endlich auf die in hellblauem Lichte schimmernde Pyrenäenkette mit dem einsamen Pic du Midi de Pau in der Mitte. An den Cauteaux liegen in reizender Lage die Villen Bellevue und Sarrot Girodet, sowie das Dorf Jurançon, dessen Weinberge schon im Februar fleißig bearbeitet werden. Man darf es den glücklichen Bewohnern von Pau nicht zu sehr verargen, wenn sie beim fortwährenden Genusse solcher Schönheiten, bei der Milde eines Klimas, das im Winter noch diejenige von Rom und Nizza übertrifft, bei dem Reichthum einer Natur, die den Landleuten das zum Unterhalt nöthige Maß von Kastanien, Feigen und Mais fast ohne menschliche Nachhülfe liefert, sich den größten Theil des Jahres einem süßen Nichtsthun hingeben, und lediglich die warme Sonne und die gesunde Luft, welche die Tausende von reichen Wintergästen herbeilockt, als ein einträgliches Capital ausbeuten.

Die Umgebung von Pau bietet viele besuchenswerthe Punkte. Da ist zunächst Schloß Bellevue, der herrliche Sitz des Grafen Talleyrand, das, ziemlich hoch gelegen, eine wunderbar schöne Aussicht auf Pau und die ganze Pyrenäenkette gewährt. Die Fahrt dahin geht durch das Dorf Jurançon, dann steil bergauf. Auch das Schloß Bizanes, nächst Pau, liegt sehr schön und ist ein angenehmer Spaziergang. Die Fahrt von Pau nach Gan mit seinem alten Schlößchen und gothischen Thurm, dann über die Cauteaux zurück, ist ebenfalls sehr hübsch. Ebenso lohnend ist der Ausflug nach Morlaas, der früheren Residenz des Vicomte von Béarn. Der Ort, der, eine prachtvolle Fernsicht gewährend, auf einer Anhöhe liegt, hat ein anziehendes architektonisches Alterthum, die prachtvolle Kirche von St. Foix in romanischem Stil, aus dem Jahre 1089. Die Fahrt nach Pieta, das gleichfalls auf einer Anhöhe liegt, ist auch sehr malerisch. Man hat dort einerseits einen herrlichen Ausblick auf die Pyrenäen — besonders der Pic du Midi tritt mächtig hervor und erscheint wunderbar nahe —, andererseits auf das hübsche Thal von Nay. Lescar ist auch eine schöne alte, einst befestigt gewesene Stadt und liegt ziemlich hoch. Daselbst ist abermals eine Kirche in romanischem Stil mit wuchtigen Mauern, großem Portal und Skulpturen. Lescar liegt am jenseitigen Ufer des Gave, über den eine sehr schöne, lange Brücke führt. Die Fernsicht oben auf den Ruinen der Festung ist prachtvoll, malerisch schön.

Das Gebiet des unteren Gers.

Ehe ich zur Schilderung des Pyrenäengebirges übergehe, dessen Vorbergen der Leser so nahe gerückt ist, muß ich ihn noch einladen, einen flüchtigen Blick auf das Land nördlich von Pau zu werfen. Die Ebene von Pau bietet keine besonderen Naturschönheiten; sie ist wild und sumpfig; hie und da ein kleiner, ziemlich lichter Wald und viel Brachland, von einer gelb blühenden Ilex-Art überwuchert. Doch behält das Land im Allgemeinen seinen gebirgigen Charakter, und dies ist auch der Fall mit dem südlichen Theile des nordöstlich angrenzenden Gers-Departements, welcher aus fächerförmig streichenden Längenthälern besteht. Es ist dies das ehemalige Armagnac, das im Norden in die weiten Ebenen des Condomois übergeht, welche sich bis in die Nähe der Garonne, nach den beiden Departements des Tarn-und-Garonne und des Lot-und-Garonne hin erstrecken. Meist südnördlich fließende Nebengewässer dieses Stromes sind es auch, welche jene Ebenen durchfurchen, so die Save, Gimone, der Rats, in seinem Unterlaufe Arratz genannt, der Gers, nach dem das Departement seinen Namen hat, die Baïse, Losse und Gelise. Andere wieder wenden sich gegen Nordwesten zum Adour, welchem der Bouès und Arros hier zufließen. Von den Vorzügen des vorwiegend Ackerbau treibenden

Gers-Departements ist nicht viel Aufhebens zu machen. Das Klima ist allerdings milde, die Luft rein; im Winter fällt das Thermometer wohl oft unter 7,5° C., doch dauert der Frost nie lange und Schnee fällt nur selten. Im Uebrigen ist der Boden durchschnittlich aber nur mittelmäßig und giebt wenig reichliche Ernten, sehr wenig guten, aber sehr viel schlechten Wein, den man in Branntwein, Eau de vie d'Armagnac oder de Condomois, verwandelt, und dieser ist nächst dem Cognac der beste in Frankreich. Er ist auch der Hauptgegenstand des Handels. Die Einwohner sind gastfrei, gutmüthig, einfach, etwas träge, abergläubisch und sprechen ein eigenes Patois. Bemerkenswerthe Städte sind fast gar nicht vorhanden. An der Baïse liegt das an Wassermühlen, Gerbereien und Porcellanmanufacturen reiche Städtchen Condom, ein schon zur Merowingerzeit bestehender Ort, die spätere Hauptstadt des Condomois. Weiter oben an der Baïse, bei dem Marktflecken Valence, verdienen die Ueberreste der 1151 gestifteten Bernhardiner-Abtei Notre Dame de Flaran erwähnt zu werden. Am Gers nenne ich La Romieu mit einer nicht uninteressanten Kirche, Lectoure am schönen Ramierwalde, den Geburtsort des Marschalls Lannes, und Auch, das Chefliеu des Departements, dessen Erzbischof einst den Titel eines Primas von Aquitanien führte. Die Stadt, welche an 14,500 Einwohner zählt, ist amphitheatralisch gebaut, mit engen Straßen, aber regelmäßigen Plätzen. Unter letzteren ist besonders ein schöner und großer in der Oberstadt hervorzuheben, welcher mit einer Promenade geschmückt ist, von der man die Pyrenäen sieht. Das Klima und auch das Unterkommen in Auch ist, wie ich nicht unterlassen will zu bemerken, für Brustkranke viel geeigneter, als manche Orte an der Küste der Provence.

Das Gers-Departement wird im Süden begrenzt von jenem der Ober- oder Hochpyrenäen, die alte fruchtbare, weinreiche Grafschaft Bigorre, die von den Oberläufen des Gave de Pau, des Adour mit seinen zahlreichen Nebenflüssen, dann der Baïse und der Neste bewässert wird, welche alle aus dem schwer zugänglichen Gebirge mit seinen scharfen Zinken, von Gletschern bedeckten Gipfeln, Seen und mit Weiden und Wäldern geschmückten Thälern hervorbrechen. Nur im Norden hat die alte Grafschaft Ebenen, und dort liegt auch ihre ehemalige Hauptstadt Tarbes, einst Turba, jetzt das Chefliеu des Departements. Sie ist berühmt durch ihre treffliche Pferdezucht, auch finden hier Wettrennen statt, die von weither besucht werden. Die Pferde sind in der Ebene vorzügliche Renner und in den Bergen kann man das unbedingteste Vertrauen in ihre Vorsicht und Klugheit setzen. Tarbes, am Adour gelegen und ganz in Gärten versteckt, ist eine hübsche Stadt mit schönem Platze, breiten Straßen, von Bächen durchflossen, mit gesunder Luft, unter einem ewig klaren Himmel. Eine hübsche Promenade, der „Prado“, befindet sich außerhalb der sonst etwas langweiligen und leblosen Stadt, in welcher sich nur zu den Marktzeiten ein bewegtes Treiben einstellt. Dann aber treffen dort an die 10,000 Fremden aus mehr denn 100 km in der Runde zu Tarbes ein. Hier ist der Stapelplatz des Handels und das Stelldichein der Spanier, die zum Viehkauf im Großen kommen. Hier kann man dann alle Stämme und alle Trachten der Pyrenäen zusammen erblicken; man sieht da die weiße Mütze von Bigorre, die braune von Foix, die rothe des Roussillon, manchmal selbst den flachen Hut Aragoniens, den runden von Navarra und die Spitzmütze von Biscaya. Hierher kommt auch der baskische Fuhrmann auf seinem Esel mit seinem langen, dreispännigen Wagen, das baskische „Béret“ auf dem Kopfe. Auch durch seine Gewerbthätigkeit behauptet Tarbes mit seinen 24,000 Einwohnern eine ansehnliche Stelle unter den Städten des Südens.

Die Pyrenäen, Foix und Roussillon.

Gliederung und Bau der Pyrenäen.

Zwischen dem Cap Figuier am gascognischen Golfe oder Meerbusen von Biscaya und dem felsigen Cap Creus, welches einsam und nackt aus den blauen Fluthen des Mittelmeeres emporsteigt, läuft die gewaltige Riesenkette der **Pyrenäen**, die Scheidemauer zwischen Frankreich und Spanien. Wenn auch streng genommen das Cantabrisch-Asturische Gebirgssystem auf der iberischen Halbinsel geologisch und geographisch als Fortsetzung der Pyrenäen gelten darf, so halte ich mich hier selbstverständlich an den volksthümlichen Begriff in der eben erwähnten Begrenzung, zumal nur die Schilderung des nördlichen, französischen Theiles des Gebirges in den Rahmen dieses Buches fällt. Hier sind es die Landschaften Béarn, das Baskenland, Bigorre, dann die Grafschaften Foix und Roussillon oder nach der modernen Eintheilung die Departements der Nieder- und der Hochpyrenäen, der oberen Garonne, der Ariège und der Ostpyrenäen, welche an dem Gebirgsabsturz Antheil haben. Auf der östlichen Seite stehen die Pyrenäen nicht, wie man früher wohl geglaubt hatte, durch die Montagne Noire und die Cevennen mit den Alpen in Verbindung: frei und selbständig erheben sie sich aus jenen sonnigen und ölbaumreichen Ebenen und Hügelbezirken des südlichen Frankreich, durch welche die Aude fließt und der Canal du Midi träge einherschleicht. Ueber den Ursprung des Namens der Pyrenäen hat man gar mancherlei Vermuthungen aufgestellt; die wahrscheinlichste ist wohl die, daß er mit dem gälischen Worte ber, per oder pir zusammenhängt (Vielzahl: birennou), welches Spitze oder Gipfel bedeutet. Die Basken halten für die Wurzel des Wortes biri, d. h. gleichfalls Höhe oder bierri enac, d. h. zwei Länder. In gerader Linie besitzen die eigentlichen Pyrenäen eine Länge von 423 km und in der Mitte ihres Laufes erlangen sie ihre größte Breite. Wenn sie nun auch im Allgemeinen eine von Ostsüdost nach Westnordwest streichende Richtung besitzen, so ist ihr Verlauf doch nicht der einer einzigen ununterbrochenen Linie. Sie sind eigentlich aus zwei Ketten, einer atlantischen und einer mittelländischen, zusammengesetzt, welche beide dieselbe Richtung verfolgen, ohne daß die eine die Verlängerung der andern bildet. Allein nur im Centrum des Gebirges tritt diese Gliederung in zwei Ketten hervor, dort wo beide ihr Ende erreichen: die von Westen kommende ihr östliches, die von Osten kommende ihr westliches. Dieser Endpunkt liegt nördlich von jenem; beide Ketten, die sich also übereinanderschieben, sind dann durch ein von Süd nach Nord laufendes Querjoch verbunden, welches einen großen Halbkreis schließt um das obere Val d'Arran, in dem die Quellflüsse der Garonne zusammenkommen. Die Ost- und Westpyrenäen stellen jedoch einzeln wenigstens in ihren Hauptzügen einfache Ketten dar, die aber beide gegen das Centrum hin ihre größte Höhe erreichen. Von diesen beiden Hauptketten, welche auf die angeführte Weise gewissermaßen in eine einzige verschmolzen sind, zweigen sich nun in der Regel, rechtwinklig auf sie aufgesetzt, zahlreiche Seitenketten nach Norden und nach Süden ab, welche — nicht ohne wieder ihrerseits gewöhnlich rechtwinklich auslaufende, also der Hauptkette parallele Arme ausgesandt zu haben — allmählich sich erniedrigen und in dem Hügelland oder in der Ebene sich verlieren. Einige jener nordsüdlichen Seitenketten, welche wie Rippen an ein Rückgrat angeheftet erscheinen und gewöhnlich von irgend einem hervorragenden Punkte der Hauptkette auslaufen, bestehen aus einer Aneinanderreihung von Gipfeln, welche an Höhe selbst denen der Hauptkette nicht viel nachstehen.

Was die Pyrenäen vor allen anderen Hochgebirgen auszeichnet, ist, wie Ferdinand Zirkel ausführt, die wunderbare Regelmäßigkeit und Durchsichtigkeit ihres Baues, die sich hin und wieder bis zu einem gewissen Grad von Einförmigkeit steigert. Große Verwerfungen, welche sich auf 200 — 270 km parallel der Streichungslinie hinziehen, im Ganzen sieben an der Zahl, kennzeichnen den Nordabfall des Gebirges, welcher daher im Relief etwas verwickelter erscheint, als der fast ausschließlich durch eine gewaltige Erosionswirkung gemodelte, auch durchschnittlich steilere spanische Südhang. An jenen Verwerfungsspalten entlang sind eruptive Steine emporgedrungen, und ebenda finden sich immer die berühmten Thermen und Badeorte, welche seit der Römerzeit einen nie unterbrochenen Ruf genossen und auf die ich bald im Einzelnen zurückkommen werde. In ihrem regelmäßigen Aufbau bieten die Pyrenäen, wenngleich sie Vorzüge, Reize besitzen, die ihnen kein anderes Gebirge streitig macht, allerdings nicht die malerische Abwechslung der Alpen dar. Dazu kommt, daß ihre höchsten Gipfel in viel weniger auffallender Bildung über die Mittelhöhe des Gebirges, welche um 100 m bedeutender ist als jene der Alpen, sich erheben. Der ganze Zug stellt sich daher als eine sägeartig vielgezackte, aber etwas eintönige Kette von Zinken, als eine eigentliche „Sierra" dar. Es ist die Kette der „Peyre nere" d. h. der dunklen, wegen ihrer Steilheit meist schneefreien Hochgipfel. Eine Eigenthümlichkeit der Pyrenäen ist es ferner, daß die Gipfelpunkte nicht auf der Hauptkette selbst, sondern außerhalb derselben, auf einem senkrechten Seitenaste liegen und sich ihr nicht einordnen. Das Massiv der Maladetta (les Monts Maudits der Franzosen) liegt südlich von der Hauptkette vollständig in Spanien und erscheint als eine kolossale, fast ganz einsame Berggruppe, getrennt von jener durch das tiefe Esserathal (Val de Benasque) und nur durch einen schmalen östlichen Arm mit ihr zusammenhängend. Dieser Berggruppe gehört der höchste Gipfel der Pyrenäen an, der Pic de Néthou oder Pic d'Anethou (3404 m), von dessen Spitze man bei heiterem Winterhimmel die beiden Meere, das mittelländische und den atlantischen Ocean, erblicken soll. Ebenso einsam erhebt sich im Westen des Esserathales der wenig niedrigere und ebenfalls spanische Pic Posets oder Punta de Lardana (3276 m), welcher nach dem Ausspruche der wenigen Besteiger unter allen Pyrenäenhäuptern die umfassendste und überwältigendste Fernsicht gewährt. Gleichfalls abseits vom Hauptkamme und durchaus auf spanischem Gebiet liegt der dem Range nach vierte Berg des ganzen Systems, der dreizackige Mont Perdu oder Monte Perdido, welcher mit dem Marboré (3352 m) und dem Cylindro (3327 m) die Gruppe der las tres Sorellas bildet. Endlich liegt in den Ostpyrenäen in gleicher Weise, nur durch einen Grat an die mittelländische Kette befestigt, der Mont Canigou (2786 m) mit herrlicher Aussicht auf das Meer zwischen Montpellier und Barcelona.

Mit der oben besprochenen Hauptrichtung der pyrenäischen Seitenketten hängt es nun zusammen, daß dieses Gebirge eine so große Armuth an Längenthälern zeigt, eine Erscheinung, welche zumal bei einer Vergleichung mit dem orographischen Bau der Alpen auffällt. Fast alle großen Thäler der Pyrenäen sind mehr oder weniger scharf, nordsüdlich laufende Querthäler, welche nahezu rechtwinklig auf die Richtung der Hauptkette stehen und meistens nur großartige Schluchten darstellen. Eigenthümlich ist es nun mehreren von ihnen, daß sie in ihren ersten Anfängen gleich eine sehr geräumige, kesselartige Weitung bilden. Die steilen Wände dieser Circusthäler, welche in ihrer vollendetsten Gestalt drei Viertel eines Kreises beschreiben und nur auf einer Seite dem sie durchziehenden Gewässer einen Ausweg lassen, zeigen mitunter ein treppenartiges Zurückspringen nach oben, so daß sie sich am passendsten mit riesigen Amphitheatern vergleichen lassen. Diese „Cirques“ oder „Queles“ (= olla), welch letzterer Bezeichnung sich das Landespatois bedient, kommen hauptsächlich in den Central- oder Hochpyrenäen vor, jenem Theile, welcher bei der Fülle und Mannichfaltigkeit der hochgebirgigen Erscheinungen nach Karl Ritters Ausdruck, die „erhabene schöne Krone“ des ganzen Systems bildet. Das ausgezeichnetste Circusthal dieser Art, welches die Pyrenäen besitzen, befindet sich eben dort, in dem Kalk- und Marmorzug des Marboré, der weltberühmte Cirque de Gavarnie, aus dem der Gave de Baréges seinen Ursprung nimmt. Bei dem Mangel an ausgedehnten Längenthälern fehlt dagegen den Pyrenäen der Reiz größerer Seen. Nur in den höheren Regionen des Gebirges zwischen 1500 — 3000 m Meereshöhe ruhen, von Gletschern und Schneefeldern genährt, eine Anzahl kleiner Seebecken in wilder Einsamkeit, viele davon die meiste Zeit des Jahres mit einer Eiskruste überzogen. Aber auch der Hauptschmuck der Hochgebirge, die Fülle und Pracht der Firnen- und Gletscherwelt sowie der unmittelbare Wechsel derselben mit blühender Vegetation, was in den Alpen einen reizvollen Gegensatz von Frühling und Winter, von starrendem Nord und üppig treibendem Süden hervorbringt, ist in den Pyrenäen in weit geringerem Maße vorhanden; auch reichen die Gletscher oder wie sie dort heißen, die „Sernelhas“ nirgends so weit in die Culturländer hinab, als dies in den Alpen der Fall ist. Schon in der Eiszeit verließen, wie Dr. A. Pencks Untersuchungen 1883 ergaben, die Gletscher das Gebirge nicht weit und spielten am untern Theile nur eine geringe Rolle; in den westlichen Pyrenäen hat es während der Eiszeit keinen einzigen Eisstrom gegeben. Auf dem nördlichen Abhang der Pyrenäen liegt heute die Linie des ewigen Schnees in 2500 m über dem Meeresspiegel; auf dem spanischen Abhange kann von einer Schneelinie nicht die Rede sein, denn dort ist in der Mitte August fast aller Schnee geschmolzen. Deßhalb ist auch blos auf dem Nordabhange Gelegenheit zur Gletscherbildung geboten. Die vorzüglichsten Gletscher sind auch nicht in ihrer Haupterstreckung von oben nach unten, sondern der Richtung des Kammes parallel, von Osten nach Westen gerichtet. Aber nicht nur an Anzahl und Ausdehnung, sondern auch an Schönheit stehen die Pyrenäengletscher denen der Alpen nach. Lediglich auf Höhen beschränkt, in denen die täglichen und jährlichen Schwankungen der Temperatur sich nicht sehr geltend machen können, finden bei ihnen nicht jene abwechselnden Aufthauungs- und Gefrierungsvorgänge statt, welche bei den Schweizer Gletschern die dichte Beschaffenheit und damit die prachtvoll blaue Farbe sowie die Durchsichtigkeit des Eises hervorrufen. Ebenso werden die pyrenäischen Gletscher an Länge, Breite und Tiefe der Spalten von den alpinen bei Weitem übertroffen.

die angeführte Weise gewissermaßen in eine einzige verschmolzen sind, zweigen sich nun in der Regel, rechtwinklig auf sie aufgesetzt, zahlreiche Seitenketten nach Norden und nach Süden ab, welche — nicht ohne wieder ihrerseits gewöhnlich rechtwinklich auslaufende, also der Hauptkette parallele Arme ausgesandt zu haben — allmählich sich erniedrigen und in dem Hügelland oder in der Ebene sich verlieren. Einige jener nordsüdlichen Seitenketten, welche wie Rippen an ein Rückgrat angeheftet erscheinen und gewöhnlich von irgend einem hervorragenden Punkte der Hauptkette auslaufen, bestehen aus einer Aneinanderreihung von Gipfeln, welche an Höhe selbst denen der Hauptkette nicht viel nachstehen.

Was die Pyrenäen vor allen anderen Hochgebirgen auszeichnet, ist, wie Ferdinand Zirkel ausführt, die wunderbare Regelmäßigkeit und Durchsichtigkeit ihres Baues, die sich hin und wieder bis zu einem gewissen Grad von Einförmigkeit steigert. Große Verwerfungen, welche sich auf 200—270 km parallel der Streichungslinie hinziehen, im Ganzen sieben an der Zahl, kennzeichnen den Nordabfall des Gebirges, welcher daher im Relief etwas verwickelter erscheint, als der fast ausschließlich durch eine gewaltige Erosionswirkung gemodelte, auch durchschnittlich steilere spanische Südhang. An jenen Verwerfungsspalten entlang sind eruptive Steine emporgedrungen, und ebenda finden sich immer die berühmten Thermen und Badeorte, welche seit der Römerzeit einen nie unterbrochenen Ruf genossen und auf die ich bald im Einzelnen zurückkommen werde. In ihrem regelmäßigen Aufbau bieten die Pyrenäen, wenngleich sie Vorzüge, Reize besitzen, die ihnen kein anderes Gebirge streitig macht, allerdings nicht die malerische Abwechslung der Alpen dar. Dazu kommt, daß ihre höchsten Gipfel in viel weniger auffallender Bildung über die Mittelhöhe des Gebirges, welche um 100 m bedeutender ist als jene der Alpen, sich erheben. Der ganze Zug stellt sich daher als eine sägeartig vielgezackte, aber etwas eintönige Kette von Zinken, als eine eigentliche „Sierra" dar. Es ist die Kette der „Peyre nere" d. h. der dunklen, wegen ihrer Steilheit meist schneefreien Hochgipfel. Eine Eigenthümlichkeit der Pyrenäen ist es ferner, daß die Gipfelpunkte nicht auf der Hauptkette selbst, sondern außerhalb derselben, auf einem senkrechten Seitenaste liegen und sich ihr nicht einordnen. Das Massiv der Maladetta (les Monts Maudits der Franzosen) liegt südlich von der Hauptkette vollständig in Spanien und erscheint als eine kolossale, fast ganz einsame Berggruppe, getrennt von jener durch das tiefe Esserathal (Val de Benasque) und nur durch einen schmalen östlichen Arm mit ihr zusammenhängend. Dieser Berggruppe gehört der höchste Gipfel der Pyrenäen an, der Pic de Néthou oder Pic d'Anethou (3404 m), von dessen Spitze man bei heiterem Winterhimmel die beiden Meere, das mittelländische und den atlantischen Ocean, erblicken soll. Ebenso einsam erhebt sich im Westen des Esserathales der wenig niedrigere und ebenfalls spanische Pic Posets oder Punta de Larbana (3276 m), welcher nach dem Ausspruche der wenigen Besteiger unter allen Pyrenäenhäuptern die umfassendste und überwältigendste Fernsicht gewährt. Gleichfalls abseits vom Hauptkamme und durchaus auf spanischem Gebiet liegt der dem Range nach vierte Berg des ganzen Systems, der dreizackige Mont Perdu oder Monte Perdido, welcher mit dem Marboré (3352 m) und dem Cylindro (3327 m) die Gruppe der las tres Sorellas bildet. Endlich liegt in den Ostpyrenäen in gleicher Weise, nur durch einen Grat an die mittelländische Kette befestigt, der Mont Canigou (2786 m) mit herrlicher Aussicht auf das Meer zwischen Montpellier und Barcelona.

bei Panticosa in 1800 m, in den Ostpyrenäen in 2240 m, steigt also nach Osten, und die Vegetation dorthin wird immer südlicher. Noch weit oberhalb der Baumgrenze ist der Südabhang mit Buxbaumgebüsch bedeckt, unterhalb folgen Pinus pyrenaica und Abies, im Westen Pinus sylvestris, dann Quercus Ilex und Tozza; in den Thälern an den Bächen stehen Laubbäume. Am französischen Nordabhange reicht die mitteleuropäischen Charakter tragende Pflanzendecke weniger hoch hinauf. In der Umgebung von Perpignan wachsen Dattel- und Orangenbäume noch wild und kommen Eucalypten, Agaven u. s. w. in beträchtlicher Menge vor. In südwestlicher Annäherung an den Fuß des Gebirges sieht man zu Prades die Coriaria myrtifolia, späterhin erst die Agave zurückbleiben. Der Oelbaum findet seine Höhengrenze oberhalb Poucey (590 m) und Olette (685 m). Mit 810 m verlieren sich die Granatbäume (Punica granatum); der Weinstock hingegen erhebt sich bis zu 1000 m, jedoch nur an günstigen Lagen auf Spalieren gezogen, und in höherer Zone verschwindet mit ihm zugleich Lavendula vera. Noch auffallender aber als dieses Verhalten der beiden Abhänge ist der landschaftliche Gegensatz zwischen dem östlichen und westlichen Theil der Pyrenäen. Wenn das Alpengebirge von Nord nach Süd germanische und hesperische Natur scheidet, so stellen sich dem, welcher die Pyrenäen in ihrer Längenausdehnung von West nach Ost durchwandert, auf einer verhältnißmäßig kurzen Strecke und obwohl er fast auf gleichem Breitengrade geblieben ist, die Gegensätze zweier Erdtheile dar. Auf der westlichen Seite, im Lande des Basken, beginnt das Gebirge mit einem welligen Hügelland der Sandsteinformation, dessen bewaldete Höhen an die Scenerien deutscher Mittelgebirge erinnern. Drüben aber, gegen die Küsten des Mittelmeeres hin, gewinnt die Landschaft den Charakter afrikanischer Natur. Da steigen nackte weiße Kalkwände über Wäldern von Korkeichen und Oliven auf, über Weingeländen, in deren Reben südliches Feuer glüht, es wachsen am Rande weiter Sandflächen in seltsamen Formen die mächtigsten Aloen und die Tamarisken mit ihrem buschigen Grün — mit einem Worte es sind die Gegensätze Mitteldeutschlands und Algiers, die hier, auf einem Breitegrad zusammengestellt, in einer kurzen Längenentfernung uns entgegentreten.

Für die folgende Beschreibung der Pyrenäen genügt es, den ganzen Gebirgszug durch zwei Einschnitte in drei Partien zu zerlegen: die Westpyrenäen, beginnend am gascognischen Golf und reichend bis zum Thale des Gave d'Ossau; die Central- und Hochpyrenäen, welche sich, die höchsten Gipfel zählend, zwischen diesem Thale im Westen und jenem der Garonne im Osten emporthürmen; endlich die Ostpyrenäen, die von jenem Thale östlich bis an das Mittelmeer sich erstrecken.

Die West- und Hochpyrenäen.

Wie auf ihrem östlichen Flügel durch den Mont Canigou, so werden die Pyrenäen in ähnlicher Weise auf ihrem westlichen durch den Berg La Rhune (900 m) abgeschlossen. In dem westlichen Theile des Béarnerlandes zeigt das Gebirge noch wenig hohe Kuppen und noch weniger beeiste Gipfel. Am Fuße dieser Berge liegt das kleine Städtchen St. Jean Pied de Port mit der einzig fahrbaren Straße nach Navarra über den Col de Roncevaux oder Roncesvalles der Spanier nach Pampelona. Der Weg führt aufwärts im Thale der Petite Nive nach dem ganz auf spanischem Gebiete liegenden Passe. Dicht unter demselben erhebt neben dem Maulthierpfad das weitläufige und festungsartige Kloster von Roncesvalles seine plumpen Mauern in der Nähe jenes mehr durch die Sage berühmten als geschichtlich merkwürdigen Schlachtfeldes, wo die Nachhut des von Saragosa zurückkehrenden Heeres des großen Karl und mit ihm der bretagnische Markgraf Roland der verzweifelten Tapferkeit der baskischen Bergbewohner erlag. Noch heute feiern die Basken ihren Sieg in dem urwüchsig poetischen Schlachtgesang von Altabiscar. Oestlich vom Passe von Roncevaux hebt sich alsbald beträchtlich die Kammhöhe des Gebirges, und schon der Osten des Departements der Nieder-Pyrenäen ist reich an großartigen Landschaftsbildern, wie nur das Hochgebirge sie bietet. Von Pau aus sind manche der herrlichsten Pyrenäengegenden leicht und bequem zu erreichen. Unter diesen nimmt wohl das malerische bald enge, bald beckenartig sich erweiternde Ossauthal, dessen Bewohner manche Züge alterthümlicher béarnesischer Sitte und Kleidung bewahrt haben, eine der ersten Stellen ein. Ueber Revenac gelangt man bei Sevignac an den Gave d'Ossau; anderthalb Stunden oberhalb Sevignac liegt Biella, vormals der Hauptort des Thales mit schöner poetischer Kirche und mehreren merkwürdigen Häusern aus dem fünfzehnten und sechzehnten Jahrhundert; weiter thalaufwärts Aste, Bagès und Laruns, der jetzige Hauptort des Ossauthales, mit 2400 Einwohnern und in einem weiten Becken gelegen. Wer nach dem vielbesuchten Badeort Eaux-bonnes will, verläßt hier das Ossauthal, um das Seitenthal des Gave de Valentin hinaufzuwandern auf einer Heerstraße, welche ein Meisterstück des Straßenbaues genannt werden darf, über schroffe Felsen und durch Engpässe immer bergauf führend, dem schäumenden Gießbach entlang. Die Felsen sind mit Tannen, Fichten und vielen Buxbäumen bewaldet, die, besonders letztere, einen eigenthümlichen Geruch verbreiten. Wasserfälle brausen tosend die Felsen herab. Romantisch und wild, dabei von einem eigenen Reiz, ist dieses Vorgebirge der Pyrenäen. Eine einzige sehr lange und ungemein steil ansteigende Straße bildet den Badeort Eaux-bonnes, über welchen sich der hohe, schneefelsenbedeckte Absturz des phantastischen Pic de Ger mit seinen Kalksteinzacken zu 2642 m erhebt. So sehr liegt der Ort eingeklemmt zwischen den Wänden der engen Schlucht, in welcher die Bergwasser Valentin und Sourde zusammenrauschen, daß gewöhnlich für den Bau neuer Häuser erst durch Wegsprengen der Felsen Platz geschafft werden muß. Die Promenaden, welche die nächste Umgebung bietet, sind reizend; dazu allerorts eine durch unzählige Quellen genährte Vegetation von seltener Ueppigkeit, frischer Hauch der Berge, bei jedem schönen oder schattigen Punkt bequeme Ruhebänke. Die Heilquellen von Eaux-bonnes sind nicht von großer Bedeutung; es sind ihrer sechs und die Temperatur übersteigt nicht $32^1/_2{}^0$; die Hauptbestandtheile sind Chlornatrium und schwefelsaurer Kalk, auch enthalten sie geringe Mengen von Schwefelwasserstoff. Man pflegt übrigens in Eaux-bonnes nur selten zu baden, sondern das Thermalwasser zu trinken.

Kehren wir nach Laruns zurück, um in das Thal von Gabas, die obere Fortsetzung des Ossauthales, nach Süden, gegen die nahe spanische Grenze vorzudringen. Bald sind wir in einem zweiten kleinen Badeort, Eaux-chaudes, der schon im vierzehnten und fünfzehnten Jahrhundert wegen seiner warmen Schwefelquellen berühmt war. Margarethe von Valois, Johanna d'Albret und Katharina von Navarra haben dort gebadet. Dort entfaltet sich aber auch eine jener wildromantischen Scenen, an denen die Pyrenäen wohl noch reicher als die Alpen sind. Durch einen langen und engen Spalt in dem Schiefergebirge zwängt sich mit Pfeilgeschwindigkeit der Gave hindurch, in dem felsigen Bett einen ungeheuren Fall nach dem andern bildend und sein schöngrünes Wasser ganz zu milchweißem Schaum auflösend. An der inneren östlichen Seite der Kluft, die unwillkürlich an die großartigen Schönheiten des Finstermünzthales erinnert, verläuft die Straße, welche vollständig aus der senkrechten Felswand herausgesprengt ist und in beträchtlicher Höhe über dem Flusse hängt. Finsterniß herrscht in der schmalen Schlucht, deren schwarze und feuchte Riesenwände nur ein kleines Streifchen blauen Himmels frei lassen, aus der Tiefe dröhnt das entsetzliche Donnern der Cascaden, spritzt der tosende Gischt an den Felsen empor, und wenn die Sonne gerade günstig steht, so erzeugen die feinzerstiebten Schaumperlen das prachtvolle Schauspiel der buntesten Regenbogen. Weder die Teufelsbrücke über die Reuß noch die wildesten Bilder der Taminaschlucht können sich an schauerlicher Großartigkeit mit dieser Scenerie messen, in welche in einiger Entfernung plötzlich der in seiner einsamen Größe Ehrfurcht gebietende, doppeltgehörnte Bergkoloß des Pic du Midi d'Ossau (2885 m) hineinragt. Hier stößt man zum ersten Male von Westen her auf die Grenze des ewigen Schnees; hier nehmen die Pyrenäen zuerst ihren wilden Charakter an. Unweit Eaux-chaudes, bei der Teufelsbrücke (Pont d'Enfer), die über den brausenden Waldstrom führt, windet sich ein schmaler Pfad im Zickzack eine fast senkrechte Höhe über Granitfelsen hinan; er führt zu den seit Jahrhunderten nur aus einem Dutzend Häusern bestehenden Dörfchen Goust. In ihrer Bergeinsamkeit haben sich die Leutchen zu einer Art Republik eingerichtet; ein Aeltestenrath leitet die kleine Gemeinde, schlichtet die Streitigkeiten, und seine Zustimmung wird eingeholt, wenn ein Mitglied sich seine Ehehälfte im Thale drunten suchen will. Bei Taufen und Hochzeiten muß die Gemeinde in das Thal niedersteigen; die Todten werden droben in den Sarg gelegt, der Sarg selbst an den Rand des Abgrunds gebracht und über Fels und Strauch in die Tiefe gelassen; unten erst findet sodann das Leichenbegängniß statt.

Je weiter man nun auf der guten Straße das Thal nach Gabas empor verfolgt, um so mehr gewinnt es an landschaftlicher Schönheit, ja es verdient unter die wirkungsvollsten der Pyrenäen gezählt zu werden. Gabas ist ein kleiner, einsamer Weiler mit dem letzten französischen Grenzposten, da wo der Gave de Broussette und der Gave de Bious zusammenfließen, von denen der erstere links, der andere rechts vom Pic du Midi d'Ossau herunterkommt. Das wilde Thal des Gave de Broussette führt zur Case de Broussette, einer hospizartigen Zufluchtsstätte für die Reisenden, und gabelt sich oberhalb derselben: rechts zieht ein längerer Fußsteig empor, welcher über den Col d'Anéou oder Col de Pourtalet, links ein anderer kürzerer, aber beschwerlicherer, welcher über den schneeerfüllten Einschnitt des Col de Peyreluc nach dem Rio Gallego führt, demselben Flusse, der sich weit unten im Süden bei Saragosa in den Ebro ergießt. Durch das steinige, sonnverbrannte und fast von jeglichem Pflanzenwuchs entblößte Gallegothal zieht ein vielbetretener Maulthierpfad nach den Bädern von Panticosa, welche ob ihrer Heilkraft in ganz Spanien Ruf besitzen. Und von hier nach Frankreich zurückgelangen, kann man den Port de Marcadau, einen 2582 m hohen, nur im Hochsommer gangbaren Paß der Hauptkette übersteigen, einer der schwierigsten Märsche in den Pyrenäen, am Fuße des erhabenen Hauptes der Punta di Machimaña (2848 m) und am kleinen See von Zaraguala mit dem durchsichtigsten, klarsten Wasser der Welt zu einem schmalen Felseneinschnitte führend, beherrscht im Osten von dem Pic

Peterneille, welcher den Vignemale dem Blicke entzieht. Die von allen Seiten herabrieselnden Wasser vereinigen sich unten auf der französischen Seite zum Gave de Marcadau, dessen über alle Beschreibung schönes Thal abwärts nach Cauterets zieht. Da wo der vom Lac de Gaube (1850 m) herabkommende Wildbach sich mit ihm vereinigt und einen der schönsten Wasserfälle der Pyrenäen bildet, überbrückt ihn der aus Tannenstämmen gezimmerte Pont d'Espagne. Nicht minder sehenswerth ist die weiter unten gelegene Cascade von Cérisey; beides sind Ziele zahlreicher Ausflüge von Cauterets aus. Cauterets, ein langhin im Thal gestrecktes Städtchen des Departements der Hochpyrenäen mit etwa 1500 Einwohnern, in dessen Straßen von allen Seiten schneebedeckte Berge hereinschauen, ist wegen seiner reizenden Lage, der Verschiedenartigkeit und des Wasserreichthums seiner Quellen, die zum Theil Schwefel, zum Theil Soolquellen sind, neben Bagnères de Bigorre und Luchon der besuchteste Badeort der Pyrenäen, doch bleibt sich die Aussicht in das enge Thal stets gleich und steht weit hinter dem an abwechselnden Bildern reichen von Luchon zurück.

Der Gave de Cauterets vereinigt sich wenig unterhalb in spitzem Winkel mit dem Gave de Pau, bei dem Oertchen Pierrefitte, welches, umgeben von schöngeformten Bergen, üppigen, wohldurchwässerten Wiesen und prangenden Saatfeldern, in einem weiten malerischen Thalbecken gelegen ist. Bis dahin bringt von Tarbes aus die Eisenbahn, den denkwürdigen Ort Lourdes berührend, wo auch der von Pau kommende Schienenweg einmündet. Er führt durch sehr romantische, wilde, gebirgige aber wenig bewaldete Gegend. Lourdes ist als sehr alte Festung ein geschichtlicher Ort. Schloß und Veste liegen auf einem hohen, felsigen Berg, zu dessen Platte 300 Stufen hinaufführen; letztere hat große Mauern, mehrere Vorhöfe und eine Zugbrücke. Die Aussicht von der Festung ist prachtvoll. Noch berühmter ist aber Lourdes als moderner Wallfahrtsort. Im Jahre 1858 verbreitete sich das Gerücht einer am Eingange der nahen Grotte von Massavielle stattgefundenen wunderbaren Marienerscheinung. Einer Hirtin, Bernudette, zeigte die Gottesmutter die Wunderquelle, die nun jährlich Hunderte von Menschen heilt. Kommt man mit der Bahn von Pau in Lourdes an, so sieht man die von vielen Lichtern erleuchtete Grotte, die nur eine Viertelstunde von der Stadt entfernt ist. Die Grotte ist nicht sehr groß und nicht tief. Die Lichter gehen dort niemals aus, Tag und Nacht brennen Hunderte von Kerzen, von Bittenden angezündet. Es sind Betschemel vor der Höhle, den ganzen Tag von Betenden besetzt. An der Quelle kann Jedermann schöpfen, so viel er will. Das Wasser ist ein frisches, herrliches Gebirgswasser ohne irgend einen Beigeschmack; viele Leute füllen sich die mitgebrachten Flaschen damit an. Es sind auch Quellwasserwannenbäder eingerichtet, und Herren und Damen der besseren Stände bedienen freiwillig die Badenden. Vom Mai bis September herrscht dort ein Zudrang von Tausenden von Menschen, Wallfahrern aus allen Ländern der Welt. Ueber der Grotte steht die schöne Kirche in gothischem Stil gebaut, und unter der Kirche ist eine Art Krypta, eine Grottenkapelle. Von der Stadt gegen die Kirche führt eine Straße von Buden, von deren Inhabern, den Verkäufern heiliger Gegenstände, man förmlich belagert wird.

Verfolgt man von Lourdes den Gave de Pau aufwärts über Pierrefitte hinaus, so gelangt man nach Luz, das wiederum in einem geräumigen Becken amphitheatralisch sich erhebender Berge liegt, geschmückt mit allen Reizen lieblichster Landschaft. Das in 739 m Meereshöhe gebettete Städtchen hat eine Kirche, die noch von den Tempelrittern erbaut wurde, und wichtige Fabriken von Seidenstoffen, die den Namen „Barèges" tragen. Derselbe rührt von dem gleichnamigen nahen Städtchen im Thale des Flüßchens Bastan her, welches sich eben bei Luz vom Hauptthale abzweigt und vom Pic du Midi de Bigorre herunterkommt. Im Anfang trägt die Gegend auf dem Wege nach Barèges einen anmuthig idyllischen Charakter zur Schau; durch fette Triften murmeln krystallhelle Bächlein, frisches, schattiges Gesträuch von Buchen und Weiden umsäumt die Straße, zur Seite bildet der Bastan hundert kleine Cascaden, an deren jeder eine Mühle liegt mit moosigem Schieferdach. Nach etwa der Mitte des Weges zu ändert sich aber rasch die ganze Scenerie; die Wiesen und Holzungen verschwinden, die Schlucht wird nackt, öde und kahl, der Weg windet sich durch ein Chaos von zertrümmerten Felsen, und wendet man den Blick, so schaut man auf die Schneemassen des Pic de Bergons, des Pic d'Ardiden und der anderen gewaltigen vor Cauterets liegenden Berghäupter. Noch höher hinauf in der weiten, einsamen und wüsten Schlucht liegt nun der weltberühmte Badeort Barèges in 1232 m Meereshöhe, eine einzige, lange, bergan führende Straße mit wenigen steinernen Häusern von unwirthlichem Aussehen. Wahrlich, Barèges ist kein Luxusbad; wer dahin geht, sucht Heilung seiner Leiden, und die mag er wohl finden, denn für alte Wunden, für rheumatische Leiden und Hautkrankheiten sind die an Schwefelnatrium, Chlornatrium und schwefelsaurem Natron überreichen Quellen von Barèges unbestreitbar die wirksamsten der Pyrenäen, ja in ganz Europa übertrifft sie kein anderes Bad.

Wir wollen uns indeß nicht länger aufhalten in der erschreckenden Einförmigkeit von Barèges, sondern kehren nach Luz zurück, um von dort das Thal des Gave de Pau, welches hier seltsamerweise Vallée de Barèges heißt, empor nach Gèdre, dem weltberühmten Rundthal von Gavarnie und den Umgebungen des Mont Perdu zu gelangen. Gegenüber von Luz liegt, durch eine schöne Allee und eine Marmorbrücke damit verbunden, auf dem linken Ufer des Gave der kleine Flecken St. Sauveur, dessen weiße Häuser und reizende gothische Kirche, angelehnt an den Thalabhang, von Weitem durch das Ahorn- und Nußbaumgehölz herüberschimmern. St. Sauveur besitzt auch Schwefelquellen mit urwüchsigen Badeeinrichtungen. Der Weg im Thal, welchem meist ein rauher und wilder Charakter eigen ist, gewährt manchen hübschen Anblick; rasch ist die Holzbrücke von Sia überschritten, das kleine Thalbecken von Pragnères durchwandert, und man nähert sich Gèdre. Hinter diesem Orte wird die Gegend einsamer, rechts öffnet sich die öde Schlucht, durch welche der Gave d'Aspé herunterstürzt; links winkt im Vordergrund der Gipfel des Piméné. Hier ist es, wo eine der abschreckendsten Landschaften der Pyrenäen beginnt, eine Gegend, welche mit Recht den Namen des „Chaos" trägt, von den Hirten auch la Peyrada genannt. Von dem Gipfel des Coumélie hat sich eine unermeßliche Fluth von Gesteinschutt in das Thal hinabgewälzt, Felsblöcke von den verschiedensten Größen, bis zu 16 m Höhe, von der abenteuerlichsten und ungeheuerlichsten Gestalt liegen in ganz unfaßbarer Zahl und in der wildesten Unordnung über- und nebeneinander gestürzt umher. Durch dieses Felsenmeer läuft der Weg und rauscht der Fluß in seinem selbstgegrabenen tiefen Bette. Vor Gavarnie mündet auf der linken Seite des Gave das Thal des Ossoue, in dessen Hintergrund die weißglänzenden Spitzen des Vignemale blinken. Südlich des elenden Dörfchens Gavarnie thut sich nun die ungeheure amphitheatralische Halbkesselrundung des Circus auf. Nicht mit Worten zu beschreiben ist der großartige, wahrhaft feierliche Eindruck, den dieses kolossale Bauwerk der Natur auf den Beschauer macht mit der ungeheuren Kesselrundung seiner himmelhohen starren Mauern, mit den blendenden Gletschern, die seine Zinnen krönen, mit dem ewigen Schnee, der die wagrechten Stufenabsätze wie ein Teppich bedeckt, mit den vielen gewaltigen Wasserfällen, die aus der Ferne gesehen wie weiße Schleier an den schwarzen Wänden still herabhängen. Dreimal springen diese senkrechten, beinahe säulenartig gegliederten Wände des Circus nach der Höhe zu stufenähnlich zurück, und während die unteren Absätze mit Schnee bedeckt sind, der blendend weiß gegen das dunkle Felsgemäuer absticht, ziehen sich bis auf den obersten Rand des Amphitheaters die Gletscher der ernsten und erhabenen Bergkolosse herab, welche etwas im Hintergrunde gelegen das ganze Bauwerk beherrschen: der Cylinder des Marboré, die Thürme und der Helm des Marboré und jenseits der Rolandsbresche der Taillon. Die gewaltige Größe des gewissermaßen nach einem menschlichen Plane gebauten Circus, auf dessen wunderbar symmetrischen Sitzbänken ganze Nationen Platz fassen könnten, wird erst dann klar, wenn man dem Gave entlang, der sich bald durch grasige Triften, bald durch Felsgetrümmer einherschlängelt, bis in das Innere vorzudringen versucht. Unter den zahlreichen majestätischen Wasserfällen zeichnet sich namentlich ein Katarakt in der östlichen Hälfte der Rundung aus, der 422 m hoch, also etwa 120 m höher als der Staubbach, ganz in weißen Schaum aufgelöst ruhig herniederschwebt und wohl der schönste Wasserfall Europas sein mag. Nach Süden führt aus dem Rundthal von Gavarnie durch den Hauptkamm der Pyrenäen jener berühmte und auffallend tiefe schattenartige Einschnitt, welcher den Namen der Rolandsbresche trägt, eine 40 m breite, 1,1 km lange, von senkrechten, über 100 m hohen Wänden begrenzte und merkwürdig regelmäßige Schlucht, der Sage nach der Durchpaß, den der aus Spanien heimkehrende Ritter Roland mit einem Hiebe seines guten Schwertes Durandal in dem wegsperrenden Felsen sich und seinen Mannen öffnete. Eine sehr beschwerliche und theils gefährliche Wanderung über unglaublich steile Felsen, Schneefelder und die spaltenreichen Gletscher, die sich von der Bresche herabziehen, führt aus dem Circus von Gavarnie zu diesem riesenhaften Fenster empor, von welchem aus der durch nichts mehr gehinderte Blick über die unermeßlichen Ebenen des sonnverbrannten Aragonien bis selbst zur fernen Sierra de Moncayo auf der Grenze von Castilien hinschweift.

Wer nicht da hinüber will, dem bleibt keine andere Wahl als die Umkehr, und dafür entscheiden uns auch wir. Wir begeben uns zurück bis Lourdes und wandern von da ostwärts nach Bagnères de Bigorre, dem größten Badeorte der Pyrenäen, den Aquae Bigerrorum oder dem Vicus aquensis der Römer, gelegen an der Stelle, wo das vielgerühmte und vielbesungene Campanerthal sich öffnet und der Adour, der bei Bayonne Seeschiffe trägt, noch ein ungeberdiger, übermüthig tosender und rauschender Waldbach, in tollen Sprüngen von Felsen zu Felsen stürzt und hinauseilt in die lachende Ebene von Tarbes. Bagnères gilt für die intelligenteste Stadt in den Pyrenäen. Verschiedene Vereine, die sich zur Aufgabe gestellt haben, die Geschichte, Geographie, Geologie u. s. w. des Gebirges zu erforschen, haben hier ihren Sitz; auch der Adel Südfrankreichs hatte hier seinen Lieblingsaufenthalt. Während der Badesaison, die alljährlich an 20,000 Fremde nach Bagnères führt, entwickelt sich dort ein reichbewegtes Leben und unter den schattigen Alleen, welche die hübsch gebaute Stadt nach allen Seiten durchziehen, kann man sich, wenn die abendliche Kühle die eleganten Badegäste ins Freie lockt, die Gasthöfe,

33*

Kaffeehäuser und Läden im glänzenden Lichtschein strahlen, auf die Boulevards von Paris versetzt wähnen. Die Quellen, ungefähr 50 an der Zahl, enthalten als Hauptbestandtheil Chlornatrium, außerdem Chlormagnesium, Kalk- und Magnesiasulphat sowie Kalkbicarbonat. Bagnères ist berühmt durch seine frische und gesunde Luft, das wesentlichste Unterstützungsmittel der Badecur; an den zahllosen Spaziergängen seiner Umgebungen wird vorzugsweise der Freund idyllischer Landschaften Geschmack finden. Sehenswerth sind die großartigen Marmorschleifereien, zu denen zahlreiche Brüche der Umgegend, besonders des Campanerthales, das Material liefern. Hoch oben im Gebirg liegen dort die lange verlassenen, jetzt aber wieder aufgenommenen Brüche des berühmten, grünlichen, roth und weiß gefleckten Campaner Marmors, die Versailles und Klein-Trianon schmücken halfen und aus denen auch zwölf Säulen stammen, die das Berliner Schloß zieren.

Das Campanerthal — so benannt nach dem kleinen Orte Campan in demselben — ist eines der berühmtesten der Pyrenäen, und die Form, in der das Hirtenleben dort auftritt, die versöhnendste, die wohl überhaupt gefunden werden kann: die Bewohner des Campanerthales gelten für die wohlhabendsten im ganzen Gebirge und führen Gespinnst- und Töpferwaaren aus, die ihnen alljährlich einen beträchtlichen Reingewinn abwerfen; zahlreiche Heerden bedecken im Winter die Abhänge ihrer Berge; im Sommer treiben sie den Pic du Midi de Bigorre hinauf, der ihnen größtentheils zugehört. Ihre Wohnungen übertreffen die schweizerischen an Nettigkeit und Zweckmäßigkeit, und eine zierliche Tracht hebt die einnehmende Bildung beider Geschlechter. Der leichtere Absatz und die Nähe bedeutender Orte, vielleicht auch der öftere Verkehr mit Fremden, hat die Bewohner des unteren Thales sichtbar polirt, ohne ihnen jedoch von der Geschliffenheit und Habsucht der Schweizer mitzutheilen. Auch die Mittel, geistige Bedürfnisse zu befriedigen, sind in diesem Thale häufiger, als in irgend einem anderen; mit Einem Wort, in unserem ganzen Erdtheile ist wohl schwerlich ein anderer Fleck dem Ideale einer arkadischen Lebensweise so zusagend anzutreffen, als dieses mit allen Glücksgütern gesegnete Thal. In landschaftlicher Hinsicht freilich wird man kaum geneigt sein, in den Preis des Campanerthales mit einzustimmen, sei man auch ein noch so großer Verehrer von Jean Paul, der dasselbe in den feurigsten Worten gefeiert, allerdings ohne dasselbe je gesehen zu haben. Fruchtbar und wasserreich ist es wohl, auch stark bevölkert und gut angebaut, aber an landschaftlichen Reizen in der That verhältnißmäßig arm. Die rechte Thalwand bildet ein ununterbrochener Zug gelbgrauer zerrissener Kalksteinfelsen, deren Gipfel völlig von Pflanzenwuchs entblößt sind, links erheben sich gerundete Kuppen mit Wald und Wiesen, ohne irgend eine charakteristische Gestaltung; auch der Hintergrund ist nur mangelhaft, indem das Campanerthal eben kein Hochgebirgsthal ist.

Eine Abzweigung desselben ist das Thal von Gripp, durch welches man nach dem Pic du Midi de Bigorre gelangt, welchen jetzt ein wissenschaftliches Observatorium krönt. Er ist der Herr und Meister hundert kleinerer Zinken, und man kann auf seinen Gipfel auch von Barèges her zu Pferde in drei Stunden gelangen. Keine größere Höhe schiebt sich mehr zwischen ihn und die Ebene, deren Bewohner ihn deßhalb lange Zeit als das erhabenste Haupt der Pyrenäen betrachteten. Das Gripptthal ist geschmückt mit zwei Wasserfällen, beide in ihrer Art sehr schön. In einer wilden, einsamen, fast öden Gegend stürzen sie zwischen zwei schroffen Felsen und an dunklen Tannen vorüber von hohen Bergen herab. Der Fall des unteren ist weniger hoch, aber er stößt auf mehr Hindernisse, muß die Felsen besiegen und bricht sich an einer Stelle in fünf, sechs Arme, die sich im nächsten Augenblick wieder vereinigen, um sich ein paar Schritte weiter wieder zu trennen. Der obere Fall schießt aus einer engen Schlucht hervor und stürzt sich in einen tiefen Abgrund. Wasserstaub, Regenbogen, schwarze Felsen in nassem Glanze, dunkle Tannen im frischesten Grün, Hecken wilder Rosen, rothe Blumen auf weichem Moose bilden die schönsten Gegensätze. Der Weg nach dem Berggipfel führt zuerst über Tourmalet nach Barèges, lenkt aber rechts in das Gebirge ein und folgt dem immer kleiner werdenden Adourflusse. Das Thal selbst bilden grüne Matten, die sich oft bis in die Berge hineinziehen; Bäume werden immer seltener und verschwinden bald gänzlich. Dann tritt man in das Schneegebiet. Zu Füßen liegt der See Oncet, ein ganz kleiner Teich im blauen Eiskleide und weißen Schneebette. Die Kuppe des Pic du Midi ist nur wenige Schritte breit und das Observatorium ist in die Felsen hineingebaut. Der französischen Ebene zu ist er fast senkrecht abgedacht, nach den Pyrenäen hin weniger steil, aber doch immer steil genug, um überallhin eine freie Aussicht zu bieten. Die Rundsicht von diesem Gipfel, eine der großartigsten und schönsten des Gebirges, überwältigt im Norden durch ihre grenzenlose Unermeßlichkeit, im Süden durch die unbeschreiblich erhabenen Bergformen der Hochkette. Wie eine Landkarte liegt die weithin im grauen Dunst sich verlierende Ebene und das Hügelland ausgebreitet, im Osten schweift der Blick bis nach St. Gaudens, wo in weiter Ferne die Garonne glänzt, zu Füßen liegt halb versteckt Bagnères de Bigorre, darüber hinaus, mitten im Flachlande Tarbes, dann Lourdes, Pau, die ganze Béarner Ebene, bis weit im Westen ein bedeutend lichterer Streif den Horizont abschließt, der atlantische Ocean in der Gegend von Bayonne.

Nächst Bagnères de Bigorre ist Bagnères de Luchon der besuchteste Badeort in den Pyrenäen. Man kann mittelst Eisenbahn von dem einen nach dem anderen sich begeben. Zweigbahnen verbinden beide Orte mit der großen Linie du Midi, welche von Bayonne über Pau nach Toulouse führt. Die Seitenlinie nach Luchon zweigt in Montrejeau ab und läßt zur Linken das vormals bedeutende, jetzt sehr herabgekommene Städtchen St. Bertrand de Cominges liegen, welches zahlreiche Marmorskulpturen liefert. Es steht auf den Ruinen von Lugdunum Convena und bietet zahlreiche Inschriften und Bronzen im Boden; auch hat es Ueberreste einer Citadelle, eines Amphitheaters und anderer römischer Bauwerke; ferner aus dem Mittelalter eine schöne Kathedrale und die bemerkenswerthen Ueberreste eines romanischen Klosters. Der Fußgänger kann aber auch in zwei Tagereisen von Bagnères de Bigorre nach Luchon über den Col d'Aspin und den Col Peyresourde gelangen, von wo man die verschiedenen Ketten der Pyrenäen vor sich liegen sieht. In nächster Nähe legen sich dunkle Tannenwälder wie ein Trauermantel um die Berge, weiterhin erheben sich blau und violett gefärbte Felsriesen und darüber hinaus, in den Himmel hineinragend, blanke Schneefelder und Gletscher. Da wo das Thal des Arboust mit dem breiteren Piquethal zusammenstößt, öffnet sich ein weites Becken, in welchem rings um den Badeort Bagnères de Luchon Alles vereinigt ist, um eine paradiesische Landschaft zu schaffen. Was Lage und Umgebung anbetrifft, ist deßhalb Luchon unter allen Pyrenäenbädern unbedenklich der erste Preis zuzuerkennen. Der Boden des wasserreichen Beckens, mit aller Pracht südlicher Vegetation geschmückt, trägt die üppigsten Wiesen und Gärten; die reichgeformten Berge, welche dasselbe bilden, sind in ihrem unteren Theile mit Laubholzgruppen und Obsthainen bedeckt, zwischen deren Grün freundliche Dörfer und Landhäuser hervorblinken, während auf ihrem oberen Abhang schwarze Tannenwälder sich erheben. Und damit kein Reiz der Natur diesem gesegneten Erdfleck fehle, werden die 1620—1950 m hohen Seitenwände dieses Beckens im Süden von den zackigen Schneekuppen der Hauptkette, besonders der prachtvollen Schneespitze der Maladetta überragt. Die hier brechenden 48 Quellen führen als Hauptbestandtheile Schwefelnatrium, schwefelsaures Natron, schwefelsauren Kalk und Chlornatrium, und schwanken in der Temperatur zwischen 55¼ und 66°; außerdem giebt es warme Eisenquellen und kalte Soolquellen. Die Stadt Luchon ist zwar nicht so bedeutend wie Bagnères de Bigorre, aber doch groß genug, um dem Fremden jede Bequemlichkeit und jeden Luxus zu verschaffen; 628 m über dem Meere gelegen und in Form eines Dreiecks gebaut, von dessen Endpunkten nach verschiedenen Richtungen drei Alleen auslaufen: nach Südosten das Piquethal aufwärts die „Allee d'Etigny", nach Nordosten, dasselbe abwärts die Allee der Platanen oder von Barcugnas nach Westen das Arbousttthal aufwärts die allzu dunkel beschattete und etwas feuchte Seufzerallee (Allée des Soupirs). Die zu dem Curhaus führende breite Allee von Etigny, eine vierfache Reihe majestätischer Linden, zu beiden Seiten eingefaßt von prächtigen Gasthöfen und stattlichen Privathäusern, ist weitaus die schönste und bevorzugteste. Wer die Physiognomie von Luchon auf einen Blick erfassen will, braucht nur um die Mittagsstunde die Allee von Etigny entlang zu gehen. An den Gasthöfen, möblirten Miethshäusern, Speise- und Kaffeehäusern sind grellfarbige Plakate mit den wundersamsten Ankündigungen und Reclamen angeklebt, ja die bunten Zettel ziehen sich festonartig zwischen den Bäumen und Laternen, Fahnen und Fähnlein hin. Die übervollen Laden ergießen ihre lockenden Waaren bis auf den Bürgersteig heraus, wo sie von einer geputzten Menge begafft werden. Die verbrauchte Atmosphäre ist ein Gemisch von Speisengeruch, von mannichfachsten Düften, von Cigarrendampf und noch gar mancherlei, so daß man nicht wohl begreift, warum die Menge sich in diesem Dunste mühsam durch die Baumreihen schiebt, wenn nicht etwa die Damen, welche da auf den Altanen und an den Fenstern sitzen, lehnen, liegen, die Anziehung bilden. Die Pfeiler sind so schmal, die Fenster so nahe, daß das Architektonische der Bauwerke gänzlich gedeckt wird durch die geschmackvollen Draperien, die purpurrothen Kissen, welche die Weiße der halbentblößten Arme heben, die duftigen Kleider, die mächtigen Chignons und flatternden Locken, welche die picanten Gesichter krönen. Ein reizendes, buntes Bild, das aber auf ein Haar der kolossalen Auslage eines Modemagazins gleicht. Eine Jede fördert hier in dem bunten Gewühl vom frühen Morgen bis zum späten Abend ihr kleines Manöver der Gefallsucht unbehindert von der Ankunft der bestaubten Postkutschen, denen im Trab ein Heer von Bettlern, Commissionären und Kellnern folgt, oder dem Peitschenknallen einer Cavalcade von Führern, die, ihre malerischen blauen Barrete auf dem Kopf, den ganzen Tag schreiend durch die Straße ziehen, oder dem Getriebe der spanischen Krämer, die im mit Schellen behangenen Sammtgewande unermüdlich ihre Waaren ausbieten und in einem Zuge rufen: „Cigaretten! Dolchmesser! Seidenstoffe! Chocolade! Vanille".

Plötzlich theilt sich die Menge, um der langen Karawane von Weintraubenhändlern, welche über die Grenze, das Gebirge herabkommen, Raum zu geben.

Einige Tage früher konnte man sie an einer Senkung des Venasque mit leeren Körben ruhend lagern sehen, um sie herum die Maulthiere mit ihren zahllosen Glöckchen, phantastischen Schleifen und Quasten, die jedoch ihre Magerkeit nicht zu verhüllen vermögen. Die Männer tragen, wie bei antiken Sklaven, bunte, meist gelb oder rothe, wie eine Schnur zusammengewundene Seidentücher um den bloßen Kopf geschlungen, ihre weiten Hemden lassen den Hals frei und puffen sich über dem breiten Gürtel, der den Leib umhüllt und sich ballonartig bläht; das Heft eines Messers und der Hals einer Flasche guckt aus ihm hervor. Die Farbe der Beinkleider ist ein Geheimniß, das wohl noch kein Sterblicher ergründete, ihre flatternden Falten verrathen magere, muskulöse Beine; graue, blaue oder auch wohl weiße und gewürfelte Strümpfe in zerrissenen Bergschuhen vollenden den Anzug. Ihre überladenen Lastthiere vorwärts stoßend, schreiten die Leute langsam durch die Menge, ganz unbeirrt von den Blicken, die an ihnen haften. Diese wilden, sonnverbrannten Gestalten in ihren malerischen Lumpen geben ein ganz hübsches Bild inmitten der eleganten, zierlichen und gezierten Pariser und Pariserinnen. Und die ganze bunt herumwimmelnde Menge will Obdach haben. Das ganze Thal ist denn auch in kleine Abtheilungen zertheilt worden und allenthalben sind reizende Häuschen von Tannenholz errichtet, niedlich wie Spielwaaren, und so groß, daß, wenn man sich darin ausstreckt, der Kopf in den Salon und die Füße in die Küche zu liegen kommen. An den Thüren hängen Laternen und kleine Glöckchen von Eisenblech: drei eingehegte Nelkenstöcke stellen ein Gärtchen dar, und wer sich eine solche Behausung gesichert, ist stolz und glücklich.

Gelegenheit zu anmuthigen Spaziergängen bietet die nahe Umgebung von Luchon im reichsten Maße. Ziel zahlreicher Ausflüge ist das Lysthal, ein Seitenthal der Pique und eines der anziehendsten und an malerischen Gegensätzen reichsten der Pyrenäen. Allmählich erweitert sich das Anfangs enge Thal, indem es nach Süden herumschwingt; man nähert sich seinem oberen Ende und mit ihm einer der unvergleichlichsten Scenerien. Noch einige Schritte, und der Wanderer steht im Mittelpunkte eines riesenhaften Halbzirkels, dessen gerade gegenüberliegende Wände von dem Tuc de Maupas, dem Pic de Crabioules, dem Pic Quairat, alle an oder über 3250 m hoch, rechts und links von minder hohen Bergen gebildet werden. Wasserfälle von seltener Pracht und Höhe, wie die mit betäubendem Tosen und rasender Schnelligkeit in einen engen schwarzen Schlund hinabstürzende Cascade d'Enfer und die noch überwältigendere Cascade de Gouffre infernal, hängen, von den Eiswassern genährt, die fast senkrechten Schluchten hinab und bilden im Grunde des Circus den Lys. Eine andere sehr empfehlenswerthe Wanderung ist jene durch das Arbousthal nach dem Lac d'Oo und den höher gelegenen Seen. Eine Viertelstunde oberhalb des Dorfes St. Aventin verläßt man bei dem Dorfe Cazaux die hochgelegene Chaussee und steigt auf einem sehr jähen Pfade in das Val d'Astau, durch welches der Go oder die Neste d'Oo aus den südlichen Bergen herabkommt. Das Dörfchen Oo mit seiner zierlichen Kirche ist der einzige bewohnte größere Ort des einsamen Thales, welches man nun aufwärts verfolgt. Der Baumwuchs beschränkt sich auf einzelne Tannen, die steinigen Gebirge sind nackt und kahl, von allen Seiten eilen Gießbäche, welche als milchweiße Fälle aus der Höhe herabschäumen, dem Hauptwasser zu. Endlich, in 1542 m Seehöhe, überschreitet man auf roher Brücke den in einen tiefen Abgrund stürzenden Fluß und befindet sich plötzlich angesichts des Lac d'Oo oder von Séculejo, des malerischesten Sees der Pyrenäen. Rings von gewaltigen, schroff abstürzenden Bergen krystallinischen Schiefers umgeben, breitet sich der dunkel smaragdgrüne, fast runde und 39 ha große See aus und gewährt dem durch die Einförmigkeit der durchwanderten Landschaft ermüdeten Auge ein prachtvolles Bild, in dem sich der Blick vor Allem auf den majestätischen Wasserfall lenkt, der an der steilen Wand des Hintergrundes, 283 m, also fast so hoch wie der Staubbach und nur zweimal gebrochen hinabstürzt und den See speist. An großartiger Wildheit der Umgebung und Farbenpracht des Wassers möchte kaum ein Schweizer oder Tiroler See gleicher Größe den Lac d'Oo übertreffen. Einem an Strapazen gewohnten, vor jähen Abhängen und Schneefeldern nicht zurückschreckenden Wanderer ist anzurathen, dem Gewässer, welches die Cascade bildet, aufwärts zu folgen, um die dort terrassenförmig übereinanderliegenden Seen zu besuchen und in eine echt alpine Region vorzubringen, wo das Eis seine alleinige Herrschaft ausübt und jedwedes Leben erstarrt ist. Allmählich gelangt man in ein flacheres, schneebedecktes Thal, in dem sich hie und da noch vereinzelte Büsche verkrüppelten Gestrüpps erheben und erreicht den zweiten See, den Lac d'Espingo (1941 m); dem Bach entlang trifft man in einer halben Stunde auf das dritte dieser Becken, den Lac de Saousat (2030 m), gelegen inmitten einer schaurigen und traurigen Einsamkeit. Der vierte See, welchen man beim Aufwärtssteigen erreicht, ist die kleine Coume de l'Abesque, der fünfte und letzte in 2763 m Meereshöhe der Lac glacé d'Oo, dessen Wasserspiegel das ganze Jahr hindurch von Eis umrandet ist und schwimmende Eisberge in Menge trägt. Mit all ihrer feierlichen Pracht und all ihrer abschreckenden Oede entfaltet sich hier die Region des ewigen Schnees, dessen weiße Decke die Thäler erfüllt und die Gipfel vom Fuß bis zum Scheitel bekleidet, während ringsum jene lautlose und fast beängstigende Stille herrscht, die mit dem Tode der organischen Natur sich einstellt.

Unter den vielen Ausflügen in die Hochpyrenäen, die man von Luchon aus unternehmen kann, bleibt aber der lohnendste die Besteigung des Pic de Nethou, dieses Königs des Gebirges, welcher die 3312 m der Maladetta noch um etwa 1000 m überragt. Der Weg führt Anfangs durch schöne Wälder aufwärts bis zu einer kleinen Hochebene, auf der sich das Hospice de France befindet, welches den Wanderern, die von Spanien herüberkommen, Feuer und Lager gewährt. Nach mühseligem Klettern den schmalem Felsenpfad hinauf und schließlich an vier hübschen kleinen Seen vorüber kommt man zum Port de Venasque, so benannt nach der nächsten spanischen Stadt Venasque. Der Paß selbst ist sehr schmal, und zu beiden Seiten ragen senkrechte Felsmauern in die Höhe; ein Kreuzchen rechts zeigt die Grenze zwischen Spanien und Frankreich an. Der Anblick, wenn man aus dem Felsenpaß von Venasque heraustritt, ist von einer überwältigenden Großartigkeit, da man in mächtigem Halbkreise die Spitzen und Gletscher der höchsten Pyrenäenhäupter, der Maladetta und des Néthou mit ihren Nachbarn vor sich hingelagert findet. Man trifft hier auch jene merkwürdige Felsschlucht, in welche die von Néthou herabkommende Garonne hinabstürzt, um ohne sichtbaren Abfluß zu verschwinden. Schroffe Felsen schließen das weißliche Gletscherwasser in diesen Schlund ein. Die Garonne legt einen langen unterirdischen Weg zurück und tritt im Val d'Arran als „Jupiters Auge" wieder an die Oberfläche der Erde heraus, um sich dann, verstärkt durch bedeutende Nebenflüsse, nach der Ebene fortzuwälzen.

Gebirgsbewohner und Cagoten.

Ganz Luchon ist nur ein Hôtel garni, der ganze Landstrich hat sich dem Empfang der Badegäste einbequemt, die Einwohner sind nur Führer und Kellner um die Jahreszeit des Besuches. Wir lernen sie daher auch nur als solche, im Ausnahmszustand kennen. Sie verstehen es außerordentlich, sich den Wünschen der Fremden anzuschmiegen und sich namentlich durch ihre Unermüdlichkeit lieblich zu machen. Wohl zehnmal steigen sie unterwegs ab, unsere Steigbügel anzuziehen, einen merkwürdigen Stein, an dem unser Blick haftet, aufzuheben, oder ein Blümchen, welches Madame bewundert, zu pflücken. Doch entwickeln die Führer auch ein diplomatisches Talent; sie verstehen es, Einem von ihrer persönlichen Anhänglichkeit einen so guten Begriff einzuflößen, daß man ihnen in kürzester Frist geneigt wird. Doch gehen sie dabei mit feiner Menschenkenntniß zu Werke. An einen Familienvater z. B. wenden sie sich, auf dem steilen Bergpfad, mit den Worten: „Wie schade, daß Monsieur nicht sein Söhnchen mitgenommen! Wie prächtig würde es mit seinen kleinen Beinchen den Felsen erklimmen!“ Merkt er, daß der Angeredete lächelt, so fährt er, während er mit seinen braunen, langen Fingern äußerst geschickt eine Cigarette dreht, fort: „Wie alt ist Monsieurs Kleiner? — Er erscheint älter, er ist so groß, der Kleine, und so stark!“ Begleitet er eine Familie, deren Oberhaupt den Vortrab bildet, so wendet er sich an Madame: „Man sieht, daß Monsieur ein vollendeter Reiter!“ — und seine Kopfbewegung, mehr noch als seine Worte, verräth eine Bewunderung, welche der zarten Ehehälfte schmeicheln muß. Sucht man in seinen Taschen kleine Münze für einen Armen, so hat er schon einen Sou hervorgezogen, den er in die Hand des Bettlers gleiten läßt. Begegnet man ihm zwanzigmal des Tages, wo immer, so wird er ebenso oft sein kleines, blaues Barret lüften und mit einem Lächeln grüßen, das anmuthig, achtungsvoll, freundschaftlich und vertraulich ist. Diese Führer sind ein Mittelding von Kammerdiener, Hofmeister und Freund, oder eigentlich sie verstehen es ein mixtum compositum von alledem zu sein, ohne ihrer persönlichen Würde auch nur ein Jota zu vergeben. Niemand kann klagen, daß er von ihnen ausgesogen worden, im Gegentheil, sie warnen, wenn sie irgend Jemanden im Verdacht dieses löblichen Vorhabens haben, und zwar in so discreter und feiner Weise, daß, wenn der Betreffende zuhörte, er nichts dagegen zu sagen fände. Sie wissen sogar unsere Interessen gegen unsere eigene Anschauung zu wahren, ohne dabei jedoch im mindesten verletzenden Widerspruch zu äußern. Binnen zehn Minuten verstehen sie es, sich durch eine achtungsvolle Weise, welche uns schmeichelt, in unsere Vertraulichkeit zu schmuggeln, was uns rührt. Schon auf den ersten Blick, wenn sie sich uns vorstellen, erscheint es, als fänden wir alte Bekannte wieder, als wäre ihr Eifer von Dankbarkeit gespornt. Bald auch schenken sie uns ihr Vertrauen; ohne, ich muß es wiederholen, ihrer Würde das Mindeste zu vergeben, erzählen sie, wie eben des Himmels Gnade ihnen dazu verhilft, mit dem Gewinnst des Sommers auch den Winter durchzubringen. Von der jährlichen Niederkunft der Frau — dem Hafer, welchen sie zu Tarbes kaufen, ihre Pferde zu ernähren — den acht Monaten harten Winters — dem hohen Schnee und den Lawinen — dem harten Leben in der Wintereinsamkeit und wie sie doch die Berge über Alles lieben. Dann von ihrem Leibgericht aus schwarzem Mehl und Rahm: „— Von dem vor acht

Tagen der Herr Graf, der gar nicht stolz ist, gekostet, und dem es recht gut gemundet! Beim Fortgehen hatte er dem Kleinen zwei Louis in die Hand gedrückt. Derselbe Graf, welcher heute Morgens vergebens das Pferd wünschte, was Monsieur jetzt reitet.“ Das Alles ist so ruhig und leichthin gesagt — daß man, wenn er am Ende der Partie ebenso leichthin das Doppelte von dem begehrt, was man erwartet, nicht umhin kann es freundlich zu gewähren; war er doch nicht allein unser Führer, sondern auch unser Gefährte, beinahe unser Freund. Nur seltsam, daß jeder Fremde durch genau dieselbe Zutraulichkeit geehrt wird. Die Miethkutscher, meist aus der Gegend von Toulouse, tragen dagegen ein ganz anderes Gepräge, das meridionaler Lebhaftigkeit, ihre Rr grollen langgezogen und sie halten lange Gespäche mit ihren Pferden.

Wollte man diese Gebirgsbewohner kennen lernen, man müßte im hohen Schnee des Winters kommen, und auch da muß man eilen, denn der Landstrich beginnt sich zu entvölkern. Das Studium ist aber ein lohnendes, denn neuere Forschungen haben ergeben, daß eigenthümliche Gebräuche und Ceremonien, wohl aus fernen heidnischen Zeiten stammend, sich in Luchon und Umgebung immer noch in voller Kraft erhalten haben. Es herrscht nämlich dort die Gewohnheit, am Vorabende des St. Johannisfestes, welches in den Pyrenäen „Hailloles“ (Fackeln) genannt wird, lebendige Schlangen zu opfern, wobei, grausamer Weise, das Feuer eine Hauptrolle spielt. Der Vorgang ist folgender. Eine aus starkem Flechtwerk bestehende hohle Säule wird bis zu einer Höhe von etwa 20 m in der Mitte der Hauptvorstadt errichtet und mit grünem Blätterwerk bis oben hinauf umflochten, während die schönsten Blumen und Gesträuche, die man sich verschaffen kann, unten in Gruppen kunstvoll aufgestellt werden, als sollten sie eine Art Hintergrund zur Scene bilden. Die Säule wird dann mit brennbaren, zum Anzünden bereiten Materialien gefüllt. Zu einer bestimmten Stunde — ungefähr 8 Uhr Abends — kommt ein zahlreicher Festzug, bestehend aus der Geistlichkeit und jungen Männern und Mädchen in Festkleidern, Loblieder singend, aus der Stadt und stellt sich um die Säule herum auf. Mittlerweile werden, mit schöner Wirkung, auf den umliegenden Bergen Freudenfeuer angezündet. Die gewandtesten und lustigsten jungen Burschen jedes Dorfes, Fackeln aus Tannenholzspänen tragend, steigen von den Bergen herab und zünden dieselben tanzend an dem großen Johannisfeuer an, worauf sie sich in den Thälern zerstreuen oder die Abhänge des Gebirges um die Wette erklimmen. In Luchon aber wirft man so viele lebendige Schlangen, als man zusammenbringen konnte, in die Säule, die am Fuße durch Fackeln in Brand gesteckt wird, deren Träger, etwa 50 Knaben und Männer, wie wahnsinnig um dieselbe herumtanzen. Um den Flammen zu entgehen, winden sich die Schlangen bis oben hinauf, wo man sie heftig sich hin- und herbewegen sehen kann, bis sie endlich genöthigt sind herabzufallen; ihre Kämpfe ums Leben aber erregen enthusiastische Freude unter den die Säule umringenden Zuschauern. Dies ist ein beliebtes Jahresfest für die Einwohner von Luchon und seiner Umgebung, und die Ortsüberlieferung führt es auf einen heidnischen Ursprung zurück. Die Schlange ist übrigens überall in den Pyrenäen der Gegenstand abergläubischer Scheu. Heute noch wähnt mancher Hirt in Bigorre, daß sie mit unvergleichlicher und verderblicher Macht ausgestattet sei. Kaum hat der Hahn seine Eier gelegt, so verbirgt er sie unter Mist und Dünger. Ausgebrütet durch diese unreine Wärme, kriecht die Schlange aus dem Ei. Was soll man aber von einem Wesen erwarten, dessen

Geburt so seltsam, dessen Wiege so unrein ist? Das häßliche Reptil hat es auf alle Wesen in seinem Bereiche abgesehen und verschlingt sie. Durch die Gewalt seines Athems zieht es die kleinen Vögel und leider! auch die kleinen Kinder an sich. Im sonst streng katholischen Ossauthale spukt die „Brouche" oder Zauberin. Sie ist kein Dämon, sondern noch weit schlimmer; eine von Geburt an Verworfene, welche die Taufe nicht gereinigt hat, ja welche von ihren Pathen dem Teufel geweiht wurde, der seine Macht mit ihr theilt. Die Brouche kennt den Ursprung ihrer Macht und bedient sich derselben blos zum Schaden ihrer Nachbarn. Sie kann sich in Dampf, Wasser, Wind, in Hund oder Katze verwandeln. Viele Frauen haben sie in letzterer Gestalt gesehen und konnten nirgends vor ihr eine Zuflucht finden, denn die Hexe dringt durch die Schlüssellöcher, durch die Mauern und kann hundert Meilen in weniger denn einer halben Stunde zurücklegen. Die Brouche bringt scheußliche Reptilien zur Welt und sie verursacht alle jene Leiden, gegen welche die Medicin machtlos ist: Alpdrücken, Mondsüchtigkeit, Fallsucht. In Béarn dagegen walten wohlthätige Feen, welche den Gipfel des Mont Cagire bewohnen und heilkräftige Kräuter wachsen lassen. Sie hausen auch in den Quellen und unterhalten die segensreiche Wärme der Thermen.

Neben dieser im Großen und Ganzen liebenswürdigen Bevölkerung lebte im Bereich der ehemaligen Grafschaft Bigorre, in Béarn und namentlich in den Baskenländern die Kaste der Cagots in zerstreuten Ansiedelungen, überall von den Landesbewohnern mit Abscheu gemieden, gehöhnt, getreten und verfolgt, fast bis in die Tage der Gegenwart. Die Erscheinung solcher bedauernswerthen Paria, an denen das unvertilgbare Vorurtheil der herrschenden Bevölkerungen Jahrhunderte lang in menschenentehrenden Bosheiten sich ausließ, tritt übrigens auch an vielen anderen Stellen Westeuropas auf. Die Leidensgeschichte der Caqueux oder Cacous der Bretagne, der Marrans oder Marons der Auvergne, der Colliberts im Nieder-Poitou, der Gahets der Guyenne, der Vaqueros Asturiens, der Chetas auf Majorca ist dieselbe wie die der Cagots, Capots oder Agots der Pyrenäen. Zu der ansehnlichen Reihe dieser verstoßenen Menschenclassen gehören auch noch die Oiseleurs im ehemaligen Herzogthume Bouillon, die Burrins im Ain-Departement, die Chizerots in Saône-und-Loire, die Hautponnais, Lyzelards u. s. w. Die qualvollste Armuth hätte Niemanden vermocht, seine Tochter einem Cagot zum Weibe zu geben; die Volksmeinung hatte sie in den Bann gethan. Niemand wollte sie sehen, noch viel weniger berühren. Namenlos elend lebten in erbärmlichen Hütten sie, denen die Ausübung vieler anderer Berufszweige versagt war, als Zimmerleute oder Dachdecker, von den Dörfern entfernt oder abseits von den begangenen Straßen, wie die Juden in ihrem Ghetto. Im Städtchen St. Béat des oberen Garonnethales trägt im Volksdialect noch heute ein abgelegenes Gäßchen den Namen ech gouts des Cagots. Von allen öffentlichen Aemtern waren sie ausgeschlossen. Nie durfte ein Cagot es wagen, sich mit einem Eingeborenen des Landes an einen und denselben Tisch zu setzen. Aus einem Glase trinken, welches ein Cagot mit seinen Lippen berührt hatte, wäre so viel gewesen als Gift nehmen. Noch heute findet man in den Pyrenäen kaum ein einziges Dorf ohne einen sogenannten Cagot-Brunnen. In der Kirche gab es eine eigene kleine Thüre, einen eigenen Weihbrunnkessel für sie, welche nach der üblichen Bezeichnung „aussi puants que mal orthodoxes" waren. Im Hauptorte des Campanerthales bewahrt die Pfarrkirche noch einen solchen Weihkessel für die Cagoten; er trägt eine zum Theil verstümmelte Skulptur, aber die Ueberreste derselben lassen noch einen Gänsefuß erkennen.

„In dem Dome zu Bagnères
Lauscht ein enges Gitterpförtchen;
Dieses, sagte mir der Küster,
War die Thüre der Cagoten.

Streng versagt war ihnen ehmals
Jeder andre Kircheneingang,
Und sie kamen wie verstohlen
In das Gotteshaus geschlichen.

Dort auf einem niedren Schemel
Saß der Cagot, einsam betend,
Und gesondert, wie verpestet,
Von der übrigen Gemeinde.“

Da und dort wurden den Cagoten während des Gottesdienstes geweihtes Wasser, Brod und andere Gnadenspenden, welche die übrigen Gläubigen unmittelbar aus der Hand des Priesters empfingen, am Ende eines Stabes hingereicht. Denn der Cagot trat ja schon unrein ins Leben ein; darum wurde er bei seiner Geburt in ein eigenes Taufregister eingetragen. Nicht genug: selbst die Asche der verstorbenen Cagoten galt noch für verpestet; ihre Grabstätten waren abgesondert von dem gemeinsamen Friedhof des Ortes. In der Terra Nera stieß der Kirchhof der Cagoten an jenen des Kirchspiels; aber eine Mauer trennte die beiden. Vor der Revolution waren die Todten jenes Cagoten-Dörfchens in einem kleinen Grundstück zwischen demselben und dem Dorfe Aucun beigesetzt worden. Der Platz führt heute noch den Namen „houssa (Kirchhof) des Cagots“ und ist bis zur Stunde unbebaut geblieben. Und wie die Juden in Rom einst unter jenem Paul IV. Caraffa durch ein Schandkleid kenntlich gemacht wurden, so mußten die Cagoten einen rothen Tuchlappen in Form eines Gänsefußes auf dem Aermel geheftet tragen. Denn man wußte, daß sie als Wahrzeichen göttlicher Strafe ein solches Mal auf dem Leibe trugen, wie man sie auch daran erkennen wollte, daß ihnen das Ohrläppchen fehlte. In einem baskischen Spottlied auf die Cagoten, dessen Worte ich im Urtext und in französischer Uebertragung wiedergebe, heißt es:

„Soyçu nuntic éçaguteen dien çoin den Agota:
Lehen soua eguiten çayo harri beharriala;
Bata handiago diçu, eta aldiz bestia?
Biribil eta orotaric bilhoz unguratia.“

„Voici par où l'on reconnait celui qui est Cagot:
On lui jette le premier regard sur l'oreille;
Il en a une plus grande, et comment est l'autre?
Plus ronde et de tout côté couverte d'un long duvet.“

So war das Leben der Cagoten im Einzelnen ein Leben Geächteter von der Wiege bis zum Grabe; das Dasein der ganzen unglückseligen Kaste ein Jahrhunderte langer Kampf gegen unverwischliche Abneigung und verfolgenden Hohn der Mitlebenden, obwohl Niemand eine gültige Ursache hiefür anzugeben vermochte. Die Vollständigkeit der Geschichte dieser „race maudite“ verlangt freilich, daß auch die rühmlichen Ausnahmen erwähnt werden, wenn bessere

Regungen im Volk und das Beispiel edlerer Menschen das unwürdige Loos der Cagoten zu erleichtern suchten. Die Cagoten waren nicht allerorts und zu allen Zeiten jener schimpflichen Behandlung preisgegeben. In manchen Gemeinden standen sie zeitweise sogar in besonders gutem Ansehen. Auch kamen trotz des herrschenden Vorurtheils Heirathen zwischen Cagoten und den übrigen Bevölkerungsclassen vor. Ebenso wird auch nicht zu läugnen sein, daß, wenn auch nur in vereinzelten Fällen, die bedauernswürdigen Paria, gereizt durch den unvertilgbaren Haß und herausfordernden Hohn, der sie verfolgte, zu grausamer Rache sich hinreißen ließen und ihren Bedrückern den Schein des Rechtes für ihre harte Wiedervergeltung boten. Im Ganzen jedoch übten die Cagoten harmlosere Rache. Viele Familien entzogen sich dem Uebermuth ihrer Peiniger und der Schande ihres gesellschaftlichen Daseins durch Auswanderung in andere Gegenden Frankreichs und Spaniens, ja selbst hinüber nach der neuen Welt. Den Spottliedern gegenüber, die ihnen bei vielen Gelegenheiten in die Ohren klangen, haben es hin und wieder sogar einzelne Cagoten gewagt, sich gleichfalls in der Dichtkunst zu versuchen. Aber statt Schimpf und Bosheit zurückzugeben, athmen diese Lieder der Cagoten Heiterkeit, versöhnlichen Sinn und Ergebung. Wir finden darin eine rührende Ergebung in ihr grausames Schicksal, so besonders in dem Liedchen eines Cagoten aus Béarn, welches sich in mehreren Variationen erhalten hat:

„Quoiqué Cagots touts siam,
Qué n'oums en dam;
Qu'em touts hilhs dé nousto paY Adam
Et d'Eve, nousto maY permère,
Et arré-hilhs dé Terranère."

In französischer Uebersetzung:

„Quoique Cagots tous soyons,
Nous ne nous en fâchons pas;
Nous sommes tous fils de notre père Adam
Et d'Eve, notre mère première,
Et arrière petits-fils de Terranère".

Immer entgegnet der Cagot dem höhnenden Hasse mit beschämender Gelassenheit und Ruhe. Dem Béarner aber, der ihm vorwirft, daß er selbst beim Kirchengang und im Tode noch von der Gemeinde ausgestoßen bleibt, antwortet er in heftigerem Tone:

„Abet done finit, insoulens?
Léchat droumi las nourtés gens.
Eres jamey noub serquen:
A tall lou tems nou perden.
Nous tribailham ta pas minja,
Et tall céil, mey tard, arriba."

„Schweig' endlich, Unverschämter, schweig',
Laß ruhn die in der Todten Reich!
Es thut Euch keiner ja ein Leid,
Mit Hadern verlieren wir auch keine Zeit.
Wir woll'n nur unser täglich Brod
Und des Himmels Freuden nach dem Tod"

Erst nachdem in der Epoche der großen Revolution das geflügelte Wort von den Menschenrechten auch nach den Bergen und Thälern der Pyrenäen getragen, kam die Zeit der Erlösung für die Cagoten. Doch verschwand der ererbte Abscheu gegen die seit Menschengedenken verachtete Kaste nicht auf einmal. Oft genug tauchte der alte Volkswahn unter der leichten Decke einer kurzen Vergessenheit wieder auf. Ganz ist die alte Scheu vor dem Stamm und den Epigonen jener Paria noch immer nicht verschwunden. Im Allgemeinen aber leben die Nachkommen der Cagoten jetzt unter gleichen Rechten und gleichgeachtet mit dem übrigen Volke zusammen. Man verwechselt sie auch nicht, wie es früher häufig vorkam, mit den Cretins, noch glaubt man sich häufig entehrt durch ihren Umgang. In einigen Kirchen des Pyrenäenlandes sind jetzt sogar die Honoratiorensitze da, wo einst „der Cagot einsam betete." So konnte denn schon vor Jahren Heinrich Heine singen:

Die Bewohner dieser Hütte
Sind Cagoten; Ueberbleibsel
Eines Stamms, der tief im Dunkeln
Sein zertretnes Dasein fristet. — —

In den Herzen der Basken
Würmelt heute noch der Abscheu
Vor Cagoten. Düstres Erbtheil
Aus der düstren Glaubenszeit.

Aber die geweihten Kerzen
Des Jahrhunderts flackern lustig,
Und das Licht verscheucht die bösen
Mittelalterlichen Schatten.

Wer waren diese Cagoten? Ihr Ursprung ist dunkel und viel umstritten. Sehr wahrscheinlich sind sie nach Francisque Michel, welcher ihnen die eingehendste Untersuchung gewidmet hat, die Nachkommen spanischer Flüchtlinge, die vor Karl den Großen nach dem Norden der Pyrenäen gelangten und sich hier inmitten des aquitanischen und gallorömischen Volkes niederließen. In ihren Adern rollte iberisches, besonders westgothisches, vielleicht sogar arabisches Blut; möglicherweise hingen sie auch noch der arianischen Lehre an, was dann freilich den Antagonismus gesteigert hätte. Nach den neueren Untersuchungen von V. de Rochas weichen die Cagoten von der umwohnenden Bevölkerung in anthropologischer Beziehung nicht ab. Wie die baskischen Cagoten Basken sind, so die béarnesischen Béarner; sie haben niemals eine Rasse gebildet, sondern nur eine Kaste. Rochas gelangt ferner zu dem Schlusse, daß sie Nachkommen von Leprosen, aber trotzdem heute an Geist und Körper gesund sind. Nur in Salics de Béarn fand er einige Individuen mit gewissen Anzeichen, die an die sogenannte weiße Lepra erinnern. Sie hatten einen wolligen, sehr blonden Flaum statt der Haare und Nägel, die nach der Spitze zu eingeschrumpft waren. Diese Nägel bezeichnet man dort als ouncles de careoil.

Die Ostpyrenäen.

Die bei dem Thale von Arran als östlichste Fortsetzung des bisher geschilderten Pyrenäenzuges beginnenden Ostpyrenäen, welchen wir uns nunmehr zuwenden müssen, erheben sich mit ihren Gipfeln gleichfalls in die Region des ewigen Schnees und bilden bis zur Quelle des nach Spanien fließenden Segre eine mächtige, undurchbrochene Felsenmauer. Die bedeutendsten Spitzen darin sind der Pic de Mauberms (2880), d'Orle (2863 m), de Montvallier (2839 m), der Mont Rouch (2865 m), der Pic de Montcalm (3080 m) und an der Grenze des kleinen Freistaates Andorra der Pic du Pt. Siguer (2903 m) und der Pic de Serrère (2911 m); weiterhin folgen nach Osten die Granitgipfel des Pic de Pedroux (2831 m) und des Pic de Carlitte (2920 m), an dessen Umgebung zahlreiche Quellgewässer ihren Ursprung nehmen. Am Puy Nègre entspringt die 150 km lange Ariège, ein rechtsseitiger Nebenfluß der Garonne, welcher die ehemalige Grafschaft Foix, das alte Fuxum bewässert. Die Grafschaft wie die gleichnamige Landschaft (pays), welche das Ober- und Nieder-Foix bildeten, stand unter Grafen, welche ihren Ursprung auf den Grafen Roger von Carcassonne herleiten. Dieser erbte einen Theil der Grafschaft Carcassonne mit dem Titel einer Grafschaft und die Grafschaft Foix; im Jahre 1278 erhielt der Graf von Foix auch das Recht über das Thal von Andorra, wo seit Karl des Großen Tagen der unter den Schutz des Bischofs von Urgel gestellte kleine Freistaat bestand. Die Rechte des letzteren wurden durch die neue Verleihung indeß nicht angetastet, und als die Grafen von Foix später Grafen von Béarn und Könige von Navarra wurden, führten diese auch den Titel: „Souveräne Fürsten par indivis des Thales von Andorra.“ Mit Heinrich IV. fiel sodann 1607 das Oberlehnsrecht an die Könige von Frankreich unter Gewährleistung der republikanischen Freiheiten, und so steht heute Andorra als neutrales Gebiet unter dem gemeinschaftlichen Schutze Frankreichs und des Bischofs von Urgel, beziehungsweise des Papstes. Beide ernennen je einen der „Viguiers“ oder Statthalter des kleinen Freistaates, den Civilrichter ernennen beide abwechselnd. Drei Abgeordnete leisten einen Eid in die Hände des Präfecten der Ostpyrenäen. Seit 1882 vertritt ein beständiger Delegirter Frankreich den einheimischen Behörden gegenüber und in den Beziehungen zum Bischof von Urgel. Alle Jahre bezahlt die blos 452 qkm und sechs Gemeinden umfassende Republik an Frankreich 960 Franken und an den Bischof von Urgel 425 Franken nebst einigen Naturalien.

Was die Grafschaft Foix anbetrifft, so ist daraus das jetzige Departement Ariège gebildet worden, welches in seinem nördlichen Theile bis in die südfranzösische Ebene hinabreicht. Das Land dacht sich von den Pyrenäen gegen die Garonne ab und besteht aus zwei tiefen Gebirgsthälern von fast gleicher Breite, dem des Salat, welcher vom Mont Rouch herabkommt, und dem der Ariège, die durch eine Gebirgsabzweigung der Pyrenäen von einander geschieden werden und in das Becken der Garonne einmünden. Diese beiden Haupt-, sowie deren zahlreiche Nebenthäler, welche von wilden Gebirgsbächen durchströmt werden, sind von nördlichen Ausläufern der Pyrenäen umgeben und oft nur durch Saumpfade zugänglich. Im Norden des Departements, wo die Thäler sich zu Ebenen erweitern, ist das Land zum Theil sumpfig, und dort liegen auch an der Ariège die wichtigsten Städte, so die frühere Hauptstadt Pamiers, jetzt ein Bischofsitz mit bemerkenswerther, von Mansard erbauter Kathedrale, breiten, gutgebauten Straßen und von Canälen umgeben, die zahlreiche Werke treiben; dann das zwar malerisch am Fuße der Pyrenäen gelegene aber schlecht und enggebaute Cheflieu des Departements, die alte aber unwichtige, nur 7000 Einwohner zählende Stadt Foix, welche von den Phokäern erbaut worden sein soll. Von dem auf steilem Felsen gelegenen alten Schlosse sind noch drei hohe gothische Thürme übrig. Weiter aufwärts im Ariègethale, welches hier zahlreiche Eisenwerke besitzt, stoßen wir auf Tarascon, bis wohin von Toulouse aus die Eisenbahn geht, an welche sich die Straße anschließt, die über den Paß von Puy Morens nach Spanien, nach dem Thale des Segre, La Cerdano oder Certagne genannt, führt. Bei Tarascon, welches man nicht mit der gleichnamigen aber viel bedeutenderen Stadt an der Rhône verwechseln muß, fließt der Saleis in die Ariège und in seinem Thale liegt Vicdessos, das in den nahen Minen von Rancies unerschöpflichen Reichthum an Eisen, welches sich zur Stahlbereitung eignet, besitzt. Eisen gewinnt man auch in dem nur 7 km von Tarascon entfernten Thälchen von Miglos, das von jenem des Saleis abzweigt und ein noch jetzt bewohntes schönes Schloß mit zwei gezinnten Thürmen besitzt. An der Straße von Tarascon nach Spanien liegt schon hoch oben im Ariègethale das Oertchen Ax an der Mündung mehrerer romantischer Pyrenäenthäler; es besitzt 80 heiße Schwefelquellen von 25—78° C., die der Mehrzahl nach in vier große Badeanstalten vertheilt sind und besonders gegen Rheumatismen, Flechten und Scropheln gebraucht werden. In diesem südlichsten Theile der Grafschaft Foix ist das Klima im Winter schneidend kalt, im Sommer dagegen sehr heiß. Das Gebirge mit seinen weide- und wiesenreichen Thälern begünstigt die Viehzucht. Die Waldungen, aus Fichten und Eichen, auch Korkeichen und Buchen bestehend, bergen zahlreiches Wild, darunter auch Gemsen, Bären und Wölfe, und liefern Nutzholz, sowie Terpentin und Pech als Ausfuhrsartikel. Zum Anbau von Getreide, Mais, Hanf, Flachs und dergleichen eignet sich wohl nur der nördliche Theil des Landes, doch überschreitet der Ertrag den Bedarf der Bevölkerung. Kartoffeln, Obst und mittelmäßiger Wein werden aber auch in den gebirgigeren Gegenden in Ueberfluß gebaut.

Im Osten des Pic de Carlitte sinkt der Pyrenäenzug im Col de la Perche zu 1577 m herab. Dieser Paß führt aus dem Thale des Segre, also der Cerdagne hinüber nach Frankreich in jenes der Tet, welche vom Carlitte herabkommt. Eine schöne Straße zieht über diese Einsattlung, an deren südlichem Abhange Puigcerda, die spanische Grenzstadt liegt. Nur unweit von ihr umschließt der französische Boden eine kleine spanische Enclave, die Gemeinde Llivia, welche aber von der erwähnten Straße nicht berührt wird, sondern nördlich von ihr abseits bleibt. Nach Ueberwindung der Paßhöhe, welche die alte Hauptstadt der französischen Cerdagne, die Festung Mont Louis krönt, eine der höchstgelegenen Städte Frankreichs (1588 m), senkt man sich in das Thal der Tet hinab, deren Quellen in dichtester Nähe von jenen der Aude liegen. Beide Gewässer nehmen aber einen ganz verschiedenen Lauf. Die Aude wendet sich fast unmittelbar nach ihrer Geburt gegen Norden, um erst bei Carcassonne ostwärts zu fließen und in weitem Bogen das Mittelmeer zu erreichen. Die Tet hingegen schlägt von allem Anfange an eine ziemlich nordöstliche Richtung ein, welcher sie bis zu ihrer Mündung ins mittelländische Meer bei Canet auf ihrem ganzen Laufe durch die Grafschaft Roussillon treu bleibt. Ihr abwärts folgend stoßen wir auf die Städte Olette (613 m), Prades und Perpignan. Prades im tiefen Thale ist eine schlecht gebaute Stadt, in 348 m Meereshöhe und am nördlichen Fuße des Canigou, und bietet als einzige Merkwürdigkeit ihre Kirche, welche eine der reichsten Kapellen Frankreichs besitzt. In der nächsten Umgebung sind reiche und wichtige Eisenlager. Prades ist Endstation der im Tet-Thale nach Perpignan führenden Eisenbahn. Letztere nur 11 km vom Meere entfernte und in weiter, von Canälen durchschnittener Ebene an der Tet und der in diese einmündenden Basse gelegene Stadt ist das

Chef-lieu des Departements der Ostpyrenäen (Pyrénées orientales), welches ziemlich genau der alten Grafschaft Roussillon entspricht. Sie umfaßte die Grafschaften Vallespir und Salenque, Conflent und das französische Cerdagne oder Val de Carol. Wie der Lage nach, so in Betreff der Sitte und Sprache, ist das Roussillon ein Mittelglied zwischen Frankreich und Spanien: ein Durchgangsland, von Hannibal, Pompejus und Cäsar durchzogen, wie von Vandalen, Sueven und Westgothen. Unter Karl dem Großen gehörte das Land zur spanischen Mark, später zu Aragon, dann zum Königreich Majorca. Seit 1642 ist es französisch. Die Hauptstadt Perpignan hat alte Festungswerke, die seit 1823 fast ganz erneuert sind, und ist jetzt Festung und Kriegsplatz erster Classe. Sie zählt 32,000 Einwohner und hat Kasernen für 5000 Mann am großen Waffenplatz. Sie ist auch zweifelsohne sehr alt, besonders wenn man sie als die Fortsetzung oder Umgestaltung des alten Ruseino gelten lassen will, von welchem noch, 5 km östlich von Perpignan, ein alter Thurm, la tour de Roussillon, übrig ist. Sonst ist in Perpignan, von der schönen Kirche St. Jean und einigen wenigen Bauten abgesehen, wenig vorhanden, was den Fremden zu fesseln vermöchte. Dem berühmten Physiker und Mathematiker Arago, der hier geboren wurde, ist ein Denkmal errichtet. Die Stadt ist schlecht gebaut und trägt ein halb spanisches Gepräge, denn die meisten öffentlichen Gebäude stammen noch aus der spanischen Zeit und sind aus Ziegeln aufgeführt; aber die Umgebungen sind anmuthig. Bis zum schneebedeckten Canigou überblickt man hier eine herrliche Ebene, welche in der Nähe der Stadt mit prächtigen Gärten, Orangen-, Granatäpfel-, Wein- und Olivenpflanzungen geschmückt ist. In der Ebene unterscheidet man als „Rivrales“ die sandigen Ländereien längs der Flüsse von dem durch Bewässerungscanäle nach allen Richtungen durchschnittenen „Regatin.“ Die sandige Küstenlandschaft heißt die „Salenque.“

In ihrem Verlaufe nach Osten spalten und zertheilen sich die Pyrenäen vielfach und werden vom Col de la Perche an immer niedriger. Ihre Gliederung ist ziemlich verwickelt. Im Nordwesten des Col de la Perche bilden sie nördlich vom Carlitte den wichtigen Gebirgsknoten des Puy de Prigue (2810 m), von welchem aus sie sich in mehrere Ketten verzweigen. Eine derselben mit dem Pic de Moustics (2608 m), streicht von Süden nach Norden zwischen Ariège und Aude; eine andere, mit dem Pic Madrès (2471 m) trennt, in nordöstlicher Richtung streichend, die Thäler der Aude und Tet und diese nördlichen Vor-Pyrenäen, der Kreideformation angehörig, hängen mit den Monts Corbières zusammen, zwischen Aude und Agly, die sich bis nach Narbonne hinziehen und in denen der Bugarach, an der Nordgrenze des Departements, 1231 m hoch ist. Eine dritte Kette, die in östlicher Richtung zieht, trennt die Gewässer der Tet von denjenigen des Segre und die des Tech von den Quellen mehrerer Küstenflüsse Cataloniens. Dieser Gebirgszug enthält mehrere hohe Gipfel, wie den Pic de Fenestrelles (2876 m), den Pic Puigmal (2909 m) den Pic du Géant (2881 m) u. a. m. Unter den verschiedenen Gebirgszügen, die sich von dieser Kette auf der französischen Seite abzweigen, ist der imposante Gebirgsstock des Canigou (2787 m), zwischen Tet und Tech als eine von der Hauptkette fast abgetrennte, nördlich und außerhalb derselben aufragende Masse, der bedeutendste. Eine der schönsten Ansichten dieses Berges, auf dessen 24 qm großer Plattform zwei Hütten für wissenschaftliche Beobachtungen errichtet sind und auf dem sieben Monate des Jahres der Schnee lagert, hat man aus dem Thale des Tech, von der Brücke bei dem mit hohen Mauern umgebenen Städtchens Céret; sie ist die kühnste Brücke in Frankreich, sehr hoch und hat einen Bogen von 45 m Spannung. Der Canigou wird vom Badeort Vernet aus in sechs Stunden bestiegen. Auf dem ganzen Zuge der Ostpyrenäen, vom Arranthale im Westen bis zum Meere zählt man 75 Cols, Ports oder Passagen; aber nur sieben sind fahrbar und 28 für Maulthiere passirbar. Nächst dem schon wiederholt genannten Col de la Perche ist der Col du Perthus einer der wichtigsten, über welchen eine fahrbare Straße von Perpignan südlich nach Junquera in Catalonien zieht. Oestlich von diesem Passe trägt die Kette, deren Kamm die französisch-spanische Grenze bezeichnet, den Namen Monts Albères bis zum Mittelmeere, in welches sie mit dem Cap Cervera oder Cerbère abfällt. Hart am Fuße des Vorgebirges zwängt sich zwischen diesem und dem Meere die Schienenstraße von Perpignan nach Figueras, zuerst Elne, dann Port Vendres und Banyuls-sur-mer als die letzten französischen Städte berührend. Port-Vendres ist eine gut gebaute Stadt mit einem befestigten Hafenbecken, das 500 Schiffe faßt; sie treibt Handel, durch welchen sie auch reich geworden, und ist durch Dampfschiffe mit Marseille verbunden. Banyuls hat Seebäder und ein zoologisches Laboratorium zum Studium der Meeresfauna.

Ganz Roussillon ist heiß, auch im Winter frühlingsmäßig, den Westen ausgenommen, der reich ist an Weiden, Wäldern und Eisen. Auf dem Gebirge giebt es dort Schnee und Eis; auch ist der Boden dort steinig und unfruchtbar, in den Niederungen dagegen ungemein fruchtbar. Granathecken, Felder von rothem Boden mit Maulbeerbäumen, Oliven und Orangen, Bergabhänge mit Lavendel und Rosmarin bezeichnen die Mittelmeer-Vegetation. Man gewinnt viel Wein, größtentheils rothen, und zwar sind die Roussillonweine die besten französischen Dessertweine, unter welchen Rivesaltes, Grenache, Collioure, Bagnols obenan stehen. Unter den Weißweinen ist der beste der Maccabec, auch hat man treffliche Muskateller. Roussillons Flüsse sind in der heißen Zone völlig ausgetrocknet, werden aber in der Regenzeit verheerende Ströme. Das angeschwemmte Land der Meeresküste zeigt bis zur Tech-Mündung nur sumpfige, ungesunde Striche, die sogar unbewohnbar sein würden, wenn nicht zuweilen ein die Luft reinigender Nordwestwind, die von den Monts Corbières herkommende „Tramontane" wehte. Die Hauptbeschäftigung der Bewohner bilden Ackerbau, Viehzucht, an der Küste Fischerei, namentlich Thunfisch- und Sardellenfang, im Gebirgslande Bergbau, während die Industrie von geringer Bedeutung ist. Die Menschen, denen es noch vielfach an Elementarbildung fehlt, sind stark und kühn, stolz, mäßig und arbeitsam, aber auch rach- und streitsüchtig, heftig und glaubenseifrig; sie lieben gar sehr den Tanz, die Cigarre und das Schlendern, und sind, wie die Natur ihres Landes es mit sich bringt, geborne Schleichhändler. Diese Franzosen des Roussillon sind aber gar keine Franzosen; für sie fängt erst jenseits ihrer Nordgrenze Frankreich an, das sie keineswegs lieben und die Sprache, welche sie reden, ist die catalanische der benachbarten Provinz Catalonien, ein rauhes, dem Provençalischen verwandtes Idiom, das auch Umgangs- und noch jetzt Schriftsprache ist. Als Probe theile ich nachstehendes, 1882 vom Rector Francesch Roux gedichtete Lob von Banyuls mit, dessen Verständniß den Fremden der Linguistik eine übrigens nicht zu schwer zu knackende Nuß aufgeben mag:

Sem de Banyuls! nos en fem glori:
Com nostre poble no s'en veu.

Istiu, hivern, es ben notori,
Banyuls es un poble de Deu:
Los bayns de mar, lo vi tant bo,
L'ayre tant dols, lo peix tot viu,
Fan de Banyuls, tothom ho diu,
Poble de goig en Rosselló . . .
Sem de Banyuls!
Vive Banyuls!!!

Anau, corriu, ahont voldreu,
Ben lluñ d'aci, sempre cercan.
Alloch, segurt, no trobareu
Més que Banyuls, poble agradant:
Lo mar immens en son estése,
Monts productius molt renommats,
Vitnyes de preu, horts admirats
Donen aqui pler y riquése . . .
Sem de Banyuls!
Vive Banyuls!!!

No s' dira més qu'es a Colliure,
Altre bel lloch del Rosselló,
Que ten d'anar qui vol ben viure
Com abans deye la canso . . .
Es a Banyuls que té d'anar.
Es a Banyuls que s'veu venir
Qui s' ta malalt per se guarir.
Qui s' pôrte bé per s'alegrar . . .
Sem de Banyuls!
Vive Banyuls!!!

Los Banyolencs son marinéros,
Gens de treball, homes de cor,
D'ayre tot bo, marxant liquéros,
Cor sobra ma, paraule d'or . . .
Amen la pau, la guarden bé;
Sen menester de commissari,
Son ben reglats com d'ordinari,
Malgrat lo temps . . . axo fa plé! . . .
Sem de Banyuls!
Vive Banyuls!!!

Als forasters fan bona care,
Lis fan servey de lo que cal.
Lo Banyolenc es pas avare,
Per tots sa case es un hostal . . .
També vénen, a temps marcat,
Pobres y richs, gent de tot ban,
Y dīuhen tots quant elle s'en van;
„A Banyuls sol es l'amistat."
Sem de Banyuls!
Vive Banyuls!!!

Das Languedoc.

Toulouse und Umgebung.

Die fruchtbare Landschaft, welche vom Garonnegebiet im Westen bis an das rechte Rhoneufer im Osten, nach Süden hin aber an den Fuß der Pyrenäen, nach Foix und Roussillon sich erstreckt, ein Gebiet so groß etwa wie die deutsche Provinz Hannover nebst dem Regierungsbezirk Münster, ist das Languedoc, im dreizehnten Jahrhundert das Centrum für die alte provençalische Sprache, nach welcher es auch benannt ist. In der Geschichte Frankreichs ist dies Land von hoher Bedeutung, denn Jahrhunderte lang hielt es mit Aquitanien der Herrschaft von Paris das Widerspiel, und nur mit großen Schwierigkeiten hat dieser Süden Frankreichs mit dem übrigen zu einer Staatseinheit verschmolzen werden können. Die feindlichen Spuren, sowie die der Unabhängigkeit sind selbst heute noch nicht verlöscht; in seiner Sprache, seinem Glauben und seinen Ideen bewahrt das Languedoc seine Unabhängigkeit. Man theilte es in Ober-Languedoc im Becken der Garonne, mit der Hauptstadt Toulouse, und zerfallend in das Toulousain, Albigeois und Lauraguais — der ebenste, fruchtbarste und bevölkertste Theil; dann Nieder-Languedoc, im Becken der Aude, des Hérauld und Gard, mit der Hauptstadt Montpellier, zerfallend in die Landschaften Razez, Carcassis, Narbonnais, Beterrois, Agadès, Lodèvois, Nemosès, Uzège, den Cevennen, umfassend das Pays d'Alais, Vivarais, Gévaudan und Velay — Berge und Tiefebene, fruchtbar, bevölkert, mit ansehnlichen Handelsstädten. Eine Ausnahme machen nur die Cevennen (les Cevennes), die südöstliche und östliche Begrenzung Hochfrankreichs, welche als eine fast überall aus Urgebirgsmassen bestehende Kette von Lodève im Süden bis zum Mont Pilat und dem Rhône, mehr denn 300 km lang, sich erstreckt. Dieses Gebirge ist arm, unfruchtbar und auch schlecht bevölkert, aber landschaftlich von großer Schönheit; wir werden es noch genauer kennen lernen.

Von der sandigen Küste des Mittelmeeres ausgehend, trifft man zunächst kiesige, röthliche Hügel, auf denen nur Weinstock und Oelbaum gedeihen; dann folgen tiefe Thäler, wo man Maulbeer- und Obstbäume zieht in den schönsten Landschaften und an den fruchtbarsten Abhängen, und wo die Berge mit Wäldern gekrönt sind. Auch weiter hinauf sind die vulcanischen und die Kalkgebirge an den Abhängen mit Wäldern und Weiden bedeckt; darauf folgen unfruchtbare Haiden, wo man nur Buxbaum und Gebüsch trifft, und hinter diesen sogenannten „Garrigues“ erscheinen die dürren Gipfel der Cevennen mit ihren erloschenen Kratern, ihren tief zerrissenen Seiten und ihren Basaltsäulen. Von ihnen steigt man zu den nackten und wüsten Tafelflächen der „Causses“ herab, die köstliche Weiden bieten; weiter unten folgen die schönen Thäler des Tarn, Agout, der Garonne, wo man die reichsten Ebenen findet, wellige Hügel mit der mannichfaltigsten Cultur, die malerischesten Bilder, gehoben durch zahlreiche Wohnstätten, durch Wohlstand und Gedeihen. Auf den Causses, dem Lozère- und Aubrac-Gebirge trifft man strengen Frost, in der Mittelmeerebene den heißen, wolkenlosen Südhimmel, im Garonnebecken die mildeste, gleichmäßigste Temperatur. In den Theilen an der Rhône und am Mittelmeer ruht der Hauptreichthum im Wein, der selbst auf Felsen gedeiht und ein berühmtes Produkt liefert. Der Maulbeerbaum bedeckt die Hügel, denn hier wird fast alle Seide Frankreichs gewonnen; auch der Oelbaum ist höchst wichtig, Getreide und Wiesen aber sind unzureichend. Im Garonnebereich sind die Flußthäler äußerst fruchtbar und erzeugen in Fülle Getreide, Früchte, Hanf und Tabak; höher hinauf wächst reichlicher und guter Wein; auf den Tafelflächen finden sich Weiden und Holz. Nur ein kleiner Zipfel des Departements der Oberen Garonne (Haute Garonne), des westlichsten im Languedoc, reicht bis ins Herz der Pyrenäen hinein und trägt dort den ausgeprägtesten Gebirgscharakter, den ich im vorhergehenden Abschnitte geschildert habe. Dort liegen das reizende Bagnères de Luchon und die Heimath der Cagoten, die Ortschaften St. Béat, St. Bertrand de Comminges, und weiter hinausgerückt in das nördliche Tiefland St. Gaudens an der Garonne, der Niederlagsort eines großen Handels mit Spanien und zugleich der Schlüssel der Pyrenäen. Weiterhin gegen Norden, um die Metropole Toulouse breitet sich die fruchtbarste, cultivirteste Gegend des Languedoc aus, eine der reichsten Frankreichs. Aber dieses bodenbauende Land hat seit sehr früher Zeit auch eine Industrie, welche in der Art zu fabriciren, in ihren Gewohnheiten und im Geschmack gänzlich von der des nördlichen Frankreich abweicht; es sind dies einerseits die Tuchfabriken des Tarn, andererseits die des Hérault, endlich die Seidenfabriken in den Gard-Gegenden, in Nimes, Alais und Vigan.

Den Mittelpunkt der weiten Garonne-Ebene bildet die Stadt Toulouse, das jetzige Chefliеu des Departements, die alte Stadt der Tolosaten, des wichtigsten Stammes der Tectosagen, dann Hauptstadt der Westgothen, nach welchen das Languedoc eine Zeitlang auch den Namen Gothien führte, und darauf der mächtigen Grafen von Toulouse, bis sie nach dem Aussterben ihres Hauses 1271 sammt dem Languedoc durch König Philipp III. an Frankreich kam. Aber diese Vereinigung des Languedoc mit Frankreich konnte diesen Mittelpunkt nicht verrücken. Paris war nur dem Namen nach zur Hauptstadt geworden, Toulouse blieb nach wie vor die Metropole des Südens. Schon im zweiten Jahrhundert vor Christi der Mittelpunkt des westeuropäischen Handels und für die Römer eine der wichtigsten Städte des südlichen Gallien, beherrscht sie auch heute noch die Straßen, welche das Ufer des Mittelländischen Meeres und des Oceans verbinden. Durch diese günstige Lage ist die heute über 140,000 Einwohner zählende Stadt der natürliche Stapelplatz für die Erzeugnisse des Gebietes zwischen den beiden Meeren, besonders für Wein, Oel, Getreide und Wolle geworden; Toulouse treibt aber außer dem Handel auch noch verschiedene, sehr bedeutende Gewerbe, und so muß ihr Charakter als Universitätsstadt, deren Facultäten übrigens nach denjenigen von Paris reihen, nothwendig stark zurücktreten. In Geist und Körperbildung zeigt der Toulousaner einen eigenthümlichen südlichen Typus. Die Frauen haben meist dunkelschwarze Haare, blendendweiße Haut, picante Züge, große, mandelartig geschnittene Augen mit langen Wimpern, etwas petulante Nasen, außerordentliche Lebhaftigkeit des Geistes und südliche Vorliebe für farbige Kleider und Schmuck. Man begegnet sehr viel schönen und frischen Frauengesichtern, besonders in der dienenden Classe, und mit Recht kann sich Toulouse derselben rühmen. Die Männer sind durch scharfe Physiognomien mit dem Gepräge südlicher Erregtheit charakterisirt, geistig lebendig und heiter, meist sehr freundlich, und gefällig, höflich, sanft, liebenswürdig im Umgange, aber vorschnell, selbstzufrieden, sehr von sich eingenommen, oft bigott und den kleinen Geschichten offen, aber raschen und treffenden Urtheils. Dem Tanz und der Musik, dem Vergnügen und den Festlichkeiten sind sie sehr geneigt, aber auch den ernsten wissenschaftlichen und literarischen Arbeiten.

Was nun die allgemeine Physiognomie der Stadt betrifft, so trägt sie selbst heute noch die entschiedene, mittelalterliche Scheidung in „Cité" und „Bourg" an der Stirne, beide um einen religiösen Mittelpunkt gruppirt, jene um die bischöfliche Kathedrale St. Etienne, diese um die alte Abteikirche St. Sernin. Im zwölften Jahrhundert war nämlich der nördliche, allerdings bedeutend kleinere Theil der jetzigen Stadt ein von derselben unabhängiger Bourg; dort war die Zahl der adeligen Familien, der Milites, sehr groß; dort hatten sie ihre befestigten Häuser, ihre Thürme. Bourg wie Cité hatten ihre eigenen Mauern und Thore; jeder Theil hatte auch seine „Capitouls", seine Assessoren, Notare, seine eigene Casse; auch fehlte es an fortwährenden Reibungen nicht, und man ging nur bewaffnet in den Bereich des Anderen. Zum vollen Ausbruch brachte die Feindschaft die Zeit der Albigenserkriege (1209—1229), in denen Südfrankreich grauenhaft verwüstet wurde, besonders das Gebiet des den Ketzern geneigten Grafen Raimund VI. von Toulouse. Die dabei gemachten Erfahrungen trieben beide Theile, die reichen Vasallenfamilien im „Bourg" und die Bürger der „Cité", zur engeren Vereinigung, welche 1259 auch beschlossen ward. Im Jahre 1294 ward dann ein Gebäude gegründet auf der Grenzscheide, der Mauer der zwei ganz getrennten politischen Wesen, die zusammen den Namen Toulouse führten. Damit war zugleich die Vereinigung der höchsten Behörden beider Theile ausgesprochen. Das in Rede stehende Gebäude war das auch heute noch sogenannte „Capitol" auf dem größten Platz der Stadt, der den politischen und Verkehrsmittelpunkt bildet und angeblich an der Stelle des ursprünglichen, römischen Capitols. Allerdings hat die römische Tolosa, welche gleichzeitig mit den übrigen größeren nationalkeltischen Städten der Gallia Narbonnensis das Recht der Latinität, dann der römischen Colonie erhielt, ein Capitol mit dem Tempel der drei capitolinischen Gottheiten gehabt; aber die Ueberlieferung, welche unmittelbar an das römische Capitol eine Erneuerung oder ununterbrochene Dauer im Mittelalter schließt, ist eine sehr junge und künstlich geschaffene. Es giebt keinen Beweis für die Existenz des römischen Capitols an jener Stätte. Das heutige Capitol ist aber auch nicht mehr dasselbe Gebäude wie jenes im Jahre 1294 errichtete, die Stelle aber die nämliche. Es ist ein im siebzehnten Jahrhundert aufgeführter großer, moderner, aber gewaltiger Bau mit drei großen, mit römischen Säulenstellungen gezierten Vorbauten, in welchem sich auch das Theater befindet. Als man dieses neue Capitol errichtete, war freilich die bürgerliche Selbständigkeit an Bedeutung schon sehr gesunken. Doch wachte man noch eifersüchtig über die sehr unschuldigen und friedlichen Rechte, welche auch alsbald in die allgemeinen Formen der absoluten Monarchie aufgehen sollten. Es hatte sich nämlich in Toulouse ein Nachklang eines provençalischen Dichterhofes erhalten, die Gesellschaft Consistori de la gaya ciencia mit ihren Leys d'Amour war seit 1323 unter sieben Bürgern von Toulouse (Sept Trobadors de Tolosa), den sogenannten Mainteneurs in einem Blumenfeste, den Jeux floreux, die früher in einem großen Garten gehalten wurden, alle Jahre wieder lebendig geworden. Der höchste Preis, das goldene Veilchen, dann Tausendschön, weiße Rose, Lilie, Ringelblume bildeten das edle Ziel des Wetteifers. Die Jeux Floraux, welche die toulousische Sappho, die mitunter angezweifelte Clémence-Isaure, im fünfzehnten Jahrhunderte zum Andenken an ihre unglückliche Liebe erneuert haben soll, wanderten in das Capitol und überdauerten die städtische Verfassung. Durch die Revolution unterbrochen, begannen sie wieder 1806, das Capitol aber ist zur Mairie geworden.

Das Capitol bildete, wie gesagt, den Scheidepunkt zwischen Bourg und Cité, und heute noch ist die Scheidung erkennbar. Hier die Cité im langen Oval an die Garonne angelehnt, über den Strom hinüber in der Vorstadt St. Cyprien greifend, dichte, vielfach sich schneidende, meist enge Straßen, in den Namen derselben die hervortretenden Gewerbe des alten Bürgerthums aufweisend, noch heute der Sitz des Handelsverkehrs, der Börse, der wichtigen Getreidehalle, der Tuchhalle; die kirchlichen Anlagen liegen eng umgeben von bürgerlichen Gebäuden, oft in der Mitte einer Häusermasse versteckt. Dagegen hat die Gegend des Bourg lange, wenig durchschnittene, meist öde Straßen, große Häuserinseln mit viel Raum und Gärten, dabei eine Menge öffentlicher, ursprünglich kirchlicher Gebäude mit gewaltigen Backsteinfronten und hohen Hofmauern.

Vom Capitolplatze wenden wir uns zunächst nach der Garonne und der Kirche de la Daurade, welche als Deaurata, wahrscheinlich ihres Mosaikschmuckes wegen, schon von Gregor von Tours, dem merowingischen Geschichtsschreiber des sechsten Jahrhunderts, gekannt ist. Jetzt ist sie indeß ein durchaus moderner Bau mit Tonnengewölbe und einer nach dem Uferdamm hin sich graziös in Säulen aufbauenden Façade. Sie kann uns nicht lange beschäftigen gegenüber dem großartigen Anblick, den der Uferdamm selbst bietet. Wir begrüßen hier die Garonne, welche, ein Kind des Hochgebirgs, bei Toulouse von den begleitenden Höhenzügen verlassen wird, aber noch entschieden das Gepräge ihres Ursprungs trägt: einen raschen Lauf, ein weites aber flaches und leicht versandendes Bett. An Breite wird sie der Donau bei Regensburg wenig nachgeben, mit der sie zugleich in der Farbe übereinstimmt. Am rechten Ufer dehnt sich im weiten Bogen Toulouse selbst hin, mit dem hohen Thurme der Dalbade; dort auf dem linken erheben sich das Hôtel Dieu und das Hospice la Grove mit seiner Kuppelkirche. Flußaufwärts wird der Blick durch die höchst stattliche Steinbrücke gefesselt, mit einem großen Triumphbogen auf dem jenseitigen Ufer geschlossen. Ueber die Brücke hinaus zieht sich die Insel Tounès hin, rechts dagegen eine breite, vierfache Platanenallee, der Cours Dillon. Da überspannt noch einmal in der Ferne ein Brückenbau nicht allein die Garonne, sondern auch das grüne Gebüsch der Inseln: die sechs luftigen Bogen der Kettenbrücke St. Michel; ein hoher grüner Wald schließt das Bild hinten ab. Und wenden wir uns stromabwärts, so sind es sehr stattliche hochgemauerte Uferleisten mit Landeplätzen und kleinen gemauerten Häfen, die bis zu dem vorspringenden Complex von Gebäuden führen, welche als die Mühlen von Bazacle seit alter Zeit eine große Bedeutung für Toulouse hatten, ein festes Schloß und zugleich eine sehr große Zahl von Mühlgängen. Die Garonne stürzt sich hier über ein weit hinein gezogenes Wehr und giebt oberhalb noch das Wasser zu dem Schiffscanal ab, welcher unterhalb der Stadt mit dem Canal du Midi sich vereinigt, nachdem er eine einförmige Allee als Canal de Brienne gebildet hat. Der Weg über die Brücke nach St. Cyprien ist belohnend genug durch den immer großartiger sich aufbauenden Rückblick auf die Stadt. Ein Spaziergang unter den Platanen des Cours Dillon führt allmählich an das obere Ende der Stadt, und wir haben dann auf der Brücke St. Michel Muße, uns jener schönen Flußbekränzungen mit prächtigen Baumgruppen, welche den Lauf der Garonne auch weiter abwärts so auszeichnen, zu erfreuen.

Doch zurück auf das rechte Garonneufer. Am Abhang der Vorstadt St. Michel mündet in den Port Garaud aller Wasserverkehr auf der oberen Garonne. Bausteine, Kalk werden aus den Pyrenäen hierher gebracht. Ein Complex von Gebäuden, les moulins du chateau, bereits 1184 angelegt, schließen auch hier die Stadt ab und bilden zugleich das Ende der Insel Tounès. Hier fallen zur Linken die sehr alterthümlichen Privathäuser auf, mit darin eingebaut ein altrömisches Thor; zur Rechten das große Palais de Justice, daneben eine Kaserne; man sieht ferner, wie hier die kurzen engen Straßen sich mehr concentrisch um einen freien Mittelpunkt gruppiren, während dann auseinander laufend die Hauptpulsadern des städtischen Verkehrs in der Cité ausgehen. Im Namen, welcher hier herrscht, le chateau, hat sich die historische Beziehung erhalten: das ist der Platz des „Chateau Narbonnais", oder „Palais de Castel", des alten Grafensitzes der mächtigen Raimunde von Toulouse, dann noch oft die Residenz der französischen Könige. Die nächste Straße führt zur Kirche Dalbade, gleichsam die Weihekirche für den albigensischen Kreuzzug. Sie öffnet ein reich gothisches Portal mit Heiligenfiguren; im Innern sind sehr frühgothische einfache Formen mit späterer Erneuerung vielfach überdeckt. Während der Revolution hat sie den schlanken, schönen Thurm verloren, der in Toulouse der höchste war. In ihrer Nähe befindet sich die Maison de Pierre in schwerem, aber originellem Renaissancestile mit zahlreichen Skulpturen; sie ist aber nicht das einzige Beispiel architektonischer Kunst in Toulouse; die Hôtels Catelou, Lasbordes, d'Assézat, Clary und andere Werke des sechzehnten Jahrhunderts stehen auf gleicher Stufe und meist auf engem Raume, in einer engen Straße, uns das volle Verständniß der antiken Formen neben mittelalterlichem, bürgerlichem Sinn und freier Beibehaltung mittelalterlicher Gedanken darlegend. Mitten in der Stadt liegt endlich das Augustinerkloster, in welchem das Kunstmuseum, eines der reichhaltigsten und interessantesten Museen Frankreichs, sich befindet. Nicht allein das Alterthum und die neuere Malerei ist hier vertreten, sondern in langen Reihen stehen die Stein- und Bronze-Skulpturen des Mittelalters und der Renaissance beisammen. Ein prachtvoller, rings abgeschlossener Klosterhof fesselt schon an und für sich einen ernsteren Beschauer. Ueberall drängt durch die zierlichen Säulen und den reich nach arabischer Weise gezackten Spitzbogen das üppigste Grün von Bäumen und Pflanzen, die durch einen plätschernden Springbrunnen erfrischt werden, und schräg über uns erhebt der Thurm der Klosterkirche sich in die scharfe, leuchtende Luft.

Verlassen wir diese Stätte der Kunst, um noch die zwei kirchlichen Mittelpunkte zu besuchen, die in der städtischen Geschichte in den Vordergrund treten: die Kathedrale St. Etienne und die Kirche St. Sernin. St. Etienne liegt an einem langen unregelmäßigen, allmählich sich erweiternden Platz; der Thurm und das Portal sowie die darüber befindliche Rose gehören der letzten Entwicklung des gothischen Stiles an; das Schiff erscheint dagegen außerordentlich klein und einfach, als ein großes Gewölbe aus dem Anfang des dreizehnten Jahrhunderts. Großartiger ist St. Sernin, eine fünfschiffige romanische Kirche, welche wie kein anderes Werk dieses Stiles einen harmonischen und großartigen Eindruck macht. Im Innern streckt sich das Langschiff mit vier Reihen zierlich an den Ecken gegliederter Pilaster mit Rundbogen; die Capitelle sind dabei mannichfach verziert. Ueber ihnen öffnet sich in oberer, von zierlichen Säulenpaaren getragener Arcade der Umgang, darüber die reich mit Schachbrettform verzierte Wand in Fenstergruppen, zwischen denen die breiten Gewölbegruppen aufsteigen. Auch der Hauptthurm ist im Stile des Ganzen gehalten, unten noch mit Rundbogenfenstern, oben mit den schon beim Museum erwähnten Spitzdreieckfenstern. Die Kirche ward 1096 durch Papst Urban II. geweiht und stammt in ihren Haupttheilen noch aus dieser Zeit.

Die Kirchen sind der Stolz und der Trost des Volkes von Toulouse. Sie sind nicht allein Denkmäler der guten alten Zeit, sie sind auch die letzten Stützen und Pfeiler des gottgefälligen Sinnes, in welchem Toulouse, die fromme, ketzerfeindliche Stadt, einst sich hervorthat. Seitdem die unermüdlichen Prediger und Inquisitoren, die Dominicaner, hier gearbeitet und geschafft, ward Toulouse der Mittelpunkt des geistlichen Regiments im Süden und ist es noch heute. Kaum einen Orden des Westens gab es, der in Toulouse nicht vertreten war, und vor der Revolution verging fast kein Tag, in dem nicht in einer der hundert Kirchen und Kapellen ein Fest gefeiert worden wäre, das die schaulustige Menge anzog. Faßt man die Bedeutung dieser Feste, ihren Einfluß auf das Volk ins Auge, so wird klar, daß, obgleich Toulouse noch immer reich ist an religiösen Festen, die mit Pomp gefeiert werden und an denen sich alle Gesellschaftsclassen betheiligen, jetzt doch nur das Schattenbild des früheren kirchlichen Lebens dort existirt. Toulouse verdient nicht mehr den Namen der „heiligen Stadt", die Kirche ist den Einflüssen der Revolution erlegen. Der Ketzer wohnt heute in Toulouse ruhig neben dem Katholiken, die Protestanten haben ihr eigenes Gotteshaus, die Kirchen und Klöster erhalten nicht halb so viel Gaben als sonst, weltliche Freuden nehmen die Herzen gefangen und die prachtvollsten Umzüge sind nur ein Schatten von dem, was sie einst waren. Immerhin ist die Geistlichkeit, an deren Spitze ein Erzbischof steht, eifrig bemüht, den kirchlichen Sinn zu erhalten oder zu erregen — nicht ohne Erfolg, wie denn die Kirche im Süden Frankreichs ihre volle Herrscherkraft in der Bevölkerung niemals ganz verloren hat. Mögen die Freigeister und radicalen Politiker sagen, was sie wollen, die katholische Religion bleibt und wird im Süden immer volksthümlich bleiben. Ihre Feste, Ceremonien, Ueberlieferungen, Legenden sind so tief in das Mark des Volkes eingedrungen, daß alle Liberalen, um sie zu entwurzeln, sich die Finger und Nägel daran abbrechen würden. Der Fronleichnamsumgang, der Weihnachtsputer, die Gründonnerstagsbesuche — um nur diese drei Daten anzuführen — spotten aller Revolutionen. Diese Volksthümlichkeit ist nun nicht ohne Beigabe einer gewissen Familiarität. Man lebt auf vertrautem Fuße mit der Kirche; man kennt die Spitznamen der Kirchenschäfer und der Meßner, die Kirchenpfleger und den Sacristan, den Weihwasserspender und den Glöckner; man ist dort wie zu Hause. In Paris untersagen sich die wahrhaft Frommen dergleichen Späße, nicht blos weil der Norden ernster ist als der Süden und der graue Himmel weniger heiter als der blaue, sondern auch weil sie wissen, daß sie nur auf die Straße zu gehen brauchen, um sich an einen jener Jünger Voltaire's zu stoßen, welche den Scherz in Blasphemie, das Lachen in Verwundung verwandeln würden. Die Franzosen des Südens machen es sich bequem mit dem lieben Herrgott, weil sie gewiß sind, wieder ernst zu werden, wenn es nöthig sein wird, weil sie überzeugt sind, daß ein Mißverständniß unmöglich ist, daß ihre Absichten nicht verdächtigt werden können, ihre Scherze nichts zu bedeuten haben und daß der Schöpfer, der da all' das Unheil kennt, welches der schwarze Frack angerichtet, ihnen verzeihen wird, sich in Hembärmeln zu zeigen. Interessant ist die sich hieran knüpfende Bemerkung eines Mannes wie Karl Vogt, welche er bei Gelegenheit einer Reise im südlichen Frankreich anstellt: „Soweit ich sehe, ist da, wo der Katholizismus allein herrscht, ein leichtlebigeres Volk, als in protestantischen Ländern. Man grübelt und spintisirt nicht und Diejenigen, qui pratiquent, wie der classische Ausdruck sagt, machen ihre Sache in der Frühe mit einer Messe oder einer Kniebeugung vor irgend einem Heiligenbild ab und damit ist es auch für den ganzen Tag abgethan. Die meisten Männer thun sogar ihren Cultuspflichten nur einmal im Jahr, zu Ostern, Genüge, wenn sie es überhaupt thun, und dann auch gewöhnlich nur, um zu Hause mit Frau und Töchtern Ruhe zu haben. Ich habe auf meinen Reisen die katholischen Priester stets weit umgänglicher gefunden, als die protestantischen Pfarrer; erstere tragen nur äußerlich ihre Sutane, letztere schleppen auch in Civilkleidern ihre Kanzel auf dem Rücken mit sich herum".

An Tarn und Aude.

Eine gut kirchliche Stadt ist gegenwärtig auch Albi. Seit 1678 errichtete man ein Erzbisthum in der Stadt, wo sich schon gegen das Ende des zwölften Jahrhunderts die Lehren der unter dem Namen der Katharer, Patarener oder Publicaner bekannten Häretiker verbreiteten, die darnach sich Albigenser nannten, welche Bezeichnung sich später auf alle häretischen Gemeinden Südfrankreichs erstreckte. Dermalen ist Albi wohl der häßlichste Bischofssitz in ganz Frankreich. Die auf einer Anhöhe am Tarn, einem Nebenflusse der Garonne, in 169 m Meereshöhe gelegene Stadt hat höchst enge und unregelmäßige Straßen und der erzbischöfliche Palast nimmt sich aus wie eine Festung. Dagegen besitzt sie eine wahre Perle in ihrer Kathedrale, die zwar ebenfalls ein festungsartiger Bau, aber zugleich ein Meisterstück der Kühnheit ist. Sie ist in gothischem Stile, 1282—1512 erbaut, einschiffig, 107,75 m lang, 28,28 m breit und 30 m hoch; ihr Thurm mißt 78,5 m Höhe. Ganz prachtvoll ist die Chorbühne im Innern der Kirche. Den Glanzpunkt der Stadt bildet aber die Promenade Lice, eine schöne Terrasse, welche eine wundervolle Aussicht bietet.

Albi, deren 2000 Einwohner Fabriken für Leinen- und Baumwollzeuge, Hüte, Anisessenz u. s. w. unterhalten, war im Mittelalter die Hauptstadt der Grafschaft Albigeois und ist heute das Cheflieu des Departements des Tarn, welcher Fluß fast alle Gewässer dieses Verwaltungsbezirkes aufnimmt, so Rance, Agout, Aveyron. Ganz in der Nähe von Albi macht er den berühmten, 19 m hohen Saut du Sabot oder Saut du Tarn: eine Reihe von Kataralten des Flusses, der sich überall tief in den Kalkfels eingefressen hat und in unsichtbaren Ruinen fließt. Nebst dem Tarn bewässern noch der Cerou und die Verre, die links in den Viaur gehen, diesen Westabhang der Montagnes Noires, eines Gebirgszuges, dessen Westende plötzlich aus den Ebenen der Gascogne aufsteigt und der mit niedrigen, unfruchtbaren Granithügeln bis an den Canal du Midi verläuft. Diese Schwarzen Berge, die etwa 60 km lang zwischen den Quellen des Jaur bis zu denen des Fresquel und der Sor in durchschnittlich 500—600 m Höhe streichen, im Montalet und Pic de Narre aber zu 1257 und 1200 m aufsteigen, nehmen den Südosten des Departements ein, welches sich nach Westen hin abdacht, aber im Allgemeinen gebirgig und hügelig ist, in den Thälern und Ebenen jedoch fruchtbaren Boden besitzt, auf dem ehemals viel Mais gebaut wurde, während man jetzt noch Anis und Safran zieht. An Weiden fehlt es nicht, und Bauholz liefern die Waldungen der Montagnes Noires, welche auch nennenswerthe Steinkohlenschätze bergen. Bei dem im Allgemeinen milden, im Sommer sogar sehr heißen, aber gesunden Klima gewinnt man Wein und Getreide über das Bedürfniß. Am Fuße der Schwarzen Berge liegt das durch seine großen Tuchfabriken bedeutende Städtchen Mazamet, der Endpunkt einer Eisenbahn, welcher es mit dem nordwestlich gelegenen und noch beträchtlicheren Castres verknüpft. Diese heute 22,000 Einwohner zählende Unterpräfecturstadt ist sehr alt; sie verdankt ihren Ursprung einer hier im Jahre 647 errichteten Benedictinerabtei und war schon im zwölften Jahrhundert eine bedeutende Stadt; sie befindet sich in einem reizenden Thale am schiffbaren Agout, über den zwei Steinbrücken führen, in 171 m Meereshöhe. Der alte bischöfliche Palast, jetzt Sitz der Unterpräfectur, ist ein schönes Gebäude. Schön darf man auch das Stadthaus nennen; ferner seien erwähnt das große Justizgebäude, die ehemalige Kathedrale nebst zahlreichen öffentlichen Brunnen, die durch einen in den Felsen gesprengten Aquäduct gespeist werden. Castres hat ansehnliche Fabriken für Tuch (Castorines), Englischleder, Pergament, Papier, Kupferwaaren u. dgl. und betreibt sehr wichtigen Handel. In der Nähe der Stadt, bei dem Orte La Roquette, zeigt man den „zitternden Fels“ sowie die Grotte des heiligen Dominicus. Höhlen sind überhaupt nicht selten in der Gebirgsformation des Tarn-Departements, welche auch sonst groteske Formen zeigt, wie z. B. die überhängenden Massen im Thale des Gijon, Nebenflusses des Agout, unter deren Schutze sich die Reste des alten Schlosses von Lacaze erheben, dessen sich die Einwohner von Castres im Jahre 1562 bemächtigten.

Von Castres zweigt südwärts ein Schienenweg ab nach einer noch weit älteren Siedelung, nach Castelnaudary im Departement der Aude, welches südlich von dem des Tarn bis zu jenem der Ostpyrenäen sich ausbreitet. Castelnaudary war das Sostomagus der Römer, eine der ältesten Städte im südlichen Gallien; im fünften Jahrhundert zerstörten sie die arianischen Westgothen, worauf sie unter dem Namen Castrum novum Arianorum, aus welchem der heutige Name entstanden ist, wieder aufgebaut wurde. Sie liegt in 186 m Meereshöhe auf einer Anhöhe am Canal du Midi, der hier ein großes Hafenbecken bildet, und bietet dem Fremden, der sich nicht etwa für die Fabrikation von Thonwaaren, grobem Tuch, für Schiffbau und Handel interessirt, keinen Anlaß zu längerem Verweilen. Von dem nicht eben freundlichen Orte, der heute über 8000 Einwohner zählt, zieht die von Toulouse kommende Südbahn den Canal du Midi entlang durch eine nackte, traurige Ebene nach Carcassonne, dem Cheflieu des Aude-Departements, welches von diesem Flusse und dessen Nebenadern bewässert wird. Die Aude, der alte Atax, ist ein Strom von 208 km Länge, welcher am Roc d'Aude in den östlichen Pyrenäen entspringt und zunächst nach Norden fließt. Auf dieser Strecke seines Laufes liegt das hübsche Städtchen Limoux am Fuße von Hügeln, welche den berühmten Weißwein Blanquette de Limoux erzeugen. Mit Olivenöl, Seife und Eisenwaaren bildet er den Haupthandelsartikel des Städtchens, welches sich nebenbei durch seine Tuchmanufactur hervorthut. In der Gegend von Carcassonne tritt die

Aube in die weite grüne Landschaft, die hier durchaus dem Ackerbau angehört und vor Allem in dem Maisbau ihren Reichthum hat. Zahlreiche Windmühlen beleben mit ihren geschäftig drehenden Flügeln die Ebene, welche den mittleren Theil des Departements ausmacht. Den Süden bedecken nämlich die Vorpyrenäen, große einsame Massen im Hintergrunde, davor die rundlichen Kalkgebirge, zum Theil doch übergrünt, mit hellglänzenden Flächen; man nennt sie dort Montagnes de la Clappe und die ferneren Monts d'Abarich, oder Alaric, als Ganzes Les Corbières. Es sind steile, kahle, wasserarme Felsen, welche im Puy de Bugarach mit 1231 m, an der Südgrenze des Departements, ihre höchste Erhebung erreichen, die Terrassen zu den Grauwacken und Graniten des Pyrenäengrates sowie die Scheide zwischen den Flüssen Aube und Agly bilden und gegen den Norden hin bis an die Senkung des unteren Aubethales und des Canal du Midi reichen. Den Norden des Departements erfüllen die schwarzgrauen Wände der Montagnes Noires, welche mit den Cevennen zusammenhängen. Zwischen dieser nördlichen und jener südlichen Begrenzung erstreckt sich nun das weite, fruchtbare Tiefthal der Aube, das sich wenig über den Spiegel des Mittelmeeres erhebt und in welchem der Strom bei Carcassonne seine Wendung gegen Osten zu vollzieht, um mit dem Hauptarm unmittelbar in das Mittelmeer, mit dem andern, der canalisirten Robine de Narbonne, südlich von dieser Stadt in den Strandsee von Sigean zu münden. Die Aube ist reißend und reich an Sinkstoffen und Geröll, mit denen sie mehrere ehemalige Strandseen ganz oder theilweise ausgefüllt hat. Im Ganzen ist das von der Aube bewässerte Departement ein von der Natur gesegnetes Land. Es herrscht dort völlig mediterranes Klima, regenarme, heiße Sommer, häufig trockener, kalter „Mistral", d. i. Nordwestwind im Frühjahr, dabei allerdings an der Küste in der Umgebung der Strandseen Malaria, die man durch Ausfüllung der Lagunen zu beseitigen hofft. Der Boden im Aubethal ist im Norden und Nordwesten lehmig, fett und fruchtbar, im Süden kalkig und dürr. Seine Erzeugnisse, und zwar Getreide, namentlich Weizen und Mais, dann Wein, übersteigen den Bedarf des Landes. Rindviehzucht wird in geringem Umfang, Schafzucht dagegen sehr stark betrieben; dennoch werden noch Schafheerden von Hirten des Landes aus der Gascogne zum Verkauf nach dem Osten getrieben. Diese Schafe mit ihren braunen zottigen Fellen sehen ganz uncultivirt aus und in der That hat auch ihre Wolle sehr geringen Werth, aber das Hammelfleisch bildet bekanntlich in der französischen Küche einen wichtigen Bestandtheil.

Inmitten des eigentlichen Feldbaubezirkes liegt an der Aube, dem Canal du Midi und der großen Naturstraße vom Mittelmeer ins Garonnebecken die schon mehrfach erwähnte Stadt Carcassonne, das Cheflieu des Departements, zugleich eine Festung dritten Ranges, seiner natürlichen Größe halber jedoch jetzt, wie im Alterthume und Mittelalter, für den Verkehr und strategisch wichtig. Schon Cäsar hatte einen Waffenplatz und Kriegsmagazine in dem alten Carcaso errichtet, dessen Bewohner, die Tektosagen, unter römischer Herrschaft das latinische Bürgerrecht hatten. Die Stadt wird durch den Fluß in die alte finstere „Cité" oder Oberstadt und die fortwährend sich vergrößernde Unterstadt getheilt. Einen wunderbaren Eindruck macht das Innere der Cité: enge, dunkle Gassen, von massiven, wie man sieht, aus mannichfachem Material erbauten Häusern umgeben; überall hereinrageud die gewaltigen Mauerwerke. Wenden wir uns nach Nordwest, da bedeckt das gräfliche Schloß den großen, in das Thal hinausragenden Felsenvorsprung. Man schreibt an Ort und Stelle diese riesigen Bauten den Westgothen zu, natürlich ohne alle nähere Kritik. Doch zeigt schon eine oberflächliche Betrachtung, wie verschiedene Jahrhunderte an diesem alten Castell gebaut haben, an dem besser als sonst irgendwo in Frankreich verfolgt werden kann, wie die mittelalterliche Befestigungsweise sich vom sechsten bis zum vierzehnten Jahrhundert entwickelt hat. Verschiedenen Epochen gehört auch der interessante Bau der Kirche St. Nazaire, der früheren Kathedrale, an; sie liegt mitten in der Cité, einer wahren Burgstadt mit doppelten Mauern, Zinnen und Thürmen. Man gelangt in dieselbe, indem man auf hoher Brücke den nach Süden gezogenen Burggraben und darauf das große gothische Hauptthor, die Porte Narbonnaise, passirt, das einen eigenen Befestigungsbau bildet. Darüber ist in ziemlich rohem Renaissancestil eine Frauengestalt, Frau Carcas, ausgehauen, an eine mittelalterliche Sage sich anschließend, wonach ein Sarazenenweib ganz allein die Burg gegen das Heer Karls des Großen vertheidigt haben soll, bis endlich ein Thurm, ehrfurchtsvoll vor dem neuen Kaiser sich beugend, einstürzte. Der aus dem zwölften Jahrhundert stammende Pont vieux und die in den vierziger Jahren erbaute Neue Brücke verbinden diese Altstadt mit der in ihrem Charakter durchaus verschiedenen Unterstadt, einst le Bourg neuf genannt. Prachtvolle Platanenalleen ziehen sich um dieselbe herum, hie und da ragt noch ein Befestigungsthurm aus den Mauerresten, von Epheu überkleidet und geschickt in die Anlagen von Gärten verwandelt, denn an die Stelle der alten Gräben sind belebte Boulevards getreten. Die regelmäßigen Straßen mit ihren schönen öffentlichen Gebäuden öffnen sich mehrfach auf die Promenade, alle sehr lang und gerade, so daß man die Bäume des entgegengesetzten Boulevard sehen kann. Den Hauptverkehrsplatz bildet eine großartige neuere Baumanlage mit zwei Springbrunnen und einer Säule, umgeben von lebendigen niedrig gehaltenen Hecken, begrenzt von den zwei großen Straßen des Südwestens, deren eine zum Canal du Midi führt, welcher ganz in der Nähe ein neues Becken, einen Hafen, bildet, dem entlang sich ein öffentlicher Garten erstreckt. Die Einwohner, deren Zahl 24,000 übersteigt, treiben vornehmlich Tuchfabrikation, namentlich jene „Carcassonnes" genannten leichten Tücher, die viel in den Orient, nach Afrika und Westindien gehen, dann bedeutenden Handel mit Getreide und Wein aus der Umgebung.

Folgen wir dem Audethal westwärts zum Mittelmeere hin, so verändert sich alsbald der wirthschaftliche Charakter der Gegend sehr bedeutend. Je tiefer wir hinabsteigen, desto mehr treten wir aus der Region des Feldbaues in jene des Weinbaues, dann taucht die Olive und schließlich auch der Maulbeerbaum auf. In Frankreich wächst und gedeiht der Oelbaum nur im Languedoc und in der Provence, und auch dort ist er nicht so acclimatisirt, daß er nicht dann und wann durch den Frost litte. Neben dem Wein- und Olivenbau bildet die Bienenzucht einen wichtigen Erwerbszweig und liefert den schon im Alterthume berühmten gewürzhaften weißen Honig von Narbonne, jener Stadt, welche einem beträchtlichen Stücke Galliens ihren Namen gab. Sehr frühzeitig tritt der Name Narbo in den Bereich der griechischen Weltkenntniß, sichtlich vermittelt durch die hellenischen Küstenanlagen, welche bereits in den Tagen der Perserkriege in Nordspanien und in der Provence sich befestigt hatten. Hekatäos, der ältere Zeitgenosse des Herodot, erwähnt die Narbesier, eine Abtheilung der keltischen Tektosagen. Narbo selbst ist ein keltischer Name, entstanden aus nar, Wasser, und bo, Wohnung. Dieser Platz, der Geburtsort des kaiserlichen

Philosophen Marc Aurel, war einst die blühendste römische Stadt außerhalb Italiens und trieb im Mittelalter, wo es noch viermal so bevölkert war wie heute, einen schwunghaften Handel mit dem Orient. Narbonne liegt blos 8 km vom Meere entfernt, mit welchem es durch den Canal la Robine verbunden ist, und besitzt in Port de la Nouvelle, am Südende dieses Canals, seinen Hafen. Diese Robine theilt die Stadt, wie andere, von denen die Rede war, in Bourg und Cité. Ihre engen, winkligen Straßen, ihre alten Thürme aus dem vierzehnten Jahrhundert und zwei Kirchen des dreizehnten Jahrhunderts geben ihr ein ernstes, mittelalterliches Gepräge. Die Kathedrale Saint Just, oder richtiger ihr Chor, ist eines der edelsten Bauwerke nordfranzösischen Stiles, wie man hier mit vollem Recht die Periode des gothischen Stiles nennen kann. Denn Schiff und Querschiff blieben unausgebaut, nur der Chor war 1332 vollendet; durch eine Mauer abgeschlossen, überragt er alle beengenden Baulichkeiten. Es ist dies der alte erzbischöfliche Palast, einst bis zur ersten französischen Revolution der Sitz eines der angesehensten Würdenträger der Kirche, der sich oft zugleich Herzog von Gothien nannte, der Mittelpunkt so manchen Concils, die drohende Veste gegenüber einer Bürgerschaft, die ihre von der Cité ganz getrennte unabhängige Marienburg sich errungen. Heute, nachdem das Erzbisthum aufgehoben, Rathhaus und von Viollet le Duc neu aufgebaut, stellt es das mittelalterliche Centrum der Stadt dar, welche reicher denn irgend eine ist an Denkmälern aus römischer, westgothischer, romanischer und nordfranzösischer Zeit. Ueberall in den Mauern und im Pflaster gewahrt man römische Inschriften; die Thore selbst sind im Innern und an der Außenseite förmlich überkleidet mit Reliefs und Inschriften. So viel als thunlich sind diese Schätze gesammelt im städtischen Museum, welches eines der interessantesten und lehrreichsten von ganz Frankreich ist. Dermalen hat Narbonne seine frühere hohe Bedeutung völlig verloren und seine 18,000 Einwohner sehen sich auf Weinbau, auf einige Wollfabrikation und Färberei, sowie auf Ziegelbrennerei angewiesen. Seine Luft war dereinst der Reinheit halber berühmt, jetzt liegt es in ungesunder Sumpfgegend, und seinem Klima sagt ein Spruch nach:

Dans cette ville de Narbonne
Toujours il pleut, toujours il tonne,
Digne objet de notre courroux,
Vieille ville, toute de fange,
Qui n'est que ruisseaux, qu'égouts —

womit zugleich ein wenig schmeichelhaftes Bild der Stadt gezeichnet ist.

Cette und Montpellier.

Wie auf der atlantischen Seite Frankreichs, den „Landes“ entlang, zieht sich auch an dem mediterranen Ufer, vom nördlichen Fuße der Pyrenäen bis zur Mündung der Rhône, einer Reihe jener eigenthümlichen Strandseen, bald größeren, bald geringeren Umfanges, welche die Franzosen als „Etangs“ bezeichnen und die hier durch Sandzungen und Nehrungen von der See abgesperrt worden sind. Eine Aufzählung dieser Etangs wäre hier zwecklos, es genügt als die bemerkenswerthesten jene von Leucate, Lapalme, von Bages und Sigean, von Gruissan, von Thau, Vic und Mauguio anzuführen. Die letztgenannten gehören dem Departement des Hérault an und verleihen der flachen Küstenlandschaft ein eigenthümliches Aussehen. Streckenweise sieht man sich auf einer langen Landzunge rings von Wasserspiegeln — eben den Etangs — umgeben, an deren Ufern die Salzwerke, les Salins, mit ihren niedrigen Hütten und den hohen Haufen Salz, die gewöhnlich mit Rohr gedeckt sind, sichtbar werden. Es ist eine ganz bedeutende Industrie, diese Salzgewinnung aus dem Meerwasser, das durch Canäle in flache Becken geleitet und dort von der Sonne ausgetrocknet wird. Eine eigenthümliche Fauna haust in diesen Becken, in welchen ein kleines Krebschen, Artemia salina, noch leben kann, selbst wenn das Wasser eine concentrirte Salzlauge bildet. Milliarden von diesen durchsichtigen, zart rothgefärbten Blattfüßern schwimmen umher und werden mit dem Salze ausgeschaufelt. Aber auch die Fischerei auf hoher See wird an dem ganzen Litoral schwunghaft betrieben mit sogenannten bateaux-boeufs. Zwei Schiffe spannen sich an ein ungeheures Sacknetz, welches in ziemlich beträchtlicher Tiefe auf dem Boden des Schiffes geschleift wird und Alles in einen weiten Sack zusammenfaßt. Küsten und Seen sind alle sehr fischreich, die Meeresfauna eine ungemein reichhaltige, und der Gedanke, in Cette, dem wichtigsten Seehandelsplatze Frankreichs am Mittelmeere außer Marseille, eine Station zoologique einzurichten, war jedenfalls ein glücklicher. Cette, eine Festung dritten Ranges, deren Regelmäßigkeit der Anlage auf die planmäßig moderne Gründung der Stadt hinweist, wie sie unter Ludwig XIV. stattgefunden hat, liegt amphitheatralisch am Fuße des 180 m hohen Mont St. Clair auf der schmalen Landzunge zwischen dem Etang de Thau und dem Mittelmeere und an der Mündung des schon oft genannten Canal du Midi. Die 35,000 Einwohner zählende Stadt bietet wenig Sehenswürdigkeiten und galt früher, trotz ihrer Wichtigkeit, für die unangenehmste und unsauberste des südlichen Frankreich. Jetzt ist Cette nicht mehr zu erkennen. Schöne, hohe Häuser haben sich längs den Canälen heraufgeschoben und eine breite Avenue führt vom Bahnhof nach der innern Stadt hin. Reges Hafenleben überall, denn breite Canäle, links und rechts mit verankerten Schiffen besetzt und durch Quercanäle und Becken verbunden, durchziehen die Stadt und münden einerseits in den unter Ludwig XIV. mit großen Kosten geschaffenen, gegen Versanden geschützten Hafen, andererseits in den Etang de Thau. Endlose Reihen von Fässern lagern auf den Uferdämmen und auf den noch leeren Bauplätzen ohne anderen Schutz als die Ehrlichkeit der Bewohner. Die meisten sind mit Wein gefüllt, niemals aber wird eines derselben fortgerollt oder auch nur angezapft.

„Ici on fabrique des vins", zu Deutsch: „Hier fabricirt man Wein" — diese Inschrift wird ein Cetter Industrieller mit größtem Gleichmuth über seinem Hofthor anbringen lassen. Und in der That werden alle Weine, wo immer in der Welt sie wachsen, in Cette gemacht. Man hat nur den Auftrag zu ertheilen für Johannisberger oder Tokayer oder den Falerner der Römer, und die Cetter Fabrikanten werden denselben prompt liefern. Sie sind große Chemiker, diese Herren, und haben die edle Kunst der Weinverfälschung — heute spricht man von „Kunstwein" — zu höchster Vollkommenheit gebracht. Sie brauen schlechten Bordeaux zusammen mit Veilchenpulver und rauhem Cider, färben ihn mit Cochenille und Sonnenblumen und schwören heilig und theuer, es sei köstlicher Chateau Margaux vom Jahrgang 1868 oder 1874. Champagner machen sie natürlich eimerweise. Wünscht man süße Liqueurweine aus Italien oder der Levante? Nun, die Cetter mischen alte Rhôneweine mit gesottenen süßen Weinen aus der Nachbarschaft von Lunel und belasten den Käufer mit irgend einem beliebigen Preis für die Flasche. Wünscht man neuen Claret alt zu machen? Ein Cetter Weinfabrikant wird ihn in seinen Ofen versetzen und nach vierundzwanzigstündiger geregelter Anwendung von Wärme als neunjährigen in Flaschen zurückgeben. Portwein, Xerez und Madeira werden selbstverständlich mit einer Art schlechten, wohlfeilen Weines und mit Branntwein als Grundstoff sowie mit der Hälfte der Materialien aus einem Droguistenladen zum Reifen, in Menge erzeugt. Cette ist in Wirklichkeit und thatsächlich die Hauptstadt und das Emporium der Kniffe und Schurkereien des Weinhandels und versieht fast ganz Brasilien und einen großen Theil der nordeuropäischen Völker mit ihren Nachtischgetränken. Den dankbaren Yankees sendet es Tausende von Tonnen Ay und Moët, außerdem endlose Mengen Johannisberger, Hermitage und Chateau Margaux, deren feine Eigenschaften und leckeres Aroma bei den transatlantischen Liebhabern in hohen Ehren stehen. Aber auch die Holländer, die französischen westindischen Colonien, die russischen Magnaten und die Briten sind Kunden der Cetter Industriellen. Allein das Hauptgeschäft der Stadt ist nicht sowohl Verfälschung als Mischung des Weins. Cette hat für diese bemerkenswerthe Fabrikation eine gute Lage. Die Weine des südlichen Spanien werden durch Küstenfahrer aus Barcelona und Valencia gebracht; die geringeren Bordeauxgewächse kommen durch den Canal du Midi und auf der Südbahn aus der Garonne herbei, die warmen und feurigen Rhôneweine nehmen aus Beaucaire ihren Weg längs der Kette von Teichen und Canälen. Es ist übrigens nur billig, zu betonen, daß im Süden Frankreichs ein anderer Maßstab der Beurtheilung der Weine herrscht als bei uns. Wir stellen die Blume und den Geschmack voran — Farbe und Alkoholgehalt sind uns fast Nebensachen. Aber nach diesem Maßstab beurtheilt man dort nur die Edelweine, wie Muskat, Lunel, Frontignan und dgl., die meist dem Rüssel der Phylloxera erlegen sind und von deren älteren Jahrgängen nur noch wenige Flaschen in den Privatkellern der Besitzer lagern. Die gewöhnlichen Weine, die dort ein wahres Lebensbedürfniß selbst für den Aermsten sind, werden im Gegentheil nach Farbe und Weingeist beurtheilt — der Geschmack kommt erst in dritter Linie, denn man versteht ihn eben zu Wege zu bringen durch coupages, d. h. durch Vermischungen mit anderen Weinen. So erklärt es sich, daß man auf die amerikanischen Rebsorten einige Hoffnungen setzen konnte. Die heutigen Anstrengungen im Languedoc gehen aber viel weniger auf Erzielung trinkbarer Weine aus amerikanischen Trauben, denn die Stöcke tragen nicht so viel wie die einheimischen Sorten, sie gehen vielmehr auf Erziehung einheimischer Trauben auf amerikanischen Wurzelstöcken. Die Phylloxera mag die amerikanischen Wurzeln ohne Schaden benagen; man pfropft einheimische Reben darauf und diese tragen Trauben, so viel und so gut, als ob sie auf einheimischen, von der Reblaus nicht benagten Wurzeln wüchsen. Mit seltener Energie wird jetzt dieses System befolgt. Es giebt große Grundbesitzer, die ihren ganzen Betrieb auf Vermehrung der amerikanischen Reben gegründet und große Vermögen damit in kurzer Zeit gewonnen haben. Man bekommt Achtung vor dieser Rührigkeit, die mit genauer Berechnung vorgeht und riesige Capitalien einsetzt, um dem Ziele näher zu kommen.

Den Mittelpunkt des Weinhandels, wie er aus dem südländischen Weinbau hervorgeht, bildet nun gleichfalls Cette, welches in zahlreichen Destillationen auch Spiritus verfertigt, der an Bedeutung die Weinproduktion mitunter übersteigt. Eine wichtige Sache ist schon die Beschaffung der Fässer, und so kommen von fernher ganze Schiffsladungen mit Faßdauben an, die in Fässer verwandelt wieder in die Welt hinausgehen.

Sollte ein Tourist nach Cette sich verirren, so möge er es nicht unterlassen, den Mont St. Clair zu besteigen, welcher ganz einsam auf der flachen Landzunge sich erhebt, zum Theil in steilen Felsmassen, die durch Steinbrüche noch schroffer geworden sind. Es ist Kalkstein mit sehr schönen Feldspathadern und starken Oxydationen, so daß ein brennendes Ockerroth massenhaft zu Tage tritt. Doch hat man dem nackten Boden überall Raum zum Anbau abgewonnen, und Weingärten decken ihn ganz. Auf der Spitze befindet sich eine kleine niedrige Kapelle, und von hier aus hat man eine großartige Rundsicht über Meer und Land. Letzteres tritt in weitem Bogen als ein weißkahles, felsiges Gebirgsland auf; in dem vor Allem der ausgebrannte Vulcan St. Loup sich auszeichnet. Ortschaften ziehen sich von den Höhen herab zu dem unmittelbar bei Cette sich sehr erweiternden Etang de Thau, darunter Balaruc mit seinen Soolbädern. Im Südwest schließt sich das Wasserbecken und der Berg von Agde tritt als Grenzscheide an das Meer selbst, am Hals der Landzunge, welche ganz flach, ohne Ortschaften, zum Theil nur aus Dünen bestehend, sich zu den Füßen unseres Berges erstreckt. In blauer Ferne lagern sich im Südwest die Vorberge der Pyrenäen, welche man bei sehr hellem Wetter selbst großartig in das Meer tauchen sieht. Nach Osten und Norden überschauen wir zunächst Stadt und Hafen, dann den wenig anziehenden Schienenweg nach Montpellier mit seinen Ortschaften. Lange kann man der Küste und dem dahinter sich ziehenden Etang de Maguelonne folgen, und schon rückt die Küste der Camargue sichtlich tiefer in das Meer herein, hinter sich die felsigen Hügelreihen dies- und jenseits der Rhône. Das Meer selbst ist dunkelgrün gefärbt, mit wechselnden blauen Streifen.

In Cette beginnt der Chemin de fer du Midi; er führt auf der flachen Nehrung südwärts nach dem alten Städtchen Agde, das malerisch am Fuße des gleichnamigen Vorgebirges, eines ziemlich bedeutenden Hügels liegt, der auf den ersten Blick einen erloschenen Vulcan erkennen läßt und mit der Kapelle der Madonna del Gran geziert ist. Salzsteppen und Salzbecken links und rechts, bis über das westliche Ende des Etang de Thau hinaus, geben der Landschaft ihr eintöniges Gepräge bis zum Ufer des hier tiefen, eng fließenden Hérault, der etwa eine Stunde von Agde sich in das Meer ergießt. Um so reizender erscheint das Städtchen selbst mit seiner grünen Umgebung, mit den überall umherliegenden Basaltblöcken und mit seiner wunderbaren Kirche, einer der ältesten Frankreichs, die einer Festung mit Zinnen und Schießscharten ähnlicher sieht als einem Gotteshause. Weiterhin durchzieht die Bahn die trefflich bebauten Gefilde von Languedoc. Charakteristisch ist hier die Weincultur. Man schneidet nämlich im Herbste die Stöcke bis auf einen wenige Centimeter hohen Stumpf ein, der dann im Frühjahr ausschlägt. Das abgeschnittene Rebenholz liegt an den Feldrändern aufgeschichtet. Bei Béziers erreicht die Bahn das Thal des Orb, über dem Béziers auf bedeutender Höhe, 70 m über dem Meere, sich stattlich aus dem gartenartigen Thale voller Oel- und Maulbeerbäume, Weingärten, Frucht- und Gemüsepflanzungen und Landhäuser erhebt. Daher das Sprichwort: Si Deus in terris, vellet habitare Beterris (Wäre Gott auf Erden, so würde er in Béziers wohnen wollen). Aus herrlichen Obstgärten, grünen Wiesen, Meierhöfen baut sich der schroffe Berg empor, im oberen Theile durch hohe Mauern in Terrassen getheilt, über die das üppige Grün der Gärten sich schlingt; die Häuser stehen unmittelbar auf der oberen Mauer. Aber über Alles ragt die hohe, gothische Kathedrale St. Nazaire, gegen die goldene Sonne ihre prachtvolle Rose der Façade gleichsam erschließend, während die schweren Massen eines viereckigen Hauptthurmes sich an die Ostseite anlehnen. Der Canal du Midi ist über den Orb in einem schönen Aquäduct geführt, und 1 km von Béziers befindet sich die Schleuse von Fonseranne, wo das Wasser in acht Stufen herabfällt. Ueber den Orb führt außerdem eine 245 m lange steinerne Brücke aus dem vierzehnten Jahrhundert. Von Béziers führt die Ligne du Midi weiter südwärts nach Narbonne, zwischen weiten Flächen von Weinland, das gerade an diesen Abhängen den feurigsten Muskatwein hervorbringt. In umgekehrter Richtung zieht ein Schienenweg nordöstlich nach dem Departements-Chefslieu Montpellier; er kreuzt bei Pézenas den Hérault, welchen eine Zweigbahn in sein herrliches Oberthal begleitet und dann in jenes seines Zuflusses, des Lergue, abbiegt. Endstation ist dort das schlecht gebaute Städtchen Lodève, Cardinal Fleury's Geburtsort, am Zusammenflusse des Lergue und Soulondre. Es liegt in einem prächtigen Thale der Monts Garrigues, eines Theiles der Cevennen, die der Leser bald in ihrem Zusammenhange kennen lernen wird.

Der Anblick dieser Gebirgskette, welche die reiche, vielfach gegliederte Fruchtebene begrenzt, begleitet ihn auch auf der Fahrt nach Montpellier (56,000 Einwohner). Mons pistellanus, d. i. „Mühlberg“, ist die älteste urkundliche Schreibung des Namens, wobei man an Windmühlen, nicht an Wassermühlen zu denken hat; dieser Name hat sich schon im zwölften Jahrhundert in Mons pessulanus verschliffen, während eine galantere Ableitung den dermaligen Namen auf einen Mons puellarum (Berg der Mädchen) zurückführt. Im Languedokischen heißt Montpellier Mons Peylat, d. h. der verschlossene, verwahrte Berg, und trägt im Namen bereits das Eigenthümliche seiner Lage zur Schau: es bekrönt einen Berg, welcher den letzten Schlüssel der Cevennen gegen das nahe Meer hin bildet und nur im Westen mit dem weiteren Höhenzug zusammenhängt, während das kleine Flüßchen Lez nach Nordost ein tief einschneidendes Thal bildet, das Montpellier auch gegen das Gebirge isolirt. Von der Höhe des Hügels genießt man einen umfassenden Ausblick zum Meer, zum Mont Ventoux und zu den Pyrenäen, sowie auf die umgebende schöne Campagne mit ihren Landhäusern, Obstpflanzungen und Gärten. Solche Fernsichten bieten die Häuser, welche die Außenseite des alten Montpellier bilden und an die Stelle der gewaltigen Ringmauern getreten sind, während die stattlichen Paläste, die in ihrem Innern große mit Säulenhallen und breite, langsam aufsteigende Treppen haben, in enge steile Straßen gedrängt erscheinen. Nur die Marktstraße, die ins Innere führt, ist breit und prächtig. Aber selbst die engen und winkeligen Straßen der alten Stadt haben immerhin ein stattliches Aussehen und sind sauber und gut gehalten. Ein Boulevard mit Bäumen zieht rechts und ein baumloser mit stolzen Häusern links um die Stadt hinauf zur berühmten Promenade le Peyrou, zu welcher man durch den gleichnamigen Triumphbogen hinaustritt. Es ist eine rechteckige Terrasse mit Bäumen und weiter, freier Aussicht nach beiden Seiten. Mit ihrer weiten Fläche erscheint sie dem nordischen Reisenden nothwendig dürr und kahl. Mitten auf dem Platze erhebt sich die Reiterstatue Ludwigs XIV., neben dem Triumphbogen aber steht der großartige, weißglänzende Justizpalast mit schöner, der Antike nachgebildeter Säulenvorhalle, während das Wassercastell, ein stattlicher, achteckiger Pavillon, den Peyrou abschließt. Tief unter den Alleen des Peyrou liegt nordwärts nahebei der Botanische Garten, der älteste in Frankreich und früher der berühmteste in Europa, mit prachtvollen und mannichfaltigen Baumpartien, unter denen Pinien und eine hohe Ceder hervorragen. Dem Jardin des plantes schräg gegenüber ragt die Ecole de médecine hervor, ein düsteres, burgähnliches Gebäude. Bekanntlich ist Montpellier die alte Heimath der Arzneikunde und Naturwissenschaft, Vaterstadt und Bildungsort berühmter Aerzte und Naturforscher; auch heute noch blüht die Wissenschaft in Montpellier, und nur 2 km von der Stadt hat sich neuerdings die Ecole nationale d'agriculture aufgethan. Musterwirthschaft, Versuchsstation und Unterrichtsanstalt zugleich, soll das Institut besonders diejenigen Zweige der Landwirthschaft ins Auge fassen, welche im Süden Frankreichs betrieben werden: Seidenwürmerzucht, Oel- und Weinbau.

An Kirchen besitzt Montpellier wenig Sehenswerthes. Zur Seite der Medicinischen Schule steht die Kathedrale St. Pierre. Ihre Stirnseite, auf einen steil aufsteigenden Platz gewendet, wirkt durch eine merkwürdig hoch gezogene Vorhalle, die vorn auf zwei ungeheuren Rundpfeilern ruht und nur von einem Thurm flankirt wird, da der andere zerstört ist. Das Innere ist durchaus modernisirt und kahl. In der Zeit der Reformation ein Hort derselben, ist Montpellier heute wieder eine gut katholische Stadt, in welcher, wie in allen großen Städten des Südens, wo es mehrere Kirchspiele und mehrere Brüderschaften von „Büßern“ giebt, das Fronleichnamsfest acht Tage dauert. Während dieser Zeit, welche die Processionswoche genannt wird, zieht ein Achtel der Bevölkerung, mit den schönsten Festkleidern geschmückt, vor den übrigen sieben Achteln vorbei, welche sich in den Straßen hin und her drängen, um die Procession an den prächtig gezierten Häusern dahinwallen zu sehen. Die Zierrathen der letzteren bestehen hauptsächlich in weißen Vorhängen, sehr oft erblickt man aber auch alte Tapeten aus dem sechzehnten und siebzehnten Jahrhundert, auf denen Scenen dargestellt sind, welche oft ebenso heidnisch sind wie jene, welche der Papst von Raphael oder Giulio Romano für die Säle des Vaticans malen ließ. Auch von den „Büßern“ (pénitents), deren Brüderschaften um diese Zeit gleichfalls ihren Umzug halten, macht man sich vielleicht unrichtige Vorstellungen, da ihr Name anzudeuten scheint, daß es finstere, menschenscheue Wesen seien, welche sich den strengsten Andachts- und Bußübungen hingeben. Es sind aber nichts als einfache, schlichte Handwerker, friedliche, fröhliche Bürger, welche Allen zugängliche (non secrètes) Gesellschaften bilden, um ihren unglücklichen Brüdern zu helfen, Vespern zu singen und Predigten zu hören. Sie führen auf diese Weise ein so höchst unschuldiges Leben, daß sie keine Buße zu thun brauchen: ihr Name „Büßer“ ist eine widersinnige Bezeichnung. Ihre Tracht besteht in einem langen Talar, der mit einer Kapuze versehen ist. Die Zeit der Umzüge ist zu Montpellier das, was zu Paris die Promenaden im Bois de Boulogne sind; man will seine Toilette zeigen. Die Mädchen aus dem Volk, reizende Wesen, verlassen in der festlichen Woche ihr niederes Häuschen und erscheinen in glänzendem Schmucke; sie wissen sich mit unglaublichem Geschmack mit Bändern, Spitzen und Blumen zu putzen, während im Uebrigen die Tracht der jüngeren Mädchen bis etwa zum fünfzehnten Jahre seltsam und unschön ist. Das Haar ist kurz geschoren und ein taillenloses, sackähnliches Gewand hängt von den Schultern herab. Die Frauen im Languedoc lieben dunkle Farben, Kleider von dunkelblauem Zeug und weiße Hauben von Leinwand; breite Streifen, welche unter dem Kinn kreuzweis gesteckt sind, werden noch über den Kopf geschlagen und hängen zu beiden Seiten herab. Ueber diese Hauben werden runde Hüte von schwarzem Filz gesetzt, deren Hintertheil sich hoch erhebt; die Schuhe endlich sind von Holz und inwendig mit Stroh gefüttert, um die Füße nicht wund zu reiben. Die Tracht der Männer im Languedoc ist die gewöhnliche: Hemd, Beinkleider von einem Gurt gehalten, ein Rock. Bei der Arbeit im Freien bleibt der Rock bei den Knechten, seltener bei den Herren, hinweg. Beim Kirchweihfeste, welches auf den ersten Sonntag im September fällt, legt in Nieder-Languedoc der Greis den Sammtrock an, welcher mit seinem Herrn ergraut ist.

Diese Kirmessen bilden in den ländlichen Gemeinden wahre Fest- und Freudentage. Die Männer erlustigen sich am Kugelspiel, wobei sie die Weinpreise erörtern, und am Kartenspiel, wo die Vieh- und Kornpreise zur Sprache kommen; die Zunge befeuchten sie ab und zu mit jener goldigen, würzhaften Flüssigkeit, welche im Lande als „Carthagène“ bekannt ist; auch leisten sie sich Imbisse würdig eines Gargantua. Ganz besonders für die jungen Leute beiderlei Geschlechts ist die Kirmeß aber ein Jubeltag, da an ihm Tanz, Fröhlichkeit, Liebelei, kurz alle die berauschenden Freuden der Jugend ihren Einzug halten. In den Dörfern des Südens bilden alle unverheiratheten jungen Leute eine lustige Vergesellschaftung, die Jeunesse (Jugend) genannt, mit einem Oberhaupt, dem Cap de jouvén, an der Spitze. Schon frühzeitig bringt die Jeunesse, deren Cap die Vereinsfahne trägt, während näselnde Oboen den Zug beschließen, den Festkuchen daher. In kleine Stücke zerschnitten, wird er in einem großen Korbe von den zwei schönsten Mädchen der Dorfschaft getragen und in allen Häusern vertheilt, wo sich ein junges Mädchen oder ein Jüngling befindet. Es ist dies eine den Eltern geschickt auferlegte Steuer, denn diese sind als Gegenleistung bemüßigt der Jeunesse Geschenke zur Stärkung der Tänzer oder auch Geldgaben zu spenden, welche die Kosten des Tanzsaales zu bestreiten dienen. Bald geben die Klänge der ländlichen Oboen und der aus Montpellier herbeigeschafften Musik das Zeichen zur „Farandole“, was den fröhlichen Beginn des Festes bedeutet. Jeder nimmt ein Mädchen bei der Hand, und, eine ungeheure Kette, wälzt sich die „Jugend“ fort. Alle Verheiratheten sind von dieser Volksbelustigung ausgeschlossen. Die Farandole ist oft graziös, ruhig und elegant. Sie gleitet leicht über den Boden, dreht sich schweigend in den Straßen und auf den Plätzen, und ist dann der hübscheste Tanz, den man sich denken kann. Sie heißt dann „Branle“. Der Cap de jouvén eröffnet fahneschwingend den Zug, der Oboist am Ende der Kette spielt eine lebhafte Melodie, die an Galopp erinnert. Die Tänzer führen geräuschlos gleitend Schritte, Ronden, Figuren aus, und dieser Branle findet alle Tage in der Festzeit bei Beginn und am Ende des Balles statt. Zumeist ist er der Ausdruck einer heiteren, keuschen Freude; manchmal aber nimmt er einen andern Charakter an, beginnt mit Piano und endet in einem gewaltigen Crescendo. Die Farandole wird dann zu einer Art Kirchthurmrennen, toll und fürchterlich, in tausend Wendungen auf ihre Schritte zurückkommend; sie dringt dann durch alle Thüren, springt durch die Fenster, setzt über die Schranken, kennt kein Hinderniß, trägt den Schrecken in alle Häuser, hüpft und rennt, bis daß der erschöpfte Oboist seinem Instrument den letzten kreischenden Ton entlockt. Die Aufgabe der Tänzer ist, niemals die Hände von einander loszulassen und dem Cap de jouvén blindlings zu folgen. Letzterer wird alljährlich erwählt und ist der König des Festes. Er leitet und befiehlt, er trägt die Verantwortung für alle

Belustigungen und hat die Ordnung aufrecht zu erhalten. Nach der Farandole geht es zum Ball, welcher unter einem großen, fahnengeschmückten Zelte stattfindet und das Fest beschließt.

Nimes.

Montpellier, das wir nunmehr verlassen wollen, liegt nur 11 km vom Meere entfernt, welches dort den flachen Busen von Aiguesmortes ausgenagt hat, in den der gleich dem Hérault von den Cevennen herabkommende Vidourle einmündet. Er durchfließt die Landschaft Vaunage, und diese geht unmerklich in die Küstenebene über, welche im Osten von dem schönen Bergzuge begrenzt wird, dessen vorspringendste Bastion der prächtige Pic de St. Loup ist. Sanfte, liebliche Hügelketten, mit grünen Pflanzungen, Ortschaften und Villen bedeckt, unter denen das Städtchen Castries sich durch seine malerische Lage auszeichnet, strecken sich in die Ebene herein, und noch ehe sie über den Vidourle setzt, berührt die Eisenbahn Lunel, weltberühmt durch seine Weine, insbesondere durch seinen Muskat, während die trefflichen Produkte seiner Wermuth- und Absinthfabriken weniger allgemein bekannt sind. Heute ist der Anblick der Weinberge um Lunel, Frontignan und andere Namen, bei denen man unwillkürlich mit der Zunge schnalzt, ein wahrhaft schmerzlicher; kahle Rebenköpfe, abgestorbene Schenkel, wo überall noch Laub zu sehen, Alles gelb und blaß. Allenthalben werden die Rebstöcke ausgehauen und durch Oelbäume ersetzt. Unfern von Lunel ist eine Höhle, welche durch die fossilen Knochen, die sie enthält, wichtig ist. Der Vidourle bezeichnet hier die Grenze zwischen den beiden Departements des Hérault und des Gard, welch letzteres einen schmalen Zipfel bis ans Meer, an den Golf von Aiguesmortes erstreckt. Hier liegt die gleichnamige, regelmäßig gebaute Stadt (an 4000 Einwohner), 4 km von der Küste entfernt, von Salzsümpfen umgeben, an vier Canälen, von denen der hier einmündende Canal von Beaucaire der bedeutendste ist. Er zieht ziemlich parallel mit dem vom Hauptstrome bei Arles südwestwärts abzweigenden Petit Rhône, welche beide zusammen das Gard-Departement im Osten begrenzen, und hat seinen Namen von der am rechten Rhôneufer liegenden alten Stadt Beaucaire, dem Ugerum der Römer. Ihr jetziger Name kommt von dem ihres Schlosses im Mittelalter, Bellum Quadrum, von welchem heute noch eine schöne Ruine auf einem über der Stadt malerisch sich erhebenden Felsen vorhanden ist. Beaucaire liegt gegenüber der Stadt Tarascon, mit der sie durch eine Eisenbahn- und eine Kettenbrücke verbunden ist, und hat nicht unbedeutende Industrie. Berühmt ist Beaucaire durch die 1217 vom Grafen Raimund von Toulouse gestiftete Magdalenenmesse, die jährlich vom 21. bis 28. Juli hier gehalten wird, früher von 300,000 Fremden besucht wurde und zum Abschluß der Geschäfte Frankreichs mit Italien und dem Orient diente. Jetzt hat die Messe ihre frühere Bedeutung verloren, obgleich immerhin noch gegen 100,000 Personen aus Europa und dem Oriente sich versammeln. Die Wiese an der Rhône wird zu einer Zeltstadt; die Waaren von Lyon, aus der Schweiz, Deutschland, Italien, Spanien und aus der Levante fließen hier zusammen, und Geschäfte werden in Seide, Manufacturen, Leder, Wein, Oel und Südfrüchten abgeschlossen.

Eine dreiviertelstündige Eisenbahnfahrt durch hügeliges Land, welches verschiedene Kunstbauten nöthig gemacht hat, legt die 27 km zurück, die Beaucaire von Nimes, dem Chefslieu des Gard-Departements, trennen. Die 64,000 Einwohner zählende Stadt breitet sich in herrlicher Ebene, von Talk-Hügeln, Vorstufen der Cevennen, umgeben, und am Fuße eines Berges aus, den die unförmliche Steinmasse eines sonst interesselosen, achteckigen und 28 m hohen Wartthurmes, wegen seiner Größe Tourmagne genannt, krönt. Der Sage nach von den Phönikern erbaut, ist er berühmt durch die weite Fernsicht, welche bei klarer Witterung sogar die dunklen Umrisse der Pyrenäen zeigt. Den Abhang des Berges hat man mit Pinien bepflanzt, und am Fuße desselben entspringt die altberühmte Quelle von Nimes. Die Stadt zerfällt in die alte eigentliche Stadt mit engen, schlechten Gassen und in die neue mit geraden, schönen Straßen; beide sind von einander durch prächtige, mit Bäumen bepflanzte Boulevards getrennt. Schon seit alter Zeit ist Nimes eine bedeutende Industriestadt; sie beschäftigt sich hauptsächlich mit Seiden-, Woll- und Baumwollspinnereien, mit Webereien und hat beträchtliche Eisengießereien; auch ist Nimes nächst Béziers Hauptsitz der Spritfabrikation des Languedoc und des Weinhandels. Allein aller dieser Dinge wegen wäre Nimes nimmer eine der interessantesten Städte Südfrankreichs, wie sie es thatsächlich ist. Dazu stempeln sie lediglich die zahlreichen Bauwerke aus der Römerzeit, welche das alte Nemausus, die Vaterstadt des Kaisers Antonin, dem Nimes unserer Tage hinterlassen hat. Obenan steht das rabenschwarze Riesengebäude, das auch ohne fremde Belehrung sich als Amphitheater (les arènes) zu erkennen giebt. Ganz fremd der jetzigen Welt und ihrem Treiben steht dunkel und ehrwürdig das kolossale Denkmal menschlicher Größe und ihrer Vergänglichkeit, aus Felsenstücken zusammengethürmt, deren Durchmesser uns die Kräfte unbegreiflich macht, welche hier walteten, und die gleichfalls ohne Mörtel und Kitt seit vielen Jahrhunderten blos durch eigene Schwere auf einander ruhen. Und nicht eingesargt gleichsam zwischen engen, auf dem Schutt hochliegenden Häusern, sondern auf breiter, geebneter Straße tritt das Amphitheater dem Beschauer entgegen als eine Ellipse von 133,88 und 101,4 m Durchmesser. Die Arena mißt 69,14 und 38,34 m Durchmesser; 120 Arcaden umgeben es in zwei Reihen über einander; auf den 35 Sitzreihen finden 24,000 Zuschauer Platz. Zuweilen werden noch darin Stierkämpfe veranstaltet, welche als eine von den vielen Südfrankreich mit Nordspanien verbindenden Sitten auch in manch anderer Stadt des Rhônegebietes noch bestehen. Doch geht es etwas anders zu bei diesen Festlichkeiten, welche den Namen „Ferrade" führen, weil man den wilden Stieren der Camargue den Brand aufdrückt. Das Schauspiel lockt stets eine große Menschenmenge nach Nimes und in das Amphitheater, wohin die Thiere schon nächtlicher Weile gebracht werden. Das Fest beginnt Nachmittags mit Trompetengeschmetter, worauf zwei berittene Bauern den in die Arena eingelassenen Stier reizen und mittelst eines Dreizacks in die Nüstern zu stechen suchen, bis das Thier ermüdet ist und plötzlich ein in Scharlach gekleideter Mann erscheint, welcher ihm das glühende Eisen aufdrückt, worauf der Stier sich gewöhnlich fesseln und ruhig abführen läßt. Ungeschicklichkeiten seitens der Reiter erregen die heftigste Mißbilligung des Publicums und nicht immer nimmt die Sache einen unblutigen Verlauf. Wie in Spanien fällt dem wüthenden Stiere manches Pferd zum Opfer, und auch das Leben der Reiter schwebt oft in Gefahr. Hart an das Amphitheater stößt der eleganteste Theil der modernen Boulevards mit den Hauptmagazinen und schönen öffentlichen Bauten.

Kein Denkmal antiker Baukunst ist aber vielleicht besser in allen seinen Theilen erhalten, als der schöne, den Söhnen des Augustus geweihte ungemein anmuthige und gefällige Tempel, der unter dem Namen der Maison carrée allbekannt ist. Dreißig wunderschöne, cannelirte korinthische Säulen umgeben den innern Tempel, der ein längliches Viereck bildet und ein sogenannter Pseudoperipteros ist. Die zierlichen Capitäler dieser Säulen und Halbsäulen sind aus Olivenblättern zusammengesetzt und, sowie auch die geschmackvollen Verzierungen an Fries und Gesims, mit unendlicher Sorgfalt gearbeitet. Die dicht beim heutigen Theater sich erhebende Maison carrée ist 25,65 m lang, 13,45 m breit und hoch. Der Tempel wurde von Kaiser Hadrian erbaut und dient jetzt als Alterthumsmuseum. Das „Cäsarthor“ ist ein römischer Triumphbogen; auch das Stadtthor ist römisch. Vom Dianatempel, einem antiken Nymphäum, sind nur Trümmer erhalten. Die hohe Vollendung, welche dieselben in allen Verzierungen aufweisen und die Gliederung der Nischen mit theilweise gebogenen Frontispicen bezeugen, daß das Werk der besten Zeit römischer Baukunst angehört. Nimes wimmelt noch von andern Ueberbleibseln aus den Zeiten der Römer. Grundmauern großer Gebäude, antike Trümmer aller Arten architektonischer Verzierungen deuten auf das ehemalige Dasein großer herrlicher Gebäude, die mit dem Volke, das sie erbaute, versanken. In Verbreitung ihres Rufes stehen aber die Maison carrée, das Amphitheater und der Dianatempel gleich den größten Werken von Rom selbst, und ihnen schließt sich ebenbürtig ein anderes Denkmal an, welches zwar 23 km von Nimes entfernt liegt, aber ein beliebtes Ausflugsziel von dort aus bietet. Bei dem Orte Remoulins schießt nämlich der Gard, ein aus den Cevennen herabkommender Seitenfluß der Rhône, durch einen engen und einsamen Grund, und hier führt über ihn der sogenannte Pont du Gard, die alte, 41 km lange Wasserleitung, welche die Gewässer der Quellen Eure und Airan zur Naumachie des alten Nemausus schaffte. Sie ward von Agrippa, dem Schwiegersohne des Augustus, erbaut, der auch an der Quelle von Nimes Bäder anlegte. Man sieht drei Reihen über einander gebauter, schön gewölbter Bogen, gelehnt an beiden Seiten auf das mit ihnen gleich hohe Felsenufer des unter ihnen hinströmenden Flusses. Das Bauwerk ist toscanischer Ordnung, aus Quadersteinen aufgeführt, ohne Mörtel und Kitt, blos auf sich selbst beruhend. Sechs große Bogen bilden die untere Reihe, elf ebenso große die zweite längere Reihe, über welche sich noch 35 kleinere Bogen thürmen. Das Ganze ist 48,8 m hoch, 269 m lang und dient jetzt als Brücke für die Fußgänger.

Die Cevennen.

Den ganzen Westen des Gard-Departements füllt und begrenzt der Zug der Cevennen (les Cevennes), eine zusammenhängende Kette, welche vom Canal du Midi im Süden bis zum Mont Pilat südöstlich von St. Etienne sich erstreckt. Die Ausdehnung der ganzen Kette, welche die Departements der Obergaronne (Haute Garonne), Aude, Hérault, Aveyron, Tarn, Gard, Lozère, Ardèche und Oberloire (Haute Loire) ganz oder theilweise bedeckt, beträgt 250 km und bildet die Wasserscheide zwischen dem Atlantischen Ocean und dem Mittelländischen Meere. Manchmal werden die uns schon bekannten Berge von Charolais, Lyonnais und Beaujolais zu den Cevennen im weiteren Sinne gerechnet, doch haben sie nichts mehr mit denselben zu thun. Die ganze Cevennenkette besteht fast überall aus Urgebirgsmassen, ausgenommen die Basaltdurchbrüche im nördlichen Theil, und die jurassische Partie in den Garriguesbergen. Sie zerfällt in mehrere Einzelketten, welche besondere Namen führen und von denen nach beiden Seiten Ausläufer gehen. Als solche lernte der Leser schon im äußersten Süden die Montagnes Noires kennen, die unmittelbar an der Senke aufsteigen, in welcher der Canal du Midi von der Garonne zum Mittelmeer zieht. Ihnen schließen sich von den Quellen des dem Orb zufließenden Jaur die 40 km langen Monts de l'Espinouse an, 1100 m hoch; von ihnen aus gehen die welligen Berge von Caune, welche die Quellen des Sorgues und des Agout von einander trennen. Die Espinouse-Berge sind jurassische Bildungen, wie ihre nordöstliche Fortsetzung, die 45 km langen Monts Garrigues, welche von der Orbquelle bis zum Laigonat als Kamm der Hauptkette streichen: ein rauher, gewundener Zug, der wie die Berge des Gevaudan nach Westen in die Hochplatte der Causses, den südöstlichsten Theil des französischen Centralplateaus, verläuft, und zwischen Orb und Hérault das bis 992 m hohe, schroffe, von tiefen Thälern zerschnittene Escandorgue-Gebirge absendet. „Garrigues" nennt der Provençale die trostlosen, mit kümmerlichen Büschen von immergrünen Eichen bewachsenen Kalkhügel, zwischen welchen unter anderen das Städtchen Lodève eingebettet ist. Von hier aus nordwärts beginnen die eigentlichen Cevennen, die man wieder in nördliche und südliche scheidet. Die nördlichen, auch die „oberen" genannt, weil ihre höchsten Spitzen die der südlichen um etliche Meter an Höhe übertreffen, haben den Charakter einer Hochplatte; dort dehnen sich jene vielgenannten „Causses" (Hochebenen) aus, in welche die Thäler in schroffem Absturz eingesägt sind; anders die „unteren", d. h. seewärts gelegenen, südlichen Cevennen. Hier kommen auf dem Rücken einzelner Berge, z. B. der Luzette, hie und da zwar Causses von geringer Breite und Ausdehnung vor; meist aber schärfen sich die Berge zu schroffen, wildgezackten Kanten und Spitzen, ja Nadeln zu. So ragt im Südwesten als fernste Hochwacht der Montdardier mit einer Reihe von Gipfeln und endlich in einen gewölbten Rücken verlaufend, an dessen Fuße das gleichnamige Schloß sich zeigt; links vor ihm steigt die steile Pyramide der Roquedure, links von ihr der hohe Kamm des Mont Lirone; im Vordergrund senkt sich das Gebirge Stockwerk um Stockwerk, von Kette zu Kette bis in die Tiefe des Héraultthales herab. Rechts von da wird ein langer, grüner Grat hoch überragt von der langgestreckten schroffen, wunderschön gerippten Wand der Luzette, deren Ende sich an den Paß des Esperan, den Centralpunkt der südlichen Cevennen, südlich vom 1567 m hohen Mont Aigoual, anschließt. August Ebrard, dessen trefflicher Schilderung ich im Vorstehenden folgte, führt uns diese Cevennen als eine großartige Gebirgslandschaft vor, in der man sich in das Hochgebirge der Schweiz versetzt fühlt.

In das Herz dieser südlichen Cevennen, nach dem Städtchen Le Vigan im Gard-Departement, führt ein bei Gallargues von der Hauptbahn abzweigender Schienenweg und zieht sich dem Flüßchen Vidourle entlang aufwärts zwischen unbedeutenden, langweiligen, felsigen, spärlich mit Chêne-vert bewachsenen Anhöhen. Erst bei La Sauve tritt man in ein wirkliches Bergthal. Wilde, zerrissene Felsenzinnen weißschimmernden Kalkes und grauen Dolomites thürmen sich über dem Städtchen zu noch nicht sehr bedeutender Höhe und erinnern durch ihr Aussehen und ihren Höhlenreichthum lebhaft an die fränkische

Schweiz. Freundlicher gestaltet sich durch Weinberge und Kastanienbäume die Vegetation bei St. Hippolyte, gleich Anduze ein reizendes Cevennenstädtchen, das besonders Seide baut und eine intelligente, wohlhabende, reformirte Bevölkerung enthält; schon schauen aus der Ferne einige mächtig aufstrebende Felsenriesen, die das Thal des Hérault von dem des Riutor trennen, herüber. Wir nehmen von der Vidourle Abschied. Ein Tunnel führt in das Thal des Riutor, in den Felsenschlund des steinernen Flusses, denn der Riutor hat niemals Wasser. Er ist das hinterlassene, todte, unverändert bleibende Bette einer vorweltlichen Fluth, welches in der erweiterten Thalebene an dem freundlichen Städtchen Ganges vorüber in dem des munter strömenden klaren Hérault sein Ende findet. Kaum irgend eine Scenerie ist überraschender als der Blick beim Ausgang des langen Tunnels von Sumenes, der aus dem nackten Felsenschlunde des Riutor in das zauberische Thal des Hérault führt. Die weißen Marmorwände sind verschwunden, der Thonschiefer mit seinen wunderschönen Formen, mit den prächtig modellirten, bis ins Kleinste individualisirten Rippen, die als Strebepfeiler die himmelhohen Zinnen tragen, ist an die Stelle des Kalkgebirges getreten. Man überschreitet den Hérault auf hoher Brücke, um ihn sogleich wieder zu verlassen und einem ebenso schönen Seitenthale nach Le Vigan zu folgen. Le Vigan ist ein bezeichnendes Exemplar der Cevennenstädtchen. Hohe, massive Häuser, enge Gassen, ein einziger, mehr langer als breiter Platz.. Auf Schatten und Kühle ist die ganze Bauart eingerichtet. Folgt man, statt nach Le Vigan sich zu wenden, dem Hérault in seine Quellgegend, so gelangt man in ein prächtiges und, wie sich bei dem Reichthum der Culturen erwarten läßt, wohlbevölkertes Thal; freundliche Ortschaften mit anmuthigen Landhäusern liegen malerisch die Hügel hinan, darunter Valleraugue, welches Ebrard keinen Anstand nimmt, als das Berchtesgaden der Cevennen zu bezeichnen. So schroff sind die Höhen, so tief das Thal, daß der Ort Valleraugue im Winter mehrere Monate lang die Sonne nicht zu sehen bekommt. Wenige Flüsse haben ein engeres und wilderes Bett, als der Hérault, welcher sich im Verlaufe von Jahrtausenden seine Bahn durch das feste Urgestein gebrochen hat. Wenn er aus den felsigen Schluchten des Aigoual heraustritt, in denen er entspringt, so nimmt er die Gewässer der Voignes und des Lamalou auf und durchfließt dann die berüchtigten Schluchten von St. Guilhem du Désert, wo er sich mit starkem Fall durch sein tief eingeschnittenes, launenhaft gewundenes Bett zwängt, und die harten Klippen auf beiden Ufern nicht einmal Raum zu einem Saumpfad, geschweige denn zu einer Brücke oder einem Stege geben. Zuweilen ist sein Bett hier so schmal, daß ein geübter Springer wohl mit einem kühnen Satze darüber hinwegsetzen kann; an anderen Stellen aber, wo der Pfad oder Weg zwischen zwei Dörfern über den Hérault führt, kann man nicht anders über den Fluß setzen, als indem man auf einem ausgespannten Tau hinüberreitet oder rutscht, wie ein solcher origineller Uebergang in der Nähe von St. Guilhem du Désert besteht. An manchen Stellen scheint der Hérault früher einen unterirdischen Lauf genommen zu haben und seine Decke erst später eingestürzt zu sein, wie bei der Quelle des Fourcade, wo man noch die halb zerbrochenen Deckplatten sieht, durch deren eine diese Quelle sich in Hunderten von Wasserfäden ergießt, so daß die rege Einbildungskraft der Umwohner dieser Stelle der Aehnlichkeit wegen den Namen des „Regenschirms“ gegeben hat. Unter den übrigen zahlreichen Quellen, welche dem Hérault zufließen, ist die bedeutendste die der Clamouse, welche mit donnerndem Brausen aus dem Schooß der Felsen hervortritt (woher auch ihr Namen la clamosa, die lärmende), wenige Schritte von ihrem Ursprung eine Mühle treibt, dann von einem halbkreisförmigen gemauerten Becken aufgefangen wird und nun durch Hunderte von Spalten und Ritzen sich in den Hérault ergießt. Wahrhaftig großartig und wild ist die Natur hier am Oberlauf dieses Flusses, welchen aber nur selten ein Fremder besucht. Der Hérault ist nur auf einer sehr kurzen Strecke schiffbar, nämlich von dem Flecken Bessan bis zu seiner Mündung.

Alpinisch ist der Charakter der Berge und Thäler in den südlichen Cevennen, aber nicht der der Dörfer und ihrer Bauart. Der Mangel an Bauholz und der Ueberfluß an festem Gestein mußten zum Steinbau führen und der Mangel an ebenem Raum zum Aufthürmen der Gebäude in die Höhe. Da zudem der Cevenole kein Getreide-, sondern ein Seidenbauer ist, so fällt auch das Bedürfniß der geräumigen Scheune neben dem Wohnhaus hinweg. Die Häuser stehen möglichst zusammengedrängt; wo ein Hof vorhanden, ist er sehr klein und eng. Eine einzige, enge gepflasterte Gasse windet sich zwischen und an allen Häusern vorbei, stets in gebrochener Linie, und macht so die Anlage von Quergassen überflüssig; bei etwas abhängigem Boden bildet sie auch den natürlichen Abfluß zwischen einer höher und einer niedriger gelegenen Düngerstätte. In der Regel hat das Haus eine „Galerie" (auch Terrasse genannt), d. h. einen steinernen Vorsprung, zu dem eine Steintreppe seitwärts von außen hinaufführt. Von dieser Galerie aus geht eine Thür, die bei Tage stets offen und mit einem Leinenvorhang verhängt ist, in die fensterlose Wohn- oder Küchenstube, aus welcher dann zur Rechten und Linken andere Thüren, meist auch nur mit Tüchern verhängt, in weitere Stuben gehen, die, je nach Bedarf als Schlafgemächer oder Arbeits- oder Besuchszimmer verwendet, immer aber sehr einfach gehalten sind. In einem höheren Stockwerke befindet sich unter anderen der Raum für die Zucht der Seidenwürmer oder auch die Vorrathskammer der Cocons. Was nun die Menschen und ihr Leben betrifft, so ist der Cevenole durchschnittlich schlank, hoch, muskelkräftig, der Gesichtsausdruck intelligent und geistig geweckt, die Gesichtsbildung angenehm; die Hautfarbe nicht so gebräunt, als man bei der großen Hitze erwarten sollte. Die Sprache ist die der alten Troubadours, lo lengo d'oc, welche man die provençalische nannte, wobei nicht an den Umfang der französischen Provence, sondern an den der römischen Provincia zu denken ist; ou wird wie u ausgesprochen, dagegen sind ai, au, òu, èi, èu, ièu, oi und oa wahre Diphthongen = ai, au, ou, ei, eu, iéü, oi und oa; die auslautenden Consonanten sind niemals stumm, ch lautet = tsch, auch dß, j = dsch, gue = dem englischen w. Ich bin, du bist rc. = iou sièu (auch ièu siol), tu sias, el es (auch èi), nostres sian (auch sen), vostres sias (auch ses), elles soun. Der Vater = lou payre, der Bruder = lou frayre, die Kirche = l'ogleiso, der Brunnen = lo fount, der Esel = lou nase, die Eselin = lo sòumo, das Haus = l'oustau; mon cher petit cousin = moun cher mounid cousin; bist du in deinem Hause gewesen? Nein = Sias estad din toun oustau? Nani rc. Arbeit, sagt Ebrard, ist des Cevenolen Losung; fleißige, strenge Arbeit von früh bis in die Nacht. Um vier Uhr Morgens beginnt das Tagewerk; bald nach acht Uhr Abends geht man zu Bette. Bei solcher Thätigkeit hat der Cevenole viel Hunger. Er ißt viel, aber seine Kost zeichnet sich mehr durch Menge, als durch nahrhafte Qualität aus. Gemüse und Vegetabilien sind seine

Hauptnahrung. Kastanien vertreten unsere Kartoffeln, gelten aber als gemeine, schlechte Kost. Rindfleisch und Kuhmilch sind völlig unbekannt, auch in den Städten; eingepökeltes Schweinefleisch, auch in Gestalt einer scharfgewürzten Wurst (Fricandeau), ist die einzige Fleischkost des gewöhnlichen Bauern und seiner Knechte. Zum Kaffee nimmt er Ziegenmilch, aus der auch ein einfacher, sehr schmackhafter Käse (Demi-Fromage) bereitet wird. Gurken werden roh und ohne alle Zuthat außer Salz genossen. Als besonderer Leckerbissen gilt aber die Aubergine, die länglich keulenförmige Frucht einer Solanee (Solanum melongena). Die Bevölkerung der Cevennen ist, wie im ganzen Süden Frankreichs, fast durchaus republikanisch gesinnt, dabei zum großen Theil reformirten Bekenntnisses. In den Bergen der Cevennen setzten sich die Hugenotten vor zweihundert Jahren fest und man begreift, daß sie sich in deren schroffen Felsgebirgen und tiefen Schluchten auch gegen eine große Uebermacht so manches Jahr hindurch halten konnten. Die ganze Bevölkerung war damals somnambül. Die Frauen aber wurden Prophetinnen. Die berühmteste war die schöne Ysabeau, die Tochter eines Wollkämmers aus dem Dauphiné. Im December 1685 erschien das schreckliche Edict, das den Raub fünfjähriger Kinder verordnete, selbst wenn die Eltern katholisch wurden. Damals, in den Tagen der „Camisarden" — so genannt, weil die protestantischen Landleute über ihren Kleidern Hemden (Camises) trugen — 1702 bis 1710, wurde die Reformation in den Cevennen wie fast in ganz Frankreich für einige Zeit vernichtet. Was fliehen konnte, ist geflohen in die Schweiz, nach Deutschland, Holland, England und Amerika. Sobald die Zeiten aber wieder besser wurden, trat das reformirte Bekenntniß auch wieder hervor, und heutzutage sind fast überall in den Cevennen zahlreiche evangelische Gemeinden anzutreffen, erhebt sich der reformirte Temple neben der katholischen Eglise. Diese Gemeinden haben, vornehmlich auf dem Lande, noch den alten kirchlichen Sinn bewahrt, und wo glaubenstreue Pastoren sind, da steht es heute noch gut und erfreulich; vielfach aber sind dieselben für den Methodismus bearbeitet worden, zu dem gar viele förmlich übergetreten sind.

An diese südlichen Cevennen schließt sich der eigentliche Centralstock des Gebirges an, welcher hauptsächlich den Südosten des Departements der Lozère bedeckt. Es ist dieses das ehemalige Gevaudan, bewässert von der Truyère, dem oberen Lot mit der Colagne, dem oberen Tarn und Gard. Nach dieser Landschaft heißt jener Theil der Cevennen auch die Berge von Gevaudan; sie sind im Mittel 1385 m hoch und erreichen in den granitischen Monts de la Lozère, den Cevennen im engeren Sinn, mit dem Pic de Finiels ihre höchste Höhe: 1702 m. Sie erheben sich zwischen den Oberläufen des Tarn und des Lot; der erstere tritt etwa bei Ispagnac, einem hübschen Marktflecken, aus den Bergen in die Causse Mejean, worin er eine tiefe Rinne gräbt. Eine andere trostlose Causse, die baumlose, unfruchtbare Causse de Sauveterre, erstreckt sich bis zum Lot, an dessen Ufern sich das unbedeutende Cheflieu des Lozère-Departements, Mende, erhebt, ein Städtchen von blos 7500 Einwohnern, aber umgeben von Lusthäusern und Gärten. Die Straßen haben Fontainen, die Kathedrale kühne Thürme. Bemerkenswerth sind blos die hier erzeugten Sergestoffe, die weithin versandt werden. Westlich von Mende liegt an der Colagne und in 640 m Meereshöhe die hübsche Stadt Marvejols mit Blei- und Kupfergruben, mit Wollspinnerei und Sergefabrikation. Von allen diesen Orten hat man den Blick auf den westlichen Abfall der Cevennen, welche hier aber mehr als der gehobene Rand des centralen Tafellandes von Frankreich erscheinen, während sie zum Rhônethale und Languedoc in kurzen, steilen Absätzen abfallen. Die Südost- und Ostflanken der Cevennen enthalten in Folge dessen nur tiefe und trockene Thäler, in denen Regen seltener, aber in heftigen Güssen fällt und die Hitze durch die Strahlenbrechung an den schroffen Felsen noch erhöht wird. Auf der entgegengesetzten Seite ist dagegen der Regen ungleich häufiger, die Feuchtigkeit bedeutender, aber auch die Wärme weit geringer, und in manchen Gegenden bleibt der Schnee in 1400 m Höhe sechs bis sieben Monate liegen. Dieser Unterschied wirkt natürlich auf die Bodencultur und Bodenerzeugnisse: östlich findet man, wie wir sahen, Pflanzungen von Oliven, Maulbeeren, Wein, Kastanien, aber wenig Feld und fast keine Weide; westlich von der Gebirgsseite dagegen, im Lozère-Departement und in dem nördlich angrenzenden der Ober-Loire (Haute Loire) giebt es vorwiegend Wald, Weide, Feld, frische, durchaus mitteleuropäische Vegetation. Doch fehlt es in der Lozère auch nicht an wilden Gegenden und an Wasserfällen. Vom Lozère-Gebirge erstreckt sich ein Ausläufer in nordwestlicher Richtung, der nördlich von Mende, von Ost nach West gehend, die Kette de la Roche heißt; diese, zwischen der Colagne und der Truyère, ist im Südwesten verbunden mit den Aubracbergen, die im Mittel 900—1000 m hoch sind, in den Trucques d'Aubrac aber bis zu 1442 m emporsteigen. Sie sind im Allgemeinen granitisch, aber zwischen La Guiolle und St. Urcize ein wildes Basaltgebirge. Im Norden von Mende zieht zwischen Truyère und dem oberen Allier, der in der Lozère, unfern von den Lotquellen entspringt, von Südwest nach Nordwest gegen die Auvergne hin das Margeride-Gebirge, dessen höchster Punkt der Mont de Randon mit 1554 m ist, während die mittlere Höhe 1200—1400 m beträgt. Nach der Auvergne hin nimmt diese Kette bedeutend an Höhe ab; sie entsendet lange, niedrige Ausläufer und ist zum Theil noch jetzt bewaldet; ihr Kamm ist granitisch, das ganze Gebirge überhaupt aus primitiven Massen bestehend. Wegen dieser vorwiegend gebirgigen Natur des Landes wird in der Lozère Korn und Wein nicht hinreichend gewonnen; der Hauptreichthum des Bodens besteht in den Mineralschätzen, in Silber, Blei und Gold. Das Departement ist auch nur spärlich von Eisenbahnen durchfurcht. Eine von Millan im Aveyron, dann von Westen den Lot heraufkommende Linie findet in Mende ihr Ende. Hart an der Ostgrenze des Departements hält sich die große Linie Nîmes-Paris, welche in höchst malerischer Weise die Cevennen mit Hülfe einer Reihe von Kunstbauten durchbricht. Ueber das liebliche Alais, eine Stadt von 20,000 Einwohnern und wichtigen Fabrikort, von Eisenhämmern und Glashütten umgeben, aber auch mit reicher Seidenindustrie, bringt sie aufwärts im Thale des Gardon oder oberen Gard bis Ste. Cécile, schneidet dann das Thal des Chassézac, in welchem sich bei dem Dörfchen Planchamp die pittoresken Felsen von Ste. Madeleine aufbauen, und gewinnt durch einen Tunnel unter der Wasserscheide das Thal des jungen, nordwärts strömenden Allier, dem sie weithin getreu bleibt.

Das rechte, östliche Ufer des Allier begleiten die Montagnes du Velay, welche den Raum zwischen dem Allier und dem Oberlaufe der Loire ausfüllen. Die alte Cevennenlandschaft Velay hat den Grundstock zum heutigen Departement der Ober-Loire gegeben. Der Hauptzug der Cevennen mit dem 1519 m hohen Tanargue, nimmt bei Pradelles seine Richtung gegen Nordost; Lavaströme haben hier die Loire und den Allier mehrfach gesperrt und abgelenkt. Das ganze Gebiet ist durchaus vulcanisch. Hier stehen unfern von Pradelles die alten Vulcane Tartas (1348 m), die Infernels, der Mount Caou oder Mont Chaud. Der See von Bouchet, 30 m tief und 909 m im Durchmesser, scheint ein Krater zu sein. Außer wunderlichen vulcanischen Felsgestaltungen ist beim Dorfe Goudet an der oberen Loire der „natürliche Tempel" zu erwähnen; dort hat ein Lavastrom einen runden Thurm gebildet, der ein conisches Dach hat, und ein Peristyl von Säulen, 58 m hoch. Im Nordosten hat der 1757 m hohe Mont Mézenc, gleichfalls vulcanischen Ursprungs und 128 m über seiner Granitbasis aufsteigend, prächtige Basaltsäulen. Mit ihm enden die eigentlichen Cevennen. Er steht an der Grenze des Ardèche-Departements, in welchem auch schon der 1551 m hohe Gerbier des Joncs liegt, die Geburtsstätte der Loire in 1373 m Seehöhe. Bald nachdem die junge Loire ihren gewundenen Lauf durch die Cevennen begonnen, gesellt sich zu ihr ein kleiner Zufluß, die Borgne. Die Scenerie bei diesem Zusammenflusse steht in scharfem Gegensatze zu dem übrigen Laufe des Flusses. Stundenweit strömt da die Loire durch ein kluftartiges Thal, von wilden Granitriffen umsäumt, die nur hie und da mit zwerghaften Fichten oder Buschwerk spärlich besäet sind; nur wunderselten zeigen sich gedeihlicher Pflanzenwuchs an den Abhängen, Dörfer oder irgend welche menschliche Behausungen auf den schmalen Thalstreifen. Wetterbraun und entblößt erscheint das Land, wie kahl geworden im Kampf mit den Elementen, allein eben in seiner, man könnte sagen, ascetischen Wildheit reizvoll. Wendet man sich jedoch in das Thal der Borgne, so wechselt die Scenerie ihren Charakter mit Einem Male: die Hügelketten weichen zurück und die schroffen Klippen verwandeln sich in sanftere Abhänge. Der Fluß windet sich durch grünes Wiesenland, von Pappeln und Weiden umsäumt; auf der einen Seite senken sich Kornfelder von einer hochgelegenen Tafelfläche nieder, auf der andern sonnen sich mit weißen Mauern umschlossene Weingärten, jeder mit seinem vereinsamten Häuschen. In der Mitte dieses Thalbeckens erhebt sich ein Hügel, von zwei seltsamen Felsenklippen gekrönt, und auf dieser natürlichen Festung steht das Chef-lieu des Departements, die Stadt Le Puy (19,000 Einwohner), eine seltsame Ueberraschung nach dem langgezogenen Wege durch das kahle Hügelland.

Von der Mitte des Hügels, auf dessen Abhang Puy hingebreitet liegt, erhebt sich eine hohe, dunkle Felsengruppe. Ihren Gipfel bildet eine kleine Plattform, ungefähr 130 m über der Ebene, und nun durch eine Kolossalstatue der heiligen Jungfrau mit dem Jesuskinde geschmückt. Auf einem hohen Piedestal stehend, erhebt sich die Gestalt der Maria volle 16 m hoch und schädigt eben durch ihre Riesenhaftigkeit den künstlerischen Eindruck, denn die menschliche Gestalt, zu solchen Maßen ausgedehnt, trägt stets etwas Groteskes an sich. Der Entwurf an sich wäre, in bescheidenen Dimensionen ausgeführt, recht hübsch. Zweihundert zu Sebastopol erbeutete Kanonen sind zu diesem Denkmal französischer Frömmigkeit und französischen Ungeschmackes eingeschmolzen worden. An einer Stelle des Hügels, hoch oberhalb der Häuserdächer, beinahe auch riffartig, erhebt sich die Kathedrale mit ihrer Kuppel und ihrem Glockenthurme, auf der anderen Seite springt eine Felsenspitze hervor, beinahe den Fluß überhängend, die ein kleines Kirchlein mit schlankem, hohem Thurme abschließt. Das Gesammtbild aber, das Le Puy bietet, ist ungemein schön; diese beiden mächtig emporragenden Spitzen, die rothen und grauen Häuser an den Abhängen und an den Ufern der Borgne die saftigen Wiesen und Wälder. Und die Stadt hält, was ihr Anblick aus der Ferne verheißt. Obwohl die Eisenbahn sie nun der modernen Welt einverleibt hat und hier und dort Bauten mit dem Stempel des neunzehnten Jahrhunderts aufgetaucht sind, ist sie noch von recht urwüchsigem Gepräge. Und zwar auch durchaus nicht immer in der angenehmsten Form. Viele der Straßen sind eng, gewunden und schmutzig und ein eigenthümlicher Geruch, der eben kein Duft ist, macht sich allenthalben, auch in den ersten Gasthöfen bemerkbar; auch würde das cicutis allium nocentius der Küche den Zorn des Horaz erwecken. Dafür aber finden wir noch ein Stückchen vom alten Frankreich, welches durch das Empire und Haußmann nicht berührt worden ist.

Das Hauptinteresse von Le Puy liegt jedoch in seinen Kirchen, obwohl auch die Straßen noch manche schöne Häuser aus dem sechzehnten und siebzehnten Jahrhundert aufweisen. Von dem doppelten Mauergürtel, welcher die Stadt in den Kämpfen des Mittelalters zu einem Punkte von Bedeutung machte, ist nur wenig übrig geblieben. Im Museum finden sich noch Bruchstücke des alten römischen Anicum vor; ob dieses den Platz einer noch älteren gallischen Stadt einnahm, ist eine immer noch offene Streitfrage, doch läßt die vorzügliche Lage dies immerhin als wahrscheinlich annehmen. Aus jener Epoche jedoch ist eine große Steintafel die einzige Reliquie. Seit dem zehnten Jahrhundert beginnt Le Puy von architektonischer Bedeutung zu werden. Bis zu Anfang des zwölften Jahrhunderts herrscht der gallorömische Stil vor, und in Le Puy finden sich einige der schönsten Beispiele dieses Stiles. In erster Reihe steht da die Kathedrale. Auf dem steilen Abhang des Hügels erbaut, führt eine lange Treppenflucht zu ihrer westlichen Façade. Das Aufsteigen währt nach dem Eingange noch fort, bis man die Kirche selbst betreten, was jetzt durch das Transsept der Fall ist, früher aber gegenüber vom Hochaltare stattfand. So kann das Schiff als das obere Stockwerk eines gigantischen Vorhauses oder der Haupteingang als die Oeffnung einer, jedoch nicht unterirdischen, Krypte betrachtet werden. Der größte Theil des Bauwerkes stammt aus dem elften Jahrhundert, einzelne Theile jedoch sind noch um Erhebliches älter. Der ungemein schöne Glockenthurm wurde muthmaßlich eben vor dem Beginn des zwölften Jahrhunderts erbaut und die Enge seines oberen Stockwerkes läßt, wie Viollet le Duc bemerkt, annehmen, daß er mehr noch zu einer loge de guetteur als zum Glockenthurm bestimmt gewesen. Die mittlere Kuppel dürfte ein Jahrhundert jünger sein und weist, wie andere Partien der Kirche, orientalischen oder genauer adriatischen Einfluß auf, der wohl durch den Handelsverkehr mit Venedig entstanden. Sehr bemerkenswerth sind in der westlichen Fronte zwei aus gleicher Zeit wie diese Baupartie stammende hölzerne Thüren, ganz bedeckt mit ziemlich roh geschnitzten Figuren. Schön ist die Wirkung, welche die abwechselnd angebrachten Blöcke von grauem Sandstein und vulcanischem Tuffstein hervorbringen. Häufig auch sind die beiden Steinarten rautenweise in einander gefügt. Im Innern wie am Aeußern des Bauwerkes bildet strenge Größe den Charakterzug. Das anstoßende Kloster ist ein Jahrhundert später erbaut. Die Galerie desselben und das Capitelhaus stammen aus dem vierzehnten Jahrhundert. Die außerordentliche Eigenthümlichkeit der Kathedrale, die große Mannichfaltigkeit ihrer einzelnen Partien ist durch keine Beschreibung anschaulich zu machen und ich muß mich damit begnügen, auf das merkwürdige Bauwerk aufmerksam zu machen.

Die seltsame Kirche auf der Felsspitze an der anderen Seite ist, wie in der Auvergne gewöhnlich, dem heiligen Michael geweiht. Die Spitze erscheint auf den ersten Blick unerreichbar, ist jedoch durch eine in den Felsen gehauene steile Flucht von Stufen zu erreichen. Ehe man hinaufklimmt, soll man es jedoch ja nicht versäumen, die kleine Todtenkapelle der heiligen Clara zu besichtigen, ein achtseitiges Bauwerk mit einer halbkreisförmigen Apse, von der treffend gesagt worden, daß sie „l'expression la plus délicate de l'art roman d'Auvergne arrivé à son apogée; il est difficile de produire plus d'effet à moins de frais". Vernachlässigt, ja schon halb in Verfall gerathen, verdient sie dieses Lob immer noch. Die Felsenkirche selbst ist, obwohl weit kleiner, doch um nichts weniger schwer zu schildern, als die Kathedrale. Von einem Plane ist hier, wo die Felsenstructur die bauliche Form bestimmte, nicht zu sprechen. Ihr ältester Theil stammt aus dem zehnten Jahrhundert und gemahnt an die Todtenkapelle unter den in den Felsen gehauenen Gräbern des Mont-Majour zu Arles. Im zwölften Jahrhundert wurde dieser Partie eine Art Schiff angefügt und das Ganze durch einen schlanken Thurm gekrönt, der mit jenem der Kathedrale Aehnlichkeit aufweist.

Ueber eine große Anzahl anderer hochinteressanter Bauten will ich hinweggehen, um noch flüchtig der Kirche St. Laurent aus dem vierzehnten Jahrhundert zu erwähnen, welche das Grabmal des „très noble et vaillant" Du Guesclin enthält. Das Museum, ein schönes modernes Bauwerk, umfaßt eine stattliche Sammlung örtlicher Alterthümer, namentlich aus der römischen und vorhistorischen Zeit. Unter seinen geologischen Schätzen befindet sich der berühmte fossile Mensch von La Denise.

Auch über die interessanten Punkte der Umgebung gestattet der Raum nur wenige Andeutungen. So z. B. der vulcanische Hügel, in welchem das eben erwähnte Fossil gefunden worden; die großartigen Basaltsäulen, die Ablagerungen des alten Sees; dies Alles sind Gegenstände des höchsten Interesses für Geologen, wie die einsame Klippe, die sich oberhalb des Dorfes Espailly erhebt, mit ihrer schon ruinenhaften Mauerkrone und dem sich um ihre Basis windenden Fluß das Entzücken der Maler bildet. Weiter entfernt ist der interessante Fels von Ceyssac mit dem Schlosse. Hier, wie häufig in der nahen Auvergne überhaupt, ist der Fels mehrfach zu Grotten ausgehöhlt. Der größte Theil einer unterhalb des Schlosses befindlichen Kirche ist in dieser Weise errichtet. Was jedoch Schloßruinen anbelangt, so giebt es gewiß keine anziehenderen, als jene des Schlosses Polignac. Es erhebt sich auf einer ausgedehnten Felsenplatte, die, nach allen Seiten steil abfallend, eine natürliche Festung bildet. Einst ein „Oppidum" der Gallier, später, wie es eine Inschrift mit dem Namen des Kaisers Claudius bezeugt, ein römisches „Castrum", ging es im Mittelalter, zu einer Festung umgewandelt, an das Haus Polignac über. Mit seinen verschiedenen Bautheilen vom zwölften bis zum siebzehnten Jahrhundert bildet es eine Art Geschichte der Architektur selbst, aber leider sind dieselben jetzt schon arg in Verfall gerathen. Die kleine Dorfkirche ist ein guter romanischer Bau und man kann nicht umhin, wenn man diese Gegend durchreist, zu bedauern, daß dieser Stil so gar keine Wiedergeburt feiert. Etwas weiter als das nur 4 km von Le Puy entfernte Polignac, nämlich 11 km nordnordwestlich von jener Stadt, liegt in der Gemeinde von Borne das große Schloß de la Roche-Lambert.

Den nördlichsten Abschnitt der Cevennen bilden die Berge von Vivarais, welche vom Mont Mézenc bis zum Mont Pilat als Grenzscheide zwischen den Departements der Ober-Loire und der Ardèche 90 km weit streichen; ihre mittlere Höhe beträgt etwa 1200 m. Während die eigentlichen Berge des Vivarais aus Granit und krystallinischem Schiefer bestehen, sind diese im Süden, von mächtigen Vulcanen durchbrochen, die wildeste und rauheste Partie der Cevennen, mit nackten Gipfeln und engen Schluchten, nur am Fuße Wälder, Wiesen und Cultur tragend. Die Straßen von Le Puy nach Valence und Vienne im Dauphiné führen darüber. Alles Interessante, welches das Ardèche-Departement bietet, knüpft sich an diese vulcanischen Erscheinungen. Der Krater von St. Léger, nahe der Ardèche, welche nördlich vom Tanargue entspringt und ganz im Süden des Departements in die Rhône mündet, haucht große Mengen von Kohlensäure aus. Der Pont de la Baume an der Ardèche ist ein basaltischer Lavastrom aus Säulen aller Richtungen auf einem Unterbau großer, senkrechter Säulen, zugleich mit einer schönen Grotte. Der Berg Chenevari zeigt von der Nordseite eine Reihe basaltischer Säulen auf Kalkunterlage, von etwa 200 m Entwickelung. Bei dem durch seine Mineralwässer bekannten Vals ist an den Ufern des Volant der „berühmte Riesendamm“; bei Pont de Rigodel ein majestätischer Säulenhaufe, beim Dorfe Colombier ein prächtiger Damm von Riesensäulen; die herrliche Cascade der Höllenschlucht fällt von einem mit Basaltsäulen bedeckten, 180 m hohen Granitfels. Der Pont d'Arc, 54 m lang und 32 m hoch, unter welchen die Ardèche hindurchfließt, ist jedoch nur die Decke einer gewöhnlichen Höhle, die an beiden Seiten offen ist, wie der Kalk dort deren viele hat. Nordwestlich von Largentière, nahe dem Allier, bilden Hügel das vulcanische Gebirge von Prasoncoupe, d. h. Krater der Wiesen, 1000 m hoch und von schönen Wiesen umgeben; dies ist wegen der Fülle der Laven einer der wichtigsten Krater des Vivarais. Vom Loubaresse, ebenfalls einem Vulcan, übersieht man das Valgorge, das malerischeste Thal des Vivarais, d. h. der Landschaft zwischen Cevennen und Rhône, gegen welche sich vom Gerbier des Joncs die gleichfalls vulcanischen Berge de Coirons südöstlich vorschieben, während weiter südlich in den Bergen der Tanargue wieder die Gesteine auftreten, welche im ganzen Cevennensysteme vorherrschen.

Das Vivarais wird außer von der Ardèche bewässert vom Cance, Doux und Erieux, welche insgesammt der Rhône zufließen. Das Land an der Rhône genießt ein warmes Klima, während die Gebirgsstriche in den Cevennen fast acht Monate Winter haben. Das heutige Ardèche-Departement entspricht ziemlich genau dem ehemaligen Vivarais, dem römischen Helvia. Seine Bewohner sind rauhen Wesens und stark von Aberglauben befangen. An Städten bietet es nur wenig bemerkenswerthe Orte. Annonay, Tournon und Privas sind die ansehnlichsten darunter. Annonay mit 15,000 Einwohnern, der Geburtsort der Luftschiffer Gebrüder Mongolfier, theilt sich mit Aubenas in den Ruhm, der bedeutendste Industrieplatz des Vivarais zu sein. Tournon an der Rhône besitzt eine Hängebrücke zum gegenüberliegenden Tain, dessen Weine hier in den Handel kommen, dann aber auch die Ruinen einer Brücke Cäsars. Privas an der Ouvèze hat zwar ebenfalls Handel und Industrie, würde aber mit seinen 8000 Einwohnern keine besondere Erwähnung verdienen, wenn es nicht das Cheflieu des Ardèche-Departements wäre. Wie überall in Frankreich, finden sich auch hier interessante Ruinen alter Edelsitze und Schlösser. Ich hebe unter denselben blos jene von Ventadour hervor, von welchem ein dereinst mächtiges Herzogsgeschlecht den Namen zog, dann die Trümmer des Schlosses Rochemaure am rechten Ufer der Rhône und in der Nähe des obenerwähnten Vulcans von Chenovari.

Dauphiné und Comtat Venaissin.

Das Ober-Dauphiné.

Am linken Ufer der Rhône liegt im Gebiete der Westalpen ein Land mächtiger Gebirge, nicht von den Franzosen erobert, nie von ihnen verwüstet, nie ihnen ungetreu und ihren Königen: das Land der keltischen Allobrogen. Seit Julius Cäsars Tagen stand es unter der Herrschaft der Römer, deren Kaiser Honorius es zur Provinz Viennensis schlug, von welcher es den Namen führte. Nach der Zerstörung des Weströmischen Reiches, im fünften Jahrhundert, eroberten die Burgunder das von Vandalen und Gothen verheerte Land, dessen Hauptstadt das alte, schon zu Cäsars Zeiten berühmte Vienna oder Vindobona an der Rhône blieb. Gegen Ende des neunten Jahrhunderts bildete das alte Allobrogenland einen Theil des Königreichs Arelat, dann des transjuranischen Reiches von Burgund und kam nach Rudolfs II. Tode unter die deutschen Könige. Die Großen des Landes waren aber nach und nach aus Vasallen selbständige Fürsten geworden, unter denen die Grafen von Albon, auch nach ihrer Hauptstadt Grafen von Grenoble genannt, die mächtigsten waren und sich zu Herren des Landes machten. Weil sie einen Delphin im Wappen führten, nannte man sie Dauphins und ihr Land Dauphiné von Viennois. Der letzte des dritten regierenden Geschlechts trat 1349 sein Land an Karl von Valois, Sohn des Königs Johann des Guten von Frankreich, den nachmaligen König Karl V. gegen eine Rente von 100,000 Goldgulden unter der Bedingung ab, daß stets der älteste Sohn des Königs von Frankreich „Dauphin" genannt werde, das Land stets im Vollgenusse der ihm verliehenen Freiheiten bleibe und nie dem französischen Staate ganz einverleibt, sondern immer gesondert verwaltet werde. Der deutsche Kaiser gab die Abtretung zu unter der Bedingung, daß der Vasalleneid geleistet und das seiner Bevölkerung nach stockromanische Dauphiné nie dem deutschen Reiche entfrembet werde, was Anfangs noch beobachtet, später aber ganz aufgegeben wurde, wie auch die Bedingung wegen Nichteinverleibung, als den Zeitforderungen nicht mehr entsprechend, nicht eingehalten wurde. Dagegen lebte der Dauphintitel in der französischen Königsfamilie fort; doch erhielten ihn nur unmittelbare Nachkommen des lebenden Königs; daher hieß ein Bruder des Königs niemals Dauphin. Seit 1830 hat der Titel ganz aufgehört; der letzte, der ihn führte, war der Herzog von Angoulême, der älteste Sohn Karls X. Das Dauphiné zerfiel in ein östliches Oberland und ein westliches Unterland; ersteres umfaßte die Landschaften Graisivauban, Gapançois, Briançonnais, Embrunois und die Baronien, das letztere begreift das Viennois, Valentinois und Tricastin. Gegenwärtig ist das Dauphiné in die drei Departements der Isère, Drôme und Hochalpen (Hautes Alpes) zerstückt. Im Süden grenzt daran das heutige Departement Vaucluse, welches einst drei kleine, aber gesonderte Staaten bildete, von welchen das Comtat Venaissin mit der Hauptstadt Carpentras der größte war; seit 1299 an war es im Besitze des päpstlichen Stuhles, dem 1348 auch die Grafschaft Avignon zufiel und der sie beide durch Legaten regieren ließ, bis sie 1791, in den Stürmen der Revolution, mit Frankreich vereinigt wurden. Der dritte Staat war Orange, ein burgundisches Fürstenthum, welches 1530 durch Erbschaft an die Ottonische Linie des deutschen Hauses Nassau kam und erst im Utrechter Frieden, 1713, an Frankreich abgetreten wurde. Das Vaucluse-Departement bildet den Uebergang vom Dauphiné zur Provence, dem sonnigen Wein- und Blumenlande am Mittelmeer.

Nieder- und Ober-Dauphiné stellen zwei geographisch sehr verschiedene Individuen dar, daß, um ein richtiges Bild zu gewinnen, es unthunlich ist, der heutigen Departementaleintheilung zu folgen, welche willkürlich Hoch- und Tiefland vereinigt hat. Ich erachte es für besser, ohne Rücksicht auf die bestehende administrative Eintheilung beide Theile des Landes für sich gesondert zu betrachten und beginne zunächst mit dem Gebirge. Es schließt unmittelbar südlich an die savoyischen Alpen an und gliedert sich in die Alpen des Dauphiné, namentlich des Graisivaudau, welche den Osten des Isère-Departements füllen, und die Cottischen Alpen, als deren nördliche Grenze gewöhnlich die Mont-Cenis-Straße angenommen wird und deren westliche Ausläufer das Departement der Hochalpen bedecken. Dort kommt vom Mont Genèvre (1860 m) die reißende vielbesungene Durance herab, welche nach 360 km langem Laufe und mächtigem Bogen bei Avignon die Rhône erreicht. Diese Gegend enthält die höchsten Berge und einige der schönsten Landschaften Frankreichs. Hinter der Schweiz steht sie vielleicht zurück, hat aber ihre eigenen Reize. Ihre Klippen, Bergströme und Schluchten sind unvergleichlich, ihre tiefen und wilden Thäler bieten großartige und selbst erhabene Schauspiele dar, und was die Kühnheit der Bergformen betrifft, so hält sie mit jeder andern Landschaft den Vergleich aus. Man findet hier eine Masse von Thälern, die in Eigenthümlichkeit des Charakters mit einander wetteifern und das verschiedenste Klima haben. Einige sind so tief und eng, daß sie von den Strahlen der Sonne nie erreicht werden. Andere bilden den reinsten Gegensatz und haben mehr die Temperatur der italienischen Ebenen als der französischen Alpen. Diese große Verschiedenheit des Klimas übt auf die Fluren dieser Thäler den stärksten Einfluß. In einigen derselben herrscht Unfruchtbarkeit; Steine nehmen den Platz von Bäumen ein, Schlamm und Geröll ersetzen die Kräuter und Blumen, aber einige Stunden weiter kommt man bei Reben-, Aepfel-, Birn- und Kirschbäumen vorbei und sieht Birken, Erlen, Eschen, Lärchen, Fichten und Nußbäume mit Feldern wechseln, die mit Roggen, Hafer, Gerste, Bohnen und Kartoffeln bestellt sind. Die Thäler sind meist kurz und unregelmäßig. Scheinbar sind sie nach keinem bestimmten Plane geordnet und laufen nicht in rechten Winkeln oder Parallellinien mit den höchsten Gipfeln, wie dies anderswo der Fall ist, sondern streichen hierhin und dorthin, nehmen eine Strecke weit eine gewisse Richtung, kehren um und schlagen vielleicht ihre erste Richtung wieder ein. Weite Fernblicke gewinnt man deßhalb selten und kann sich von der Vertheilung der Bergspitzen schwer einen Begriff machen. Die höchsten Gipfel sind so vertheilt, daß sie ziemlich eine Hufeisenform annehmen. Der höchste von allen, der in der Mitte steht, ist die Pointe des Ecrins (4103 m). Der zweithöchste, La Meije (3987 m), auch Aiguille du Midi de la Grave und

Aiguille de la Meige genannt, erhebt sich im Norden und der Mont Pelvoux (3935 m), welcher der ganzen Gebirgsmasse seinen Namen giebt, ist fast vereinsamt und steht draußen vor der Kette. Diese Alpen bilden just den mächtigsten Granitstock der französischen Alpen mit noch viel andern Gipfeln von mehr als 3000 m Höhe, darunter die Aiguille d'Olan mit 3883 m, Berge, welche also dem Großglockner, dem höchsten Gipfel der österreichischen Alpen, nahe kommen. Die mit den Westalpen, längs welchen nach Osten zu die aus Savoyen kommende Isère läuft, in Verbindung stehenden hohen, aber kurzen Ketten sind die Alpen von Les Rousses und dem Pelvoux-Stocke, dem der Vénéon, ein Nebengewässer der Romanche, entquillt. Vorgelagert ist die eigentlich dazu gehörige Gruppe der Oisans-Berge mit dem 2861 m hohen Pic de Taillefer, zwischen Romanche und Drac, welche Gewässer nach ihrer Vereinigung der Isère unterhalb Grenoble zufließen. Diese Alpen von Oisans sind ein großartiges gletscherreiches Gebiet voll tiefer, enger Felsthäler, schwach bevölkert, sehr schwer zugänglich und beinahe gar nicht besucht. Ab und zu hat sich der Geognost mit seinem Hammer, in neuester Zeit wohl auch ein kühner Bergsteiger dahin verirrt, wie Dr. Edmund Zsigmondy, welcher bei der Erforschung jener merkwürdigen Gebirgswelt 1885 sein Leben verlor. Der ganze Bezirk ist auch heute noch so wenig bekannt, daß es wahrscheinlich manche Thäler und ganz gewiß manche Bergspitzen giebt, welche nie vom Fuße eines Reisenden betreten worden sind. Die Gebirgsländer des Dauphiné sind überdies auf Fremde weit weniger eingerichtet als die Schweiz, Tyrol oder selbst die italienischen Thäler. Wo Wirthshäuser bestehen, sind sie abscheulich unrein. In ihren Betten findet man keine Ruhe, in ihren Küchen keine gute Nahrung, und Führer sind selten. So kann es nicht überraschen, daß diese Gegenden weniger besucht werden und unbekannter sind als die übrigen Alpen.

Der Weg in diesen Centralstock der französischen Alpen führt von Chambéry, der alten Hauptstadt Savoyens, abwärts im Thale der Isère, welche bald zur Linken das Bredaflüßchen aufnimmt. Zwischen beiden Wasserläufen thürmt sich ein Bergzug auf, welcher in dem 2981 m hohen Pic de Beldonne gipfelt und durch ein Querjoch mit der Kette verknüpft ist, deren Kamm die Grenze zwischen Savoyen und Dauphiné bezeichnet. In ihr erhebt sich der Pic de Frène zu 2804 m, und an seinem Fuße liegt das ob seiner kalten Schwefelquellen und Bergwerke bemerkenswerthe Städtchen Allevard im Bredathale, welches von allen Thälern des Dauphiné am meisten jenen der Schweiz ähnelt. Im Iserethale führt die Eisenbahn nach Grenoble, dem uralten Gratianopolis der Römer. Die jetzt 52,000 Einwohner zählende Stadt, welche eine sehr bedeutende Handschuhfabrikation treibt, zugleich eine wichtige und starke Festung mit doppelter Umgürtung, hat vielleicht die schönste Lage in ganz Frankreich und bietet von ihren hochgelegenen Werken prachtvolle Aussichten dar auf die schneebedeckten Alpenzüge, während sie selbst in dem prachtvollen, breiten, von der Isère durchströmten Thalgrunde des Graisivauban von frischem Grün umgeben ist. Der Stadttheil St. Laurent oder La Perrière, zwischen dem rechten Isère-Ufer und dem Mont Rachais, ist durch zwei Brücken mit dem Bonne genannten Theile verbunden. Ein Fort an der alten Festung, Bastille genannt, 483 m hoch, beherrscht die Stadt; von dort überblickt man die schönen Thäler der Isère und des Drac. Das Innere der romantischen Stadt entspricht nicht ganz dem Glanze ihrer Umgebung. Wohl besitzt sie einen schönen gothischen Justizpalast, zum Theil auf der Stelle des alten

36*

Dauphinpalastes, sonst aber wenig bemerkenswerthe Bauten. Ihre Straßen sind krumm und schlecht gepflastert. Ihren Geruch und die Abscheulichkeiten, die man in den Häusern sieht, muß man kennen, um so etwas für möglich zu halten, berichtet Edward Whymper, der berühmte Alpensteiger, doch stammt seine Schilderung aus dem Jahre 1861. Ich vermag nicht zu sagen, ob die Neuzeit eine Besserung in dieser Hinsicht gebracht hat. Jedenfalls sind längs der Isère schöne Uferdämme mit großen, regelmäßigen Gebäuden und Fontänen entstanden, welche Grenoble ein großstädtisches Aussehen verleihen. Recht freundlich nimmt sich auch der von hübschen Kaffeehäusern umgebene Platz aus, auf welchem mitunter die Militärmusik ihre Weisen erschallen läßt.

Grenoble besitzt mehr und schönere Ausflugsziele als irgend eine andere Stadt Frankreichs. Sie lassen sich hier natürlich nicht alle anführen und ich gedenke deßhalb blos des durch seinen Käse berühmten Städtchens Sassenage, 6 km nordwestlich von Grenoble, auf der linken Seite des Drac. An zwei cylindrische Löcher, die sogenannten Caves de Sassenage, in den Höhlen in der Nähe, knüpfen sich abergläubische Vorstellungen. Hexen und Zauberer wohnen darin in Gestalt von Fledermäusen. Weiter unten im Isèrethal liegt die Eisenbahnstation Voreppe, von welcher jene abzweigen, welche — was kein Tourist versäumen sollte — den Escorial des Dauphiné, die Große Karthause (Grande Chartreuse), besuchen wollen. Ein enges Seitenthal zieht gegen Norden zwischen steilen, himmelhohen Felsen und wüthenden Gießbächen, an der Cascade des Guiers, tief vorüber, — ein im Frühjahr gefährliches Emporklimmen. Oberhalb gewahrt man, aus einem dichten Fichtenwalde tretend, in der Buchenregion zwischen Wiesen und Wäldern in der Cossonschlucht am Fuße des mächtigen Mont Granson oder Grand Som und in fast 1000 m Seehöhe das würdige große Gebäude der berühmten Großen Karthause, das wichtigste Kloster des 1082 vom heiligen Bruno gestifteten Karthäuserordens. Es liegt 44 km nördlich von Grenoble entfernt, ist ungemein einfach und entbehrt allen architektonischen Schmuckes. Was dem Kloster seinen unaussprechlichen Reiz verleiht, ist seine Weltabgeschiedenheit inmitten der großartigen Alpennatur. Heute leben in der Großen Karthause noch an sechzig Mönche, welche aus Alpenkräutern den unter dem Namen „Chartreuse" bekannten und beliebten Liqueur, sowie einige andere stomachische Mittel bereiten. In der Umgebung des Klosters besucht man die Einsiedelei des hl. Bruno, unfern vom Dorfe Chartreuse. Wer die Mühe nicht scheut, besteigt wohl auch den 2000 m hohen Granson, dessen Gipfel eine entzückende Fernsicht ins Rhônethal, nach Savoyen und auf die Alpen vom Montblanc bis zum Monte Viso gewährt.

Wie erwähnt, waren schon die Römer in der Gegend wohlbekannt und festangesessen. Mitten durch das ebenso herrliche als wenig bekannte Dauphiné führte eine alte Römerstraße, welche noch jetzt die kürzeste Verbindung Italiens mit Südfrankreich bildet. Napoléon I. begann im Dauphiné und Napoléon III. beendigte einen neuen wichtigen Wasserzug, um das Dauphiné mit Piemont zu verbinden. Die Landschaft ist von großartiger Pracht, namentlich von der Gorge de Livet angefangen; 50 km von Grenoble entfernt liegt Le Bourg d'Oisans, ein Städtchen von 3000 Einwohnern, dessen Quellen guten Ruf besitzen. Es ist der Mittelpunkt eines ganzen Stahlnetzes schönster Ausflüge, leichter und schwerer; zu den ersteren wird der Gang nach La Garde gerechnet, wo noch Reste römischer Bauten zu sehen sind, zu den letzteren der Marsch nach La Bérarde, acht Stunden Fußreise von Le Bourg d'Oisans. Südlich von Le Bourg öffnet sich das wildromantische Thal des Venéon, in dem man erst nach drei Stunden den ersten Weiler erreicht. Das Thal ist das abgeschlossenste Thal der Alpen und kann darin nur mit dem Thale von Zermatt in Wettstreit treten; es übertrifft aber jenes an Wildheit und Oede. Von den 3—4000 m hohen Bergkolossen sind über fruchtbare Gletscher hinab Riesenfelsblöcke gerollt; wie wenn sie an die abkürzenden Schrofen angeklebt wären, hängen sie in der Luft; über dem durch das sich zu einer Schreckensschlucht verengende Thal fließenden Fluß liegt an einer Stelle ein solcher Felsenkoloß, eine natürliche Brücke bildend; immer steiler wird der Pfad, den auch kein Maulthier mehr abschreiten könnte, bis der Wanderer endlich die höchstgelegene Ortschaft des Thales St. Christophe-en-Oisans oder La Bérarde erreicht, die blos 600 arme Einwohner zählt. In der Gegend wächst nur noch Roggen. Der Ausblick von den umliegenden Anhöhen ist ein wunderherrlicher, schnee- und firnbedeckte Bergriesen umstehen das Thal, himmelhochragende Wächter mit silbernen Helmen, darunter der Mont Pelvoux, dessen Eigenthümlichkeit in einer endlosen Reihe von Vorsprüngen besteht. Von hier führt ein Paß, der Col de Pilatte, 3444 m hoch und zugleich der höchste im Dauphiné, hinüber ins frostige, von der Gironde bewässerte, hochromantische Val Louise, dessen Bewohner einen abscheulichen Geruch verbreiten. Männer und Frauen kleiden sich nämlich in Schaffelle, die man trocknet und mit Salz einreibt, indem man die Beine als Schnüre benützt, die Vorderbeine um den Nacken und die Hinterbeine um die Hüften knüpft. Ihre Arme tragen sie nackt, und die beiden Geschlechter unterscheiden sich blos dadurch, daß die Männer Hosen von grobem Stoff und die Frauen eine Art von Unterrock tragen, der nur bis zur Kniekehle reicht. Ohne sich auszukleiden, schlafen sie auf Stroh und decken sich blos mit einem Schaffelle zu. Die Beschaffenheit ihrer Nahrung und ihre Unreinlichkeit lassen von ihnen einen häßlichen Geruch ausgehen, der sich schon von Weitem bemerkbar macht und für Fremde fast unerträglich ist. Sie leben in dem größten Leichtsinn dahin oder faulenzen vielmehr im tiefsten Elend. Ihre Körper werden von gelenken Geschöpfen bewohnt, deren Geschwindigkeit blos durch ihre Menge und ihre Gefräßigkeit übertroffen wird. Bei La Ville de Val Louise, dem Hauptorte des Hochthales, an dessen Eingang sich die sogenannten Murailles des Vaudois, die „Wände der Waldenser" malerisch aufbauen, theilt sich das Thal in zwei Ausläufer, das Thal d'Entraigues zur Linken und den Vallon d'Alefred zur Rechten. Die Sennhütten des Alefred sind ein Haufen elender, hölzerner Hütten und liegen dicht an der Vereinigung der Bäche, die vom Gletscher der Sapenière links von dem Schwarzen und Weißen Gletscher rechts herunterkommen. Ein öderes und schrecklicheres Thal läßt sich kaum denken; stundenweise enthält es nichts als Felsblöcke, Steine, Geröll, Sand und Schlamm. Die wenigen Bäume liegen so hoch, daß man sie kaum sieht. Nicht ein Mensch bewohnt das Thal, in der Luft giebt es keine Vögel, im Wasser keine Fische. Selbst für Gemsen ist der Berg zu steil, für Murmelthiere zu ungastlich, für Adler zu abstoßend. Nur die Waldenser hatten friedlich und fleißig diese abgeschiedenen Thäler um den Mont Pelvoux etwa drei Jahrhunderte lang bewohnt, ehe sie der Erzbischof Albert von Cremona mit Stumpf und Stiel ausrottete. König Ludwig XII. schickte wieder Ansiedler hin, und nachdem wieder mehr als drei Jahrhunderte verflossen sind, ist das Resultat — ein Geschlecht von Affen. In ihrer Kindheit erreichen die Cretins in der Gemeinde des Val Louise die höchste geistige

Entwickelung deren sie fähig sind. Mit majestätischen Kröpfen versehen, die mit dem Alter länger und dicker werden, gleichen sie den Orangutan, die nach drei Jahren nichts mehr zu lernen haben. Im Alter von fünf Jahren haben die kleinen Trottel bereits den reifen und ruhigen Charakter, den sie ihr Leben lang behalten. Der Weg von Val Louise nach Entraigues ist gut und von üppigem Laubwerk beschattet. Das Thal von Entraigues ist schmal und von schönen Klippen eingefaßt. An seinem westlichen Endpunkt wird es von einem edlen Gebirgsblock geschlossen, der höher aussieht als er ist. Der höchste Punkt, der Pic de Bonvoisin, liegt 3505 m über dem Meere. Bei Entraigues (1610 m) zieht man Kartoffeln, Erbsen und andere Gemüse, obgleich die Felder dem Winde offen liegen und keine Sonne haben.

Kehren wir nach unserem Ausgangspunkte zurück, nach Le Bourg d'Oisans. Eine gute, schöne Poststraße führt von hier im Thale der Romanche hinüber in das Departement der Hochalpen. Man betritt die Combe de Malval und hört, wie die Romanche durch diese prachtvolle Schlucht rauscht und genießt die herrlichste Aussicht bei La Grave, wo der Meije sich in mehreren ungeheuren Felsstufen 2400 m über die Straße erhebt. Er ist der einzige und letzte Alpengipfel, der nie den Fuß eines Menschen gekannt hat, und seine zackigen Grate, seine wie erstarrte Ströme gestalteten Gletscher und fürchterliche Abgründe sind derart, daß man bei ihrer Beschreibung nicht übertreiben kann. Das Dorf La Grave ist ein schiefes, gleichsam umgefallenes Nest, in dem es, wie Moore witzig bemerkte, nur ein Ding giebt, das sich nie verändert: der Gestank. Indeß soll sogar dies sich seither, und zwar zum Besseren geändert haben. Der Straße weiter folgend, überschreitet man den Col de Lautaret, welcher die Grenze zwischen dem Isère- und Hochalpen-Departement scheidet. Den besten Fernblick auf den Paß bietet jenseits des Col ein Punkt in der Nähe von Monestier. Ganz im Hintergrunde schießt ein Berg in die Luft, den man gewöhnlich für den Monte Viso hält. Im Mittelgrunde liegt die schlecht gebaute und schlecht bevölkerte Veste Briançon mit ihren unendlichen Wäldern, und den Vordergrund, der zur Guisane hinabstreicht und sich hoch über die mächtigen Hänge erhebt, bilden fruchtbare, mit Dörfern und Kirchthürmen besäete Felder. Briançon, durch Festungswerke, welche die Thäler beherrschen, uneinnehmbar gemacht, liegt in 1321 m Meereshöhe am Fuße des 1973 m hohen Poult, welchen wiederum der 2570 m hohe St. Chaffrey beherrscht. Die wüthende Durance, welche in den nahen Bergen entspringt, fließt auf den Grunde eines 56 m tiefen Schlundes, über den eine Brücke von nur einem Bogen, aber von 40 m Spannung zu der etwas Industrie treibenden Stadt führt. Die Durance bringt, wenn im Frühjahre von geschmolzenem Schnee geschwollen, zuweilen so viele Felsblöcke herab, daß man an der Stelle, wo sie durch die enge Schlucht von La Bessée strömt, unterhalb Briançon, gar kein Wasser, sondern blos Steine sieht, die einer über den andern rollen, sich gegenseitig zu Staub zerreiben und so viel Funken schlagen, daß der Strom in Feuer zu stehen scheint. Von Briançon kann man über den Col Isoard nach dem Dorfe Ville Vieille gelangen, zu welchem die Veste Queyras gehört. Sie liegen im Thale des Guil, der vom Monte Viso herabkommt und sich bei Abries zur Schlucht gestaltet. Von Abries geht ein Paß ins Thal des Pelice in Piemont hinüber, und drei andere Pässe an der Nordseite und dicht neben dem Monte Viso führen vom Thale des Po in jenes des Guil. Die bedeutendste und dem Monte Viso nächst gelegene Einsenkung, welche der eigentliche Col Viso zu sein scheint, wird nicht als Paß benützt; der zweite wird als Col del Color del Porco bezeichnet, der dritte ist der Col de la Traversette und diesen, den höchsten von allen, benutzen die Einwohner, wenn sie aus einem Thal ins andere gehen. Rings um Abries spricht man ein Patois, das im Grundzuge mehr oder weniger italienisch ist, wie es denn in diesem Winkel Frankreichs eine bedeutende Zahl von Dialecten giebt. Zuweilen findet man im Umkreise einiger Stunden mehrere, die dem Bewohner der umgrenzenden Bezirke ebenso unverständlich sind, wie dem Fremden. In einem Seitenthale des Guil liegt das Dorf St. Véran, das für das höchstgelegene in Europa gilt. Seine Meereshöhe beträgt 2012 m und hier, sowie überhaupt rings um den ganzen Monte Viso, giebt es noch Gemsen in beträchtlicher Zahl. Dort wo der Guil sich mit der Durance vereinigt, erhebt sich auf steilem, hohen Berge die vier Thäler beherrschende kleine Festung Montdauphin, seit deren Erbauung das weiter stromabwärts gelegene, gleichfalls befestigte Embrun seine militärische Bedeutung verloren hat.

Embrun ist das keltische Ebrodunum, doch ist von der alten gallorömischen Stadt nichts mehr vorhanden. Das heutige Embrun liegt malerisch auf seiner steilen Felsplatte am rechten Ufer der Durance, ist nicht schlecht gebaut und weist als Sehenswürdigkeiten allenfalls seine Kathedrale und den ehemaligen erzbischöflichen Palast auf. Eigenthümlich sind die dort üblichen Fastnachts-Picknicks. Am Tage vor den Fasten schaffen alle Familien, welche durch die Bande des Blutes und der Freundschaft vereinigt sind, ihre aus der Faschingszeit übrig gebliebenen Mundvorräthe nach einem einzigen Hause, wo dann ein Mittagsmahl angerichtet und gehalten wird, ein Riesenpicknick, den ein vortrefflicher Rothwein und die ungebundenste Fröhlichkeit würzen. Seitdem die Vorschriften der Kirche nicht mehr so streng beobachtet werden und jeder sich unter mancherlei Vorwänden dem unbequemen Fasten zu entziehen sucht, sind die übrigen Gebräuche, welche mit diesen Picknicks verbunden waren, stark im Verschwinden begriffen. Vor Jahren wußten die Armen der Stadt sehr wohl, an welchen Orten diese Zusammenkünfte am zahlreichsten und die Tafeln daher am besten besetzt waren. Sobald dann die Nacht herankam und Messer und Gabeln nicht mehr so rasch arbeiteten, begaben sie sich gruppenweise nach jenen Häusern, stellten sich vor der Thüre auf und sangen nach einer eintönigen und klagenden Melodie folgende Strophe:

Eun pauo dé gro grué
Qui n'a dé restom'en adué.

Gebt uns, ihr Reichen dort im Saal,
Ein wenig von dem leckern Mahl.

Und sogleich öffnete sich die Thür; der Herr des Hauses ließ alle Ueberbleibsel des Mahles herbeibringen und vertheilte sie selbst unter den Unglücklichen und Nothleidenden, welche auf diese Weise den letzten Faschingstag etwas fröhlicher feiern konnten. Keine Fleischspeise blieb im Hause; die Periode der Stockfische und der trockenen Bohnen kam, und die der Schmausereien durfte keine Spur hinterlassen. Heute macht man sich nichts mehr daraus, am Aschermittwoch einen Rest von einer Hammelskeule oder einen halben Kapaun im Hause behalten zu haben; die „gute alte Zeit“ ist verschwunden.

Etwa 40 km westlich von Embrun liegt das Departements-Chefslieu Gap, gleichfalls eine uralte Stadt, über welche sich jedoch nicht viel sagen läßt.

Merkwürdigkeiten besitzt sie nicht; dagegen ist sie schlecht gebaut und liegt an den Flüßchen Luye und Bonne zwischen weißen Kalkfelsen, hat aber durchaus südliches Gepräge. Bis vor wenigen Jahren war Gap, das dermalen 11,000 Einwohner zählt, Endstation der von Süden kommenden Eisenbahn; jetzt ist der Schienenweg über Embrun im Durancethale bis Montdauphin fortgeführt.

Leben und Treiben der Gebirgsbewohner.

Unterhalb der Eis- und Schneekronen der höchsten Alpenspitzen, des Mont Pelvoux, des Monte Viso, des doppelköpfigen Mont Ventoux, unterhalb der Alpenwiesen, auf denen die Gentiana, der Steinbrech, das Rhododendron gedeihen, die Gemse und das Murmelthier wohnen, öffnen sich steil abfallende Schluchten. Die Abhänge, die sie umschließen, sind theils von Erdfällen oder Gewässern zerrissen, mit Felstrümmern und Steingeröll bedeckt; theils mit Flechten, Moosen, Kriechtannen und Buchsbaumgestrüpp bekleidet. Im Grunde der Schluchten bahnen sich Waldströme ihren Weg zwischen Granit, Basalt und Schiefergeschieben. Wo die ungestümen Wasser sich tiefer eingegraben haben, sind oberhalb des jetzigen Bettes tiefe Galerien in den Felsen gehöhlt, die der Hirt als Weg benutzt, wenn er mit seiner Heerde zu den höchstgelegenen Weideplätzen zieht. Hie und da zeigt sich ein verlassener, von Grubenwasser erfüllter Schacht oder das Thor einer Höhle, deren an Stalactiten reiche Gewölbe sich tief ins Gebirge erstrecken. Am Ausgange der Schlucht stehen wir wieder auf wüstem, felsbedeckten Plateau, oder ein Bergsee funkelt im Sonnenlicht, oder waldige Abhänge führen in tiefere Thalbecken hinunter. Aus dem Grün der Tannen und Lärchenbäume strecken sich zerklüftete Felszacken empor, oder die Fluthen des Sees, die vereinigten Wasser der Bergströme stürzen von schroffer Bergwand in das Thal. Dann und wann zeigen sich Weiden von Schafen, Eseln und Ziegen belebt. Während der Hirt, in seinen Mantel von Schaffell gehüllt, träumend im Sonnenschein liegt oder am Feuer vor seiner Erdhütte das Mahl bereitet, umkreisen die großen Wolfshunde die ihnen anvertraute Heerde und suchen durch zorniges Gebell die Ziegen zurückzurufen, die keck und neugierig von Felsstufe zu Felsstufe klettern.

Viele dieser Hirten führen ein Nomadenleben, das sie jahraus, jahrein von jeder Theilnahme an Familien- und Gemeindeinteressen ausschließt. Wenn sie der Herbst von den Gebirgswiesen vertreibt, ziehen sie mit ihren Schutzbefohlenen in die Provence, wo die Weiden in der Ebene von Crau Hunderttausenden von Schafen und Ziegen zum Winteraufenthalte dienen. Die zum Verkaufe bestimmten Thiere bringt man nach den Märkten von Beaucaire, Arles und Salon. Im März werden die Schafe geschoren; an einem Freitage, womöglich am Charfreitag, werden die Ohren und Schwänze der Lämmer beschnitten, das Zeichen des Eigenthümers wird auf ihre Nase eingebrannt, und nach dieser Feierlichkeit rüstet man sich zum Fortziehen zurück ins Hochgebirge. Ein Anführer (boile comptable) wird für das friedfertige Heer ernannt; er muß die Märsche regeln, die Ordnung und die Ausgaben überwachen. Sein Adjutant ist der Schreiber (boile écrivan). Die Heerde wird in Züge von 2000 Thieren getheilt, die escabouet heißen, von sechs Schäfern und zwölf Hunden geführt werden und verschiedene Wege einschlagen, damit es ihnen nicht an Nahrung gebricht. An der Spitze jedes Haufens gehen die Schafböcke, menouns genannt; sie tragen Glocken um den Hals und scheinen sich ihrer Würde bewußt zu sein. Unruhiger und leichtfertiger drängen sich die Ziegen hinterdrein, dann kommen die Schafe, und die Lämmer beschließen den Zug. Um den Hauptanführer schaaren sich die Esel, die oft zu Hunderten bei einer Heerde sind. Die geduldigen Lastträger sind mit allen Geräthschaften und dem Proviant des Heeres beladen. Von jeder Heerde kommt täglich ein Abgeordneter in dies Hauptquartier, um Bericht zu erstatten, Befehle und Lebensmittel in Empfang zu nehmen. In dieser Weise geht es langsam fort; hie und da sind Weiden, relarguiers genannt, auf denen die Heerden für einen mäßigen Preis einige Tage verweilen, und oft dauert es über vier Wochen, ehe der Sommeraufenthalt erreicht ist, wo abermals jeder Schäfer seinen eigenen Weg sucht und in der Einsamkeit der Hochalpen ein entbehrungsreiches Leben führt.

Nach längerer Wanderung durch diese Hochgebirgsweiden zeigen sich endlich gebahntere Wege, die zu einzelnen Gehöften, zu Weilern und Dörfern führen. Die kleinen, niedrigen Gebäude sind theils von Basalt, theils von Marmor aufgeführt und mit Schieferplatten bedeckt. Statt der Glasscheiben ist ölgetränktes Papier über die Fensterrahmen gezogen, zuweilen muß die Hausthür allein dem ganzen Raum Luft und Licht verleihen. Es sind erbärmliche Wohnungen! Der Fußboden aus gestampfter Erde ist feucht und mit dem Unrath der Schweine und Hühner bedeckt, die hier mit den Menschen in Gemeinschaft leben. Das große Familienbett nimmt die eine Wand des Hauses ein, gegenüber ist der Kamin; ein Tisch, eine Bank, einige Schemel aus Tannenholz, Küchengeschirr, Ackergeräth und das Cruzifix mit dem Weihwasserbecken vervollständigen die Einrichtung. In dem einen Winkel liegt ein Haufen Kartoffeln, in dem andern hängen alte Kleider, und Zwiebeln, Kohl, Schafkäse, Wolle, eine qualmende Lampe und das harzreiche Holz vereinigen ihre Gerüche zu einem unbeschreiblich widerlichen Dunst. Die Bewohner dieser Marmorhütten sind bleiche, hagere, von Fiebern geplagte Wesen. Den Sommer über pflegen die Männer als Schäfer, Holzhauer oder Schleichhändler ihren Lebensunterhalt zu verdienen. Nur Weiber und Kinder bleiben daheim und bebauen die mageren Felder am Bergabhange, auf denen Rüben, Kohl, Kartoffeln und Hafer gedeihen, wenn nicht Erdfälle und Ueberschwemmungen die Ernte des Jahres zerstören und das Erdreich fortreißen. Aber trotz ihres mühevollen Lebens sind die Bergbewohner heiter, gastfrei und mittheilsam. Steigt man weiter hinab in die Gegend von Orpierre und Serres (im Westen des Hochalpen-Departements), so gewinnen die Ortschaften ein reinlicheres, die Menschen ein gesünderes Aussehen. Aber das Klima ist noch immer rauh, die Berge sind schroff und zerklüftet; die Waldströme und Bäche, hier „Buech“ genannt, bedrohen die Thäler beim Schmelzen des Schnees oder bei Regengüssen mit ihren Verheerungen, und der steinige Boden giebt nur geringen Ertrag. Bessere Ausbeute gewähren Holzschläge, Sägemühlen, Steinbrüche, Berg- und Hüttenwerke.

Die Berge des Dauphiné liefern Eisen, Kupfer, Blei, Bergkrystall, Gyps und Steinkohlen; ihre Gold- und Silberminen sind jedoch verlassen. Die Bewohner von Vaujani und La Cochette erzählen: daß der Berggeist, erzürnt über die Zudringlichkeit der Menschen, seine Schatzkammer verschlossen hat. Eine Jungfrau im silbernen Kleide, mit goldener Sense bewaffnet, behütet den Eingang. Nur selten gestattet sie einem Sterblichen den Zutritt, und wer dann wagt dem Begünstigten zu folgen, würde unfehlbar den Weg verlieren, zerschmettert in Abgründe fallen oder von Lawinen begraben werden. Ueberhaupt ist die Gebirgsregion von wundersamen Spukgestalten belebt, unter welchen Hexen und Zauberer eine große Rolle spielen. Und da es nun einmal so viele böse Geister giebt, die sich einzuschleichen wissen, wohin keines Heiligen Blicke jemals gedrungen sind, ist's gut, sich auch mit ihnen zu verständigen. In gewisse Abgründe wirft jeder Vorübergehende ein Steinchen als Opfer für den „Berggeist"; in der Neujahrs- und Johannisnacht wird für die reisenden „Fobets" und „Blanquettes" in jedem Hause ein Mahl gedeckt, bestehend aus Brot, Käse und Wein. Wenn es lange nicht geregnet hat, muß sich ein unbescholtenes Mädchen in der Quelle von L'Epine baden, dann wendet der Brunnengeist die Trockenheit. Wer auf einem Kreuzwege einer Hexe begegnet, die zum Sabbate reitet, darf sie nicht ansehen, sonst kann sie ihm schaden; hat er sie aber erkannt, so mag er sich hüten davon zu sprechen. Der Verrathene würde ihn, seine Familie und seine Heerden verderben. Gegen Fieber und Seuchen weiß Niemand wirksamere Mittel als die sogenannten Wahrsager (devins), die den Uebergang zu den Zauberern und Hexen bilden. Sie binden den kranken Menschen oder Thieren Kräuterpäckchen oder Pulverbeutel auf, wobei sie unverständliche Sprüche murmeln. Oft haben sie geholfen, wo die berühmtesten Heiligen umsonst angerufen wurden, und darum finden sie in jeder Hütte einen gedeckten Tisch und ein Nachtquartier. Ebenso rücksichtsvoll ist man aber auch gegen die Mächte des Himmels. Die Messe wird fleißig besucht; dem Schutzpatron des Dorfes und der einzelnen Familien wird die gebührende Anzahl von Gebeten und Litaneien geliefert. Zu besonderen Gnadentagen werden Kerzen angezündet und Opfer aller Art gebracht; und für die Ruhe der Verstorbenen werden Seelenmessen in Menge gestiftet.

Bei allen Festen im Dauphiné sind Wettlauf, Ballspiel und Tanz die Hauptbelustigungen; stundenlang wird die „Farandole" oder „Faraundoulo" getanzt. Männer, Weiber, Burschen und Mädchen bilden eine lange Kette und springen, begleitet von Tamburinschlägern und Flötenspielern, durch alle Gassen und Höfe des Dorfes. Gewöhnlich singen sie dabei ein Lied, das der Chorführer angiebt und je länger sie tanzen, um so rascher wird der Tact. Reißt die Kette, so stürmen die einzelnen Glieder unaufhaltsam fort, bis sie sich auf dem Dorfplatze wieder vereinigen, wo sie erst den allgemeinen Rundtanz halten, sich dann in kleinere Kreise trennen und immer singend und springend ihre Lungen- und Muskelkraft beweisen. Desto ernster und feierlicher ist der „Bacchu-ber", der nur bei besonders festlichen Gelegenheiten getanzt wird. Die älteren Frauen beginnen die Weise, die jüngeren singen den Refrain, und neun, elf oder dreizehn geübte Tänzer stellen sich in einen Kreis. In der Rechten halten sie den Griff eines breiten Schwertes, mit der Linken ergreifen sie die Klingenspitze ihres Nachbars, und bilden — indem sie bald vor- bald rückwärts springen, die Schwerter heben und senken, sich um sich selbst drehen und unter dem Arm ihres Nebenmannes durchschlüpfen — die mannichfaltigsten Figuren. Das Tempo ihrer Bewegungen ist langsam, und die Würde des Tanzes verlangt Schweigen und ernsthafte Mienen.

Auch bei Hochzeitsfeierlichkeiten spielen die Schwerter eine Rolle. Die Brautführer schmücken sie mit Blumen oder Bändern und geleiten damit das Brautpaar zur Kirche. Ist die bürgerliche und kirchliche Trauung vollzogen, so begiebt sich das junge Paar in Begleitung der Hochzeitsgäste nach seiner zukünftigen Wohnung. Diese Wanderung wird den Neuvermählten auf mannichfache Weise erschwert. Auf dem ganzen Wege erheben sich Barricaden vor ihnen — freilich von befreundeten Händen erbaut. Zwei hübsche junge Mädchen stellen sich zu beiden Seiten der Straße auf und halten ein Band quer über den Weg; darunter befindet sich ein Tisch, aufs prächtigste mit Bändern, Schleifen und Blumen geschmückt, auch reichlich mit Wein, Früchten, Zuckerwerk und vorzüglich mit eingemachten Nüssen besetzt. In unmittelbarer Nähe stehen die Freunde und Freundinnen der Neuvermählten, und die bewaffnete Macht, welche den Hochzeitszug mit Flinten- und Pistolenschüssen begleitet. Der Bräutigam kennt seine Pflicht zu gut, um gleichgültig an einer so reizenden Schranke vorüberzugehen. Er ergreift ein gefülltes Glas, trinkt und stößt wiederholt mit seinen Freunden und Bekannten an, kostet die Leckerbissen und reicht endlich den jungen Burschen ein Geldstück, das sie in Stand setzt, gründlich auf die Gesundheit der neuen Haushaltung zu trinken. Darauf schreitet er unbehindert auf dem rohen bestreuten Pfade weiter, gepriesen und umjubelt wie ein Herrscher.

Langt der Hochzeitszug, welcher stets von dem Dorfspielmann und zwei jungen Burschen eröffnet wird, von denen der eine den Rocken und die Spindel, der andere ein mit Bändern geschmücktes und an der Spitze einer langen Stange befestigtes Huhn trägt, vor dem Hause der Neuvermählten an, so tritt die Mutter des Bräutigams heraus und überreicht der Braut einen Teller voll Getreidekörner, welche sofort den Hühnern hingestreut werden, und einen Korb mit einigen Brotrinden. Die Braut steigt auf den Altan und wirft die „glückbringenden" Brotrinden auf die Hochzeitsgäste, denn glücklich preist sich das junge Mädchen, welches die erste herabfallende Brotrinde erhascht: es wird sich noch in demselben Jahre verheirathen. Nach dieser Ceremonie begiebt sich das Hochzeitsgeleit, gewöhnlich 150—200 Personen, in das Haus und setzt sich zu Tisch. Im Sommer dient ein grüner Wiesenplan zugleich zum Speisezimmer und zum Tanzsaal. Der sonst so mäßige Gebirgsbewohner ist dann ein ganz anderer: Ochsen, Hämmel und volle Weinfässer verschwinden wie durch Zauberei. Die gesetzteren Männer und Frauen bleiben den ganzen Abend hindurch bei Tisch sitzen, die jungen Burschen und Mädchen aber belustigen sich am Tanze.

Einen bedeutend malerischeren Anblick bietet der Hochzeitszug, wenn Braut und Bräutigam aus verschiedenen Gemeinden sind. Die jungen Eheleute werden dann in allen Dörfern, die sie bei der Heimkehr berühren, von bewaffneten Burschen bewillkommt und alle Gäste werden durch Maulthiere und Pferde von dem einen Dorfe zum andern befördert. Sehr häufig muß dabei jedes dieser Thiere ein männliches und ein weibliches Wesen tragen.

Das Leben der Eheleute im Dauphiné wird nicht allein, wie überall, von Verwandten und Nachbarn überwacht und besprochen, sondern die Gemeinden erlauben sich in manchen Gegenden, häusliche Mißverhältnisse auf ihre Weise zu bestrafen. Wird in Gap und den umliegenden Ortschaften bekannt, daß sich ein Mann von seinem Weibe schlagen läßt, so setzen die Nachbarn das unglückliche Opfer eigener Schwäche auf einen Esel „verkehrt statt des Zaumes den Schwanz in der Hand." Er ist barhaupt, ein schäbiger Mantel bedeckt ihn. Zwei junge Burschen, mit dem Schellenhalsband eines Maulthieres geschmückt, leiten den Esel, und ein Dudelsackpfeifer geht vor dem Zuge her, dem sich alle Kinder des Ortes anschließen und der überall mit Gelächter, Spottliedern und höhnischen Beileidsbezeugungen begrüßt wird. Aber an die kühne Verbrecherin selbst wagt sich Niemand — wahrscheinlich ist sie genug durch den Schimpf bestraft, den sie dem Herrn ihres Hauswesens zugezogen hat. In sittlicher

Beziehung sind die Bewohner der Dauphiné nicht allzu streng, doch kommt es immer darauf an, welchen Einfluß der Geistliche in der Gemeinde ausübt.

Die Tracht verliert wie überall immer mehr von ihrem ursprünglichen Charakter. Die Zahl der guten Alten mit aufgeschlagenem Hut, breitschößigen und mit Stehkragen versehenem Rock und kurzen Beinkleidern ist fast Null. Obgleich die letzteren noch am meisten getragen werden, so verschwindet doch der alterthümliche Schnitt mehr und mehr; die Stadt steigt zum Gebirge empor. Die Tracht der Frauen und Mädchen wird auch von Tag zu Tag einfacher; der weite dicke Rock von grünem Tuch mit bauschigen Aermeln und kurzer Taille, das hellfarbige Tuch, die bunte Schärpe und der Strohhut von eigenthümlicher Form sind nur selten mehr zu sehen. Die Mützen mit breitem Hinterstück und kleinen Falten an der Vorderseite werden höchstens noch von Greisinnen getragen; die jüngere Generation spottet über dieselben.

Das Nieder-Dauphiné.

Je weiter man aus dem Gebirge ins Land hinabsteigt, um so mehr nehmen mit der Milde des Klimas, mit der Fruchtbarkeit des Bodens und der Erweiterung des Handels Wohlhabenheit, Behaglichkeit der Lebensweise und äußerer Schliff der Sitten zu. Dagegen steigern sich Genußsucht und religiöser Fanatismus. Katholiken und Protestanten stehen sich oft schroff gegenüber, besonders in der Gegend von Montélimar, das sich rühmt, die erste französische Stadt zu sein, in welcher der Protestantismus offen hervortrat. Die Zeiten blutigen Kampfes sind nun freilich vorüber; man beschränkt sich heutzutage darauf, einander das Leben durch kleine Quälereien zu verleiden, sich gegenseitig die ewige Seligkeit abzusprechen und das reine Blut der rechtgläubigen Familie vor jeder Verwandtschaft mit der Gegenpartei zu hüten, wodurch zu manchem bürgerlichen Trauerspiel Veranlassung gegeben wird. Im Allgemeinen ist jedoch die Bevölkerung des Nieder-Dauphiné zum heitersten Lebensgenusse geneigt. Der Einfluß der nachbarlichen Provence macht sich in ihrer Gemüthsart wie in ihrem Aeußeren bemerklich, und statt der keltischen Sprachüberreste, die man in den Bergen des Ober-Dauphiné findet, hört man die weichen Laute, die vollen Vocale des Languedoc, von dem nur die Rhône das Land im Westen scheidet. Gegen Norden hin reicht das Nieder-Dauphiné in dem flachen Theile des Isère-Departements bis hart vor die Thore Lyons, und dort nimmt auch die beliebte modische Reiseroute ihren Anfang, welche nach dem Süden, nach den Gestaden des Mittelmeeres führt und die an der Rhône oder in deren nächstem Bereiche gelegenen wichtigsten Städte des Dauphiné berührt.

Bei Lyon beginnt die Rhône sich fast senkrecht hinunterzustürzen und reißt die Schiffe, welche sich ihr anvertrauen, gewaltigen Laufes mit sich hinab. Bis Avignon behauptet sie sich als ein stolzer, königlicher Renner, im vollen Schmucke seiner Gewässer. Auch ziert sie sich auf diesem Laufe mit den herrlichen Drahthängebrücken, die in majestätischer Pracht hoch über ihr in den Lüften schweben. Auf dem den Strom zur Linken begleitenden Schienenwege nach Marseille fehlt es zu keiner Zeit an hübschen Aussichten. Auf dem rechten Ufer der Rhône erfreut uns der Anblick der Cevennen, die jedoch bald zurücktreten und allmählich niedriger werden. An manchen Punkten gewährt der Strom freundliche und belebte Bilder wie der Rhein. Man kann in der That die Rhônefahrt in einzelnen Theilen sehr wohl mit der des Rheines vergleichen: steile, zum Theil kahle, meist aber in Terrassen mit den edelsten Weinreben, so dem Vin de la Côte rôtie sorgfältig bebaute Berge, an ihrem Fuße das üppige Grün des Maulbeerbaumes, die breite Platane, die zahme Kastanie, deren Früchte als les marrons de Lyon berühmt sind, der breitschattige Nußbaum, stattliche Burgruinen, alte Städte fast in die Felsen gebaut, mit Thürmen, Mauern, romanischen und alten Kuppelkirchen, im Strome selbst zahlreiche Inseln. Allerdings fehlen diesen Städten und Ruinen ganz der freundliche und reinliche Charakter, die zierliche Erneuerung, die frische Färbung, die am Rhein in den menschlichen Anlagen so wohl thut; hier sind sie oft selbst zu Steingebilden verwittert. Dagegen bieten von Zeit zu Zeit die Mündungen der bedeutenden, große Kies- und Schuttmassen mit sich führenden Nebenflüsse, der Isère, der Drôme, der Aigues und Sorgues die großartigsten Fernblicke über weite Ebenen zu den schneebedeckten Alpenhäuptern, zu den Felsenmauern der Voralpen, unter denen bald der sturmumwehte Mont Ventoux majestätisch hervortritt. Dazu der Wechsel in der Vegetation, der sich bei den geringen Höhenunterschieden im Rhônethale nur mit der geographischen Breite vollzieht. In etwas mehr als sechs Stunden fahren die Eilzüge von Lyon bis ans Mittelmeer, und in dieser kurzen Zeit gewinnt man $2^1/_4$ Grad an geographischer Breite und nur mehr als 150 m an absoluter Höhe. Gleich hinter Lyon erscheinen in Gärten der Judasbaum, die Oleander, die Rosen in voller Pracht, im Freien überwinternde Feigenbäume, Cypressen und als Handelsgewächs der niedern Lagen der Maulbeerbaum. Morgendünste, die den Flußbetten der Rhône und Saône entsteigen, sind hier eine alltägliche Erscheinung. Je weiter wir gegen Mittag fahren, desto mehr zerreißen die Nebel; schon bricht die Sonne durch die dichten Schleier und ergießt ihr flüssiges Gold auf das alte Vienne mit seiner stattlichen Hängebrücke und dem gegenüberliegenden Ste. Colombe. Vienne, der alte Mittelpunkt des mächtigen, zwischen Rhône und Alpen herrschenden Stammes der Allobroger, früher ein offener großer Flecken, zu Strabo's Zeit bereits eine Stadt nach antikem Begriffe mit bestimmten politischen Rechten, bald darauf in die Classe der Colonien, aber ohne Colonisation eingetreten, bildet von Anfang einen strengen Gegensatz zu dem benachbarten jungen, rasch emporblühenden Lyon. Was ist jetzt Vienne mit seinen 26,000 Einwohnern, mit seinen stillen Straßen gegen die 400,000 Einwohner Lyons! Zwar verschönert sich die am Fuße des Salomonberges gelegene Stadt von Jahr zu Jahr, und die hier in die Rhône einmündende, reißende Gère treibt wichtige Tuchfabriken, berühmte Gerbereien und Metallwerkstätten; immerhin verschwindet Vienne neben seiner mächtigen Nebenbuhlerin. Dagegen zeigen sich in Vienne zuerst mitten im Straßenleben der Gegenwart die großen Denksteine einer längst vergangenen Zeit. Steigt man vom stattlichen Uferdamm nur einige kurze enge Straßen hinauf, so steht man vor einem wohlerhaltenen korinthischen Tempel. Und wie ist dort in die enge Straße ein reich geschmückter Bogen, die sogenannte Triumphpforte, gedrängt mit einzeln stehenden Säulen dahinter in weitern Bogen! Sie gehörten einst zum Theater der Stadt. Leicht könnten wir an der steilen Höhe hinauf in einem geistlichen Garten die Rundung des antiken Amphitheaters mit Gewölben aus betrachten oder der römischen Mauer sowie den Resten der Aquäducte nachgehen, welche seit 1820 die Stadt wieder mit Wasser versehen. Wir wollen aber lieber in eine der Kirchen, wie die auf steilem Abhange liegende, alterthümliche Prioratskirche André le Bas oder vor die herrliche, schwungvolle Façade der gothischen Kathedrale des heiligen Moritz treten. Unmittelbar sieht man hier die Fortwirkung der griechisch-römischen Kunst, wie denn nirgendwo, selbst in Italien kaum die Fortwirkung des Alterthums im Mittelalter so klar und sichtbar ist, als in Südfrankreich.

Wir müssen uns losreißen von der alten Allobrogerstadt und die Fahrt im Rhônethale fortsetzen. Einen der schönsten Blicke genießt man von der Station Pain nördlich der Mündung der Isère. Malerisch liegt das kleine Städtchen Tournon drüben am Rhôneufer am Fuße eines Felshügels, während auf der anderen Seite die blaue Alpenkette den Horizont abschließt. Pain selbst ist gebettet am Fuße des Hügels, auf welchen die grünen Reben der Hermitage und der Côte-rotie, dieser edlen Gewächse, in reicher Fülle gedeihen. Bis um den 45. Grad n. Br. trifft man reichen Weinbau im Rhônethale, südlicher wird er seltener und verschwindet allmählich völlig. Doch blüht er noch in der Umgebung von Valence, des Cheflieu des Drôme-Departements, einer gewerbthätigen, gut gebauten Stadt von 25,000 Einwohnern, aber ohne sonderliche Merkwürdigkeiten, außer einige Denkmäler der Renaissance, das Castell, die Apollinariskirche und die großartige Promenade Le Polygone, mit dem Denkmale des republikanischen Generals Championnet. Erst bei Valence treten die Oliven auf, kaum manneshoch und auf schwächlichem Holz. Sie gleichen dort an Stamm und Astbau unseren Pflaumenbäumen, an Belaubung unseren Weiden. Die Grenze des Oelbaumes, der seine Blätter nicht abwirft, ist zugleich die Grenze der immergrünen Belaubung, und wo er auftritt, da beginnt im klimatischen Sinne Südeuropa. In der Ebene von Valence, am Ausflusse der blauen Isère, die wir auf eiserner Brücken passiren, zwischen den Weinhügeln von Ampuis und Condrieux, glaubt man sich in das vielgepriesene Land der Troubadours versetzt: da ist der Himmel tiefblau und glänzend, die Luft ist warm und mild; da gedeihen der Maulbeerbaum, die süße Kastanie, die Melone, der Pfirsich und feurige Weine; da liegen kleine weiße Häuser, von Nußbäumen beschattet, von Wiesen umgeben, am Abhange der Hügel; da eilen helle Gewässer der Rhône zu, die im Frühlingsübermuth zahllose glattgeschliffene Kiesel über ihre Ufer verstreut haben, und dazwischen blühen und duften die köstlichen Kräuter, womit sich im Süden die Ebene schmückt. Unter diesen Gewässern ist die blos 118 km lange Drôme, welche dem Departement den Namen giebt, eines der ansehnlichsten; sie kommt vom Embal-Berge herab, und ihr Thal ist eines der malerischesten und mannichfaltigsten in Frankreich. Südlich von der Drôme-Mündung treten die Gebirge ab und zu in den Vordergrund, in die Nähe der Rhône, und diese braunen und hyazinthfarbigen Felsen und Berge verleihen der Landschaft ein eigenthümlich südliches Colorit. Diese seltsame Färbung ist wenig geeignet, die merkwürdigen Ruinen der Abteien Cruas und Rochemaure, an denen man vorbeikommt, scharf hervortreten zu lassen, und so hat es namentlich bei den erstgenannten den Anschein, als ob die Mauern, Theile der Felsen bildend, aus denselben herauswachsen würden. Bis Montélimar, dessen stattlichen Felsenthurm man schon von der Ferne gewahr wird, und weiterhin auf seiner südlichen Fahrt begleiten den Reisenden diese Wahrzeichen mittelalterlicher Geschichte. Montélimar liegt nicht selbst an der Rhône, sondern etwas entfernt davon, am Roublion, welcher am Mont de Couspeau, einem beträchtlichen, gegen Westen vorgeschobenen Höhenzuge, entspringt und mit dem Jabron vereinigt, südwestlich von Montélimar sich in die

Rhône ergießt. Wiesen und fruchtbare Ebenen umgeben die Stadt, und die Hügelgehänge erzeugen geschätzte Weine; 27 km von Montélimar liegt das Städtchen Grignan, einstmalen im Besitze eines der schönsten Schlösser Frankreichs, von dem noch großartige Ueberreste vorhanden. In demselben starb am 28. April 1696 die Marquise von Sévigné, deren Tochter eine Gräfin von Grignan war, und in der heutigen kleinen Stadt ist ein Denkmal der berühmten Frau zu sehen. Noch weiter gegen Südosten, am Fuße des 1340 m hohen Bergzuges La Lance, liegt theils in der Ebene theils auf dem Berge, am Eingange eines herrlichen Thales das Städtchen Nyons, dessen Einwohner sich mit Seifenfabrikation und Seidenspinnerei beschäftigen. Eine Römerbrücke spannt sich hier über den Aigues, ein weiterer Nebenfluß der Rhône, den die von Montélimar kommende Eisenbahn bald nach ihrem Eintritt in das Departement Vaucluse überschreitet. Wohl ließe sich noch Manches von dem düstern Montdragon erzählen und von dem mächtigen Schlosse Mornas, denn sie haben viel Denkwürdiges mit angesehen, das heitere Leben der Meierhöfe, wie die Schrecken der Religionskriege; aber wir nähern uns, an Oelbäumen und Cypressen vorüberfliegend, einem Gebiete, in dem wir etwas länger verweilen müssen.

Im Lande der Vaucluse.

Gleich beim Eintritt in das vielbesungene Land fesselt die Stadt Orange. Schon zu Römerzeiten war Orange, damals Arausio genannt, eine der wohlhabendsten Kolonien der „Provinz", mit welchem Namen jener Theil des römischen Gallien bezeichnet wurde. Im Jahre 1531 kam die französische Grafschaft, wie schon einmal erwähnt, an das deutsche Haus Nassau, welches von derselben den Beinamen Oranien führte. Bis zum Beginn des vorigen Jahrhunderts verblieb Orange im Besitze dieser Herrscherfamilie. Als Wilhelm III. von Nassau, König von England, kinderlos starb, kam es an Friedrich I., König von Preußen, dessen Nachfolger, Friedrich Wilhelm I., es im Utrechter Vertrage, 1713, an Frankreich abtrat. Das heutige Orange ist ein düsterer Ort, der vollständig den Charakter einer kleinen französischen, unscheinbaren Landstadt an sich trägt. Von einem größeren ungepflasterten Platze gelangt man in ein Gewirr von langen schmalen Gassen, welche die Stadt von Norden nach Süden in gerader Linie durchschneiden. Das Familienleben und gewerbliche Treiben erscheint nach südländischer Sitte vor die Hausthore versetzt; hier gewahrt man schmutzige Kinder im Staube spielen, Frauen und Mädchen mit weiblichen Arbeiten beschäftigt, im Gespräche mit einem Kaufmann, der nebenan seinen Laden hat, oder mit einem Handwerker, der nach Thunlichkeit seine Werkstatt auf die Straße verlegt. Ein Rinnsal, durch das sich ein trüber, übelriechender Abfluß ergießt, theilt die Gasse in zwei Theile und trägt nicht dazu bei, die schon an sich mit Düften von Knoblauch und ranzigem Oele geschwängerte Luft angenehm zu machen. Die Stadt macht ihrem wohlklingenden Namen durchaus keine Ehre; weder Orangenbäume noch Orangenduft sind dort zu finden. Der Stadt wegen dürfte man auch hier kaum den Bahnzug verlassen, wenn man nicht durch die beiden großartigen römischen Denkmäler angezogen würde, welche dieselbe an ihrem nördlichen und südlichen Ende gleichsam beherrschen; ich meine den Triumphbogen der von Norden her nach der Stadt führenden Landstraße, ein herrliches Eingangsthor bildend, dessen kolossale Dimensionen zu den niedrigen Häusern der Stadt in keinem Verhältnisse stehen. Die Wirkung dieses mächtigen Baues wird noch wesentlich dadurch erhöht, daß derselbe, durch keine störende Umgebung beeinträchtigt, sich frei über der durch die Wölbungen führenden Straße erhebt und dem aus der Stadt Heraustretenden eine schöne Fernsicht in die offene Landschaft gewährt. Leicht kann man sich hier in die alte Zeit, mitten in eine Landschaft des alten Gallien versetzt glauben. Die Durchgänge werden durch drei Bogen gebildet, einem größeren in der Mitte und zwei kleineren zu beiden Seiten; diese Bogen tragen eine herrliche Attica mit prachtvollem Gesimse. Das Basrelief über dem mittleren Bogen stellt ein wildes Gefecht dar, Reiterei und Fußvolk in buntem Gewirr; zu den Seiten sieht man den Augurstab und Opfergeräthe. Ueber den kleineren Bogen sind Trophäen, Schilde und Lanzen, auch Schiffsschnäbel und Dreizacke; auf einem Schilde liest man das Wort Mario, welches darauf hinweisen mag, daß diese Triumphpforte dem stolzen Besieger der Cimbern und Teutonen errichtet wurde, vielleicht um anzudeuten, daß die von den römischen Heeren hier erlittene Scharte wieder ausgewetzt worden. Mächtige korinthische Säulen zieren den ganzen Bau; an den Schmalseiten gewahrt man zwischen denselben Trophäen, unter welchen man Bilder von Gefangenen je zwei und zwei mit auf den Rücken gebundenen Händen sehen kann; oben auf dem Friese die Darstellung eines Gladiatorenkampfes. Im Mittelalter wurde sowohl dieser mächtige Römerbau, wie auch viele seines Gleichen in dem südlichen Frankreich zu Vertheidigungszwecken verwendet; man baute in die geräumigen Thorwölbungen eine Burg und erst 1721 wurde das verunstaltende Beiwerk wieder beseitigt. Während der Schreckensherrschaft war unter dem mittleren Thorbogen die Guillotine thätig; ein seltsamer Gegensatz, wenn man an die ursprüngliche Bestimmung dieses Monumentes denkt.

Am entgegengesetzten Ende der Stadt steht ein römisches Theater, über dem sich ein Kalksteinhügel erhebt, dessen Gipfel mit einer Marienstatue geziert ist. Auch das Theater befindet sich mit seiner Hauptfront einer Reihe von unansehnlichen Häusern gegenüber und erscheint dadurch in seinen gewaltigen Dimensionen, in welchen es selbst die höchsten Bauten der Stadt überragt, nur um so mächtiger. Die Vorderseite stellt zwei übereinander stehende Bogenreihen dar, welche oben mit einer Attica endigen; in der Mitte befindet sich das große Hauptportal, rechts und links davon Seitenthore. Zwei übereinander gesetzte Reihen wagrecht vorspringender durchlöcherter Steine, welche oben der ganzen Breite des Gemäuers entlang laufen, dienten zur Befestigung von Stangen, über welche Tücher gespannt wurden, um das Theater zu bedecken. An der Rückseite der Mauer liegt die Bühne mit dem Proscenium; die im Halbkreise angebrachten Zuschauersitze lehnen mit dem Rücken an dem Bergabhang und stoßen zu beiden Seiten an große Nebengebäude: von jedem derselben führt eine Pforte in das Innere des Theaters. Auf dem Proscenium findet man eine Sammlung antiker Fragmente ausgelegt, die einst das Theater schmückten. Neuerdings hat man nahebei noch einen Cirkus bloßgelegt, der 20,000 Zuschauer fassen konnte. Von der obersten Reihe der Zuschauerplätze gelangt man durch eine kleine Thür an den Bergabhang, von wo man nach kurzem Anstieg über steiles Kalkgerölle in wenigen Minuten den Gipfel der Anhöhe erreicht.

Hier stand einst das alte Schloß der Grafen von Orange, aus deren

Geschlecht die bekannten Troubadours Rambaut III., dann Prinz Wilhelm IV. von Orange, der Gönner und Freund Rambauts von Vaqueiras, hervorgegangen waren. Hier wurde Hof gehalten und offene Tafel und über der Pforte des Schlosses hing ein Helm zum Zeichen der Gastfreundschaft. Manche Burgfrau mochte auch von dem hohen Söller hinausgeblickt haben in die blühenden Gefilde der venascischen Städte, denn weit kann das Auge schweifen nach Avignon, der unteren Provence und Languedoc, den Rhônestrom verfolgend in seinem Laufe durch die an Italien erinnernde Landschaft. Fernher grüßen die Berge des Dauphiné und der schneebedeckte Mont Ventoux, weithin sichtbar mit seinen schöngeformten Umrissen. Nach wem die Dame ausspähte, ob nach dem reisigen Gatten, der von der Kreuzfahrt aus dem heiligen Lande heimkehrte, oder nach dem sangreichen Troubadour, welcher, den Spielmann zur Seite, seine Herrin mit einem Liede zu erfreuen kam, oder zum Turniere zog, wer kann uns das heute noch sagen! Aber eine heitere Zeit herrschte damals in diesem gesegneten Lande und mit Recht konnte Peire Vidal 1215 davon singen.

„Solch ein Land hat's nie gegeben,
Wie vom Rhônestrom nach Vence
Und vom Meer bis zur Durance,
Noch ein so vergnüglich Leben."

Von Orange ab wird die Physiognomie der Landschaft südländischer; man sieht neben den vorherrschenden Weinbergen schon ansehnliche Oelbaum- und Orangenpflanzungen, tritt aber zugleich auch in das Gebiet des berüchtigten „Mistral" ein, eines kalten Alpenwindes, der die Ebene der Provence oft mit rasender Gewalt durchtobt und im 1930 m hohen Mont Ventoux, diesem acht Monate im Jahre mit Schnee bedeckten Vorberg der Westalpen; dem höchsten Punkt im Innern Frankreichs, seinen „alten Gastsitz und Anhaltspunkt" hat. Der von Orange nach Süden ziehende Schienenweg führt an dem weingesegneten Pont de Sorgues vorüber, wo sich eine Bahnlinie nach Carpentras, der ehemaligen Hauptstadt des Comtat Venaissin abzweigt, und tritt bei Le Pontet in die Ebene von Avignon, das man von ferne schon erblickt.

Das heutige Cheflieu des Vaucluse-Departements, die Stadt, die fast ein Jahrhundert lang die Nachfolger Petri beherbergt, dehnt sich an der Rhône, nahe der Durance-Mündung südlich und östlich am steilen Abhange eines nackten Felsens, des Rocher des Domns, aus. Gewaltige Mauern mit zackigen Zinnen und Thürmen, mit dem zierlichsten Steinwerk scheinen Avignon noch heute, wie bis vor 1790, als ein abgesondertes Gebiet vertheidigen zu wollen. Eine vierfache Reihe uralter Platanen zieht sich zwischen ihnen und der Rhône hin, die, hier mehrfach zertheilt, die Fesseln einer hohen, mittelalterlichen Steinbrücke bereits seit lange gesprengt hat. Diese Brücke, von welcher ein Liedchen sagt:

Sur le pont d'Avignon
Tout le monde danse

gilt für das Wahrzeichen der Stadt; mitten im Strome bricht sie ab, und an ihrem Ende steht phantastisch eine kleine Kapelle, dem heiligen Bénézet, ihrem Erbauer, geweiht. Die Vollendung des Werkes fällt in das Jahr 1188; die Zerstörung desselben begann zu Ende des vierzehnten Jahrhunderts. Was heute davon übrig, ist, wie gesagt, eine Ruine, aber ein solider Bau, der auf großen Strebepfeilern ruht, und darauf feiert man alljährlich am 14. April das Fest des Heiligen mit nationalen Tänzen, worauf sich das obige Sprüchlein bezieht. Quer über den Strom mit seinen lohfarbenen Wogen ist, wie ein Märchenschloß, Villeneuve erbaut, mit seinen den Thoren und den schießscharten-versehenen Mauern der päpstlichen Stadt gegenüberstehenden runden Thürmen. Statt der gesprengten Bénézet-Brücke stellt jetzt eine prächtige Drahtbrücke die Verbindung zwischen zwei Ufern her. Avignon (34,000 Einwohner) ist nicht groß, auch nicht schön, an sich düster und sieht in seinem älteren Theile mit zahllosen engen Gassen herabgekommen aus, zugleich aber interessant und höchst fremdartig. Verkörpert sich doch hier ein Stück Mittelalter, reich an geschichtlichen Erinnerungen und an Werken der Baukunst und Bildnerei, welchen erstere gleichsam als Illustration dienen. Einen bedeutenden Eindruck machen die prächtigen Stadtmauern mit ihren 39 meist viereckigen Thürmen, ringsumher mit den wunderbar zierenden „Machicoulis" bekränzt, vortrefflich erhalten und sichtbar gepflegt. Sie sind ein Werk der Päpste, vornehmlich von Innocenz VI. Was die Dogen für Venedig gewesen, waren die Päpste für Avignon, nur mit dem Unterschiede, daß die Herrschaft der letzteren gleich einem strahlenden Meteore nur für die kurze Spanne Zeit von 72 Jahren (1305—1377) der provençalischen Stadt den Rang einer Metropole der Christenheit verlieh. Seither ist Avignon zu einer kleinstädtischen Provinzialstadt herabgesunken, welche sammt der Grafschaft Venaissin bis zum Ausbruche der französischen Revolution von Cardinal-Legaten oder päpstlichen Vice-Legaten verwaltet wurde; heute ist auch dieser letzte Schimmer alter Herrlichkeit geschwunden und nur die Erinnerung an einstigen Glanz zurückgeblieben. Ab und zu kommt man noch an einem hohen, altersgrauen Hause vorbei, über dessen Thor ein steinernes Wappen darauf hindeutet, daß einst ein vornehmer Prälat oder ein sonstiger Würdenträger der päpstlichen Hofhaltung da gewohnt. Francesco Petrarca, der große italienische Dichter und Weise, welche so viele Jahre seines Lebens in Avignon am päpstlichen Hofe zugebracht, entwirft davon eine Schilderung, die fast an die späteren Zeiten Alexanders VI. erinnert. An den Wänden der gothischen Kathedrale Notre Dame des Domns — in ihren schweren massigen Formen ein wahres Bollwerk mit gewaltigen Thürmen — sind die Bilder der sieben Päpste (Clemens V., Johann XXII., Benedikt XII., Clemens VI., Innocenz VI., Urban V., Gregor XI.) angebracht, welche in dem Zeitraume von 1305—1377 die Kirche zur Abhaltung ihrer Pontificalien erwählt hatten. In derselben ist auch Johann XXII. einem Provençalen, der für die Stadt eine besondere Vorliebe hatte und den Grund zu dem mächtigen Palastbaue legte, in einer Seitenkapelle ein prachtvolles Grabdenkmal in gothischem Stile errichtet, welches mit seinen graziösen Thürmchen und Spitzen, in deren Mitte die Gestalt des Papstes, auf einem Sarcophage liegend, dargestellt ist, an das Sebaldusgrab Peter Vischers in Nürnberg erinnert. Von den übrigen Kirchen der Stadt verdienen St. Didier wegen der edlen Gothik und eines 1481 im Auftrage des Königs René ausgeführten Reliefs, St. Pierre wegen der schönen Façade (vom Beginne des sechzehnten Jahrhunderts) und der anatomisch merkwürdigen Petrusstatue von Puget, dann endlich St. Agricol wegen der seltsamen Hauptfront mit breiten, von gezackten Aufsätzen gekrönten Thürmen, erwähnt zu werden.

Auf einer Anhöhe über einem Netze von engen Straßen erheben sich die stolzen Mauern des alten Papstpalastes. Nach Norden fällt der Hügel Rocher des Domns gegen den Rhônefluß ab. Die künstlichen modernen Gartenanlagen, auf deren sonnigen Terrassen die Pinie, der Oleander, Lorbeer und Ginster gedeihen, durchrauscht von den sprudelnden Cascaden der Wasserleitung, bilden einen seltsamen Gegensatz zu den hohen, nüchternen Wänden des Palastes, dessen wuchtiger, aus dem Felsboden emporstrebender Bau mit seinen viereckigen Zinnen und Thürmen weit eher einem mächtigen Festungswerke gleicht. Als solches wurde es auch thatsächlich von Papst Johann XXII., der seine Residenz gegen die Gewalt der französischen Könige sichern wollte, verschanzt; und auch heute, nach mehr denn fünfhundert Jahren, kann die Burg den ihr einst aufgeprägten Charakter eines Festungsbaues nicht verleugnen. Heute ist dieser Palast eine Kaserne, und das Innere der Papstburg weist vielfache Spuren beklagenswerther Zerstörung und Vernachlässigung auf; die Fresken sind meist bis zur Unkenntlichkeit vernichtet, die weiten hohen Räume durch kahle Seitenwände zu Kasernenzimmern eingerichtet und in zwei Stockwerke getheilt, so daß jedes architektonische Detail verloren geht. Neben der Papstburg steht die Kathedrale Notre Dame des Domns. Das reiche romanische Portal ruht auf zwei antiken corinthischen Säulen, wie überhaupt dem ganzen Baue, welcher ältesten Ursprunges ist, so mancher ornamentale Ueberrest aus Römerzeiten im Leibe stecken mag. Das Innere der Kirche stellt eine einfache Basilica im Kreuzgewölbstil dar. Der Vandalismus der Religionskriege und der Revolution, unter dem die meisten Baudenkmäler des südlichen Frankreich arg gelitten, hat auch die Kirchen Avignons nicht verschont. Die den Skulpturen zugefügten Schäden, die abgeschlagenen Ornamente sind nicht durch pietätsvolle Restaurirung wieder gut gemacht worden, so daß manches dieser schönen Bauwerke ein Bild der Zerstörung bietet.

Wie dieses Palais des Papes mit den Kerkern der Inquisition, der schrecklichen „Glacière“ und der trostlosen Keuche Rienzi's, in welcher der römische Volkstribun in Ketten schmachtete, ein Denkmal der Blutschuld von Avignon ist, so steht auch das Palais National, in welchem 1815 Marschall Brune ermordet wurde, noch zum Gedächtniß einer nicht minder blutigen Unthat da, durch welche das finstere und tückische Geschlecht der Avignoner sich in der neueren Geschichte verewigt hat. Die Ermordung des französischen Marschalls, den man für den Mörder der Prinzessin Lamballe hielt, war lediglich der Grausamkeit des dortigen Volkscharakters zuzuschreiben, der allgemein in einem schlechten und zweideutigen Rufe steht. Bei jedem Schritt, den man durch die düstere und unheimliche Stadt thut, bestätigt sich auch die widerwärtige Frechheit des Charakters, die den niedrigen Volksclassen auf die Stirne geschrieben ist und in ihren Benehmen sowohl unter einander als gegen den Fremden sich verräth. Es lastet viel Sünde und Schmach auf Avignon, von der frühesten bis auf die neuesten Zeiten, und schon Petrarca erhebt in seinen Briefen die Stimme des Zorns und der Klage gegen die sittenlose und verwilderte Stadt, die er als das Babel seiner Zeit züchtigt. Heute rühmt man an Avignon die Heiterkeit, Anmuth und Schönheit seiner Frauen, auch hat sich die Bevölkerung vielfach der Industrie ergeben, namentlich eine sehr bedeutende Seidenindustrie, die 12—14,000 Arbeiter beschäftigt, hat sich entwickelt.

Das auf dem Hauptplatze, der, von dem Theater, dem Stadthause und einigen neueren Gebäuden umgeben, in die moderne Petrarcastraße ausläuft, herrschende Leben ist das einer Garnisonsstadt; Soldaten und Offiziere bilden die Mehrzahl der Lustwandelnden und vor allen Kaffeehäusern erblickt man bunte Uniformen in dichtgedrängten Gruppen. Die Alleen in diesem Straßenzuge bilden aber auch die einzig möglichen Spazierwege im Innern der Stadt, da die spitzigen, unregelmäßig behauenen Steine, mit denen die übrigen Gassen

37*

gepflastert sind, das Gehen zu einer ausgesuchten Marter gestalten. Die Mitte des Platzes ziert die Statue Crillons des Braven, des Freundes von Heinrich IV., welcher im Jahre 1615 zu Avignon starb und dessen Palast im Renaissancestil an die besten Bauwerke jener Kunstepoche erinnert. Auf dem Platze gegenüber der Papstburg macht ein Bronze-Standbild den Perser Jean Althen unsterblich, welcher 1765 den Bau der Krapp-Pflanze (Rubia tinctorum) in der Provence einführte, wodurch einem großen Theil der Bevölkerung Arbeit und Erwerb geboten wurde.

Für Diejenigen, welche keine Zeit zu versäumen haben, wenn sie nach oder von dem Süden gehen oder kommen, ist es der Mühe werth, einen oder zwei Tage in dem behaglichsten, charakteristischen alter französischer Wirthshäuser, im „Hôtel de l'Europe" in Avignon, zuzubringen. Sollte es Regenwetter sein, so ist das Museum Calvet eines Besuches werth. Sonst ist die von duftenden Kräutern und der üppigen Cytisusstaude überwucherte Plattform des Rocher des Domns, gewissermaßen die Acropolis von Avignon bildend, wenn irgend ein Punkt, geeignet, den allgemeinen Charakter der Provence, in die man in Avignon die ersten Schritte thut, in einem großartigen Rundblick zu erschließen, der weit von den Alpen die ölbaumreiche Strecke wellenförmigen, offenen Landes mit den dunklen scharf ausgezackten Gebirgsausläufern und dem kiesreichen Bette der Durance, Sorgue, des Gardon bis an die Cevennenkette umfaßt und die majestätisch heranbrausende Rhône abwärts bis an die unbebaute Camargue reicht. Freundliche Anlagen haben die Höhe verschönert, und es verlohnt sich wohl der Mühe, hier auf dem Felsen, unter einem hochragenden Kreuze gelagert, sich der Anschauung der Gegend, der weit gedehnten Stadt zu überlassen. Von den vielgerühmten und häufig übertriebenen Naturschönheiten der Provence wird man zwar hier noch nichts gewahr. Im Gegentheil ist der Pflanzenwuchs meistens dürftig und das Grün selten frisch, denn der ungeheure Staub, welcher in dieser ganzen Gegend bis nach Marseille hin herrscht, bedeckt Alles mit einem undurchdringlichen und dichtgewebten Flor. Der wirbelige und leicht sich zertheilende Sandstein, welchen man hier überall findet, bereitet diesen Staub, den die kreuz und quer treibenden Südwinde in dicken Wolken durch die Lüfte jagen. Dies ist der gewöhnliche Anblick der Provence, deren Oasen mühsam aufgesucht werden müssen. Aber bei allem Staube, welcher den Menschen wie die Vegetation beeinträchtigt, und bei dem beständigen Mangel an Regen, hat doch dieses Land seinen innern Segen an den vielen Quellen, die es durchrauschen und die überall natürliche artesische Brunnen hervorspringen lassen. Allmählich wird auch das Auge an das Kahle und Graue dieser provençalischen Landschaft gewöhnt, und dann finden wir, daß die Scenerie um Avignon ungemein malerisch ist. Nehmen an einem hellen Octobermorgen die Weingärten ihre letzten Gold- und Carmoisinfärbungen an, und mischt das gelbe Blätterwerk der Pappeln am Flusse sich mit dem feierlichen Grau der Olivenbäume und Weiden, so würde jeder Geviertzoll dieser Landschaft, in dem Schimmer seines Lichts und seiner Farbe, die um so schöner ist wegen der Feinheit und Seltenheit derselben, ein herrliches Gemälde bilden. Ein bläulicher Aether umflimmert meist diese große hügelige Landschaft. Auf dem rechten Ufer des Stromes zeigen sich gelb und dürr wie Felsen Siziliens die Ufer von Villeneuve, das Fort St. André, Chateau neuf des Papes, die olivenreichen Berge von Vaucluse, weiter der hohe Ventoux, im Südosten der blaue Mont du Luberon, die Alpenspitzen des Dauphiné und der Provence, im Westen endlich die Bergreihen Languedocs. Diese Berglinien haben nicht die edlen Formen Italiens, aber sie athmen doch im südlichen Duft und lassen als Vorstufen das schöne Land ahnen.

Bei günstigem Wetter sollte man einen Besuch in Vaucluse nicht unterlassen, und zwar nicht sowohl Petrarcas, als der interessanten Fahrt und des Wunders der Sorgue-Quellen wegen. Eine Zeitlang fährt man längs dem ebenen Lande hin, dann kommt ein Bergrücken, auf welchem die Olivenbäume, die Maulbeerbäume und die Weingärten ihre Farben vereinigen und zart in fernes Purpurroth verschmelzen. Dann erreicht man L'Isle, — bis daher kann man mit der Eisenbahn fahren — ein Inseldorf, das von der langsam fließenden Sorgue umgeben, von riesenhaften Platanen überschattet ist und von dem Plätschern des aus moosigen farnbuschigen Mühlrädern herabstürzenden Wassers widerhallt. Wer da erwartet, daß Petrarca's Sorgue der träufelnde Bach irgend eines Dichters sei — ein Bach, der aus einer feuchten Grotte zu Tage tritt — der dürfte wohl in Erstaunen gerathen bei dem Rauschen und Toben dieses azurblauen Stroms so nahe an seinem Urquell. Er hat eine solche Wassermasse und eine so pfeilartige Raschheit des Laufes, daß man mit dem Gefühl üppiger Fruchtbarkeit und Leben erfüllt wird. Doch gehen wir weiter über die Ebene, zwischen Krappfeldern, in denen die rothen Wurzeln der Garance in Reihen längs den Furchen liegen; vor uns erheben sich aschgraue Berge kahler Felsen, die da und dort von den Blättern des Zwerg-Sumach in Carmoisinfarbe schimmern. Eine ungeheure Klippe thürmt sich empor und scheint den Weg zu versperren. Indeß der Fluß tobt schäumend uns zur Seite vorüber. Von wannen mag er kommen? Diese Frage gewinnt an Interesse, wenn wir in den engen Hohlweg von Kalksteinfelsen, welcher zu der Klippenbarre führt, eintreten, und uns mitten unter den Feigen- und Olivenbäumen von Vaucluse (vallis clausa) befinden. Hier ist das hübsche Dorf mit seiner schön gelegenen Burgruine, die kleine Kirche, die häßliche Säule zu Petrarca's Andenken, das Wirthshaus mit seinen Laura-Caricaturen und seinen vortrefflichen Forellen, die Brücke und die schäumende, wirbelnde, von Mühlrädern gepeitschte, durch Wehren unterbrochene, in ihrem Lauf getheilte, canalisirte und eingedämmte, dennoch aber unwiderstehlich und rein hinfließende Sorgue. Blau, violett, grün von Moos und Wassergräsern, silberfarben von schneeweißen Kieseln läuft der Fluß, so klar und frisch wie elementarischer Diamant, auf seinem saubern, glatten Bette dahin. Die Felsen auf beiden Seiten sind grau oder gelb, terrassirt in Olivengärten, und zeigen da und dort eine Cypresse, einen Feigen- oder Maulbeerbaum. Bald hören die Gärten auf und Mastixbäume, Rosmarin, Buchs- und Steineiche — Provencer Gesträuche — und hin und wieder außer dem Bereich ein Sumach, klettern an dem harten Gestein empor, und so werden wir endlich in die Nähe eines völlig unwegsamen Abgrundes gebracht. Am Fuße desselben liegt, ruhig, ein ungetrübter Teich: ein kleiner See, in welchem man die schützenden Felsen und die sich einnistenden wilden Feigen wie in einem Spiegel abgebildet sieht — einem Spiegel blauschwarzen Wassers wie Amethyst oder Flußspat — so rein, so ruhig, daß man da, wo er die Kiesel in seinen Schooß aufnimmt, kaum sagen kann, wo Luft beginnt und Wasser endet. Nun, dies ist Petrarca's „Grotte", dies ist die Quelle von Vaucluse, Herauf aus seinen tiefen Behältern, aus den geheimnißvollen Grundlagen des Berges, quillt der schweigende Strom: ununterbrochen und bewegungslos füllt er seine Urne, steigt ruhig fort und fort, bis der Rand erreicht ist, dann überfließt und schäumt und gießt tosend ein Katarakt hinab unter das Gerölle der Berge. Zu allen Zeiten war die Quelle von Vaucluse berühmt, aber dem größten Lyriker Italiens, Petrarca, war es vorbehalten, die Najade dieser Quelle und mit ihr den Namen der schönen Laura von Sade sowie seinen eigenen Dichterruhm unsterblich zu machen durch die reizende Beschreibung des von ihm viele Jahre lang gewählten einsiedlerischen Aufenthaltes zu Vaucluse.

Die Provence und Nizza.

Im Westen des Landes.

Die poetische Provence, die römische Provincia, dieses sonnige Wein- und Blumenland im Alpengebiete, ist, obwohl es überall italienischen Einfluß zeigt, immerhin ein rauhes Land. Ohne seiner pontinischen Sümpfe oder des Val d'Ollioules oder des tigerhaften Ungestüms der Toulouer Bauern zu gedenken, ist schon der von den Alpen herabwehende kalte „Mistral“, welcher die Bäume des Gestades im Sande begräbt und die Schiffe an die Küste wirft, eine schwere Plage. Die Windstöße, plötzlich und rasend, treffen tödtlich den Provençalen, dessen Charakter zu lebhaft ist, um sich in den Mantel des Spaniers zu wickeln. Und auch die sengende Sonne, das gewöhnliche Festkleid in diesem Lande der Feste, sie brennt heiß auf die Köpfe nieder, wenn sie mit Einem Strahl den Winter in Sommer verwandelt. Sie belebt die Pflanzen und sie verbrennt sie. Und die Fröste brennen auch. Die häufigen Gewitter machen aus den Bächen Ströme; der Landmann findet dann sein Feld wieder am Fuße des Hügels, oder sieht es fortgetragen von der Fluth und angeschwemmt an des Nachbars Grund. Sonst freilich fehlt es an Wasser. Kahle Berge, verwüstende Gewässer, grüne Oasen, ein dunkelblaues Meer, Oliven- und Orangenwälder, und ein Mischvolk aus Iberern, Griechen und Italikern machen die Provence zu einem von dem Norden gänzlich abweichenden Landstriche. Hier herrscht eine launenhafte Natur, furchtbar und lieblich zugleich.

Die Rhône ist das Symbol der Provence, ihr Fetisch, wie der Nil jener Aegyptens. Das Volk will nicht glauben, daß die Rhône ein bloßer Strom sei; es meint, daß die Verheerungen der Rhône Zornesausbrüche, ihre wirbelnden Schlünde Windungen eines Ungeheuers sind, des „Drac“ oder der „Tarasque“, einer Art Drachen-Schildkröte, deren Abbild bei gewissen Festlichkeiten feierlich und geräuschvoll umhergeschleift wird. Am Marientage führt ein junges Mädchen das gefesselte Unthier nach der Kirche, damit es dort unter dem Weihwasser umkomme, mit dem man es begießt. Auf dem Wege zur Kirche wirft es Alles nieder auf seinem Zuge. Das Fest ist nicht schön, wenn es dabei nicht wenigstens einen Arm- oder Beinbruch giebt. Diese Rhône, wüthend wie ein Stier beim Anblick des rothen Tuches, bricht sich zu deltabildenden Armen an der Spitze der Camargue, der Insel der Stiere und der saftigen Weidegründe. Das Fest der Insel ist die „Ferrade“, ähnlich dem, von dem in Nimes die Rede war. Dabei offenbart sich der Geist der unteren Provence, worunter man die Campagne der Provence, die Camargue, Crau, das Esterel und die Maures versteht. Dieser Geist äußert sich lärmend, heftig, barbarisch, aber nicht ohne Grazie. Man muß sie sehen, diese unermüdlichen Tänzer, wie sie, Schellen an den Knien, die „Moresque“ oder „Turque“ tanzen, eine Art Farandole und mit dem Bolero verwandt, oder zu neun, elf, dreizehn den Schwertertanz ausführen, den „Bacchuber“, wie ihre Nachbarn in Gap ihn nennen; man muß sie sehen zu Riez alle Jahre die „Bravade“ der Sarazenen spielen, auf welches Volk wohl die meisten Tänze des Landes ihren Ursprung zurückleiten. Wie alle Südländer, liebt der Provençale die Vergnügungen aufs Aeußerste. Ein kräftiger Mensch von mittlerer Größe, mit braunem oder schwarzem Haar, brauner Hautfarbe, lebhaftem Auge und geistvollem, heiteren Antlitz, ist der Provençale leidenschaftlich, mäßig, arbeitsam, voll Muth und Freimüthigkeit, hat aber wenig Sanftmuth und Mäßigung; ein tapferer Soldat und kühner Seemann, ein gewandter Redner, aber erfüllt von demokratischem Gleichheitssinn, das Erbe der alten griechischen Städterepubliken und römischen Municipien, die im Alterthume das Land erfüllten. Und dennoch ist dasselbe in unseren Tagen, sieht man von Marseille ab, halb erstorben. Ohne die ungesunden Küsten, die dahinsiechenden Städte, wie Fréjus und die benachbarten Gemeinden zu erwähnen, die seit einem halben Jahrhundert neun Zehntel ihrer Bevölkerung verloren haben, gewahrt man nichts als Ruinen. Und dabei handelt es sich nicht um die herrlichen Ueberbleibsel aus dem Alterthume, um die römischen Brücken, die römischen Wasserleitungen und so viele andere Denkmäler. Nein, auch im Geist des Volkes, seiner Anhänglichkeit an die alten Sitten, welche ihm eine so originelle und antike Physiognomie verleihen, erkennt man die Ruine. Es ist ein Volk, welches die Vergangenheit nicht ernst nimmt und doch deren Spuren bewahrt. Ein Land, von allen Völkern durchfluthet, lange von den Gothen und den spanischen Arabern besetzt, später zum Theil den Grafen von Barcelona angehörend, hätte — sollte man denken — mehr vergessen sollen; aber nein, es verbohrt sich in seine Erinnerungen. Wie Italien, gehört die Provence in gewissem Sinne dem Alterthume an.

So urtheilt wohl nicht mit Unrecht der von Norden kommende Reisende, welcher auf dem Wege von Avignon nach Marseille zugleich die Provence von ihrer wenigst erfreulichen Seite kennen lernt. Rasch durchschneidet man die quer vor sich schiebenden, nackten Felsenrippen, die letzten Ausläufer der Alpen. Da liegt an der Rhône und der Stadt Beaucaire gegenüber, mit der es durch eine 450 m lange, kühne Kettenbrücke und einen Eisenbahnviaduct verbunden ist, das uralte Tarascon, welches zwei Sehenswürdigkeiten von Bedeutung zu einem der interessantesten Flecken des Südens erheben. Die erste ist das jetzt in ein Zuchthaus umgewandelte Schloß des „guten Königs“ René I., ein gewaltiger bastillenartiger, fast fensterloser Bau auf trotzigem Felsen, an welchem die Rhône brandend ihre Wellen bricht. Der Eindruck ist nicht minder großartig, für manche vielleicht noch mächtiger als der des Papstpalastes zu Avignon. Fast unmittelbar daran grenzt die Kathedrale Ste. Marthe, ein Denkmal romanischer Prachtarchitektur, um 1187 erbaut, dann aber später in vielen Theilen verpfuscht. Die zweite Sehenswürdigkeit, welche Tarascon mit Beaucaire gemein hat, sind die schönen Mädchen und Frauen, die Nebenbuhlerinnen der arlesischen Griechinnen. Das ganze Departement der Rhônemündungen (Bouches du Rhône), in dem Tarascon liegt, besonders dieses, dann Arles und Umgebung, haben nicht ohne allen Grund den Ruf, die schönsten Frauen Frankreichs zu besitzen. Griechen, Römer, Sarazenen und Gallier, welche nach und nach über dieses

Land herrschten, alle scheinen sich förmlich bestrebt zu haben, die eigenthümlichen Schönheitszüge, welche ihre Rasse auszeichneten, auf die Frauen zu vererben. Für Maler und Bildhauer ist hier, so zu sagen, ein unentdecktes Californien. Wenn bei den großen Stiergefechten oder anderen ähnlichen festlichen Gelegenheiten sich die Bevölkerung versammelt, wird man unter hundert Frauen kaum eine finden, die nicht hübsch, aber über fünfzig, deren Schönheit würdig ist, durch den größten Künstler verewigt zu werden. Und die Nationaltracht, welche noch von Hoch und Niedrig getragen wird, paßt ganz vortrefflich zu der herrlich entwickelten Büste, zu dem feinen lichtbraunen Teint und dem kohlschwarzen Haar. Diese Nationaltracht besteht aus einem schwarzen Kleide mit faltenreichem Rocke und engem Mieder, welches, vorn offen mit weißen Blonden oder Spitzen besetzt ist, so, daß wenigstens eine dreieckige Spitze des Busens entblößt bleibt; um den Hals winden sich ein paar Perlenschnüre mit einem Kreuz, und auf dem Kopfe wiegt sich eine ganz kleine kokette Mütze über dem schwarzen Haar, das in Form eines zugespitzten Kegels mit zwei breit ausstehenden Flügeln, die flach an der Stirne liegen, aufgebunden ist. Ein feiner Kenner des Landes, Maler Laurens, gab den schönen Töchtern von Beaucaire und Tarascon den Vorzug vor ihren weltberühmten Nebenbuhlerinnen in Arles.

Die Eisenbahn nach letzterer Stadt zieht parallel mit der Rhône unweit des Alpinen-Gebirges und durchschneidet die fruchtbare Getreideebene, die von Arles nach Norden und Osten beginnt. Eine uralte schöne Ulmenallee, welche aber durch Erhöhung des Terrains tief in die Erde gesenkt ist, führt vom Bahnhofe zur Stadt, welche von stattlichen Mauern fast verdeckt ist. Daneben zieht ein Damm sich hin, hinter dem unmittelbar die Rhône strömt; mancherlei kleine Schiffe haben da angelegt, um Salz, Getreide, Thiere einzunehmen, denn Arles ist ein Hafenort, am obersten Theilungspunkte, am linken Ufer der Rhône gelegen, in welche sich hier der von der Durance abgeleitete Canal von Craponne ergießt. Doch macht das Ganze nicht den Eindruck regen Lebens und größerer Mittel, wie denn die geschichtliche Rolle des alten Arelate und die gegenwärtige Bedeutung von Arles mit seinen 24,000 Einwohnern, in schneidendem Gegensatz zu einander stehen. Bereits zu Kaiser Augustus Zeiten war die südliche Provincia im Getreide, Oel, Wein, Weizen und Bau aller sonstigen Südfrüchte Italien gleichgestellt. Wir finden das treu gesinnte Arelate damals als Hauptcasse in Gallien neben Lyon, Trier und Rheims, als Münzstätte neben Lyon und Trier, als Sitz der Staatsbehörde für die kaiserlichen Wollenmanufacturen der Provincia Viennensis sowie der Privatanstalten des Kaisers im Vivarais; eine kaiserliche Filigranfabrik fand sich daselbst. Endlich war es mit Vienne Stationsort der Rhôneflotte. Rasch genug ist allerdings dieses mercantile Leben durch die Verwüstungen der gegen die Rhône immer von Neuem vordringenden, endlich nach dreimaligem vergeblichen Versuch Arles erobernden Westgothen, durch Burgunder, Franken, dann Sarazenen furchtbar zerstört worden. Aber ein lebhafter Handel hat hier in der Gegend sich erhalten, so bei St. Gilles und im Hafen von Magelone; dann aber seit der Mitte des dreizehnten Jahrhunderts ist er mehr und mehr an die Rhône wieder, nur wenig Stunden oberhalb Arles, zu der noch heute berühmten Messe von Beaucaire verdichtet worden.

Von seiner vergangenen Größe bewahrt Arles zahlreiche Spuren in Gestalt von Denkmälern sowohl aus dem Alterthum als aus dem Mittelalter. Das Stadtthor, die Porte de la Cavalerie, mit seinen hohen Mauern zu beiden

Seiten nimmt uns auf. Der Weg durch die ziemlich öden Straßen mit dem gänzlichen Mangel jedes eleganten freundlichen Ladens, mit dem spitzen Kieselsteinpflaster zu einem der wichtigsten antiken Ueberbleibsel, zu dem höher liegenden römischen Amphitheater im östlichen Theile der Stadt ist bald gefunden. Hoch ragt es mit seinen dunklen Bogengängen als gewaltige ovale Masse aus dem Kranze der zum Theil 10 m höher auf altem Schutt gelegenen Häuser. Es ist größer als das zu Nimes, aber weit weniger gut erhalten, und mag etwa der Zeit des Severus angehören. Daneben ragt die Steinpyramide des Rolandsthurmes, selbst nur ein Aufbau auf den drei Stockwerken der Außenwand des römischen Theaters, welches nach gleichem Plane angelegt und von derselben Ausdehnung wie das zu Orange ist. Es konnte etwa 16,000 Zuschauer fassen und mag prächtig gewesen sein, wie durch das, was davon bloßgelegt ist, darunter zwei kolossale corinthische Säulen und das reiche Gebälk über den zwei ersten Geschossen, bezeugt wird. Hier fand man auch 1651 die berühmte Statue der Venus von Arles, die jetzt im Louvre zu Paris aufgestellt ist. Vom alten Forum, antiken Thürmen, sowie von einem Palaste Kaiser Constantins am Ufer der Rhône sind nur noch geringe Spuren übrig. Dagegen erhebt sich ein schöner antiker, aber nicht aus Aegypten stammender Obelisk von der Kathedrale St. Trophime, einem im zwölften Jahrhundert begonnenen romanischen Bau, außen mit nackter Façade aber prachtvollem Portal, im Ganzen von großartigster Gesammtwirkung und lebendigsten Formen in allem Ornamentalen. Neben der Kirche ist die Abtei St. Trophime, in welcher man einen mit Recht berühmten Kreuzgang bewundert. Außerhalb der Stadt liegt im Südosten das merkwürdige Todtenfeld der Alyscamps. Es ist dies geradezu eine der interessantesten Stätten für die Geschichte der altchristlichen Kunst. Kaum besitzt Rom in seinen Museen, Kirchen und Klosterhallen einen solchen Schatz altchristlicher, mit Darstellungen geschmückter Sarcophage, als hier in den Alyscamps (Elisii campi) vereinigt waren, und zwar zugleich neben heidnischen, spätrömischen Grabstätten. Sie sind seit Jahrhunderten aus der Erde gewühlt, geöffnet, in feuchten Katakomben aufgehäuft, auch vielfach verschenkt worden, und dennoch ist das Museum von Arles (Musée lapidaire) in der Kirche St. Anne noch überraschend reich an ihnen. Aus diesen alten Tagen stammen noch die in Arles und sonst in der Provence üblichen Maifeste. Durch eine seltsame Vermischung des alten und des neuen Cultus setzte Kaiser Constantin in Arles, welches er bekanntlich vor allen bevorzugte und nach seinem Namen benannte, an die Stelle der barbarischen Gladiatorenkämpfe die durchaus friedliche Feierlichkeit der Maios, eine Reihe heidnischer Feste zu Ehren der Göttin Maia, welche durch ein schönes, reich geschmücktes Mädchen dargestellt wurde. Dieses am ersten Mai abgehaltene Fest der Maios verbreitete sich im südlichen Theile Galliens und hat sich dort bis in unsere Zeit erhalten, nur stellt man keine Venus mehr den Blicken der Menge zur Schau, sondern ein kleines Mädchen. Seit den ersten Tagen des Mai und besonders an Sonntagen sieht man an allen Straßenecken solche junge Maias, ganz mit Blumen bedeckt, kerzengerade und regungslos auf einfachen Stühlen sitzen und ihre Füße auf Schemel stützen, die mit einem bis zur Erde herabhängenden weißen Tuche bedeckt sind. Unterdessen durchstreifen die jungen Gespielinnen der Maias, ebenfalls aufs Schönste geschmückt, ihren Bezirk und bestürmen jeden Vorübergehenden, um einige Sous zu erhalten. Aus den gesammelten Beiträgen werden die Kosten eines kleinen

Vesperbrotes bestritten, welches in Gemeinschaft am nächsten Sonntag verzehrt wird. Diese Sammlung erzwungener Gaben beginnt an den Wochentagen von Neuem, und am Sonntag folgt wiederum ein gemeinschaftlicher Schmaus. So geht es fort bis zu Ende des Maimonats.

Ehe wir von Arles uns verabschieden, um der Rhône Lauf nach Süden zu verfolgen, müssen wir noch bei zwei Punkten der Umgebung verweilen. Es ist dies die Abtei Mont Majour auf einem Felsen gelegen, der wie eine Insel aus den ihn rings umgebenden Sümpfen aufragt. Die Abtei ward im zehnten Jahrhundert gegründet und weist noch zum Theil höchst interessante Gebäude auf. Dicht daneben steht die kleine romanische aber schmucklose Kapelle Ste. Croix, welche jährlich von 150,000 Wallfahrern besucht wird. Wir pilgern indeß lieber nach einem ferner gelegenen Ziele, nach dem Städtchen Les Baux im Alpinengebirge, das man gewissermaßen das „Pompeji der Provence" nennen kann. Es läßt sich sowohl von Tarascon als von Arles aus erreichen. Von ersterem Orte führt eine Eisenbahn nach St. Remy, welches selbst durch sein Mausoleum, einem wahrscheinlich noch der letzten republikanischen Epoche Roms angehörigen Bau, und durch seinen dem Titusbogen in Rom sehr verwandten, aber leider nicht völlig erhaltenen Triumphbogen Interesse bietet. Von hier aus führt ein Marsch von zwei Stunden über die Alpinen einen rüstigen Fußgänger nach Les Baux. Von Arles aus fährt man noch bequemer mit der Zweigbahn nach Fontvieille, dann zieht der Weg eine gute Stunde durch Olivenpflanzungen bergau. Die blühende Vegetation verschwindet, je näher man dem Grat der Bergkette kommt. Endlich wird die Scenerie steinig, zerklüftet, wild; man begreift kaum, wie die zahlreichen Schafheerden rechts und links von der Heerstraße noch Weide finden. Mit einem Male schlagen wir uns seitwärts in die Felsen, die ein natürliches Thor bilden. Der Blick fällt auf ein sonnenverbranntes Thal. Soweit das Auge reicht, nichts als Fels und Stein. Doch nein, wenn wir schärfer auf die zur Linken des Thales liegende Bergwand hinschauen, gewahren wir in dem Trümmer-Chaos Mauern, Straßen, Thürme, Kapellen, Zinnen, Wälle, Alles Grau in Grau, wie von Kyklopenhand in Fels gehauen oder aus Fels gebaut und immer eins mit ihm. Wo aber hört der Berg auf und beginnt die Mauer? Was ist Naturgewalt und was Menschenwerk? Wo Natur, wo Kunst?

Wir halten unseren Einzug in diese steinerne Stadt. Der Himmel ist wolken- und nebelfrei und strahlt, soweit das Auge reicht, in gesättigter Bläue, von der sich die sonnenbeschienenen, schimmernden Felsen und Mauern abheben wie weiße Spitzen auf blauem Sammtgrund. Man tritt durch die Bresche eines ehemaligen Schlosses in die engen Straßen der Stadt. Die Gebäude links und rechts sind einstöckig und, wenn sie unbewohnte Ruinen, nur Substruktionen bis zur Höhe des Daches oder muthmaßlichen Obergeschosses, also wie in Pompeji. Der Vergleich mit der Todtenstadt Campaniens drängt sich dem Besucher von Les Baux unwillkürlich auf. Dort eine Stadt in Ruinen, hier eine bewohnbare, aber fast unbewohnte Stadt. Ehemals, zur Zeit seiner Blüthe, hatte Les Baux 8000 Einwohner, im siebzehnten Jahrhundert war die Zahl auf die Hälfte geschmolzen; 1760 blieben nur noch 2000 Seelen übrig, die nach der Revolution sich auf 1200 verringerten; heute findet sich kaum ein zweites Hundert Insassen, und selbst von diesen sind die meisten unten im Thale an einer Quelle angesiedelt und überdies den größeren Theil des Jahres abwesend, um in den Sümpfen des Rhônedeltas als Taglöhner ihr Brod zu verdienen. Wo wenigstens 6000 Menschen hausen könnten, hat man Mühe, einen einzigen Bewohner zu finden. Die tiefe Melancholie, welche die Provence trotz ihrer südlichen Schönheit athmet, steigert sich hier zu ihrem Höhepunkt, während Pompeji auch noch in Trümmern von griechisch-römischer Lebensfreude spricht. Dort deckte die Natur, wie eine liebende Mutter, die ihre jähzornige That bereut, das todte Kind mit ihrem Lapillenmantel zu, um es in seiner Schönheit späteren Geschlechtern aufzubewahren — hier ist ein stolzes Menschenwerk von wüthender Menschenhand zertrümmert und dann in seiner Einöde vergessen und dann auf diese Weise erhalten worden.

Die Camargue.

Bei Arles verwandelt sich der Sand und die kleinen Kiesel, welche die Rhône während ihres ganzen Laufes von Lyon bis Beaucaire führt und die, je näher der See, desto kleiner werden, schon zu Schlamm oder mindestens zu ganz feinem Sande. Dieser Theil des Stromes ist beinahe so flach wie ein See und bei Arles liegt sein Wasserspiegel, obwohl noch 50 km vom Meere entfernt, kaum mehr als 1 m über demselben. Seine Breite dehnt sich außerordentlich, stellenweise sogar kilometerweit aus. Hier auch lagert er das mitgeführte Erdreich ab, das Inseln bildet, deren Gestalt sich fortwährend ändert. Eine 731 qkm große Insel, die Camargue (Caii Marii Ager), theilt die Rhône von Arles abwärts in die zwei Arme der großen und der kleinen Rhône und bildet dergestalt ein regelrechtes Dreieck, zugleich ein äußerst fruchtbares Alluvialland, aber ausgezeichnet im ganzen Süden durch seinen wilden Charakter. Doch war die Camargue nicht immer so sehr der Civilisation entfremdet, als noch die Städte Les Saintes Maries de la Mer und Aigues-mortes des Verkehrs und Wohlstandes sich erfreuten. Es steht fest, daß die Insel früher große Wälder trug, und in den jetzigen Sümpfen gefundene Reste römischer Bauten zeigen, daß sie ehemals auch allenthalben bewohnt war. Ueberfluthungen und Anschwemmungen der Rhône haben die Verhältnisse des Ländchens umgestaltet und zumal dessen Ackerbau, Handel und Gewerbe zerstört. Doch scheint es, daß die Versumpfung und die ungesunde Fieberluft erst seit Errichtung der großen Dämme eingetreten sind, welche zwar den angeschwemmten Boden gegen Ueberschwemmungen schützen und zum Theil in fettes Marschland verwandeln, aber auch das Aufhören des Wasserabflusses zur Folge hatten. Während der Rand des Rhônedeltas mit einem Schlammbord eingefaßt ist, welchen reiche Fruchtfelder, grüne Wiesengründe und Obstgärten schmücken, ist das Innere der Camargue ein ungeheures Sumpfland mit dem tiefen Etang de Balçarès in dessen Mitte. Er ist der größte unter den zahlreichen Strandseen der Camargue, 12 km lang, 12,000 ha groß, steht mit dem Meere in Verbindung und hat daher Salzwasser. Das ist das Paradies für eine Unmasse von Wasservögeln; auch Biber kommen hier noch vor. Sanddünen oder düstere „Pinedas", d. h. Fichtengehölze unterbrechen da und dort die halbflüssige, grüne Fläche. Das Uebrige ist Weideland, auf dem sich zahlreiches Vieh, besonders Schafe und eine Masse halbwilde Pferde herumtummeln, wodurch die Landschaft mit ihren neun Dörfern, zahlreichen Landhäusern und über 350 Pachthöfen oder „Mas" ein an Holland erinnerndes Aussehen gewinnt. Traurig wie die Landschaft unbestreitbar ist, waltet aber doch ein gewisser Zauber über ihr, der aus deren gewaltigen Umrissen, der allenthalben verbreiteten Ruhe und dem tiefen Schweigen der Natur entspringt. Die Berührung des Meeres verleiht der Camargue einen ganz eigenthümlichen Charakter: als wollte es der Rhône ihre Herrschaft entreißen und deren Delta unter seinen Fluthen begraben, schlägt das Mittelmeer unablässig an die sandigen Küsten, dringt bis in die Pinedas ein, und hängt den Tang an den harzigen Stämmen auf; das Schilf wird von dem Schaum mit schneeweißen Flocken überspritzt, der auf dem Sande trocknend seltsame Zeichnungen bildet und die Sumpfpflanzen mit Krystallperlen schmückt. Weite Becken von Salzwasser dehnen sich aus, oder es schlängelt sich in Rinnen oder Gräben durch das Land. Die Haupternte in diesen wässerigen Savannen oder „Roselières" besteht in Schilf und Binsen. Außer als treffliche Nahrung für das Vieh dienen diese Pflanzen auch als Bedachung und Fachwerk der „Mas" oder Behausungen; es werden Stühle und jene Matten daraus geflochten, welche die „Lamelles" oder Salztafeln gegen Regen oder neue Saaten gegen salzigen Anflug schützen. Die Salzgewinnung bringt jeden Sommer Leben und Bewegung in diese unfruchtbaren Sandstriche, welche Frankreich sein bestes Salz liefern. Der Anbau beschränkt sich thatsächlich nur auf einen Raum von etwa 13,000 ha im Norden, welche Weizen, Gerste, auch Wein hervorbringen, und dort entfaltet sich ein eigenthümliches Leben zur Erntezeit, wenn Tausende von Schnittern aus den französischen Alpen dahin kommen. Die ganze Camargue gehört Besitzern aus Arles und Les Saintes-Maries de la Mer, einem der bedeutendsten Plätze der Insel.

Die sehr geringe und sich noch immer verringernde ständige Bevölkerung der Camargue, des Landes würdig, ist ausdauernd und geduldig. Während ein Theil derselben sich der Viehzucht hingiebt und wilde Heerden bändigt, ist der andere Theil bemüht, die Salzfelder auszubeuten, ein Geschäft, das durch die verpestete Luft und die Mückenschwärme ein sehr beschwerliches wird. Geschwader von gelblichen Heuschrecken, schweigsame Sumpfvögel, giftiges Gewürm im Schlamm erinnern beständig den Bewohner der Camargue an die Naturkräfte, denen gegenüber er seinen ganzen Muth aufwenden muß. Hier weiden wilde Stiere oder Büffel, bis an die Brust in das Schilf der Wassergräben versunken; dort galoppiren scheue Pferde mit wirrer Mähne über den harten Salzboden hin. Seltsamerweise ist das Rindvieh schwarz wie Ebenholz, während die Pferde, eine aus Afrika stammende Rasse, alle schneeweiß sind. Die Hirten der Camargue sind ein eigenthümlicher Menschenschlag. Das Leben der Civilisation ist ihnen unbekannt, wie sie es selbst ihren gesitteten Nachbarn sind, bis sie bei Gelegenheit eines Wettrennens vielleicht plötzlich auf dem Schauplatz erscheinen, um nach wenigen Stunden, wenn ihre Rolle ausgespielt ist, in die Einsamkeit der Steppe zurückzukehren. In einen rauhen, von Dornen und Winden zerrissenen Mantel gehüllt, lagern sie jahrein jahraus unter freiem Himmel, und suchen nur in seltenen Fällen mit ihren Heerden Schutz gegen ein nächtliches Unwetter in den großen offenen Schuppen, die zu diesem Zwecke mitten in der Ebene errichtet worden sind. Ihre Gesellschaft sind die ihnen anvertrauten Thiere, und ihr bester Kamerad ist das Roß, das sie reiten und mit dem sie gleichsam verwachsen sind. Ihre schwierige Aufgabe, die Pferde zusammenzuhalten, wird dadurch in etwas erleichtert, daß dieselben große kupferne Glocken von weithin schallendem Ton am Halse tragen, die ihr Entweichen verhindern. Beim Marsch der Heerden bildet das Geläute dieser Glocken eine eintönige dumpfe Musik, die mit dem Charakter der Gegend in wunderbarem Einklange steht. Zur Zeit der Ernte werden die Rosse nach den großen Tennen getrieben, die man unter freiem Himmel errichtet, um das Korn von den Hufen der Thiere ausdreschen zu lassen, und diese Erntearbeit ist die einzige, wozu man die Pferde braucht, so lange sie in den sandigen Ebenen ihres Vaterlandes leben. Dieselben originellen Gestalten der Hirten finden sich auch als Wächter der wilden Ochsenheerden, die sich in der Nachbarschaft der Pferde und zwar zunächst dem mittelländischen Meere aufhalten. Ueber die Heerden herrscht der „Gardien“ oder Oberhirte, dem ein friedlicher Leitochse zur Seite geht, der „Donbaire“, mit einer großen Glocke am hölzernen Halsband, dem durch einen geheimen Zug seine wilden Gefährten unbedingt Folge leisten. Der Gardien auf seinem weißen Rosse ist nur mit einem Dreizack bewaffnet, er trägt um den Kopf ein seidnes Tuch und darüber einen breiten Filzhut; in Felle gekleidet, mit bloßen Füßen und gebräuntem Gesicht gleicht der athletische Hirt der Camargue den wilden Gauchos in den südamerikanischen Pampas und führt wie diese ein freies unabhängiges Leben unter seinen Heerden.

Sehr verschieden ist das Daheim des Salzgräber. Des Winters in eine armselige Hütte eingeschlossen, in der Nähe der verödeten Teiche, wird er des Sommers zum Anführer eines kleinen Heeres von Arbeitern. Verschieden von dem umherschweifenden Gardien, kennen die an ihre Salzgruben gefesselten „Sauniers“ keine andern Freuden als die der Häuslichkeit und der Familie. Eine Schaar rhachitischer und fieberbleicher Kinder spielt an der Sonne vor den Hausthüren. Entbehrungen aller Art, die Eintönigkeit ihrer Existenz, die Krankheit in der Nähe der Sümpfe würden diese armen Geschöpfe zu den beklagenswerthesten der ganzen Schöpfung machen, wären die Zollwächter, welche ihr Leben auf dieser Küste hinschleppen und das Familienglück entbehren müssen, nicht noch weit mehr zu bedauern. Deßhalb bilden nicht die Salzgräber, sondern die Hirten das unterste Glied in dem gesellschaftlichen Verbande der Camargue; diese kühnen Bursche sind die Paria, während der kränkliche Salzgräber das Mittelglied zwischen diesen und dem Stadtbürger darstellt. Die Notabeln sind die Grund- und Heerdenbesitzer, in deren Dienst die Gardiens stehen. Nur selten werden eheliche Verbindungen zwischen diesen verschiedenen Rangstufen abgeschlossen, was dazu beitragen mag, daß die Typen sich erhalten, und der Gardien durch Abstammung und Lebensweise sein kräftiges Wesen bewahrt, während die salzgewinnende Bevölkerung immer mehr verkümmert.

Unter den wenigen Ortschaften der Camargue ist Les Saintes Maries de la Mer, unfern von der Mündung der Kleinen Rhône, eine der bemerkenswerthesten, nicht etwa wegen ihrer Einwohnerzahl oder Größe, denn sie besteht nur mehr aus einem Bauwerke, das zur Hälfte Festung und zur Hälfte Kathedrale ist, aber es giebt vielleicht auf dem Erdenrunde kein Bauwerk von armseligerem Aussehen und reicherem Legenden-Glorienscheine. Im Jahre 40 n. Chr., als schon die Christenverfolgung begonnen, seien da von Bethanien gelandet: die Schwester der heiligen Jungfrau und die Mutter des Apostels Johannes und Jakob. Eine Dienerin des Namens Sara begleitete sie und ist seither die Patronin der Wanderer in der Camargue geworden. Auch waren Lazarus der Auferstandene und Martha und Maria Magdalena nach der Legende mit ihnen. Lazarus begab sich nach Marseille, Martha nach Tarascon und Maria Magdalena nach Sainte-Baume, die beiden Marien mit ihrer Magd Sara zurücklassend. Die in der Kathedrale aufbewahrten Gebeine der heiligen Marien sind nun immer noch im Besitze einer wunderthätigen Kraft, welche sich besonders auf dem medicinisch-wissenschaftlichen Gebiete geltend macht, und überraschende Heilungen bewirkt. An einem bestimmten Tage im Jahre, am 25. Mai, werden die im Thurme der Kirche beigesetzten Heiligenschreine herabgelassen und bleiben im Chor der Kirche während der Nacht und bis zum folgenden Nachmittage stehen. Es gilt also, diese vierundzwanzig Stunden zu benutzen; denn wenn die Reliquien sich wieder an ihrem Platz befinden, kann Niemand vor dem nächsten Jahre zu ihnen gelangen. Daher bringen an diesem Tage nicht blos die Rhônedampfer andächtige Gäste in Masse nach der alten Kirche, sondern auch alle Wege der Camargue sind mit Hunderten von Wagen bedeckt, unter deren Leinendach Gesellschaften und Familien und Freunde zu den Reliquien wallfahrten. Selbst aus ferneren Gegenden Südfrankreichs kommen die Pilger, von welchen viele in frommem Eifer den Weg zu Fuß zurücklegen, trotz der brennenden Sonne und trotz der zu durchwandernden Sumpfgegend. Die Bevölkerung des Ortes schwillt dann plötzlich auf eine Zahl von ungefähr 10,000 Menschen.

Sonst ist Saintes Maries das ganze Jahr hindurch ein so unbedeutendes Dorf, wie man sich nur denken kann. Es hat kaum 800 Einwohner, von welchen sich sogar ein paar hundert die meiste Zeit fern, und zwar auf dem Meere behufs der Fischerei befinden. Ist der große Wallfahrtstag vorüber, so versinkt der Ort in schläfrige Stille, aus welcher ein einziger Zeitvertreib ihn aufzurütteln und ihm ein fröhliches Ansehen zu geben vermag, und zwar zur Zeit, wenn die Stierkämpfe beginnen. Die Stiergefechte haben sich nämlich von Spanien aus auch nach Südfrankreich verbreitet, wo besonders in der Provence das Volk eine entschiedene Vorliebe für diese grausamen Belustigungen zeigt, wenngleich dieselben auf französischem Boden nicht so blutig und, was äußere Ausstattung betrifft, viel einfacher sind, als jenseits der Pyrenäen. Nicht nur die größeren Städte der Provence, wie Arles und Tarascon, sondern auch kleinere Orte wollen einige Male im Jahre ihr Stiergefecht haben, zu denen Alles aus der näheren und fernen Umgegend herbeiströmt, und zu denen die Camargue das Material liefert. Aus den schon erwähnten großen Heerden halbwilder Stiere holen sich die Unternehmer und Veranstalter der Stiergefechte die erforderlichen kräftigen und muthigen Thiere, deren Transport nach den betreffenden Punkten natürlich keine leichte Aufgabe ist. In Saintes Maries und auch anderwärts verwandelt man den Hauptplatz in eine Arena, indem man ringsherum mit den ländlichen Fuhrwerken der zu dem sehnlichst erwarteten Schauspiele aus der Umgegend herbeigeeilten Bauern umstellt. Diese Fahrzeuge müssen nun zugleich improvisirte Tribünen für die im Sonntagsputz erschienenen Schönen bilden, während die männliche Bevölkerung sich innerhalb des auf solche Weise abgegrenzten Kampfplatzes bewegt und ungeduldig harrt, bis der Maire das Zeichen zum Beginn des Schauspiels giebt. Ein Hornsignal erschallt, die Thüren eines Stalles fliegen auf, und ein Stier erscheint, der sich zuerst umblickt, dann zögert und hierauf in die Arena schreitet, wo nun alsbald das Necken des Thieres beginnt. Die Männer haben sich nach den Seiten zurückgezogen, um im Falle der Noth unter oder hinter den Fahrzeugen Schutz suchen zu können. Flinke junge Burschen übernehmen die Rolle der spanischen Picadores, Banderilleros und Chulos. Die Einen ziehen den

Stier beim Schwanze, Andere reizen ihn mit rothen Tüchern, dann wieder stößt man ihm einen alten Schiebkarren zwischen die Beine, den das wüthende Thier mit den Hörnern zertrümmert, stets aber weichen die Burschen seinen Stößen gewandt aus, wofür der Beifall des Publicums die Flinkesten und und Muthigsten belohnt. Hat nun dieses Spiel lange genug gedauert und den Stier hinreichend aufgeregt, dann erschallt plötzlich ringsum der einstimmige Ruf: „li ferri! li ferri!“ d. h. die Eisen, womit man jene Dreizacke meint, welche die Hirten der Camargue führen, um ihre Thiere damit in Ordnung zu halten. Alsbald erscheinen denn auch zwei Männer, jeder mit einem Dreizack versehen, die sie mit starkem Arm dem Thiere entgegenhalten. Das Thier rollt die Augen, scharrt den Sand mit den Hufen und stürmt dann gesenkten Kopfes gegen die Feinde. In seiner blinden Wuth sieht der Stier die Waffen gar nicht, deren scharfe Zacken ihm nun bei dem Anprall die Stirne zerkratzen, die Nüstern zerreißen oder in die Augen dringen. Er fährt zurück, schnauft und geht dann abermals zum Angriff über, natürlich mit demselben für ihn ungünstigen Resultat, und so noch drei- oder viermal, bis er endlich ermüdet und muthlos abläßt und unter dem Jubel des Publikums in seinen Stall zurückgeführt wird. Alsdann erscheint ein neuer Stier auf dem Schauplatze, mit dem nunmehr das nämliche Spiel beginnt.

Obgleich außerhalb des Rhônedeltas und im Gard-Departement gelegen, kann doch **Aiguesmortes** als der Hauptort der Camargue angesehen werden, deren seltsamen eintönigen Charakter die ganze Umgebung trägt. Inmitten einer ungeheuren Ebene, deren Sümpfe und Seen sich diesseits des Sandstreifens, welcher den Cordon littoral bildet, ausdehen, besitzt Aiguesmortes, immer noch von den wohlerhaltenen Mauern aus der Zeit der Kreuzzüge umzogen, nur eine Straße in dem hohen Damme, der sich zwischen tiefen Teichen hinzieht, und ist zweifelsohne eine der größten archäologischen Merkwürdigkeiten Europas. Die Festungswerke von Philipp dem Kühnen sind noch vollständig erhalten und bilden ein ziemlich regelmäßiges Viereck mit 15 Thürmen und 9 Thoren. Der Grundriß der Festung ist jener, den alle Kreuzfahrer bevorzugt haben, und Aiguesmortes besitzt große Aehnlichkeit mit dem Antiochien des dreizehnten Jahrhundert. Ohne das Aiguesmortes im Mittelalter einen Hafen besessen hätte, drangen die Schiffe bis zur Stadt vor. Heute besitzt es einen Hafen, allein nur ganz kleine Schiffe gelangen bis dahin und vermitteln den beinahe ausschließlichen Handelsartikel: Orangen von den balearischen Inseln. Von allen Seiten von Morästen eingeschlossen, in welchen Seen und Canäle, wie die wirren Fäden eines Garngewindes, unter ihren Mauern sich verschlingen, scheint die „todte“ Stadt mit ihrem ungeheurem Wartthurm und den bezinnten Wällen den Lauf der Zeiten aufzuhalten. Das Leben schleicht ruhig und gleichmäßig hin in der schlafenden Gemeinde; die Stürme des Jahrhunders scheinen sie kaum zu berühren. Bleich, vom Fieber verzehrt, tragen ihre Einwohner gleichsam den Widerschein der grünlichen eintönigen Sümpfe auf ihren matten Gesichtern. Diese Sümpfe sind ungemein salzergiebig und liefern durchschnittlich 60,000 t Salz im Jahre. Sie dehnen sich ringsum bis an die Horizontallinie aus, mit der sie sich in seltsamen Lichtwirkungen zu vermischen scheinen. Der Boden, von Seesalz gesättigt, giebt nur matten Fettpflanzen, farblosen Blumen, Schilf und Rohr, und hie und da in Tümpeln Wasserlilien Nahrung, kräftige Vegetation vermag auf dem Boden noch nicht Wurzel zu fassen, und es wird vielleicht noch mehrerer Jahrhunderte bedürfen, ehe sie sich dieses

Bodens bemächtigen kann, dieser Lagunen, welche die Ueberreste eines entschwundenen Meeres sind.

Die sandigen Ufer des Festlandes fallen nämlich beinahe regelmäßig in die See ab, und der Wogenschwall bildet die Küste entlang einen Sandstreifen, welcher der Cordon littoral genannt wird. Diesem Sandstriche ist die Bildung der Lagunen an der Küste zuzuschreiben; sie waren früher seichte Buchten und wurden eben durch diesen Sandstreifen, der durch der Küste parallel laufende Strömungen gebildet wurde, von der See abgeschnitten. Diese Massen Erdtheile, welche die Rhône jährlich in ihr Delta und ihre Mündung schwemmt, wird auf durschnittlich 17,000,000 cbm geschätzt. In der großen Rhônemündung erstreckt sich das Land jährlich 50 m weiter in das Meer hinaus. Die Mündung der Rhône ist eine der interessantesten Flußmündungen in Europa, und der Meerbusen, in welchen sie sich ergießt, wird abwechselnd als Golf von Lyon oder Löwengolf, Golfe du Lion genannt. Es ist aber ausgemacht, daß der Name mit der Stadt Lyon in keinerlei Beziehung steht. In alten Schriften wurde der Meerbusen Sinus gallicus geheißen, und erst im vierzehnten Jahrhundert und nicht früher benannten ihn Schriftsteller Sinus Leonis, was jedoch mit Lugdunum Leonis in keinem Zusammenhange steht. Muthmaßungen leiten diese neuere Benennung des Meerbusens daher ab, daß Sturm und Wogen darin so fürchterlich hausen, daß es nur mit dem Wüthen des furchtbarsten Thieres zu vergleichen sei.

Durch die Crau nach Marseille.

Oestlich von der Großen Rhône, zwischen dieser und dem Etang de Berre breitet sich bis gegen die Durance nach Norden hin eine steinige Ebene aus, welche die von Arles nach Marseille führende Eisenbahn ihrer Länge nach durchschneidet. Es ist dies das öde, kieselbedeckte Steinfeld La Crau (Craou der Provençalen), das etwa 78 qkm Flächenraum besitzt, und nur eine östliche Fortsetzung der Camargue ist. Es giebt kaum einen düstereren, unangenehmeren Anblick als diese wüste Strecke. Wenn irgendwo so kann man dort Europa sich entrückt und in eine völlig fremde Welt versetzt dünken. Dieser Eindruck rührt nicht von einem Wechsel des Pflanzenwuchses, sondern vielmehr von seiner gänzlichen Abwesenheit her. Diese rotherdige Ebene bildet ein Dreieck mit der Spitze nach dem Meere zu, und erhebt sich von diesem aus regelmäßig ansteigend bis zu 30 bis 40 m Höhe. Ueberall treten in ihr flach gelagerte und zerklüftete Felsarten zu Tage, eine Steinwüste, auf der jede Lebensregung erstarrt und auf die man in der Provence zu stoßen nicht vorbereitet ist. Um diese niederen Felsen legt sich eine glatte Ebene von neuester Bildung, ganz mit Rollsteinen bedeckt, die durch ein grobes Bindemittel zusammengebacken sind. Auch diese schattenlose Fläche erscheint im Allgemeinen pflanzenleer, doch wachsen zwischen den Kieseln der gelbe Jasmin, der Alpenthymian, der Rosmarin, das Wundkraut, die Goldwurz, Lavendel und Meernarzissen sowie andere Futterkräuter in Menge, die dem Fleisch der Thiere einen aromatischen Geschmack geben sollen, weßhalb hier über 300,000 Schafe weiden, die den Sommer über auf den Alpen der Dauphiné zubringen. In dem milden Klima dieser Gegend, in welcher, dort wo eine sehr dünne Schicht Ackererde auf einer Unterlage von überaus hartem Tuff in den flachen

Mulden der Steinwüste sich gesammelt hat, Wein, Oliven- und Maulbeerbäume gezogen werden können, können die Heerden den ganzen Winter über im Freien bleiben, was die Feinheit der Wolle erhält. In diesem traurigen Lande der Crau ist stundenweit kein Haus, kein Feld, kein Baum zu sehen — die Weideplätze, hier Coussous genannt, die gewöhnlich auf viele Jahre verpachtet sind, werden durch große Steinhaufen abgegränzt. Jedes Coussou enthält eine Hütte für den Schäfer und einen Stall, in welchen die Esel bei Nacht eingeschlossen werden. Dach und Wände bestehen aus Pfählen und Schilf; Melkeimer, Kochgeschirre und einige Schaffelle, die als Sitz und Bett benutzt werden, sind der einzige Hausrath der Hirten, und ihre Lebensweise ist einförmig wie die Umgebung. In neuerer Zeit macht der Ackerbau von den Rändern aus, namentlich durch Austrocknung von Sümpfen, jährlich neue Eroberungen, wobei der am Nordrande der Crau hinziehende Craponnecanal von größter Wichtigkeit für die Bewässerung ist. Denn dem Mangel von sommerlichen Niederschlägen und wohl auch der Durchlässigkeit des Untergrundes muß hauptsächlich die Verödung der Crau zugeschrieben werden, in der Luftspiegelungen wie in der Sahara nicht selten überraschen. Die Regenlosigkeit im Rhônedelta wird übrigens dem Reisenden auch ohne meteorologische Beobachtungszeichen bestätigt, je weiter ihn das Dampfroß gegen Marseille hin führt. In einiger Entfernung zieht sich eine Wasserfläche hin, schon begrüßt man freudig das ewig jugendliche Meer des Südens, doch bittere Täuschung: es ist ein kaum bewegtes, flaches Haff, hinter den Sanddünen geborgen, der 150 qkm große, fischreiche und für kleine Schiffe fahrbare Etang de Berre, der in einer muldenförmigen Vertiefung zwischen felsigen Anhöhen liegt, gegen Südwesten aber eine Verbindung mit dem Meere, den Canal de Bouc besitzt. Dort an der inneren Mündung dieses Canals liegt das originelle Städtchen Martigues, ein Miniatur-Venedig, dessen Bewohner, die Martigao, fast ausschließlich von Fischfang leben und in dem keineswegs schmeichelhaften Rufe stehen, die Abderiten der Provence zu sein. Die sanft ansteigenden Ufer des Etang de Berre sind besäet mit Städtchen, Dörfern, Reben und reichem Anbau, im See selbst wird aber unter freiem Himmel Salz gewonnen, indem der Strand, durch schmale Dämme netzartig eingefaßt, als Pfanne dient, während die Sonne das eingelassene Salzwasser verdunstet. Ein solches Gewerbe wäre nicht möglich, wenn nicht monatelange Trockenheit herrschte, denn jedes reichliche Gewitter oder ein einziger beharrlicher Regentag müßte die abgesperrte Salzlauge wieder verdünnen.

Es kann die Lage einer Stadt bei ihrem Eintritt nicht leicht einen überraschenderen Anblick gewähren, als die von Marseille. Ein Tunnel durchstößt die östliche Felsenmauer des Beckens, in dem der Etang de Berre gebettet ist. Dumpf braust die Maschine in den Eingeweiden des Berges fort, fast scheint es, daß wir nie wieder diesem infernalen Aufenthalte entrinnen, — da tagt es und wir treten auf einmal aus der öden Crau in einen reich bebauten großen Garten. „Bastide" (Landhaus) reiht sich an Bastide, dicht gedrängt stehen die südlichen Fruchtbäume, die Pinie wiegt sich auf den Anhöhen, ein Kranz gewaltiger Berge umschließt das reiche Bild und siehe — rechts auf der bläulichen Höhe lebt es und regt sich's wie ein Vogelschwarm mit weißem glänzendem Gefieder: es ist das Meer mit seinen Schiffen, die alle einem Ziele zustreben oder von ihm ausgehen. Vor uns breitet sich die gewaltige Stadt um die Seiten eines dichten, schmalen Mastenwaldes gelagert, nach drei Seiten aufsteigend und in unzähligen Landhäusern allmählich sich auflösend.

Marseille, von kleinasiatischen Joniern aus der Stadt Phocäa um das Jahr 599 oder 340 v. Chr. gegründet und somit eine der ältesten Städte Europas, war bis auf Cäsars Zeiten eine Handelsrepublik, von den Römern unter dem Namen Massilia oder Massalia gekannt und geachtet, zugleich der strahlende Mittelpunkt, von welchem aus griechische Sitte und Bildung in viele Colonien an der gallischen und spanischen Küste sowie über einen Theil des inneren Gallien sich verbreiteten. In unseren Tagen ist Marseille, nachdem es an den wechselreichen Geschicken des südlichen Frankreich seinen vollen Antheil gehabt, von allen Häfen des Mittelmeeres derjenige, welcher die größte Zukunft vor sich hat. Ungestüm wächst die Stadt, nach Paris die zweitgrößte in Frankreich und mit ihren 360,000 Einwohnern nur von Lyon übertroffen, nach allen Himmelsrichtungen. Marseille vereinigt die Reize eines südlichen Hafenplatzes mit den Vorzügen der großen französischen Städte und gehört zu denjenigen, welche das zweite Kaiserreich verjüngt hat. Der Kern der Stadt zerfällt in zwei streng geschiedene Hälften: die Alt- und Neustadt, letztere mit ihrem schönsten Theile am Meere gelegen, freundlich, hell, mit großartigen Gebäuden und prachtvollen Hafendämmen, jedoch im Allgemeinen etwas nüchternen Charakters. In Betreff ihrer Volksmenge, des Reichthums ihrer Läden, des Luxus der Wohnungen gleicht diese Neustadt den schönsten Theilen von Paris. Längs der gemauerten Hafenleisten herrscht geschäftliches Getümmel, ein Babel von Sprachen, ein Gemisch aller Trachten und Hautfarben bis zum Ebenholzschwarz der Kinder des Sudans. Eine Prachtstraße, die berühmte Cannebière, öffnet sich senkrecht auf das Hafenbecken. Man denke sich ein Stück Pariser Boulevards mit all seiner Eleganz und seinem Leben unter den dunkelblauen Himmel der Provence gezaubert, auslaufend in einen von Hunderten von hohen Masten erfüllten Hafen, im Hintergrunde durchschimmernd das glitzernde Meer, und man kann sich annähernd eine Vorstellung von jener Straße machen, von welcher der Marseiller stolz ausruft: „Si Paris avait une Cannebière, Paris serait une petite Marseille!“ In Einem allerdings hat diese Straße vor den Pariser Boulevards etwas voraus, nämlich darin, daß sie den Zugang zu einem der größten Stapelplätze des Welthandels bildet und daß sich in derselben das buntbewegte Treiben des Hafenlebens mit dem steten Ab- und Zuströmen eleganter Spaziergänger zu einem so lebensvollen Bilde gestaltet, wie wir dies in Paris oder auch in einer anderen Seestadt als Marseille vergeblich suchen würden. Auch der wärmere Pulsschlag, welcher das Straßenleben Marseilles durchhaucht und sich in dem lauteren Tone und rascheren Tempo der klangvollen provençalischen Mundart, sowie in dem lebhafteren Geberdenspiel der einheimischen Bevölkerung äußert, unterscheidet dasselbe nicht unwesentlich von dem ruhigeren Charakter der Pariser Straßen.

In unmittelbarster Nähe des alten Hafens, in welchen die Cannebière einmündet, befindet sich die neue Börse, ein prachtvolles Gebäude, von den bedeutendsten einheimischen Künstlern mit Marmorstatuen und Basreliefs geschmückt und von der reichen Kaufmannschaft der Stadt mit einem Kostenaufwande von neun Millionen Franken erbaut. An diesen mächtigen, freistehenden Bau, der um die Mittags- und Abendstunde von einer nach Hunderten zählenden Menge erfüllt wird, deren dumpfes Gewoge der brandenden Meeresfluth gleicht, die manch kostbaren Gewinn ans Land spült und manch Hab und Gut brausend verschlingt, an dies Handelsemporium schließt sich nach der Stadt zu eine lange Reihe hoher Gebäude, welche die Contore der verschiedenen Schifffahrts-Gesellschaften, prunkende Kaufläden, verschwenderisch ausgestattete Kaffeehäuser und palastähnliche Gasthöfe enthält.

Die Cannebière, die in der prachtvollen Rue de Noailles und Allée de Meilhan mit ihren Riesenexemplaren dichtgewipfelter Ulmen und Platanen eine würdige Fortsetzung findet, wird zu beiden Seiten von dem Cours de Belzunce und Cours de St. Louis, zwei platzartigen, dichtbeschatteten Straßen, unterbrochen, von denen die letztere wegen des daselbst abgehaltenen Blumenmarktes zu den Sehenswürdigkeiten der Stadt gehört. In originellen Verkaufspavillons, denen man die Form von Blumenkörben gegeben und die von einem chinesischen Dache geschützt werden, wird eine Fülle der farbenprächtigsten, duftigsten Blumen und Blüthen um billiges Geld feilgeboten; der den französischen Gärtnerinnen angeborene Geschmack weiß das einfachste Veilchen- oder Rosenbouquet so graziös und kokett in weißer Papierhülle zu verstecken, daß man unwillkürlich zum Kaufe verlockt wird; nur schade, daß die Verkäuferinnen weder an Jugend noch an Schönheit den Blumen gleichen.

Wenn man die Cannebière in ihrer Verlängerung, der Allée de Meilhan, verfolgt, so gelangt man zu dem aristokratischen Boulevard Longchamp, dessen Abschluß durch eines der wirkungsvollsten Decorativgebäude gebildet wird. Wie ein Feenpalast baut sich das Palais de Longchamp, ein Meisterwerk moderner Renaissance, mit seinen breiten Treppen und vornehmen Gartenanlagen, mit seinen Marmorbecken und Wasserkünsten vor unseren Blicken auf. Die beiden vorspringenden Hauptflügel dieses prachtvollen Baues werden durch eine im Halbbogen zurückreichende Colonnade verbunden. Im Mittelpunkte derselben, gleichsam als Krönung der ganzen Anlage, erhebt sich ein reich mit Skulpturen geschmückter Pavillon, dessen geräumige Nische ein mächtiges Becken birgt, aus welchem ein Neptun mit Nymphen emporragt, während im Halbkreise um diese Gruppe vier eherne Rinder mit halbem Leibe aus dem Becken hervorsehen, indem sie sich mit den Vorderfüßen auf dessen Rand stützen. Die ganze Nische gleicht einem Wasserschlosse, aus welchem sich die plätschernden Fluthen von allen Seiten in symmetrischen Cascaden auf ein tieferliegendes Bassin ergießen, von wo sie über Marmorstufen in das große Hauptbecken hinabgleiten. Die Wassermassen, welche diese prachtvollen Anlagen beleben, werden der Stadt in einem der großartigsten modernen Aquädukte aus den klaren Fluthen der Durance zugeführt und versorgen ganz Marseille mit kühlem, vortrefflichem Trinkwasser. In den beiden flankirenden Seitenflügeln befinden sich das naturhistorische Museum und die Gemälde-Galerie, während hinter dem oberen Säulengange ein geschmackvoll angelegter zoologischer Garten liegt, der einen schönen Ausblick auf die Stadt und ihre Umgebung gewährt.

Der Hafen von Marseille ist einer der schönsten und großartigsten der Welt; er besteht aus dem alten Hafen (Ancien Port, Vieux Port, der Lacydon der Phocäer), ein natürliches, vorzüglich gegen den Mistral geschütztes Becken, das 1 km weit in das Land hinein sich erstreckt und bis 1200 Kauffahrteischiffe fassen, seiner geringen Tiefe wegen jedoch keine Kriegsschiffe aufnehmen kann, und aus sechs großen Becken; vier Leuchtthürme markiren ihn Nachts, und geschützt ist er durch mächtige Molen. Zwei Festungswerke, St. Nicolas und St. Jean, vertheidigen den Eingang des alten Hafens, der von einem breiten gutgepflasterten Damm eingefaßt wird. An der durch das Fort St. Jean gebildeten Ecke beginnen die neuen Hafenanlagen des Bassin de la Joliette und Bassin du Lazaret mit den großartigen Docks, welche in ihren hohen

38*

Räumen ungeheure Mengen von Waarenvorräthen aufgespeichert enthalten und sich in ihrer ansehnlichen Ausdehnung den ganzen Hafendamm entlang hinziehen. Auf einer Anhöhe über dem Quai de Rive erhebt sich auf untermauerter Terrasse die neue Kathedrale, ein in seinen Dimensionen kolossaler, im Innern noch unvollendeter Kuppelbau im byzantinischen Stil, der in seiner Vollendung zu den bedeutendsten Denkmälern französischer Architektur zählen wird. Seltsam nimmt sich das hierzu verwendete Material von schwarzem und goldig schimmerndem Kalkstein aus, welches der Façade eine eigenthümliche Polychromie verleiht. Die Formen des Baues, namentlich im Innern des Domes, machen durch ihre edle Einfachheit eine überaus erhebende Wirkung.

Von den breiten Hafendämmen führt eine große Anzahl enger und steiler Gassen und Gäßchen aufwärts nach der alten Stadt, welche in schneidendem Gegensatze zur Neustadt steht: ein Gewirr winkliger Straßen mit hohen Häusern voll schmutziger finsterer Wohnungen, die Brutstätten aller möglichen Krankheiten. Die rechte Seite am geräumigen Hafenbecken ist die sogenannte „Boutique"; dort vor den farbenreichen Läden, den Schatzkästen des Seevolks, wirbelt Alles so dicht, daß man sich immer durchdrängen muß. Hinter der Ladenreihe gähnen die dunklen engen Gassen der Altstadt, voll von Menschen, die ärmsten von Marseille, vielleicht in ganz Frankreich. Sie gehören zu einer eigenen Kaste, welche sich sowohl in der Sprache als in der Sitte, Kleidung und den übrigen Gebräuchen von allen anderen Franzosen unterscheidet. Die groben Lumpen, die sie nothdürftig bedecken, und ihre kümmerliche Nahrung erwerben sie einzig mit ihren Fischernetzen. Von den übrigen Bewohnern der Stadt wegen seiner Wildheit gemieden, lebt dies sonderbare Volk blos für sich und verlangt nach keiner Gemeinschaft mit seinen Nachbarn. Die dunklen, düstern Gesichtszüge zeichnen es auf eine unverkennbare Weise aus. Auch sonst ist die Altstadt von den niederen Volksclassen besetzt, ein gelbbraun Weib immer häßlicher als das andere. Alles näht und schmiedet, wäscht und barbiert auf der Straße. Malerische Effekte sind in Menge vorhanden, allein man wird halb ohnmächtig von all den abscheulichen Düften. Durch viele Gassen rinnt von oben die Gosse herab und theilt, die Luft verpestend, den ohnehin schmalen Gehweg in zwei Theile. Die hohen, schmutzigen, rauchigen Häuser sind der Sitz des Kleingewerbes, sowie zahlreicher Branntweinschänken und übelberüchtigter Spelunken, aus deren matterleuchteten Räumen des Abends ein wilder verworrener Lärm betrunkener Matrosen und schäkernder Dirnen dringt. Man sollte kaum glauben, sich hier in derselben Stadt zu befinden, welche die elegante Cannebière und das vornehme Palais de Longchamp in ihren Mauern birgt. Während dort glänzende Kaffee- und Speisehäuser, geräumige Theater und der duftige Blumenmarkt dem Luxus des Geld- und Geburtsadels entsprechen, wird hier den Bedürfnissen der unteren Volksclassen durch qualmerfüllte niedrige Schankstuben und kreischende Bänkelsänger Genüge geleistet; auch der Fisch- und Gemüsemarkt, der in den alten Stadttheilen sein Hauptquartier aufgeschlagen, prägt denselben mit seinen faulen Düften und keifenden Fischweibern einen nichts weniger als vornehmen Charakter auf. Die andere Seite des Hafens heißt der „Commerce". Hier lagert sich der Welthandel ab: Seifenthürme aus den nahen Fabriken neben den Spezereien des Orients, Berge von Zuckertonnen und Reisballen neben carrarischen Marmorblöcken und Farbhölzern von Pernambuco. Nebenan sind die Kaffeehäuser mit Schildern in französischer und englischer Sprache, außer diesen vornehmsten

Idiomen lassen sich aber hier fast alle Mundarten Europas hören. Große verschlossene Magazine nehmen die Stelle der Läden auf der Boutique ein. Sie sind mit Kaufmannsgütern aller Art, mit Holz, Hanf und Allem, was zum Schiffbau gehört, angefüllt. Deßhalb verirren sich die bloßen Spaziergänger seltener hierher, obgleich der zum Fahren eingerichtete breitere Hafendamm weit schöner ist als der auf der entgegengesetzten Seite. Aus dem Gewühl von Geschäftigen, welche diesen Theil von Marseilles als ihr Gebiet betrachten, rettet man sich entweder in die nahen breiten, glänzenden Straßen, welche in die Neustadt und zu dem imposanten modernen Präfecturpalast, einem weitläufigen Bau in französischem Renaissancestil, führen, oder klimmt zu den kahlen Felshöhen hinauf, von denen zu beiden Seiten der Hafen eingeschlossen ist.

Wie Paris sein Boulogner Wäldchen und Wien seinen Prater, so besitzt Marseille für Corsofahrten seinen Prado, dessen 4 km lange Fahrallee in mancher Hinsicht an die schattigen breiten Fahrwege des Wiener Praters erinnert. Gelangt man jedoch ans Ende der Allee, wo sich der reizende Park des Château Borelli und des Château des Fleurs, ein Reuniongarten, mit allen Erfordernissen eines eleganten Vergnügungsortes versehen, befinden, dann leuchtet uns mit einem Male zwischen dem dichten Laub der Bäume das blaue Meer entgegen und im Osten treten über den Gartenanlagen die scharf gezackten Umrisse der kahlen Kalkgebirge hervor, deren ödem, ausgebranntem Boden die Sonne des Südens ein eigenthümlich hellgraues Colorit verleiht, das sich von dem tiefen Indigoblau der See und dem reinen Azurglanze des Firmaments seltsam abhebt. Interessant, aber beschwerlich ist der Weg nach Notre Dame de la Garde, einem steilen Felsen, ebenfalls nahe an der Stadt, der sich 160 m hoch über der Meeresfläche erhebt. Man ist jetzt daran, diesen Stadt und Meer beherrschenden Aussichtspunkt durch eine Hebemaschine (Ascenseur) leichter zugänglich zu machen. Es wird hier ein 3—3$^1/_2$ m breiter Tunnel am Fuße des Berges in dessen Inneres geführt; er mündet in einen zweiten senkrecht aufsteigenden Tunnel. Dieser letztere, 3×6 m weit, umschließt ein kolossales, aus zwei Thürmen bestehendes, schmiedeeisernes Gerüst, das zur Circulation zweier Körbe aufgeführt ist und an dem Abhang des Berges in der Höhe des Berggipfels die obere Oeffnung überragt. Die beiden Körbe, deren Bewegungen getrennt sind, fassen je 10—16 Personen und werden durch am Ausgang des senkrechten Tunnels angebrachte Dampf- und Wasserkraft in Thätigkeit gesetzt. Die Verbindung des Berggipfels mit dem aufsteigenden Gerüste ist durch eine ebenfalls eiserne Brücke hergestellt.

Will man die ganze Schönheit der ersten Seestadt Frankreichs genießen, so eile man sofort nach diesem Punkte, wo nebst einer Citadelle der stolze Kuppelbau einer prächtigen romanischen Kirche, deren 45 m hoher Glockenthurm in einem riesigen vergoldeten Standbild der heiligen Jungfrau als weithinausblickenden Wächterin der Stadt gipfelt, seit 1864 an die Stelle einer aus dem dreizehnten Jahrhundert stammenden Kapelle getreten ist; sie war ein berühmter Wallfahrtsort, in welchem die verehrte Schutzgöttin der Schiffer waltete, der Hort, welchen die Gebete und Gelübde der Seeleute suchten in stürmischer Meeresnacht. Das Bild ist heute fort, der Glaube ist geblieben; noch immer empfehlen sich die Schiffer dem mächtigen Schutz von Notre Dame de la Garde, die ihnen hoch vom mistralumbrausten Felsen noch lange entgegenleuchtet, wenn sie ihre gefahrvollen Reisen antreten. Ein malerischer Blick von dieser frommen

Acropolis aus! Ringsum gelagert Tausende von Häusern, Straßenzeilen mit alten Bäumen bepflanzt, der Mastenwald des Hafens. Landeinwärts schweift der Blick über Fluren und Wälder, streift bis zum Fuße mächtiger, meist kahler Felsengebirge, die nicht ohne anmuthige Formen durch die Zartheit der südlichen Farbentöne außerordentlich malerisch werden. Wie Oasen zerstreut, ruhen auf ihnen freundliche Sommerpaläste und dunkelgrüne Gärten, deren Pinienwipfel unmittelbar über dem blauen Lichte der See noch schwärzlicher erscheinen als sie sind. Ringsum erstreckt sich dann der blaue Kranz des Meeres, aus welchem etwa eine Stunde entfernt ein paar völlig nackte Felseninseln aufragen, die dem Hafen als Wogenbrecher dienen, als nächste jene historisch berühmten malerischen Felskanten, auf deren Gipfel das bekannte traurige Chateau d'If, dieses frühere fast unzugängliche, fürchterliche Staatsgefängniß, erbaut ist. Jetzt dient es als Quarantainestation. Mehr seitwärts und etwas entfernter liegt die kleine Insel Ratonneau. Die Ueberbleibsel eines alten verödeten Schlosses und eine kleine Citadelle sind die einzigen Gebäude, arme Fischer, die zuweilen in Felsenklüften und elenden Baracken dort hausen, die einzigen Bewohner dieses ganz unfruchtbaren Felsklumpens. Die Insel Pomègues ist die größte und von Marseille am weitesten entfernt. Auch sie besteht aus einem einzigen großen Felsen, öde und unfruchtbar, voll tiefer Spalten und Klüfte; doch trägt sie noch das weitläufige Gebäude der Quarantaine. Eine herrliche Aussicht auf das Meer und diese Eilande gewährt die „Corniche", die Straße, welche von der Anse des Catalans, im Westen des alten Hafens in die alten Uferfelsen eingesprengt, zum Theil hoch über dem stets unruhigen, oft sogar furchtbar tobenden Meere und die Landzunge, auf deren Gipfel Notre Dame de la Garde sich erhebt, herumführt. In der wechselvollen Kette sehr steiler Berge, welche den Süden von Marseille begrenzen, gähnen da und dort Oeffnungen und Spalten von entsetzlicher Weite und Tiefe, die zu grottenartigen Vertiefungen, meist unbekannten Felshöhlen, führen. Eine der schönsten, wenn auch sehr schwer zugänglich, ist die sogenannte Rolandshöhle, ein gewaltiger Saal, ein unendlicher Kreisraum, darüber eine Decke, die der Blick nicht ganz zu umfassen vermag. Es sind riesige Säulenhallen, immense Versteinerungen, welche dem aufgehäuften Gestein zur Stütze und Zierde dienen und die feuchte Felsendecke bilden, von der in schwachen Tropfen das Bergwasser herniederperlt. Auch unmittelbar hinter dem Dörfchen Rons, nahe bei Marseille, findet sich eine ähnliche Grotte in dem ziemlich hohen Berge, dessen Scheitel die Ruinen eines alten Schlosses krönen. Vor ihm und hoch über ihm dehnt sich ein ungeheurer Felsblock aus, bekannt unter dem Namen La Sainte Beaume, und auf einer Seite desselben ist eine geräumige und tiefe Höhle, in welche nur selten und höchst spärlich ein Sonnenstrahl dringt und die in ihrem unteren Theile eine Nachbildung des heiligen Grabes enthält, ein schauerlicher Ort mit einem kleinen Wasserbecken, dessen immer frisches und helles Naß als ungemein heilsam von den Landleuten nahe und ferne verehrt wird. Nicht sehr weit davon öffnet sich die sogenannte Eiergrotte, in die man durch drei Felsspalten mittelst einer Leiter und eines Seiles zum Schutz vor dem auf beiden Seiten gähnenden Abgrunde hinabsteigen kann. Sie hat ihren Namen von der eirunden Gestalt der sie bildenden Felsen erhalten. Die Gläubigen verehren in Sainte Beaume die heilige Magdalena, und die nahe und ferne Umgebung feiert hier viele Feste, und eine große Anzahl Weihgeschenke schmückt die Wände der Höhlen.

Die Menschen in Marseille muß man im Allgemeinen als schön bezeichnen. In allen Classen bemerkt man im Durchschnitt große herrliche Gestalten mit ausdrucksvollen, regelmäßigen Gesichtern, schwarzen blitzenden Augen und weit weniger braun an Farbe, als man es in diesem Klima vermuthen sollte. Unter den Frauen der höheren Stände sieht man sogar viele blendend weiße Blondinen mit goldenen Locken und schwarzen Augen, überhaupt viele auffallend schöne Weiber, welchen die dem Süden eigene Lebhaftigkeit etwas unwiderstehlich Reizendes giebt. Die Marseillerinnen haben viel vom griechischen Typus bewahrt. Reizende Füße, regelmäßige Züge, lebhafter Teint, schwarze feurige Augen, ebenholzschwarze Haare bilden die Mehrzahl. Ihr Charakter ist heiter wie die Sonne ihrer Heimath; sie sind lustig und lachen viel, nicht etwa nur um ihre blendend weißen Zähne zu zeigen, sondern einfach weil Lachen ein Vergnügen, vielleicht ein Bedürfniß für sie ist. Ihre Toilette ist reich: Seide, Sammt, Spitzen sieht man auch bei den weniger Bemittelten; ihr Geschmack dagegen ist nicht immer der feinste; sie lieben das Auffallende und überladen sich mit Schmuck. Die Lebhaftigkeit des Volkes in rascher Sprache und Bewegung, in unermüdlichen Geberden ist nicht minder groß als in der Gascogne, nur weniger unangenehm; die Leute sehen nicht immer aus, als zankten sie mit einander und wollten sich todtschlagen, sondern als ob sie mit einander tanzen wollten. Ueberhaupt spielt der Tanz in Marseille eine große Rolle; der älteste Tanz, von den Phocäern nach Marseille und zu den Provençalen gebracht, ist die schon mehrfach erwähnte „Falandoulo“ oder „Farandole“, ihr lebhaftester Ausdruck der Freude: alle Theilnehmer bilden eine Kette, welche dem Führer in allen Windungen, in Verschlingungen und Verknotungen folgt, wie bei unseren Polonaisen; jedoch darf die Kette nie zerreißen. Dabei ertönen Tamburin und Pickelflöte, oder man singt dazu. Dieser Tanz fehlt bei keinem Fest und keiner öffentlichen Lustbarkeit. Außerdem sind von Tänzen in Gebrauch: „leis Bouffets“ oder „les Soufflets“, „leis Fieloués“ oder die Spinnrocken; seltener sieht man „les Olivettes“, „les Bergères“, „les Jarretières“, „la Cordelle“. Dagegen finden sich in Marseille noch Spuren altprovençalischer Feste. Beim Weihnachtsfeste versammelt man seine Freunde um das „Caco Fuech“, d. h. Feuer der Freundschaft. Die Procession St. Ferréol ist noch immer sehr glänzend. Am Johannisabend zündet man große Freudenfeuer an; die Patronatsfeste kann man in den umliegenden Dörfern mit provençalischen Gesängen und nationalen Tänzen feiern sehen. Bei allen diesen Festen herrscht die dem Provençalen angeborene Heiterkeit und Lebenslust, und der volle schöne Klang des provençalischen Dialects trägt auch viel dazu bei, ihr Thun und Treiben angenehm zu machen. Doch darf man dem gemeinen Volk nicht zu sehr trauen, denn im Zorn ist es jeder Unthat fähig, entsprechend seiner Ungeschliffenheit und Unwissenheit, da es trotz der vielen Anstalten für Wissenschaft und Handel, die Marseille auszeichnen, auf einer sehr tiefen Stufe der Bildung steht.

Der Marseiller ist leidenschaftlich dem Vergnügen ergeben und liebt namentlich Landpartien, so daß Sonntags die Stadt ganz verödet erscheint. Bei alledem ist er indeß arbeitssam, vernachlässigt keineswegs sein Interesse und sucht sich durch Thätigkeit und Industrie die Mittel zu verschaffen, jeden Tag nach gethaner Arbeit auf seine beliebte Weise zu beschließen. Wer gearbeitet und gewonnen hat, hält von Zeit zu Zeit an, um wie das Eichhörnchen auf dem Zweig die Frucht seiner Arbeit zu knacken, um zu genießen; er wartet nicht, ehe er in den Apfel des Genusses beißt, bis ihm der letzte Zahn entfallen ist. Dabei macht, wenn irgend eine Stadt in Frankreich, Marseille den Eindruck eines thätigen, aber auch in dieser Thätigkeit ganz aufgegangenen Lebens. Handel und Fabriken blühen und werden eifrigst betrieben. Die höchst bedeutende Industrie erstreckt sich namentlich auf die Erzeugung von Seife, welche in Stadt und Umgebung über 50 Werkstätten mit mehr als 1000 Arbeitern und jährlich eine halbe Million Metercentner Seife im Werth von 35 Millionen Franken erzeugt. Es werden namentlich Sesam und Erdmandeln verarbeitet, Soda und Sodasalze hergestellt. Daneben giebt es Zuckerfabriken, Getreidemühlen, Nudelfabriken, Hohöfen und andere metallurgische Werkstätten, Gerbereien, Wollwäschereien und Färbereien. Mit dieser Großindustrie hängt die Bedeutung des Handels eng zusammen, denn außer den dazu nothwendigen Rohmaterialien müssen eine Menge von Hülfsmaterialien u. dgl. von Außen bezogen werden. Der Handel Marseille's beschäftigt sich vorzugsweise mit Getreide, Oel, Zucker, Kaffee, Häuten, Wolle und Seide. Der Haupthandelsartikel der Stadt ist das namentlich aus dem Schwarzen Meere, Algerien, der Türkei und Italien eingeführte Getreide. Im Jahre 1876 kamen 8746 Schiffe mit 2,645,000 t in Marseille an, davon ab gingen 8654 Schiffe mit 2,590,000 t; 1879 liefen ein 9445 Schiffe mit 3,313,469 t, aus 9344 Schiffe von 3,286,132 t; von dem Tonnengehalt der eingelaufenen Fahrzeuge entfiel mehr als reichlich die Hälfte (nahezu 2,000,000 t) auf die französische Flagge; in den Rest theilten sich hauptsächlich italienische, englische, spanische und deutsche Schiffe. Bei dieser Gelegenheit sei bemerkt, daß Frankreichs Handelsflotte nach ihrem wirklichen Bestande den sechsten Rang unter den Handelsflotten der Welt einnimmt. Voran gehen ihr dem Tonnengehalte, nicht der Zahl der Schiffe nach: Großbritannien, die Vereinigten Staaten, Norwegen, Britisch-Amerika und Deutschland. In der Schiffszahl wird es aber blos von Großbritannien und den Vereinigten Staaten übertroffen. Vor wenigen Jahren zählte die französische Handelsmarine 15,527 Fahrzeuge mit 1,005,380 t, davon 588 Dampfer mit 275,305 t und 14,939 Segelschiffe mit 730,075 t. Zu dieser Flotte trägt Marseille selbst an 800 Schiffe, darunter über 200 Dampfer bei. Die bedeutendste Dampfschifffahrtsgesellschaft ist die Société générale de transports maritimes à vapeur, welche über Barcelona, Gibraltar und St. Vincent nach Rio de Janeiro, Montevideo und Buenos-Ayres Fahrten macht. Die Messageries maritimes, welche von Marseille auslaufen, sind eine der am vorzüglichsten eingerichteten Dampferlinien des Mittelmeeres und unterhalten den Verkehr durch den Suezcanal nach Ostasien. So ist denn Marseille, nächst Constantinopel die erste Seehandelsstadt des gesammten Mittelmeergestades, der Ausgangspunkt zweier Linien der Paris-Lyon-Méditerrannée-Eisenbahn, durch zahlreiche Dampferlinien mit allen wichtigen Häfen des Mittelländischen Meeres sowie mit Ostasien und Südamerika in Verbindung. Was die Verkehrsländer betrifft, so nimmt Algerien, mit dem eine doppelte unterseeische Kabelverbindung besteht, entschieden die erste Stelle ein, da auf dieses ungefähr der dritte Theil des Gesammthandels kommt, wie denn das rasche Aufblühen von Marseille überhaupt seit der Besitznahme Algeriens durch die Franzosen herrührt.

Aix und die Niederalpen.

Wer von Marseille nach der oberen Provence, etwa in das Departement der Niederalpen (Basses Alpes) will, den führt die Schienenstraße zunächst nach

Aix, dem ölberühmten. Sie übersteigt die Marseille und Aix trennende Gebirgswand und fällt dann in eine fruchtbare Ebene hinab, worin in günstiger Lage Aix sich ausbreitet in einem weiten zum Etang de Berre führenden Thal, das zwischen dem Küstengebirge von Marseille, Toulon, Fréjus und dem hochaufsteigenden, parallel laufenden Bergzuge der Chaine de Ste. Victoire (925 m), dann der Chaine de l'Etoile in die Höhe führt und den niedrigsten Uebergang von der Rhône in die weiter östlich tief in das Land einschneidenden Thäler des Argens und Var gewährt. Aix ist das einstige Aquae Sextiae, eine der ältesten römischen Colonien in Gallien am Borde warmer Quellen, die der Stadt ihre Stelle und ihren Namen gaben und in unseren Zeiten wieder seit anderthalb hundert Jahren nach langer Vergessenheit Badegäste an sich zu ziehen begannen, jedoch in sehr mäßiger Zahl. Hier schlug Marius die Teutonen und Ambronen, 102 v. Chr. Den Sieg bezeichnet noch der Name des Mont de Ste. Victoire; doch sind außer unbedeutenden Bruchstücken alle antiken Bauwerke spurlos verschwunden. Im Uebrigen ist Aix, obgleich von seiner früheren Bedeutung herabgesunken, noch immer eine der ansehnlicheren Städte Südfrankreichs und zählt an 24,000 Einwohner. Sie ist in Form eines Quadrates gebaut und zerfällt in zwei Theile, einen alten und einen neueren, beide getrennt durch den „Cours", einen schönen Boulevard, die Hauptstraße der Stadt, an welcher die Gasthöfe, die bedeutenderen Kaufläden, Kaffeehäuser u. dgl. liegen. Unter den Gebäuden sind die alte Kathedrale St. Sauveur mit einem von acht antiken Säulen getragenen Baptisterium, die gothische, aus dem dreizehnten Jahrhundert stammende Kirche St. Jean de Malte und ein Stadthaus mit altem Urthurm, von dem man einen guten Ueberblick über Stadt und das ganze Thal mit dem fernen hohen Gebirge gewinnt, die interessantesten. Nördlich vom Cours ist die alte eigentliche Stadt mit unregelmäßigen, aber theilweise ziemlich breiten Straßen. Große Platanen- und Ulmenalleen gewähren angenehmen Schatten und mehrere schöne Springbrunnen beleben und zieren die Stadt. Gleich am Ende des Cours tritt uns le bon roi Réné als Brunnenstatue mit seinem freundlichen, wohlwollenden Gesicht, der gedrückten, eher gelehrten als königlichen Haltung entgegen.

Im Mittelalter war Aix die Residenz der Grafen von Provence, die Wiege der provençalischen Poesie, der glänzende Mittelpunkt der echt provençalischen höfischen Bildung, der Sitz der „Liebeshöfe", aber auch mit seiner Haupttheiligen Maria Magdalena, die ihre späteren Tage hier verlebt haben soll, ein Centrum kirchlichen Legendenreichthums, welcher Anlaß zu zahlreichen Festen gab. Einige derselben haben sich aus König Rénés Zeiten erhalten und in ihnen spiegelt sich die kindliche Frömmigkeit, die naive Poesie jener Tage wieder. Was Heinrich IV. für Béarn, Du Guesclin für die Bretagne waren, das ist der „gute König" Réné von Anjou für die Provence. Er ist gleichsam der verkörperte Geist seines Volkes und seiner Heimath. Er ist kühn, wenn ihn Gefahren ereilen, aber er sucht sie nicht, er erfaßt das Neue, das Glänzende mit feurigem Sinne, aber ihm fehlen Fleiß und Ausdauer, es zu nutzen oder festzuhalten; er liebt den Ruhm, aber noch mehr den Genuß und darum zieht er den Lorbeer des Dichters und Künstlers dem des Kriegers vor. In seinem glücklichen Lande bringt die Natur freiwillig hervor, was zum Lebensunterhalt gehört — und so hat sich Réné durch die Einführung prunkender Festzüge bei seinen Landsleuten größeren Dank erworben, als wenn er sich bemüht hätte, Ackerbau und Industrie zu heben. Die bedeutendsten dieser Feierlichkeiten sind die Umzüge am Fronleichnamsfeste, die König René 1462 in Aix eingeführt und zu deren jährlicher Wiederholung er der Stadt bedeutende Capitalien vermacht hat.

Das Fronleichnamsfest wird allerdings in allen südlichen Städten Frankreichs und besonders in der Provence noch mit all der Feierlichkeit begangen, welche dasselbe vor Jahrhunderten auszeichnete. Jeder beeifert sich, den festlichen Tag nach Kräften verherrlichen zu helfen, gleichsam als ob es gälte, einen öffentlichen Beweis seines Glaubens darzulegen. Unter den zahllosen geschäftigen Händen gewinnen die Straßen plötzlich ein frisches, sauberes und zierliches Aussehen, und schaarenweise durchwandert sie die fröhliche Bevölkerung, im schönsten Sonntagsstaate prangend. Am großartigsten gestaltet sich aber die Procession zu Aix, wo sie sich in einen Maskenzug verwandelt, zu dem man seit Pfingstmontag Vorbereitungen trifft. An jenem Tage wählen die Spielenden aus ihrer Mitte die drei Führer des Zuges: den Fürsten der Liebe (prince de l'amour), den Priester der Jugend (abbé de la jeunesse) und den König des Gerichts (roi de la basoche). Diese müssen das Ganze leiten, für die Leistungen ihrer Untergebenen einstehen, die Tänze einüben und die Pantomimen einstudiren lassen. Die Anzüge, die Masken (Têtières" genannt, weil sie wie große Kappen den ganzen Kopf bedecken) stammen aus Renés Zeiten, und so erscheinen Götter und Göttinnen, Heilige und Teufel im Gewande des fünfzehnten Jahrhunderts. Unter diesen Charaktermasken bemerkt man die Ruhmesgöttin, der ein von Fackeln umringter Zug der von René gestifteten Halbmondsritter folgt: den Herzog und die Herzogin von Urbino, Renés bitterste Feinde; den Gott Momus, der wie alle Bewohner des Olymps und der Unterwelt hoch zu Rosse erscheint; Mercur und die Nacht im sternbesäeten, schwarzen Gewande; lous Bazcassetas, die Aussätzigen vorstellend, von denen die Bibel erzählt. Hinter ihnen schreiten Moses und Aaron. Um sie herum führt einer aus der Schaar der Israeliten lou jouec dou cat, das „Katzenspiel", auf, indem er eine lebendige Katze in die Luft schleudert und wieder auffängt. Aber die Hölle folgt den Sündern auf dem Fuße. Pluto und Proserpina führen sie an. Das Gefolge dieser Gottheiten besteht aus christlichen Teufeln, welche ein Seelchen, dargestellt von einem Kinde im weißen Hemde, mit nackten Beinen und fliegenden Haaren, peinigen, dem aber ein handfester Engel mit goldenen Flügeln zur Seite steht. Es ist lou pichoun jouec deïs diables oder l'armetto (das kleine Teufelsspiel oder das Seelchen). Der Mittelpunkt des großen Teufelsspieles ist S. Majestät der höchstselige König Herodes, der trotz Scepter und Krone von den Ofengabeln der Teufel arg behandelt wird. Nach den Bewohnern des ewig brennenden Höllenpfuhles kommen die Götter und Göttinnen der Wogen, des Waldes und der Fluren, Satyre und Nymphen. Pan und Syrinx reiten hinterdrein. Nun kommt Bacchus auf einem zweirädrigen Karren. Mars und Minerva folgen dem fröhlichen Gott mit Helm und Speer; hinter ihnen die chivaoux frux (munteren Pferde) oder Centauren. Hierauf erscheinen Apollo und Diana. Da die Königin von Saba nicht dem Olymp entstammt, spaziert sie mit ihrem Freunde Salomo zu Fuß hinterdrein. Nun kommen wieder hoch zu Roß Saturn und Cybele. Die fröhliche Gruppe der pichounx dansaïres und grand dansaïres (kleine und große Tänzer) verkündigen das Herannahen der vornehmsten Götter: Jupiter, Juno, Venus, Amor mit seiner Amorettenschaar. So zieht diese wunderliche Procession durch alle Hauptstraßen von Aix. Aber die Hauptfeierlichkeit ist erst am folgenden Tage, nachdem die Messe vorüber ist. Die heidnischen Gottheiten sind nun verschwunden, der „Fronleichnam", der Leib des Herrn, ist der Mittelpunkt der Welt wie des Festes; vor seinem Sonnenglanze sind die Götzenbilder früherer Zeiten in den Staub gesunken. Viele der Scenen des Vortages sind beibehalten, wie das Katzenspiel, die Bazcassettes, die Königin von Saba und das große Teufelsspiel. Dazu gesellt sich aber la bello estello, der schöne Stern, mit den drei Weisen aus dem Morgenlande und die Gruppe deïs tarassouns, eine wunderliche Darstellung des bethlehemitischen Kindermordes. Später zeigt sich die würdige Schaar der Apostel. St. Christoph, ein enormer Heiliger aus Pappe, trägt das Jesuskind auf seiner Schulter; dann kommen die Stabträger, Landsknechte und Fahnenträger als Vorläufer der drei obenerwähnten Führer des Zuges. An diese Häupter der weltlichen Procession schließt sich der Umgang der Kirche mit all ihrem Gepränge. Endlich erscheint das Allerheiligste getragen vom Erzbischof unter goldenem Baldachin. Bei diesem Anblick verstummt das Gelächter, senkt sich das Haupt, beugen sich die Knie, und während der Kirchenfürst den Segen ertheilt, schwingt nur wenige Schritte hinter ihm der Tod seine Sense, und ein unheimliches Geheul dringt aus der Todtenkopf-Têtière hervor.

Von diesen Seltsamkeiten abgesehen, ist Aix ein ruhiges, stilles Städtchen, dessen Einwohner sich mit Olivencultur, Kohlenbergbau und Seidenzucht beschäftigen. Für Olivenöl besonders ist es einer der ersten Handelsplätze im Süden Frankreichs. In Frankreich wächst und gedeiht der Olivenbaum nur im Languedoc und in der Provence, und auch dort ist er nicht so akklimatisirt, daß er nicht dann und wann durch den Frost litte. Man vermehrt die Olivenbäume mit Hülfe von Wurzeln, die einen Schößling treiben, welchen man pfropft, sobald er stark genug ist. Man erhält auf diese Weise Bäume, die schon im fünften oder sechsten Jahre Früchte tragen. Die Oelbäume werden gewöhnlich in schiefen Reihen und je nach der Güte des Bodens und der stärkeren oder schwächeren Sorte 6—8 m weit auseinander gesetzt. Man macht zu diesem Zwecke gewöhnlich schon ziemlich lange vorher große Löcher, senkt dann die Bäume hinein, bedeckt die Wurzeln mit einer Schicht Dünger und schüttet dann die Gräben zu. Die stete Vermehrung durch Absenker hat übrigens die natürliche Größe, und die ursprüngliche Schönheit des Baumes beeinträchtigt. In den meisten Pflanzungen Südfrankreichs wird er jetzt nicht mehr höher als etwa 5 m. Der Wipfel des Baumes gleicht einer abgeplatteten Halbkugel. Die Olivenernte ist für den Landmann der Provence und des Languedoc ein Fest, etwa wie es die Weinlese in anderen Gegenden ist, aber auch eine Zeit angestrengter Thätigkeit. Das Pflücken und Pressen der Früchte gehört zu den wichtigsten Geschäften des Jahres, denn das Oel wird mit Recht für das vorzüglichste Erzeugniß des Landes angesehen. Nachdem man vierzehn Tage vor Allerheiligen auf den Böden und in den Scheuern der Maiereien Schlafplätze für die Arbeiter und Arbeiterinnen bereitet hat, schickt der Eigenthümer eine Anzahl Wagen nach der Stadt, um die schon im Voraus gebungenen Hülfstruppen einzuholen. Diese bringen mit alle Vorräthe, die sie für die Zeit der Ernte brauchen, denn der Pflanzungsbesitzer liefert seinen Arbeitern nichts als ein Strohlager mit einem Betttuch für je zwei Personen und Morgens und Abends eine soupe aux légumes. Jeder „Oliveur" und jede „Oliveuse" — so nennt man die Arbeiter, — läßt sich einen Napf davon geben und schneidet von dem eigenen Brod soviel hinein, als erforderlich ist. Vom ersten Morgenstrahl pflücken mit der Hand die mit Leitern und Schemel versehenen

Arbeiter bis zum Sonnenuntergang Oliven, die dann in Säcke geschüttet und, wenn eine Wagenladung voll ist, nach der oft sehr einfach eingerichteten Oelmühle gefahren werden, wo man sie höchstens vierundzwanzig Stunden liegen läßt, ehe man sie unter den Mühlstein bringt. Je frischer die Oliven, desto feiner und aromatischer das Oel. Die feinsten Oele können nur von gepflückten, ausgelesenen und frisch und kalt gepreßten Oliven gewonnen werden und erfordern eine so aufmerksame und sorgfältige Behandlung, daß ihr Preis nothwendig ein sehr hoher bleiben muß.

Von Aix gewinnt die Eisenbahn das Thal der Durance und dringt diesem aufwärts folgend in das Departement der Niederalpen vor. Dieses ist ein wahres Bergland, wenn auch seine Gipfel selten an die Höhe der Hochzinnen in dem nördlich angrenzenden Departement der Hochalpen hinanreicht. Immerhin mißt der Grand Rioubourent 3396 m, der Pic de Pelvat, 3218 m, die Aiguille de Chambeyron 3400 m, der Brec de Chambeyron 3388 m und der Mont Pelat 3053 m. Er steht östlich von einer Gebirgskette oder richtiger vom Knotenpunkte zweier Ketten, die in fast entgegengesetzter Richtung streichen und zusammen eine hufeisenförmige Gestalt haben. Es sind dies die Montagnes de la Blanche und die Montagnes du cheval blanc. Die ersteren ziehen von der Quelle des Bled an nordwestlich zwischen den Gewässern Blanche und Ubaye, welche wie die meisten des Departements der Durance zufließen. Im Thale der oberen Ubaye und schon in 1113 m Meereshöhe liegt das 1230 von Graf Raym und Berengar, dessen Ahnen aus Barcelona stammten, gegründete Städtchen **Barcelonette**, welches auch jenem Theile des Ubayethales seinen Namen giebt. Auf den reichen Weiden wird außerordentlich viel Vieh, namentlich Schafe gezogen, welche nebst den Ziegen und Maulthieren den Hauptgegenstand der Viehzucht bilden. Rinder und Pferde kommen nur wenig in Betracht. Die Montagnes du Cheval blanc streichen gegen Südwesten zwischen Verdon und Bléonne, an welch letzterem Nebenflusse der Durance das Cheflieu des Departements, **Digne**, in malerischer Gegend liegt. Es ist ein ganz kleines Städtchen mit nur 7000 Einwohnern, das erst seit wenigen Jahren durch eine Zweigbahn dem Weltverkehre zugänglich geworden ist. Sehr alt, mit steilen, krummen Straßen und bethürmten Mauern bietet es doch keine Merkwürdigkeit, so wenig wie die übrigen Städte des Departements, in welchen man sonst fast auf Schritt und Tritt Spuren und Ruinen aus der Römerzeit begegnet; sie sind aber nirgends von so hervorragender Bedeutung, daß sie zu weiterer Beschreibung einladen. In der Umgegend von Digne sind Thermen, welche viele Badegäste anziehen. Dort wo die von Digne kommende Bléonne mit der Durance sich vereinigt, treten an diese von Westen her die Montagnes de Lure (1827 m), an deren Fuße der Fluß aus dem Departement der Hochalpen hervorbricht. Gerade an der Grenze der Provence und des Dauphiné, an der Einmündung des Buëch in die Durance klettert auf steilen Felsen das Städtchen **Sisteron** empor, überragt von einer Citadelle, welche die Thalenge beherrscht. Auch Sisteron, welches etwa 4300 Einwohner hat, ist sehr alt, und hat schon zur Römerzeit bestanden als Municipium. Es war die Civitas Segestereorum. Das Klima in diesem Theile der Alpen ist im Allgemeinen kalt und veränderlich, übrigens je nach der Meereshöhe auch ein sehr verschiedenes. Zum Ackerbau ist es der Natur der Dinge nach nur wenig geeignet; eine der fruchtbarsten Gegenden ist noch jene, worin die ebenfalls sehr alte Stadt **Forcalquier**, eine keltische Gründung, auf einem zuckerhutförmigen

Berge sich erhebt. Sie ist schlecht gebaut, ihre Straßen sind eng, winkelig und schmutzig, doch hat sie eine ziemlich schöne romanische Kirche und angenehme Spaziergänge. Industrie ist hier wie im ganzen Departement wenig verbreitet. Das Land ist romantisch aber arm, besonders in seinem östlichen Theile, welchen der Verdon, wohl der ansehnlichste Nebenfluß der Durance, bewässert. Er entspringt am Fuße des Mt. Pelat aus den drei Bächen von Allos, in der Gegend, wo auch der beträchtlichste Gebirgssee des Departements zu suchen ist. Bären und Murmelthiere bewohnen diese Alpenhöhen mehr als die Menschen, welchen der wenig ergiebige Boden kaum den nöthigen Unterhalt gewährt. Deßhalb wandern die armen aber thätigen Leute — größtentheils Katholiken, aber mit Reformirten und Waldensern untermischt — zur Sommerszeit als Händler aus, während die Daheimbleibenden etwas Alpenwirthschaft, geringe Viehzucht und noch geringeren, aber dafür desto beschwerlicheren Ackerbau treiben.

Toulon.

Auch das Departement des Var ist in seinen nördlichen Theilen noch vorwiegend Gebirgsland, von den niedrigen Verzweigungen der See-Alpen durchzogen, welche dem östlichen Nachbardepartement den Namen geben. In diesem fließt auch der Var, der dem ersteren Departement als Pathe diente, jetzt ihm aber völlig fremd ist. Dies rührt daher, daß 1860, bei der nach der Einverleibung der Grafschaft Nizza nothwendig gewordenen Neubildung eines Departements, eben jenes der See-Alpen, der Bezirk abgetrennt ward, welcher vom Var als Grenzstrom vom damaligen Königreiche Piemont geschieden wurde. Aus alter Gepflogenheit ward dem Departement auch nach der neuen Eintheilung sein bisheriger Name belassen. Der Var entspringt im Gebiete des Mont Pelat und fließt eine Strecke lang von Norden nach Süden ziemlich parallel mit dem Verdon, welch letzterer nach seiner großen Wendung gegen Westen die Grenze zwischen den Niederalpen und dem Var-Departement bildet. In der Gegend dieser westlichen Krümmung des Verdon baut sich auf seinem linken, südlichen Ufer das 1130 m hohe Massiv der Cabrière-Berge auf, welchem der zum Verdon fließende Artuby entquillt. Ihren Südgehängen entspringt der zum Argens, dem jetzigen Hauptgewässer des Departements, fließende Nartuby, und im Thale dieses letzteren Flusses, aber nicht unmittelbar an demselben liegt in lieblicher Gegend das Cheflieu des Departements, das häßliche Städtchen Draguignan mit etwa 10,000 Einwohnern. So klein dieses abgelegene Nest ist, so bietet es doch eine unerwartete Fülle von geistigen und materiellen Hülfsmitteln. Es giebt da eine gelehrte und archäologische Gesellschaft, mehrere Museen, eine Münzsammlung, ein naturhistorisches Cabinet und selbst einen botanischen Garten, endlich gegen hundert industrielle Anlagen, welche jährlich für mehr denn 7 Millionen Franken Waare erzeugen. Die Milde des Klimas lockt auch eine Anzahl Fremder dahin, deren bescheidene Börse den Ansprüchen der berühmteren Küstenplätze nicht gewachsen ist. Draguignan treibt auch viel Handel mit Wein und Olivenöl. Eine Eisenbahn, welche von der großen Linie Marseille-Genua abzweigt, verbindet es mit Toulon und Fréjus sowie den übrigen Plätzen an der französischen „Riviera".

Von Marseille aus benutzten früher die Touristen das Dampfboot zur Fahrt nach Nizza, dem besuchtesten dieser Orte. Jetzt legt man die Strecke mit dem Schnellzug in sechs Stunden zurück. Zwischen dem lärmenden und lebenstrotzenden Marseille und Nizza liegt nun in trutziger Einsamkeit **Toulon**, genannt das Plymouth von Frankreich. Einen im Felsgestade ausgehöhlten prächtigen Hafen umgiebt halbkreisförmig die dichte Häusermasse der über 70,000 Einwohner zählenden Stadt, und hinter ihr ranken Tausende von Gärten und Weinbergen mit Villen und niedlichen blinkenden Winzerhäuschen hinan am Gehänge der Berge, deren kahle oder beholzte Gipfel fast traurig auf die paradiesische Landschaft und das Meer hinabschauen. In Toulon weht schon italienische Luft, und Winterfröste sind so selten wie in Neapel. In den Gärten der Stadt beugen sich die Orangenbäume unter der Last ihrer Früchte, der Oelbaum dauert im Freien aus, selbst die Palme erhebt da und dort einsam ihr Fächerhaupt und Cactusarten bekleiden mit ihren hellrothen Blüthen und saftigen Blättern Fels und Gemäuer. Die Trauben der Touloner Rebgärten sind die süßesten in der ganzen Gegend und werden bis nach Paris verfrachtet. Prachtvoll ist der Ueberblick von den Felsen der Nordseite. Die Stadt, die Festungswerke, der Hafen mit seinem dichten Mastenwalde, die mit Schiffen bedeckte Runde und der zwischen Hügeln und Landzungen hervorglitzernde Ocean geben ein Bild, das das Auge entzückt und das Herz erweitert.

Toulon ist die größte Festung, der Hauptwaffenplatz und der erste Kriegshafen Frankreichs. Hier ist stets ein ansehnlicher Theil der französischen **Kriegsflotte** versammelt, welche 1881 im Ganzen 356 Schiffe, darunter 59 gepanzerte, mit einer Besatzung von 42,781 Mann zählte, somit eine der ansehnlichsten der Welt, nach der englischen wohl die größte ist. Auch wird sie beständig in gutem, kampffähigen Stande erhalten, doch fehlt es ihr noch an genügenden Torpedobooten, Kreuzern und Kundschaftsschiffen. Solche in hinlänglicher Menge herzustellen ist jetzt das Bestreben der Regierung. Panzerschiffe sind genug vorhanden und es werden ihrer vorläufig keine weiteren mehr gebaut. Toulon ist nun auch die Hauptrüstkammer Frankreichs, sein Arsenal das reichste in ganz Europa. Die Docks für den Neubau der Schiffe reihen sich unmittelbar an die Arsenalgebäude, und auch ein großes Becken für die ausrangirten Schiffe, die Invaliden, welche nach langem Dienste und mancher Schlacht hierher geschafft werden, um wie in einem Spitale, unter dem Rost der Zeit und der Nässe zu verwittern oder abgebrochen zu werden. Die großen Arsenale und Schiffswerften sind seit 1870 den Fremden unzugänglich, die übrigen Anlagen darf man mit besonderer Erlaubniß der Seebehörde besichtigen. Dahin gehören die Hammerschmiede, der Geschützpark, die Salle d'Armes, die Waffenschmiede, Feilerei, die Modellkammer und der interessante Modellsaal im Musée maritime. Am meisten fesselt aber doch das Drängen und Treiben im Hafen selbst, dieses Jagen und Vorüberschießen der tausend Barken und Boote, dieses geschäftige Gewühl der Matrosen, dieses ewige Auf- und Abmarschiren der Marinesoldaten, dieses Rufen und Schreien beim Ein- und Ausladen, dieses Knarren der Krahnen, dieses Rasseln der Wagen, welche Güter oder Schießvorrath holen oder bringen; Alles dies macht mächtigen Eindruck selbst auf den, welcher an das lebendige Treiben großer Handelsstädte gewöhnt ist. Der friedliche Kauffahrer im unbedeutenden Handelshafen erscheint wie eine zerbrechliche Nußschale gegen den Panzerriesen, und statt des Menschengedränges auf der Uferleiste eines Handelshafens, statt der bunten Gruppen in allerhand Trachten, wie sie z. B. im nahen Marseille, das Morgen- und Abendland vertretend, bei jedem Schritte Ohr und Auge anziehen, staunt man über die

Mannigfaltigkeit der Uniformen des Staatsdienstes und der gewaltigen Apparate der Macht und Herrschaft.

Seltsamerweise ist Toulon, dieser Stützpunkt Frankreichs für seine Herrschaft im Mittelmeere und in Afrika, vergessen von den südfranzösischen Dichtern, die sonst ihre Heimath so überschwänglich zu preisen pflegen. Nur die Verfasser aufregender Criminalromane verlegten einen Theil, zumeist den letzten ihrer Werke in diese Stadt, denn bis 1873 beherbergte sie noch den düstern Bagno, die Strafanstalt für todeswürdige Verbrecher. Der Bagno ist zwar aufgehoben worden, aber die Bewohner von Toulon, welches nicht ein einziges Bauwerk hat, das von seiner einstigen Größe in der Phöniker- und Römerzeit sowie im Mittelalter Zeugniß gäbe, haben wenig gethan, um ihre frühere Beschwerde zu rechtfertigen, daß lediglich der Bagno den üblen Geruch verschulde, in dem ihre Stadt stehe. Toulon ist — von einigen äußeren Theilen abgesehen — fast unberührt geblieben von jener Bewegung der „Haußmannisirung der Städte", die unter dem dritten Napoleon von Paris die Rundreise durch Europa antrat und die Schleifung unnütz gewordener Festungswälle, die Verwandlung der Stadtgräben in lachende Gärten, die Niederreißung ungesunder Viertel, die Verbreiterung der Gassen, die Anlage von Boulevards und Squares, die Einrichtung eines wohlberechneten Kloakensystems in ihrem Gefolge hatte. Wohl hatte man sich einst auch von Marseille mehr als eine saftige Anecdote erzählt, um die alte Phocäerstadt wegen ihres eigenthümlichen Localgeruchs zu behelligen. Allein der Vergangenheit gehört jener Marseiller an, der nach einer Reise um die Welt schiffbrüchig geworden, in der Entfernung einer Stunde vom Lande plötzlich entzückt ausrief: Wir sind gerettet, ich rieche die Cannebière! Aber Toulon hat bis auf den heutigen Tag ganz und gar die unberechtigte Eigenthümlichkeit bewahrt, die es mit französischen Städten niedrigeren Ranges, wie Cette, Narbonne, Carcassonne theilt. Jene für die städtische Menschheit fast unentbehrlich gewordene Einrichtung, die man mit einem englischen Namen verschämt zu bezeichnen pflegt, ist hier in Wohn- und Gasthäusern noch in ihrer urwüchsigsten Form zu schauen: ein Winkel, am Boden desselben eine Steinplatte, in dieser ein Loch. Bei der Natürlichkeit, welche den Südfranzosen auszeichnet, pflegt diese Abtheilung des Hauses nicht von den anderen Räumlichkeiten abgeschieden zu sein und ihr Dunstkreis fließt mit demjenigen der benachbarten Küche zusammen, in welcher das für nordeuropäische Nasen und Mägen gleich unerträgliche Nationalgericht bereitet wird, die „Bouillabaise", eine Art Fischgollasch, das nach ranzigem Oele, Knoblauch und anderen vordringlichen Ingredienzien duftet. In den meisten Häusern ist aber sogar diese Einrichtung noch als höchst überflüssiger Luxus angesehen. Und die Bewohner huldigen einer Gewohnheit, deren Ausübung durch die Milde des Klimas Winters und Sommers, Tag für Tag gestattet ist: zur Zeit des Abendspazierganges kann man nämlich auf den belebteren Wegen um die Stadt die Heerschau über die Bevölkerung abnehmen, die da, zum Theil in traulichem Gespräche begriffen, den Verrichtungen jener philosophischen Vögel obliegt, die Victor Scheffel in einem seiner reizendsten Lieder besungen hat. Kein Wunder also, daß Toulon von einer Atmosphäre umgeben ist, welche an diejenige der Lagerplätze der Karawanen von Mekkapilgern erinnert.

An die orientalischen Cholera-Herde wird man in Toulon aber auch noch durch den Anblick der Gassen und Plätzchen gemahnt. In ihrer Enge und Dunkelheit bieten dieselben allerdings zur Zeit des Hochsommers den Einwohnern willkommenen Schutz gegen die glühenden Strahlen der Sonne des Südens. Allein ein polizeiwidriger Schmutz macht dieselben wenigstens für Fremde ungangbar, ja unnahbar, wenn im Winter der zerfließende Schnee und im Frühjahr häufig niederströmender Regen die Rinnsale in der Mitte der Gassen füllt, in denen sonst der Abfluß aus den Häusern und aus den Werkstätten sich aufstaut. Da Toulon der zweite feste Seehafen des Reiches ist, von dem aus vorzugsweise die Expeditionen der französischen Kriegsmarine stattfinden, so ist das verhältnißmäßig geringfügige Gewerbe, welches von der Civilbevölkerung betrieben wird, fast ausschließlich der Herstellung von allerlei Ausrüstungs-Gegenständen gewidmet. Schuster-, Lederer- und Seilerwerkstätten reihen sich in den Gassen neben einander, und diese Gewerbe werden bei guter Witterung zum nicht geringen Theile sogar auf offener Straße betrieben. Auch hier hätte naturgemäß eine öffentliche Gesundheits-Aufsicht ein kaum minder reiches Feld für ihre Thätigkeit, als in den licht- und luftscheuen Bazaren des Orientes, die man in Europa als die bevorzugtesten Cholera-Herde zu betrachten gewöhnt ist.

Der Bagno, eine Schöpfung Colbert's, ist zwar, wie gesagt, abgeschafft worden, die Arsenale und Befestigungen, eine Schöpfung Vauban's, wurden erweitert, aber die Stadt ist im Wesentlichen dieselbe geblieben und bietet für die Unterbringung der heute unverhältnißmäßig stärkeren Marine- und Landtruppen keine ausreichende Unterkunft. So herrscht namentlich in den Gassen, die zum großen Hafen und zu den kleineren Binnenhäfen führen, ein Gedränge von Matrosen, Marinesoldaten, Fischern, Arsenalarbeitern, wie nur in irgend einem Hafenorte der Levante. In elenden Kneipen sitzen die Seeleute beisammen und verzechen in Weinsorten, die drüben in Cette die Taufe erhalten haben, ihren Sold, und der verflossene „Jungfernstieg" von Hamburg war ein Ort classischer Reinlichkeit gegen die Höhlen des Lasters, in welchen hier aus der Fremde heimkehrende Matrosen mit ihrem Lohn ihre Gesundheit liegen lassen. Niedrige Trödlerbuden stehen offen für die Seeleute, die hier den aus fernen Himmelsstrichen mitgebrachten Tand, oft zweifelhaftesten Werthes, in Geld umsetzen wollen. Und der strengen Schiffsdisciplin ledig bummeln Matrosen herum, ebenso abenteuerliche als schmutzige Toilettestücke, die sie in China oder Afrika zusammengerafft, zur Schau tragend. Man denke sich die Caricaturen ordnungs- und reinlichkeitsfeindlicher französischer Seeleute, welche das „Journal Amusant" fast in jeder Nummer bietet, noch bedeutend übertrieben, und man hat ungefähr ein Bild von dem Stock der Bevölkerung, die sich im Hafen von Toulon drängt und mit den Einwohnern in vielfältigster Berührung mengt.

Ohne Bedauern kehren wir deßhalb dem großen Kriegshafen den Rücken. Von Toulon verläßt der nach Osten führende Schienenweg das Mittelmeer und wendet sich binnenwärts durch eine dünn bewohnte Gegend, die Anfangs wenig Interesse bietet. Doch verlohnt es sich — was eine Zweigbahn zu thun leicht gestattet, — einen Abstecher nach dem wegen seines milden Klimas gefeierten Städtchen Hyères zu machen. Zahlreiche Brustkranke, besonders Engländer, halten sich in diesem Geburtsorte Massillons auf. Hyères ist 5 km vom Meere entfernt und durch einen Hügelzug mit 300 m hohen Gipfeln mit ihm verbunden, während die südöstliche Seite durch eine flache Ebene eingenommen wird. Es lehnt sich an den Südabhang eines steilen Berges, dessen Gipfel mit den Ruinen eines Schlosses gekrönt ist und um den herum sich ein

Panorama von großer Schönheit entrollt. Der Berg gehört zu dem nur 2 km langen Hügelzug der Maurettes; dieser fällt nach Norden und Osten in das Thal des Gapeauflusses ab, der ostwärts von Hyères zum Meere fließt. Nördlich davon schützen die Granithöhen der Montagnes des Maures Hyères gegen die Nordost- und Nordwinde. Doch unterbricht nordwestlich eine Ebene für den Fluß diese Mauer und läßt dem Mistral noch vollen Zugang. Den Hintergrund bildet das nackte, zackige Hochgebirge. Die näheren Berge sind aber nicht mehr wie bei Marseille von der Sonne ausgeglüht, so daß sie nur kahle Felsen und dürres, röthlich braunes Erdreich zeigen, sondern hier ist das Gebirge dicht belaubt. Die Abstufung des Baumgrüns, das von dem Dunkel der hohen Berge bis in die sanfte Helle am Meere niedersteigt, als wollte es sich da vermählen mit der klaren, blaugrünen Fluth, kann gar nicht ausdrucksvoller, gar nicht lieblicher sein. An diesen Hügeln, seinen alten Schutz und Trutz, hat sich Hyères angeschmiegt, ländlich und malerisch, und doch fehlt in seinen Häusern nichts vom städtischen Behagen. Die alte Stadt, noch mit Mauern und Thoren versehen, hat freilich enge winkelige Straßen und bietet wenig Sehenswerthes, die untere Stadt aber, die Stadt der Fremden, ist in moderner Weise angelegt, besitzt hübsche Boulevards und den lauschigen „Palmen-Platz", von sieben großen Dattelpalmen beschattet, mit schöner Aussicht auf die unterhalb liegenden Gärten und auch das Thal bis nach den Inseln, welche die Rhede von Hyères umkränzen. Es sind ihrer vier: Porquerolles, Bagueau, Port Cros und Ile du Levant. Sie erheben sich 147, 197 und 129 m über die See und waren den Alten als Stöchaden bekannt. Porquerolles, welches hauptsächlich besucht zu werden pflegt, hat etwa 300 Bewohner, einen Leuchtthurm, ein Fort mit schwacher Besatzung und eine Sodafabrik. Port Cros, 4 km lang und 2 km breit, hat nur wenige Bewohner und ist die mildeste der Hyèrischen Inseln, zugleich die höchste und mit außerordentlich wildreichen Wäldern. Die Ile du Levant, die östlichste und größte der Gruppe, ist mineralogisch interessant; ehemals fruchtbar und ganz mit Orangengärten bedeckt, ist sie jetzt völlig steril.

Die französische Riviera.

Nimmt man die Fahrt auf der nach Italien führenden Eisenbahnlinie wieder auf, so gelangt man schon nach zweistündiger Fahrt, noch ehe Fréjus erreicht wird, durch eine entzückend schöne Berglandschaft, deren Thalsohle Pinienwälder verherrlichen, während nach der See zu Felsengebirge aufsteigen, die obgleich kaum 600 m hoch, doch an rauher Zerklüftung und zackigen Umrissen vollständig unseren höchsten Alpenkämmen gleichen. Die See selbst erreicht die Bahn erst bei Fréjus am gleichnamigen Meerbusen und unfern der Argens-Mündung. Keine Stadt der Provence macht einen schöneren Eindruck. Im Alterthum als Forum Julii groß und glänzend, hatte sie den wichtigsten Hafen Galliens, der doppelt so groß war wie der von Marseille, und war Station der römischen Flotte. Die Anschwemmungen des Argens haben den Hafen aber ausgefüllt, und ein 1600 m breites Ufer trennt die jetzt sehr unbedeutende Stadt vom Meere. Doch stehen noch das Cäsarthor, das Goldene Thor und die gewaltigen Hafenleisten. Ferner sind noch die Ruinen eines Amphitheaters von 114 m und 82 m Durchmesser, eines Theaters, Tempels und die Reste eines 30 km langen Aquädukts vorhanden. Jetzt leidet Fréj schwer an dem Sumpfboden und der Sumpfluft seiner Umgebung. Von hi an läuft der Schienenweg hart an steil abfallenden Bergen fort, deren zah reiche Felsenvorsprünge durch Tunnel durchstochen und deren zwischenliegend dichtbewachsene Schluchten überbrückt werden mußten. Die See bricht si schäumend an Klippen und über felsigen Untiefen, deren Purpurfarbe verstär durch die Wärme abendlicher Lichter so grell aus dem blauen Meere tritt, da ein Maler sie auf dem Bilde mildern müßte, um nicht für unwahr gehalt zu werden. Hier treten wir auch ein in den europäischen Wintergarten, i eine Gegend, die Jeden, der nur ein bischen Sinn für die Natur hat, in Be geisterung versetzt, wo selbst im rauhesten Monat, im Januar, noch achtzig ver schiedene Pflanzenarten blühen. Wie mit einem Schlage ist aber auch die Gege anders geworden: die Olivenbäume, die vorher verkrüppelt auf dem Bode hingekrochen sind, recken sich mächtig in die Höhe und nehmen jetzt das Aus- sehen der Eichen an, mit welchen sie auch der Stärke nach wetteifern. Oefters führen förmliche Treppen zu den Bänken hinauf, die im Geäst dieser Oelbäume angebracht sind. Es ist ein Land, wie es sich die weitgehendste Phantasie nich schöner denken kann, ein Land, in welchem man wohl die Sehnsucht begreift, in welcher sich Mignon aufzehrt: Es ist das Land,

. . . wo die Citronen blüh'n,
Im dunklen Laub die Goldorangen glüh'n,
Ein sanfter Wind vom blauen Himmel weht,
Die Myrthe still und hoch der Lorbeer steht.

Wohl gehört die Gegend politisch noch zu Frankreich, dem Klima, der Flora, der Bevölkerung und der Sprache nach aber gehört sie zu Italien, und auf keinen Strich der Halbinsel kann der Goethe'sche Vers besser passen, als auf diesen Anfang der Riviera di Ponente. An zahlreichen Ortschaften, malerisch an der See gelegen, geht es vorüber und draußen auf dem blauen Meeres- spiegel ziehen schwanengleich die Schiffe mit geschwelltem Segel ihre Bahn. Villa an Villa und Park an Park künden die Nähe eines der Mittelpunkte des Fremdenverkehrs, denn nirgends in der ganzen Welt liegen berühmte Cur- orte so dicht bei einander wie hier an der Riviera, wo der aus Italien Kom- mende auf einer 2½stündigen Eisenbahnfahrt an S. Remo, Bordighera, Ven- timiglia, Mentone, Monaco, Villafranca, Nizza und Cannes vorübereilt.

Letzterer Platz, **Cannes**, liegt am Golfe de la Napoule und in einem förmlichen Garten. Prächtig heben sich die dunkelgrünen Orangenhaine gegen die blaßgrünen Olivenwälder mit ihrer malerischen Beästung und der lichten duftigen Belaubung ab. Denkt man sich hierzu noch die blaugrünen Fieber- bäume (Eucalyptus globulus), welche in einem Alter von 8 Jahren schon über 16 m hoch sind, mit den wolligen Blüthen, die Lorberbäume mit den glänzenden schwarzen Beeren, die Magnolien mit den 10 cm langen, tulpenartigen, blendend weißen Blüthen und hochrothen Fruchtständen, die Feigen mit der weißgrauen Rinde und den blauen birnförmigen Früchten, die Paulownien mit den mehr als tellergroßen Blättern, Pfefferbäumen, Aloen, Agaven, Cactus, Fächer- und Dattelpalmen, Wälder von immergrünen Korkeichen, Pinien, Seekiefern, mit Myrthen und Mimosen als Unterholz und hundert andern Bäumen und Blumen, welche in Deutschland selbst in den sorgfältigst gepflegten Gewächshäusern nicht fortkommen; denkt man sich alle diese Gewächse hier im Freien und zu einem großen Theil noch in Blüthe stehend, so bekommt man vielleicht eine blasse

Vorstellung von der Schönheit des Gartens, in welchem Cannes liegt. Nirgends sind die berüchtigten weißen Kalkfelsen der Provence und die verödeten, waldlosen Berge Südfrankreichs zu sehen, welche der Umgebung von Monaco, Bordighera u. s. w. einen solch' einförmigen traurigen Charakter aufdrücken. Wenn man von einem der vielen in der Nähe von Cannes gelegenen Aussichtspunkte aus, etwa dem durch die Gefangenhaltung der eisernen Maske und die Flucht Bazaine's berühmt gewordenen Fort der Insel Marguerite, das trunkene Auge umherschweifen läßt, so hat man überall eine in wahrhaft tropischen Farben glänzende Flora vor sich, ein Anblick, welcher durch die zierlichen Villen und die prächtigen Schlösser der Stadt, die aus der Ferne herüberschimmernden, mit ewigem Schnee bedeckten Gipfel der Seealpen und das ins Unendliche sich ausdehnende tiefblaue Meer zu einem so lieblichen und zugleich so großartigen sich gestaltet, wie es wohl kaum irgendwo ähnlich gefunden werden kann. Was die Temperatur anbelangt, so gedenkt man unwillkürlich der Worte Goethe's, welcher in seiner „Italienischen Reise" sagt: „Die Sonne scheint heiß und man glaubt wieder einmal an einen Gott", während er an einer andern Stelle bemerkt: er wolle den Landesbewohnern gern Alles lassen, wenn er nur, wie Dido, soviel Klima mit Riemen umspannen könne, um die Wohnungen damit zu umfassen. Fürwahr, es liegt ein eigenthümlicher Zauber in einem Klima, wo man in einem gegen Süden belegenen Zimmer während des ganzen Winters durch die offene Altanthüre auf eine lachende Landschaft hinausschauen kann, und wo die marmornen Kamine fast nur als Gesimse für immer frischgefüllte Blumengefäße dienen. Einen Winter in unserem Sinne kennen die Einwohner von Cannes so gut wie gar nicht, und obendrein ist Cannes durch die Felsenmauer des zackigen Estérel-Gebirges, im Mant Vinaigre mit 616 m gipfelnd, gegen den äußerst heftigen und für Kranke ungemein gefährlichen Mistral, der die ganze übrige Küste heimsucht, fast vollständig geschützt. Es ist das Verdienst Lord Broughams, daß er, als ihn 1834 Unannehmlichkeiten, die er mit der italienischen Zollbehörde gehabt, davon abschreckten wieder nach Nizza zu gehen, die klimatisch glückliche Lage und die Reize der Gegend von Cannes entdeckte und so den Grund dazu legte, daß aus dem damaligen ärmlichen Fischerdorfe eine Stadt von Villen und stattlichen Straßen entstand, die erfolgreich mit allen klimatischen Curorten an der vielgerühmten Riviera di Ponente wetteifern kann und auch einen so raschen Aufschwung nahm, wie es bei keinem anderen Badeorte erlebt wurde. Cannes ist jetzt eine Stadt von 15,000 Einwohnern, die im Winter fast eben so viele Fremde beherbergt. Kein Wunder, daß „un magistrat français et les habitants de Cannes" dem früheren Lordkanzler von England 1869 ein Denkmal in einem hübschen nach ihm benannten öffentlichen Garten errichteten.

Sein eigentliches Gepräge erhält Cannes durch die zahlreich hier weilenden Engländer, deren glänzende Kutschen, gewandte Reiterinnen und rüstige Fußgänger die ganze Gegend unsicher machen, während Sonntags in ihren drei freundlichen, in der Weihnachtszeit reizend mit Palmenzweigen, Blumenguirlanden und Inschriften verzierten Episcopalkirchen und dem Bethause der schottischen Presbyterianer kein Platz leer bleibt, und nachher der unvermeidlich hohe Cylinderhut auf allen Promenaden massenhaft über die anspruchsloseren Kopfbedeckungen aller Uebrigen hervorragt. Im Westende der Stadt, dem Hauptsitze der englischen Colonie, das deßhalb auch nur „le quartier anglais"

39*

genannt wird, hört man zu allen Zeiten mehr englisch als französisch sprechen. Trotz vereinzelter Todesfälle, und trotz der großen Zahl der Aerzte, wird man übrigens durch nichts daran erinnert, daß im Grunde doch auch Cannes eine Krankenstation ist. Die alljährlich wiederkehrenden Villenbewohner unterhalten unter sich einen lebhaften geselligen Verkehr, und es bedarf der näheren Bekanntschaft mit einem oder einigen von ihnen, um in deren ziemlich festgeschlossenen Kreis aufgenommen zu werden. Die übrige Gesellschaft trifft sich Nachmittags bei der fast täglich von einer guten städtischen Kapelle auf dem einen oder anderen öffentlichen Platze aufgeführten Musik, in Wohlthätigkeitsconcerten und Bazaren, im Roll-Schlittschuh-Club (skating ring), beim Taubenschießen (tir aux pigeons) oder in den gut ausgestatteten Lesezimmern des Cercle Nautique. Für die Abendunterhaltung sorgt man durch Veranstaltung von Tanzpartien, kleinen Concerten durchreisender Künstler, Vorstellungen von Zauberkünstlern in den verschiedenen Gasthöfen. Das Hauptvergnügen bilden gemeinschaftliche Piknik-Touren in die nähere und entferntere Umgegend, die durch eine Pferde-Eisenbahn von der Ebene von Laval bis zu dem, nur durch das Cap de la Croisette von der Bucht von Cannes getrennten, schönen Golf von Jouan noch leichter zugänglich gemacht ist, welchen das französische Geschwader aus Toulon mit Vorliebe zu seinen Uebungen aufsucht. Der für größere Schiffe nur schwer zugängliche Hafen von Cannes selbst ist allerdings im Ganzen wenig belebt, doch verstreicht selten ein Tag, an welchem nicht, außer Küstenfahrern und zahlreichen Fischer- und Lustbooten, mindestens eine, fast ausnahmslos englische, Dampf- oder Segelyacht ein- oder auslaufe oder auf der Rhede läge.

Die landschaftlichen Schönheiten dieser Gegend kann freilich nur derjenige voll genießen, welcher die großen Straßen verläßt und zu Fuß einen der hundert kleinen Bergpfade einzuschlagen vermag, die das eigenthümlich geformte Hügelland in allen Richtungen durchziehen. Zwar leidet der Holzbestand auf den Höhen keinen Vergleich mit unsern deutschen Waldungen, aber es fehlt doch fast nirgends am Schatten, und jedes kleine Thal und jede Schlucht, welche, wie die Einschnitte zwischen den Zacken eines Sporns oder zwischen den Fingern der Hand, nach allen Seiten hin von dem eigentlichen Bergstock auslaufen, bringt, auf künstlichen Terrassen mit Orangenbäumen, Cassia oder Wein bestanden, oder mit Rosen- und Jasmin-Feldern und Gemüsegärten ausgefüllt, einen reizenden Farbencontrast gegen die großen Olivenpflanzungen hervor, in deren Schatten das junge Korn schon üppig in die Aehren schießt. Ueber solchen mannichfachen Vordergrund und manche freundliche Bauernhöfe, Dörfer und Städtchen hinweg schweift der Blick auf die in weitem Kreise höher und höher sich erhebenden Berge, die gegen Osten durch die schneebedeckten Seealpen, westwärts durch das Estérel-Gebirge und seine Ausläufer abgeschlossen werden. Diese Gebirge und das von den neuen Stadttheilen weit überflügelte, auf und an einem steil abfallenden Hügel belegene, alte Cannes mit den Ruinen des ehemaligen Schlosses und der von außen kaum weniger verfallen erscheinenden uralten Kathedrale auf dem aussichtsreichen Mont Chevalier bilden, nebst dem Meer, überall die Glanzpunkte der Gegend.

Dem Vorgebirge Croisette gegenüber steigt eine Gruppe felsiger Eilande aus dem Meere auf, die Iles de Lérins oder Lerinischen Inseln. Aus ihr treten zwei größere, parallele und länglich gestreckte Inseln hervor, St. Honorat und Ste. Marguerite. Eine kleine Meeresstraße von $1^1/_2$ km Breite trennt dieselben von der Küste, an welcher Cannes mit seinen Orangen- und Limonen-Gärten, Oliven- und Wein-Geländen emporsteigt. Es ist das zugleich ein reich historischer Boden, auf welchem die vielgesuchte Heilstation unserer Zeit einen so raschen Ruf erlangt hat. Nach dem mythischen Helden Lero, welchem die Gruppe der Lérins ihren Namen verdankt, haben Griechen und Römer, Sarazenen und Spanier, Genuesen, Franzosen, Deutsche und Austro-Sarden um den Besitz jenes gesegneten Küstenlandes gestritten. Auf der Insel Ste. Marguerite, ehedem Lero genannt, hatte der Heros dieses Namens seinen Tempel stehen. Außerdem erwähnt Plinius noch einer Stadt Vergoanum, die sich auf derselben erhoben haben soll, die aber bereits zur Zeit des römischen Historikers nicht mehr existirte. Die Römer hatten später auf der Insel ein Arsenal für ihre Flotte errichtet, aber auch von diesem ist, Dank den nachfolgenden Barbaren und den französischen Ingenieurs, keine Spur mehr erhalten. Nachdem der heil. Honoratus den Lero-Tempel hatte zerstören lassen und auf der Nachbarinsel ein Kloster gegründet hatte, wurde Ste. Marguerite der beliebte Aufenthalt der Mönche, welche das beschauliche Leben den geselligen Genüssen des Conventes vorzogen, der nebenbei gesagt, im Jahre 699 nicht weniger als 3700 Köpfe zählte. Fast tausend Jahre später fiel die Insel in die Hände des Cardinals Richelieu, der sich ihrer im Namen des Königs bemächtigte und dieselbe befestigen ließ. Am ziemlich hohen, felsigen, nördlichen Ufer von Ste. Marguerite liegt noch das kleine, zur Zeit Richelieu's erbaute, jetzt ziemlich verfallene und nicht einmal mit einer Garnison versehene Fort, das dem geheimnißvollen „Manne mit der eisernen Maske" und, 1874, dem Marschall Bazaine als Gefängniß diente. Die Zelle, in welcher der erstere siebenzehn lange Jahre vertrauert haben soll, ist leider nicht ganz in ihrem ursprünglichen Zustande erhalten. Der gemauerte Fußboden, zu dem man früher auf Stufen hinabsteigen mußte, ist um 3 m erhöht und befindet sich jetzt auf gleicher Stufe mit dem Vorplatz und der Thürschwelle. Dadurch ist das noch immer ausreichend hohe und ziemlich geräumige Zimmer offenbar viel wohnlicher geworden. Denn man kann jetzt bequem durch das Fenster sehen und hat, trotz des starken Eisengitters, das vor demselben in die dicke Mauer eingefügt ist, eine leidliche Aussicht, während der unglückliche Gefangene kaum einen Lichtschimmer von der Fensteröffnung gehabt haben kann. Auch ist die Oeffnung in der gewölbten Decke des Zimmers, durch welche, nach der gewöhnlichen Angabe, der Gouverneur St. Mars den Gefangenen beobachtet haben soll, nicht mehr vorhanden, und sie soll auch niemals vorhanden gewesen sein.

Ste. Marguerite ist höher und grotesker geformt als die Nachbarinsel St. Honorat. Ihre Hauptzierde aber besteht in einem schönen Nadelgehölz, welches den ganzen östlichen Theil des Eilandes bekleidet und von Kaninchen, Fasanen und vielen hier vor dem Feuerrohr der jagdlustigen Cannenser gesicherten Singvögeln belebt ist. Den Waldbestand bilden Seefichten, untermischt mit anderen Bäumen und blühenden Gesträuchen, während der westliche, großentheils mit niedrigerem Gestrüpp bekleidete, in der Blüthenpracht der verschiedenartigsten wild wachsenden Blumen deutlich erkennen läßt, daß die Insel klimatisch noch mehr begünstigt ist als das nahe Festland. Ein ringsumherlaufender schattiger Weg ist besonders reich an den schönsten Aussichtspunkten, bei denen das von den Wellen in den phantastischsten Formen zerrissene Felsufer mit überhängenden Schirm-Fichten einen malerischen Vordergrund, erst für die majestätische Kette der Seealpen, dann, nachdem man an der Südostspitze ein kleines Erdwerk passirt hat, für mehrere der Schifffahrt sehr gefährliche kleine Felsinseln, für die nun ganz naheliegende Insel St. Honorat, für das Estérel-Gebirge und das Meer bildet.

St. Honorat, das nur durch einen schmalen Meeresarm von Ste. Marguerite getrennt und kaum halb so groß ist, trägt ein völlig verschiedenes Gepräge. Von dem dort schon im Jahre 410 von dem heiligen Honorat gegründeten Kloster aus, das nach vielen Wechselfällen jetzt von dem Bischof von Fréjus Cistercienser Mönchen übergeben ist und eine Art Ackerbau-Colonie bildet, ist im Laufe der Zeit auch über das Festland Südfrankreichs reiche Cultur verbreitet worden. Von den Kämpfen, die man dort einst mit Seeräubern zu führen hatte, zeugen noch die stattlichen Ruinen eines alten festen Schlosses und seiner Abtei-Kirche. Die noch erhaltene Kapelle und das Refectorium eines alten Klostergebäudes, neben dem sich jetzt neue Räumlichkeiten für die 47 Brüder und eine, auf eine viel größere Zahl berechnete, neue Kirche erheben, bieten nichts von historischem oder künstlerischem Interesse. Nur der kleine, die Gebeine mancher Märtyrer enthaltende Kirchhof mit seinem Blumenschmuck und die in ihren für solche Beschäftigung wenig geeigneten braunen Kutten im Felde arbeitenden oder eine Kuh hütenden Patres rufen Gedanken über Vergangenheit und Gegenwart wach, die uns auch dann noch folgen, wenn die freundliche Insel schon weit hinter uns liegt.

Gegen die Fremden ist die Bevölkerung von Cannes und Umgebung überaus zuvorkommend und freundlich. Einen Einblick in die Gewohnheiten der Landbevölkerung zu thun, unter der man auffallend viele hübsche Männer mit glänzenden Augen und ausgeprägten südlichen Gesichtszügen sieht, gestattet das Marktgetreibe. Ein Urtheil über die Erzeugnisse dieses gesegneten Landstriches gewähren aber die ausgestellten Marktwaaren nicht. Außer Hämmeln, Oliven und den schönsten frischen Gemüsen ist Alles aus weiter Entfernung herbeigeführt. Nur die seltenen Seethiere, die, namentlich nach einem Sturme, in den mannichfachsten Farben und den wunderbarsten Formen die Körbe der Fischweiber füllen, und die auf den Tischen der Wildhändler friedlich neben einander liegenden Fasanen, Rebhühner, wilden Enten, Eichhörnchen, Katzen, buntfarbigen Häher, Stieglitze und andere Singvögel aller Art ziehen die Blicke der Vorübergehenden immer von Neuem auf sich. Am Sonntag Nachmittag aber herrscht, auch nachdem die Buden der bis Neujahr dauernden St. Nicolaus-Messe längst wieder abgebrochen sind, ein höchst charakteristisches Volksleben auf dem großen freundlichen Platze neben dem Rathhause. Ein Quacksalber mit großen Ringen in Nase und Ohren, einem Feder-Barett auf dem Kopf und einem Tigerfell über die Schultern — der echte Charlatan, dem nur die Stimme fehlt, um sofort die Rolle des Dr. Dulcamara im „Elizir d'amore“ zu übernehmen — preist von der Höhe eines gut bespannten Wagens herab seine Heilmittel an, und zieht öffentlich einem willigen Opfer, dessen Geschrei durch türkische Trommeln und Pfeifen übertönt wird, einen Zahn aus. Ein anderer in einem ähnlichen Gespann, mit weiblichen Tambours, aber im gewöhnlichen Anzuge, sucht ihn zu überbieten. Taschenspieler, Wahrsager, Seiltänzer und Gymnasten rc. sammeln in gleicher Weise einen dichten Zuschauerkreis um sich. Den meisten Zulauf aber haben zahlreiche Lotterien von allen möglichen Schnurrpfeifereien und verzuckerten Früchten, vor Allem aber die verschiedenartigsten Roulettes, Würfel- und Kartenspiele um Sous und schlechte

Regie-Cigarren. Spielen scheint überhaupt die Hauptleidenschaft Aller zu sein. Das Lieblingsspiel der Erwachsenen ist auch hier das italienische „Boccia“, das man zu allen Zeiten und auf allen Wegen, Stegen und Plätzen mit großem Eifer und Geschick betreiben sieht, während nur ganz vereinzelt ein paar alla mora-Spieler sich die Finger entgegenschleudern. Die Straßenjugend findet ihr Hauptvergnügen darin, mit Kupfermünzen nach einem in die Erde gesteckten Sou zu werfen, Wappen oder König, oder, malerisch in einer Straßenecke zusammengekauert, mit von Schmutz starrenden Karten zu spielen. Zur Abwechslung bombardirt man sich mit bitteren Orangen. Wie überall im Süden, ist auch hier die Zahl der großen und kleinen Faulenzer — von den zahllosen eigentlichen Bettlern aller Art ganz zu schweigen — überraschend groß. „Les gueux, les gueux, sont des gens heureux“. singt Béranger. Die fleißigsten Arbeiter scheinen die Italiener zu sein.

Die Hauptbeschäftigung in dieser Gegend besteht in den schwunghaft betriebenen Industriezweigen, Parfümerien, candirten Früchten, schön geformten, emaillirten Thonwaaren, kunstvoll mit andern farbigen Holzarten ausgelegten Luxusartikeln aller Art aus polirtem Olivenholz u. dgl. Der Hauptindustrie, der Parfümfabrikation, dient der systematische Anbau aller jener auf ausgedehnten Feldern gezogenen wohlriechenden Pflanzen, des Jasmins, der Rosen, Tazetten, Veilchen, Cassia, die neben den Blüthen der bitteren Orangen, des wilden Rosmarin, des Thymian, Lavendel u. s. w. der Luft, theilweise auch im Winter, einen würzigen Geruch verleihen, die Parfümerien von Cannes und des nahen Städtchens Grasse mit ihrem wichtigsten Rohmaterial versehen und mit den Oliven den Hauptreichthum des Landes bilden. Dieser Theil der Provence darf füglich die „Heimath der Wohlgerüche“ heißen. Anderwärts sind Blumen Zierathen, reizende Nebendinge; in dem Dreieck zwischen Cannes, Grasse und Nizza sind sie Stapelartikel. Sie wachsen wie Gras und Korn, wie Kartoffel und Mangelwurzel. Breite farbige Felder brechen unter der heißen Sonne hervor. Hier betreten wir Heimstätten nicht von goldenem Korn, sondern von Lavendelflächen; nicht von Käse, sondern von Olivenöl, nicht von Bier und älterem Wein, sondern von Orangenblüthe und Rosenwasser in Fässern; nicht von geronnenem Rahm, sondern von Jasmin- und Veilchenbutter. Es ist wie ein Land aus Tausend und Einer Nacht. Man erwartet, der dunkeläugige Bauer werde die an ihn gerichteten Fragen in Versen beantworten, und selbst das Bellen der Hunde werde eine Blumensprache sein. Man fühlt sich gedrückt von der verschwenderischen Pracht der Natur. Der Boden ist so fruchtbar, daß, um Douglas Jerrolds Witzwort anzuführen, wenn man den Boden mit einer Haue kitzelt, er mit einer Blume entgegen lächelt; oder, wie die Eingebornen sagen, wenn man einen Spazierstock pflanzt, so wird der Griff eine Blume treiben. Obwohl nichts einfacher und urzeitlicher sein kann als der südfranzösische Blumenfeldbau, ist doch die Blumenernte eine ungemein beträchtliche. Nizza hat allein 50,000 kg Orangenblüthen aufzuweisen, und Cannes, dessen Erzeugnisse dieser Art vorzugsweise wohlriechend sind, desgleichen; 100 kg Blüthen liefern etwa 40 kg Orangenwasser, wie es in den Handel kommt, 250 kg Blüthen 10—11 kg eines Neroliöl. Das Oel der noch unreifen Orange führt den Namen „Essence de petits grains“, das Oel der Schale reifer Früchte heißt „Essence de Portugal“, das der Blüthe „Neroli“. Die Cassia von Farnese oder Cassia der Levante (Acacia Farnesiana), eine Leguminose, gedeiht besonders schön in Cannes und liefert jährlich an 4500 kg

Blüthen. Cannes und Nizza sind im wahren Sinne des Wortes ein Veilchenparadies zu nennen. Die Veilchen, unter deren verschiedenen Sorten besonders das gefüllte oder Parmaveilchen prangt, werden unter dem grünen Schatten der Orangen- und Limonenbäume gepflanzt, oder eng an Mauern und Häusern, aber wie alle lebenden Blumen von den Damen der Gegend gering geschätzt. Nur die Bauern befassen sich mit ihrer Zucht, und zwar lediglich des Ertrags wegen; übrigens schätzen sie dieselben nicht mehr als wir Kartoffeln oder Kohl. Im Allgemeinen verpachten die Grundbesitzer ihre Felder nicht zu einem festgesetzten Preis, sondern sie treffen ein Uebereinkommen mit den Eigenthümern eines Laboratoriums, um das Gut und sein Erzeugniß zu bearbeiten, indem sie einen Theil des Gewinnes erhalten. Kleine Grundbesitzer verkaufen ihre Blumen an das Laboratorium, das ihnen den besten Preis bietet. Diese Laboratorien stehen meist in der Mitte der Blumenfelder, und der Hauptsitz der Parfümeriefabrikation ist die oben erwähnte Stadt Grasse, in diesem Artikel nächst Paris der wichtigste Ort Frankreichs. In ihren engen, steilen und krummen Straßen duftet es zur Erntezeit nach allen Wohlgerüchen; die Aussicht von dort ist wundervoll; sie erstreckt sich bis zu den Seealpen, bei klarem Wetter sogar bis zu dem an 180 km entfernten Corsica.

Wir setzen nun unsere Fahrt von Cannes längs der Küste weiter fort. An herrlichen Meeresbuchten vorüber, durch reizende Landschaften mit prächtiger Vegetation zieht sich die Bahnlinie. Nur 15 km östlich von Cannes liegt Antibes, das Antipolis der Phöcäer von Massalia. Später fanden die Römer gleichen Geschmack an diesem herrlich gelegenen Hafenort, und verliehen ihm Titel und Charakter einer lateinischen Stadt und Colonie. Die Via Aurelia, vom etrurischen Gestade heraufkommend, zog hier vorüber nach dem Forum Julii, dem heutigen Fréjus, wo einst Agricola geboren wurde. Schon nach einstündiger Bahnfahrt rollt der Zug in den Bahnhof von Nizza (französisch Nice), einem der schönsten der großen Eisenbahn-Gesellschaft Paris-Lyon-Mittelmeer. Wir machen natürlich Halt in diesem Cheflieu des Departements der Seealpen (Alpes maritimes). In raschem Wagen geht es hinunter durch die duftigen Alleen riesiger Eucalyptusbäume, die prächtige Avenue de la Gare entlang, mitten hinein ins bunte Treiben der kleinen Weltstadt. Man braucht Paris nicht gesehen zu haben, ein Gang über die Place Masséna und die Avenue de la Gare giebt Einem ein vollständiges Bild der prächtigen Seinestadt, so wogt und treibt die Menge auf den Boulevards, die Häuser sind hier wohl etwas kleiner oder um einige Stockwerke niedriger, aber die Pracht und der Reichthum in den Auslagen der Magazine wetteifern mit Paris, und inmitten der Straße dasselbe Wogen von Pferdebahnen, Omnibus, prächtigen Karossen und Reitern. Nur macht sich in Paris die niedere Halbwelt nicht so breit, wie hier in Nizza. Das erstere Ziel unserer Streifzüge durch die Stadt gelte aber dem Schloßberg. Cannes hat seinen Mont Chevalier, Nizza seinen Schloßberg; wie dort, hat man auch hier einen wundervollen Blick auf die ganze Stadt und Umgebung. Vor uns die herrliche blaue See, zur Linken das Cap Montberon, gekrönt mit prächtigen Villen und Schlössern, links, uns zu Füßen, der geschützte Hafen mit seiner geschäftigen Umgebung, und hinter uns unten die grauen Dächer und engen Gassen der Altstadt, sie ist von der täglich wachsenden Neustadt getrennt durch das breite, heute fast wasserlose, steinige Bett des Paillon, an dem auf den geschäftigen Uferdämmen palmenbesetzte Promenaden und prächtige Straßen sich hinziehen. Nach rechts dehnt sich in scheinbar endloser Länge der Cours, das Boulevard du Midi mit dem öffentlichen Garten (Jardin public) und in seiner Fortsetzung die Promenade des Anglais am Strande hin. Letztere erinnert viel an den Boulevard de la Croisette in Cannes, der aber weniger großartig, wenngleich lieblicher ist. An der Promenade des Anglais drängt sich Gasthof an Gasthof und Villa an Villa und dahinter ein Häusermeer, manchmal unterbrochen durch schattige Anlagen, grüne Squares, reizende Parks und Gärten. Trotz der Unmasse von Gasthöfen und Pensionen entstehen immer wieder neue an allen Ecken und Enden, kein Wunder, wird doch die Zahl der Einwohner (ca. 50,000) im Winter stets durch Fremdenzuzug mehr als verdoppelt und zieht das großstädtische Leben in dem herrlichen Klima mit jedem Jahre mehr Fremde herbei. Wer fände in Nizza auch nicht seine Freudenrechnung? Der Naturfreund in der wunderbaren Schönheit des Ortes, der die mannichfachsten Reize vereint: der Weltling in dem Zusammendrängen der verschiedenartigsten Vergnügungen, wie sie sich sonst wohl nirgends in solcher Masse und von so heterogenem Charakter zusammenfinden. Das Antlitz der See zugewendet, den Rücken an die Berge gelehnt, auf der einen Seite vom Cap d'Antibes, auf der anderen von den mit der alten Citadelle gekrönten Höhen von Villafranca flankirt, ist es von geradezu bezaubernder Schönheit. Die Küstenfläche, auf der es steht, ist in einem Jahrtausende langen Processe entstanden durch Anschwemmungen vom Meere, welche durch das Gebirgsland gegen das Wiederwegfluthen geschützt und festgehalten wurden. Nun dehnt sich zwischen den Bergen und der See die lange Küstenstrecke von Nizza nach Antibes 40 km weit und auf ihr erhebt sich die Stadt, die lange mit Marseilles um den Rang der „Königin des Mittelländischen Meeres“ gerungen.

Wie Cannes ist Nizza, Garibaldi's Vaterstadt, eine wahre Blumenstadt! Der Jardin public, dieses Toilettenzimmer Nizzas, ist eine grüne Palmenvase in der sich immer weiter ausdehnenden Häuserwüste. Wie üppig die Bäume stehen, die Lorbeeren und immergrünen Eichen, die Pfefferbäume und Casuarinen, die Agaven und Rosen, die Myrthen und die prächtigen Palmengruppen! Orangengärten mit ihren berauschenden Düften klettern im Rücken Nizzas auf dem Hügel von Cimiez empor, auf dem die Alten mit römischer Klugheit ihre Stadt gebaut. Aber Nizza begnügt sich nicht zu grünen, zu blühen und zu duften. Florens liebliche Kinder müssen ihre Düfte herleihen zur Erzeugung der verschiedensten Wohlgerüche, denn auch Nizza ist eines der großen Centren dieser Art von Fabrikation und diese bildet mit dem hochgeschätzten Oele eine Hauptquelle des Reichthums für die Bewohner der Umgebung. Mit diesen sich zurecht zu finden, kostet den Fremden, ihres Idiomes wegen, oft nicht geringe Mühe. Es ist französisch, was da gesprochen wird, und doch hat es kaum eine Aehnlichkeit mit dem Französisch, das man in Paris hört, es ist auch italienisch, allein es klingt ganz anders als die Sprache, die in Florenz an unser Ohr geklungen. Das Eine und das Andere ist mit Provençalischem so stark vermischt und wird in so tiefen Kehltönen gesprochen, daß es Zeit und einiges Talent erfordert, um sich trotz tüchtiger Kenntniß des Französischen und Italienischen darin zurecht zu finden.

Ist Cannes nahezu eine englische Colonie, so ist Nizza geradezu überfluthet von Amerikanern. Ihr Idiom erfüllt die Luft; zur Freude der Ladenbesitzer, die in ihnen ihre besten Käufer sehen, schweifen sie schaarenweise durch die Straßen und das Sternenbanner spielt eine gar große Rolle in

Nizza und seinen Gewässern. Im Cercle, in der Oper, auf der Promenade, in den Salons, allenthalben bilden die Amerikaner das vorherrschende und beherrschende Element. Erzählten nicht die Baulichkeiten und die Ruinen in Sicht von einer alten Welt und wäre nicht die französische Garnison, man würde sich jenseits des Oceans glauben. Die Nizzarden selbst befreunden sich zwar mit den Amerikanern ganz wohl, können sich aber immer noch nicht an das französische Regime gewöhnen. Man braucht nur der Frau, die den kleinen Buchladen am Hafen hält, zuzuhören, um ihrem Geplauder die Stimmung so ziemlich der ganzen Bevölkerung zu entnehmen. In ihrer schwer verständlichen, aber wohlklingenden Mundart predigt sie gegen die „Insolenz" der neuen Herren, wie sie das Gebahren der Franzosen tauft. Klagen die Nizzarden über die Franzosen, so klagen die Franzosen nicht minder über die Nizzarden. Die Buchhändlerin am Hafen hat ihr diametrales Widerspiel in der Vollblut Pariser Marchande-de-Modes, die über die „unartige Stupidität" der Eingebornen zu klagen kein Ende findet und dieselben wieder ihrerseits als eine Art Barbaren betrachtet. Sie klagt, daß man auf das freundlichste bon jour keine Antwort erhalte, und jammert, daß man im Kaffeehause oder wo immer einer Dame nicht Platz mache, ein für eine Französin allerdings beinahe unerhörter Act der Rohheit. So bleibt denn die Kluft zwischen den Eingebornen und den neuen Herren des Landes immer noch eine unausgefüllte. Zwischen zwei so absolut verschiedenartig nationalen Temperamenten, wie es jene der Franzosen und Italiener, bei wenn auch großer Verwandtschaft in den Charaktergrundzügen, dennoch sind, ist ein guter Einklang nur schwer zu gewärtigen.

Wer mehr Vergnügen sucht, als Cannes bietet, wem Mentone zu sehr Sanatorium ist, der findet in Nizza den genußreichsten Winteraufenthalt. Scheut man aber den starken, kalten Luftzug von den Seealpen aus, dann erklimme man im Rücken der Stadt den Hügel zu Cimies. Dort finden sich auf den schönsten Aussichtspunkten die reizendsten Villen in den verschiedenartigsten Größen. Cimies ist für Nizza, was Canet eines Tages für Cannes sein wird. Eine Hügelkette schützt es vor den eisigen Winden, die über sein Haupt hinwegfegen, die Luft reinigend, und die südwärts gewendeten Häuser fangen all den köstlichen Sonnenschein ein, mit dem die Gegend auch im Winter gesegnet ist. Wer aber an Stelle Nizzas Cimies erwählt, der ist auch, was Unterhaltung anbelangt, nur auf seine eigenen Hülfsquellen angewiesen. Da giebt es keinen Cercle, kein Theater, keine Concerte, keine Promenaden zu den Klängen einer Musikcapelle. Während man all das in Nizza in Hülle und Fülle findet, ist der unterhaltendste Ort zu Cimies im Kloster; insofern nämlich der unterhaltendste, als die freundlichen Mönche in liebenswürdigster Bereitwilligkeit den Fremden ihre große Bibliothek zur Verfügung stellen. Was aber braucht man mehr, um glücklich oder doch mindestens zufrieden zu sein, als eine so herrliche Gegend und treffliche Bücher? Welchen Weg immer man da einschlägt, er ist reizvoll und führt zu einem Aussichtspunkte, der ganz allein schon eine weite Reise dahin der Mühe werth machte, aus einem Lande, in dem der Winter nichts Anderes bietet als erstarrende Kälte und eine dicke Schneedecke über Alles, was der Landschaft Reiz verleiht. Hat man von dem stillen Cimies aus dem lebenslustigen Nizza einen Besuch abgestattet und klimmt man den steilen, 200 m hohen Hügel wieder hinauf, so gedenkt man wohl des Virgil'schen Aphorismus über den Unterschied zwischen dem descensus und ascensus Averni. Doch ist Nizza die Nährmutter von Cimies, das durch Vermittelung der „Chefs" und

Postboten alle guten Dinge aus dem bunten Chaos dort unten erhält. Der Verkehr aber der Gäste zu Cimies und Nizza von einem Orte zum anderen ist ein nur seltener. Und doch giebt es wohl kaum eine genußreichere Fahrt als jene von der Riviera über die Promenade des Anglais, durch Carabacel nach Cimies und von da über das römische Amphitheater die nördliche Straße herunter nach Nizza. Kaum minder schön ist der Weg von Mentone nach Cimies.

In alten Zeiten machte man die Fahrt an der Riviera hin mit dem „Vetturin“: es war wohl genußreicher als jetzt mit der Bahn, aber drei Tage von Genua nach Nizza und mindestens 150 Franken werden jetzt Wenige aufwenden mögen; die Eisenbahnfahrt dauert blos 7—8 Stunden und auch sie bietet des Herrlichen eine wahre Fülle. Kaum irgendwo wird eine Küste eine so reiche Gliederung aufweisen: tiefe Buchten wechseln fort und fort mit Vorgebirgen, starre Felsen, an denen sich die Woge bricht, mit saftigen Geländen, über uns die zerrissenen Berge mit Dörfern und Ruinen, alten Burgen, Thürmen und Klöstern, zur Seite das tiefblaue Meer mit einigen interessant geformten Inseln. Anziehend gestaltet sich die Fahrt da, wo von einem Ende einer Meeresbucht ein beherrschender Blick auf den weiten Bogen sich aufthut, so besonders schön auf Savona, Porto Maurizio, S. Remo, Mentone, Monaco. Aber freilich rauscht jedesmal, wenn es am schönsten ist, der Zug in einen Tunnel ein, viel öfter und störender noch als am Gotthard, und so löst sich denn, was man schauen kann, in eine Anzahl prachtvoller Guckkastenbilder auf. Man muß deßhalb den schönsten Punkten einen Besuch widmen, vor Allem in die Höhe steigen. Außer der Eisenbahn führt eine neue unter Napoleon III. erbaute Straße am Meere hin. Sie ist ein glänzendes Zeugniß der Straßenbaukunst, zu einem großen Theil den Felsen abgewonnen, öfters durch kleine Tunnelle, noch mehr durch lange Felseneinschnitte, die oft über 100 m hoch gesprengt werden mußten; die Eisenbahn läuft neben, unter und über der Straße.

Vielleicht die an schönen Bildern mannichfaltigste Tour gewährt aber die alte Route de la Corniche von Nizza nach Mentone. Dem Umstande, daß die Altvordern noch nicht so weit im Felsensprengen und Tunnelbohren waren, wie unsere Zeit, vielleicht auch, daß sie ihre Straßen außer dem Bereiche der Räubereien von Normannen und Sarazenen halten, oder zwischen zwei Küstenpunkten die nächste Linie über die Berge einhalten wollten, verdanken wir heute noch in der alten, übrigens wohl gehaltenen Straße von Nizza nach Mentone eine Reihe der entzückendsten landschaftlichen Scenerien, südliche und Gebirgslandschaft im innigsten Einklang. Im Thal des reißenden Nizza'er Gießbachs, des Paglione, immer steil bergauf, nördlich ins Gebirg hinein, steigt die Straße; Agaven, Cactus, Yucca mit ihren langen Blüthenstängeln zieren die Raine; rückwärts und seitwärts schweift der Blick über das dichtbebaute Paglionethal und die wunderbare Stadt an seinem Ausfluß; wie ein Maulwurfhügel schaut schon der belaubte Schloßberg von Nizza drein, der selbst eine so schöne Rundsicht entfaltet; viel umfassender ist sie hier, weit draußen am Meere zeigt sich Cannes, das schöngeschweifte Estérelgebirge in seinem Hintergrunde, die Lerininseln davor. Immer weiter hebt sich der Blick; die Straße steigt zu dem die Spitze des ersten Berges krönenden Observatorium empor; wo sie sich, ins Gebirge eindringend, wieder gegen Süden wendet, harrt eine herrliche Ueberraschung: auf einmal steht eine lange Reihe der eis- und schneebedeckten Seealpen, in der Gegend des Col di Tenda, in ihrer ganzen Majestät, schimmernd im Sonnenlicht, ganz klar und anscheinend ganz nahe vor uns.

Dann aber löst wieder für unser Schauen die See das Gebirge ab. Nirgends zeigt sich die reiche Gliederung dieser Küste und die Farbenpracht des Mittelmeers so üppig wie von dieser hohen Warte aus. Der weite Golf von Villafranca ist der Mittelpunkt des Bildes. Er dient, seit er mit Nizza französisch geworden, der französischen Flotte als Marinestation, das alte Fort Montalban, das manchem Seeräubereinfall Einhalt gethan haben mag, ist jetzt Sperrwerk des Hafens; westlich schützt der hohe Monte Borone diesen tief ins Land eingeschnittenen Golf, östlich die lange waldige Halbinsel St. Jean mit der Laterna an der Spitze; und damit die Gliederung dem von oben schauenden Auge noch reicher sich gestalte, streckt die Halbinsel gegen Osten hin weit hinaus eine schmale Landzunge, Ospizio, zur Belebung der nun folgenden weiten Bucht, des mar d'Eza.

Während wir uns an dieser Landschaft kaum satt sehen können, macht die Landstraße wieder eine Wendung, und wieder strahlen prunkend in Eis die Seealpen herüber. Endlich nach vollen zwei Stunden, welche ein paar tüchtige Rosse brauchen, ist die Höhe erreicht, ebenfalls zwei Stunden geht es dann allmählich wieder herab. Bald kommt ein neues Bild an die Reihe: auf einem einsamen Fels, rechts tief unter uns, aber fast senkrecht hoch über dem Meer, von diesem als Hintergrund sich abhebend, einem Schwalbennest ähnlich, steht Eza, einst eine Raubburg, jetzt ein paar in die Felsen eingebaute halbverfallene Häuser mit einer Kirche. Lange fesselt dies merkwürdige Felsgebilde das Auge; eine Krümmung der Straße bringt eine neue Ueberraschung, das Städtchen Turbia, überragt von einem kolossalen Römerthurm, dem Reste der im Jahre 12 n. Chr. hier von den Römern zum Preise der Unterwerfung ligurischer Völker errichteten Tropaea Augusti. Dem ganzen Gebirge giebt der auch von unten weit und breit sichtbare Thurm sein Gepräge. Weiteste Aussicht, wieder bis zum Estérel, gewährt diese Höhe. Wir aber schauen wieder erwartungsvoll zur Tiefe nieder: eine Ecke, ein Vorgebirg noch, und Monaco, an dem wir (geographisch) längst vorüber sind, wird plötzlich sichtbar: der gewaltige Felsen, wie ein Ellbogen ins Meer hinausragend, trägt auf seinem Rücken fast das ganze Fürstenthum Monaco, Schloß und Häuser, eine von Frankreich umklammerte Halbsouveränetät, ein Fürstenthümchen, dessen unter französischem Schutze stehender Herrscher zur Freude der Liebhaber über einen wahrhaft geschmackvollen, schönen, glänzenden Ordensstern verfügt. Leider wird das Bild von Monaco durch den Fleck der im Monte Carlo eingenisteten Spielbank getrübt, welche sich, aus ganz Europa vertrieben, auf dieses wunderbare Stück Erde geflüchtet hat und in ihrem Gefolge eine große Menge jener männlichen und weiblichen problematischen Existenzen mit sich führt, für welche die bekannte Bezeichnung der „Halbwelt“ eigentlich noch als eine unverdiente Begünstigung erscheint. Die Bevölkerung des kleinen Ländchens ist seit Aufhebung der deutschen Spielbanken außerordentlich schnell angewachsen. Im Jahre 1881 wurden 9108 Personen bei der Volkszählung ermittelt, doch befanden sich darunter nur 1203 innerhalb des Fürstenthums Geborene: ja die eingeborne Bevölkerung vermindert sich allmählich, wogegen die Zahl der Franzosen sich innerhalb neun Jahren vervierfacht hat. Vielleicht ist die Bucht von Monaco das reizendste Landschaftsbild der ganzen Riviera; an den steilen Fels von Monaco schmiegt sich ein lachendes Gelände und der reizende Hügel Monte Carlo mit dem Casino, und weit im Osten schließt die lange Halbinsel San Martino den weiten Busen, welchen wir hoch oben am Berge umkreisen. Es ist ein Paradies, theils von der Natur, theils vom Menschengeiste geschaffen, welch letzterer in den geradezu wunderbaren Gartenanlagen von Monte Carlo wahre Triumphe feiert. Herrlich ist von der Terrasse des Casino die Aussicht, nun ist Monacos Fels im Vordergrund. Prachtvolle Gärten mit Palmen und alle Blumen des italienischen Himmels laden zum Genuß; Alles ist hier Jedermann geöffnet, die Spielsäle gegen bloßes Vorzeigen der Karte. Villen, Gasthöfe und Parkanlagen kennzeichnen diese Stätte des Luxus, aber auch die Hauptstadt des Fürstenthums, Monaco selbst, bietet Comfort in jeder Beziehung und im Ueberfluß.

Ziehen wir von Monaco weiter, so schwebt hart über der alten Straße senkrecht im Felsen eingenistet wieder ein alter Adlerhorst, jetzt theils Ruinen, theils Citronengärten und Häuser: Roccabruna oder Roquebrune. Auf der Höhe des Vorgebirges Martino ist jetzt Mentone sichtbar, weiterhin das schon italienische Ventimiglia und das palmenreiche Bordighera. An der französischen Riviera, wie man den Küstenstrich von Nizza bis Mentone bezeichnen könnte, hat man das Wort: „In Nizza unterhält man sich, in Monte Carlo läßt man sein Geld, in Cannes wird man gesund und in Mentone — geht's zu Ende". Das Letztere ist nun freilich stark übertrieben. Vielmehr steht Mentone, dicht an der italienischen Grenze, vom ärztlichen Standpunkte unter all den reizenden Küstenplätzen der Riviera unstreitig in erster Linie. Hart am Meeresufer gelegen, im Westen vom Cap San Martino, im Osten durch die Rochers rongés, begrenzt, im Norden sich an die steilen Ausläufer der Seealpen anlehnend, bietet es alle Gewähr einer möglichst geschützten Lage. Die Bucht, an welcher es liegt, wird durch eine Landzunge in einen östlichen und einen westlichen Theil geschieden, und von den Fenstern eines höhern Stockwerkes etwa im Hôtel du Louvre bietet sich ein wunderbarer Anblick über die Stadt und die Landschaft mit ihren Palmen-, Orangen und Citronenbäumen nach dem unendlich scheinenden Meere hin. Auch Nachts gehört ein Spaziergang am Ufer der See bei dem prachtvollen Lichte des Vollmondes zu dem Genußreichsten, was man sich vorstellen kann.

Die Insel Corsica.

Nur 180 km südlich von Frankreich entsteigt die Insel Corsica der blauen Meeresfluth, Frankreich, Italien und Spanien so nahe, und doch scheinbar aus der Welt, von der Welt abgeschlossen, — von derselben seltsam verschieden. Seiner Natur nach gehört das Eiland, welches ein französisches Departement bildet, ganz zu Italien. Die Gestalt der Insel ist eine Ellipse, mit einem 40 km langen, 12 km breiten, nach Norden angesetzten, schmalen Zeigefinger, Cap Corso genannt, der früher feindlich, wie ein Dolch, gegen das eroberungssüchtige und gehaßte Genua gerichtet war und seit der glücklichen Vereinigung mit Frankreich als der Ansatz zu einer internationalen Brücke hinüber zu dem festen Lande anzusehen ist. Die länglich ovale Gestalt Corsicas ist bedingt durch ihr massiv steinernes Knochengerüst von Urgranit, einem gewaltigen, ebenfalls ovalen Ringgebirge, welches das Innere der Insel wie einen weiten, in sich zerrissenen Krater umschließt, nach Norden zum Cap Corso und nach

Süden zum Felsenvorsprung von Bonifacio zwei fast gleich lange Spiralverlängerungen, nach Westen ein längeres, nach Osten ein kürzeres Rippensystem entsendet. Diese hohe Gebirgskette, welche mit 2710 m im Monte Cinto gipfelt, der größten Höhe der Mittelmeerinseln außer Sicilien, durchzieht Corsica wie eine organisch gebaute Wirbelsäule und bedingt den wild erhabenen Charakter der Insel; die Gebirge sind außerordentlich zerklüftet, jäh zerrissen, was nur durch die Einlagerung von Kalk ins Urgebirge sich erklären läßt. Die Zersetzung des Kalkes auf den Spitzen des Hochgebirges ist die Ursache der wunderbar malerischen Formen und der Schönheit der Berge. Zugleich gewährt die ungewöhnliche Erhebung des Innern eine merkwürdige Abwechslung der Klima- und Pflanzenzonen in den kürzesten Entfernungen von einander. Im ganzen Umkreis der verhältnißmäßig nicht großen Insel — sie ist fünfmal kleiner als die Schweiz — kann man am gleichen Tage mit Bequemlichkeit drei vollständig verschiedene Zonen durchstreifen.

Da ist zunächst das Tiefland oder die feuchtwarme Zone. In den Niederungen und am Unterlauf der vielen aus den breiter gewordenen Thälern hervorbrechenden Flüsse bis zu 600 m Höhe gedeiht eine fast tropische Flora: die Fächerpalme, welche auf Felsen am Meeresstrande wächst, und die Dattelpalme, wahrscheinlich aus Afrika her verpflanzt, auf den geschütztesten Stellen der Küsten. Die Cactus opantia und die amerikanische Agave wachsen überall an warmen, felsigen, dürren Orten. Ich erwähne ferner den Johannisbrodbaum, die Citrone, Pomeranze, Orange, Stein- und Korkeichen, den Oelbaum, nicht zu verwechseln mit dem wilden Oleaster. Die Feige, die Granate, der Weinstock geben in Corsica gute Früchte, selbst wenn der Landmann sie nicht pflegt; und das Klima wie der Boden dieser schönen Insel sind der Limone und der Orange und anderen Bäumen derselben Familie so günstig, daß sie hier, besonders auf der Westküste, wahre Wälder bilden. Die Mandel, die Kirsche, die Pflaume, der Apfelbaum, der Birnbaum, der Pfirsich und die Aprikose und im Allgemeinen alle Obstbäume Europas sind dahier gemein. Endlich könnte der Mensch, wenn er wollte, ohne viele Mühe das Zuckerrohr, die Baumwolle, den Tabak, die Ananas, den Krapp und selbst den Indigo mit Erfolg hierher verpflanzen; mit einem Worte, Corsica könnte für Frankreich das Klein-Indien des Mittelmeeres sein. Die zweite Zone kommt dem Klima von Mittelfrankreich und der Bretagne, den Canalinseln gleich. Der charakteristische Baum für diese Zone ist die zahme Kastanie, welche bis zur Höhe von 2000 m hinaufgeht, um dann von den immergrünen Eichen, Tannen und Juniperus abgelöst zu werden; es ist dies die Zone, in welcher die Corsen in ihren Gebirgsdörfern leben. Die dritte Zone, welche durch die Tanne und das Wildschaf charakterisirt ist, zeigt den felsigen Hochgebirgs-Typus mit geringer Vegetation bis zu den niedersten pflanzlichen Organismen.

In der Tieflandsregion liegt im Norden der Insel und an ihrer Ostküste der kleine aber gar malerische Hafen von Bastia, der früheren Hauptstadt Corsicas, von wo aus wir einen Streifzug durch die Insel unternehmen wollen. Der erste Eindruck von Bastia, wo uns statt Dienstmännern eine ganze Reihe stattlicher Mädchen erwarten, ist ein völlig fremdartiger, man möchte fast sagen maurischer: eine bastionirte, mit Thürmen wohlbefestigte Stadt voll alter brauner Häuser auf hohem Felsen, selbstverständlich schmutzig und ihre Boulevards stinkend. In der etwa 18,000 Einwohner zählenden Stadt ist mit Ausnahme des ansehnlichen Justizpalastes und einem Standbilde Napoleons I. kaum etwas zu sehen. Um so herrlicher sind die Spaziergänge in ihrer Umgebung, deren außerordentliche Fruchtbarkeit bis hoch in die Berge hinauf geht. Bastia liegt eben dort, wo an den Rumpf der Insel sich der gebirgige Vorsprung des Cap Corso ansetzt, der an seiner westlichen Basis den Hafen von San Fiorenzo (St. Florent) im gleichnamigen Golf hat. Dahin führt auf guter Straße eine 2—3stündige Wanderung, einer der schönsten Spaziergänge auf der ganzen Insel. Unterwegs sind überall verfallene Castelle, von den Genuesen angelegt. Man gewinnt hier schon einen Einblick in die „Maquis", d. h. den Buschwald, der Corsica eigenthümlich ist. Ueberall auf der Insel, wo das Land nicht bebaut ist, wächst dieser Maquis, ein bis 5 m hohes, buntes, dichtes Gemisch, oft von niedriger Baumhöhe, aus Myrthen, Arbutus, Cistus, wildem Spargel, Bastardlorbeer, Rosmarin, Ginster, Pistazie, Lentiscus, Erica, Thymian, Pfeffermünze u. s. w. zusammengesetzt und damit vermengt und darin eingeschlossen Cactus und Agaven. Vom Col di Tighime, der etwa 1300 m Paßhöhe, hat man einen wundervollen Ausblick westlich auf den Golf von San Fiorenzo mit seinen malerischen Ausbuchtungen und gegen das Cap Corso, östlich auf das Meer zwischen Corsica und dem italienischen Festlande mit den drei pittoresken bergigen Inseln Capraja, Monte Christo und Elba. Wer nicht die ganze Halbinsel des Cap Corso umkreisen will, sollte doch nicht versäumen, an der Küste nordwärts gegen das Cap Corso zu pilgern, so weit, bis er den sogenannten Thurm Senecas erblickt, der viele Jahre in Corsica, aber nicht hier in der Verbannung lebte. Wie ein in Gedanken stehen gebliebener Stoiker schaut die steile Felsnadel weit ins Land und Meer hinaus. Südlich von Bastia breiten sich dagegen sumpfige, Fieber aushauchende Niederungen aus, welche von den Sümpfen von Biguglia gespeist werden. Eigenthümlicherweise ist die Italien zugekehrte Ostküste flach, von Lagunen begleitet, malariaschwanger und unnahbar, und nur im äußersten Süden und Norden finden sich gute Häfen: der, leider von Fiebern heimgesuchte von Porto Vecchio und Bastia, letzterer der bei Weitem wichtigste, das Organ, wodurch Corsica seit jeher den lebhaftesten Verkehr mit Italien, namentlich mit Genua und dem sehr nahen Livorno unterhalten hat. Die Sümpfe oder Lagunen an der Ostküste Corsicas, dem am meisten von Malaria geplagten Bezirk im Mittelmeere, haben aber nicht seit jeher bestanden. Vor 2000 Jahren gab es eine vertheidigungsfähige Stadt an der Küste mit Namen Aleria, und 120 Jahre später wurde eine römische Colonie daselbst gegründet, der Sitz eines sehr beträchtlichen Handelsverkehrs. Dies dauerte fort und die Küste war bewohnt bis ins Mittelalter, als wegen der Seeräuber die Einwohner sich veranlaßt sahen, ihre Sitze in den Bergen aufzuschlagen. In den ersten Jahrzehnten des sechzehnten Jahrhunderts hörten die Ebenen auf bewohnbar zu sein, und seitdem hatten sie ununterbrochen im Sommer die tödtliche Malaria. Mariana, eine andere alte und mittelalterliche Colonie an der Lagune von Biguglia, ist gleichfalls verlassen worden. Nördlich von den Lagen dieser beiden Städte erstreckt sich eine Lagune, die früher aller Wahrscheinlichkeit nach eine offene Bucht war. Der feine Sand und Schlamm der Flüsse wird nach Norden getrieben und bildete eine Barre oder Sandbank vor der Küste, die offene Bucht in eine Lagune verwandelnd. Das Wasser ist darin im Winter nahezu süß, im Sommer überall brackisch und von dem Schließen der Lagunen rührt die Malaria her. In neuester Zeit fangen die Franzosen an, leider noch viel zu wenig in Folge der Lässigkeit der Bevölkerung, den Fieberbaum Eucalyptus globulus an sumpfigen Stellen zu pflanzen, neben der Drainage und der Ableitung der Sümpfe ins Meer das beste Mittel, um die unangebauten Gegenden bewohn- und bebaubar zu machen.

Ein Stück dieser gemiedenen Gegend durchzieht die von Bastia quer durch die Insel nach Ajaccio führende Eisenbahn, ehe sie bei Vescovato direct nach Westen ins Gebirge abschwenkt. Sie ist erst seit Kurzem eröffnet und ist auch vorläufig die einzige Linie der Insel. Ehedem bediente man sich der vortrefflichen Post, besonders der „Berlina“ (Eilpost), mittelst deren man die Strecke von Bastia nach Ajaccio, etwa 200 km, in 17 Stunden, bergauf im Trab, bergab im Galopp zurücklegte. Einen prächtigen Anblick gewähren die Hunderte und Tausende von Agaven, worunter immer von Zeit zu Zeit eine blühende, mit den 5—6 m hohen Blüthenschäften, welche eine natürliche und undurchdringliche Hecke auf beiden Seiten der Straße bilden. Noch bei Vescovato fallen die erdfahlen Gesichter und die eingefallenen Wangen der Menschen auf, die kaum sich auf den Beinen zu erhalten vermögen. Die Landschaft bis hierher, mit Goldwurzblüthen übersäet, ist eine der fruchtbarsten in Corsica und mit Oel- und Fruchtbäumen, sowie mit Mandeln, deren Früchte schon im Mai reifen, reich besetzt, aber auch eine der vom Fieber am meisten heimgesuchten. Nunmehr wird die Landschaft immer öder und unfruchtbarer, die Vegetation tritt zurück, während sich auf beiden Seiten der Straße kolossale Serpentinfelsen in unerreichter Schönheit zeigen. In dieser Gegend, wie überhaupt fast im ganzen mittleren Corsica, sind noch lauter ungehobene mineralische Schätze, es giebt kaum ein Erz, welches nicht vorhanden wäre. Vor Vescovato trennt sich die Straße nach Süden und ins Innere der Insel: letztere, sowie der andere Schienenweg, biegt unter rechtem Winkel ab und steigt allmählich ziemlich steil am linken Ufer des wildschäumenden Golo-Flusses empor; immer reicher wird der Buschwald, immer farbiger die Scenerie, bis wir Ponte nuovo erreichen. Dieser Fieberort ist das corsische Thermopylä, wo Clemens, der Bruder Pasquale Paoli's, des heldenmüthigen Vertheidigers seines Vaterlandes, und seine Schaar in mörderischer Schlacht am 9. Mai 1769 der Uebermacht der Franzosen erlagen, welche der Unabhängigkeit der Insel ein Ende machte. Wir übersetzen den Golo auf einer großen steinernen Brücke, jenseits welcher die Landschaft wilder und wilder wird, bis Ponte à la Leccia sichtbar ist, wo man den schönen, gar wunderlich gezackten Monte Pedro in Sicht bekommt und die Straße nach Calvi und der Balagna, einem außerordentlich fruchtbaren Gebirgsthal, nach dem Westen der Insel abzweigt. Der grüne Golo ergießt sich unterwegs oft recht wildschäumend über kühne Thonschiefer- und Marmorgebilde. Auf der Paßhöhe erscheint dann in prächtigem Kessel, von Bergen amphitheatralisch umschlossen, das romantische Corte mit seiner das Thal beherrschenden Citadelle, eine Mondlandschaft, wie man sich für dieses ehemalige Brigantennest keine schönere denken kann. Corte ist die moralische Hauptstadt, wenn man sie so nennen darf, weil im Centrum des Landes gelegen und von hier aus der ganze Freiheitsdrang und Unternehmungsgeist der Corsen sich der Peripherie mittheilte; jetzt freilich ist es ein ärmliches Städtchen von 6000 Einwohnern, aber noch zehrend von den Erinnerungen an seinen großen Helden Pasquale Paoli; die Statue dieses Washingtons Corsicas erhebt sich auf einem kleinen Platze am Eingange der Stadt, welche seinerzeit der Mittelpunkt der Republik gewesen. Cortes Altstadt, welche man nicht wegen ihrer Geschichte, sondern auch wegen der Regellosigkeit ihrer Anlage mit Sparta verglichen, ist auf einen Ausläufer des schneeigen Monte Rotondo, den Abhang eines Hügels, gebaut, der schroffer und schroffer aufsteigt, auf seiner Spitze die aus den corsischen Freiheitskriegen berühmte Feste trägt — sie nimmt sich wie ein Adlerhorst aus — und dann in jähem Falle zu dem Bette abstürzt, in dem der Tavignano braust. Die rostbraunen Felsen, aus denen nur hie und da ein grüner Busch oder ein hellangestrichenes Häuschen hervorschaut, sind nach der Westseite ganz unzugänglich und von finsterem, drohendem Aussehen. Der neuere Theil der Stadt wird wesentlich durch eine breite, zu beiden Seiten mit Bäumen besetzte Straße gebildet. In der unmittelbaren Nähe Corte's sind wohlunterhaltene Felder, Obst- und Gemüsegärten. Drüben aber auf dem rechten Ufer des Tavignano thürmen sich die rauhen Vorberge des Monte Rotondo empor, dessen meist mit Schnee bedecktes und in Nebel gehülltes Haupt nur selten sichtbar wird.

Seine herrliche, gesunde Lage läßt Corte in nicht zu ferner Zukunft als einen Centralplatz für Hochgebirgsreisende voraussehen, denn hier ist der Ausgangspunkt für die Besteigung der höchsten Berge von Corsica, insbesondere des Monte Rotondo (2625 m), welcher für den höchsten Gipfel des Eilands galt, bis neuere Messungen ihm diesen Ruhm zu Gunsten des Monte Cinto raubten. Man reitet vier Stunden durch das prächtige Felsenthal der Restonica, dessen Wildheit von wenigen in den Alpen erreicht, geschweige denn übertroffen wird. In den ersten Stunden kann sich das Auge nicht satt sehen an den Kastanienwäldern, welche die fahrbare Straße zu beiden Seiten begleiten und deren Grün so prächtig absticht von dem tiefen Blau des Himmels und dem düstern Grau der Granitfelsen. Die Kastanie ist der eigentlich nationale Baum Corsicas, der Baum der Mittelzone, wo die Mehrzahl der Corsen, gleich weit entfernt von den kahlen Eis- und Schneegipfeln der Berge und von dem Gifthauche der sumpfigen Küstenebene, wohnt. Er ist gewaltiger an Wuchs und fruchtbarer als sein Bruder auf dem Festlande. Donnernd fällt die krystallhelle Restonica manchmal in gewaltigen Absätzen herab bis zu den Sennhütten, wo man Nachtquartier hält, das freilich bescheiden genug ist, in Ermangelung von Decken in Gesellschaft von Wanzen und Flöhen, welch' freundliche Thierchen in einer Höhe von 2200 m dem reinlichen Hirten gefolgt sind. Gegen diese Behausungen sind die Schäferhütten in unseren Alpen, ja die Pfahlbauten unserer Urahnen wahrhaft üppige Paläste. Man denke sich einen mannshohen Haufen ungefüger Steine übereinandergewälzt und an einen Felsen gelehnt, darüber einige mit Steinen beschwerte Bretter; vor dem Schlupfloch, durch das man in das Innere kriecht, ein einige Fuß breiter, von einer Steinmauer eingeschlossener Raum zur Aufbewahrung des Geräthes, in den Seiten dieses idyllischen Gebäudes hie und da ein Loch, durch das der Rauch des Herdfeuers dringt. Die Gegend wird nun immer wilder; an die Stelle der Kastanien treten Tannen und Fichten, terrassenförmige Felsen steigen zur Pianura empor, wo sich die letzte Grotte oder besser gesagt das letzte Steinloch befindet. Nach zwei weiteren Stunden ermüdenden Steigens über ein wahres Felsenmeer, welches nur noch von den niedersten Pflanzen, Flechten und einigen Moosen bekleidet ist, kommt man an den Lago Nero, der der munteren Restonica den Ursprung giebt. Von hier aus ist der beschneite Gipfel zu erblicken, der aus diesem kraterförmigen Felsenamphitheater noch 500 m emporgehoben ist. In anderthalb Stunden ist der Gipfel in beschwerlicher Wanderung, theilweise über Schneefelder, erreicht. Wer vom Glücke begünstigt ist, überschaut dann ein Panorama weit großartiger als das vom Montblanc. Weithin streift das Auge über das Inselland weg in die strahlenden Meeresfernen des Westens und des Ostens hinaus über die toscanischen Inseln nach dem Festlande Italiens, das bei heiterer Luft die weißen Seealpen und die ganze Küste von Nizza bis Rom zeigt. Auf der anderen Seite tauchen die Berge von Toulon auf, und so umspannt der Blick ein wunderbares Gemälde, welches Berge und Meere, Inseln, die Alpen, sowie den Apennin und das nahe Sardinien in einen Zauberring schließt. Corsica selber erscheint als ein ungeheures Felsenskelett, welches vom Centrum nach der Peripherie fortschreitet und eine Reihe von bebauten und bewohnten Thälern bildet. Die nächste Umgebung erscheint dem Auge wie ein riesiges Conglomerat von Bergruinen und Felsenwüsten, ein ungeheurer Gegensatz zu der Farbenpracht des Horizonts, so daß man gern den Abstieg beginnt, um wieder Vegetation und Farben zu erblicken, welche man unter diesem Breitengrad doppelt schmerzlich entbehrt.

Die Fahrt von Corte nach Ajaccio durch den Forst von Vizzavona, die Sommerfrischen Vivario, Bocognano gehören zu dem landschaftlich Schönsten, was man sehen kann. Die Lage von Vivario ist eine gar eigenthümlich schöne. Zwischen den beiden Ketten des Monte Rotondo und des Monte d'Oro ist der Vecchio eingeengt, und die Brücke über denselben bietet eine prachtvolle Aussicht auf den mächtig und kühn vom Felsen niederstürzenden Wasserfall. Dann geht es nach der Wasserscheide des Tavignano und Gravone, dem 1145 m hohen Paß von Vizzavona und dem gleichnamigen Forst; er ist der größte nächst dem am Aetone im Canton Evrisa und gehört, wie fast alle Waldungen, der Gemeinde, welche sich übrigens keine Mühe giebt, denselben auszubeuten. Welche Schätze noch unberührt liegen, leuchtet ein, wenn man bedenkt, daß man auf Corsica nicht weniger denn 46 große Wälder zählt. Der Forst von Vizzavona besteht größtentheils aus Lärchenbäumen, die oft eine Höhe von 60 m und eine Dicke von 7 m erreichen. Am Rande des Waldes trifft man nicht selten 1 m lange Exemplare von Vipera amodytes, eine in Südtirol heimische Giftschlange, die aber hier viel größer ist, grünlich schillert und überhaupt einen höchst unheimlichen Anblick gewährt, wenn sie aus dem niederen Buschwerk ihren breiten Kopf mit den funkelnden Augen hervorstreckt. Scharf abwärts senkt sich die Straße nach Bocognano, einem Flecken in herrlicher Lage und Vegetation, förmlich eingebettet in Kastanienlaub, so dicht ist er von den schönsten Bäumen dieser Art umgeben. Der gewaltige Monte d'Oro (2391 m) dehnt seine herrlichen Buchen- und Fichtenwaldungen bis Vizzavona hin, sie mit seinem schneeigen Gipfel weit überragend. In weiten und jähen Serpentinen hinab erreicht man das Thal des Gravone in anmuthiger aber sehr wenig bebauter Landschaft, welche schon das am Fluß angeschwemmte Land, eine Vorstufe der Golflandschaft, vertritt. Hunderttausende von Farnen, besonders Pteris aquilina, der Adlerfarn, welche statt der Sättel dem Corsen und seinem gespreizt hinter ihm auf dem Maulesel sitzenden Weibe dienen, bilden die Staffage der jetzt immer reizloser werdenden, ziemlich sumpfigen Landschaft.

Endlich zeigen sich die Umrisse des Golfes von Ajaccio nebst der gleichnamigen Stadt, deren Lage den Vergleich mit Neapel nicht zu scheuen hat, wenn man vom Vesuv absieht. Das alte Ajaccio lag auf einem nördlich gelegenen Hügel, den heute noch die Trümmer eines Castells krönen. Von hier aus hat man das freundlichste Bild in Corsica und einen unvergleichlichen

Horizont. Wolkenhohe Berge weit ins Land hinein nach rückwärts, nach vorne der majestätische Golf in azurner Farbe, tiefblauer Himmel und halb tropische Vegetation, kein Wunder, daß bei den ungemein günstigen klimatischen Verhältnissen hier ein Curort für Brustkranke entstanden ist, der bei der geschützten Lage, dem vollständig staubfreien Boden mit jedem andern klimatischen Curort der Riviera aufs Erfolgreichste den Wettbewerb auszuhalten vermag. Besonders bei der Einfahrt in den gewaltigen Hafen bietet sich den Blicken ein Panorama von bezaubernder Schönheit: im Osten der Monte Rotondo und der Monte d'Oro, zwei gewaltige Bergriesen von über 2400 m Höhe, an deren Fuß eine Landschaft von tropischem Charakter sich ausbreitet; nach Norden hin lachende Hügel im Grün der Myrthen und Palmen, des Oelbaums, Mandelbaums und Weinstocks, südwärts ein azurblauer Meerbusen mit waldreichem Hügellande umrahmt, westlich vom Golfe das weite, offene Meer und über dem ganzen Paradiese der wolkenlose Himmel des Südens. Wenn man nach der Ankunft im Hafen das Schiff verläßt, steht man gleich auf dem geräumigen, mit Bäumen bepflanzten Marktplatz, dessen Mitte eine Marmorstatue Napoleons I. ziert. Zehn Schritte weiter gelangt man zum größten Brunnen der Stadt, welcher den ganzen Tag von wasserschöpfenden Weibern und Kindern umlagert ist. Das Wasser zu diesem Brunnen wird aus einem Bergbache bei Canneto, etwa 28 km weit nach einem im Nordosten der Stadt gelegenen großen, in den Granitfelsen gehauenen Behälter geführt, der nach stattgefundener Filtrirung desselben die verschiedenen Brunnen Ajaccios speist. Diese Wasserleitung hat die Stadt, die vorher nur Cisternenwasser hatte, wie so vieles Andere, Napoleon I. zu danken. Am linken Ende der Marktgasse ist das Kaffeehaus „Roi Jerôme" das bedeutendste der Stadt und der Hauptsammelplatz der Offiziere des französischen Regiments. Durch die Marktgasse hinauf lenkt man in den Cours Grand-Val ein, welcher mit der Marktgasse vom Hafen aus eigentlich nur eine lange, die Stadt halbirende Straße bildet. Hart an der Straße oberhalb der letzten Häuser des Cours Grand-Val trifft man die ausgemauerten Kellerräumlichkeiten und Grundmauern eines großartig geplanten Baues, den eine französische Gesellschaft aus Marseille im Jahre 1870 als Curhôtel aufzuführen und aufs Bequemste einzurichten beabsichtigte. Wie die Zufahrtstraße zur Stadt, so sind auch die Straßen innerhalb derselben mit Ulmen- und Platanenalleen besetzt: in der schönsten derselben, dem Cours Napoléon, nehmen stolze Orangenbäume die Stelle der Ulmen ein, was im April und Mai, wo die goldenen Früchte reifen, wie ein glänzender Festschmuck aussieht. Am Ende dieser Straße liegt der Diamantplatz, auf dem die metallene Reiterstatue Napoleons I. und die Erzstandbilder seiner vier Brüder stehen. Dieser Diamantplatz ist einer der schönsten Plätze, den europäische Städte aufzuweisen haben. Die Stadt selbst zählt kaum 15,000 Einwohner. In den breiten Straßen und auf den öffentlichen Plätzen herrscht eine ländliche Geräuschlosigkeit und Stille, man begegnet fast gar keinem Menschen, unter diesen wenigen aber sind Dreiviertel Geistliche. Eines der geräumigsten Häuser der Stadt, von Cardinal Fesch, dem Onkel Napoleons, erbaut und ursprünglich zu einem Jesuitenkloster bestimmt, ist das Lyceum von Ajaccio, genannt College Fesch, eine Anstalt, die dem ganzen Lande zur Zierde gereicht. Das Stadthaus ist mit dem College Fesch verbunden und bildet den rechten Flügel desselben. Es enthält die städtischen Sammlungen, eine werthvolle Bibliothek von 30,000 Bänden und die vom Cardinal geschenkte, 1200 Nummern enthaltende Gemäldesammlung.

Linker Hand erhebt sich eine schöne Kapelle aus schwarzem Marmor: sie enthält die Ueberreste der Madame Letitia, des Cardinals und anderer Glieder des Hauses Bonaparte. In der Mitte des Hofes steht die eherne Statue des Cardinals. Weiter nördlich am Ende der Rue Madame steht ein verschlossenes Haus mit grauen Jalousien und vor demselben eine Ulme. Auf der linken Ecke ist auf kleinem Täfelchen zu lesen: Place Létitia. Es ist dies Haus die Casa Buonaparte, die einst dem Notar Buonaparte in Ajaccio gehörte, in das er seine 14jährige Frau, die schöne Letitia Ramolino, führte, hinter dessen gelben Mauern Napoleon und seine Geschwister, Joseph, König von Spanien, Ludwig, König von Holland, Jerôme, König von Westphalen, Caroline, Königin von Neapel, Pauline und Elise, Fürstinnen Italiens, das Licht der Welt erblickten. Aus jeder Straße blickt übrigens der stille blaue Golf und ebenso winken die Oelberge, welche hart über der Stadt aufsteigen, überall herein. Abends erst belebt sich der Corso und der Diamantplatz mit Spaziergängern, welche die Kühle genießen wollen; die Frauen tragen schwarze Schleier, häufig sieht man die malerische spanische „Falbetta“, ebenfalls eine Art Schleier. Eine solche Abendpromenade in Ajaccio ist nicht blos Genuß und Bedürfniß für die Gesunden, sondern ganz besonders vermöge der herrlichen Seebrise für die Kranken, Nerven- und Brustleidenden.

In dieser Beziehung sticht Ajaccio die ganze Riviera aus, weil man es im ganzen Jahre besuchen kann. Was Ajaccio als Luftcurort besonders empfehlenswerth macht, ist der Umstand, daß die amphitheatralische Stellung der Berge hinter der Stadt alle kalten Winde abhält, oder hoch über der Thalsohle wegstreichen läßt, während die erfrischende Brise des Meeres und ein erquickender Luftzug vom Lande her die Luft allezeit rein erhalten und schroffe Temperaturwechsel unmöglich machen. Der Himmel ist meist rein und unbedeckt, Nebel steigen fast nie auf. Die gleichmäßige Temperatur gestattet den unausgesetzten Aufenthalt unter freiem Himmel vom frühen Morgen bis Sonnenuntergang. Ein richtiges Zeugniß für die Vorzüglichkeit des Klimas von Ajaccio ist die Thatsache, daß selbst tropische Gewächse, wie Palmen, Zuckerrohr, Ananas und Baumwolle sich entwickeln und reifen. Pomeranzen und Citronen, Feigen und Mandeln von Corsica sind ohnehin berühmt und der corsischen Mandarine wird wegen ihres vorzüglichen Geschmacks der Vorzug vor der sicilianischen gegeben. Myrthe, Oleander, Erdbeer- und Lorbeerbäume erreichen eine beträchtliche Höhe und prachtvolle Wälder von Eichen, Kastanien, Korkeichen, Pinien und Buxbäumen bedecken die Berge. Nach mehrjährigen Beobachtungen ergab sich als mittlere Wintertemperatur + 12,03° C., mittlere Frühlingstemperatur + 15,07° C., mittlere Sommertemperatur + 24,20° C., mittlere Herbsttemperatur + 18,93° C. Ajaccio ist auch frei von Moskiten, Fieber und anderen südlichen Plagen; auch die langen, grün gefleckten Schlangen, die so manchmal, an der Mauer hängend und mit dem Kopf aus dem Buschwerk herausfahrend, beim Sammeln der Pflanzen erschrecken, finden sich nie daselbst. Nur der muntere Gecko, der von Stein zu Stein hüpft, erfreut uns mit seinem neckischen Zurufen und seinem plötzlichen Verschwinden in einer Spalte, wenn man glaubt, ihn zu erhaschen. Eine weitere Merkwürdigkeit ist die reizende kleine Salamandrina perspicillata mit orangeroth gefärbtem Bauch, die nur hier und im Neapolitanischen vorkommt. Wer nicht Furcht vor Haifischen hat, welche am gegenüberliegenden Ufer allerdings nicht selten sind, läßt sich hinausrudern in den stillen Golf und badet in den vom Mond versilberten Wellen. Nicht selten, namentlich im Herbste, hat man dann von hier aus das Schauspiel der Bergfeuer, welche in der Niederbrennung der Buschwälder, um urbares Land nebst dem dazu gehörigen Dünger zu gewinnen, ihre Erklärung finden. Man sieht sie oft tagelang in der Höhe fortbrennen und es ist dann die Aehnlichkeit mit dem Golf von Neapel wirklich überraschend. Der Golf von Ajaccio, der vor allen Stürmen geschützt ist, könnte die Flotte der gesammten Welt beherbergen, aber der Hafen ist todt, es mangelt ihm der Verkehr.

Von Ajaccio können die schönsten Ausflüge ins Gebirge und längs der Küste gemacht werden. Einer der lohnendsten ist die Reise nach der am Südende der Insel an der nach ihr genannten Meeresstraße gelegenen Stadt Bonifacio. Aus dem Thal des Gravone steigt man über Caura und den Col San Giorgio in jenes des Prunelli hinab. Die Maquis bestehen da aus Arbutus, Lauristinus, hohem weißem Haidekraute, aus Myrthen- und Mastixbüschen, und ihr Duft ist eben hier ganz besonders kräftig und köstlich. Napoleon pflegte zu sagen, daß man den Wohlgeruch, der sein Vaterland erfülle, auf hoher See schon wahrnehme. Gar köstlich ist die Vegetation zu Bastelica, dem Geburtsorte Sampiero Corso's, oberhalb Cauro. Der weiße und lilafarbene Cistus, der bleiche Helleborus mit seinen üppigen Blättern und mit grünlichem Schimmer angehauchten Blüthen, hochaufgeschossener gefiederter Fenchel mit tiefblauer Blüthe, die blaßglockige Goldwurz, Vergißmeinnicht und Cyclamen bilden da blühende Inseln auf dem Waldgebiete, das, an manchen Stellen gar nie noch gelichtet, den Berg umkleidet. Bastelica liegt am Fuße des Monte Rotondo, der namentlich den geognostischen Aufbau, Granitmassiv mit Kalkeinlagerungen, in schönster Weise zeigt. Doch kehren wir auf unsere Hauptstraße zurück. Ueber Petreto Bicchisano gelangen wir nach dem auf einem Hügelabhange reizend gelegenen Olmeto mit seinen alten Häusern, deren Ziegeldächer ganz von gelblichem Moose überwuchert sind. Im großen Ganzen genommen aber ist die Architektur auf der Insel nicht eben malerisch zu nennen. Die Kirchen in ganz Corsica haben nichts Eigenthümliches und, obwohl die Einwohner ihnen meist ein sehr hohes Alter beilegen, so dürfte doch keine über das elfte Jahrhundert hinaufreichen. Die Häuser tragen den Charakter von Gefängnissen an sich oder richtiger bemerkt, von aufrecht gestellten Domino-Steinen. Doch läßt ihre Lage am Abhange oder an der Flanke eines Berges die Städtchen und Dörfer häufig malerisch erscheinen. Mit dem düster angehauchten Charakter, den Natur und Baukunst tragen, harmoniren auch die dunklen Gestalten der Männer und Weiber. Die Durchschnittskleidung der Letzteren besteht in einem schwarzen genuesischen „Coif". Zu Propriano kommt man wieder an das Meer, welches hier eine hellgrüne Bucht bildet, am Grunde mit Korallen und Muscheln aller Art besäet. Dann biegt die Straße landeinwärts gegen Sartene, gabelt sich aber schon vor jenem Orte: nordwärts im Thale des Tacavo gegen Zicavo, südwärts zum Meere nach Bonifacio ziehend. Die Lage der uralten Genuesenstadt ist ganz originell und mit Worten schwer zu beschreiben. In grotesken Formen thürmen sich Kalkfelsen am Ufer empor und hoch in der Luft, auf weißem Felsenplateau thront die Stadt, deren Lage für das reizlose Innere entschädigen muß. Ihre Straßen sind schmal, die Gäßchen noch enger und ein steter Wind wirbelt Kalkstaub auf.

Von Bonifacio zurückkehrend, brechen auch wir in das Tacavothal ein.

wenden uns aber bald seitwärts nach Sta. Lucia di Talliano, um nach dem berühmten Walde bei Bavella zu gelangen. Sta. Lucia di Talliano ist nicht allein ein schönes und wohlgelegenes Dorf, es erfreut sich auch nebst verschiedener anderer Vorzüge noch eines ganz ausgezeichneten Weines, der schon in seiner rothen Jugend ganz vortrefflich ist, aber wenn er im Laufe der Zeit die Farbe wechselt und weiß wird, geradezu köstlich mundet. Durch die abgelegenen Dörfer Zonza und Levis nähert man sich dem Ziele. Lange schon hat man die seltsam gezackten Felsspitzen ober Bavella in Sicht, ehe man den Wald erreicht. Diese Baumriesen, die wie gewaltige Säulen in den Himmel zu ragen schienen, heben sich imponirend ab von dem grauen und dunkelvioletten Hintergrunde des Felsens, der, senkrecht in den Abgrund abfallend, sich zu schwindelnder Höhe erhebt. Hier klebt an einer phantastisch vorragenden Felszacke merkwürdig grünendes Buschwerk, dort ragt ein vom Blitz gefällter Baumstamm in wagrechter Lage wohl 30 m weit über den Felsenrand hinaus, ohne hinunter zu stürzen, so wuchtig ruht sein Ende noch auf dem Boden, in dem er früher gewurzelt. Diese Gegend trägt einen geradezu gigantischen Charakter. Wir fahren nach dem zweiten Engpasse, der Bocca de' Favone, vorüber an der Maison Forestière von Alzo. Die Schlucht bietet wieder einen gar gewaltigen und herrlichen Anblick. Wild schäumend stürzt der Wasserfall aus einer Höhe von ein paar hundert Metern über die kühnsten, mannichfach gefärbten Felszacken nieder, in wilden Klüften verschwindend und vom dunklen Laube des Ilex umsäumt. Haben wir uns satt gesehen, so klimmen wir, voll vom Zauber dieser großartigen Natur, wieder nach Sta. Lucia nieder, den Weg nach Zicavo einzuschlagen. Von Serra ab geht es bergab durch einen jungbelaubten Buchenhain, dessen helles Grün nach dem düsteren Colorit der Gebirgsscenerie das Auge erquickt. In Zicavo baden wir in dem Schaume eines gewaltigen Wasserfalles, der sich dort in ein großes Granitbecken ergießt. Der Hügelabhang, auf dem Zicavo liegt, ist ebenso blühend wie die Umgebung Sta. Lucias.

Nicht minder interessant ist die corsicanische Westseite nördlich von Ajaccio. Da ist der kleine Hafen von Sagone und weiterhin Carghese, eine Colonie griechischer Einwanderer aus dem siebzehnten Jahrhundert, dann der geräumige Golf von Porto mit seinen Felsenmassen, ganz merkwürdig und bizarr in Klüfte zerrissen oder in gigantischen Blöcken wie durch launisches Titanenspiel so widersinnig und doch so malerisch über einander gethürmt. Landeinwärts liegen Vico und Evisa. Nach Valdoniello durchzieht man den Aitone, zum Theil noch Urwald, in dem einige gefallene Stämme zwischen 50—65 m Länge messen. 1548 m hoch ist der Paß nach dem Valdoniello fahrbar, dann heißt es zu Fuße weiter: zur Rechten den schneegekrönten Monte Artica, hinter dem sich der sehenswerthe See Ino befindet, zur Linken eine Kette der höchsten Gebirge Corsicas: der Monte Christo, Paglia-Orba und Tafonata. Der Paglia-Orba sieht gar wild und steil aus und gerade unterhalb seiner Schneekuppe, noch selbst mit Schnee gefleckt, zeigt sich ein Krater, der eine Lieblingsstätte der Mufflone ist, jener zottigen, schwarzen, gehörnten Schafe, deren Beschreibung uns das Alterthum hinterlassen. Die Waldung Valdoniello scheint, ein Ocean von Bäumen, das ganze wellige Thal Niolo zu füllen. Biegt man den Kopf noch so sehr zurück, so vermag man doch kaum den Wipfel der Bäume zu sehen, deren Stämme man vor sich hat. Der Küste entlang zieht die Straße nach Calvi. Diese Frankreich nächstliegende, von

Antibes in 8 Stunden seefahrend zu erreichende Stadt zeigt ein ganz maurisches Gepräge durch ihre flachen Dächer und liegt auf einer Landzunge, in welche die Berge, die den Golf einschließen, sich verflachen; auf diese Weise entsteht ein prächtiges Amphitheater, an dessen Abhängen Wein und Oel gedeihen. Die Niederungen sind wegen ihrer Sümpfe sehr berüchtigt und es ist deßhalb die untere Stadt vom April bis October unbewohnbar. Von Calvi führen zwei Wege, der eine über die fruchtbare, üppige Balagna ins Innere der Insel nach Corte, der andere, schönere und nähere über die Isola rossa (Ile Rousse) an den Golf San Fiorenzo, den Col di Tighime nach Bastia. Von Isola rossa nähert sich die Straße dem Meere und geht durch eine wilde Feldlandschaft nach San Fiorenzo mitten durchs Gebirge; die ganze Landschaft macht auch hier einen orientalischen Eindruck. Trotz der Schönheit der Landschaft aber kann die Stadt nicht gedeihen, da sie von den nahen Sümpfen verpestet ist und den Ruf einer Fieberstadt hat. Napoleon I. wollte, entzückt von der Schönheit der Gegend und dem prächtigen Hafen, hier eine große Stadt bauen. Von da geht es in zahlreichen Windungen aufwärts nach dem Col di Tighime, wo die Straße vom Cap Corso nordwärts einmündet und man auf beiden Seiten des mittelländischen Meeres eine wundervolle Aussicht genießt.

Ich habe im Vorstehenden die wichtigsten landschaftlichen Glanzpunkte Corsicas hervorgehoben, nun sei aber auch nicht verschwiegen, daß sie alle kennen zu lernen nicht Jedermanns Sache ist. Von den Gasthöfen auf Corsica läßt sich nicht viel Gutes berichten und namentlich die Betten lassen häufig den Wunsch empfinden, mit den Banditi gentiluomi in den duftigen Maquis unter dem Sternenzelte zu übernachten, das in Corsica von großer Pracht ist. Wo eine Table d'hôte besteht, ist darunter nicht etwa die im übrigen Europa übliche Form des Tafelns zu verstehen, es ist vielmehr eine patriarchalische Mahlzeit, an der Alle, Herr und Diener, der Gastwirth und dessen Untergebene, in rührender Gemeinschaft Theil nehmen. In den Gasthäusern kleinerer Orte muß man oft froh sein, wenn man nur die Nationalspeise, den „Broccio" erhält. Es ist dies geschlagener Geißrahm mit Zucker und einem leichten Beigeschmacke von schwarzem Kaffee oder Liqueur. Frisch bereitet ist der Broccio eine ebenso wohlschmeckende als ungemein erquickende Speise, meist jedoch wird sie schon in Vorrath bereitet, und abgestanden mundet sie nichts weniger als gut. Lassen die Gasthäuser auch Vieles zu wünschen übrig, so muß man ihnen doch zugestehen, daß sie sehr billig sind. Der Wirth rechnet rasch irgend eine Gesammtsumme für das Gebotene aus, die stets sehr mäßig ist. Ueberhaupt scheinen Schwindel und Uebervortheilung in den corsicanischen Gasthäusern wie in Corsica überhaupt noch unbekannt. Dafür wäre, auch in den allerersten Gasthöfen der Insel, etwas mehr Reinlichkeit wünschenswerth.

Noch bin ich dem freundlichen Leser einige Worte über die Eingeborenen der Insel, über die Corsen, schuldig. Von den ältesten Zeiten an bis auf den heutigen Tag schwebt um Corsica der Schimmer des Geheimnißvollen, des Unerforschten. Weiß man doch heute noch nicht, wer die Ureinwohner der Insel gewesen sind. Dr. A. Mattei glaubt vier verschiedene Kategorien unter den heutigen Corsen nachweisen zu können, aber alle vier sind dolichokephal und orthognath. Nicht einen einzigen Kurzschädel vermochte Mattei auf der Insel aufzutreiben, der eine pelasgische, keltische, arabische und sächsische Varietät unterscheidet. Natürlich zeigen viele Bewohner Corsicas Uebergänge und lassen sich, namentlich in den Städten, nicht in die eine oder andere Classe bringen. Die Corsen scheinen ein wahres Rassenpotpourri zu sein; in ihren Adern mischt sich etruskisches, ligurisches, phönikisches, römisches, italienisches, spanisches, byzantinisches, vandalisches, sarazenisches Blut. All' diese Volksstämme haben um corsischen Boden gekämpft, ihn zeitweise colonisirt. Es findet sich noch viel vom Vandalen, Sarazenen und vom Italiener des Mittelalters in dem Corsen, allein man darf in der Beurtheilung dieses abgeschlossenen Insel- und Gebirgsvolkes nicht allzu streng sein. Die Lage der Insel ließ sie ihren Nachbarstaaten begehrenswerth erscheinen. Carthago, Rom, Genua und später Frankreich erkämpften seinen Besitz, denn die Corsen ertrugen stets nur gezwungen fremde Herrschaft. Keiner der fremden Herren scheint die Hülfsquellen des Landes gehörig entwickelt zu haben, und die Eingebornen haben sich auch nie willig dazu gezeigt, die jeweilige Regierung in ihren Versuchen in dieser Richtung zu unterstützen. Ja sie haben der kleinen griechischen Colonie zu Carghese gar böse Tage bereitet und den Franzosen gleichfalls alles Mögliche entgegen gethan. Gleich Seneca seiner Zeit halten diese jetzt die Insel für ein herzlich unangenehmes Barbarenland, für das sie auch wenig thun. Die Bodencultur steht noch auf sehr tiefer Stufe, die Viehzucht ebenfalls noch sehr tief und die Industrie ist noch wenig entwickelt. Corsica scheint die Insel der Verbannten zu sein, denn nicht blos Beamte, auch mißliebige Geistliche werden dorthin geschickt und in irgend einem verborgenen Winkel kalt gestellt. Und ein Barbarenland ist auch in gewissem Sinne das Land mit seinen Hunderttausenden von brachliegenden Aeckern, andere Tausende von todtbringenden Dünsten vergiftet, weil Arbeit dort Schande dünkt. Die Corsen nämlich verachten jede körperliche Arbeit und halten es für das einzige männerwürdige Dasein, den ganzen Tag mit der Büchse über der Schulter umherzuschweifen und ihre individuelle Würde möglichst scharf zu betonen. Jeder hält an dem demokratischen Glaubensartikel fest, daß er „so gut sei wie jeder Andere", spitzt ihn aber noch zu dem Dogma zu: „und ein gut Theil besser". Ueberhaupt scheint man in Corsica auch nicht einmal eine Vorstellung vom Rangunterschiede zu haben. So viel man sieht, erweisen die unteren Stände den Vornehmen ihres eigenen Landes so wenig Unterwürfigkeit wie den Fremden, und die Aristokratie scheint dies auch als ganz natürlich hinzunehmen. Es ist eben der modus vivendi der Insel. Ueberhaupt leben die corsischen Edelleute mehr gleich reichen Bauern; doch sind sie ungemein gastfrei, sie halten buchstäblich offenes Haus. Andererseits halten sie sich dem socialistischen und communistischen Ideal so fern als nur irgend möglich. Bei ihnen wuchert der Individualismus, und sie haben auch nicht die leiseste Vorstellung vom Aufgehen des Selbstinteresses in der Gemeinschaft: vom Staate. Nichtsdestoweniger lieben sie ihr Vaterland mit zäher Ausdauer. Sie haben dies oft mit Heroismus bewiesen, so daß sie Rousseau zu der Prophezeihung veranlaßten: diese kleine Insel werde die Welt eines Tages noch gewaltig überraschen. Nun das hat sie allerdings gethan durch ihren Sohn: Napoleon. An nationalem Stolze thun es die Corsen immer noch so ziemlich allen anderen Nationalitäten vor. Sie sagen: „Frankreich hat nicht uns annectirt, wir haben Frankreich annectirt".

Die Corsen sind alle ungemein religiös, eine besondere Verehrung genießt bei ihnen der heilige Rochus, der fast in jedem Orte eine Kirche hat. Schwer zu vereinigen mit dieser Frömmigkeit ist die tief eingewurzelte Sitte der Blutrache oder „Vendetta“, welche im Jahre 1869 schon ausgestorben zu sein schien, dank der loi du recel, welche das Tragen von Waffen untersagte. Die republikanische Regierung hob dieses wohlthätige Gesetz auf und seither loderte die Flamme von Neuem empor. Es ist geradezu wunderbar, daß die Blutrache die Insel noch nicht entvölkert hat, denn da die geringste Beleidigung schon nach Blut schreit und Kinder und Kindeskinder das Rachewerk auf sich nehmen, zu dem überdies der Anlaß dazu von That zu That mehr wächst, so ist es wirklich erstaunlich, noch Corsen auf Corsica zu finden. Ganze Dörfer nehmen oft an solchen Familienfehden theil, und der Montechi und Capuletti finden sich in jeder Straße. Gar mancher Mann hat sich jahrelang hinter Schloß und Riegel und Steinmauern gehalten, um im Augenblicke, in dem er nach Langem zum ersten Male aus dem Hause tritt, von einer Kugel getroffen, das Leben zu lassen. Ist dies geschehen, so flieht der „Rächer seiner Ehre“ in die Maquis. Dort ist er vor der Verfolgung der Gendarmen sicher, und gleichfühlende Landsleute und Freunde versehen ihn mit dem Lebensnothwendigen. Kommen dennoch gesetzliche Verfolger nah, so giebt die Bevölkerung der benachbarten Dörfer den „banditi“, wie diese Flüchtlinge genannt werden, immer noch rechtzeitig Alarmsignale zu erneuter Flucht. Diese „banditi“ stehen beim Volke und ganz besonders bei den Frauen im allerbesten Ansehen, haben sie auch mehrfache Menschenleben auf dem Gewissen, ist nur kein Mord zu Raubzwecken darunter. Raub und Diebstahl gelten auch unter ihnen als höchst unehrenhaft.

Kein Zweifel, daß die Vendetta ihren Ursprung in der tief ausgeprägten, freilich irregeleiteten Familienliebe der Corsen hat. In Corsica wird niemals ein Mädchen ungestraft entehrt, Kindesmord ist so gut wie unbekannt, und Familien mit einem Dutzend Kinder sind keine Seltenheit. Die blutigste Beleidigung ist Jemand vorzuwerfen, er habe keine Verwandten. In diesem stark ausgebildeten Familiensinn wurzeln vielfach die guten wie die schlimmen Eigenschaften der Corsen: einerseits die Blutrache, andererseits aber auch die Sorgfalt für die Erziehung der Kinder. Der Volksunterricht ist auf Corsica mehr verbreitet als auf dem französischen Festlande, freilich nur für die Knaben, nicht für die Mädchen. Die Familienliebe kommt auch bei den Leichenbegängnissen zum schärfsten Ausdruck. Auf dem Lande bringt ein langer Zug, die Priester mit dem Crucifix voran, den offenen Sarg zur Kirche, der im Mittelschiffe niedergestellt wird. Das Gesicht der darin liegenden Todten ist unverhüllt. Die Männer schaaren sich um den Altar, in den Gesang des Priesters im Chore einfallend. Jenseits des Sarges im Schiffe der Kirche knieen die Weiber, durch die offene Kirchenthüre leuchtet das Grün der Bäume. Nach dem Gottesdienste sammeln sich die Frauen um das Grab, während der Trauerzug mit dem Sarge herankommt. Wenn derselbe eingesenkt ist, beugen sie sich über das Grab, Voceri, Todtenklagen murmelnd. Unter den Volksgesängen nehmen diese Voceri die erste Stelle ein, von den Frauen aus dem Stegreif erfundene elegische Klagen um die Todten, deren Charakter verschieden ist, je nachdem sie Rachelieder für Erschlagene oder einfache Trauergesänge für natürlich Verblichene sind. Der Rache-Vocero ist der Kriegsgesang dieser wilden Leichenfeste, das Evoë dieser Bacchanalien des Schmerzes. Er hebt gewöhnlich in sanften klagenden Tönen an, aber der Grundton, der immer deutlicher durchschlägt und endlich jeden andern Klagelaut übertönt, ist die Rache.

Neben den Vätern sind es vor Allem die Mütter, Schwestern und Bräute, welche die Rachelieder anstimmen. Zuletzt erlischt in ihnen auch die letzte Spur menschlichen Ausdrucks und es wird Einem zu Muthe, als hörte man das Heulen der Hyäne unter dem dumpfen Knirschen und Krachen von Fleisch und Knochen. Die unblutigen Voceri sind dagegen manchmal von erquickender Milde. Die Liebe ist ebenso ausschweifend wie der Haß. Nirgends spricht man mit dem Tode so zärtlich und rührend. Aber die schönsten dieser natürlichen Elegien sind die Voceri von Müttern, die das Hinscheiden blühender Töchter beweinen.

Alphabetisches Register.

C.

D.

E.

41

41*

FSC
www.fsc.org
MIX
Papier aus verantwortungsvollen Quellen
Paper from responsible sources
FSC® C141904

Druck:
Customized Business Services GmbH
im Auftrag der KNV-Gruppe
Ferdinand-Jühlke-Str. 7
99095 Erfurt